Bayerische Studien zur Geschichtsdidaktik
Band 8

Bayerische Studien zur Geschichtsdidaktik

Herausgegeben von
Hans-Michael Körner und Waltraud Schreiber
für die
Bayerische Konferenz für Geschichtsdidaktik

Band 8

Ausstellungen anders anpacken
Event und Bildung für Besucher.
Ein Handbuch

Herausgegeben von

Waltraud Schreiber
Katja Lehmann
Simone Unger
Stefanie Zabold

ars una

Bibliografische Information der Deutschen Bibliothek

Die deutsche Bibliothek verzeichnet diese Publikation in der Deutschen Nationalbiografie; detaillierte bibliografische Daten sind im Internet über http://dnb.ddb.de abrufbar.

ISBN 3-89391-710-1

Layout und Satz:
Bernadette Hirsch, Simone Unger

Umschlagentwurf:
Andrea Wieczorek-Nellen

Bildbearbeitung:
Katharina Kestler, Simone Unger

© 2004 by ars una Verlagsgesellschaft mbH, 82061 Neuried
Rechte, insbesondere das der Übersetzung in fremde Sprachen, vorbehalten.
Ohne ausdrückliche Genehmigung des Verlages ist es auch nicht gestattet, dieses Buch oder Teile daraus auf photomechanischem Wege (Photokopie, Mikrokopie, Xerokopie) zu vervielfältigen.

Gesamtherstellung: TZ-Verlag & Print GmbH, Roßdorf

Inhaltsübersicht

I. Vorwort

Vorwort 13

II. Eine historische Ausstellung gestalten – Geschichte für den Besucher

Ausstellungskonzepte – Spagat zwischen
Besucherwunsch und Wissenschaftsanspruch
Von Edwin Hamberger 19

Ausstellungsdesign: Eine Brücke zum Besucher
Von Monika Müller-Rieger 43

Der gestalterische Auftritt einer Ausstellung
Von Stefan Engelhardt 63

Multimedia als Präsentationsform in Ausstellungen
Von Mathias Michel 79

Sehen, Fragen, Begreifen.
Interaktive Stationen in historischen Ausstellungen
Von Brigitte Vogel 101

Eröffnung: Geburt einer Ausstellung
Von Hans Walter Hütter 117

27 Ratschläge von A-Z für AusstellungsmacherInnen
Von André Bechtold 133

Besucherorientierung durch Besucherforschung
Von Hermann Schäfer 159

Museumspädagogen, Besucher und Ausstellungen
Von Thomas Brehm 181

Mit Geschichte in Ausstellungen umgehen lernen.
Kompetent mit Geschichte umgehen können – über ein reflektiertes
und (selbst)reflexives Geschichtsbewusstsein verfügen
(Waltraud Schreiber)
Ausstellung: Ein Ort, der historisches Lernen möglich macht
(Stefanie Zabold)
Von Stefanie Zabold und Waltraud Schreiber 197

III. Kontinuität und Wandel wahrnehmen – Zugänge zu Vergangenem erleichtern

Einführung: Wege in die Vergangenheit suchen
Von Katja Lehmann 225

Kontinuität und Wandel von „Räumen"
museumspädagogisch nutzen
Von Katrin Bichlmeier 235

Im Jetzt andere Zeiten erfahrbar machen
Von Waltraud Schreiber 251

Zugänge über die eigene Lebensgeschichte finden
Von Inge Finauer 265

Lebenswelt und Geschichtskultur und das Interesse
an der Vergangenheit
Von Sandra Funk 271

Faszination Grauen – Über den Schauer zum Schauen
Von Katja Lehmann 289

Der Weg über die Kunst in die Geschichte
Von Simone Unger 309

Institutionelles, Recht und Verwaltung als Zugang
zur Geschichte
Von Isolde Parussel 329

Zwischen Museum und öffentlichem Raum
Von Ulrike Götz 349

Jubiläen: Nachhaltige Impulse, sich mit Geschichte
auseinander zu setzen – Das Konzept „Jubiläumsjahre"
des Landschaftsverband Westfalen-Lippe
Von Christiane Todrowski 359

IV. Varianten statt „ein Konzept für alle":
Was Führungen leisten können

Basisbeitrag: Führungen vorbereiten – Tipps für Führende
und Ausstellungsteam
Von Waltraud Schreiber 379

Fundierte Grundinformation transportieren. „Richtlinien"
für die Entwicklung historischer Ausstellungsführungen
Von Michael Nadler 405

Exponate und Besucher zusammenbringen
Hilfen für das Erschließen von Exponaten geben
Von Gisela Paul 421

Tipps für adressatengerechte Führungen
Von Maria Huber 441

Multiplikatoren führen – um Besuchergruppen werben
Von Waltraud Schreiber 461

Wochenendführungen für Kinder
Von Florian Fischer 469

Ausstellungen (er)leben in der Nacht
Von Astrid Schroer-Mlodoch und Serena L'Hoest 477

Die Ausstellung als Bühne: Schauspieler „führen"
Von Achim Bieler 481

Audioguides als technische Alternative
und Basis für personale Führungen
Von Andreas Urban 491

Themengespräch
Von Stefanie Zabold 503

V. Events bilden – Bildung zieht an: Attraktive Angebote für Rahmenprogramme entwickeln

Grundlegung: Vom Rahmenprogramm in die Ausstellung
und zurück
Von Simone Unger und Waltraud Schreiber 517

Müssen historische Vorträge langweilig sein?
Einige Gedanken und unmaßgebliche Vorschläge
Von Reinhard Heydenreuter 529

Adressaten zu Akteuren des Rahmenprogramms machen
Von Waltraud Schreiber 539

Geschichte inszenieren – für Vergangenheit interessieren
Von Martin Winklbauer 553

Hexe, Henker, Hochgericht – Kinder machen Theater
Von Katja Lehmann und Stefanie Zabold 563

Spielen – angeregt von der Vergangenheit
Von Simone Unger und Marie-Luise Sondermaier 583

Kinder schreiben Geschichte –
Im Ferienprogramm entsteht ein Kinderkatalog
Von Stefanie Zabold und Katja Lehmann 595

Vom Museum ins Atelier
Von Alfred Czech 625

Modelle bauen und über Vergangenes lernen
Von Gisela Paul ....……..………..635

„Auf den Spuren von......" Vergangenheit vor Ort erforschen
Von Eva Seibel 649

Wieder erkennen, wieder finden?
Das Beispiel „Salzburg in Buchbach"
Von Meinrad Schroll 655

Laufschritt mit 25 kg Eisen am Leib:
Der Weg über den Kürassier zur Militärgeschichte des
Dreißigjährigen Krieges. Zum Einsatz von Experiment
und praktischer Demonstration
Von Marcus Junkelmann 661

Spaß haben am „Lesen lernen?" Paläographie-Kurs für Laien
Von Edwin Hamberger 679

„Volksfrömmigkeit": nur scheinbar fremd
Von Irmgard Schwoshuber 685

Juden in Salzburg – Rahmenprogramm des Salzburger
Museum Carolino augusteum
Von Renate Wonisch-Langenfelder 691

Ein Rahmenprogramm des Regionalmuseum Baden/Aargau
Von Luisa Bertolaccini 699

Selber Ausstellungen konzipieren und gestalten
Von Peter Kolb 711

VI. Ausstellungen publik machen: Jedem Medium seine Informationen

Basisartikel Öffentlichkeitsarbeit
Von Michael Henker 731

Stell Dir vor, es ist eine Ausstellung,
und keiner wird darauf aufmerksam!
Die Ausstellungsperspektive auf Tageszeitungen
Von Waltraud Schreiber 737

„Die" Regionalzeitung und „ihre" Ausstellung
Von Markus Honervogt 771

Ausstellung und die Regionalzeitung des Nachbarlandkreises
Von Andreas Jell 783

Überregionale Zeitungen und „kleine Ausstellungen"
Von Hans Kratzer 789

„Kleine Ausstellung" und der Mantelteil von Presseverbünden
Von Simone Dattenberger 793

Jenseits der Grenze Aufmerksamkeit erregen
Von Bernhard Strobl 797

Was das Radio bringt.
Ausstellungen im öffentlich-rechtlichen Rundfunk
Von Georg Huber 799

Öffentlich-rechtliche Fernsehmagazine
zur Reichweitenmaximierung der Öffentlichkeitsarbeit
Von Peter Pfaff 805

Zwischen Kulturauftrag und Quotendruck.
Historische Ausstellungen im lokalen Radio und Fernsehen
Von Stefan Sutor 813

VII. Hinter den Kulissen - Chancen nutzen und Strukturen aufbauen

Logistik und Koordination: Das Ausstellungsbüro
als Schaltzentrale
Von Josef Kirmeier 821

Kultursponsoring
Von Christian Schneider 827

Ausstellungen als Chance für Gastronomie, Einzelhandel,
Hotellerie und Tourismusbetriebe
Von Katharina Kestler 835

Kleinere Städte als Ausrichter historischer Ausstellungen –
Überlegungen ausgehend von Erfahrungsreflexion zur
Ausstellung „Mühldorf a. Inn – Salzburg in Bayern"
Von Bernhard Bönisch und Günther Knoblauch 841

Eine historische Ausstellung im Landkreis:
Chance und Herausforderung
Von Martina Wimbauer und Georg Huber 855

Autorenverzeichnis 867

Ausstellungen anders anpacken. Event und Bildung für Besucher.

I. Vorwort

Der vorliegende Band hat es sich zur Aufgabe gemacht, Ausstellungen anders anzupacken.

Die *Ausstellungen*, für die das Handbuch konzipiert wurde, sind diejenigen kleinen und mittleren Ausstellungen auf lokaler, regionaler und überregionaler Ebene, die einen historischen Schwerpunkt setzen, die den Besucherinnen und Besuchern Geschichte(n) präsentieren.

Anders, das bedeutet nicht, dass verworfen würde, was in Ausstellungen und Museen an Arbeit geleistet wurde und wird. Es heißt vielmehr, dass die vorhandenen Ansätze auf innovative Weise reflektiert und einander ergänzend und durchdringend betrachtet werden. *Anders* heißt aber auch, dass neue Ideen, die nicht unmittelbar dem Museumsbereich, sondern anderen Disziplinen entstammen, in die Arbeit mit und in Ausstellungen einfließen.

Die Menschen, die in Ausstellungen *anpacken*, sind die Adressaten, an die sich das Handbuch richtet: Ausstellungsplanerinnen und -planer, Träger und Initiatoren von historischen Ausstellungen, Museumspädagogen, Studierende und Professionals, die sich mit dem Thema Museum oder Ausstellung beschäftigen. Darüber hinaus bietet der Band natürlich auch Besucherinnen und Besuchern eine Chance, sich (selbst-)reflektiert und sicher durch Ausstellungen zu bewegen, das Medium Ausstellung und seine Machart besser kennen zu lernen und so aus zukünftigen Ausstellungsbesuchen jedweder Art größeren Nutzen und größeres Vergnügen zu ziehen.

Event und *Bildung* sind keine unüberwindbaren Gegensätze, im Gegenteil. Sie können eine sinnvolle Symbiose eingehen, die den Spaß (am Entdecken, Erfragen, Erleben, Erfahren ...) zugleich mit einem Bildungsmehrwert in die Ausstellung holt. Ein zentrales Bindeglied zwischen Bildung und Event stellt die Ausstellungsgestaltung dar. „Geschichte erleben" – mit diesem Slogan werben immer mehr Häuser für ihre Weise, Besucher und historische Themen zusammenzubringen. Besonders gelungen sind Gestaltungen dann, wenn sie Besuchern Wege anbieten, sich für Vergangenes zu begeistern und die in der Ausstellung präsentierte Geschichte mit der eigenen Gegenwart zusammenzubringen.

Auch Veranstaltungen, die im Rahmen einer Ausstellung stattfinden, können, dies wird das Handbuch an vielen Stellen belegen, zugleich Spaß machen und bilden. Es mag paradox anmuten, aber bei guten Konzepten können Besucher von historischen Festen ebenso lernen wie Zuhörer fachwissenschaftlicher Vorträge Spaß haben können. Solche Konzepte, die zwischen den scheinbaren Gegenpolen Event und Bildung Brücken schlagen, eröffnen die Chance, neue Besuchergruppen zu erschließen, die über das Rahmenprogramm auch in die Ausstellung vorstoßen.

Ein *Handbuch* ist der vorliegende Sammelband vor allem deshalb, weil er nicht nur die Besucherorientierung ernst nimmt, sondern bereits viel früher ansetzt. Der Ausstellungsplaner und -macher wird vom ersten Arbeitstag der Planungsphase bis zur Schließung der Ausstellungspforten begleitet. Fallstricke, die den Weg der Ausstellung säumen können, werden ebenso thematisiert wie die zahlreichen alltäglichen Schritte, die bei der Planung, Konzeption und Durchführung bedacht werden müssen. Den Handbuch-Charakter verdankt der Band aber nicht zuletzt den unterschiedlichen Autorinnen und Autoren, die Hand in Hand an seiner Umsetzung beteiligt waren: Theoretiker und Praktiker haben zusammen gearbeitet und die gegenseitigen Kompetenzen und Erfahrungen optimal genutzt.

Das Handbuch „Ausstellungen anders anpacken. Event und Bildung für Besucher" will Einblick vermitteln in die Planung, Gestaltung und Durchführung von Ausstellungen, es will Chancen museumspädagogischer Rahmen- und Begleitprogramme aufzeigen. Da aber die beste Ausstellung leer bleibt und zum Scheitern verurteilt ist, wenn niemand von ihr hört, sieht oder liest, beschäftigt sich der Band darüber hinaus mit der Vermarktung und Öffentlichkeitsarbeit von und für Ausstellungen und bietet Tipps für die Suche von Sponsoren. Die verschiedenen Kapitel decken folglich alle Bereiche der Ausstellungsarbeit ab.

Fragen der Planung, Gestaltung, Besucherorientierung, Wissenschaftlichkeit und Wirtschaftlichkeit sind das Kernthema des ersten Kapitels „Eine historische Ausstellung gestalten – Geschichte(n) für den Besucher". Was wollen die Besucherinnen und Besucher überhaupt, die in eine Ausstellung kommen? Welche Ziele sollte die Vermittlung historischer Kompetenzen in historischen Ausstellungen verfolgen? Welche Gestaltungsmittel gibt es und wie werden diese effektiv eingesetzt?

Das zweite Kapitel ist überschrieben mit dem Titel „Kontinuität und Wandel wahrnehmen – Zugänge zu Vergangenem erleichtern". Es beschäftigt sich mit der Fragestellung, wie man Geschichte für unterschiedlichste Besuchergruppen attraktiv darbieten kann, welche Wege es also

Vorwort

gibt, die in die Vergangenheit führen und wer diese aus welchen Gründen beschreitet.

Ein weiteres zentrales Gebiet, das in fast jeder Ausstellung eine Vielzahl von Besuchern bindet, ist das Angebot an Führungen. Dass und wie man sich auf das Führen in Ausstellungen vorbereiten kann (und muss), dass es neben Standardführungen eine Vielzahl an abwechslungsreichen und besucherfreundlichen Varianten gibt, ist Thema des Kapitels „Varianten statt einem Konzept für alle: Was Führungen leisten können".

Vor allem im Rahmen- oder Begleitprogramm von Ausstellungen kann eine gegenseitige Ergänzung von Event und Bildung stattfinden. Das Kapitel „Events bilden – Bildung zieht an: Attraktive Angebote für Rahmenprogramme entwickeln" zeigt die vielen Möglichkeiten auf, die klug konzipierte Events zu Ausstellungsmagneten machen können. Kann Bildung wirklich Spaß machen? Und wie soll Spaß bilden? Diese Fragen werden an plastischen Beispielen erörtert und mit dem Anspruch, eine Ausstellung für Junge und Alte, Ortsansässige und Gäste aus der Fremde zu gestalten, verknüpft. Auch historisch nicht übermäßig interessierte Laien können Freude und Erkenntnisgewinn aus dem Besuch eines wissenschaftlichen Vortrags ziehen. Und auch versierte Historiker können in Begleitprogrammen Spaß haben und lernen. Das belegt der Band mit vielfältigen Impulsen in seinen Beiträgen zum Rahmenprogramm.

Ausstellungen einer breiten Öffentlichkeit zugänglich zu machen, ist eine Aufgabe, der sich jeder Ausstellungsmacher stellen muss. Journalisten aus regionalen und überregionalen Tageszeitungen, Hörfunk und Fernsehen sind die Experten, die in diesem Handbuch ihre Erfahrungen mitteilen und wichtige Hintergrundinformationen dazu liefern, wie Ausstellungen publik gemacht werden können. Weil jedes Medium seine spezifischen Informationen braucht, bietet das Handbuch „Ausstellungen anders anpacken" eine Palette an Beiträgen, die den Leserinnen und Lesern helfen, sich im Hörfunk- und Fernsehdschungel ebenso wie im rauschenden Blätterwald der Printmedien sicher und Ziel führend zu bewegen.

Besucherinnen und Besuchern ist oftmals überhaupt nicht bewusst, welch großer Apparat an Verwaltung, Organisation und Betreuung hinter den Kulissen einer Ausstellung seine Fäden zieht. Ohne die guten Geister im Hintergrund wäre jedes Ausstellungsprojekt, egal welcher Größenordnung, von vorneherein zum Scheitern verurteilt. Nicht minder wichtig sind auch die Netzwerke, die das Team aufbauen muss, um Gelder zu sammeln, Partner zu finden, für Akzeptanz der Ausstellung in der Bevölkerung zu werben, ihr für den Zeitraum ihrer Dauer einen Namen zu verschaffen, der dafür sorgt, dass sie ein Erfolg wird. Von einer Ausstellung profitieren viele, die gar nicht unmittelbar mit ihr zu tun haben: Gastronomie, Gewerbe, Tourismus. Diese Chancen zu nutzen, um der Ausstellung strukturell ein sicheres Standbein zu verschaffen, ist Thema des letzten Kapitels.

Das Handbuch zeigt die verschiedenen Chancen und Herausforderungen der Ausstellungsarbeit an konkreten Beispielen auf. Immer wieder stehen dabei Erfahrungen im Zentrum, die in der Ausstellung „Salzburg in Bayern" in Mühldorf gesammelt wurden. Daneben werden auch die Kenntnisse und Ideen von Ausstellungsprofis aus renommierten Häusern in Österreich, der Schweiz, Italien und Deutschland genutzt. Experten schreiben, erfahrungsgesättigt und basierend auf ihrer Forschungsarbeit für eine Zielgruppe von Museums- und Ausstellungsleuten. Großer Wert wurde darauf gelegt, die vielfältigen Beispiele nicht für sich stehen zu lassen, sondern allgemeine Tipps und Erfahrungswerte in die einzelnen Beiträge zu integrieren. Damit richtet sich der Band explizit an diejenigen, die ähnliche Projekte planen und durchführen wollen.

Das Thema „Ausstellungen und Umgang mit Ausstellungen während ihrer Umsetzung und Verwirklichung" wird immer wieder aus geschichtsdidaktischer Perspektive betrachtet. Damit wird ein Blickwinkel gewählt, der bislang eher vernachlässigt oder am Rande abgehandelt wurde. Museumspädagogik wird in der Regel aus rein pädagogischer Perspektive betrieben. Der Mehrwert an Inspirationen, Erkenntnissen und Möglichkeiten, die ein dezidiert anderer Zugriff bietet, stellt die Besonderheit des vorliegenden Handbuches dar.

Die Abbildungen sind als Anregung und Inspiration gedacht. Sie gehen größtenteils über das konkrete Beispiel, das im Kontext des Beitrags behandelt wird, hinaus und verweisen auf dahinter liegende Prinzipien. Eine weitere Besonderheit stellen die zahlreichen Querverweise dar, die auf solche Stellen im Band hinweisen, die sich mit ähnlichen Inhalten beschäftigen.

Auf eine Auswahlbibliographie wurde bewusst verzichtet, da unter der Internet-Adresse www.museumspaedagogik.org eine vollständige und ständig aktualisierte Bibliographie vom Verein für Museumspädagogik Baden-Württemberg eingesehen werden kann.

Ohne die Unterstützung von Sponsoren sind Ausstellungen heute (fast) unmöglich geworden. Auch dieser Band konnte nur durch das Engagement einiger engagierter Förderer realisiert werden. Unser herzlicher Dank gilt den bayerischen Sparkassen, der Katholischen Universität Eich-

Eichstätt-Ingolstadt, der Maximilian-Bickhoff-Stiftung und dem Haus der Bayerischen Geschichte.

Ein herzliches Dankeschön möchten wir außerdem einigen Mitarbeitern der Professur für Theorie und Didaktik der Geschichte der Katholischen Universität Eichstätt-Ingolstadt aussprechen, ohne deren unermüdliche Hilfe die Realisierung dieses Bandes nicht möglich gewesen wäre: Katharina Kestler und Eva Seibel sei herzlich gedankt für ihre zuverlässige Korrekturarbeit. Bernadette Hirsch war eine unschätzbare Hilfe beim Formatieren der Texte; Johannes Grapentin half bei der Erstellung der digitalisierten Fassung mit.

Eichstätt im Frühsommer 2004   die Herausgeberinnen

Ausstellungskonzepte – Spagat zwischen Besucherwunsch und Wissenschaftsanspruch[1]

Von Edwin Hamberger

Schon fast inflationär begegnen sie uns, die vielen verschiedenen Jubiläumsfeierlichkeiten, die jährlich unterschiedlich intensiv und auf verschiedene Art und Weise von den einzelnen Institutionen zelebriert werden.[2] Unter den zahlreichen Jubiläumsangeboten, die sich an ganz unterschiedliche Zielgruppen wenden, finden sich Festzüge, kleine oder große Ausstellungen, aufwendig und umfangreich gestaltete Jubiläumsbände, historische Feste und kulturelle Veranstaltungen, professionell inszenierte Theaterstücke, historische Stadtspaziergänge oder eigens für das Jubiläum produzierte Filme.

Alle Aktivitäten haben eine Gemeinsamkeit. Die vergangene und bereits aus unserem Bewusstsein entrückte Geschichte soll auf ganz unterschiedliche Art und Weise dem Besucher vermittelt werden. Nicht immer gelingt bei diesen Feierlichkeiten der Spagat zwischen Wissenschaftlichkeit und Besucherorientierung. Geschichte soll wissenschaftlich korrekt, zugleich aber auch spannend präsentiert werden. Möglichst viele unterschiedliche Bevölkerungsgruppen sollen in der Präsentation etwas für sie Bedeutsames erkennen können. Wie kann, diese Frage stellt sich, ein Jubiläum zur Bewusstseins- und Identitätsbildung der Bürger beitragen? Welche Angebote sind die angemessenen? Historische Festspiele, die meistens von vielen Bürgern über einen längeren Zeitraum mit großen Engagement vorbereitet und durchgeführt werden, große Landesausstellungen, die einen überregionalen Anspruch erheben oder die mit viel Liebe zusammengestellte Sonderausstellung des örtlichen historischen Arbeitskreises? Ein Patentrezept kann es nicht geben. Jede Form der Jubiläumsgestaltung hat ihre Chancen und Risiken. Mit großem finanziellem und personellem Aufwand durchgeführte Ausstellungen können genauso ein Flop werden, wie der vom örtlichen Festkomitee vermeintlich historisch richtig inszenierte Festzug.

---

[1] Der vorliegende Beitrag basiert auf dem Vortrag „Ansatzpunkt für die Weiterarbeit: Die Ausstellung „Salzburg in Bayern" von Edwin Hamberger, der am 19.05.03 bei der Veranstaltung „In der Gegenwart vereint, durch die Vergangenheit verbunden, historische Erinnerung im Gedächtnis" in Mühldorf gehalten wurde. Für die Drucklegung wurde er entsprechend überarbeitet.

[2] Vgl. Bayerischer Landesverein für Heimatpflege (Hg.): Forum Heimatforschung Ziele- Wege- Ergebnisse, Sonderheft 1, Historische Jubiläen, Planung- Organisation- Durchführung, München 2000.

Grundsätzlich aber gilt es, für jede Aktivität die spezifischen Grundregeln zu kennen, diese zu beachten und umzusetzen. Die Konzeption einer wissenschaftlichen Ausstellung erfordert andere Kenntnisse als die Inszenierung eines historischen Theaterstücks. Das richtige Marketing für eine Ausstellung unterliegt anderen Gesetzmäßigkeiten als die Konzeptentwicklung für einen wissenschaftlichen Katalog.

I. Überlegungen zur Konzeptionierung von historischen Ausstellungen

Als das Stadtarchiv Mühldorf a. Inn im Dezember 2000 vom Stadtrat beauftragt wurde, anlässlich der 200-jährigen Zugehörigkeit der Stadt Mühldorf a. Inn zu Bayern[3] 2002 eine Ausstellung zu gestalten, die sowohl die fast 900-jährige Zugehörigkeit zum früheren Erzstift Salzburg, als auch die letzen 200 Jahre darstellen sollte, war allen Beteiligten klar: Diese Ausstellung muss hohe Qualität aufweisen. Wenn eine Kommune in Zeiten, in denen Kuluretats rigiden Sparzwängen unterworfen sind,[4] sich entschließt, Träger einer Ausstellung zu werden, kann man Besucher nicht mit einer langweiligen, witzlosen und unverständlichen Präsentation abspeisen.

Im Folgenden werde ich Überlegungen zur Konzeptionierung von Ausstellungen vorstellen, die zwar immer wieder am Mühldorfer Beispiel konkretisiert werden, sich aber als Hinweise für andere Veranstaltungen ähnlichen Charakters verstehen.

1. Die Ausgangslage

Ausstellungen müssen heute hinsichtlich Konzeption, Präsentation, Gestaltung, Didaktik, Museumspädagogik, Marketing und Besucherservice überzeugen und beeindrucken können. Tolle Exponate allein reichen nicht mehr aus, um den Besucher zu faszinieren und in den Bann zu schlagen. Lieblose Präsentationen, textlastige Objektbeschreibungen oder

---

[3] Die salzburgische Stadt Mühldorf a. Inn war am 2. Dezember 1802 an das Kurfürstentum Bayern gekommen; vgl. Hamberger, E.: Nun sind wir glücklich, wir werden bayerisch, Der Übergang Mühldorfs an Bayern 1802, in: Stadt Mühldorf a. Inn (Hg.): Mühldorf a. Inn, Salzburg in Bayern, Begleitband zur gleichnamigen Ausstellung, Mühldorf 2002, S. 146-162.

[4] Vgl. hierzu aus der Sicht einer Stadtverwaltung den Beitrag Bönisch/Knoblauch, Kleinere Städte als Ausrichter, S. 841 und aus der Sicht eines Landkreises den Beitrag Wimbauer/Huber, Ausstellung im Landkreis, S. 855 in diesem Band.

langweilige Führungen werden ihn abschrecken und ihn in die Hände eines konsumorientierten Freizeit- und Unterhaltungsmarkts treiben. Zu groß ist das Angebot in einer eventorientierten Gesellschaft.

Anders gesagt: Nur wenn der Besucher das Gefühl hat, für sein Geld etwas bekommen zu haben, wird er wieder kommen bzw. den Besuch der Ausstellung weiterempfehlen.

Da die Organisation von Ausstellungen heute komplexer denn je ist, kommen Ausstellungskuratoren nicht mehr ohne die Hilfe von anderen Fachleuten aus. Professionelle Gestalter, Medienfachleute, Museumspädagogen, Marketingexperten und nicht zuletzt Historiker müssen interdisziplinär zusammenarbeiten und gemeinsam im Dialog das Produkt „Ausstellung" kreieren. Hier ist nicht nur ein integraler Denkansatz gefordert, sondern auch viel Fingerspitzengefühl des verantwortlichen Ausstellungsleiters, alle auftretenden Interessenkollisionen schon frühzeitig zu erkennen, zu bereinigen und alle Beteiligten auf das "Erfolgsprodukt Ausstellung" einzuschwören.[5]

2. Die Planungsphase

a) Leitlinien durch das Ausstellungsexposee herausstellen

Einer der ersten Schritte der Ausstellungsplanung ist die Erstellung eines Ausstellungsexposees. Im Dezember 2000, also gut eineinhalb Jahre vor Eröffnung der Ausstellung, lag es vor. Bei der Erarbeitung dieses Exposees waren alle Mitarbeiter eingebunden.[6] Es enthielt Kernaussagen zu folgenden Themen:

---

[5] Vgl. Compania Media (Hg.): Handbuch Museumsberatung. Akteure – Kompetenzen – Leistungen , Bielefeld 2000; Badisches Landesmuseum Karlsruhe (Hg.): Inszenierte Geschichte(n): Museumstheater, Aktionsräume, Bildergeschichten, Umfragen. Am Beispiel der Landesausstellung: 1848/1849. Revolution der deutschen Demokraten in Baden, Baden-Baden 1999; Schwarz, U./Teufel, P. (Hgg.): Museografie und Ausstellungsgestaltung, Ludwigsburg 2001; Treml, M.: Historische Ausstellungen – ein komplexes Produkt aus Wissenschaft, Ästhetik, Didaktik und Marketing, in: Archive im zusammenwachsenden Europa: Referate des 69. Deutschen Archivtags und seiner Begleitveranstaltungen 1998 in Münster, Siegburg 2000, S. 387-403; Treml, M.: Ausgestellte Geschichte. Überlegungen zum visuellen Lernen in Ausstellung und Museen, in: Schönemann, B./Uffelmann, U./Voit, H. (Hgg.): Geschichtsbewusstsein und Methoden historischen Lernens, Weinheim 1998.

[6] Als Mitarbeiter für das Ausstellungsprojekt standen zur Verfügung: Ein Ausstellungsleiter, der für die Konzeption, Durchführung und Finanzierung des

- Was ist der Anlass für die Ausstellung?
- Wer ist an der Ausstellung beteiligt?
- Was ist Inhalt der Ausstellung?
- Was soll durch eine visuelle Darstellung erreicht werden?
- Wo liegen, bezogen auf den Inhalt, die Stärken der Ausstellung?
- Wo liegen inhaltlich die Schwächen der Ausstellung?
- Welche Zielgruppen sollen in erster Linie erreicht werden?

Solche Ausstellungskonzepte sind für die weiteren Planungsschritte nicht nur unabdingbar, sie sollten auch evaluiert werden.[7] Zu fragen ist z. B., ob die Orientierung am potentiellen Besucher genügend verankert ist.

b) Besucherorientierung schon in der Planung

Immer wieder zeigt es sich, dass Kuratoren und Gestalter Besucherinteressen und Wünsche wenig oder gar nicht kennen. Die Zielgruppen werden dann mit Ausstellungsinhalten konfrontiert, von denen sich nur wenige angesprochen fühlen.[8] Eine konsequent publikumsbezogene Ausstellungsplanung kann bereits im Vorfeld die Weichen auf Erfolg stellen.

Gesamtprojekts verantwortlich war, eine wissenschaftliche Mitarbeiterin, zwei bis drei studentische Hilfskräfte, ein externes Gestaltungsbüro mit zwei bis drei Mitarbeitern. Zuarbeit leistete auch die Stadtverwaltung. Die zu bespielende Ausstellungsfläche betrug 1000 m². Das Ausstellungsgebäude war ein aus dem 15. Jh. stammender Getreidekasten, der seit 1996 für kulturelle Zwecke genutzt wird. Für Museumsdidaktik sowie das Rahmenprogramm der Ausstellung zeichnete die Universität Eichstätt verantwortlich. Die Aufwendungen für das Gesamtprojekt beliefen sich auf 600.000 Euro inklusive Personal- und Sachkosten.

[7] Vgl. Klein, H.-J.: Front- End- Evaluation. Ein nichtssagender Name für eine vielsagende Methode, Karlsruher Schriften zur Besucherforschung H.4, Karlsruhe 1993; Munro, P.: Brückenschlag zwischen Museen und ihren Besuchern mittels Vorab-Evaluation, in: Günter, B./John, H. (Hgg.): Besucher zu Stammgästen machen! Neue und kreative Wege zur Besucherbindung, Bielefeld 2000, S. 79ff.; Treinen, H.: Evaluation von Museumsausstellungen, in: Compania Media (Hg.), Handbuch Museumsberatung, Akteure, Kompetenzen, Leistungen, Bielefeld, 2000, S. 149-163. Vgl. hierzu auch den Beitrag Schäfer, Besucherforschung, S.159 in diesem Band.

[8] In der Praxis zeigt es sich immer wieder, dass Inhalte oder Gestaltungsentwürfe von denen das Ausstellungsteam überzeugt war, vom Besucher als gar nicht so spektakulär empfunden werden. Manche Inhalte, die mit großen finanziellen Mitteln aufbereitet werden, erreichen den Besucher gar nicht. Vgl. Schwarz, U.: Entstehungsphasen einer Ausstellung, in: Schwarz, U./Teufel, P. (Hgg.): Museografie und Ausstellungsgestaltung, Ludwigsburg 2001, S. 26.

Ein Weg in die entsprechende Richtung ist, zukünftige Besucher schon frühzeitig mit Ausstellungsinhalten zu konfrontieren. Befragungen und Interviews zeigen, ob Vorkenntnisse bei Besuchern über das geplante Ausstellungsthema vorhanden sind, machen Wünsche und Anregungen der Besucher transparent und unterstützen den Ausstellungsleiter dabei, eine besucherfreundliche Ausstellung zu konzipieren. Nach Auswertung der Umfrageergebnisse kann das Ausstellungskonzept noch korrigiert werden, ohne dass der finanzielle Schaden allzu groß ist.

Bei unseren konkreten Planungen konnten wir auf Ergebnisse zurückgreifen, die das Kreismuseum Mühldorf bei seinen früheren Sonderausstellungen gewonnen hatte. Dabei war deutlich geworden, dass die salzburgische Geschichte von Mühldorf a. Inn nur den wenigsten Besuchern bekannt war, dass aber durchaus ein Interesse vorhanden wäre, mehr über die geschichtlichen Zusammenhänge mit dem früheren Erzstift Salzburg zu erfahren.

Deshalb entschieden wir uns, den Schwerpunkt der Ausstellung auf die Salzburger Zeit zu legen (935-1802). In zwei Stockwerken, auf 500 m², wollten wir sie mit Exponaten, Inszenierungen, Hörstationen und Videoinstallationen möglichst anschaulich und spannend vermitteln. Die bayerische Zeit (1802-2002) wurde den Besuchern durch eine lebendige 20-minütige Multivision und eine aufregend gestaltete Zeitleiste mit entsprechenden Objekten aus den verschiedenen Zeitepochen näher gebracht. Die Zeit der Säkularisation, die Zeitleiste und die Multivision zeigten wir im Dachgeschoss des Getreidekastens, das extra für diese Ausstellung zugänglich gemacht wurde. Bisher war es den Besuchern verschlossen gewesen. Der komplett erhaltende spätmittelalterliche Dachstuhl, der historische Ziegelfußboden ließen nicht nur eine interessante und ästhetische Gestaltung zu, sondern schufen auch den nötigen Raum für eine effektvolle Multivision, die auch bühnenbildnerische und rauminszenatorische Akzente beinhaltete.[9]

Umfragen bei Schulen und Bildungseinrichtungen hatten ergeben, dass Familien und Kinder bei früheren konzeptionellen Planungen von kleineren kulturhistorischen Ausstellungen nur wenig oder meistens gar nicht miteinbezogen worden waren. In vielen Ausstellungen gab es keine entsprechenden Angebote für Kinder und Familien. Dass dieses fatal ist, zeigen uns die Ergebnisse von Marktforschungsstudien, die nachgewiesen haben, dass Kinder auf Kaufentscheidungen von Erwachsenen einen großen Einfluss haben. Wenn es uns also gelingen würde, so unsere Überlegungen, eine Ausstellung zu gestalten und vor allem neue Präsen-

---

[9] Vergleiche den Beitrag Michel, Multimedia, S. 79 in diesem Band.

tationsformen zu entwickeln, die auch Kindern und Jugendlichen gefallen, so hätte man automatisch auch gar manchen Erwachsenen als Ausstellungsbesucher gewonnen.

Mit entsprechenden Präsentationsformen, spannenden Ausstellungsinhalten, einem hervorragenden Führungskonzept und einem vielfältigen Rahmenprogramm zur Ausstellung haben wir dieses erste Ziel schließlich erreicht. Die vielen positiven Einträge von Familien im Besucherbuch, die Umfragen bei Schulklassen haben uns gezeigt, dass unsere Schüler Spaß hatten und dass für viele Familien ein gemeinsamer Besuch mit ihren Kindern eine echte Alternative zu den vielen Eventangeboten im Freizeitmarkt war. In unserer Ausstellung konnten sich Kinder frei bewegen, bei den Führungen wurden Geschichten ebenso erzählt, wie Entdeckungen – allein oder gemeinsam mit den Eltern – möglich gemacht wurden.[10]

c) Auf die Aussagekraft von Titel und Logo achten

Jede Ausstellung braucht einen ansprechenden und aussagekräftigen Titel und ein einprägsames Logo. Im Diskussionsprozess prallen notwendig unterschiedliche Wünsche und Vorstellungen aufeinander. Ist ein Kompromiss gefunden, wäre eine externe Evaluierung durch Fachleute, hier der Werbebranche, dringend geboten. Im Falle Mühldorfs entschieden wir uns nach langen Diskussionen, bei denen sich auch Interessensvertreter immer wieder zu Wort meldeten, schließlich für „Mühldorf a. Inn, Salzburg in Bayern. In der Geschichte vereint, in Europa verbunden". Der politisch gewollte, stark lokal ausgerichtete Ausstellungstitel erschwerte die überregionale Vermarktung der Ausstellung.[11] Und das, obwohl das Gestaltungsbüro ein ästhetisch ansprechendes Logo entwickelte, das über zwei Jahre lang für alle Publikationen und Aktivitäten rund um die Ausstellung verwendet wurde,[12] auch, um die Ausstellung in Stadt und Regi-

---

[10] Vgl. das Kapitel Varianten statt „ein Konzept für alle": Was Führungen leisten können, ab S. 379 in diesem Band; dort insbesondere die Beiträge Fischer, Wochenendführungen für Kinder, S. 469, Huber, Adressatengerechte Führungen, S. 441.

[11] Bei der späteren Pressearbeit zeigte es sich immer wieder, dass überregionale Zeitungen wie z. B. die Frankfurter Allgemeine, die Zeit oder auch die Welt eine Berichterstattung über die Ausstellung aufgrund des regionalen Schwerpunkts ablehnten.

[12] Ende 2001/Anfang 2002 begannen wir mit dem Versand unserer Werbeflyer, Ausstellungsplakate und Informationsmappen. Eine sehr differenziert aufgegliederte Verteilerstruktur sollte die Ausstellung auch überregional bei allen Bildungsinstitutionen, Fremdenverkehrsämtern, Historischen Vereinen, Kir-

on „präsent" zu machen. Plakatierung an städtischen Litfasssäulen und Omnibushaltestellen machten „Salzburg in Bayern" zu einem Teil der Stadt. Mit Flyern und Hinweisen auf Veranstaltungen des Rahmenprogramms warben wir auch in Geschäften, Lokalen und Verkehrsmitteln. Das Logo zeugte zudem von der Präsenz der Ausstellung in der Presse.[13] Ein ausführliches und klares Orientierungs- und Leitsystem, das ebenfalls das Logo verarbeitete, schaffte es, dass der Ausstellungsort auch für nicht Ortskundige schnell und leicht zu finden war.[14] Im Umkreis vom 50 km betrieben wir an den stark frequentierten Ausfallstraßen Werbung mit Großaufstellern.[15]

---

chen, wissenschaftlichen Institutionen, Busunternehmen, sozialen Verbänden, Wirtschaftsunternehmen und öffentlichen Institution bekannt machen. Ein entsprechendes Anschreiben verwies auf die Möglichkeit einer Stadtführung in Kombination mit der Ausstellung, auf entsprechende Gastronomiebetriebe oder sonstige touristische Sehenswürdigkeiten. Insgesamt versandten wir 80.000 Flyer und Plakate. Der Rücklauf auf unsere Angebote war eher zurückhaltend.

[13] Vgl. die Beiträge Schreiber, Pressearbeit für Tageszeitungen, S. 737, und Honervogt, Regionalzeitung, S. 771 in diesem Band.

[14] Bei den vorausgehenden Planungen ging man von einem aufwendigen Orientierungs- und Leitsystem aus; aus finanziellen und zeitlichen Gründen entschied man sich dann für rote Plexitafeln mit einlaminierten A 3 Ausstellungsplakaten und weißen Orientierungspfeilen. 70 Stück dieser Tafeln wurden im gesamten Stadtgebiet vorübergehend an Straßenschildern montiert.

[15] Da für diese Werbetransparente nicht nur Baugenehmigungen erforderlich waren, sondern diese auch hohe Produktionskosten hatten, konnten wir nur 32 Stück aufstellen. Die Produktionskosten belaufen sich auf 500 Euro pro Stück. Bei dem Material handelt es sich um bedruckte LKW-Planen. Schon im Vorfeld sollte man sich überlegen, wie diese nach der Ausstellung zu nutzen sind. Das Stadtarchiv steht z. Z. in Verhandlung mit einer Firma, die aus den gebrauchten Planen modische Taschen und Rucksäcke näht.

Abb. 1 Plakat der Ausstellung „Mühldorf a. Inn – Salzburg in Bayern", 2002.

Vor Ausstellungseröffnung sollte der Titel bereits in aller Munde sein, das Logo vor aller Augen stehen; während der Ausstellung wird es mit Leben und Inhalten gefüllt.

3. Schlaglichter auf Ausstellungskonzepte

Damit Ausstellungsinhalte, ich nenne sie besser „Geschichten", nachvollziehbar werden, müssen diese faszinieren, den Besucher emotional ansprechen und die Wissenschaft lebenspraktisch werden lassen. Erst dann wird er sich mit diesen erzählten "Geschichten" bewusst auseinandersetzen.[16] Natürlich stand bei der Auswahl unserer Ausstellungsinhalte die

---

[16] Vgl. Rüsen, J.: Lebendige Geschichte- Grundzüge einer Historik III, Formen und Funktionen des historischen Wissens, Göttingen 1989.

vergangene Geschichte im Mittelpunkt unserer Aktivitäten, trotzdem wollten wir auch immer einen Gegenwartsbezug herstellen. Ausgehend von unseren heutigen Fragen und Problemen blicken wir in die Vergangenheit zurück. Geschichte begreifen wir dabei als ein Medium, die Gegenwart zu bewältigen und nicht (nur) die Vergangenheit.[17]

Bevor man jedoch „Geschichten" erzählen kann, müssen vergangenes Geschehen, vergangenes Leben, vergangene Rahmenbedingungen erst wissenschaftlich erforscht werden. Das können nur entsprechend ausgebildete Personen bewältigen. Die dafür notwendigen umfangreichen Archivrecherchen und Quellenauswertungen erfordern exzellente historische Kenntnisse und viel Zeit. Erst wenn ein fundiert abgesichertes historisches Grundgerüst erarbeitet ist, können von außerhalb der Forschung kommende „Geschichtenerzähler" diese erarbeiteten Inhalte visualisieren und rhetorisch in Szene setzen. Noch immer lehnen viele Historiker diese Verlebendigung von Geschichte aber ab. Für sie ist die nüchterne, objektivierte, „entmetaphysierte und entästhetisierte" Darstellung ausreichend und richtig.[18] Ich denke, dass hier ein Mittelweg gefunden werden muss. Grundsätzlich plädiere ich schon für Inszenierungen und das Visualisieren von Geschichte. Aber: Das vergangene Ereignis und die richtige Einordnung in den historischen Kontext sollten immer die Orientierungspunkte für inszenatorische Gestaltung sein.

a) Inszenierungen – Anregungen für die Beschäftigung mit Vergangenheit und Gegenwart

Meinen Standpunkt erläutere ich am Beispiel der Inszenierung des Mühldorfer Hexenprozesses in der Ausstellung. In der Abteilung „Recht und Verwaltung", hatten wir auch das Schicksal der 16-jährigen Maria Pauer dargestellt, die von 1749 bis 1750 als Hexe in Mühdorf gefangen gehalten und 1750 in Salzburg hingerichtet wurde.[19]

In einem ca. 8 m² großen dunklen Raum, der an das „Hexenkammerl", die Gefängniszelle im Mühldorfer Rathaus, erinnerte, konnten die Besucher über eine Audiostation Stimmen und Auszüge aus den Verhörprotokollen des Hexenprozesses hören. Als zentrales Objekt war im Raum "der Hexenhammer", der Malleus maleficarum von Jakob Sprenger und Heinrich Institoris[20] zu besichtigen, ein spätmittelalterliches Ge-

---

[17] Kuss, H.: Historisches Lernen im Wandel, in: „Aus Politik und Zeitgeschichte – Beilage zur Wochenzeitschrift Das Parlament" B14/1994.
[18] Hardtwig, W.: Geschichtskultur und Wissenschaft, München 1990, S. 102.
[19] Neumeyer, A. F.: Der Mühldorfer Hexenprozess 1749/1750, Mühldorf ³1992.
[20] Sprenger, J./Institoris, H.: Der Hexenhammer, (übersetzt von J.W.R. Schmidt), Berlin 1906.

setzeswerk, das die Grundlage für die großen Hexenverfolgungen der Neuzeit bildete. Daneben war in einer Vitrine der Prozessakt von Maria Pauer als Aktenstoß aufgeschichtet. Es handelte sich dabei um Repliken. Einige zentrale Schriftstücke wurden durch Objektbeschreibungen erläutert. Es wurde bewusst auf eine bildliche und emotionale Inszenierung, z. B. in Form einer auf dem Boden liegenden und in der Ecke kauernden Stoffpuppe verzichtet, da diese nur peinlich und unangemessen gewirkt hätte. Vielmehr ging es uns darum, den Mühldorfer Hexenprozess nicht nur als historisches Ereignis darzustellen. Die Inszenierung sollte den Besucher bewusst dazu anregen, sich mit heutigen gesellschaftlichen Erscheinungsformen wie Fremdenfeindlichkeit, Gewalt und Ausgrenzungen von sozialen Randgruppen und Diskriminierung von Ausländern auseinander zu setzen.

b) Ausstellungstexte als Orientierungshilfe für die Besucher

Dargebotene Ausstellungsinhalte und Objekte müssen für Besucher durch Ausstellungstexte erschlossen werden. Wichtig ist dabei, dass Ausstellungstexte eine klare Gliederungsstruktur (Hauptabteilungstexte, Unterabteilungstexte, Objektbeschreibung) aufweisen, typographisch ansprechend gut gestaltet sind und den Besuchern die nötigen Informationen bieten. Die drei Ebenen (Hauptabteilungstexte, Unterabteilungstexte und Objekttexte)[21] sollen sich auch visuell unterscheiden, so dass der Besucher selbst entscheiden kann, ob er lieber überblicksartig und schnell die Informationen der Hauptabteilungstexte wahrnehmen möchte oder ob er sich in detaillierte Objektbeschreibungen vertieft.

---

[21] Vgl. hierzu auch den Beitrag Urban, Audioguides, S. 491 in diesem Band.

Ausstellungskonzepte

Abb. 2 Die Abteilung „Landesverfassung" in der Ausstellung „Salzburg in Bayern". Die Texthierarchie ist hier klar zu erkennen: der Hauptabteilungstext auf der Fahne, der Unterabteilungstext auf die Wand geschrieben und die eigentliche Objektbeschreibung.

Immer wieder fällt bei Ausstellungsplanungen auf, dass auf das Verfassen von Ausstellungstexten viel zu wenig Zeit verwendet wird. Meistens rückt der Eröffnungstermin schon sehr nahe, aber brauchbare Texte, Konzepte für Texthierarchien oder Textsorten sind noch nicht vorhanden. Dabei sind gute Texte eines der Herzstücke einer Ausstellung. Mit ihnen gelingt es dem Kurator, eine Kommunikation zu den Besuchern aufzubauen. Besucher brauchen Hintergrundinformationen und Erklärungen, um Objekte einzuordnen und zu verstehen sowie Zusammenhänge zu begreifen. Wenn Texte also unverständlich für das Gros der Besucher formuliert sind, nicht vorhanden oder unübersichtlich angebracht sind, wird der Besucher bewusst von der Ausstellung ausgeschlossen. Er wird diese verunsichert und enttäuscht verlassen.

Gerade bei Ausstellungstexten gilt die Grundregel „wenig ist mehr". Die Qualität der Texte ist ausschlaggebend, nicht die Quantität. Kriterien für gute Texte sind einheitliche Schriftgrößen, vordefinierte Lesegrößen und Lesehöhen, Kürze und Prägnanz, einfache Sprache und Stimulanz.[22] Wenn man dem Besucher mehr Informationen oder Details vermitteln möchte, gibt es andere Möglichkeiten als lange Ausstellungstexte.

c) Zusatzmaterial lesen und hören

(1) Mit einem wissenschaftlich erarbeiteten Ausstellungskatalog ist es möglich, dem Besucher zusätzliche Hintergrundinformationen und ausführliche Objektbeschreibung nachzuliefern.

(2) Durch Audioführungen[23] kann man reichhaltige Informationen bequem vermitteln, ohne dass der Besucher durch das Lesen von Texten in seiner Aufnahmefähigkeit zu sehr belastet wird.

(3) In die Ausstellungsarchitektur integrierte Lesestationen ermöglichen es dem Besucher, selbst aktiv zu werden. Er kann entscheiden, wie intensiv er sich mit dem Thema auseinandersetzen möchte. Nicht unwichtig dabei ist, dass er die angebotenen Materialien im Sitzen durchblättern kann, denn das steigert die Lust am Lesen erheblich. Wenn sich Schubladen herausziehen oder Wandschränke öffnen lassen, dann macht das neugierig und regt an, die dargebotenen Texte zu lesen.[24]

In unserer Abteilung „Recht und Verwaltung" wollten wir dem Besucher die Aufgaben einer städtischen Verwaltung verdeutlichen. Er sollte erfahren, wie die Bürger in einer spätmittelalterlichen Stadt durch die Obrigkeit "verwaltet" wurden. Wir hatten daher in einzelnen Fächern die typischen Schriftgutarten (Stadtkammerrechnungen, Bürgereide, Gerichtsprotokolle, Steuerbücher etc.) einer städtischen Registratur als gebundene Bücher aufgestellt. Die Faksimiles enthielten auf der ersten Seite kurze Erläuterungen zu dem Quellentyp, dann folgten Originaleinträge mit entsprechenden Transkriptionen. Diese Lesestationen wurden sehr gut ange-

---

[22] Noschka-Roos, A.: Bausteine eines besucherorientierten Informationskonzepts, in: Schwarz, U./Teufel, P. (Hgg.): Museografie und Ausstellungsgestaltung, Ludwigsburg 2001, S. 88-114; Dawid, E./Schlesinger, R. (Hgg.): Texte in Museen und Ausstellungen, ein Praxisleitfaden, Bielefeld 2002; Forstner, T.: Deutliche Worte – Bemerkungen zu Exponatbeschriftungen, in: Pfister, P. (Hg.): Schriften des Archivs des Erzbistums München und Freising, Bd. 5, Michael Kardinal von Faulhaber (1869-1952), Regensburg 2002, S. 137-160.

[23] Vgl. hierzu den Beitrag Urban, Audioguides, S. 491 in diesem Band.

[24] Vgl. den Beitrag Vogel, Interaktive Stationen, S. 101 in diesem Band.

nommen. Auch Kindern und Jugendlichen bereitete es Spaß die ungewöhnliche Schrift mit Hilfe der Übersetzungen zu entschlüsseln. Bei Führungen wurde immer wieder auf die Materialien zurückgegriffen, um mit Zitaten aus Quellen aufzulockern und die Führungen spannend zu gestalten.

Abb. 3 Eine Besucherin blättert in einem Faksimile der Abteilung „Recht und Verwaltung" in der Ausstellung „Salzburg in Bayern".

d) Besucherorientierte Einbindung von Textquellen: Hörstationen

Bei der Abteilung „Säkularisation von Mühldorf 1802" ging es nicht nur darum die politischen Rahmenbedingungen der Säkularisation zu zeigen, sondern konkret dem Besucher zu vermitteln, was es bedeutet haben muss, innerhalb eines Tages einen neuen Landesherrn zu haben. Die vorliegenden Quellen sind meistens Schriftdokumente, die den Besucher nur wenig beeindrucken, so auch die Bittschrift eines Chorregenten, der durch die Säkularisation seinen Arbeitsplatz verloren hat und seine Familie nicht mehr ernähren kann. Die menschliche Tragödie, die dieses Papier in sich birgt, kann vom Besucher nicht erschlossen werden. Auch ausführliche Objektbeschreibungen helfen da nur zum Teil ab. Der Besucher wird zwar die Objektbeschreibung lesen, wird sie aber schnell vergessen, da seine Gefühlsebene zu wenig angeregt wird. Eine Möglichkeit sehe ich darin, die Quellen für die Besucher durch Hörstationen zu erschließen und ihm so die enthaltenen Informationen des Schriftdokuments zugänglich zu machen.

Hier ist zu unterscheiden, ob es sich um ein Hörbild mit verschiedenen handelnden Personen handelt oder nur um einen in Auszügen gelesenen Quellentext. Beide Arten von Hörstationen wurden in der Ausstellung eingesetzt. Wenn ein gelesener Quellentext zu hören war, dann war unmittelbar daneben auch das Archivale zu sehen. Uns war es einerseits wichtig, dem Besucher zu zeigen, dass wir den Hörstationen Archivquellen zu Grunde gelegt haben, andererseits wollten wir ihm auch die Möglichkeit geben, die Quelle als Ausstellungsobjekt zu erfassen. Mit Hilfe der Hörstation war es ihm möglich zu verstehen, welch menschliches Leid sich hinter dem unscheinbar erscheinenden Blatt Papier aus der Säkularisationsabteilung verbergen kann. Jetzt konnte er auch erfahren, was die spürbaren Folgen der Säkularisation waren.

Wenn man Quellen für Hörstationen erschließt, gibt es zweierlei zu beachten. Erstens muss man die einschlägigen Archivalien recherchieren und diese auch interpretieren und lesen können. Zweitens müssen Texte von professionellen Sprechern gesprochen werden. Nicht vergessen sollte man, dass es sehr zeitaufwendig und arbeitsintensiv ist, entsprechende Texte auszuwählen und sie redaktionell für die Aufnahme aufzubereiten. Die technische Wiedergabe und Präsentation muss einwandfrei sein. Es ist nichts unangenehmer, als wenn Hörstationen nicht funktionieren, technische Mängel aufweisen oder benutzerunfreundlich sind.

Abb. 4 Eine Besucherin nutzt die Hörstation zur Abteilung „Medizin" in der Ausstellung „Salzburg in Bayern".

Für die Aufnahmefähigkeit und Konzentration des Besuchers hat es sich als günstig erwiesen, wenn er den Quellentext nicht nur über die Hörstation hören, sondern diesen, z. B. über einen Bildschirm, zugleich auch mitlesen kann. Diese Kombination aus gelesenem und gehörtem Text, führt dazu, dass der Besucher sich mit den dargebotenen Ausstellungsinhalten intensiver beschäftigt als bei einer herkömmlichen Präsentation.[25] Gerade bei Ausstellungen, die sehr viel „Flachware" d. h. Archivalien, als Ausstellungsobjekte haben, eignet sich diese Form der Präsentation sehr gut.

e) Gegenständliche Quellen, zwischen Kontextualisierung und Interaktion

Damit Ausstellungsinhalte, „Geschichten", spannend werden, sind Ausstellungsobjekte wichtig. Die Exponate haben „informationstragende und

---

[25] Um das sich-Vertiefen zu unterstützen, haben wir auch Sitzgelegenheiten bereitgestellt.

emotionale Wirkungen"[26], diese gilt es zu bündeln und dem Besucher zugänglich zu machen. Ein Ausstellungsobjekt für sich allein genommen vermittelt jedoch noch keine Geschichte; auch die vielgepriesene Aura oder Authentizität ist nicht ausreichend. Die Objekte müssen mit anderen „Akteuren", mit Texten, Bildern, Graphiken in einen Kontext gesetzt, inszeniert werden. Erst dann werden sie lebendig und können etwas vermitteln. Was sagt z. B. ein in die Ecke gestellter Pestsarg aus dem 17. Jh. aus? Nichts. Erst wenn er entsprechend inszeniert wird, wenn er mit weiteren Objekten in den Kontext gesetzt wird, erst dann wird er die erwarteten Emotionen, wird er Fragen beim Besucher auslösen können.

Wichtig ist, dass der Besucher immer wieder auch eine Beziehung zwischen musealen Ausstellungsobjekten und Gegenständen seiner Lebenswelt herstellen kann, dass er Objekte aus ihrer „Isolation und Funktionslogik"[27] lösen kann und somit Geschichte nachvollziehbar wird. Da Lernen kein momentaner Akt ist, sondern sich prozesshaft ereignet, muss dieser Prozess lebendig gehalten werden und sich an Alltagserfahrungen anbinden lassen.[28] Deswegen sind solche Objekte für Ausstellungen sehr geeignet, die Interaktionen ermöglichen, die Begeisterung entfachen, die zu Handlungen anregen, die das Erlebnis konkret sinnlich werden lassen.[29] Als Beispiel nenne ich unsere „Pestkräuter" in der Abteilung Medizin. Dort konnten Besucher an einigen Kräutermischungen riechen, die als Desinfektionsmittel bei Pestepidemien verwendet wurden. Diese Kräuter (z. B. Zwiebel, Knoblauch, Melisse und Kamille) kannten sie auch aus ihrer alltäglichen Lebenswelt. Im Museumsshop wurde dann noch eine marmeladenähnliche Mixtur angeboten, die auch bei „Pestilenzen oder abscheulichen Infektionen" dem Käufer eine große Besserung versprach.

---

[26] Auer, E. M.: Führungen in wissenschaftlichen-technischen Museen. Probleme und Erfahrungen. In: Deutsche UNESCO-Kommission Köln, (Hg.): Die Praxis der Museumsdidaktik. Bericht über ein internationales Seminar der Deutschen UNESCO-Kommission in Zusammenarbeit mit dem Museum Folkwang vom 23. bis 26. November 1971, München 1974, S. 73-80.

[27] Schmeer-Sturm, M.L: Sinnorientierte Museumspädagogik in: Vieregg, H. u.a. (Hgg.): Grundlagen – Museumstypen – Museologie Bd. 1, Baltmannsweiler 1994, S. 52.

[28] Stiller, J.: Formen und Wirkungen handlungsorientierter Informationsvermittlung in der Museumspädagogik, Dormund 1993, S. 138.

[29] Anderson, D.: Lebenslanges Lernen in Museen. Zur Situation der Museumspädagogik im Vereinten Königreich von Großbritannien und Nordirland in: Rath, G.: Museen für BesucherInnen. Eine Studie, Wien 1998, S. 25.

Ausstellungskonzepte 35

Abb. 5 „Pestkräuter" in der Abteilung Medizin der Ausstellung „Salzburg in Bayern".

Interaktionsangebote kommen nicht nur dem Bewegungs- und Berührungsdrang von Kindern entgegen, nein, sie ermöglich es auch, dass diese Objekte von Kindern und Eltern/Erwachsenen gemeinsam erforscht werden. In der Abteilung „Markt und Handel" hatten wir z. B. einen Originalspieltisch aus dem 18. Jahrhundert nachgebaut, an dem Kinder und Erwachsene „das Eulenspiel" nachspielen konnten. Dieses Brettspiel, das zur Salzburger Zeit in den gehobenen Bürgerkreisen weit verbreitet war, wurde ein wahrer Publikumsrenner. Immer wieder würfelten dort Kinder und Erwachsene um die Wette, setzten ihre Beträge und frönten so ihrer „Spiellust".

Abb. 6   Der Eulenspiel-Tisch in der Abteilung „Markt und Handel" der Ausstellung „Salzburg in Bayern".

Ebenso verhielt es sich mit dem Nachbau eines spätmittelalterlichen Rechentuches (Abakus), mit dem z.B. Subtraktionen oder Additionen durchgeführt werden konnten. Interessant war dabei zu beobachten, dass Eltern genauso viel Freude hatten, ihren Kindern die Grundzüge des Rechnens zu erklären bzw. mit ihren Sprösslingen zu rechnen, wie die Kinder selber. An diesen beiden Beispielen lässt sich zeigen, wie Eltern und Kinder gemeinsam in Aktion treten können und das gemeinsame Erleben einer Ausstellung keine Fiktion ist, sondern auch konkret umgesetzt werden kann.

Auch wenn bei der Auswahl von Ausstellungsobjekten besucherbezogene Überlegungen eine große Rolle spielen, so sind bei der Präsentation von Objekten in erster Linie die konservatorischen Bedingungen zu berücksichtigen. Es lassen sich nämlich nicht alle Objekte so präsentieren, wie es für die Ausstellungsbesucher günstig wäre. Archivalien und Textilien benötigen z. B. geringe Lux-Werte, so dass diese nur wenig in den Vitrinen ausgeleuchtet werden dürfen. Hier ist besonders wichtig, dass Restauratoren und Gestalter gut zusammenarbeiten, so dass für beide Seiten tragfähige Kompromisse gefunden werden. Letztlich haben jedoch konservatorische Belange einen größeren Stellenwert, als das ästhetische Empfinden des Gestalters. Bei manchen Ausstellungssituationen ist es genauso gut, wenn man anstelle von Originalen gute Reproduktionen verwendet. Eine gute Ausstellung zeichnet sich nicht dadurch aus, dass nur Originale zu sehen sind.[30] Der richtige Einsatz und die sinnvolle Mischung aus Originalen und Reproduktionen ist entscheidend für den Erfolg der Ausstellung.

f) Schauspieler in der Ausstellung

Als Akteure für eine besondere Form der Inszenierungen von Objekten und Aussagen wählten wir junge Schauspielerinnen und Schauspieler von der Theaterakademie Athanor.[31] Diese schafften es, unsere ausgestellten Objekte zum Leben zu erwecken und die von uns inszenierten Geschichts"bilder" den Besuchern durch kurze Schauspielszenen zu vermitteln.[32] Überlegt geschriebene Drehbücher, die im Vorfeld zusammen mit den Verantwortlichen erarbeitet worden waren, machten es möglich, dass wir viele Besucher ansprechen und thematisch ganz nahe bei ihnen sein konnten.[33] Unsere Besucher wurden von uns ernst genommen. Sie wurden in Dialogen miteinbezogen.[34] Die Schauspielszenen verstärkten die Kommunikation der Besucher mit den ausgestellten Exponaten, unter anderen auch dadurch, dass nicht ausstellbare Hintergrundinformationen vermittelt wurden: So erfuhren die Besucher durch die gespielten Schauspielszenen nicht nur, wie viel menschliches Leid Pestepidemien in spätmittelalterlichen Städten auslösen konnten, sondern lernten auch, welche

---

[30] Der Ausweis, ob es sich beim Exponat um Original oder Replik handelt, ist allerdings ein selbstverständlicher Akt der Fairness den Besuchern gegenüber.

[31] Vgl. Schmid W. G./ Steinkrüger, B.: Schauspieler zeigen die Revolution 1848/49 in: Badisches Landesmuseum Karlsruhe (Hg.): Inszenierte Geschichte(n), Museumstheater, Aktionsräume, Bildergeschichten, Umfragen. Am Beispiel der Landesausstellung 1848/1849. Revolution der deutschen Demokraten in Baden, Baden-Baden 1999; Kindler, G.: (Hg.): Museumstheater, Theatrale Inszenierungen in der Ausstellungspraxis, Bielefeld 2001.

[32] Der Gefahr, dass Besucher auf diese Weise Geschichtsdeutungen mit Vergangenheit verwechseln, sollte man sich bewusst sein.

[33] Insgesamt gab es fünf verschiedene Schauspielszenen mit sieben Schauspielern auf drei Ausstellungsebenen. Diese Schauspielszenen wurden immer in Kombination mit einer Führung angeboten. In der gesamten Ausstellungszeit vom 8. Juni bis 27. Oktober gab es 200 Aufführungen.

[34] Vgl. hierzu auch den Beitrag Bieler, der die Schauspieler-Perspektive darstellt, S. 481 in diesem Band.

Vorkehrungen man damals getroffen hatte, um sich vor der Ansteckung zu schützen.

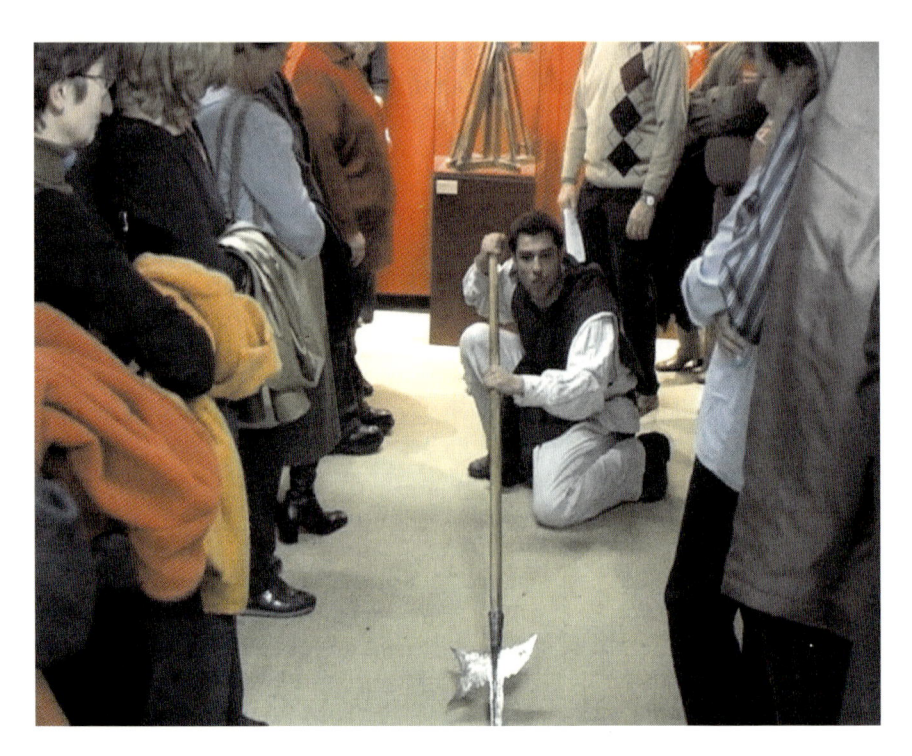

Abb. 7   Schauspieler der Theatergruppe Athanor beim Spiel in der Abteilung „Belagerung Mühldorfs 1364" in der Ausstellung „Salzburg in Bayern".

Da wissenschaftliche Untersuchungen gezeigt haben, dass beim Lernen die Gefühlsebene und die emotionalen Erfahrungen[35] nicht vernachlässigt werden dürfen, haben wir bewusst diese Form der Inszenierung gewählt, um bei einem Ausstellungsbesuch vielschichtiges Lernen zu ermöglichen. Auf diese Weise war der oft zitierte Begriff vom „Lernort Ausstellung" keine Fiktion mehr.

g)   Der Schlusspunkt der Ausstellung

Bei der Zusammenstellung der Ausstellungsinhalte, ich nenne es einmal „dem Drehbuch der Ausstellung", war es uns wichtig, dass der Besucher

---

[35] Treinen, H.: Ausstellungen und Kommunikationstheorie, in: Haus der Geschichte der Bundesrepublik Deutschland (Hg.): Museen und ihre Besucher. Herausforderungen für die Zukunft, Berlin 1996, S. 85.

am Ende etwas mit nach Hause nimmt. Ein glamouröses „happy end", wie wir es aus einigen Hollywoodproduktionen kennen, sollte es nicht sein. Trotzdem wollten wir den Besucher mit einer Stimmung auf den Heimweg schicken. Diese sollte durchaus zukunftweisend oder visionär sein. Umgesetzt haben wir diese Idee mit einer Computerprojektion. An einem fest eingebauten Terminal konnten die Besucher ihre Visionen oder ihre Wünsche zur Zukunft Mühldorfs eingeben. Diese Eingaben wurden dann auf eine Wand projiziert und in einer endlos Schleife erschienen immer wieder die eingegebenen Sätze, Satzfragmente oder Wörter, die auch mit fest hinterlegten Begriffen kombinierbar waren. Diese Präsentation hatte nicht nur etwas Ästhetisches oder Künstlerisches, sondern setzte auch bewusst einen Kontrapunkt zu manchen anderen historischen Ausstellungen.

II. Überlegungen zur Gestaltung von historischen Ausstellungen

1. Ausstellungsarchitektur schafft Raumerleben

Ausstellungsbesuche sind letztendlich Raumerlebnisse. Wir erleben den Ausstellungsort, meistens ein Museum, als einen Ort, der uns die Welt anders sehen lässt.[36] Daher ist die architektonische Hülle von enormer Wichtigkeit, denn sie fördert das Raumempfinden. Als Beispiel für diese Überlegung möchte ich nur den großen Erfolg der Pinakothek der Moderne anführen, der zum großen Teil auf die architektonischen Besonderheiten und die Innengestaltung zurückzuführen ist.

Die gestalterischen Mittel müssen so gewählt werden, dass für den Besucher eine vermittlungsgünstige Atmosphäre entsteht. Ausstellungsarchitektur soll faszinieren, aber nicht bedrücken, sie kann durchaus anregend, spannend oder geheimnisvoll sein. Ausstellungen sind letztendlich auch geheimnisvolle Orte, die entdeckt werden wollen, sie sollen sich auch bewusst vom schon Alltäglichen und Vertrauten abheben und zum Besuch einladen. Der Besucher muss sich geborgen und herzlich aufgenommen fühlen. Hier darf er sich ausruhen, darf seine Gedanken schweifen oder sich einfach nur von den ausgestellten Objekten beeindrucken lassen.

Objekte und Raum müssen aber gestalterisch in Einklang gebracht werden. Die präsentierten Objekte sollten noch „sprechen", sie dürfen

---

[36] Borchert, J.: Das familienfreundliche Museum, in: Schwarz, U./Teufel, P. (Hgg.): Museografie und Ausstellungsgestaltung, Ludwigsburg 2001, S. 127ff. Vgl. auch den Beitrag von Bichlmeier, Räume, S. 235 in diesem Band.

den Besucher nicht erschlagen. Die Gestaltung darf nie zum Selbstzweck werden, die ausgestellten Inhalte müssen weiterhin sichtbar und vermittelbar bleiben. Die räumliche Umgebung kann das Wahrnehmen von Exponaten empfindlich stören.

2. Ausstellungsarchitektur statt Führungslinie

Ob Besucher sich eine Ausstellung erschließen, indem sie der Linie des Ausstellungsmachers folgen oder ob sie „planlos" durch eine Ausstellung gehen, darüber sind sich die Besucherforscher nicht einig. Vermutlich haben wir es mit unterschiedlichen Besuchertypen zu tun. Der „planlose" Besucher bewegt sich nicht linear, sondern wird von Objekten oder Rauminszenierungen gelenkt und getrieben. Er ist immer auf der Suche nach Reizen und nach Neuem. Er will selbst bestimmen, welche Ausstellungsinhalte und Präsentationen für ihn interessant sind oder welche Objekte er näher erkunden will.[37] Lernen ist hier ein selbst gesteuerter Aneignungsprozess. Damit es nicht auch strukturlos wird, wurde in der Ausstellung „Salzburg in Bayern", sehr viel Wert auf Ausstellungsarchitektur gelegt. Immer wieder eröffneten sich neue Einblicke. Abteilungsfarben unterstützten die Besucher dabei, Zusammengehöriges zusammen zu bringen. Arrangements und Inszenierungen wurden angeboten. Auf eine vorgegebene Führungslinie wurde bewusst verzichtet.

Für den Besucher gab es immer wieder Möglichkeiten sich auszuruhen, angenehme Sitzhocker luden zum Verweilen ein. Für größere Besuchergruppen wurden ausreichende Laufwege eingeplant. Für kleinere Besucher gab es tragbare Papphocker, die es ermöglichten, dass auch 6-7 jährige Kinder Objekte in den Vitrinen anschauen konnten, ohne sich auf Zehenspitzen stellen zu müssen.

Als ein ganz großer Pluspunkt erwies sich die Öffnung des Dachgeschosses, ein Stockwerk, das Besuchern bisher nicht zugänglich war. Hier konnte er die Architektur eines spätmittelalterlich Getreidekastens bewundern.

---

[37] Heiner Treinen bezeichnet dieses Verhalten als „aktives Dösen" und vergleicht es mit dem „kulturellen Window-Shopping", da sich die Besucher wie bei einem Einkaufsbummel nur mit den Dingen beschäftigen, die ihre Aufmerksamkeit zu fesseln vermögen. (Vgl. Treinen, H.: Was sucht der Besucher im Museum? Massenmediale Aspekte des Museumswesens, in: Fliedl, G. (Hg.): Museum als soziales Gedächtnis ? Kritische Beiträge zu Museumswissenschaft und Museumspädagogik, Klagenfurt 1988, S. 33).

3. Ästhetik über die Ausstellungsarchitektur hinaus

In diesem Zusammenhang plädiere ich für eine Ästhetik im „Ausstellungs- und Museumswesen", die sich nicht nur auf Ausstellungsarchitektur bezieht, sondern ebenso auf Ausstellungstexte, Multimedia-Präsentationen oder Publikationen. Was nützt der dickste Ausstellungskatalog, wenn er nicht zum Lesen oder zum Blättern einlädt? Obwohl wir die Ergebnisse der pädagogischen Psychologie und der Besucherforschung kennen, werden immer wieder die Grundregeln verletzt mit fatalen Folgen für die Attraktivität der Ausstellung.

III. Fazit

- Ausstellungen müssen eine echte Alternative zu den „anderen" Freizeitangeboten sein, das setzt aber voraus, dass eine Überintellektualisierung, die immer wieder von den Museumsexperten kritisiert wird, vermieden wird.
- Viele Besucher weisen nach Treinen ein „diffuses kulturbezogenes Neugierverhalten" auf. Dieses ist bei Ausstellungsplanungen zu beachten und ausschlaggebend für die Entwicklung inhaltlicher Konzepte.
- Ausstellungsbesucher müssen als „feste Freunde" der Einrichtung gewonnen werden, um dadurch auch Kommunalpolitiker von der Notwendigkeit der Museumsarbeit im Zeitalter leerer Kassen zu überzeugen.
- Ausstellungsarchitektur, Ästhetik, und Didaktik sind wichtige Punkte und müssen konsequent und richtig eingesetzt werden.
- Marketing ist ein Faktor, der noch viel zu wenig beachtet und umgesetzt wird.
- Ohne museumspädagogische Erschließung und ohne Rahmenprogramm sind Ausstellungen heute nicht mehr denkbar. Je besser eine Ausstellung ist, desto weiter können Rahmenprogramme und museumspädagogische Angebote die Besucher fördern und fordern.

Ausstellungsdesign: Eine Brücke zum Besucher

Von Monika Müller-Rieger

Brücken bauen heißt, Verbindungen zu schaffen und Hindernisse oder einfach auch nur Abstände zu überwinden. Um welche „Ufer", „Hindernisse" und „Abstände" handelt es sich bei Ausstellungen? Ausstellungen folgen dem Wunsch nach Veranschaulichung. Der französische Museumstheoretiker Krzysztof Pomian schreibt, dass der heilige Franz von Assisi bereits 1223 zur Veranschaulichung des Weihnachtsgeschehens einen hölzernen Futtertrog mit Ochs und Esel im Freien aufstellte.[1] Ausstellungen sind Veranschaulichungen, und Design ist die Formgebung der Veranschaulichung.

Design kommt als Begriff aus dem Englischen in der zweiten Hälfte des 20. Jahrhunderts in den deutschen Wortschatz, und zwar im Sinne von Formgebung.[2] Das deutsche Wort Gestaltung ist meines Erachtens aussagekräftiger. Es kommt aus dem Althochdeutschen von *gistalt – beschaffen, eingerichtet* und bedeutet *formen, bilden, arrangieren*.[3] Das Wort schließt den Raum mit ein, und der ist entscheidend für die Ausstellungsgestaltung, denn Ausstellungen sind Raumerlebnisse. Im Gebrauch sind heute beide Begriffe, Design und Gestaltung. Ihre Verwendung erfolgt oft identisch.

I. Sinn geben durch Gestaltung

Gestaltung bedeutet Sinngebung. Sinngebung meint die Herstellung eines Zusammenhanges, der für uns wahrnehmbar ist, also sichtbar, hörbar, riechbar, begehbar, schmeckbar und fühlbar, auch erinnerbar. Ich werde später noch genauer auf diese Wahrnehmungen zurückkommen. Es ist

---

[1] Pomian, K.: Der Ursprung des Museums. Vom Sammeln, Berlin 1998.
[2] Das Wort geht auf den französischen Stamm *dessin*, im Sinne von Zeichnung und Muster zurück. Der Gebrauch von Design im Deutschen ist eng verknüpft mit Jugendstil, Werkbund und Reform der Alltagskultur. Design ist in der zweiten Hälfte des 20. Jahrhunderts häufig gleichgesetzt worden mit Arbeiten des Bauhauses, dem Funktionalismus und der guten Form, die der Funktion folgt. Seit Ende der 70er Jahre des vorigen Jahrhunderts hat sich der Begriff von seinen früheren Patenschaften emanzipiert. Heute wird er in einem bereiten Kontext von Kommunikations- und Dienstleistungsgestaltung, bis hin zu den Schöpfungsfantasien von Mensch und Tier als Designprodukt, gebraucht. Selle, G.: Die Geschichte des Designs in Deutschland von 1870 bis heute, Köln 1981, S. 130.
[3] Duden Bd. 7, Etymologie, Mannheim, Leipzig, Wien, Zürich 1989, S. 237.

förderlich, sich vor einer Ausstellungsplanung dieser Sinnansprachen bewusst zu werden, denn auch unterlassene Gestaltung, Verfehltes, Überflüssiges teilt sich dem Besucher mit. Ausstellen meint nicht hinstellen; wer ausstellt, exponiert sich auch. Ausstellen heißt werten. Hilmar Hoffmann weist in verschieden Veröffentlichungen immer wieder darauf hin, dass jede Präsentation eine Interpretation ist. Wenn wir Dingen durch Auswahl, Zusammenstellung und Präsentation einen Sinn geben, müssen wir natürlich zuerst fragen, wozu und für wen wir das tun.

Abb. 8 Deutsches Museum, Abteilung Papiertechnik. Hier greift die Gestaltung Rohstoffe und Zwischenprodukte der Papierherstellung auf und schafft so einen Sinnzusammenhang zwischen den Ausstellungselementen. In den eingeklinkten Vitrinen der „Waldwand" werden weitere Rohstoffe vorgestellt. Der Fußboden besteht aus einem Zwischenprodukt der Papierherstellung, darin sind Grafiken eingearbeitet.

1. Das Medium Ausstellung – ein Blick auf seine Geschichte

In den allermeisten Fällen haben wir für eine Ausstellung ein ganzes Bündel von Gründen. In der Regel gehören heute Wissensvermittlung, Aufklärung, Unterhaltung und Legitimation dazu. Ausstellungen geben

„der öffentlichen Erörterung historischer Themen Stoff und Richtung und Impulse für die medienübergreifende Auseinandersetzung über den jeweiligen Gegenstand hinaus".[4]

Um zu zeigen, dass das nicht erst heute so ist, greife ich noch einmal auf den ursprünglichen Wortsinn von „ausstellen" zurück: Der Begriff bedeutete zur Schau stellen, in Augenschein nehmen. Die Wurzeln liegen im 15. und 16. Jahrhundert. In dieser Zeit hatte das Ausstellen auch noch eine starke Verbindung zu den Schaustellern, zum Schauspiel und zu Jahrmärkten. Der reizvollen Versuchung, diesen Weg nachzuzeichnen wird zwar widerstanden, um aber bewusst zu machen, dass Ausstellungen Stilentwicklungen unterworfen sind, skizziere ich Entwicklungen der letzten Jahrzehnte und dokumentiere diese jeweils durch Beispiele. Die Ausformung von Ausstellungen ist von herrschenden wissenschaftlichen Ordnungssystemen ebenso bestimmt wie vom Geschmack der Zeit, den Wahrnehmungsgewohnheiten, Bildungsprivilegien und politischen Implikationen. – Gottfried Korff gibt in seinem Buch „Museumsdinge" unter dem Kapitel „Zielpunkt: Neue Prächtigkeit?"[5] eine sehr aufschlussreiche und anschauliche Entwicklungsgeschichte des Ausstellungswesens der Bundesrepublik wieder, die uns nahe an die Gegenwart führt und durch die Erhellung der Entwicklungen zudem die Ausgangssituation für Ausstellungsgestaltung heute plastisch herausarbeitet.

Die 50er Jahre kennzeichneten Ausstellungen, die dem Wiederaufbau und der „Einrichtung des bundesrepublikanischen Provisoriums"[6] einen Rahmen gaben. Sakrale Kunst stand in Ausstellungen wie „Werdendes Abendland an Rhein und Ruhr", Essen 1956, „Ars Sacra. Kunst des frühen Mittelalters", München 1950, „Kunst und Leben der Etrusker", Köln 1956, im Vordergrund, gepaart mit einer Orientierung hin zum westeuropäischen Kulturraum. Die Präsentationen drehten sich ganz um die Aura der wertvollen und seltenen, originalen Exponate.

---

[4] Vgl. Korff, G.: Museumsdinge, deponieren – exponieren, Köln u.a. 2002, S. 353.
[5] Vgl. Korff, Museumsdinge, 2002, S. 24.
[6] Korff, Museumsdinge, 2002, S. 25.

Abb. 9 Landesausstellung „Familie Geschichte und Geschichten" 1994 in Neuburg a.d. Donau. Als Eingangsinszenierung zeigt die festliche Tafel einen Schnitt durch die soziale und zeitliche Struktur des Themas. Als Metapher wird sie geschützt und begrenzt durch ein Netz.

In den 60er Jahren rückten zunehmend regionale und landeshistorische Themen in den Ausstellungsfokus, wie „Bayerische Frömmigkeit", München 1960, „Kurfürst Clemens August", Bonn 1962, „Kunst und Kultur im Weserraum", Corvey 1966. Letztere Ausstellung firmierte als erste unter dem Titel Landesausstellung, hier des Landes Nordrhein-Westfalen. Der Grundstein zu den späteren Landesausstellungen in der Bundesrepublik wurde allerdings 1961 in München gelegt. Der kulturpolitische Ausschuss des Landtages debattierte am 1. Dezember 1961 erstmals über die Schaffung eines „Hauses der Bayerischen Geschichte".[7]

Bildungsreform und Entkonventionalisierung waren Zeichen der Wende von den 60er zu den 70er Jahren im Ausstellungswesen. Die Museumspädagogik entwickelte sich und wurde zu einem Impulsgeber für neue Darstellungsformen. Publikationen wie „Lernort contra Musentempel" (1976) brachten bereits im Titel den Tenor dieser Entwicklung auf den Punkt. Forderungen der Neuorientierung waren: Zugang für ein neues Publikum, Kultur für alle, Öffnung für ein breites Publikum. Die pro-

---

[7] Korff, Museumsdinge, 2002, S. 27.

minentesten Beispiele waren das Historische Museum in Frankfurt am Main, das Römisch-Germanische Museum in Köln und die Reichstagsausstellung in Berlin.

Als Kontrapunkt dazu stand die Reihe der süddeutschen Landesausstellungen, die nicht nur für die temporären Ausstellungen, sondern für das gesamte historische Museumswesen Impuls gebend wurden. Zu den wegbereitenden Projekten gehörten: „Max Emanuel", München 1976, die „Stauffer", Stuttgart 1977 oder die „Wittelsbacher", München 1981. Neu an dieser Art Ausstellungen waren die Themenausrichtung mit inszenatorischer Fassung der Exponate, und die Verbindung von Geschichtserzählungen und Exponaten in einer szenischen Gestaltung. Dieser Ansatz erwies sich als außerordentlich erfolgreich. Die Stuttgarter Stauffer-Ausstellung hatte 671.000 Besucher und viele davon waren extra für den Ausstellungsbesuch angereist. Ausstellungen und Museen standen am Anfang der 80er Jahre am Beginn einer aussichtsreichen Karriere.

Die 80er Jahre sah Korff von drei Trends gekennzeichnet, die die Gestalt und das Selbstverständnis von Ausstellungen maßgeblich beeinflussten: der postmodernen Kulturdiskussion, der generellen Ästhetisierung von Kultur und Lebenswelt und der soziokulturellen Dynamik, die schließlich zur so genannten Erlebnisgesellschaft geführt hat. Das kritische Denken der Postmoderne hat zu einer rigorosen Ablehnung des intellektuellen „Kanons" des westlichen Denkens geführt. Die Postmoderne ist eine intellektuelle Dekonstruktion, die auch die Ausstellungsmacher und Gestalter zu neuen, experimentellen Projekten animiert hat. Die allgemeine Ästhetisierung beförderte eine Zusammenarbeit mit Architekten, Gestaltern und Bühnenbildern, mit der Absicht, Szenerien zu schaffen. Damit hatte das Ausstellungswesen eine neue Entwicklungsstufe erreicht. Es ging nicht mehr um die solide gestaltete Präsentation originaler Exponate, sondern Fachwissenschaftler und Gestalter begannen räumliche Mehrdeutigkeiten, symbolische Zusammenhänge in Ausstellungen zu schaffen. Die neuen Präsentationstechniken ermöglichten ab Mitte der 80er Jahre, Inszenierungen die den Bedürfnissen der Erlebnisgesellschaft entgegen kamen. Sound, Bild, Film, Architektur verschmolzen zu neuen Welten, die dem originalen Gegenstand einen „erlebbaren" Kontext gaben. Ausstellungen wie „Stadt im Wandel", Braunschweig 1985, oder „Berlin, Berlin", 1987, kennzeichneten diesen Zeitabschnitt.

Abb. 10   Stiftung Deutsches Hygiene Museum, Wanderausstellung „Wenn Mutti früh zur Arbeit... zur Geschichte des Kindergarten in der DDR". Die mobile Architektur, die unabhängig vom Raum aufgebaut werden kann, greift die Plattenbauweise der Kindertagesstätten auf. Das Eingangsarrangement „Wiese mit Holzblumen" inszeniert mehrdeutig das pädagogische Konzept des „wachsen Lassens".

Die 90er Jahre setzten diesen Trend fort. Große Publikumsausstellungen mit thematischen Querschnitten wie „Unter Null – Kunsteis, Kälte und Kultur", Nürnberg und München 1991, untersuchten z. B. die Zusammenhänge einer Kulturgeschichte der künstlichen Kälte. „Feuer und Flamme", Gasometer Oberhausen 1994, „Sonne, Mond und Sterne", Essen 1999, setzten auf Orte, die als originale Exponate in die Ausstellung eingebunden waren und ihr einen besonderen Reiz verliehen.

Die klassischen Museen hatten Mühe, mit dieser Entwicklung Schritt zu halten. Aus ihren Sammlungen stammten die Exponate, wegen deren Originalität sich, nicht allein, aber auf jeden Fall auch, viele Besucher auf die Reise begaben. Vorläufiger Gipfel dieser Entwicklung waren zwei Megaprojekte, die die neue, herausragende Stellung der Gestalter für große Ausstellungen deutlich machten. Die „Sieben Hügel", Berlin 2000, und der Themenpark der EXPO 2000 in Hannover. Beide haben auf berühmte Namen gesetzt wie auf den Architekten Jean Nouvel oder den

Zeichner François Schuiten, auf Szenographen wie Ken Adams und auf international bekannte Ausstellungsmacher wie Rajeev Seti aus Indien.

2. Trends und Prognosen

Die Zukunft, die aus der Rückschau immer deutlicher zu zeichnen ist als in der Vorschau, wird vermutlich noch stärker Künstlern Themen für große Ausstellungen anvertrauen, in der Hoffnung, dass ihre Intuition das fragmentarische historische Original zu zukunftsweisenden Visionen verdichtet.

Aber das wird nicht der einzige Entwicklungsstrang bleiben. Der aus der bisherigen Entwicklung des Ausstellungswesens deutlich werdende Trend zur Pluralität der Darstellungsthemen und -formen, wird sich auch fortsetzen, mit dem Unterschied, dass die Mittel um vieles knapper geworden sind und eine Auslese unter diesem Diktat stattfinden wird. Leider ist das Geld erfahrungsgemäß nicht das klügste Auswahlkriterium.

In unserer Kultur nehmen kommerzielle Werte einen immer größeren Raum ein, mit steigender Tendenz. Besucherzahlen, Medienresonanz, und Veranstaltungsaktivitäten (Stichwort „Eventisierung" des Alltags) werden immer stärker zu den alleinigen Erfolgskriterien die Arbeit von Museen. Grelles, Schrilles, Verblüffendes und Bekanntes in immer neuer Form hat Erfolg.[8] Design hat Konjunktur, weil es Ordnung in die Flut der Dinge bringt und Neues zu sein verspricht. Was bedeutet das für die Gestaltung von Ausstellungen im Hinblick auf ihre Zielgruppen?

Ausstellungen stehen mit vielen kommerziellen und nichtkommerziellen Angeboten in Konkurrenz um die Aufmerksamkeit der Besucher. Es handelt sich bei den Ausstellungsbesuchern um eine disparate Gruppe, was Alter, Herkunft, Bildung, Interessen und Erwartungen betrifft. Werner Sombart prägte für die Orientierung auf ein unspezifisches Publikum den Begriff der Omnibusunternehmung.[9]

Es herrscht ein common sense unter den Experten darüber, dass in Zukunft in viel stärkerem Maß als bisher die Qualität der Ausstellungen und – eng damit verknüpft – die Besucherorientierung[10], über deren Akzeptanz entscheiden wird. Was aber ist Qualität bei Ausstellungen? Um die Frage nach der Qualität zu beantworten, müssen wir einen größeren Bogen zum Wahrnehmungs- und Lernverhalten schlagen.

---

[8] Vgl. Sontag, S.: Das Leiden anderer betrachten, Hanser 2003, S. 30.
[9] Vgl. Korff, Museumsdinge, 2002.
[10] Vgl. den Beitrag Schäfer, Besucherforschung, S. 159 in diesem Band.

II. Für die Besucher gestalten

Abb. 11 Dokumentationszentrum Reichsparteitagsgelände Nürnberg. Die Besucher sind Teil der Inszenierung, sie begegnen der Geschichte auf Augenhöhe.

1. Ausstellungen sinnlich erfahrbar machen

Besucher sind keine Zuschauer, denn Ausstellungen sind räumliche Medien, die der Besucher mit all seinen Sinnen erlebt. Die Atmosphäre wird von der Beschaffenheit des Bodens, den Raumdimensionen, den Temperaturen und thermischen Verhältnissen bis hin zu den Geräuschen, Gerüchen und den Lichtverhältnissen mitbestimmt. Deshalb sollte mit all diesen Faktoren gezielt gearbeitet werden, um Botschaften zu vermitteln. Ausstellungen sinnlich erfahrbar zu machen, ist keine neue, aber eine aktuelle Forderung. Doch was besagt das? Wie steht es um sinnliche Erfahrungen? Sind sie individuell? Vergleichbar? Sind sie messbar? Kennen wir Ursache und Wirkung, d. h. die Antwort auf die Frage, was welches sinnliche Erleben hervorruft? Und was bedeutet es, eine Ausstellung sinnlich zu erfahren?

In unserem Zwischenhirn, dem so genannten Thalamus, werden alle ankommenden Sinneswahrnehmungen mit Gefühlen „ausgestattet". Freude, Angst, Lust und Schmerz werden hier von den Impulsen der Wahrnehmungen ausgelöst. Ein Vorgang, der großen Einfluss darauf hat, wie stark wir die Eindrücke behalten. Eingehende Informationen werden mit früheren Erfahrungen verglichen, gewertet, weiter gegeben und gespeichert. Die Bedeutung „geeigneter Emotionen" oder Erfolgserlebnisse kann für den Lernvorgang gar nicht überschätzt werden, sagt der Biochemiker Frederic Vester.[11] Faszination, Lust, Neugier und Begeisterung fördern die Verarbeitung und Verankerung von Wissen. Gerüche und Melodien zum Beispiel erzeugen unzählige angenehme und unangenehme Gefühle, die sofort damit verbundene Assoziationen wecken. Diese Assoziationen sind abgespeicherte Erfahrungen und Erinnerungen.

Können wir als Ausstellungsplaner mit diesen persönlichen Erinnerungen arbeiten? Sind sie gezielt ansprechbar? Wir können und sollten auf jeden Fall damit arbeiten. Die Hirnforschung und Wahrnehmungspsychologie sind verhältnismäßig junge Wissenschaften, deren Erkenntnisse unsere Arbeit immer wieder bereichern werden. Zurückgreifen können wir aber auch auf ältere Überlegungen: Walter Benjamin z.B. hat bereits vor etwa 80 Jahren gefordert, dass Besucher Ausstellungen nicht gelehrter, sondern gewitzter verlassen sollen. Er hielt Ausstellungen für „die vorgeschobenen Posten auf dem Terrain der Veranschaulichungsmethoden"[12]. Damit hat er Frederic Vesters „geeignete Emotionen" wie Lust, Neugier, Begeisterung als Transmitter für Bildungsvermittlung in Ausstellungen früh vorweg genommen. Als Ziel sah Benjamin Volksaufklärung im Sinne belehrender Unterhaltung und nicht die popularisierte Gelehrsamkeit.[13]

Wie also planen wir heute eine Ausstellung, deren Gestaltung eine Brücke zum Besucher schlägt, ihn gut unterhält, emotional anregt, und seinen Geist öffnet, damit er geneigt ist, uns zu folgen?

2. Vorstellungen – in den Köpfen der Besucher

Wir beginnen mit der Vorstellung im Kopf, natürlich in unserem, aber auch der im Kopf der Besucher. Die begehbaren Bilder, die Arrangements und Inszenierungen, die Besucher in Ausstellungen erleben, die

---

[11] Vgl. Vester, F.: Denken, Lernen, Vergessen, Stuttgart 1997.
[12] Benjamin, W.: Jahrmarkt des Essens, in: ders.: Gesammelte Schriften, IV/1. Band Frankfurt 1982, S. 323-327.
[13] Vgl. Benjamin, Jahrmarkt, 1982, S. 323-327.

kunstvollen Merkwelten[14], vergleichen diese mit ihren Erinnerungen und Erfahrungen und speichern sie im besten Fall in einer persönlichen Auswahl auch als solche dort ab. Dass heißt, wir müssen unser Thema verdichten, in Botschaften zerlegen und diese im Raum erlebbar umsetzen.

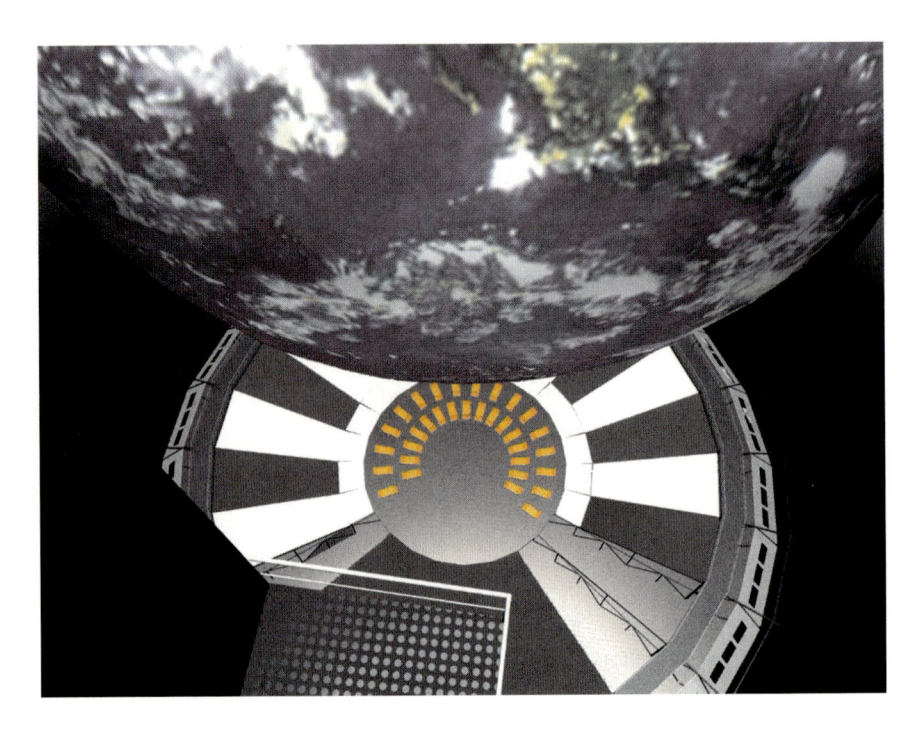

Abb. 12   Gasometer Oberhausen, "paradise in space", Entwurf 2001. Der Blick von außen auf die Erde steht im Mittelpunkt der Ausstellung die unseren Planeten als für uns einzig möglichen Lebensraum zeigt. Hier die Vorbeifahrt an der Erde mit dem gläsernen Lift, unten der „Raumkreuzer" mit dem die Besucher „durchs All" fliegen.

Bezugspunkte müssen dabei die Sehnsüchte und Erwartungen der Besucher sein. Was wollen sie, wenn sie in ein Museum oder in eine Ausstellung kommen? Sie wollen etwas über das Thema der Exposition erfahren. Sie wollen Originale sehen, Authentisches, Einmaliges, sie erwarten eine Einordnung und: Sie wollen sich etwas erzählen lassen, in Bildern, mit Exponaten und allen anderen Mitteln der Illusion. Sie wollen natürlich auch gesehen werden, ein bisschen Zeit mit ihren Begleitern verbringen und mit Sicherheit immer berührt werden, also etwas erleben. Was ist ein

---

[14]   Korff, Museumsdinge, 2002, S. 342.

Erlebnis? Es sind die großen und kleinen Feuerwerke in unserem Bewusstsein, die Glück, Überraschung, Betroffenheit, Witz und Humor auslösen.

Bilder entstehen im Kopf. Es sind keine simplen Abbilder des Sichtbaren, die sich beim Sehen, beim Lesen, beim Denken, beim Berühren formen; vielmehr sind sie durch die gesamte Wahrnehmung bestimmt, also durch viele Details, Gerüche, Dimensionen, Farbe, Licht. Geräusche usw. Auch unser Gleichgewichtssinn, der uns häufig erst bei einer Störung bewusst wird, ist ein äußerst wichtiger Wahrnehmungssinn. – Bislang arbeiten fast nur die Schausteller mit ihm.

3. Vorstellungen in den Köpfen der Ausstellungsmacher – die „Traumphase"

Die schönste Zeit für das Team der Ausstellungsmacher ist die Zeit der ersten Planung. Es ist die anregendste Zeit eines Ausstellungsprojekts. Jeder hängt seinen Ideen nach, keiner denkt wirklich ans Budget – was für ein Spielverderber, der jetzt schon von Geld spricht. Träume könnten wahr werden. Endlich einmal alles sagen über Kötzschenbroda und das Biedermeier oder vielleicht doch gleich über das ganze Biedermeier? An die kleine Fläche der Ausstellung von lediglich 150 m^2 will niemand erinnert werden. Es ist die Phase, in der so viele Bilder in den Köpfen der Planer entstehen, dass einem vor der Eruption geistiger Energien bange werden kann.

An diesem Punkt muss von Ausstellungsplanern und Gestaltern immer wieder die Frage, wie gehen wir mit unseren Ideen um, beantwortet werden. Eine ganze Weile schwärmen wir, um "den Kuchen dicker zu machen", um im Strauß der Möglichkeiten kein Hälmchen zu vergessen. Doch dann kommt die Zeit der ersten Kristallisation, der erste Entwurf entsteht. Klare inhaltliche Botschaften müssen formuliert werden. Je deutlicher die Botschaften sind, umso genauer können gestalterische Entsprechungen entwickelt werden.

Es ist wichtig zu erfahren, was sich die Autoren eines Konzeptes beim Schreiben vorstellen. Es wird andererseits natürlich ausgesprochen kompliziert, wenn man von den Gestaltern einer Ausstellung erwartet, genau das umzusetzen. Dabei geht es auch um die Frage, ob Vorstellungen so verbalisiert werden können, dass sie als Handlungsleitlinie verstanden werden.

Abb. 13 Jüdisches Museum München, „Die Rosenthals – Der Aufstieg einer jüdischen Antiquarsfamilie zu Weltruhm". In den winzigen Räumen des Museums wurde der Hauptteil der Geschichte in großen, faksimilierten Büchern erzählt. Die Räume repräsentierten immer Zeitabschnitte in denen die jeweilige inhaltliche Botschaft inszeniert war.

Ein Manager der Pharmaindustrie erzählte mir von einem Kommunikationstest bei dem zwei Parteien über Telefon eine Brücke bauen müssen. Jede Partei fängt jeweils auf einer Seite des Flusses mit dem Bau an, in der Mitte sollen sie sich treffen. Alle Gespräche laufen über das Telefon und jede Partei kann dabei Aufzeichnungen machen, der Umfang der Kommunikation ist nicht beschränkt. Die beiden Brückenansätze treffen sich nie. Man benutzt dieses Experiment um klar zu machen, dass verbale Kommunikation etwas Offenes, Uneindeutiges ist. Gestalter können also nicht eins zu eins das umsetzen, was sich Konservatoren mit ihrem Konzept vorstellen. Es geht hier vielmehr um Transformation. Inhalte sollen in das Medium Ausstellung übersetzt werden.

Gestaltung ist ein nonverbaler Prozess, er lässt sich nicht umfassend verbalisieren. Er muss visualisiert werden, doch auch das ist nur eine Annäherung. Die Bedeutung der dritten, der räumlichen Dimension wird

Ausstellungsdesign 55

in der Regel stark unterschätzt, wie das folgende Beispiel zeigt: Bei der Dimensionierung einer schrägen Fläche im Raum ist ganz entscheidend, wie hoch, breit und wie stark geneigt sie ist. Gerade am Neigungswinkel, also der dritten, der räumlichen Dimension entscheidet sich, ob die Fläche nur schief aussieht oder auf den Betrachter zukommt oder so unglücklich im Raum hängt, dass sie keine wirkliche Beziehung entwickelt. So etwas kann eine bedrohliche, lächerliche oder einfach nur dilettantische Wirkung haben. Die Vorstellung der dritten Dimension ist bei den meisten Erwachsenen wenig entwickelt. Modelle und CAD-Programm (computergestützte Graphikprogramme, mit denen dreidimensional gearbeitet werden kann, z. B. zur Herstellung virtueller Räume oder für die Simulation von Raumwirkungen) sind dafür mit Sicherheit ein gutes Hilfsmittel, aber der eigentliche Prüfstein bleibt die tatsächliche Umsetzung im Raum.

Abb. 14 und 15 Deutsches Museum, Abteilung Galvanik. Der CAD Entwurf zeigt im Vergleich zur fertigen Ausstellung die Wirklichkeitsnähe der Planung.

4. Eine Geschichte erzählen

Immer mehr Wettbewerbsveranstalter für Ausstellungen suchen bei Ausschreibungen neben den gestalterischen Formen auch den Plot. Wir kennen ihn unter anderem Namen schon länger, er hieß früher einfach Drehbuch. Dennoch wird durch den Anglizismus auf eine neue und wichtige Qualität des Drehbuchs hingewiesen: Es wird nach der Geschichte gefragt, die erzählt werden soll. Die Story, an der die Fakten der Darstellung "andocken" können. Die narrative Struktur einer Ausstellung ist umso erfolgreicher, je mehr sie einem roten Faden folgt, der überraschende Wendungen nimmt und einen aufregenden Verlauf hat. Es ist durchaus empfehlenswert, Filmdrehbücher zum Vorbild zu nehmen, denn von ihnen können wir für Ausstellungen viel lernen. Die Botschaften des Themas sind dabei die Leitlinien für die Entwicklung des Plots.

Abb. 16 Landesausstellung „Familie Geschichte und Geschichten" 1994 in Neuburg a.d. Donau. Der Raum „Jugend" wurde von Jugendlichen mit großer Begeisterung selbst inszeniert.

Parallel zu dieser Entwicklung gab es immer wieder Zusammenarbeiten mit Szenographen, also Filmbildnern, für Ausstellungen, so 1988 für die „Jemen" Ausstellung im Münchner Völkerkundemuseum oder 2000 für die Millenniumsausstellung „Die sieben Hügel" in Berlin mit dem berühmten Ken Adams, der u. a. viele James Bond Filme ausgestattet hat.

Eine bewährte Form für jegliche Zusammenarbeit ist die gemeinsame Entwicklung einer Ausstellung von einem frühen Zeitpunkt an. Kuratoren, Projektmanager und Gestalter erarbeiten dabei Hand in Hand Plot und Drehbuch. Dabei ist ein gutes Ergebnis von den Assoziationsmustern der Teamarbeit abhängig. Der Prozess der gemeinsamen Erarbeitung verläuft punktuell, in vielen gemeinsamen Gesprächen über das inhaltliche Konzept und die gestalterischen Entwürfe. Die Moderation dieses Prozesses ist ein ganz entscheidendes Moment für ein erfolgreiches Ergebnis. Aktives Zuhören aller Beteiligten ist äußerst wichtig und bestimmt maßgeblich die Qualität des Ergebnisses.

5. Die Sprache des Raumes

Ich habe schon festgestellt, dass Ausstellungen begehbare Medien sind; worüber wir also nachdenken müssen, ist der konkrete Ausstellungsraum. Wenn Besucher einen Raum betreten, werden sie sofort mit den bisherigen Ergebnissen ihrer Wahrnehmung konfrontiert. Um sich eine Idee davon zu vermitteln, kann man in Gedanken durch unterschiedliche Räume gehen und dabei beobachten, welche Assoziationen man hat,[15] wie verschieden der Gang durch eine Bahnhofshalle von dem durch ein Theaterfoyer ist. Entscheidend ist, dass Räume eine Vielzahl von Faktoren besitzen, die eine Ausstellung mitgestalten. Ein ruhiger heller Raum, der in seiner gestalterischen Stimmigkeit unsere Aufmerksamkeit ganz auf einige wunderbar präsentierte Originale lenkt, vermittelt andere Botschaften als ein dunkel mystisch gestalteter, der vor uns in einen Gang biegt, der vielleicht Überraschungen bereit hält.

Die Ausstellungsgestaltung muss auf die Sprache des Raumes reagieren. Das geschieht in unterschiedlichster Weise. Wir können Räume verwandeln, auratisieren und inszenieren. Entscheidend ist das Ausstellungsthema, das den Tenor vorgibt. Es ist für die Planung oft hilfreich, wenn wir eine Metapher formulieren können, die dem räumlichen Umgang einen Rahmen gibt und so etwas wie eine Leitlinie der Gestaltung beschreibt. So kann man etwa für das Thema Widerstand gegen den Nationalsozialismus die Metapher „Licht ins Dunkel bringen" als Leitlinie der

---

[15] Jeder kennt solche Wahrnehmungen auch aus Träumen.

Gestaltung definierten und den gesamten Planungs- und Umsetzungsprozess daran orientieren.

Abb. 17 Sonderausstellung „Widerstand im Nationalsozialismus" 1998 im Kulturreferat der Landeshauptstadt München. Die Metapher „Licht ins Dunkel bringen" war hier mehrdeutige Gestaltungsleitlinie, um Licht in ein dunkles Kapitel Geschichte zu bringen, aber auch kaum bekannte Ansätze von Zivilcourage und Widerstand zu beleuchten.

6. Wie sieht die „Brücke" zum Besucher aus?

Es ist schwierig, das „Wie" im Ablauf der Gestaltung zu beschreiben. Die Gestaltung einer Ausstellung sollte Bilder im Kopf der Besucher anregen. Nur diese Bilder (und Filme) nehmen Besucher mit nach Hause. Entscheidend für ihre Wirkung ist unsere Bereitschaft, etwas offen zu lassen. Das „Alles-erklären-wollen" ist langweilig. Einen imaginären Raum um eine Tatsache zu bilden, ist äußerst reizvoll. Die bayerische Landesausstellung „Familie – Geschichte und Geschichten" hat beispielsweise solche imaginierenden Räume realisiert. Das zentrale Arrangement im Raum der Väter war ein Block Spinde, in denen verschiedene Exponate arrangiert waren, z. B. Ziegelsteine, ein kleines Bäumchen, Porzellan mit Tête-à-tête Szenen. Der inhaltliche Hintergrund war, Arrangements zu archetypischen Männerklischees (ein Haus bauen, einen Baum pflanzen, ein

Kind zeugen) im Gehäuse des Wechsels darzustellen: Der Spind markierte die Grenze zwischen Arbeits- und Privatwelt, vornehmlich der Männer. Die profane Materialisierung der Klischees und ihre Präsentation in einem „Grenzobjekt" stellte einen Assoziationsraum für die Besucher her.

Abb. 18   Landesausstellung „Familie Geschichte und Geschichten". 1994 in Neuburg a.d. Donau. Der Raum „Väter", der neben Grafiken und Gemälden auch ein Arrangement mit Assoziationen zu Vaterrollen darstellte.

Für eine faszinierende Gestaltung sind Humor und ein surreales Moment wichtig. Das surreale Moment ist vielschichtig. Es kann zum Beispiel in der Brechung der historischen Realität mit einer profanen Metapher bestehen. Die Überraschung steht dabei im Mittelpunkt. Ein weiteres Beispiel soll das verdeutlichen: Zum Thema Sexualität war in der Ausstellung „Familie – Geschichte und Geschichten" erotische Kleinplastik zu präsentieren. Dafür wurde ein Zylinder mit Spählöchern entworfen, eine Reminiszenz an Peepshows oder die Spählöcher von Umkleidekabinen. Die kleinen Einblicke waren in Augenhöhe der Erwachsenen, für Kinder zu hoch. Damit aber auch sie etwas entdecken konnten, hatte der Zylinder auch Einblicke in Augenhöhe der Kinder und da sah man einen „Klapperstorch", ein Präparat aus der naturkundlichen Sammlung. Auch erwachsene Besucher haben sich zu den Kindereinblicken herunter gebückt. Auf diese Art und Weise kann man Walter Benjamins These verstehen, die lebensweltliche Relevanz des Wissens zum Ansatzpunkt einer Darstellung zu machen.[16]

7. Woraus besteht die „Brücke" zum Besucher?

Die Ausstellungsarchitektur ist Metapher und funktionales Element. Ihre ästhetische Sprache sollte in allen Aspekten – Form, Oberfläche, Farbe, Größe, Materialität – die jeweiligen Botschaften des Themas verkörpern. Architektur ist in erster Linie ein Teil des Ausstellungsthemas und sie ist das Gefäß, bzw. die Fassung für das originale Exponat. Als funktionales Element muss sie nicht nur den Ansprüchen – Dauer-, Wander- oder Sonderausstellung – sondern auch dem Budget gerecht werden.

Abb. 19 Dokumentationszentrum Reichsparteitagsgelände Nürnberg. Alle Räume sind mit großformatigen Schlüsselfotos thematisiert. Die Räume sind als originale Objekte in die Gestaltung einbezogen. Die

---

[16] Vgl. Korff, G.: Das Popularisierungsdilemma. In: Museumskunde Bd. 66/101, 2001, S. 17.

Gestaltung zeigt mit großer Empathie die Erzählung von Faszination und Gewalt.

Bilder, Licht, bewegte Sequenzen und die Ausstellungsgrafik sind für eine abwechslungsreiche und faszinierende Gestaltung ausschlaggebend. Die Ausstellungsgrafik illustriert die Botschaften. Überlegungen zu Schriftgrößen und Lesbarkeit zählen zu den Selbstverständlichkeiten guter Gestaltung. Die thematischen Raumbotschaften einer Ausstellung können auch durch Schlüsselfotos visualisiert werden, wie es das Beispiel des Dokumentationszentrums Nürnberg zeigt.

Neben den realen Materialien sollten zur Umsetzung alle Illusionsformen benutzt werden, um ein Thema darzustellen, nicht zuletzt die Möglichkeiten der neuen Medien. Die mediale Verdichtung von Ausstellungen kann eine Bereicherung darstellen. Ihr Erfolg ist vom Thema, von der technischen und gestalterischen Umsetzung und vom Verhältnis zum Authentischen abhängig.[17] Das Musée National d'Histoire Naturelle in Paris zeigt mit seiner Ende der 90er Jahre eingerichteten ständigen Ausstellung, dass es sich bei dieser Verdichtung keinesfalls um eine beklemmende Medienorgie handeln muss, sondern um ein durchaus rauschhaftes und poetisches Erlebnis. Gelungene Mediendichte ist auch in der Sonderausstellung „Anne Frank – The Writer, an unfinished Story", einer Gemeinschaftsproduktion des Netherlands Institute for War Documentation mit dem Anne Frank Fonds, dem Anne Frank House und dem United States Holocaust Memorial Museum, 2003 beeindruckend inszeniert.

III. Resümee

Ausstellungen sind ästhetische Medien, Stimmungen sind nicht heraus zu halten. Objekte haben keine Alibifunktion, Schaulust sollte nicht mit Leselast verwechselt werden. Mit Szenerien wird das Auge verlockt, damit der Geist anbeißt.[18]

Wenn Ausstellungsdesign Brücken errichtet, entstehen beim Besucher Bilder im Kopf, es wird Resonanz erzeugt. Wichtig sind der kreative Umgang mit den Botschaften des Themas und gestalterische Konsequenz, insbesondere bei der Verschmelzung von verschiedenen Wahrnehmungsebenen zu einem Gesamteindruck. Um diese Verschmelzung wird im Prozess einer Planung und Realisierung erfahrungsgemäß viel gerungen. Ein gutes Ergebnis braucht viel Energie, denn erst aus der Energie, die

---

[17] Vgl. hierzu den Beitrag Michel, Multimedia, S. 79 in diesem Band.
[18] Vgl. Korff, Museumdinge, 2002, S. 349.

alle Mitarbeiter in ein Projekt stecken, und dem meist enormen Arbeitsaufwand, entsteht die Identität einer Ausstellung.

Es gibt natürlich kein Patentrezept für die Planung einer erfolgreichen Ausstellung. Entscheidend sind vielmehr Handlungsleitlinien und Erfahrung. Zu den Handlungsleitlinien gehören Offenheit, Mut, Kreativität, Neugierde und Humor. Die Klaviatur der Umsetzungsmöglichkeiten ist das Handwerkszeug. Ob man mit Holographie oder Großkopien arbeitet, bestimmen letztendlich das Thema und das Budget. – Die Besucher sollten als Teil der Ausstellung mitgedacht werden. Sie sind nicht nur Rezipienten, sondern ebenso Sinnproduzenten der Ausstellung für die Zukunft.

Der gestalterische Auftritt einer Ausstellung

Von Stefan Engelhardt[1]

I. Planerische Schritte auf dem Weg zur Ausstellung

Der Anlass ist klar, der Wunsch für die Durchführung einer Ausstellung ist geäußert. Ab sofort beginnt sie, die Ausstellung, für die es nun gilt, die Planung und Umsetzung in Griff zu bekommen. Der Ausstellungsgestalter ist sinnvoller Weise von Anfang an Mitglied des Ausstellungsteams, das – auch für kleinere Ausstellungen – zumindest aus dem Kurator, der die inhaltliche Verantwortung trägt, dem Projektmanager, dem auch das Ausstellungsbüro untersteht, einem für Museumspädagogik und Rahmenprogramm Verantwortlichen und eben dem Gestalter besteht.[2] Die Zahl der zugeordneten Mitarbeiter hängt von der Größe der Ausstellung ab.

Im Folgenden verdeutliche ich die jeweils vorangestellten grundsätzlichen Überlegungen am Beispiel zweier kleinerer regionaler Ausstellungen, zum einen am ambitionierten Projekt der Mühldorfer Ausstellung „Mühldorf a.Inn – Salzburg in Bayern",[3] zum anderen an der kleineren, aber ebenso anspruchsvollen Ausstellung „ZeitFlussLäufe" in Gars am Inn.[4] In beiden Fällen handelte es sich um Jubiläumsveranstaltungen anlässlich der Säkularisation,[5] mit Veranstaltern ohne umfangreiche Ausstellungserfahrung[6] und ohne einen festen auf Ausstellungen spezialisier-

---

[1] Stefan Engelhardt, Typografischer Gestalter, engelhardt.atelier für typografische gestaltung, Mühldorf am Inn.
[2] Vgl. hierzu Böhnisch/Knoblauch, Kleinere Städte als Ausrichter, S. 841 in diesem Band.
[3] Ausstellung „Mühldorf a. Inn – Salzburg in Bayern", 8. Juni bis 27. Oktober 2002, Haberkasten Mühldorf a. Inn.
[4] Ausstellung „ZeitFlussLäufe – Säkularisation der Klöster Au und Gars am Inn", 17. Mai bis 15. Juni 2003, Kloster Gars am Inn.
[5] Mühldorf am Inn nahm die nunmehr 200jährige Zugehörigkeit zu Bayern, die 1802 durch den Reichsdeputationshauptschluss zu Stande gekommen war zum Anlass der Ausstellung. Für die Klöster Au und Gars am Inn war die 1803 erfolgte Aufhebung der Anlass, die Geschichte aufzuarbeiten.
[6] Veranstalter der Mühldorfer Ausstellung war die Stadt Mühldorf am Inn (vgl. Böhnisch/Knoblauch, Kleinere Städte als Ausrichter, S. 841 in diesem Band). Die Veranstalter der Garser Ausstellung waren das Kloster der Franziskanerinnen Au am Inn, das Kloster der Redemptoristen Gars am Inn und das Katholisches Kreisbildungswerk Mühldorf am Inn e.V.

ten Mitarbeiterstab. Bei beiden Projekten war die Ausstellung die Hauptveranstaltung des Jubiläums.

1. Festlegungen des Ausstellungsteams

Nach Marketinggesichtspunkten wird zuerst die übergeordnete strategische Ausrichtung, dann konkret die Planung und Detailplanung der Ausstellung mit den in ihrem Umfeld anzusiedelnden Maßnahmen angegangen. Am besten gelingt dies in einem Workshop der von einem erfahrenen Moderator koordiniert wird, in dem die Zielsetzung exakt definiert wird, Wünsche geäußert, Möglichkeiten und Ressourcen abgeklärt, Stärken und Schwächen angesprochen, die Zielgruppen abgesteckt werden. Wichtig ist, dass über die Art der Ausstellung, die letztendlich auf die bevorzugten Zielgruppen zurückzuführen ist, weitgehende Einigkeit im Ausstellungsteam herrscht. Auch die Prioritäten und Höhepunkte müssen gemeinsam definiert werden.

Wenn die Dimension des Projektes geklärt ist, wenn die vielfältigen Ideen sich zu einem ersten Konzept verdichtet haben,[7] kann die Organisation und die Aufgabenverteilung, beginnen. Hier sind jedem Veranstalter schnell die Grenzen aufgezeigt: Ideen und Wünsche sind oft aus finanziellen und personellen Gründen nicht realisierbar. Ein Projektmanager, extern beauftragt oder intern bestimmt, koordiniert nun das Vorgehen. Die Aufgabenbereiche werden festgelegt, die selbständig agierenden Arbeitsteams zusammengestellt. Gemeinsam wird ein Terminplan aufgestellt, den die Arbeitsgruppen jeweils für sich weiter detaillieren. Er wird im Laufe der Zeit ständig aktualisiert und verfeinert, und ist allen Mitarbeitern zugänglich. Der aktuelle Stand der Arbeit in den Gruppen wird in regelmäßigen Treffen, dem „Jour Fix", dargelegt, notwendige Maßnahmen werden besprochen. Ein Kurzprotokoll bekräftigt die Vereinbarungen und in einem Mail-Pool kann auch ein kurzfristiger Austausch erfolgen.[8]

---

[7] Vgl. die Hinweise zu dieser ersten Phase bei Hamberger, Ausstellungskonzept, S. 19, bei Böhnisch/Knoblauch, Kleinere Städte als Ausrichter, S. 841 und bei Müller-Rieger, Ausstellungsdesign, S. 43 in diesem Band.

[8] Welche Kräfte, welche Ressourcen können gewonnen bzw. ausgeschöpft werden, damit eine Fülle an Ideen gesammelt, geplant und realisiert werden kann? Bei der Garser Ausstellung übernahm das regional tätige Katholische Kreisbildungswerk das Projektmanagement und bekannte, empfohlene Partner wurden für „die Sache" begeistert. Ein in den erforderlichen Abständen stattfindender Jour Fix gewährleistete den notwendigen Informationsaustausch und leitete die jeweiligen Maßnahmen ein. Die Stadt Mühldorf richte-

2. Aufgaben des Gestaltungsateliers[9]

Gerade wenn das Ausstellungsteam klein und die Mittel begrenzt sind, fällt in den Aufgabenbereich des Gestalters nicht nur die Entwicklung der Ausstellung. Das Gestaltungsatelier beeinflusst mit seinen gestalterischen Ideen auch den gesamten öffentlichen Auftritt der Ausstellung.[10] In diesem Beitrag wird der Schwerpunkt auf die Gestaltung des Auftritts gelegt. Grundsätzliche Überlegungen zur Ausstellungsgestaltung hat Monika Müller-Rieger in ihrem Aufsatz zusammengestellt.[11] Ihre verdeutlichenden Beispiele beziehen sich auf „große" Ausstellungen wie Landesausstellungen. Auch der vorliegende Beitrag gibt Hinweise zur Gestaltung von Ausstellungen; er konzentriert sich ergänzend und erweiternd auf kleinere, qualitätsvolle Ausstellungen.

II. Den Auftritt und die Ausstellung gestalten

Auch in der Arbeitseinheit Gestaltung markiert der Zielfindungsprozess den Beginn aller Tätigkeiten. Im Zentrum steht die Gestaltung der Ausstellung selber. Sie ist das Herzstück, auf das sich auch der öffentliche Auftritt bezieht.

In das Festlegen der Leitlinien für die Ausstellungskonzeption geht die intensive Auseinandersetzung mit den für die Ausstellung vorgesehenen Räumlichkeiten ein (vgl. auch die Hinweise unter II. 2). Bei kleineren Ausstellungen fällt es oft dem Gestalter zu, den verfügbaren Raum zu analysieren, aktuelle Pläne mit allen notwendigen technischen Angaben, wie Strom, Heizung, Lüftung, zu beschaffen oder anzufertigen.[12] Zu-

---

te ein stadtinternes, für alle Bereiche verantwortliches, Ausstellungsbüro ein. Besprechungen und Treffen mit entsprechenden Umsetzungspartnern wurden zu dem erforderlichen Zeitpunkt getätigt, hinsichtlich Konzeption und Gestaltung fanden regelmäßige Treffen statt.

[9] engelhardt.atelier für typografische gestaltung, Mühldorf am Inn. Generell ist diesem Kapitel vorauszuschicken, dass von Anbeginn der Zusammenarbeit eines Ausstellungsteams und eines Gestalters Klarheit über den Auftrag an den Gestalter herrschen muss. Zudem sind die Anforderungen an einen Ausstellungsgrafiker nicht bei jeder Ausstellung gleich. Die Frage, was sich der Kurator einer Ausstellung wünscht und was ein Gestalter leisten kann, muss in einem für beide Seiten klar formulierten Auftrag an den Gestalter festgehalten werden.

[10] Hiermit sind Gestaltung der Plakate, des Briefpapiers, der Flyer etc. gemeint.

[11] Vgl. Müller-Rieger, Ausstellungsdesign, S. 43 in diesem Band.

[12] Solche Aufgaben sollten im Idealfall im Auftrag an den Gestalter festgehalten werden, bzw. schon in der Ausschreibung des Auftrages enthalten sein.

sammen mit den anderen Mitgliedern des Ausstellungsteams muss er Möglichkeiten der Veränderungen oder der Beanspruchung abklären, technische und organisatorische Rücksichtnahmen besprechen.

Das Kloster Gars konnte neben einer großzügigen Kapelle noch zusammenhängende Klostergänge als Räumlichkeiten für die Ausstellung zur Verfügung stellen. Mit der inhaltlichen Konzeption wurde eine Kunsthistorikerin beauftragt. Sie war auch zuständig für den Ausstellungsbegleitband und stand im Austausch mit den hiesigen Archivaren, Bibliothekaren und Heimatforschern.

In Mühldorf wurde der kulturell genützte, restaurierte Haberkasten erstmals als Veranstaltungsort für eine Ausstellung ausgewählt. Der Stadtarchivar, der gleichzeitig die gesamte Projektleitung übernahm, und eine projektbezogen angestellte Kunsthistorikerin bildeten das Konzeptionsteam, verantwortlich für den Inhalt der Ausstellung und das Begleitbuch. Auch weite Teile des Projektmanagements waren bei ihm angesiedelt. Lediglich Museumspädagogik und Rahmenprogramm wurden extern verantwortet.

1. Der Auftritt der Ausstellung

Wenn die nur gemeinsam zu leistenden Vorarbeiten, deren Krönung in der Titelfindung liegen, erledigt sind, setzt die Hauptarbeit für das Gestaltungsatelier ein.

Den Titel als Schriftzug oder als symbolträchtiges Motiv umzusetzen, ist eine der ersten Aufgaben. Schrift- und Farbwahl nehmen eine dominante Rolle ein. Zumindest bei allen nach außen ersichtlichen „Auftritten der Ausstellung" treten diese Basiselemente in Erscheinung. Auch für die Ausstellungsgestaltung können sie die Grundlage für eine Weiterentwicklung bilden.

Sämtliche Kommunikationsmittel werden nun definiert und gestalterisch durchdekliniert. Dabei ist zu fragen, welche Informationsmittel zwingend notwendig sind und welche man als weiterführende Maßnahmen einstufen kann. Entscheidend für die Zusammenstellung der Anwendungen ist natürlich die jeweilig festgelegte Werbe- und Marketingstrategie.

Für beiden Ausstellungen wurde ein farbintensives Motiv als Erkennungsmerkmal ausgewählt. Das Mühldorfer Signet griff die salzburgischen und bayerischen Wappen auf, die im Stadtbild präsent sind. Dazu kamen ein stilisierter Schriftzug und ein prägnanter warmer Rotton, der aus den Stadtfarben abgeleitet wurde.

Der gestalterische Auftritt 67

> In der Geschichte vereint
> In Europa verbunden
>
> Mühldorf a. Inn
>
> **Salzburg**
> in
> **Bayern**
>
> 935 · 1802 · 2002
>
> Ausstellung
> 8. Juni bis
> 27. Oktober 2002
> Haberkasten
> Mühldorf a. Inn
>
> Öffnungszeiten
> 9.30–19 Uhr, montags geschlossen
> www.muehldorf.de
>
> Unterstützt durch die SüdostBayernBahn
> www.bahn.de
> SüdostBayernBahn

Abb. 20 Plakat der Ausstellung „Mühldorf a.Inn – Salzburg in Bayern", Haberkasten, Mühldorf am Inn.

In Mühldorf wurden bereits über ein Jahr vor der Ausstellungseröffnung erste „Anwendungen" umgesetzt. Sie kamen für die Bürokommunikation zum Einsatz (Aktionsaufkleber, Brief-, Fax- oder Konzeptbogen) wurden für die Pressearbeit, die Werbung und die Sponsorenfindung genutzt und für die Organisation und Abwicklung des das Jubiläum einleitende Symposiums (Einladung, Programm, Schriftverkehr…) eingesetzt.

Wenig später wurden erste Informationstafeln, Hinweistransparente und ein umfangreicher Informationsflyer entwickelt.[13] Auch eine Internetpräsentation wurde gestaltet und fortan von der Stadtverwaltung aktualisiert und gepflegt. Für die Ausstellung selbst wurden dann Einla-

---

[13] Vgl. die Abbildungen in Schreiber, Pressearbeit für Tageszeitungen, S. 737 in diesem Band.

dungskarte, Eintrittskarten, Anzeige, Plakat in zwei Formaten, weitere Hinweistransparente, ein rein ausstellungsbezogener Informationsflyer umgesetzt. Für das Rahmenprogramm konnten der bereits existierende Konzeptbogen mit den unterschiedlichen PC-Vorlagen als Programm, Terminhinweis, Informationsflyer, etc. bedruckt und verwendet werden.

Dazu kam ein sehr umfangreicher und aufwändiger Begleitband. Es wurde sehr großer Wert auf die Qualität der Verarbeitung, wie die Reproduktion der Abbildungen, auf Papier, Druck und Bindung gelegt. Zudem wurde das Layout für die inhaltliche Gliederung und Struktur des Bandes so gewählt, dass Orientierung und Verständlichkeit stets gewährleistet sind.

Abb. 21 Begleitband zur Ausstellung „Mühldorf a.Inn – Salzburg in Bayern".

Als Werbemittel kamen z. B. Video- und CD-Covers, Pralinenaufkleber und Bieretiketten zum Einsatz.

Themenbezogene Wechseltransparente zur Bewerbung der Veranstaltungen des Rahmenprogramms und die Hinweisschilder auf den Ort der Ausstellung wurden in Eigenregie durch die Stadtverwaltung bewältigt.

Der gestalterische Auftritt 69

Die Garser Verantwortlichen wählten bewusst ein grafisch reduziertes und in den Farben sehr lebhaftes Motiv, das seinen Bezug in der regionalen Landschaftsform hatte. Ein charaktervoller Schriftzug unterstützt diese Zusammenstellung.

Abb. 22 Plakat zur Ausstellung „ZeitFlussLäufe", Kloster Gars am Inn.

Als Anwendungen entschied sich das Team u.a. für einen Aktionsaufkleber für die Bürokommunikation, einem Ausstellungsplakat in zwei Formaten, Rahmenplakate für die jeweiligen Zusatzveranstaltungen, einen Informationsflyer, in dem das Rahmenprogramm integriert wurde und einen ausführlichen hochwertigen Ausstellungsbegleitband. Weitere Anwendungen, wie Internet oder Eintrittskarten wurden in ambitionierter Eigenregie umgesetzt.

2. Hinweise zur Gestaltung für kleine aber anspruchsvolle Ausstellungen

Nachdem die Arbeitsgruppen ihre ersten Ergebnisse vorlegen können – die des Gestalters sind eben geschildert worden – wird der Konzeptionsprozess nochmals genauestens hinterfragt und die gestalterischen Aspekte eingearbeitet.

a) Eine Möglichkeit: Wieder verwertbare Elemente konzipieren und nutzen

Gerade für kleinere, finanziell weniger gut ausgestattete Ausstellungen stellen sich Fragen wie „Kann auf bestehendes Inventar zurückgegriffen werden?" Und: „Kann die verwendete Systematik weiter genutzt und auch für spätere Veranstaltungen eingesetzt werden?" Dass dieser Punkt nur schwer bei allen Teilen einer Ausstellungsgestaltung durchgehalten werden kann, ist einsichtig. Es muss stets entscheidend sein, dass mit diesen Aspekten der Nachhaltigkeit keine Qualitätsverluste einhergehen.

Einige Aspekte sind von so zentraler Bedeutung für Ausstellungen, dass sie unabhängig von der Größe und der finanziellen Ausstattung bedacht werden müssen. Das Gebot der Besucherorientierung gehört dazu.

b) Die Ausstellung am Besucher orientieren

Eingeschlossen sind die eher organisatorischen Fragen der Besucherführung,[14] das Einplanen von Nischen und Sitzgelegenheiten zum Ausruhen und Verweilen, das Antizipieren der Zwänge von Gruppenführungen[15] etc. Es stellt sich dabei z. B. auch die Frage, wie sich die einzelnen Stil-

---

[14] Wie viel Freiheit die Besucher bei der Entscheidung über den Ablauf ihres Ausstellungsbesuchs haben wollen, wird kontrovers gesehen. Besucherforsche berichten z. T. vom Bedürfnis das Gastes nach einer Führungslinie (vgl. in diesem Band Schäfer, Besucherforschung, S. 159). Manche Ausstellungsdesigner und mancher Ausstellungsmacher setzt darauf, dem Besucher gezielt Frei-Räume anzubieten, nicht Antworten zu geben, sondern das Fragen anzuregen (vgl. Müller-Rieger, Ausstellungsdesign, S. 43; Hamberger, Ausstellungskonzepte, S. 19). Die Beobachtungen von Besuchern zeigen aber auch die Tendenz zum „windowshopping" (Treinen): Die Gäste verweilen, wenn sie sich aus welchen Gründen auch immer dazu angeregt fühlen, oft ohne nachvollziehbaren Zusammenhang (vgl. auch Hinweise in diesem Band, z. B. bei Urban, Audioguides, S. 491; Vogel, Interaktive Stationen, S. 101)

[15] Vgl. hierzu das Kapitel Varianten statt „ein Konzept für alle": Was Führungen leisten können, in diesem Band, ab S. 379, speziell den ersten Beitrag Schreiber, Führungen, S. 379.

mittel bei unterschiedlichen Besucherfrequentierungen auswirken oder bei Gruppenführungen durch die Ausstellung.

Besucherorientierung schließt aber auch die Überlegungen ein, wie der Besucher sich in den Räumlichkeiten aufhalten soll, was er fühlen, empfinden[16] oder gar tun,[17] was er leisten soll.

c) Mit den Originalen umgehen

Unabhängig von der Größe der Ausstellung ist der Umgang mit den Original-Objekten immer eine zentrale Frage. Wieder sind eher technische Aspekte ebenso einzubeziehen, wie kreativ-gestalterisch-interpretierende. Mit welcher Art von Objekten hat man zu tun – zwei- und/oder dreidimensional? wie groß? Wie viel? Zu bedenken sind selbstverständlich auch die schützenden Hinweise der Konservatoren und Leihgeber.

Dem Gestalter näher sind die Überlegungen, welche Botschaften in den Exponaten stecken, wie diese freigesetzt, inszeniert, interpretiert werden können.[18]

d) Informationen geben

Unabhängig von der Größe der Ausstellung stellt sich auch die Fragen nach den Informationstexten, nach Texthierarchien und deren gestalterischer Akzentuierung, nach Textsorten. Zu klären sind auch die nonverbalen Ebenen der Information durch inszenatorische Rekonstruktionen, durch Raumgestaltung, durch mediale Hilfsmittel und interaktive Stationen.

e) Museumspädagogische Maßnahmen und das Rahmenprogramm unterstützen

Konzept und Gestaltung von Ausstellungen können auch Hilfen für die museums- und theaterpädagogische Erschließungen bereitstellen und Andockstellen auch für Rahmenprogramme liefern. Dabei geht es auch, aber bei weitem nicht nur darum, inwiefern Schauspieler Abteilungen als Bühne nutzen können,[19] wo Führer und Führerinnen ihre Gruppen platzieren, ob auch Kinder Exponate in ihrer Blickhöhe vorfinden.

---

[16] Vgl. hierzu die ausführlichen Überlegungen im Beitrag Müller-Rieger, Ausstellungsdesign, S. 43 in diesem Band.
[17] Vgl. hierzu den Beitrag Vogel, Interaktive Stationen, S. 101 in diesem Band.
[18] Vgl. hierzu auch die Überlegungen des Kurators bei Hamberger, Ausstellungskonzepte, S. 19 in diesem Band.
[19] Vgl. Bieler, Schauspieler „führen", S. 481 in diesem Band.

Es geht vielmehr auch darum, ob die Gestaltung Arrangements, Inszenierungen, Auratisierungen selber „ausstellt" und damit anschaubar macht, ob sie dem Besucher Gültigkeit und Wahrheit vorgaukeln will oder ob sie ihn zum Mit- und Nachdenken anregt, ob Arrangements eingesetzt werden, um gewünschte Bilder im Kopf entstehen zu lassen, Erlebnisse um des Erlebnisses willens oder ob sie den Besuchern Spielräume offen lassen.[20]

Alle konzeptionellen und gestalterischen Überlegungen zusammen geben der Ausstellung ihr unverwechselbares Gesicht. Die Anmutung der Ausstellung wird hier festgelegt.

In den nachfolgenden Konkretisierungen, die am Beispiel der beiden Ausstellungen erfolgen, wird besonderes Gewichts auf die Raum- und Wandkonzeption gelegt, ebenso auf die nachvollziehbare und erlebbare Zuordnung und Orientierung:

Im weitläufigen Gebäudekomplex des Kloster Gars, in das eine theologische Lehrerfortbildungsstätte integriert ist, standen für die Ausstellung zusammenhängende Klostergänge und eine großzügige, eigens leer geräumte Kapelle zur Verfügung. In den Gängen herrschte während der Pausen der Seminare immer wieder reger Betrieb. Damit ergab sich die Aufgabe, auch unkundige und unfreiwillige Besucher darauf aufmerksam zu machen, dass hier etwas Spezielles stattfindet und dargestellt wird.

---

[20] Vgl. hierzu die Beiträge in den Kapiteln Kontinuität und Wandel wahrnehmen, ab S. 225 und Events bilden – Bildung zieht an: attraktive Angebote für Rahmenprogramme entwickeln, ab S. 517, speziell die Einführungsbeiträge zu diesen Kapiteln sowie die Beiträge Zabold/Schreiber, Bildungschance Ausstellung S. 197 und Müller-Rieger, Ausstellungsdesign, S. 43 in diesem Band.

Der gestalterische Auftritt 73

Abb. 23 und 24 Ausstellung „ZeitFlussLäufe": Politische Ausgangslage, Gang Erdgeschoss, Gang Erstes Obergeschoss.

Da die Gänge wegen der Fluchtwege gar nicht oder nur spärlich im Raum gestaltet werden konnten, bot es sich an, auch um die Fülle an Material unterzubringen, die Wände komplett zu vertäfeln und die vielen Fenster mit lichtdurchlässigem Textil abzuhängen. So konnte in den Gängen ein „Raum im Raum" dargestellt und eine eigene besondere Atmosphäre geschaffen werden.

Die Farben des Plakatmotives unterstützten die Einteilung der einzelnen Ausstellungsbereiche und erleichterten den Besuchern die Orientierung. Mit klaren, einfachen Mitteln konnten nun Texte, und Objekte an den Wänden und im Raum präsentiert werden.

Der Höhepunkt der Ausstellung, die Kapelle mit den herausragenden Objekten, konnte durch die Räumlichkeiten dramaturgisch unterstützt werden: Man wurde durch die „engen" Gänge geradlinig zur Kapelle geführt, in der man sich dann plötzlich frei und nach eigenem Ermessen bewegen konnte. Die architektonisch vorgegebene natürliche Lichtführung unterstrich diese emotionale Empfindung.

Im Mühldorfer historisch restaurierten Haberkasten standen zwei Stockwerke und das Dachgeschoss zur Verfügung.[21] Schon bei der ersten Besichtigung war klar, dass der Charme der Räumlichkeiten trotz aller ausstellungs-architektonischen Widrigkeiten während der Ausstellung ersichtlich bleiben sollte. Die holzsäulendurchsetzten Räume konnten geschickt in die einzelnen Bereiche unterteilt werden, so dass der Charakter erhalten bzw. sogar für viele Besucher erst richtig verdeutlicht werden konnte.

---

[21] Zum Konzept vgl. auch Hamberger, Ausstellungskonzept, S. 19 in diesem Band.

Der gestalterische Auftritt 75

Abb. 25 Ausstellung „Mühldorf a.Inn – Salzburg in Bayern": Die Abteilung „Recht zur Salzburger Zeit".

Die Einteilung der einzelnen Bereiche erforderte ein harmonisches Farbkonzept, das je nach Bedarf dramaturgisch eingesetzt werden konnte und die Verwendung von passenden Materialien, die sich mit der bestehenden Substanz ergänzten. Die beengten Räumlichkeiten mit der Fülle an Material und Inhalt verlangten nach einer freien Besucherführung. Dies wurde in der inhaltlichen und gestalterischen Konzeption für die einzelnen Themenbereiche berücksichtigt und abwechslungsreich eingesetzt.

So war die Wahl und Gestaltung der Texthierarchie, der Textsorten, ein entscheidendes Mittel für die Orientierung. Hauptabteilungstexte wurden auf markante Textilbahnen gesetzt, kurze, aussagekräftige Unterabteilungstexte an den Wänden abgewickelt und Detailinformationen in den Objektbeschreibungen untergebracht.

Die Objekte sollten als Anziehungspunkt für die einzelnen Themen stehen. Allein durch die Positionierung in Wand und Raum, unterstützt durch die Farb- und Raumkonstruktion, konnten die einzelnen Objekte in Szene gesetzt, vereinzelte auch „gefeiert" werden. Interessante, reichhaltige Informationen, wie statistische Angaben, Vergleiche, Auflistungen, etc. wurden grafisch aufbereitet und via Bildschirm im Leserhythmus abgespult oder auf Leinwand als Animation inszeniert.

Aufgelockert wurden entsprechende Elemente durch rekonstruierte Objekte, die der Besucher selbst benützen, in bzw. mit denen er lesen, blättern und spielen konnte.

Ein Höhepunkt der Ausstellung, architektonisch und inszenatorisch, war das Dachgeschoss, das zu diesem Anlass erstmals der Öffentlichkeit zugänglich gemacht wurde. Gestalterisch konnte dabei ein eigens mit rotem Glas versehener Raum, der den eigentlichen Anlass der Ausstellung betonte, die optimal ausgenützten Dachschrägen für eine Zeitepochengalerie bzw. für inszenatorische Lichteffekte der vorbildlich gestalteten Dia-Schau und die Wandprojektion der Mühldorfer Visionen und Gedankenspiele, via PC-Eingabe möglich, überzeugen.

Abb. 26 Ausstellung „Mühldorf a. Inn – Salzburg in Bayern", Zeitleiste zur bayerischen Zeit im Dachgeschoss.

III. Aufbau, Wartung und Abbau – der Gestalter ist immer mit dabei

Auch wenn das Projektmanagement und das Ausstellungsbüro die meisten der Koordinationsaufgaben im Vorfeld, während der Ausstellung und bei der Auflösung übernehmen, bleibt das Gestaltungsatelier, bzw. ein zusätzliches Umsetzungsbüro[22] gefordert. Für die Aufbauphase ist das eine Selbstverständlichkeit, die nicht näher erläutert werden muss. Während der Ausstellungsdauer muss mit kleinen technischen Nachbesserungen gerechnet werden. Auch an einen Besucherfragebogen zur Nachbear-

---

[22] Gestaltungsateliers sind nicht automatisch auch für den Aufbau zuständig. Es gibt dafür spezielle Umsetzungsbüros, die mit den Gestaltern partnerschaftlich zusammenarbeiten. Da jedoch im Falle der beiden für die Beispiele thematisierten Ausstellungen der Gestalter diese Aufgabe übernahm, wird dies im Folgenden auch so geschildert.

beitung und Auswertung der Ausstellung sollte gedacht werden.[23] Hier können wichtige Schlüsse für das nächste Ausstellungsprojekt ermittelt werden.

Gegen Ende der Ausstellungsdauer können die ersten Vorbereitungen für den Abbau, die Archivierung der Materialien und die Nachbearbeitung der Ausstellung angegangen werden. Die Pläne für die Wiederverwendung der Ausstellungsmaterialien müssen organisatorisch vorbereitet werden.

Die Erstellung einer Dokumentation über das gesamte Projekt bedeutet einen nicht zu unterschätzenden Aufwand, der dennoch lohnt, weil die Dokumentation, ebenso wie die Besucherbefragung eine wichtige Grundlage für Weiterentwicklungen darstellt. Dasselbe gilt für die interne Evaluation der Erfahrungen.

In Gars konnte aus wirtschaftlichen und organisatorischen Gründen kein Ausstellungsbüro eingerichtet werden. Aber das gut organisierte Team, vor allem die Verantwortlichen vor Ort leisteten hier gemeinsam hervorragende Arbeit und die Ausstellung wurde reibungslos abgewickelt.

Unser Atelier koordinierte in Zusammenarbeit mit den Verantwortlichen des Klosters die Aufbauarbeiten mit den internen Werkstätten und den einzelnen Gewerkpartnern. Eine Testphase mit Führungen für Lehrkräfte konnte am Vortag der Eröffnung durchgezogen werden.

Den Aufbau der einzelnen Gewerke für die Mühldorfer Ausstellung koordinierte das Ausstellungsbüro, unser Atelier stand für Rückfragen und Vor-Ort-Termine stets zur Verfügung. Einführungen für Personal und Führungskräfte und Testphasen wurden an den Vortagen der Eröffnung durchgeführt.

Die Mühldorfer Verantwortlichen wurden auch während der Ausstellung immer wieder auf's Neue gefordert: Ein äußerst umfangreiches und abwechslungsreiches Rahmenprogramm belebte den Ausstellungsbetrieb und die starken, überraschenden Besucherströme konnten stets höflich und zuvorkommend bedient werden. Auch für das Atelier fielen weitere Ausstellungsarbeiten an. Manche Leihgaben konnten nicht für die gesamte Ausstellungsdauer ausgeliehen werden, diese Archivalien mussten durch Reproduktionen ausgetauscht werden.

Bei der Garser Ausstellung konnten eigens für die Veranstaltung angefertigte Materialien, wie Informationsgrafiken, an themenähnliche

---

[23] Vgl. hierzu die vielfältigen Anregungen bei Schäfer, Besucherforschung, S. 159 in diesem Band.

Ausstellungen als Leihgabe zur Verfügung gestellt werden. Trägerwände wurden weiter verkauft. Eine Besucherbefragung während der Ausstellungszeit fand statt, wurde ausgewertet und in der Presse als äußerst positiver Abschlussbericht der Jubiläumsveranstaltungen veröffentlicht.

Aus der Mühldorfer Ausstellung konnte dem Garser Projekt ein umfangreiches Inventar zur Verfügung gestellt werden. Eine Archivierung der Ausstellungseinbauten, der Präsentationsmaterialien wurde bei der Konzeption schon berücksichtigt. Ideen, wie kleinere detailliertere Themenausstellungen oder kleine bezugsorientierte Wanderausstellungen mit dem bereits erstellten Material sind angedacht. Selbst die Weiterverarbeitung der zahlreichen Hinweistransparente zu trendigen Gebrauchstaschen wird angestrebt. Die durchgeführte Besucherbefragung wird ausgewertet und für die nächsten Projekte verwendet.

MultiMedia als Präsentationsform

Von Mathias Michel

Multimedia in Museen, ist das nicht sehr teuer? Ja und nein. Doch an Geld darf es Ihnen mangeln, an Ideen allerdings nicht! Denn bei Multimedia Präsentationen ist an erster Stelle Kreativität gefragt und dann erst das Geld. Außerdem ist Multimedia ein weiter Begriff, der von der einzelnen PC-Lösung bis zur aufwendigen Rauminstallation reicht. Für diesen Beitrag möchte ich mich hauptsächlich mit Präsentationen befassen, die mehrere Besucher gleichzeitig sehen können. Diese Installationen können – gut gemacht – Schwerpunkt und Höhepunkt einer Ausstellung sein, da sie all das, was die Besucher in den anderen Räumen sehen, aufbereiten und vertiefen. Besonders aber helfen sie, die Ausstellung noch einmal mit anderen Augen zu sehen und vertieftes Interesse zu gewinnen.

Abb. 27 Multivision zur Landesausstellung in Rosenheim: „Die Römer zwischen Alpen und Nordmeer".

Events sind „in", Multimedia ist „in", interaktiv ist „in" – doch müssen wir immer „in" sein? Wenn wir dieses „in" sein mit dem Streben nach neuesten Gags, nach Modeströmungen oder dem jeweils technisch Machbaren verwechseln, sehe ich darin eine große Gefahr. Denn meist veralten entsprechend modische Einrichtungen und Produktionen sehr schnell, wenn die eingesetzten Mittel nicht wirklich inhaltlich begründet sind. Außerdem lassen sich auch mit älteren Techniken und einfacheren Mitteln hervorragende Präsentationen erstellen. Die Menge und der Preis der eingesetzten Technik stehen in keinem unmittelbaren Verhältnis zum Erfolg.

Dennoch möchte ich hier nicht zum Alltäglichen, zum Uniformen aufrufen, denn gerade die Multimediatechnik fasziniert durch ihre inszenatorischen Möglichkeiten, durch die Fähigkeit, sich dem Thema und dem vorgegebenen Umfeld optimal anzupassen. Bei der Landesausstellung in Rosenheim begeisterte das ungewohnt breite Format, das Panoramafotos und geschickt aufgebaute Collagen perfekt wiedergeben konnte. Doch es kann auch ganz anders aussehen. Multimediatechnik ist für mich – wie schon der Name „viele Medien" sagt – ein Baukasten, mit dem beliebige Elemente, perfekt auf Raum und Vorgaben abgestimmt, zusammengesetzt werden können. Wenn die Möglichkeiten sinnvoll genutzt werden, können – auch ohne vordergründige modische Effekte – Erlebnisse vermittelt werden, die weit über die bloße Wissensvermittlung hinausgehen.

I. **Multimedia** – ein schillernder Begriff

Multimedia ist modern, eine Diaschau dagegen gilt als veraltet, obwohl auch sie „Multimedia", nämlich die Darbietung verschiedener Medien, die auf Hören und Sehen ausgerichtet sind, einschließt. Echte Filme können in einem Medienmix zwar einbezogen sein, müssen es aber nicht. Die Frage der Technik stellt sich für mich eher in Bezug auf Einsatzzweck, Zuverlässigkeit, Servicefreundlichkeit und Qualität der Projektion.

Was den Gerätepark und die Betreuung betrifft, haben digitale Anlagen sicherlich gegenüber der alten analogen Technik ihre Vorteile. Auch die Lichtstärke der Beamer ist inzwischen konkurrenzlos. Dennoch sollte man Vor- und Nachteile deutlich abwägen. Derzeit ist eine digitale, qualitativ einigermaßen entsprechende Anlage noch deutlich teurer, als die vergleichbare analoge Technik. Ganz abgesehen davon, dass die „alte" Technik wirklich ausgereift und jahrzehntelang erprobt ist. Der notwendige Lampenwechsel ist beim Beamer zwar erfreulich selten, aber dennoch in Relation zu den viel häufiger ausfallenden Lampen der Diaprojektoren im Jahresschnitt mindestens ebenso teuer. Noch ungünstiger ist der Kostenvergleich bei Sonderbrennweiten. Während für die „alten" Projektoren unterschiedlichste Objektive zu moderatem Preis zur Verfügung stehen, sind Beamer mit Wechseloptiken extrem teuer. Die Flexibilität bei der Raumgestaltung ist dadurch zumindest eingeschränkt. Dafür können digitale Bilder nicht mehr ausbleichen. Nach ca. 7000 Vorführungen sind Dias erfahrungsgemäß deutlich lichtschwach, so dass neue Duplikatsätze fällig werden. Es gilt also abzuwägen; jede Technik hat ihre Vor- und Nachteile. Im Rückblick kann ich aber sagen, dass viele meiner analogen Installationen derzeit nur mit erheblich höherem Aufwand mit digitaler Technik möglich gewesen wären. Und am Ergebnis hätte sich nichts Wesentliches geändert. Dass die Besucher auch bei „Dias" hinterher zumeist von „Film" gesprochen haben, zeugt weniger von ihrem mangelnden technischen Verständnis, sondern vielmehr davon, dass in ihnen wirklich etwas „bewegt" worden ist.

II. Raum und Bild

Die Technik ist nicht das Wesentliche. Viel wichtiger ist Art und Ort der Präsentation. Und hier sollte jede Ähnlichkeit mit einem Schulungsraum und – im vorigen Wort ist es schon enthalten – mit Erinnerungen an die Schule vermieden werden. Auf einer Leinwand in einem hellen, klassenzimmerähnlichen Raum, der im schlimmsten Fall noch mit einer Deckenbeleuchtung aus Neonröhren bestückt ist, wird auch die beste Produktion im wahrsten Sinn des Wortes untergehen. Alleine schon deshalb, weil die wenigsten Besucher sich hierhin verirren werden. Die Schilderung mag übertrieben wirken, aber leider gibt es noch immer derartige Beispiele. Weitere häufige „Sünden" wären, nicht ausreichende Verdunklung, ungünstige Sichtverhältnisse, kein weich dimmbares Raumlicht, schlechte Luft oder einfach das Gefühl von „Langeweile", das schon der Raum ausstrahlt. *„Wie soll denn da erst die Schau sein"*, wenn das Umfeld schon so wenig einladend gestaltet ist. Dabei sind viele „Fehler" leicht vermeidbar und lassen sich nicht durch mangelndes Budget oder räumliche Vorgaben entschuldigen. Zum Glück ist fast jeder Raum anders und kann so zu einer ganz individuellen „Inszenierung" inspirieren. Es klappt nur nicht, wenn man die Standardnormen in die unterschiedlichsten Vorgaben zwängt. Beispiel „Leinwand": Bei Dias gibt es das genormte Seitenverhältnis von 2:3. So kennen wir die Präsentation schon von den Familienabenden her. Nur sind viele zur Verfügung stehende Vorführräume leider nicht hoch genug, um so ein wirklich großes Bild zu projizieren. Die Folge: Das Bild bleibt dennoch „groß", aber die Zuschauer sehen schon ab der zweiten Reihe nur noch einen Teil der Leinwand oder das Bild wird kleiner nach oben gesetzt und kann so, da zu klein und zuviel Umfeld, nicht mehr wirken.

Die Lösung läge so nahe, denn es gibt auch andere Seitenverhältnisse, andere Leinwandkombinationen. Zum Beispiel das Format 1:2, – ein spannendes Bild, das einen guten, filmähnlichen Bildaufbau ermöglicht. Mit diesem „Trick" erst konnten wir im kleinen ehemaligen Pferdestall des Goethehauses in Weimar die Vorgaben schaffen, dort eine Schau zu installieren. Auch das heute verbreitete digitale Seitenverhältnis von 16:9 kommt diesem Format sehr nahe und wird zu Recht das „langweiligere" Format 4:3 langfristig ersetzen.

Abb. 28   4-Projektor-Installation im Weimarer Goethehaus.

Ein aufwendigeres Beispiel mit auf den ersten Blick sehr ungünstigen Raumvorgaben zeigt der Medienraum im Bayerischen Brauereimuseum Kulmbach. Die ehemalige Kantine der Brauerei sollte ausgebaut werden. Das Problem war der relativ lange, sehr niedrige Raum, der eine normale Leinwandlösung von vornhinein ausschloss. Die technisch aufwendige Lösung bestand in einer Breitleinwand – die beim Betreten nur teilweise sichtbar ist – und ebenso anfangs verborgenen, seitlichen drehbaren Leinwänden und Spiegelflächen. Diese gestalten den Raum im Lauf der Schau immer wieder neu. Eine ständige Steigerung, nicht nur im Ablauf der Schau, sondern auch in der Verwandlung des Vorführraums. Zum Schluss sitzt der Zuschauer inmitten von Biergartenbildern, die sich aufgrund der bewegten Spiegel ergeben.

Abb. 29 Der Medienraum Raum (ehemalige Kantine) des Bayerischen Brauereimuseums Kulmbach vor dem Umbau.

Multimedia

Abb. 30 Situation beim Betreten des Medienraums des Bayerischen Brauereimuseums Kulmbach.

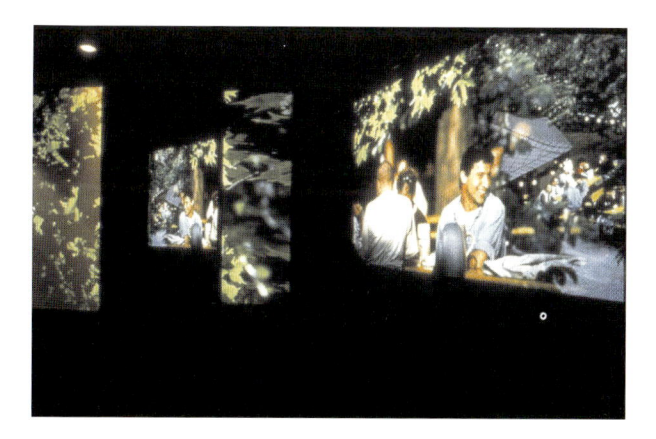

Abb. 31 Verspiegelung am Ende der Schau im Bayerischen Brauereimuseum Kulmbach.

Wieder eine andere Lösung zeigt die Festinstallation auf der Insel Mainau. Ursprünglich geplant war eine „übliche" 4-Projektorinstallation. Doch als der runde historische Gärtnerturm als möglicher Vorführraum ins Auge gefasst wurde, änderte sich das Konzept grundlegend. Der mit nur knapp 9m Durchmesser relativ kleine Vorführraum erhielt eine gebogene 7m breite Leinwand und fasst dennoch 40 Zuschauer, die bei hervorragender Sicht inmitten des Geschehens sitzen. Der Raum schaffte auch hier die Vorgabe für die Leinwand und somit letztlich das Konzept für audiovisuelle Gestaltung.

Abb. 32   Vorführraum auf der Insel Mainau im Gärtnerturm.

Die Beispiele zeigen schon, dass Raum und Schau nicht zu trennen sind und deshalb eine rechtzeitige Zusammenarbeit zwischen Produzent und Architekt wesentlich ist. Bei unseren Arbeiten entwickeln wir zumeist mit Hinblick auf die Projektionsideen das komplette Projekt und lassen danach in enger Zusammenarbeit mit Architekt oder den Museumshandwerkern den Raum entsprechend gestalten.

Zu bedenken ist dabei auch die Verdunkelung. – Haben Sie schon einmal in einem hellen Kino gesessen? Ein projiziertes Bild kann nur in dunkler Umgebung brillant wirken. Daran ändern auch immer lichtstärkere Beamer nichts. Achten Sie auf dunkle Wände und ausreichende Verdunklung. Dazu gehört auch der Eingangsbereich, denn nichts ist störender, als wenn während der Schau immer wieder die Tür aufgeht und helle Flecke auf der Leinwand erscheinen. Kleinigkeiten, die über die Gesamtwirkung wesentlich entscheiden. Hilfreich kann auch vor dem Eingang eine sich ständig aktualisierende Displayanzeige sein, die permanent über Länge der Schau, Wartezeit und eventuelle Fremdsprachenversionen Auskunft gibt.

Alle diese Dinge und Einrichtungen kosten natürlich mehr oder weniger Geld. Deshalb ist es für den Produzenten sehr hilfreich, wenn ihm schon zu Beginn ein ungefährer Kostenrahmen genannt wird, in dem er sich bewegen kann. Gerade ein knapperes Budget kann die Phantasie fordern, um mit einfachen Mitteln Optimales zu erreichen. Wesentlich bleibt letztlich, dass das Ergebnis gut ist – egal, was es gekostet hat, denn ein schmales Budget kann nicht als Entschuldigung für schlechte Leistungen gelten. Die Produktion muss dann eben so geplant werden, dass sie kostengünstig durchführbar ist. Einsparmöglichkeiten wären z. B.

verstärkte Nutzung bestehender Bildarchive, Einbringung eigener Kapazitäten und die Verwendung relativ preiswerter, effektvoller Materialien, die räumliche Wirkung zeigen. So setzen wir in vielen Festinszenierungen Spiegelelemente ein, welche nicht nur die oft kleinen Räume optisch vergrößern, sondern über die gezielte Spiegelwirkung auch Projektionen vervielfältigen. Als Beispiel mag hier das Naturkundemuseum in Bayreuth dienen, in dessen kleinen Medienraum eine Seite komplett mit Spiegelpaneelen ausgestattet wurde. Auch hier sitzt der Zuschauer mitten im Geschehen, ist dadurch nicht nur Konsumierender, sondern aktiv eingebunden.

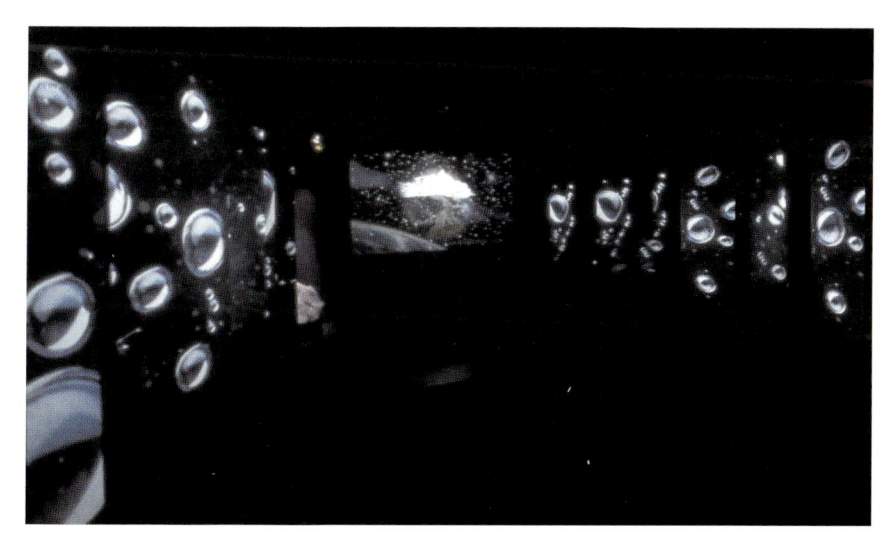

Abb. 33   Medienraum im Naturkundemuseum Bayreuth.

Ein Trick bei kleinen Räumen gilt auch der Bestuhlung. Da ein idealer ansteigender Zuschauerraum fast nie realisierbar ist, schlagen wir oft Bänke vor, die nach hinten immer höher werden. Automatisch setzen sich Kinder auf die niedrigen und Erwachsene auf die höheren Sitzgelegenheiten. Außerdem kann man auf Bänken, wenn's mal wirklich voll wird, viel besser zusammenrutschen.

III. Die Bildsprache

Das räumliche Eingebundensein mag ein Geheimnis für den Erfolg guter Multivisionen oder Multimediashows sein. Entscheidend ist aber auch die Bildsprache, denn anders als beim Film, wird das bildliche Geschehen nicht von einer ablaufenden Handlung geprägt – die mehr oder weniger glaubhaft sein kann – sondern von einer Collage einzelner sich vernetzender Bilder. Diese Bilder können völlig unterschiedlichen Ursprung haben. Sie müssen sich „nur" zu einer Aussage zusammenfügen. Das heißt, Fotos können sich mit Gemälden oder Stichen mischen, Maßstäbe können bewusst unterschiedlich eingesetzt sein und damit Übersteigerungen, Verfremdungen hervorrufen, oder reale Objekte können so kombiniert werden, wie sie in Wirklichkeit nie vorkommen würden. Und dennoch ergibt sich ein – im übertragenen Sinn – logisches Bild, das unsere Phantasie bewegt. Ein Beispiel wäre das weiter oben bereits gezeigte Szenenbild aus unserer Produktion über Goethe mit der Kombination eines historischen Scherenschnitts und der realen Landschaft im Weimarer Park.

Oder ein Ausschnitt aus der Mozartschau. Das höfische Leben in Versailles – wichtig für die Parisreise – ließ sich nicht mehr fotografieren. Nicht nur die Touristen störten, sondern auch die Brunnen liefen zumeist nicht, aber eine Montage aus drei Bildern mit dem scheinbar völlig selbstverständlich wirkendem freigestellten Leuchter aus der Spiegelgalerie schaffen es, etwas vom Glanz des Sonnenkönigs wieder lebendig werden zu lassen.

Abb. 34 Multivision im Mozartmuseum Salzburg.

IV. Die Story ist die halbe Miete

Es mag eine Binsenwahrheit sein, dass ein Text für eine Präsentation anders auszusehen hat, als für einen Artikel. Dennoch wird die „Schreibe" oft zur „Sprache". Liegt es nur daran, dass Fachleute die Texte verfassen und gleichsam nur Aufsätze schreiben, ohne dass ein mediengeübter Schreiber den Text entsprechend überarbeitet?

Außerdem gilt: Schon im Drehbuch muss nicht nur der Stil bedacht werden, sondern auch bereits die logische und zeitlich machbare Abstimmung mit dem Bild. Das heißt, jede Textpassage – selbst wenn sie noch so interessant und lehrreich ist – muss visualisierbar sein. Ist das nicht möglich, hat sie in der Schau nichts verloren. Die akustische Information darf aber auch nicht so dicht sein, dass die Bilder nicht mehr nachkommen können, ohne den Betrachter zu überfordern. Auch das zeitliche Gefüge einer Schau, der Wechsel von Aktion, Spannung, Information und Erholung ist nicht außer Acht zu lassen und für den Erfolg wichtig. Gewähren Sie genügend „Pausen", auch wenn Sie noch genügend zu sagen hätten, denn kein Betrachter kann gleichzeitig mit voller Konzentration hören und sehen. Das bedeutet, eines von beidem steht wechselweise im Vordergrund, während das andere sich unterordnen muss. Oder können Sie komplizierten Text verstehen, gleichzeitig ein Feuerwerk an Bildern aufnehmen und eventuell auch noch ein Textinsert auf der Leinwand lesen? Es lohnt sich wahrscheinlich doch, einen Fachmann für die Zusammenstellung heranzuziehen und ihm als Vorgabe nur einen Arbeitstext oder eine ausführliche Stoffsammlung zu geben. Nicht zu unterschätzen ist auch der Aufbau der Präsentation. Wenn Sie bei einer Biographie bei der Geburt anfangen, um dann das Leben bis zum Tod zu erzählen, erfüllen Sie zwar die Aufgabe und wirken dennoch bereits langweilig. Ihr Text kann noch so gut sein, Zitate sind meistens besser und authentischer, zumal Sie dazu auch entsprechende Autographe negativ mit ins Bild einblenden können. Auch wenn die originale Handschrift normalerweise schwer zu entziffern ist, beim Mitlesen haben Sie keine Probleme.

Die Wertung über das nicht gerade einfache und umstrittene Leben des Märchenkönigs Ludwig II. habe ich voll dem Zuschauer überlassen, indem ich in der Schau ausnahmslos Zitate eingesetzt habe. – Und dennoch funktionierte die Story – all das, was letztlich unaussprechbar war, konnte ausschließlich mit Bildern und Musik viel eindringlicher vermittelt werden.

Abb. 35   Installation über Ludwig II. auf Schloss Neuschwanstein.

Gerade der Beginn einer jeden Schau sollte anders sein als erwartet. Er muss Spannung und Erwartung erzeugen, positive Überraschung. Schulklassen, die innerlich schon etwas widerwillig etwas ansehen „müssen", sollten Sie überrumpeln – „*das hätte ich nicht gedacht, dass das spannend sein kann*".

Die „Überraschung" kann aber auch schon vorher beginnen. Oft ist es sinnvoll, bei permanent laufenden Shows die Pausen zu überbrücken und dabei auch auf spielerische Weise Informationen über Länge der Schau, Neustart etc. zu geben. Am einfachsten kann das über entsprechende Texthinweise geschehen – aber auch das, weil so naheliegend – erscheint mir nicht sehr einfallsreich. Deshalb baue ich seit Jahren in vielen Festinstallationen „Vorprogramme" ein, die den Zuschauer bereits beim Warten unterhalten und langsam auf das Thema hinführen.

Dazu zwei Beispiele: Zunächst zur Landesausstellung über die Römer in Rosenheim. Auf der Leinwand erscheinen lateinische Sätze und imaginäre „akustische" Schüler aus dem Publikum beginnen, mehr oder weniger murrend diese Sätze zu übersetzen. „*Ich dachte, heute ist keine Schule ...*" – und schon sind wir in der Römerzeit gelandet. Ich habe mehrfach im Publikum beobachtet, dass sich dabei nicht nur die Jugendlichen, sondern auch Erwachsene und viele Lehrer köstlich amüsiert haben. Oder im Freilichtmuseum auf der Glentleiten beginnt die Vorführung so, dass Bauern sich über die vergangene Zeit unterhalten „*jetzt bin i gspannt, was ma da sehn – über die guate alte Zeit – di war ja gar net guat ...*", dazwischen quengeln Kinder, „*wann geht's denn endlich los – muß i da no lang warten?* " – und schon ist mit der Antwort der leicht genervten Mutter die Information gegeben, dass es nur noch eine Minute dauert. Außerdem schafft der Dialekt eine passende Einstimmung auf die Informationen über das bäuerliche Leben.

V. Der Ton macht die Musik

Viele Vorprogramme laufen, wie die oben geschilderten, nur über die Tonebene ab. – Ich halte grundsätzlich den Ton für wichtiger als die Bildinformation. Einen guten „Sound" kann man auch als Hörspiel genießen, die Bilder alleine können normalerweise nicht bestehen. Leider wird auf eine akustische Dramaturgie oft zu wenig Rücksicht genommen. Oft liest der Sprecher nur seinen Text herunter, untermalt von willkürlicher „Plätschermusik". Dabei lässt sich vieles auch ohne Worte sagen, alleine durch die Wahl der Musik, der Geräusche oder des O-Tons. Historische Szenen können oft durch einen Zusammenschnitt von alten Originalaufnahmen viel wirkungsvoller und drastischer vermitteln, als die besten Worte es vermögen. Bei der Ausstellung in Mühldorf konnte die Passage über das Dritte Reich ausschließlich über Geräusche und historische Aufnahmen abgewickelt werden. Die Authentizität des durch den Zusammenschnitt zwar manipulierten aber dennoch als original empfundenen Tons erweckte eine viel stärkere Bedrückung, als es der beste Kommentar vermocht hätte. Visuell unterstützt wurde die „Story" noch durch Einblendungen von alten Zeitungs-Headlines. So führte das unmittelbare, eigene Erlebnis zu einer viel stärkeren Meinungsbildung, die umso glaubhafter war, da sie nicht verbal vorgegeben wurde.

Zum Ton gehört eine entsprechende akustische Anlage, die – wenn finanziell machbar – über eine übliche Stereobeschallung hinausgehen kann. Mitten im „Ton" zu sitzen schafft auch akustisch ein besonderes Gefühl und bezieht so den Betrachter wiederum stärker in das Geschehen ein.

VI. Ein Wort zur Technik

Während früher Tonbänder, Kassetten und später CDs selbstverständlich waren, wird heute der Ton über digitale Speicher auf briefmarkengroßen Flashcards berührungslos wiedergegeben. Dabei können derzeit bis zu 16 Kanäle auf einer einzigen Karte parallel oder auch zeitlich beliebig abrufbar wiedergegeben werden.

Abb. 36   Steuertechnik für 16-Kanal Tonwiedergabe.

Neben Raumton und mehrsprachiger Simultanwiedergabe eröffnet diese Technik auch Möglichkeiten, die ebenso unter Multimediainszenierungen fallen. So können, über Bewegungsmelder oder Lichtschranken aktiviert, unmerklich Gegenstände z. B. zu „sprechen" anfangen und dadurch den Besucher fesseln und informieren. Wenn geschickt programmiert wurde, verhindern „Zufallsgeneratoren", dass immer dasselbe gesagt wird. Es bleibt also spannend und wird nicht zum vorhersehbaren, schematischen Ablauf.

Zur Technik der Bildwiedergabe möchte ich mich kurz fassen, zu rasch schreitet derzeit die Entwicklung voran, zu schnell veralten die Aussagen. Tatsache ist, dass die Diaprojektion immer mehr zum Nischenprodukt wird, während die Beamer besser werden und fast schon Diaqualität erreicht haben. Dadurch hat sich auch eine neue erweiterte Bildsprache ergeben, welche die bewährte alte Collagentechnik übernimmt und mit den filmischen Möglichkeiten der Videoprojektion verbindet. So wie es bei Diaprojektoren üblich war, können auch mehrere Beamer so miteinander vernetzt werden, dass nahtlose große Panoramabilder möglich werden. Man benötigt also nicht mehr den nur schwer bezahlbaren „Superbeamer", sondern kann mit mehreren viel preisgünstigeren Einzelgeräten dasselbe große Bild in viel besserer Auflösung schaffen.

Multimedia 91

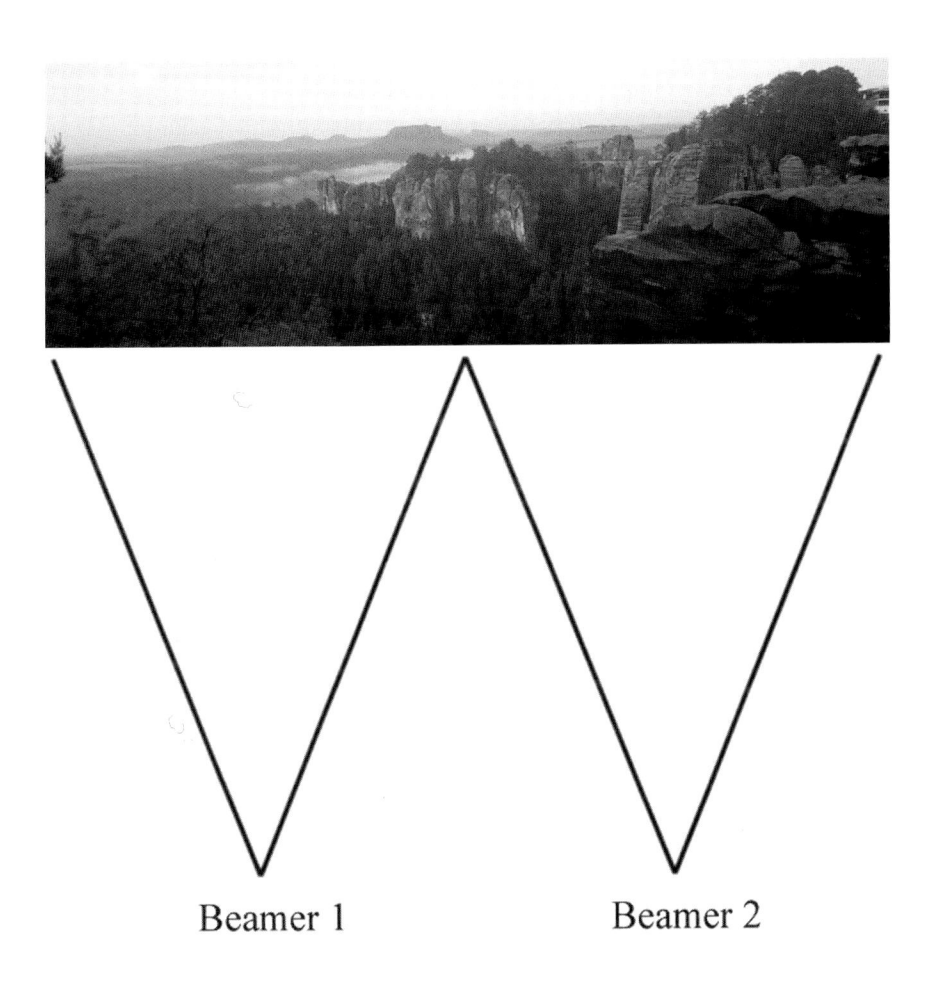

Abb. 37 Beispiel für eine Panorama-Softedge Schau mit zwei Beamern.

In Bezug auf die Auflösung sollte man bedenken, dass bei großer Projektion – besonders bei Einsatz von Standbildern – die jetzige als guter Standard angesehene DVD-Qualität nicht unbedingt ausreicht. Der neue Qualitätsstandard HDAV (High Definition Audio Vision) schafft bei Wiedergabe über Computer ein Vielfaches davon. Ein Ergebnis, das nicht nur messbar, sondern auch deutlich sichtbar ist.

Bei der Gerätetechnik ist vor allem der tägliche Betrieb wichtig. Der Ablauf sollte soweit als möglich automatisiert und gegen Fehler geschützt werden. So war es bei unseren Diainstallationen Standard, dass bei asynchroner Schau auf der Leinwand entsprechende Textdias auftauchten, die auf den Fehler hinwiesen. Automatisch wurde bei Festinstallationen auf die fällige Wartung von Geräten hingewiesen oder ein ebenso nach Einschalten der Anlage autark ablaufendes Testprogramm zeigte dem Bedienungspersonal vor Eintreffen der Besucher, ob alles in Ordnung ist. In ähnlicher Weise werden auch die digitalen Anlagen „geschützt", so dass Fehler – die immer mal auftauchen können – möglichst nicht vor den Zuschauern passieren.

VII. Die „lebendige" Schau

Natürlich laufen Festinstallationen ohne die persönliche Betreuung von Personen ab. Dennoch müssen sie nicht unbedingt nur „Konserve" sein, sie können vielmehr erstaunlich aktuell wirken. So richtet sich zum Beispiel das Wetter in unserer Installation im Nationalparkhaus „Sächsische Schweiz" immer nach dem aktuellen, gerade herrschenden Wetter. Egal ob Sonne, bedeckt, Regen oder Schnee – neben den passenden Bildern erzählt der Sprecher, dass es gerade heute bei diesem Wetter besonders spannend ist, die Natur zu beobachten. Und der Besucher denkt sich, so ein Zufall, dass es heute wirklich regnet oder er fragt sich, woher weiß die Anlage nur das heutige Wetter. Der Einschub im 5-minütigem Gesamtprogramm funktioniert natürlich ohne „Wettersensor" und wird einfach über die Fernbedienung entsprechend aktiviert. Nahtlos fügt sich die entsprechend ausgewählte Passage über entsprechende Schnittstellen in die Gesamtschau ein. Mit ähnlicher Technik können Sie auch auf besondere Tage, Ereignisse oder Jahreszeiten Rücksicht nehmen – Gelegenheiten gibt es viele. Und auch hier gilt, die Idee ist entscheidend, die Technik ist nicht so schwierig und kostet auch nicht mehr Geld, als Sie für eine normale Schau ausgeben müssten.

VIII. Die Inszenierung

Das überraschende Moment ist für mich zu einem entscheidenden Kriterium geworden. Das fängt – wie schon beschrieben – beim Aufbau der Schau an und ergänzt sich im Vorführraum. Über die wichtigen Kriterien eines Raums, wie Verdunklung, Farbgebung etc. wurde schon gesprochen. Spannend wird es für mich immer, wenn der Raum seine Geheimnisse nicht gleich offenbart. Auch das muss nicht unbedingt mit sehr hohem Aufwand verbunden sein, wie die bereits erwähnte Ausstellung im Haberkasten von Mühldorf zeigte. Im obersten Stockwerk des historischen Gebäudes war durch die Dachschräge seitlich „toter" Raum vorhanden, der auf den ersten Blick nicht genutzt werden konnte. Diese toten

Nischen wurden durch graue Gazeschleier abgetrennt, der Besucher erwartete in dem scheinbar normalen Raum nur auf der zentralen Leinwand etwas zu sehen. Überraschend war, dass bald nach Beginn der Schau auch auf die graue Gaze zusätzlich projiziert wurde, so dass der Besucher wiederum mitten im Raum, im Bild saß. Dieses Gazematerial – bekannt aus dem Theater – hat aber die Fähigkeit, je nach Beleuchtung nicht nur als Projektionsfläche zu dienen, sondern auch durchsichtig zu werden. So wurden verschiedene große Exponate in den Dachschrägen „versteckt", die nun während des Ablaufs hinter den projizierten Bildern effektvoll auftauchten. Der ganze Raum wurde zum Leben erweckt, die Inszenierung war perfekt.

Ein gutes Beispiel für die räumlich gestaltete Wirkung ist unsere Installation auf Schloss Neuschwanstein. Auch hier stand – angesichts der Besuchermassen – nur ein sehr kleiner Vorführraum zur Verfügung. In Anlehnung an die Schlösser des Märchenkönigs mit den barocken Spiegelsälen schwebte mir ebenso eine Verspiegelung des Vorführraums vor.

Abb. 38   Der Multimedia-Raum in Schloss Neuschwanstein vor dem Umbau.

Die Decke mit der modernen Stahlkonstruktion des "mittelalterlichen" Schlosses wurde wiederum mit Gaze verdeckt und erst während der Schau durchleuchtet. Die seitlichen Paneele mit den dazwischenliegenden schmalen Spiegeln sollten beim Betreten des Raums nur als Gestaltungselemente wirken.

Abb. 39   Der Vorführraum in Schloss Neuschwanstein beim Betreten.

Auch hier wird erst während der Schau der tatsächliche Zweck der Anordnung sichtbar. Während neben der erwarteten Projektion auf die zentrale Leinwand unmerklich auch die Seitenflächen „bespielt" wurden, warfen die einzelnen Spiegel das Bild von den Seitenwänden „hin und her" und eröffneten immer neue Blick-Fluchten. Eine Inszenierung, die der sich in träumerischen Welten verlierenden Person Ludwig II. sehr nahe kam.

Abb. 40   Die Wirkung der Projektion auf Schloss Neuschwanstein.

Abb. 41 Der König liebte die Nacht. Brunnen auf Herrenchiemsee.

Natürlich muss die Fotografie auch die Bildsprache entsprechend unterstützen. Archivbilder waren hier nicht zu verwenden. Vielmehr wurde das gesamte Bildmaterial mit der imaginären „Sichtweise" des Königs neu aufgenommen. Ein Unterfangen, das in Anbetracht der ganzjährigen Besucherströme nicht so einfach umzusetzen war.

Dass es nicht nur Spiegel sein müssen, zeigt eine andere Produktion – diesmal eher ein nüchternes technisches Gebiet zum Thema Textil. Der Zweck der Schau sollte sein, den fehlenden Nachwuchs über die Möglichkeiten in der Textilbranche zu informieren. Auch hier mussten die Gedanken über die trockene Vermittlung von bloßen Fakten weitergehen. Außerdem würden Fakten zu wenig sein, um die Jugend zu begeistern. Also hing ich das Thema am eigentlichen Ergebnis, an der Mode auf, um den Nachwuchs anzusprechen. Und da das eigentliche Produktionsergebnis „Stoff" ist, wurde auch Stoff im Vorführraum zum tragenden Element. Erschwerend kam hinzu, dass der Vorführraum bei Bedarf auch noch in einen Seminarraum verwandelt werden sollte, eine Anforderung, die oft nur schwer ohne sichtbare Kompromisse durchzuführen ist.

Abb. 42   Der Vorführraum Textilmuseum in Helmbrechts.

Nachdem die seitliche Verdunklung zugefahren ist, beginnt noch ohne Leinwand – wiederum unerwartet – die Projektion auf den Stoffbahnen. Das Licht erlischt und erst dann öffnen sich langsam die Vorhänge und geben die Leinwand frei. Die Projektion auf den sich bewegenden Vorhangfalten schafft einen zusätzlichen Reiz. Wenig später fahren – wiederum überraschend – Stoffbahnen in den Raum, auf die Models projiziert werden.

Abb. 43   Projektion auf Stoffbahnen in Raum im Textilmuseum in Helmbrechts.

Die Bewegung, die durch „stehende" Bilder auf dem bewegten Stoff hervorgerufen wird, schafft eine emotionale Wirkung, die besser als Worte die Botschaft der Schau vermitteln.

Wieder ist die Raumwirkung gegeben, wieder sind „überall" Bilder und der Zuschauer ist räumlich eingefangen.

Abb. 44   „Die Welt der Mode" im Textilmuseum in Helmbrechts.

Am Ende bleiben die Stoffbahnen im Raum, der Besucher kann die neue Kollektion „begreifen". Nach einer Weile verwandelt sich alles zurück, bereit für den nächsten „Startbefehl" im kleinen Textilmuseum von Helmbrechts.

Eine ungewöhnliche Raumgestaltung zeigt auch der Anfang 2004 neu eröffnete Medienraum des Naturkundemuseums Bamberg. Das Thema „Biosphäre" wird in einem abgerundeten „eiförmigen" Ambiente präsentiert. Der zusätzlich mit runden Vitrinen ausgestattete Vorführraum verwandelt sich nicht nur durch die sich öffnenden Leinwandverkleidungen, sondern ganz wesentlich auch durch Licht.

Abb. 45   Multimediaraum in Bamberg beim Betreten.

Beim Betreten noch neutral beleuchtet, kann der Raum je nach Stimmung sämtliche Farben annehmen und dadurch bedrohliche und beängstigende Wirkungen erzielen. Die seitlichen herausschwenkbaren Paneelflächen dienen nicht nur als Zusatzleinwände, sondern ebenso auch als transparente Beleuchtungskörper. Von hinten mit verschiedenfarbigen Neonröhren bestückt, lassen sich so unterschiedlichste Lichtstimmungen erzeugen. Der Verwandlungszauber beginnt mit einem imaginären Gewitter mit Donnergrollen, Regengeräuschen und zuckenden Blitzen über der Decke. Die Beamerpräsentation auf der Hauptleinwand nimmt das Gewitter mit ziehenden Wolken auf, während langsam das Licht im Raum verlischt. So präsentiert sich die Schau als Collage aus Bildern, gesprochenem Text, Musik, Licht-, Ton- und anderen Spezialeffekten. Alles dreht sich dabei um die Biosphäre, jene Lebenshülle, die unsere Erde wie eine dünne Membran nahtlos umgibt. Die Produktion soll auch wachrütteln, betroffen machen und die menschen-gemachten Probleme aufzeigen.

Abb. 46 Multimediaraum des Naturkundemuseums Bamberg in der farbigen Verwandlung.

Das Geschehen spielt sich nicht nur auf der Hauptleinwand ab, sondern neben den farbigen Verwandlungen auch auf den Seitenflächen. Die zusätzlichen Projektionen lassen den Zuschauer förmlich eintauchen in das Geschehen und vermitteln einen dreidimensionalen Raumeindruck.

Abb. 47 Das Miteinbeziehen der Seitenflächen als Projektionsfläche im Naturkundemuseum in Bamberg.

Die Beispiele sind Produktionen unterschiedlichster Größenordnung. Doch allen gemeinsam ist das Bestreben, nicht nur eine „übliche Vorführung" zu bieten, sondern eine Inszenierung, die dem Thema entspricht. Deswegen kann es auch keine Gesetze geben, wie etwas durchzuführen ist. Es gibt viele Möglichkeiten, viele Medien – die Lösung ist im wahrsten Sinn des Wortes *Multimedia*.

IX. Eine Anmerkung noch zum Schluss

Vieles sieht im Nachhinein einfach und logisch aus. Die zündenden Ideen kamen fast immer erst, nachdem ich mich lange mit dem Thema beschäftigt hatte. Eine Produktion dauert bei mir mindestens ein Jahr. Nicht weil ich so langsam bin, sondern weil es Zeit braucht, sich einzulesen, mit der Materie vertraut zu machen und die notwendigen Bilder aufzunehmen. Natürlich funktionieren auch routinierte Schnellschüsse, aber letztlich können sie nur Routine bleiben. Das Geheimnis des Erfolgs könnte man vielleicht auf einen Punkt bringen: Erst wenn man selber begeistert ist und das Thema wirklich begriffen hat, kann man Begeisterung und eigenes Erleben weitergeben.

Sehen, Fragen, Begreifen
Interaktive Stationen in historischen Ausstellungen

Von Brigitte Vogel

*Übrigens ist mir alles verhasst, was mich bloß belehrt,
ohne meine Tätigkeit zu vermehren oder unmittelbar zu beleben.
(Johann Wolfgang von Goethe)*

I. Interaktion zwischen Exponat und Ausstellungsbesucher[1]

In historischen Ausstellungen und Museen dürfen Objekte aus berechtigten Gründen nicht angefasst werden. Die Exponate, die aus einer vergangenen Zeit stammen, strahlen als Originale die Aura des Authentischen aus und ziehen deswegen den interessierten und staunenden Besucher in ihren Bann. Je prunkvoller, je älter und je skurriler diese Zeugnisse aussehen, desto größer ist ihre Attraktivität. Wenn historische Museen beziehungsweise Ausstellungen ihren Bildungsauftrag Ernst nehmen, müssen sie das Staunen der Besucher mit der Möglichkeit von Wissensaufnahme verknüpfen. Ihnen sollten Angebote gemacht werden, die ausgestellten Objekte und ihre Geschichten zu rezipieren und sich geistig anzueignen. Das geschieht in erster Linie durch die Auswahl und die Präsentation der Exponate. Deren Kontextualisierung und Erklärung auf Objekttafeln ermöglichen zusätzliche Aussagen und weitergehende Informationen. Die Objekte für sich gewinnen ihre Bedeutung dadurch, dass sie schon immer Teil des symbolischen Universums waren, in dem sich Menschen bewegten und orientierten.[2] Die gesamte überlieferte Kultur tritt in einem historischen Museum dem Betrachter entgegen. Diese Bedeutung ist jedoch nicht einfach vorgegeben, sondern muss immer wieder vom Besucher entziffert werden.[3]

Die Aufgabe der Kuratoren und der Museumspädagogen ist, durch ein thematisch und methodisch variables Vermittlungsangebot sowohl

---

[1] Dank an Johanna von Münchhausen für ihre Diskussionsbeiträge zu diesem Artikel.
[2] Vgl. auch Hein, G.: „Museums focus on the 'stuff' of the world", in: Learning in the Museum, London 1998, S. 6. Und Nelson Goodman, der die Dinge nach Art ihrer Bezugnahme in die vier Kategorien *Indizien, Exempel, Modelle* und *Metaphern* einteilt, in: Goodman, N.: Sprachen der Kunst. Entwurf einer Symboltheorie, Frankfurt/M. 1995.
[3] Parmentier, M.: Der Bildungswert der Dinge oder: Die Chancen des Museums, in: Zeitschrift für Erziehungswissenschaft, H. 1, 2001, S. 39-50, hier S. 47.

dem fachkundigen Besucher als auch dem interessierten Laien, dem Gruppenbesucher ebenso wie dem gelangweilten Schüler „Übersetzungshilfen" für die Objektgeschichten zu bieten. Jeder dieser Gäste trägt seine Erfahrungen mit Geschichte in sich und weist dieser seine spezifische Bedeutung zu. Während Kinder und Jugendlichen noch sehr viel stärker auf das „Museum als institutionelle Lesehilfe bei der Entzifferung der Kultur"[4] angewiesen sind, können Erwachsene auf historisches Vorwissen zurückgreifen.

Museen und historische Ausstellungen sind demzufolge als Lernumgebung für ein vielschichtiges Besucherprofil geeignet. Denn Lernen im Museum „ist konzentrierter und bewusster strukturiert als im Alltag und mannigfaltiger, geselliger, zwangloser und kulturell reicher als die formelle Bildung."[5] Da Lernen meistens ein Prozess ist, der aus den Alltagserfahrungen herauswächst, werden die Inhalte vom Besucher schneller aufgenommen, je näher die Präsentation der Objekte an seinem Erfahrungshorizont anknüpft.[6] Häufig stellt „der Bezug auf die Lebensgeschichte, auf die ganz persönlichen Erfahrungen in den den Alltag zutiefst prägenden politischen Systemen, wirtschaftlichen Konjunkturen und sozio-kulturellen Strukturen bei der Zielgruppe der Erwachsenen eine bedeutende Motivation für die Beschäftigung mit historischen Phänomenen im Museum dar."[7]

Der Erfahrungsbegriff ist jedoch vielfältig und hat seinem Wesen nach sowohl eine passive als auch eine aktive Seite. Wenn Anschaulichkeit und Erfahrungsbezug fehlen, wird Vieles nicht richtig verstanden. Folge davon ist das Abnehmen der Motivation des Besuchers, der nur noch konsumiert ohne zu reflektieren bzw. zu lernen.[8]

---

[4] Parmentier, M.: Der Bildungswert der Dinge oder: Die Chancen des Museums, in: Zeitschrift für Erziehungswissenschaft, H. 1, 2001, S. 39-50, hier S. 39.

[5] Anderson, D.: Lebenslanges Lernen in Museen. Zur Situation der Museumspädagogik im Vereinigten Königreich von Großbritannien und Nordirland, in: Rath, G. (Hg.): Museen für BesucherInnen. Eine Studie, Wien 1998, S. 24.

[6] Vgl. zu dieser These auch den Beitrag Funk, Lebenswelt und Geschichtskultur, S. 271 in diesem Band.

[7] Urban, A.: Von der Gesinnungsbildung zur Erlebnisorientierung. Geschichtsvermittlung in einem kommunalen Museum im 20. Jh., Schwalbach/Ts. 1999, S. 125.

[8] Vgl. Klippert, H.: Durch Erfahrung lernen, in: Bundeszentrale für politische Bildung (Hg.): Erfahrungsorientierte Methoden der politischen Bildung,

Die Anregung zum Fragen und Nachdenken in einer Ausstellung kann durch Inszenierungen, Führungen, Workshops und andere Aktivitäten gefördert werden. Das Ziel ist also, die Interaktion zwischen Besucher und Objekt, zwischen Besucher und Präsentation auszulösen.[9]

II. Interaktive Stationen

In den vergangenen Jahren wurden in zahlreichen Ausstellungen und Museen zusätzlich zur Objektpräsentation und den genannten didaktischen Hilfsmitteln interaktive Stationen eingerichtet, um den Besuchern ein aktives Aneignen von Ausstellungsinhalten zu ermöglichen. Interaktive Stationen gehen auf die so genannten Hands-on-Stationen[10] zurück, die ursprünglich von der angloamerikanischen Pädagogik der sechziger Jahre entwickelt wurden. Sie wurden in dieser Zeit in technischen und

---

Bonn 1988, S. 75-96. Und: Klippert, H./Clemens, E./Grentrup, S.: Eigenverantwortliches Arbeiten und Lernen, Weinheim 2001.

[9] Der pädagogische Auftrag des Museums wird dabei vom deutschen Kulturrat wie folgt umschrieben: „Ziel ist es dem Museumsbesucher eine kreative, auf sinnliche Erfahrung aufbauende Begegnung mit dem Museumsobjekt zu ermöglichen. Diese Art von Vermittlung fördert anschauliche Denkweisen, die in unserer hochzivilisierten Gesellschaft immer mehr durch Wissenschaft und Technik zugunsten linearer Denkprozesse zurückgedrängt worden sind.", in: Ziegenspeck, J. (Hg.): Das Museum als erlebnisorientierter Lernort. Museumspädagogik in den Museen der Freien und Hansestadt Hamburg und ihrer näheren Umgebung, Lüneburg 1997, S. 28.

[10] Der Begriff „Hands-on-Station" wird durch „Interaktive Stationen" nur unzureichend übersetzt. Zu Hands-on-Stationen in Ausstellungen vgl. Caulton, T.: Hands-On Exhibitions, London 1998; Bradburne, J.: Interaction in the museum. Observation. supporting. Learning, Frankfurt/M. 2000; Meier, T. D.: Kommunikation und Vermittlung in Museen für Kunst und Geschichte, Bern 2000; Museums Journal (special issue): Hand-up. Ineractives, hands-on, multimedia, virtual reality: what's it all about), Vol. 93, Nr. 2, 1993; Winterbotham, N.: Happy hands-on, in: Hooper-Greenhill, E. (Hg.): The Educational Role of the Museum, London 1994, S. 175; Curtis, N./Goolnik, J.: Hands on! Research into learning with objects in Marischal Museum, in: JEM (Journal for Education in Museums) 16, 1995; PHÄNOMENTA Flensburg: Schriftenreihe zum interaktiven Lernen, Nr. 1-3, 2001; McRainey, D. L.: Interpreting History Through Interactive Experiences (Smithonian Center for Education and Museum Studies): www. museumstudies.si.edu/Mc Rainey.htm

naturwissenschaftlichen Sammlungen und zeitgleich in Kindermuseen eingerichtet.[11]

Anfang der achtziger Jahre wurde der Begriff auch in die museumstheoretische Diskussion in Deutschland eingeführt. Seitdem werden interaktive Stationen kontinuierlich in Ausstellungen eingeplant. Sie werden entweder ausstellungsbegleitend in Form von Stationen oder in abgesonderten Aktionsräumen präsentiert. In Technikmuseen bieten sie die Möglichkeit, durch Experimente naturwissenschaftliche Phänomene zu verstehen. In kulturgeschichtlichen Museen stellen sie einen sinnlichen Kontrast zur klassischen Geschichtsrezeption im Museum dar und bieten eine inhaltliche Ergänzung zu den Objekten, die aus restauratorischen Gründen überwiegend hinter Vitrinenglas zu bestaunen sind.

Im Unterschied zu den Hands-on-Bereichen, in denen das handlungsorientierte Lernen im Vordergrund steht, vergrößern so genannte Minds-on-Bereiche[12] das Wissen der Besucher durch kognitives Handeln. Während bei Hands-on-Stationen tatsächlich die Hände zum Erkenntnisgewinn notwendig sind, werden bei Minds-on-Bereichen Denkprozesse in Gang gesetzt werden, z. B. durch Fragen, die Verbindungen zwischen der Gegenwart und der Vergangenheit knüpfen: Welche Wurzeln haben Sprichwörter von heute in der Geschichte? Welche jiddischen Wörter werden in der deutschen Sprache benutzt? In Technikmuseen, Science Centers und Kindermuseen werden zusätzlich Body-on-Bereiche angeboten. Der Gang in ein naturgetreues Modell eines Herzens beispielsweise soll über die Anatomie und Funktion dieses Organs informieren.[13] In historischen Ausstellungen wechseln sich Hands-on- und Minds-on-Stationen häufig ab oder treten in einer Mischform auf.

1. Ziele

Ziel der interaktiven Stationen ist die Förderung der „Kommunikation" zwischen dem Besucher und dem Exponat. Zusätzlich zur traditionellen Informationsvermittlung durch Kontextualisierung und Präsentation der Objekte beziehungsweise Raum- und Objekttexte bieten sie dem Besu-

---

[11] Bundesverband der Jugendkunstschulen und Kulturpädagogischen Einrichtungen e.V./Worm, N. (Hgg.): Hands on! childrens's and youth museums; cultural places with great future; concepts and examples in international view, Unna 1996; Popp, M.: Hands on!: Kindermuseen in den USA, Nürnberg 1993.
[12] Weiterführende Literatur siehe unter Fußnote 9.
[13] Das Herz mit fünf Metern Höhe auf einer Grundfläche von 36qm ist das zentrale Ausstellungsobjekt der Kinder-Akademie Fulda.

cher Möglichkeiten, weiterführende Erkenntnisse zur Geschichte, Funktion, Materialität und Herstellung eines Exponates zu gewinnen. Durch Einsatz multisensorischer Tätigkeiten wie Sehen, Hören, Tasten, Schmecken und Riechen erhält der interessierte Ausstellungsbesucher Informationen zu Ausstellungsobjekten, die diese durch ihre Präsentation allein nicht vermitteln könnten. Der Besucher wird durch eine Vielzahl von neuen Erkenntnissen konfrontiert. Diese kann er nur in Wissen verwandeln, wenn er sie mit bereits vorhandenem Wissen verknüpfen kann.[14]

Im Vordergrund der Handlungen sollte jedoch nicht allein die Wissensvermehrung stehen, sondern auch die Anregung, über das Exponat und seine Geschichte weiter nachzudenken. Die Besucher erhalten durch diese Auseinandersetzung Denkanstösse, sich auch nach dem Museumsbesuch mit dem Ausstellungsthema zu befassen. Interaktionen, die die Dinge selbst zur Sprache bringen, ermöglichen die nachhaltige Beschäftigung mit dem Gesehenen.[15] Ein Beitrag zur Förderung lebenslangen Lernens kann durch diese Form der Museumsarbeit geleistet werden.

Jeder erfolgreiche Lernprozess besteht aus den vier Phasen der Reizaufnahme, des Denkprozesses, des Behaltens und der Anwendung. Wichtig in diesem Lernprozess ist die Phase der *Anwendung,* bei der das neu Erfahrene durch aktives Handeln mit bereits gespeichertem Wissen verknüpft wird und dadurch zur Festigung und Vergrößerung des verfügbaren Wissensrepertoires beiträgt.[16] Neben der Sachkompetenz entsteht zusätzlich Methodenkompetenz, so dass dabei auch der Wissenserwerb erlernt werden kann.[17]

---

[14] Vgl. dazu die *Äquilibrationstheorie* von Jean Piaget, die als Grundlage des Lernens die Annahme einer kognitiven Struktur beim Lernenden nennt. Durch Verstärkung dieser kognitiven Struktur wird der Lernende wissender. Kann die Information jedoch nicht widerspruchsfrei in die Struktur eingefügt werden, dann muss der Lernende das eigene Weltbild korrigieren, in: Fiesser, L.: Science-Zentren. Interaktive Erfahrungsfelder mit naturwissenschaftlich-technischer Grundlage, in: PHÄNOMENTA Flensburg, Schriftenreihe zum interaktiven Lernen, Nr. 1, Januar 2001; Sonderdruck aus: Fauser, P./Madelung, E., Vorstellungen bilden – Beiträge zum imaginativen Lernen, Seelze 1996.

[15] Gottmann, G.: Der Ernst des homo ludens, in: Deutschen Museumsbund (Hg.): Museumskunde, Bd.63/98, Dresden 1998, S. 17-20.

[16] Für vielfältige Anregungen über Sinn und Ziel von interaktiven Stationen in kulturgeschichtlichen Museen danke ich der Lernmitteldesignerin Jeanette Schuppe. Spiel- und Lernmitteldesign wird als Studiengang in Halle angeboten.

[17] Vgl. Zabold/Schreiber, Bildungschance Ausstellung, hier: Schreiber, Kompetenzen, S. 208 in diesem Band.

2. Inhalte

In Ausstellungen muss sich handlungsorientiertes Lernen an interaktiven Stationen nicht ausschließlich auf ausgewählte Ausstellungsobjekte beziehen; es können vielmehr auch „Spurensuchen" oder „Zeitreisen" durch die Jahrhunderte ermöglicht werden.

Im ersten Fall wird der Besucher angeregt, Details des ausgestellten Exponates genauer zu betrachten beziehungsweise zu be*greifen,* seine Materialität, die ästhetische Gestaltung, die Funktionsweise, den Aussagewert. Zusätzlich geht es darum, das historische Umfeld des Gemäldes, der Skulptur, der Waffe, des Spiels, der Münzen, der Schrift und der anderen Objektgattungen zu erfassen.

Thema interaktiver Station kann auch die methodische Erschließung historischer Phänomene sein. Weil historisches Forschen eine Form von „Handeln" ist, kann das ganze Methodenrepertoire für die Stationen genutzt werden, von der archäologischen Fundsicherung über die Rekonstruktion zur Restaurierung, von der Auseinandersetzung mit schriftlichen Quellen, die durch Transkriptionen und das nebeneinander Stellen von Parallelstellen erleichtert wird, zum Sichtbar-Machen von Fälschungen. Auch experimentelle Forschungsmethoden wie Reenactment oder experimentelle Archäologie können nachvollziehbar gemacht werden.

Für interaktive Stationen geeignet sind auch Darstellungsweisen von Geschichte in verschiedenen Medien. Auf Interesse stoßen könnte der Arbeitsalltag von Sammlungsleitern, Restauratoren und anderen Beschäftigten im Museum.

Schließlich ermöglicht die Zusammenstellung historischer Objekte in einer Ausstellung oder in einem Museum, in einer interaktiven Station Längsschnitte vorzustellen, also bestimmte Entwicklungen als „roten Faden" zu wählen und durch die Ausstellungsräume zu verfolgen. Ein in der Vitrine liegender mittelalterlicher Kalender zum Beispiel könnte Anlass sein, über die Zeitmessung in den vergangenen Jahrhunderten zu reflektieren.

Interaktive Stationen sollten nie reiner Selbstzweck sein, sondern müssen vorrangig die Kommunikation zwischen Objekt und Besucher bereichern. Ansonsten unterliegen sie der Gefahr, ausschließlich zum „Unterhaltungs- und Beschäftigungsbereich" für Kinder und Jugendliche zu werden, die ohne Erkenntnisgewinn *drücken, tasten, ziehen.*

Die angesprochene Zielgruppe setzt sich aus Besuchern jeden Alters zusammen. Nur im Einzelfall werden Stationen jedoch alle Besuchergruppen gleichermaßen ansprechen. Bei Spielen aus einzelnen Epochen könnte das gelingen. In so einem Fall wäre es sogar möglich, mit Hilfe der Station ein generationenübergreifendes Gespräch anzuregen.

Der Regelfall wird aber sein, das Angebot der Stationen nach Thema, Adressat und Schwierigkeit zu differenzieren. Die sinnliche und haptische Erschließung der Objekte steht dabei im Vordergrund.[18]

Mit folgenden Gattungen von interaktiven Stationen könnte das Ziel erreicht werden, Besucher für einen aktiven, interessanten Ausstellungsrundgang und einen sinnerfüllten, anregenden Umgang mit Geschichte zu begeistern.

3. Beispiele

a) Kopien/Modelle/Faksimiles

Ausgestellte Originale, die wegen ihrer besonderen Materialität zum Anfassen reizen, werden als Modelle bereitgestellt. Auf diese Weise kann z. B. der Aufbau eines Ölgemäldes gezeigt oder das Gefühl beim Anfassen von Pergament vermittelt werden.

Faksimiles machen Bücher und Handschriften, die in Ausstellungen immer nur in kleinen Ausschnitten zu sehen sind, als Ganzes für den Ausstellungsbesucher lesbar. Falls die Schrift schwer zu entziffern ist, können Transkriptionen Hilfe leisten.[19]

Eine weitere Chance ergibt sich durch nachgebaute Möbelstücke: Es kann dargestellt werden, an welchen Merkmalen der Fachmann Fälschungen erkennen könnte, z. B. wenn an einer Kommode Zettel mit Erklärungen an den Punkten angebracht werden, an denen die Fälschung sichtbar würden.[20]

---

[18] Vgl. Vieregg, H., u.a. (Hgg.): Museumspädagogik in neuer Sicht. Erwachsenenbildung im Museum, Bd.1, Baltmannsweiler 1994, S. 52.
[19] Vgl. hierzu auch die Hinweise bei Hamberger, Ausstellungskonzepte zu Lesestationen, S. 33 in diesem Band.
[20] Diese interaktive Station gibt es unter dem Titel „What makes a fake" im Victoria & Albert Museum, London.

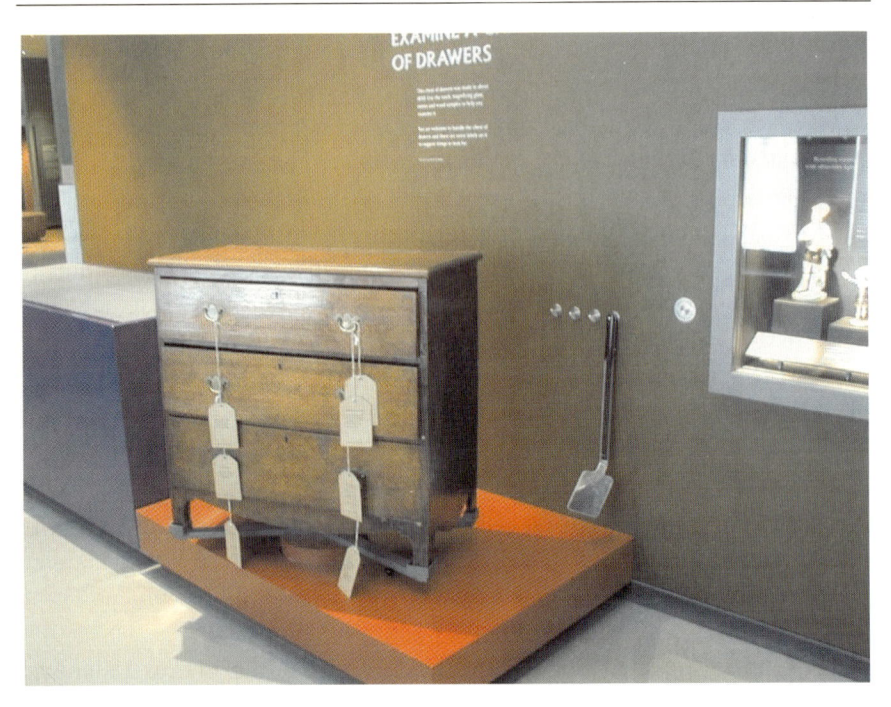

Abb. 48 What makes a fake? British galleries, V & A Museum London.

b) Dubletten

Jedes Museum bewahrt in seinem Depot eine Vielzahl von Originalobjekten auf, die nie dem Besucher gezeigt werden, weil ein vergleichbares, wertvolleres Exponat in der Ausstellung zu bewundern ist. Falls die Sammlungsleiter zustimmen, können dreidimensionale Objekte wie Rüstungen, Waffen, Kanonen, Kanonenkugeln, Stahlhelme, Gewehre oder Skulpturen als Zeugnisse einer vergangenen Zeit von Besuchern untersucht werden. Auch die weniger hochwertigen Originale strahlen für den Laien die Aura des Originalen aus. Allerdings werden durch das Anfassen lediglich Fragen nach der Materialiät und dem Gewicht beantwortet. Für weitergehende Informationen müssen die Stationen durch zusätzliche Inszenierungen ergänzt werden, z. B. die Nachteile einer Ritterrüstung werden durch eigene Erfahrung bzw. durch zeitgenössische Gemälde gezeigt.

Ein Nebeneffekt dieser interaktiven Stationen ist außerdem das Aufzeigen der Abnutzungserscheinungen durch häufiges Berühren, so dass dem Besucher deutlich wird, warum „Anfassen verboten" in historischen Ausstellungen notwendig ist.

c) Spiele

Bei der Präsentation von Spielen in interaktiven Stationen sind zwei Varianten möglich. In dem einen Fall werden hinter Glas ausgestellte historische Spiele nachgebaut und können vom Besucher mit Spielanleitung praktisch ausprobiert werden, z. B. ein einem Flippergerät vergleichbarer Spieltisch aus der Barockzeit.[21]

Die andere Möglichkeit ist, mit Hilfe von Lernspielen[22] wie Memory, Puzzle, Kartenspiel oder Bandolino historische Phänomene zu erklären. Vorrang beim Einsatz spielerischer Elemente sollte jedoch immer der Erkenntnisgewinn sein. Bekannte Spiele lassen die Hemmschwelle, sich öffentlich mit einem Thema zu beschäftigen, sinken. Beispiele sind ein Memory, durch das die Werbeästhetik der fünfziger Jahre vermittelt wird, Puzzles, die sich zur Darstellung von Territorien im Laufe der Jahrhunderte eignen oder Bandolinos, durch die Zuordnungen wie sprachliche Unterschiede zwischen den beiden deutschen Staaten aktiv vorgenommen werden können. Die Spiele müssen leicht verständlich und diebstahlgesichert sein.

d) Bildanalyse

Gemälde bieten sich für mehrere Varianten von Didaktisierungen in Stationen an. Ausschnitte eines in der Ausstellung gezeigten Gemäldes werden als Farbkopien gesondert präsentiert und erläutert. Dadurch wird der Besucher aufgefordert, das Original genau anzuschauen: Die Katze auf dem Ofen, der Geistliche auf dem Schlachtfeld, der Mann auf dem Abort rücken dadurch ins Zentrum der Betrachtung, an die sich weitere Informationen anschließen können. Eine zusätzliche Hilfe zur Bildbetrachtung können bereit gestellte Taschenlampen oder Lupen sein, die in Bildnähe befestigt sind.

Eine weitere Möglichkeit ist das Angebot, sich wie eine auf dem Gemälde dargestellte Person zu kleiden. Dies kann dem Besucher helfen, Einzelheiten der Porträtierten besser zu erfassen. Die Fragen, wie man vor dreihundert Jahren ausgesehen hätte, wie sich die damaligen Stoffe anfühlten, welche Bewegungen die Schnitte zuließen, in welcher Körperhaltungen Zeitgenossen gemalt wurden, können auf diese Weise beant-

---

[21] Vgl. hierzu auch die Hinweise und Abbildung bei Hamberger, Ausstellungskonzepte zu historischen Spielen, S. 36 in diesem Band.
[22] Vgl. Bernhardt, M.: Das Spiel im Geschichtsunterricht, Schwalbach 2003; dort auch ausführliche Literaturhinweise, die über den Geschichtsunterricht hinausgehen.

wortet werden.[23] Wichtig sind bei der Einrichtung der Verkleidungsstationen, dass der Blickkontakt zum Originalgemälde gewährleistet ist und ein Spiegel angebracht wird. Im Bezug auf die nachgeschneiderte Kleidung ist darauf zu achten, Schnitte und Stoffe zu verwenden, die dem Original entsprechen.

Eine dritte Variante, historische Bilder zu erschließen, ist der dreidimensionale Nachbau des Gemäldes. Die dargestellten Personen werden als ankleidbare Puppen produziert, deren Kleidung in ihre Einzelteile zerlegt werden können. Durch das Entkleiden einer barocken Hofdame können z. B. die Schichten der Garderobe untersucht werden.

e) Symbole

Der Umgang mit Bildsymbolen, die auf Wappen, Münzen und Siegeln abgebildet sind, soll den Betrachter auf in der Geschichte immer wiederkehrende Motive und Symbole aufmerksam machen. Welche Bedeutung hat der Adler in den vergangenen Jahrtausenden für Herrscherinsignien? Wie entstehen Wappenmotive?[24] Wie wurden Münzen hergestellt? Welche juristische Relevanz hatten Siegel? Ein selbst gemachtes Wappen, selbst geprägte Geldstücke oder Siegel könnten als Erinnerung an den Ausstellungsbesuch mitgenommen werden. Wenn die Eigen-Produktion den aus der Vergangenheit stammenden Vorgaben folgt, verknüpfen sich wiederum Handeln, Verstehen und Wissen.

f) Kreatives Gestalten

Gestalterische Elemente beinhalten die bekannten interaktiven Angebote in historischen Ausstellungen wie das Schreiben mit einem Federkiel oder das Nachmalen einer mittelalterlichen Miniatur. Diese Bereiche sollten sich allerdings außerhalb der Ausstellungsräume befinden, um die Originalobjekte nicht zu gefährden.[25]

---

[23] Vgl. Knoch, P.: Geschichte und Gestaltpädagogik, in: Uffelmann, U. (Hg.): Didaktik der Geschichte. [...],Villingen-Schwenningen 1986, S. 73-105.

[24] Das mehrbändige Standardwerk zur Wappenkunde (Hefner, O. T. v. (Hg.): J. Siebmacher's grosses und allgemeines Wappenbuch. Nürnberg 1856) erhält nicht nur eine Zusammenstellung der meisten deutschen Adelswappen, sondern gibt auch eine grundlegende Einführung in die Heraldik.

[25] Zum Nachgestalten von Exponaten vgl. auch Zabold/Lehmann, Kinder schreiben Geschichte, S. 595 und zum Urkundenschreiben: Parussel, Recht und Verwaltung, S. 329 in diesem Band.

Dazu gehören auch die Versuche, handwerkliche Fähigkeiten auszuprobieren wie Brot backen, Schuhe nähen, Korn dreschen, u.a., wie es meistens in Freilichtmuseen angeboten wird.

g) Historische Elemente in der Alltagskommunikation

In einer interaktiven Station können Karikaturen, Witze, Sprichwörter, Redewendungen eine Verbindung zwischen dem Originalobjekt und seinem Nachwirken in die Gegenwart herstellen, z. B. beim Betrachten eines ausgestellten Lappen, der im 18. Jahrhundert bei der Jagd benutzt wurde, wird der Besucher aufmerksam gemacht, dass die Redewendung „Es ist mir etwas durch die Lappen gegangen" mit den Jagdsitten in dieser Zeit zu tun hat. Ein Waldstück wurde durch Lappen abgesperrt, um in diesem Bereich das Wild leichter zu treffen. Das Tier, das entkam, „ging durch die Lappen". Durch die grafische Aufbereitung dieser Informationen kann gegenwärtiges Wissen durch die Vergangenheit erklärt werden. Dem Besucher werden mit diesen Assoziationsketten Antworten auf Fragen gegeben, die er vor dem Besuch der Ausstellung nicht hatte.

Zu diesem Bereich gehören auch augenzwinkernde Abstraktionen wie z. B. das Kinderspiel in Falttechnik „Himmel und Hölle"[26], das zum Nachdenken über religiöse Vorstellungen vom Leben nach dem Tod früher und heute anregen soll.

h) Gerüche

Riechstationen können einen sinnlichen Eindruck von typischen Gerüchen in Gebäuden einer ausgewählten Epoche vermitteln. Über bereitgestellte Düfte werden Zugänge zu einem Kloster oder zu einem mittelalterlichen Stadthaus eröffnet wie z. B. alte Bücher, Weihrauch, Kerzenrauch, Kräuter, Wein, Fisch, geräuchertes Fleisch, eingelegtes Kraut, Äpfel, Brot, usw.[27]

---

[26] Vgl. hierzu auch Unger/Sondermeier, Spielen, S. 583 in diesem Band.
[27] Im Imperial War Museum London werden unterschiedliche Giftgasgerüche angeboten. Zu Gerüchen in der Medizinalabteilung vgl. Hamberger, Ausstellungskonzepte, S. 35 in diesem Band.

Abb. 49 Das Riechen von verschiedenen Gasen im Ersten Weltkrieg im Imperial War Museum London.

i) Experimente

Experimente werden überwiegend in Technikmuseen und Science-Center angeboten. Aber auch in historischen Museen ist es für den Besucher wichtig, das Funktionsprinzip von technischen Erfindungen wie z. B. die Dampfmaschine oder das Zündnadelgewehr an einem kleinen maßstabsgetreuen Modell nachvollziehen zu können. Eine andere Variante ist das Bedienen eines Druckknopfes, der Originalmaschinen in Gang setzt. „Geschichte machende" Entdeckungen wie z. B. das Bazillus oder der Pestfloh können durch zeitgenössische Mikroskope sichtbar gemacht werden. Die Auswirkungen dieser Erfindungen auf die zeitgenössische Gesellschaft müssen durch Berichte von Zeitzeugen nachgelesen oder an einer Hörstation abgerufen werden können.

j) Hörstationen

Über Hörstationen, die vom Besucher per Knopfdruck, „zum Sprechen" gebracht werden, kann zeitgenössische Musik eingespielt werden, können persönliche Texte wie Briefe und Tagebücher aber auch offizielle Schriftstücke wie Urkunden und Verträge von Schauspielern vorgelesen werden.[28] Bücher, von denen in einer Ausstellung nur eine Seite zu sehen ist, Übersetzungen und Transkriptionen können auszugsweise rezitiert werden.

Im Idealfall erhält jeder Besucher eine Hörführung[29] kostenlos zur Eintrittskarte, so dass sich die Raumbeschallung beschränken lässt. Außerdem können dann mehrere Besucher gleichzeitig dasselbe Hörerlebnis genießen, was durch Hörduschen (Beschallung von oben in einem ausgewählten Umkreis) oder Kopfhörer in den Ausstellungsräumen, die jeweils nur einer eingeschränkten Anzahl von Besuchern genutzt werden können, nicht gewährleistet ist.

Abb. 50   Hördusche im Imperial War Museum London.

---

[28] Zur Gestaltung von Hörstationen vgl. Bieler, Schauspieler „führen", S. 481 und zum Einbinden von Hörstationen in Ausstellungskonzepte vgl. Hamberger, Ausstellungskonzepte, S. 31 in diesem Band.
[29] Im deutschsprachigen Raum überwiegend als „audioguide" bekannt. Vgl. hierzu Urban, Audioguides, S. 491 in diesem Band.

k) Zeitreisen

Verschiedene Erzählstränge präsentieren in inhaltlich aufeinander abgestimmten Stationen in den Ausstellungsräumen eine themenspezifische Zeitreise durch die Geschichte. Stationen vermitteln bei ausgewählten Objekten dem Besucher z. B. die sich wandelnde Wahrnehmung von Zeit (Kalender, Bauernkalender, Astrolab, Uhrzeit, Uhrwerk, Sonnenuhr, Fahrpläne, Terminkalender, Freizeit). Ein zweiter Erzählstrang könnte die sich ändernden Fortbewegungsmöglichkeiten in den einzelnen Epochen thematisieren (Wandergeselle, Kaufleute, Herberge, Pilgerreisen, Handelswege, Entdeckungsreisen, Fahrzeuge, Autobahn, Geschwindigkeit, Jet Set, Mondlandung).

Dieses bei einem Rundgang immer wiederkehrende Thema bietet sich für historische Ausstellungen über mehrere Epochen an wie z. B. in Dauerausstellungen in Museen für Landes- oder Regionalgeschichte.

l) Karten/Grafik

Ein in historischen Ausstellungen oft angebotenes didaktisches Hilfsmittel sind Landkarten.[30] Einerseits können sie grafisch aufbereitet werden und Aussagen z. B. zu Statistik, Heeresgrößen, Fluchtbewegungen anschaulich visualisieren. Andererseits können historische Karten durch Auflegen von transparenten Folien mit weiteren Informationen zu einer Spurensuche durch die Topografie der Geschichte einladen. Verbunden in einer Ringmappe können die einzelnen Zeitschichten durch die Folien aufgezeigt werden. Territoriale Veränderungen, Kriegszüge, Handelswege, Straßennetze können so im Laufe der Jahrhunderte nachvollzogen werden.

m) Multimedia

Multimediastationen werden ebenfalls als interaktive Stationen bezeichnet. Sie geben dem Nutzer die Möglichkeit, sich auch über die Ausstellungsräume hinausgehendes Wissen zu öffnen. Einige der vorgestellten Bereiche können auch durch Multimedia ersetzt werden wie z. B. Transkriptionen und Übersetzungen.

Virtuelle Welten und Zeitreisen stellen das besprochene Exponat in einen räumlichen und historischen Zusammenhang, der durch die Objekt-

---

[30] Zur Arbeit mit Karten vgl. Bichlmeier, Räume, S. 235 in diesem Band. Eine prägnante Darstellung zur Arbeit mit Karten bietet Filser, K.: Karten, in: Schreiber, W.: Erste Begegnungen mit Geschichte, Neuried ²2004 (im Druck).

präsentation und didaktische Hilfsmittel allein nicht geboten werden kann. Die Erzählung der Objektgeschichte, die Vorstellung des Künstlers, die Analyse des Materials und des Herstellungsprozesses im Computer eröffnen vielfältige Varianten einer erweiterten Wissensaneignung. Die gleichzeitige Präsentation von Übersetzungen der Anwendung in mehrere Sprachen bedeutet auch ein Angebot für alle ausländischen Gäste.

Abb. 51 Virtuelle Bibliothek im Deutschen Historischen Museum Berlin.

Der Umgang mit dem Computer und der Maus beziehungsweise dem Touch-screen ist den meisten Besuchern sicherlich vertraut. Wenn nicht, laden diese Elemente zum Ausprobieren und Experimentieren ein.

Andererseits wer am Arbeitsplatz ständig am PC sitzt, möchte in der Freizeit sinnesorientierter lernen. Deswegen sollten Multimediastationen in historischen Ausstellungen immer mit anderen interaktiven Stationen kombiniert werden.

4. Gestaltung

Die interaktiven Stationen sollten gleichmäßig über die ganze Ausstellungsfläche verteilt werden. Der Besucher muss durch eine auffällige grafische Gestaltung, die sich von der übrigen Ausstellungsinszenierung abhebt, auf die Bereiche aufmerksam gemacht werden. Ein Symbol, ein Lichteffekt oder eine Frage könnten sich als regelmäßig wiederkehrende Attraktivitätspole durch die Räume und die ausgestellte Geschichte ziehen. Die Stationen sind in Schubladen, Klappkästen, Vitrinen, Wandnischen untergebracht. PC-Stationen sollten besucherfreundlich mit Sitzgelegenheit ausgestattet werden. Eine Blickachse zwischen dem Exponat und der dazugehörigen interaktiven Station sollte in den meisten Fällen vorgegeben sein. Nur Stationen, die sich mit allgemeinen historischen Themen auseinandersetzen, können auch am Rand der Ausstellungsarchitektur eingerichtet werden.

Die Bearbeiter von interaktiven Stationen – meistens sind das die Museumspädagogen – müssen von Anfang in die Ausstellungsplanung eingebunden werden und gemeinsam mit Kuratoren, Architekten, Restauratoren und Grafikern günstige Bezugspunkte und Standorte festlegen.[31] Nur in Absprache mit allen Beteiligten gelingt es, zum Ausstellungsthema ergänzendes Wissen zu vermitteln. Designer, Grafiker, Handwerker, Programmierer und Künstler sorgen anschließend für die ansprechende Umsetzung der Inhalte und Ideen in den interaktiven Stationen.

Ein kommerzieller Nebeneffekt der entwickelten und gestalteten Produkte für diese Bereiche könnte der Verkauf im Museumsladen sein.

III. Zusammenfassung

Interaktive Stationen in historischen Ausstellungen und Museen dienen der zusätzlichen Wissensvermittlung. Sie können die Besonderheit des Originals nicht ersetzen, jedoch dem Besucher helfen, die Chiffren der Vergangenheit zu entziffern. Die Kommunikation zwischen Objekt und Betrachter wird durch dieses didaktische Hilfsmittel gefördert. Wenn damit Fragen beim interessierten Besucher beantwortet oder aufgeworfen werden, wenn bei ihm weitergehendes Interesse für Geschichte geweckt wurde, und wenn er die Ausstellungsräume mit dem Gefühl verlässt, das „Funktionieren der Welt" von heute besser zu verstehen als vor seinem Rundgang, dann ist ein nachhaltiger Lernerfolg erreicht.[32]

---

[31] Vgl. auch Müller-Rieger, Ausstellungsdesign, S. 43 und Zabold/Schreiber, Bildungschance Austellung, S.197 zur möglichst frühzeitigen Mitarbeit der Museumspädagogen in der Ausstellungsplanung in diesem Band.

[32] Die Autorin bereitet derzeit mit Stefan Bresky interaktive Stationen für die Dauerausstellung des DHMs in Berlin vor. Die Beispiele der interaktiven Stationen gehen auf gemeinsame Museumsbesuche und Gespräche zurück.

Geburt einer Ausstellung
Zur Vorbereitung und Durchführung von Eröffnungsveranstaltungen

Von Hans Walter Hütter

Viele Monate, oft Jahre trainiert der Sportler, um am Tag des Wettkampfes vor den Augen der interessierten Öffentlichkeit möglichst gut abzuschneiden; ebenso lange arbeitet der Schriftsteller, um am Tag der Präsentation sein Werk dem staunenden Publikum vorstellen zu können; viele Monate Planungs- und Bauzeit liegen hinter dem Architekten, wenn er am Tag der feierlichen Eröffnung das von ihm gezeichnete und errichtete Bauwerk der Öffentlichkeit übergibt. Monate, manchmal Jahre liegen vor den Verantwortlichen in Museen, wenn sie sich zur Realisierung einer Ausstellung entschließen. Sie arbeiten gezielt auf das Eröffnungsdatum hin. Von diesem Tag an präsentiert sich die Ausstellung – oder gar das gesamte neue Museum – den kritischen Besucherinnen und Besuchern.

Der Tag der Eröffnung ist das Ziel, auf das alle Beteiligten in ihren Arbeitsbereichen in unterschiedlicher Form und Intensität hinwirken. In einem feinen Geflecht bewegen sich zahlreiche Arbeitsprozesse innerhalb und außerhalb eines Museums gezielt auf dieses Datum hin. Schließlich wächst – bei noch so sorgfältiger Planung – die Anspannung ins nahezu Unermessliche: Sind alle Objekte eingetroffen und am rechten Platz? Sind alle Texte gedruckt und am richtigen Ort angebracht? Sind alle gestalterischen Ziele und Vorgaben erreicht? Ist der Katalog fristgerecht fertig gestellt? Sind die ausstellungsbezogenen Merchandisingprodukte angeliefert? Zum Schluss die Fragen: Wie bewerten und publizieren die Medienvertreter die neue Ausstellung? Ist die Eröffnungsveranstaltung in allen notwendigen Details geplant und vorbereitet? Ist alles so vorbereitet, dass die neue Ausstellung angemessen und öffentlichkeitswirksam präsentiert werden kann? Denn: Mit der Pressepräsentation und der Eröffnungsveranstaltung erblickt eine Ausstellung das Licht der Öffentlichkeit, mit dieser „Geburt" beginnt sie ihren „Lebenslauf".

Die Eröffnung einer Ausstellung ist eine einmalige Chance, die in aller Regel nicht wiederkehrt. Daher sollte dieser Veranstaltung höchste Aufmerksamkeit gewidmet werden! Wenn die Planung und Vorbereitung einer Ausstellung mit deren Fertigstellung endet, ohne dass ein angemessenes öffentliches Interesse entfaltet werden kann, wäre der Start missglückt.

Wird eine Ausstellung von Beginn an wenig oder nicht beachtet, wird ihr von Medien und Besuchern mangelnde Qualität bescheinigt, so startet sie unter unguten Vorzeichen. Besonders ärgerlich für Ausstellungsmacher ist jedoch, wenn die Präsentation inhaltlich und gestalterisch zwar gelungen ist, aber durch eine nicht hinreichend vorbereitete oder unzureichende Eröffnungsveranstaltung in ein negatives Licht rückt. Umso sorgfältiger ist bereits frühzeitig die „Geburt" der Ausstellung zu planen und vorzubereiten, und zwar in einem soweit wie möglich integrierten Ausstellungsmanagement, das alle Bereiche berücksichtigt.

I. Ziele

Der ersten öffentlichen Darstellung einer neuen Ausstellung oder eines neuen Museums können abhängig von Thema und Umfang bereits Aktionen vorausgehen, die auf die künftige Präsentation hinweisen. Hierdurch werden schon frühzeitig ausgewählte Zielgruppen oder Regionen auf das Projekt aufmerksam. Falls dies möglich war, sollte bei der Eröffnung an diese Vorkenntnisse in der Öffentlichkeit angeknüpft werden. Andererseits ist es ratsam, der Eröffnung selbst nicht zu viele Informationen und Hinweise vorwegzunehmen, um nicht Interesse und Neugierde im Vorfeld zu mindern.

1. Mit einem Paukenschlag auf sich aufmerksam machen

Wesentliches Ziel jeder Eröffnungsveranstaltung sollte sein, mit einem Paukenschlag die neue Ausstellung in die Öffentlichkeit zu tragen. Hierbei bieten sich auch immer wieder Möglichkeiten, das Museum, seine Aufgaben und Ziele wie auch seine Leistungen und Perspektiven in das Bewusstsein der Medien und interessierten Öffentlichkeit zu bringen. Die Vorstellung einer neuen Ausstellung kann manchmal ein geeigneter Anlass sein, die Institution und ihre Aktivitäten insgesamt bewusst zu machen. Diese allgemeinen – über das neue Projekt hinausgehenden – Informationen dürfen jedoch nicht die Kernaussage, nämlich die neue Ausstellung, überlagern oder gar in den Hintergrund drängen.

Neben der öffentlichen Darstellung der neuen Präsentation bieten Eröffnungsveranstaltungen auch immer wieder die Gelegenheit, die Zielgruppen des Museums einzuladen, anzusprechen und an das Haus zu binden. Dies erlangt besondere Bedeutung, da umfängliche Untersuchungen in den vergangenen Jahren ergaben, dass die Mund-zu-Mund-Propaganda das wichtigste Instrument sei, um über Ausstellungen zu informieren und ihr Image aufzubauen[1]. Heiner Treinen hat mehrfach nachgewiesen, dass es wichtig ist, die richtigen „Verkehrskreise" auf das Museum und seine Ausstellungen aufmerksam zu machen. Innerhalb dieser sozialen Gruppen wird über die Ausstellung gesprochen, es gehört „zum guten Ton", hierüber informiert zu sein, besser noch, die Ausstellung gesehen zu haben[2]. Selbst kritische Stellungnahmen – wenn sie nicht in einer vollständigen Ablehnung enden – sind wichtige Instrumente, die Ausstellung publik zu machen.

2. Die Ausstellung und die Medien

An zweiter Stelle – doch ebenso bedeutungsvoll – trägt die regionale Tagespresse[3] dazu bei, Informationen über neue Ausstellungen zu verbreiten. Die so genannten Abonnementzeitungen gehören zu den wesentlichen Trägern dieser Meldungen. Ob die Zeitung – themenabhängig – im Feuilleton, im politischen oder allgemeinen Teil berichtet, ist hierbei eher unerheblich. Diese Medien erreichen das potentielle Publikum regelmäßig. Von besonderer Bedeutung sind die Blätter in einem Einzugsbereich, aus dem das Publikum im Rahmen eines Tagesausfluges die Ausstellung erreichen kann.[4] Die Besucher, welche die Ausstellung nur im Rahmen einer Mehrtagesreise besuchen können, sind numerisch von geringerer Bedeutung. Ausgenommen hiervon sind jedoch große Präsentationen, deren Publikum national oder gar über die Landesgrenzen hinweg anreist. Hinzukommt, dass die Abonnenten und Leser dieser Tageszeitungen in aller Regel ein gewisses Grundinteresse für kulturelle Themen und damit für Ausstellungen mitbringen. Berichte in überregionalen[5] Tages- und Wochenzeitungen sowie -zeitschriften sind wichtig für das Image der jeweiligen Ausstellung, meist weniger bedeutend für die Besucherzahlen.

---

[1] Vgl. hierzu die vielfältigen Evaluationen der Stiftung Haus der Geschichte der Bundesrepublik Deutschland, zuletzt zusammengestellt von Schäfer, H.: Anlocken – fesseln– vermitteln, in: Noschka-Roos, A. (Hg.): Besucherforschung in Museen, München 2003, S. 83 – 109.

[2] U. a. in: Treinen, H.: Lernvorgänge im Museum und ihre Voraussetzungen, Untersuchung im Auftrag des Hauses der Geschichte der Bundesrepublik Deutschland, unveröffentlichtes Manuskript, 1998.

[3] Vgl. den Beitrag Honervogt, Regionalzeitung, S. 771 in diesem Band.

[4] Vgl. den Beitrag Jell, Regionalzeitung des Nachbarlandkreises, S. 783 in diesem Band.

[5] Vgl. die Beiträge Kratzer, Überregionale Zeitungen, S. 789 in diesem Band und Strobl, Jenseits der Grenze, S. 797.

Nur hingewiesen sei an dieser Stelle auf die sprunghaft wachsende Bedeutung des Internets für die Publizierung kultureller Aktivitäten. Inzwischen hat dieses Medium auch in Deutschland breite private Nutzerkreise erreicht. War die Wirkung dieses elektronischen Mediums vor einigen Jahren für die Museen in Deutschland noch kaum messbar, so hat es inzwischen die Bedeutung des Rundfunks für die Verbreitung von Ausstellungsaktivitäten überflügelt[6].

II. Zielgruppen

Eröffnungsveranstaltungen bieten wie keine andere Veranstaltung im Museum Gelegenheit, unterschiedliche Zielgruppen, Mitarbeiter im engeren und weiterem Sinne, Freunde und Förderer des Hauses sowie die interessierte Öffentlichkeit, bereits bekannte wie auch neue Interessentengruppen zusammenzuführen. Daher ist es wünschenswert, die Aktivitäten rund um die Ausstellungseröffnung so zu planen, dass die recht heterogene Gästeschar durch unterschiedliche Maßnahmen soweit wie möglich individuell angesprochen wird.

1. Medienvertreter

Wichtig in ihrer Funktion als Multiplikatoren für die Ausstellung sind die Vertreter der Medien. Abhängig von der Größe des Museums oder der Ausstellung, vom Thema, vom Zeitpunkt und den äußeren Rahmenbedingungen sollten die Verantwortlichen frühzeitig überlegen, welche Medienvertreter gezielt eingeladen und angesprochen werden. Nicht jede Ausstellung eignet sich für Berichterstattung in Nachrichtensendungen, nicht jedes Thema ist geeignet, in überregionalen Zeitungen und Zeit-

---

[6] Dies belegen mehrere Untersuchungen der Stiftung Haus der Geschichte der Bundesrepublik Deutschland, der Museumsmeile Bonn sowie der Museen an der Rheinschiene in den Städten Bonn, Köln, Düsseldorf und Duisburg. Hierzu liegen umfangreiche, meist noch unveröffentlichte Datensammlungen seit 1994 vor. Die Häuser an der Museumsmeile Bonn – Museum Koenig, Städtisches Kunstmuseum Bonn, Kunst- und Ausstellungshalle der Bundesrepublik Deutschland und das Haus der Geschichte – erheben Werte im Rahmen des jährlich stattfindenden Museumsmeilenfestes, so dass sich hieraus inzwischen klare Tendenzen und Entwicklungen ablesen lassen. Ausschnitte in: Hütter, H. W.: Das Museumsmeilenfest in Bonn, Erfahrungen und Konsequenzen aus Besucherbefragungen, in: Keuchel, S./Zentrum für Kulturforschung (Hgg.): Rheinschiene – Kulturschiene. Mobilität – Meinungen – Marketing, Bericht über ein Umfragemodell, Bonn 2003, S. 269 f. Hier auch ausführliche Darstellung der Rheinschienenbefragung.

schriften gewürdigt zu werden, auch wenn – nahe liegend – die Ausstellungsmacher gern davon ausgehen, ihr aktuelles Thema sei würdig, in allen Medien publiziert zu werden. Wichtiger ist, langfristig eine glaubwürdige Kooperation zu den Medienvertretern aufzubauen, um nicht nur punktuell, sondern auch langfristig beachtet zu werden. Hierbei hilft eine realistische Einschätzung der publizistischen Bedeutung der jeweiligen Ausstellung. Themen, die einen ausschließlich regionalen Charakter haben, werden von den Nachrichtensendungen der national agierenden Anstalten sowie von bundesweit vertriebenen Printprodukten nur dann beachtet werden, wenn es sich um besonders spektakuläre Themen, um die Präsentation von singulären Objekten oder – schlicht – um einen Skandal handelt.

Demgegenüber ist es allerdings auch falsch, das Licht einer Ausstellung unter den Scheffel zu stellen: Nicht immer sind es die großflächigen oder besonders teuren Ausstellungen, die Beachtung bei den Medienvertretern finden. In vielen Fällen sind es Einzigartig- oder Erstmaligkeit des Themas, die für die gewünschte Aufmerksamkeit sorgen. Frühzeitige Vorinformationen über das geplante Eröffnungsdatum und rechtzeitige Kontaktpflege auch über die reine Einladung hinaus helfen dabei, die Redaktionen auf das Thema hinzuführen, die Journalisten zu interessieren und zum Besuch der Eröffnung zu motivieren.

Daher sollte in jedem Einzelfall aufgrund der Erfahrungen frühzeitig überlegt werden, welche besonderen Aktivitäten für die Zielgruppe „Medienvertreter" im Umfeld und anlässlich der Ausstellungseröffnung vorbereitet und veranlasst werden können. Die jeweils örtlichen Gewohnheiten, die lokale und regionale Medienlandschaft sowie viele andere individuelle Faktoren spielen eine wesentliche Rolle für diese Entscheidungen.

In der Regel hat sich für große wie auch kleine Häuser bewährt, im Vorfeld der Publikumseröffnung eine Pressekonferenz, Vorbesichtigung o. ä. mit den Medienvertretern durchzuführen. Hierbei ist genügend Zeit einzuräumen, damit die Journalisten Gelegenheit haben, die Ausstellung zu sehen und Vertiefendes über deren Inhalte, Objekte und Ziele zu erfahren. Hierzu sollten die sachkundigen Mitarbeiterinnen und Mitarbeiter aus dem Team sowie die Leitung des Hauses für Rückfragen und Hinweise zur Verfügung stehen, jedoch nie den Eindruck hinterlassen, den Journalisten eine Meinung oder Bewertung aufdrängen zu wollen. Hierauf reagieren die meisten Medienvertreter höchst allergisch.

Dies bedeutet jedoch nicht, dass auf gut vorbereitete, pressegerechte Materialien verzichtet werden könnte. Im Gegenteil: Knappe, sachliche, auf die Zwänge der täglichen Berichterstattung ausgerichtete Text- und

Bildunterlagen sind das Minimum. Je nach Ausstellungsprojekt sollte ein ausführliches Papier über Inhalte und Hintergründe zumindest zur Verfügung stehen. Zunehmend entwickelt es sich zum Standard, den Medienvertretern Text- und Fotomaterialien auch in elektronischer Form anzubieten. Im Zusammenhang mit der Vorbesichtigung der Ausstellung ist nahe liegend, ein Pressegespräch oder eine Pressekonferenz durchzuführen. Wenn die Räumlichkeiten und die antizipierte Zahl der Journalisten es zulassen, bietet sich an, diese Gesprächsrunde innerhalb der Ausstellung oder in deren unmittelbarem Umfeld durchzuführen. Hierdurch kann die Besonderheit dieses Treffens unterstrichen werden. In uniformen Sälen treffen die Journalisten oft zusammen, in einem durch eine Ausstellung gestalteten, in der Regel anregenden Umfeld umso seltener.

Keinesfalls sollte darauf verzichtet werden, die Medienvertreter zusätzlich zur Pressevorbesichtigung und -konferenz auch zum Eröffnungsevent einzuladen. Insbesondere dann, wenn zur Publikumseröffnung prominente Gäste erwartet, interessante Redebeiträge oder kulturelle Programme angeboten werden, ist dies für die Medienvertreter von Interesse, manchmal sogar einen zweiten Bericht wert. Hierzu abschließend ein Hinweis: Neben den örtlichen und regionalen Medienvertretern, die insbesondere die bereits genannten Abo-Zeitungen bedienen, sind die Vertreter der großen Nachrichtenagentur von eminenter Bedeutung. Ein Bericht – zutreffend und möglichst anregend – über die neue Ausstellung, verbreitet von einer der großen Nachrichtenagenturen, ist in aller Regel „mehr als die halbe Miete". Auf diese Weise wird die Botschaft über die neue Ausstellung in viele Winkel der Bundesrepublik verbreitet. Dies hilft bei der öffentlichen Wirkung der neuen Präsentation und fördert die Imagebildung des Museums allgemein. Allerdings birgt diese Chance auch eine Gefahr: Einem unzutreffenden oder gar abweisenden Bericht, der über Agenturen umfänglich verbreitet wird, ist nur schwerlich eine andere Meinung entgegenzusetzen.

2. Die „interessierte Öffentlichkeit"

Neben den Vertreterinnen und Vertretern der Medien, denen hohe Aufmerksamkeit gelten sollte, ist die interessierte Öffentlichkeit eine wesentliche Zielgruppe jeder Eröffnungsveranstaltung. Deren Gäste sind die ersten, welche die neue Ausstellung sehen, sie bilden sich als erste ein Urteil und verbreiten dies in ihren Kreisen. Jeder Besucher einer Ausstellungseröffnung ist ein potentieller, vielfältiger Multiplikator für das Projekt. Ein oftmals herausgehobenes persönliches Interesse, manchmal auch eine besondere emotionale Zugangsweise haben Leih- und Lizenzgeber an dem neuen Ausstellungsprojekt. Oft haben sie mit Objekten, Dokumenten, Fotos oder elektronischen Medien, überhaupt erst ermöglicht, die Ausstellung entstehen zu lassen; vielerorts tragen sie durch ihre Exponate zum Erfolg der Ausstellung wesentlich bei. Auch dieser Gästegruppe ist spezielle Aufmerksamkeit zu schenken, einerseits aus Dank für das Engagement, andererseits, um diese wesentlichen Multiplikatoren von der Qualität der Ausstellung zu überzeugen.

Ihnen, Sponsoren wie auch den Mitarbeiterinnen und Mitarbeitern gilt eine Einladung zur Eröffnungsveranstaltung als kleiner Dank für die zum Teil mühsame und zeitaufwendige Mitwirkung auf dem Weg von der Idee bis zur Realisierung einer neuen Ausstellung. Deren Eröffnung ist nicht allein Schlusspunkt, sondern bildet gleichzeitig den Startschuss für die nächste. Die gelungene öffentliche Präsentation des aktuellen „Produktes" ist zugleich Motivation für das Team innerhalb des Hauses wie auch für Mitwirkende außerhalb des Museums, auch für öffentliche und private Geldgeber, sich für weitere Projekte zu engagieren. Eine gelungene Ausstellungseröffnung soll auch ein geselliger und gesellschaftlicher Höhepunkt im Jahresablauf eines Museums, dessen Umfeld, möglichst der Stadt und der Region sein. Ausstellungseröffnungen sollten für die angesprochenen Zielgruppen zu festen Terminen im Jahresrhythmus werden.

Für die Gäste ist die Eröffnungsveranstaltung auch Gelegenheit zu feiern, für das Team, auf das Geleistete zurückzublicken. Für die Verantwortlichen der Presse- und Öffentlichkeitsarbeit und des Rahmenprogramms, ebenso für die Leitung des Hauses, ergibt sich einen andere Rolle: Sie sind an diesem Abend nicht Gäste, die feiern, sondern die Gastgeber, die für den reibungslosen Ablauf der Veranstaltung verantwortlich sind. In den Händen dieser Kolleginnen und Kollegen liegt es abschließend, die Arbeit des Ausstellungsteams angemessen und erfolgreich der Öffentlichkeit zu präsentieren. Vor allem für die Leitung des Hauses ergeben sich bei Eröffnungsveranstaltungen oft gute Gelegenheiten, neue Kontakte zu knüpfen oder bereits vorhandene zu pflegen, neue Projekte anzustoßen, vielleicht auch Probleme und Hindernisse zu bereinigen. Kurzum: Eröffnungsveranstaltungen bringen so viele Gesprächspartner rund um das Museum zusammen wie kaum eine andere Aktivität. Daher sollte bei deren Planung – ob mit 50 oder 1.000 Gästen – immer darauf geachtet werden, dass neben dem Programm und der Ausstellungsbesichtigung ausreichend Zeit und Gelegenheit zu individueller Kommunikation bleibt.

III. Veranstaltungsort

Von Zahl und Zusammensetzung der Ausstellungsgäste und den räumlichen Gegebenheiten wird jeweils abhängig sein, an welchem Ort im Museum die Eröffnung stattfindet. All zu oft finden die Eröffnungsveranstaltungen räumlich losgelöst von der Präsentation selbst in einem kahlen, schmucklosen, neutralen Vortragssaal, Konferenzraum o. ä. statt. Für die Mitwirkenden wie auch die Eröffnungsgäste ist es unter diesen Bedingungen besonders schwer, sich auf das Thema, auf die Ausstellung und deren Gestaltung einzustimmen.

Daher sollte in jedem Fall erneut überlegt werden, ob die räumliche Nähe, die Sichtverbindung zur Ausstellung, zumindest zu Teilen der Präsentation möglich ist. Zwar sollte darauf geachtet werden, dass nicht bereits vor der offiziellen Eröffnung von den Gästen alles gesehen, der Überraschungseffekt vollständig genommen wird und damit die Eröffnungsveranstaltung nur noch Langeweile erzeugt. Doch kann beispielsweise die Eingangssituation einer Ausstellung als Hintergrund für das Eröffnungsprogramm auf den Inhalt feinfühlig einstimmen, kann helfen, eine erste emotionale Nähe zum Thema zu schaffen, kann auch hilfreich sein bei der Gestaltung des Programms. Wenn diese räumliche Verbindung nicht unmittelbar möglich ist, ist zu überlegen, ob z. B. erste Eindrücke aus der Ausstellung in den Vortragssaal übertragen werden können. Die individuellen Möglichkeiten sind dank der neuen Medien und Techniken hierbei vielfältig.

Bei kleineren Häusern oder Ausstellungen mit geringerer Teilnehmerzahl bei Eröffnungen kann es sogar besonders reizvoll sein, die Veranstaltung inmitten der neuen Ausstellung durchzuführen. Eine Vernissage dieser Art schafft besondere Nähe zum Thema, zu den Objekten, regt in besonderer Weise – vielleicht unterstützt durch Zeitzeugen oder Experten – zur Auseinandersetzung mit der Ausstellung an, schafft Studioatmosphäre.

Die sorgfältige Auswahl des Veranstaltungsortes bzw. der unterschiedlichen Räumlichkeiten, in denen die Programmbestandteile der Eröffnung stattfinden, ist ein wesentlicher Baustein für den Erfolg der Ausstellungspräsentation. Programm und Inhalt müssen mit dem gewählten Ort eine Einheit bilden. Leere Säle sind ebenso problematisch wie heillos überfüllte. In einem dünn besetzten Raum fühlen sich die Gäste ebenso unwohl wie in einem, der aufgrund unerwarteten Andrangs, schlechter Organisation oder aus welchen Gründen auch immer, überfüllt, schlecht gelüftet oder akustisch ungeeignet ist.

IV. Programm

Örtliche und finanzielle Möglichkeiten geben in der Regel den Rahmen für das Programm und den Ablauf der Eröffnungsveranstaltung vor. Uniformität und Langeweile sind nicht allein Negativbotschaften für die Eröffnungsveranstaltung selbst, sondern können sich auch auf die Ausstellung, die eröffnet wird, auswirken. Daher gilt grundsätzlich, die Eröffnungsprogramme trotz aller vorgegebenen Rahmenbedingungen möglichst vielfältig und abwechslungsreich zu gestalten, individuell auf das Thema auszurichten. Der Charakter und die Botschaft der Ausstellung sollten soweit wie möglich im Programm der Eröffnungsveranstaltung zum Ausdruck kommen.

In aller Regel wird das Programm von Eröffnungsveranstaltungen drei Schritte beinhalten:
- Begrüßung und Einführung der Gäste, eventuell einleitender Vortrag und kultureller bzw. musikalischer Rahmen;
- Besichtigung der Ausstellung;
- Gedankenaustausch zwischen Gästen, Ausstellungsmachern, Medienvertretern, Freunden und Förderern des Hauses.

1. Einführung

Einführende oder erläuternde Worte zum Thema der Ausstellung, zu deren Gestaltung, zu den Zielen etc. bringen die neue Präsentation dem Publikum nahe. Hierzu sind die Leitung des Museums, die Ausstellungs- oder Projektleitung ebenso aufgerufen wie auch externe Referenten. Oft wird es von den finanziellen Möglichkeiten abhängen, ob hochkarätige Referenten eingeladen werden können. Sie sind mitunter ein Weg, Gäste zusätzlich zum Eröffnungsbesuch zu motivieren. Prominente und sachkundige Referenten sind auch für Medienvertreter oft Anlass, über die Eröffnungsveranstaltung und somit über die Ausstellung zu berichten.

Die Museen sollten auch individuell Konzepte entwickeln, wann und in welcher Form Mitarbeiterinnen und Mitarbeiter des Hauses bei der Programmgestaltung mitwirken. Dass die Projektleitung und Mitglieder des Ausstellungsteams den Medienvertretern wie auch Eröffnungsgästen zur Beantwortung von Fragen, zu Erläuterungen usw. zur Verfügung stehen, sollte selbstverständlich sein. Zu überlegen ist darüber hinaus, ob und in welchem Umfang Fachleute aus dem Ausstellungsteam neben der Leitung oder auch allein für das Haus referieren. Bei dieser Entscheidung gibt es kein Patentrezept, vielmehr sind die individuellen sachlichen und personellen Gegebenheiten zu berücksichtigen. Ist der Oberbürgermeister oder der Ministerpräsident Gast oder gar Gastredner, wird allein aus protokollarischen Gründen nicht der Projektleiter allein für das Haus reden können, vielmehr muss der Leiter des Museums zumindest in die Thematik einführen. Vertiefende Erläuterungen können dann seitens der Projektleitung ergänzend gegeben werden.

Bei der Vorbereitung der Redebeiträge sollte unbedingt darauf geachtet werden, dass es sich bei Ausstellungseröffnungen nicht um differenzierende wissenschaftliche Vortragsveranstaltungen, Tagungen oder Symposien handelt. Die Ausstellung muss unbedingt im Vordergrund stehen. Ein immer wieder beobachteter, offenkundig nicht auszumerzender Fehler ist, dass zu viele Referenten zu lange oft inhaltlich Gleiches lediglich mit anderen Worten darlegen. Redeanteile von mehr als einer Stunde, sogar zum Teil gar mehr als zwei Stunden, sind für die Gäste ermüdend, lenken vom eigentlichen Thema ab, schaffen eher ein negatives Image und schaden auf diese Weise der Ausstellung, um deren öffentliche Präsentation es sich doch handeln sollte. Wissenschaftliche Tagungen und breit angelegte Erörterungen zum Thema gehören in das Begleitprogramm der Ausstellung, eignen sich aber nicht als Eröffnungsveranstaltung.

Die Redebeiträge können ein individuelles Gesicht auch dadurch erhalten, dass der Redner nicht immer frontal den Gästen gegenüber referiert. In Form eines moderierten Beitrages, in Talkrunden, als Lesung oder in vielen anderen Formen ist eine individualisierte Prägung von Eröffnungen möglich.

Kurze musikalische, kabarettistische, themenbezogen auch artistische oder andere ergänzende wie auflockernde Beiträge können die Eröffnungsveranstaltungen bereichern, beleben und individuell gestalteten.

Wichtig ist immer, die Relation zu wahren zwischen dem Thema, der Größe und Bedeutung der Ausstellung und dem Eröffnungsprogramm. Der Auftritt eines qualitativ durchschnittlichen Trios bei der Eröffnung einer internationalen Ausstellung mit mehr als 1.000 Gästen wirkt eher peinlich, die Präsenz eines großen Symphonieorchesters bei der Eröffnung einer kleinen stadthistorischen Präsentation ist ebenso unpassend. Die sorgfältige Überlegung und Planung, Form und Inhalt bei der Gestaltung des Programms einander individuell anzupassen, ist eine wesentliche Voraussetzung für den Erfolg der Eröffnungsveranstaltung und damit der ersten öffentlichen Präsentation der neuen Ausstellung.

2. Der erste Gang durch die Ausstellung

Ausreichend Beachtung ist auch der ersten Besuchsmöglichkeit der neuen Ausstellung und dem VIP-Rundgang einzuräumen. Begrüßung und Eröffnungsvortrag sollen die Gäste einstimmen, vorbereiten auf die „Geburt" der Ausstellung. Der erste Rundgang ist der Schritt, mit dem die Präsentation schließlich selbst an die Öffentlichkeit tritt, ohne weitere Erläuterung, ohne Einschränkung, ohne Hilfestellung. Die Besichtigung durch die Eröffnungsgäste ist der erste offizielle Auftritt einer Ausstellung oder eines neuen Museums – vergleichbar der Präsentation eines neuen Produktes auf einer Messe.

3. Ausreichend Raum für Kommunikation

Auch dem kommunikativen Zusammentreffen der Eröffnungsgäste ist – in aller Regel außerhalb der eigentlichen Präsentation – der notwendige Rahmen zu schaffen. Dieser Programmpunkt darf keinesfalls unterschätzt werden. Hier verfestigt sich die erste Meinung über die Ausstellung, hier werden die ersten Ansichten und Bewertungen kommuniziert, hier entsteht die Stimmung, mit der die Gäste schließlich das Haus verlassen und in die öffentliche Diskussion eintreten. An dieser Stelle muss die neue Ausstellung ihre erste Bewährungsprobe in einer – wenn auch nur eingegrenzten – Öffentlichkeit bestehen.

V. Durchführung

Die Eröffnungsveranstaltung für eine neue Ausstellung steht nicht unabhängig für sich, sondern sollte bereits frühzeitig inhaltlich-thematisch wie auch gestalterisch in die integrierte Gesamtplanung des Projektes einbezogen sein.

Möglichst sollte das Corporate Design für den öffentlichen Auftritt der Ausstellung von Beginn an einheitlich geplant und realisiert werden.[7] Alle Printmaterialien – Plakat, Informationsfolder, Begleitpublikation wie auch die Einladung – und die elektronischen Medien, hier vor allem der Internetauftritt sowie die Unterlagen für die Medienvertreter auf CD-ROM o. ä. sollten ein einheitliches Erscheinungsbild haben. So bekommt die Ausstellung ein unverwechselbares Gesicht, prägt sich durch vielfältig wiederkehrende Präsentation besser ein und Inhalte können zumindest in reduzierter Form transportiert werden. Die Ausstellungsmacher sollten

---

[7] Vgl. Engelhardt, Der gestalterische Auftritt, S. 63 in diesem Band.

sich jedoch nicht der Illusion hingeben, dass über die genannten Informationsmaterialien tiefer gehende inhaltliche Aussagen in der Öffentlichkeit zu positionieren seien. Dies kann nur die Ausstellung selbst leisten.

Im Idealfall wird der künftige Besucher konkret auf das neue Ausstellungsvorhaben aufmerksam durch die Einladungskarte, die möglichst drei Wochen vor Eröffnungsdatum bei den Gästen eingehen sollte. Um die Organisation der Eröffnungsveranstaltung zu erleichtern, bietet sich grundsätzlich an, eine Rückantwort zu erbitten. Sollen besonders hochrangige, terminlich stark belastete VIP-Gäste aus Wissenschaft, Kultur, Wirtschaft oder Politik animiert werden, die Ausstellung zu besuchen, ist es ratsam, bereits frühzeitig per Brief, Telefax oder E-Mail auf die Eröffnung aufmerksam zu machen. Hochrangigen Gästen, an deren Anwesenheit die Ausstellungsmacher interessiert sind, wird die Leitung des Hauses bereits frühzeitig eine persönliche Einladung zukommen lassen. Die standardisierte Einladungskarte kann später mit einem kurzen Anschreiben verschickt werden. Dieses Verfahren sollte jedoch nicht inflationieren, um seine Wirkung nicht zu verfehlen.

Nachdem der potentielle Gast die Einladungskarte erhalten hat, wird er möglicherweise erneut auf die Ausstellung aufmerksam durch Vorberichterstattungen in den Medien, über erste Plakatierungen im unmittelbaren Umfeld der Eröffnungsveranstaltung oder durch Hinweise am Museum selbst oder in dessen Nähe. Wenn sich – vor allem bei der Eröffnung großer Ausstellungen oder neuer Museen – die Möglichkeit ergibt, in der Stadt von den Hauptverkehrswegen, vom Bahnhof oder vom Flughafen aus Hinweise auf die Ausstellung zu platzieren, ist dies ein besonderer Service für die Gäste nicht nur der Eröffnung, sondern auch danach. Darüber hinaus werben diese Wegweiser auch allgemein für das Projekt. Immer beliebter wird und durchaus kostengünstig ist Verkehrsmittelwerbung vor allem an Bussen, Straßen- und U-Bahnen. Insbesondere in Verbindung mit anderen lokalen und regionalen Werbeträgern lenkt dies Aufmerksamkeit auf die Ausstellung.

Am Ausstellungsort muss deutlich werden, dass der Besucher zur Eröffnung der neuen Ausstellung erwartet wird. Hierbei sind die individuellen Möglichkeiten der jeweiligen Häuser, deren Lage, finanzielle Möglichkeiten etc. zu berücksichtigen. Keinesfalls sollten sich die Ausstellungsmacher zögerlich der Werbung nähern, da sich auch gute und wichtige Ausstellungen gegenüber der vielfältigen Konkurrenz von kulturellen und anderen Freizeitangeboten durchsetzen müssen, um wahrgenommen zu werden.

Im Museum selbst ist – wie auch an normalen Öffnungstagen – der Besucher und Eröffnungsgast König. Alle notwendigen, auch noch so detaillierten Einzelheiten sind rechtzeitig zu planen und umzusetzen. In aller Regel ist es nicht ausreichend, lediglich die großen Linien der Eröffnungsveranstaltung festzulegen. Dies ist Aufgabe der Leitung des Hauses – je nach Größe des Museums – in Kooperation mit der Veranstaltungsorganisation und dem Ausstellungsteam, und zwar zu einem frühen Zeitpunkt, in der Regel drei bis sechs Monate vor dem geplanten Termin. Bei großen internationalen Projekten, zu deren Eröffnung höchstrangige Gäste erwartet werden, sind Planungsvorläufe von mehr als einem Jahr nicht unüblich.

Neben der Vorbereitung des konkreten Veranstaltungsprogramms und -ablaufs ist es für die emotionale Akzeptanz der neuen Ausstellung von großer Bedeutung, dass die Eröffnungsgäste sich wohl fühlen, das Bewusstsein entwickeln, zu einer besonderen Ausstellungseröffnung eingeladen und dort willkommen zu sein. Wenn z. B. zur Eröffnung einer Jubiläumsausstellung eines international renommierten Künstlers mehr als 50 Prozent der zum Teil von weit her angereisten Eröffnungsgäste nicht einmal Platz im Museum finden, wenn zu diesem Anlass die eigens hierfür aufgebaute Lautsprecheranlage nicht funktionsfähig, der Haustechniker nicht auffindbar ist, der hochrangige Gastredner sich lediglich bruchstückhaft über die Rundrufanlage des Kassenpersonals verständlich machen kann, während dieser improvisierten Begrüßung der Katalogverkauf am Informationstresen munter und lautstark weitergeht, die Ausstellungskataloge bereits vor Abschluss der offiziellen Eröffnungsveranstaltung ausverkauft sind, wenn das Museumspersonal sich schließlich nicht einmal bemüht, dieser Fülle von Missständen abzuhelfen, sondern munter feiert, während sich die Gäste ärgern, dann schadet diese Veranstaltung nicht nur der Ausstellung, deren Eröffnung gefeiert werden sollte, sondern darüber hinaus dem Ruf des Museums nachhaltig.

Im Gegensatz hierzu können kleine Kunstgriffe dazu beitragen, dass die Gäste sich wohl fühlen, besonderen Service genießen. Das trägt zu einem guten Image der Ausstellung wie des Museums bei. Nur einige Beispiele, die jeweils individuell zu entwickeln und zu beachten sind: Anfahrtshinweise und Parkmöglichkeiten sollten organisiert werden, im Eingangsbereich sollte ausreichend Hauspersonal zur Verfügung stehen, um die Gäste begrüßen und einweisen zu können. Hier ist auch die Anwesenheit von Mitarbeiterinnen und Mitarbeitern aus dem konkreten Projektteam nützlich, um Leih- und Lizenzgeber, Zeitzeugen, Ehrengäste o. ä. bereits frühzeitig zu erkennen und zu betreuen. Wenn für alle erwarteten Gäste Sitzplätze vorhanden sind, ist dies hilfreich, falls dies nicht möglich ist, sind die ggf. zur Verfügung stehenden streng nach einem für alle Gäste erkennbaren Protokoll zu besetzen, um unnötigen Unmut zu vermeiden. Gleichwohl müssen immer Möglichkeiten vorgehalten werden, älteren, gehbehinderten etc. Gästen auch kurzfristig noch Sitzplätze anbieten zu können.

Das Programm der Eröffnungsveranstaltung sollte – wie bereits dargelegt – abwechslungsreich, zeitlich klar begrenzt, doch nicht oberflächlich sein. In einer Stunde kann alles Wesentliche rund um die Ausstellung gesagt werden, einschließlich eines munteren Rahmenprogramms.

Allen Eröffnungsgästen muss selbstverständlich ausreichend Zeit und Gelegenheit geboten werden, die neue Ausstellung anzusehen. Meist wird ein Rundgang mit den protokollarisch hochrangigen Gästen, wichtigen Zeitzeugen, herausragenden Leihgebern etc. unter Einschluss der anwesenden Medienvertreter am Anfang stehen. Museums-, Ausstellungs- und Projektleiter werden sich die Gelegenheit nicht nehmen lassen, die neue Ausstellung zu präsentieren. Die weiteren Mitarbeiter am Ausstellungsprojekt sollten während der Eröffnung in ihren jeweiligen Spezialabteilungen den Gästen für Auskünfte zur Verfügung stehen.

Ausstellungs- und Museumseröffnungen sind in aller Regel gesellschaftliche Ereignisse. Die Besucher des Museums sind bei diesen Gelegenheiten in besonderer Weise auch Gäste des Hauses. Wenn die Gäste zu einem Getränk, vielleicht auch – abhängig von der Tageszeit – zu einem kleinen Imbiss eingeladen werden können, zeugt dies von der besonderen Wertschätzung gegenüber den von zum Teil weit her angereisten Gästen. Wenn dies aufgrund der knapper werdenden Mittel gegenwärtig immer seltener möglich ist, werden dies die meisten Eröffnungsgäste akzeptieren. Dennoch sind bei entsprechender Gegenleistung für Anlässe dieser Art immer noch Sponsoren zu finden. Daher sollte die Museumsleitung frühzeitig und Ziel gerichtet nach Partnern, nicht nach reinen Geldgebern für die Durchführung von Eröffnungsveranstaltungen suchen. Es darf jedoch nicht der Eindruck entstehen, dass zugunsten einer üppigen Eröffnungsveranstaltung für das Ausstellungsprojekt selbst die notwendigen oder wünschenswerten Haushaltmittel reduziert wurden. Für die Planung von Eröffnungsveranstaltungen ist daher auch ein sensibles Augenmaß unumgänglich. So scheint es ebenso für unangemessen, Gäste zu einer Ausstellungseröffnung „einzuladen", jedoch Eintritt – zum Teil sogar erhöhten – zu erheben.

Nicht nur eine nette Geste ist es, den Gästen ein kleines, themenbezogenes Give-away anzubieten oder z. B. die Ausstellungspublikation, ausgewählte Merchandisingartikel o. ä. am Eröffnungsabend zu einem Sonderpreis anzubieten, sondern dies hilft auch, den Verkauf dieser Produkte im Museum oder in dessen Shop anzukurbeln sowie die Öffentlichkeitsarbeit zu unterstützen.

Grundsätzlich gilt für Eröffnungsveranstaltungen, dass sie themen-, zielgruppen-, orts- und umfeldgerecht frühzeitig und sorgfältig zu planen und mit höchster Aufmerksamkeit durchzuführen sind. Die Veranstaltungen sollen jeweils ein möglichst individuelles Gesicht erhalten, doch die Abläufe im Vorfeld der Eröffnung sowie im Hintergrund der Veranstaltung selbst weitgehend standardisiert und erprobt sein, um möglichst vor Überraschungen gefeit zu sein und den Gästen einen reibungslosen Ablauf zu gewährleisten. Auf diese Weise ist ein positiver und emotional anregender Rahmen für die Eröffnung einer Ausstellung zu schaffen, was wiederum der ersten öffentlichen Präsentation, der „Geburt" der neuen Ausstellung und hiermit wiederum dem Museum selbst zugute kommt.

VI. Perspektiven

Vielfältige Formen und Einzeltypen von Eröffnungsveranstaltungen sind national und international zu beobachten. Als ein Grundtyp hat sich seit vielen Jahrzehnten die Eröffnungsveranstaltung mit wissenschaftlichem Vortrag oder gar Vorträgen erhalten. Obwohl hinter vorgehaltener Hand Ausstellungseröffnungen dieser Art immer wieder kritisiert werden, scheint diese Form nicht auszusterben. Auf der anderen Seite werden insbesondere in jüngster Vergangenheit manchmal Ausstellungseröffnungen gefordert, die sich als „Events" im Kultur- und Medienbereich positionieren. Hierbei wie auch bei überbordenden wissenschaftlichen Vortragsveranstaltungen läuft die Ausstellung selbst Gefahr, in den Hintergrund gedrängt zu werden.

Die themen- und zeitgemäße Eröffnungsveranstaltung, ohne Tagesmoden hinterherzulaufen, könnte ein Ausweg aus Erstarrung und medialem Overkill sein. Ein- und Hinführung zum Thema, aber nicht immer in Form eines wissenschaftlichen Vortrags, Einbeziehung von modernen, breite Zielgruppen ansprechenden, auch kurzweilig einzusetzenden Neuen Medien, aktuelle, lebendige Kommunikationsformen, die Mischung unterschiedlicher Elemente innerhalb einer Veranstaltung – so könnten Ausstellungseröffnungen lebendig gestaltet werden.

Doch: Die Eröffnungsveranstaltung soll nicht in die Nähe eines modernen Videoclips geraten. Kulturelle und musikalische Programmpunkte können ebenso auf das Thema hinführen wie auch provozieren, wachrütteln. Eröffnungsveranstaltungen sollten keine Langeweile, keine offenkundige Routine vermitteln. Professionalität ist wichtig, Abwechslung jedoch gleichzeitig bedeutsam.

Im Vordergrund steht immer die erste öffentliche Präsentation, die „Geburt" der Ausstellung, auf welche die Eröffnungsveranstaltung hinzielen muss. Eine Veranstaltung zur Eröffnung einer Ausstellung oder eines Museums ist kein Selbstzweck, sondern immer nur Hilfsmittel. Kreativität ist bei jeder Ausstellungseröffnung erneut gefordert, gleichzeitig sollte auf bewährte Abläufe zurückgegriffen werden, um zeitlichen und finanziellen Aufwand wie auch Risiken möglichst gering zu halten. Eine gut vorbereitete und durchgeführte, erfolgreiche, inhaltlich-thematisch und emotional wirkungsvolle Eröffnung ist für die neue Ausstellung durch nichts zu ersetzende „Geburtshilfe".

27 Ratschläge von A-Z für AusstellungsmacherInnen
von André Bechtold

I. Prolog

Tagebucheintrag des Schreibers Heinz Sentlinger, geschrieben auf der Burg Runkelstein bei Bozen am 20. Juli 1402, transkribiert und ins Neuhochdeutsche übertragen:

„Der Tag ist zu Ende und die Nachtwache hat das Burgtor geschlossen. Trotz den Aufregungen heute, schreibe ich wieder, zu viel Außergewöhnliches ist geschehen, dass ich es nicht meiner neuen Weltchronik, die mich mein Herr beauftragt hat zu schreiben, in gebührender Weise einbringen muss. Es ist nun schon die dritte Chronik, die ich hier auf Runkelstein kompiliere und selbst niederschreibe und meine Finger tun mir weh und auch der Rücken. Es ist ein Kreuz mit dem Schreiben, vor allem in diesen Tagen, denn mein Herr war auch heute nicht auf der Burg. Noch immer weilt er in seiner Stadtwohnung, obgleich der Sommer schon sehr heiß geworden ist. Und noch immer schickt er uns diese seltsamen Besucher auf die Burg, die hier allerlei Unordnung bringen und ich soll alles richten.

Ich gebe mein Bestes, das alltägliche Leben friedlich zu gestalten, doch ständig ist Streit, sowohl in der Küche, als in der Wachstube und vor allem mit den Damen. Sogar der Musicus beschwert sich, weil seine Laute einen Bruch hat und er in die Stadt muss, diesen reparieren zu lassen. Doch die Damen lassen ihn nicht weg, er soll die Laute vom Schmied reparieren lassen, aber der Schmied kann den Musicus nicht ausstehen – was allerdings auf Gegenseitigkeit beruht. Sie hatten vor zwei Jahren eine heftige Auseinandersetzung wegen einer der Mägde. Agnes hat sich heute gegen den Willen ihrer Mutter, meiner Herrin, dazu entschlossen das Handwerk des Malens zu lernen. Sie kam in meine Schreibstube und wollte die Fresken des „Garel" dort studieren, die vor kurzem erst fertiggestellt worden sind. Wegen diesen Wandbildern ist mein Herr auch besonders stolz auf seine Burg und schickt deshalb diese vielen Besucher hier her. Man kann nichts liegen lassen, sogar das Essen in der Wachstube nehmen sie von den Tellern. Und ständig muss man ihnen alle Räume zeigen! Nur in die Gemächer des Ostpalas darf niemand hinein, das hat der Herr verboten.

Ich verstehe ihn nicht immer, meinen Herrn, schon gar nicht als er das „Sommerhaus", wie er es zu nennen pflegt, erbauen ließ. Es sieht aus wie ein gewöhnliches Stadthaus mit Lauben, nur sind die Gemächer statt in die Länge, in die Breite gebaut. Und alles steht auf dem nördlichsten Teil des Felsens. Meine Schreibstube aber hat man gut und brauchbar hergerichtet. Ein großes Erkerfenster im Westen gibt mir genug Licht zum Schreiben bei Tag und jetzt geht es mit den Laternen und dem riesigen Kamin auch ganz gut. Über die gemalte Reihe der größten Liebespaare der Welt habe ich mir Bretter anbringen lassen für meine Bibliothek, darüber ist die Geschichte Garels erzählt, die Agnes heute genau betrachtete und Skizzen auf Pergament machte. Leider ist im Winter der alte Bozner Pergamentmacher gestorben und sein Sohn beherrscht das Handwerk gar nicht gut."

Die hier abgebrochene Tagebucheintragung des Heinz Sentlingers ist fiktiv und war Teil jener „interaktiven Ausstellung" auf Schloss Runkelstein im Jahre 2002, von der ich hier unter anderem berichten werde. Mit Hilfe solcher und ähnlicher Aufzeichnungen wurde eine Art Drehbuch erstellt, das es uns erleichtern sollte, den langen Zeitraum von 27. März bis 31. August durchzustehen und dem Publikum ein möglichst „wahres" Bild eines möglichen Alltags auf Schloss Runkelstein im Jahre 1402 zu vermitteln.

Doch vieles kam anders als geplant und vieles Ungeplante entwickelte sich zum Erfolg. Von Beidem soll hier die Rede sein, indem ich von den Herausforderungen erzähle, die sich bei diesem Projekt ergaben und von den Ratschlägen, die ich mir selbst und Kollegen gebe, sollte Ähnliches wiederholt werden.

II. Schloss Runkelstein und die „sanfte Erschließung"

Zum besseren Verständnis sei zunächst „Schloss Runkelstein" bei Bozen vorgestellt und die „Sanfte Erschließung" der Burg, die mit der Wiedereröffnung am 19. und 20. April 2000 Gestalt annahm. Dies erfolgte nach langjährigen Restaurierungs- und Renovierungsarbeiten mit einem großen Festakt. Zuvor hatte es Pläne gegeben, die Burg anders zu gestalten und touristisch wieder herzurichten, doch an einem regnerischen Apriltag im Jahre 1995 begaben sich 250 Bozner Mitglieder und Freunde des Bozner Heimatschutzvereins auf die Bozner Wassermauerpromenade und gingen, begleitet von zahlreichen Medienvertretern, nach Runkelstein, um sich vor Ort über die Bauvorhaben auf der Burg zu informieren. Daraus entstand eine Initiative, die die „sanfte Erschließung" als Alternative präsentierte, welche schließlich auch verwirklicht und von den Besuchern akzeptiert wurde. Sechs Kriterien waren dabei wichtig:[1]

1. Die Bilderburg, eine neue Bezeichnung für Runkelstein

Mit der Bezeichnung "Runkelstein, die Bilderburg" wurde eine neuer Marken-Namen kreiert: Schloss Runkelstein verfügt über den größten erhaltenen mittelalterlichen, profanen Freskenzyklus, wurde zu einer wahrhaften Bilderbuchburg und ist die am häufigsten abgebildete Burg der Romantik Europas.

Abb. 52 Die Burg Runkelstein in Südtirol.

---

[1] Siehe hierzu und im Folgenden auch „Südtirol in Wort und Bild, 1 /2002, 46. Jahrgang" bzw. den daraus entstandenen Sonderdruck mit mehreren Beiträgen zu diesem Thema.

2. Die Restaurierung der Fresken und der Bausubstanz

Bereits Kaiser Maximilian I., der sich das Sommerhaus von Schloss Runkelstein zur Wohnstätte ausbauen ließ, hatte die dortigen Fresken Anfang des 16. Jahrhunderts vor dem Verfall behütet, indem er sie mit den Mitteln seiner Zeit „restaurieren" ließ. Es ging ihm dabei vor allem um das „Bewahren". Im 19. Jahrhundert beauftragte Kaiser Franz Joseph I. den Architekten Friedrich von Schmidt, Schloss Runkelstein zu restaurieren und zu renovieren. Mit Abschluss dieser Arbeiten schenkte der Kaiser den Bozner Bürgern die Burg. Ab 1963 begann die erste Phase einer „modernen" Restaurierung unter der Leitung von Nicolo Rasmo, welche in Zusammenarbeit mit dem Denkmalamt Bozen seit 1990 kontinuierlich bis heute fortgesetzt wurde. – Das Bewahren des Freskenschatzes und der Schutz der Bausubstanz bildeten den ersten Teil der sanften Erschließung.

3. Die Denkmal-gerechte Nutzung der Burg

Grundthese: Die Nutzung hat sich dem Denkmal anzupassen und nicht umgekehrt. Im Fall von Runkelstein mussten dabei verschiedene Faktoren berücksichtigt werden:

Runkelstein war eine volksnahe Burg, vor allem durch die Bozner Bürger Niklas und Franz Vintler, die ab 1386 die Burg umbauen und ausmalen ließen.

Gleichzeitig war Runkelstein eine volkstümliche Burg, nicht nur durch die traditionellen Sängerfeste, romantischen Burgfeiern und die zahlreichen ihr gewidmeten Gedichte und Lieder. Eines der ältesten davon, das „Runkelstein Mailied", war mit Notenschrift am Eingang zum Ostpalas auf die Wand gezeichnet. Auch daher finden heute „Runkelsteiner Klangfeste" statt, musikalische Kleinodien, die wiederum eine neue Tradition bilden werden.

Runkelstein war aber auch die Burg der Bozner, und die Bozner und ihre Gäste hatten auf dieser Burg gefeiert, gespeist und getrunken. Daher wurde die Runkelsteiner Burgschänke wieder eröffnet.

Sechs leere Räume im Ostpalas wurden seitdem für eigens konzipierte Ausstellungen genutzt. Auch in Zukunft werden diese Säle multifunktional nutzbar sein, aber in keinem Fall sollen sie „verstauben". In alten Mauern ist das Neue eine positive Herausforderung und Teil einer Denkmal-gerechten Nutzung.

4. Die Erreichbarkeit der Burg mit verschiedenen Verkehrsmitteln

Runkelstein war schwierig zu Fuß zu erreichen, aber auch mit dem PKW gab es Probleme, da kein Parkplatz vorhanden war. Durch eine Verlängerung der berühmten Bozner Wassermauerpromenade bis unter den Burgfelsen wurde eine Möglichkeit geschaffen, Runkelstein zu er-fahren (mit dem Fahrrad) und zu erwandern (zu Fuß). Eine neue Brücke über die Talfer schafft einen freien Zugang vom Bozner Stadtzentrum bis zur Burg für Wanderer und Radfahrer.

Besucher, die mit dem PKW kommen, können auf den beiden neu gebauten kleinen Parkplätzen unterhalb der Burg bequem parken. Des Weiteren steht unterhalb der Jenesier Seilbahn eine neu gestaltete umfangreiche Parkmöglichkeit zur Verfügung. Darüber hinaus fährt halbstündig ein öffentlicher Stadtbus, der unterhalb der Burg hält.

Aber auch ein eigens – von der Südtiroler Sparkasse finanzierter – Shuttle-Bus kann vor allem gehbehinderte Gäste vom Bozner Waltherplatz nach Runkelstein bringen und wieder zurück. Die Burg selbst wurde behindertengerecht ausgebaut. – Dies bedeutet, dass Runkelstein allen Besucher ungehindert zugänglich ist. Auch dies gehört maßgebend zur sanften Erschließung.

5. Die Gastronomie

Auf einem Fresko in der „Kammer der Ritterspiele" sieht man aus der Zeit um 1390 einiges von der kulinarischen Versorgung auf Schloss Runkelstein. Große Feste wurden hier gefeiert und dies über all die Jahrhunderte bis heute.

Zur sanften Erschließung gehört auch die Kultur des Essens. In zwei neu ausgestalteten Räumen wird einheimische Küche zum Erlebnis und dies ganz besonders in der kleinen gotischen Stube im Westpalas. Von Frühjahr bis Herbst aber sind Speis' und Trank vor allem unter dem alten Nussbaum im Burghof ein wahrlich romantischer Genuss.

Die Besucher aber, die in ihrem Rucksack die Brotmahlzeit mitbringen, sind ebenso herzlich eingeladen, auf den Bänken unter den Lauben des Sommerhauses diese auszupacken und zwischen den Fresken des Wigalois in aller Ruhe zu speisen. – Sanft ist auch diese Erschließung von Runkelstein.

6. Das echte Erleben mit einem „langsamen" Tourismus

Die Burg „er- wandern", „be-gehen", „er-fahren", „ver-weilen", die Atmosphäre erleben, die Magie dieses Ortes ohne Zeitdruck aufnehmen. Das ist ein „langsamer" Tourismus. Verweilen, träumen, die eigene Geschichte und Tradition erleben, auch das ist die Bilderburg Runkelstein. – Zur sanften Erschließung gehört das „Zeit haben" und das wollen wir auf Runkelstein ermöglichen. Zeit ist zu einem Luxus geworden. Aber wie unbezahlbar ist es, nach einer schönen Wanderung durch das Burgtor zu treten, eine persönliche Führung durch die vergangene Welt zu bekommen und danach ein gutes Mahl zu sich zu nehmen. Dies mag nur ein Beispiel sein – auf Runkelstein wird noch mehr geboten.

Inhalt und zugleich Ziel der sanften Erschließung ist es, dem Denkmal nicht zu schaden, sondern es zu schützen und für die Nachkommen zu bewahren.

Nachdem unter meiner Projektleitung auf Schloss Runkelstein sieben Ausstellungen in den Räumen des Ostpalas, vier Ausstellungen in der Burgschänke, über 200 Veranstaltungen (darunter: Runkelsteiner Klangfeste, Jazzfestival, Bergfestival, Festival der ladinischen Chöre, Volksmusikanten-Treffen, Konzertabend mit Konstantin Wecker, Open-Air-Kino im Burghof, etc.), zahlreiche didaktische Angebote für Kinder, Spezialführungen (u.a. für Blinde!) von 300.000 Besuchern organisiert wurden, endete am 30. November 2003 die Einführung und Erprobung des neuen kultur-touristischen Modells „sanfte Erschließung" und wurde sowohl von den Stadtvätern (und -müttern), der einheimischen Bevölkerung, den Touristen und auch von Seiten der Wissenschaft als erfolgreich und die Erwartungen übertreffend bewertet.

Statt durch einen Projektleiter wird seit 1. Dezember 2003 die Burg von einem technischen Team gesteuert, während die Ausstellungen von außen eingekauft und von jeweils verschiedenen Kuratoren organisiert werden.

III. Ein Tag im Leben der Bilderburg – Zeitreise in das Jahr 1402

Vom 27. März bis zum 31. August 2002 präsentierte sich Schloss Runkelstein auf eine besondere Weise. Die Besucher konnten ein interaktives Ereignis erleben, das die Bilderburg in bestimmten Bereichen in die Zeit des Jahres 1402 setzt. Warum? Vor 600 Jahren erlebte die Runkelstein seine erste Hoch-Zeit, die bald aber schon wieder zu Ende gehen sollte.

Die Bozner Bürger Niklaus und Franz Vintler hatten die Burg ausbauen lassen, Freskenmaler beauftragt, und den Schreiber Heinz Sentlinger aus München bestellt, der die beiden Weltchroniken wohl in dem ebenfalls neu errichteten Sommerhaus verfasste. Mindestens eine Köchin war jeden Tag beschäftigt. Brot wurde gebacken, fahrendes Volk ging ein und aus, es wurde getanzt und gefeiert. Aber es wurde auch für das Turnier trainiert, Zweikämpfe wurden abgehalten. Zofen schneiderten für ihre Damen wertvolle Kleider, Wolle wurde gesponnen, Geschichten wurden erzählt, Liebesgeschichten von Tristan und Isolde, aber auch die wohl größte aller Geschichten: der Parzival! Und regelmäßig lud Niklaus Vintler zu großen Festen ein, die bis in den Morgen gingen. Der Lautenspieler Hämmerlein trat dabei auf. Und am nächsten Morgen ging es zur Jagd. Während dessen knüpfte Frau Minne ihre zarten Bande und holte aus dem Herbarium die Kräuter für ihre besonderen Tränke.

Im sogenannten Mittelalter stecken unsere gemeinsamen europäischen Wurzeln. Die „interaktive Ausstellung" „Ein Tag im Leben der Bilderburg", die in Zusammenarbeit mit der aus Südtirol stammenden Re-Enactmentgruppe „Gesellschaft des Elefanten" gezeigt wurde, wolle diesem historischen Wurzelwerk von einer unmittelbaren und seriösen Seite näher kommen.

Worum ging es? Die mittelalterliche Vergangenheit sollte den Besuchern näher gebracht werden. Dabei entschied man sich für einen eher unkonventionellen und vor allem in Südtirol bisher noch nicht beschrittenen Weg. Durch seriöse Rekonstruktion historischen Lebens sollte ein Bild entstehen, das abseits von Museumsstücken und schwieriger Fachliteratur für sich stehen konnte. Ziel war eine be-greifbare Geschichte, eine Geschichte zum Anfassen. Historische Zusammenhänge sollten dem Publikum vor Augen gestellt und zum Erlebnis werden. Selbst so simple und einfache Aussagen wie „die Leute trugen im Mittelalter Schuhe" ließen sich in Einzelprobleme auflösen: Woraus bestanden die Schuhe? Wer hat sie gemacht? Wo wurden sie gemacht? Wie lange konnte man einen Schuh tragen? Was hat ein Schuh gekostet? Welche modischen Unterschiede gab es bei Schuhen? Die Liste der Fragen ließ sich fast endlos fortsetzen. Mit der „interaktiven Ausstellung" sollte ein Brückenschlag zwischen (zuweilen trockener) wissenschaftlicher Arbeit und dem Interesse des breiten Publikums geschaffen werden. Eine neuartige Präsentation von Wissenschaft ist eine Herausforderung: Eine mittelalterliche Burg, die an der Wende vom 14. zum 15. Jahrhundert ihre jetzige Ausstattung erhalten hat, wurde auf seriöser Basis wieder mit Leben erfüllt, das der Zeit der Fresken nachempfunden war.

Wir wünschten den Gästen einen eindrücklichen und auch spannenden Aufenthalt auf Schloss Runkelstein, indem sie einen Tag im Leben der Bilderburg miterleben sollte und freuten uns auf ihren Besuch. Ein letzter Hinweis in den Ankündigungen und im Ausstellungs-Folder war: „Wenn Sie auf der Burg den Akteuren begegnen, dann sollten Sie bedenken, dass diese sich im Jahre 1402 befinden! Lassen Sie sich überraschen!"

Nicht nur die über 60.000 Gäste wurden überrascht, auch uns standen jeden Tag neue Herausforderung ins Haus, oder besser gesagt in die Burg. Als verantwortlicher Projektleiter von Schloss Runkelstein hatte ich gemeinsam mit dem Verein „Die Gesellschaft des Elefanten" das Projekt konzipiert und war als Schreiber Heinz Sentlinger auch an der alltäglichen Umsetzung intensiv beteiligt. Anfangs dachte ich, dass diese „Nicht-Ausstellung" eher leicht zu bewältigen sei, doch dies stellte sich als eine falsche Einschätzung heraus. Das Projekt wurde zum Kompliziertesten, was ich bin dahin beruflich getan hatte und ging auch persönlich, sowohl vom zeitlichen Aufwand als auch vom „psychologischen" Aspekt an Grenzen und überschritt diese. In der Nachbetrachtung ist es mir eine sehr wichtige Erfahrung, die eine große Horizonterweiterung bedeutete.

Auf Schloss Runkelstein hatten wir innerhalb meiner Zeit als Projektleiter, wie bereits beschrieben, insgesamt sieben große und vier kleine Ausstellungen eröffnet und daneben noch die über 200 Sonderveranstaltungen zu organisieren und „über die Bühne" zu bringen und das alles in vier Jahren. Bedenkt man allein die täglichen Besucher mit ihren „Problemen" und die Lösung derselben, so kann man eigentlich nicht anders denken und handeln als in einem spielerischen Sinne und das ganze wie eine „aventiure" sehen.

Im so genannten Vorburg-Areal von Schloss Runkelstein gab es zum Beispiel die Möglichkeit, brach liegendes Gelände zu nutzen. Dort entstand der Küchenbereich, ein nicht historischer Kompromiss, denn die mittelalterliche Küche befand sich natürlich in der Burg selbst und ist dort noch mit dem Namen „Alte Küche" vorhanden; funktionell befinden sich heute dort im Untergeschoss die Toilettenanlagen der Burg. Zentraler Bestandteil dieser neuen Küche war ein mächtiger Backofen, dessen Grundmaße von einem zeitgenössischen Backofen aus Schloss Maultasch (Südtirol) übernommen wurden. Zunächst wurde das Gelände etwas eingeebnet, dann ein Fundament für den Backofen und eine Schmiedestelle erstellt, auf das schließlich die beiden Sockel aus Porphyrstein gemauert wurden. Dies alles nahm mehr Zeit in Anspruch als geplant und der „Ausstellungsbeginn" kam immer näher. Auf den Sockel wurde dann der eigentliche Ofen gebaut, dies von einem spezialisierten Südtiroler Ofenbauer. Obwohl wir den Ofen mit dem Ausstellungsarchitekten Fulvio Giorgi geplant hatten, kam eine Reihe von Überraschungen zu Tage, allein die Materialmenge der Isolierungsschicht schien ins Unvorstellbare zu gehen. Auch heute noch kann ich mir kaum erklären, wie viel Mörtel und Bruchstein in diesem Ofen stecken. Als wir ihn dann später zum ersten Mal in Betrieb nahmen, erwies er sich als überaus leistungsfähig und diente jeden Tag zur Versorgung der ganzen Mannschaft. Doch auch hier waren meine Kalkulationen, was das Brennmaterial anging, falsch. Der riesige Ofen, der ständig in Betrieb war, verbrauchte in den fünf Monaten einen „Wald" von Holz, das herbeigeschafft, kleingesägt und gehackt werden mussten. Und mehr als einmal waren die Köchinnen nicht mit der Qualität des Holzes einverstanden, da es den Geschmack des Essens veränderte.

Der Ofen war bei Ausstellungsbeginn nicht fertig, ihm fehlte noch ein Dach, das die Außenhaut vor Regen schützte. Dieses musste dann an den freien Montagen errichtet werden und diente später auch als Schutz der Köchinnen und des Brennholzes bei Regen. Im Ofen selbst wurde nach überlieferten Rezepten aus der Zeit um 1400 nahezu alles gebacken und gekocht. Lediglich Suppen und andere mit Wasser hergestellte Speisen, sowie die Erhitzung des Spülwassers wurde über einer ausgehobenen Erdgrube mit einem großen Kessel, der an einem Dreibein hing vorgenommen. Aber das Wasser im Kessel wollte nicht kochen, sondern blieb trotz bester Befeuerung immer lauwarm. Wir fanden den Fehler sehr schnell, doch hätte er bei besser Vorüberlegung vermieden werden können: Die Feuerstelle war zwar in der Erde, doch der Wind aus dem Sarntal blies unentwegt und kühlte den Kessel gleichermaßen ab, wie das Feuer ihn erwärmte. Daher musste eine neue Feuerstelle gebaut werden, die nach mehreren Versuchen auch funktioniert. Im Laufe des ersten Monats stellte sich heraus, dass unsere Bedürfnisse nicht mehr abgedeckt werden konnten, denn der Backofen war trotz seiner Größe dennoch zu klein für die täglichen Anforderungen. Da in den Ankündigungen zur Ausstellung das Mittagessen um 13.00 Uhr täglich eingeplant war, konnte dieser Programmpunkt zwar flexibel behandelt werden und sich um einige Minuten verschieben, doch unabhängig vom spielerischen Aspekt kostete es allen Akteuren viel Energie und das Mittagessen war eine wichtige Pause. Daher mussten wir auch Rezepte wählen und verändern, die unseren heutigen Essgewohnheiten nahe kamen, denn der Fettbedarf im Mittelalter war wesentlich höher und unser Organismus hätte diese Kost auf Dauer nicht vertragen.

Nachdem nun alles sich eingespielt hatte, nämlich: wöchentlichen Speiseplan erstellen (abhängig von der Anzahl der Akteure); Einkaufen; Lagern der Einkäufe; morgens noch vor Öffnung der Burg Feuer machen; Zubereitung der Speisen vor einem interessierten, ständig fragenden Publikum; Vorbereitung der Essenstafeln (im obersten Stock des Westpalas für die Burgherren und -frauen, zwei Stockwerke darunter für die Burgmannschaft); Transport des Essens dorthin, danach Abräumen und Spülen; nachdem dies nun jeden Tag, trotz ständiger Pannen, funktionierte und jeder sein Essen bekam, stellte sich heraus, dass es eine harte Arbeit war, die kaum noch Platz für's Rollenspiel übrig ließ. Auch die ständige Geduld aufzubringen, die vielen Fragen zu beantworten und dies so, dass man in seiner „mittelalterlichen" Rolle blieb und dies noch im Wechsel zwischen deutsch- und italienischsprachigen Besuchern, war eine alltägliche Herausforderung, die niemand so eingeplant hatte und bis an die Grenzen des Machbaren ging. Für mich war es eine persönlich intensive, aber auch wissenschaftlich interessante Erfahrung, denn ich habe mich in diesen Monaten nahezu ausschließlich von dieser „mittelalterlichen" Kost ernährt und neue Erkenntnisse über mich und auch die möglichen Lebensbedingungen um 1400 erhalten. Man bedenke allein die neuen Möglichkeiten, die sich ergeben, wenn kein Kaffee, Kakao, Cola, Tomaten, Mais, Truthahn und keine Kartoffeln vorhanden sind. Doch hierzu soll in einem anderen Beitrag ausführlicher berichtet werden.

IV. 27 Ratschläge von A-Z für AusstellungsmacherInnen

Ich sitze nun schon lange am PC und habe einige Seiten dieses Ergebniskapitels geschrieben, wieder gelöscht, erneut verfasst, doch das Ergebnis blieb immer unzureichend. Welche Ratschläge kann ich tatsächlich geben? Welche Ratschläge können dies sein, die unabhängig des Ausstellungstyps und auch unabhängig des Ausstellungsmachers tatsächlich gültig und hilfreich sind?

Ich entschied mich schließlich für die 27 Ratschläge von A-Z für AusstellungsmacherInnen. Mir ist klar, dass ich nur von meinen persönlichen Ansatzpunkten heraus argumentieren kann und hoffe, dass dem geneigten Leser dennoch das eine und andere weiterhilft. Daher sei hier ein Leitfaden gegeben, den ich mir aus vielem heraus selbst „gebastelt" habe und anhand dessen ich bisher persönlich und beruflich erfolgreich war.

A = Ausstellung. Allgemein verstehen wir unter einer Ausstellung eine Veranstaltung, die über den Stand und die Ergebnisse oft gewerblicher, aber auch künstlerischer, wissenschaftlicher u.a. Tätigkeit unterrichten soll. Der Sinn einer Ausstellung ist somit das „Vermitteln". AusstellungsmacherInnen sollten diesen Aspekt immer in beiden Augen behalten!

Ratschlag: Sei Dir immer bewusst, was und wie Du vermitteln willst!

Abb. 53 **A = Ausstellung:** Mit einer Ausstellung unterrichten kann auch durch Be-greifen geschehen. Hier begreifen Vorschulkinder eine nachgebaute Turnierlanze (Ende 14. Jahrhundert) auf der Ausstellung „Schloss Runkelstein – Die Bilderburg". Im Hintergrund ist eine geöffnete Vitrine zu sehen, worin sich ebenfalls Rekonstruktionen befanden (die anderen knapp 500 Ausstellungsobjekte waren Originale). Das Öffnen der Vitrine und das damit verbundene Anfassen der zuvor noch „heiligen" Gegenstände, war bei den Gästen immer wieder mit großem Staunen verbunden. Hinter der Vitrine ist vergrößert eine Sicht auf das Runkelsteiner Lanzenturnier (Turniersaal, Westpalas) zu sehen, fotografiert aus einem Stechhelm heraus.

B = Begabung. Viele AusstellungsmacherInnen verfügen über eine hohe Begabung, komplizierte Aspekte auf einfache Weise ihren Mitmenschen nahe zubringen. Doch: Begabung ist keine Leistung! Wer sich auf seinen Begabungen ausruht, dem fehlt nicht nur bald, sondern sofort der Blick für alle anderen Aspekte rund um eine Ausstellung.

Ratschlag: Erkenne Deine Begabung, mache sie zur selbstverständlichen Basis Deiner Leistung, trenne sie aber davon!

C = Computer. Computer sind in Ausstellungen unverzichtbar geworden! Stimmt dies? Viel zu oft werden in Ausstellungen Computer zur Visualisierung benutzt, stehen dann aber ungebraucht herum, weil sie entweder nicht funktionieren (kein Wartungspersonal, keine finanziellen Mittel während der Ausstellung, etc.), zu komplizierte Programme haben (von verspielten Computer-Freaks erstellt), oder weil das Publikum sie gar nicht will (Computer sind nur virtuell)! Oft sind gerade auch Touch-Screens vor allem am Abend ekelhaft schmutzig.

Ratschlag: Prüfe sorgfältig, ob Computer tatsächlich Dein Ausstellungsziel ermöglichen oder die Wege dorthin ergänzen können. Prüfe sorgfältig den finanziellen Aufwand mit allen Kosten, vor allem aber denen, die während der Ausstellung entstehen (Wartungspersonal, Reparaturen, etc.)!

D = Drei Sätze. Alles ist erklärbar in drei Sätzen. Ein Beispiel: (Satz 1) Ein Mann beauftragt einen anderen Mann eine Frau für ihn zu finden. (Satz 2) Nach einigen Abenteuern findet der Suchende endlich die Frau. (Satz 3) Die beiden verlieben sich aber ineinander und es kommt zur Tragödie. – Klingt wie die Geschichte eines Hollywood-Films und könnte es auch sein, tatsächlich handelt es sich um die Drei-Sätze-Version von „Tristan und Isolde". Auf diese drei Sätze aufbauend kann man die gesamte Geschichte erzählen.

Ratschlag: Fasse Deine Ausstellung immer in „Drei Sätze". Bevor Du das selbst nicht kannst, wird auch niemand Deine Ausstellung verstehen können.

Abb. 54 **D = Drei Sätze:** Eine der beiden auf Schloss Runkelstein (Bozen/ Südtirol) von dem Münchner Schreiber Heinz Sentlinger im letzten Jahrzehnt des 14. Jahrhunderts geschriebenen, von dem reichen Bozner Kaufmann, Finanzgenie und Kunstmäzen Niklaus Vintler beauftragten,

Weltchroniken. Hier ein Foto der Weltchronik, innerhalb einer Spezialvitrine, in einer großen als Buch gebauten Installation bei der Ausstellung „Schloss Runkelstein – Die Bilderburg" vom 19. April 2000 bis zum 31. Oktober 2000 in Raum 3 des Ostpalas von Schloss Runkelstein! Die Weltchronik spiegelt sich dreimal in den Vitrinengläser und zeigt die aufgeschlagene Seite, die den Beginn der sogenannten „new eh" darstellt, d.h. mit der Darstellung des „Neuen Testamentes" und dies in deutscher Sprache, also lange Zeit vor der berühmten Bibelübersetzung Martin Luthers, der ja unlängst in einer deutsch-amerikanischen, von er evangelischen Kirche geförderten Kino-Film wieder neue, wenn auch ... PS: Drei Sätze können sehr lang sein, was aber nicht der Sinn des „Drei-Sätze" – Ratschlages ist. In der Kürze liegt das Geheimnis!

E = Erfolg. Erfolg ist zunächst einmal das, was er-folgt, d.h. die Folge des Gemachten und somit ein neutraler Begriff. Erfolg ist daher immer das Ergebnis einer Leistung, wie auch immer diese aussah! Die Definition von Erfolg sollte also ebenso neutral und so wenig emotional wie möglich er-folgen. Die Herausforderung hierbei ist, auch den positiven Erfolg als solchen wahrzunehmen, ohne dabei selbstgefällig zu werden. Die Eröffnung einer Ausstellung ist dabei nur ein Zwischen-Erfolg. Erst nach Abschluss der Ausstellung, erst nachdem auch das letzte Objekt wieder heil an seinem ursprünglichen Platz ist und alle anderen Arbeiten abgeschlossen sind, kann eine Erfolgsanalyse er-folgen. Der Erfolg einer Ausstellung gehört auch den Mitarbeitern, die leider oft – vor allem in Presseberichten – vergessen werden.

Ratschlag: Analysiere Deine Erfolge anhand von Zwischenerfolgen und sei auch positiv kritisch mit Dir! Genieße den Erfolg mit den MitarbeiterInnen und feiere ein Abschlussfest!

F = Führung. Die Führung einer Ausstellung ist nicht allein die Führung durch selbige, sondern vor allem die Führung der MitarbeiterInnen. Oft haben AusstellungsmacherInnen keinen täglichen Kontakt mit Angestellten und MitarbeiterInnen, oft mit der Ausrede, man habe keine Zeit. Doch gibt es nichts Wichtigeres: Ausstellungen werden von Menschen für Menschen gemacht, mit dem Ziel der Vermittlung. Mit der Führung des Teams steigt und fällt die Qualität der Ausstellung und damit auch des positiven Erfolges.

Ratschlag: Besuche regelmäßig Kurse, in denen Du lernst und verbesserst, wie Mitarbeiter zu führen sind. Entwickle, aufbauend auf Deinen Begabungen, eigene Wege!

G = Gast. „Der Gast ist König" heißt es! Dem ist nur dann zuzustimmen, wenn der Gast sich auch als König benimmt. Viele Gäste (=

Besucher) verhalten sich jedoch ganz und gar nicht so. Wie soll man mit ihnen umgehen? Da dies oft dem Ausstellungspersonal (Kasse, Wachdienst, FührerInnen) selbst überlassen wird, entstehen regelmäßig unschöne bis peinliche Situationen, die nicht zu einer gelungenen Ausstellung gehören. Es gibt kaum einen anderen Weg als diesen: Bei schwierigen Gästen muss immer die AusstellungsmacherIn oder eine Vertretung derselben persönlich reagieren! Nur diese Person kann aufgrund ihrer Autorität entsprechend reagieren und auch den schlimmsten Gast zum König werden lassen!

Ratschlag: Behandle den Gast immer wie einen König bzw. eine Königin! Sollte trotz aller Bemühungen kein Verständnis kommen, dann mache von Deinem Hausrecht gebrauch und wirf den Un-Gast hinaus. Besser einen uneinsichtigen Gast verprellen als viele „KönigInnen" beschämen!

Abb. 55   **G = Gast:** Die Friedensnobelpreisträgerin Rigoberta Menchù bei ihrem Besuch am 10. Juni 2000 auf Schloss Runkelstein (Bozen / Südtirol). Sie wurde wie alle BesucherInnen im Jahre 2000 mit Wasser und Brot am Burgtor begrüßt und war als Gast eine humorvolle Königin.

H = Humor. Eigentlich bedeutet der aus dem lateinischen stammende Begriff Humor „Feuchtigkeit"! Tatsächlich sind viele Ausstellungen „trocken"! Man muss nicht lachen bis einem die (feuchten) Tränen kommen, doch es schadet nicht, das eine und andere heitere Lächeln zu erzeugen. Dies gilt natürlich nicht für Themen und Orte, die es von sich aus verbieten. Humor darf niemals unter die Gürtellinie rutschen, obgleich dort die meisten Witze angesiedelt sind. Humor muss menschlich bleiben, mit all seinen Schwächen und Stil haben. Eleganter Humor in einer Ausstellung ist dabei eine Stärke. In einer seriösen Ausstellung zum Kloster St. Gallen war auf den Rekonstruktionszeichnungen des frühmittelalterlichen Klosterplans ganz klein ein Mönchlein zu sehen, das mit einer Bohrmaschine ein Loch in die Zellenwand bohrte und am Bett stand das aufzuhängende Gemälde: Die Mona Lisa!

Ratschlag: Sei als AusstellungsmacherIn nicht so „bierernst", sondern menschlich-humorvoll!

I = Idee. Idee kommt aus dem Griechischen und bedeutet Gestalt bzw. Bild. Das heißt, dass eine Idee eigentlich nichts Theoretisches und Abstraktes ist, sondern etwas Praktisches und Konkretes! Ideen werden aufgeschrieben, doch selten illustriert. AusstellungsmacherInnen müssen die Fähigkeit haben, ihre Ideen auch graphisch umzusetzen. Dies muss nicht auf einem hohen Niveau geschehen, denn sonst würden die Graphiker und Ausstellungsarchitekten ja arbeitslos werden, doch ein Mindestmaß an graphischem Handwerk sollte jede AusstellungsmacherIn von sich verlangen!

Ratschlag: Besuche einen Zeichenkurs und lerne Deine Ideen auch graphisch umzusetzen, damit andere sie besser verstehen. Auf Deinem Nachttisch soll immer ein kleiner Skizzenblock mit einem Stift sein, denn die besten Ideen kommen ja am frühen Morgen oder beim Aufstehen in der Nacht. Schreibe diese Ideen sofort auf und skizziere ein Bild dazu!

Abb. 56 **I = Idee:** Immer etwas zum schreiben bei der Hand... Hier ein Ausstellungsmacher als mittelalterlicher Schreiber (Heinz Sentlinger darstellend; siehe hierzu die Bildunterschrift zu „Drei Sätze") während einer Rahmenveranstaltung auf Schloss Runkelstein (Bozen/Südtirol).

J = Josephsehe. Ein kompliziertes Thema, das nie angesprochen wird, weil es vielleicht nicht angesprochen werden darf. Während der intensiven Arbeit bei Ausstellungen kommen sich die Geschlechter oft nicht nur zeitlich sehr nahe. Doch hier gilt, trotz aller möglichen Zuneigung, das Prinzip der Josephsehe zu beherzigen, d.h. partnerschaftlich zu sein, doch nicht darüber hinaus zu gehen und den Gürtel zu lockern. Hier gibt es kein Wenn und Aber!

Ratschlag: Eine AusstellungsmacherIn hat MitarbeiterInnen zu führen, nicht zu verführen!

K = Kritik. Wie oft hört man den Satz: „Also ich hätte das anders gemacht!" Eine Ausstellung ist immer eine Interpretation! Natürlich würde ein anderer es anders machen. Und meist sind die schlechtesten Kritiker, die aus den eigenen Reihen. Dieter Hallervorden soll als Kabarettist einmal gesagt haben: „Kritiker sind wie Haremswächter: sie wissen wie es geht, können es aber nicht!" Der beste Kritiker ist man daher selbst, doch die Selbstkritik soll nicht überhand nehmen und zum Selbstzweifel führen.

Ratschlag: Nimm Kritik immer an, doch nicht jede soll Dich berühren! Suche Dir eine Person, die Du schätzt und die Dich als MentorIn frei kritisieren kann. Sprich mit dieser Person die Möglichkeiten der Kritik ab und arbeite an Deiner Selbstkritik! Genieße positive Kritik!

L = Liebe. Dieser Aspekt mag zunächst verwirren, doch ist er der entscheidende und beinhaltet alles andere. Ohne Liebe funktioniert gar nichts. So trivial diese Aussage auch klingen mag, so selten wird sie jedoch in die Tat umgesetzt und ist tatsächliche Basis des eigenen Denken und Handelns. Liebe ist vielleicht der Sinn des Lebens, auf jeden Fall aber die Verbindung zwischen mir und allem Anderen. Je intensiver diese Verbindung ist, desto höher ist meine Freude und mein Lebensglück aus dem heraus auch eine überzeugende Tat wie eine Ausstellung mit echten Aussagewerten entstehen kann. Fehlt mir z. B. zum Thema einer Ausstellung die rechte Liebe, wird ein schlechtes Produkt entstehen, das wiederum von den Besuchern nicht angenommen wird. Die Liebe muss in den Details entstehen, denn nur so kann ein Ganzes werden.

Ratschlag: Liebe! Mache Dir Gedanken über die Liebe und betrachte vor allem die unangenehmen Aufgaben aus dem Standpunkt der Liebe heraus!

Abb. 57 **L = Liebe:** Für die Winterausstellung 2000/2001 auf Schloss Runkelstein (Bozen/Südtirol) namens „Adventus" schmückten wir einen Tannenbaum nach Südtiroler Tradition. Somit kamen nur Gebäck und Äpfel an den Baum. Die Äpfel stammten von einem alten Baum bei Jenesien (bei Bozen) und hingen dort noch Ende November, als wir sie pflückten.

Diese Apfelsorte war nicht mehr „in Mode", sondern durch die modernen Hochglanz-Äpfel in einen Dornröschenschlaf verfallen. Das Gebäck machte einer unserer treuesten Sponsoren, die Bozner „Franziskaner Bäckerei", nach einem traditionellen Rezept. Mit der Liebe zu diesen Details konnten wir die Herzen der Gäste erreichen! Heute findet man in Südtirol wieder viele Christbäume so geschmückt!

M = MitarbeiterInnen. Ohne MitarbeiterInnen geht gar nichts. Viele AusstellungsmacherInnen denken, dass sie das ein und alles einer Ausstellung sind, benehmen sich oft wie die berüchtigten „Primadonnen" und zeigen ein mimosenhaftes Verhalten, das mit Professionalität nichts zu tun hat. Zum wiederholten Mal der Hinweis: Eine Ausstellung soll in erster Linie andere unterrichten! Wer daraus eine One-Man (Woman)-Show macht, sollte besser Schauspieler werden oder als Clown im Zirkus auftreten!

Ratschlag: Bleibe im Hintergrund und spiele Dich nicht auf! Trete in den Vordergrund, wenn es gilt Verantwortung zu zeigen! Erhöhe Deine MitarbeiterInnen und nicht Dich selbst!

Abb. 58 **M = Mitarbeiter:** Der Ausstellungsmacher bleibt im Hintergrund! So auch hier, am 19. April 2000, bei der Wiederöffnung von Schloss Runkelstein (Bozen/Südtirol).

N = Nerven. Der Countdown hat begonnen: Das Eröffnungsdatum einer Ausstellung wurde bestimmt. Damit hat auch ein „Nervenkrieg" aller Beteiligten begonnen. Am schlimmsten ist es, wenn die Eröffnung noch Jahre vor einem steht, denn dann ist das Ziel nicht genau anvisierbar und oft lässt die Ausrede „Wir haben ja noch Zeit" wichtige Planungen unausgeführt, bzw. es wird gar keine Planung entwickelt. AusstellungsmacherInnen müssen Zeit-ManagerInnen sein, daran führt kein Weg vorbei. Hierzu hilft das Tagebuch (siehe dort!). Schlamperei ist oft nichts anderes, als das Verschieben von Verantwortung, verbunden mit einer Reihe von Ausflüchten. Wie viele Ausstellungen wurden nicht rechtzeitig eröffnet und immer wieder verschoben. Das geht nicht, denn das kostet alles Geld und ist unprofessionell! Es sind die Nerven, die sich auf einem ständigen Grenzgang zwischen Adrenalin und Erschöpfung befinden, die Angst vor der Eröffnung. Je mehr einem die eigenen Nerven zu schaffen machen, desto mehr muss man sich von ihnen trennen! Der beste Weg hierfür ist Sport zu machen: Wer kann, sollte jeden Tag am besten allein joggen oder sich zumindest eine halbe Stunde an der freien Luft bewegen. Diese Zeit ist sinnvoll investiert und stärkt die Nerven!

Ratschlag: Auch wenn die Nerven blank liegen: die Eröffnung einer Ausstellung wird nicht verschoben!

O = Office. Eine Ausstellung ist offiziell und das Office, das Ausstellungsbüro, sollte einen offiziellen Charakter haben. Was heißt das? Das Chaos des Kreativen ist nur eine Ausrede! Ein ordentlich geführtes Ausstellungsbüro ist auch äußerlich als solches zu erkennen. Wer anders denkt, macht sich nur etwas vor und sollte einmal das Gegenteil ausprobieren. Gerade wenn viele mails, Faxe, Briefe, Telefonate eingehen, müssen diese auch ebenso rasch und übersichtlich greifbar sein und verwaltet werden. Ein Telefon lässt man z. B. nur zweimal klingeln, danach geht man ran, ansonsten muss spätestens beim fünften Läuten ein Anrufbeantworter aktiviert sein. Mails etc. werden spätestens am nächsten Arbeitstag beantwortet. Was länger liegen bleibt, ist meist schon über Bord gegangen!

Ratschlag: Ordnung ist das ganze Ausstellungsleben! Gehe zu Deinem Büro und mache jetzt Ordnung, wirf alles Unwichtige weg und räume Deinen Schreibtisch selber auf!

P = Probleme. Der Begriff „Problem" ist an sich problematisch und verhindert Probleme zu lösen, denn er hat den Beigeschmack des Schwierigen und Unlösbaren, und ist mit einer eher negativen Grundhaltung verbunden. Natürlich gibt es auch „Probleme" und der berühmte Satz „Houston, wir haben ein Problem!" veranschaulicht die Dimension dieser „Probleme", doch ist es nicht besser, von einer „Herausforderung" zu denken, zu sprechen und zu handeln? Die Möglichkeit zu den „Kulturschaffenden" zu gehören, ist ein Luxus, der mit dem Aufwachsen und Leben in den sogenannten „zivilisierten Teilen" Mitteleuropas zusammenhängt. Eine Ausstellung zu kreieren ist nur dann möglich, wenn es eigentlich keine lebenswichtigen Probleme gibt. Daher kann es innerhalb dieser Kultur-schaffenden Tätigkeit keine wirklichen Probleme geben, sondern nur Herausforderungen. Eine Herausforderung hat etwas Spielerisches in sich, die Lust auf das Lösen von etwas Unbekanntem. Wer Kreuzworträtsel macht, wird schwerlich behaupten, er habe ein Problem, wenn ihm ein Wort nicht gelingt, sondern er wird solange probieren und seine Zeit einsetzen, bis er die Lösung hat, durch Probieren, Fehlschlagen, Probieren. Ähnlich geht man mit dem um, was sich oft als „Problem" darstellt: man agiert spielerisch, fühlt sich herausgefordert und wächst dadurch.

Ratschlag: Es gibt keine Probleme, sondern nur Herausforderungen!

Qu = Quadratur des Kreises. Viele AusstellungsmacherInnen wollen (und müssen) oft etwas Neues, noch nie da Gewesenes bringen. Das führt bisweilen zu den peinlichen „Ergebnissen", dass man das Rad neu erfunden habe oder imstande sei, die Quadratur des Kreises beschreiben zu können. Nochmals: Ausstellungen sollen vermitteln. Das Thema ist eine Sache, darf aber nie die Vermittlung beeinträchtigen.

Ratschlag: Versuche nicht die „Quadratur des Kreises", sondern vermittle diese!

R = Reinigung. Früh am Morgen oder noch spät in der Nacht, jedenfalls dann, wenn die Ausstellung für die Gäste geschlossen ist, wird sie vom Reinigungsteam mit neuem Leben gefüllt. Und dies jeden Tag! Viele AusstellungsmacherInnen kennen diese Uhrzeit nicht und kennen oft auch das Reinigungsteam nicht. Meistens sind es Putzfrauen und die wollen auch als solche benannt werden. Als AusstellungsmacherIn muss man nach der Eröffnung anfangs täglich beim Putzen mit dabei sein, später dann mindestens einmal im Monat! Warum? Weil es nichts Schlimmeres gibt als schmutzige Vitrinen! Man stelle sich die „Mona Lisa" hinter einer Patina von getrockneten Ausdünstungen vor! Und Vitrinen putzen zu können ist eine große Kunst, allein die verschiedenen Glasreinigungsmittel zu kennen und optimal einzusetzen, erfordert viel Erfahrung. Man nehme daher die besten Putzfrauen und -männer und halte auch inhaltlich einen sehr guten Kontakt mit ihnen. Je besser das Reinigungsteam die Ausstellung kennt und sich mit den einzelnen Bereichen auch inhaltlich identifizieren kann, desto erfolgreicher ist die Ausstellung. Auch Schäden und andere „Un-auffälligkeiten" entgehen diesem Team nicht, meistens wird es aber nicht gefragt!

Ratschlag: Putze Deine Ausstellung am Anfang selbst und zeige dem Reinigungsteam worauf es ankommt!

S = Sponsoren. Ohne Sponsoren gibt es kaum noch Ausstellungen. Das heißt, man muss von den klassischen Staubsauger-Vertretern lernen! Was überzeugt einen Sponsor? Die Ausstellung an sich, die zu erwartende Besucherzahl, die Werbeflächen? All dies sind sicherlich Kriterien für den Sponsor, doch tatsächlich überzeugt ihn das Auftreten der AusstellungsmacherIn, der lernen muss, seinen Staubsauger richtig verkaufen zu können. Wie das geht? Am besten beim Bäcker morgens anfangen und fragen, ob er denn nicht die neue Ausstellung sponsern möchte, indem er die Vernissage mit Leckerbissen ausgestaltet. Der Bäcker wird dann schon einige Fragen stellen. Kann man diese in drei Sätzen (siehe „Drei Sätze") beantworten, wird es auch gelingen, scheinbar schwierige Sponsoren zu überzeugen.

Ratschlag: Wer seinen Bäcker überzeugt, gewinnt jeden Sponsor!

T = Tagebuch. Gemeint ist nicht das „Mein liebes Tagebuch" schreiben mit dem Anhäufen von Sorgen und Leiden, sondern der tägliche Bericht über die ausgeführten Arbeiten und die für den nächsten Tag anstehenden Aufgaben. Hierbei sollte auch das Wetter (Siehe Wetter) nicht vergessen werden! Die täglichen Eintragungen müssen dann in einem Wochenbericht zusammengefasst werden, die Wochenberichte in einem Monatsbericht, die Monatsberichte in einem Jahresbericht. All dies kann mit Hilfe von drei Sätzen (Siehe Drei Sätze) aufgebaut werden und man muss sich jeden Tag ca. 30 Minuten Zeit dafür nehmen. Das sind in der Woche minimal 150 Minuten, maximal 210 Minuten, im Monat minimal 600 Minuten, maximal 840 Minuten und im Jahr minimal 120 Stunden und maximal 168 Stunden. Man hat dann am Ende eines solch detaillierten Jahresberichtes ca. 12 Arbeitstage (bei minimal) bzw. fast 17 Arbeitstage (bei maximal) investiert, vorausgesetzt, dass der durchschnittliche Arbeitstag einer AusstellungsmacherIn 10 Stunden beträgt. Dies mag viel erscheinen, aber jeder soll sich die Stunden und Wochen ausrechnen, die er mit dem Suchen und falschen Koordinieren etc. verliert! Man kann es auch so sehen: Täglich 30 Minuten Tagebuch schreiben bringen zwei Wochen Urlaub!

Ratschlag: Schreibe täglich 30 Minuten Tagebuch, formuliere darin abschließend die bewältigten Tagesherausforderungen und Du hast viel mehr Zeit in deinem Leben außerhalb der Ausstellung!

U = Urin. An nahezu jedem öffentlichen Ort ist die wohl meistgestellte Frage nicht nach den Inhalten, sondern nach jenem kleinen öffentlichen Ort (auf lateinisch „locus"). Wird diese Frage täglich mehrere dutzend Male gestellt, dann bildet diese eine Herausforderung an die Geduld aller MitarbeiterInnen. Auf Schloss Runkelstein befindet sich dieser „Locus publicus" im Bereich der „Alten Küche", zu der man hinter dem berühmten Runkelsteiner Feigenbaum Eintritt hat. Eines Tages fragte mich ein Junge, wo denn dieser Ort sei und ich antwortete ihm „Hinter dem Feigenbaum!". Der Junge bedankte sich, ich ging weiter, doch irgendetwas am Blick des Knaben war mir seltsam vorgekommen. Nach einigen Schritten drehte ich mich um, blickte in den Burghof und sah den Jungen hinter dem Feigenbaum stehen, sichtbar sich erleichternd. Ab diesem Zeitpunkt musste es als Antwort auf die meistgestellt Frage also heißen: „Die Toiletten befinden sich hinter der Tür beim Feigenbaum auf der linken Seite!" Übrigens: Kein noch so großes Schild und keine noch so gute Wegbeschreibung können diese Antwort ersetzen. Es scheint, dass wir Menschen im Fall dieses Bedürfnisses nicht mehr lesen können!

Ratschlag: Sei Dir bewusst, dass die Toiletten-Frage, die meistgestellte in und um Deine Ausstellung ist. Je mehr Gäste, desto häufiger wird sie gestellt! Achte darauf, dass die Toiletten zu allen (!!!) Ausstellungszeiten, besonders aber am Nachmittag und Abend in einwandfreiem Zustand sind! Eine schmutzige Toilette macht mehr Eindruck und hinterlässt mehr Nachdruck als das wertvollste ausgestellte Objekt!

V = Vernissage. Die Vernissage ist der Schlussfirnis, der an einem Gemälde angebracht wird, bevor es zur öffentlichen „Ausstellung" kommt. Klaus Bartels hat hierzu seine 1996 bei der Wissenschaftlichen Buchgesellschaft Darmstadt als Sonderausgabe verfassten 77 Wortgeschichten betitelt: Wie Berenike auf die Vernissage kam! Ein Muss für jede AusstellungsmacherIn zumindest die Wortgeschichte „Vernissage" zu kennen, am besten ist es, sie auswendig zu lernen: viele „Vernissagen" werden dann anders aussehen! Was ist wichtig bei einer Vernissage? Die Anzahl der Kaviar-Schnittchen? Meist ist es doch falscher Kaviar! Die Qualität des Sektes? Geht man eigentlich zu einer Vernissage, um sich satt zu essen und zu betrinken? Es scheint so! Vor allem die ersten Reihen (meist sondergeladene sogenannte VIPs) stürzen sich sofort auf das Bankett und tun so, als ob die Fastenzeit gerade geendet hat. Das hat nichts mit der Qualität einer Ausstellung zu tun. Doch eine Gruppe von

Menschen muss immer gut zu essen und trinken bekommen: die Journalisten.

Ratschlag: Eine Vernissage ist keine Bacchiale, doch die Medienvertreter müssen satt werden!

Abb. 59 **V = Vernissage:** Noch mit Luft gefüllte halbvolle Gläser vor einer Vernissage auf Schloss Runkelstein (Bozen/Südtirol). Was in sie schließlich gefüllt wird, ist eine Kostenfrage! Außer den Medienvertretern achten die wenigsten Eingeladenen tatsächlich darauf: Hauptsache, es ist etwas drin!

W = Wetter. Eine AusstellungsmacherIn muss jeden Tag sowohl das internationale Wetter, das Europawetter und dessen Prognosen, als auch die lokale Situation und deren Vorhersagen sehr gut kennen. Das fängt schon beim An- und Abtransport von Objekten an und der damit verbundene Entscheidung, ob ein klimatisierter Transport nötig ist oder nicht. So war einmal in Venedig ein Schneesturm und in Bozen gleichzeitig frühlingshaftes Wetter, so dass der Transport mit Klimakisten nicht ausgereicht hätte, sondern ein klimatisierter Spezial LKW zum Einsatz kommen musste. Die Kosten hierfür trägt in der Regel eine gut abgeschlossene Ausstellungsversicherung. Auch Besucherströme hängen vom Wetter ab: das berühmte Ausstellungswetter ist am besten ein leichter Nieselregen mit hellem nebligem Himmel. Ein „Kaiserwetter" wie im Sommer 2003 drängt selbst die bestgewilltesten Gäste an andere Orte! Daher muss das Wetter der Freund der AusstellungsmacherIn sein, denn mit der Kenntnis über dessen Veränderungen kann man spontan reagieren und Rahmenveranstaltungen entsprechend gestalten.

Ratschlag: Speichere in Deinem Handy, im Festnetztelefon und auf den Favoritenseiten des Internets den internationalen, europäischen und lokalen Wettervorhersagedienst ein und gib diesen Nummern die Kurzwahlnummern bzw. Prioritäten eins, zwei und drei!

X = Xanthippe. Xanthippe, die Frau des Sokrates ist zum klassischen Typ der zanksüchtigen, streitbaren Ehefrau geworden. Sprach Sokrates zu Hause zuviel von seiner Arbeit? AusstellungsmacherInnen müssen sich mit Ihrer Arbeit identifizieren und verbringen oft mehr als die Hälfte ihres Tages mit und in der Ausstellung. Zieht man dann noch mindestens sechs Stunden Schlaf, mindestens eine Stunde Toilettengänge und Körperpflege und mindestens eine Stunde Nahrungsaufnahme ab, dann bleiben nur noch ca. drei Stunden für den Lebenspartner bzw. die Familie, wobei Fernsehen, Zeitung lesen, Behördengänge, kurz das viele kleine Alltägliche noch nicht einkalkuliert sind. Wenn diese wenige freie Zeit für die allernächsten dann noch mit dem Erzählen über die eigene Arbeit ausgefüllt werden, dann entwickelt sich langsam ein menschliches Monster, das seine Professionalität nicht im Privaten einsetzt: Alles dreht sich nur noch um die Ausstellung! Wer ist dann am Ende eine Xanthippe?

Ratschlag: Arbeite professionell und zeitökonomisch und nutze die daraus entstehende freie Zeit mit denen, die Du liebst, aber sprich mit Ihnen nicht über Deine Ausstellung, sondern zeige sie Ihnen am Tag nach der Eröffnung!

Y = Y. In der Mathematik ist „Y" ein Zeichen für eine unbekannte oder variable Größe. Auch in der besten Planung geschieht es jeden Tag, dass das Unbekannte an die Tür klopft. Gerade deshalb muss hierfür immer Platz sein: das „Y" muss einen eigenen Kleiderhaken bekommen, einen eigenen leeren Teller und man muss immer damit rechnen, dass es dann kommt, wenn man es nicht braucht. Lädt man es aber ein und ist vorbereitet, dann ist es ein willkommener Gast, der jederzeit Einlass findet und wie ein König behandelt wird. Und ein als König behandeltes „Y" bringt Geschenke, viele davon versteht man anfangs nicht. Doch man soll all diese Geschenke annehmen und sie im Tagebuch notieren. Dort müsste jeden Tag ein „Y" Geschenk vermerkt sein. Mein schönstes „Y" war einmal eine wilde weiße Taube, die neben mir landete und dort lange Zeit blieb. Sie war dann nahezu jeden Tag in meiner Nähe und verschwand bei Ausstellungsende wieder. Ich erinnere mich gerne an die Gespräche mit ihr.

Ratschlag: Schätze das Unerwartete als ein Geschenk und sei froh darüber!

Z = Zweifel. „Ist der Zweifel dem Herzen nachgeboren, dann muss es der Seele sauer werden." So beginnt Wolfram von Eschenbach seinen „Parzival". Damit ist gemeint, dass Entscheidungen vom Herzen aus gehen müssen und erst die nachher auftauchenden Zweifel einen verrückt machen. Selbstzweifel ist wichtig, Fremdzweifel auch, doch noch wichtiger ist der Instinkt für die Richtigkeit des eigenen Weges!

Ratschlag: Gehe Deinen Weg, auch wenn es viele Zweifel gibt. Die Zweifler können Deinen Weg nicht besser machen, sie machen Dich nur verrückt! Und vergiss niemals: Vergangenheit ist vergangen, Geschichte ist nur unsere Interpretation der Vergangenheit! Und eine Ausstellung ist nur das subjektive Unterrichten über etwas Vergangenes!

Letzter Ratschlag: Lies all diese Ratschläge und verwirf sie dann. Glaube ihnen nicht und beherzige sie nicht, bevor Du nicht Deine eigene Liste von A-Z gemacht hast. Danach kannst Du beurteilen, ob diese Ratschläge Dir etwas bringen. Dieser Rat gilt natürlich nicht für einen selbst!! Oder doch? Viel Erfolg!

V. Epilog

Eintrag im Tagebuch des Schreibers Heinz Sentlinger, ohne Actum und Ausstellungsdatum, letzte Seite: „... ad terram incognitam!"

Besucherorientierung durch Besucherforschung
Von Hermann Schäfer

I. Trend des 21. Jahrhunderts: Besucherorientierung von Ausstellungen

1. Der Besucher – die Unbekannte?

Ausstellungsarbeit bewegt sich in einem „magischen Dreieck" zwischen Ausstellungskonzeption, Exponaten und Besuchern. Das Exponat spricht nicht für sich, es muss zum „Sprechen" gebracht werden, es ist in unterschiedlichen Ausstellungskonzeptionen unterschiedlich kontextualisierbar. Während die Konturen der beiden anderen Faktoren Schritt für Schritt mit jeder Ausstellung und der Entwicklung ihrer Konzeption deutlicher werden, bleiben die Kenntnisse über das Profil von Besuchern, ihren Wissensstand, ihre Interessen und generellen Erwartungen gegenüber den anderen Faktoren zurück. Der Besucher ist eher die Unbekannte. Die Zahl der Studien zur Besucherforschung ist seit den 1960er Jahren zwar deutlich angestiegen, doch ist ihre Menge im Vergleich zu vielen anderen Wissenschaften immer noch überschaubar.[1]

„Die Deutschen schauen die ganze Zeit in den Katalog, während sie durch die Säle gehen, und kaum auf die an den Wänden hängenden Originale, sie folgen dem Katalog und kriechen, während sie durch das Museum gehen, immer tiefer in den Katalog hinein." Woher aber weiß Thomas Bernhard dies und noch mehr: „Die Italiener mit ihrem angeborenen Kunstverstand treten immer auf, als wären sie die von Geburt Eingeweihten. Die Franzosen gehen eher gelangweilt durch das Museum, die Engländer tun so, als wüssten und kennten sie alles. Die Russen sind voll Bewunderung. Die Polen betrachten alles mit Hochmut."[2] Doch nur, weil die beiden Figuren seiner Komödie „Alte Meister", der Privatgelehrte Atzbacher und der Musikphilosoph Reger, tagelang im Museum auch die Besucher beobachteten. Ähnliches gilt für Georg Barthelmes, Aufseher

---

[1] Vgl. Miles, R.: Besucherforschung im europäischen Überblick, in: Haus der Geschichte der Bundesrepublik Deutschland (Hg.): Museumsfragen: Museen und ihre Besucher. Herausforderungen in der Zukunft, Berlin 1996, S. 38ff., hier S. 41f. und Screven, C. G. (Hg.): Visitor Studies Bibliography and abstracts, Shorewood 1993 und folgende Ausgaben, sowie die Publikationen der Visitor Studies Association in den Vereinigten Staaten unter http://www.visitorstudies.org/publicat.htm.

[2] Bernhard, T.: Alte Meister. Komödie, Frankfurt/M. 1985, S. 49f.

des Germanischen Nationalmuseums in Nürnberg, an dem Jahr für Jahr rund 220.000 Besucher aus aller Welt vorüberziehen: „Wenn ein Franke kommt, weiß ich: Der sucht das Germanische. Der Amerikaner sucht etwas aus dem Dritten Reich. Der Engländer kommt meist zu zweit, der Franzose mit Familie und der Japaner geht in Gruppen. Frauen suchen hier mehr das Häusliche, Textilien, Trachten oder Möbel. Wer die Ruhe sucht, kommt Sonntagsfrüh um 9.00."[3] Von einem der seit vielen Jahren international renommiertesten Ausstellungsgestalter, tätig in Häusern wie dem National Holocaust Memorial Museum oder dem Newseum in Washington, stammt das Diktum: „Besucher grasen wie Schafe durch die Ausstellungslandschaft. Man kann sich nicht darauf verlassen, dass sie systematisch lesen."[4]

Wer kennt die Besucher am besten? Ist es Thomas Bernhard, der Museumsaufseher, der Ausstellungsdesigner oder jener Museumskollege, der – so hörte ich es nicht selten – im Brustton absoluter Überzeugtheit feststellt: „Was meine Besucher erwarten, weiß ich am besten. Ich kenne sie!"

„Vielleicht wird man in nicht allzu ferner Zukunft rückblickend feststellen, dass nach der liberalen Zugänglichmachung der Museen Anfang des 19. Jahrhunderts und dem Bemühen um eine demokratische, programmatische Öffnung ihrer Objekt- und Wissensbestände für breite Bevölkerungsschichten nach der Jahrhundertwende, nunmehr an der Wende zum 21. Jahrhundert eine konsequent positive besucher- und nutzerorientierte Gestaltung in Angriff genommen worden ist", bemerkte Hans-Joachim Klein im November 1995 im Rahmen der ersten größeren international besetzten Veranstaltung in Kontinentaleuropa zum Thema „Besucherforschung in Museen und Ausstellungen". Er fügte hinzu: „Das Haus der Geschichte der Bundesrepublik Deutschland wird dann in vorderster Linie der Trendsetter genannt werden."[5]

2. Die Anfänge der Besucherforschung im „Haus der Geschichte" in Bonn

Wie kam es zur Besucherforschung in der Stiftung Haus der Geschichte der Bundesrepublik Deutschland? Den entscheidenden Impuls verdanke ich einer Begegnung mit Harris Shettel im Februar 1988. Ich hatte ihn

---

[3] Sager, P.: Alarmanlage auf zwei Beinen, in: Zeitmagazin 13/1981.
[4] Ralph Appelbaum zitiert nach Steinberg, C.: Gegen die schweren Füße, in: Die Zeit, 11.03.1994, S. 97.
[5] Klein, H.-J.: „Besucherforschung als Antwort auf neue Herausforderungen", in: Museumsfragen (Anm. 1), S. 73 f.

nach Bonn eingeladen, um ihm unsere erste eigene Werkstattausstellung „Notbehelfe. Zur Alltagsbewältigung in der Nachkriegszeit" vorzustellen. Seine klare Position, Positiva und Negativa unserer Ausstellung unzweideutig benennende interne Kritik beeindruckte uns ebenso wie seine konkreten Vorschläge zur Verbesserung. Wir waren fasziniert von Harris Shettels Privatissime zur Besucherforschung. Er machte uns nachdenklich und bereitete den Boden für unseren Weg zur besseren, konsequenten Einbeziehung der Besucherperspektive. Shettel entwickelte eine Liste der für den Erfolg von Ausstellungen entscheidenden Faktoren und zählte die Auswahl und Platzierung von Exponaten ebenso dazu wie Beleuchtung, die Einbeziehung bewegter Bilder, akustischer Geräusche, Graphiken oder Schaubilder. Ebenso nannte er das Interesse der Besucher für Inhalte, ob Texte beziehungsweise Beschriftungen verständlich und nachvollziehbar waren und ob eine Ausstellung geeignet war, die Aufmerksamkeit von Besuchern anzuziehen und zu fesseln. Die zentralen Begriffe seiner Philosophie der Besucherorientierung sind: „Attracting power, holding power und communication power".

Wenn es denn noch der weiteren Bestätigung unseres Weges beziehungsweise unserer Entscheidung für die Besucherforschung bedurft hätte – mit der von Hans-Joachim Klein in unserem Auftrag durchgeführten umfassenden Evaluierung einschließlich Besucherbeobachtung und -befragung unserer Ausstellung „1949 – Gründungsjahr der Bundesrepublik Deutschland" im Herbst 1989 erhielten wir sie beispielhaft konkret: Ein Ausstellungsbereich war dem Thema „Teilung Deutschlands" gewidmet, und selbstverständlich lag uns dieses Thema besonders am Herzen. Niemand – weder die Gremien der Stiftung, noch Presse oder Öffentlichkeit – nahm Anstoß an konzeptionellen Einzelheiten oder der Gestaltung dieser Ausstellung und erst recht nicht an diesem Teilbereich. Erst die systematische Beobachtung und Befragung der Besucher zeigte repräsentativ, dass rund 95 Prozent der Ausstellungsbesucher an der von uns so wichtig eingeschätzten Szene zur Teilung Deutschlands schlicht vorbeigingen und sich lediglich rund fünf Prozent ein wenig länger in dieser Ausstellungseinheit aufhielten und mit dem zu Grunde liegenden Thema auseinander setzten. Mit Sicherheit hatten wir hier etwas falsch gemacht.

Besucherforschung wurde mithin zum zentralen Mittel, um die beabsichtigte Besucherorientierung des Hauses der Geschichte in die Tat umzusetzen. Inzwischen haben wir Dutzende von Studien zur Besucherforschung durchgeführt. Sie dienten der Vorbereitung der Dauerausstellung, einzelnen Wechselausstellungen, der Vorbereitung des 1999 eröffneten Zeitgeschichtlichen Forums Leipzig der Stiftung Haus der Geschichte der

Bundesrepublik Deutschland und der permanenten Überarbeitung unserer Dauerausstellung in Bonn. Und sie helfen bei der Suche nach einer Antwort auf die immer neu zu stellende Frage, was Besucher bei einem Ausstellungsbesuch „lernen" können. Bei weitem nicht jede dieser Studien ist für die Veröffentlichung geeignet, sie fließen insgesamt in unsere Arbeit ein, machen sie erfolgreicher und schärfen – nicht zuletzt – das Bewusstsein aller Mitarbeiter, dass unsere Arbeit nicht „l'art pour l'art" ist, sondern immer unseren Besuchern, Nutzern und ihren „Grundrechten" dienen soll.

II. Übertragbare Erkenntnisse aus der Besucherforschung

Die vom Haus der Geschichte erhobenen Ergebnisse haben Wert nicht nur für die Fortentwicklungen der Stiftung. Sie können darüber hinaus wertvolle Hilfe für die „Macher" kleinerer Ausstellungen sein und Anregungen geben, auch andernorts Besucherforschung zu betreiben. Schließlich muss sie nicht immer kostspielig sein. Auch das Haus der Geschichte hat, neben der in Zusammenarbeit mit wissenschaftlichen Spezialisten erfolgten Forschung, interne Erhebungen durchgeführt.

Im Folgenden wird, in chronologischer Anordnung, ein Überblick über wichtige Ansätze der Besucherforschung des Hauses der Geschichte gegeben. Ausgegangen wird jeweils von der Fragestellung, die verfolgt wurde. Im Zentrum stehen die Hinweise auf übertragbare Ergebnisse. Exemplarisch wird am Haus der Geschichte gezeigt, inwieweit diese Studien halfen, effizienter, überzeugender und vor allem besucherorientiert, also erfolgreich zu arbeiten. In der Regel gebe ich die Ausstellung und den Verantwortlichen, mit dem wir zusammengearbeitet haben, in der Fußnote an.[6] Der Überblick macht sichtbar, dass Besucherforschung ganz unterschiedliche Funktionen erfüllen kann.

---

[6] Soweit keine diesbezüglichen Hinweise gegeben werden, wurden die Studien innerhalb unseres Hauses durchgeführt.

1. Beobachtung der Besucherwege, der Orientierung der Besucher im Raum, der Rezeption von Texten und Exponaten, der Aufenthaltszeiten vor den Ausstellungsstücken, die Beobachtung von „Attraction und Communication Power" (1988)[7]:

Die erste unserer Studien erbrachte folgende Ergebnisse:
- Exponate mit Verbindung zur alltäglichen Lebenswelt der Besucher und solche, die stärker emotional „besetzt" sind, bieten in wesentlich höherem Maß Gesprächsanlass.
- Die Idee eines „narrativen Ansatzes mit emotionalen Komponenten" wird bestärkt. Dabei geht es offensichtlich darum, eine Geschichte spannend zu erzählen. Dazu gehören eine klare Gliederung, ein konkreter Erzählstil, der Emotionen einbezieht, sowie eine möglichst klare und verständliche Ansprache der Zuhörer – in unserem Fall die Besucher einer Ausstellung.

2. Soziodemografische Daten, Besuchsmodalitäten, Rezeption von Ausstellungselementen (1988)[8]:

- Gruppenbesucher kommen in der Tendenz aus größeren Entfernungen als die nicht angemeldeten so genannten „Einzelbesucher".
- Die Bedeutung von Alltagsbezügen, die persönliche Erfahrungen von Besuchern als Anknüpfungspunkte nutzen, wird (erneut) unterstrichen.
- Ausstellungseinheiten, die über Text- und Bildtafeln hinausgehende Ausstellungsszenen beinhalten, werden von den Besuchern besser bewertet und stärker erinnert. Offensichtlich spielt hier die Aura des originalen Objekts eine starke Rolle, die noch unterstützt wird, wenn dieses Exponat durch eine klar strukturierte Ausstellungseinheit in einen größeren Zusammenhang eingeordnet wird. Übrigens wirken dreidimensionale Objekte stärker als „Flachware".

Überlegungen für Szenen, die erhöhte Aufmerksamkeit herstellen und Besucher zur weiteren Informationen einladen, wurden damit

---

[7] Werkstattausstellung: „Notbehelfe. Alltagsbewältigung in der Nachkriegszeit", (April 1988), Methode: ‚Visitor-tracking' durch standardisiertes Instrument bei 450 Besuchern.
[8] Werkstattausstellung „Medien vor 40 Jahren", (Kooperationsprojekt mit Prof. Dr. Hans-Joachim Klein, Oktober/November 1988) Befragung mit standardisiertem Fragebogen und Kurzinterview bei rund 400 Besuchern.

bestätigt. Dabei erweist sich dieser Effekt keineswegs als rein oberflächliche Faszination. Er spiegelt sich vielmehr auch in höheren Erinnerungsleistungen und einem als höher eingeschätzten Informationsgehalt wider. Zitat eines vergleichenden Besuchers: „Ich finde das eindrucksvoller, das bleibt haften."
- Bei den Fragen nach der Textrezeption werden die Beschränkung auf das Wesentliche, d. h. die Verwendung kurzer Texte sowie die besucherfreundliche Anordnung (zur Blickrichtung des Lesers hingeneigte Texttafeln) gelobt.

3. Analog-comparative Evaluation: Vergleich mehrer Ausstellungen zum selben Thema (1988):

Zeitgleich mit den beiden oben erwähnten Befragungen fand unter Federführung des Hauses der Geschichte eine vergleichende Evaluation mehrerer zeitgeschichtlicher Ausstellungen statt, die zu diesem Zeitpunkt in Bonn, Nürnberg und Frankfurt anlässlich des 40-jährigen Jubiläums der Bundesrepublik Deutschland präsentiert wurden. Dieses Projekt führte später zu dem von Hans-Joachim Klein verwendeten Begriff der „Analog-Comparativen Evaluation" (ACE).[9] Aus der breit angelegten Untersuchung einschließlich „Visitortracking" und „-interviewing" sind einige Erkenntnisse zu nennen:

a) Beobachtungsaspekt: Textinformation

Bezüglich der Textinformationen bewährten sich die semantische Optimierung von Texten und die klare Hierarchie von Textgruppen (Kleine und große Objekttexte und kleine und große Thementexte). Nicht nachvollziehbar ist es, wie – damals und heute – gerade bei der Textgestaltung in Form[10] und Inhalt[11] gegen primitivste Gebote der Besucherorientierung verstoßen wird, ja es geradezu an Fairness gegenüber breiten Besu-

---

[9] Vgl. Klein, H.-J.: Comparative Evaluation of Contemporary History Exhibits, in: Dan Thompson u.a.: Visitor Studies: Theory, Research and Praxis, Collected Papers from the 1992 Visitor Studies Conference, St. Louis, Missouri/USA, sowie Klein, H.-J.: Inszenierung an Museen und ihre Wirkung auf Besucher, in: Materialien aus dem Institut für Museumskunde 32, Berlin 1990.

[10] Block- oder Flattersatz, mit immer unnötigen, ja lästigen Worttrennungen über die Zeilen.

[11] Gemeint sind lange Sätze, Fremdwörter, das Anreißen komplexer Strukturen, ohne sie zu erklären, etc.

cherschichten fehlt. Dabei ist das Prinzip der semantischen Optimierung so einfach:[12]
- Es gilt, pro Zeile möglichst nur eine Sinneinheit und zwar verständlich zu formulieren.
- Alle Textformate müssen in ihrer Zeilenlänge leicht erfassbar gestaltet werden.
- Worttrennungen über den Zeilenumbruch müssen vermieden werden.

Im Hinblick auf unsere Ausstellungen weisen weiterhin kritische Anmerkungen zu Textgröße und Anbringung den Weg: Wir entschieden uns unter anderem für integrierte, schräg gestellte Textleisten.[13]

b) Beobachtungsaspekt: Besucherwege

In der Tendenz bewies die Analyse der Besucherwege Erwartungen zu eindeutiger, nicht zu häufig in beliebige Wege durch die Ausstellung mündende Besucherführung. Informationseinheiten, die zusätzlich zu den unterschiedlichen Texttafeln angebracht sind, führen zu einem Überangebot von Informationen („Information overload").

c) Beobachtungsaspekt: moderne Medien

Hier muss noch einmal auf das Jahr der vergleichenden Untersuchung hingewiesen werden: Wer in der zweiten Hälfte der 1980er Jahre die Forderung erhob, Museen und Ausstellungen müssten sich sehr viel stärker den neuen Medien öffnen, erntete in der Museumsszene überwiegend heftigen Widerspruch. Es dominierte eine irrationale Furcht, elektronische Medien würden die Aufmerksamkeit von den Originalen ablenken, obwohl amerikanische Erfahrungen schon Ende der 1980er Jahre etwas anderes zeigten: Bei einer Ausstellung im National Museum of American History in Washington[14] fand bei den Besuchern z. B. ein interaktives

---

[12] Um mich dazu zu bekehren, bedurfte es nur einer kurzen (wie die Amerikaner sagen „quick and dirty") Evaluation bei einer „Handvoll" Alltagsmenschen. Freilich kostet es Zeit, die – traditionell nicht besucherorientiert denkenden – Kuratoren selten investieren wollen.

[13] Vgl. Hutter, H. W./Dennert, D.: Von A wie Evaluation bis Z wie Grafik – Texterarbeitung im Haus der Geschichte der Bundesrepublik Deutschland, in: David, E./Schlesinger, R. (Hgg.). Texte in Museen und Ausstellungen. Ein Praxisleitfaden, Bielefeld 2002, S. 153ff.

[14] Der Bezugspunkt ist die temporäre Ausstellung mit dem Titel „Information Age – People, Information and Technology" des National Museum of American History in Washington. Man hatte dort bewusst eine Überfülle von AV-Medien eingesetzt. Mir ist keine Ausstellung bekannt, die bis dahin mehr

System, mit dessen Hilfe der deutsche Geheimcode aus dem Zweiten Weltkrieg dechiffriert beziehungsweise der eigene Name codiert werden konnte, besonderen Anklang. Eine andere Station bezog sich auf die amerikanische Volkszählung des Jahres 1890: Nachdem der Besucher zunächst persönliche biografische Daten wie Alter, Geschlecht, Bildung etc. eingegeben hatte, lieferte das System Informationen darüber, wie das Leben des Besuchers zur Zeit der Volkszählung 1890 vielleicht ausgesehen hätte.

Fazit: Je persönlicher ein interaktives System angelegt ist, desto größer ist die Akzeptanz und sein Erfolg.

Unsere eigenen Untersuchungen in der Ausstellung „1949" zeigten ebenfalls, dass eine integrierte Anwendung von Exponaten und – auch interaktiven – Medien zu höheren Verweilzeiten und offensichtlicher Anteilnahme führten. Den Medieneinsatz bewertete der überwiegende Teil der Nutzer als sinnvolles Zusatzangebot.[15]

Bezüglich des Einsatzes von Filmen wurde in den vergleichenden Untersuchungen mit anderen zeitgeschichtlichen Ausstellungen deutlich, dass kurze Filme mit Laufzeiten von ein bis höchstens drei Minuten hohe Resonanz und Zustimmung bei den Nutzern fanden. Längere Filme „nutzen" Besucher lieber sitzend. Wir führten darum „Stehhilfen" ein und bieten ganze Filme vollständig nur im Informationszentrum/Mediathek an.

---

[15] Medien nutzte. Sie war entsprechend teuer: Insgesamt wurden rund neun Millionen Dollar investiert und damit die am stärksten computer- und AV-orientierte Ausstellung geschaffen, die das „Smithsonian" jemals gezeigt hat.
Vgl. Schäfer, H.: Medien im Museum – besucherorientiert und interaktiv. Konzept des Hauses der Geschichte der Bundesrepublik Deutschland, in: Lehmann, R. G. (Hg.): Corporate Media. Handbuch der audiovisuellen und multimedialen Lösungen und Instrumente, Landsberg 1993, S. 181-192, sowie Müller, S.: Computer im Museum, in: GWU 47 (1996), S. 548-552. Im Gegensatz zu Müller, der Medien als „Hilfsmittel der Vermittlung" definiert, „die niemals die Originale zudecken oder gar ersetzen" könnten (S. 549), bin ich der Auffassung, dass es sich auch bei Film- und Tondokumenten um Originale handelt. Auch wenn diese Materialien – ähnlich wie Fotos – vervielfältigbar sind, so verlieren sie doch auf diese Weise nicht ihren originalen Charakter. Vgl. ferner: Serrell, B.: Are They Watching? Visitors and Videos in Exhibitions, in: Curator 45, Nr. 1, Januar 2002, S. 50ff.

4. Studien in „Werkstattausstellungen": Evaluierung von Elementen für die Dauerausstellung (1989)[16]

Getestet wurden konkrete Inszenierungen und Gestaltungen, bzw. Typen von Inszenierungen und Gestaltungen, die wir in der späteren Dauerausstellung aufgreifen wollten. Bevor wiederkehrende, die Dauerausstellung strukturierende Gestaltungselemente festgelegt werden, wurden Alternativen evaluiert. Dazu beobachteten wir wiederum Besucherwege, Aufenthaltszeiten, die Rezeption von Ausstellungselementen und Texten. Unser Augenmerk in dieser Evaluation galt vor allem Besucherreaktionen auf unseren – 1989 ebenfalls bahnbrechenden – Versuch, Exponate in Szene zu setzen:

- Besucher werden gebeten, die eindruckvollste Szenerie einer Ausstellung zu benennen.[17]
- Elemente, die in der Ausstellung wiederholt auftauchen, werden getestet, so die später in der Dauerausstellung eingesetzten symbolischen Trennelemente zwischen der Geschichte der Bundesrepublik und der historischen Entwicklung in der DDR.[18] (Vgl. hierzu auch die Hinweise unter 5.)
- Eine weitere Frage war die Gestaltung des Eingangsbereichs: Ein Ergebnis war, Funktions- und Ausstellungsbereiche sollten weder vermischt, noch inhaltlich überladen oder zu komplex angelegt werden. Die Evaluierungen bestätigten alle Hinweise für einen narrativen und affektiven Einstieg mit allmählicher Hinführung in die Ausstellungsthematik. (Vgl. hierzu ebenfalls die unter 5. dargestellte spätere Studie)
- Erprobt wurden Möglichkeiten einer chronologischen Strukturierung der Ausstellung. Der Versuch einer Strukturierung mit roten Säulen bewährte sich nicht. Ein neuer Ansatz musste entwickelt werden. Es entstand die Idee der so genannten Wahlplattformen. Bei „Wahlplattformen" handelt es sich um strukturierende und die Chronologie verdeutlichende Elemente. Sie geben in einheitlichem Design die Ergebnisse der alle vier Jahre stattfindenden

---

[16] Beobachtung an rund 300 Personen, Interviews mit rund 180 Personen (Kooperationsprojekt mit Prof. Dr. Hans-Joachim Klein, Oktober – Dezember 1989).
[17] Vom größten Teil der Besucher wurde als die eindruckvollste Szenerie der Ausstellung „1949" die „Lagersituation" der Nachkriegszeit genannt; in ähnlicher Anmutung haben wir sie in die spätere Dauerausstellung übernommen.
[18] Die konkrete Form wurde in späteren Evaluationen modifiziert.

Bundestagswahlen wieder und erleichtern so die zeitliche Orientierung innerhalb der Dauerausstellung.

5. „Prototypen" von Neuentwicklungen: Test in „Live"-Ausstellungssituationen (1989)[19]

Besucherforschung hatte hier die Aufgabe, die Entwicklung von strukturierenden Elementen einer Ausstellung zu unterstützen. Nach Besucherbeobachtungen und Interviews wird die erste Version (hier der Wahlplattformen) überarbeitet und sowohl in Hinsicht auf Strukturierung als auch Gestaltung und Exponateinsatz verbessert.

Bei den „Wahlplattformen" ging die Tendenz von einer eher artifiziellen zu einer mehr Exponat bezogenen Präsentation (Beispiel: Präsentation von Wahlkampfplakaten). In die Evaluierung einbezogen wurde die in den Wahlplattformen vorgesehene interaktive Bildschirmeinheit zu den Bundestagswahlen. Aufgrund dieser Erfahrungen wurde sowohl der von vielen Nutzern als „zu hektisch" empfundene ursprüngliche Trailer geändert und die gesamte Menüführung wesentlich nutzerfreundlicher und einfacher gestaltet. Erfreulicher zusätzlicher Aspekt dieser Untersuchung war, dass dann die weniger komplizierte, inhaltlich weniger verdichtete Variante des realisierten Medienangebots auch noch wesentlich kostengünstiger wurde.

6. Probeaufbauten: Test von „Prototypen" (1992/1993)[20]

---

[19] In den Räumen der Ausstellung „Fragen an die deutsche Geschichte" im Reichstag, wurde unsere „Wahlplattform" der Bundestagswahl 1969 getestet.

[20] Evaluiert wurden Probeaufbauten verschiedener Ausstellungsteile in Bonn und Berlin, darunter auch der Prototyp einer interaktiven Medienstation. Zur Anwendung kamen Besucherbeobachtung, standardisierte Kurzinterviews, Gruppendiskussionen mit Aufzeichnung und anschließender Auswertung, Einsatz von Cued Persons (Expertengespräche u.a. mit Dr. Bernhard Graf, Professor Dr. Hans-Joachim Klein, Professor Dr. Heiner Treinen, Harris Shettle, Professor Chandler Screven), mehrere hundert Einzelbeobachtungen an unterschiedlichen Standorten, acht Gruppendiskussionen mit anschließender Auswertung, rund 300 Datenprofile der Mediennutzung.
Im gleichen Zeitraum Aufbau und Evaluation in Experten-Gesprächen von Teilen der Dauerausstellung (als „Mock-ups") im Rohbau des Museumsgebäudes.
Evaluation einer interaktiven Medienstation und einer „Wahlplattform" in der Ausstellung „Fragen an die deutsche Geschichte" im Deutschen Reichstag (mit Prof. Dr. Hans-Joachim Klein und Dr. Bernhard Graf, Dezember 1992 – April 1993).

Dazu werden möglichst simple Probeaufbauten („mock ups") installiert. An drei Beispielen werden weitreichende Ergebnisse dargestellt.

a) Gestaltungselement: Innerdeutsche Grenze

Für alle Jahrzehnte sollte wiederkehrend ein Gestaltungselement zur Kennzeichnung der innerdeutschen Grenze genutzt werden. Aufgebaut wurde ein Teil der Ausstellung zu den Jahren 1945 bis 1949, der auch deshalb von besonderer Bedeutung war, weil hier zum ersten Mal der Besucherweg – entsprechend den historischen Realitäten der Spaltung Deutschlands, sich in einen Ost- (SBZ beziehungsweise DDR) und einen Westweg (Bundesrepublik) gabeln sollten. Überraschend war zunächst, dass der Ausstellungsteil zur Bundesrepublik (Zeit der Währungsreform und des Parlamentarischen Rats) als unattraktiver empfunden wurde als der Teil zur Geschichte der SBZ. Zusätzliche Vitrinen und Objekte wurden darum ergänzt.

Der zentrale Lerneffekt war jedoch, dass die in Abstimmung mit den Ausstellungsgestaltern ausgewählten symbolischen Trennelemente, die mauerähnlich anmuteten, von vor allem jungen Besuchern aus den neuen wie den alten Bundesländern, missverstanden wurden. Sie identifizierten diese symbolischen Elemente eindeutig als Berliner Mauer und brachten fälschlicherweise die Zeit unmittelbar nach Luftbrücke und Berlin-Blockade 1948/49 mit dem Mauerbau in Verbindung. Nach diesen Erfahrungen wurde ein wesentlich abstrakteres, leichtes, offenes Element (ähnlich einem Metallgitter) entwickelt.

b) Symbol: Gegenwärtige Vergangenheit

Weitere Probeaufbauten galten einem anderen grundlegenden Element, das durchgehend in allen Ausstellungseinheiten der Dauerausstellung zum Thema „Gegenwärtige Vergangenheit" wiederkehren sollte. Entwickelt und getestet werden sollte ein Signal" für dieses Thema: Von besonderer Bedeutung war für die Probeaufbauten der erstmalige Einsatz dieses Elements, das innen die nationalsozialistischen Verbrechen und außen die Themen Begeisterung der Deutschen gegenüber dem „Führer", Verbrechen und Täter in Konzentrationslagern sowie Widerstand zeigen soll. Ausgewählt wurde schwarzes Metallblech, das in unterschiedlichen kubischen Formen in der Ausstellung auftaucht und als „Signal" für das Thema „Gegenwärtige Vergangenheit" dient. Der Probeaufbau mit vorläufigen Materialien (schwarze Abhängungen aus Textil) und wirklichen Materialproben wurde vor allem auch genutzt, um die Anwendung und den Einsatz der Medien zu testen. Die sehr ruhige und zugleich emotionale Gestaltung des inneren Raumes des Kubus einschließlich mehrerer

Versuche mit dem Raumton in seinem Inneren beruht auf den Erfahrungen dieses Probeaufbaus. Sowohl die Eingangssituation (zwei schmale Eingänge) wie auch die akustische Abschirmung nach außen, der Einsatz eines Bildfrieses statt Dias oder Filmen und die konkrete Präsentation zahlreicher individueller Opfernamen auf Monitoren waren Ergebnis der Besuchergespräche.

c) Eingangssituation

Als immer neuralgischer Punkt wurde auch die Eingangssituation in Probeaufbauten getestet. Ergebnis: Besucher wollen schon im Foyer „abgeholt" werden. Realisiert wurden „Paare", die in einer Folge von aus der jüngsten Zeit stammenden und weiteren aus zurückliegenden Jahrzehnten den Weg des Tagesbesuchers aus der Gegenwart in die Zeit des Kriegsendes begleiten und gewissermaßen „Brücken" vom Heute ins Gestern bilden.

7. Nach dem Ausstellungsbesuch: End-Evaluation zur deutschen Zeitgeschichte (1992)

Nach dem Besuch der Ausstellung wurden der Kenntnisstand und die Rezeption von Begriffen und Personen, Grundinteresse und Selbsteinschätzung zum Thema, die Dechiffrierung von Ausstellungselementen erhoben.[21] In unserem Fall erfolgte die Befragung mit standardisierten Fragebögen und Interviews in Leipzig und Karlsruhe. So konnten zusätzlich Ost-West-Unterschiede erhoben werden.

a) Kenntnisstand und Begriffsverständnis

Gefragt wurde nach Begriffen aus Politik, Wirtschaft und Kultur. Die Ergebnisse in Leipzig und Karlsruhe verdeutlichte die unterschiedliche Rezeption zahlreicher Fachtermini und Bezeichnungen aus Geschichte und Politik beider deutscher Staaten.[22] Insbesondere schärfte dies unsere Sensibilität im Umgang mit in Ost und West unterschiedlich besetzten beziehungsweise verstandenen Begriffen wie „Partei", „Markt-", „Planwirtschaft", „Wahlen" oder „Freundschaft".

---

[21] Die Befragung erfolgte mit standardisierten Fragebögen und Interviews bei jeweils 250 Personen in Leipzig und Karlsruhe. (Kooperationsprojekt mit Prof. Dr. Hans-Joachim Klein, Dezember 1992).

[22] Es zeigte sich anschaulich, dass Bürger aus den alten Bundesländern im Durchschnitt weniger allgemeine Kenntnisse über Politik und Gesellschaft der früheren DDR haben als umgekehrt.

b) Visualisierungsmöglichkeiten komplexerer Themen

Gerade strittige Visualisierungen können überprüft werden: Wir fragten z. B. nach einer Variante, bei der das Godesberger Programm und dessen Bedeutung für den innerparteilichen Wandel der SPD veranschaulicht werden sollte. Eine den Befragten vorgelegte Illustration von immer kleiner werdenden Marx-Büsten brachte in Ost und West positive Ergebnisse zur Rezeption dieses inhaltlich komplizierten Sachverhaltes. Aufgrund dieser Ergebnisse wurde die Szene gegen kritische Stimmen mit gutem Erfolg umgesetzt.

8. Besucherbefragung (Einzelbesucher und angemeldete Gruppen): soziodemografische Daten, Gesamt- und Einzelbewertungen der Dauerausstellung, Nutzung von Medien (Oktober 1994 – Juli 1995)

Zum Einsatz kamen standardisierte Fragebögen. Einzelbesucher wurden in drei Wellen à 500 Personen befragt, dazu, mit dem gleichen Frageprofil 1.000 Mitglieder von Gruppen. Die Fragen waren inhaltlich und gestaltungsbezogen.

a) Medienstationen

Die vielfältigen Medienstationen des Museums wurden sowohl in ihrer inhaltlichen Qualität wie auch in ihrer Handhabung von 70 Prozent der Befragten als einfach und gleichzeitig informativ bezeichnet. Eine ebensolche Bewertung gab es für die zahlreichen Klapp- und Drehelemente, die als mechanische Vertiefungssysteme in der Ausstellung vorhanden sind. Ein ähnlicher Prozentsatz, nämlich 71 Prozent der Nutzer, attestierten unseren Texten eine sehr gute Verständlichkeit. Zwischen Besuchern aus den alten und neuen Bundesländern gab es keine signifikanten Unterschiede bezüglich Textverständnis, auch eine Folge der Forschungsarbeit im Vorfeld der Ausstellungseröffnung.

b) Perspektivik der Darstellung

75 Prozent der Besucher – weitere neun Prozent haben sich der Meinung enthalten – äußern die Ansicht, dass die Behandlung von Themen der Bundesrepublik und der DDR stets beziehungsweise meistens ausgewogen sei. Hier gab es übrigens in der Einschätzung keinen signifikanten

Unterschied zwischen Besuchern aus den neuen und alten Bundesländern.[23]

c) Orientierungsmöglichkeiten

Die gegenüber den anderen sehr positiven Ergebnissen leicht abfallende Bewertung der Orientierung und der Orientierungsmöglichkeiten im Hause veranlasste uns zu zusätzlichen Verbesserungen des Besucherleitsystems (vgl. Studie 9).

9. Besucherwege und Besucherorientierung in der Dauerausstellung: Studie zu Wegeentscheidungen (März/April 1995)[24]

Aufgrund der Befragungen und Beobachtungen wurden folgende Möglichkeiten entwickelt:
- Die interaktiven mechanischen Systeme (Vertiefungselemente zum Klappen, Drehen usw.) in der Dauerausstellung wurden etwas modifiziert, indem Headlines, Bedienungshilfen und einfache, neugierig machende grafische Elemente angebracht wurden.
- Auch die Platzierung wichtiger großer Thementexte im Haus wurde in Einzelfällen korrigiert.
- Es wurde ein wesentlich verbesserter Wegweiser entwickelt.[25]
- Die Untersuchung der Besucherwege führte zum Beispiel zur zusätzlichen Einbringung attraktiver Exponate,[26] die die Nutzung einzelner Ausstellungsbereiche zu intensivieren helfen.

---

[23] Das kritischste Publikum findet das Haus der Geschichte übrigens unmittelbar in Bonn: in seiner allerdings auf hohem Niveau positiven Einschätzung des Hauses kommentiert es zurückhaltender.

[24] Kooperationsprojekt mit Prof. Ross Loomis, mit über 1.000 Einzelbeobachtungen.

[25] In Zusammenarbeit mit Ross Loomis.

[26] Mondgestein auf der Schräge, welche u. a. der Raumfahrt Ende der 1960er Jahre gewidmet ist.

10. Besucher- und Nichtbesucherbefragung zu Langzeiteffekten des Museumsbesuchs und des Besuchs des Hauses der Geschichte, Lernvorgänge im Museum, Soziodemografie. Telefonbefragung bei fast 1.200 Personen (Sommer 1997)[27]

In einer repräsentativ angelegten und – zumindest für historische Ausstellungen – einmaligen Untersuchung versuchte das Haus der Geschichte, Langzeitwirkungen von Ausstellungsbesuchen nachzugehen.

a) Nachhaltigkeit

Die Fülle von Daten zeigt unter anderem, dass 93 Prozent der Befragten, zum Teil Jahre nach ihrem Ausstellungsbesuch noch Erinnerungen an Ausstellungsstücke und Szenerien hatten. Über diese Erinnerungsleistung hinaus waren 70 Prozent der Befragten von der Ausstellung gefühlsmäßig berührt und emotional angesprochen.

b) Plus für Museen im Vergleich zu anderen Darstellungsformen von Geschichte

Die besondere Qualität des Museumsbesuchs, vor allem im direkten Vergleich mit anderen Methoden, sich mit Geschichte zu beschäftigen, wurde deutlich. Filme, Bücher oder Gespräche mit Zeitzeugen, Vorträge und Geschichtsunterricht schnitten im Vergleich mit einem zweistündigen Museumsbesuch zum Teil wesentlich schlechter ab.[28] Dieser spezifische Zugang wurde deutlich, als wir nach den Erinnerungen der Besucher an konkrete Objekte fragten.[29]

---

[27] Kooperationsprojekt mit Professor Heiner Treinen.
[28] Der Vorrang des Museumsbesuchs wird auch gegenüber zeitgeschichtlichen Filmen (80 Prozent) und Gesprächen mit Zeitzeugen (60 Prozent) sowie Familienangehörigen (58 Prozent) betont.
[29] Die genannten Exponate sind über die gesamte Dauerausstellung mit etwa 7.000 Objekten verteilt, wobei sich jedoch ein Schwerpunkt in den beiden ersten in der Ausstellung präsentierten Dekaden ausmachen lässt. Lediglich sieben Prozent unserer Besucher konnten sich nicht an ein einziges Exponat erinnern. Die große Mehrheit – 80 Prozent – konnte sich an bis zu 15 Exponate erinnern. Über dieser Marke lagen die Aufzählungen von 13 Prozent der befragten Besucher. Mit 36 korrekt genannten Objekten „schoss" ein Besucher, der bereits drei Mal im Haus der Geschichte gewesen war, den „Vogel" ab. Insgesamt machten die Befragten sogar rund 2.600 verschiedene Nennungen.

c) Gesprächsanlass „Haus der Geschichte" – Weiterempfehlung

In der vertiefenden Analyse war besonders interessant zu sehen, dass die kritischen Nutzer keineswegs von einem Besuch abrieten, sondern das Haus der Geschichte genauso empfahlen wie die weniger kritisch eingestellten Personen.[30]

Bei den Telefon-Interviews mit über 500 Personen, die das Haus der Geschichte bereits besucht hatten[31] und über 600 Personen, die das noch nicht getan hatten, zeigte sich ein überraschender Befund: Über den Kreis der unmittelbaren Besucher hinaus, gab es „Kenner" des Hauses der Geschichte, die aus Erzählungen über Inhalte und Präsentation informiert waren, ohne das Museum je besucht zu haben. Diese ähnelten in ihren Einschätzungen den tatsächlichen Besuchern. Inhalte und Präsentationen des Hauses der Geschichte waren demnach sehr häufig Gesprächsanlass für Unterhaltungen nach dem Besuch.

d) Schüler erinnern sich an Führungen besser als an vom Lehrer selbst organisierte Besuche

Überrascht stellten wir eher als Randergebnis der Studie fest, dass die Erinnerungsleistung bei Schülern, die eine durch den Lehrer selbst organisierte Begleitung durch die Ausstellung hatten – also nicht die vom Haus angebotenen Begleitungen nutzen – besonders gering waren. Dieses Ergebnis bestärkt unsere Empfehlung, beim Besuch von Schulklassen die vom Haus der Geschichte organisierten Begleitungen zu nutzen.[32]

11. Besucherbefragung in Wander- oder Wechselausstellungen an verschiedenen Orten

---

[30] Über 80 Prozent der befragten Besucher gaben an, das Haus weiterempfohlen zu haben.

[31] Das „überwältigende Votum" (Heiner Treinen) für den Besuch des Hauses der Geschichte war besonders stark bei den Personen ausgeprägt, die das Haus der Geschichte bereits besucht hatten. Diese Personen betonten auch die besonders ansprechende Darstellungsform im Haus der Geschichte – ein Votum für das narrative Konzept, das bereits in den frühen Besucherforschungsprojekten klar unterstützt wurde.

[32] Vgl. Schäfer, H.: Zeitgeschichte im Museum – Möglichkeiten und Grenzen, in: Erinnern für die Zukunft. Formen des Gedenkens – Prozess der Aufarbeitung, XI. Bautzen-Forum der Friedrich-Ebert-Stiftung, 14. und 15. September 2000, Leipzig 2000, S. 27-41, hier S. 38-40.

Die Wechselausstellung „Ungleiche Schwestern? Frauen in Ost- und Westdeutschland" bot mit ihrer Präsentation sowohl in Bonn wie auch in Dresden eine hervorragende Gelegenheit, Einschätzungen und Urteile im Ost-West-Vergleich zu analysieren.[33]

12. Untersuchung von Besucherwegen und Aufenthaltszeiten in der Dauerausstellung, summative und formative Evaluationen des Ausgangsbereichs im Hinblick auf die Neugestaltung der letzten Ausstellungsebene; Vertiefungselemente in der Dauerausstellung (Juni/Juli 1999)[34]

---

[33] Es zeigten sich zum Teil verblüffende Übereinstimmungen: So waren jeweils über 70 Prozent der Befragten der Meinung, dass alle wichtigen Aspekte des ausgestellten Themas berücksichtigt werden. Für jeweils knapp 60 Prozent ermöglichte die Ausstellung ein besseres Verständnis der Lebenssituation von Frauen in Ost und West. Sowohl in Bonn wie in Dresden gefielen über 90 Prozent der Befragten die Ausstellung gut oder sehr gut. Wenig überraschend war, dass sowohl in Dresden als auch in Bonn der Anteil der Frauen, die die Ausstellung besuchten, wesentlich höher war als in der Dauerausstellung, wo die Geschlechter fast paritätisch vertreten sind. Nicht ohne Interesse ist die Feststellung, dass in Bonn rund 38 Prozent, in Dresden 28 Prozent Männer die Ausstellung besuchten, das Thema in den „alten" Ländern hiernach auf mehr „männliches Interesse" stößt als in den „neuen" Ländern.
In der Bewertung der Unterschiede zwischen West- und Ostbiografien überwog die Gemeinsamkeit: Je rund 40 Prozent der Besucher waren in Bonn wie in Dresden der Meinung, dass die Unterschiede in der Frauenrolle in Ost und West überwögen, je weitere rund 40 Prozent waren der Ansicht, dass sich Gemeinsamkeiten und Unterschiede die Waage hielten und nur rund 15 Prozent waren der Ansicht, es gebe mehr Gemeinsamkeiten. Diese Meinung hatten in Dresden weniger Personen als in Bonn. Auch zur Darstellung des Frauenalltags in der DDR äußerten sich die Besucher in Dresden kritischer: Wesentlich mehr Befragte vertraten die Ansicht, dass sich die Darstellung zu sehr auf das Leben als Hausfrau und Werktätigen beschränke. Unabhängig von diesen Differenzen überwog die generelle Einschätzung, dass das Thema sehr wichtig sei und gut präsentiert würde – eine Einschätzung, die auch unser Kooperationspartner, das Deutsche Hygiene-Museum in Dresden, teilte, wenn sie uns attestierten, „dass die Ausstellung wichtige Impulse für eine Beschäftigung und für einen Erfahrungsaustausch" gegeben habe.

[34] Beobachtung bei 2.000 Einzelbesuchern; standardisiertes Kurzinterview und Wegebeobachtungen bei über 100 Personen (mit Ross Loomis, Juni/Juli 1999).

Anlass war die geplante Neugestaltung eines Ausstellungsbereiches.[35] Neben zahlreichen Beobachtungen, die halfen, Besucherführung und -orientierung zu verbessern, wurden auch Ausstellungsszenen auf ihre Besucherakzeptanz überprüft. Aufgrund der Ergebnisse wurden einzelne Szenen völlig verändert, andere modifiziert.[36] Die Interviews ergaben auch ein klares Votum für eine Variante des Ausstellungsendes, das sich von der übrigen Gestaltung etwas abhebt.

Eine Untersuchung des Besucherverhaltens im Foyer zeigte die vielfache und höchst unterschiedliche Nutzung des Eingangsbereichs durch die Besucher. Unter anderem unterstützten diese Ergebnisse eine gewisse Umgestaltung des Eingangsbereichs zur Dauerausstellung. Auch der im Foyer gelegene Museumsshop wurde in die Untersuchungen einbezogen. Dabei zeigte sich, dass in der insgesamt positiven Bewertung vor allem die nur hier erhältlichen Shopartikel herausgehoben wurden – Bestätigung für unser Ziel, die hauseigene Produktpalette sukzessive zu erweitern.

III. Was lernen wir aus all dem?
Die Unersetzlichkeit jeder Besucherforschung?

Ja und Nein zugleich! Die Frage erinnert mich an folgendes Erlebnis, als zwei Ausstellungsbesucher sich unterhielten und der eine zum anderen sagte: „Und Du erzählst mir, Du hättest bei dieser entsetzlichen Ausstellung auch noch mitgeholfen. Was hast Du denn gemacht?" – Antwort: „Ich habe evaluiert!" – Frage: „Und was ist dabei herausgekommen?" – Antwort: „Ohne mich wäre sie noch schlechter!".

Im Rückblick habe ich keine Zweifel: Das frühzeitige Bekenntnis zu breiten Besucherschichten, der Versuch, das Profil unserer potentiellen Besucher vorab zu ermitteln, unsere gesamte Besucherorientierung einschließlich aller damit zusammenhängenden Besucherbefragungen und methodisch verschiedenartiger Evaluationen war der richtige Weg zu dem Erfolg, den wir seit der Eröffnung in Bonn 1994 (überarbeitet und wiedereröffnet 2001), in Leipzig 1999 und andernorts mit Wander- und Wechselausstellungen verzeichnen bis hin zu zahlreichen nationalen und internationalen Anerkennungen, Auszeichnungen und Ehrungen. Natürlich bringt Besucherforschung auch viel Arbeit mit sich, manche Ent-

---

[35] In der bewährten Zusammenarbeit mit dem US-Psychologen und Spezialisten für Besucherforschung wurde vor allem der abschließende, aktuellste Teil der Dauerausstellung evaluiert.

[36] So die zum Ende in der DDR und zum internationalen Handel.

scheidung fällt auf diese Weise vielleicht eindeutiger, aber immer erst nach entsprechenden Bemühungen und damit verbundenem Aufwand.

Besucherforschung wurde und wird bei uns intern und/oder in Zusammenarbeit mit unabhängigen wissenschaftlichen Spezialisten durchgeführt. Deren Ergebnisse sind nicht immer bequem, und sie sind beileibe nicht so teuer, wie gelegentlich unterstellt wird. Was wir an „Lehrgeld" in die Evaluationsarbeit investierten, hat sich gelohnt, der Gesamtaufwand dürfte sich bei 1-2 Prozent des für Gestaltungsarbeiten eingesetzten Budgets bewegen. Dies ist übrigens ein meines Erachtens oft übersehener oder vernachlässigter Gesichtspunkt: Die rechtzeitige und gezielte Investition von Geldern erspart – da bin ich sicher – nicht nur ansonsten fällige frühe Nachbesserungen im großen Stil, sondern vergrößert auch die Wahrscheinlichkeit, dass eine Ausstellung „ihre" angestrebten Besucher erreicht.[37]

Einen unmittelbaren Beleg für den Wert von Besucherforschung kann ich anführen: Die intensive Besucherforschung und die Erfahrungen des Bonner Hauses wirkten sich positiv auf die Erarbeitung der ebenfalls von der Stiftung getragenen Ausstellungen in Leipzig aus. So sorgten z. B. die Optimierungsarbeiten bei interaktiven mechanischen Ausstellungselementen wie auch den Ton- und Filmstationen dafür, dass deren Beurteilung in Leipzig gegenüber der bereits sehr guten in Bonn noch verbessert wurde.[38] Zu dieser positiven Gesamteinschätzung tragen auch bei die Wechselausstellungen, das Veranstaltungsprogramm sowie Film- und Tonstationen und die auf Interaktion angelegten Elemente. Die inhaltliche Schwerpunktsetzung der Ausstellung fand überaus positive Resonanz.[39]

---

[37] Vgl. Schäfer, H.: Besucherforschung im Haus der Geschichte, in: Museumsfragen (Anm. 1), S. 143ff., hier S. 144f.; zu den Erfolgen des Hauses siehe die alle zwei Jahre erscheinenden Tätigkeitsberichte der Stiftung Haus der Geschichte der Bundesrepublik Deutschland sowie Hütter, H. W.: Vom beratenen zum beratenden Museum. Haus der Geschichte der Bundesrepublik Deutschland, Bonn, in: Compania Media (Hg.): Handbuch Museumsberatung. Akteure – Kompetenzen – Leistungen, Bielefeld 2000, S. 299-312.

[38] Die Einschatzung dieser Einzelkomponenten fließt auch in das Gesamturteil ein: „Sehr gut" oder „gut" gefällt 98 Prozent der Besucher das Zeitgeschichtliche Forum. Die Bewertung mit der Note „Eins" stieg gegenüber der Befragung im Jahr 2000 sogar noch an.

[39] Bewusst wurden die Nutzer zum Aspekt der deutsch-deutschen Beziehungen befragt, da hier am ehesten kritische Einschätzungen vermutet wurden. Jedoch zeigte sich, dass zwei Drittel der Personen diesen Aspekt angemessen präsentiert fand, sich sogar weitere fast 28 Prozent wünschten, diesen Punkt stärker berücksichtigt zu sehen. Nur zwei Prozent meinten, die deutsch-

IV. Besucherforschung: Anregung für die Entwicklung von Rahmenprogrammen, museumspädagogischen Aktivitäten, Öffentlichkeitsarbeit

1. Aktionen vor Ort

Für die Mitarbeiter im Haus der Geschichte ist es seit der Eröffnung selbstverständlich, auch museumspädagogische Aktionen in Pilotphasen zu testen. So führten Besucher-Anfragen zu den Mitmach-Programmen und einer Heftreihe zur Entdeckung von Objekten zu einem ausgewählten Thema wie „Spuren politischer Macht entdecken" oder „Fremd. Feind. Freund" zu Änderungen im Konzept. Während die Hefte anfangs die Nutzer direkt ansprachen und so jeweils die Entscheidung getroffen werden musste, ob als Anrede „Du" oder „Sie" gewählt werden sollte, ergaben die Besucherbefragungen, dass alle Altersgruppen dieses Angebot gerne annehmen. So wurde die direkte Ansprache vermieden und eine neutrale Form verwandt wie „Zahlreiche Gegenstände zeigen Spuren von Macht und regen zum Nachdenken an" statt „Du findest zentrale Gegenstände zum Thema Macht in der Ausstellung".

Das Pilotprojekt „Geschichte für junge Museumsbesucher" gab uns zahlreiche Anregungen, wie kleinere Kinder (8-12 Jahre) bereits mit Hilfe von Ausstellungsobjekten in der Lage sind, „Geschichte(n)" selbst zu entdecken. Die Auswertung der Programmangebote bei Familientagen führte dazu, Preisausschreiben in zwei Versionen anzubieten (6-12 und 13-99 Jahre) und Programme so zu gestalten, dass sie getrennte und gemeinsame Angebote für die jüngeren und die älteren Familienmitglieder enthielten wie beim Thema „Geheimschriften" von der „Zitronenschrift" bis zur codierten Schreibmaschine.

Die Auswertung von Besucherkarten und Gästebüchern gibt Hinweise sowohl auf konkrete Vorkommnisse in und Anmerkungen zu den Ausstellungen als auch über die Befindlichkeiten jüngerer und älterer sowie ausländischer Besucher, die durchaus als Feedback für die Arbeit genutzt werden. Auch bei Optimierungen wie der unseres Wegweisers helfen uns unsere Besucher immer wieder. Das gleiche gilt für unseren Internet-Auftritt.

---

deutschen Beziehungen zu stark in der Ausstellung präsentiert zu sehen. In dieser sehr kleinen Gruppe waren übrigens Personen überrepräsentiert, die das Zeitgeschichtliche Forum insgesamt eher negativ beurteilten. Nur 1,4 Prozent der Befragten wollte negative Folgen der Wiedervereinigung stärker berücksichtigt sehen.

2. Internetauftritt

Zwar wissen wir bereits viel, doch längst nicht genug über die „wirklichen" Besucher und Benutzer von Museen[40], völlig unbekannt sind uns aber die „virtuellen" Gäste im Internet. Dabei hält eine solche Untersuchung eine Reihe von überraschenden Erkenntnissen bereit. So ist beispielsweise die Verteilung zwischen Männern und Frauen gleichgewichtiger als erwartet (Männer 60 Prozent, Frauen 40 Prozent). Auch die Altersverteilung ist breiter als vorab vermutet: Unter 20 Jahren 11 Prozent, über 60 Jahren 5 Prozent, so dass sich eine breite Schicht von über 80 Prozent auf die berufstätige Gruppe im Alter zwischen 20 und 60 bezieht. 8 Prozent der „Surfer" kommen aus dem Ausland, aus dem Nicht-Köln-Bonner- beziehungsweise Leipziger-Raum immerhin weit über 50 Prozent – erwartet hätte man vielleicht ein höheres Internet-Interesse derjenigen, die uns bereits kennen. Vor diesem Hintergrund scheint es noch überraschender: Noch nie das Haus der Geschichte besucht haben 46 Prozent der Internetnutzer und noch nie das Zeitgeschichtliche Forum 93 Prozent. Ähnliches gilt für Erst- und Stammnutzung des Internets: 63 Prozent „surfen" zum ersten Mal auf unsere Seiten, 14 Prozent kommen öfter.

Die größte Einzelgruppe ist über eine Suchmaschine aufmerksam geworden (21 Prozent), dann folgen Links auf anderen Websites (15 Prozent) und Informationen über Publikationen des Hauses (12 Prozent). Das Interesse der „virtuellen" Besucher gilt in erster Linie „Ausstellungen", mit Abstand folgen Veranstaltungen, Sammlungen und Besuchsvorbereitung. Die vertiefende Analyse zeigte, dass verschiedene Nutzertypen sehr unterschiedliche Profile haben und die Besuchsvorbereitung, besonders bei Schülern und Lehrenden, sehr stark ausgeprägt ist. 84 Prozent der Nutzer gaben an, die Website regelmäßig oder gelegentlich wieder besuchen zu wollen. Über die Hälfte der Nutzer fühlte sich motiviert, die Ausstellungen im Haus der Geschichte zu besuchen. Die Inhalte und Texte

---

[40] Vgl. Klein, H.-J.: Der gläserne Besucher. Publikumsstrukturen einer Museumslandschaft, Berlin 1990; Schäfer, H.: Museen und ihre Besucher, in: Deutsches Jahrbuch für Kulturmanagement 1997, Bd. 1, Baden-Baden 1998, S. 29-53; Höge, H.: Evaluation of an open-air museum, in: Proceedings of the 17th Congress of the International Association of Empirical Aesthetics, held in Takarazuka, Japan, 2002, August 4-8, S. 229ff.

der Homepage werden generell nach einer Benotung von sehr gut bis sehr schlecht besser bewertet als Interaktion und Design der Seite.[41]

V. Besucherforschung in Ausstellungen mit kleinen Budgets

Aus den bisherigen Darlegungen mag hervorgegangen sein, dass Besucherorientierung in erster Linie eine Grundsatzentscheidung ist, welche die gesamte Arbeit eines Museums erfasst. Diese strategische Vorgabe muss innerhalb der Institution nicht nur kommuniziert werden, sondern auch umgesetzt werden. Dabei ist es nicht ausschlaggebend, ob es sich um ein großes oder kleines Museum handelt. Wichtiger ist, dass Besucherorientierung und damit die Anliegen der Besucher einen strategischen Schwerpunkt der gesamten Museumsarbeit bilden.

Ein zentrales Mittel, um dieses Ziel zu erreichen, ist die Besucherforschung. Auch für kleinere Häuser ist Besucherforschung sinnvoll und möglich. Ein erster Schritt ist zum Beispiel eine Befragung von Mitarbeitern mit unterschiedlichem Herkommen und Bildungsgrad. Eine weitere Option ist die Einladung vertrauenswürdiger Personen von außerhalb des Museums. Die Befragung solcher Personenkreise, die wiederum möglichst heterogen zusammengesetzt sein und zudem nicht über spezifische Vorkenntnisse verfügen sollten, wird schon in mancher Beziehung den Ausstellungsmachern die „Augen öffnen". Dabei ist es in einem ersten Zugriff nicht immer notwendig, komplexe oder aufwändige statistischen Methoden einzusetzen. Ich plädiere in diesem Zusammenhang für den gesunden Menschenverstand.

Besucherforschung ist in letzter Konsequenz die Entscheidung, sich und seine Arbeit einem kritischen Potential zu stellen. Dieser Lackmustest ist unabweisbar. Dies umso mehr, wenn sich Museen als kulturelle Dienstleister begreifen, die mit vielfältigen Konkurrenzangeboten um die Aufmerksamkeit der Öffentlichkeit ringen müssen

---

[41] Vgl. Online-Evaluation des Internet-Angebots des Hauses der Geschichte. Standardisierter Online-Fragebogen von rund 550 Personen (in Zusammenarbeit mit Ciao.Com, April bis Juni 2002).

Museumspädagogen, Besucher und Ausstellungen

Von Thomas Brehm

I. Vorbemerkung

Noch immer wird der Begriff Museumspädagogik vor allem mit der Arbeit für Kinder und Jugendliche verbunden. Die Vorstellungen von altersgerechten Führungen, Aktionen und kreativen Workshops prägen die Wahrnehmung der Öffentlichkeit und Medien ebenso wie das Verständnis wohl der meisten Ausstellungskuratoren und Museumsleiter. Doch das Arbeitsfeld der Museumspädagogik ist weit umfangreicher.[1] Führungsangebote für Erwachsene und thematisch ausgerichtete Gesprächsveranstaltungen in Ausstellungen gehören ebenso zum Repertoire wie die beratende Funktion bei Konzeption und gestalterischer Umsetzung der Ausstellung an sich.[2] Gerade im Spannungsfeld zwischen wissenschaftlicher Erschließung, Gestaltung und Vermittlung, in dem sich eine Ausstellung bewegt und entsteht, kommt der Museumspädagogik eine zentrale Funktion zu. Während die Wissenschaft in erster Linie inhaltliche Aussagen, die damit verbundene Objektauswahl, auch die konservatorischen Bedingungen im Auge haben muss, konzentriert sich die Gestaltung auf eine Umsetzung, die den Besuchern Ordnungsmuster vorgibt, anhand derer sie sich möglichst gut zurechtfinden können. Zugleich legt sie in

---

[1] Gabriele Kindler und Udo Liebelt verdeutlichen dies in ihrem Grundsatzreferat auf dem Bayerischen Museumstag 2001 in Bayreuth, der ganz der Museumspädagogik gewidmet war. Siehe Kindler, G./Liebelt, U.: Bildung und Kommunikation, Museumspädagogik im Konzert der Museumsarbeit, in: Im Dialog. Museumspädagogik für alle Besucher. Tagungsdokumentation des 11. Bayerischen Museumstags, hgg. von der Landesstelle für die nichtstaatlichen Museen in Bayern, München 2002, S. 19-29.

[2] Vgl. hierzu Zabold/Schreiber, Bildungschance Ausstellung, S. 197 in diesem Band. Zabold widerspricht nicht dem Grundsatz, dass Museumspädagogen auch an der Konzeption von Ausstellung beteiligt werden sollten. Weil bei der Gestaltung von Ausstellungen aber gänzlich andere Leistungen zu erbringen sind (vorwiegend Re Konstruktionsleistungen), als bei der Arbeit mit Besuchern in Ausstellungen (die De Konstruktionsleistungen sind hier maßgeblich), schlägt sie eine begriffliche Präzisierung vor: Als Museumspädagogik bezeichnet sie nur die personale Vermittlung von Geschichte in und im Umfeld von Museen und Ausstellungen, während sie die Entwicklung von Ausstellungen, die inhaltliche, gestalterische und didaktische Überlegungen umfassen, als Konzeption bezeichnet. Beides, Museumspädagogik und Museumskonzeption hätten geschichtsdidaktische Prinzipien, wie die adressatengerechte Förderung des reflektierten und (selbst-) reflexiven Umgangs mit Geschichte zu berücksichtigen.

enger Abstimmung mit der Wissenschaft durch die visuellen Akzente der Raumgestaltung die prägenden Eindrücke fest, die sich nach den Vorstellungen der Ausstellungsmacher bei den Besuchern festsetzen sollen.[3]

Die Museumspädagogik fungiert in diesem Prozess als Fachgebiet für Besucherorientierung. Dem auf Inhaltliches spezialisierten Ausstellungskurator können die in der Regel weniger fachwissenschaftlich ausgerichteten Museumspädagogen wirkungsvoll überprüfen helfen, ob und wie gewisse Inhalte vom Publikum verstanden werden könnten, und ob die vorgesehenen Objekte und Präsentationsformen für die Vermittlung geeignet sind. Sie sind gleichsam die ersten interessierten Ausstellungsbesucher, die anhand der Unterlagen versuchen, sich ein Bild zu machen. Gegenüber der Gestaltung haben Museumspädagogen den reichen Erfahrungsschatz tagtäglichen Umgangs mit den Museums- und Ausstellungsbesuchern zu bieten. Im kritischen Dialog mit Museumspädagogen können Gestalter ihre Vorschläge auf mögliche Akzeptanz und Verständlichkeit bei den zu erwartenden Besuchern überprüfen.[4]

Zeitgemäße Museumspädagogik darf sich also nicht nur auf die bloße Vermittlung des fertigen Produkts Ausstellung beschränken (lassen), sondern muss ihren spezifischen Beitrag für eine möglichst besucherorientierte Ausstellung bereits im Vorfeld leisten (können). Bei kleineren Ausstellungen kann dies durch externe Beratung geschehen, bei größeren Unternehmungen sollten erfahrene Museumspädagogen in allen Projektphasen einbezogen sein.

II. Warum museumspädagogische Angebote?

Historische Ausstellungen richten sich in der Regel an ein breites Publikum. So nahm die Mühldorfer Ausstellung die Eingliederung Mühldorfs nach Bayern zum Anlass, um historische Entwicklungen in der Salzburger und in der bayerischen Zeit aufzuzeigen und ausgesuchte museale Objekte zu präsentieren, die in diesem Zusammenhang relevant und in

---

[3] Ein wichtiger Bereich in der Zusammenarbeit von Wissenschaft und Gestaltung betrifft auch die zentralen Schlüsselelemente jeder Ausstellung, die Ausstellungstexte. Inhalt, Sprache und Gestaltung entscheiden, ob die Ausstellungstexte ihre Schlüsselfunktion erfüllen können oder ob sie, wie so oft, die Besucher von wesentlichen Inhalten ausschließen bzw. das Informationsbedürfnis und die Aufnahmefähigkeit interessierter Laien ignorieren.

[4] Eine mangelhafte Überprüfung hinsichtlich der potentiellen Besucher ist außer an unzureichenden Ausstellungstexten oft auch an Raumgestaltungen zu erkennen, deren gestalterische Schlüsselreize nur bei einer bestimmten Besucherzahl zum Tragen kommen.

dieser Zusammenstellung üblicherweise nicht zu sehen sind. Dem Titel der Ausstellung kommt große Bedeutung zu, um diese Absicht an die potentiellen Besucher heranzutragen. Der Ausstellungstitel „Mühldorf a. Inn – Salzburg in Bayern" betont einen speziellen Blickwinkel: Er weckt das Interesse, die Besonderheiten der regionalen Entwicklung zu entdecken vor dem Hintergrund des allgemeinen historischen Geschehens. Auf diese Weise wird in erster Linie das heimische und regionale Publikum angesprochen. Auch der historisch vorgebildete Besucher kann sich durch den angedeuteten Vergleich zu einem Besuch motiviert fühlen. Der Titel verschleiert dagegen, dass die Ausstellung nicht nur die Besonderheiten der regionalen Entwicklung thematisierte, sondern durch ihre alltags- und strukturgeschichtliche Schwerpunktsetzung zudem die Chance bot, Einblicke in das Leben in einer Kleinstadt des Mittelalters und v. a. der Frühen Neuzeit zu geben. Ihre Eignung auch für den Urlauber, für den zufällig Durchreisenden, für historisch interessierte Laien aus einem überregionalen Umfeld wurde durch den Titel nicht transportiert.

Die didaktische Ausrichtung einer auf bereite Besucherkreise zielenden Ausstellung ist im Hinblick auf die Adressaten relativ unbestimmt und muss es bleiben. „Für jeden etwas" ist die Devise, wobei das Kunststück darin besteht, durch die inhaltlichen Akzentsetzungen und vielfältigen Präsentationsweisen weder den Pfad des wissenschaftlich Gesicherten zu verlassen, noch Kernaussagen zu verwässern.[5]

Auf Besucherseite sind in der Regel recht diffuse Erwartungshaltungen anzutreffen. Sie reichen von einem ausgeprägten Informationsbedürfnis, dem Interesse an historischen Objekten bis hin zur Freude an „gehobener Unterhaltung" und der Teilhabe an einem kulturellen Ereignis, bei dem „man" einfach dabei gewesen sein muss.[6] Jeder Besucher erschließt sich eine Ausstellung entsprechend seiner Erwartungen und Vorkenntnisse. Wer auf das Ausstellungsthema mehr vorbereitet ist, wird leichter mit spezielleren Informationen umgehen können, während der uninformierte aber interessierte Laie sich auf die wesentlichen Grundinformationen beschränken muss, vielleicht um den einen oder anderen Aspekt ergänzt, der ihm aufgrund individueller Neigungen besonders

---

[5] Vgl. hierzu die Überlegungen eines Ausstellungsmachers (Beitrag Hamberger, Ausstellungskonzepte, S. 19 in diesem Band).

[6] Einen nach wie vor guten Überblick über die Besucherforschung bietet der Tagungsband eines Symposions im Haus der Geschichte der Bundesrepublik Deutschland: Stiftung Haus der Geschichte der Bundesrepublik Deutschland (Hg.): Museen und ihre Besucher. Herausforderungen in der Zukunft, Bonn 1996.

zusagt.[7] Allen gemeinsam bleibt der besondere Erlebnischarakter, den die Begegnung mit den Objekten und die gestalterische Umsetzung mit sich bringen. Die Aura des Historischen und der mit ihr verbundene Erlebnischarakter dürften wichtige Gründe für die Beliebtheit historischer Ausstellungen sein, neben einem allgemeinen Geschichtsinteresse, das seit geraumer Zeit auch verstärkt von den Medien erkannt und bedient wird.

Schließlich sei noch auf eine besondere Qualität des Mediums Ausstellung hingewiesen: Es ist ihr kommunikatives Potential. So ist es in Ausstellungen zwar nicht möglich, ein Thema ähnlich differenziert wie in einem Buch abzuhandeln, was durch entsprechende Begleitpublikationen ausgeglichen werden soll. Dafür bietet sie unmittelbare Anlässe zur geistigen Auseinandersetzung und zur Kommunikation über das Gesehene.[8]

Aus den besonderen Rahmenbedingungen des Mediums Ausstellung ergeben sich die Notwendigkeiten und Begründungen für museumspädagogische Angebote. Wichtigstes Ziel ist, die Besucherorientierung zu unterstützen und zu verbessern und zugleich die besondere kommunikative Qualität einer Ausstellung für die Besucher noch stärker ins Bewusstsein zu bringen. Trotz aller technisch immer reizvolleren Audioführungssysteme erweisen sich personale, zielgruppenspezifische Vermittlungsangebote nach wie vor als besonders geeignet, vorausgesetzt, die Vermittler werden für ihre Aufgabe nicht nur inhaltlich, sondern vor allem auch methodisch geschult, z. B. hinsichtlich ausgewählter Moderationstechniken.

Zielgruppenspezifische Begleitprogramme können versuchen, die diffusen Besuchererwartungen zu bündeln.[9] Zugleich ermöglichen sie es, den Reichtum der Ausstellung zu erschließen, ausgerichtet an den Kenntnissen und Bedürfnissen der Zielgruppe. Ein weiterer Grund für museumspädagogische Angebote ist die Möglichkeit, durch sie Schwächen der Ausstellung zu korrigieren und stattdessen ihre spezifischen Stärken ins Bewusstsein der Besucher zu rücken. Ist gerade eine zeitlich begrenzte Ausstellung erst einmal eröffnet, sind Korrekturen an der Präsentation

---

[7] Vgl. Treinen, H.: Ausstellungen und Kommunikationstheorie, in: Haus der Geschichte der Bundesrepublik Deutschland, Museen und ihre Besucher, S. 60-71.

[8] So betont Harris Shettel die drei wesentlichen Kriterien, die ein Ausstellungsobjekt erfüllen sollte. Es muss eine ‚attracting power' besitzen, die zur Beschäftigung mit ihm reizt, eine ‚holding power', die über den flüchtigen Blick hinausführt und insbesondere auch eine ‚communicating power'. Vgl. Shettel, H. H.: An evaluation of existing criteria for judging the quality of science exhibits, in: Curator, Vol. 11, 1968, S. 137-153.

[9] Vgl. hierzu das Kapitel zum Rahmenprogramm, ab S. 517 in diesem Band.

meist nicht mehr möglich, auch wirtschaftlich nur schwer vertretbar. Hier können gerade personale Vermittlungsangebote helfen, in denen man plausibel erklären kann, warum ein wünschenswertes Objekt vielleicht nicht gezeigt wird oder warum konservatorische Bedingungen den Zugang der Besucher erschweren. Und zu guter Letzt sollte auch der Werbeeffekt nicht unterschätzt werden, der aus den museumspädagogischen Angeboten für die Ausstellung erwächst.[10] Die Veranstaltungen bieten den Medien zahlreiche Anreize, zu berichten und damit die Ausstellung immer wieder ins öffentliche Bewusstsein zu rücken. Personale Vermittlungsangebote sind so gesehen ein nicht unwesentlicher Wettbewerbsvorteil in der zunehmenden Konkurrenz der Freizeitangebote.

Dies sind alles Gründe, die allgemein für ein museumspädagogisches Begleitprogramm sprechen – als Bestandteil des Projekts Ausstellung und nicht als beliebige Ergänzung.

Für ein spezifisches Programm für Kinder und Jugendliche spricht zusätzlich vor allem die Tatsache, dass Ausstellungs- und Museumsbesuche nicht zum selbstverständlichen Bereich der Freizeitaktivitäten gehören. Aus Sicht der Museen geht es um die Besucher von morgen, denen möglichst früh das Museum als Ort sinnvoller Freizeitbeschäftigung nahe gebracht werden soll. Neben allen bildungspolitischen Überzeugungen vom Sinn musealer Präsentationsformen in einer Zeit zunehmender zweidimensionaler, medialer Vermittlung, ist es nicht zuletzt schlicht der Marketingaspekt mit Blick auf die zukünftige Besucherstruktur, der museumspädagogische Angebote für Kinder und Jugendliche zwingend erscheinen lässt. Museen als Orte des Sammelns, Forschens und Bewahrens mögen auch künftig als Teil unseres kulturellen Selbstverständnisses Bestand haben. Als mit erheblichen Betriebskosten verbundene Einrichtungen für ein breites Publikum werden sie sich nur dann halten können, wenn sie einerseits publikumsorientiert arbeiten und andererseits das Publikum auch die Rahmenbedingungen musealer Präsentation als besondere Erlebnisqualität wahrnimmt und akzeptiert.

III Zielgruppenspezifische Angebote für Kinder und Jugendliche

Angebote für Kinder und Jugendliche richten sich vorrangig nach dem Umfeld, in dem der Ausstellungsbesuch stattfindet. Es macht einen Unterschied, ob ein Jugendlicher im Rahmen eines Besuchs seiner Schulklasse sich mit der Ausstellung beschäftigen soll oder ob er dies als Mitglied einer Jugendgruppe in seiner Freizeit unternimmt oder ob er mit

---

[10] Vgl. das Kapitel zur Öffentlichkeitsarbeit, ab S. 731 in diesem Band.

seinen Geschwistern und Eltern ein Familienangebot besucht. Der betreffende Jugendliche ist zwar immer derselbe, aber seine Interessen an der Ausstellung, seine Motivation sind immer auch abhängig von den Rahmenbedingungen des Ausstellungsbesuchs. Dies betrifft die Inhalte des Angebots ebenso wie die Art und Weise seiner Umsetzung.

1. Museumspädagogische Angebote für Schulklassen

Seit zweieinhalb Jahren werden alle Veranstaltungen des Kunst- und Kulturpädagogischen Zentrums der Museen in Nürnberg (KPZ)[11] im Bereich Schulen mit Feedbackbögen begleitet. Die Auswertung zeigt unter anderem, dass rund dreiviertel der Gruppen, respektive der die Bögen bearbeitenden Lehrkräfte, vom Museumsbesuch eine Ergänzung des Schulunterrichts erwarten. In Gesprächen wird dieses präzisiert als Lehrplanrelevanz der museumspädagogischen Angebote. Da das KPZ in Nürnberg eine Reihe recht unterschiedlicher Museen betreut, kann dieses Ergebnis durchaus als repräsentativ gewertet werden: Der Lehrplanbezug ist für die Lehrer vermutlich auch ein entscheidendes Kriterium für die Entscheidung zum Besuch von Ausstellungen.

Man sollte vermuten, dass das Bedürfnis nach Lehrplanrelevanz der museumspädagogischen Angebote auf eine Einbindung des Ausstellungs- oder Museumsbesuchs in den Unterricht mit entsprechender Vor- und Nachbereitung schließen ließe. Dem steht aber die tägliche Erfahrung bei der konkreten Arbeit mit den Schulklassen entgegen. Sie sind oft nur unzureichend auf den Ausstellungsbesuch vorbereitet worden, in inhaltlicher Hinsicht wie auch mit Blick auf die Besonderheiten des Museumsbetriebs. Ja nicht selten lassen Klassen erkennen, dass sie nicht einmal für den Besuch motiviert wurden, sondern mehr oder minder hilflos darauf warten, was denn durch die Museumspädagogen gleichsam als unterhaltsame Ersatzlehrkräfte geboten wird.

Es ist zu befürchten, dass sich durch solche Aussagen gerade die engagierten Lehrkräfte getroffen fühlen, die sich bemühen, ihren Unterricht durch außerschulische Veranstaltungen zu verbessern. Diese Reaktion wäre außerordentlich bedauerlich, zeigt doch gerade die Zusammenarbeit mit diesen engagierten Lehrkräften immer wieder aufs Neue, welch hervorragende Ergänzung museumspädagogische Angebote für den Unterricht darstellen können. Die Impulse reichen oft weit in den Unterricht hinein und können ihn anhaltend positiv beeinflussen.

---

[11] Nähere Informationen zum Kunst- und Kulturpädagogischen Zentrum der Museen in Nürnberg (KPZ) unter: www.kubiss.de/kpz

Dennoch: Eine wichtige Rahmenbedingung seitens der Schulen bleibt oft der Ausflugscharakter der Ausstellungsbesuche. Diese Grundeinstellung muss der Museumspädagoge berücksichtigen und einkalkulieren. Sie bietet allerdings auch die Chance, aus einer Zwangsveranstaltung im Rahmen der Schule eine freiwillige Veranstaltung ausgerichtet an den Bedürfnissen und Interessen der Schüler zu gestalten.

In Mühldorf wurde versucht, diese bekannte Tatsache im Voraus einzukalkulieren. Für Schulklassen wurden sowohl zielgruppenspezifische Führungen mit ausgewiesenen Lehrplanbezügen angeboten als auch „Wandertagsführungen". Den einzelnen Schulen waren im Vorfeld Informationen zur Ausstellung und Meldebögen für die unterschiedlichen Führungstypen zugegangen. Lehrer waren kurz nach der Eröffnung der Ausstellung zu Multiplikatorenführungen[12] eingeladen worden, deren Ziel es auch war, die Einbindung des Ausstellungsbesuchs in den Unterricht zu fördern. In den zielgruppenspezifischen Führungen konnten je nach Altersstufe und Schulart schwerpunktmäßig bestimmte Aspekte der Ausstellung vertieft werden. Auf den Adressatenbezug wurde besonders geachtet.[13] In Mühldorf sprach nicht zuletzt die große Nachfrage nach diesen Angeboten für das Aufgehen der Strategie und die Qualität der Angebote.

Idealerweise werden bei solch einem Angebot die Vermittlungsziele in Vorgesprächen zwischen Lehrkräften und Museumspädagogen gemeinsam festgelegt. Diese Vorgehensweise erfordert bei den Museumspädagogen ein hohes Maß an fachwissenschaftlichen, aber auch an schulartbezogenen Kenntnissen, Flexibilität und pädagogischem Geschick.

Betrachtet man die Entwicklung museumspädagogischer Angebote etwas allgemeiner, so bieten die Lehrpläne für die verschiedenen Schularten eine Reihe von Anknüpfungspunkten, die den Besuch einer historischen Ausstellung nahe legen. Die größten Freiheiten und Möglichkeiten haben die Grundschulen, die auch deshalb in der Regel die größte Gruppe schulischer Ausstellungsbesucher stellen. Bei Hauptschulen kommt es darauf an, die Vermittlungsziele so zu wählen, dass eine auf das Wesentliche konzentrierte Reduktion verbunden werden kann mit höchstmöglicher Anschaulichkeit. Auch diese Gruppe nimmt in den letzten Jahren zunehmend museumspädagogische Angebote wahr. Die weiterführenden Schulen sind meist daran interessiert, komplexere Unterrichtsinhalte mit Hilfe der museumspädagogischen Angebote anschaulich zu vermitteln.

---

[12] Vgl. Beitrag Schreiber, Multiplikatorenführungen, S. 461 in diesem Band.
[13] Vgl. Beitrag Huber, Adressatengerechte Führungen, S. 441 in diesem Band.

Hier ist oftmals die Gefahr gegeben, die Veranstaltung inhaltlich zu überfrachten.

Generell kommt es immer darauf an, kritisch zu prüfen, welche Vermittlungsziele inhaltlicher Art in einer Ausstellung oder musealen Präsentation besser zu erreichen sind als durch Medieneinsatz in der Schule. Die Angebote, die die besondere Qualität des Museums am besten mit den Lehrplanerfordernissen der Schule verbinden können, können zu Recht auf eine Beachtung und entsprechende Nachfrage hoffen. Wie sehr dieses Erfordernis gilt, erlebt man leider auch bei zeitlich begrenzten Ausstellungen, die bezogen auf den Lehrplan nicht zur rechten Zeit stattfinden. Die Nachfrage bleibt hier in der Regel weit hinter den Erwartungen zurück.

Bei der Festlegung der Inhalte muss seitens der Museumspädagogik geprüft werden, was die Ausstellung, d. h. die Objekte und ihr gestalterischer Zusammenhang und nicht etwa die Ausstellungstexte, leisten können. Bei der Erschließung historischer Ausstellungen ist immer wieder zu beobachten, dass sich die Museumspädagogen, im Gegensatz beispielsweise zu Angeboten der Kunstvermittlung, stark an schulischen Stundenkonzeptionen orientieren. Das lässt nicht nur die oben angeführte Rahmenbedingung „Ausflug" außer Acht, es vernachlässigt auch die besonderen Qualitäten musealer Objekte, die nicht nur als Belegstücke einer vordergründigen Anschaulichkeit genutzt werden sollten.[14]

Die Beschäftigung mit den Objekten ist zentraler Bestandteil von Museumspädagogik. Sie können andere Einblicke vermitteln als die im Unterricht gebräuchlichen Medien. Sie können Auskunft geben über das, was Geschichte letztlich ausmacht, die Ordnung und Interpretation überlieferter Quellen.

Des Weiteren sollte bei der Festlegung der Inhalte eine Verbindung zur Lebenswelt der Kinder und Jugendlichen gesucht werden. Lebensweltbezüge unterstreichen nachhaltig die Relevanz der Veranstaltung für die Schüler. Es geht nicht allein darum, einen gesellschaftlich legitimierten Unterrichtsstoff, der für die heranwachsenden Generationen als wichtig erachtet wird, anschaulich zu vermitteln. Gute museumspädagogische Angebote nutzen die Chance, die Relevanz einer Beschäftigung mit Geschichte auch für das Leben jetzt und heute zu verdeutlichen. Ein reflektierender Umgang mit der Geschichte kann so auch Teilantworten liefern auf Fragestellungen, die uns heute bewegen, ohne damit den Blick zurück in seiner Wirkungsmächtigkeit im positiven wie im negativen zu überfrachten.

---

[14] Vgl. den Beitrag Paul, Exponate und Besucher, S. 421 in diesem Band.

Bei den Methoden stehen Kommunikation und selbstständiges Arbeiten im Vordergrund. Gerade eine altersgerechte Führung wird immer darauf achten, den Kontakt zur Gruppe nicht zu verlieren, sie zu Gesprächen über das Gesehene zu animieren, ihre eigenständige Auseinandersetzung mit der Ausstellung zu fördern. Langfristiges Ziel ist es, die Jugendlichen in die Lage zu versetzen, sich im Laufe der Zeit Ausstellungen auch ohne pädagogische Begleitung zu erschließen.

Besonders Grundschulklassen freuen sich über Möglichkeiten, im Anschluss an den Ausstellungsbesuch etwas praktisch ausprobieren zu können. Dass dabei häufig Objekte entstehen, die die Nachbereitung in der Schule unterstützen können, unterstreicht die Zweckmäßigkeit solcher Konzeptionen. Handlungsorientierte Elemente fördern den eigenständigen Umgang mit der Ausstellung. So können die Schüler die Ergebnisse der Veranstaltung wesentlich mitbestimmen und sie im echten Sinne zu ihrer Veranstaltung machen. Das setzt allerdings voraus, dass die Vorgaben für den aktiven Umgang nicht zu eng sind. Dass darauf zu achten ist, nicht in einen unmotivierten Aktionismus zu verfallen, sollte sich von selbst verstehen. Die Handlungsorientierung ist kein Selbstzweck, sondern Mittel zum Zweck. Dies gilt auch für die nach wie vor beliebten Arbeitsbögen, die nur dann einen Sinn machen, wenn sie zur intensiveren Beschäftigung mit den Objekten hinführen und nicht allein mit Hilfe der Objekttexte zu bearbeiten sind.

Schließlich sei nochmals auf den größten Vorteil museumspädagogischer Angebote für Schulklassen hingewiesen, der aus einem anderen Blickwinkel betrachtet vielleicht auch als ihr größter Nachteil gewertet werden kann. Es sind in der Regel einmalige Veranstaltungen von ein bis drei Schulstunden Dauer. Damit stellen sie keinen, dem Geschichtsunterricht vergleichbaren kontinuierlichen Prozess dar und können daher lediglich Impulse geben, allerdings Impulse von manchmal überraschender Intensität und Reichweite. Wer diese Veranstaltungen in das Korsett eines Ersatzunterrichts an einem anderen Ort zwängt, vergibt viel von den Chancen, die eine an den Bedürfnissen und Interessen der Schule wie der Schüler ausgerichtete Museumspädagogik zu bieten hat.

2. Museumspädagogische Angebote für nichtschulische Kinder- und Jugendgruppen

Von ihrer Entwicklungsgeschichte, aber auch von ihrer personellen Besetzung her gesehen ist die Museumspädagogik in Deutschland stark auf die Schule fixiert. Die Schule vor allem schien der geeignete Partner zu sein, Kinder aus den unterschiedlichen Bevölkerungsschichten an das Museum heranzuführen. Zugleich gab und gibt die Museumspädagogik Impulse für eine etwas andere Art des Unterrichtens. Dabei scheint im Lauf der Zeit eine zentrale Frage der Museumspädagogik in den Hintergrund gerückt zu sein: Was haben Kinder/Jugendliche vom Museumsbesuch, unabhängig von dem, was sie nach Meinung der Erwachsenen davon profitieren könnten, sollten, müssten? Die oft beeindruckenden Zahlen junger Museumsbesucher, die mit ihren Lehrkräften die Häuser bevölkern, täuschen leicht über die Tatsachenvermutung hinweg, dass bei der Wahl zwischen Freistunde und Museum letzteres bei den allermeisten Schülern wohl den Kürzeren zöge.

Inzwischen rücken auch nichtschulische Kinder- und Jugendgruppen stärker ins Blickfeld der Museumspädagogik. Die Angebote des Museumspädagogischen Zentrums München (MPZ) für Kindergärten oder in gewisser Weise auch die religionspädagogischen Angebote des KPZ für kirchliche Gruppen seien hier beispielhaft genannt. Besondere Akzente in der kulturellen Jugendbildung setzte immer wieder die Pädagogische Aktion in München. Nicht vergessen werden dürfen auch die zahlreichen Ferien-Angebote der Kommunen. Auch im Rahmen der Mühldorfer Ausstellung wurden Spezialangebote für außerschulische Kinder- und Jugendgruppen gemacht. „Ferienspaß"[15] und „Kinderführungen"[16] an den Wochenenden sind die Stichworte. Die Erfahrungen werden in einigen der Beiträge in den Kapiteln „Rahmenprogramm" und „Wege in die Vergangenheit" thematisiert.

Für Jugendgruppen, die museumspädagogische Programme während ihrer Freizeit in Anspruch nehmen möchten, wären Lehrplanbezüge wahrscheinlich die sicherste Art und Weise, sie von einer Buchung abzu-

---

[15] Die Erfahrungen aus den Ferienprogramme finden ihren Niederschlag in den Beiträgen Seibel, Historische Spurensuche, S. 649; Zabold/Lehmann, Kinderkatalog, S. 595; Lehmann/Zabold, Kinder machen Theater, S. 563; Paul, Modelle, S. 635; Funk, Lebenswelt und Geschichtskultur, S. 271; Sondermaier/Unger, Spielen, S. 583 in diesem Band.

[16] Vgl. den Beitrag Fischer, Wochenendführungen für Kinder, S. 469 in diesem Band.

halten. Der Freizeitaspekt wird erfahrungsgemäß eine wichtige Rolle spielen, wobei Museumspädagogik immer mehr beinhaltet als zweckfreie Unterhaltung. Elemente des informellen Lernens können gerade in Museen und Ausstellungen nachhaltig zur Geltung kommen.[17] Bei der Konzeption wichtig ist die Anknüpfung an die Lebenswelt der Jugendlichen und ihrer Interessenlage. Welche Fragen beschäftigen Jugendliche heute – außerhalb der Schule. Und welche Möglichkeiten bieten Museen und Ausstellungen, diesen Fragen auf eine besondere, dem Ort entsprechende Art und Weise nachzugehen? Vermittlungsziele, die beides sinnvoll miteinander zu verbinden wissen, sind die wichtigsten Voraussetzungen für die Arbeit mit Kinder- und Jugendgruppen. Bei den Vermittlungsmethoden versprechen diejenigen erfolgreich zu sein, die sich nicht zu sehr am schulischen Vorbild orientieren. Spielerische Elemente unterstreichen den Charakter der absoluten Freiwilligkeit der Teilnahme und können weitaus vielfältiger sein, als die allzeit beliebten Museumsrallyes nahe legen. Theaterpädagogische Elemente wie Rollenspiele oder Verkleidungen, experimentelles Nachvollziehen beispielsweise von Nahrungszubereitung oder der Herstellung von Handwerkszeug und Schmuck bringen den Alltag vergangener Zeiten den Kindern und Jugendlichen ein Stück näher.

Es sind Annäherungen, die zur Reflektion über die Geschichte anregen, sie sollten nicht als eine reale Vergangenheitserfahrung missverstanden werden. Erlebnis kann immer nur der Museumsbesuch an sich sein. Geschichte verschließt sich dem Nacherleben, bleibt auf Annäherungsversuche beschränkt.[18] In der nichtschulischen Bildungsarbeit können somit auch mögliche Zugänge zu Ausstellungen und Museen vermittelt werden, die diese nicht als Lernorte im engeren Sinne einschränken. Durch diese nicht primär auf Sachinformationen ausgerichteten Zugänge können Museen als Orte der Anregung zur Reflektion über Kunst, Kultur und Geschichte ins Bewusstsein gebracht und damit das Interesse an diesen Einrichtungen auf eine breitere Grundlage gestellt werden.

Wenn es ein Ziel der Museumspädagogik ist, Kindern und Jugendlichen Ausstellungen und Museen als Orte sinnvoller Freizeitbeschäftigung

---

[17] So hat beispielsweise Wolfgang Zacharias immer wieder auf die Bedeutung des informellen Lernens hingewiesen, für das gerade Museen geeignet seien. Vgl. Zacharias, W.: Kulturpädagogik. Kulturelle Jugendbildung. Eine Einführung, Opladen 2001.

[18] Auch im Haus der Geschichte der Bundesrepublik Deutschland in Bonn, das das „Erlebnis Geschichte" propagiert, geht es im Kern um den Erlebnischarakter des Museumsbesuchs. Vgl. Schäfer, H.: Geschichte neu erleben – Die aktuelle Ausstellung, in: Erlebnis Geschichte, hgg. von der Stiftung Haus der Geschichte der Bundesrepublik Deutschland, Bonn, ^{4}2003, S. 8-19.

nahe zu bringen, dann muss sie gerade auch im Freizeitbereich den Kontakt zur freien Jugendarbeit suchen und finden. Die Kooperation ist sicherlich auf Dauer für beide Seiten, für die Museumspädagogik ebenso wie für die Jugendarbeit, sinnvoll und gegenseitig bereichernd, in den Arbeitsorten ebenso wie im methodischen Austausch.

3. Offene Angebote für Kinder, Jugendliche und Familien

Eine dritte Kategorie üblicher museumspädagogischer Angebote stellen die Veranstaltungen für Familien dar, in denen Erwachsene, Jugendliche und Kinder zusammen etwas unternehmen. Die Schwierigkeit, hierbei eine allen angemessene Vermittlungsebene zu finden, macht diese Angebote zu besonderen Herausforderungen konzeptioneller Art. Auch bei ihnen lauert die Gefahr, der reinen Unterhaltung zu breiten Raum zu geben. Die Ausstellung verkümmert leicht zum bloßen Anlass, anstatt den notwendigen Hintergrund für das Angebot abzugeben. Wird jedoch ein der Ausstellung wie dem Zielpublikum adäquates Angebot gefunden, dann entfalten sich hierin oftmals auf verblüffend eindrückliche Weise die kommunikativen Potentiale, die einer Ausstellung innewohnen.

Offene Angebote sollten zuallererst über eine besondere Attraktivität verfügen. Wie das Beispiel des Mühldorfer Rahmenprogramms zeigt, lenken sie die öffentliche Aufmerksamkeit auf die Ausstellung und tragen so zu ihrem Erfolg, d. h. zu einem gesteigerten Publikumsinteresse, bei. Sie müssen aber auch wegen der Konkurrenz der anderen Freizeitangebote über diese besondere Attraktivität verfügen, da sie sonst Gefahr laufen, zwar gut gemeint, aber eben nicht ausreichend wahrgenommen zu werden. Dabei wird man vor allem etwas bieten müssen, was andere nicht gleichwertig oder gar besser könnten. Armbrustschießen zu üben unter fachgerechter Anleitung oder nachgeschneiderte historische Kleidungsstücke anprobieren zu können sind solche nicht alltäglichen Anlässe. Der Unterhaltungswert ist erfahrungsgemäß hoch und würde man es dabei belassen, wäre der Unterschied zu Freizeitparks eher gering. Die Attraktivität ist zwar notwendig, aber keineswegs ausreichend, ist auch hier wieder Mittel zum Zweck. Bei der Konzeption steht die Frage, was vermittelt werden soll, der zu erwartenden Heterogenität des Publikums gegenüber. Kann man bei Schulklassen von einem einigermaßen gleichwertigen Informationsstand ausgehen, der bei freien Gruppen bereits stark eingeschränkt ist, fehlt bei offenen Angeboten dieser Bezugspunkt in der Regel. Die gemeinsame Entwicklung von Fragen, die zum Nachdenken anregen und zu einer intensiveren Beschäftigung mit der Ausstellung beitragen, werden daher sinnvoller Weise im Vordergrund stehen. Die Verbindung mit praktischem Tun lässt weitergehende Fragestellungen in einer fast beiläufigen Art entstehen und vermeidet die nicht nur von Erwachsenen zu Recht negativ bewerteten pädagogischen Zeigefinger. Impulse zum Nachdenken zu geben, ohne aufdringlich belehrend zu wirken, ist die Kunst, die entsprechende Konzeptionen leisten sollten.

IV. Museumspädagogische Praxis

Die Konzeption museumspädagogischer Angebote ist die eine Seite, ihre Praxis die andere. So wichtig es ist, sich bei der Angebotsentwicklung auf die Frage zu konzentrieren, was für welches Zielpublikum in welcher methodischen Umsetzung geeignet erscheint, so wichtig bleibt für die angemessene Umsetzung die Ortsbestimmung der Museumspädagogen in der Vermittlung zwischen Ausstellung und Besuchern. Sie sollten sich als Teil des Projekts Ausstellung verstehen, deren spezifische Qualitäten herausheben und die Mängel kompensieren helfen. Insbesondere sollten sie die Besucherorientierung der Ausstellung verbessern. Sie vor allem können individuelle Besucherinteressen aufnehmen und in Verbindung zu Themen, Objekten und Gestaltung der Ausstellung bringen. Ihre praktische Tätigkeit ist daher an den Besuchern ausgerichtet, was auch dazu führen kann, dass die Konzeption der Veranstaltung in Teilen hintangestellt werden muss. Gerade im Umgang mit Kindern und Jugendlichen sollen Museumspädagogen sich nicht als Ersatzerzieher oder Ersatzlehrkräfte verstehen, sondern vielmehr als Begleiter, die die Interessen der jugendlichen Besucher als legitime Besucherinteressen ernst nehmen. Dazu gehört es auch, die diffusen Erwartungen an den Ausstellungsbesuch strukturieren zu helfen und sich immer wieder mit der Gruppe über das konkrete, gemeinsame Programm zu verständigen.

Ausstellungs- und Museumsbesuche sollen als Bereicherung des Alltags erfahren werden, die auch später gerne in Anspruch genommen werden. Museumspädagogen sollten daher auch darauf achten, im Rahmen ihrer Veranstaltungen Hinweise zu geben, wie man mit dem Medium Ausstellung auf vielfältige und für einen selbst gewinnbringende Art umgehen kann. Ziel der museumspädagogischen Praxis sollte es sein, als pädagogischer Katalysator zu fungieren, der den Kontakt zwischen Ausstellung (Inhalt, Objekte, Gestaltung) und Besuchern herstellt und damit Impulse für den selbständigen Umgang liefert. Damit geht einher ein sich-selbst-Zurücknehmen auf die Funktion der Vermittlung und ein Umgang mit den Besuchern, gleich welchen Alters und gleich welcher Vorbildung, auf gleicher Augenhöhe. Nicht die überzeugende museumspädagogische Performance steht im Vordergrund, sondern das gestärkte historische Interesse der Besucher. Das bedeutet allerdings auch, dass das museumspädagogische Angebot immer nur so gut sein kann, wie es von der Persönlichkeit des jeweiligen Museumspädagogen getragen wird. Die Identifikation mit dem, was man tut, ist unerlässlich für eine gute Arbeit, gerade auch mit Kindern und Jugendlichen.

Wenn museumspädagogische Praxis in dieser sich selbst zurücknehmenden Art und Weise praktiziert wird, leistet sie einen unverwechselbaren Beitrag im Rahmen der vielfältigen Bildungsangebote. Die Erfahrung einer anderen Form des Lernens, in der Neugier und Interesse die Schlüssel zum Erfolg sind, ist wahrscheinlich der beste Beitrag, den die Museumspädagogik in der aktuellen Diskussion über unser Bildungswesen leisten kann.

V. Museumspädagogische Angebote morgen anders?

Es ist sicher auch ein Verdienst jahrzehntelanger museumspädagogischer Arbeit, dass gerade historische Ausstellungen und entsprechende museale Präsentationen heute in einem viel stärkeren Maße auf ein breites Publikum ausgerichtet sind und sich nicht nur an ein interessiertes, vorgebildetes Fachpublikum richten. EDV-gestützte Informationsangebote und interaktive Elemente beispielsweise erlauben es den Besuchern, je nach persönlicher Interessenlage unterschiedliche Aspekte zu vertiefen. Eine neue Generation von Museumswissenschaftlern ist nicht mehr nur auf die Qualität des Ausstellungskatalogs fixiert, der das Ereignis für die wissenschaftliche Fachwelt über die Zeit der Ausstellung hinweg bewahrt, sondern fühlen sich den Grundsätzen der Besucherorientierung stärker verpflichtet. Welche Aufgaben bleiben für die Museumspädagogik, wenn die Ausstellungen selbst besser verständlich und zugänglich werden als dies früher der Fall war? In welche Richtung könnte sie sich sinnvollerweise entwickeln?

Eine zentrale Aufgabe bleibt die Mitwirkung bei der Konzeption und gestalterischen Umsetzung einer Ausstellung. Insbesondere müssen Museumspädagogen eingebunden sein bei der Entwicklung von interaktiven Ausstellungseinheiten, EDV-gestützten Führungs- und Informationssystemen, Ausstellungstexten und begleitendem Informationsmaterial. Je besser die Ausstellung ist, desto anspruchsvollere Ziele können dabei angesteuert werden, ohne Besucher zu überfordern oder zu langweilen.

In Kooperation mit der Öffentlichkeitsarbeit sollten Museumspädagogen neue Besucherschichten für die Museen erschließen, deren Interessenlage mit dem musealen Angebot verbunden werden muss. Die allerorts recht erfolgreichen Museumsnächte könnten Wegweiser sein, wie kulturelle Bildung als Freizeitangebot vermittelbar ist.

Museumspädagogen sollten beitragen, die Museen weiter zu entwickeln zu Orten der Reflektion und Kommunikation – die reine Vermittlung von Sachinformationen bedarf des Museums nicht. Gerade mit Blick auf die künftigen Besucher sollte man sich stärker um Verknüpfungen bemühen, beispielsweise zwischen dem Informationssystem der Zukunft, dem Internet und den musealen Präsentationen. Sie stehen nicht im Gegensatz zueinander, sondern können sich sinnvoll ergänzen. Die mediale Informationsvermittlung bedarf notwendigerweise der Ergänzung durch die Konfrontation mit authentischen Objekten.

Und schließlich sollten Museumspädagogen auch einen Beitrag leisten, Museen als Orte der Gemeinsamkeit einer sich individualisierenden Gesellschaft zu etablieren, die Anstoß geben, sich über die Grundlagen unserer Kultur und Geschichte zu verständigen.

Mit Geschichte in Ausstellungen umgehen lernen

Von Stefanie Zabold und Waltraud Schreiber

I. Kompetent mit Geschichte umgehen können – über ein reflektiertes und (selbst-) reflexives Geschichtsbewusstsein verfügen (Waltraud Schreiber)

II. Ausstellung: Ein Ort, der historisches Lernen möglich macht (Stefanie Zabold)

Der vorliegende Aufsatz erläutert das Theoriefundament, auf das sich zahlreiche Beiträge des vorliegenden Bandes beziehen. Er begründet die Zielsetzung, in Ausstellungen einen bewussten Umgang mit Geschichte zu fördern.

Einführung

Heutige Lebenswelten sind unterschiedlich stark von Geschichte geprägt. Eines ist aber in jedem Fall sicher: Überall stößt man auf Vergangenes, das in die Gegenwart ragt, und überall stößt man auf die Darstellung historischer Themen[1]. Je nach persönlicher Sensibilität, je nach der Ausprägung des Geschichtsbewusstseins nimmt man Geschichte in der eigenen Lebensumwelt mehr oder weniger intensiv wahr.

Aber nicht nur die Wahrnehmung der einzelnen Menschen unterscheidet sich, sondern auch die Geschichten, auf die diese stoßen. Das hängt nicht nur vom Thema ab, sondern auch davon, welche „Verpackung" diejenigen, die Geschichte(n) vermitteln, für die historischen Inhalte auswählen: wissenschaftliche Monografien, Historienromane, Schulbücher, Kinofilme, Theaterstücke oder eben Ausstellungen. – Ausstellungen sind so gesehen eine mögliche Präsentationsform von Geschichte.

Alle Präsentationsformen haben eines gemeinsam: Sie sind Geschichten über Vergangenes. Dargestellt werden sie von Menschen, die diese Vergangenheiten entweder erlebt, oder aber – viel häufiger – sie aufgrund von Quellen und aufgrund der Vorarbeiten anderer re-konstruiert haben. Sie richten sich mit bestimmten Absichten an ausgewählte Adressaten. Diese Geschichten über Vergangenes sind zwingend in der Sprache ihrer „Autoren" verfasst. Sie sind mit bestimmten Intentionen belegt. Damit liegen immer Fragestellungen zu Grunde, die zu – bewussten oder unbe-

---

[1] In den Reden von Politikern, im TV-Programm, in Ausstellungen, in Events mit historischen Bezügen, in der Tageszeitung etc.

wussten – Auswahlentscheidungen führen: Wer sich für etwas Bestimmtes interessiert, nimmt die in Bezug auf das Gesamtthema vorhandenen Informationen – Quellen und Darstellungen – nur selektiv wahr. Er blendet andere Fragen, die ebenfalls gestellt werden könnten, aus. Wer seine Intentionen umsetzen will, akzentuiert. Wer bestimmte Adressaten ansprechen will, entscheidet sich für Erfolg versprechende Präsentationsweisen.

Bei all dem gilt: Die Person, die Geschichte darstellt, verfügt über bestimmte Fähigkeiten, Kenntnisse, Kompetenzen, vertritt bestimmte Standpunkte, gehört „Schulen" an, ist kulturell und sozial auf bestimmte Weisen geprägt. Die Präsentationsformen von Geschichte sind aus all diesen Gründen notwendig perspektivisch. Verstärkt wird das durch die Bindung der Verantwortlichen an Institutionen (wie Museen) und Träger (Kommunen, Vereine, Stiftungen).

Wichtig ist sich bewusst zu machen, dass es mit solchen Hinweisen nicht notwendig Manipulation oder Instrumentalisierung von Geschichte beschrieben wird. Auch die wissenschaftliche Erforschung von Vergangenem und die Darstellung als Geschichte sind von Fragestellungen geleitet, partial, selektiv, an Perspektiven gebunden, beeinflusst von der Gegenwart des Historikers.

Bei alle diesen Grenzen, die der Gegenstand Geschichte notwendig mit sich bringt, stellt sich die Frage, wo die Chancen liegen, die sich in der Beschäftigung mit ihr ergeben. Es klingt paradox: Die Chancen eröffnen sich einem umso mehr, je deutlicher man sich der Grenzen bewusst ist.[2] Anders gesagt: Erst wer der Geschichte nicht mehr zumutet, als sie sein und leisten kann, kann ihre Relevanz nutzen. Ein paar Hinweise sollen das verdeutlichen:
- Aus der Erkenntnis, dass Geschichte nicht nur auf Vergangenes bezogen ist, sondern ebenso notwendig an Gegenwart gebunden ist, ergibt sich, dass die Beschäftigung mit Geschichte eine Ver-

---

[2] Wenn man z. B. als Autor wie als Rezipient sich der Unmöglichkeit bewusst ist, Vergangenes vollständig zu rekonstruieren, wenn man weiß, dass Geschichte nicht „objektiv" darstellen kann, was gewesen ist, wenn einem klar ist, dass der Rezipient das vom Autor Gemeinte nicht ohne eigene Interpretationen und Deutung aufnimmt, wenn man sich deutlich gemacht hat, dass es unmöglich ist, vergangene Erfahrungen ungebrochen in Gegenwart und Zukunft zu verlängern.

bindung zwischen den Zeitdimensionen herstellt und Orientierung geben kann.³
- Wenn Geschichte als Konstrukt bewusst ist, als eine Darstellung, die jemand für andere „macht", so ergibt sich der Bedarf, den Deutungen gegenüber souverän zu werden, hinter die Kulissen zu schauen und andere, vielleicht eigene Sichten ins Gespräch zu bringen.
- Wenn einem bewusst ist, dass Geschichte auch mit einem selber zu tun hat, lässt man sich vermutlich weniger gern und leicht von den Sichtweisen und Botschaften anderer in Bann ziehen.

Einen solchen Umgang bezeichnen die Autoren dieses Bandes, in Anlehnung an die Ergebnisse des Forschungsprojekts „FUER Geschichtsbewusstsein",⁴ als reflektiert und (selbst-)reflexiv.

Was darunter zu verstehen ist, zeigt das nächste Kapitel. Dieser Umgang mit Historischem ist niemandem in die Wiege gelegt, er muss vielmehr erlernt werden. Einen wichtigen Beitrag dazu kann der Geschichtsunterricht an den Schulen leisten. Aber auch andere Felder der Ge-

---

³ Ist einem bewusst, dass Geschichtsbewusstsein einen Zusammenhang zwischen den Zeitdimensionen herstellt, und nicht einfach wiedergibt was gewesen ist, ergeben sich u. a. folgende Möglichkeiten: Geschichte kann die Wurzeln von Gegenwärtigem klären und Entwicklungen bzw. Entwicklungsschritte sichtbar machen. Sie kann helfen, Gegenwartsprobleme, weil auch sie „Geschichte haben", besser zu verstehen, vielleicht sogar zu lösen. Im Spiegel der Vergangenheit kann die Besonderheit unserer Gegenwart augenfällig werden, werden Selbstverständlichkeiten zu Besonderheiten, die Wert sind bewahrt oder verändert zu werden. Geschichte kann die Bedeutung von Rahmenbedingungen verdeutlichen, die Achtung von dem Agieren und Reagieren anderer heben, vor den Leistungen der Vorfahren. Sie kann aber auch Schwächen und Versagen vor Augen stellen sowie die Handlungsspielräume, es anders zu machen. Geschichte kann mein/unser So-Sein und das Anders-Sein anderer erklären, sie eröffnet Gesprächsmöglichkeiten, vielleicht auch Veränderungsperspektiven.

⁴ Es handelt sich dabei um ein internationales Forschungsprojekt, koordiniert von Waltraud Schreiber, das den Umgang mit Geschichte, vorrangig im Geschichtsunterricht, aber auch in der Geschichtskultur untersucht, fachspezifisch entwickelte Qualitätsstandards für den Umgang mit Geschichte ausweist, und zur Weiterentwicklung von Geschichtsunterricht beitragen will. Zum Forschungsprojekt und zum zu Grunde liegenden Theoriefundament vgl. die Darstellungen in der „Zeitschrift für Geschichtsdidaktik" 2 (2003). Aktuelle Literaturhinweise finden sich auf der Homepage des Projekts www.ku-eichstaett.de/GGF/Didaktik/Projekt/. Beispiele für die Umsetzung im Geschichtsunterricht stellt www.geschichtsunterricht-anders.de vor.

schichtskultur, z.B. historische Ausstellungen, können es sich zur Aufgabe machen, den Einzelnen in der Entwicklung seiner historischen Kompetenz voranzubringen.

Stefanie Zabold verdeutlicht das im Schlusskapitel dieses Beitrags: In einem ersten Schritt bindet sie Ausstellungen in den Gesamtrahmen der Geschichtskultur ein. Außerdem werden Aspekte thematisiert, die das historische Lernen in einer Ausstellung erleichtern und fördern, den Besucher im Idealfall beinahe dazu „verführen", in seiner Kompetenzentwicklung voranzukommen. Zabold weist den Museumspädagogen dabei eine wichtige Rolle zu. Eine Grafik visualisiert das zu Grunde gelegte Verständnis. Ziele und Aufgaben werden dargelegt.

I. Kompetent mit Geschichte umgehen können –
über ein reflektiertes und (selbst-) reflexives Geschichtsbewusstsein verfügen

(Waltraud Schreiber)

1. Die Kategorie Geschichtsbewusstsein

a) Schlüsselbegriff der Geschichtsdidaktik

Geschichtsbewusstsein ist seit der ersten Hälfte der 1970-er Jahre der Schlüsselbegriff der Geschichtsdidaktik, wobei die Geschichtsdidaktik die Wissenschaftsdisziplin ist, die sich mit der Vermittlung und Rezeption von Geschichte und ihren Funktionen in der Gesellschaft befasst. Karl-Ernst Jeismann, ein wichtiger Impulsgeber für diese Entwicklung, charakterisiert die Zuwendung zum Geschichtsbewusstsein als „Emanzipationsprozess"[5]. Er besteht in der bewusstseinphilosophisch begründeten Erkenntnis, dass der Umgang mit Geschichte sich in Akten des Geschichtsbewusstseins (cogitationes) vollzieht, wobei Geschichtsbewusst-

---

[5] Jeismann, K.-E.: Geschichte und Bildung. Beiträge zur Geschichtsdidaktik und zur Historischen Bildungsforschung, hgg. und eingel. von Wolfgang Jacobmeyer und Bernd Schönemann, Paderborn u. a. 2000, S. 47. In diesem, anlässlich des 75 Geburtstags von Karl Ernst Jeismann zusammengestellten, Band finden sich die wichtigsten seiner späten Aufsätze, die frühen Beiträge sind gesammelt in: Jeismann, K.-E.: Geschichte als Horizont der Gegenwart. Über den Zusammenhang von Vergangenheitsdeutung, Gegenwartsverständnis und Zukunftsperspektive, hgg. und eingeleitet von Wolfgang Jacobmeyer und Erich Kosthorst, Paderborn 1985.

sein zugleich als Ergebnis eben dieser Akten entsteht (cogitatum).[6] Damit ändern sich die Ziele. Im Geschichtsunterricht z.b. geht es nicht mehr um das Pauken von Daten und Fakten oder das unbewusste Übernehmen von Traditionen und kulturellen Prägungen, sondern um die Fähigkeit, eigenständig und kritisch mit Vergangenem umgehen, Geschichte selber darzustellen, die in der Gesellschaft vorhandenen Geschichtsbilder zu hinterfragen.[7] Analoges gilt für den Besuch von Ausstellungen: Es sollen nicht die angebotenen Sichtweisen einfach nur übernommen, sie sollen durchdacht und individuell genutzt werden.

Der Begriff „Geschichtsbewusstsein" läuft Gefahr, alltagsweltlich, im Sinne einer qualitativen Auszeichnung eines bestimmten Geschichtsbewusstseins, missverstanden zu werden. Nach diesem Missverständnis hätten nur bestimmte Menschen Geschichtsbewusstsein, was sie vor anderen ihrer Mitmenschen abhebt. Demgegenüber werden in diesem Band unter Geschichtsbewusstsein alle Akte des Bewusstseins subsumiert, durch die Menschen vergangene Erfahrungen in die Gegenwart holen, rekonstruieren, darstellen und nutzbar machen.[8] In diesen Akten entstehen,

---

[6] Auch wenn Ergebnisse und Prozesse nur idealtypisch, nicht im konkreten Vollzug zu trennen sind, bedeutet ihre je eigene Betrachtung theoretischen und praktischen Erkenntnisgewinn.

[7] Ein Skizze der Entwicklung der Kategorie Geschichtsbewusstsein, mit den wichtigsten Autoren enthält Schreiber, W.: Reflektiertes und (selbst-) reflexives Geschichtsbewusstsein durch Geschichtsunterricht fördern – ein vielfältiges Forschungsfeld der Geschichtsdidaktik, in ZGD 1 (2002), S. 18-43. Impulsgebend waren vor allen Jörn Rüsen, Hans-Jürgen Pandel, Bodo v. Borries, Gerhard Schneider, Uwe Uffelmann, Bernd Schönemann.

[8] Vgl. hierzu Jörn Rüsen: Geschichtsbewusstsein umfasst ein „Ensemble von Bewusstseinsoperationen (emotionaler, kognitiver und pragmatischer Art), das sich von anderen Ensembles begrifflich trennscharf als spezifisch geschichtsbezogen unterscheiden und in seiner Spezifik auch explizieren lässt" (Rüsen, J.: Historisches Lernen. Grundlagen und Paradigmen, Köln u.a. 1998, S. 79). Vgl. Hans-Jurgen Pandel: „Auf das einzelne Individuum bezogen ist Geschichtsbewusstsein eine individuelle mentale Struktur, die durch ein System von sieben aufeinander verweisenden Doppelkategorien gebildet wird". Pandel unterscheidet Temporal-, Wirklichkeits- und Historizitätsbewusstsein sowie Identitätsbewusstsein, politisches Bewusstsein, ökonomischsoziales Bewusstsein und moralisches Bewusstsein. (Pandel, Geschichtlichkeit und Gesellschaftlichkeit im Geschichtsbewusstsein. Zusammenfassung und Resümee empirischer Untersuchungen, in: Borries, B. v. u.a.: Geschichtsbewusstsein empirisch, Pfaffenweiler 1991, S. 1-23). Vgl. Jeismann. K.-E.: „'Didaktik der Geschichte' hat es zu tun mit dem Geschichtsbewusstsein in der Gesellschaft, sowohl in seiner Zuständlichkeit, den vorhandenen Inhalten und Denkfiguren, wie in seinem Wandel, dem ständigen Um- und

als „Bewusstseinskonstrukte", Geschichte(n). Ob Bewusstseinsakte und Bewusstseinskonstrukte als Geschichtsbewusstsein bezeichnet werden, hängt allein davon ab, ob sie sich auf Geschichte beziehen, nicht aber von einer normativ festgelegten Weise für einen Umgang mit Geschichte.

Die Forschung hat in den letzte Jahrzehnten deutlich gemacht, dass es sich bei den Konstrukten des Geschichtsbewusstseins notwendig um Narrationen handelt: Geschichte(n), die Entwicklungen zum Ausdruck bringen, müssen erzählt werden,[9] sie können nicht, wie z.B. naturwissen-

---

[9] Aufbau historischer Vorstellungen, der stets sich erneuernden und veränderten Rekonstruktion des Wissens von der Vergangenheit. Sie interessiert sich für dieses Geschichtsbewusstsein auf allen Ebenen und in allen Gruppen der Gesellschaft sowohl um seiner selbst willen wie unter der Frage, welche Bedeutung dieses Geschichtsbewusstsein für das Selbstverständnis der Gegenwart gewinnt, sie sucht Wege, dieses Geschichtsbewusstsein auf eine Weise zu bilden oder zu beeinflussen, die zugleich den Anspruch auf adäquate und der Forderung nach Richtigkeit entsprechende Vergangenheitserkenntnis wie auf Vernunft des Selbstverständnisses der Gegenwart entspricht. (ders.: Didaktik der Geschichte. Die Wissenschaft von Zustand, Funktion und Veränderung geschichtlicher Vorstellungen im Selbstverständnis der Gegenwart, in: Kosthorst, E. (Hg.): Geschichtswissenschaft – Didaktik – Forschung – Theorie, Göttingen 1977, S. 12.)
Erzählt wird, wie Dinge sich entwickeln, in welchen Kontexten sie stehen, wodurch Kontinuität und Wandel sich zeigen und wie sie „bewirkt werden". Auch der Ausstellungsmacher erzählt Geschichte, und zwar z. B. in der Art, wie er die Exponate arrangiert bzw. inszeniert, in der Zuordnung von Exponat und Text. Die Ausstellung ruft im Besucher Vorstellungen hervor, die ebenfalls narrativ verfasst sind. Vgl. hierzu: Baumgartner, H.-M.: Narrativität, in: Bergmann, K. u.a.: Handbuch der Geschichtsdidaktik, Seelze-Velber [5]1997, S. 157ff. Narrativität kennzeichnet „die spezifische Bestimmtheit gewisser logischer und sprachlicher Gebilde bzw. Sachverhalte durch die dem Menschen in Historiographie und Literatur eigentümliche Handlung des Erzählens". Wichtige Wurzeln für die geschichtsdidaktische Adaption gingen aus von Hayden White (vgl. ders.: Auch Klio dichtet oder die Fiktion des Faktischen: Studien zur Topologie des historischen Diskurses. Einführung, Stuttgart 1986; ders.: Die Bedeutung der Form: Erzählstrukturen in der Geschichtsschreibung, Frankfurt/Main 1990), Paul Ricoeur (ders.: Geschichte und Wahrheit, München 1994; ders.: Zeit und Erzählung, Bd. 1-3, München 1988-1991; ders.: Das Rätsel der Vergangenheit, Göttingen 1998; ders.: Geschichtsschreibung und Repräsentation der Vergangenheit, Berlin 2002; ders.: Das Gedächtnis des Jahrhunderts, Frankfurt/Main 2002), Arthur Danto (ders.: Analytische Philosophie der Geschichte, Frankfurt/Main 1980). Insbesondere Jörn Rüsen, Hans-Jürgen Pandel und Wolfgang Hasberg haben den

schaftliche Forschungsergebnisse, „auf eine Formel gebracht" oder, wie die Ergebnisse empirischer Erhebungen, tabellarisch dargestellt werden.

b) Operationalisierung von Geschichtsbewusstsein. Aspekt 1: Die Fokussierung auf Vergangenes, auf Geschichte, auf die eigene Gegenwart/Zukunft

Bei den Erläuterungen zum Umgang mit Geschichte beziehe ich mich auf die Ergebnisse des oben bereits kurz angesprochenen Projekts „FUER Geschichtsbewusstsein". Bei der Entwicklung des Theoriefundaments hat man erkannt, dass sich Individuen und Kollektive beim Umgang mit Geschichte für drei verschiedene Fokussierungen entscheiden können: die Fokussierung auf Vergangenes, die Fokussierung auf Geschichte, genauer auf die Weise der Darstellung als Geschichte oder die Fokussierung auf die eigenen Gegenwart/Zukunft.[10] Die Unterscheidung ist insofern idealtypisch, als im konkreten Umgang mit Geschichte die Fokussierungen mehr oder weniger bewusst vernetzt werden.

- In der **Fokussierung auf die eigenen Gegenwart/Zukunft** befragt man die Vergangenheit, um bestimmte Symptome der Gegenwart besser verstehen und die Zukunft besser planen zu können.[11] Das Hauptinteresse liegt auf der eigenen Gegenwart/Zukunft. Vergangenheit wird genutzt, um „besser" in Gegenwart und Zukunft agieren zu können. „Praxisorientierung und

---

narrativitätstheoretischen Ansatz für die Geschichtsdidaktik fruchtbar gemacht.

[10] Vgl. hierzu die Beiträge von Schreiber und Hasberg/Körber in Zeitschrift für Geschichtsdidaktik 2 (2003).

[11] Dabei geht es u.a. darum, mit Kontingenzerfahrungen umzugehen, die nach dem Motto „Erstens kommt es anders, zweitens als man denkt" (Wilhelm Busch) neue Orientierungen erforderlich machen. Nicht nur der Zwang, auch mit Zufällen und Unerwartetem umzugehen, motiviert den Blick auf frühere Erfahrungen. Im Spiegel der Vergangenheit wird zudem die Spezifik der Gegenwart besser sichtbar. Ursprünge von Gegenwärtigem werden erkennbar, Wandel wird beschreibbar, die Freiheitsspielräume von Individuen und Kollektiven werden ebenso deutlich, wie ihre Gebundenheit durch Rahmenbedingungen. – Den Aspekt der Gegenwartsbezogenheit historischen Denkens betonen besonders Jörn Rüsen und Geschichtsdidaktiker, die sich konsequent auf ihn beziehen (u.a. Wolfgang Hasberg, Andreas Körber), aber auch Klaus Bergmann und seine Rezipienten (ders.: Gegenwartsbezug im Geschichtsunterricht, Schwalbach 2002), die z.T. weniger stringent geschichtstheoretisch argumentieren.

Identitätsbildung"[12] werden häufig als Funktionen der Gegenwartorientierung genannt. – Wer aus Gegenwartsinteresse Bezüge zur Vergangenheit herstellen will, wechselt in dem Moment, in dem er sich Vergangenem zuwendet, die Fokussierung. Ob Alltagstheorien, die behaupten, das sei immer schon so gewesen, und dafür Belege in der Vergangenheit suchen, so a-historisch sein können, dass man nicht mehr von einer Verknüpfung der Zeitdimensionen reden kann, müsste man im Einzelfall prüfen. Dann hätten wir es nicht mehr mit einem Umgang mit Geschichte, damit nicht mehr mit Geschichtsbewusstsein zu tun.

- In der **Fokussierung auf Vergangenes** setzt man sich mit Überresten von Vergangenem (Quellen) auseinander und/oder mit dem, was Historiker, Geschichtslehrer, Filmemacher, Ausstellungsmacher, Journalisten etc. über diese Vergangenheit gesagt haben. Die Alterität der Vergangenheit im Vergleich zur Gegenwart ist dabei (mehr oder weniger) bewusst. Das Ziel ist, Feststellungen über Vergangenes zu treffen. Diese Feststellungen sollen die Bausteine sein, mit deren Hilfe man Antworten auf die Fragen gibt, die man verfolgt. Dabei kann es um die Feststellung von Daten, Ereignissen, Handlungen ebenso gehen, wie um die Feststellung damaliger Einschätzungen oder Behauptungen. In der Fokussierung auf Vergangenes werden einzelne Partikelchen herausgearbeitet; sie werden aber noch nicht zu einer Geschichte verknüpft.

Der, der sich mit Vergangenheit befassen will, bleibt dabei notwen- dig an die eigene Gegenwart gebunden.[13] Er kann nicht in die Ver- gangenheit wechseln, er kann sich nur aus seiner Gegenwart heraus, mit ihr befassen.[14] Er kann Vergangenes nie

---

[12] Rüsen, J.: Kann gestern besser werden?, Berlin 2003, S. 96. A.a.O. bezeichnet Rüsen „historisches Lernen" als „Prozess der Bildung von historischer Identität durch die Operationen des Geschichtsbewusstseins". (Rüsen, J.: Historisches Lernen, Köln u. a. 1998, S. 8).

[13] Auch in die vergangenheitsbezogenen Fragestellungen fließt die Gegenwart, dieses Mal aber in der Form der Gegenwartsgebundenheit, notwendig ein: An die jeweilige Gegenwart gebunden sind z. B. der Forschungsstand, von dem ausgegangen werden kann, die Ausprägung der politischen, kulturelle, gesellschaftlichen, wirtschaftlichen Rahmenbedingungen, die Aufgabenstellungen in Schule und Lebenswelt.

[14] Vgl. Schreiber, Zeiten, S. 251 in diesem Band. Historische Missverständnisse (der Historiker könne „sein Selbst" auslöschen, könne sagen „wie es eigentlich gewesen") und positivistische Missverständnisse (die Behauptung von „objektiv Richtigem" in Geschichtsdarstellungen, das ein für alle Mal

vollständig rekonstruie-ren, kann die Perspektivität der Quellen zwar bedenken, nie aber aufheben, etc. – Das muss dem, der die Fokussierung auf Vergange- nes einnimmt, nicht voll bewusst sein. Allerdings: Wenn jemand Vergangenheit in keiner Weise als „Anderes" wahrnähme, die Partialität der Überlieferung gar nicht denken könnte, nicht erkannt hätte, dass auch „damals" Perspektiven Bedeutung hatten, könnte man von einer Fokussierung auf Vergangenes, von einem Umgang mit Geschichte, und demzufolge auch von Geschichtsbewusstsein wohl kaum mehr sprechen.

- In der **Fokussierung auf Geschichte** geht es um die Geschichte(n), in denen Vergangenes dargestellt wird. Die Feststellung: „Eine Vergangenheit" – viele „Geschichte(n)" verweist auf die Spezifik dieser Fokussierung: Das über Vergangenheit Festgestellte kann in verschiedene Kontexte eingebunden und auf unterschiedliche Weise als Geschichte dargestellt werden. Die Ergebnisse sind aber nicht beliebig und gleichwertig, sondern können nach ihrer Triftigkeit und Plausibilität unterschieden werden.

  Es macht einen Unterschied, ob man Geschichte selber rekonstruiert, oder mit fertigen Geschichte(n) zu tun hat, die andere „erzählt" haben. Fertigen Geschichte(n) werden in der Fokussierung auf Geschichte daraufhin betrachtet, welche Kontextualisierungen vom „Autor" ausgewählt worden sind und welche er unberücksichtigt gelassen hat. Re-konstruiert man selber, trifft man selber die Entscheidung über Kontextualisierung. In der Fokussierung auf Geschichte geht es zudem um die Frage, auf welche Weise, in welchem Medium Geschich-te dargestellt wird. Betrachtet wird dabei auch, wie Botschaften für die Gegenwart „verpackt" werden.

- Wieder ist zu fragen, wann eine Erzählung nicht mehr als „historisch" wahrgenommen wird.[15] Dann machte es keinen Sinn mehr, von Umgang mit Geschichte bzw. von Geschichtsbewusstsein zu sprechen

---

Gütigkeit hat) fußen darin, die Differenz zwischen „Vergangenheit" und „Geschichte" zu ignorieren.

[15] Das könnte z. B. der Fall sein, wenn eine Filmanalyse nur noch mit auf alle Filme anwendbaren Kriterien arbeitet, und völlig ignoriert, dass der Stoff sich auf eine vergangene Wirklichkeit bezieht, oder wenn Geschichte nur noch zufällige Kulisse ist, der keine Aussage zugetraut wird.

Betrachtet man die in den drei Fokussierungen vollzogenen Operationen, so können das Re- und De-Konstruieren als Basisoperationen des Umgangs mit Geschichte erkannt werden:

	Fokussierung auf Vergangenheit	Fokussierung auf Geschichte	Fokussierung auf Gegenwart / Zukunft
Umgang mit Vergangenheit	Vergangenes feststellen	Vergangenes in Kontexte setzen und als "Geschichte" darstellen	Geschichte auf Gegenwart und Zukunft beziehen
(Re-)Konstruktion von Geschichte	Vergangenes aus Quellen (re-)konstruieren.	Vergangenes auf spezifische Weise in einer Geschichte darstellen.	Durch Bezüge auf Vergangenes/Geschichte der eigenen Gegenwart/Zukunft historische Tiefe geben.
		synchrone|diachrone Kontextualisierungen|Kontextualisierungen (Strukturen)||(Zeitverläufe)	
De-Konstruktion von Geschichte	Aus einer "fertigen Geschichte" feststellen, was sie über Vergangenes aussagt.	Feststellen, in welche Kontextualisierungen die Vergangenheitspartikel in der jeweiligen Geschichte gestellt werden, auf welche Weise die Geschichte erzählt wird.	Feststellen, welche Gegenwartsbezüge in der Geschichte hergestellt werden, welche Orientierungsangebote gegeben werden.
		synchrone|diachrone Kontextualisierungen|Kontextualisierungen (Strukturen)||(Zeitverläufe)	
Umgang mit Geschichte			

BASISOPERATIONEN DES GESCHICHTSBEWUSSTSEINS

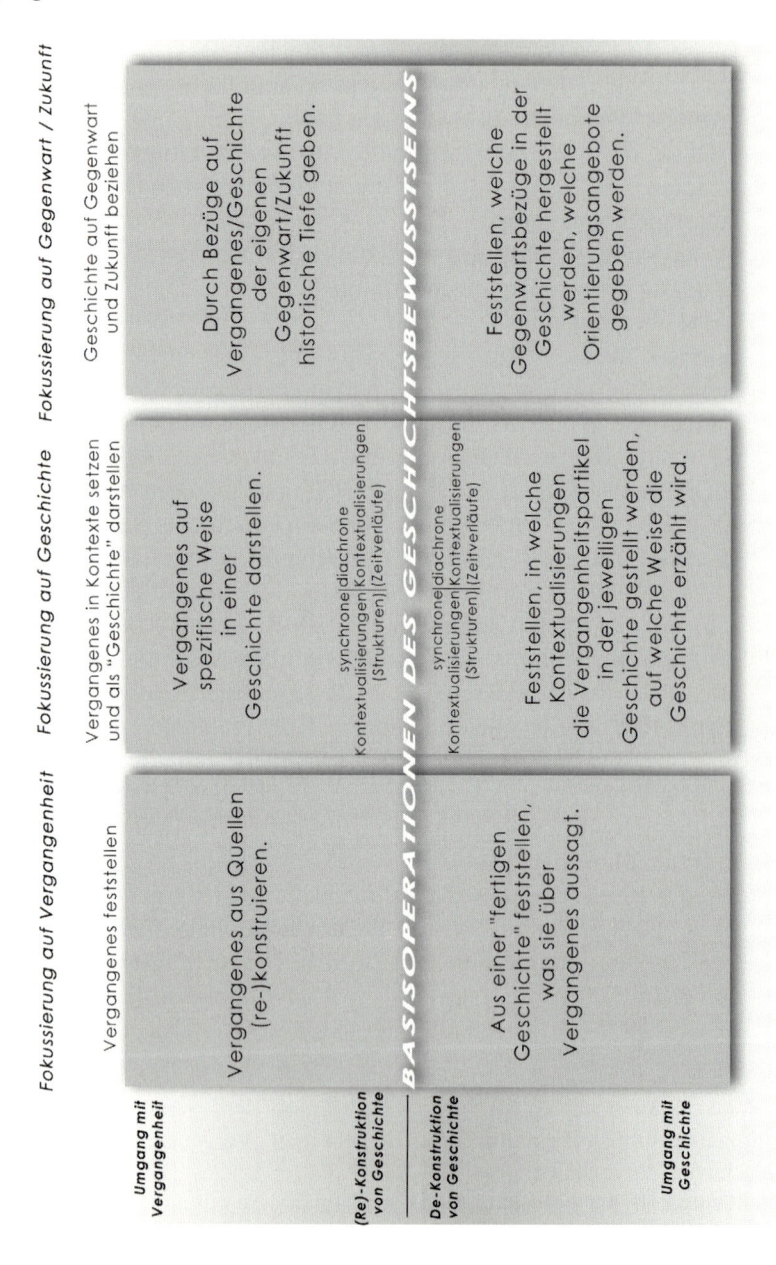

Abb. 60   Die Visualierung der Sechs-Feldmatrix.

c) Operationalisierung von Geschichtsbewusstsein. Aspekt 2: Die Basisoperationen des Geschichtsbewusstseins

Mit Re-Konstruieren ist das aktive selber Schaffen[16] von Geschichte(n) gemeint, bei dem auf Vergangenes zurückgegriffen[17] wird. Es handelt sich um eine Syntheseleistung. Beim De-Konstruieren dagegen erfolgt der Umgang mit fertigen Geschichte(n). Die Operationen des De-Konstruierens setzen analytisch an. Sie enthüllen, was der Autor in Bezug auf die drei Fokussierungen feststellt (was er über Vergangenes behauptet, welche Botschaften er für die Gegenwart gibt, auf welche Weise er seine Geschichte erzählt). Genauere Hinweise erfolgen weiter unten, wenn von den historischen Kompetenzen die Rede ist.

d) Visualisierung von Geschichtsbewusstsein in der Sechsermatrix

Wenn man die Fokussierungen und die Basisoperationen auf einander bezieht, so entsteht, wie in der Graphik sichtbar, eine Sechsermatrix. Sie visualisiert „Geschichtsbewusstsein" und zeigt, worin der Kern des Umgangs mit Geschichte besteht, in den Basisoperationen der Re- und De-Konstruktion und ihren speziellen Ausprägungen hinsichtlich der drei Fokussierungen. Ergänzt werden muss, dass die Sechsermatrix eine idealtypische Momentaufnahme darstellt. Zum Kern des Umgangs mit Geschichte gehört auch das situations- und interessensabhängige Oszillieren zwischen Operationen und Fokussierungen. Die Statik, die die Sechsermatrix suggeriert, ist also zu dynamisieren.[18]

Dabei können unterschiedliche Qualitätsstandards beobachtet und bestimmt werden, die davon abhängen, wie entwickelt das Geschichtsbewusstsein des mit Geschichte Umgehenden ist.[19] Aus geschichtstheoreti-

---

[16] Der Wortbestandteil „konstruieren" wird betont.
[17] Mit „zurückgreifen" wird auf den Wortbestandteil „re" verwiesen.
[18] Vgl. hierzu die Überlegungen Hasberg, W./Körber, A.: Geschichtsbewusstsein dynamisch, in: Körber, A. (Hg.): Geschichte – Leben – Lernen. Bodo v. Borries zum 60. Geburtstag, Schwalbach 2003, S. 177-200.
[19] Wem die Differenz zwischen Vergangenheit und Geschichte bewusst ist, wer die Schwierigkeit der Rekonstruktion von Vergangenheit kennt, der kann leichter Deutungen von Feststellungen unterscheiden und beides hinterfragen bzw. überprüfen. Wer verinnerlicht hat, dass Erkenntnismöglichkeiten, Deutungswünsche und Fragestellungen von der jeweiligen Gegenwart abhängen, hinterfragt auch die eigenen Ergebnisse, und befragt die der anderen adäquater. – Vergleichbare Überlegungen finden sich in den Arbeiten fast aller Geschichtsdidaktiker des deutschsprachigen Raumes.

schen Gründen, die hier nicht näher ausgeführt werden,[20] kann man entwickeltes Geschichtsbewusstsein mit den Adjektiven reflektiert und (selbst-) reflexiv kennzeichnen. Wenn das „Bildungsziel" ist, den reflektierten und (selbst-) reflexiven Umgang mit Geschichte zu fördern, so ist zu fragen, welche Kompetenzen dafür entwickelt werden müssen.[21] Nimmt man die Fachlichkeit des Zieles ernst, so interessieren vorrangig fachspezifische, also historische Kompetenzen.[22]

2. Historische Kompetenzen als Grundlage für den reflektierten und (selbst-) reflexiven Umgang mit Geschichte

Bei den historischen Kompetenzen handelt es sich einerseits um kognitive Fähigkeiten und Fertigkeiten des Re- und De-Konstruierens und des Verfassens bzw. Verstehens narrativer historischer Darstellungen.[23] Dabei sind methodische und inhaltliche Komponenten zu unterscheiden.

Historische Kompetenzen betreffen aber auch die Fähigkeiten und Bereitschaften, unterschiedliche Fokussierungen einzunehmen bzw. zu erkennen, die dadurch zum Ausdruck kommende Funktionen, Chancen und Grenzen der Zuwendung zu Geschichte zu erfassen und situations- und problemabhängig zwischen den Fokussierungen zu oszillieren.[24] Dabei kommen auch nicht-kognitive Komponenten ins Spiel. Es geht um die Motivation für die Beschäftigung mit Geschichte, um identitätsbildende Komponenten, aber auch um pragmatische, das Leben und Zusammenleben unterstützende Komponenten, die u.a. Empathie- und Kommunikationsfähigkeit einbeziehen. – Wieder gibt es methodische und inhaltliche Ausrichtungen.

---

[20] Schreiber, W.: Geschichtsunterricht – mehr als Lernen über Vergangenes. Der Beitrag zur Entwicklung von Reflexionsfähigkeit und Reflexivität, in: Michler, A./Schreiber, W.: Blicke auf Europa. Kontinuität und Wandel, Neuried 2003, S. 385-436.

[21] Dieses Vorgehen greift Überlegungen auf, wie sie in der Expertise zur Entwicklung nationaler Bildungsstandards von Edelgard Buhlmann, Karin Wolff und Eckhard Klieme vorgestellt werden. Vgl. speziell die Hinweise in Kapitel 2, Konzeption von Bildungsstandards, S. 13ff.

[22] Inwiefern diese auch zur Entwicklung von übergreifenden Schlüsselkompetenzen beitragen, ist eine andere, nicht minder wichtige, aber erst in späteren Schritten zu beantwortende Frage.

[23] Auf die kognitiven Dimensionen verweist besonders die Bezeichnung „reflektierter Umgang mit Geschichte".

[24] Die Bezeichnung „(selbst-) reflexiver Umgang mit Geschichte" weist über die kognitive Dimension hinaus, auf emotionale, motivationale, volitionale, lebenspraktische Komponenten hin.

Wie die Sechsermatrix visualisiert, durchdringen sich Basisoperationen und Fokussierungen, reflektierter und (selbst-) reflexiver Umgang mit Geschichte. Insofern Geschichtsbewusstsein sowohl die Akte des Umgehens mit Geschichte meint, als auch die in diesen Akten entstehenden Bewusstseinskonstrukte, durchdringen sich auch Verfahren (→Methodenkompetenz) und Inhalte (→Sachkompetenz). Weil die Objektivationen von Geschichtsbewusstsein notwendig als Narrationen vorliegen (in Wort, Bild, Film oder Ausstellung) ist die sprachliche Verfasstheit in allen sechs Feldern von Bedeutung (→narrativ-kommunikative Kompetenz).

Die Sechsermatrix verdeutlicht auch, dass jedes der Felder unverzichtbar ist für den reflektierten und (selbst-) reflexiven Umgang mit Geschichte. Deshalb können die jeweils zu Grunde liegenden Fähigkeiten und Fertigkeiten zum Umgang mit Geschichte nicht nacheinander aufgebaut werden. Die Kompetenzen müssen parallel, an nach transparenten Kriterien ausgewählten Beispielen entwickelt werden. Das Ziel ist, für die Kompetenzentwicklung unterschiedliche Niveaus auszuweisen.

Mit Methoden-, Sach- und narrativ-kommunikativer Kompetenz werden drei Bereiche von Kompetenzen ausgewiesen, die den reflektierten und (selbst-) reflexiven Umgang mit Geschichte ausmachen.

a) Methodenkompetenz

Unter Methodenkompetenz wird einmal die Fähigkeit subsumiert, die Basisoperationen des Geschichtsbewusstseins, das Re- und das De-Konstruieren, kontrolliert durchführen zu können. Wichtiges Regulativ hierfür ist die Methodik der historischen Forschung.[25] Es geht zum einen um die Vorgehensweisen, aus den erhaltenen Quellen Vergangenheitspartikel festzustellen, und diese zu Geschichten über die Vergangenheit bzw. für die Gegenwart/Zukunft zu formen (=Re-Konstruktion), zum anderen sollen Objektivationen vom Geschichtsbewusstsein, die in der Lebenswelt begegnen, hinterfragt werden können (=De-Konstruktion). Weil jeder Umgang mit Geschichte mit der Entwicklung einer Fragehaltung[26] einsetzt, wird „Fragekompetenz" als Dimension der Methodenkompetenz angesehen.

---

[25] Das trifft vor allem dann zu, wenn man unter historischer Methode mit Rüsen die „Gesamtheit der Regeln des historischen Denkens" versteht (Rüsen, Historische Methode, S. 140, in: Bergmann, K. u.a.: Handbuch der Geschichtsdidaktik, Seelze-Velber ⁵1997, S. 140-144).

[26] So auch Rüsen, J.: Historische Methode, S. 141, in: Bergmann, K. u.a.: Handbuch der Geschichtsdidaktik, Seelze-Velber ⁵1997, S. 140-144.

Fragekompetenz
Den Anstoß für die Entwicklung von Fragen geben z.B. „lebensweltlich wirksame [...] Motive für historische Sinnbildung", wie „die Präsenz der Vergangenheit in der Gegenwart und der darin steckende Impuls, sich dieser sichtbar werdenden Differenz zuzuwenden" oder „die Erfahrung, dass gegenwärtig wahrnehmbare Sinnbrüche durch den Rückgriff auf Vergangenheit besser zu bewältigen sind, als wenn man nur der Gegenwart verhaftet bleibt"[27]. Frageimpulse können aber auch von Präsentationen von Geschichte ausgehen, z.B. von Ausstellungen, oder von Geschichtsunterricht oder von Forschungsergebnissen.[28] Wichtig ist, sich bewusst zu machen, dass die Fragestellung auch steuert, welche Fokussierung eingenommen wird, dass sie zeigt, welche Funktionen der Beschäftigung mit Geschichte zugewiesen wird und welche Rolle für das individuelle und kollektive Leben.

Die Fragen können auf Inhalt oder auf Verfahrensweisen hin ausgerichtet sein, sie können aber auch theoretische Prinzipien aufgreifen. Antworten zu den Fragen finden man mit Hilfe der beiden zentralen Operationen des Geschichtsbewusstseins: Rekonstruktion oder Dekonstruktion.

Re-Konstruktionskompetenz
Der Aufbau der Re-Konstruktionskompetenz ist die Befähigung zur geschichtsbezogenen Synthese: In der Fokussierung auf Vergangenes werden zuerst Quellen, die für die Beantwortung der Frage wesentliche Informationen liefern, gesucht und ausgewählt. Durch den quellenkritischen Umgang werden Vergangenheitspartikel festgestellt. Diese Bausteine werden in der Fokussierung auf Geschichte in bestimmende Kontexte eingebunden. Die Wahl der Kontexte ist nicht beliebig. Sie hängt ab von der verfolgten Fragestellung, folgt Sachzwängen und wird mitbestimmt von den Intentionen, den Fähigkeiten und Fertigkeiten, auch von den Abhängigkeiten des Autors. Die Ergebnisse dieser Syntheseleistung werden in einem ausgewählten Medium, oft in adressatenspezifischer Weise, dargestellt. – In der Fokussierung auf Gegenwart/Zukunft bedeutet Re-

---

[27] Schreiber, W.: Die Entwicklung historischer Sinnbildungskompetenzen als Ziel des historischen Lernens mit Grundschülern, in: Schreiber, W.: Erste Begegnungen mit Geschichte, Band 1, Neuried 1999, S. 44.

[28] Der Kompetenz, Fragen zu entwickeln ist die Kompetenz, die Fragen weiter zu verfolgen, untergeordnet. Man könnte weiter ausdifferenzieren und auch von einer eigenen Recherchekompetenz sprechen.

Konstruieren das Herstellen und Formulieren von Gegenwarts- und Zukunftsorientierungen.

De-Konstruktionskompetenz
Auf dem Gebiet der Dekonstruktion kompetent zu sein, umfasst die Fähigkeit, den entgegen gesetzten Weg zu gehen: Der Fragestellung entsprechend werden „fertige Geschichten", also Rekonstruktionen anderer, ausgewählt, und nach den drei Fokussierungen analysiert. Die Plausibilität der Behauptungen muss im Anschluss an die De-Konstruktion überprüft werden, Schwerpunktsetzungen und Weglassungen sind zu diskutieren, ev. ergibt sich die Notwendigkeit alternativer Re-Konstruktionen.

Beide Kompetenzen erfordern die Fähigkeit zu Kritik und Interpretation. Ein Oszillieren zwischen den Operationen ergibt sich ganz selbstverständlich. – Um die bei der Dekonstruktion sichtbar gewordenen Behauptungen zu überprüfen, ist oft die Zuhilfenahme von Quellen notwendig. – Die enge Verzahnung der beiden Operationen führt dazu, dass sie sich gegenseitig fördern: Ist jemand in der Lage zu rekonstruieren, hat er das Prinzip verstanden, wie Geschichte entsteht, wird es ihm auch nicht schwer fallen, Zugang zur Dekonstruktion zu finden. Genauso kann man davon ausgehen, dass der, der de-konstruieren kann, mit dem Prinzip der Re-Konstruktion keine ernsthaften Schwierigkeiten haben wird. Beide Kompetenzen greifen ineinander über.[29]

b) Sachkompetenz

Will man sich adäquat mit Vergangenheit und Geschichte auseinandersetzen, gehört es nicht nur dazu, zu wissen, wie Geschichte entsteht, beziehungsweise wie man sie analysiert und entsprechende Fragen entwickelt, welche Funktionen sie hat, sondern man muss auch über den Gegenstand, mit dem man sich befasst, verfügen können. Nur wer z. B. ein gewisses Gerüst an Wissen über Vergangenes verinnerlicht hat, kann sich orientieren, kann Fehler oder mangelnde Plausibilität erkennen (vor allem in der Beschäftigung mit fertigen Darstellungen). Sachkompetenz umfasst damit die Fähigkeit, strukturiertes Wissen zu ausgewählten Gegenständen aufzubauen, es zu systematisieren, in Kontexte zu setzen, es zu hinterfragen, es in seiner Bedeutung zu begründen, es situations- und sachgerecht einzusetzen. Franz Weinert spricht von intelligentem Wis-

---

[29] Vgl. Schreiber, W.: Förderung der historischen Kompetenz, in ZGD 2 (2003), S. 28-37; vgl. auch Hasberg/Körber, Geschichtsbewusstsein dynamisch, in: Körber, A. (Hg.): Geschichte. Leben. Lernen. Festschrift für Bodo v. Borries zum 60. Geburtstag, Schwalbach 2003, S. 177-200.

sen,[30] die Expertise „Zur Entwicklung nationaler Bildungsstandards" von „grundlegenden Begriffsvorstellungen" und von „Grundlagenwissen"[31], die „Principles and Standards" zum Mathematikunterricht an amerikanischen Schulen[32] weisen Lerninhalte aus, die in einem verständnisbasierten und problemorientierten Unterricht erarbeitet werden sollen.

Gerade das letzte Beispiel weist darauf hin, dass der Aufbau von Sachkompetenz nur unter Zuhilfenahme der entsprechenden Methoden möglich ist. Deshalb wird auch an dieser Stelle die Verzahnung der unterschiedlichen Kompetenzen deutlich.

---

[30] Weinerts Publikationen zu „intelligentem Wissen", und „vernetztem Lernen" wurden und werden breit rezipiert. Hier sei auf den Aspekt verwiesen, dass nach Weinert der Erwerb von Schlüsselqualifikationen unterschiedlicher Allgemeinheitsgrade mit dem Erwerb wichtigen inhaltlichen Wissens zu verbinden sei. (Vgl. die pointierte Zusammenfassung in: Franz E. Weinert, Wissen und Denken – über die unterschätzte Bedeutung des Gedächtnisses für das menschliche Denken, gehalten am 7. Dezember 1996. Bayerische Akademie der Wissenschaften (Hg.): Jahrbuch 1996, S. 101: „ Zweite These: Lernen und Denken lassen sich als solche nur sehr begrenzt lernen und üben. Der größte praktische Nutzen ergibt sich, wenn der Erwerb inhaltlichen Wissens mit dem Aufbau allgemeiner Lernstrategien und Denkkompetenzen eng verknüpft wird. Oder – um Jean Paul zu zitieren: Denken lernt man nicht aus Regeln zum Denken, sondern am Stoff zum Denken. […] Vierte These: Der Erwerb intelligenten Wissens kann nicht durch passives, mechanisches und unselbständiges Lernen erfolgen, sondern erfordert eine aktive, konstruktive und zunehmend selbstverantwortliche Haltung des Lernenden. Fünfte These: Der Aufbau einer intelligenten Wissensbasis erfordert viele Jahre intensiven Lernens. Defizite lassen sich durch kurze Trainings- und Animationsseminare nicht kompensieren. Eine breite, solide Allgemeinbildung und der Erwerb eines flexibel nutzbaren fachlichen Wissens sind nicht ersetzbar. Diese Aussage ist eine wissenschaftliche Schlussfolgerung aus den verfügbaren empirischen Studien und nicht eine ideologisch motivierte bildungspolitische Forderung." Vgl. auch Weinert, F.: Neue Unterrichtskonzepte zwischen gesellschaftlichen Notwendigkeiten, pädagogischen Visionen und psychologischen Möglichkeiten, in: Bayerisches Staatsministerium für Unterricht, Kultus, Wissenschaft und Kunst: Wissen und Werte für die Welt von morgen, München 1998, S.101-125; Vgl. auch Weinert, F. E. (Hg.): Psychologie des Lernens und der Instruktion, Enzyklopädie der Psychologie, Bd.2, S. 49 – 82, Göttingen 1996.

[31] Zu Nationalen Bildungsstandards vgl.: www.bmbf.de/pub/zur_entwicklung_nationaler_bildungsstandards.pdf, S. 19.

[32] National Council of Teachers of Mathematics: Principles and Standards for school mathematics, Reston 2000.

c) Narrativ-kommunikative Kompetenz

Die narrativ-kommunikative Kompetenz nimmt eine Zwischenstellung zwischen Methoden- u Sachkompetenz ein. Jede Beschäftigung mit Vergangenheit oder den Geschichten über sie ist auf eine spezifische Weise an Sprache gebunden: Als Ergebnisse einer Rekonstruktion wird ein Text geschaffen, der, zumindest in der Fokussierung auf Geschichte und in der Fokussierung auf Gegenwart/Zukunft, Zeitebenen miteinander verknüpft. Die Informationen dafür können sowohl aus Quellen als auch aus bereits fertigen Darstellungen stammen; die Entwicklung der Narration aber ist eine eigenständige, synthetische Leistung.

Das De-Konstruieren erfordert neben „Lese-"kompetenzen und der Fähigkeit zu analysieren auch die Fähigkeiten, Historisches wiederzugeben. In der Terminologie Hans-Jürgen Pandels gesprochen handelt es sich dabei im Idealfall um „rezensierendes Erzählen"[33].

Sowohl dem Verfassen eigener Narrationen als auch dem Analysieren fremder gehen in der Regel kommunikative, diskursive Prozesse voraus, z. B. wenn die eigene Sichtweise mit der anderer abgeglichen wird. Das über-Geschichte-Sprechen folgt nicht nur den allgemeinen Regeln der Kommunikation, sondern auch eigenen, vom Gegenstand her bestimmten. Die Notwendigkeit, ständig zwischen Zeitebenen differenzieren zu müssen, und das auch sprachlich zum Ausdruck zu bringen, ist ein sofort einsichtiges Beispiel.

Auch die Entwicklung von Sachkompetenz geht mit der Versprachlichung von Ergebnissen einher (beschreiben, Begriffe und Kategorien bilden, deren Anwendung in neuen Situationen). Sachkompetenz entwickelt sich häufig im Dialog, im Kommunizieren über die Themen, im Vergleich von Sprachformen, im Begründen, Argumentieren, Abwägen.

Das Ausweisen von historischen Kompetenzen hat den Sinn, den Umgang mit Geschichte zu operationalisieren. Die Planung museumspädagogischer Maßnahmen kann auf sie zurückgreifen. Auf Beispiele wird jetzt aber nicht näher eingegangen. Die einzelnen Beiträge stellen die Bezüge zum Theoriefundament ihrerseits her.

Das Schlusskapitel dieses Aufsatzes geht vielmehr auf Ausstellungen als Lernorte ein, und schafft auch in dieser Hinsicht Grundlagen für die anderen Kapitel dieses Bandes.

---

[33] Pandel, H.-J.: Erzählen und Erzählakte. Neuere Entwicklungen in der didaktischen Erzähltheorie, in: Demantowsky, M./Schönemann, B. (Hgg.): Neue geschichtsdidaktische Positionen, Bochum 2002, S.39-55.

II. Ausstellung: Ein Ort, der historisches Lernen möglich macht
(Stefanie Zabold)

1. Ausstellungen als Teil der Geschichtskultur

Geschichtsbewusstsein und Geschichtskultur sind in einer Wechselbeziehung miteinander verbunden. Die Grafik unten visualisiert das: Geschichtskultur umfasst den „Gesamtbereich der [objektivierten] Aktivitäten des Geschichtsbewusstseins"[34]. In ihr manifestiert sich nach Rüsen „die Deutungsleistung des Geschichtsbewusstseins und ihr Produkt, das Sinngebilde Geschichte"[35].

Allerdings sollte man Geschichtskultur nicht nur in Bezug auf die Macher betrachten. Die in einer Gesellschaft präsente Geschichtskultur hängt vom Geschichtsbewusstsein derer, die die Objektivationen schaffen, der „Professionals", wie Schönemann sagt, ebenso ab, wie von dem der Institutionen und vom Geschichtsbewusstsein der Rezipienten. Am Beispiel der Ausstellung heißt das: Sie ist als Objektivation Teil der Geschichtskultur. Das Warum, Was und Wie hängt vom Geschichtsbewusstsein des inhaltlich verantwortlichen Kurators ebenso ab, wie vom Geschichtsbewusstsein des Gestalters, des Trägers und der Institution (und von den Ressourcen, die zur Verfügung stehen), aber auch vom angenommenen Geschichtsbewusstsein der Besucher (Besucherorientierung) und von gesellschaftlichen Gepflogenheiten. Zugleich gibt die Ausstellung den Besuchern, manchmal auch den Trägern, Impulse für die Fortentwicklung ihres Geschichtsbewusstseins. Damit beeinflusst sie als Teil der Geschichtskultur diese zugleich.

---

[34] Rüsen, J. Geschichtskultur, S. 38, in: Bergmann, K. u.a., Handbuch Geschichtsdidaktik, Seelze-Velber ⁵1997, S. 38-41.

[35] Rüsen, J.: Kann gestern besser werden?, Berlin 2003, S. 121. In letzter Zeit hat auch Bernd Schönemann sich mit den beiden Kategorien Geschichtsbewusstsein und Geschichtskultur befasst. Er spricht davon, dass das Geschichtsbewusstsein und die Geschichtskultur „widerspruchsfrei unter dem Dach der Zentralkategorie „Geschichtsbewusstsein in der Gesellschaft" angesiedelt werden können, dass sie einander zu ergänzen und zu schärfen vermögen" (Schönemann, Geschichtsdidaktik und Geschichtskultur, S. 44, in: Mütter Bernd, u.a., Geschichtskultur. Theorie-Empirie-Pragmatik, Weinheim 2000, S. 26-58). Er begreift Geschichtskultur als kollektives Konstrukt, „das auf dem [...] [Weg] der Externalisierung entsteht und uns in Objektivationen mit dem Anspruch auf Akzeptanz gegenübertritt". Das Geschichtsbewusstsein ist für ihn ein „individuelles Konstrukt, das sich in Internalisierungs- und Sozialisationsprozessen aufbaut".

2. Die Ausstellung und ihre besonderen Chancen für historisches Lernen

Die Konzeptionen von Ausstellungen sind durch das Zusammenspiel von Inhalten/Themen, Gestaltung und Vermittlungsabsichten geprägt. In die Frage, welche Ausstellung macht welche Institution warum für wen, fließen einerseits historische, geschichtsdidaktische und geschichtstheoretische Überlegungen ein, andererseits ist der Adressatenbezug von stets wachsender Bedeutung. Entwickelt werden Ausstellungen meist von Ausstellungskuratoren und Gestaltern, die in der Regel den Trägern Rechenschaft schulden. Nur selten werden auch Museumspädagogen und Museumsdidaktiker in die Konzeption einbezogen. Vermutlich wäre es ein Weg, die Besucherorientierung zu stärken, wenn die, die hautnah mit Besuchern zu tun haben, und die, die über Ziele, Formen und Wege der Vermittlung nachdenken, bereits in die Konzeptionierung von Ausstellungen eingebunden würden.

In aller Regel sind es wohl aber vor allem Kurator und Gestalter, die die Exponate (die der Vergangenheit entstammen) mit gestalterischen Elementen, Texten und Reproduktionen, Karten und Modellen so verbinden, dass eine Geschichte entstehen kann. Diese versucht einerseits, einer bestimmten Fragestellung folgend, der vergangenen Wirklichkeit auf die Spur zu kommen. Andererseits will sie Besucher und Thema zusammenbringen. Je mehr die Verantwortlichen sich dabei von geschichtswissenschaftlichen Kategorien leiten lassen, desto plausibler wird ihre Geschichte. Aus der Sicht von Geschichtstheoretikern und Geschichtsdidaktikern gehört zu einer gelungenen Ausstellung auch, dass sie Geschichte nicht als Abbild der Vergangenheit darstellt; dass sie zeigt, wie Geschichte entsteht, dass sie den Rezipienten zum Nachdenken anregt, ihn dazu befähigt, sich adäquat in der Geschichtskultur zu bewegen. Die Kunst der Ausstellungsmacher ist es, dies auf kreative, inspirierende, auch Ästhetik und Emotion beachtende Weise zu tun. So soll die Motivation zum Hingehen, zum Verweilen und zum Wiederkommen erzeugt werden.

Bedenkt man, dass die originalen Exponate das Herzstück einer jeden Ausstellung darstellen,[36] darf die Aura der einzelnen Objekte nicht zu

---

[36] Originalen, dreidimensionalen Exponaten kann der Geschichtsinteressierte am ehesten in Ausstellungsräumen begegnen. Kein Buch, kein Film, kein Geschichtsunterricht kann hier konkurrieren. Andreas Michler weist darauf hin, dass „man sich bei der Ausstellung vornehmlich auf die interpretierende Darstellung der Geschichte mit Hilfe der Exponate" (Michler, A.: Museum und Ausstellung, in: Schreiber, W.: Erste Begegnungen mit Geschichte, Band 1, Neuried 1999, S. 563) konzentriert. Die Exponate erhalten in der Ausstel-

kurz kommen. Berücksichtigt man aber zugleich, dass die Exponate nicht per se schon Geschichten erzählen, sondern erst zum Sprechen gebracht werden müssen, gewinnen Ausstellungskonzepte vergleichsweise an Bedeutung.

Eine lange Liste an wichtigen Anregungen könnte zusammengestellt werden, die das Ziel haben, den Besuchern positive Erfahrungen zu ermöglichen: Ästhetische Gestaltung, eine angenehme Atmosphäre, das Einbetten in die Lebenswelt der Besucher, das Aufgreifen ihrer Seh- und Rezeptionsgewohnheiten. Erlebnis und ein Schuss Event dürfen nicht fehlen. Die Maßnahmen erinnern an „Wohlfühl- und Kuschelpädagogik"– und haben ihren Sinn, zumal, wenn man bedenkt, dass Ausstellungsbesuche Freizeitaktivitäten sind. Allerdings: Geht man davon aus, dass auch Lernen Spaß machen kann, dass die Fähigkeit zu lebenslangem Lernen eine der Auszeichnungen des Menschen ist, dann sollten Ausstellungen geradezu damit werben, dass sie nicht nur „Wellness" ermöglichen, sondern auch „Lernort" sind. Die Herausforderung für die Verantwortlichen besteht dann in folgenden Punkten:

- in der Ausstellung solche Fragen zu verfolgen, deren Beantwortung möglichst viele Besucher interessiert, und dabei so unterschiedliche Ebenen einzubeziehen, dass der Laie wie der „Geschichtsfreak" das Seine entdecken kann,
- Arrangements zu finden, die neugierig machen, und Lust, selber nach Lösungen zu suchen,
- sich Inszenierungen zu überlegen, die zum Denken anregen und nicht das Denken unnötig machen,
- Geschichte nicht als das Abgeschlossene darzustellen, sondern als immer wieder Neues,
- spannende Bezüge zwischen den Abteilungen und Exponaten anzulegen, die darauf warten, entdeckt zu werden,
- Methodenkenntnisse aufzubauen, die an anderer Stelle wieder angewandt werden können,
- Fragen zu stellen, ohne gleich alle Antworten zu liefern, vielleicht sogar, ohne die Antworten zu kennen,
- Vergangenes in die Gegenwart hineinragen zu lassen, und Gegenwärtiges als Anstoß zum Nachbohren in der Vergangenheit zu nehmen,
- Orientierungsangebote zu machen, aber nicht vorzuschreiben etc.

---

lung, bedingt durch das konkrete Thema, einen eindeutigeren Interpretationsrahmen, als in einem Museum mit vielfältigen Sammlungsbeständen.

Um die Motivation aufzubauen, sich auch außerhalb des Geschichtsunterrichts mit historischen Inhalten zu beschäftigen und sich in seiner historischen Kompetenz weiter entwickeln zu wollen, gibt es keinen Königsweg. Es ist aber klar, dass die Exponate, weil sie das sind, was eine Ausstellung auszeichnet, dabei eine Rolle spielen müssen, und die Geschichte(n), die mit ihrer Hilfe erzählt werden. Insgesamt sollte es um ausstellungsspezifische Fähigkeiten gehen, die die Besucher im Idealfall erlernen oder verbessern. Die Re- Konstruktionskompetenz im Umgang mit Exponaten zu fördern, und zur De- Konstruktion von Ausstellungskonzepten zu befähigen sind z. B. bereichsspezifische Angebote, die nur Ausstellungen machen können.

Die Ausstellungsbesucher können sich allein oder mit Partnern auf den Weg durch die Ausstellung machen, um, je nach „Zustand" oder Niveau ihres Geschichtsbewusstseins, die Angebote, die in der Konzeption stecken, aufzugreifen, sich fesseln zu lassen, über die in der Ausstellung erzählte Geschichte zu reflektieren – oder eben nicht.

Heiner Treinen, und mit ihm andere Besucherforscher beschreiben immer wieder ein Verhalten, das sie als window-shopping bezeichnen[37]: Der Besucher bummelt durch die Ausstellung, lässt sich durch die unterschiedlichsten Reize zum Verweilen motivieren. Er nimmt wahr, was ihn interessiert. Das ist nur in geringem Maße kompatibel mit dem, was der Ausstellungsmacher vermitteln will. Neben dem Schaufenster-Bummler gibt es, gerade in den historischen Ausstellungen, aber auch andere Typen von Ausstellungsbesuchern: Die einen suchen die Linie des Kurators, wollen sich, aus unterschiedlichen Gründen, an ihr orientieren. Wieder andere kommen mit Vorwissen in die Ausstellung, wählen sich die Exponate, mit denen sie sich befassen wollen, gezielt aus. Eine weitere Gruppe entscheidet sich dafür, nicht allein durch die Ausstellung zu gehen, sondern sich „Profis" anzuschließen, um sich auf diese Weise gezielt einem Lernprozess zu unterziehen.

Die museumspädagogischen Programme sind, das sollte man nicht übersehen, eine besondere Chance von Ausstellungen. Jeder, der möchte, kann sich angeleitet mit der Ausstellung oder mit einzelnen Aspekten in ihr beschäftigen. Jeder kann sich also – jenseits von Geschichtsunterricht – für ein ganz konkretes Vorankommen in seinem historischen Lernen entscheiden. Das ist mehr, als Kino, Buch oder Theater bieten können. Die professionelle Anregung durch einen guten Museumspädagogen kann

---

[37] Treinen, H.: Das Museum als Massenmedium - Besucherstrukturen, Besucherinteresse und Museumsgestaltung, in: ICOM/CECA (Hg.): Museumsarchitektur für den Besucher, Hannover 1981, S. 13-32, hier: S. 26.

auch nicht durch das Gespräch im Nachhinein in privater Runde ersetzt werden, nicht einmal durch die Kommunikation unter Besuchern in der Ausstellung.

Ausstellungen bergen in sich drei Pluspunkte, die sie zu Orten machen, an denen Lernen Spaß machen kann: das nur hier zugängliche Original-Exponat; die motivierende, auch zur Reflexion anregende Gestaltung; der von Profis angeleitete Umgang mit Exponaten und Darstellungen. Dieser Tatsache sollten sich Ausstellungsmacher und Besucher, und natürlich auch die Museumspädagogen bewusst sein.

3. Museumspädagogik – das gezielte personale Vermittlungsangebot in Ausstellungen

Museumspädagogik gehört zu den schillernden Begriffen in der Geschichtskultur. Eine auch nur im Ansatz einheitliche Definition ist aus der aktuellen Literatur nur schwer herauszulesen. Zacharias und Weschenfelder, Köster oder Tripps, um nur einige wenige Autoren zu nennen, setzen ganz unterschiedliche Schwerpunkte. Auch wenn sie sich mit historischen Ausstellungen befassen, klammern sie geschichtstheoretische und geschichtsdidaktische Überlegungen weitgehend aus. Das erstaunt aber, weil gerade die Geschichtsdidaktik sich mit historischem Lernen oder der Funktion von Geschichte in der Gesellschaft beschäftigt.

Es wird in den nächsten Absätzen versucht[38], den Ergebnissen dieser Disziplin in der folgenden Definition von Museumspädagogik einen entsprechenden Stellenwert einzuräumen. Dieses Verständnis von Museumspädagogik wird in drei Schritten aufgezeigt: Den Ausgangspunkt bildet meine eigene Definition, dann werden die Ziele und Aufgaben benannt. Im dritten Schritt wird das Zusammenspiel mit Pädagogik, Didaktik und Methodik thematisiert. In einem abschließenden Fazit werden die Ausführungen noch einmal zusammenfassend auf den Punkt gebracht. Wie bereits angemerkt, visualisiert eine Grafik dieses Verständnis von Museumspädagogik:

---

[38] Die Überlegungen zur Museumspädagogik hat Stefanie Zabold in ihrer Zulassungsarbeit (für die Zulassung zum ersten Staatsexamen für Grundschulen in Bayern) „Förderung eines reflektierten und (selbst-) reflexiven Umgangs mit Geschichte bei Grundschülern durch die Arbeit in historischen Ausstellungen" entwickelt.

Bildungschance Ausstellung 219

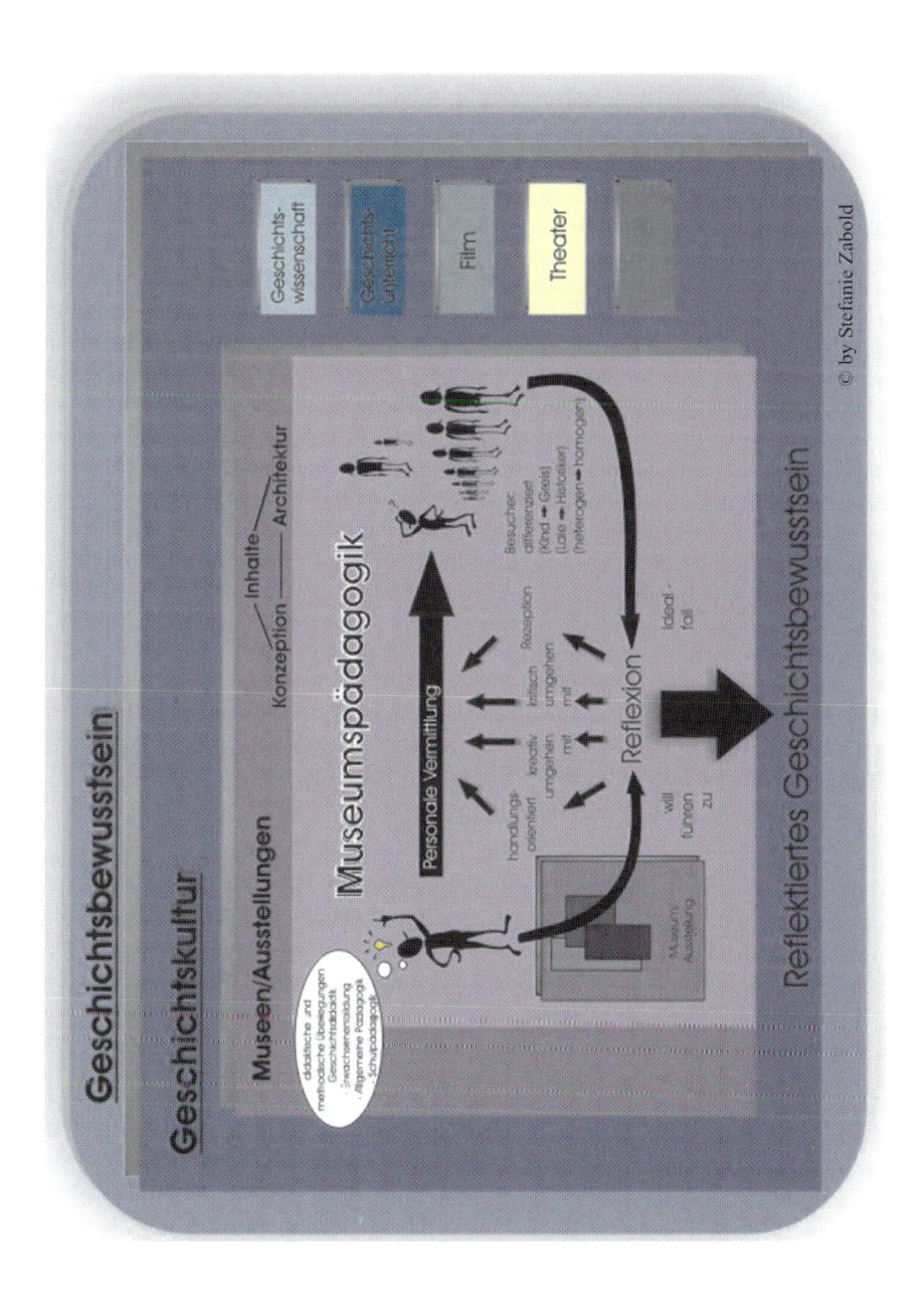

Abb. 61   Grafik zum Verständnis des Begriffs „Museumspädagogik".

a) Museumspädagogik – Definition und Akteure

Unter Museumspädagogik wird hier allein die personale Vermittlung verstanden, wie sie in Dauerausstellungen der Museen und in temporären Ausstellungen stattfindet. Die daran beteiligten Partner sind auf der einen Seite die Museumspädagogen und auf der anderen die Besucher.

Damit wird ein Aspekt dezidiert ausgeschlossen: Die Konzeption einer Ausstellung gehört nicht primär zu den Aufgaben der Museumspädagogik. Der einzelne Museumspädagoge kann zwar, aufgrund seiner Erfahrung, wertvolle Anregungen geben; er ist dann aber, wie der Kurator oder der Gestalter auch, als Ausstellungsmacher und nicht als Museumspädagoge tätig. Die Tätigkeit als Museumspädagoge setzt ein, wenn die Ausstellung fertig ist. Es handelt sich dabei um eine ganz andere Art von Umgang mit Vergangenheit/Geschichte, als beim Konzipieren der Ausstellung. Während es hier um die Rekonstruktion von Vergangenem und die Darstellung als Geschichte(n) geht, agiert der Museumspädagoge mit einer fertigen Geschichte. Er versucht denjenigen, den er anleitet, in der Entwicklung seines Geschichtsbewusstseins weiter zu bringen, indem er dessen historische Kompetenz durch den Umgang mit der Ausstellung ausdifferenziert.

Die Gruppe der potenziellen **Ausstellungsbesucher**, an die sich das Dienstleistungsangebot der Museumspädagogik richtet, ist prinzipiell so heterogen, wie die Bevölkerung als Ganzes. Jeder kann in die Ausstellung kommen, das Kind, genauso wie der Greis. Als Besucher kommt der Laie ebenso in Frage, wie der Historiker. Auch die Gruppen, mit denen der Museumspädagoge schließlich arbeitet, können sehr verschieden sein: Die Palette reicht von der bunt zusammen gewürfelte Großgruppe an einem verregneten Sonntag,[39] zur relativ homogenen Kleingruppe eines historischen Vereins. Jeder hat den Anspruch und auch das Recht, aus der Ausstellung etwas für ihn Bedeutsames mitzunehmen.

Auch die **Museumspädagogen** sind eine heterogene Gruppe. Bisher gibt es keine vorgeschriebene Ausbildung, die zukünftiges Führungspersonal durchlaufen haben muss, um in diesem Feld tätig werden zu können. Einige Universitäten und Fachhochschulen machen erste Professionalisierungsangebote, so seit 2000 auch die Katholische Universität Eichstätt-Ingolstadt mit dem dort eingerichteten Erweiterungsstudiengang Geschichtskultur[40]. Es soll an dieser Stelle keine Profilierung für die

---

[39] In zahlreichen Ausstellungen gibt es fixe Termine, an denen immer Standard- und Überblicksführungen durchgeführt werden, egal wer da ist und wie viele es sind.

[40] Vgl. die Hinweise unter

Ausbildung zukünftiger Museumspädagogen versucht werden. Einige Kompetenzen, über die jeder Museumspädagoge verfügen sollte, werden aber aufgeführt:

Wollen Museumspädagogen ihre Besucher im Umgang mit Geschichte voran bringen, so müssen sie selbst reflektiert und (sebst-)reflexiv mit Geschichte umgehen können, also historisch kompetent sein. Wie oben ausgeführt, heißt das mehr, als Kenntnisse zum Thema zu haben. Notwendig ist auch die De- und Re-Konstruktionsfähigkeit, die Fähigkeit vielfältige Fragen zu entwickeln, auf Fragen sachadäquat reagieren zu können,[41] die Fähigkeit, triftige Geschichte(n) gruppenabhängig erzählen zu können und gruppenabhängige Orientierungsangebote zu machen.

Neben diesen fachspezifischen Fähigkeiten sollten Museumspädagogen außerdem über Fähigkeiten und Fertigkeiten aus den Feldern der Pädagogik und Didaktik im Allgemeinen verfügen, z. B. die Kompetenz, als Moderator[42] ein Gespräch adäquat anzuleiten.

b) Ziele und Aufgaben von Museumspädagogik

Die Ziele der personalen Vermittlung können im Hinblick auf das historische Lernen ganz unterschiedlich sein. Es kann hauptsächlich darum gehen, die Sachkompetenz der Besucher aufzubauen. Historisches Lernen kann aber auch dadurch gefördert werden, dass das Ausstellungskonzept hinterfragt wird, im positiven wie im negativen Sinne: Es ist durchaus nicht illoyal, Stellen, an denen der Kurator zu sehr geglättet hat, aufzubrechen, indem man neben die Darstellung in der Ausstellung andere Sichtweisen stellt.

Selbstverständlich kann der Museumspädagoge auch auf die Förderung von Fragekompetenz abzielen oder auf die Kompetenz, Bildquellen, zum Beispiel Porträts, adäquat zu erschließen (Aspekt der Re-Konstruktionskompetenz) oder darauf, die in Historiengemälden dargestellte Geschichte zu de-konstruieren.

Sowohl Sach- als auch Methodenkompetenz können auch auf dem Wege der Handlungsorientierung gefördert werden. Dabei kann der Museumspädagoge zu besonders intensiver Kopfarbeit anregen oder er kann Tun mit den Händen im Blick haben. Vor allem in Kombination mit Kunst kann er auch zu einem sehr kreativen Umgang mit der Ausstellung oder ihren Gestaltungselementen beziehungsweise Exponaten anregen.

---

www.ku-eichstaett.de/Fakultaeten/GGF/fachgebiete/Geschichte/DidGesch/studiengang_geschichtskultur/

[41] Das ist etwas anderes, als alle Fragen beantworten zu können.
[42] Vgl. hierzu Zabold, Themengespräch, S. 503 in diesem Band.

Wie bei der Handlungsorientierung können hier ebenfalls die unterschiedlichsten historischen Kompetenzen im Zentrum stehen.[43] Diese Formen der personalen Vermittlung, sind nur ein Ausschnitt dessen, was möglich ist.

Jeder angeleitete Umgang mit Vergangenheit/Geschichte hat im Idealfall zum Ziel, den Aufbau von reflektiertem und (selbst-)reflexivem Geschichtsbewusstsein zu unterstützen. Das heißt, dass die historischen Kompetenzen angebahnt oder ausgebaut werden sollen, auf unterschiedlichen Niveaus, je nachdem wie ausdifferenziert sie bereits sind. In Anbetracht der Tatsache, dass der Museumspädagoge seine Besucher in der Regel nicht kennt, ist das Einschätzen der Gruppe ein besonders schwieriges Unterfangen, das sehr viel Sensibilität erfordert. Das Anregen von Reflexion ist dabei ein möglicher Weg. Es darf im Umgang mit Geschichte – und historische Ausstellungen sind wie gesagt Geschichten über Vergangenes – nicht um „glatte Geschichten" gehen, die keinen Unterschied zwischen der vergangenen Wirklichkeit und unseren Re-Konstruktionen machen. Die Differenz kann Lernenden auf viele Weisen bewusst gemacht werden – und weil historisches Lernen ein lebenslanger Prozess ist, sind Kind wie Erwachsener Lernende. Ein Weg kann die Förderung von Methodenkompetenz sein. Hier sollte der Schwerpunkt auf dem Umgang mit Exponaten liegen, weil diese, wie festgestellt, das Besondere sind, das Ausstellungen auszeichnet. Versucht man z. B. mit Hilfe medizinischer Instrumente den Umgang mit Krankheit zu rekonstruieren, können Besucher zweierlei lernen: Zum einen, wie aussagekräftig Exponate, gerade wenn sie vom Ausstellungsmacher in Arrangements eingebunden sind, sein können. Zum anderen erfahren sie am konkreten Fall aber auch die Grenzen der Re-Konstruierbarkeit.

Auf die Differenz Vergangenheit-Geschichte werden Besucher auch aufmerksam, wenn man ihnen hilft, Gestaltungsprinzipien von Ausstellungen zu erkennen.

Sachkompetenz erschöpft sich nicht im Faktenwissen. Speziell hier dürfen Besucher, und gerade auch Erwachsene, nicht überfordert werden: Wenn der erwachsene Besucher, der mit Neuem konfrontiert wird, einige wenige ausgewählte Daten mit nach Hause nimmt – diese aber immer wieder in neuen Zusammenhängen gesichert, und so anwendungsfähig gemacht – dann ist auch das ein Schritt auf dem Weg zum reflektierten Umgang mit Geschichte.

Je „besser" die Ausstellung ist, je reflektierter der Ausstellungsmacher also mit Geschichte umgeht, desto niveauvoller kann der Museums-

---

[43] Vgl. hierzu Zabold/Lehmann, Kinderkatalog, S. 595 in diesem Band.

pädagoge mit seiner Gruppe arbeiten: Gibt der Ausstellungsmacher dem Besucher die Möglichkeit, Inszenierungen zu verstehen, schriftliche Quellen, z. B. über Hörstationen, zu rezipieren, stellt er, durch Verfremdung vor Augen, dass es sich bei einer Inszenierung nicht um vergangene Realität handelt, unterstützt er nicht nur den Einzelbesucher, sondern eben auch den Museumspädagogen.

Einzelbesucher sind auf die nichtpersonale Vermittlung in Form der fertigen Ausstellung angewiesen. Dass der Ausstellungsmacher dabei nicht den Idealbesucher mit ausdifferenziertem Geschichtsbewusstsein im Blick haben soll, ist angeklungen. Hilfen braucht gerade derjenige, der in seinem historischen Lernen noch nicht so weit ist. Er braucht Stellen in der Ausstellung, die ihn quasi „von sich aus" dazu animieren, historische Kompetenzen aufzubauen und zu reflektieren. Der Ausstellungsmacher von „Mühldorf a. Inn – Salzburg in Bayern" hat versucht, seine Ausstellung so zu gestalten, dass sie diese Aufgabe erfüllte.[44]

c) Museumspädagogik: das Zusammenspiel mit Pädagogik, Didaktik und Methodik

Die bisherigen Überlegungen wurden vor allem an der Geschichtsdidaktik, der Wissenschaft vom historischen Lernen, ausgerichtet, eben weil in der historischen Ausstellung historisches Lernen stattfindet. Museumspädagogik ist die personalisierte Form des Anleitens beziehungsweise der Anregung zum Lernen.

Deswegen werden museumspädagogische Programme aber nicht gleich zu Schulunterricht. Das breite Repertoire an Methoden, das die allgemeine Pädagogik, Schulpädagogik und Erwachsenenbildung im Zusammenspiel zur Verfügung stellen können, kann eine große Hilfe sein. Es sollte als eine Art Fundus verstanden werden, auf den der Museumspädagoge zurückgreifen kann, um seine Arbeit zu konzipieren, sie nach geschichtsdidaktischen Kriterien gut und für den Besucher gleichzeitig abwechslungsreich und interessant zu gestalten. Die für andere Lernorte und Inhalte entwickelten Ansätze können natürlich nicht ohne Modifikation einfach in die Museumsarbeit übernommen werden. Sie sind entsprechend anzupassen – und zwar auf jedes museumspädagogische Angebot von neuem.

---

[44] Vgl. Hamberger, Ausstellungskonzept, S. 19 in diesem Band.

4. Fazit

Die Ausstellung ist ein Ort, an dem historisches Lernen gut gefördert werden kann. Sie birgt Vorteile in sich (wie beispielsweise die Originalexponate oder die Ästhetik der Gestaltung), die auf historisches Lernen einen positiven Einfluss haben. Egal ob durch die Aura der Quelle oder die Attraktivität der Ausstellungsgestaltung ausgelöst, ästhetische Momente habe Auswirkungen auf die Motivation, mit Vergangenheit/Geschichte umzugehen.

Museumspädagogen können die Qualität des Umgangs der Besucher mit Geschichte steigern, und die Entwicklung von reflektiertem und (selbst-) reflexivem Geschichtsbewusstsein anregen. Unter Museumspädagogik wurde hier jene personale Vermittlung verstanden, die ein Experte in einer Ausstellung für nachfragende Besuchergruppen anbietet. In historischen Ausstellungen geht es dabei um Geschichtsvermittlung – unter den Bedingungen und im Feld von Geschichtskultur. Die Grundlage bilden dabei die ausgestellten Objekte mit der entsprechenden Präsentationsform und der Kontextualisierung; beides gibt das Konzept der Ausstellung vor.

Seine museumspädagogischen Programme entwickelt der Museumspädagoge auf der Basis didaktischer und methodischer Überlegungen aus der Geschichtsdidaktik, der Erwachsenenbildung, der Allgemeinen Pädagogik und der Schulpädagogik. Die abwechslungsreichen Programme, abgestimmt auf die Heterogenität der Besuchergruppen, können ganz konkret dazu beitragen, Menschen dazu zu befähigen, sich adäquat in der Geschichtskultur zu bewegen.

Wege in die Vergangenheit suchen

Von Katja Lehmann

I. Ein weites Land: Adressatenorientierung als Voraussetzung für den Zugang zur Geschichte

In einer Zeit, in der Besucherzahlen ein immer wichtigeres Kriterium für den Erfolg oder Misserfolg einer Ausstellung werden, kann es sich kaum ein Ausstellungsmacher mehr leisten, auf ein festes Stammpublikum des intellektuellen Bürgertums zu bauen und andere Besuchergruppen in seinem Konzept zu ignorieren. Wer nicht das breite Spektrum der Geschichtsinteressierten mit bedenkt, verpasst seine Chance, die Ausstellung wirtschaftlich auf sichere Füße zu stellen und der breiten Öffentlichkeit zugänglich zu machen.

Obwohl der ganz große Geschichtskultur-Boom vorbei ist, kann unbestritten ein großes Interesse an Geschichte in der Öffentlichkeit diagnostiziert werden. Der Angst vor der ewig lauernden Konkurrenz von Events und Entertainment stand aber noch vor zehn Jahren ein Geschichtsinteresse gegenüber, das sich in allen Feldern der Geschichtskultur, und nicht zuletzt in Form von „Neugründungen und Rekord-Besucherzahlen"[1] (1994) auf dem Sektor Ausstellung und Museum niederschlägt.

Als Geschichtsvermittler für die breiten Massen haben mittelalterliche Spektakuli, historische Romane und nicht zuletzt Spielfilme den Museen und Ausstellungen längst den Rang abgelaufen. Dennoch gibt es Wege in die Vergangenheit, die nur in historischen Ausstellungen beschritten werden können, weil z. B. nur hier eine Kombination personaler und nicht-personaler Medien der Geschichtsvermittlung möglich ist. Das Museum hat, ebenso wie die historische Ausstellung, noch lange nicht ausgedient, im Gegenteil: es dient nur anderen Herren.

Die hohe Zahl an Museumsgründungen und historischen Ausstellungen wird oft mit der von Hermann Lübbe formulierten Musealisierungsthese[2] zu begründen versucht. Sie besagt, dass eine progressive Musealisierung auf belastende Erfahrungen eines durch Veränderungen bedingten

---

[1] Vgl. hierzu: Füssmann, K. (Hgg.): Historische Faszination: Geschichtskultur heute, Köln u.a. 1994, S. 1.
[2] Vgl. hierzu: Lübbe, H.: Der Fortschritt und das Museum, in: Ders.: Die Aufdringlichkeit der Geschichte: Herausforderungen der Moderne vom Historismus bis zum Nationalsozialismus, Graz, Wien, Köln 1989, S. 13ff.

Vertrauensschwunds gegenüber unserer Lebenswelt reagiert. In dem Maße, in dem die zunehmende Modernisierung und der damit verbundene soziale Wandel diejenige Vergangenheit, in der die jeweilige Gegenwart sich noch wieder zu erkennen vermag, immer näher an die Gegenwart heranrückt und durch diese beschleunigte Veränderungserfahrung eine Perspektivierung der Zukunft schwieriger wird, werden spezielle Strategien zur Aneignung der fremd gewordenen Vergangenheit notwendig. Die Orientierungslosigkeit in einer immer fremder, weil immer abstrakter werdenden Gegenwart, so könnte man festhalten, fordert und fördert, wenn nicht die Ausbildung eines reflektierten und (selbst-) reflexiven Geschichtsbewusstseins, so doch eine Bewusstheit von Geschichte. Das Wissen um die Geschichte, die eigene und die fremde, wird zum Medium kultureller Identitätsvergewisserung.[3] Warum aber ist ausgerechnet die historische Ausstellung prädestiniert dafür, viele unterschiedliche Wege in die Vergangenheit zu eröffnen, in einer individualisierten Zeit, in der es keinen Königsweg mehr zu geben scheint?

Pierre Nora sieht als Folge der Beschleunigung der historischen Prozesse den Zerfall und systematischen Zusammenbruch von Gedächtnisgesellschaften und als Ersatz die Etablierung und Erweiterung von Gedächtnisorten, die dem Bewusstsein eines Bruches mit der Vergangenheit entspringen, das einhergeht mit dem Gefühl eines Abreißens der Erinnerung.[4]

Das Museum – ebenso wie etwa auch das Archiv – als ausgewiesener Erinnerungsort bekommt in diesem Kontext eine gesamtgesellschaftliche Verantwortung als Hüter der Geschichte zugewiesen.

Niklas Luhmann betrachtet das Phänomen der zunehmenden Musealisierung als Absage an die Gegenwart. Die Vergangenheit werde „als ein Modus der Selbstbezweiflung der Gegenwart mit enormen Kosten restauriert, gepflegt, erhalten und gegen den ihr bestimmten Untergang verteidigt".[5] Wäre es aber eine Absage an die Gegenwart, wie erklärt sich dann, dass Besucher von historischen Ausstellungen bewusst und unbewusst an ihre Gegenwart anknüpfen (müssen und wollen), um in die Geschichte

---

[3] Vgl. hierzu: Lübbe, H.: Zeit-Verhältnisse. Über die veränderte Gegenwart von Zukunft und Vergangenheit. In: Zacharias, W. (Hg.): Zeitphänomen Musealisierung. Das Verschwinden der Gegenwart und die Konstruktion der Erinnerung, Essen 1990, S. 40ff.

[4] Vgl. hierzu: Nora, P.: Zwischen Geschichte und Gedächtnis, Berlin 1990, S. 19f.

[5] Luhmann, N.: Das Kunstwerk und die Selbstproduktion der Kunst, in: Delphin 3 (1984), S. 67.

einzutauchen? Sie bestehen darauf, Kontinuitäten und Brüche, Gebliebenes und Verwandeltes gleichermaßen zu entdecken, wenn sie in einer historischen Ausstellung auf Spurensuche gehen. Hierfür ist die historische Ausstellung – vielleicht mehr als jedes andere Medium der Geschichtsvermittlung – besonders geeignet. Dem Besucher kann, mithilfe modernster Vermittlungstechniken (Audioguides, Computeranimationen, Hörstationen usw.) einerseits, mittels der Aura von Originalen andererseits, Geschichte unmittelbar vergegenwärtigt werden – während die Vergangenheit, natürlich, unwiederbringlich verloren bleiben muss. Die Unmittelbarkeit der Vergegenwärtigung von Geschichte aber bleibt, anders als etwa in historischen Spielfilmen, Romanen oder Dramen, nicht unkommentiert. Sie bleibt an ein Korrektiv und Regulativ gebunden, nämlich den Anspruch an Wissenschaftlichkeit und den aktuellen Forschungsstand der Historiker. Besser als andere Objektivationen der Geschichtskultur kann die historische Ausstellung, insbesondere durch die Arbeit der Museumspädagoginnen und Museumspädagogen, den Rezipienten und Konsumenten von Geschichte dort abholen, wo er sich befindet, kann ihn überzeugen, begeistern und vor allem in einen Prozess der Förderung seines Geschichtsbewusstseins integrieren, so er dies wünscht.

Es gilt für den Ausstellungsmacher und den Museumspädagogen, gangbare Wege in die Vergangenheit zu suchen und diese, zusammen mit dem Besucher, zu beschreiben. Nicht alle Wege führen nach Rom – aber je mehr durchdachte und sinnvolle Angebote eine Ausstellung der Besucherschar macht, desto wahrscheinlicher ist es, dass jeder einen Weg für sich findet, sich mit der Geschichte auseinander zu setzen. Dabei soll hier keinem unreflektierten Überangebot an Möglichkeiten das Wort geredet werden, keiner beliebig wirkenden, reizüberflutenden Wunderwelt vergangener Wirklichkeiten. Historische Ausstellungen gewinnen vor allem durch diejenigen Wege, die anderen geschichtskulturellen Events und Institutionen nicht oder zumindest nicht leicht zugänglich sind.

II. Zugänge zu Vergangenem erleichtern

Ausstellungsmacher und Museumspädagogen haben ein breites Spektrum an Möglichkeiten, den Zugang zu vergangener Wirklichkeit für die Besucher zu erleichtern. Viele dieser Möglichkeiten finden sich vereinzelt in den Monographien und Sammelbänden, die die museumspädagogische Literatur der letzten Jahre darstellen. Das Kapitel „Kontinuität und Wandel wahrnehmen – Zugänge zu Vergangenem erleichtern" sammelt eine Vielzahl dieser Zugriffe, charakterisiert diese methodisch und inhaltlich und ergänzt sie durch innovative Impulse.

Kathrin Bichlmeier beschreibt in ihrem Beitrag, wie man Kontinuität und Wandel von Räumen museumspädagogisch als Wege in die Geschichte nutzen kann. Hierbei geht sie davon aus, dass der Raum vom Besucher in seiner historischen Dimension erfahrbar werden soll. Da Räume aber vor allem handelnd erschlossen werden können, geht Bichlmeier den Möglichkeiten nach, die Ausstellungsmacher und Museumspädagogen haben, um den Besuchern das Erschließen dieser – eigenen oder fremden, nahen oder fernen – Räume zu ermöglichen. Sie geht der Frage nach, inwiefern eine lokal bezogene Ausstellung für Besucher aus der Region einerseits, für ortsfremde Besucher andererseits als Bereicherung empfunden werden kann. Eine lokal orientierte Ausstellung, so Bichlmeier, bietet die Chance, einen geographischen Raum in all seiner Vielfalt darzustellen – und ihn damit möglichst vielen Menschen in seinem Gewordensein nahe zu bringen. Kaum eine Ausstellung kommt ohne Landkarten, Pläne und Stadtansichten aus, die dazu beitragen, Ort zu erschließen, Änderungen in der Zeit wahrnehmbar zu machen und Orten damit Geschichtlichkeit geben. Räumliche Inszenierungen erleichtern das Empathievermögen und das Sich Hineinversetzen in vergangene Welten. Wenn sich auch Außenraum und Exponate innerhalb der Ausstellung miteinander verknüpfen lassen, vertieft sich das Verständnis des Raumes und damit auch die Verortung historischer Gegebenheiten und Begebenheiten. Ausstellungen, die in historischen Räumen stattfinden, deren Baugeschichte im Rahmen eines Ausstellungsbesuchs noch aufgespürt werden kann, haben eine zusätzliche Chance, den Raum als Zugang zur Geschichte fruchtbar zu machen.

Waltraud Schreiber gibt mit ihrem Beitrag „Im Jetzt andere Zeiten erfahrbar machen" Anregungen dafür, wie es möglich ist, obwohl man notwendig in der Gegenwart verhaftet bleiben muss, Überresten aus anderen Zeiten und Narrationen, die anhand dieser Überreste erzählt werden, zu begegnen und dadurch Orientierung in den drei Zeitebenen – in der Vergangenheit und für Gegenwart und Zukunft – zu gewinnen. Schreiber unterstreicht das Phänomen, dass Ausstellungsbesucher nicht mit der Vergangenheit selbst, sondern nur mit von Ausstellungsmachern für Besucher geschaffenen Geschichten über diese Vergangenheit, konfrontiert werden. Sie gibt Impulse dafür, wie der Besucher dabei unterstützt werden kann, mit Zeit umzugehen. So nimmt sie den lebensweltlichen Umgang mit Zeit als Ausgangspunkt. Ausgehend von den Erfahrungen der Besucher mit Zeit unterstreicht sie die Bedeutung des Datierens, der Verzeitlichung von Leitexponaten und der synchronen und diachronen Darstellung. Sie reißt weitere Möglichkeiten an, den bewussten Umgang der Besucher mit Zeit, das Oszillieren zwischen den Zeitebenen, zu unterstützen, um somit eine Begegnung mit Geschichte – als Re-Konstruktion von Vergangenheit – für den Ausstellungsbesucher attraktiv und möglich zu machen.

Inge Finauer skizziert in ihrem Beitrag den Zugang über die eigene Lebensgeschichte in die Geschichte, indem sie die besondere Chance von historischen Ausstellungen, mit Oral History zu arbeiten, aufzeigt. Am Beispiel von biographischen Gesprächen mit Senioren im Rahmenprogramm von Ausstellungen zeigt Finauer auf, wie ein ganz individueller und persönlicher Zugang zur Geschichte ein „Sofortgewinn" für Ausstellungsbesucher als Teilnehmer eines solchen biographischen Gespräches werden kann. Orientiert am Ausstellungsthema können Erinnerungs-Gespräche zu allen möglichen Inhalten angeboten werden. Wem die „große Geschichte" zu weit weg ist, so arbeitet Finauer heraus, dem ermöglicht die erlebte und erzählte „kleine Geschichte" einen anderen Weg, Ausstellungen zu erschließen.

Sandra Funk stellt in ihrem Beitrag „Lebenswelt und Geschichtskultur und das Interesse an der Vergangenheit" fest, dass die Auszeichnung mit dem Prädikat „Geschichtlichkeit" in unserer tagtäglichen Umwelt immer häufiger, und wohl auch immer bedeutsamer wird. Mit der Frage, wie das Auftreten von Geschichte in der Lebenswelt und der lebensweltliche Umgang mit Geschichte museumspädagogisch genutzt werden können, beschäftigen sich ihre Überlegungen. Der tägliche Umgang mit Geschichte im Alltag ist eine Goldgrube für Museumspädagogen und Ausstellungsmacher, die über das gegenwärtig Vertraute den Weg ins vergangene Fremde für ihre Besucher anbahnen können. Die lebensweltlichen Geschichtsbilder aber, so betont Funk, müssen nicht nur bestätigt, sondern auch aufgebrochen werden, soll reflektierter Umgang mit Geschichte angebahnt werden. Verschiedene Führungstypen, sowohl thematische als auch adressatenbezogene, können den lebensweltlichen Ansatz unterstützen. Darüber hinaus bieten sich hierfür aber gerade Aktivitäten des Rahmenprogramms an. Funk weist darauf hin, dass Geschichte bewusst – oder unbewusst – für Orientierung in Gegenwart und Zukunft zu nutzen, immer auch heißt, wie in einem Steinbruch die Stücke zu entnehmen, d.h. zu selektieren. Sich dieser Selektion bewusst zu sein, ist ein wichtiges Kriterium für reflektiertes und (selbst-)reflexives Geschichtsbewusstsein.

Der Beitrag von **Katja Lehmann** „Faszination Grauen. Vom Schaudern zum Schauen" geht der Frage nach, warum das Grauenhafte in der Geschichte besonders fasziniert und thematisiert die verschiedenen Spielarten von „Grauenerregendem", „Schauderhaftem" und „Gruseligem", die in einer historischen Ausstellungen auftreten können am Beispiel der

Ausstellung „Salzburg in Bayern". Es wird der Stellenwert untersucht, den das Grauen im Rahmen eines Ausstellungsbesuches von Einzelbesuchern und Gruppen einnimmt. Der Beitrag stellt die Frage, wie das Schaudern fruchtbar gemacht werden kann, um eine Führung/einen Ausstellungsbesuch zum einen unterhaltsamer und zum anderen informativer zu machen. Betroffensein von Geschichte als Zugriff auf Vergangenes wird in Ausstellungen in erster Linie durch Aura und Inszenierung erreicht, also durch die Faszination des Authentischen und durch konkrete Interpretation von Vergangenheit. Grauen ist nur einer von den emotionalen Zugriffen auf Geschichte. Lehmann untersucht die verschiedenen Spielarten des Grauenerregenden und versucht, diese zu systematisieren: So wird Grauen durch Inszenierung und Ausstellungsdesign, durch sprechende Exponate, durch Vorwissen oder durch Kontinuität beleuchtet. Die Chance historischer Ausstellungen, sich von den in den AV-Medien propagierten Formen der Darstellung von Grauen und Grauenerregendem abzusetzen, wird ebenso betont wie die Möglichkeiten der Ausstellungsmacher, von Film und Fernsehen zu lernen, um den Ausstellungsbesuch zum emotional beeindruckenden „Event" werden zu lassen, ohne dass dabei die Bildung auf der Strecke bleiben muss.

Simone Unger erarbeitet in ihrem Beitrag den Wert und die Chance, die Kunstwerke als Zugang zur Geschichte haben können. Unger zeigt auf, dass der Umgang mit Kunst mehr sein kann als nur die Möglichkeit, Bilder zu zeigen und zu beschreiben. Vielmehr geht es ihr darum, die Prozesse *hinter* dem Ereignis als Chance zu nutzen. Unger unterstreicht, dass die Beschränkung auf zweidimensionale Bildkünste nicht notwendig ist, da andere Kunstgattungen ebenfalls Rückschlüsse auf ihre Entstehungszeit, ihren Meister und ihre eigene „Lebensgeschichte" zulassen.

Anhand eines Tafelgemäldes[6] und einer Holzskulptur[7] aus der Ausstellung „Salzburg in Bayern" und deren exakter Bildbetrachtung zeigt Unger einen viel beschrittenen und dennoch zuweilen tückischen Weg in die Geschichte auf. Sie unterscheidet zwischen einem synchronen und diachronen Zugriff auf Geschichte, der nicht nur für Kunsthistoriker, sondern auch für Historiker und Museumspädagogen (die ja oft beides in Personalunion sind) wertvolle Impulse für ihre Arbeit mit vielen unterschiedlichen Besuchergruppen darstellen kann.

---

[6] Der Epitaph der Anna von Preysing aus dem Umkreis des Meisters von Mühldorf (1527), Kreisheimatmuseum Lodronhaus Mühldorf a. Inn.

[7] Die Taufkirchner Madonna des Meisters von Seeon (1434), Kreisheimatmuseum Lodronhaus Mühldorf a. Inn.

Isolde Parussel widmet ihre Betrachtungen zu Institutionellem, Recht und Verwaltung dem Konflikt, den sich Museumspädagogen und Historiker im Zusammenhang mit papierenen Archivalien als Quellen und Ausstellungsobjekten gegenüber sehen. Das Problem der Vermittlung, das die scheinbar geringere Attraktivität von schriftlichen Quellen im Vergleich zu dreidimensionalen Objekten charakterisiert, wird dem Wert und Nutzen des gesteigerten Erkenntnisgewinns in der Auseinandersetzung mit „Flachware" gegenüber gestellt. Parussel geht in ihrem Beitrag zunächst der Frage nach, was es überhaupt bedeutet, Recht und Verwaltung in einer historischen Ausstellung zu thematisieren und richtet ihr Augenmerk anschließend auf den Adressaten, indem sie analysiert, wie man dem Besucher einerseits den Gegenstand (=Inhalt), andererseits schriftliche Quellen als Quellengattung näher bringen kann. An konkreten Beispielen aus der Ausstellung „Salzburg in Bayern" zeigt sie verschiedene Möglichkeiten der Umsetzung auf, die die Sach- und Methodenkompetenz der Besucher fördern helfen und zur Re- und Dekonstruktion, den Basisoperationen reflektierten Umgangs mit Geschichte, befähigen. Wertvolle methodische Hinweise bilden den Abschluss des Beitrages.

Ulrike Götz hebt in ihrem Artikel „Zwischen Museum und öffentlichem Raum" die besondere Bedeutung der Verbindung von Ausstellung und Ort hervor. Am Beispiel des Ausstellungsprojektes „Freising um 1800 – Ansichten und Pläne", das sich der schwierigen Umbruchsepoche vom Thema Stadtbild her näherte, zeigt Götz die Chancen und Risiken, die eine Vernetzung von Raum und Museum in sich birgt. Eine Möglichkeit, die Götz besonders hervorhebt, ist die Chance, Bild und Wirklichkeit, historische Information und aktuelle Situation direkt in Verbindung zu setzen. Letztlich kann ein solcher Ansatz sogar eine allgemeine Sensibilisierung der Rezipienten für das Stadtbild und seine Veränderungen fördern. Die Historisierung des öffentlichen Raumes bedeutet hierbei, so Götz, eine Brechung mit der eigenen Lebenswirklichkeit. Die innovative Idee, originale Zeugnisse des Stadtbildes im Museum, große Reproduktionen draußen im Stadtraum sowie diesen Stadtraum selbst durch ein Ausstellungsprojekt in einen Zusammenhang zu bringen, wird im Beitrag detailliert beschrieben.

Christiane Todrowski stellt in ihrem Beitrag „Jubiläen: Nachhaltige Impulse, sich mit Geschichte auseinander zu setzen" das Konzept „Jubiläumsjahre" des Landschaftsverbandes Westfalen-Lippe vor. Unter dem Titel „Vom Krummstab zum Adler. Säkularisation in Westfalen 1803-2003" beschäftigten sich von September 2002 bis Juli 2004 über 400 Einzelveranstaltungen in ganz Westfalen-Lippe mit den regionalen und lokalen Auswirkungen der Säkularisation. Ein langes Jubiläumsjahr, das als westfalenweites Kultur- und Ausstellungsprojekt konzipiert war, sollte der Erinnerung dienen. Dieses Konzept, so betont Todrowski, unterscheidet sich wesentlich von den Ansätzen Baden-Württembergs und Bayerns, die die Säkularisation mittels großer (Landes-) Ausstellungen mit regional und zeitlich begrenzten Begleitprogrammen in Erinnerung riefen. Initiator des westfälischen Konzeptes war das dezentrale Kultur- und Ausstellungsprojekt vom Landschaftsverband Westfalen-Lippe (LWL) und der Nordrhein-Westfalen-Stiftung Naturschutz, Heimat- und Kulturpflege. Todrowski liefert anhand verschiedener Beispiele von Veranstaltungen einen anregenden Überblick über die unterschiedlichen Möglichkeiten, ein Jubiläumsjahr großräumig und vielseitig zu gestalten. Von besonderem Reiz sind die Struktur-Vorschläge, die die Autorin für die Durchführung eines solchen Jubiläumsjahres unterbreitet. So betont sie die Wichtigkeit der Einrichtung einer Koordinierungsstelle, etwa besetzt mit einem Fachwissenschaftler/einer Fachwissenschaftlerin, die Bedeutung einer frühzeitigen Kontaktaufnahme des Stelleninhabers/der Stelleninhaberin mit Kulturfachleuten aus den Kreisen, Städten und Gemeinden, der Museen, Archive, Heimat- und Geschichtsvereine, Volkshochschulen, sonstigen Bildungseinrichtungen sowie freien Gruppen, die Notwendigkeit einer intensiven Beratungsphase und der Zusammenfassung und Veröffentlichung aller geplanten Aktivitäten. Todrowski bietet wichtige Tipps an, um das Thema der Ausstellung von einem Insider-Thema zu einem Belang für die breite Öffentlichkeit zu machen. Die Suche nach Sponsoren und die Sicherstellung von Nachhaltigkeit werden ebenso thematisiert wie die Relevanz des Bildungstourismus. Die besondere Chance für große, mittlere und kleine Ausstellungen, sich an Jubiläen und Jahrestagen auszurichten, wird im Beitrag „Jubiläen: Nachhaltige Impulse, sich mit Geschichte auseinander zu setzen" stichhaltig belegt.

III. Chancen und Wege in die Vergangenheit nutzen

Das Kapitel „Kontinuität und Wandel wahrnehmen – Zugänge zu Vergangenem erleichtern" möchte die vielen Möglichkeiten aufzeigen, die der Geschichtsvermittlung in Ausstellungen und Museen jeder Größenordnung eigen sein kann.

Die Kategorien Raum, Zeit, Lebensgeschichte, Lebenswelt/ Geschichtskultur usw. werden in ihrem besonderen Wert für den museumspädagogischen Umgang mit Besucherinnen und Besuchern von historischen Ausstellungen dargestellt. Ihr besonderer Reiz besteht in der Übertragbarkeit und in der Vielzahl der Kombinationsmöglichkeiten der Zugriffe.

Dabei werden die kleinen, regionalen Ausstellungen mit ihren oft begrenzten finanziellen Mitteln, die zu größerer Kreativität zwingen, in den Vordergrund gestellt. Der Besucher – die unbekannte Größe – muss mitbedacht werden, sein individueller Weg in die Vergangenheit kann, muss vielleicht sogar, vollkommen anders sein als der Weg, den der Ausstellungsmacher vorschlägt. Diese Kluft zu überwinden vermag am Besten der Museumspädagoge. Wer sich Schneisen in das Dickicht der Publikumswünsche schlagen möchte, findet in diesem Kapitel vielseitige Angebote, die helfen können, den Besucher dort abzuholen, wo er steht, um ihm die Chance zu geben, seinen eigenen Bedürfnissen und Interessen folgend ein reflektiertes Geschichtsbewusstsein auszuprägen oder zu profilieren. Die besonderen Chancen der historischen Ausstellungen werden aufgezeigt, erfolgreiche Nutzungen dargestellt und auf Risiken und Herausforderungen hingewiesen. Als Ratgeber, Ideenpool und Leitfaden für Museums- und Ausstellungsmacher/innen liefern die unterschiedlichen Zugriffsweisen unverzichtbare Impulse, Ausstellungen anders anzupacken, ohne dabei das Rad neu erfinden zu wollen.

Räume in ihrer historischen Dimension erschließen

Von Kathrin Bichlmeier

„Es geht darum zu lernen, wie man das, was unser ist, als fremd, und das, was uns fremd war, als unsriges betrachtet." (Maurice Merleau-Ponty)[1]

I. Eine philosophische Einleitung

Dieses Zitat von Maurice Merleau-Ponty kann auf eine der Hauptaufgaben von historischen Ausstellungen bezogen werden, nämlich darauf, Vergangenes mit Hilfe von Objekten – Originalen, Repliken und Modellen – vorstellbar zu machen. Gleichzeitig eröffnet das Zitat die Frage, was ist, wenn das, was Merleau-Ponty als „unser" bezeichnet, nicht das „Unser" des Besuchers ist. Bezogen auf das Thema, Räume in ihrer historischen Dimension zu erschließen, heißt das: Welche Wege kann man in lokal ausgerichteten Ausstellungen beschreiten, damit auch der nicht einheimische Besucher die Möglichkeit erhält, sich in den für ihn fremden Raum[2] „hineinzufühlen". Welche Bezüge kann er zu seiner Lebenswelt[3] herstellen?

Der Raum soll für den Besucher in seiner historischen Dimension erfahrbar werden. Dabei ist zu bedenken, dass der erlebte Raum begriffen wird, „als ein Ensemble von Wegen und Richtungen, von Orten und Bereichen, die nach Voreinander und Nacheinander, nach Nähe und Ferne, nach Erreichbarkeit und Zugänglichkeit für uns und andere artikuliert,

---

[1] Der Philosoph und Soziologe Maurice Merleau-Ponty hat auch den Begriff des „anthropologischen Raumes" geprägt. Entscheidend war für ihn die Frage, ob der Leib als Voraussetzung, Modell und gleichzeitiges Medium des Raumerlebens gelten kann. Er kommt zu dem Schluss, dass „Leiblichkeit und Räumlichkeit (…) als Erfahrungsformen und Handlungsbedingungen wechselseitig aufeinander bezogen (sind)" (Merleau Ponty, zitiert in: Nissen, Kindheit, Geschlecht und Raum, 1998, S. 130). Obwohl ich in meinem Aufsatz weiter nicht auf den anthropologischen Raumbegriff eingehen werde, sei daran zu denken, wenn etwas später von einzelnen räumlichen Inszenierungen im Ausstellungsraum die Rede ist.

[2] Mit „Raum" ist in diesem Aufsatz die gegliederte Fläche des geographischen Raums gemeint, wenngleich die Entstehung eines Raumes immer auch ein soziales Phänomen darstellt und damit auch aus der gesellschaftlichen Entwicklung heraus, das heißt als prozesshaftes Phänomen zu begreifen ist (vgl. Löw, Raumsoziologie, 2001, S. 263).

[3] Mit Lebenswelt ist die Wirklichkeit gemeint, die als „selbstverständlich hingenommen" wird. Löw, Raumsoziologie, 2001, S. 42.

das heißt also auf uns als Leibsubjekte bezogen sind."[4] Die Orientierung im Raum ist also wichtig, gleichzeitig muss aber der Raum handelnd erschlossen werden. Inwiefern das in einer historischen Ausstellung gelingen kann, soll im Folgenden gezeigt werden.

In diesem Aufsatz werde ich zunächst erörtern, was eine Ausstellung zu leisten in der Lage ist. Des Weiteren möchte ich der Frage nachgehen, inwiefern eine lokal bezogene Ausstellung für ihre Besucher als bereichernd empfunden werden kann. Darüber hinaus sollen meine Erfahrungen als Führungskraft in der Ausstellung „Salzburg in Bayern" genutzt werden, um zu beschreiben, wie in Ausstellungen Räume in ihrer historischen Dimension zugänglich gemacht werden können. Wie bereits angeklungen ist, erscheint es mir wichtig, immer auch die unterschiedlichen Bezüge der Besucher zu dem in der Ausstellung thematisierten Raum vor Augen zu haben. Der Anspruch besteht, möglichst vielen Besuchern eine Vorstellung davon zu vermitteln, was es heißt, früher in diesem Raum gelebt zu haben.

II. Was kann eine Ausstellung leisten?

Das einleitende Zitat verweist auf eine der Hauptaufgaben von historischen Ausstellungen: Sie eröffnen den Zugang zu fremden Welten. Diese Welten sind uns fremd, weil sie einem Wandel unterlegen sind und sich verändert haben. So verschwimmen „im zeitlichen Rückschritt (…) Bezüge zur Gegenwart zusehends, Lebensweisen und Gedankenwelten erscheinen fremd (…)"[5]. Nähe gibt es aber trotzdem, weil der Raum – der geographische – immer derselbe bleibt.[6] Lokale Ausstellungen leben von dieser „Konträrfaszination des Authentischen: vom historisch Fremden, das uns räumlich nah ist."[7] Dieses Gefühl der Nähe für einen Raum ist aber nicht bei jedem Besucher gleichermaßen vorhanden. Die Gründe hiefür können verschiedene sein: Ortsansässige Besucher sind möglicherweise erst vor kurzem zugezogen und haben deswegen noch keinen Bezug zur neuen Heimat gewonnen. Anderen Einwohnern ist ihre Heimat

---

[4] Kruse/Graumann/Lantermann (Hgg.), Ökologische Psychologie, 1990.
[5] Krausch, Museumswelten, 1996, S. 70.
[6] In der Soziologie setzt sich jedoch allmählich der relativistische Raumbegriff durch, da Raumstrukturen außer Kraft gesetzt werden durch technologische Erneuerungen (z. B. Internet) und Mobilität (z. B. Flugzeug). Raum muss als (An-)Ordnung begriffen werden und als veränderbar akzeptiert werden. In diesem Aufsatz nehme ich aber Bezug auf den geographischen Raum.
[7] Korff, Die Eigenart der Museumsdinge, 1995, S. 24f.

fremd geworden; für sie bietet, aus unterschiedlichen Motiven, der Raum keinen Anreiz, sich in die Geschichte zu vertiefen.

Was aber bedeutet eigentlich Heimat?[8] Wie wichtig ist die Kategorie „Raum" für die Beheimatung? Durch eine lange Eingewöhnung in einen geographischen Kulturraum wird oft eine besondere Bindung zu diesem Gebiet mit samt seiner Bevölkerung erreicht. Helga Hinke spricht in diesem Fall von einem „Heimatbewusstsein"[9]. Es muss aber klar sein, dass nicht jeder Bewohner in gleicher Weise eine gefühlsmäßige, beziehungsweise aktiv-reflektierte Beziehung zu dem ihn umgebenden Raum aufbaut (aufbauen kann).

Eine lokal orientierte Ausstellung bietet die Chance, einen geographischen Raum in seiner Vielfältigkeit darzustellen. In der Auseinandersetzung mit der Geschichte des Raumes können möglicherweise neue Bezüge zum Lebensraum angebahnt werden. Auf diese Weise können Ausstellungen einen Beitrag zur Entwicklung eines Heimatbewusstseins leisten.

Eine regionale Ausstellung möchte immer auch auswärtige Besucher ansprechen. Für diese Gruppe von Besuchern stellt aber der zu untersuchende Raum keine Heimat dar – ein emotionaler Bezug besteht in den meisten Fällen nicht. Trotzdem suchen auch diese Besucher nach einer befriedigenden Antwort auf die Frage, was der Ausstellungsrundgang ihnen bieten kann. Wenn in einer lokalen Ausstellung für auswärtige Besucher die Chance besteht, Verknüpfungen zur eigenen Lebenswelt herzustellen, so hat sie auch hier eine ihrer Aufgaben, nämlich Fremdes erfahrbar zu machen, erfüllt.

Tatsächlich ist es aber so, dass die unterschiedlichen Motive der Besucher, aus denen sie die Ausstellung besuchen, das Vorhaben erschweren, jedermann einen gelungenen und erkenntnisreichen Aufenthalt zu bieten. Im Folgenden möchte ich deswegen kurz auf die heterogene Ausgangslage der Besuchergruppen eingehen.

III. Unterschiedliche Motive der Besucher für einen Ausstellungsbesuch

Jeder Ausstellungsmacher, jede Führungskraft weiß, dass nicht alle Besucher, die den Weg in die Ausstellung finden, dies interessensgeleitet, beziehungsweise freiwillig tun. Gründe für einen spontanen oder gar

---

[8] Vgl. hierzu auch die im Vorlauf zur Mühldorfer Ausstellung, im Zuge eines Symposions diskutierten Fragen zum Verhältnis von Geschichte und Heimat. Stadt Mühldorf, Gestern–heute–morgen, 2002.
[9] Hinke, Heimatbewusstsein und Heimatgefährdung, 1993.

zwangsläufigen Besuch gibt es viele: Touristen erfahren zufällig von der Ausstellung und beschließen hinzugehen. Zahlreiche Schulklassen suchen mit der Ausstellung einen außerschulischen Lernort auf. Und Vereine planen bei einem Tagesausflug den Ausstellungsrundgang als einen von mehreren Programmpunkten mit ein. Dabei ist klar, dass nicht jedes Mitglied dieser Gruppen in gleichem Maße Interesse mitbringt. Es wird deutlich, dass die Beweggründe der einzelnen Besucher für einen Gang durch die Ausstellung und damit ihr Bezug zum behandelten Raum höchst unterschiedlich sind. Auf diese differenten Beweggründe einzugehen und trotz allem Verknüpfungen herzustellen zwischen dem Besucher und dem Ort der Ausstellung, ist Aufgabe des Führungspersonals. Jeder Gast sollte die Möglichkeit erhalten, sich auf den bekannten, den weniger bekannten, den fremden oder auch den fremdgeworden Raum einzulassen. Die Ausstellung will vermitteln und an Vergangenes heranführen. Im besten Fall geht sie von dem erfahrbaren Lebensraum der Besucher aus. Dies kann geschehen durch den aktiv-sinnlichen wie auch rezeptiv-interpretierenden Umgang mit Dingen, Ensembles, Installationen und Inszenierungen.[10] Im Nachfolgenden soll dies durch Beispiele aus der Führungspraxis verdeutlicht werden.

IV. Anregungen, in lokalen Ausstellungen den „Raum" für Besucher zu erschließen

Bisher wurde besprochen, wie heterogen die Ausgangslage der einzelnen Besucher einer Ausstellung ist. Nun möchte ich erläutern, wie man als Führungskraft versuchen kann, einzelne Besucher und Besuchergruppen mit Hilfe von Raumbezügen in die Geschichte zu führen. Die praktischen Beispiele beruhen auf den Erfahrungen, die ich als Führungskraft in der Mühldorfer Ausstellung „Salzburg in Bayern" sammeln konnte.

1. Orientierung im Raum: Karten, Pläne und Stadtansichten als Einstieg für Führungen nutzen[11]

---

[10] Liebich, Konzept für ein Münchner Kinder- und Jugendmuseum, 1995, S. 152.

[11] Der Problemstellung der „Karte-Territorium-Relation" widmet sich ausführlich Wolfgang Zacharias. Ihm zufolge sind die Karten Abstraktionen und Reduktionen, die das Territorium gliedern. „Allerdings geht es nicht mehr um die Karte oder das Territorium. (…) es ist etwas verschwunden: die souveräne Differenz zwischen beiden, und damit der Charme der Abstraktion. Gerade die Differenz macht die Poesie der Karte, und den Charme des Territoriums, die Magie des Begriffs und den Charme des Realen aus." (Baudrillard,

Landkarten stellen einen sinnvollen Einstieg in historische Ausstellungen dar, weil mit ihrer Hilfe die geografische Orientierung erleichtert wird. In der Mühldorfer Ausstellung gab es mehrere Karten, die die nähere und teilweise auch weitere Umgebung des Ortes erschlossen.

Abb. 62 Die „Harrach-Karte", Landkarte des Fürsterzbistum Salzburg von Johann Baptist Homann, Kupferstich um 1720, als schematische Grafik.

Neben Originalkarten hingen, in besucherfreundlicher Vergrößerung und Vereinfachung, eigens für die Ausstellung angefertigte Pläne. Das Zusammenspiel von Original und abstrahierender Vergrößerung unterstützte die Besucher nicht nur dabei, eine Verknüpfung mit ihrer Heimat oder zumindest mit ihnen bekannten Orten herzustellen. Die Kombination verdeutlichte auch, dass Karten nicht, wie man meinen könnte, ein „objektives Medium" sind. Der Graphiker wollte die „Insellage" der Salzburger Besitzungen mitten in Bayern verdeutlichen, auch deren Zersplit-

---

1978, zitiert in: Zacharias, Orte, Ereignisse, Effekte der Museumspädagogik, 1995, S. 74). Dieser Problemstellung wird allerdings in diesem Aufsatz nicht weiter nachgegangen.

terung. Das Original des 18.Jahrhunderts dagegen behauptet einen geschlossenen Salzburger Raum im bayerischen Territorium.

Die meisten Führungen setzten an der historischen Harrach-Karte und der zugehörogen Graphik an, auf denen alle Salzburger Landesteile farblich gekennzeichnet sind. Die politischen Verhältnisse, auch die Insellage der Salzburgischen Stadt Mühldorf wurden so augenfällig.

Eine Grafik zu den Mühldorfer Handelsbeziehungen kam ebenfalls als Einstiegspunkt in Frage.

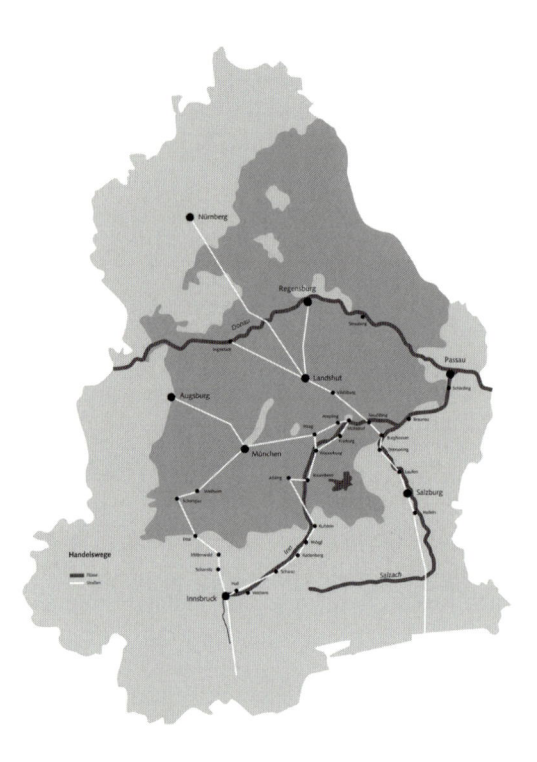

Abb. 63   Grafik der Handelswege in Altbayern aus der Ausstellung Salzburg in Bayern.

Sie hatte den Vorteil, dass weiter entfernt liegende Städte wie Prag, Nürnberg, Regensburg mit dem Ausstellungsort in Verbindung gebracht wurden und gerade deswegen fremde Gruppen über die Handelsstraßen einen Bezug zu ihnen bekannten Orten herstellen konnten. Ähnlich konnte das zugeordnete Original genutzt werden, eine Mautkarte des Inn-Salzach-Donauraums.

Alle diese Karten boten einen ersten Einblick auf die geographische Lage Mühldorfs. Als Führungskraft hatte man die Möglichkeit zunächst zu klären, wo der Ort des Geschehens zu lokalisieren ist, welche Ortschaften ringsherum liegen und welche Straßen wohin führen. Weiter konnte auf Flüsse und Erhebungen hingewiesen werden, ebenso wie auf Kilometerdistanzen zu anderen Städten.

Ein erstes Zwischenfazit ist dementsprechend, dass durch die Arbeit mit solchen Karten für alle Besucher eine erste Orientierung im Raum erfolgen kann. Bei Schulklassen, die ja meistens aus der näheren Umgebung kommen, ist es interessant, nachzufragen, ob sie ihren Ort auf der Landkarte finden. Dadurch kann meines Erachtens „Nähe" entstehen, da die Besucher erkennen, dass sich das in der Ausstellung Thematisierte in unmittelbarer Umgebung zu ihrem Heimatort abgespielt hat.

Eine Stadtansicht von Mühldorf möchte ich in dieser Reihe als letztes Beispiel nennen. Zwar war hier eine Orientierung im größeren Rahmen wie etwa bei der Grafik der Handelswege nicht möglich, jedoch ließ sich zeigen, wie sich das Stadtbild gewandelt hat. Der Nutzen historischer Stadtbilder liegt im Wiedererkennungswert städtebaulicher Eigenschaften. Manchmal erinnerten sich einzelne Ausstellungsbesucher daran, einige Gebäude schon einmal – zum Teil in veränderter Form – gesehen zu haben. Bei der Mühldorfer Stadtansicht bestand zudem der Vorteil, dass darauf sogar das Gebäude abgebildet war, in dem die Ausstellung stattfand, der Haberkasten. Viele Besucher wollten nach einem kurzen Hinweis auf dessen Vorhandensein im Bild, selbst nach dem Ausstellungsgebäude suchen. Wenn der Ort des momentanen Aufenthalts erkannt wurde, entstand innerhalb der Gruppe oft ein motivierendes Gefühl der Zufriedenheit. Möglicherweise fühlten sich manche auswärtigen Besucher in diesem Moment nicht mehr ganz so fremd wie noch zu Beginn der Führung, da sie nun einen Bezugspunkt an einem vormals fremden Ort gefunden haben. Gewiss kam man der Haltung des „Sich-Einlassens" auf die Geschichte und die Gegenwart eines Ortes einen Schritt näher.

Abb. 64 Stadtansicht von Mühldorf von Joseph Anton Schröck, um 1736.

Insgesamt lässt sich sagen, dass die Harrachkarte, die Grafik und das Stadtbild geeignet waren, um auf die Besonderheit Mühldorfs hinzuweisen und damit das Thema der Ausstellung zu verdeutlichen: Mühldorf als Salzburger Enklave in bayerischem Territorium.

Zusammenfassend soll betont werden, dass Landkarten und Ähnliches gerade zu Beginn einer Führung sehr sinnvoll sein können. Ihnen kommt gleichzeitig eine raumstiftende und raumbegrenzende Funktion zu. Eine erste „Verortung" im vielleicht fremden Raum wird möglich. In meinen Führungen schien es mir, als sei dadurch eine gute Ausgangsbasis geschaffen, um sich auf die Geschichte eines Raumes einzulassen. Wer benennen kann, wo er sich gerade befindet, fühlt sich sicher und ist bereit für Neues.

2. Die begehbare Karte: eine Besonderheit in der Ausstellung „Salzburg in Bayern"

Abb. 65 Begehbare Karte nach dem Relief-Bild von R. Zellner, um 1750, Ausstellung Salzburg in Bayern.

Einen hervorragenden Einfall hatten die Ausstellungsmacher, als sie sich für eine sogenannte „begehbare Karte" in der Abteilung „Recht und Verwaltung" entschieden. Sehr bald wurde sie zu einem Höhepunkt beim Ausstellungsrundgang und war aus keiner Führung mehr wegzudenken.

Die Karte, die ca. 6 x 4 Meter umfasste und auf dem Boden geklebt war, zeigte in der Mitte die Stadt Mühldorf mit ihrem Burgfried. Farblich abgegrenzt war das bayerische Umland eingezeichnet. Anhand eines originalen „Grenzsteins", der am Rande der Karte positioniert war, ließ es sich leichter erklären, dass es zwischen dem Salzburgischen Mühldorf mit samt seinem Burgfried und Bayern eine Grenze gab. Diese wurde durch ca. 50 solcher Grenzsteine markiert.

Um Karten auf dem Boden genauer zu erklären, bietet es sich grundsätzlich an, Gruppen um die Karte herum aufstellen zu lassen. Dabei kann schnell sehr viel auch von den Besuchern selbst entdeckt werden. In regen Gesprächen innerhalb der Besuchergruppe kam es zum Austausch von Geschichten und Informationen rund um die Marksteine. So gab es in Mühldorf immer wieder Gäste, die sich an manchen eingezeichneten Grenzstein mit samt dem dazugehörigen Namen erinnerten. Auch auswärtige Besucher kannten Grenzsteine aus ihrer Heimat. Dazu muss man wissen, dass jede Stadt einen Burgfried hatte und dieser in aller Regel von Marksteinen umsäumt war. Der Wiedererkennungswert der „Grenze durch Marksteine" war deswegen oft gegeben und ein direkter Bezug zur eigenen Heimat konnte leicht hergestellt werden.

Bei Schulklassen bietet es sich des Weiteren an, sich in seinen Ausführungen prinzipiell zurück zu halten und die Schüler zunächst zu einer eigenständigen Beschreibung anzuregen. Durch das Aufzählen der einzelnen Abbildungen wie der eingezeichneten Stadt, dem Marktplatz, den Äckern und Wiesen, können die Schüler eine Vorstellung dafür entwickeln, was es geheißen haben mag, in der Zeit um 1750 gelebt zu haben: Anders als heute war der Fluss damals noch wichtig für den Transport von Waren, wie zum Beispiel Salz, Holz und Wein. Der heute nicht mehr vorhandene, aber auf der Karte noch eingezeichnete Galgen zeugt davon, dass sich die damaligen Rechtsverhältnisse von den unsrigen unterschieden haben. Die Grenzsteine schließlich markierten wie erwähnt, die Grenze zwischen zwei Ländern. Diese Tatsache ließ sich in der Mühldorfer Ausstellung besonders gut dadurch verdeutlichen, dass sich zwei Kinder auf die begehbare Karte stellten: Das eine Kind begab sich auf bayerischen Boden, das andere auf Salzburger Boden. Einen Schritt ins benachbarte „Ausland" zu wagen, erfreute sich dabei einer großen Beliebtheit.

3. Räumliche Inszenierungen

Eine weitere Möglichkeit um in Führungen Räume in ihrer historischen Dimension zu erschließen, ist die Gestaltung von Räumen innerhalb der Ausstellung zu nutzen. Dafür wähle ich zur Verdeutlichung zunächst die Inszenierung des letzten Mühldorfer Hexenprozesses.

Die Ausstellungsmacher hatten sich entschieden, die Geschichte der als Hexe verurteilten jungen Frau, Maria Paur, an Hand einiger Exponate in einem dunklen, engen Raum darzustellen. Das Leiden des Mädchens, das über Monate hinweg in einer fensterlosen „Keuche" eingesperrt war, wurde so in Szene gesetzt.[12] Über Lautsprecher lief im Hintergrund das Verhör, dem sich die 16-Jährige zu unterziehen hatte. Viele Besucher berichteten später, dass sie es zum einen sehr unheimlich, gleichzeitig aber auch als sehr berührend empfunden hätten, in diesem engen Raum zu stehen und sich die Fragen des Inquisitors anzuhören. Einige Besucher erzählten, sie hätten nachempfinden können, „wie sich das arme Mädchen wohl gefühlt haben mag". Um diese Stimmung auch bei Schulklassen aufleben zu lassen, schickte ich zum Teil ganze Schulklassen in diese kleine Kammer. Dort bat ich sie, ruhig zu sein und sich auf das Gehörte einzulassen. Meistens wurde es augenblicklich leise, wenngleich das Bedürfnis entstand, Fragen zum Schicksal der Maria Paur zu stellen. Offensichtlich können die Gestaltung eines Raumes und seine Inszenierung dazu beitragen, bei den Besuchern Interesse zu wecken. Die Anteilnahme der Schüler und Schülerinnen war dabei zum Teil so groß, dass es für mich schwierig wurde, sie zu einem Weitergehen in die nächste Abteilung zu bewegen.

Weniger dramatisch, aber dennoch ebenfalls geeignet um gerade Kindern Geschichte auch sinnlich erfahrbar zu machen, war die Inszenierung der Schifffahrt. Ein nachgebautes Holzboot ragte ca. drei Meter in den Ausstellungsraum vor. Anders als sonst in Museen, war dieses Exponat aber nicht nur zum Ansehen gedacht. Das Schiff bot, wenn sie eng zusammenrückten, Platz für drei Kinder. Während die Kinder in dem Schiff saßen, konnte ich über die Fahrten der Innschiffer erzählen. Neben dem Aufzählen der einzelnen Waren und deren Gewichte, ebenso wie dem Benennen der Schiffszeichen, war es vor allem das Schiffsunglück des Bayernherzogs Maximilian I., das die Besucher interessierte.[13] Aber nicht nur die großen Unglücke, sondern auch der Alltag der Schiffer wurden an dieser Stelle aufgegriffen. So gab es zum Beispiel im Bauch des Schiffes einen Tresor, worin die Schiffsleute ihr Geld aufbewahrten, das auf ihren langen Fahrten umgesetzt wurde. Auch die verschiedenen Ruder und die Stangen, die von jedem Besucher angefasst werden durften, hatten ihren ganz bestimmten Zweck zu erfüllen. Ich denke, dass das Sitzen im Boot und das Anfassen aller sich darin befindenden Gegenstände, von vielen Besuchern als positiv wahrgenommen wurden. Ein

---

[12] Vgl. hierzu die Hinweise des Kurators des Ausstellung, in: Hamberger, Ausstellungskonzepte, S. 19 in diesem Band.
[13] Maximilian war im Jahr 1648 auf der Flucht vor den Schweden und reiste mit seinem gesamten Gefolge auf dem Inn Richtung Braunau. Bei der Brücke bei Mühldorf passierte das Unglück: Das Küchenschiff stieß an einen der Pfeiler und ging mit dem gesamten Küchensilber unter. Vgl. hierzu auch Seibel, Historische Spurensuche, S. 649 in diesem Band.

„fernes Rauschen des Inns" im Hintergrund hätte diesen Effekt eventuell noch verstärken können. Eine weitere Verknüpfung zum Außenraum wäre so vielleicht entstanden.

4. Verknüpfungen herstellen zwischen einzelnen Exponaten und dem Außenraum

Im vorangehenden Abschnitt wurde gezeigt, wie man die Inszenierung von Räumen innerhalb einer Ausstellung nutzen kann, um einen Weg in die Vergangenheit zu weisen. Bei dem letzten Beispiel wurde aber auch die Möglichkeit angesprochen, weitere Verknüpfungen zum Außenraum zuzulassen. Die Frage ist, inwiefern das geschehen kann. An Hand von zwei Beispielen möchte ich dieses Prinzip deutlich machen: Dabei wähle ich zuerst ein Gemälde aus, dass in der Abteilung „Frömmigkeit und Glauben" hing. Innerhalb eines Rahmens erzählen vier auf einander folgende Bilder und die Baugeschichte der Stiftskirche Mühldorfs, der St. Nikolauskirche. Der Aufbau des Bildes allein bot schon Gelegenheit, den Umbau der Nikolauskirche spannend zu erzählen. Noch interessanter wurde diese Geschichte aber, weil das nächstgelegene Fenster einen direkten Blick auf eben diese Kirche zuließ. Eine Verknüpfung zwischen Bild und Außenraum konnte somit geschaffen werden: Während die Besucher Informationen erhielten, war die Sicht auf den Gegenstand möglich – fast so, als wäre die Kirche selbst ein Exponat der Ausstellung.

Eine etwas andere Art den Bezug zur Gegenwart herzustellen, ermöglichte die so genannte Fotowand zur Innstadtbauweise. Ähnlich einem Mosaik verband sie Fotos, die charakteristische Merkmale dieser für die Region typischen Bauweise zeigten, zu einem Gesamtkunstwerk. Mit etwas Geduld und durch genaues Hinsehen konnten die Besucher diese Detailaufnahmen bestimmten Städten und z.T. sogar bestimmten Häusern zuordnen. Des Weiteren wurden auswärtige Besucher angeregt, einen Spaziergang durch Mühldorf zu unternehmen.

Abb. 66 Fotowand in der Ausstellung Salzburg in Bayern.

Ein Ausstellungsbesuch muss nicht zwangsläufig im Museum enden. Durch diese Fotowand, die nur Ausschnitte zeigt, entstand Lust auf mehr Informationen und Impressionen. Für Ausstellungsmacher und Führungskräfte, sowie die ganze Stadt, kann es als Erfolg verbucht werden, wenn Gäste nach dem Besuch der Ausstellung den unmittelbaren Außenraum weiter erkunden wollen. Dadurch wird eine Verknüpfung zwischen der Ausstellung und den örtlichen Gegebenheiten möglich. Zudem kann so ein Stadtrundgang immer auch verbunden werden mit dem Besuch örtlicher Geschäfte und Gastronomiebetriebe – ein Nebeneffekt, der nicht zu verachten ist.[14]

5. Das Ausstellungsgebäude als eigenes Exponat, das Raum und Geschichte verbindet

In Punkt 4 habe ich verdeutlicht, dass Karten, Bilder oder Grafiken geeignet sind, um eine erste Orientierung im Raum anzubahnen. Dies ist vor

---

[14] Vgl. hierzu auch die Beiträge Kestler, Gastronomie und Hotellerie, S. 835, Knoblauch/Bönisch, Kleinere Städte als Ausrichter, S. 841 und Huber/Wimbauer, Ausstellung im Landkreis S. 855 in diesem Band, die die wirtschaftliche Seite von Ausstellungen ansprechen.

allem zu Beginn einer Führung entscheidend. Genauso wichtig ist es meines Erachtens aber auch, das Gebäude, also den Ort, in dem sich die Ausstellung befindet, mit in die Führung einzubeziehen. Mit der Betrachtung des Ausstellungsgebäudes als eigenes Exponat, möchte ich deswegen meine Ausführungen beschließen.

Das Ausstellungsgebäude der Mühldorfer Ausstellung, war der Haberkasten, das heutige Kulturzentrum der Stadt.[15] Wie es der Name schon sagt, wurde der Haberkasten früher als Getreidespeicher genutzt. Danach gehörte er eine Zeit lang den Stadtwerken und kurzzeitig war in ihm sogar eine Badeanstalt untergebracht. Gerne verwies ich am Beginn der Führung auf diese abwechslungsreiche Nutzungsgeschichte des Gebäudes. Auch wenn man mit der Gruppe im ausgebauten Dachgeschoss angelangt war, bot es sich an, auf den gänzlich aus Holz gebauten Dachstuhl und den Brandschutzboden einzugehen. Durch diese detaillierten Angaben über die unterschiedlichen Funktionen des Gebäudes und seine Bauweise, konnte ich oft erleben, wie das Interesse vieler Besucher mehr und mehr für den Haberkasten geweckt wurde. Zahlreiche Fragen zu der besonderen Bauweise des Gebäudes, etwa nach der Funktion der dicken, getünchten Wände oder nach dem durchhängenden Holzboden bestätigten mir dies. All dies konnte ich erklären, indem ich auf die Geschichte des Gebäudes verwies. Somit wurde das Ausstellungsgebäude selbst, „als Ort von Dingen und Tätigkeiten, von Raumzonen und unterschiedlichen Funktionen"[16] als eine Topographie aufgefasst und vermittelt. Auf diesem Wege kann in vielen Ausstellungen, die sich in historischen Gebäuden befinden, ein Verständnisprozess angebahnt werden.

V. Fazit

Das am Mühldorfer Beispiel zu Räumen als Weg in die Geschichte Geschriebene, kann generalisiert werden:

Grundsätzlich muss sich jeder Ausstellungsmacher und jede Führungskraft bewusst sein, dass sie als Mittler zwischen dem in der Ausstellung behandelten Raum und dem Besucher fungieren. „Jede Pädagogik, auch Museumspädagogik, hat mit Menschen zu tun, die in Raum und Zeit, konkret benennbar, gestaltet oder gestaltbar leben, und ihre Bemühungen sind nur ein Teil der in realen Räumen und vorhandenen Zeiten

---

[15] Vgl. hierzu die Hinweise des Kurators des Ausstellung, in: Hamberger, Ausstellungskonzepte, S. 19 in diesem Band.
[16] Zacharias, Orte, Ereignisse, Effekte der Museumspädagogik, 1995, S. 92.

machbaren Erfahrungen."[17] Der Versuch, jedem Besucher die Möglichkeit zu bieten, Verknüpfungen zu seiner Lebenswelt herstellen, steht dabei im Vordergrund. Die Bezüge der Besucherschaft zum angesprochenen Raum sind jedoch höchst unterschiedlich. Auch das Interesse ist nicht bei jedem im gleichen Maß vorhanden. Deswegen erscheint es notwendig, an geeigneten Exponaten und Standorten, Zugänge zu fremden Welten zu schaffen.

- Mit Hilfe von Landkarten, Plänen, Stadtansichten kann eine erste Orientierung im Raum angeboten werden. Alte Stadtbilder zeugen von dem Wandel, dem die Stadt unterzogen wurde.
- Die Idee der begehbaren Karte verknüpft Orientierung und handelndes, „leibliches" Erschließen von Räumen.
- Räumliche Inszenierungen, wie etwa die des letzten Mühldorfer Hexenprozesses, erleichtern den Besuchern das Nachempfinden vergangener Schicksale.
- Einzelne Exponaten bieten die Möglichkeit, eine Verknüpfung mit dem Außenraum herzustellen. Die unmittelbare Umgebung des Ausstellungsgebäudes, der Ausstellungsort kann so in den Ausstellungsraum „hereingeholt" werden. Ein fließender Übergang zwischen Innenraum und Außenraum wird möglich.
- Sind Ausstellungen, was häufig der Fall ist, in historischen Gebäuden untergebracht, kann der Ausstellungsort selbst zum Exponat der Ausstellung werden: Es weist über sich als Ort hinaus und nimmt auf, auch was außerhalb seiner selbst geschehen ist.

Es gilt abschließend festzuhalten, dass nicht nur die einzelnen Objekte in der Ausstellung die Besucher dabei unterstützen können, den Weg über den Raum in die Geschichte zu nehmen. Entscheidend ist neben der Auswahl der Objekte, auch ihre Inszenierung – und wie wir gesehen haben – auch manchmal der Standort einzelner Exponate in der Ausstellung.

---

[17] Zacharias, Orte, Ereignisse, Effekte der Museumspädagogik, 1995, S. 90.

Literatur

Fast, K. (Hg.): Handbuch museumspädagogischer Ansätze, Opladen 1995.

Hinke, H.: Heimatbewusstsein und Heimatgefährdung, in: Staatsinstitut für Schulpädagogik und Bildungsforschung München (Hg.): Lernort Heimat. Beispiele für handlungsorientiertes, fächerübergreifendes Arbeiten zum Schwerpunktthema „Heimat bewusst erleben", München 1993.

Korff, G.: Die Eigenart der Museumsdinge, in: Fast, K. (Hg.): Handbuch museumspädagogischer Ansätze, Opladen 1995.

Krausch, C.: Museumwelten. Durch Vergangenheit Gegenwart bewältigen und für die Zukunft lernen? In: Schmidt-Herwig, A. (Hg.): Museumspädagogik in der Praxis, Frankfurt/M. 1996.

Kruse, L./Graumann, C. F./Lantermann, E.-D. (Hg.): Ökologische Psychologie. Ein Handbuch in Schlüsselbegriffen. München 1990.

Liebich, H.: Konzept für ein Münchner Kinder- und Jugendmuseum, in: Fast, K. (Hg.): Handbuch museumspädagogischer Ansätze, Opladen 1995.

Löw, M.: Raumsoziologie, Frankfurt/M. 2001.

Nissen, U.: Kindheit, Geschlecht und Raum, Weinheim/München 1998.

Stadt Mühldorf: Gestern–heute–morgen. Heimat ohne Geschichte? Tagungsband zum Symposion vom 27. Oktober 2001, Mühldorf 2002.

Zacharias, W.: Orte, Ereignisse, Effekte der Museumspädagogik, in: Fast, K. (Hg.): Handbuch museumspädagogischer Ansätze, Opladen 1995.

Im Jetzt andere Zeiten erfahrbar machen

Von Waltraud Schreiber

Besucher betreten das Foyer einer Ausstellung: erwartungsvoll, interessiert, abgehetzt, genervt, cool, im Gespräch mit Begleitern, allein. Sie kommen aus ganz unterschiedlichen Gegenwarten, betreten die historische Ausstellung und – bleiben in ihrer Gegenwart. Das geht gar nicht anders. Zeitreisen und Zeitsprünge sind Science-Fiction-Filmen vorbehalten.

I. Was, wenn nicht eine andere Zeit, erwartet einen in einer historischen Ausstellung?

Wir treffen auf die Überreste aus der Vergangenheit, mit der ihnen eigenen Aura. Sie sind auf eine bestimmte Art arrangiert, werden ergänzt um Texte, Karten, Modelle, Abbildungen. Auf diese Weise werden sie in eine Geschichte eingebunden, die der Ausstellungsmacher und sein Gestalter den Besuchern erzählen wollen. Es erwartet den Besucher also nicht die Vergangenheit, sondern eine *Geschichte über diese Vergangenheit*, geschaffen in der Gegenwart, und zwar von Ausstellermachern für Besucher.[1]

Mit der in der Ausstellung erzählten Geschichte kann der Ausstellungsmacher ganz unterschiedliche Ziele verfolgen. Er kann eine Geschichte über die Vergangenheit erzählen wollen, um ihrer selbst willen,[2] und er kann eine Geschichte erzählen wollen, die für die Gegenwart/Zukunft seiner Besucher von Bedeutung ist und in der vergangene Erfahrungen und Phänomene eine wichtige Rolle spielen.[3]

---

[1] Der Ausstellungsmacher ist aber nicht autark: Sein wichtigstes Korrektiv und Regulativ ist der Forschungsstand der Historiker. Dazu kommen Abhängigkeiten, z. B. von den Leihgebern, den Intentionen des Auftraggebers, den zur Verfügung stehenden Ressourcen, dem gestaltbaren Raum, vom Designer.

[2] Das wäre z. B. der Fall, wenn neue Forschungsergebnisse in einer Ausstellung der Öffentlichkeit zugänglich gemacht werden sollen, die die Sicht eines historischen Phänomens verändern, wenn für interessierte Laien eine Epoche dargestellt werden soll, wenn der Lebensweg einer historischen Persönlichkeit oder ein historisches Ereignis nachgezeichnet werden sollen.

[3] „150 Jahre Landkreis Mühldorf" wäre ein Beispiel. Die Landkreisgeschichte könnte in einer solchen Ausstellung erzählt werden, um die Identität der heutigen Landkreisbewohner zu stützen und die Basis bewusst zu machen, auf der die Weiterentwicklung steht.

Diese Absichten können sich vermischen, in einzelnen Abteilungen kann die eine dominieren, in anderen die andere. Auf den ersten Blick erfolgt in historischen Ausstellungen vorrangig eine „Fokussierung auf Vergangenheit"[4]. Der zweite Blick zeigt, dass die eigene Gegenwart häufiger mitschwingt, als man meinen möchte.

Dazu kommt ein Weiteres: Die Geschichte, die die Besucher wahrnehmen, ist nie genau die, die der Ausstellungsmacher erzählen wollte.[5] Der Wahrnehmungsprozess ist vielen Einflüssen ausgesetzt. Einfluss auf die Geschichte, die der Besucher aufnimmt, hat nicht nur seine kognitive Disponiertheit, sondern auch Ästhetisches, Emotionales, ebenso Politisches, Kulturelles, Gesellschaftliches oder auch sein Geschlecht. Einfluss hat, ob er allein, mit Bekannten, begleitet von professionellem Führungspersonal durch die Ausstellung geht, wie lange er sich Zeit nimmt, ob er erst die Informationstexte liest, und dann schaut oder ob er von den Exponaten und den Arrangements ausgeht, welche Verweildauer er den einzelnen Exponaten zubilligt. Einfluss hat, ob er sich in der Ausstellung wohl fühlt, ob er von ihr zu eigenem Engagement angeregt und motiviert wird oder in die Schranken gewiesen und belehrt, aber als Subjekt außen vor gelassen wird. Einfluss hat, ob er bereit und fähig ist, die Geschichte des Ausstellungsmachers zu de-konstruieren, sich mit dessen Intention und Darstellungsweise auseinander zu setzen, oder ob er sich nur einzelnen Teilen der Ausstellung zuwendet, und aus ihnen – bewusst oder unbewusst – eigene Geschichten konstruiert.

Weder die Geschichte des Ausstellungsmachers, noch die des Besuchers kann die Wirklichkeit vergangener Zeiten in die Gegenwart holen. Wie nahe die Geschichten dem Gewesenen kommen, kann man nur aufgrund von Plausibilitäten vermuten, aber nicht genau wissen.

II. Wie und warum können sich die Zeitdimensionen überhaupt auf einander beziehen?

Zeit charakterisiert nicht nur, dass sie vergeht und das, was in ihr geschehen ist, unwiederbringlich mitnimmt, dass sie nicht wiederkehren kann.

---

[4] Die theoretischen Hintergründe zu dieser Darstellung werden erschlossen in Zabold/Schreiber, Bildungschance Ausstellung, hier Schreiber, Theoriefundament, S.200 in diesem Band.

[5] Außerdem kann der Besucher sich – bewusst oder unbewusst – nur auf Teile beschränken, und einzelne Exponate, einzelne Aussagen zu einer ganz anderen Geschichte als der, die die Ausstellungsmacher anbieten wollen, zusammenfügen.

„Zeit [ist] immer dieselbe, lauter Gegenwart"[6], so beschreibt Demand dieses Phänomen. Zeit charakterisiert ebenso, dass sie fließt. In diesem Sinne ist alles notwendig „vorläufig". Im Zeitfluss wirkt das, was gewesen ist, nach. Kontinuität und Wandel, seltener das völlig Neue, prägen die Veränderung, die im Zeitstrom angelegt ist. Sprachlich wird das z. B. zum Ausdruck gebracht durch die Feststellung, dass Gegenwart und Zukunft geworden seien, dass die Vergangenheit nachwirke und Erinnerung von Zwängen der Gegenwart befreie. Im Kontinuum der Zeit liegt begründet, warum die in einer Ausstellung erzählte Geschichte nicht nur mit Vergangenheit, sondern immer auch mit Gegenwart/Zukunft zu tun hat.

Die Bedingung dafür, dass in einer Ausstellung der Zusammenhang zwischen den Zeitdimensionen gezeigt werden kann, ist, dass sich Überreste, die aus anderen Zeiten stammen, in die Gegenwart hinein erhalten haben. Sie sind quasi die Brücken in die Vergangenheit.[7] Die Überreste existieren (weitgehend) ohne das Zutun von uns Gegenwärtigen.[8] Sie erst ermöglichen uns die Re-Konstruktion von Vergangenem.

Die Re-Konstruktions-Leistungen aber erbringen notwendig die Gegenwärtigen.[9] Sie wählen aus, was sie aus der Vergangenheit rekonstruieren wollen. Das hängt immer auch mit der Frage zusammen, warum man sich überhaupt für Vergangenes interessiert. Der Re-Konstruierende entscheidet, wie intensiv die Beschäftigung erfolgen soll. Es liegt an ihm, welche Bedeutung die Überreste bekommen.

---

[6] Demand, A.: Zeit und Unzeit. Geschichtsphilosophische Essays, Köln u.a. 2002, S. VIII.

[7] Darin liegt auch der Grund, warum die Exponate im Zentrum der Beschäftigung mit Ausstellungen stehen sollen und nicht die Texte des Ausstellungsmachers.

[8] Die Absichten der Urheber, etwas zu schaffen, was Bestand haben soll, die Entscheidung unserer Vorfahren, solche absichtsvoll hinterlassenen Überreste zu sichern und zu bewahren, eventuell in eigens dafür eingerichteten Orten (Archiv, Museum) und durch gesetzliche Maßnahmen (Denkmalschutz), ihre Entscheidung, auch das zufällig Erhaltene für geschichtswürdig zu erachten und zu sammeln, hat uns Heutigen die Möglichkeit gegeben, uns, mit Hilfe von Quellen, vergangenen Zeiten zuzuwenden und hat uns in die Aufgabe eingebunden, Vergangenes für die nachfolgenden Generationen zu sichern.

[9] Die prägende Wirkung des Zeitverständnisses kommt uns am besten zum Bewusstsein, wenn wir uns mit der Entwicklung von Zeitbewusstsein befassen (vgl. so unterschiedliche Zugriffe wie die von Whitrow, G. J.: Die Erfindung der Zeit, Hamburg 1999, Ariès, P.: Zeit und Geschichte, Frankfurt/M. 1988 oder Mainer, K.: Zeit, München ³1999).

Eine Bedeutung kann sein, dass Gegenwart besser verstanden, ja vielleicht sogar zukünftiges Handeln geleitet werden soll. Der Bezugspunkt ist in diesem Fall die Gegenwart bzw. die Zukunft. So wie man Überreste aus der Vergangenheit braucht, um Vergangenes re-konstruieren zu können, muss man gegenwärtige Phänomene, bzw. Probleme, die in die Zukunft weisen, erfasst haben, damit man sie, mit Hilfe von Vergangenem näher bestimmen kann. Sie sind quasi die Brücken in die Zukunft. Anders als das bei den Überresten aus der Vergangenheit der Fall ist, sind die in die Zukunft weisenden Spuren noch nicht Ausdruck realer Erfahrungen. Die Brücken in die Zukunft sind Konstruktion auf unsicherem Fundament. Während die Überreste der Vergangenheit vom Agieren und Re-Agieren anderer mitbestimmt sind, schaffen wir Zukunftsorientierungen weitgehend ohne die tatsächlichen Erfahrungen „anderer" nutzen zu können.

Der Besucher einer Ausstellung taucht also nicht eine andere Zeit ein, erfährt aber etwas über die andere Zeit – und zugleich auch über seine eigene Gegenwart und für seine Zukunft. Dabei trifft er auf fertige Geschichten des Ausstellungsmachers. Das heißt aber nicht, dass er voll und ganz an die „ausgestellte Geschichte" gebunden wäre. Er kann sich nämlich innerhalb der Ausstellung auch seine „eigenen Geschichten" schaffen, für die Elemente aus der Ausstellung als Bausteine genutzt werden.

III. Wie kann der Besucher dabei unterstützt werden, mit Zeit umzugehen?

Wenn Ausstellungen ihre Besucher nicht in die Vergangenheit entführen können, sondern – um der Vergangenheit oder um der Gegenwart oder beider willen – Geschichten über Vergangenes erzählen, mit Hilfe von Exponaten und anderen Materialien, dann sollte der Besucher sich dessen klar sein. Die für die Konzeption einer Ausstellung verantwortlichen Kuratoren, eben so wie die Museumspädagogen, können den Besucher bei diesem Umgang mit Zeit unterstützen. Wie das möglich ist, davon soll im Folgenden die Rede sein.

1. Der lebensweltliche Umgang mit Zeit als Bezugspunkt

Es hat wenig Sinn, mit Augustin zu seufzen: „Solange mich niemand danach fragt, ist's mir, als wüsste ich, was Zeit ist; doch fragt man mich und soll ich es erklären, so weiß ich's nicht."[10] Zudem: Im Alltag erleben

---

[10] Augustinus, Confessiones 238.

wir das Rätsel Zeit nicht ganz so dramatisch. Der Umgang mit Zeit, auch mit Vergangenheit, gehört ganz selbstverständlich zu unserem Leben.[11] Daran kann man als Museumspädagoge anschließen:

a) Annäherung an eine andere Zeit,
nicht Abbild der anderen Zeit

Sein, Vergehen und Werden gehört zu den Erfahrungen jedes Besuchers. Jeder weiß, dass er sich an das, was er selber erlebt hat, erinnern kann, dass er Erfahrungen, die andere Menschen gemacht haben, sogar wenn sie „vor seiner Zeit lagen", zumindest teilweise re-konstruieren, er sich aber nicht selbst daran erinnern kann. Er weiß „aus Erfahrung", dass es sich sowohl bei der Erinnerung als auch bei der Re-Konstruktion nur um Annäherungen handelt, also um kein 1:1 Abbild der Vergangenheit. Er weiß, dass die Erinnerungen verschiedener Menschen an dasselbe Ereignis von einander abweichen können. Bezieht sich der Museumspädagoge auf diese lebensweltlichen Erfahrungen seiner Besucher, so fällt es weder ganz jungen, noch ganz alten Besuchern, weder historisch interessierten noch geschichtsfernen schwer, zu verstehen, dass Geschichte, auch die in Ausstellung gezeigte, nur Annäherungen an die Vergangenheit sein kann und dass der Ausstellungsmacher auch andere Akzente hätte setzen können.

b) Datieren

Lebensweltlich ist es uns in bestimmten Fällen ein Bedürfnis, Vorher und Nachher zu unterscheiden und Entwicklungsphasen zu bestimmen. Lebenspraktisch kennen wir (zumindest in unser Breiten) auch das Datieren von Ereignissen und Phänomenen. Die Frage, wann sich etwas zugetragen habe, wird aber kaum einmal absichtslos gestellt. Das, was man datiert, will man festhalten, für Vergleiche zur Verfügung haben, in Entwicklungen einordnen, in Bezug zu Gegenwärtigem setzen oder zu Vergangenem, über das man Bescheid weiß. Das datierte Ereignis kann eingeordnet werden in die Vergangenheit, oder es kann genutzt werden, um sich mit Hilfe vergangener Erfahrungen besser in der Gegenwart zu Recht zu finden und sich für die Zukunft zu orientieren. Das Einordnen in zeitgleiche Erscheinungen bedeutet synchrone, das Einordnen in Entwicklungen diachrone Orientierung. Museumspädagogen sollten verfahren, wie es das Leben vormacht, und das Datieren, gezielt einsetzen, um damit zu erklären und Bezüge herzustellen, auch um neue Wissensanker

---

[11] Für Menschen aus anderen Kulturkreisen stellt sich Zeit und der Umgang mit Zeit allerdings anders dar.

zu schaffen. Daten zu vermitteln und zu kennen ist aber kein Selbstzweck.

c) Zeit mit Inhalten ausfüllen

Wenn man lebensweltlich mit Zeit umgeht, konzentriert man sich auf das, was in der Zeit geschieht. Auf dieses Prinzip greift auch der **Ausstellungsmacher** zurück. Sein Zusatzproblem ist, dass das, was in vergangenen Zeiten „genau" stattgefunden hat, sich den später Lebenden entzieht. Seine Chancen sind die Überreste, die Re-Konstruktion überhaupt ermöglichen, und die Vorarbeiten der Historiker. Seine Leistung ist die Geschichte, die er mit seiner Ausstellung erzählt.

Der **Museumspädagoge** hat in der Konzeption der Ausstellung eine Leitlinie und in den Ausstellungsstücken Ansatzpunkte, wenn er mit den Besuchern und für die Besucher Geschehen in früheren Zeiten einordnen will.[12]

Und der **Besucher**? Er bleibt Herr seiner Wahrnehmung. Er baut seine Vorstellung über das, was in der Zeit geschehen ist, auf, durchaus angeregt und geleitet durch Ausstellung und Museumspädagogen, aber eben in seiner Weise, abhängig auch von seinem Vorwissen und seinen Erfahrungen.

2. Der Umgang des Ausstellungsmachers mit Zeit – Bezugspunkt für Museumspädagogen und Besucher

a) Leitexponate „verzeitlichen"

Üblicherweise haben einzelne Abteilungen Leitexponate. Die Gestaltung der Abteilung und die korrespondierenden Texte versuchen, auch Einzelbesucher auf dieses Exponat hinzuführen. Explizit oder implizit werden Leitexponate zeitlich eingeordnet.

---

[12] Jeder Exponattyp bietet besondere Möglichkeiten: Gegenständliche Exponate können z. B. nach ihrer Entstehungszeit datiert werden. Indem man sie in ihrem Aussehen erfasst und ihrer Funktion erschließt, füllen sie die Zeit mit Gegenständen, mit Handlungen, mit Symbolik und Bedeutung. Bilder gefrieren Zeit scheinbar ein und halten Momente fest. Das Vorher- und Nachher kann aber angedeutet und einbezogen sein. Der Vergleich, z. B. von porträtierten Menschen kann Entwicklungen zeigen. Landschaftsbilder, Ortsansichten, Karten können damalige Rahmenbedingungen vor Augen führen, Schaubilder können Strukturen verdeutlichen. Die Zeit am facettenreichsten füllen kann Schriftliches: Es erfasst Geschehen, Entwicklung, Veränderung, Gefühle, „Wollen und Werden" usw.

Auf die Erschließung der Leitexponate sollten Führungen und museumspädagogische Programme nur selten verzichtet. Sie sollten auch in der Rolle, die der Ausstellungsmacher ihnen in seiner Geschichte zuweist, erläutert werden. Wo es sich anbietet, sollte nach der Bedeutung für die Gegenwart des Besuchers gefragt werden. Die zeitliche Einordnung des Leitexponats erfordert nicht per se, konkrete Jahreszahlen zu nennen. Die Funktion des Exponats in der Ausstellung, bzw. die Rolle, die der Führende ihm zuweist, entscheidet, auf welche Weise die zeitliche „Verortung" sinnvoller Weise erfolgt.

b) Synchrone oder diachrone Darstellungen

Zu unterscheiden ist vor allem, ob Entwicklungen dargestellt werden sollen – diachroner Umgang mit Zeit – oder Zustände, Situationen in einer Zeitschicht – synchroner Umgang mit Zeit. Ob der Ausstellungsmacher synchron oder diachron mit Zeit umgeht, wird an den gewählten Exponaten, die in die Erzählung eingebaut worden sind und an ihrer Kommentierung deutlich.[13]

Am Beispiel der Mühldorfer Ausstellung wird im Folgenden eine synchrone und eine diachrone Geschichtsdarstellung vorgestellt. Das dient dazu, um am konkreten Beispiel Möglichkeiten des Museumspädagogen aufzuzeigen, den Umgang der Besucher mit Zeit zu unterstützen.

IV. Konkretisierung an Beispielen

1. Förderung des Umgangs mit Zeit am Beispiel einer synchronen Konzeption

Für eine synchrone Darstellung entschied sich der Ausstellungsmacher in der Abteilung Kriegswesen. Dargestellt werden sollte die Bedrohung der Salzburger Insel Mühldorf durch Bayern. Aufgegriffen wurde eine Belagerung der Stadt durch den Wittelsbacher Heinrich von Niederbayern im Jahre 1364, im Zusammenhang mit dem Tiroler Erbfolgekrieg.[14] Zwei

---

[13] Dabei haben auch nebengeordnete Materialien (Quellen, Darstellungen, erläuternde Texte) Bedeutung. Sie unterstützen die Einordnung des Exponats in seinen historischen Hintergrund bzw. in Entwicklungen. Manchmal eröffnen sie eine andere Perspektive als das Hauptexponat.

[14] Warum die Entscheidung auf diese Kriegshandlung fiel, ist schnell erklärt: Das 14. Jahrhundert war eine der Phasen, in denen Mühldorf heftig umkämpft war. Der Belagerungskrieg war eine der wichtigsten Formen der Kriegsführung in dieser Zeit. Damit steht die Darstellung der Belagerung

Quellen sind in die Konzeption der Ausstellung einbezogen, die Originalurkunde, mit der die Mühldorfer als Dank für die Verteidigung ihrer Stadt mit einem Wirtschaftsprivileg ausgestattet wurden, und eine Stadtchronik, die so genannte Grillchronik,[15] die das Ereignis überliefert. Die Hinweise aus der Chronik" zu den eingesetzten Waffen wurden zum Leitfaden für die Gestaltung der Abteilung. Originale, Replikate, Modelle von Waffen wurden gezeigt. So stand nicht das Ereignis selbst, sondern das Exemplarische der Belagerung einer mittelalterlichen Stadt im Mittelpunkt.[16]

Die Abteilung wurde auf zweifache Weise inszeniert, vom Ausstellungsarchitekten (rote Speere versinnbildlichten das Bedrohungsszenario) und von Schauspielern, die die Abteilung als Bühne nutzten. Sie setzten den Eintrag Grills in Szene, indem sie Episoden aus der Belagerung darstellten.[17]

Die museumspädagogischen Führungen nutzten die Abteilung in ganz unterschiedlicher Weise. Einmal war sie Etappe der Standardführung, dann Anlass, Konzeptionen zu de-konstruieren, oder Anstoß, das eigene Re-Konstruieren der Besucher anzuregen. Auch als Bezugspunkt für eine Spezialführung unter dem Aspekt „in einer Ausstellung forschend lernen"

Mühldorfs zugleich exemplarisch für die Belagerung anderer mittelalterlicher Städte. Es gibt herausragende Quellen zu diesem Ereignis, über die zum Teil das Mühldorfer Stadtarchiv selber verfügt. Eine (edierte) Stadtchronik aus eben dieser Zeit, verfasst in deutscher Sprache von einem Mühldorfer Ratsherrn, der die Belagerung auf einer knappen Seite – aus Mühldorfer Innensicht – schildert und eine Dankesurkunde des österreichischen Erzherzogs Rudolf IV (mit einem ausgesprochen schönen Reitersiegel), der der Salzburger Stadt Wirtschaftsprivilegien (die zollfreien Einfuhr mehrere Schiffsladungen (Zillen) Wein) zugesteht. (vgl. Gollwitzer, H.: 1364 – ein denkwürdiges Jahr in Mühldorfs Geschichte, in: Das Mühlrad XI (1962-64), S. 50-60)

[15] Die Chronik wurde in einer Hörstation vorgetragen.
[16] Allerdings stellte dieses Konzept die Ausstellungsmacher von den Exponaten her vor Schwierigkeiten: Die Grillchronik als Leitexponat konnte nicht ausgeliehen werden. Auch die Waffen als „Nebenexponate", die die Belagerungssituation verdeutlichen sollten, waren schwer zu beschaffen. Originalquellen sind nicht erhalten. Das Ausweichen auf zeitgleiche Exponate aus anderen Kontexten scheiterte an der schlechten Überlieferungslage und an den Ausleihbedingungen.
Im Falle der Grillchronik entschied der Ausstellungsmacher sich für eine mediale Re-Präsentation: In einer Hörstation wurde der Text, von einem geschulten Sprecher, vorgetragen. Bei den Waffen wurde auf eigene, z. T. deutlich jüngere Sammlungsbestände zurückgegriffen oder auf Modelle.
[17] Vgl. Bieler, Schauspieler „führen", S. 481 in diesem Band.

oder als Anstoß für ein Themengespräch[18] wurde sie genutzt oder als „Kulisse" in der Lesenacht.

Der Umgang mit Zeit unterschied sich in den einzelnen Führungstypen:

In den meisten Fällen beschränkten sich die Führenden darauf, vom 14. Jahrhundert zu sprechen. (Die genaue Jahreszahl wurde „zurückgenommen", d.h., sie gehört nicht zu den zu sichernden Kernaussagen der Ausstellung). Warum es gerade im 14. Jahrhundert zu einer Belagerung kam, wurde jeweils erklärt.[19] Die Datierung ist kein Selbstzweck. Sie hilft, eine wichtige Phase der Geschichte „Salzburg in Bayern", die die Ausstellung erzählen wollte, zeitlich zu verorten. Um die Vorstellung vom 14. Jahrhundert zu vertiefen, ist es sinnvoll, es über die Belagerungsabteilung hinaus in den Blick zu nehmen. Auch hierbei kann dabei synchron und diachron vorgegangen werden. Folgende Verknüpfungen boten sich an:

a) Das 14. Jahrhundert als Vergangenheit,
die in die Gegenwart ragt

Noch heute sind Teile des Burgenrings vorhanden, den die Wittelsbacher im 14. Jahrhundert um die ausländische Stadt Mühldorf legten, ebenso die als Gegengründungen neu angelegten Städte und Märkte aus dieser Zeit. Ihre Existenz verknüpft Vergangenheit mit Gegenwart. In der Ausstellung gab es keine entsprechenden Exponate. Eine Erwähnung der Orte in der Führung reichte aber aus, um für die Besucher, gerade für die aus der Region, Mittelalter mit Gegenwart in Zusammenhang zu bringen.

b) Exponate des 14. Jahrhunderts
aus anderen Abteilungen der Ausstellung

Weitere Exponate aus dem 14. Jahrhundert ließen sich inhaltlich mit der Belagerungsabteilung verknüpfen. Die epochenspezifischen Vorstellungen verdichteten sich so:
- In der Rechtsabteilung wurde z. B. das Stadtrecht aus der Mitte des 14. Jahrhunderts gezeigt, das aus nahe liegenden Gründen –

---

[18] Zu diesem Sondertypus museumspädagogischer Erschließung vgl. Zabold, Themengespräch, S. 503 in diesem Band.
[19] Erläutert wurde z. B. der Territorialisierungsprozess in Bayern und im Erzstift; aus diesem heraus erklärt sich, warum Mühldorf in dieser Phase heftig umkämpft war. Damit ist der Tiroler Erbfolgekrieg als Anlass, aber nicht als Grund von nachrangiger Bedeutung.

großes Gewicht auf die Verteidigungsfähigkeit und -bereitschaft der Stadt legt.
- Die Schlacht zwischen Ludwig dem Bayern (Wittelsbach) und Friedrich dem Schönen (Habsburg) aus dem Jahre 1322 um die Kaiserkrone wurde in einer anderen Abteilung erwähnt. Ein Teil der in der Belagerungsabteilung ausgestellten Waffen (Armbrust- und Pfeilspitzen) stammten von diesem Schlachtfeld Es handelt sich dabei zudem um eines der bekannten Ereignisse aus der Reichs-, bayerischen- und Salzburger Geschichte, die im Raum Mühldorf stattgefunden haben.
- In der Lesestation der Verwaltungsabteilung wurde der Türmereid aus dem 14. Jahrhundert erschlossen. Auch hier wird auf mögliche Feinde hingewiesen.

Sinn dieser Verknüpfungen ist, durch die Vernetzung die Vorstellungen vom 14. Jahrhundert mit Ereignissen, Phänomenen, Situationen, Zuständen, Exponaten auszustatten, damit der Besucher in der Fokussierung auf diese Zeit, die „Dichte" seiner Vorstellungen, auch sein Wissen, erhöhen kann. Lernpsychologisch gesehen werden auf diese Weise Anker gesetzt, an denen neue Erkenntnisse andocken können.

c) Zusammenhänge in andere Zeiten aufzeigen

Weitere Abteilungen erlaubten, auch wenn dort andere Zeiten im Mittelpunkt stehen, Vernetzungen zur Belagerungsabteilung:
- In der Abteilung Landesherrschaft wurde, am Beispiel eines Erzbischofs aus dem 18. Jahrhundert, die Zuständigkeit des geistlichen Landesherren auch für Kriegerisches angesprochen. Der Vergleich ist der geeignete Weg.
- Das Prinzip „Wirtschaftsprivileg" wurde in der Abteilung Verkehr/Handel noch einmal aufgegriffen, indem gezeigt wird, dass alte Privilegien ihre Gültigkeit bewahren und deshalb in Archiven sicher verwahrt wurden.
- Ein Modell zur Innschifffahrt konkretisierte, was die Belohnung, der zollfrei Transport mehrerer „Zillen Wein", den der österreichische Herzog den Mühldorfer zusagte, bedeutet: Zillen sind ca. 5 Meter lange Innplätten zum Transport u.a. von Weinfässern.

Derartige Verknüpfungen kann der Ausstellungsmacher durch die Wahl der Exponate und die Darstellungsweise anregen. Einzelbesucher, sofern sie nicht Experten sind, sind schnell überfordert, Exponate unterschiedlicher Abteilungen aufeinander zu beziehen. Sie erkennen die „tieferen Ebenen", die jede Ausstellung hat, nicht ohne Weiteres. Es ist Aufgabe des Führenden, solche Verbindungen offen zu legen. Selbstverständlich kann der Museumspädagoge Vernetzungen auch neu herstellen, wenn sie in der Ausstellung nicht angelegt sind; am Beispiel der Gegengründungen und des Burgenrings, die ebenfalls aus dem 14. Jahrhundert stammen, ist das bereits angedeutet worden.

2. Möglichkeiten an einer diachrone Konzeption den Umgang mit Zeit zu schulen

In der Mühldorfer Ausstellung war die Abteilung, die die 200 Jahre thematisierte, in denen die Stadt zu Bayern gehörte, chronologisch gegliedert. Weil man nicht selbstverständlich davon ausgehen kann, dass eine chronologische Anordnung per se die Orientierung in der Zeit ermöglicht, unterstützten eine ganze Reihe von konzeptionellen und gestalterischen Maßnahmen das sich zu Recht finden in der Zeit: In Schaufenstern eröffnete der Ausstellungsmacher den Besuchern exemplarisch Einblicke in „200 Jahre Bayern". Das erste Fenster griff Montgelas auf, das letzte Fenster betraf die Gegenwart. Ziel war, Veränderung, Entwicklung und Abfolge zu versinnbildlichen. Die Schaufenster luden zum Entlangschlendern ein; im Gehen vergegenständlichten sich Zeitverlaufsvorstellungen.[20]

In den Schaufenstern befanden sich Epochensymbole (= Semiophoren) als Leitexponate.[21] Die politische Geschichte stand im Zentrum, Kultur- und Wirtschaftsgeschichte erweiterten sie. Die Begleittexte waren so formuliert, dass sie Grundkenntnisse (wieder) ins Bewusstsein riefen. Die Datierungen der Schaufenster unterstützte die Erinnerung.

Dazu wurden zeitgleiche Ereignisse aus der Reichs-, Landes-, und lokalen Geschichte angesprochen. Mit Hilfe von Bildern wurden Bezüge auf lokale Gebäude, Personen, Ereignisse hergestellt. Damit wurde die diachrone Gestaltung synchron erweitert. Das Hauptprinzip der Ausstellung, große und kleine Geschichte synchron aufeinander zu beziehen, kam auch hier zur Anwendung.

Einige der nebeneinander liegenden Schaufenster bildeten thematische Einheiten: Euthanasie, Bombenkrieg, Flucht und Vertreibung nach 1945 ist ein Beispiel.

---

[20] Auf die Idee, Fortschritt unreflektiert als Leitmotiv der Entwicklung zu sehen, konnte der Besucher gar nicht erst verfallen, weil die großen Einbrüche 1. Weltkrieg, Nationalsozialismus, 2. Weltkrieg gezielt und ausführlich aufgegriffen wurden.

[21] Vermutlich rufen Semiophoren wie eine Pickelhaube, ein Ballkleid aus den Golden Twenties oder Schutt eines zerbombten Gebäudes Datierungen wach. Dies wurde durch die explizite Nennung der Jahreszahlen unterstützt.

Die Führenden vertieften den chronologischen Durchgang. Z. T. wurden Abbildungen zeitgleicher Exponate mitgebracht oder andere Verknüpfungen wurden angesprochen. Auf diese Weise wurden die Besucher dabei unterstützt, sich in der Vergangenheit zu orientieren. Konkrete Anlässe sind die Bedingung, um sinnvolle Gegenwartsbezüge herzustellen.

3. Weitere Möglichkeiten, den Umgang der Besucher mit Zeit zu unterstützen

a) Personen und Ereignisse ins Zentrum rücken

Vermutlich machen es biographische Ausstellungen, Ausstellungen, die ein Ereignis oder Epochenspezifisches thematisieren, den Besuchern leichter, Vernetzungen innerhalb einer Zeitschicht zu erkennen und selber Verknüpfungen herzustellen (synchrone Orientierung).

Ob solche Ausstellungstypen auch die diachrone Orientierung unterstützen können, hängt u.a. davon ab, ob Entwicklungen thematisiert werden.

Demgegenüber wird die zeitliche Orientierung durch eine strukturgeschichtliche Ordnung erschwert, zumal, wenn die Themen sich exemplarisch unterschiedlichen Phasen innerhalb größerer Zeiträume zuwenden.

b) Vertiefen „durch Zeitlupe"

Gemeint ist, aus einer Entwicklung einen Aspekt aufzugreifen und diesen synchron zu vertiefen. Das kann wiederum durch die Gestaltung unterstützt werden. Ein Beispiel hierfür wäre die Präsentation der Säkularisation in der Mühldorfer Ausstellung: Während die Abteilungen sonst ineinander übergingen, war für das Thema Säkularisation, dessen 200-jährige Wiederkehr der Anlass für die Ausstellung gewesen war, ein abgetrennter Raum vorgesehen, mit einer nur für diesen reservierten Farbgebung. Wie in Zeitlupe wurden die Ereignisse im Dezember 1802 und in den darauf folgenden Monaten betrachtet.

Das Vertiefen in ein Ereignis/Phänomen kann der Museumspädagoge auch vornehmen, wenn es nicht in der Gestaltung Grund gelegt ist. Dabei kann zusätzliches Material ergänzt oder verbal vertieft werden.

c) Zeitliche Orientierungen „gegen den Strich" Ausstellung erschließen

Der Führende kann Längsschnitte durch die Ausstellung legen, indem er z.B. Porträts, Kleidung, Schriften, Verwaltungsvorschriften herausgreift und an ihnen Entwicklungen aufzeigt.

In unterschiedlichen Abteilungen können z. B. Merkmale einer Epoche herausgearbeitet werden, z. B. des Umbruchs in der Frühen Neuzeit. Dazu kann z. B. in wirtschafts-, sozial-, mentalitätsgeschichtlichen Abteilungen Politisches gesucht werden und umgekehrt.

Die Datierung erleichtert man den Besuchern, wenn man ihnen hilft, sich Bezugspunkte zu schaffen, die sie sicher zeitlich einordnen können. Diese Funktion als Anker sollten solche Exponate, Phasen, Ereignisse erhalten, die eine wichtige „Botschaft" der Ausstellung transportieren. Dabei muss nicht immer „absolut", also nach Jahreszahlen datiert werden. Es kann auch relativ eingeordnet werden, indem man Früher und Später bestimmt.

***

Das Ziel dieses Beitrags war, einige Anregungen zu geben, wie man Überresten aus anderen Zeiten sowie Geschichten, die mit diesen Überresten erzählt werden, so begegnen kann, dass dadurch Orientierung in der Vergangenheit und Orientierung für Gegenwart und Zukunft möglich werden.

Über die eigene Lebensgeschichte in die Geschichte: Biographische Gespräche mit Senioren im Rahmenprogramm von Ausstellungen

Von Inge Finauer

Seit Jahren begleite ich Senioren in Kursen zum biographischen Schreiben. Dabei ist es jedes Mal ein entscheidender Schritt für die älteren Menschen, festzustellen, dass die eigene Biographie mit jeder einzelnen erlebten Episode immer auch ein Puzzlestück der entsprechenden Zeit darstellt, in dem sich die „große Geschichte" widerspiegelt, und dass die eigene Erinnerung schon deshalb nicht unwichtig ist. – Den gängigen Begriff „Zeitzeuge" kann man auch auf die Erinnerungen von Normalbürgern anwenden.

Aber gerade die eigene gelebte „Geschichte" gerät leicht in Vergessenheit. Sie wird weder mündlich weitergegeben, weil es heute bei uns keine Erzählkultur mehr zu geben scheint, noch schriftlich festgehalten, weil der ältere Mensch oft denkt „Das kann ich nicht!" oder „Wer interessiert sich dafür?" Wir müssen deshalb dafür sorgen, dass erinnerndes Erzählen und Schreiben dennoch geschieht. Es gilt Anlässe zu schaffen und Orte zu nutzen, an denen die Erinnerung lebendig werden kann.

Ausstellungen können ein solcher Anlass sein. Ideal ist es natürlich, wenn in einer der Abteilungen Inhalte angesprochen werden, an die die Senioren sich erinnern können, die sie zumindest noch aus der Erzählung ihrer Eltern kennen. In der Mühldorfer Ausstellung war die Multimedia-Präsentation über den Heimatort, in der auch die Kriegszeit und Nachkriegszeit in der eigenen Umgebung in Erinnerung gebracht wurde, eine wertvolle Anregung. Auch Exponate wie Stahlhelm, Photos, Listen von Gefallenen brachten diese Zeit dem Betrachter hautnahe in Erinnerung. So entstand der Wunsch die eigenen Erfahrungen zu erzählen oder niederzuschreiben.

Möglich könnte es aber auch sein, sich, angeregt von einer Ausstellung z. B. über „Ritter" an Geschichtsunterricht bzw. spätere Begegnungen mit Geschichte zu erinnern. – Auf jeden Fall geht es darum, ältere Menschen einzubinden und deren Lebensgeschichte und Erfahrungen im Kontext der Ausstellung nachzufragen. Auf diese Weise kann ein Kreis an Ausstellungsbesuchern erschlossen werden, der sich sonst vielleicht nicht für den Besuch entschieden hätte.

Weil die Mühldorfer Ausstellung Senioren viele Anlässe gab, sich angesprochen zu fühlen, luden wir im Rahmenprogramm zur Ausstellung ein, sich zu Gesprächsrunden zu treffen. Die Schwierigkeit dabei ist, dass viele Senioren allein durch einen Hinweis in der Zeitung nicht zur Teilnahme animiert werden können. Zwar gehört dieser Kreis zu den aufmerksamen Zeitungslesern, gar mancher aber kann sich nicht vorstellen, dass seine Erfahrungen gefragt sind. Ich habe das ja eingangs bereits festgestellt. Neben der Ankündigung über die Presse ist deshalb Mund zu Mund Propaganda notwendig. Sinnvoll ist es, Ansprechpartner in den Altenclubs der Pfarreien oder anderer Organisationen zu suchen, in Seniorencafés, im Frauenbund, bei den „Landfrauen" und anderen Vereinigungen und Gemeinschaften und Senioren persönlich einzuladen und zu bitten, Freunde und Bekannte mitzubringen. Auch Mitbürger aus Partnerstädten können eingeladen werden. Bestehende Gesprächskreise oder Schreibgruppen sollten auf jeden Fall angesprochen werden. Hilfreich ist es immer, wenn der eine oder andere dabei ist, der schon öfter an Gesprächskreisen teilgenommen hat. Das ist besonders dann günstig, wenn man das Schreiben anregen will.

Im Falle der Mühldorfer Ausstellung luden wir dazu ein, Erinnerungen zu christlichen Bräuchen festzuhalten, initiierten ein Treffen zwischen Mühldorfer und Salzburger Senioren, die sich über Gemeinsamkeiten und Unterschiede in Sprache, Bräuchen, Gewohnheiten austauschten und luden Frauen ein, ihre Erinnerungen an die Kriegszeit zu erzählen. Dieser Frauenrunde (auch ein Mann nahm daran teil) war ein Zeitzeugengespräch zwischen einem Journalisten und einem prominenten Innstädter über Kriegs- und Nachkriegserfahrungen vorangegangen.

Die Möglichkeiten Themen anzubieten, sind so vielfältig, wie das Leben selbst. Lediglich das Ausstellungsthema ist der eingrenzende Rahmen. Man sollte auf jeden Fall mehrere Gesprächsrunden und Schreibstunden zu verschiedenen Themen anbieten, unter anderem deshalb, weil es sich unter den Senioren herumspricht, dass man auch hingehen kann, wenn man „nichts Besonderes" erlebt hat.

Besonders wertvoll scheint mir der Austausch persönlicher Erfahrungen und Erlebnisse mit Menschen aus einer anderen Stadt, aus einem anderen Land zu sein. Erfreulich wäre es, wenn so Verbindungen entstehen, die auch weiterhin im Bereich Senioren- und Kulturarbeit gepflegt werden.

Ein kurzer, auf die jeweilige Abteilung konzentrierter Ausstellungsbesuch kann der Aufhänger für die Gesprächsrunde sein. Ideal ist es, wenn die Gruppe schon in der Ausstellung mit einander ins Gespräch kommt. Gute Ausstellungsführer können das anregen. Es ist aber natürlich auch möglich, dass die Gruppenleiterin selber führt oder Gruppenleiterin und Ausstellungsführer zusammenarbeiten. Wenn der Termin günstig gewählt ist und wenig andere Besucher zu erwarten sind, kann das Gespräch auch in der Ausstellung stattfinden. Das macht aber nur dann Sinn, wenn Exponate im Gespräch immer wieder einbezogen werden müssen. In der Medizinabteilung wäre das der Fall gewesen, beim Thema „krank sein – damals im Vergleich zu heute". In der Abteilung Bürgerkultur hätte man zum Thema „Kleidung damals und heute" arbeiten können.

In der Regel wird die Gruppe sich aber in einen Raum zurückziehen, in dem sie von außen nicht gestört wird (Lärm, Telefon, Personen...). Die Größe des Raumes sollte der Teilnehmerzahl angepasst sein, weder zu groß noch zu klein, und geeignet möbliert (Stühle und Tische) und ausgestattet (z. B. Flip Chart/Overheadprojektor). Farben, Raumgestaltung, Lichtverhältnisse sind wichtige Einflussfaktoren und vermitteln je nachdem eher Sterilität, Arbeitsmotivation, Gesprächsklima. Wenn jeder Teilnehmer jeden anderen beim Gespräch gut sehen kann, erleichtert das die Kommunikation. Das Gespräch kann dann nicht nur mit den Ohren, sondern auch mit den Augen verfolgt werden. Dadurch verstehen die Senioren leichter, fühlen sich eher angesprochen und sind mehr einbezogen. Rechteckige oder quadratische Tische bei mehr als 8 Teilnehmern erschweren die Kommunikation. Runde Tische oder ovale Tische sind günstiger für Gesprächs- und Arbeitssituationen. Für Gesprächsgruppen eignet sich am besten der offene Stuhlkreis. Bei Schreibgruppen sind zusätzliche Tische und Stühle im Raum günstig, um sich später zum Schreiben zurückziehen zu können.

Ein wichtiger Punkt ist die Gruppengröße an sich. Optimal sind 6 bis 12 Teilnehmer. Hier kann am günstigsten das Gleichgewicht zwischen Arbeit/Sache – Gruppe/Beziehung – Ich-Erfüllung/Befriedigung hergestellt bzw. gehalten werden. Ein Gruppenleiter sollte auf Grund seiner Erfahrung aber flexibel reagieren können, wenn mehr Personen kommen, als erwartet. Das Konzept muss dann angepasst werden, die Sitzordnung, Größe der Schrift, Lautstärke etc. muss sich ändern, wenn man die interessierten Besucher, die ohne Anmeldung gekommen sind, nicht abweisen möchte.

Der Besuch der Ausstellung kann auch den Abschluss der Gesprächsrunde bilden. Die Fragestellung ist dann: Was zeigt der Ausstellungsmacher aus dieser Zeit? Geht man so vor, dann müssen, wie bei nicht ausstellungsbezogenen Gesprächsrunden auch, Neugierde und Erinnerung mit verschiedenen Utensilien und Techniken geweckt werden. Ich habe gute Erfahrungen damit gemacht, die Gruppe in einem Stuhlkreis zu sammeln und die Kreismitte (den Boden oder einen niedrigen Tisch) durch spezielle Dekoration im Hinblick auf das Thema zu gestalten. Dazu muss Material gesammelt und vorbereitet werden. Flohmarktschätze, Erbstücke ergänzt mit schönen Tüchern, Naturmaterialien, Dekostücken sind wichtige Hilfsmittel. Sowohl die Neugierde als auch die Erinnerungen sollen geweckt werden. Eine Mandalaform zu legen bietet sich an. Die optimale Mitte befriedigt sowohl das ästhetische Empfinden des Teilnehmers und spricht auch möglichst viele Sinne an. Es befand sich etwa beim Thema Kriegserinnerung von Frauen in der Kreismitte auf einem rauen Leintuch ein weißer Teller mit genau der Ration Lebensmittel, die in Mühldorf im Mai 1945 dem Normalverbraucher als Tagesration zugeteilt war.[1] Dazu kamen alte Kochbücher, die die damalige Not in Rezepte umwandelten und alte leere Schüsseln sowie Eicheln und Brennnessel als Ersatzstoffe für Kaffee und Salat. Diese Dinge dürfen auch berührt, gelesen, diskutiert etc. werden.

Nach der Begrüßung ist die anfängliche Scheu bald abgelegt. Da wird meist schon bei der persönlichen Vorstellungsrunde das Präsentierte angesprochen und so Bedenken überwunden.

Nach dieser Einführung kann man, dem Thema angemessen, mit verschiedenen Methoden vorgehen. Eine Möglichkeit ist das Brainstorming. Stichpunkte werden auf einer Flipchart gemeinsam gesammelt. Dies ermöglicht den Teilnehmern ihre ganz persönlichen, spontanen Erinnerungen an diese Zeit, ohne Wertung festzuhalten. Diese Punkte unterstützen auch alle anderen in ihrer Erinnerungsarbeit. Sobald der Kursleiter in der Gruppe eine Vertrauensbasis hergestellt hat und die gegenseitige Wertschätzung klar erkennbar ist, werden anschließend sehr verschiedene eigene Erlebnisse erzählt. Die Erfahrungen der einzelnen Teilnehmer werden verglichen und Überschneidungen gesucht. Auch die Emotion darf nicht zu kurz kommen: Es wird Verwunderung über vieles Erlebte und Überlebte ausgedrückt, Schicksale werden bedauert, die Leistungen der Mütter und Frauen bewundert, zum Ausdruck gebracht, dass es so etwas nie mehr geben darf.

Es werden Fragen gestellt, die vielleicht ein(e) andere(r) in der Gruppe beantworten kann. Oft wird der gute Vorsatz ausgesprochen: "Ich muss das aufschreiben, die Jungen können sich das doch gar nicht vorstellen und das ist kaum sechzig Jahre her." Häufig wundert man sich über Dinge, die aus der Erinnerung wieder auftauchen, obwohl sie jahrzehntelang vergessen schienen.

Es gehören nicht nur die Methoden wie Brainstorming oder Blitzlicht dazu die Gruppenmitglieder zu aktivieren, sondern auch der Faktor ich-

---

[1] 10 Gramm Fleisch/5 Gramm Fett/150 Gramm Brot/4 Gramm Käse/8 Gramm Nährmittel/9 Gramm Zucker/4 Gramm Kaffeeersatz.

wir-Sache. Dieser ist in einem dynamischen Gleichgewicht zu bringen. Das geschieht durch die Art und Weise der Kommunikation der Gruppenleitung mit den Teilnehmern: Interesse zeigen, Fragen stellen, Blickkontakt aufrechterhalten, einen Gedanken aufgreifen, auf eine Äußerung aufmerksam machen, Gefühle verstehen und zulassen, aber auch, den sich Erinnernden „schützen".

Der zeitliche Rahmen sollte nicht zu eng gesteckt sein, um ein Thema zu einem Ende führen zu können und einen Blick auf heute und morgen zu richten, um nicht im Erinnern zu verharren. Die Erinnerungen an das Erlebte wühlen die Teilnehmer auf, aber das Erzählen und noch mehr das Schreiben werden als befreiend empfunden. So werden es für alle Teilnehmer anregende, bereichernde Stunden sein.

Ein Ziel ist immer, dazu zu motivieren, die eigene Vergangenheit auch schriftlich festzuhalten. Das ist eine große Aufgabe für die Senioren und steigert zusätzlich das Selbstwertgefühl. Eine einmalige Veranstaltung im Rahmenprogramm kann eigentlich nur der Anfang sein. Ein einmaliges Treffen reicht nicht. Denkbar ist, dass sich, nach einem solchen Schnuppertag, feste Schreibgruppen bilden.

Dennoch ist ein Programmpunkt „biographisches Erinnern" auf jeden Fall auch ein „Sofortgewinn" für alle Teilnehmer. Ältere Menschen, die ihre Erinnerungen festhalten, sind zudem ein „Gewinn auf Raten" für die Gesellschaft. Viele Erkenntnisse wären, ohne Anstöße von außen, für die Familien und die Gesellschaft für immer verloren gegangen. Gerade für die eigenen Nachkommen ist in Zeiten immer kleiner werdender Familien, die Suche nach den eigenen Wurzeln wichtig, aber auch schwieriger geworden. Es ist ein Geschenk an Kinder und Enkel, wenn diese später, zu dem für sie richtigen Zeitpunkt, auf gesammelte persönliche Geschichten, Briefe, Erlebnisberichte, Tagebücher, Photos aus früheren Zeiten zurückgreifen können. Es ist eine Hinterlassenschaft, die nicht anderweitig erworben werden kann oder mit Geld zu bezahlen wäre.

Literatur

Klingenberger, H.: Zukunft braucht Herkunft. Lebensgeschichtliche Erfahrungen als Chance zum Dialog; Dokumentation eines Studientages am 18. November 1998, Freising 2000.

Klingenberger, H.: Lebensmutig. Vergangenes erinnern, Gegenwärtiges entdecken, Künftiges entwerfen, München 2003.

Klein, I.: Gruppenleiten ohne Angst : ein Handbuch für Gruppenleiter, Donauwörth 2002.

„Auf Mirakulix' Spuren..." – Lebenswelt, Geschichtskultur und das Interesse an der Vergangenheit

Von Sandra Funk

I. Geschichte in der Lebenswelt

Historische Essemblems, z. T. ausgezeichnet als Weltkulturerbe, Gedenkstätten, längst nicht mehr nur bezogen auf den Nationalsozialismus, Jubiläumsausstellungen, die aus ganz unterschiedlichen Anlässen entstanden sind, wissenschaftliche und populärwissenschaftliche Publikationen, dazu Traditionen, Sprachmuster, kulturelle Symbole und Verhaltensregeln – all das ist Ausdruck von Geschichte, die uns in der Lebenswelt begegnet. Aber auch Mirakulix aus der Comicserie Goscinnys und Uderzos, Maximus, der Held in Ridely Scotts Kinofilm „Gladiator", die Mönche aus Umberto Ecos Roman „Der Name der Rose" oder die von Ernst Marischka inszenierte Sissi – Helden in Film, Roman und Comic also – sind Teil der Geschichte, die uns umgibt. Comics, Filme, historische Romane sind ebenso „Objektivationen", Niederschläge von Geschichtskultur[1] wie Ausstellungen, wissenschaftliche Publikationen und Unterrichtsmaterial für den Geschichtsunterricht.

Von manchen werden fiktionale Darstellungen als bare Münze genommen, von anderen als reine Unterhaltung angesehen, von einigen als Geschichtsklitterung vehement abgelehnt. Andere wiederum erforschen sie im Sinne eines Teils der Geschichtskultur des 20. Jahrhunderts. Für nicht wenige ist „Geschichte" identisch mit vergangener Wirklichkeit; historisch gebildet ist dann (nur) der, der weiß, „wie es gewesen" ist, der Daten und Fakten ebenso kennt wie Personen, Ereignisse, und Strukturen.

In allen genannten Punkten steht der Umgang mit Geschichte im Vordergrund – somit also auch das Geschichtsbewusstsein[2]. Ganz unter-

---

[1] Den Begriff „Geschichtskultur" hat vor allem Jörn Rüsen in die geschichtsdidaktische Diskussion eingeführt. Für einen schnellen Überblick vgl. Rüsen, J.: Geschichtskultur, in Bergmann, Handbuch, 1997, S. 38–41; zur Vertiefung vgl. die Sammelbände Mütter u. a., Geschichtskultur, 2000; Baumgärtner, U./Schreiber, W. (Hgg.): Geschichts-Erzählung und Geschichts-Kultur. Zwei geschichtsdidaktische Leitbegriffe in der Diskussion, München 2001; Schönemann, B./Schreiber, W. (Hgg.): Geschichtskultur und historische Orientierung, Idstein 2004 (im Druck).

[2] Geschichtsbewusstsein ist die zentrale Kategorie der Geschichtsdidaktik. Einen Überblick über die Diskussion gibt der Beitrag Schreiber, W.: Reflek-

schiedlich ist aber das Maß der Bewusstheit, der Grad der Reflexion, das historische Wissen, die theoretischen Einsichten, über die man verfügen kann. – Anders gesagt: Geschichte ist in den Köpfen, Herzen und Bäuchen verankert, aber nicht alle bemerken es.

Der Trend – in der Wissenschaft wie in der Lebenswelt gleichermaßen– ist, immer mehr Phänomene mit dem Prädikat „geschichtlich" zu bezeichnen. In der historischen Forschung zeigt sich das spätestens seit den 1960-er Jahren in der Etablierung der Bindestrich-Geschichten von der Alltagsgeschichte über die Geschichte der Bilder zur Zeitgeschichte.[3] Von dieser Welle der Erweiterung werden auch Museen erfasst. Indikatoren sind Exponate, die inzwischen als ausstellungswürdig erachtet werden. Sie reichen vom abgebrochenen Torpfosten[4] über Nachttöpfe[5] bis hin zum Leichenwagen[6]. Diese skurril anmutende Aufzählung reduziert sich, wenn die Exponate als Antwort auf kluge, erhellende Fragestellungen fungieren. Die Besucherzahlen spiegeln das offensichtliche Interesse an der präsentierten Materie. Ob Skurrilität die Gäste angelockt hat oder die Ernsthaftigkeit, vielleicht auch Lebensbedeutsamkeit der Fragestellungen, müsste im Einzelfall geklärt werden.

Die nun folgenden Überlegungen beschäftigen sich damit, wie das Auftreten von Geschichte in der Lebenswelt und der lebensweltliche Umgang mit Geschichte museumspädagogisch genutzt werden können. Es wird versucht, Theoretisches auszuführen[7] und praktische Konsequenzen zu ziehen. Die Veranschaulichung erfolgt anhand von Beispielen, die ich aus meinen Erfahrungen als Führerin in der Ausstellung „Mühldorf a. Inn – Salzburg in Bayern" und als Betreuungsperson einiger Ferienprogramme gewonnen habe.

---

tiertes und (selbst-) reflexives Geschichtsbewusstsein durch Geschichtsunterricht fördern – ein vielschichtiges Forschungsfeld der Geschichtsdidaktik, in: ZGD 1 (2002), S. 18-43.

[3] Den Umgang mit Geschichte in Vergangenheit und Gegenwart zu erforschen, ist ein weiterer Forschungstrend. Schlagworte sind Geschichtspolitik, Geschichtskultur, aber auch Geschichtsbewusstsein.

[4] „Der Ball ist rund", Ausstellung des DFB anlässlich seines 100-jährigen Jubiläums im Gasometer in Oberhausen im Jahre 2000.

[5] Nachttopfmuseum im Zentrum für außergewöhnliche Museen in München.

[6] „Last minute", Ausstellung über Tod und Sterben. Vgl. Stapferhaus Lenzburg (Hg.): Last minute. Ein Buch zu Sterben und Tod, Baden/Ch. 2000.

[7] Mit der Präsentation von Geschichte und dem Umgang mit Geschichte in der Lebenswelt sind die geschichtsdidaktischen Kategorien „Geschichtskultur" und „Geschichtsbewusstsein" verbunden.

II. Auf der Suche nach einer theoretischen Fundierung

Welche Bedeutung der „Umgang mit Geschichte in der Lebenswelt" hat, ist nicht leicht zu klären: Einerseits scheint Geschichte nicht *lebens*wichtig im Sinne von überlebens-wichtig zu sein. Nicht wenige Zeitgenossen artikulieren das so. Sie verstehen unter Geschichte dann häufig ein Wissen von Daten und Fakten und wollen sagen, dass man auch ohne historisches Wissen gut leben kann. Dem stehen die Überlegungen derer gegenüber, die Geschichtsbewusstsein als ein „Wesensmerkmal des Menschen" auffassen, das kulturell unterschiedlich ausgefüllt wird. Weil sie den Menschen als ein Wesen, das sich erinnern kann, verstehen, ist für sie ein Leben ohne Geschichte nicht möglich. Dieser Position folgt der vorliegende Beitrag.

1. Zum Umgang mit Geschichte

Auch wenn viele Geschichte im Alltag nicht bewusst wahrnehmen, wird man doch ständig mit ihr konfrontiert: Bei der morgendlichen Zeitungslektüre, in der auf historische Jubiläen und Ereignisse verwiesen wird, beim Einkaufen, wenn man sich an die billigeren D-Mark-Preise erinnert und dabei vielleicht in eine „früher war alles besser"-Nostalie verfällt. Wenn man zur Einschätzung von Phänomenen, auf die man im Alltag, bei Reisen, im Medienkonsum oder bei der Lektüre von Zeitungen oder Büchern stößt, ihre Entwicklung, ihr Geworden-Sein und Werden einbezieht. Wenn man vergangene Erfahrungen – eigene und fremde – nutzt, um als Individuum handeln zu können. Wenn man sich als Gruppe orientieren will. In diesem Zusammenhang formuliert Joachim Rohlfes, ein inzwischen emeritierter Geschichtsdidaktiker „der ersten Stunde":[8] „Geschichte und geschichtliches Wissen scheinen Erheblichkeit zu besitzen, wo eine Gruppe, eine Gesellschaft, eine Kultur nach Rechenschaft über sich selbst und Wegweisung für die Gegenwart und Zukunft verlangt"[9]. Jörn Rüsen, ebenfalls einer der Pioniere der Geschichtsdidaktik, spricht von „Sinnbildung über Zeiterfahrung"[10], Karl Ernst Jeismann von der Funktion von Geschichte, zu legitimieren, Identität zu ermöglichen, Ar-

---

[8] Die Geschichtsdidaktik ist als Wissenschaft ein relativ junger Zweig der Geschichtswissenschaft. Sie hat sich im Zuge der oben angesprochenen Ausdifferenzierung der 1960-er Jahre an den Universitäten als eigene Disziplin etabliert.

[9] Rohlfes, J., Geschichte und ihre Didaktik, S. 35.

[10] Einen guten Überblick gibt die Aufsatzsammlung von Rüsen, J.: Zeit und Sinn, Strategien historischen Denkens, Frankfurt 1990.

gumentationshilfe zu sein. Andere Wissenschaftler greifen ähnliche Argumentationsstrukturen auf. Populär formuliert geht es um die Erkenntnis, dass jeder inmitten des Geflechts der Zeitdimensionen Vergangenheit, Gegenwart und Zukunft lebt.[11] Man rekonstruiert Vergangenes aus einer Position der Gegenwart heraus und auch unter deren Einfluss, um Orientierung und Legitimation in der Lebenswelt für sich selbst und/oder für seine Gruppe zu gewinnen. Das Herstellen von Zusammenhängen ist darauf ausgelegt, für die Zukunft handlungsfähig zu werden. Die Ergebnisse, zu denen man gelangt, sind abhängig vom Grad an Mündigkeit und Kritikfähigkeit gegenüber den in der Gesellschaft vorhandenen Orientierungsangeboten, abhängig von der historischen Kompetenz, die man entwickelt hat, die es auch ermöglicht, eigene Orientierungen zu gewinnen.

Geschichte bewusst – oder unbewusst – für Orientierung in Gegenwart und Zukunft zu nutzen, heißt aber immer auch, wie in einem Steinbruch die Stücke zu entnehmen, die im eigenen Weltbild und im jeweiligen Leben Verwendung finden könnten, während unbrauchbares Material nicht berührt wird.[12] Sich über diesen Selektionscharakter bewusst zu werden, hilft, Verkürzungen, Fehlschlüsse, unplausible Deutungen zu erkennen. Solche Umgangsweisen werden auch unter reflektiertem und (selbst-) reflexivem Geschichtsbewusstsein zusammengefasst.[13]

Sie beinhalten die Fähigkeit, mit den in der Geschichtskultur vorhandenen Geschichtsdeutungen umgehen zu können, also De-Konstruktionskompetenz entwickelt zu haben. Unter Geschichtskultur wird hier somit „jede Art und Weise [verstanden], in der Geschichte in der Öffentlichkeit vorkommt"[14]. Es geht darum, zu erkennen, inwiefern

---

[11] Vgl. dazu die Veröffentlichungen von Karl-Ernst Jeismann, der die Definition von Geschichtsbewusstsein als Zusammenhang der drei Zeitdimensionen vielfach erörtert hat (Die Festschrift für Jeismann, K.-E.: Geschichte als Horizont der Gegenwart. Über den Zusammenhang von Vergangenheitsdeutung, Gegenwartsverständnis und Zukunftsperspektive. Hgg. von W. Jacobmeyer und E. Kosthorst, Paderborn 1985, fasst wichtige Beiträge zusammen).

[12] Vgl. Rohlfes, J., Geschichte und ihre Didaktik, S. 36 und vgl. auch Schörken, R., Geschichte in der Alltagswelt, S. 224f.

[13] Vgl. hierzu Schreiber, W.: Ein kategoriales Strukturmodell des Geschichtsbewusstseins respektive des Umgangs mit Geschichte, in: ZGD 2 (2003), S. 10-27.

[14] Schreiber, W., Geschichtskultur, S. 100. Vgl. auch Schönemann, B.: Geschichtsdidaktik und Geschichtskultur, in: Mütter u. a.: Geschichtskultur, 2000, S. 26-58: Sein Vorschlag lautet, die Professionen der Geschichtskultur, deren Institutionen, die von ihr genutzten Medien und die Publika als Rezipientengruppe der Geschichtskultur zur Klärung der Fragen heranzuziehen.

Geschichte für bestimmte Zwecke instrumentalisiert wird, sei es in Ausstellungen, in Film und Fernsehen, bei historischen Festen oder auch in der Schule. Ein weiteres Anliegen ist Interpretationen, Deutungen zu überprüfen, ihnen eigene, andere Sichtweisen entgegenstellen zu können. Dies wiederum setzt Re-Konstruktionskompetenz, aber auch Sachkompetenz voraus.

2. Lebensweltliche Geschichtsbilder aufgreifen und aufbrechen

Um vorfindliche Geschichtsbilder aufbrechen und auf ihre Plausibilität hin untersuchen zu können, muss man nicht nur die Differenz zwischen der gewesenen Vergangenheit und der Darstellung verstehen lernen,[15] sondern auch, ein Bewusstsein für die medienspezifischen Darstellungsweisen zu bekommen. Spielfilme z. B., auch solche mit historischen Themen, enthalten notwendig fiktionale Elemente. Dass nicht einmal alle Erwachsenen sich dieser Fiktionalität bewusst sind, vor allem nicht bei den auf allen Kanälen laufenden Soap-Operas,[16] macht klar, wie schwer diese Aufgabe im Einzelfall sein kann. Das „Wirklichkeitsbewusstsein"[17], das die Grenze zwischen Fiktion und (gewesener) Realität zieht, ist nicht selbstverständlich ausgeprägt. Erschwert wird die Grenzziehung gerade dann, wenn Präsentationen beim Adressaten Emotionen hervorrufen.

Auch die Macher von Ausstellungen müssen diese Gefahr bedenken. Der Grad zwischen der Aktivierung von Besuchern in handlungsorientierten Präsentationen[18] und einer Erlebnisorientierung, die Ungesichertes als gesichert darstellt und nahe legt, Inszenierungen als „gewesene Realität" zu nehmen, ist äußerst schmal.[19]

Bedenkt man zudem, dass Besucher mit Klischees in Ausstellungen kommen, intensiviert sich das Problem: Ich verdeutliche es am Beispiel

---

[15] Vgl. hierzu Zabold/Schreiber, Bildungschance Ausstellung, hier: Schreiber, Grundlagen, S. 208 in diesem Band.
[16] Gewiss nicht nur zum Zeitvertreib senden manche Zuseher (böse) Briefe an Regisseure über das angeblich falsche Ende eines Films oder fordern die Fortsetzung einer Serie, ohne die sie – angeblich – nicht leben könnten.
[17] Vgl. hierzu Pandel, H.-J.: Geschichtlichkeit und Gesellschaftlichkeit im Geschichtsbewusstsein Zusammenfassendes Resümee empirischer Untersuchungen, in: Borries, B. v./Rüsen, J./Pandel, H.-J. (Hgg.): Geschichtsbewußtsein empirisch, Pfaffenweiler 1991, S. 1-23.
[18] Vgl. hierzu Vogel, Interaktive Stationen, S. 101 in diesem Band.
[19] Aufgrund chronischer Geldknappheit ist zu befürchten, dass Ausstellungsmacher den Besuchererwartungen zu sehr nachgeben, indem sie einen Publikumsmagneten installieren, der dann die Kassen ordentlich klingeln lässt.

„Mittelalter": Es ist nicht allzu lange her, dass man den Begriff „dunkles Mittelalter" aus den Geschichtsbüchern für die Schulen verbannt hat. Bis heute habe ich die Erzählungen meines Grundschullehrers über die vielen Kriege und Krankheitswellen im Ohr, die das Mittelalter zu einer der finstersten Epochen in der Geschichte machten. Abbildungen von ausgezehrten oder mit schwarzen Pestbeulen übersäten Menschen taten hierzu ihr Übriges! Solche Sichtweisen werden bis heute unterstützt von nicht wenigen Romanen und Filmen, von Anekdoten in Stadt- und Reiseführern. Mittelalter wird etwa mit der Verfolgung von Hexen und Wunderheilern assoziiert, die für diese unschuldigen Frauen und Männer die Verbrennung auf dem Scheiterhaufen bedeutet hat. Dass sich aber derartige Vorfälle überall im Deutschen Reich bis weit in die Frühe Neuzeit hinein – sogar bis in die Zeit der Aufklärung – ereignet haben, wissen die wenigsten.

Horrorszenarien sind die eine Seite. Weil sie sich offensichtlich gut vermarkten lassen, sind sie in der Öffentlichkeit von Geschichte sehr präsent. Diesem „Schwarz" steht als „Weiß" die heile Welt gegenüber: Wieder am Mittelalter verdeutlicht geht es dann um edle Ritter, Heilige, tapfere Helden, umworbene Frauen. Die Grautöne, die die Wirklichkeit zu allen Zeiten in viel stärkerem Maße bestimmen, spielen in der Geschichtskultur des Alltags eine eher untergeordnete Rolle.

Wieder wäre es eine missverstandene Besucherorientierung, wenn Ausstellungen gerade diese Muster aufgreifen würden. Weder auf Bilder des Schreckens allein, noch auf makabere Exponate sollte man setzen, auch wenn etwa Gunther von Hagens „Körperwelten. Die Faszination des Echten" zeigt, dass jenes Konzept aufgehen kann: Bisher haben über elf Millionen Menschen, trotz hoher Eintrittspreise, die Ausstellung besucht.

Grautöne sichtbar zu machen und den Besucher dennoch zu interessieren, das sind die Aufgaben guter Ausstellungen. Jene Vorhaben können gelingen, indem „die präsentierten Objekte als Belege einer geschichtlichen Wirklichkeit [dargestellt werden], nur dann auch können die Exponate als Resultat menschlichen Handelns und Leidens dechiffriert und in ein lebendiges soziales Gedächtnis integriert werden"[20]. Ein Weg ist, Exponate – Dreidimensionales, Bilder und Quellentexte gleichermaßen – multiperspektivisch zu präsentieren und zu erschließen.

Für Laien ist es nicht immer leicht, die Zusammenhänge zu erkennen, in die der Ausstellungsmacher die Exponate stellen wollte. Die Objekte sind zwar sichtbar, deshalb aber nicht automatisch verständlich. Die Be-

---

[20] Herles, Mit Schülern im Museum, 1998, S. 49.

sucher wandeln oftmals hilflos an den Exponaten vorbei.[21] Dies gilt vor allem für den Besuchertyp, der nur durch die Ausstellung flaniert und sich von einzelnen Objekten zum Stehenbleiben animieren lässt. Wenn eher zufällig einzelne Ausstellungsstücke, z.B. aufgrund ihrer Ästhetik, zum Verweilen bewegen, werden die Zusammenhänge, in die der Ausstellungsmacher sie gestellt hat, nicht immer wahrgenommen.

Die Kontextualisierung aber ist ein ausstellungsspezifisches Mittel, das der Besucher kennen sollte.[22] Mit Hilfe von Arrangements, Inszenierung oder durch Betextung werden Exponate in ihren Funktionen im ursprünglichen Umfeld erschlossen. So wird versucht, den historischen Charakter des Objekts für den Betrachter evident zu machen und zu vermeiden, dass die Exponate „Fossilien [bleiben], die über ihre frühere Bedeutung nur am Rande Auskunft geben"[23].

Nicht nur der Ausstellungsmacher kontextualisiert die Objekte, sondern auch der Rezipient. Das geschieht dann, wenn dieser sie mit seinen aktuellen Erfahrungen verbindet und dadurch im eigenen Lebensumfeld verankert, oder wenn er sein Vorwissen, das häufig durch andere lebensweltliche Präsentationsweisen geprägt ist, damit verknüpft. Ein anderer Weg der Kontextualisierung ist, die ausgestellte Geschichte zu nutzen, um die eigene Lebenswelt besser zu verstehen. Wie Museumspädagogen den Besucher dabei unterstützen können, Ausstellung und Lebenswelt zusammenzubringen, werde ich im Folgenden darstellen.

III. Verbindung von Ausstellung und Lebenswelt

1. Auf die richtige Führung kommt es an

Verschiedene Führungstypen,[24] sowohl thematische als auch adressatenbezogene, können den lebensweltlichen Ansatz unterstützen. Adressatenbezogene Führungen berücksichtigen u. a. die Vorlieben für den Umgang mit Geschichte, die bestimmte Personenkreise mitbringen. So agieren Kinder gern, wollen Dinge am liebsten anfassen, während gerade erwach-

---

[21] Heiner Treinen hat dafür den Begriff des Window-shoppings im Museum gewählt. Vgl. Treinen, H.: Das Museum als Massenmedium - Besucherstrukturen, Besucherinteresse und Museumsgestaltung, in: ICOM/CECA (Hg.): Museumsarchitektur für den Besucher, Hannover 1981, S. 13-32, hier: S. 26.
[22] Vgl. hierzu Schreiber, Führungen, S. 379 in diesem Band.
[23] Herles, Mit Schülern im Museum, 1998, S. 48.
[24] Vgl. hierzu das Kapitel: Varianten statt „ein Konzept für alle". Was Führungen leisten können, ab S. 379 in diesem Band.

sene Laien sich über eine mit Anekdoten oder kleinen Geschichten angereicherte Führung freuen. Senioren des Altenvereins wollen in der Führung vergangene Erinnerungen an ihre Heimat auffrischen. Gerade ihnen fällt es leicht, Lokalgeschichte zum besseren Verständnis mit ihrer eigenen Lebenswelt in Verbindung zu setzen. Die eigene Lebenserfahrung steuert auch das Interesse der Besuchergruppen an bestimmten Themen. Thematische Führungen machen sich dies zu Nutze. Die Gliederung von Ausstellungen in Abteilungen arbeitet thematischen Konzepten zu.

Wenn ein lebensweltlicher Bezug nicht unmittelbar auf der Hand liegt, beispielsweise weil fremde Besucher Exponate, die sich auf das Stadtbild beziehen, nicht zuordnen können, ist die Führungskraft besonders gefordert. Im Idealfall gelingt es ihr nicht nur, die Besonderheiten aus der Stadtgeschichte zu erklären, sondern auch Bezüge zur scheinbar ausstellungsfernen Lebenswelt der Besucher herzustellen, und sei es dadurch, dass die fremde in der Ausstellung vergegenwärtigte Lebenswelt als Spiegel dient, vor dem das besondere Profil der eigenen Welt besser erkennbar wird.

2. Von der Ausstellung in die Lebenswelt

a) Karten und Lebenswelt – eine Orientierungshilfe

Karten eröffnen vielfältige Chancen zur Verknüpfung mit der Lebenswelt. Am Beispiel der Mühldorfer Ausstellung werden einige Ansätze verdeutlicht.
- Eine schematische Karte zur Insellage der salzburgischen Stadt im Bayerischen wurde zur Orientierung benutzt: Wo liegt Mühldorf? Wie weit ist es von Salzburg bzw. München und Landshut entfernt, und wie weit vom jeweiligen Heimatort? Am häufigsten fragten Besucher aus der Region, ob denn ihr Herkunftsort auch im einstigen Salzburger Herrschaftsgebiet gelegen habe. Eigener Lebensraum und Raum als thematischer Bezug der Ausstellungen bekämen hier viele gemeinsame Berührungspunkte.
- Mit der begehbaren Karte des Mühldorfer Burgfrieds von 1750 hatten die Ausstellungsmacher sowieso einen Trumpf im Ärmel:[25] Nicht nur mit dem Finger, sondern mit dem ganzen Körper auf der Landkarte ließen sich Erfahrungen machen und die Besonderheit der Stadt als Salzburger Enklave nachvollziehen.
- Weil die begehbare Karte vom Typus her eine thematische Bildkarte ist, konnten die Besucher leichter erkennen, welche Ein-

---

[25] Vgl. Bichlmeier, Räume, S. 235 in diesem Band.

richtungen in der Frühen Neuzeit im Nahraum einer Stadt lagen und ebenso für deren Versorgung von Bedeutung waren. Nicht nur Einheimische haben hier die Möglichkeit, Vergleiche mit ihrer eigenen Erfahrungswelt anzustellen.
- Eine andere Verknüpfung von der damaligen zur heutigen Lebenswelt schaffen Flurbezeichnungen. Auch dafür bieten Karten Ansatzpunkte: Einer der Grenzsteine, die auf der Karte abgebildet sind, heißt im Volksmund noch heute „Luftgeselchter". Die Karte macht plausibel, warum: Dem Grenzstein gegenüber, auf der bayerischen Seite, stand der Galgen des Hochgerichts Mörmoosen. Dort ließ man Verbrecher zur Abschreckung der Bevölkerung mehrere Tage hängen, weshalb man sie als „Luftgeselchte" bezeichnet hat. Dieser etwas makabere Begriff hat sich in der Bezeichnung des Grenzsteins bis heute erhalten.

b) „Daz sint die alten gewœnleichen recht und saetz der stat ze Muldorf"[26] – Gesetzliche Regulierungen als lebensweltliche Erfahrungen nutzen.

Gesetze und Verordnungen kennen wir aus dem Alltag zur Genüge, die Vorläufer aus der Zeit des Mittelalters und der Frühen Neuzeit sind dagegen nur wenigen bekannt. Kontinuität und Wandel können auch am Stadtrecht verdeutlicht werden. Mühldorf z. B. hat bereits im 14. Jahrhundert ein ausführliches Regelwerk bekommen, 1522 erfolgte dessen Erneuerung.

Während sich das erste Stadtrecht, wegen der Bedrohung von außen, stark auf die innere und äußere Wehrhaftigkeit der Stadt bezieht, regelt die neue Ordnung von 1522 mehr die Verhältnisse und Lebensqualität innerhalb der Stadtmauern, zu deren Einhaltung jeder unter Strafandrohung genötigt wurde.[27] Bei Führungen die Lacher auf seiner Seite hatte der Paragraph, der die regelmäßige Beseitigung des Misthaufens vorschreibt. Erst auf den zweiten Blick verstanden die Zuhörer, wie wichtig und unerlässlich diese Regelung für die hygienischen Verhältnisse der Stadt war, da sie sonst im wahrsten Sinne des Wortes in ihrem „eigenen Dreck erstickt" wäre.

Gerade für die jüngeren Besucher sind Sanitäranlagen in den Wohnungen selbstverständlich. Mit Staunen reagierten sie auf die Beschreibungen, wie Fäkalien und sonstige Abfälle einfach aus den Fenstern gekippt wurden und sich dann selbst einen Weg durch die Rinnen in den

---

[26] Hermann, Mühldorfer Stadtrecht, 2002, S. 36.
[27] Hermann, Mühldorfer Stadtrecht, 2002, S. 42.

Gassen suchen mussten. Und eine Kläranlage? – Fehlanzeige! Um die eigenen Phantasien vergleichen zu können, müssen den Besuchern Konkretisierungen angeboten werden. Hier besteht die Möglichkeit, auf andere „Objektivationen" der Geschichtskultur zurückzugreifen, etwa auf Passagen zum vormodernen Städteleben aus literarischen Zeugnissen. Vorlesen kann man einen zeitgenössischen Text, z. B. eine der Balladen von Francois Villon,[28] die das Paris im 15. Jahrhundert beschreiben. Geeignet sind auch Auszüge aus aktuellen historischen Romanen, wie eine Passage aus dem in den 1980-er Jahren erschienenen historischen Roman Patrick Süskinds „Das Parfum". Sätze wie „Es stanken die Straßen nach Mist, es stanken die Hinterhöfe nach Urin, es stanken die Treppenhäuser nach fauligem Holz und nach Rattendreck [..]"[29] imaginieren bei Lesern wie Zuhörern Gerüche und Lebensumfeld einer Stadt. Obwohl es sich bei den Texten um literarische Vorlagen handelt, die sich auf Paris beziehen, sind sie als Vorstellungsbilder – nicht als Quellen – für Generalisierungen durchaus geeignet.

Neben Fragen zur Hygiene innerhalb der Mauern regeln viele Paragraphen auch das Miteinander unter den Bürgern, etwa, dass man sich nachts auf den Gassen ruhig verhalten solle oder wie eine Hochzeit abzuhalten sei:

„Nachdeme auch neulicher Zeit, [...], zu Mildorf auferstanden, dass man sich langwieriger Hochzeiten, nämlich drei Tag nacheinander gebrauchet, mit etwo viel Essen und Trinken, daraus dann überflüssige Weisat fleußt, auch Verschwendung der Güter, [...], da dem gemeinen Mann zu merklichem Nachteil kommt, deshalben ist unser Meinung, dass vüran kein Hochzeit über zweiunddreißig Personen gehalten [...]".[30]

Derartige Texte klären uns zum einen darüber auf, dass das Leben in Stadt und Land schon immer nach Vorschrift geführt werden musste. Zum anderen wird hier jedem bewusst, wie sich Gesetzesanliegen verändert haben. Heute würde sich kein Brautpaar die eigenen Feierlichkeiten seitens der Behörden vorschreiben lassen, aber dennoch werden nach wie vor bestimmte Zeremonien und Regeln eingehalten. Die Straßenverkehrsordnung ist ein Beispiel dafür, dass das friedliche Miteinander auch in unserer modernen Welt geregelt werden muss, EU-Verordnungen und völkerrechtliche Konventionen zeigen die „Globalisierung" des Rege-

---

[28] Villon, F.: Die Balladen und lasterhaften Lieder des Herrn Francois Villon, hrsg. von Paul Zech, Weimar 1931.
[29] Süskind, Das Parfum, 1985, S. 1.
[30] Stadtverordnung von Mühldorf von 1522. Stadtarchiv Mühldorf B/4.

lungsbedarfs. Die Beschäftigung mit Reglementierungen in der Lebenswelt eröffnet somit ein Bewusstsein für Kontinuität und Wandel zugleich.

c) „Kleider machen Leute" – früher ganz anders als heute?
Kein anderer Spruch beschreibt das Thema „Bürgerkultur" trefflicher. Schon allein die Ernennung zum Bürger in einer Stadt bedeutete – neben vielen anderen Privilegien – eine erste Distanzierung von den niederen Bevölkerungsschichten. Diesen Sonderstatus galt es nun standesgemäß zu repräsentieren, gerade in der Kleidung. Informationen in Sachen neuer Trends holten sich die Bürger aus dem „Journal des Luxus und der Moden"[31], das weit über die deutschen Grenzen hinaus bekannt war.

In der Mühldorfer Ausstellung zog besonders die reich bestickte, seidene Tracht aus der Barockzeit Bewunderer auf sich. Die Inszenierung der Ausstellung ließ auf den ersten Blick Parallelen zu den Vorstellungen der Besucher über Historienfilme zu. Die Faszination, die von den schönen Kleidern ausging, wandelte sich aber in Unsicherheit, als auf durch weitere Exponate dokumentierte Details hingewiesen wurde: Während die Jugendlichen heute in übergroßen und schnürsenkellosen Turnschuhen herumlaufen, entsprach es vor über 250 Jahren dem Schönheitsideal für ein Mädchen, möglichst zierliche Füße zu besitzen; zumal sie dadurch nur kleine Schritte machen konnte. Ebenso verhielt es sich mit der Schnürbrust: Bereits im Kleinkindalter wurden die Mädchen in dieses Mieder gepresst, damit der Oberkörper zeitig eine schmale Taillenform bekam.[32]

Nach dieser Erläuterung konnte oft ein lautes Aufatmen vernommen werden: Gut, dass man sich heute von diesen brutalen Methoden des Schönheitswahns distanziert hat. Wieder zeigt der zweite Blick etwas anderes. Denn wie erklärt es sich sonst, dass mittlerweile Magersucht bei Mädchen, und immer mehr auch bei Jungen, eine nicht selten auftretende Krankheit geworden ist? Interessanterweise haben sich hierzu gerade Jugendliche vielfach geäußert. Und sie haben durch die Verbindung der Geschichte mit ihrer Lebenswelt vielleicht eher verstanden, welche Qualen man häufig auf sich nimmt, nur um „in" zu bleiben. – Vergleichbarkeit und Alterität sind Kategorien, die hier ins Spiel kommen.

---

[31] Die Zeitung enthielt kolorierte Kupferstiche und Radierungen der neuen Trends und wurde zwischen 1786 und 1828 in Weimar publiziert.
[32] Erst ab 1790 – unter dem Einfluss gesundheitsbewusster Ärzte und der „natürlichen Mode" aus England – distanzierte man sich im Kinder- und Erwachsenenbereich vom Miederzwang.

d) Lebenswelten erschließen – über „Öpfel Pflänzel" und andere Gaumenfreuden

Wieder anders werden die Lebenswelt-Bezüge, wenn anthropologische Grundfaktoren im Zentrum stehen wie etwa das Essen. Auch hier hatte die Mühldorfer Ausstellung großes zu bieten: Das originale Kochbuch der Maria Cordula Heilrathin aus dem Jahr 1697, eines der ältesten handgeschriebenen Rezeptbücher zwischen Inn und Salzach.

Dabei hatten viele Besucher das Gefühl, mitreden zu können. Stolz erzählten in den Führungen Hausfrau wie Hausmann von alten Gerichten, die sie noch unter Omas Fittichen gelernt haben. Die Quelle „Kochbuch" regt an, eigene Erfahrungen zu aktivieren.

Doch das Rezept, welches die Besucher an der Hörstation vernahmen, hatten die Besucher nicht in ihrem Repertoire:

„JohannesPörl safft in Gestättel. Nimb die Pörl, brokhs sauber ab, stoss und trukh den safft auß, und nimm auf ain kändl safft 3 Viertung geleiterten Zugger und thueß in ain messing pfann, und thue ihn in ain saubers tiehel, etliche der Kittenkern, und thueß auch in den safft, und laß sieden, [...], darnach thueß wider herauß. Und nimb die prob wie ander durchsichtig Kittensafft. Darnach gieß in die Mödl, laß gestehen, so ist es Recht".[33]

Dass auch Sprache Geschichte hat, wird Besuchern dann bewusst, wenn sie sich auf schriftliche Quellen einlassen. Sehr deutlich wurde dies im Ferienprogramm „Safran macht den Kuchen gel... Kochen nach alten Rezepten". Die Kinder hatten ein Rezept aus dem 17. Jahrhundert als Basis, das sie erst in den modernen Sprachgebrauch „übersetzen" mussten, um es überhaupt nachmachen zu können. Die ihnen unbekannten Begriffe sollten sie unter Passanten in der Stadt selbst erfragen. Bald war ihnen klar, dass ältere Mitbürger hier eher helfen konnten.

---

[33] Kochbuch der Cordula Heilrath, Stadtarchiv Mühldorf B/128.

Lebenswelt und Geschichtskultur

Abb. 67 Kinder kochen im Ferienprogamm zur Ausstellung „Salzburg in Bayern" frühneuzeitliche Gerichte.

Lebensweltliche Bezüge zeigen sich hier auch an anderen Stellen. Bei einem Thema wie Essen bietet sich der Vergleich an. Die sehr kalorienreichen Bestandteile, der ungewohnte Geschmack geben Impulse, über die eigenen Essgewohnheiten nachzudenken. Der Versuch, die früheren Sitten am Mittagstisch nachzuvollziehen, verdeutlichte daneben die „Geschichtlichkeit" des Alltags. Die meisten Kinder „beamten" sich jedoch schon nach kurzer Zeit wieder in die Moderne zurück – konnten aber dennoch einen Eindruck von den Essgewohnheiten im 17. Jahrhundert mitnehmen.

Die Liste der Anknüpfungspunkte, die von der Vergangenheit in die Gegenwart reichen, ließe sich noch beliebig ergänzen, doch auch der umgekehrte Weg sollte nicht außer Acht gelassen werden: Ausgehend von der eigenen Gegenwart Fragen stellen, die die Ausstellung zu beantworten hilft.

3. Gegenwärtiges erklären helfen

Fragen in dieser Richtung werden seltener durch Ausstellungen angeregt, denn sie setzen eigentlich voraus, dass Gegenwart thematisiert wird. Der Bezugspunkt der nachfolgenden Beispiele liegt demzufolge im aktuellen

Stadtbild. Über Abbildungen bzw. Pläne war es in die Ausstellung hineingeholt worden.

a) Multimediale Re-Präsentation der aktuellen Lebenswelt

Die Multivisionsshow rekurrierte z. B. auf den rot-weißen Maibaum der Stadt. Die Farbgebung verstößt explizit gegen die altbayerische Tradition, die Landesfarben Weiß und Blau zu nutzen. Diese Normabweichung[34] hat historische Gründe: Rot und weiß sind die Farben des Erzstifts Salzburg.

b) Tradition vor der Tür der Ausstellung

In Mühldorf finden zwei Jahrmärkte statt, deren Tradition weit in die Salzburger Zeit zurückreicht, der Simon-Judi und der Laurenzi-Markt. Die Benennungen erklären sich aus dem Kirchenjahr, die Termine der ursprünglich fünf Märkte werden dagegen erst auf dem Hintergrund der Jahreszeiten verständlich,[35] und hängen mit der Ernte zusammen ebenso wie mit dem jahreszeitlichen Bedarf an Waren. Heute werden alles andere als zum Leben notwenige Produkte angeboten, doch die Namen haben sich aus der Geschichte heraus erhalten. Und die Märkte bilden immer noch eine Plattform des Handels und der Kommunikation für Besucher aus Nah und Fern. Außerdem wird die Anlage des Stadtplatzes in seiner Funktion für Markt und Handel verständlicher.

In der Laufzeit der Ausstellung fand einer der Märkte statt. In der Markt-Abteilung der Ausstellung war der Laurenzi-Markt lediglich als Begriff auf einer Jahresleiste präsent. Demzufolge gelang dadurch die Verknüpfung von der Gegenwart vor der Tür und der Ausstellungskonzeption.

Die Abteilung macht durch ihr Arrangement deutlich, dass auch der „Märmelsteinerne Mann", der heute an einem der Stadttore steht, seinen großen Auftritt ursprünglich an den Markttagen hatte: Durch das Hinzufügen eines Schwertes wurde die „Freyung" für die Marktleute verkün-

---

[34] In vielen Gegenden Bayerns wird traditionell am 30. April (Walpurgisnacht) oder am ersten Mai ein geschälter und mit Kränzen, Bändern und Schildern geschmückter Baum aufgestellt, der vor allem im altbayerischen Raum in weiß-blau angemalt ist.

[35] Der Kirchweihmarkt am Sonntag nach Ostern, der Grasmarkt am Dienstag nach Fronleichnam, zwei Sommermärkte an Jakobi und Laurentius und der Simon-Judi-Markt Ende Oktober.

det.³⁶ Heute erinnert die Skulptur die Passanten eher an einen Turmwärter als an einen Wächter über das Markttreiben. Seine wichtige Funktion ist mit der Zeit verblasst, was vor allem mit der Standortveränderung eingetreten ist. Eine Ausstellung hat hier die Möglichkeit, ehemalige Zusammenhänge wieder bewusst zu machen.

Fragen zur Vergangenheit können auch Straßenbezeichnungen wecken, die auf die ehemals dort ansässigen Handwerker verweisen. In der Ausstellung stellte ein Straßenschild, das Einheimische sofort identifizieren konnten, die Verknüpfung von der Gegenwart in die Abteilung Zünfte her.³⁷ Am Beispiel der Weißgerber und der Schäffler erschloss die Abteilung vergangene Lebenswelten. In die Abteilung „Zunft und Handwerk" führte ein zweiter, aus der Gegenwart kommender Weg in Form einer erneut medialen Re-Präsentation: In einer Endlosschleife wurde der alle zehn Jahre stattfindende Schäfflertanz auf einen Bildschirm projiziert.

c) Korn- und Haberkasten: Umnutzung alter Gebäude

Die beiden größten Getreidestadel der Stadt stellen heute das Kulturzentrum dar: Im Kornkasten ist eine der schönsten Stadtbibliotheken Bayerns untergebracht, der Haberkasten dient als Ort für Ausstellungen, Konzerte oder Theateraufführungen. Auch die „Salzburg in Bayern"-Ausstellung fand dort statt. Das Ausstellungsgebäude quasi als Exponat zu entdecken, stellt einen Lebensweltbezug der besonderen Art her. Es geht dabei nicht nur darum, etwa aus der Bausubstanz die ehemalige Nutzung zu erschließen und Vernetzungen mit Abteilungen der Ausstellung herzustellen. Zugleich wird angeregt, am konkreten Fall und damit erfahrungsbezogen über Denkmalschutz und die Umnutzung historischer Gebäude nachzudenken.

Bislang stand vor allem Thematisches im Zentrum. Mit dem letzten Aspekt, über Veranstaltungen des Ferienprogramms Lebenswelt und Geschichte zusammenzubringen, geht es um eine spezielle Adressatengruppe (Kinder und Jugendliche) in einer spezifischen Situation (Ferien).

---

³⁶ Die „Freyung" sollte für ein geregeltes Markttreiben sorgen, was besagt, dass niemand während der Markttage und auch nicht eine Woche vor- und nachher bei Schulden gepfändet werden konnte.
³⁷ Für Ortsfremde hat das Straßenschild keinen Wiedererkennungswert; es assoziiert vielmehr die Verknüpfung von Vergangenheit und Gegenwart, wirkt also geradezu in der umgekehrten Richtung.

4. Sonderveranstaltung Ferienprogramm

Das Hauptanliegen lag darin, Teilgebiete der Ausstellung von den Kindern möglichst aktiv selbst erschließen zu lassen und dabei auch einen Zusammenhang zur eigenen Lebenswelt herzustellen. Die Comicfigur Mirakulix begleitete in meinem Ferienprogramm „Auf Mirakulix' Spuren – Heilkunst und Aberglaube in vergangener Zeit" die Kinder: Als „Herr über den Zaubertrank" in den Asterix-Heftchen der Gegenwart am Anfang; dann im Rückgriff auf die Vergangenheit in der Rolle des Druiden und zuletzt als Vorbild für das aktive Handeln, als es darum ging, Mirakulix und seine Kräutermixkünste zu imitieren.

Eine in ihrer konkreten Gestaltung als Fiktion bewusste Figur wurde genutzt, um einen Blick auf vergangene und aktuelle Lebenswelten zu werfen.

Nicht nur aufgrund der Comics, sondern auch durch den Hinweis auf andere Geschichten, etwa aus Filmen, aber ebenso in den Darstellungen von Ausstellungskatalogen zur Keltenzeit wurde den Kindern klar, welch immenses Ansehen die Druiden als keltische Priester in ihrer Zeit genossen haben müssen.

Dass dies kein keltisches Spezifikum ist, dass die Wertschätzung für Heiler sich vielmehr durch die Epochen zieht, brachten die Kinder selber ein. Wieder schöpften sie dabei aus ihren Erfahrungen mit Darstellungen der Geschichtskultur. Der Medizinmann der Indianer wurde ebenso erwähnt wie die heilkundige Frau und der Wunderheiler, der umherwanderte und den Kranken seine Fähigkeiten in der Medizin anbot.

Auch, dass heilkundigen Menschen aufgrund ihrer Fähigkeiten nicht selten ein Komplott mit bösen Mächten angedichtet wurde, was in einer Verfolgung bis hin zum Todesurteil enden konnte, war den Kindern bekannt. Mit dem Hinweis auf Frauen, die unschuldig als Hexen verurteilt wurden, war eine Verbindung zur Ausstellung geschaffen, die an der Mühldorfer Dienstmagd Maria Pauer die Hexenproblematik aufgriff. Die Inszenierung machte die Angst und Pein des jungen Mädchens eben so bewusst wie den Teufelskreis aus Fremd- und Anderssein, Gerüchten, Ängsten, Traditionen.

Mit diesem Exkurs wurde nicht nur die Bedrohung für das Leben von Wunderheilern thematisiert, sondern auch das Klischee „Hexe" aufgebrochen. Die grausame Realität wurde künstlichen Figuren wie „Bibi Blocksberg" oder „Die kleine Hexe" entgegen gestellt.

Den Weg zurück zum Thema unterstützte die Ausstellung. Die Medizinalabteilung zeigt, wie nahe beieinander Heilmittel, Glaube und Aberglaube liegen. Mit gesundem Menschenverstand und dem Wissen über moderne Medizin ausgestattet, betrachteten die Kinder etwas argwöhnisch die präsentierten Schluckbildchen oder Wunderwässerchen[38], die vom Bader oder den nur in Städten ansässigen Ärzten und Apothekern an die Kranken ausgehändigt wurden. Der eine oder andere bringt aber die Erfahrung bzw. die Empathie ein, das man sich im Krankheitsfall leicht an alles klammert, was Heilung verspricht.

Exponate wie eine einfache Handsäge zur Amputation von Gliedmaßen oder das Aufsetzen von Schröpfköpfen zur Regulierung des Blutkreislaufs weckten bei den Kindern unwillkürlich Vergleiche mit der heutigen medizinischen Versorgung – weshalb sich alle erleichtert über den enormen Fortschritt äußerten. Doch begriffen sie auch, dass die Menschen jene brutalen Methoden in Kauf nahmen, um wenigstens annähernd schmerzfrei leben zu können.

In einem gesonderten Arbeitsraum konnten die Kinder dann in die Kittel eines Stadtbaders schlüpfen und Kräutertinkturen nach alten Rezepten selbst herstellen. Besonders beliebt war die Zwiebel-Knoblauch-Mischung...

Als Belohnung für ihre Mühen lockte die Ernennung zum Oberdruiden, belegt mit einer Urkunde. Und obwohl wir keinen Zaubertrank mit übersinnlichen Kräften gemixt haben, wie es sich viele vorher gewünscht hatten, waren die Kinder am Ende doch zufrieden!

Trotz der Tatsache, dass mit dem Ferienprogramm „Mirakulix" ein fiktionaler Rahmen beibehalten wurde, hat sich den Kindern ein interessanter Einblick in vergangene und gegenwärtige Lebenswelten eröffnet.

---

[38] Die briefmarkengroßen Schluckbildchen trugen das Abbild der Schwarzen Madonna aus dem nahegelegenen Wallfahrtsort Altötting. Durch deren Einnahme erhoffte man sich eine Heilung von innen heraus. Ebensolche Wirkung sah man in den Wässerchen aus dem Kloster St. Walburg in Eichstätt (sog. Walburgisöl), welches dort an der Grabplatte der Heiligen Walburga nur zwischen Oktober des einen und Februar des Folgejahres herabtropft und – bis heute – gesammelt und an die Bevölkerung verteilt wird.

Literatur

Bergmann, K. u. a. (Hgg.): Handbuch der Geschichtsdidaktik, Seelze-Velber ⁵1997.

Herles, D.: Mit Schülern im Museum. Ein paar Gedanken. In: Museumspädagogisches Zentrum München (Hg.): Museumspädagogik für die Schule. Grundlagen, Inhalte und Methoden, München 1998, S. 47-50.

Hermann, H.-G.: Das Mühldorfer Stadtrecht im Spätmittelalter und der Frühen Neuzeit, in: Stadt Mühldorf a. Inn (Hg.): Mühldorf a. Inn – Salzburg in Bayern. 935 · 1802 · 2002, Mühldorf a. Inn 2002, S. 36-47.

Mütter, B. u. a. (Hgg.): Geschichtskultur. Theorie – Empirie – Pragmatik, Weinheim 2000.

Rohlfes, J.: Geschichte und ihre Didaktik, Göttingen ²1997.

Schörken, R.: Geschichte in der Alltagswelt. Wie uns Geschichte begegnet und was wir mit ihr machen, Stuttgart 1981.

Schreiber, W.: Geschichte vermitteln, Geschichte rezipieren – das Forschungsfeld der Geschichtsdidaktik, Wolnzach 2001.

Schreiber, W.: Geschichtskultur – eine Herausforderung für den Geschichtsunterricht? in: Baumgärtner, U./Schreiber, W. (Hgg.): Geschichts-Erzählung und Geschichts-Kultur. Zwei geschichtsdidaktische Leitbegriffe in der Diskussion, München 2001, S. 99-135.

Faszination Grauen. Vom Schaudern zum Schauen

Von Katja Lehmann

Die Zeiten, in denen Ausstellungen aus einem rein bildungsbürgerlichen Interesse besucht wurden, sind – falls es sie je gegeben hat – heute unwiederbringlich vorbei. Wer Ausstellungen besucht, entscheidet sich zwischen einer breiten Palette von Möglichkeiten, seine Freizeit zu gestalten und unterhalten zu werden. Darum können es sich Ausstellungen nicht mehr leisten, das rarer gewordene Publikum zu langweilen. Die Gradwanderung zwischen Entertainment und Bildung ist ein Drahtseilakt auf Messers Schneide. Mittelalterliche Märkte und historische Stadtfeste sind die scheinbar größeren Unterhaltungsexperten als Museen und Ausstellungen.

Aber ist die bessere Unterhaltung nicht vielleicht die, aus der ein nachhaltiger Nutzen gezogen werden kann? Wer historische Ausstellungen besucht, kommt aus den unterschiedlichsten Gründen. Ein ausgeprägtes Informationsbedürfnis kann ebenso Motor und Antrieb für den Ausstellungsbesuch sein, wie ein Interesse an historischen Objekten oder ein Bedürfnis nach gehobener Unterhaltung. Er oder sie wird meist von recht diffusen Erwartungshaltungen in die Ausstellung gebracht. Man kommt allein oder in der Gruppe. In jedem Fall aber will der Ausstellungsbesucher berührt werden, will sich mit dem Sehenswerten auseinandersetzen – auf rationaler und emotionaler Ebene. Das kommunikative Potential von Ausstellungen korrespondiert mit dem Bedürfnis der Besucher, berührt zu werden, auf besonders positive Art und Weise.

Der folgende Beitrag geht der grundsätzlichen Frage nach, warum das Grauenhafte in der Geschichte besonders fasziniert und thematisiert die verschiedenen Spielarten von „Grauenerregendem", „Schauderhaftem" und „Gruseligem", die in einer historischen Ausstellungen auftreten können am Beispiel der Ausstellung „Salzburg in Bayern". Es wird der Stellenwert untersucht, den das Grauen im Rahmen eines Ausstellungsbesuches von Einzelbesuchern und Gruppen einnimmt und der Frage nachgegangen, wie das Schaudern fruchtbar gemacht werden kann, um eine Führung/einen Ausstellungsbesuch zum einen unterhaltsamer und zum anderen informativer zu machen.

Ich beziehe mich in meinen Ausführungen auf die Erfahrungen, die ich bei meiner Arbeit als Museumspädagogin in der Ausstellung „Salzburg in Bayern" bei zahlreichen Führungen gesammelt habe, aber auch auf Erfahrungen von Ausstellungsbesuchern, wie sie z. B. im Besucherbuch Niederschlag fanden. Vorschläge und Tipps, wie das Führen in

Ausstellungen optimiert werden kann durch das bewusste Erzeugen von Schaudern (d. h. durch das Erzeugen von Aufmerksamkeit!) und durch die anschließende Dekonstruktion des Grauenhaften runden den Beitrag ab.

I. Warum fasziniert Geschichte?

Um die Frage beantworten zu können, warum das Grauen in der Geschichte auf viele Rezipienten und Konsumenten von Geschichte eine besondere Faszination ausübt, muss zunächst allgemein hinterfragt werden, was an der Vergangenheit eine solche Sogwirkung ausübt, dass Menschen sich motiviert fühlen, in eine historische Ausstellung zu gehen.

Schon in den Siebzigern des 20. Jahrhunderts fand eine „populäre Hinwendung zur Vergangenheit" statt. Der „Verlust an utopischen Potentialen durch das Ende der Studentenbewegung und die zunehmende Fortschrittskritik" ließ ein neues Interesse an vergangenen Lebenswelten und -formen aufkommen, das relativ unspezifisch blieb.[1] Es scheint unbestritten, dass in der Alterität vergangenen Lebens Orientierungskraft entdeckt oder zumindest vermutet wurde.

Während in den achtziger Jahren des vergangenen Jahrhunderts in der Bundesrepublik vor allem die Aufarbeitung der NS-Zeit, die im sog. Historiker-Streit gipfelte, im Zentrum des öffentlichen Interesses an Geschichte stand, sind heute auch andere Themen gefragt. Nach der Wende von 1989 geht es der Geschichtswissenschaft und Geschichtsvermittlung vermehrt um die Frage der Neubewertung der jüngsten Geschichte. Dabei stehen nicht nur die vormals zwei deutschen Staaten im Blick.[2] Seit dem Zusammenbruch der Systeme in Osteuropa bedarf auch die Neuordnung Europas historischer Deutungsmuster, die sich grundsätzlich von denen zu Ostblock-Zeiten unterscheiden. Maßgeblich an diesen Umbruchs-Geschichten ist neben der Interpretation von politischen und strukturellen Zusammenhängen der emotionale Aspekt: die Veränderungen, denen Menschen in extremen Situationen unterworfen waren.

---

[1] Grütter, H. T.: Warum fasziniert die Vergangenheit? In: Füßmann, K./Grütter, H. T./Rüsen, J. (Hgg.): Historische Faszination. Geschichtskultur heute. Köln, Weimar, Wien 1994, S. 47.

[2] Bemühungen um Kontinuität vor allem der preußischen Geschichte des 18. und 19. Jahrhunderts sind unverkennbar.

Der Boom der Geschichtskultur ist ambivalent. Zum einen nimmt die Verbindlichkeit offizieller Gedenktage rapide ab.³ Zum anderen sind es vor allem Ausstellungen, Film und Fernsehen, historische Feste und ähnliche Events, die breite Bevölkerungsteile anziehen.

Die *ästhetische* Dimension des Historischen scheint für Geschichtsvermittlung von besonderer Bedeutung zu sein. Und darüber hinaus muss Geschichte heute mehr als je zuvor inszeniert werden, Eventcharakter haben, um zu begeistern. Die „aufklärerischen Informationsausstellungen"⁴ der frühen siebziger Jahre und die Vorstellung vom Museum als sakralem Wissenstempel und erhabenem Lernort haben sich wohl längst von der Bühne der (post-)modernen Geschichtskultur verabschiedet, zumindest aber geht die Tendenz heute stark in eine andere Richtung. Ausstellungen bekommen mehr und mehr ihren Reiz durch die Dimension des Emotionalen. Was anrührt, interessiert. Nicht zufällig lautet der Titel des Ausstellungsbandes des Hauses der Geschichte in Bonn „Erlebnis Geschichte".⁵

Die Unterscheidung zwischen ästhetischer, politischer und kognitiver Dimension der Geschichtskultur⁶ nach Jörn Rüsen hilft, die allgemeine Bedeutung des Emotionalen und insbesondere die des Grauenerregenden schärfer zu fassen. Objektivationen der Geschichtskultur haben, aufgrund des ihnen immanenten Anforderungsprofils, die Aufgabe, mittels ihrer ästhetischen Gestaltung einen Zugang zu kognitiven Erkenntnisleistungen

---

³ Vgl. hierzu: Wehler, H.-U.: Gedenktage und Geschichtsbewußtsein. In: Pandel, H.-J. (Hg.): Verstehen und Verständigen. Jahrbuch für Geschichtsdidaktik 2 (1990), Pfaffenweiler 1991, S. 157-164.
⁴ Grütter, H. T.: Warum fasziniert die Vergangenheit? In: Füßmann, K./Grütter, H. T./Rüsen, J. (Hgg.): Historische Faszination. Geschichtskultur heute, Köln, Weimar, Wien 1994, S. 50.
⁵ Stiftung Haus der Geschichte der Bundesrepublik Deutschland (Hg.): Erlebnis Geschichte, 4., neu bearb. u. erg. Aufl. 2003.
⁶ Vgl. hierzu: Rüsen, J.: Geschichtskultur. In: Handbuch der Geschichtswissenschaft, S. 39 f.: „Im Blick auf moderne Lebensverhältnisse lassen sich verschiedene Bereiche und Dimensionen der Geschichtskultur unterscheiden, vor allem die ästhetische, die politische und die kognitive. Sie sind in ihrer Unterschiedlichkeit und in ihrem inneren Zusammenhang anthropologisch fundiert, nämlich in den elementaren mentalen Operationen des Fühlens, Wollens und Denkens. In den ästhetischen Bereich fallen u. a. Denkmäler, Museen, historische Werke der bildenden Kunst, der Literatur und des Films … . In den politischen Bereich fallen Herrschergenealogien, öffentliche Gedenktage, staatlich organisierter Geschichtsunterricht … . In der kognitiven Dimension der Geschichtskultur geht es um Wissen und Erkenntnis als Modi der historischen Erinnerung und Bedingung ihrer Zustimmungsfähigkeit."

und politischen Schlüssen zu eröffnen. Darüber hinaus ist die Dimension des Ästhetischen jedoch ein wichtiger Faktor der Wirtschaftlichkeit einer Ausstellung: Design und Inszenierung schaffen erst die Aura, die das Historische braucht, um Begeisterung zu wecken und Zuschauer anzulocken.

Wichtig für Erfolg oder Misserfolg einer Ausstellung sind also deren „Aura" und „Inszenierung". Aura soll hier verstanden werden als die Faszination des Authentischen, jenes besondere Spannungsverhältnis zwischen einer sinnlichen Nähe und einer zeitlichen Ferne und Fremdheit.[7] Inszenierung meint das Bestreben, Originale maßstabsgetreu im dreidimensionalen Raum unter Hinzunahme „theatralischer" Mittel in einen Kontext zu bringen, um eine Vorstellung historischer Realität zu suggerieren, sie ist darum immer konkrete, mehr oder minder bewusste Interpretation von Vergangenheit.[8]

Der Weg über das Grauen in die Geschichte ist ein emotionaler Zugang von vielen. Es ist einer, der immer häufiger und unter sich ständig wandelnden Vorzeichen beschritten zu werden scheint.

II. Aspekte des Grauens in der Ausstellung „Salzburg in Bayern" und Spielarten des Umgangs mit ihnen

In der Ausstellung „Salzburg in Bayern" fanden sich verschiedene Möglichkeiten, Momente von „Grauenerregendem", „Schauderhaftem" und „Gruseligem" zu erleben. Das Führungspersonal setzte daran auf unterschiedliche Weisen an:

1. Grauen anbahnen durch Inszenierung und Design

Schon im ersten Raum, der sich mit der Belagerung der Innstadt im Jahre 1364 auseinandersetzte, arbeiteten Inszenierung (Arrangement) und Design Hand in Hand an einem Konzept, das in Form- und Farbgebung und durch die Auswahl der ausgestellten Objekte Bedrohung und Grauen ausstrahlen sollte.

---

[7] Benjamin, W.: Das Kunstwerk im Zeitalter seiner technischen Reproduzierbarkeit, Frankfurt/M. [4]1970, S. 18f.
[8] Vgl. hierzu: Michler, A.: Museum und Ausstellung. In: Schreiber, W. (Hg.): Erste Begegnungen mit Geschichte. Grundlagen historischen Lernens, Bd. 1, Neuried 1999, S. 570.

Abb.68 Die Abteilung „Belagerung Mühldorfs 1364" in der Ausstellung „Salzburg in Bayern".

Diese Wirkung, so erbrachten gezielte Fragen an Ausstellungsbesucher in Führungen, erreichte ihr Ziel auf ganzer Linie. Das Rot als Signalfarbe und zugespitzte Stangen im gleichen Farbton lösten eine Grundstimmung der Unruhe vor allem bei den jüngeren Ausstellungsbesuchern aus, ehe noch die dreidimensionalen Exponate in den Blick genommen wurden. Auch diese – darunter das Modell einer Schleudermaschine, einer so genannten Blide, eine Doppelhakenbüchse, ein Mörser mit dazugehörigen Steinkugeln – transportierten schon eine gespannte Erwartungshaltung, ohne dass die Besucher zunächst Informationen zur Hand gehabt hätten. Im Rahmen der Führung konnte die Spannungskurve durch die Schilderung der Hintergründe der Belagerung noch verstärkt werden. Das bewusst eingesetzte „David-gegen-Goliath"-Motiv (18 Salzburger Behelmte kämpften innerhalb der Stadtmauern gegen eine Übermacht von 3000 Belagerern aus Bayern) sorgte, vor allem bei den ortsansässigen Ausstellungsbesuchern, für Äußerungen der Parteinahme. Der Hinweis auf die Ungenauigkeit von Zahlen und Größenordnungen, die charakteristisch für mittelalterliche Quellen sei, erschütterte die erste Wirkung.

Vertiefende reflektierende Ansätze nach vorangegangener Steigerung der Aufmerksamkeit durch bewusste Erregung von Grauen erwies sich bei der Erklärung der Blide als wirkungsvoll: Während man als Führungsverantwortliche(r) zunächst ausgehend vom Modell aus dem 19. Jahrhunderts die imposante Größe der Schleudermaschine in der Vorstellung der Besucher bewusst werden ließ, indem man auf die Größe der (maßstabsgetreuen) Steinkugeln verwies, die mit der Blide abgeschossen werden konnten, weckte man bereits Staunen und ein Gefühl für die Gefährlichkeit eines solchen Belagerungsgeräts. Die Schilderung dessen, was mit einer Blide über die Stadtmauer katapultiert werden konnte (Steine, Brandsätze, Fässer mit Kot, Tierkadaver) erhitzte in jeder Führung die Gemüter, sorgte für Äußerungen des Ekels und der Verwunderung. Jede(r) konnte sich gut vorstellen, wie die Stadtbewohner eine solche Belagerung empfunden haben mussten, da die eigenen Imaginationen eindringlich genug waren. Die Lebendigkeit dieser Bilder sorgte dafür, dass bereits zu diesem frühen Zeitpunkt der Führung oftmals vertiefende Nachfragen kamen, die vorgegebene asymmetrische Gesprächssituation – auf der einen Seite das Führungspersonal, das sprach, auf der anderen die Geführten, die zuhörten – damit zumindest zwischenzeitlich gesprengt wurde.

2. Sprechende Objekte des Grauens

Abb. 69 Ein Richtschwert aus Salzburg aus der ersten Hälfte des 18. Jahrhunderts wurde im Zusammenhang mit einem Porträt und dem Tagebuch des Salzburger Scharfrichters Franz Joseph Wohlmut (18. Jahrhundert) präsentiert.

Nicht weniger zielten bestimmte Exponate in der Abteilung, die sich mit Recht und Verwaltung auseinandersetzte, primär eher auf emotionale, denn auf aufklärerische Wirkung, wie z. B. das Richtschwert eines Scharfrichters und sein ebenfalls ausgestelltes Tagebuch, in welchem die Hinrichtungstermine und Delinquenten notiert waren und welches darüber hinaus mit einer kindlich-naiven Zeichnung des Verfassers versehen war, die einen Gepfählten zeigte.

Für Einzelbesucher und Gruppen waren diese beiden Exponate ein „Eyecatcher" der besonderen Art: Es handelte sich um Gegenstände, die über eine emotionale Dimension leicht erfassbar waren, die sofort Gefühle des Schauderns und Grauens auslösten und verstanden wurden. Anders als es etwa eine in lateinischer Sprache verfasste Urkunde oder ein nüchterner Katasterplan vermocht hätten, fesselten diese Exponate, weil es keiner besonderen Vorkenntnisse bedurfte, um sie zu erschließen. Im Rahmen von Führungen – vor allem mit Schulklassen, aber auch mit erwachsenen Ausstellungsbesuchern – war es ein Leichtes, ein Raunen durch die Gruppe gehen zu lassen, indem man auf das Haupt des Gepfählten in der Zeichnung des Scharfrichters verwies oder erklärte, warum das Richtschwert keine Spitze zu haben brauchte – da es ja ohnehin nur dazu gut war, Menschen zu köpfen.

Als Museumspädagoge konnte man die Aufmerksamkeit, die ein solch auratisches Exponat auf sich zog, nutzen, um im Anschluss mit einer gebannten und wachgerüttelten Gruppe seinen Weg durch die Ausstellung fort zu setzen.

Aber auch anhand der scheinbar leicht zu erschließenden Exponate selbst konnte mehr als nur Grauen und Schaudern und damit gesteigerte Aufmerksamkeit für die nächste Etappe der Führung provoziert werden. Das angebahnte Entsetzen war auch nützlich, um zu verdeutlichen, dass sich anhand eines scheinbar eindeutig zu entschlüsselnden Exponates wie einem Richtschwert sehr viel mehr zeigen lässt, als es auf den ersten Blick den Anschein haben möchte. So konnte man mittels der Abbildung des Gepfählten im Tagebuch des Scharfrichters aufzeigen, dass in Mühldorf in der Mitte des 18. Jahrhunderts – und damit mitten im Zeitalter der erstarkenden Aufklärung! – noch ein veraltetes Recht gesprochen wurde. Erklärte man den Besuchern, dass zu dieser Zeit in den Gebieten des Hl. römischen Reiches Deutscher Nation das Pfählen Enthaupteter als archaisch und barbarisch galt, so rückte das unscheinbare Bild in einen völlig anderen Kontext. Darüber hinaus gewannen die Besucher einen zusätzlichen Einblick in die Arbeit des Historikers, der aus vereinzelten und fragmentarischen Informationen Schlüsse auf die Vergangenheit zieht. Und sie versetzten sich im Idealfall selbst in die Rolle des Spurensuchers, der nach solchen Indizien forschte, während sich der Gang durch die Ausstellung fortsetzte.

3. Grauen durch Vorwissen

Anders wurde die Imaginationsfähigkeit der Besucher und die vorhandene Bereitschaft zu schaudern in der Abteilung der Ausstellung mobilisiert, die sich mit dem letzten Mühldorfer Hexenprozess 1749/50 auseinandersetzte.

Hier arbeiteten die Ausstellungsmacher stark mit dem existenten „Vorwissen" der (vielen) ortsansässigen Ausstellungsbesucher, die mit der Geschichte der letzten Mühldorfer „Hexe", der Kindsmagd Maria Pauer größtenteils vertraut waren, bzw. mit dem Vorwissen der Nicht-Einheimischen zu Hexenprozessen im Allgemeinen.

Ausstellungsmacher und -designer setzten offensichtlich sehr stark darauf, dass schon allein das Thema „Hexenverbrennung" so starke emotionale Assoziationen freisetzte – auch bei Ausstellungsbesuchern – dass auf eine theatralische Inszenierung verzichtet werden konnte. Die Abteilung war ein in schlichtem Schwarz gehaltener, kleiner Raum, in dem nichts weiter ausgestellt war als der „Hexenhammer" (malleus maleficarum) des Dominikaners Heinrich Institoris[9] und ein Stapel Akten, die den Mühldorfer Hexenprozess dokumentierten. Die Intention dieses Arrangements zielte darauf ab, diejenigen Besucher, die das „Hexenkammerl" im Mühldorfer Rathaus kannten[10], bewusst oder unbewusst an dieses zu erinnern. Bei vielen einheimischen Besuchern wurde diese gewünschte Assoziation tatsächlich herbeigerufen. Darüber hinaus sollte aber – auch und gerade durch das bewusste Weglassen grauenerregender Bildquellen wie etwa Abbildungen von Hexenproben oder ähnlichem – aufgezeigt werden, dass Hexenprozesse in der Frühen Neuzeit eben nicht dem Klischee der Willkür und des Grausamen entsprachen, sondern in den Augen der Zeitgenossen streng geregelte und scheinbar gerechte Verfahren wa-

---

[9] Institoris, H.: Nürnberger Hexenhammer 1491. Faksimile der Handschrift von 1491 aus dem Staatsarchiv Nürnberg, Nr. D 251; mit Vorwort, Transkription des deutschen Textes und Glossar, hrsg. von: G. Jerouschek, Hildesheim 1992.

[10] Es handelt sich hierbei um einen winzigen Kerker im Mühldorfer Rathaus, in dem die Verdächtigen gefangen gehalten wurden, bis sie dem Untersuchungsrichter vorgeführt wurden. Der enge, luftarme Raum weist weder Fenster noch andere Lichtquellen auf und kann nur durch eine winzige Luke (mit den Füßen voraus) betreten werden.

ren, die mit einem hohen Verwaltungsaufwand betrieben wurden.[11] Mit dieser Inszenierung spielten die Ausstellungsmacher bewusst gegen die Erwartungen an, die bei den Besuchern größtenteils vorhanden waren. Der erwünschte Nervenkitzel wurde weder von der nüchtern gehaltenen Information des Hauptabteilungstextes, noch von der Inszenierung des Raumes unterstützt. Dennoch wurde der Ausstellungsbesucher, wenn er die kleine Abteilung betrat, emotional unterstützt in seinem Wunsch, die Geschichte vor seinem inneren Auge lebendig werden zu lassen. Schauspieler hatten für die verschiedenen Hörstationen Quellentexte bearbeitet.

In der Abteilung zum Mühldorfer Hexenprozess konnte man dem monotonen Fragenkatalog lauschen, der im Rahmen der Verhöre abgefragt wurde. Der Besucher wurde so selbst in die Verhörsituation versetzt und konnte sich eine Vorstellung davon machen, wie erbarmungslos ein solches Procedere für die Betroffenen sein musste. Über den rein auditiven Eindruck wurde auf sehr dezente Art und Weise die Emotionalität der Besucher angesprochen. Hier mussten sie bedeutend stärker als im Vergleich zur Erschließung des Richtschwerts auf Imaginationsfähigkeit und Fantasie zurückgreifen, waren aber – vermutlich! – durch größeres Vorwissen belastet.

4. Kontinuität und Wandel als Faktor des Grauenhaften

Ein anderes Beispiel stellte die Abteilung „Medizinalwesen" dar, die sich mit dem Medizinalwesen des Mittelalters und der frühen Neuzeit auseinander setzte.

---

[11] Zum Procedere von Hexenprozessen vgl.: Behringer, W.: Hexen. Glaube, Verfolgung, Vermarktung, München ²2000.

Abb. 70 Einblick in die Abteilung „Pest und Medizin" in der Ausstellung „Salzburg in Bayern".

Dort wurde mit negativer Emotionalität – Grauen, Schaudern und Ekel – verhältnismäßig offensiv gearbeitet. Dies scheint für viele Ausstellungsbesucher ein besonderer Anreiz gewesen zu sein, sich besonders lang in der Abteilung „Medizinalwesen" aufzuhalten. Keine oder kaum eine Führung, sieht man von thematischen Spezialführungen ab, konnte es sich leisten, diese Abteilung auszulassen, da die Besucher sonst das Gefühl hatten (und es auch verbalisierten), „etwas verpasst" zu haben. Ähnlich wie in der Abteilung, die sich mit der Belagerung von 1364 auseinander setzte, war es hier besonders leicht, die Gruppe in ein Gespräch einzubinden und eigene Erfahrungen der Gruppenmitglieder einfließen zu lassen. Das „grauenerregende" Thema Pest motivierte die Besucher zu Nachfragen einerseits, andererseits auch dazu, ihre Gefühle zu artikulieren. So wurde ich im Rahmen der Führungen mehrfach gefragt, ob es gefährlich sei, den Pestsarg anzufassen, ob er heute noch ansteckend sei. Eine gewisse Scheu vor einem Exponat, das so ganz offensichtlich mit Krankheit, Leid und Tod in Verbindung zu bringen war wie dieser Sarg, war bei alten wie jungen Ausstellungsbesuchern gleichermaßen festzustellen.

Dies lag nicht zuletzt an dem „Eyecatcher"-Exponat, dem originalen Pestsarg und dem Pestkarren, der auf die Ausstellungsbesucher eine besondere Faszination ausübte. Auch die lebensgroße Abbildung eines mittelalterlichen Pestarztes reizte die Besucher – nicht zuletzt aufgrund ihrer Fremdheit und der Unheimlichkeit, die von der schwarzen Gestalt ausging. Hier konnte – ähnlich, wie bei Richtschwert und Tagebuch des Scharfrichters Wohlmut aus der Rechtsabteilung – ein emotionaler Zugriff direkt angesteuert werden.

Anders verhielt es sich mit einer ausgestellten Amputationssäge, einem Exponat, per se darauf angelegt, Grauen zu erregen, v.a. bei Kindern. Diese Amputationssäge aus dem 18. Jahrhundert wirkte auf sie außerordentlich beeindruckend, allerdings nur, da sie in Kombination mit zeitgenössischen Abbildungen ausgestellt wurde, die verschiedene Amputationstechniken lebensnahe darstellten.[12] Die Säge allein konnte ihrer Funktion nach meist nicht einwandfrei zugeordnet werden. Erst die Re-Konstruktion des Zusammenhangs zwischen Abbildungen und Säge erzeugte das Schaudern.

Hinzu kam in der Abteilung „Medizinalwesen" eine dramatische Inszenierung durch eine Schauspielerin der Theaterakademie Athanor, die mit furchterregenden Details den Ausstellungsbesucher in ihren Bann zog.

Medizinalwesen[13]
Die Pestvorschriften – Monolog eines Bürgers (Bürgerin)

Bürger/in: (liest langsam und angestrengt ein Schriftstück):
„Was ist zu tun, wenn die Pest, was Gott verhüten möge, auch in unser Erzstift Mühldorf kommt". Es muss doch irgendwo stehen... Da. Da ist es. „Wer bei Kranken ist, soll nicht zu Gesunden gehen und umgekehrt," Aber wie soll ich das Tantchen dann versorgen? Ich kann sie doch nicht einfach zuhause liegen lassen. Sie muss doch es-

---

[12] Das aussagekräftige Exponat lief allerdings den Äußerungen einzelner Ausstellungsbesucher zufolge Gefahr, dem unreflektierten Klischee eines „finsteren" Mittelalters Vorschub zu leisten – obwohl die Säge aus dem 18. Jahrhundert stammte!

[13] Der folgende Auszug aus dem Monolog einer Schauspielerin wurde an der Theaterakademie Athanor erarbeitet. Wissenschaftliche Beratung erteilte der Ausstellungsmacher des Mühldorfer Ausstellungsprojektes, Edwin Hamberger.

sen kriegen, von irgendwem. Von wem, wenn nicht von mir? Da steht was übers Essen: „Man soll in Essen und Trinken vorsichtig sein, kein rohes, faules oder wurmstichiges" – das versteht sich von selbst – „wurmstichiges Obst oder Erdschwämme und dergleichen essen." Natürlich. Das Tantchen hätte nie so was auch nur angerührt. Und was ist? Die Beulen kamen trotzdem. Das kann kein Rat sein. Es gibt bald kaum noch jemanden, der die Felder bestellt, die Gärten pflegt. Woher soll dann das Obst kommen? „Die Gasthäuser, Zimmer und Kleider sollen sauber sein, alles was Gestank und Fäulnis macht, soll abgeschafft werden." Gestank und Fäulnis. Alles kann faulen, alles kann Gestank machen. Stoffe. Ich muss die alten Stoffe verbrennen, und das Stroh. Das wird helfen, sicher wird das helfen. „Die Toten soll man bald und bei der Nacht still und tief begraben" Das hat das Tantchen schon gesagt. So sollen wir es auch mit ihr halten, wenn sie... Bin ich verrückt? Ich gehe nachts nicht hinaus. Alles, aber nicht nachts. Bei all den Gaunern, Plünderern. Und wenn einen das Viehzeug anfällt...

Die überzeugende spielerische Leistung der Schauspielerin tat das Ihre, um den Besucher/Zuschauer in seinen Bann zu ziehen. Noch subtiler aber erwirkte die Sprache – eine gelungene Kombination aus Frühneuhochdeutsch und Neuhochdeutsch, die einerseits fremd klang, andererseits aber kaum Verständnisschwierigkeiten bereitete – dass der Zuschauer vom Schaudern gepackt wurde. Doch konnte das Schaudern hier positiv genutzt werden, um das oftmals geäußerte Klischee zu entkräften, die Leute früher seien „eben einfach dümmer als wir heute" gewesen. Dass die Übertragung des Krankheitserregers über den Rattenfloh noch nicht entdeckt worden war und die Menschen instinktiv vieles richtig machten, um sich vor der Pest zu schützen (v.a. bezogen auf Hygienevorschriften), manches aber auch falsch, weil sie die Ursachen nicht kannten, konnte im Rahmen der Führung nach der Performance der Schauspielerin besonders gut re-konstruiert werden.

5. Semiophoren des Grauens

Ein letztes Beispiel aus der Abteilung, die sich mit den 200 Jahren Geschichte seit 1802 auseinandersetzte, soll zeigen, dass Grauen nicht nur über „Eyecatcher" und Highlight-Exponate, Inszenierungen und schauspielerische Performances erzeugt und fruchtbar gemacht werden kann. Es gibt auch Semiophoren des Grauens, unscheinbare Exponate, deren Äußeres alles andere als Grauenerregend ist, die aber in unserem kulturellen Gedächtnis negativ konnotiert sind und leicht verstanden werden, obwohl sie per se keine Aussage treffen. Die Abteilung „200 Jahre Bayern" war in der Ausstellung „Salzburg in Bayern" wie ein Schaufensterbummel inszeniert.[14] Entlang der Scheiben konnte man flanieren und sich die Exponate betrachten, die wir Heutigen als Prototypen und Vorzeige-Repräsentanten ihrer Epoche wahrnehmen und einordnen.

Die Verbrechen des nationalsozialistischen Deutschlands in Bezug auf Euthanasie-Programme wurden beispielsweise durch ein schlichtes weißes Krankenhaus-Nachthemd dargestellt. Das Grauen packte den Betrachter nur durch sein Vorwissen um die grauenvollen Ereignisse, die das Nazi-Regime euphemistisch unter dem Begriff „Euthanasie" subsumierte. Ähnlich verhielt es sich mit einer gelben Armbinde, die einen Judenstern zeigte. Diese Exponate erzeugten Grauen und Entsetzen, ohne sich aufdrängen zu müssen. Sie arbeiteten allein und ausschließlich mit dem Vorwissen, dass die Besucher in die Ausstellung mitbrachten.

III. Exkurs: Wirkung von Gewaltdarstellungen: das Vorbild der Massenmedien – und die Chance von historischen Ausstellungen, es anders zu machen

Die Faszination am Grauen, die für Ausstellungsbesucher aller Alters-, Geschlechts- und Bildungsgruppen diagnostiziert werden konnte, soll im Folgenden in Bezug gesetzt werden zu Gewaltdarstellungen als „Grauen-Faktor" in den Medien.

Seit die Rezeption des medial präsentierten Grauens in all seinen Spielarten untersucht wird, besteht relativ einhellig die Auffassung, dass zwischen der Darstellung von Gewalt in den Massenmedien und dem Ausmaß von Gewalt in der Gesellschaft ein Zusammenhang besteht.[15]

---

[14] Die Abteilung, die die 200 Jahre bayerische Geschichte Mühldorfs thematisierte, war als Einzige der ganzen Ausstellung chronologisch strukturiert. In den Schaufenstern eröffnete die Inszenierung den Besuchern, die an ihnen vorbei flanierten, exemplarische Einblicke in die 200-jährige bayerische Geschichte nach 1803. Die Exponate waren so ausgewählt, dass sie viele Ausstellungsbesucher rasch einwandfrei erkennen und einordnen konnten. So stand etwa ein Vespa-Roller für die Fünfziger Jahre, ein Partiekleid für die Goldenen Zwanziger, ein transportabler Ofen für die Vertreibungsjahre nach 1945. Die Texte waren so aufgebaut, dass sie an das Vorwissen der Leser anknüpften, außerdem verbanden sie die kleine mit der großen Geschichte. Die Ereignisse der politischen Geschichte standen im Mittelpunkt, aber es gab auch elementare Informationen zu Wirtschafts- und Kulturgeschichte.

[15] Für das Ausmaß der vorhandenen Gewalt beziehungsweise ihre Zunahme werden vor allem soziodemographische Aspekte (wie z. B. Arbeitslosigkeit,

Ich werde im Folgenden exemplarisch den Umgang mit Gewalt in den Medien beschreiben, dann darstellen, welche Wirkung den Gewaltdarstellungen zugemessen wird, um anschließend auf die Chance von historischen Ausstellungen einzugehen, es anders zu machen.

1. Gewaltdarstellungen in den Medien

Analysiert man das Fernsehen als Informations- und Unterhaltungsmedium Nr. 1 in deutschen Wohnzimmern, so fällt ein gravierender Unterschied zwischen der qualitativen und quantitativen Darstellung von Gewalt in öffentlich-rechtlichen und privaten Programmen auf. Während ARD, ZDF usw. Gewalt vor allem in ihren Nachrichten- und politischen Informationssendungen präsentieren, konfrontiert das private Fernsehen (RTL, PRO 7, Kabel 1 usw.) vor allem die Konsumenten von Reality Shows, Spielfilmen und Serien mit den unterschiedlichsten Spielarten von Gewalt.[16] Horror-Filme, die Grauen zum einzigen oder primären Inhalt erheben und Gewalt in Wort und Bild stilisieren und ästhetisieren, nehmen eine Sonderstellung ein, da sie keine mit dem normalen Vorabend- und Abendprogramm vergleichbare Breitenwirkung haben und ihr Konsum in verstärktem Maße von sozialen Faktoren abhängig ist.

Die Gewaltdarstellung in Unterhaltungssendungen des Fernsehens besitzt typische Merkmale.[17] So sind etwa die Gewalttäter meist unverheiratete Männer. Täter und Opfer kennen sich zunächst nicht und gehören oft unterschiedlichen Gesellschaftsschichten an. Die Folgen der Ausübung von Gewalt werden fast nie in aller Aufrichtigkeit gezeigt – Wun-

---

Urbanisierung, Wohnsituation, Ausländeranteil) verantwortlich gemacht. Auch psychosoziale Ursachen wie Entfremdung, Isolation oder Leistungsversagen sind Faktoren, die über An- und Abwesenheit von Gewalt in der Gesellschaft entscheiden. Vgl. hierzu: Schwind, H.-D. u.a. (Hg.): Ursachen, Prävention und Kontrolle von Gewalt. Analysen und Vorschläge der Unabhängigen Regierungskommission zur Verhinderung und Bekämpfung von Gewalt (Gewaltkommission), Bd. 4, Berlin 1990.

[16] Am häufigsten werden leichte Körperverletzungen (39 Prozent), Bedrohungen durch Körperhaltung (32 Prozent), Sachbeschädigung (24 Prozent), Morde (15 Prozent) und Schlägereien (14 Prozent) gezeigt. Vgl. hierzu: Krüger, U. M.: Gewalt in Informationssendungen und Reality TV. Quantitative und qualitative Unterschiede im öffentlich-rechtlichen und privaten Fernsehen. In: Media Perspektiven 2 (1994), S. 72 ff.

[17] Vgl. hierzu: Kepplinger, H. M.: Wirkung von Gewaltdarstellungen in den Massenmedien. In: Noelle-Neumann, E./Schulz, W./Wilke, J. (Hgg.): Fischer Taschenlexikon. Publizistik Massenkommunikation, Frankfurt/M. 7 2000, S. 574.

den und Schmerzen, vor allem der „ungeschminkte" Anblick des Todes werden angedeutet, aber nicht expliziert. Allerdings geht die Tendenz meines Erachtens mittlerweile dahin, das Grauen so realistisch wie möglich darzustellen. Die Gewalt, wie sie in Unterhaltungssendungen des Fernsehens auftritt, führt – zumindest kurzfristig – zu dem angestrebten Ziel. Sie wird vom positiv besetzten Helden der Handlung ebenso angewandt wie vom negativ gezeichneten Bösewicht, während sich Zeugen der Gewaltausübung überwiegend passiv verhalten. Fazit: „Die Gewaltdarstellung in Unterhaltungssendungen des hiesigen Fernsehens ist ... in hohem Maße unrealistisch, d. h. sie entspricht – mit Ausnahme der Täterstruktur – auch nicht annähernd den aus der Kriminalstatistik und anderen Quellen bekannten Merkmalen der Gewalt in der Gesellschaft."[18]

Nachrichtensendungen thematisieren Gewalt in Form von Rassen- und Minderheitenkonflikten, Kriegen und Terroranschlägen. Politische oder ideologische Gewalt geht nach Darstellung der Medien nicht von Einzelpersonen, sondern von Kollektiven aus: es sind die Vereinigten Staaten, die Krieg gegen den Irak führen, es sind die Steuerzahler, die gegen Reformen aufbegehren usw. Wie bei der Gewaltdarstellung in Unterhaltungssendungen sind die Täter, die die Kamera präsentiert, meist männlich. Es sind politische oder ideologische Beweggründe, die als Auslöser von Gewalt dargestellt werden, nur selten werden materialistische Motive unumwunden zugegeben.[19] Verallgemeinernd ist festzuhalten: „Die Struktur der Gewaltdarstellung in der aktuellen Berichterstattung der Massenmedien ... entspricht weder in einem gegebenen Zeitraum der Struktur der Gewalt in der Gesellschaft, der die Rezipienten angehören, noch spiegelt die Häufigkeit der Berichterstattung über bestimmte Gewalttaten im Zeitverlauf der Häufigkeit der aus der Kriminalistik bekannten Gewalttaten."[20] Die Massenmedien berichten stattdessen z. B. im Gefolge von spektakulären Ereignissen über ähnliche Gewalttaten, deren Anzahl sich aber im Vergleich zu vorher nicht zwingend erhöht haben

---

[18] Kepplinger, H. M.: Wirkung von Gewaltdarstellungen in den Massenmedien, In: Noelle-Neumann, E./Schulz, W./Wilke, J. (Hgg.): Fischer Taschenlexikon. Publizistik Massenkommunikation, 7., aktualisierte, vollst. überarb. Aufl., Frankfurt/M. 2000, S. 574. Nähere Informationen hierzu in: Kunczik, M.: Gewalt und Medien, Köln, Weimar, Wien ²1994.

[19] Groebel, J./Gleich, U.: Gewaltprofil des deutschen Fernsehprogramms. Eine Analyse des Angebots privater und öffentlich rechtlicher Sender, Opladen 1993, S. 86 f.

[20] Kepplinger, H. M.: Wirkung von Gewaltdarstellungen in den Massenmedien, In: Noelle-Neumann, E./Schulz, W./Wilke, J. (Hgg.): Fischer Taschenlexikon. Publizistik Massenkommunikation, Frankfurt/M. ⁷2000, S. 574.

muss. Es entsteht der gefährliche Eindruck von „Trittbrettfahrern" (wie z. B. bei der Berichterstattung über islamistische Terroranschläge im Anschluss an die Ereignisse des 11. September 2001), von so genannten „Gewaltwellen".[21]

2. Ausgewählte Ergebnisse über die Wirkungen von Gewaltdarstellungen

Es gilt festzuhalten, dass Gewaltdarstellungen auf die Mehrheit der Rezipienten und Konsumenten nur geringe, auf Minderheiten mit Prädispositionen aber erhebliche Wirkungen besitzen.

Die Untersuchungen kommen zu folgenden Ergebnissen:[22] die Entstehung der Vorstellung, einem großen Risiko ausgesetzt zu sein, selbst Opfer einer Gewalttat zu werden (dies, meines Erachtens am ehesten bei realitätsnahen Darstellungen von Grauen, wie beispielsweise „Aktenzeichen xy ungelöst"), das Hervorrufen unspezifischer Erregungszustände, die Förderung von Angst, die Rechtfertigung von Gewalt als Mittel der Auseinandersetzung, mündliche und handgreifliche Ausübung von Gewalt als auch die Reduzierung aggressiver Verhaltensmuster.

Je reflektierter und kritischer Gewalt thematisiert wird, desto kalkulierbarer sind die Wirkungen, die beim Rezipienten ausgelöst werden, wenngleich ein Restrisiko an Ungewissheit selbstverständlich nie ganz ausgeräumt werden kann.

Untersuchungen, die die Wirkung realistischer und unrealistischer Darstellungsformen von Gewalt analysieren und verschiedene Realitätsebenen unterscheiden, belegen eindeutig, dass die gezeigte Gewalt umso gewaltsamer, brutaler oder willkürlicher empfunden wird, je realistischer die Darstellungen sind.[23] Je realistischer die Darstellungen sind, desto heftiger und unkalkulierbarer sind die emotionalen Reaktionen der Rezipienten. Aufgrund dieser Beobachtungen kommt man zu einem irritieren-

---

[21] Vgl. hierzu: Brosius, H.-B./Eps, P.: Verändern Schlüsselereignisse journalistische Selektionskriterien? Framing am Beispiel der Berichterstattung über Ausländer und Asylanten. In: Rundfunk und Fernsehen 41 (1993), S. 512 ff.

[22] Für das Folgende stütze ich mich auf: Kepplinger, H. M.: Wirkung von Gewaltdarstellungen in den Massenmedien. In: Noelle-Neumann, E./Schulz, W./Wilke, J. (Hgg.): Fischer Taschenlexikon. Publizistik Massenkommunikation. Frankfurt/M. ^{7}2000, S. 576.

[23] Vgl. hierzu: Kepplinger, H. M.: Wirkung von Gewaltdarstellungen in den Massenmedien. In: Noelle-Neumann, E./Schulz, W./Wilke, J. (Hgg.): Fischer Taschenlexikon. Publizistik Massenkommunikation, Frankfurt/M. ^{7}2000, S. 577.

den Schluss. Nicht etwa die fiktiven, oftmals überzogenen und grausameren Darstellungen von Gewalt in Serien und Spielfilmen, sondern die realistische, nüchterner anmutende Präsentation vom Grauen tatsächlicher Gewalt schürt Ängste, Erregungszustände und Aggressionen, kann dementsprechend negative soziale Folgen für den Rezipienten und seine Umwelt haben.[24]

Wissenschaftliche Untersuchungen haben einen eindeutigen Schwerpunkt auf die Analyse der Wirkung von fiktionalen Gewaltdarstellungen gelegt. Einige Ergebnisse wurden herausgegriffen. Die Wirkung realer Gewaltdarstellungen auf den Rezipienten wird dagegen eher selten betrachtet.[25] Noch kaum untersucht ist die Rezeption gewesener, also historischer Gewalt.

Man wird ihr eine Zwischenstellung zwischen realer und fiktionaler Gewaltdarstellung einräumen müssen. Sie ist zwar „echt", denn das Grauenhafte, das referiert wird, hat sich tatsächlich zugetragen, aber sie ist zugleich „entrückt", weil das erzählte Ereignis so weit zurückliegt, dass es nicht mehr der Gegenwart, sondern der Vergangenheit angehört.

Aus Ergebnissen der Wirkungsforschungen zu Gewalt in den Medien muss nicht der Schluss gezogen werden, dass die Dimension des Grauens aus dem Repertoire von Ausstellungen verschwinden sollte. Im Gegenteil: Der Darstellung „gewesener Gewalt", die nicht verherrlicht, verharmlost oder verzerrt, kann einen (punktuellen) Gegenpol bilden zu derjenigen Gewalt, mit der Kinder, Jugendliche und Erwachsene in den Massenmedien konfrontiert werden.

Sowohl die Kuratoren, die für die Gestaltung der Ausstellung verantwortlich sind, als auch die Museumspädagogen, die Vermittlungsarbeiten leisten, können die Zwischenstellung gewesenen Grauens nutzen, um Besuchern einen spannungsreichen und intensiven Zugang zur Geschichte zu eröffnen. Sie können mit dem Wissen um Reaktionen auf Grauenerregendes arbeiten, können bei Rezeptionsweisen ansetzen, die sie von der Medienforschung her kennen.

---

[24] Eine Ausnahme bilden Kleinst- und Kleinkinder, die noch nicht in der Lage sind, zwischen Realität und Fiktion dessen, was sie rezipieren, zu unterscheiden.

[25] Einen interessanten und aufschlussreichen Ansatz der Analyse realer Gewaltdarstellung liefert: Kepplinger, H. M./ Giesselmann, T.: Die Wirkung von Gewaltdarstellungen in der aktuellen Fernsehberichterstattung. Eine konflikttheoretische Analyse. In: Medienpsychologie 5 (1993), S. 160-189.

3. Das Grauen schüren – Verständnis anbahnen: Faszinatives Grauen in historischen Ausstellungen

Wenn man das Grauen im Rahmen einer Führung, eines Themengespräches oder einer Ausstellungskonzeption nutzen möchte, sollte man sich vor allem über die Fokussierung[26] der eigenen Schilderung im Klaren sein. Man muss entscheiden, ob man über Vergangenes reden, ob man die eigene Gegenwart mit Hilfe von Vergangenheit verständlich machen oder ob man über die Art der Darstellung und Inszenierung reden will, ob die Betonung der Alterität („Damals war es so, heute hingegen ist es anders") oder der Kontinuität („Die Spuren von damals finden sich heute noch in unserer Lebenswelt wieder") im Vordergrund stehen soll.

Die Möglichkeiten, Grauen zu erzeugen, damit Aufmerksamkeit zu erlangen und darüber Verständnis anzubahnen, sind oben bereits am Beispiel beschrieben worden. Die Möglichkeiten von Ausstellungen anders als die Medien mit Grauen umzugehen, werden abschließend noch einmal zusammengestellt:

(1) Inszenierung und Design arbeiten Hand in Hand, um den Besucher in eine Grundstimmung zu bringen, die die Auseinandersetzung mit den Inhalten unterstützt

(2) Inszenierung und Design können dezent und zurückhaltend gestaltet sein und Freiraum lassen für die eigene Imagination (was sich im Kopf abspielt, ist auch in Horror-Filmen schrecklicher als das, was man in fertigen Bildern präsentiert bekommt).

(3) Führungen können auf Identifikationsstrategien setzen, wenn sie von Kriegen, Konflikten, Krisen handeln: das „David-gegen-Goliath"-Motiv beispielsweise erzeugt Anteilnahme am Schicksal des Unterlegenen und bahnt damit Empathie an, die ein tieferes Verstehen ermöglicht.

(4) Die Nachvollziehbarkeit besonders sprechender „gräulicher" Exponate (Richtschwert, Blide, Amputationssäge) erzeugt gesteigerte Aufmerksamkeit, garantiert Erfolgserlebnisse bei den Besuchern, die sie ohne große Schwierigkeiten entschlüsseln können.

(5) Besonders sprechende Exponate, die Grauen erregen, können als aufmerksamkeitssteigerndes Moment in Führungen eingebaut werden, um die „Geschichte hinter den Dingen" zu erschließen. Über solche „Eyecatcher" bringt man die Besucher während des Ausstellungsbesuches leichter dazu, sich mit Sozial-, Rechts-, Wirtschafts-, Kulturgeschichte usw. auseinander zu setzen.

---

[26] Vgl. Zabold/Schreiber, Bildungschance Ausstellung, hier Schreiber Fokussierungen, S. 203 in diesem Band.

(6) Im Rahmen von Führungen bietet sich das bewusste Einsetzen von Grauenerregendem an, um Einblicke in die wissenschaftliche Arbeit des Historikers zu geben: Geschichte fällt nicht vom Himmel! Geschichtswissenschaft bedient sich einer bestimmten Methodik des wissenschaftlichen Arbeitens, die gesicherte Ergebnisse ermöglicht, auch wenn die Vergangenheit selbst nie einwandfrei re-konstruiert werden kann. Erkenntnisse über die wissenschaftliche Arbeit des Historikers ermöglichen es Profis und Laien, eigenständig auf Spurensuche in der Ausstellung zu gehen und so mehr Wissen nach Hause mitzunehmen.

(7) Schauderhaftes, Grauenerregendes eignet sich in historischen Ausstellungen besonders dafür, die Phantasie der Besucher anzuregen (so z. B. auf auditivem Weg die Hörstation beim Hexenprozess, auf audiovisuelle Weise die Spielszene der Schauspielerin in der Medizinalwesen-Abteilung). Fantasie ist – neben dem Zusammensetzen von Fakten – eine wesentliche Voraussetzung für die Fähigkeit zur Re-Konstruktion, der Basiskompetenz zur Ausformung und Weiterbildung eines reflektierten und selbstreflexiven Geschichtsbewusstseins.

(8) Schaudern und Grauen erzeugt Mitleid. Emapthievermögen aber ist eine Grundvoraussetzung für Fremdverstehen und das Bewusstsein von Alterität. Die Konfrontation mit dem Gräulichen in historischen Ausstellungen kann positiv fruchtbar gemacht werden für ein gesteigertes Empathievermögen in der Auseinandersetzung mit Vergangenem, Gegenwärtigem und Zukünftigem.

(9) Schrecken macht kommunikativ! Das Grauen, das in Führungen durch historische Ausstellungen erzeugt wird, kann bewusst eingesetzt werden, um die asymmetrische Gesprächssituation zwischen Führungspersonal und Ausstellungsbesucher aufzuheben. Nur, wer kommuniziert, kann die richtigen Fragen an die Vergangenheit stellen und ergo Fragekompetenz erwerben – eine Basiskompetenz für reflektiertes und (selbst-)reflexives Geschichtsbewusstsein

Über Kunst in die Geschichte.
Tafelmalerei und Skulptur als Beispiele, wie man in die und in deren Geschichte eintauchen kann

Von Simone Unger

Viele Quellen aus der Vergangenheit, die sich erhalten haben, sind Kunstwerke. Das ist kein Zufall. Vielmehr wurde diesen Gebäuden, Gemälden, Drucken, Zeichnungen, Skulpturen, Möbeln und liturgischen Gerätschaften zu allen Zeiten besondere Wertschätzung entgegengebracht. Sie wurden gepflegt, als Kunstwerke angesehen und deshalb aufbewahrt.

Jedoch kann jedes Kunstwerk auch als Quelle für seine Entstehungszeit gelten und oft darüber hinaus als Quelle für den Umgang mit Kunst in den auf seine Entstehung folgenden Jahrhunderten. Die Idee, „Kunstwerke als Weg in die Geschichte zu nutzen" ist hinsichtlich der zweidimensionalen Bildkünste weit fortgeschritten.[1] Aber die Beschränkung auf Bilder wäre nicht notwendig, denn andere Kunstgattungen lassen ebenfalls Rückschlüsse auf ihre Entstehungszeit, ihren Meister und ihre eigene „Lebensgeschichte" zu.

Hier sollen nun exemplarisch an einem Tafelgemälde und einer Holzskulptur, die in der Ausstellung „Salzburg in Bayern" zu sehen waren, verschiedene Wege in die Geschichte vorgestellt werden, die auf andere Bilder und Skulpturen übertragbar sind.

Wahrscheinlich könnte man die einzelnen Wege auch abstrakt ohne Bespiel erklären, jedoch erscheint es mir geradezu widersinnig, über Kunst zu sprechen, die das Sehen fordert, – ja die gerade aus dem erkennenden Sehen besteht, ohne ein Kunstwerk zu zeigen.

Zwei Dinge sind aber dringend zu beachten:
- Auch wenn in diesem Beitrag verschiedene Möglichkeiten ausgelotet und aufgezeigt werden, nicht alle hier angeführten Wege sind mit jedem Kunstwerk zu beschreiben. Und: Ein Kunstwerk, das viele Ansätze zum Weiterforschen bieten würde, kann in der museumspädagogischen Praxis sehr wohl nur hinsichtlich eines einzigen Aspekts (Bsp.: Realienkunde) befragt werden.
- Zweitens ist stets mit zu bedenken: Es handelt sich um Kunst. Der Künstler bringt seine subjektive Sicht der Dinge zum Aus-

---

[1] Vgl. den aussagekräftigen Begriff der ‚Historischen Bildkunde'. Pionier auf diesem Gebiet war R. Wohlfeil. Vgl. den Band: Tolkemitt, B./Wohlfeil, R. (Hgg.): Historische Bildkunde. Probleme – Wege – Beispiele, Berlin 1991.

druck, er hat seinen Stil und verfolgt bestimmte Ziele. Ein exaktes Abbild seiner Zeit zu geben, war vielleicht gar nicht sein Ziel (oder das seines Auftraggebers). Oft wird idealisiert und stilisiert. Diese „künstlerische Freiheit" darf bei aller Auslegung der Werke nicht vergessen, sondern muss immer berücksichtigt werden. Kunstwerke sind stets in einem hohen Maße subjektive Quellen. Die verschiedenen Wege der ‚Historischen Bildkunde' sind bereits gut aufgeschlüsselt worden.[2] Hier soll jedoch nicht nur der Aspekt erörtert werden, dass man über ein Kunstwerk in die Zeit des Künstlers eindringen kann (vgl. II, ‚synchroner Zugriff'), sondern auch die Tatsache, dass die Werke Informationen transportieren, wie mit dem Kunstwerk bis zum heutigen Tag umgegangen wurde. Das kann man vor allem an der Restaurationsästhetik erkennen. Es handelt sich quasi um Rezeptionsgeschichte in dem Sinne, dass nicht nur unsere Gegenwart das Kunstwerk interpretiert und schätzt, sondern dass schon Generationen vor uns dies taten und das Werk somit eine eigene ‚Lebensgeschichte' besitzt (III,diachroner Zugriff'), durch die man etwas über die interpretierenden Epochen erfahren kann.

Grundlegend für jeden ‚Weg in die Geschichte', den man über ein Kunstwerk geht, ist aber die genaue Betrachtung und Beschreibung dessen, was zu sehen ist (vgl. I).

I. Der Grundstock: Das genaue Beobachten

Bevor man ein Kunstwerk als Quelle nutzen kann, muss eine genaue Betrachtung des Werkes stehen. So wie man eine schriftliche Quelle aufmerksam und zur Gänze liest, vielleicht sogar mehrmals liest, so muss man einem Kunstwerk zunächst auch Zeit widmen, um es „lesen" zu

---

[2] Jüngst wurde von Heike Talkenberger eine Unterteilung vorgenommen. Sie unterscheidet in Realienkunde (vgl. z. B. das Institut für Realienkunde in Krems), Ikonografie/Ikonologie (Erwin Panofskys Interpretationsschritte), Funktionsanalyse (betrachtet werden Produktions-/Distributionsbedingungen und formale Gestaltungskriterien), in einen semiotischen Ansatz (Begriff aus der Linguistik; untersucht wird der gesellschaftlicher Bezug und die Wirkung von Bildern auf soziale Gegebenheiten) und einen rezeptionsästhetischen Ansatz (Bildbedeutung wird erst durch Betrachter hergestellt; Fragen der Wahrnehmungspsychologie spielen eine Rolle). Vgl. Talkenberger, H.: Historische Erkenntnis durch Bilder. Zur Methode und Praxis der Historischen Bildkunde, in: Goertz, H.-J.: Geschichte. Ein Grundkurs, Hamburg 1998, S. 83-98.

können. Hierbei gibt es verschiedene Wege der Bildbetrachtung[3], die in der kunsthistorischen Theoriebildung kontrovers diskutiert wurden und werden.[4] Der gemeinsame Tenor der einzelnen Theorien lautet: Es muss als erster Schritt eine Betrachtungsphase stehen, in der der Interpret das Kunstwerk in allen Einzelheiten und als Ganzes aufnimmt. In dieser äußerst wichtigen Phase, von der das Gelingen aller vom Bild ausgehenden Interpretationen und auch das Beschreiten von Wegen in die Vergangenheit/Geschichte abhängt, kommen notwendigerweise bereits erste Fragen auf, die nicht durch die Betrachtung allein beantwortet werden können. Sie sollten in dieser ersten Phase zunächst nur festgehalten werden. Nachdem die Betrachtung abgeschlossen ist, können die notierten Fragen als Impulse für das Weiterforschen dienen.

Eine Betrachtung des Originals wäre der Idealfall, der jedoch nicht immer möglich ist. Darum müssen Reproduktionen anstelle der eigentlichen Kunstwerke zu Hilfe genommen werden. Hierbei sollte auf gute Aufnahmen bzw. bei dreidimensionalen Gegenständen auf mehrere Ansichten Wert gelegt werden.

Aufgrund der eben genannten Notwendigkeit einer exakten Bildbetrachtung, folgt nun eine Beschreibung der beiden Mühldorfer Kunstwerke, an denen später die verschiedenen Wege in die Vergangenheit/Geschichte aufgezeigt werden.

---

[3] Der Begriff „Bildbetrachtung" bezieht sich hier nicht auf den zweidimensionalen Bildträger, sondern auf die Anschauung eines jeden Kunstwerks.

[4] Vgl. den berühmten Disput zwischen Hans Sedlmayr und Kurt Badt um die Interpretationsreihenfolge: Sedlmayr, H.: Kunst und Wahrheit. Zur Theorie und Methode der Kunstgeschichte, Mittenwald 1978 und Badt, K.: „Modell und Maler" von Jan Vermeer. Probleme der Interpretation. Eine Streitschrift gegen Hans Sedlmayr, Köln 1997. Einen anderen Weg beschreibt Erwin Panofskys Ikonografie/Ikonologie (E. Panofsky: Zum Problem der Beschreibung und Inhaltsdeutung von Werken der bildenden Kunst und Ikonographie und Ikonologie, in: Kaemmerling, E. (Hg.): Bildende Kunst als Zeichensystem. Köln 1979, S. 185-206 und 207-225) und als Ergänzung dazu Max Imdahls Ikonik (Imdahl, M.: Ikonik. Bilder und ihre Anschauung, in: Boehm, G. (Hg.): Was ist ein Bild? München 1995, S. 300-324).

1. Der Epitaph der Anna von Preysing aus dem Umkreis des Meisters von Mühldorfs (1527)

hir ligt des Edln vnd vesten Sigmund von preising zum hueboisstain dochter anna die gestorbñ ires alters im 6 iar an pfinztag nach Katherina im 1527 iar dr got genedig sey

Abb. 71 Epitaph der Anna von Preysing, aus dem Umkreis des Meisters von Mühldorf, 1527.

Als Beispiel wurde ein eher unbekanntes Tafelbild aus dem Umkreis des Meisters von Mühldorfs bzw. seiner Werkstatt von ca. 1527 gewählt. Sein heutiger Aufstellungsort ist das Kreisheimatmuseum Lodronhaus in Mühldorf a. Inn.

Das Gemälde besteht aus einem Bild- und einem Textteil, wobei der Textteil an der unteren Rahmenleiste ca. 1/12 des Gemäldes einnimmt.[5] Der mit hellen Blüten verzierte Rahmen ist ein Teil der Tafel.

Der Bildteil wird nahezu mittig von der Senkrechten des gekreuzigten Christus geteilt. Das Kreuz ragt schräg in die Landschaft. Im linken vorderen Segment wendet sich ein kniendes Mädchen mit gefalteten Händen dem toten Christus zu. Zwischen den beiden Figuren führt ein Weg in die hügelige Landschaft, den im Mittelgrund ein schlanker hoch aufragender Baum säumt und der auf eine Siedlung zuläuft. Neben dem knienden Mädchen sind im Bildvordergrund drei Wappen angeordnet und rechts neben dem dritten Wappen, das unterhalb des Kreuzes anschließt, liegen ein Totenkopf und Stück eines Knochens. Die Senkrechte des Kreuzes wird hinterfangen durch einen nahezu gleich hohen schlanken Baum, der – wie der Baum im Mittelgrund – erst ab der Hälfte buschiges Laub trägt. Auch die kniende Figur wird auf ihrer linken Seite von einem schmalen Baum flankiert. Das Mädchen ist im Profil gezeigt und trägt ein Kleid, dessen Rock im Grün der Landschaft des Vordergrunds gehalten ist und dessen Mieder von roten längs gerichteten Einsätzen durchbrochen ist. Ihr offenes blondes schulterlanges Haar wird bekrönt von einem roten Kranz. In ihren zum Gebet gefalteten Händen hält das Kind einen Rosenkranz. Es richtet seinen Blick empor zur Gestalt am Kreuz. Möchte man mit Kurt Badt sprechen, so handelt es sich bei dem linken Bildteil zugeordneten Mädchen um die Einleitungsfigur des Bildes, da sie den Blick des Betrachters vom linken unteren Bildeck über die Falten ihres Gewandes empor leitet zu ihrem Gesicht, das – wie die Drehung ihres gesamten Körpers – dem Kreuz zugewandt ist. Mit ihrem Blick überbrückt sie geradezu das Tal, das sich zwischen den beiden Figuren in der Landschaft des Hintergrunds auftut.

Die Gestaltung der zweiten Figur des Bildes ist sehr eigenwillig. Am einen aus dunkelbraunem Holz gefertigten lateinischen Kreuz hängt ein toter Christus im Dreinageltypus. Der Querbalken des lateinischen Kreuzes ist sehr hoch angesetzt, sodass es auf den ersten Blick wie ein Antoniuskreuz wirken könnte, wäre nicht über dem Querbalken die Inschrift „INRI" angebracht. Der Dreinageltypus bedeutet, dass beide Arme mit einem Nagel angeschlagen sind. Die Füße kreuzen sich ein wenig ober-

---

[5] Die Tafel ist 0,93 m hoch und 0,67 m breit.

halb der Fesseln, und deshalb ist der linke Fuß vor dem Rechten mit einem Nagel angeschlagen. Christus erscheint tot, weil zum einen seine Augen geschlossen sind, sein dornenbekröntes bärtiges Haupt nach vorne überhängt und der Leib schlaff und abgemagert am Kreuze hängt. Zudem ist der Leib überströmt mit Blut, das vor allem aus den Wundmalen hervorquillt. Dieser Christus wirkt nicht heroisch, sondern leidend und menschlich. Besonders augenfällig erscheint das weiße Lendentuch, das kunstvoll um den Leib geschwungen ist und dessen lange Enden im Spiel des Windes bewegt flattern. Sie kreuzen sich und bilden zusammen mit dem Kreuz ein kleines dreieckiges Feld aus, indem eine auf einem Felsen thronende Kirche zu sehen ist.

Der Himmel, der die Szenerie überspannt, ist mit dunklen Wolken überzogen, die die Aufmerksamkeit auf das helle Inkarnat des Christusleibs und auf die Szene im Vordergrund lenken. Den Baum im Mittelgrund flankieren zwei weißlich scheinende Felsen, die dem Bild Tiefe verleihen. Durch sie wird der Blick des Betrachters auf die Siedlung gelenkt, von der man lediglich einen auffallenden Turm und einige mit roten Schindeln bedeckte Häuser erkennen kann.

Wenn man nun alle diese Beobachtungen vollzogen hat, dann stellen sich einige Fragen:
Wer ist das kniende betende Mädchen?
Welche Wappen sind hier gezeigt?
Welche Stadt könnte die Siedlung im Hintergrund sein und welche Kirche die auf dem Felsen?
Gibt es einen Anlass für dieses Bild?
Wie alt ist dieses Tafelbild?
Wer hat es gemalt?
Natürlich werden noch viele Fragen mehr aufgeworfen, vor allem stellen sich für jeden Betrachter andere Fragen. Der geübte Betrachter kann manche Frage leichter beantworten, indem er dieses Bild mit anderen vergleicht. Jedoch gibt bereits der Textteil einige Antworten. Unterhalb des Bildteils steht zu lesen:

„Hie ligt des Edln und vestn Sigmund von preising zum huebmstain dochter anna die gestorbn ihres alters im 6. iar an pfinztag nach katherina im 1527 iar der got gendig seye"

Die einzelnen Wörter trennt jeweils ein roter Punkt voneinander, so dass die Aussage gut zu verstehen ist. Hier wird die Frage nach dem Mädchen beantwortet: Sie heißt Anna von Preising. Vielleicht kann dieser Name auch schon einen Hinweis auf das Wappen geben. Zumindest wird auch der Anlass für das Werk genannt: Hier liegt Anna von Preising begraben; es handelt sich also um eine Tafel zu einer Grabstätte. Zudem erhält der

Betrachter mit der genauen Angabe des Todestages auch einen Hinweis zur Datierung. Man kann davon ausgehen, dass die Tafel nach 1526 bemalt wurde und es ist sehr wahrscheinlich, dass es im Todesjahr von Anna, also 1527 geschah. Ein Garantie dafür gibt es durch das Datum nicht, die Tafel könnte genauso gut 1528 oder 1529 oder sogar noch später in Auftrag geben worden sein.

Alle weiterführenden Fragen können von einem Betrachter, der nur das Tafelbild vor sich hat, nicht beantwortet werden. Aber jemandem, der sich weiter mit dem Bild beschäftigen will, stehen vielfältige Wege zum Weiterforschen, zugleich zum Eindringen in die Geschichte offen. Diese Möglichkeiten sollen jedoch erst nach der Vorstellung eines weiteren Kunstwerks erörtert werden (Kap. II und III), damit einsichtig wird, dass all diese Wege nicht nur vom zweidimensionalen Bild aus beschritten werden können, sondern auch bei einer Skulptur.

2. Die Taufkirchner Madonna des Meisters von Seeon (1434)

Die so genannte Taufkirchner Madonna des Meisters von Seeon befindet sich – wie das Tafelbild – im Kreisheimatmuseum in Mühldorf a. Inn. Im Sommer 2002 war sie ein Exponat der Abteilung „Kunst in Mühldorf" in der Ausstellung „Salzburg in Bayern".

Die Skulptur ist 96 cm hoch und besteht aus Holz.

Es handelt sich um eine thronende Madonna, die in der rechten Hand ein Zepter hält und mit ihrer linken das Christuskind am Rücken stützt. Sie sitzt auf einem Thron, der mit rotem schweren Stoff verkleidet erscheint und an der rechten und auch linken Polsterkante mit einer golden gefassten Quaste verziert ist, wobei der rechte Teil des Throns höher wirkt als der linke. Sie neigt ihren Körper nach hinten, als würde sie dem Christuskind ehrfurchtsvoll mehr Raum zugestehen. Die geneigte Haltung wird dadurch verstärkt, dass das Jesuskind ebenfalls stark geneigt ist und zwar in die entgegengesetzte Richtung.

Maria trägt einen Mantel über ihrem Kleid, dessen Farbgebung schwer zu bestimmen ist, denn im jetzigen Zustand scheint der Mantel gelb-gold. Dass dieser jedoch nicht immer so gewesen sein muss, legt der Farbkanon für die Bekleidung der Madonna nahe, der besagt, dass der Mantel außen weiß und innen blau sein sollte.[6] Der blaue Farbton der Innenseite des Mantels hat sich gut erhalten.

---

[6] Vgl. Großmann, D.: Salzburgs Anteil an den ‚Schönen Madonnen', in: Ausstellungskatalog ‚Schöne Madonnen. 1350-1450', Salzburg 1965, S. 29.

Abb. 72 Taufkirchner Madonna des Meister von Seeon, 1434.

Der farbliche Erhaltungszustand gibt bereits den ersten Hinweis auf eine mehrfache Neufassung oder Überfassung der originalen Farbgebung. Marias Mantel ist in viele, aber sehr weich fallende Falten gelegt, die zwischen ihren Knien Schüsselfalten ausbilden. Unterhalb des Mantels kommt das rötliche Unterkleid Mariens zum Vorschein, dessen Falten, auf die niedrige Sockelplatte aufliegen und dort weich auslaufen. Der Mantel geht über die Schultern in einen weißen Schleier über, der von einer goldenen Krone auf dem Haupt Marias gehalten wird. Unter Schleier und Krone spitzen Marias dunkelbraune Haare hervor, die in leichten Wellen nach hinten gelegt sind. Sie bilden einen starken Kontrast zu Marias fast schneeweißem Inkarnat. Ihr Unterkleid, das im selben gold-rot Ton gehalten ist wie die Außenseite des Mantels, ist vor der Brust mit einer kleinen dunklen Brosche verziert. Sie stellt Marias einzigen Schmuck dar, wenn man von dem in sich gedrehten Zepter, das in eine Kugel mündet und schließlich einer zwiebelförmigen Ausbildung endet, und von der Krone absieht. Ihre Zier ist vornehmlich die Schönheit ihres Antlitzes. Im Kontrast zu ihrem elfenbeinweißen Inkarnat erstrahlen ihre Lippen in einem üppig roten, warmen Farbton. Die fein geschwungenen in einem leichten Lächeln begriffenen Lippen finden ihre Entsprechung in der ebenso fein geschwungenen Nase und den mandelförmigen dunklen Augen der Madonna. Die Brauen sind nur leicht angedeutet, aber die verleihen dem ovalen Gesicht die zarte Note, die es auszeichnet. Zudem ist Marias Kopf leicht nach links zum Jesuskind geneigt und ihre Augen, die nicht auf das Kind blicken, sondern gedankenversunken in die Ferne schweifen, strahlen eine innere Ruhe und Zuversicht aus, die das Können des Meisters beweisen. Die Augen verleihen Maria ein Charisma, welches sie zugleich natürlich und übernatürlich wirken lässt. Maria ist plastisch anwesend, aber mit ihrem Geiste fern ab jeder greifbaren Dimension. Sie wirkt geradezu göttlich.

Das unbekleidete Christkind sitzt mit oberhalb der Fesseln gekreuzten Beinen – wobei es das linke über das rechte legt – auf dem linken Oberschenkel der Madonna. In seiner linken Hand hält es eine rötliche Kugel, die ein Apfel sein könnte. Mit seiner rechten führt Jesus eine Geste aus, die auf Maria deutet und auch seine eigene Offenheit anzeigt. Er führt den nur leicht gebeugten Arm vor den Mantel der Madonna in die Mitte der Skulptur. Das Kind erscheint in einem ebenso reinen, hellen Inkarnat wie die Jungfrau. Einige Teile der Figur sind in Mitleidenschaft gezogen; so fehlen dem Kind einige Finger an der zur Gebärde erhobenen rechten Hand. Auch die Ohren und die Nase des Kindes sind beschädigt. Auf einem eher kurzen Hals sitzt sein kindlich rundliches Haupt, das von kurzem dichtem mittelbraunem in Locken gelegtem Haar bedeckt ist. Die Mundpartie ist nicht so fein ausgestaltet wie bei Maria; das Kind hat einen eher länglichen schmalen Mund, von dem nur die Unterlippe etwas plastischer ausgeformt ist. Die Zerstörungen an den Ohren und der Nase haben großen Einfluss auf das Aussehen des Antlitzes, das dadurch nicht so exakt gearbeitet wirkt, wie das Mariens. Dieses Kind wirkt ernsthaft und zugleich menschlich-kindlich.

Die Beziehung, die zwischen Mutter und Sohn besteht, ist nicht durch ihre in so verschiedene Richtungen geneigte Körperhaltung als distanziert zu bezeichnen, sondern durch ihre Körpersprache als liebevoll und vertraut. Maria gibt ihrem Sohn Unterstützung durch ihre Hand am Rücken; sie schützt ihn mit ihrer Hand und ihrem Leib geradezu und wirkt durch ihr leicht angedeutetes Lächeln als glückliche Mutter. Jesus bringt vor allem mit seiner Geste Maria Respekt und Offenheit entgegen. Er weist geradezu auf seine Mutter hin; er zeigt sie dem Gläubigen. Zwischen den beiden besteht das innige Verhältnis von Vertrautheit einer Mutter und ihrem Kind.

Die Fragen, die aus der Betrachtung dieser Skulptur ergeben, sind teilweise die gleichen wie beim zweidimensionalen Bild, jedoch gibt es auch Skulptur-spezifische. So könnten bei der genauen Betrachtung und Beschreibung folgende Fragen aufkommen:

Wer ist der Meister dieser Figur?
Wann ist die Skulptur entstanden?
Wieso neigen sich Maria und Jesu konkav voneinander weg?
Wer gibt eine solche Figur in Auftrag?
Woher kommt die unterschiedliche/mehrfache Farbgebung?

Wenn man berücksichtigt, dass beide Kunstwerke in Mühldorf oder in unmittelbarer Nähe des Ortes ihren originalen Aufstellungsort hatten, ergeben sich auch einige Fragen zur Stadt, die bereits ein ‚Eintauchen in die Vergangenheit/Geschichte' bedeuten wie:

Wieso lebten solch begabte Künstler in einer heute gerade einmal 18000 Menschen zählenden bayerischen Kleinstadt?
Welche Stellung hatte ein Künstler in einer Stadt?
Woher kamen und wer waren die Auftraggeber?

All diesen Fragen versuchen die nächsten beiden Abschnitte nachzugehen. Nicht eine wissenschaftliche Abhandlung über diese beiden Kunstwerke ist das Ziel. Vielmehr sollen mögliche Wege in die Geschichte und zum besseren Umgang mit den Kunstwerken aufgezeigt werden, die auch jeder Nicht-Kunsthistoriker nachvollziehen kann. Da der Sammelband sich an Menschen wendet, die sich auf Ausstellungen und Führungen durch Ausstellungen vorbereiten, werden hier nur solche Tipps gegeben, denen innerhalb eines zeitlich begrenzten Rahmens nachgegangen werden kann.[7] Die Wege sollen übertragbar bleiben und auf nahezu jedes

---

[7] Also keine weit schweifenden Archiv- und Recherchearbeiten. Es wird nur auf die wichtigste Literatur hingewiesen.

Kunstwerk anwendbar sein, um in die Geschichte (eines Ortes, einer Region, eines Menschen, eines Künstlers, einer Sache) zu gelangen.

II. Über ein Kunstwerk in die Zeit des Künstlers gelangen („synchroner Zugriff")

Der erste Weg, dem hier nachgegangen werden soll, ist derjenige, den Rätseln und Fragen, die das Kunstwerk aufgibt, nachzugehen. Es sollten zunächst alle unbekannten Begriffe, Daten, Namen und Gegenstände geklärt werden:

1. Zum Epitaph der Anna von Preysing (1527)

a) Wege, kunstgeschichtliche Fachbegriffe zu klären und am konkreten Fall zu „überprüfen": Das Beispiel Epitaph

Es wurde bereits festgestellt, dass das Tafelbild zu einer Grabstätte gehört. In der Ausstellung war in der Objektbeschreibung zu lesen, dass es ein ‚Epitaph' sei. Wenn man mit dem Begriff nichts verbinden kann, dann kann der erste Griff der zum **Duden** sein. Dort liest man unter Epitaph, dass es sich um eine Grabinschrift bzw. ein Grabmal mit Inschrift handelt.[8] Genaueres erfährt man im **Wörterbuch der Kunst**[9]. Hier findet sich ein Artikel und weiterführende Literatur zum Begriff. Die erste Definition lautet: „ein an der Wand der Kirche (innen oder außen) oder an einem Pfeiler aufgestelltes oder aufgehängtes Mal zum Gedächtnis an einen Verstorbenen"[10] Zudem erfährt man, dass diese Art der Erinnerung an Tote gegen Mitte des 14. Jahrhunderts aufkommt und dass es üblich ist, den Verstorbenen in einem szenischen Zusammenhang zu zeigen, in dem er zu Füßen Christi kniend das Heil für seine Seele erbittet. Man liest dort, dass es vor allem plastisch ausgebildete Epitaphe gibt, aber auch gemalte. Das Epitaph der Anna von Preysing ist somit in seiner Gestaltung nahe am Idealtypus eines Epitaphs, bis darauf, dass er nicht dreidimensional gestaltet ist. Er kann als ‚Bauschmuck' bezeichnet werden und deshalb lohnt sich auch ein Blick in das **Bildwörterbuch der Architektur**.[11] Hier findet man unter Epitaph die Definition: „Gedächt-

---

[8] Vgl. Wissenschaftlicher Rat der Dudenredaktion (Hg.): Duden. Rechtschreibung der deutschen Sprache, Mannheim u.a. ^{21}1996, S. 256, s.v. Epitaph u. Epitaphium.
[9] Vgl. Jahn, J./Haubenreißer, W.: Wörterbuch der Kunst, Stuttgart ^{12}1995.
[10] Ebd., S. 219f.
[11] Vgl. Koepf, H./Binding, G.: Bildwörterbuch der Architektur, Stuttgart ^{3}1999.

nisschrift mit Namen und Todesdatum als Gedächtnismal"[12]. Somit sind alle Elemente des Epitaphs der Anna von Preysing – die Kombination von Kreuzigungsszene, knienden Verstorbenen und näher beschreibenden Text als typisch für ein Epitaph identifiziert. Es ist ein fester Bestandteil des christlichen Totengedächtnisses.

b) Informationen aus dem Hintergrund in den Vordergrund rücken: Stadtansichten

Das Epitaph bringt dem Betrachter viele Informationen alleine durch das Ansehen. Jedoch sieht nur der Ortskundige, dass die Stadt im Hintergrund Mühldorf ist. Erkennen kann man das an dem für Mühldorf typischen Turm, dem Nagelschmiedturm. Es sollte Aufgabe eines Führenden oder des Ausstellungsmachers sein, auf solche regionalen Besonderheiten hinzuweisen. Denn nur er oder der Besucher, der sich lange mit dem Bild beschäftigt, wird erkennen, dass neben dem auffälligen Turm noch ein regionales Bauwerk im Bild zu sehen ist. Die Kirche, die außerhalb des Tales erhöht und durch die Ende des Lendentuchs gerahmt zu sehen ist, ist die Altmühldorfer Kirche. In ihr befindet sich der Altmühldorfer Altar von 1511 des Meisters von Mühldorf, an dessen Kreuzigungsszene diejenige hier erinnert.[13]

c) Die Meisterfrage

Deshalb ist es auch möglich eine Verbindung zwischen dem zwar 1521 bereits verstorbenen Meister und der Gestaltung und Farbgebung der Tafel der Anna von Preysing herzustellen. In der Literatur findet sich die Bezeichnung für den Maler des Epitaphs „Umkreis des Mühldorfer Meisters"[14]. Die Tatsache, dass der Meister nicht näher benannt ist, sondern nur den Notnamen „Meister von Mühldorf" erhalten hat, ist ein Wegweiser in die Handwerks- und Künstlergeschichte des frühen 16. Jahrhunderts. So ist gerade der eben angesprochene Meister ein sehr interessanter Fall, an dem die Problematik um Notnamen und Signaturen festgemacht werden kann. Heute ist der Meister durch eine Dissertation als Maler Wilhelm Pätzsold oder Wetzhalt oder Bettsholdt identifiziert.[15] Jedoch

---

[12] Eda., S. 153.
[13] Vgl. Hausberger, I.: Der Meister von Mühldorf. Der Maler Wilhelm Pätzsold. Mühldorf 1973, S. 109.
[14] Vgl. Hausberger, Meister von Mühldorf, S. 109.
[15] Vgl. Hausberger, Meister von Mühldorf, S. 132. Die unterschiedliche Schreibweise eines Namens ist nichts Ungewöhnliches für das frühe 16. Jahrhundert. Deshalb wird auch der Name Preising im Text des Epitaphs in der Sekundärliteratur stets als „Preysing" geschrieben.

musste nach diesem Name erst in Archivalien, wie Urkunden, Steuerbüchern, Rechnungen etc. geforscht werden. Das besondere an diesem Meister ist, dass er sich an der Schnittstelle zwischen dem anonymen Handwerker des Mittelalters und dem emanzipierten Künstlers der Neuzeit befindet. Bis auf ein Werk signiert der Meister nie sein Schaffen. Die Erklärung, wieso vor Albrecht Dürer kein Maler oder Bildhauer im deutschen Sprachraum etwas signiert hat, liefert die Sozialgeschichte. Über den Künstler führt demnach ein Weg in die Gesellschaftsgeschichte. Künstler wurden als Handwerker angesehen, deren Arbeit mit der eines Seilers oder Schmieds gleichgesetzt wurde. Die Idee, dass ein Künstler etwas Originelles schafft, das er mit seinem Namen versieht, transportierte erst Dürer aus Italien nach Deutschland. So signiert der Meister von Mühldorf nur eine Verkündigungszeichnung mit einem durchgestrichenen ‚W'. Ansonsten bleibt er der Anonymität seiner Zeit verhaftet. An dieser Stelle bietet sich auch ein Vergleich zwischen dem Selbstbewusstsein der Künstler im deutschsprachigen Raum um 1500 und der in anderen künstlerischen Zentren in Europa wie Florenz oder den Niederlanden an. Auch mit geringen kunsthistorischen Kenntnissen wird der Unterschied in der Entwicklung zwischen einem Michelangelo, der 1504 seinen „David" schuf oder Leonardo da Vinci, der 1506 die „Mona Lisa" vollendete und einem noch stark von der Gotik beeinflussten Meister von Mühldorf deutlich.

d) Die Wappenbestimmung

Es ist noch die Frage nach den drei Wappen des Vordergrunds unbeantwortet. Falls man einer solchen heraldischen Fragestellung nachgehen möchte, eignet sich der so genannte ‚**Siebmacher**'[16] am besten: Hier sind nahezu alle Wappen des Mittelalters und der Frühen Neuzeit gesammelt. Jene in dem Tafelbild lassen sich den Mühldorfer Familien Preysing, Baumgarten und Trenbach zuweisen.[17] An dieser Stelle kann man gut in die Mühldorfer Stadtgeschichte eindringen. Ferner ist die Frage nach den verwandtschaftlichen Beziehungen dieser Familien untereinander offen, da alle mit Anna von Preysing abgebildet sind.

---

[16] Hefner, O. T. v. (Hg.): J. Siebmacher's grosses und allgemeines Wappenbuch, Nürnberg 1856.
[17] Vgl. Hausberger, Meister von Mühldorf, S. 109 und zum Wappen der Familie Preysing: Hefner, Siebmacher's, Zweiten Bandes erste Abtheilung. Der Adel des Königreichs Bayern, Nürnberg 1856, S. 19 und Tafel 13; zum Wappen der von Baumgarten: ders., Vierten Bandes sechste Abtheilung. Der Salzburgische Adel, Nürnberg 1883, S. 6 und Tafel 3.

e) Über das Bild hinaus: Todesursachen der Frühen Neuzeit

Ein anderer Weg führt in die Geschichte der Krankheiten und Todesursachen des frühen 16. Jahrhunderts. Wieso ist Anna von Preysing im Alter von sechs Jahren gestorben? Eine gesicherte Antwort gibt es nicht. Aber einige Theorien liegen nahe: So kann an dieser Stelle die hohe Kindersterblichkeit genannt, die vor allem durch unzureichende Hygiene und die schlechte medizinische Versorgung zu begründen ist. Auch auf Seuchen als eine besondere Bedrohung für die Bevölkerungen von ganzen Städten kann man eingehen. Am besten erforscht ist die Pest, die besonders im 14. und 17. Jahrhundert wütete. Das Bild kann den Ausgangspunkt für einen Ausflug in die Medizingeschichte bilden.

2. Zur Taufkirchner Madonna (1434) als „Schöner Madonna"

Hinsichtlich der Skulptur könnte ähnlichen Fragen nachgegangen werden (z. B. der Meisterfrage bzw. Notnamenproblematik). Um Doppelungen zu vermeiden, greife ich hier nur noch Fragen auf, die speziell durch die Gattung ‚Bildhauerei' aufgeworfen werden.

a) Die Lokalisierung durch den Darstellungstyp

In der Beschreibung wurde mehrfach auf die ungewöhnliche Körperhaltung der Madonna und des Kindes hingewiesen. Diese lässt sich auf den Typ der so genannten „Schönen Madonnen" zurückführen. Unter der Bezeichnung versteht man eine besondere Ausprägung des so genannten „weichen Stils" auf dem Gebiet der Plastik. Schöne Madonna heißt die Gruppe von stehenden oder thronenden Figuren, die etwa zwischen 1390 und 1430 im süddeutschen, böhmischen und auch rheinländischen Raum geschaffen wurden.

b) Der Darstellungstyp

Eine Definition aus einem Ausstellungskatalog zu den ‚Schönen Madonnen' weist viele Merkmale der Taufkirchner Madonna auf: „Die Schönen Madonnen sind […] lieblich im Ausdruck, der eine seelische Stimmung zur Festlichkeit widerzuspiegeln scheint. Das Kind […] bewegt sich häufig lebhaft, bisweilen der Mutter zugewendet, bisweilen von ihr dem Gläubigen zugetragen; manchmal auch sitzt es ruhig auf dem Arm Mariens oder wird mit beiden Armen getragen. Meist reicht die Madonna dem Kinde einen Apfel, oder dieses zeigt den Apfel dem Gläubigen […]. Lebendig, dabei zart, erscheinen Haltung und Bewegung der Mutter, durch den lieblichen Ausdruck wie durch den Wohlklang des Faltensystems zu einer Harmonie der Erscheinung erhoben, die als Steigerung über das Irdische zu betrachten ist."[18]

c) Die Datierung

Neben der Lokalisierung auf einen bestimmten Raum ist eine Datierung über diesen Stil möglich. Die Figur gehört der Spätzeit der ‚Schönen Madonnen' an, da sie in Holz gearbeitet ist und die idealtypischen Schönen Madonnen in Stein gehalten sind.[19] Der für Holzmadonnen berühmt gewordene Meister, ist der von Seeon. So ist die Madonna in die 30er Jahre des 15. Jahrhunderts einzuordnen. Natürlich bedarf es einiger Literatur um dies herauszufinden, aber es ist für jeden Ausstellungsmacher/das Führungspersonal möglich, wenn es diese Information einmal erhalten hat, zu erklären, was die Begriffe „Schöne Madonna" und „Weicher Stil" bedeuten, denn die Kennzeichen sind leicht am Objekt zu zeigen. Interessant ist auch, in welchem theologischen Kontext die „Schönen Madonnen" zu sehen sind.

d) Der theologische Hintergrund und die Aussage der „Schönen Madonnen"

In der Epoche, aus der die „Schönen Madonnen" stammen, nahm die volkstümliche Marienverehrung stark zu. So legt Werk von Richard von St. Laurent († 1245) den theologischen Grundstock für die Betonung der seelischen und äußerlichen Schönheit Mariens.[20] Die theologische Aussage, die die „Schönen Madonnen" transportieren ist mehrschichtig. Zum einen steckt in der Schönheit der Madonna – deren reines Antlitz – das Grunddogma der jungfräulichen Gottesmutterschaft. Zudem strahlt Maria Mütterlichkeit aus, die sie menschlicher macht als die strengen Madonnen der romanischen Zeit. Das Kind rückt aus der Mitte ihres Schoßes zur Seite und somit steht nun Maria als Heilsbringerin im Zentrum.[21]

Ferner kommt dem Apfel in der Hand des Kindes eine besondere Bedeutung bei. Oftmals wurde er als Reichsapfel ausgelegt, der zum Thron und zum Zepter Mariens als Insignie der königlichen Macht gehört. Jedoch muss bedacht werden, dass der Apfel in der christlichen Heilsge-

---

[18] Großmann, Salzburgs Anteil, S. 24-44, hier S. 28.
[19] Vgl. Großmann, Salzburgs Anteil, S. 41f.
[20] Das Werk heißt: De laudibus sanctae Mariae. Die Information ist dem Aufsatz von Ferdinand Holböck entnommen: Holböck, F.: Theologischer Hintergrund und theologische Aussage der „Schönen Madonnen", In: Ausstellungskatalog ‚Schöne Madonnen. 1350-1450', Salzburg 1965, S.45-56, hier S. 48.
[21] Vgl. Holböck, Theologischer Hintergrund, S. 49f.

schichte eine besondere Rolle einnimmt. Er ist die Unheil bringende Frucht im Paradies und somit Symbol der Ursünde. Die Tatsache, dass Christus diesen Apfel fest in seiner kleinen Hand hält, weist auf seine zukünftige Rolle als Erlöser der Menschheit hin.[22]

Ein Stil kann somit auch ein Weg in die Geschichte sein – ein Weg in die Kirchengeschichte bzw. Volksfrömmigkeit. Die „Schönen Madonnen" stellen einen ersten Höhepunkt der Marienverehrung dar.

3. Wege in die Geschichte, die nahezu jedes Kunstwerk zulässt

Zu diesen in aller Regel beschreitbaren Wegen in die Geschichte zählt die Frage nach der Entstehungszeit. Ich verfolge sie exemplarisch für unsere beiden aus dem späten 15. bzw. 16. Jahrhundert stammenden Kunstwerken:

a) Die Bedeutung der Religion im 15. und 16. Jahrhundert

Etwas, das immer wieder anklingt, und leicht als Weg in die Geschichte genutzt werden kann, ist Religion, genauer die christliche Heilsgeschichte. Die Darstellung der Madonna mit dem Kinde ist wie die Kreuzigungsdarstellung ein Grundbestandteil der christlichen Ikonografie. Bis zur Renaissance war die Beschäftigung mit Themen des Alten und Neuen Testaments in der Bildenden Kunst vorherrschend. Im ausgehenden Mittelalter ist die Bindung der Menschen an die Kirche sehr eng; die Rolle, die Religion und Kirche im Leben des Einzelnen spielen, ist bestimmend. Durch Anbetung von Darstellungen von Heiligen, Mariens oder des menschgewordenen Gottes erhoffte man sich Beistand und Erlösung von all möglichen Bedrohungen und Krankheiten.

Die Tatsache, dass sehr viele Bilder dem christlichen Themenkreis zugehören, verweist auch auf die Auftragsgeber.

b) Die Auftragsgeber

In den meisten Fällen wurde im 15. und 16. Jahrhundert Kunst für den kirchlichen Raum geschaffen. Häufig ist die Kirche der Auftraggeber und es ist nicht verwunderlich, dass christliche Inhalte den Großteil der Werke prägen. Man kann annehmen, dass bei der Taufkirchner Madonna der Auftraggeber ein Geistlicher gewesen ist. Der Epitaph der Anna von Preysing hingegen, ist aller Wahrscheinlichkeit nach von ihrer Familie in Auftrag gegeben worden, wurde aber ebenfalls für den kirchlichen Raum

---

[22] Vgl. Holböck, Theologischer Hintergrund, S. 50ff.

geschaffen. – Einen Auftrag konnte nur derjenige geben, der das nötige Geld dafür besaß. Anscheinend gab es in Mühldorf genügend kirchliche Einrichtungen bzw. wohlhabende Bürger, die sich im 15. und 16. Jahrhundert Kunst leisten konnten.

Wenn Werke für einen bestimmten Aufstellungsort geschaffen worden sind, hat das Rückwirkungen auch auf die Ausgestaltung des Kunstwerks. Gerade wenn Baukomplex und Kunstwerk aus derselben Zeit stammen, gibt es häufig Korrespondenzen zwischen den Gemälden, Plastiken und dem Bauschmuck. Das sollte man nicht vergessen, wenn man Kunstwerke im Museum und Ausstellungen, also von ihrem originalen Aufstellungsort losgelöst, betrachtet. Wenn sich der ursprüngliche Aufstellungsort erhalten hat, ist es immer Wert, ihn zu besichtigen.

c) Die Stadt als Wohnort der Künstler

Mit der Frage nach Auftragsgeber und Aufstellungsort ist das Tor zur prosperierenden wirtschaftlichen Situation Mühldorfs als Handelsstadt als weiteres Themenfeld aufgestoßen. Mühldorf war im 15. und 16. Jahrhundert durch mehrere Privilegien (Salz- und Weinhandel) und durch seine günstige Lage am Inn zu einer florierenden Handelsstadt geworden, in der regelmäßig große Markttage stattfanden. Das sind Gründe, die die Ansiedlung von Malern und Bildhauern begünstigen. Die Bürger konnten sich „Kunst" leisten – und somit repräsentieren – und die Künstler fanden regelmäßig Auftraggeber. Damit sich ein Künstler, in einer Stadt ansiedeln kann, in der er nicht geboren ist, braucht er das Entgegenkommen der Stadt. Er muss das Bürgerrecht erlangen.

Somit wäre ein anderer Zweig der Geschichtswissenschaften angeschnitten. Nicht alle Besucher werden die Unterscheidung zwischen Bürgerrechten und Bürgerpflichten bzw. den Begriff des Inwohners kennen. Hier ist der Weg in die Geschichte nicht direkt über die Anschauung zu nehmen, sondern durch Überlegungen zum Künstler. Daran kann man gut anknüpfen, wenn man tiefer in die Alltagsgeschichte eindringen möchte:

d) Der Werkstattalltag

So kann man vor allem bei der genaueren Beschäftigung mit dem Tafelbild der Frage nach der Werkstatt nachgehen, denn der Epitaph der Anna von Preysing ist kein Werk des Meisters von Mühldorf, sondern zeigt nur einige Einflüsse und ist nach seinem Tode gefertigt worden. Es entstammt dem Umkreis des Meisters von Mühldorf oder ist eine so genannte Werkstattarbeit, d. h., dass zu Lebzeiten der Meister nicht alleine gearbeitet hat, sondern Lehrlinge ausgebildet, Gesellen und Gehilfen angestellt hatte. Einer derjenigen, die in der Werkstatt des Meisters von Mühldorf gearbeitet oder gelernt haben, wird das Epitaph gemalt haben.

Natürlich haben sich nicht über jede Werkstatt einer Stadt die Informationen erhalten, wie viele Menschen dort angestellt waren, wie die Arbeitsteilung aussah, wo die Werkstatt sich befand, etc. Hier muss man die je nach Ort oftmals spärlichen Informationen sammeln und durch das Wissen um Werkstätten bekannter Meister aus anderen Städten ergänzen. Dennoch handelt es sich um einen interessanten Weg zum einen in die Alltags-, zum anderen in die Heimatgeschichte (In welchem Haus befand sich die Werkstatt...).

Beim Meister von Seeon liegt der Sachverhalt anders, da er sich am Übergang zwischen Bauhütten und Werkstatt befindet. Die ersten Meister der „Schönen Madonnen" sind aus Bauhütten hervorgegangen,[23] d. h. dass Plastiken nur in Zusammenhang mit Architektur geschaffen wurden. So gab es z. B. große Dombauhütten in Regensburg oder Köln. Der Wechsel von Bauplastik hin zu Freiplastiken bringt den Wechsel zwischen Hütte und Werkstatt mit sich. Beim Meister von Seeon wird davon ausgegangen, dass er bereits der Leiter einer bedeutenden Werkstatt gewesen ist.[24]

Obwohl man zu Beginn der Betrachtungen hat annehmen können, dass die beiden ausgewählten Kunstwerke nur beschränkte Möglichkeiten zum Eintauchen in ihre Entstehungszeit bieten, ist das Gegenteil der Fall. Dadurch, dass gerade keine Kunstwerke verwendet wurden, die zur großen europäischen Kunstgeschichte zu zählen sind, sind die Vorgehensweisen leicht auf andere „nur" lokal bedeutsamen Kunstwerke übertragbar.

Es geht sogar noch weiter: Man kann nicht nur in die Entstehungszeit eines Kunstwerks durch dessen Betrachtung gelangen, sondern auch in dessen ‚Lebensgeschichte':

III. Durch ein Kunstwerk etwas über den Umgang mit ihm erfahren (‚diachroner Zugriff')

Durch die Betrachtung des Tafelbildes und vor allem der Madonna kann man viel über den Umgang mit Kunst bis hin zu unserem heutigen Tag erfahren.

---

[23] Vgl. Großmann, Salzburgs Anteil, S. 24-44, hier S.41.
[24] Vgl. Großmann, Salzburgs Anteil, S. 42.

Am deutlichsten wird der Umgang mit den Kunstwerken an der Restaurationsästhetik. Die Taufkirchner Madonna ist mehrfach überfasst, was keine Veränderung der Farbgestaltung bedeuten muss, aber dennoch kann. Auf den Wandel der Restaurationsästhetik kann man aufmerksam machen, indem Kunstwerke desselben Meisters neben einander gestellt werden:

Abb.73 Pietà, Seeoner Meister, 1430, Pfarrkirche Lohkirchen.

Neben der Taufkirchner Madonna wurde in der Ausstellung „Salzburg in Bayern" eine weitere Skulptur des Seeoner Meisters gezeigt, eine Pietà-Darstellung. Das Gewand dieser Madonna war im 19. Jahrhundert abgelaugt und neu golden gefasst worden. Zudem wurden die beiden metallischen Nimben angebracht. Das 19. Jahrhundert legte also seinen eigenen Maßstab, was Schönheit betrifft, an die Skulptur an. In gewisser Weise tat dies auch schon die Barockzeit. Jedoch ging man damals wesentlich sanfter bei der ‚Verschönerung' vor und vergoldete weniger.[25]

Nun stellt sich die Frage, wie heutzutage verfahren werden soll. Soll man die Fassung auf die ursprüngliche zurückführen und alle darüber liegenden abnehmen oder soll man die letzte Fassung beibehalten und im Bedarfsfall diese restaurieren? Es müssen hier stets Einzelentscheidungen

---

[25] Vgl. zur Überfassungsproblematik Großmann, Salzburgs Anteil, S. 29.

getroffen werden. Es macht keinen Sinn, die gut erhaltene Fassung des 19. Jahrhunderts abzunehmen, wenn man weiß, dass alle früheren Fassungen abgelaugt worden sind und somit unter der Fassung das blanke Holz hervorkommen würde. Ein Freilegen um jeden Preis muss nicht sein. Zudem ist die Fassung einer späteren Epoche immer auch eine Quelle für diese Zeit, z. B. ihren Umgang mit Kunst. Man kann über die Skulptur in die Geschichte des 19. Jahrhunderts gelangen, wenn man sich z. B. die Frage stellt, wieso man zu dieser Zeit so rigoros mit den Kulturgegenständen umgegangen ist.

Oftmals geben heute auch finanzielle Gründe Ausschlag, wenn man sich entscheidet, eine jüngere Fassung beizubehalten, obwohl ältere darunter verborgen sein könnten.

Ferner begründet man in jedem Einzelfall, welche Vorgehensweise sinnvoll ist. Das Bewusstsein von Kunst als Quelle hat im 20. und 21. Jahrhundert zugenommen. Deshalb wird versucht, keine eigenen Ideale an die Kunstwerke zu legen, sondern zu erhalten, was vorhanden ist. Natürlich ist auch dies nur ein Objektivitätsideal. Generationen nach uns werden erst feststellen, in wie weit das 21. Jahrhundert Einfluss auf das Aussehen und den Erhaltungszustand von Kunstwerken genommen hat.

Schließlich liegt noch eine ganz andere Macht in unseren Händen: Die Entscheidung welche Werke wir achten und für erhaltenswert einschätzen und welche nicht. Vergessen sollte man aber nicht, dass mit jedem Kunstwerk, das dem Verfall anheim fällt, weil es wurmstichig oder schlecht gefasst ist, eine Quelle, die Aufschluss geben kann über das Leben, die Arbeit, den Glauben und die Schönheitsideale früherer Zeiten, verloren geht.

Gerade das Nützen eines Objekts als Quelle, das eigentlich als Kunstwerk gilt, sollte hier vorgeführt werden, denn oftmals widmen Historiker oder Ausstellungsmacher den schriftlichen Quellen mehr Zeit und Raum zur Auslegung, als den bildlichen oder gegenständlichen. Jene bieten jedoch weitaus größere Möglichkeiten als Weg in die Geschichte und als Weg in ihre Geschichte als man häufig glauben mag.

Institutionelles, Recht und Verwaltung als Zugang zu Geschichte

Von Isolde Parussel

I. Einleitende Überlegungen

Die meisten, die eine historische Ausstellung konzipieren und umsetzen möchten, kommen nicht umhin, sich mit Fragen zu Recht und Verwaltung in ihrem Themenkomplex zu befassen. Ob Stadtgeschichte, Leben in Epoche X oder Herrscher Y – irgendwann stößt man auf Gesetzestexte, Vorschriften, Dokumente und andere zumeist papierene Zeugnisse als Ergebnis des menschlichen Zusammenlebens. Hat man diesen Bereich in sein Konzept eingebracht, steht man sehr bald vor der Tatsache, dass Archivalien als Quellen zwar grundlegend, aber als Ausstellungsobjekte zumeist unattraktiv sind. Für den Großteil der Besucher formal und inhaltlich kaum verständlich, stellen sie auf den ersten Blick nichts Konkretes dar, sondern sind nur langweiliges Papier oder Pergament, das noch eines besonderen Schutzes durch verringerte Luxwerte, Vitrinen und Ähnlichem bedarf und dadurch zusätzlich entrückt wird. Es ergeben sich also zwei Problembereiche, die eng zusammenhängen: sowohl das Thema Recht und Verwaltung, als auch Archivalien als Objekte für eine Ausstellung bereiten in ihrer Vermittlung Schwierigkeiten.

Doch aus der Sicht eines Historikers müssen diese Hürden genommen werden, um nicht eine verkürzte Darstellung des gewählten Themas zu erhalten; aus Sicht der Museumspädagogik können sie sogar vermittelt werden. Erst einmal ausgestellt und durch den Zusammenhang mit anderen Objekten und Erklärungstexten erläutert, sprechen – wenngleich vielleicht etwas leiser als Kleider, Bilder oder Knochen – auch Archivalien zum Besucher.

Welche Hilfestellung Ausstellungsmacher wie Führungspersonal[1] geben können, den Komplex Recht und Verwaltung wahrzunehmen und

---

[1] Der Idealfall für eine gelungene Ausstellungskonzeption ist eine frühzeitige Zusammenarbeit zwischen Machern und Museumspädagogen. Die Vorschläge dieses Aufsatzes beziehen sich daher sowohl auf die Erarbeitung der Konzeption, als auch auf die spätere Vermittlung. Vgl. hierzu auch Brehm, Museumspädagogen, Besucher und Ausstellungen, S. 181 und Zabold/Schreiber, Bildungschance Ausstellung, hier: Zabold, Museumspädagogik, S. 197 in diesem Band.

historisch zu verorten, wird dieser Beitrag darstellen. Zwei Fragen sollen helfen, dieses Thema als möglichen Zugang zu Geschichte zu begreifen:
- Was bedeutet es überhaupt, Recht und Verwaltung auszustellen?
- Wie kann man dem Besucher auf der einen Seite den Gegenstand = Inhalt und andererseits schriftliche Quellen näher bringen?

Vieles erscheint dem Historiker selbstverständlich, muss aber dem Besucher erst erklärt werden. Manche der Vorschläge können auf jede Abteilung bezogen werden, beim Thema Recht und Verwaltung jedoch sind sie von besonderer Wichtigkeit. Ein Beispiel aus dem Ferienprogramm zeigt abschließend, dass auch jüngere Kinder Spaß an Urkunden haben können.

II. Institutionelles, Recht und Verwaltung als Zugang zu Geschichte

1. Die Vielfältigkeit des Themenbereichs

Zunächst stellt sich die Frage, was zu den Bereichen Institutionelles, Recht und Verwaltung gehören kann.

Recht ist „im objektiven Sinn die Gesamtheit staatlich institutionalisierter Regeln, die zueinander in einer gestuften Ordnung stehen und menschl. Verhalten anleiten oder beeinflussen."[2] Zuerst als System von Verhaltensnormen, später als Ergebnis von Gesetzen und Rechtsprechung regelt es das Miteinander einer Gemeinschaft in einem Gebiet. Seit dem Mittelalter spielt sich das Leben der Menschen zudem in verschiedenen Rechtskreisen ab. Die wichtigsten sind die Kirche, die Territorien, das Reich, die Städte und auch das Lehensverhältnis.[3] Innerhalb dieser Rechtskreise – aber nicht notwendig nur in Rechtskreisen – entstehen Institutionen.

Institution definiert beispielsweise der Brockhaus als „**1)** *allg.:* gesellschaftl., staatl. oder kirchl. Einrichtung, in der bestimmte Aufgaben, meist in gesetzlich geregelter Form, wahrgenommen werden. 2) *Recht:* [...] Nach geläufigem Sprachgebrauch werden [...] die öffentlich-rechtlich geordnete gemeindl. Selbstverwaltung oder das Berufsbeamtentum als I. bezeichnet. [...] 3) *Soziologie:* Bez. für soziale Gebilde und Organisationen verschiedenster Art, die sich überall dort entwickeln, wo das Zu-

---

[2] Brockhaus, Enzyklopädie Bd. 18 (Rah – Saf), Leipzig/Mannheim [20]1998, S. 117.
[3] Vgl. Wunder, B.: Verwaltung, Amt, Beamter, in: Brunner, O./Conze, W./Koselleck, R. (Hgg.): Geschichtliche Grundbegriffe. Historisches Lexikon zur politisch-sozialen Sprache in Deutschland, Bd. 7 (Verw – Z), Stuttgart 1992, S. 28.

sammenleben einer Gruppe Ordnung und Regelung erfordert."⁴ Eine Institution entsteht also aus der Notwendigkeit, Bereiche des öffentlichen – und manchmal auch privaten – Lebens innerhalb einer Gemeinschaft zu unterstützen, indem Aufgaben übernommen werden, die der Einzelne nicht alleine bewältigen kann. Institutionelles wiederum ist alles das, was die Institution betrifft: ihr Tätigkeitsbereich, ihre Aufgaben, ihre Akteure, ihre Interaktion und Kommunikation.

Eng damit verbunden ist der Begriff Verwaltung: „Administration, eine Tätigkeit, die im Rahmen vorgegebener Entscheidungen bestimmte Lebensgebiete ordnet und gestaltet; auch Bez. für die diese Tätigkeit ausübenden Einrichtungen."⁵ Eine Verwaltung im heutigen Verständnis als Bürokratie, also eine spezielle Organisation der öffentlichen Verwaltung, die von hauptberuflichen Beamten übernommen wird, beginnt sich erst im 18. Jahrhundert zu entwickeln.⁶

Vorher entstanden einzelne Ämter und Verwaltungsaufgaben aus dem tatsächlichen Bedarf der jeweiligen Rechtsgemeinschaft heraus. Ein Querschnitt der wichtigsten Bezeichnungen liefert der Artikel Verwaltung im Lexikon „Geschichtliche Grundbegriffe"⁷. Die Klärung der Begriffe ist für die historische Forschung wichtig und unerlässlich, in einer Ausstellung werden die Fachtermini jedoch nur selten erläutert, selbst dann nicht, wenn sie, z. B. in Erläuterungstexten zu Exponaten auftauchen. Auch im Kontext der Gerichtsbarkeiten stößt man auf eine Fülle von Bezeichnungen, die die Zuständigkeiten in den einzelnen Territorien kennzeichnen: Pfleggericht, Vogtgerichtsbarkeit, Halsgericht, Probstamt u. v. m. Oftmals überschneiden sich Ausdrücke oder gelten nur in einem speziellen Gebiet, etwa dem ummauerten Bereich oder dem Burgfried einer Stadt.

Die einzelnen Begriffe sollte man als Museumspädagoge zum eigenen Verständnis nachschlagen,⁸ sie gehören aber nur in Auswahl in eine

---

[4] Brockhaus, Enzyklopädie Bd. 10 (Heer –Iss), Leipzig/Mannheim ²⁰1997, S. 578.

[5] Brockhaus, Enzyklopädie Bd. 23 (Vall – Welh), Leipzig/Mannheim ²⁰1999, S. 256.

[6] Brockhaus, Enzyklopädie Bd. 4 (Bron – Crn), Leipzig/Mannheim ²⁰1997, S. 206f.

[7] Wunder, Verwaltung, Amt, Beamter, in: Brunner, O./Conze, W./Koselleck, R. (Hgg.): Geschichtliche Grundbegriffe. Historisches Lexikon zur politisch-sozialen Sprache in Deutschland, Bd. 7 (Verw – Z), Stuttgart 1992, S. 1-96.

[8] Außer den bereits angeführten Lexika ist das Begriffswörterbuch für Historiker eine wichtige Fundstelle: Haberkern, E./Wallach, J. F.: Hilfswörterbuch für Historiker. Mittelalter und Neuzeit, 2 Bände, Tübingen/Basel ⁸1995.

Ausstellung oder Führung.⁹ Dem Besucher darf man nicht mit einer Wand aus Fachwörtern die Sicht auf die Zusammenhänge und wesentlichen Fakten der ausgestellten Geschichte versperren.

2. Warum Institutionelles, Recht und Verwaltung in einer Ausstellung?

Warum sollte sich der Besucher für das Thema interessieren?¹⁰ Im Folgenden werden drei Gründe für das Besucherinteresse unterschieden. Die entsprechenden Überlegungen lassen sich auch auf andere Abteilungen einer Ausstellung übertragen, in diesem Fall eben auf Recht und Verwaltung.

a) Andersartigkeit (Alterität) der vergangenen Realitäten

Notwendig für eine erste Begegnung ist die Neugier des Rezipienten auf fremde Lebensweisen. Die meisten interessieren sich für das Verhalten anderer Menschen – also auch in anderen Zeiten an anderen Orten: Eine Ausstellung zeigt dem Besucher eine Rekonstruktion vergangener Realitäten. Zu dieser gehören auch die Bereiche Recht und Verwaltung und deren Einflüsse auf das Dasein des Menschen. Der Besucher erweitert seinen Wissenshorizont, indem er sich über die Zusammensetzung der historischen Lebenswelt ein Bild der Vergangenheit machen kann und stillt damit seine Neugierde. Nimmt man etwa die Mühldorfer Stadtordnung von 1522, kann man anhand der Vorschriften vermuten, wie sich das Leben innerhalb der Stadtmauern abgespielt haben könnte, da die Artikel eines Stadtrechts oftmals als Reaktion auf bestimmte Geschehnisse erlassen wurden. Abschnitte wie *„Weinschenckhen"*, *„Wie sich Richter und Rat halten sollen"*, *„Wie man sich zu Nachts auf der Gassen halden sollte"* oder *„Das die Schwein in der Stadt nit umbgehen"*¹¹ zeigen, dass die Regelungen viel weiter in den Alltag hineinreichten, als man sich das heute vorstellen kann.

---

[9] Zur Umsetzung in Führungskonzepte vgl. auch Nadler, Fundierte Grundinformation transportieren, S. 405 in diesem Band.

[10] Dieser Frage liegt die allgemeinere zugrunde, warum Geschichte erforscht, studiert, dargestellt, ausgestellt werden soll.

[11] Aus: Hermann, H.-G.: Das Mühldorfer Stadtrecht im Spätmittelalter und in der Frühen Neuzeit, in: Stadt Mühldorf a. Inn (Hg.): Mühldorf a. Inn – Salzburg in Bayern. Begleitband zur gleichnamigen Ausstellung, Mühldorf a. Inn 2002, S. 47.

b) Erfahrungsbezug – Vergleich mit der heutigen Situation

Damit ist man bei einer anderen Möglichkeit, Interesse für den historischen Gegenstand zu wecken, indem die Ausstellung, die Führung an die persönliche Lebenswelt der Besucher anknüpft[12] und damit durch den Einstieg über die eigene Gegenwart den Weg in die Vergangenheit erleichtert. Jeder wird verwaltet und weiß, wie es sich in einem Rechtsraum lebt. Aufgrund dieser Alltagserfahrung kann die Hemmschwelle, sich auf das Thema einzulassen, sinken. Der Besucher soll mit seinem gegenwärtigen Verständnis erfassen, dass diese Abteilung(en) Ausschnitte der vergangenen Lebenswelt repräsentieren und nicht etwa aus einer persönlichen Laune eines Archivars oder Rechtshistorikers heraus entstanden sind.

c) Grundlagen für das Verständnis der Gegenwart

Drittens kann man über die Fragen, wie verorte ich die eigene Geschichte, woher kommen die Strukturen meiner Lebenswelt zur Historie gelangen. Die Gegenwart als gewachsenes Ergebnis historischer Ereignisse und Prozesse zu sehen, ermöglicht es, sonst unverständliche Ausprägungen zu erklären. Solche Linien der Vergangenheit in die Gegenwart gibt es überall, allerdings erkennt man die Zusammenhänge oftmals nicht gleich. Angefangen bei Straßennamen, über: warum gerade ein kleiner Ort wie Mühldorf eine Kreisstadt ist oder eine höhere Schule besitzt bis hin zu sozialen Brennpunkten in einer Stadt, die sich auf ehemalige Industrie- und Arbeiterviertel zurückführen lassen, wie etwa das in manchen Stadtteilen der Ruhrgebietsstädte der Fall ist. Indirekt knüpft man wieder an die eigene Realität an und verbindet sie mit der Geschichte.

Dieses Interesse aufrechtzuerhalten, ist Aufgabe der Vermittlung, sowohl bei der Präsentation der Objekte und der historischen Fakten in der Ausstellung, als auch bei der Erschließung durch die Museumspädagogik.

3. Schwierigkeiten bei der Vermittlung

Bei der Vermittlung des Gegenstandes eröffnen sich mehrere Probleme. Welche Erwartungen bringt der Besucher mit? Welche Inhalte sollen ausgewählt werden? Wie stellt man entsprechende Objekte aus? Diese Fragen richten sich im ersten Schritt an die Ausstellungsmacher, an deren

---

[12] Vgl. hierzu auch Funk, Lebenswelt und Geschichtskultur, S. 271 in diesem Band.

Antworten die museumspädagogische Vermittlungsarbeit wiederum ihre Fragen und Ergebnisse festmachen muss.

Auf den ersten Blick beziehen sich die Interessen, die Besucher in Ausstellungen führen, weniger auf Rechtsräume und deren Inwohner. Im Gegenteil: Urkunden und Akten, Verwaltungsaufbau und Gerichtsbarkeiten gelten als langweilig und unverständlich. Auf der anderen Seite möchte man jedoch schon wissen, welche gesellschaftlichen Institutionen auf den Einzelnen eingewirkt haben oder was rechtlich erlaubt war. Oftmals verbergen sich für den Besucher die Zusammenhänge zwischen seinem Interesse und dem vermeintlich schwierigen – wenn nicht sogar überflüssigem – Thema Recht und Verwaltung, das ihm aber die Antworten bereitstellen könnte. Dieser Diskrepanz kann man begegnen, indem man den Bereich nicht stiefmütterlich behandelt und hilflos Archivalien ausstellt, sondern zeigt, dass dieser Komplex inhaltlich weit mehr umspannen kann, als einem im ersten Moment einfällt.

Eine fehlende einheitliche Begrifflichkeit, unübersichtliche Besitz- und Rechtsverhältnisse und die sich im Laufe der Jahrhunderte erst entwickelnden Strukturen, etwa in der Verwaltung, lassen den Stoff jedoch komplexer und unübersichtlicher wirken als andere mögliche Bereiche einer stadtgeschichtlichen Ausstellung. Eine Einarbeitung in das Thema ist für Macher wie Museumspädagogen vermutlich mit einem größeren Aufwand verbunden. Hat man sich einmal zu Recht gefunden, bleibt immer noch die Schwierigkeit, welche Schwerpunkte man auswählen soll und wie man diese dann verständlich und doch wissenschaftlich angemessen präsentiert. Ähnlich einer historischen Darstellung kann auch eine Ausstellung nicht jedes Sujet – und noch weniger so ein komplexes – von allen Seiten in allen Details ausleuchten. Jeder Versuch desgleichen ist illusorisch und es sollte dem Besucher auch nicht suggeriert werden, dass „das Ganze" dargestellt ist. Die Auswahlentscheidungen müssen erkennbar bleiben.

In der Umsetzung ergeben sich nicht nur Probleme, die sich aus der Komplexität des Themas ableiten, zu dessen Verständnis historisches, juristisches wie gesellschaftswissenschaftliches Wissen notwendig wird, sondern auch an der Tatsache, dass hier papierene Quellen zumeist vorherrschen. Archivalien in eine Vitrine zu legen und mit einem Erklärungstext zu versehen, vermittelt nur schwer, wieweit die Institutionen in das Alltagsleben hineinreichten und was das für den Einzelnen bedeutete. Im Gegensatz zu Objekten, die eher für sich selbst sprechen, muss man die Archivalien noch gezielter auswählen und präsentieren.[13] Hemmschwellen und Verständnisschwierigkeiten können schon durch vergrößerte Auszüge aus den Archivalien an den Wänden, Transkripte zum Nachlesen oder passende Bebilderungen abgebaut werden. Auch das Aufgreifen in Hörstationen[14] kann Zugänge erleichtern. In Kombination mit anderen Objekten, die etwa den Kern der Archivalie verdeutlichen, oder als Teil einer Inszenierung kann eine schriftliche Quelle das Interesse des Betrachters wecken[15] und als Vermittler von Vergangenem gesehen werden. Der Besucher muss in seinem Erkenntnisprozess unterstützt werden und darf nicht hilflos vor einer Urkunde, einem Aktenstoß stehen, deren Inhalte er nicht entziffern oder einordnen kann.

Das Konzipieren einer Ausstellung gleicht in dieser Hinsicht der Arbeit an einer historischen Publikation: Es gibt Quellen, für die sich der Autor interessiert. Er muss sie aber erst durch gezielte Fragen zum Sprechen bringen und für seinen Forschungsgegenstand nutzbar machen. In Zusammenhang mit anderen Quellen und den Ergebnissen anderer Historiker entsteht ein Gesamtbild. Übertragen auf Ausstellungen heißt das: Die Präsentation von Objekten sollte eine sinnvolle Verknüpfung sein, über die eine oder mehrere Realitäten der Vergangenheit gezeigt werden. Bestenfalls lernt der Besucher einer Ausstellung, die historischen Dinge oder die verschiedenen Inszenierungen selbst in ein Verhältnis zueinander zu setzen und zu einer möglichen Interpretation der Fakten zu gelangen.[16]

---

[13] Vgl. hierzu auch die Hinweise bei Hamberger, Ausstellungskonzepte, S. 19 in diesem Band. Als Historiker und Archivar lagen dem Macher der Mühldorfer Ausstellung der Bereich Recht und Verwaltung und das Erschließen von Archivalien besonders am Herzen.

[14] Zu Hörstationen vgl. noch einmal die Überlegungen in Hamberger, Ausstellungskonzepte, S. 31; zur Gestaltung von Hörstationen vgl. auch Bieler, Schauspieler „führen", S. 481 in diesem Band, und Vogel, Interaktive Stationen, S. 112.

[15] Vgl. hierzu z. B. die Hinweise zur Inszenierung des Hexenprozesses in der Mühldorfer Ausstellung bei Hamberger, Ausstellungskonzepte, S. 27 und bei Bieler, Schauspieler „führen", S.482 in diesem Band.

[16] Vgl. hierzu: Deneke, Realität und Konstruktion, 1990, S. 72-75. In Bezug auf die Vermittlungsarbeiten in Ausstellungen vgl. z. B. Schreiber, Führungen, S. 379 in diesem Band, und Zabold/Schreiber, Bildungschance Ausstellung, S. 197.

III. Möglichkeiten der Umsetzung

Da die theoretischen Überlegungen aus den Erfahrungen im Ausstellungsbüro und bei museumspädagogischen Veranstaltungen der Ausstellung „Salzburg in Bayern" abgeleitet wurden, soll nun an konkreten Beispielen gezeigt werden, wie man über die Themen Institutionelles, Recht und Verwaltung den Besuchern Geschichte näher bringen kann.

In Mühldorf hatte man den hier in Rede stehenden Themenkreis im ersten Bereich der Ausstellung konzentriert. Nach einer Einführung zur Situation Mühldorfs als salzburgischer Besitz in Bayern und der Inszenierung einer Belagerung, die die Stadt als „Zankapfel" zwischen dem bayerischen Herzog und dem Erzbischof von Salzburg zeigte, gelangte man in die Abteilung *Verfassung*, die in Unterabteilungen *Landesherr, Salzburger Landstand* und *Mühldorf als Tagungsort des Bayerischen Reichskreises* thematisierte. Anschließend erfuhr der Besucher Genaueres zu Recht und Verwaltung in den Abteilungen: *Rechtsquellen, Der Burgfried, Rechtssprechung im Burgfried, Salzburger Verwaltung/Pfleggericht, Stadtverwaltung*.

1. Leben in Rechts- und Verwaltungsräumen

Wie bereits dargestellt, reicht es nicht aus, nur einzelne Objekte oder Archivalien zum Themenbereich zu präsentieren, um das Interesse des Besuchers zu wecken. Erst eine Einbettung in weitere historische Tatsachen und das Konkretisieren an Lebensumständen verdeutlicht deren Sinn und eröffnet so einzelne Wirkungsfelder von Recht und Verwaltung.

In Mühldorf konnte man innerhalb verschiedener Abteilungen wie auch abteilungsübergreifend Rechts- und Verwaltungsräume aufzeigen und erklären. Dies geschah vor allem in Führungen, war aber in den meisten Fällen auf Grund der überlegten Konzeption und Gestaltung auch von Einzelbesuchern zu erfassen. Da die rechtliche Wirkung einer Institution auf Gebiet und Einwohner meistens Schritte nach sich zog, die man der Verwaltung zurechnen kann, wird im Folgenden auf eine Trennung der beiden Räume verzichtet.

a) Den Raum sichtbar machen, auf den sich die Ausstellung bezieht

Da die besondere geographische Lage Mühldorfs ausschlaggebend für die historische Entwicklung der Stadt war, ist es sinnvoll, den Ausstellungsbesuch vor einer Karte beginnen zu lassen, an der man die Insellage im bayerischen Gebiet und die Entfernung zu Salzburg aufzeigen konnte. Doch auch ohne so eine Besonderheit, ist eine Verortung des Ausstellungsgegenstandes mittels Karten hilfreich,[17] um dem Besucher ein erstes Verständnis zu erleichtern, indem er die heutige verwaltungsrechtliche Situation des Gebietes mit der historischen vergleichen und seinen Wohnort in Bezug zum in der Ausstellung thematisierten Raum setzen kann.

b) Herrschaftsverhältnisse klären

Unter dem Stichwort „Verfassung" fand man Mühldorf als Untertan des Salzburger Erzbischofs, als Teil des Salzburger Landstandes, wo die Stadt gleichberechtigt mit den anderen Märkten und Städten des bischöflichen Territoriums Sitz und Stimme hatte und als Tagungsort des Bayerischen Reichskreises, dessen Vorsitz turnusmäßig wechselnd der Herzog von Bayern und der Erzbischof von Salzburg innehatten. Diese unterschiedlichen Rollen einer einzelnen Stadt auf Landesebene geben einen Eindruck, in welchem Beziehungsgeflecht der Ort als rechtlich definierter Raum stand.

Daneben waren in Mühldorf, wie in vielen Rechtsgebieten des Heiligen römischen Reiches deutscher Nation, geistliche und weltliche Macht in einer Hand vereint. Ein weiterer Rechts- und Verwaltungsraum öffnet sich. Für beide Herrschaften lassen sich Archivalien und Objekte finden, die die jeweilige Autorität repräsentieren. Anhand der noch vorzufindenden Hoheitszeichen[18] im heutigen Stadtbild kann der Besucher auf Spurensuche gehen und das Ausmaß der Wirkungskreise erfahren, denen die Inwohner der jeweiligen Zeit unterworfen waren und so das präsentierte Wissen der Ausstellung selbständig übertragen.

c) Rechtsordnungen aufweisen und konkretisieren

Die Abteilung Recht und Verwaltung zeigte zuerst die Rechtsordnungen[19], die in Mühldorf beziehungsweise im Burgfried[20] der Stadt galten

---

[17] Vgl. hierzu auch Bichlmeier, Räume, S. 235 in diesem Band; vgl. auch Funk, Lebenswelt und Geschichtskultur, S. 271 in diesem Band.
[18] Zur Umsetzung im Kap. IV. Führungen vgl. auch Paul, Exponate und Besucher, S. 421 in diesem Band.
[19] Ausgestellt waren: Constitutio Criminalis Carolina (1532) bzw. Bambergische Halsgerichtsordnung (1507), Salzburger Landesordnung (1526) und Mühldorfer Stadtrecht (1522).
[20] Eine Beschreibung und Abbildung der Präsentation „Burgfried" als begehbare Karte und auch als Raum findet sich im Beitrag Bichlmeier, Räume, S. 243 in diesem Band.

und legte so das Gebiet im engsten Sinne als Rechtsraum fest. Hier hätte man sich in den verschiedenen Gerichtsbarkeiten ergehen können, doch damit wäre die Aufmerksamkeit und Aufnahmefähigkeit der Besucher sofort geschwunden und ein Zugang zur vergangenen Realität verbaut. Vielmehr beschränkte sich der Ausstellungsmacher, und mit ihm die meisten Führer auf eine Unterteilung in Hohe und Niedere Gerichtsbarkeit, die man anhand der Art der Vergehen, der zuständigen Gerichtsherren und der entsprechenden Strafen erklären konnte.

Als ein Beispiel für die Rechtssprechung der Hohen Gerichtsbarkeit wurde das Verfahren gegen die vermeintliche Hexe Maria Paur ausgewählt,[21] da dieses Ereignis umfassend rekonstruiert wurde und jeder Mühldorfer kennt – und somit ein möglicher Anknüpfungspunkt an Vorwissen besteht, das dem einheimischen Besucher hilft, sich zurechtzufinden. In einer nachempfundenen „Hexenkammer"[22] hörte man monoton und eindringlich immer die gleichen Fragen der Vernehmungsprotokolle,[23] die ungeordnet und in großer Anzahl in einer Vitrine lagen. Dieses Zusammenspiel aus suggeriertem Ort und Authentizität des gesprochenen Textes verursachte mit einfachen Mittel eine Annäherung an die historischen Umstände, denen die Angeklagte ausgesetzt war. Zugleich wies die Inszenierung auch in die Gegenwart; der Umgang mit ausgegrenzten Menschen stand förmlich im Raum.

d) Verwaltungshandeln aufzeigen

Um die Arbeit der Stadtverwaltung zu verdeutlichen, hatte man in der Ausstellungsarchitektur Fächer eingefügt – hier konnte man an einen Büroschrank als Sinnbild der Verwaltung oder auch an ein Archiv denken –, in denen verschiedenen Akten[24] als Reproduktion und Transkript standen und lagen, die der Besucher herausnehmen und lesen konnte.

---

[21] Vgl. hierzu auch Lehmann/Zabold, Kinder machen Theater, S. 563 in diesem Band.

[22] Eigentlich handelte es sich um eine städtische Keuche im Rathaus, in der die 16jährige Maria Paur als Hexe Beschuldigte einsaß und deren Besichtigung ein fester Bestandteil der Stadtführungen ist.

[23] Vgl. die Hinweise zur Gestaltung eines solchen Hörbildes bei Bieler, Schauspieler „führen", S. 481 in diesem Band.

[24] Im Einzelnen fand man Auszüge aus einem Bürgerbuch, Geburtsbrief, Stadtratsprotokoll, Mandat, einer Feuerordnung, aus Rechnungsbücher und einem Steuerbuch. Vgl. hierzu auch die Hinweise und Abbildung zu Lesestationen bei Hamberger, Ausstellungskonzepte, S. 31 in diesem Band, und bei Hamberger, „Lesen lernen", S. 679.

e) Bürgerrecht als Beispiel für Individualrechte bewusst machen

Im zweiten Obergeschoss ließen sich die Themen Stadtrecht und Bedeutung von schriftlichen Quellen wieder aufnehmen. In der Abteilung Bürgerkultur, in der die Besucher die Gewänder eines Bürgerpaares,[25] Schmuck, kostbares Geschirr und ein Kochbuch sahen, konnte das Führungspersonal auf den Erwerb und die damit einhergehenden Verpflichtungen des Bürgerrechts eingehen sowie die Abgrenzung Bürger – Inwohner vornehmen. Somit verwies man zum einen auf das Stadtrecht und den Magistrat als Vertreter des Rechtsraumes Stadt, zum anderen stellte man eine Lebensweise innerhalb dieser vor. Schließlich konnte man über das Kochbuch[26] erneut eine Archivalie sprechen lassen und auf die bewahrende Funktion von Archiven verweisen.

f) Wandel von Rechts- und Herrschaftsverhältnissen thematisieren

Da das 200jährige Jubiläum Anlass der Ausstellung gewesen war, bekam die Abteilung Säkularisation einen besonderen Akzent. Dort befand sich eine Inszenierung mit drei Umzugskisten, die den Wechsel Mühldorfs zu Bayern symbolisieren sollten und auf die neue, veränderte Rechts- und Verwaltungssituation hinwiesen. Der Wegfall der starken kirchlichen Macht führte beispielsweise zur Auflösung des Kollegiatstifts (Kiste mit Leuchter und Rauchfass) oder der Vertreibung der Kapuziner (Bücher der ehemaligen Klosterbibliothek); Institutionen der Seelsorge und auch der Bildung verschwanden. In einer anderen Kiste lagen ein Bild des neuen Herrschers, eine Rechtssammlung und Siegeln, die ab jetzt in den Amtsstuben Verwendung finden sollten.

Diese Vielfalt zeigt, wie man Rechtsräume als Lebensräume darstellen und somit dem Besucher Verständnis für die konkrete Situation des einzelnen Menschen eröffnen kann.

---

[25] Zum Umgang mit (Bürger-) Porträts vgl. Paul, Exponate und Besucher, S. 423 in diesem Band.

[26] Das handgeschriebene Kochbuch stammt von der Bürgersfrau Cordula Heilrath, aus dem Jahr 1697. Es befindet sich im Kreismuseum Lodronhaus; zur Nutzung solcher Quellen in Führungen vgl. auch Paul, Exponate und Besucher, S. 431 (mit Abb.) und Funk, Lebenswelt und Geschichtskultur, S. 282.

2. Zur Festlegen der Vermittlungsziele für Führungen: Sach- und Methodenkompetenz der Besucher fördern[27]

Jede Ausstellung und jede Führung braucht ausgesuchte Vermittlungsziele, die der Besucher am Ende erfasst haben sollte[28] und bestenfalls auf andere historische Orte oder Zusammenhänge übertragen kann. Diese Vermittlungsziele leiten sich einmal aus der Konzeptionierung der Ausstellung ab: Was sind die Kernpunkte? Welche Personen, Orte, Ereignisse, Entwicklungen spielten eine Rolle? Daneben gibt es grundsätzliche Anker, die man zum historischen Grundwissen und Handwerkszeug zählen kann, und die verstärkt auf die Transferleistung der Besucher gerichtet sind.

Eine ausgewogene Mischung beider Arten versteht sich insofern von selbst, da zum Beispiel Stadtgeschichte nicht ohne den Blick auf die Reichsgeschichte funktioniert oder eine Geschichte der Industrialisierung nicht ohne die politische Geschichte. Allgemeine Vermittlungsziele helfen dem Besucher jedoch auch, sein historisches Wissen in Zusammenhang mit der Ausstellung zu bringen, spätere Erkenntnisse zu verorten und im besten Falle zu erkennen, wie es zu einer geschichtswissenschaftlichen Aussage kommt.

Gerade für einen komplexen Bereich wie Recht und Verwaltung bietet es sich an, nicht nur detaillierte Fakten abzuspulen, sondern dem Besucher eigenes Verständnis zu ermöglichen, das auch die Anwendung auf die eigenen Lebenswelt und die eigene Gegenwart einschließt.

a) Sachkompetenz in regionalen Ausstellungen fördern: Die große in der kleinen Geschichte erklären

Aufgegriffen werden im Folgenden zentrale Aussagen der Abteilungen zu Recht und Verwaltung aus der Ausstellung in Mühldorf, die zugleich für das Verständnis einer Stadt in der Frühen Neuzeit grundlegend sind. Aufgrund der besonderen Situation Mühldorfs ließ sich der so genannte „Flickenteppich" des Heiligen Römischen Reichs deutscher Nation leicht aufzeigen. Nachdem der Besucher etwas über die salzburgische „Insel" im bayerischen Herzogtum erfahren hatte, lernte er in einer Belagerungsszene verschiedene Parteien kennen, die um diverse Ländereien buhlten: den österreichischen und den bayerischen Herzog, eine Gräfin von Tirol

---

[27] Vgl. Zabold/Schreiber, Bildungschance Ausstellung, hier Schreiber, Kompetenzen, S. 208, Vgl. auch Schreiber, Führungen, S. 379 vgl. auch Nadler, Fundierte Grundinformation, S. 405 in diesem Band.

[28] Vgl. hierzu auch die Hinweise zum „roten Faden" den Führungen haben müssen, bei Schreiber, Führungen, S. 386 in diesem Band.

und den Salzburger Erzbischof. In einer späteren Abteilung, in der Mühldorf als Tagungsort des Bayerischen Reichskreises vorgestellt wurde,[29] konnte man die Vielfalt an Protagonisten aufgreifen und erklären. Anhand einer Karte skizzierte man das „Monstrum" des Reiches, das selbst Zeitgenossen nicht konkret fassen konnten, ein lockerer Zusammenschluss von Herrschaftsgebieten war und dessen Grenzen sich oftmals änderten.

Die Ausstellungsmacher versuchten den Zusammenhang zwischen den verschiedenen Ebenen Reich, Länder, Städte immer wieder offen zu legen. Das Prinzip war, die große in der kleinen Geschichte zu erklären. Historische Ereignisse und Fakten einer Stadtgeschichte sind nicht isoliert zu sehen; oftmals wirkt sich die „große Geschichte" im Kleinen aus. Ohne Reich gäbe es keinen Reichskreis, ohne das Bestreben Salzburgs Mühldorf innen- wie außenpolitisch als seinen Besitz zu kennzeichnen, keine Tagung in der Stadt.

Auch in der nächsten Abteilung zu Rechtsquellen und Rechtssprechung konnte man diese beiden Konstanten wieder aufnehmen: das Reichsrecht spiegelte sich in den Länderordnungen wieder, diese wirkten sich auf die Stadtordnung aus. Das Heilige Römische Reich war keine Einheit, sondern eine Vielzahl an Rechtsbereichen. Wenn man in Bayern beispielsweise bestimmten Glücksspielen nicht frönen durfte, ging man ins benachbarte Ausland – also nach Mühldorf beziehungsweise Salzburg.

b) Übertragbarkeit nutzen:
Zur Spurensuche in anderen Räumen anregen

Ein weiteres Ziel war es, dem Besucher die Übertragbarkeit mancher historischer Tatsachen zu verdeutlichen und mit dem speziellen Wissen der Ausstellung über Mühldorf zur Spurensuche in der eigenen Geschichtskenntnis, im eigenen Wohnort aufzufordern. Jede Stadt hat etwa eine Stadtordnung, Verwaltungsebenen, Rechtsräume und ihre privaten und politischen Geschichten zu diesen Bereichen. Ein anderes Beispiel

---

[29] M. E. eine sehr gewagtes Thema für eine stadtgeschichtliche Ausstellung, aber durch die geschickte Gestaltung der Abteilung und den Einsatz einer Schauspielerin konnte der Besucher hier etwas über den Ablauf und das gesellige Leben einer solchen Tagung erfahren, ohne am komplizierten Aufbau der Reichskreise das Interesse an diesem Bereich zu verlieren. Wenn er sich daneben noch *Reichskreis als Verwaltungseinheit* merkte, *Mühldorf als salzburgische Stadt* erkannte und *das Deutsche Reich als einen Flickerlteppich* konnte man mehr als zufrieden sein.

für einen Transfervorgang, ist das Erkennen markanter Gebäude und Strukturen im Stadtbild Mühldorfs, die man dann auch in den Städten des weiteren Umlandes wieder finden kann.

c) Methodenkompetenz fördern: zu Re- und De-Konstruktion befähigen

Daneben standen zwei Vermittlungsziele, die eher methodischer Natur sind und dem Besucher zeigen sollten, dass Geschichte nicht als vom Himmel gefallen und ohne Bezug zu anderen Zeiten zu betrachten ist. Eine Ausstellung und erst recht eine Führung trifft eine Auswahl aus den Resten der Vergangenheit beziehungsweise deren Anordnung innerhalb einer Schau. Dies und die Tatsache, dass es ohne Quellen jeglicher Art kein historisches Wissen gibt, kann man in den Bereichen Recht und Verwaltung deutlich zeigen. Die Archivalien sind nicht langweilig, alt und ein Buch mit sieben Siegeln, sondern notwendig um etwa die Geschichte einer als Hexe angeklagten Magd oder die Lebensweise der Bewohner der Stadt zu rekonstruieren.[30] Exponate als Quellen bewusst zu machen und in den Umgang mit ihnen einführen, ist ein Beispiel für die Förderung von Re-Konstruktionskompetenz.

In ihrer De-Konstruktionskompetenz werden Besucher unterstützt, wenn ihnen bewusst gemacht wird, dass der Ausstellungsmacher nicht wahllos Akten aus dem Archiv in eine Vitrine legt. Um zu einer möglichst authentischen Vorstellung über Vergangenes zu kommen, hat man eben gezielt ein Einladungsschreiben zur Tagung des Reichskreis neben einen Kreisabschied[31] und Schreibzeug gelegt, um so die Arbeit dieser Einrichtung zu zeigen.[32] Auf der anderen Seite kann man auch hier das Problem der Überlieferung von Quellen jeglicher Art miteinbeziehen: Wir können nur zeigen und interpretieren, was noch geblieben ist.

d) Gegenwarts- und Lebensweltbezug nutzen

Ein anderes Vermittlungsziel, das sich durch die Führungen zog, verfolgte Linien, die von der Vergangenheit in unsere Zeit reichen und verdeutlichen, dass heutige Rechts- und Lebensräume historisch geformt sind und sich dadurch manche Eigentümlichkeiten der Gegenwart durch Ge-

---

[30] Zur Zielsetzung, Exponate als Quellen bewusst zu machen und in den Umgang mit ihnen einführen vgl. Paul, Exponate und Besucher, S. 421 in diesem Band.
[31] Das ist der Beschluss einer Tagung des Reichskreises.
[32] Zu Ausstellungskonzepte wahrnehmen als Ziel von Führungen vgl. Schreiber, Führungen, S. 379 in diesem Band.

schichte erklären lassen. Die Auswahl solcher Ziele muss jeder in seiner Ausstellung beziehungsweise Führung selbst festlegen und entsprechend dem Besucher deutlich machen.

e) Einige methodische Hinweise zum Abschluss

Den Lerneffekt unterstützt man, indem man in kurzen prägnanten Sätzen spricht, zentrale Anliegen mehrmals wieder aufgreift oder durch Fragen auch an die Besucher weitergibt. Man sollte durchaus seine Absicht – sei es allgemeine Vermittlungsziele oder Aufbau der Ausstellung/Führung – offen darlegen, damit das Publikum die Vorgehensweise nachvollziehen und auch kritisieren kann. Anders als bei der Arbeit an den Objekten dominieren in Führungen oft Text und Vortrag bei den allgemeinen Zielen. Die Auseinandersetzung mit den Exponaten sollte jedoch den größten Teil der Führung ausmachen, weil Originale eben auch das Herzstück von Ausstellungen ausmachen. Es ist darauf zu achten, dass sie auch der Anknüpfungspunkt für Gegenwartsbezüge, Methodenhinweise (Re- und De-Konstruktion) und für das Erarbeiten von Übertragbarem sind.

Interaktive Stationen,[33] aber auch Erfahrungen aus Veranstaltungen des Rahmenprogramms oder aus Ferienprogrammen belegen, dass Besucher umso besser zum Selbst-Entdecken befähigt werden – und das ist das Ziel der Förderung ihrer historischen Kompetenz – je mehr sie auch zum Aktiv-Sein sein, bis hin zum Selber-Tun, angeregt werden.

IV. „Einmal im Leben ein Schreiberling sein..." –
Ein Beispiel aus dem Ferienprogramm

Eine ganz andere Möglichkeit die Bereiche Recht und Verwaltung zu erschließen, zeigte das Ferienprogramm für Kinder. Unter dem Titel „Einmal im Leben ein Schreiberling sein..." trafen sich Kinder im Alter von 8 bis 13 Jahren, um in vier Stunden die Entstehung einer Urkunde kennen zu lernen.[34]

Da das Ferienprogramm Teil des museumspädagogischen Rahmenprogramms war, wurde zuerst die Ausstellung besucht. In einer kleinen Stadt wie Mühldorf hatte fast jedes Kind die Ausstellung schon mit der Schule und oft auch mit den Eltern gesehen. Daher konnte man an vor-

---

[33] Zu interaktiven Stationen vgl. Vogel, Interaktive Stationen, S. 101 in diesem Band, zu Veranstaltungen des Rahmenprogramms vgl. das Kapitel Events bilden – Bildung zieht an, ab S. 517, und hier v. a. den Basisbeitrag Unger/Schreiber, Rahmenprogramm, S. 517.
[34] Vgl. hierzu auch Czech, Vom Museum ins Atelier, S. 625 in diesem Band.

handenes Wissen anknüpfen und die weitere Vermittlung leichter in Gesprächform durchführen, anstatt erneut eine Kurzführung zu halten. Im ersten Stockwerk wurden einige wenige Exponate und Archivalien ausgewählt, die das Thema „Schreiben und Quellen" veranschaulichen sollten. Auch hier ging es darum, bestimmte Tatsachen am Ende verstanden zu haben und bestenfalls in anderem Zusammenhang anwenden zu können.

Ausgangspunkt war die Belagerungsinszenierung,[35] die exemplarisch für das enge Verhältnis zwischen dem Salzburger Erzbischof und der Stadt stand. In dieser Abteilung wurde eine Prunkurkunde mit großem Siegel hervorgehoben, durch die der Herzog von Österreich – dem als Verbündeter das Land Salzburg zur Seite stand – Mühldorf zum Dank für die Treue wirtschaftliche Privilegien zusicherte.[36]

Hier sollten die Kinder die Bestandteile und Auffälligkeiten der Urkunde zusammentragen. Das Siegel ließ sich gut mit dem Schulstempel auf ihren Zeugnissen vergleichen, ohne den das ganze auch ein Ausdruck des heimischen Computers sein könnte. Dass diese Urkunde noch erhalten ist, zeigt zum einen die Funktion eines Archivs, zum anderen verdeutlicht es, wie wichtig es war, Siegel und Urkunde zu bewahren, um die erhaltenen Rechte – oder in anderen Beispielen erfüllten Pflichten – zukünftig nachzuweisen. Dieses Prinzip kann man im weiteren Verlauf auf Stadtordnungen, Bürgerrechtsurkunden oder Rechnungsbelege anwenden und auch in eine Schülerführung aufnehmen. Sahen die Kinder im weiteren Verlauf des Ausstellungsbesuchs Stempel und Siegel erkannten sie gleich, dass es sich hier um wichtige Dokumente handeln musste.

In der Abteilung der Reichskreise war durch ein Tintenfass mit Sandstreuer, Federkiel, Urkunden, Unterschriften und Siegeln, eine Schreibsituation suggeriert, an der man auf die Problematik des Schreibens eingehen konnte.

Abschließend wurde im „Hexenkammerl" der Ausstellung der Wust der Verhörprotokolle betrachtet, die das Leben des Mädchens und auch den bürokratischen Aufwand dieses Verfahrens übermittelten und somit ein Bindeglied zur vergangenen Realität sind.

In einem Werkraum der benachbarten Volkshochschule fand der zweite Teil des Ferienprogramms statt. Nachdem die Kinder Urkunden und Dokumente aus dem Archiv sowie privaten Beständen ansehen und

---

[35] Vgl. hierzu auch die Homepage www.geschichtsunterricht-anders.de, in der Unterrichtssequenzen und Unterrichtsmaterialien zur Verfügung gestellt werden, die z. T. auf die Ausstellung zurückgehen.
[36] Vgl. Abbildung bei Paul, Exponate und Besucher, S. 430. in diesem Band.

anfassen, und damit die Aura des Originalen erleben durften, wurden noch einmal die wichtigsten Fakten zum Thema Schreiben und Urkunden zusammengetragen.

Anschließend sollte jeder seine eigene Urkunde herstellen. Wenn man im Rahmen des Ferienprogramms oder einer schulischen Aktion mehr Zeit (mindestens zwei Tage) zur Verfügung hat, kann man damit beginnen, selbst Papier zu schöpfen. Ansonsten verwendet man Briefpapier aus dem Schreibwarenladen. Die Kinder durften jedoch nach einem alten Tintenrezept[37] ihre eigene Tinte herstellen, sowie Gänsefedern zu Schreibkielen zurechtschneiden. Allein der Aufwand für diese beiden Arbeitsgänge vermittelte schon ein Bild von der Arbeit eines Schreibers. Zwar gab es eine fiktive Geschichte, zu der die Kinder eine Urkunde erstellen hätten können, doch hatten die meisten schon Ideen mitgebracht, für wen sie dieses Dokument gestalten wollten. Zuletzt wurde es mit einem alten Stadtsiegel versehen, nicht ohne noch einmal das Thema der Echtheit und Beglaubigung von Urkunden angesprochen zu haben.

Am Ende des Programms waren sich die Kinder durchaus einig, dass Papier in einer Ausstellung nicht langweilig sein muss, aber viel mehr Erklärung braucht als andere Objekte. Auch beeindruckte sie der Umfang der miterlebten Arbeitsschritte, die für die Herstellung einer Urkunde notwendig waren. Die Kombination von gezieltem Ausstellungsbesuch und Bastelangebot eines Ferienprogramms erlaubte es, auch jüngeren Kindern einen Zugang zu Archivalien und rechtlichen Fragen zu eröffnen.

V. Fazit

Wie die Beispiele zeigen, kann man das Thema Institutionelles, Recht und Verwaltung durchaus ansprechend ausstellen und verständlich vermitteln. Gerade aufgrund der Vielfältigkeit des Sujets finden sich in jedem Fall Inhalte und Präsentationsformen, die das Interesse des Besuchers wecken und ihm eine Begegnung mit Vergangenheit eröffnen.

Um Schwierigkeiten zu begegnen, sollten Ausstellungsmacher und Museumspädagogen sich in ihrer Vorbereitung bewusst mit eventuellen Vermittlungszielen und -methoden beschäftigen, um so mögliche Probleme zu vergegenwärtigen und sie schon im Vorfeld auszuschalten. Daneben ist es hilfreich für den Verstehensprozess der Besucher, die Konzeption der Ausstellung in Präsentation und Führung sichtbar zu machen.

---

[37] Siehe Anhang S. 346.

Grundsätzlich kann eine Ausstellung wie auch eine Führung drei Schritte[38] zum besseren Verständnis der Vergangenheit zeigen und damit einen Zugang zu Geschichte ermöglichen: Zu Beginn steht die *Wissensvermittlung* und das Erkennen der historischen Fakten. Daneben geht es um *Können*, also darum, zuerst historisches Rüstzeug zu trainieren, mit dessen Hilfe dann Darstellungen und Gegenwartsbezüge überprüft werden können: Es kommt zur eigenständigen *Wertung* und Interpretation, aber auch zur De-Konstruktion, in der etwa die Plausibilität einer Inszenierung nachvollzogen oder die Unmöglichkeit einer „wahren" Darstellung erkannt wird. Auf diese Weise kann man auch ein vermeintlich unzugängliches Thema wie Institutionelles, Recht und Verwaltung in einer Ausstellung und den dazugehörigen Veranstaltungen der Museumspädagogik thematisieren.

VI. Anhang

Tintenrezept nach alter Vorlage ca. 66 ml Tinte, reicht für 2 Personen

Zutaten:

27 ml Wasser	1 feuerfestes Becherglas 250 ml
20 ml Wein	1 Becherglas 100 ml
20 ml Weinessig	1 altes Glas ca. 100 ml
1,7 g Tannin	2 kleine gut-schließende Gläser 20 ml
1,8 g Eisensulfat	3 Stäbchen
1,8 g Gummi arabicum	

Dauer:
Insgesamt ca. 30-45 Min.

Zubereitung:
- Eisensulfat, Gummi arabicum, Tannin gibt es in der Apotheke
- Eisensulfat, Gummi arabicum, Tannin vor der Verarbeitung vor Nässe schützen
- Mengen genau abmessen!
- Wasser, Wein und Essig in einem Glas vermischen
- 16,7 ml der Flüssigkeit *(aus Wasser, Wein und Essig)* mit Eisensulfat in einem Becherglas vermischen

---

[38] Vgl. hierzu auch: Schmeer-Sturm, M.-L.: Der touristische Rundgang im Kunstmuseum: Didaktik, Strukturen, Methoden, in: Vieregg, H. u.a. (Hgg.): Museumspädagogik in neuer Sicht. Erwachsenenbildung im Museum. Band I Grundlagen – Museumstypen – Museologie. Hohengehren 1994, S. 146.

- 16,7 ml der Flüssigkeit mit Gummi arabicum in einem weiteren Glas vermischen
- 33 ml der Flüssigkeit mit Tannin in einem anderen Becherglas vermischen
- alle drei Lösungen rühren, so dass sich die festen Stoffe möglichst auflösen
- Tanninlösung bis zum Kochen unter Rühren erhitzen
- Eisensulfatlösung und Gummi arabicum-Lösung zur Tanninlösung geben und verrühren
- die Tinte noch einmal unter Rühren erhitzen
- Tinte abkühlen lassen, dabei immer wieder umrühren
- Tinte evtl. filtern und auf Flaschen ziehen

Literatur

Deneke, B.: Realität und Konstruktion des Geschichtlichen, in: Korff, G./Roth, M. (Hgg.): Das historische Museum. Labor, Schaubühne, Identitätsfabrik, Frankfurt u.a. 1990, S. 65-86.

Haberkern, E./Wallach, J. F.: Hilfswörterbuch für Historiker. Mittelalter und Neuzeit. 2 Bände, Tübingen u.a. [8]1995.

Hermann, H.-G.: Das Mühldorfer Stadtrecht im Spätmittelalter und in der Frühen Neuzeit, in: Stadt Mühldorf a. Inn (Hg.): Mühldorf a. Inn – Salzburg in Bayern. Begleitband zur gleichnamigen Ausstellung, Mühldorf a. Inn 2002, S. 36-47.

Brockhaus – Die Enzyklopädie in 24 Bänden, Leipzig/Mannheim [20]1997-1999.

Schmeer-Sturm, M.-L.: Der touristische Rundgang im Kunstmuseum: Didaktik, Strukturen, Methoden, in: Vieregg, H. u.a. (Hgg.): Museumspädagogik in neuer Sicht. Erwachsenenbildung im Museum. Band I Grundlagen – Museumstypen – Museologie, Hohengehren 1994, S. 145 – 165.

Schreiber, W.: Ein kategoriales Strukturmodell des Geschichtsbewusstseins respektive des Umgangs mit Geschichte, in ZGD 2 (2003), S. 10-27.

Wunder, B.: Verwaltung, Amt, Beamter, in: Brunner, O./Conze, W./Koselleck, R. (Hgg.): Geschichtliche Grundbegriffe. Historisches Lexikon zur politisch-sozialen Sprache in Deutschland, Bd. 7 (Verw – Z), Stuttgart 1992, S. 1-96.

Zwischen Museum und öffentlichem Raum

Von Ulrike Götz

Gerade für ortsgeschichtliche Museen, deren Beschäftigungsschwerpunkt die lokale Vergangenheit ist, bietet es sich an, gelegentlich aus dem Museumsraum „auszubrechen" und den Stadtraum ins Veranstaltungskonzept einzubeziehen. Dies soll am Fall eines Ausstellungsprojekts zum Freisinger Stadtbild um 1800 verdeutlicht werden.

Freising erinnerte 2003 im Rahmen einer großen Veranstaltungsreihe an die Säkularisation vor 200 Jahren, die sich an der alten Bischofsstadt in exemplarischer Weise vollzog: mit der Mediatisierung des Hochstifts, der Aufhebung der Stifte und Klöster, wirtschaftlichen und sozialen Verwerfungen, dem Verlust von Bausubstanz und Kulturgut, sodann aber auch der zögernden Neuprofilierung als bayerischer Landstadt mit Schulen, Behörden, Militär und auch wieder kirchlichen Einrichtungen. Die vor 200 Jahren vorgenommenen Weichenstellungen prägen Freising bis heute.[1]

I. Das Ausstellungskonzept: zweigeteilt und doch eins

Ein besonderes Programmelement im Veranstaltungsreigen bildete das Ausstellungsprojekt „Freising um 1800 – Ansichten und Pläne". Es näherte sich der schwierigen Umbruchsepoche vom Thema Stadtbild her. Zugrunde lag die Überlegung, dass die zeitgenössischen Bildzeugnisse einerseits die äußere Gestalt der Stadt und die damals vorgenommenen, bezeichnenden Veränderungen im Stadtbild dokumentieren könnten, zugleich aber auch einen Blick auf die inneren Verhältnisse der Epoche, auf den Geist der Zeit, gestatten würden, den Bauleute, Zeichner und Maler immer auch – mehr oder minder stark – aufs Papier oder die Leinwand bringen.

Die Ausstellung wurde vom Historischen Verein Freising und von der Stadt Freising veranstaltet und lief von Frühjahr bis Herbst 2003. Das Besondere des Konzepts lag vor allem in der Zweiteiligkeit der Präsentation: auf der einen Seite die klassische Ausstellung im Innenraum, im – relativ kleinen – Freisinger stadtgeschichtlichen Museum am Marienplatz (Museum des Historischen Vereins Freising), mit rund 35 Originalansichten und Originalplänen; auf der anderen Seite eine Gruppe von 8 großen

---

[1] Aus Anlass des Säkularisationsjahres erschienen in Freising mehrere Publikationen, u.a.: Glaser, H. (Hg.): Freising wird bairisch. Verwaltungsgeschichtliche und biographische Studien zur Wende von 1802, Regensburg 2002.

Bildwänden, die über den Stadtraum verteilt aufgestellt waren und im Museum gezeigte Originale am jeweils einschlägigen Ort reproduzierten. Begleitend erschien eine kleine Publikation.[2] Konzeption und Organisation lagen in der Hand der Autorin, die das Museum des Historischen Vereins leitet, aber auch die Veranstaltungsreihe zum Säkularisationsjahr, „Freising 1803 – Ende und Anfang", koordinierte. Dass das Ausstellungsprojekt die beschriebene komplexe Form annahm, hat nicht zuletzt mit diesem breiten Spektrum des Aufgabenfeldes zu tun und der sich daraus ergebenden Vielzahl möglicher und nötiger Perspektiven auf den Gegenstand.

Abb. 74 Die Museumsausstellung im Asamgebäude in Freising mit der Präsentation von rund 35 originalen Ansichten und Plänen aus der Zeit um 1800.

---

[2] Götz, U.: Freising um 1800 – Ansichten und Pläne. Begleitpublikation zum Bildwand-Rundgang in der Freisinger Innenstadt und zur Ausstellung im Museum des Historischen Vereins Freising, Freising 2003.

Zwischen Museum und öffentlichem Raum 351

Abb. 75 Die Bildwand auf dem Weihenstephaner Berg in Freising mit dem Plan der ehemaligen Benediktinerabtei von 1803.

II. Der Stadtraum als Ausstellungsort

Da war zunächst der weite Blickwinkel auf das Freisinger Säkularisationsjahr in seiner Gesamtheit. Wichtig erschien, den „normalen" Passanten im öffentlichen Raum auf das historische Ereignis und sein 200jähriges Gedenken auffällig hinzuweisen. Dies sollte nicht einfach nur mit relativ unverbindlichen Mitteln wie Fahnen oder Plakaten geschehen, sondern bereits über ein inhaltliches Angebot erfolgen. Die Gruppe der zum Teil an sehr prominenten Orten aufgestellten großen Bildwände konnte diese Aufgabe gut erfüllen. Den ausdrücklichen Bezug zum Gesamtprogramm stellte das auf jeder Tafel wiedergegebene Logo „Freising 1803 – Ende Anfang" her. Um der monumentalen Wirkung willen wurde jede Wand mit nur einem einzigen, dafür umso größer reproduzierten Bildmotiv versehen. Die Wirksamkeit der Maßnahme lag aber nicht nur in der auffälligen Dimension der Tafeln, sondern auch in deren Vielzahl: Durch die jeweils aufgebrachte Nummer war bereits vor der einzelnen Bildwand zu erkennen oder zu erahnen, dass es sich um eine ganze Gruppe handelte, die ein thematisches Netz über die Stadt spannen und zum Rundgang verleiten wollte.

Mit einem ähnlichen Bildwand-Rundgang anlässlich des Freisinger Marktrechtsjubiläums 1996 – damals noch nicht in Kombination mit einer Museumsausstellung – waren bereits ausgezeichnete Erfahrungen gemacht worden,[3] und man wollte 2003 den Erfolg wiederholen.

Bereits 1996 war mit Motiven aus dem Themenkreis des historischen Stadtbildes operiert worden. Damals waren alte Fotoaufnahmen von verlorenen baulichen Situationen (abgebrochenen Stadttoren, Bürgerhäusern u. ä.) am einschlägigen Ort groß reproduziert worden. Vorstellbar wären bei einer solchen Präsentation zwar auch andere Bildthemen, etwa Porträts oder sonstige geschichtliche Bildzeugnisse mit Ortsbezug; es sind aber natürlich gerade Stadtbildmotive, die im Stadtraum ihren ganz besonderen, ureigenen Platz haben. Wie nirgends sonst – auch nicht im Museum – bietet sich hier die Möglichkeit, Bild und Wirklichkeit, historische Information und aktuelle Situation, direkt zu vergleichen, in Bezug zu setzen und Schlüsse daraus zu ziehen. Letztlich kann auf diese Weise zur allgemeinen Sensibilisierung für das Stadtbild und seine Veränderungen beigetragen werden.

Dies ist zweifellos ein anspruchsvolles Ansinnen. Realistischerweise muss man davon ausgehen, dass solche Bildtafeln viele Passanten nur für einen flüchtigen Blick erreichen; im Einzelfall können sie aber auch große „Beobachtungsleistungen" anstoßen. Die Erfahrung zeigt im übrigen, dass dem Themenkreis Stadtbild gerade von der Ortsbevölkerung von vorn herein großes Interesse entgegengebracht wird, geht es doch um einen Gegenstand, der mit der eigenen Erlebnisgeschichte oft tief verwoben ist.

III. Chancen des Projekts

Da das Museum des Historischen Vereins – ausgehend von den Möglichkeiten seines Bestandes – seinerseits plante, seinen Beitrag zum Säkularisationsjahr in Form einer Ausstellung mit Freisinger Stadtansichten aus der Zeit um 1800 zu leisten, ergab sich zwischen beiden Projekten rasch der gedankliche Kurzschluss, beide Maßnahmen zu einem gemeinsamen Projekt zu verbinden.

Dass eine solche „Partnerschaft" zunächst einmal einfach finanzielle und logistische Vorteile bringt, ist klar: Statt zweier Werbemaßnahmen für zwei Veranstaltungen ist nur eine einzige Kampagne notwendig. Für das Museum ergab sich vor allem die günstige Möglichkeit, die in der Stadt prominent aufgestellten Tafeln als zusätzlichen, exzellent platzierten und kostenlosen Werbeträger für den eigenen Ausstellungspart zu

---

[3] Götz, U.: Alt-Freising auf Fotowänden, in: Schönere Heimat 86, 1997 Nr.4, 281-284.

nutzen. Grundsätzlich ist davon auszugehen, dass ein originelles, vom Gewöhnlichen abweichendes Ausstellungskonzept mehr Aufmerksamkeit erregen wird als das bekannte „Normalprogramm".

Neben den eher vordergründigen Aspekten von Werbung, Organisation und Finanzierung stand aber auch von Anfang an der Gedanke im Raum, dass sich eine innere Verzahnung, ein inhaltlicher Spannungsbogen zwischen den Ausstellungsteilen im Innen- und Außenraum ergeben müsste. Die Verbindung sollte sich nicht in einer zahlenmäßigen Addition von Exponaten und Maßnahmen erschöpfen, sondern im besten Fall die qualitative Wirkung der einzelnen Ausstellungskomponenten noch steigern und weitere Vorzüge erbringen.

Beide Maßnahmen standen unter dem gemeinsamen Titel „Freising um 1800 – Ansichten und Pläne". Die Motive „außen" wurden dabei so gewählt, dass sie sich mit einer Auswahl der Motive „innen" deckten. Ziel war keine simple Verdoppelung, sondern eine variierende Wiederholung, die sich die Möglichkeiten des jeweiligen Raumes mit seiner besonderen Beschaffenheit zu Nutzen machte: den Stadtraum in seiner Größe und freien Weite, den Museumsraum in seiner Geschlossenheit und Intimität. So waren auf den Wänden im Freien die in ihrer Monumentalität und durch den stadträumlichen Zusammenhang attraktiven Reproduktionen zu sehen, im Museum die kleinen, in ihrer Feinheit und Authentizität beeindruckenden Originale. Im Außenraum war eine begrenzte Zahl plakativer Großtafeln aufgestellt, jeweils nur mit einem kurzen Text versehen. Im Museum wurde ein Vielfaches an Exponaten gezeigt, ausführlich beschriftet, und somit ein komplexerer Informations- und Sinnzusammenhang geschaffen. Das öffentlichkeitswirksame Angebot der Wände auf der Straße wollte neugierig machen auf die Präsentation der Originale im Museum, und umgekehrt sollten die Museumsbesucher animiert werden, von der historischen Bildquelle weg ins Freie zu treten, um vor Ort Geschichte und Baugeschichte Freisings prüfend nachzuvollziehen. Das bebilderte Begleitheft schließlich gab die Möglichkeit, die Beobachtungen zu Hause zu vertiefen und auf Dauer zu bewahren.

IV. Zur Umsetzung

Natürlich bedurfte es einiger Überlegung, welche Bildzeugnisse aus der Zeit um 1800 im Museum gezeigt werden konnten und welche Auswahl daraus sich eignen würde, zugleich als 8er-Gruppe auf den Wänden im Freien reproduziert zu werden, wobei selbstverständlich eigentumsrechtliche und ordnungsrechtliche Aspekte zusätzlich mit zu bedenken waren. Bei der für den Stadtraum vorgesehenen Motivauswahl sollte es sich zudem um eine möglichst inhaltlich zusammengehörige und gestalterisch geschlossene Gruppe handeln.

Abb. 76   Besonders starke Beachtung fand die Bildwand am Marienplatz mit dem Plan Freisings von 1810.

Die Wahl fiel nicht auf beliebige Ansichten der Stadt, sondern auf eine bestimmte Anzahl von gezeichneten Plänen, also großmaßstäblichen Karten. Sie entstammen einer umfangreicheren Gruppe von Plansätzen, die im Zuge und in der Folge der Säkularisation entstanden und eine ausgezeichnete, bis heute bedeutende Bildquelle für den Zustand Freisings vor den Eingriffen durch die Säkularisation und überhaupt für die bauliche Entwicklung der Stadt darstellen.[4]

---

[4]   Die Pläne entstanden im Auftrag der bayerischen Behörden, die nach der Inbesitznahme Freisings im wahrsten Sinn des Wortes einen „Überblick" über die an Kurbayern gefallenen Liegenschaften brauchten. Wie nie zuvor in dieser Dichte und Genauigkeit wurden damals wichtige Areale, Gebäudegruppen und Einzelgebäude in Freising aufgenommen und dokumentiert. Die Zeichnungen gehören zum Großteil zu den Beständen des Bayerischen

Nachdem unter der Vielzahl der Pläne die Auswahl getroffen war und die Genehmigungen zur Ausleihe vorlagen, wurden die Großreproduktionen von den betreffenden – auch ästhetisch ansprechenden – Motiven für die 8 Bildwände in Auftrag gegeben, schließlich die Wände aufgestellt[5] und parallel die Originalblätter im Zentrum der Museumsausstellung platziert.[6]

Auch das Begleitheft zum Ausstellungsprojekt widmete den beschriebenen Plänen eine besondere Aufmerksamkeit. Sie wurden ausführlich beschrieben und in möglichst großem Format, zum Teil ausklappbar, abgebildet.

Die Bedenken, Grundrisspläne könnten in ihrer Abstraktheit im Gegensatz zu Ansichten zu wenig gefällig sein, um Aufmerksamkeit auf sich zu ziehen, haben sich nach dem Aufstellen der Tafeln sofort zerstreut. Über die Monate hinweg waren die Passanten zu beobachten, wie sie vor den Tafeln stehen blieben, diese mehr oder weniger lang studierten, teilweise auch mit anderen Betrachtern darüber ins Gespräch kamen, wobei die kurze Textinformation neben dem Bild das Lesen der Pläne und die Orientierung wohl erleichterte.

Auch eine andere Befürchtung erwies sich nur in Teilen als begründet. Die Tafeln blieben in der Mehrheit von vandalistischen Handlungen verschont. Nur in einem Fall wurde die Plastikfolie mit einem Messer aufgeschlitzt. Es war wohl gerade der abstrakte Charakter der Motive und die Seriosität der Gestaltung, die ansonsten eine Art Schutzzone um die Tafeln bildeten.

V. Rezeption

Inwieweit nun die „Rezipienten" den Zusammenhang und das gewünschte Interagieren zwischen „innen" und „außen", zwischen Museumsausstellung, Bildwänden und aktueller Stadtgestalt nachvollzogen und selbst

---

Hauptstaatsarchivs München, zu einem kleineren Teil dem Freisinger Stadtarchiv.

[5] Technisch handelt es sich um bedruckte Kunststoffplanen, die um Aluminiumrahmen gespannt werden. Mittels am Rahmen befestigter Rohre werden die Tafeln im Boden verankert.

[6] Nur in zwei Fällen musste vom Prinzip abgewichen werden:. Die Pläne der Benediktinerabtei Weihenstephan und der Prämonstratenserabtei Neustift wurden vom Bayerischen Hauptstaatsarchiv für die eigene Säkularisationsausstellung benötigt und waren deshalb in Freising nur als Reproduktion im Freien, nicht jedoch im Original zu sehen.

hergestellt haben, ist nur ansatzweise zu beurteilen. Es wäre von Vorteil gewesen, wenn gerade in die Erfolgskontrolle noch mehr Zeit und Arbeit hätten investiert werden können. Immerhin wurde versucht, die beschriebenen Prozesse anzustoßen und zu unterstützen. Die Werbemittel machten auf die Zusammengehörigkeit der beiden Maßnahmen aufmerksam; die große Eröffnungsveranstaltung thematisierte den Zusammenhang; auf den Tafeln selbst verwies eine Beschriftung auf die Museumsausstellung, umgekehrt wurde dort auf die Bildwände im Stadtraum Bezug genommen; vor allem wurde eine eigene „Kombi-Führung" angeboten, die einen Rundgang zu mehreren Tafeln sowie den Besuch der Museumsausstellung umfasste; auch im Begleitheft wurde die Zielrichtung des Gesamtprojekts erläutert.

Tatsache bleibt, dass die Bildwände von sehr vielen Passanten wahrgenommen wurden. Auch die Museumsausstellung wurde – gemessen an den bescheidenen Öffnungszeiten am Wochenende und im Vergleich zu früheren Ausstellungen – stärker besucht. Es kamen außerdem – ebenfalls im Vergleich zu früheren Jahren – auffallend mehr Anmeldungen zu den angebotenen Führungen. Das Begleitheft wurde gut verkauft.

Die Idee als solche, originale Zeugnisse des Stadtbildes im Museum, große Reproduktionen draußen im Stadtraum sowie diesen Stadtraum selbst durch ein Ausstellungsprojekt in einen Zusammenhang zu bringen, erscheint nach wie vor in vieler Hinsicht als sehr fruchtbar. Sie kann bei passender Gelegenheit, auch in variierter Form, wieder aufgegriffen werden.

VI. Bemerkungen zum Schluss

Die Konzeptions- und Organisationsarbeit für die Freisinger Geschichtsjubiläen der letzten Jahre hat den Blick der Autorin immer wieder über das stadtgeschichtliche Museum hinausgeführt und den Horizont geweitet. Dies mag auch Konsequenzen für die anstehende Neukonzeption des Museums haben. Es kann und soll nicht ausbleiben, dass die gesammelten Erfahrungen und entstandenen Ideen bei den diesbezüglichen Planungen mit einfließen. Das gedankliche und gelegentlich auch gestalterische „Ausbrechen" aus dem Museumsraum hinein in den Stadtraum bietet sich für ein ortsgeschichtliches Museum schon von daher an, als es über seine Exponate und Themen mit dem „Draußen", mit der Stadt als Gesamtgebilde, natürlicherweise eng verbunden ist. So könnte sich das neue Freisinger Stadtmuseum als einen zentralen Geschichtsort im städtischen Umfeld begreifen, der Impulsgeber nach außen und Impulsempfänger von außen ist, und der dieses Interagieren mit dem Außenraum anhand von Projekten wie dem hier beschriebenen oder auch anhand anderer Maßnahmen umsetzt.

Jubiläen: Nachhaltige Impulse, sich mit Geschichte auseinander zu setzen –
Das Konzept „Jubiläumsjahre" des Landschaftsverband Westfalen-Lippe.

Von Christiane Todrowski

I. Die Situation: 200 Jahre Reichsdeputationshauptschluss

Mit einer Vielzahl von Ausstellungen und kulturellen Veranstaltungen wurde in den Jahren 2002 und 2003 des 200. Jahrestages des Reichsdeputationshauptschlusses erinnert. Der Schwerpunkt der Veranstaltungen lag in den Regionen, die von den Auswirkungen der Säkularisation am stärksten betroffen waren, in Süddeutschland und in Westfalen. Während sich in Baden-Württemberg und in Bayern große (Landes-)Ausstellungen mit regional und zeitlich begrenzten Begleitprogrammen dem Thema widmeten, ging Westfalen einen anderen Weg. Unter dem Titel „Vom Krummstab zum Adler. Säkularisation in Westfalen 1803–2003" beschäftigten sich von September 2002 bis Juli 2004 rund 450 Einzelveranstaltungen in ganz Westfalen-Lippe mit den regionalen und lokalen Auswirkungen der Säkularisation. Ein langes Jubiläumsjahr, das als westfalenweites Kultur- und Ausstellungsprojekt konzipiert war, sollte der Erinnerung und Reflexion dienen.[1]

Initiiert und koordiniert wurde das dezentrale Kultur- und Ausstellungsprojekt vom Landschaftsverband Westfalen-Lippe (LWL) und der Nordrhein-Westfalen-Stiftung Naturschutz, Heimat- und Kulturpflege.

Exkurs: Der Landschaftsverband Westfalen-Lippe – Ein kurzer Blick auf seine Geschichte

Die Landschaftsverbände in Nordrhein-Westfalen – je einer für den Landesteil Westfalen-Lippe und einer für das Rheinland – sind eine Besonderheit, die es nur im größten deutschen Bundesland gibt, und die sich in ihrer Struktur, Organisation und Aufgabenstellung auch von den gleichnamigen teilregionalen, kulturellen Zusammenschlüssen in Niedersach-

---

[1] Die Verwendung des Begriffs „Jubiläum" erwies sich im Zusammenhang mit der Säkularisation und der Sensibilität, mit der die (katholische) Kirche auf das LWL-Vorhaben reagierte, als heikel. Um den Vorwurf zu vermeiden, mit dem Projekt die Säkularisation im Nachhinein „feiern" bzw. sie „bejubeln" zu wollen, wurde in allen Schreiben und Veröffentlichungen ausdrücklich der Ereignisse „gedacht" bzw. an sie „erinnert".

sen unterscheidet. Entstanden sind die Landschaftsverbände vor fast 200 Jahren, als nach Aufhebung der geistlichen und Mediatisierung der weltlichen Fürstentümer durch den Reichsdeputationshauptschluss das Rheinland und Westfalen dem Königreich Preußen zugeschlagen wurden.[2] Die 1815 entstandene preußische Provinz Westfalen erhielt wie ihr rheinisches Pendant durch den einige Jahre später einberufenen Provinziallandtag ein Stück Selbstverwaltung und übernahm soziale Aufgaben im Gesundheitswesen, im Straßenbau und im kulturellen Bereich.[3] Die Provinziallandtage standen zwischen dem Staat auf der einen sowie den Städten, Kreisen und Gemeinden auf der anderen Seite, und sollten die politische Betätigung der Bevölkerung anregen, vor allem aber den Staat von solchen Aufgaben entlasten, die sinnvoller und effektiver auf regionaler Ebene wahrgenommen werden konnten.[4]

Die bewährten Strukturen blieben auch nach Gründung des Bundeslandes Nordrhein-Westfalen im Jahre 1946 erhalten, das ein Jahr später durch Anschluss des bis dahin selbständigen Landes Lippe seinen heutigen Grenzverlauf erhielt. Besonders der westfälische Landesteil plädierte

---

[2] Zur Landesgeschichte Westfalens siehe: Klueting, H.: Geschichte Westfalens. Das Land zwischen Rhein und Weser vom 8. bis zum 20. Jahrhundert, Paderborn 1998; Johanek, P.: Westfalen, in: Lexikon des Mittelalters Bd. 9, Münster 1998, Sp. 22-24; Kohl, W.: Westfalen – Begriff und Raum, in: Geographisch-landeskundlicher Atlas von Westfalen, hgg. von der Geographischen Kommission für Westfalen, Themenbereich 1, Lieferung 2, Münster 1986.

[3] Ditt, K.: Raum und Volkstum. Die Kulturpolitik des Provinzialverbandes Westfalen 1923-1945, Münster 1988; ders.: Regionalismus in Demokratie und Diktatur. Die Politisierung der kulturellen Identitätsstiftung im Deutschen Reich 1919-1945, in: Westfälische Forschungen 49 (1999), S. 421-436; ders.: Prinzipien und Perspektiven Landschaftlicher Kulturpolitik in Westfalen, in: Archivpflege in Westfalen und Lippe 52 (2000), S. 30-42; ders.: Die westfälische Heimatbewegung in der ersten Hälfte des 20. Jahrhunderts, in: Heimatpflege in Westfalen 14 (2001), Heft 2, S. 2-11.

[4] Behr; H.-J.: Die preußischen Provinzialverbände: Verfassung, Aufgaben, Leistung, in: Teppe, K. (Hg.): Selbstverwaltungsprinzip und Herrschaftsordnung. Bilanz und Perspektiven landschaftlicher Selbstverwaltung in Westfalen, Münster 1987, S. 11-44; ders.: Provinzialverwaltung, in: Nordrhein-Westfalen. Landesgeschichte im Lexikon, 1993, S. 324ff; Grawert, R.: Der Landschaftsverband Westfalen-Lippe. Zur Organisation von Verwaltungsträgern zwischen Staat und Kommunen, Münster 1993 (=Texte aus dem Landeshaus 18); Schäfer, W.: Westfälische Identität im 21. Jahrhundert, in: Heimatpflege in Westfalen: Rundschreiben des Westfälischen Heimatbundes, 13. Jahrgang 2000, Heft 1, S. 1-4.

angesichts der schwierigen Aufbauphase, in der Landes- und Landschaftsinteressen ausbalanciert und neue Landesteile integriert werden mussten, für eine Beibehaltung der provinziellen Selbstverwaltung.[5] 1953 verabschiedete der Düsseldorfer Landtag die Landschaftsverbandsordnung, die „Verfassung" der beiden Landschaftsverbände. Neun kreisfreie Städte und 18 Kreise in Westfalen-Lippe sind heute die Mitglieder des LWL. Sie tragen und finanzieren den Landschaftsverband, der durch ein Parlament mit 135 Mitgliedern aus den Kommunen kontrolliert wird. Die Mitgliedskörperschaften mit insgesamt 8,5 Millionen Einwohnern wählen die Abgeordneten in die Landschaftsversammlung, deren Zusammensetzung die Ergebnisse der Kommunalwahlen widerspiegelt.[6]

Neben Aufgaben im sozialen Bereich, in der Behinderten- und Jugendhilfe und in der Psychiatrie sind die Landschaftsverbände auch zuständig für die „Landschaftliche Kulturpflege"[7] Mit einem Etat von unter 2 Prozent nimmt sie zwar nur einen kleinen Bereich im Haushaltvolumen

---

[5] Teppe, K.: Zwischen Besatzungsregiment und politischer Neuordnung (1945-1949), in: Kohl, Westfalen, 1986, S. 269-339; Hölscher, W.: Gründung Nordrhein-Westfalens in: Nordrhein-Westfalen. Landesgeschichte im Lexikon, 1993, S. 172-180; Klueting, H.: Geschichte Westfalens, 1998, S. 416-424.

[6] Meyer-Schwickerath, K.: Der Landschaftsverband Westfalen-Lippe. Rechtsnatur, Struktur und Aufgaben, in: Frey, R./Kuhr, W. (Hgg.): Politik und Selbstverwaltung in Westfalen-Lippe. Festschrift für Herbert Neseker, Münster 1993, S. 15-49; Teppe, K.: Landschaftsverbände, in: Nordrhein-Westfalen. Landesgeschichte im Lexikon, 1993, S. 257ff; Klueting, H.: Landschaftsverband Westfalen-Lippe und Provinzialverband Westfalen. Geschichtliche Entwicklung und rechtliche Grundlagen. Zu aktuellen Bestrebungen zur Auflösung der Landschaftsverbände in Nordrhein-Westfalen, in: Thomas Vormbaum (Hg.): Themen juristischer Zeitgeschichte, Baden-Baden 2000, S. 71-131.

[7] Neseker, H.: Kulturpflege des Landschaftsverbandes Westfalen-Lippe. Standortbestimmung und neue Herausforderungen, in: Stationen kommunaler Selbstverwaltung in Westfalen-Lippe. Ausgewählte Reden des Landesdirektors Herbert Neseker, Münster 1991, S. 163-187; Hostert, W.: Kulturpflege des Landschaftsverbandes Westfalen-Lippe, in: Frey/Kuhr, Politik, 1993, S. 159-177; Teppe, K.: Kulturelles Engagement in der Region Westfalen-Lippe. Der Landschaftsverband Westfalen-Lippe. Museen-Ämter-Zuschüsse, in: Europa. Magazin für Wirtschaft, Politik und Kultur 49 (2000), S. 67-71; ders.: Landschaftliche Kulturpflege angesichts schwieriger Haushaltslagen, in: Heimatpflege in Westfalen 15 (2002), Heft 3/4, S. 8-12; Landschaftsverband Westfalen-Lippe. Abteilung Kulturpflege (Hg): Kulturpolitik für Westfalen. Bestandsaufnahme – Standortbestimmung – Perspektiven, Münster 2002 (=Druck der Beschlussvorlage Drucksache Nr. 11/0412 der Landschaftsversammlung vom 06.09.2000).

des LWL ein, von dem mehr als 80 Prozent in die „soziale Sicherung" gehen, ihre Wirkung für die kulturelle Vielfalt in der Region ist aber nicht hoch genug zu schätzen. Zur „Landschaftlichen Kulturpflege" gehören Ämter für Boden- und Denkmalpflege, das Archivamt für Kommunal- und Privatarchive, das Museumsamt zur Beratung und Förderung von etwa 270 Orts- und Heimatmuseen, das Landesmedienzentrum mit Film- Bild-, und Tonarchiv und landeskundlicher Medienproduktion sowie das Amt für Landschafts- und Baukultur. Diese Einrichtungen sind das „Aushängeschild" des LWL und werden ebenso wie die sieben Landesmuseen mit ihren insgesamt 17 Standorten nicht vom Land NRW getragen, sondern ausschließlich vom Landschaftsverband.[8]

II. Jubiläumsjahre – eine besondere Form historische Jubiläen zu begehen

Anfang der 90er Jahre begründete der LWL die Tradition der Jubiläumsjahre. Der Anlass lag in der Gegenwart: Die breite Akzeptanz der Landschaftsverbände drohte zu schwinden, was mit der ebenfalls unklaren Bedeutung regionaler Identitäten im größten deutschen Bundesland NRW zu tun hatte. Der Kulturausschuss hatte die Verwaltung deshalb aufgefordert, öffentlichkeitswirksame gesamtwestfälische Veranstaltungen zu entwickeln, die der Imagepflege des Verbandes dienen und gleichzeitig die regionale Identität stärken sollten. Anstatt Vorbilder wie das „Schleswig-Holstein-Musik-Festival" zu kopieren, fiel die Entscheidung zu Gunsten von Jubiläumsjahren aus, in denen an besondere Ereignisse oder Persönlichkeiten der westfälischen Geschichte und Kultur erinnert werden sollte.[9]

Nicht jedes Jubiläum eignet sich als Anlass für ein überregionales Jubiläumsjahr. Am Beispiel der bisher durchgeführten Projekte werden im Folgenden Kriterien abgeleitet:

---

[8] Dies gilt auch für die Ämter, Kommissionen und Landesmuseen des Landschaftsverbands Rheinland (LVR).

[9] Vgl. die Akten 70 02 02 846 001 „Westf. Kulturtage allgemein" der Abteilung Kulturpflege und die Vorlagen Drucksachen Nr. 9/1499; 4/1512/1; 9/1554; 10/243 für den Kultur- bzw. Landschaftsausschuss der Landschaftsversammlung sowie die Dokumentation des „Westfälischen Abends" am 04.11.1992 im Historischen Rathaus zu Münster: „Das Westfälische Jahrzehnt", hg. vom Direktor des Landschaftsverbandes Westfalen-Lippe, Münster 1993 (=Texte aus dem Landeshaus 17).

1. Baumeister: Architektur Brücke zwischen Vergangenheit und Gegenwart

Den Auftakt bildete 1995 die Erinnerung an den 300. Geburtstag des westfälischen Barockbaumeisters Johann Conrad Schlaun. Westfalen verdankt ihm einige der prächtigsten Barockbauten, u. a. das Fürstbischöfliche Schloss zu Münster, das später als Wohnsitz der Dichterin Annette-von-Droste-Hülshoff bekannt gewordene Rüschhaus und das Wasserschloss Nordkirchen. Aber auch jenseits der Grenzen Westfalens war Schlaun für seinen Auftraggeber, den Kölner Kurfürsten Clemens August, tätig. So erbaute er beispielsweise das Jagdschloss Clemenswerth bei Sögel und das mittlerweile von der UNESCO zum Weltkulturerbe erhobene Schloss Augustusburg bei Brühl. Eine große Schlaun-Ausstellung im Westfälischen Landesmuseum für Kunst und Kulturgeschichte Münster und der Oeuvrekatalog überraschten selbst Fachleute und luden zusammen mit dem Reiseführer „Barock in Westfalen" zu anregenden Entdeckungen ein.[10] Barockmusik – Opern, Symphonien und Orgelkonzerte auf originalen Instrumenten – gehörten neben Aufführungen zeitgenössischer Theaterstücke und Exkursionen zu den ca. 200 Veranstaltungen, die im Rahmenprogramm angeboten wurden.

2. Dichterfürsten: Literatur als Weg in die Geschichte

Ebenfalls eine Person stand 1997 im Mittelpunkt: Westfalen feierte den 200. Geburtstag der Dichterin Annette von Droste-Hülshoff. Der LWL nutzte den Anlass, um dem angestaubten Image des „Biedermeierfräulein" neuen und aktuellen Glanz zu verleihen. War die Droste bis dahin bloß als Heimatdichterin bekannt, so stand nun im Gegenteil ihre Modernität und Auseinandersetzung mit den einschneidenden politischen und sozialen Veränderungen der Restaurationszeit im Vordergrund. Der wichtigste Bestandteil war das vom LWL mit initiierte Projekt „Entwürfe werden durch Entwürfe reif.", bei dem sich in über 250 Veranstaltungen moderne Schriftsteller zusammen mit bildenden Künstlern, Schauspielern, Rezitatoren und Filmemachern mit dem Werk der Dichterin beschäftigten.[11] Aber nicht nur in Westfalen sondern auch in Meersburg am

---

[10] Bußmann, K./Matzner, F./Schulze, U. (Hgg.): Johann Conrad Schlaun. (1695-1773). Das Gesamtwerk, 2 Bde, Stuttgart 1995; dies.: Barock in Westfalen. Ein Reiseführer, Münster 1995.

[11] Schafroth, H. (Hg.): Entwürfe werden durch Entwürfe reif. Das internationale Künstlerprojekt zum Droste-Jahr 1997, Münster 2000. Des weiteren die beiden Reiseführer von Gödden, W./Grywatsch, J.: Annette-von-Droste-Hülshoff unterwegs. Auf den Spuren der Dichterin durch Westfalen, Münster

Bodensee, ihrer zweiten Heimat, wurde in diesem Jahr und besonders 1998 anlässlich des 150. Todestags der Droste gedacht. Zwischen Westfalen und der Bodenseeregion kam es zu einer fruchtbaren kulturellen Kooperation, u. a. mit Ausstellungen, Lesungen, Rezitationen, Hörspielen, Konzerten und Theateraufführungen. Auftakt und Höhepunkt der Meersburger Aktivitäten war der Gedenksonntag am Todestag der Dichterin, mit Gottesdienst, Festvortrag, Rezitationen und Musik.

3. Ereignisse von bedeutendem Rang

Einen anderen Zugriff lag dem Jubiläum von 1998 zu Grunde: Mit 350 Jahre „Westfälischer Frieden" wurde einem europäischen Großereignis gedacht. Die zentralen Orte der Erinnerung waren Münster und Osnabrück, die über die Landesgrenzen hinaus die kombinierte Europarats-Ausstellung „1648 – Krieg und Frieden in Europa" präsentierten. Besondere öffentliche Aufmerksamkeit fand die Eröffnung in Osnabrück und Münster mit zahlreichen gekrönten und ungekrönten Staatsoberhäuptern der Nachfolgestaaten der am 30-jährigen Krieg und den Friedensschlüssen beteiligten Mächte.[12] Während die vorab bzw. parallel durchgeführte Ausstellung „Vivat Pax – Es lebe der Frieden" für junge Museumsbesucher konzipiert war,[13] forderte ein Veranstaltungsprogramm mit über 300 Beiträgen, darunter vielen regionalen Ausstellungen, Vorträgen, „Friedensläufen", Kolloquien und Workshops zur Auseinandersetzung mit den Stichworten „Krieg, Frieden und Toleranz" auf.

Ähnlich war die Struktur des Jubiläums, das 1999 aufgegriffen wurde: europäische Bedeutsamkeit einerseits und starke regionale Bindung andererseits. Erinnert wurde an die 1200. Wiederkehr des Zusammentreffens Papst Leo III. mit Karl dem Großen in Paderborn. Das 799 geschlossene Bündnis führte ein Jahr später mit der Kaiserkrönung im Dom zu Aachen zur Neueinrichtung eines westlichen Kaisertums und belebte die

---

1997 und dies.: Annette von Droste-Hülshoff am Bodensee. Ein Führer zu den Droste-Stätten in Meersburg und Umgebung, Meersburg 1998.

[12] Vgl. die Dokumentation „Im Glanz des Fiedens. Kunst und Könige in Westfalen. Rund um die 26. Europaratsausstellung, 1648 – Krieg und Frieden in Europa'", Münster 1998; Bußmann K./Schilling H. (Hgg): 1648 – Krieg und Frieden in Europa, 3 Bde, München 1998; als regional spezifische Publikation sei genannt: Teske, G.: Bürger, Bauern, Söldner und Gesandte. Der Dreißigjährige Krieg und der Westfälische Frieden in Münster, Münster 1998.

[13] Vgl. das Begleitbuch von Francke, A. u .a. (Hgg.): „Vivat Pax – Es lebe der Friede. Eine Geschichte des Dreißigjährigen Krieges und des Westfälischen Friedens für junge Leser", Münster 1998.

imperiale Tradition der christlichen Spätantike neu. Für die Regionalgeschichte bedeutet das Datum einen epochalen Einschnitt, denn mit dem Ende der Sachsenkriege intensivierten die Franken die Christianisierung in Westfalen. Das 1200. Bistumsjubiläum wurde vom Erzbistum Paderborn, der Stadt Paderborn und dem Landschaftsverband Westfalen-Lippe mit der Ausstellung „799. Kunst und Kultur der Karolingerzeit. Karl der Große und Papst Leo III. in Paderborn" im Erzbischöflichen Diözesanmuseum, im Museum in der Kaiserpfalz sowie in der Städtischen Galerie am Abdinghof gefeiert. Unter dem Titel „99 Tage – 99 Aktionen" gab es außerdem Vorträge, Lesungen, Vorführungen, Konzerte und Kleinkunstdarbietungen. Ein Highlight war der Besuch der Außenminister Deutschlands und Frankreichs, die ihre regelmäßigen Arbeitstreffen in diesem Jahr nach Paderborn verlegt hatten.

4. Zäsur Säkularisation: Neuorientierung und/oder Verlust?

2001 beschloss der Kulturausschuss der Landschaftsversammlung der Säkularisation zu erinnern: Für die westfälische Landesgeschichte und die Geschichte des Landschaftsverbands Westfalen-Lippe ist die Säkularisation von 1803 von besonderer Bedeutung. Aufgrund der Tatsache, dass die geistlichen Fürstentümer aufgehoben wurden, bildete sich die preußische Provinz Westfalen. Die Auflösung der hier besonders zahlreichen Klöster, Stifte und Abteien stellt eine markante Zäsur in der religiösen, kulturellen und wirtschaftlichen Entwicklung dar und leitete letztlich Westfalens Aufbruch in die Moderne ein.

Zusammenfassend lässt sich also feststellen, als Ansatzpunkte für ein Jubiläumsjahr eignen sich
- Überreste aus der Vergangenheit, die deutlich erkennbare Niederschläge im Landschaftsbild gefunden haben (Beispiel: die Barockbauten Johann Conrad Schlauns).
- Personen, die über die Landesgrenzen hinaus eine große Popularität besitzen und deren Name von einer breiten Öffentlichkeit unmittelbar mit der Region verbunden wird (Beispiel Annette-von-Droste-Hulshoff).
- Ereignisse, die nicht nur für die Landesgeschichte von großer Bedeutung sind, sondern im Zusammenhang mit wichtigen gesamtdeutschen bzw. europäischen/internationalen Begebenheiten stehen (Beispiel Säkularisation).
- Ereignisse mit Auswirkungen auf die gesamtdeutsche bzw. europäische/internationale Geschichte, die in der Region ihren Aus-

gang nahmen (Beispiel Friedensverhandlungen zur Beendigung des Dreißigjährigen Kriegs).
- Ereignisse von gesamtdeutscher bzw. europäischer/internationaler Bedeutung, die ausschließlich in der Region stattfanden, jedoch von einer breiten Öffentlichkeit unmittelbar mit diesem Landesteil in Verbindung gebracht werden (Beispiel „Schlacht im Teutoburger Wald").[14]

III. Strukturen für die Durchführung

Bei der Organisation und Durchführung der Jubiläumsveranstaltungen haben sich folgende Elemente und Strukturen entwickelt und bewährt:

(1) Die Einrichtung einer Koordinierungsstelle in der Abteilung Kulturpflege des Landschaftsverbandes, jeweils besetzt mit einem Fachwissenschaftler/einer Fachwissenschaftlerin im Rahmen eines Zeitvertrags.[15]

(2) Eine frühzeitige Kontaktaufnahme des Stelleninhabers/der Stelleninhaberin mit Kulturfachleuten aus den Kreisen, Städten und Gemeinden, der Museen, Archive, Heimat- und Geschichtsvereine, Volkshochschulen, sonstigen Bildungseinrichtungen sowie freien Gruppen.

(3) Eine intensive Beratungsphase, in der der/die Stelleninhaber/-in Aktivitäten anregt und koordiniert.

(4) Die Zusammenfassung und Veröffentlichung aller geplanten Aktivitäten (Ausstellungen, Vorträge, Lesungen, Rezitationen, Musikveranstaltungen, touristische Angebote usw.) in einem Veranstaltungskalender/Programmbuch sowie (erstmals 2003) im Internet.

---

[14] Das Thema des nächsten u. a. vom LWL, dem Kreis Lippe und dem Landkreis Osnabrück veranstalteten Jubiläumsprojektes wird im Jahr 2009 die Erinnerung an „2000 Jahre Varusschlacht" sein.

[15] Die Ausnahme von der Regel war das 1999-er Projekt. Hier arbeiteten verschiedene Stellen in Paderborn unter dem Dach der Veranstaltergemeinschaft aus Erzbischöflichem Generalvikariat, dem Landschaftsverband Westfalen-Lippe und der Stadt Paderborn zusammen.

IV. Vom Krummstab zum Adler.
Säkularisation in Westfalen 1803–2003.
Nachhaltigkeit statt Einmaligkeit. Erfahrungsreflexion

1. Erschwerte Ausgangsbedingungen

Die Leitung der Geschäftsstelle „Säkularisation in Westfalen" wurde mir im Juli 2001 übertragen. Angesichts der Tatsache, dass die Preußen in Vorwegnahme des Reichsdeputationshauptschlusses bereits im August 1802 das Fürstbistum Münster besetzt hatten, und der Termin für die Eröffnungsausstellung im Westfälischen Landesmuseum für Kunst und Kulturgeschichte für Oktober 2002 festgelegt worden war,[16] stand das Projekt von Anfang an unter einem enorm hohen Zeitdruck.[17] Erschwerend kam hinzu, dass das Thema Säkularisation in der Bevölkerung bei weitem nicht so bekannt und populär war, wie dies für den Westfälischen Frieden oder für Droste-Hülshoff festgestellt werden konnte.

Zum Teil waren die sperrigen Wortgebilde „Reichsdeputationshauptschluss" und „Säkularisation" zu diesem Zeitpunkt allenfalls Historikern und historisch Interessierten ein Begriff und nur wenige Kulturfachleute hatten eine Thematisierung geplant. Doch gab es große regionale Unterschiede. In den traditionell katholischen Gegenden Westfalens – dem Hochsauerland, den Kreisen Höxter und Paderborn oder dem Münsterland – mit ihrer vergangenen oder wieder entstandenen Klosterdichte war die Erinnerung an das Jahr 1803 viel präsenter als in den eher protestantisch geprägten Regionen (Kreis Lippe, Kreis Minden-Lübbecke, Märkischer Kreis).

2. Informationsveranstaltungen in den Landkreisen – Strukturelle Anregungen für das Jubiläumsjahr

Die Informationsveranstaltungen mit Kultur- und Bildungsfachleuten, die auf Einladung der Geschäftsstelle und in der Regel unter Vorsitz des zu-

---

[16] „Zerbrochen sind die Fesseln des Schlendrians. Westfalens Aufbruch in die Moderne", Oktober 2002 – März 2003.
[17] Auch bei den Nordrhein-Westfälischen Staatsarchiven liefen zu diesem Zeitpunkt bereits die Vorbereitungen zu der Ausstellung „Klostersturm und Fürstenrevolution. Staat und Kirche zwischen Rhein und Weser 1794/1803", die ab Mai 2003 im Dortmunder Museum für Kunst und Kulturgeschichte gezeigt wurde.

ständigen Landrats im Frühjahr und Sommer 2002 auf Kreisebene durchgeführt wurden, hatten ein mehrfache Aufgabe: Zum einen musste auf bisher unbekannte Aspekte der Säkularisation hingewiesen werden, zum anderen sollten strukturelle Hinweise das in Gang-Kommen von Projekten unterstützen.[18]

Die bereits erwähnte Ausstellung des Westfälischen Landesmuseums erwies sich dabei als hilfreich. Unter dem besonders in katholischen Kreisen und seitens der katholischen Kirche kontrovers und emotional diskutierten Titel „Zerbrochen sind die Fesseln des Schlendrians. Westfalens Aufbruch in die Moderne" bereiteten die Ausstellungsmacher eine Schau vor, die das Jahr 1803 als Epochenschwelle, als Untergang des Alten Reiches und Beginn der bürgerlichen Gesellschaft präsentierte. Die hiermit verbundenen Aspekte Bauernbefreiung, Modernisierung von Verwaltung und Justiz, Gewerbefreiheit oder die beginnende Industrialisierung gab auch Regionen, in denen die Aufhebung der Klöster 1803 keine Spuren hinterlassen hatte, die Gelegenheit, sich mit entsprechend ausgerichteten Veranstaltungen an dem Gesamtprojekt zu beteiligen.

3. Pressearbeit

Im Anschluss an die Informationsveranstaltungen verschickte die Geschäftsstelle „Säkularisation in Westfalen" in Zusammenarbeit mit der Pressestelle des Landschaftsverbandes jeweils Pressemitteilungen an die Regionalzeitungen[19] und sorgte hierdurch für eine stete Verbreitung der Begriffe Säkularisation und Reichsdeputationshauptschluss – auch bei Nicht-Historikern.

Großen Erfolg hatte eine gut besuchte Pressefahrt für Journalisten zum (aufgehobenen Augustiner-Chorherren-)Kloster Dalheim, zu den Franziskanern nach Wiedenbrück und den Benediktinerinnen nach Va-

---

[18] Die Vorbereitung dieser Informationsveranstaltungen erforderte immer eine persönliche bzw. telefonische Kontaktaufnahme und viel Fingerspitzengefühl. Auf der einen Seite mussten durch den „Schlendrian"-Ausstellungstitel erhitzte und voreingenommene Gemüter beruhigt, auf der anderen Seite Kollegen und Kolleginnen davon überzeugt werden, dass ihre Anwesenheit bei den Besprechungen auch angesichts enger Zeit- und Budgetpläne durchaus von Nutzen für ihre Institution sein konnte.

[19] Zur Pressearbeit vgl. die Beiträge Henker, Öffentlichkeitsarbeit, S. 731 in diesem Band, Schreiber, Pressearbeit für Tageszeitungen, S. 737, Honervogt, Regionalzeitung, S. 771, Jell, Regionalzeitung des Nachbarlandkreises, S. 783, Dattenberger, Mantelteil Presseverbünde, S. 793, Kratzer, Überregionale Zeitungen, S. 789 in diesem Band.

rensell. Die seltene Gelegenheit, einen Blick „hinter die Klostermauern" von Ordensgemeinschaften werfen zu können, nutzten die Pressevertreter anschließend, um sowohl in der lokalen als auch überregionalen Presse und im Hörfunk über das LWL-Projekt zu berichten.[20]

4. Vom Thema für Insider zu einem Thema für die breite Öffentlichkeit

Das gemeinsame Ziel des Landschaftsverbands und der Nordrhein-Westfalen-Stiftung Naturschutz, Heimat- und Kulturpflege bestand darin, ein Kultur- und Ausstellungsprojekt zu initiieren, das nicht nur von Fachleuten und historischen Laien wahrgenommen werden sollte, sondern auch und vor allem von der „breiten Bevölkerung". Das kann eigentlich nur dann gelingen, wenn dem Ereignis Relevanz auch für heute zuerkannt wird. Die Schwierigkeit der Aufgabe bestand darin, die Säkularisation als Zäsur in ihrer Bedeutung für Aufbruch und Neuorientierung zu thematisieren, und ihre Erklärungskraft für heute noch Sichtbares zu verdeutlichen. Um dieses Ziel zu erreichen, waren viele Einzelmaßnahmen und ein hohes Maß an Kreativität notwendig.

a) Reisebericht des Justus Gruner: Polarisierendes als Anreiz für die Re-Konstruktion

Die Sichtung der Quellen erbrachte eine Chance, die sich als ein Glücksfall erwies: Die Ausstellungsmacher der „Schlendrian"-Ausstellung erkannten das Potential, das in einem bis zu diesem Zeitpunkt ausschließlich Kennern der westfälischen Landesgeschichte zugänglichen Reisebericht steckte: Justus Gruner hatte 1801 den damals geografisch erheblich umfangreicheren „westfälischen Reichskreis" durchwandert und seine Eindrücke in einer Denkschrift niedergeschrieben, die er dem preußischen König widmete.[21] Gruner war ein überzeugter Preuße und glorifizierte dementsprechend die Verhältnisse in den bereits preußischen Län-

---

[20] Als Beispiele seien genannt: Frankfurter Allgemeine Zeitung, 24.02.2003; Neue Zürcher Zeitung, 15.03.2003 und 13.06.03; WDR3 „Resonanzen", 24.02.2003; WDR3 „Mosaik", 24.05.2003"; WDR5 „Scala – Das Kulturmagazin", 25.02.2003; „Prisma". Wochenendbeilage der Westline-Gruppe, Ostern 2003.

[21] Gruner, J.: Meine Wallfahrt zur Ruhe und Hoffnung oder Schilderung des sittlichen und bürgerlichen Zustandes Westphalens am Ende des achtzehnten Jahrhunderts, Frankfurt/Main 1802. Eine kommentierte Neuauflage dieses Buches wird im Auftrag der Historischen Kommission für Westfalen voraussichtlich 2004 erscheinen.

dern wie der Grafschaft Mark oder in kleineren weltlichen Territorien wie beispielsweise dem Fürstentum Lippe, während er die Fürstbistümer pauschal als indolent, bigott, vernachlässigt und rückständig beschrieb.

Die polarisierenden Schilderungen des Reiseberichts lösten auch zweihundert Jahre später in den katholischen Regionen Westfalens eine hitzige Diskussion aus; sie regten aber auch die örtlichen Heimat- und Geschichtsvereine dazu an, sich mit diesem bisher wenig beachteten Kapitel ihrer Geschichte auseinanderzusetzen. Plötzlich war das Interesse an der Säkularisation geweckt und der Informationsbedarf in der Bevölkerung riesengroß.

Die Konservatoren der Münsteraner Ausstellung legten den Bericht der Ausstellung thematisch zu Grunde.

b) Populsarisierung: Darstellung im Dokumentarfilm

Unter dem Titel „Der Spion des Königs? Justus Gruners denkwürdige Reise durch Westfalen 1801" zeichnete das Westfälische Landesmedienzentrum in einem Videofilm die wichtigsten Stationen nach. Das Video entwickelte sich zu einem Publikumsmagneten. Die Bedeutung der Videoproduktionen des Westfälischen Landesmedienzentrums bei der Popularisierung historischer Themen hatte sich bereits beim Projekt „Westfälischer Friede" bewiesen.[22] Lehrer, Heimatforscher und Bildungsreferenten nutzten die Dreharbeiten zum Film „Es ist genug geschlagen. Der Dreißigjährige Krieg in Westfalen", um im Schulunterricht, Volkshochschulkursen und Vorträgen die Erinnerung an die Originalschauplätze wieder zu beleben. Dementsprechend gut vorbereitet, wurde das Filmteam manches Mal von der örtlichen Bevölkerung erwartet – und mit konstruktiven und „gut gemeinten" Ratschlägen versorgt.

c) Serviceangebot für interessierte Institutionen: Eine Liste mit Vortragsangeboten

Um das nun überall aufkeimende Informationsbedürfnis zu befriedigen, stellte die Geschäftsstelle „Säkularisation in Westfalen" eine umfangreiche Liste mit Vortragsangeboten zusammen. Das Angebot der über 60 verschiedenen Vorträge, für die namhafte Referenten und Referentinnen inner- und außerhalb Westfalens gewonnen werden konnten, entsprach dem dringenden Wunsch der Heimat- und Geschichtsvereine, Volkshochschulen sowie kirchlichen Bildungseinrichtungen, ihren Mitgliedern und

---

[22] Damals wurden folgende drei Videos produziert: „Westfälischer Friede"; „Es ist genug geschlagen. Der Dreißigjährige Krieg in Westfalen"; „1648 – Krieg und Frieden in Europa", jeweils Münster 1998.

Kursteilnehmern Informationen über die Lokalgeschichte anbieten zu können.

d) Touristische Vorschläge, Anregungen für Events

Zusammen mit touristischen Vorschlägen (Exkursionen, Studienreisen) und einer bunten Angebotspalette mit Musikveranstaltungen, Rezitationen usw. wurde dieses „Servicepaket" im August 2002 an alle möglichen Teilnehmer und Interessenten verschickt. Die Veranstalter konnten sich mit den Anbietern in Verbindung setzen bzw. für spezielle Themen die Geschäftsstelle kontaktieren.[23] Ganz oben auf der Beliebtheitsskala rangierten musikalische Darbietungen wie gregorianische Gesänge – „authentisch" oder in Verbindung mit Jazz-Interpretationen,[24] – oder Konzerte mit Kompositionen des Prämonstratenserabtes Nikolaus Betscher (1745-1811).[25] Auch das musikalisch-literarische Quartett Detmold hatte mit seinem Programm „Moderne Zeiten – Das Jahr 1803 und die Folgen" immer volle Säle. Ebenfalls beliebt waren szenische Darstellungen klösterlichen Lebens, kulinarische Angebote („Laben und Trinken wie in Klosterzeiten") und Klostermärkte.[26]

Zum Adressatenkreis gehörten u. a. Museen, Archive, Heimat-, Geschichts- und Kirchenvereine, Volkshochschulen und (konfessionelle) Bildungseinrichtungen. Die Kulturämter in den Kreisen, Städten und Gemeinden Westfalens, die durch offizielle Schreiben an die Landräte und (Ober-) Bürgermeister über das LWL-Projekt informiert wurden, waren bei der Ermittlung von Anschriften eine große Hilfe. Ebenso wie die Pressestellen und Archive der Bistümer und der Evangelischen Landeskirchen. Die Geschäftsstelle des Westfälischen Heimatbundes stellte freundlicherweise ihre umfangreiche Mitgliederliste zur Verfügung, und

---

[23] Die Breite des Interessenspektrums sorgte dabei immer wieder für Überraschungen. Von klösterlichen Koch- und Heilrezepten über die veränderten „Arbeitsbedingungen" westfälischer Scharfrichter bis hin zur Psychiatriegeschichte gab es kaum ein Thema, nach dem nicht gefragt worden wäre.

[24] „Justus ut palma florebit", veranstaltet von der Gesellschaft der Musikfreunde der Abtei Marienmünster.

[25] „Klostermusik des 18. Jahrhunderts" in den Abteien Clarholz, Oelinghausen und Hamborn.

[26] Klostermärkte u. a. in Marsberg (September 2003) und Dalheim (August 2003); szenische Darstellungen bzw. Theateraufführungen: Brakel („Klosterleben – Ansichtssache"), (April/Mai 2003); Marsberg („200 Jahre Säkularisation in Obermarsberg"), (September 2003); Schmallenberg-Grafschaft („Ende und Anfang. Historische Szenen im Zeitenlauf nach der Auflösung des Klosters Grafschaft"), (März 2004).

auch die Touristikverbände und Verkehrsvereine unterstützten mit Adressdateien das Vorhaben.[27]

Insbesondere die Vereine und Bildungseinrichtungen nahmen das Angebot dankbar an, erhielten sie hierdurch doch die Möglichkeit, sich auch ohne „Eigenproduktion" an dem Projekt beteiligen zu können. Auf fruchtbaren Boden fiel die LWL-Initiative ebenfalls bei Freimaurer-Logen in Westfalen-Lippe, die mit Beginn der preußischen Verwaltung in Westfalen entstanden waren, und das Jahr 1803 zum Anlass nahmen, auf ihre eigene 200-jährige Geschichte zurückzublicken.[28]

5. Die Teilnehmer am Projekt

Der Wunsch und das Interesse, bei der westfalenweiten Veranstaltungsreihe mitzumachen, waren bei den Ansprechpartnern in allen Kreisen, Städten und Gemeinden groß. Vor allem die Kommunalpolitiker unterstützen und befürworteten die Initiative des Landschaftsverbandes, wussten sie doch aus den Erfahrungen der früheren Veranstaltungsreihen um den damit verbundenen wichtigen Werbe-Effekt weit über die Grenzen Westfalen-Lippes hinaus. Die kurze Vorlaufzeit des Projekts verhinderte bei einigen größeren Museen mit langfristigen Ausstellungsplanungen allerdings eine Beteiligung, während wiederum andere öffentliche Einrichtungen sich angesichts des knappen Kulturetats nicht in der Lage sahen, Veranstaltungen anzubieten.

Die zu kurzfristige Projektplanung war nicht mehr rückgängig zu machen. Eine Lösung gab es dagegen für einen anderen Mitarbeiter-Kreis: Vor allem die Vereine und freien Gruppen hatten erhebliche Schwierigkeiten Programmbeiträge zu finanzieren. Ihnen konnte mit Fördermitteln der Nordrhein-Westfalen Stiftung geholfen werden.

---

[27] Ihnen allen sei an dieser Stelle herzlich für ihre Mühe und Unterstützung gedankt!

[28] Vgl. u. a. Ausstellung „Geschichte der Freimaurerei in Bielefeld", Freimaurer-Loge „Armin zur Deutschen Treue", Bielefeld (November 2003); Vortragsreihe zum Thema „Die wissenschaftlich-technische Moderne und ihre ethischen Folgen", Freimaurer-Loge „Zur Alten Linde", Dortmund (ab April 2003); Ausstellung „200 Jahre Freimaurer in Paderborn", Johannisloge „Zum leuchtenden Schwerdt", Paderborn (September – Oktober 2003); „Freimaurerische Tempelarbeit mit Vortrag und Musikbeiträgen zum Thema ‚Klassische Freimaurer-Musik des 19. Jahrhunderts'", Freimaurer-Loge „Zur Bundeskette", Soest (November 2003).

6. Sponsoren suchen

Die Nordrhein-Westfalen Stiftung hat dem Landschaftsverband für das westfalenweite Projekt rund 110.000 € zur Verfügung gestellt. Die Stiftung hatte dem LWL bereits bei früheren Veranstaltungsreihen unter die Arme gegriffen.[29] Sie unterstützt in erster Linie das ehrenamtliche Engagement in Vereinen und freien Gruppen – und erreicht somit genau die Klientel, die der Landschaftsverband mit seiner Initiative auch ansprechen wollte. Etwa 45 Förderanträge (Stand Dezember 2003) sind bis jetzt bei der Geschäftsstelle „Säkularisation in Westfalen" eingegangen und bis auf wenige Ausnahmen, die inhaltlich nicht in das Gesamtkonzept passten, befürwortet worden.

Die Nordrhein-Westfalen-Stiftung half aber nicht nur bei der Finanzierung des Projekts „Vom Krummstab zum Adler. Säkularisation in Westfalen" sondern sponserte auch die „Schlendrian"-Ausstellung im Westfälischen Landesmuseum für Kunst und Kulturgeschichte.

Darüber hinaus trägt die Stiftung die Hälfte der Kosten für die Internetpräsentation „Aufbruch in die Moderne. Das Beispiel Westfalen", die im März 2004 online ging.[30]

7. Nachhaltigkeit sicherstellen

a) Den Geschichtsunterricht einbeziehen: Das Internetprojekt
www.aufbruch-in-die-moderne.de

Dieses Internetprojekt resultiert aus einer weiteren Initiative der Geschäftsstelle „Säkularisation in Westfalen", die im Frühjahr 2002 die Schulabteilungen der Bezirksregierungen sowie der konfessionellen und freien Schulen nach Münster eingeladen hatte, um die Durchführung von Lehrerfortbildungsveranstaltungen zum Gedenkjahr anzuregen. Die Anregung des LWL stieß auf große Zustimmung. Ein Arbeitskreis aus Fachreferenten der Bezirksregierungen, der Bistumsschulen, der Evangelischen Landeskirche sowie der Kuratorin der „Schlendrian"-Ausstellung erarbeitet seitdem Unterrichtsmaterialien für die Sekundarstufe II, die je nach unterschiedlich erteilter Zugangsberechtigung, Lerninhalte und Informationen sowohl für Lehrer als auch für Schüler und historisch Interessierte anbieten werden. Die Nachhaltigkeit, die das Säkularisationspro-

---

[29] So geschehen bei den Veranstaltungsreihen „Barock in Westfalen" 1995 und „Westfälischer Frieden" 1998
[30] www.aufbruch-in-die-moderne.de

jekt über den aktuellen Event hinaus hiermit erhält, entspricht selbstverständlich dem Interesse des Landschaftsverbandes und der NRW-Stiftung.[31]

b) Bildungstourismus bedienen: Reisehandbuch „Historische Klöster in Westfalen-Lippe"

Auch das Buch „Historische Klöster in Westfalen-Lippe. Ein Reisehandbuch" dürfte nach Ende des Gedenkjahres weiterhin seine Leser finden, erfreut sich die Kultur der Klöster doch seit einigen Jahren einer wachsenden Aufmerksamkeit breiter Bevölkerungskreise.[32] In Gesprächen mit den westfälischen Tourismusverbänden hatte sich nämlich herausgestellt, dass das Bedürfnis für ein bildungstouristisches „Kloster-Angebot" vorhanden ist.[33] Sowohl im Schlaun-Jahr als auch beim Droste-Jubiläum hatte der Landschaftsverband in seiner Reihe „Kulturregion Westfalen" jeweils einen touristischen Reiseführer herausgegeben.[34] Somit lag es nahe, auch anlässlich des Säkularisations-Projekts eine Publikation in Auftrag zu geben, die „kulturtouristisch interessierte Bürgerinnen und

---

[31] Das bewusste Bestreben um Nachhaltigkeit führte bei früheren LWL-Projekten beispielsweise zur Einrichtung der Forschungsstelle „Westfälischer Frieden" am Westfälischen Landesmuseum für Kunst und Kulturgeschichte in Münster und – anlässlich des Droste-Jahres – zur Gründung der Westfälischen Literaturkommission. Die Kommission erforscht mit haupt- und ehrenamtlichen Mitarbeitern die vergangene und aktuelle Regionalliteratur, führt nach Abschluss der historisch-kritischen Ausgabe der Werke Annette von Droste-Hülshoffs die Droste-Forschungsstelle weiter und eröffnete 2002 das Westfälische Literaturarchiv, das für die Aufbewahrung und Erschließung von Nachlässen westfälischer Autoren zuständig ist.

[32] Pieper, R.: Historische Klöster in Westfalen-Lippe. Ein Reisehandbuch, Münster 2003. In diesem Zusammenhang ist auch der dritte Band des Westfälischen Klosterbuchs zu nennen, der im Auftrag der Historischen Kommission für Westfalen in diesem Jahr erschienen ist. Hengst, K. (Hg.): Westfälisches Klosterbuch, Bd. 3, Münster 2003.

[33] Im Vorwort greift der Autor dieses Bedürfnis auf: „Das ‚regulierte', durch Ordensregeln in feste Bahnen gelenkte Leben bildet in einer zunehmend freieren Gesellschaft mit ihren Vorteilen, aber auch den Unsicherheiten, Risiken und einem hohen Maß an Selbstverantwortung, eine Faszination, fast auch einen Anachronismus. Das Gedenken an die Säkularisation, an die Aufhebung der Klöster, die 1803 mit der Profanierung der Kloster- und manchmal auch der Kirchengebäude verbunden war, richtet den Blick darauf, dass es sich nicht zuletzt deshalb vielfach um keine lebendige Kultur mehr handelt." Pieper, historische Klöster, 2003, S. 9.

[34] Vgl. Anmerkungen 10 und 11.

Bürgern Westfalens sowie Gäste aus aller Welt dazu anregen soll, sich bei Ausflügen und Reisen auf die Suche nach den Spuren der jahrhundertealten westfälischen Klosterkultur zu machen, um diese so neu zu entdecken."[35]

8. Zusammenschau: Sind Jubiläumsjahre also ein geeignetes Mittel, historische Themen in die Fläche zu tragen und langfristige Impulse zu setzen?

Einleitend beziehe ich mich auf einen Bericht in der Neue Zürcher Zeitung:

„Das kulturelle Gedächtnis ist eine Konstruktion, die heute gern mit den Mitteln einer Themen setzenden Eventkultur erzeugt wird", kommentierte die Neue Zürcher Zeitung das Projekt „Vom Krummstab zum Adler. Säkularisation in Westfalen 1803-2003"[36], um anschließend festzustellen: „Dabei kommt es manchmal zu überraschenden Effekten." Die 450 Veranstaltungen in Westfalen belegen eindrucksvoll, dass die LWL-Initiaitve einen Gutteil der hiesigen Bevölkerung tatsächlich erreicht hat. An der Auftaktveranstaltung für das Projekt, am 25. Februar 2003 im Schloss zu Münster, nahmen über 1000 Gäste teil, darunter zahlreiche Vertreter aus Politik, Verwaltung und Kultur, der beiden christlichen Kirchen und der westfälischen Adelsfamilien. Die überwiegende Mehrheit der Anwesenden waren jedoch lokalhistorisch interessierte Bürgerinnen und Bürger aller Altersklassen. Umrahmt von einem anspruchsvollen musikalischen Rahmenprogramm[37] hielt der renommierte Philosoph Prof. Dr. Dr. Hermann Lübbe an diesem Abend einen Vortrag zum Thema „Säkularisation. Modernisierung und die Zukunft der Religion", den der LWL auf Grund des großen Interesses und zahlreicher Nachfragen im August 2003 in einer Auflage von 2500 Exemplaren veröffentlichte.[38]

---

[35] Pieper, historische Klöster, 2003, S. 7.
[36] Neue Zürcher Zeitung vom 15.03.2003.
[37] Hierfür konnten Prof. Frank Löhr, Frankfurt/Hamburg, die Gregorianik-Schola Marienmünster unter der Leitung von Hans Hermann Jansen, Detmold sowie das Trompetenensemble Willi Budde, Detmold gewonnen werden.
[38] Lübbe, H.: Säkularisation. Modernisierung und die Zukunft der Religion, Münster 2003. In seinem Vortrag vertritt Lübbe die Meinung, dass in einer säkularisierten Gesellschaft die Erinnerung an das, was mit der Modernisierung verloren ging, plötzlich in den Blickpunkt des allgemeinen Interesses gerät, weil gerade die konsequente Modernisierung den Boden für eine weit verbreitete religiöse Frömmigkeit bereiten kann (ebd., S. 27). „Hinzu kommt

Nicht nur die Kuratoren der großen Ausstellungen in Münster und Dortmund konnten sich über beeindruckende Besucherzahlen freuen. Auch die Museen, die sich mit lokal- und regionalgeschichtlichen Ausstellungen beteiligten, profitierten von dem landesweiten Interesse.[39] Der unerwartet große Besucherandrang führte in einigen Fällen zur Verlängerung der Laufzeit (z. B. bei der Ausstellung „Damenstifte im Münsterland", Westpreußisches Landesmuseum Münster). Das Renaissancemuseum Schloss Horst in Gelsenkirchen entschloss sich sogar, die ursprünglich nur temporär konzipierte Präsentation „Horst – ein vestisches Dorf unter Krummstab und Adler" in eine Dauerausstellung umzuwandeln.

Die überwältigende Resonanz, die ausgerechnet das bis dahin nahezu in Vergessenheit geratene Thema Säkularisation in Westfalen hervorrief, erstaunt Historiker und Kulturfachleute gleichermaßen. Ist es die Faszination einer „fremde[n] Vergangenheit"[40], die durch eine spektakuläre Inszenierung vorübergehend in den Blickpunkt der breiten Öffentlichkeit gerät, die sich mit Ende des Events aber wieder verflüchtigt? Der Landschaftsverband Westfalen-Lippe jedenfalls erwartet ein dauerhaftes Interesse an der vergangenen Klosterkultur, und hat sich aus diesem Grund

---

die zeitgenössische Sympathie mit den Opfern der Zwangsmaßnahmen: Wo die Aufklärung noch kirchliche Macht und Machtmissbrauch sah, fühlt der heutige Besucher eher mit der Nonne, für die mit der Schließung ihres Klosters ein Lebensentwurf scheiterte." (ebd.). Und wo die „Kirche ihren lebensweltlichen Einfluss weitgehend verloren hat, wächst das Bewusstsein für den kulturhistorischen Verlust jener Modernisierung von oben und verbindet sich mit der Neugier auf Spuren solcher Ereignisse im lokalen Nahbereich."

[39] Als Beispiele seien genannt: „Vom Stadtboten zur Informationsgesellschaft. Post- und Kommunikationsgeschichte in Paderborn und Ostwestfalen-Lippe", Historisches Museum im Marstall, Paderborn (Oktober 2002-Januar 2003); „Napoleon und die Folgen. Das Amt Rheine, das Fürstentum Rheina-Wolbeck und das Emsland im Zeitalter der Säkularisation", Städtische Museen Rheine/Kloster Bentlage und Emslandmuseum Lingen (August-November 2003); „Vom Kurkölnischen Krummstab über den Hessischen Löwen zum Preußischen Adler. Die Säkularisation und ihre Folgen im Herzogtum Westfalen", Sauerlandmuseum Arnsberg (September 2003-Januar 2004); „Frömmigkeit und Wissen. Kapuzinerbibliotheken vor der Säkularisation", Wanderausstellung der Arbeitsstelle „Historische Bestände in Westfalen" der Universitäts- und Landesbibliothek Münster/Bibliothek der Kapuziner Münster/Institut für kirchengeschichtliche Forschung des Bistums Essen/Institut für religiöse Volkskunde Münster/Insitutio Storio dei Cappuccini Rom/ Philosophisch-Theologische Hochschule Münster (Juni 2003 – Juni 2004).

[40] Neue Zürcher Zeitung vom 15.03.2003.

zum Ausbau des ehemaligen Augustiner-Chorherrenklosters Dalheim bei Paderborn zu einem Westfälischen Klostermuseum entschlossen.

Das LWL-Projekt stillte offensichtlich ein Bedürfnis in der westfälischen Bevölkerung, sich mit ihrer eigenen Geschichte auseinanderzusetzen und möglicherweise zu identifizieren. Dabei riss das Thema Säkularisation in Westfalen alte, nur scheinbar verheilte Wunden auf; vor diesem Hintergrund dürfte auch das bemerkenswerte Desinteresse der katholischen Amtskirche zu verstehen sein, die sich (mit Ausnahme ihrer Mitarbeit an der und Unterstützung für die Internetpräsentation „aufbruch-in-die-moderne") in keiner Weise an dem Projekt beteiligte. Ob sich dahinter allerdings die Sorge verbirgt, „im Rahmen der Erinnerungsfeiern doch wieder nur als reaktionäre und fortschrittsfeindliche Kraft angeprangert zu werden", wie die NZZ vermutete, soll dahingestellt sein.[41]

In jedem Fall diente die LWL-Initiative dazu, sich an ein unmittelbar „vor Ort" stattgefundenes Ereignis aus der jüngeren Geschichte zu erinnern, das sich angesichts von Globalisierung und Aufhebung vertrauter Strukturen dazu eignet, den Verlust von Nähe und Ängsten zu kompensieren.[42] Die seit Jahren festzustellende Vehemenz, mit der die „Provinz" nach ihren eigenen Wurzeln sucht, ist vor dem Hintergrund der aktuellen Diskussion über ein „Europa der Regionen" somit als Gegenbewegung zum gesamteuropäischen Regionalismus und den hiermit einhergehenden, als „historische Kolonisierung" empfundenen Tendenzen zu bewerten.[43]

---

[41] Neue Zürcher Zeitung vom 15.03.2003.
[42] Vgl. hierzu: Lübbe, H.: Abschied vom Superstaat. Vereinigte Staaten von Europa wird es nicht geben, Berlin 1994, bes. S. 57; Weigelt, K. (Hg.): Heimat. Tradition. Geschichtsbewusstsein, Bonn 1986; Hirsch, S. (Hg.): Heimatbewusstsein unbewusst – Das Bedürfnis nach Heimat und seine Entstehung, München 1998; Mütter, B./Schönemann, B./Uffelmann, U. (Hgg.): Geschichtskultur. Theorie, Empirie, Pragmatik, Weinheim 2000.
[43] Siehe hierzu: Klueting, E. (Red.): Westfalen in Nordrhein-Westfalen. Positionsbestimmungen, Münster 1998; dies. mit Geistert, A. und Lenz, U. (Red.): Westfalen – Eine Region mit Zukunft, Münster 1999; darin: Hoffschulte, H.: Westfalen als europäische Region, S. 11-28; Wielens, H. (Hg.): Westfalen im Europa der Regionen, Münster 2002; Aktuell der Themenband „Regionale Identitäten in Westfalen seit dem 18. Jahrhundert" des Jahrbuchs „Westfälische Forschungen" 52 (2002), hierin u.a.: Küster, T.: „Regionale Identität" als Forschungsproblem. Konzepte und Methoden im Kontext der modernen Regionalgeschichte, S. 1-44. sowie Ditt, K.: Was ist ‚westfälisch'? Zur Geschichte eines Stereotyps, S. 45-94.

Der LWL versteht sich nicht nur als administrativer und politischer Anwalt regionaler Interessen für die Region Westfalen-Lippe, sondern möchte durch historische Jubiläen Impulse setzen, die Bürgerinnen und Bürgern unseres Landesteils dazu anregen sollen, sich mit der Geschichte und Kultur ihrer Region zu beschäftigen. Den in Westfalen Geborenen, deren Familien dort angestammt sind, mögen solche historische Jubiläen dazu dienen, sich an ihre Wurzeln zu erinnern. Den Zugewanderten können sie helfen, ihre neue Heimat zu entdecken, um bestenfalls anschließend eigene Wurzeln zu schlagen.

Führungen vorbereiten – Tipps für Führende und Ausstellungsteams

Von Waltraud Schreiber

Dem Kapitel liegt ein Verständnis von Führungen zugrunde, das jede „personale" Aufbereitung einer Ausstellung für Besucher umfasst.[1] Als gemeinsames Ziel aller Führungen wird gesehen, einen Beitrag dafür zu leisten, dass der Besucher bewusst mit Geschichte umzugehen lernt – und das mit Freude und Gewinn für das eigene Leben.[2]

Damit muss zweierlei ernst genommen und aufeinander bezogen werden: Die Geschichte, die in der Ausstellung thematisiert wird und der Besucher, der sich für den Ausstellungsbesuch entscheidet.

I. Vorbereitungstipps für den Führenden

Sich auf das Führen vorzubereiten heißt notwendig, sich intensiv mit der ausgestellten Geschichte zu befassen und mit der Frage, wie der Besucher bei der Auseinandersetzung mit ihr unterstützt werden kann. Die Trennung Geschichte – Besucher muss aber schon im Laufe der Vorbereitung aufgehoben werden: Es ist gerade das Wesen von Führungen, Ausstellung und Besucher zusammenzubringen, wobei der Führende die Verbindung herstellt bzw. das Entstehen einer Verbindung unterstützt.

Jeder Führung müssen Auswahlentscheidungen vorausgehen. Der Führer kann nie alles aufgreifen, was sich anbieten würde. Führungen sind notwendig selektiv. Dabei gilt: Die Auswahlentscheidungen können nicht beliebig getroffen werden. Eine Modifikation des so genannten didaktischen Dreiecks macht das deutlich: Die Vorgaben, die der Ausstellungsmacher mit der Art, wie die Ausstellung konzipiert ist, getroffen hat, binden ebenso, wie das Zeitbudget des Besuchers, seine Interessen und Voraussetzungen, wie die Kompetenzen und Vorlieben des Führenden.[3]

---

[1] Vgl. hierzu Zabold/Schreiber, Bildungschance Ausstellung, hier: Zabold, Museumspädagogik, S. 220 in diesem Band.

[2] Jede einzelne Führung soll, mit anderen Worten gesagt, einen Beitrag dazu leisten, den reflektierten und (selbst-) reflexiven Umgang des Besuchers mit Geschichte zu fördern. Vgl. die näheren Hinweise in Zabold/Schreiber, Bildungschance Ausstellung, hier: Schreiber, Grundlagen, S. 208 in diesem Band.

[3] Das Modell des didaktischen Dreiecks wird hier aufgegriffen, das auf das dialektische Verhältnis zwischen „Lerner", „Lehrer" und „Stoff" verweist.

```
              Ausstellung
                  /\
                 /  \
                /    \
               /      \
              /        \
             /          \
            /            \
           /_____\
      Besucher          Führer
```

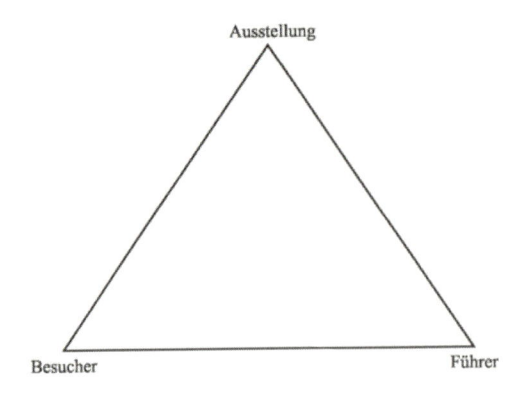

Je bewusster die Auswahlentscheidungen erfolgen, desto besser kann die Führung werden. „Kann", weil man nicht übersehen darf, dass die Vorüberlegungen auch zu einem starren Korsett führen könnten. Das aber wäre kontraproduktiv, denn die einzelne Führung lebt von der Spontaneität und Kreativität des Führenden ebenso sehr wie von der Eigeninitiative der Besucher. Das ist kein Widerspruch: Wer weiß, was insgesamt die wichtigen und großen Ziele sind, die er anstrebt, wer sich Gedanken über die unverzichtbaren Bausteine gemacht hat, wer viele Wege kennt, die zum Ziel führen, der kann im Einzelfall improvisieren, re-agieren, Neues ausprobieren. Er wird die Gesamtrichtung trotzdem nicht aus dem Blick verlieren.

Folgende Fragestellungen müssen die Vorbereitung des Führenden leiten:

Was will ich eigentlich mit meiner Führung erreichen?

Was ist unverzichtbar? – „Rote Fäden" sichtbar machen.

Auf welchen Wegen bringe ich Besucher und Ausstellung zusammen?[4]

---

[4] Die Abstimmung zwischen Zielen, Inhalten und Methoden steuert jegliche Vermittlung, egal, ob im Rahmen von Schule oder in der Lebenswelt. Ziele, Inhalte und Methoden stehen in einem Abhängigkeitsverhältnis zu einander, wobei das Warum die Richtung vorgibt, und erstens die Auswahl der Inhalte, und zweitens der Methoden steuert. Die Vermittlungsmethoden hängen auch von den Inhalten ab. Die pädagogische und didaktische Literatur, die sich mit diesen Fragen befasst, füllt Regale. Wichtigste Impulsgeber waren Heimann, P./Otto, G./Schulz, W.: Unterricht. Analyse und Planung, Hannover 1965, die Begründer der so genannten Berliner Didaktik (auch: Lehrtheoretische, lerntheoretische Didaktik, Berliner Schule). Ziele. Inhalte, Methoden, und als 4. Dimension die Medien, werden als die „Entscheidungsfelder" des Unterrichts bezeichnet. Davon unterschieden werden die Bedingungsfelder des Unterrichts (soziokulturelle und anthropogene Voraussetzungen). An die Stelle der „Medien", bzw. neben sie treten in anderen Konzepten Sozialformen, der

1. Das Ziel: Besucher zum kompetenten Umgang mit Geschichte anregen

Der Besucher soll aus der Führung nicht nur Kenntnisse über die dargestellte Vergangenheit mitnehmen, sondern auch die Art, wie Geschichte dargestellt wird, einschätzen lernen und die eigene Gegenwart und Vergangenheit/Geschichte in Bezug zueinander setzen. Das alles aber soll auf eine Weise geschehen, die auch den Besucher wichtig nimmt,[5] nicht nur die Geschichte, und zudem nicht übersieht, dass auch der Führende Stärken und Schwächen, Vorlieben und Abneigungen hat.

Obwohl in einzelnen Beiträgen des vorliegenden Bandes Wichtiges zu dieser Zielsetzung gesagt ist, fasse ich an dieser Stelle noch einmal kurz zusammen. Dabei habe ich stets die personale Vermittlung in Führungen im Blick:

a) Geschichtstheoretische Bezüge erhellen die Hintergründe[6]

Eine Ausstellung greift aus der unendlichen Fülle möglicher Themen eines auf. Die Ausstellungsmacher und -gestalter folgen dabei bestimmten Fragestellungen und stellen ihre Antworten unter Beachtung der Forschungslage[7] dar, unter Berücksichtigung der Exponate, die für die Ausstellung ausgeliehen werden konnten, der Räumlichkeiten, die zur Verfügung stehen, der finanziellen und personellen Ressourcen. Sie haben dabei den Adressaten im Blick, und müssen in aller Regel auch die Erwartungen der Auftraggeber mitbedenken. Das eigene Know-What und

---

Materialeinsatz, Regeln, Verfahren und Maßnahmen, Lernzielkontrollen, Organisationsformen, Lernorte, Evaluierung.

[5] Vgl. die Hinweise zu adressatengerechten Führungen bei Huber, Adressatengerechte Führungen, S. 441 in diesem Band.

[6] In die Überlegungen fließt geschichtstheoretische und geschichtsdidaktische Literatur ein, vor allem solche, die sich mit Geschichtsbewusstsein befasst. Geschichtsbewusstsein ist die zentrale Kategorie der Geschichtsdidaktik. Einen guten Überblick ermöglichen die Beiträge in der Zeitschrift für Geschichtsdidaktik (ZGD) 1 (2002) und 2 (2003). Mit der Förderung eines reflektierten Geschichtsbewusstseins befassen sich speziell die im Kontext des Forschungsprojekts „FUER Geschichtsbewusstsein" entstandenen Aufsätze in der ZGD 2.

[7] Die „Forschungslage" speist sich aus den verfolgten Fragen, aus den überhaupt noch erhaltenen Quellen, ihrer Erschließung, ihrer Interpretation und Einordnung, aus den Kenntnissen im Umfeld des Themas in synchroner und diachroner Hinsicht, etc. Notwendig geprägt ist die jeweils aktuelle Forschungslage durch den interdisziplinären Diskurs zwischen den Historikern, der die Forschungsergebnisse einordnet und bewertet.

Know-How schlägt sich nieder.[8] An einem anderen Ort, von anderen Ausstellungsmachern gestaltet, unter anderen Rahmenbedingungen wäre zum selben Themenkomplex eine andere Ausstellung entstanden. Die großen Jubiläen und Erinnerungsanlässe, die unterschiedliche Ausstellungen hervorbringen,[9] machen das augenfällig.[10] – Die einzelne Ausstellunge zeigt deshalb nie „die Geschichte", sie zeigt „eine Geschichte".

Und nicht einmal alle diese Geschichten zusammen, können abbilden, was einmal gewesen ist. Vergangene Wirklichkeit kann nicht wieder aufgeweckt werden. Sie ist notwendig vorbei und entschwunden. Wir haben aber Instrumentarien entwickelt, sie zu re-konstruieren und uns ihr wieder anzunähern; unsere eigenen Sichtweisen und Erfahrungen bleiben dabei aber nie ganz ohne Einfluss. Vor allem bestimmen die Fragen, die wir stellen, welche Aspekte aus der Vergangenheit re-konstruiert werden. Dabei haben wir den Zeitgenossen gegenüber den Vorteil, dass wir wissen können, was sich „danach" ereignet hat. Sich „ex post", also im Nachhinein, mit Entwicklungen zu befassen, erlaubt deshalb, andere, z. T. neue Zusammenhänge zu sehen, erlaubt Verbindungen herzustellen, die die damalige Wirklichkeit deutend einordnen. Interpretation, Deutung spielen dabei notwendig eine Rolle, auch Um-Interpretation und Um-Deutung.

Den Ertrag zieht der für sich (und seine Adressaten), der sich mit Geschichte befasst: Er verschafft (sich), indem er seine Geschichte darstellt, Orientierung in der Vergangenheit und Orientierung für die eigene Gegenwart und Zukunft. Die Plausibilität der Darstellung muss immer überprüft werden, unter anderem, indem man ihre Bezugnahmen zur vergangenen Wirklichkeit untersucht, aber auch, indem man ihre Darstellungsweise betrachtet, und ihre Bezüge zur Gegenwart.

Was als Mangel erscheinen könnte, dass eine vollkommene Annäherung an die vergangene Wirklichkeit ausgeschlossen ist, zeigt sich also auf den zweiten Blick als Reiz und als Chance. Es geht nicht um das auswendig Lernen von Daten und Fakten, um ein geschlossenes Geschichtsbild, das keine Fragen offen lässt. Es geht vielmehr immer darum, fernes Leben zu re-konstruieren, häufig um dadurch das eigene besser zu verstehen, und die Welt, die notwendig eine geschichtliche ist, in Vergangenheit, Gegenwart und Zukunft klarer einschätzen zu können. Es geht

---

[8] Vgl. den Beitrag Hamberger, Ausstellungskonzepte, S. 19 in diesem Band.
[9] Vgl. hierzu auch Todrowski, Jubiläen, S. 359 in diesem Band.
[10] Man vergleiche z. B. die Säkularisationsausstellungen der Jahre 2002 und 2003.

darum, Interpretationen anderer als solche erkennen, hinterfragen und eigene Positionen entgegen stellen zu können.

b) Die Reflexion lebensweltlicher Erfahrungen erleichtert das Verstehen

Was theoretisch und schwierig klingt, ist es nicht, wenn man die lebensweltlichen Erfahrungen einbezieht: Dass notwendig eine Differenz zwischen dem besteht, was gewesen ist, und dem, was wir in Erinnerung bringen und halten können, kennt jeder aus dem eigenen Leben, auch, dass die Erinnerung trügen kann, dass selbst nach intensivster Recherche Manches im Dunklen bleibt.

Die Frage, ob man überhaupt Lehren aus der Vergangenheit ziehen kann, stellt sich eher im akademischen Diskurs als für den Alltag. Lebensweltlich greifen die Menschen, übrigens auch die Wissenschaftler, auf die unterschiedlichsten Weisen auf vergangene Erfahrung zurück und bringen diese mit Gegenwärtigem in Zusammenhang. Man vollzieht nach, modifiziert und vergleicht oder handelt in bewusster Absetzung von bisherigen Erfahrungen ganz anders.[11] Man versucht, unter anderem durch historische Argumentation zu überzeugen, zu legitimieren, schafft sich seine Identität, auch indem man sich historisch verortet.[12]

---

[11] Jörn Rüsen, in Anlehnung an ihn auch Hans-Jürgen Pandel und Bodo v. Borries befassen sich mit den verschiedenen Sinnbildungsformen. Sie unterscheiden traditionale, exemplarische, genetische, kritische, telische, zyklische. Zur Entwicklung des Konzepts vgl. u.a. Rüsen, J.: Zeit und Sinn. Strategien historischen Denkens, Frankfurt/M. 1990, sowie den Zeitschriftenbeitrag ders.: Historische Sinnbildung durch Erzählen, in: Internationale Schulbuchforschung 18 (1996), S. 501-543. In Anwendung finden sich die „Sinnbildungsmuster" u.a. in ders.: Kann gestern besser werden? Zum Bedenken der Geschichte, Berlin 2003. Modifikationen des Rüsenkonzepts schlagen Pandel und v. Borries vor: Pandel H.-J.: Erzählen und Erzählakte. Neuere Entwicklungen in der didaktischen Erzähltheorie, in: Demantowsky, M./Schönemann, B. (Hgg.): Neue geschichtsdidaktische Positionen, Bochum 2002, S. 39-55; Borries, B. v.: Geschichtsbewußtsein als System von Gleichgewichten und Transformationen, in: Rüsen, J. (Hg.): Geschichtsbewußtsein. Psychologische Grundlagen, Entwicklungskonzepte, empirische Befunde, Köln 2001, S. 239-280.

[12] Mit dem auch lebensweltlichen Umgang mit Geschichte befassen sich derzeit zahlreiche Autoren. Geschichtskultur, Geschichtspolitik, Geschichtsbewusstsein sind relevante Suchbegriffe für Literaturrecherchen. Einen Überblick geben Sammelbände wie: Geschichtskultur – Eine Herausforderung für den Geschichtsunterricht? in: Baumgärtner, U./ Schreiber, W. (Hgg.): Geschichts-Erzählung und Geschichts-Kultur. Zwei geschichtsdidaktische Leitbegriffe in

Dieses Erfahrungswissen zum Ungang mit Vergangenem ist keinem der Besucher fremd. Viele haben aber bislang noch nicht darüber nachgedacht, dass das, was sie aus dem eigenen Leben kennen, im Prinzip auch für jeden anderen Umgang mit Vergangenheit, mit Geschichte[13] gilt. Gewendet auf Ausstellungen heißt das: Dass Ausstellungen eine Form des Ungang mit Vergangenem sind, dass sie eine von vielen möglichen Geschichten darstellen haben sich nicht alle Besucher bewusst gemacht. Sie können das aber sofort erkennen, wenn sie, z. B. im Zuge von Führungen, darauf aufmerksam gemacht werden.

Wenn Führungen Menschen in ihrem Umgang mit Vergangenheit/ Geschichte fördern wollen, dann heißt das, sie beim Aufbau ihrer historischen Kompetenz zu unterstützen, speziell der Sachkompetenz, der Methodenkompetenz und der narrative Kompetenz.

c) Sach-, Methoden-, narrative Kompetenz[14]

Sachkompetenz[15] umfasst zum einen das Wissen um die erhaltenen Quellen[16], zum anderen um Zusammenhänge. Sachkompetent ist aber nicht schon der, der etwas „weiß", sondern erst der, der sachadäquat „mit Wissen umgehen kann". Dazu gehört die Fähigkeit, zwischen den unter Experten unstrittigen Wissensbeständen und dem, was noch nicht oder nicht mehr gewusst wird, differenzieren zu können, und dem, wozu es verschiedene Meinungen gibt. Erst wer erkannt hat, dass Geschichte auch diese offenen Elemente enthält, versteht, warum mit ihr auch Schindluder getrieben werden kann und sieht ein, dass für den Umgang mit Geschichte neben Sachkompetenz auch Methodenkompetenz notwendig ist.

---

der Diskussion, München 2001; Mütter, B./Schönemann, B./Uffelmann, U. (Hgg.): Geschichtskultur. Theorie – Empirie – Pragmatik, Weinheim 2000; Schönemann, B./Schreiber, W. (Hgg.): Geschichtskultur und historische Orientierung, erscheint 2004, im Druck.

[13] Vergangenheit steht hier für vergangene Wirklichkeit, Geschichte für die Re-Konstruktion der Vergangenheit in den unterschiedlichsten Hinsichten.

[14] Vgl. hierzu Schreiber, W.: Förderung der historischen Kompetenz der Schüler als Operationalisierung des Qualitätsstandard „Entwicklung und Förderung des reflektierten und (selbst-) reflexiven Umgangs mit Geschichte", in ZGD 2 (2003), S. 28-37.

[15] Vgl. Nadler, Fundierte Grundinformation transportieren, S. 405 in diesem Band.

[16] Quellen stammen aus der betrachteten Vergangenheit; sie sind die Brücken in die Vergangenheit, ohne die Re-Konstruktionen gar nicht möglich wären.

Gute Führungen erzählten keine „glatten Geschichten", sie vermitteln Geschichte vielmehr „mit aufgerauter Oberfläche"[17]. Damit ist gemeint, dass sie die Exponate[18] mit einbeziehen, und den Weg zur Erkenntnis, dass sie als offen darstellen, was strittig ist, als unbekannt, was noch nicht erforscht ist oder auf Grund von Quellenmangel nicht erforscht werden kann, dass sie verschiedene Sichten neben einander stellen, dass sie Fehlinterpretationen und parteiliche Darstellungen als solche ausweisen, dass sie zeigen, wie Geschichte aus Gegenwartsinteressen heraus ge- und missbraucht werden kann. Mit dieser Offenheit fördern Führungen die Sachkompetenz der Besucher.

Wer Führungen vorbereitet, muss sich zuerst selber ein kritisches Bild machen, er muss auf die offenen Fragen und die strittigen Sichtweisen ebenso achten, wie auf das Gesicherte. Ein Baukastensystem, wie Michael Nadler es in seinem Beitrag vorstellt, ist hierbei ausgesprochen hilfreich.[19]

Methodenkompetenz befähigt sowohl zum Umgang mit Quellen (Re-Konstruktionskompetenz) als auch zum Umgang mit „fertigen Rekonstruktionen" (De-Konstruktionskompetenz). Sie hilft, sich selber ein Bild zu verschaffen und Darstellungen, die andere vorgelegt haben, zu beurteilen. Eine Ausstellung ist eine solche Darstellung, und die in Ausstellungen gezeigten originalen Exponate sind Quellen aus der Zeit, um die es geht. Der Führende kann an geeigneten Stellen die Methodenkompetenz der Besucher fördern.

Wichtig ist, dass er das in beiden Hinsichten versucht, in Hinsicht auf den Umgang mit den originalen Exponaten und in Hinsicht auf den Umgang mit Darstellungen. Jeder gute Führer wird deshalb ebenso „über die Ausstellung" reden und die Besucher an der einen oder anderen Stelle „hinter die Kulissen" blicken lassen, wie er den Besuchern dabei hilft, verschiedenste Exponate zu erschließen. An ausgewählten Bild-, Text- und Gegenstandsquellen verdeutlicht dies der Beitrag von Gisela Paul.[20]

Am schwierigsten ist es, speziell bei Führungen heterogener Erwachsenengruppen, auch die **narrative Kompetenz** der Besucher zu fördern, also ihre Fähigkeit, den Umgang mit Vergangenheit, mit Geschichte in

---

[17] Diesen Begriff habe ich Rolf Schörken entliehen, der ihn im Zusammenhang mit historischen Erzählungen prägte. Vgl. Schörken, R.: Das Aufbrechen narrativer Harmonie, in: GWU 48 (1997), S. 727-735.
[18] Vgl. Paul, Exponate und Besucher, S. 421 in diesem Band.
[19] Vgl. Nadler, Fundierte Grundinformation transportieren, S. 405 in diesem Band.
[20] Vgl. Paul, Exponate und Besucher, ab S. 421 in diesem Band.

Worte zu fassen. Narrative Kompetenz kommt z. B. darin zum Ausdruck, dass der Besucher das, was der Führende an ihn heranbringt mit dem, was er schon weiß, vernetzen und zu einer „neuen", möglichst besser abgesicherten Geschichte über Vergangenes verknüpfen kann. Das kann vermutlich nur auf sprachlichem Weg geschehen (deshalb „narrative" Kompetenz), wobei jeder aus Erfahrung den Quantensprung kennt, der zwischen „sich etwas denken" und „etwas aussprechen" bestehen kann.[21]

Wer Geschichte sprechend oder schreibend darstellt, strukturiert und stellt in Kontexte. Im Idealfall begründet und erklärt er, macht er die Zusammenhänge, die er herstellt, nachvollziehbar. Das verlangt eine gewisse Erfahrung und Expertise. Mancher Besucher fühlt sich dadurch überfordert und ist deshalb nicht bereit, über Geschichte zu reden – zumindest nicht vor der ganzen Gruppe.

Gute Führungen regen aber zu Gesprächen mit anderen Besuchern, mit dem Partner an oder zur stummen Kommunikation mit den Exponaten.[22] Führer, die um die Bedeutung dieser Phasen für die Entwicklung narrativer Kompetenz wissen, fühlen sich durch Gespräche nicht gestört, sondern sind in der Lage, Äußerungen über Geschichte aufzugreifen; ev. auch im individuellen Gespräch beim Wechsel zwischen den Abteilungen. Dies setzt allerdings eine hohe Sachkompetenz, Erfahrung und Souveränität des Führungspersonals voraus, das sonst Angst hat, sich in einem Gespräch eine Blöße zu geben! Je besser das Führungspersonal vorbereitet ist, desto eher kann es gelingen, auch die narrative Kompetenz der Besucher zu fördern. Leichter als mit erwachsenen Laien ist es, Kinder- und Spezialisten ins Gespräch mit und über Geschichte zu bringen.

Wie viel Kommunikation eine Führung verträgt, ist eine dieser spontanen Entscheidungen, die der Führende gruppenspezifisch zu treffen hat. Es macht durchaus Sinn, schon in der Vorbereitungsphase Gesprächsimpulse zu überlegen und zu sammeln. Direkte Fragen (vor allem solche, die man nicht beantworten kann) erinnern manche Erwachsene unangenehm an Schulzeiten zurück. Solche emotionale Belastungen lassen sich vermeiden, wenn der Führende versucht zu moderieren, statt zu fragen.

2. Unverzichtbar für Führungen: der rote Faden

Es ist bereits mehrfach dargestellt worden, dass gute Führung nicht nur auf Vergangenes fokussieren sollten, sondern auch auf die Art der Prä-

---

[21] Vgl. die Hinweise in Zabold/Lehmann, Kinderkatalog, S. 595 in diesem Band.

[22] Vgl. die Hinweise zur Förderung von Kommunikation in Brehm, Museumspädagogen, Besucher und Ausstellungen, S. 181 in diesem Band.

sentation und die dahinter liegenden Auswahlentscheidungen und auf den Zusammenhang mit der Gegenwart der Besucher.[23] Wichtig ist, dass dabei den Besuchern nicht nur Fragmente angeboten werden, sondern dass umfassende Zusammenhänge hergestellt werden. Das bringt das Bild vom roten Faden, der Orientierung ermöglicht, gut zum Ausdruck.

a) Fokussierung auf Vergangenes: Der rote Faden der Ausstellungskonzeption

Der Schwerpunkt liegt in der Regel auf der Auseinandersetzung mit der Vergangenheit. Gerade in der Fokussierung auf Vergangenes ist es wichtig, einen roten Faden zu berücksichtigen. Dem Besucher werden sonst Entwicklungen oder Spezifika nicht klar. Meist ist es der rote Faden, den die Ausstellungskonzeption vorgibt, den auch der Führer aufgreift.

Viele Ausstellungen geben eine fixe Führungslinie vor, oft ist sie an der Chronologie orientiert. In schlüssiger Weise folgt Abteilung auf Abteilung. Wer der Führungslinie folgt, versteht das Konzept. Leitexponate, Abteilungs- und Raumtexte unterstützen das Verstehen. Der Führende geht mit seiner Gruppe der Linie nach, erklärt und vertieft.

Manche Ausstellungen, wie die Mühldorfer, lassen den Besuchern – und Führern – mehr Spielräume und ermöglichen verschiedene Zugänge. Doch auch in diesen offeneren Ausstellungen gibt es Schlüsselstellen. Die Bedeutung der Texte und Leitexponate für das Sich-zu-Recht-Finden nimmt zu. Auf sie sollte man sich auch in den Führungen beziehen.

Jede Ausstellung kann man aber auch „gegen den Strich" führen, also ohne sich an das Konzept des Ausstellungsmachers zu halten. Allerdings sollte man sich als Führer gut überlegen, ob man das will. Das eigene Konzept muss dann sehr klar und stringent sein, die Berührungen zur Ausstellung müssen durchdacht werden. Manche Führungstypen verlangen das Abweichen von der Ausstellungslinie aber geradezu: Es handelt sich dabei um so genannte Spezialführungen:

b) Der rote Faden von Spezialführung – quer zur Ausstellungskonzeption

Alle diese Sonderführungen sollen bei den Besuchern nicht den Eindruck von zusammenhangslosen Mosaiksteinchen hinterlassen. Die Gäste sollen die Ausstellung nicht als Steinbruch erleben. Um das zu verhindern, ist es notwendig, den Besuchern sowohl innerhalb des Schwerpunkts, als auch

---

[23] Vgl. Zabold/Schreiber, Bildungschance Ausstellung, hier: Schreiber, Fokussierungen, S. 203 in diesem Band.

an den Berührungspunkten zu den Abteilungen der Ausstellung „rote Fäden" bewusst zu machen. Hilfreich kann eine Einordnung der gesamten Ausstellung zu Beginn sein, bevor man mit der Gruppe den ausgewählten Aspekt vertieft.[24]

Spezialführungen können z. B. mit dem Rahmenprogramm zusammenhängen: Weil im Innenhof, vor dem Ausstellungsgebäude, der Handwerkermarkt[25] stattfindet, wird „Handwerk" als der rote Faden ausgewählt, der die Führung zusammenhält. Es ist kein leichtes Unterfangen für einen Führer, „nebenbei" auch noch den roten Faden anzusprechen, den der Ausstellungsmacher gelegt hat, und dem man „sonst folgt". (=Einladung zum Mehrfachbesuch).

Eine „Führung gegen den Strich" wollen manchmal auch homogene Gruppen buchen. In der Mühldorfer Ausstellung wurden z. B. Spezialführungen für einzelne Berufsgruppen bestellt. Ich verdeutliche das Prinzip am Beispiel der Ärzte. Nach einer kurzen Einführung zur Aussage der gesamten Ausstellung lag der Schwerpunkt auf der Medizinalabteilung. Auch aus den anderen Abteilungen wurden Aspekte herausgegriffen, die mit Ärzten, Krankheit der medizinischen Versorgung zu tun haben: (Das Gutachten des Medicus aus den Prozessakten des Hexenprozesses (→Abteilung Recht), die Akten, die die Anstellung des Stadtphysikus widerspiegeln (→Verwaltung), die Rolle eines bestimmten Arztes in bestimmten Situationen der Stadtgeschichte (→in Mühldorf ergab sich so eine Verknüpfung in die Abteilung religiöse Reformen), die Physikatsberichte des ersten bayerischen Amtsarztes, die die Umbruchszeit erhellen (→nach der Säkularisation) etc. Ausgehend von solchen Sonderbeständen werden die Rahmenbedingungen beleuchtet. Zwei „rote Fäden" sind zu verknüpfen, der des Spezialthemas und der die Ausstellung konstituierende.

Auch lehrplanorientierte Schülerführungen, die sich auf einzelnen Abteilungen beschränken, verlangten eine von der Ausstellungskonzeption abweichende Schwerpunktsetzung.[26] Dasselbe galt für Führungen im Rahmen mancher Ferienprogramme[27] und für viele der Kinderführungen im Familienprogramm.[28] – Die Anforderungen an den Führenden bleiben

---

[24] Erfahrungsgemäß waren eine ganze Reihe der Teilnehmer von Spezialführungen für weitere Besuche zu motivieren, die meisten nahmen zusätzlich auch an einer Standardführung teil.
[25] Vgl. Schreiber, Adressaten als Akteure, S. 539 in diesem Band.
[26] Vgl. Zabold, Themengespräch, S. 503 in diesem Band.
[27] Vgl. z.B. Paul, Modelle, S. 635 in diesem Band.
[28] Vgl. Fischer, Wochenendführungen für Kinder, S. 469 in diesem Band.

hoch: Immer geht es darum, das „Sonderthema" einerseits so zu erschließen, dass den Besuchern auch Strukturen und Zusammenhänge in Erinnerung bleiben, anderseits das Sonderthema in die Ausstellung einzuordnen, und deren „roten Faden" zumindest anzudeuten.

c) Fokussierung auf die Darstellungsweise – nicht ohne „roten Faden"

Rote Fäden sollen für die Besucher auch erkennbar werden, wenn die Fokussierung gewechselt wird. Zwei bis dreimal während einer Führung sollte man sich von der thematisierten Vergangenheit lösen und die in der Ausstellung gewählte Darstellungsweise ins Zentrum rücken. Der rote Faden, der unabhängig von den konkreten Beispielen, sichtbar werden soll, ist die Einsicht, dass Ausstellungen Darstellungen sind, die bestimmte Absichten verfolgen, zu denen es auch Alternativen gäbe.

Die Vorkenntnisse der Besucher gehen, was die Beschäftigung mit Ausstellungskonzeptionen betrifft, besonders weit auseinander. Allerdings ist es nicht schwer, mit ein und derselben Mitteilung Besucher auf unterschiedlichen Niveaus zu bedienen: Hinweise zur Auswahl und Aufstellung der Exponate („Arrangements"), zur Abstimmung zwischen Texten und Exponaten, zum Einsatz interaktiver Stationen[29] und Multimediapräsentationen[30] eröffnen dem einen eine „Sprache", die er bisher noch nicht verstanden hat, verweisen den anderen auf Feinheiten in der Konzeption, geben dem dritten die Möglichkeit, Vergleiche mit anderen Ausstellungen einzubringen.

Die Besucher anzuregen, Inszenierungen[31] zu hinterfragen und zu bewerten, die Wirkung auf einen selber zu beobachten, vielleicht auch zu versprachlichen, ist ein anderes, auch in heterogenen Gruppen mit großem Erfolg erprobtes Vorgehen. Gerade für weniger ausstellungserfahrene Besucher eröffnet sich hier ein Weg, Ausstellungen als eine Darstellung von Geschichte unter mehreren möglichen zu erkennen.

Ich halte es zudem für sinnvoll, einmal während einer Führung auf Alternativen hinzuweisen, die man auch hätte zeigen können. Diese Hinweise müssen sich „organisch" aus der Führung heraus ergeben. Sie können durch zusätzliches Material unterstützt sein, z. B. durch Abbildungen anderer Exponate, die die Aussage einer Abteilung noch deutlicher ge-

---

[29] Vgl. Vogel, Interaktive Stationen, S. 101 in diesem Band.
[30] Vgl. Michel, Multimedia, S. 79 in diesem Band.
[31] Zur Unterscheidung der Präsentationsformen (Inszenierung, Arrangement) vgl. Michler, A. Museum und Ausstellung, in Schreiber, W.: Erste Begegnungen mit Geschichte, ²2004, im Druck.

macht hätten. Wieder ist das Ziel, dass die Besucher die ihnen angebotene Darstellung nicht verabsolutieren und unreflektiert für die Abbildung der Vergangenheit halten. Zusätzlich können sie sich an solchen Stellen der Zwänge bewusst werden, unter denen Ausstellungsmacher stehen: Nicht alle Exponate, die man gerne hätte, kann man schließlich auch ausstellen.

Führungen können auch die spezifische Handschrift der Verantwortlichen thematisieren, die inhaltliche Aussageabsichten, aber auch Absichten „jenseits" der Inhalte. Der Führer kann Aussagen des Kurators zitieren und dann zeigen, wie die Umsetzung in der jeweiligen Abteilung erfolgte. Manche Gruppen springen darauf an, selber Alternativen zu bedenken, andere sind weniger kreativ und kundig. Das Prinzip aber wird den allermeisten Besuchern deutlich. – Mit den Hinweisen auf Alternativen können übrigens auch Defizite der Ausstellung ausgeglichen werden, die erst nach der Eröffnung bewusst geworden sind.[32]

Der Führer ist in seiner Entscheidung, an welchen Stellen er den Besuchern den Blick hinter die Kulissen eröffnet, ziemlich frei. Weil so gut wie jede Abteilung Ansatzpunkte bietet, auch über die Gestaltung zu sprechen, weil man überall Alternativen einfließen lassen kann, ist es sinnvoll, das bei Themen zu tun, über die man selber gut Bescheid weiß. Hier kann man sich am souveränsten bewegen. Sinn macht es aber auch, den Fokus bei Themen zu wechseln, von denen man festgestellt hat, dass sie der Gruppe nahe liegen.

d) Fokussierung auf die Gegenwart: die Lebenswelt der Besucher als roter Faden

Die Interessen der Gruppe sollten den Ansatzpunkt bieten, wenn man als Führer Zusammenhänge zwischen dem in der Ausstellung Thematisierten und der Gegenwart herstellt. Mindestens zwei-/dreimal sollte man diesen Blickwechsel vollziehen. Für die Vorbereitung auf das Führen ist das Suchen nach sinnvollen Gegenwartsbezügen eine wichtige Aufgabe.

Dazu ist es hilfreich sich zu überlegen, wann Geschichte im Alltag der Besucher eine Rolle spielen kann. In der Lebenswelt befasst man sich nämlich häufig gerade dann mit Geschichte, wenn die eigene Gegenwart Anlässe dafür bietet:

– Man versteht ein Phänomen besser, wenn man die historischen Wurzeln mitberücksichtigt,
– man stolpert über einen Überrest aus der Vergangenheit, der in die Gegenwart ragt,

---

[32] Vgl. Brehm, Museumspädagogen, Besucher und Ausstellungen, S. 181 in diesem Band.

- man begegnet der Geschichtsdarstellung eines anderen,
- man wird auf eine Veränderung aufmerksam und fragt, wie's früher war,
- man will wissen, ob das „schon immer so gewesen ist",
- man fragt nach Ursprüngen,
- man gibt einer Veränderung, mit der man konfrontiert wird, einen Sinn, indem man sie mit der Vergangenheit in Bezug bringt.[33]

Auf solche Möglichkeiten sollte der Führende zurückgreifen und an konkreten Beispielen zeigen, dass Geschichte Gegenwart verständlicher und „(er)lebbarer" macht oder auch, wie Geschichte missbraucht werden kann, wenn die Gegenwart es will.

Je näher man bei den Beispielen „an den Besuchern" bleiben kann, desto mehr regen sie zur Selbstreflexion und zum Nachdenken über Geschichte im eigenen Leben an.[34]

Manche Ausstellungsmacher bieten in ihrer Konzeption Ansatzpunkte für Gegenwartsbezüge. Doch auch diese sollten mit der Lebenswelt der speziellen Besuchergruppe in Zusammenhang gebracht werden.

3. Methodisches: Den Besuchern die Zugänge zur Ausstellung erleichtern

Es ist schwer, allgemein über Wege zu schreiben, Besucher und die ausgestellte Geschichte zusammenzubringen, weil es sich ja jeweils um konkrete Besucher und eine bestimmte Ausstellung handelt, die der Führer zusammenbringen muss. Jeder muss in „seiner Ausstellung" nach geeigneten Wegen suchen. Dabei spielen auch Äußerlichkeiten, wie die Raumkonstellation eine Rolle. Man sollte sich im Vorfeld bereits überlegen, wo man sich jeweils selber hinstellt, wo man die Gruppe platziert. Oft gibt es den optimalen Platz, um Exponate zu erschließen, Ausstellungskonzepte zu erklären, Verknüpfungen mit der Gegenwart herzustellen und manchmal verbietet Platzmangel, etwas aufzugreifen, was besonders interessant wäre.

Entscheidend ist, die Ausstellung souverän zu kennen und über ein Repertoire an Führungslinien zu verfügen, so dass man sich auf die

---

[33] Klaus Bergmann hat sich viel mit Gegenwartsbezügen von Geschichte befasst. Vgl. u.a. Bergmann, K.: Gegenwartsbezug im Geschichtsunterricht, Schwalbach 2002.

[34] Vgl. Hinweise in einer Reihe von Beiträgen in diesem Band, z. B. in Bichlmeier, Räume, S. 235, Funk, Lebenswelt und Geschichtskultur, S. 271, Huber, Adressatengerechte Führungen, S. 441, Lehmann, Grauen, S. 289, Schreiber, Adressaten als Akteure, S. 539.

Gruppe konzentrieren kann. Gerade die Kontaktaufnahme in der Anfangsphase ist wichtig: Je eher man weiß, wen man vor sich hat, desto sicher kann man sich für geeignete Wege, die zum Ziel führen, entscheiden.[35]

Die Vorbereitung kann durch grundlegende Überlegungen, wie sie vor allem von Pädagogen propagiert werden, geleitet werden.[36]

a) „Den Besucher da abholen, wo er steht"

Dieser Satz stellt „Einheitsführungen" in Frage. Unterschiedliche Voraussetzungen verlangen unterschiedliche museumspädagogische Ansätze.[37] Zu wörtlich nehmen sollte man die Aussage aber auch nicht, denn Führungen wenden sich nun einmal an Gruppen; deshalb ist eine gewisse Vereinheitlichung und Entindividualisierung unerlässlich. Die Anforderung an den Führer, zuerst einmal herauszufinden, „wo die Gruppe steht", behält aber ihren Sinn. Sie ist zusätzlich eine Herausforderung auch für die Organisatoren.

Eine wichtige Hilfe ist nämlich eine Differenzierung im Führungsangebot. Werden unterschiedliche Führungen angeboten, können Gruppen schon bei der Anmeldung artikulieren, worauf sie einen Schwerpunkt gelegt haben wollen. Näheres hierzu wird in Kapitel II. ausgeführt. Im Zentrum der folgenden Überlegungen steht weiterhin der einzelne Führer.

Nicht unterschätzt werden dürfen die Minuten vor dem eigentlichen Beginn der Führungen: Diese Phase sollte man intensiv nutzen: Eine kurze Absprache mit dem Gruppenleiter erleichtert die Einordnung der Gruppe. Die Beobachtung der Gruppe, z. B. beim Ablegen der Garderobe, beim Anstecken der Buttons, bei der Regelung der Bezahlung, ein Blick auf die Kommunikation unter den Gruppenmitgliedern geben ebenfalls Aufschlüsse.

Die wichtigsten Hinweise zu den Voraussetzungen der Gruppe holt man sich aber in der ersten Phase der Führung. Da kommt es einem entgegen, dass jede Ausstellung „Essentials" aufweist, die als Hinführung allen Gruppen nahe gebracht werden müssen. (Im Falle der Mühldorfer Ausstellung waren das die Insellage, die Salzburger (Landes-)Herrschaft, das Heilige Römische Reich Deutscher Nation als Rahmen und ein Hin-

---

[35] Vgl. die Hinweise in anderen Beiträgen dieses Bandes, z. B. in Zabold/Lehmann, Kinderkatalog, S. 595 oder Huber, Adressatengerechte Führungen, S. 441.

[36] Vgl. Zabold/Schreiber, Bildungschance Ausstellung, hier: Zabold, Museumspädagogik, S. 220 in diesem Band.

[37] Vgl. Huber, Adressatengerechte Führungen, S. 441 in diesem Band.

weis auf die Umbrüche des 19. Jahrhunderts). Auch die zeitliche Einordnung zählt zu den unerlässlichen Rahmungen einer jeden Führung. Wie schon festgestellt gibt es für jede Phase von Führungen ideale Standorte und Exponate, in Falle Mühldorfs war das eine Karte, die die Insellage sofort ins Auge springen ließ. Der Ausstellungsmacher hatte genügend Platz für die Gruppe vorgesehen, und vom Standort aus „neugierig machende" Einblicke in die Abteilungen eröffnet.[38]

In dieser relativ gelenkten Einstiegsphase kann man sich Möglichkeiten eröffnen, die Gruppe einzuschätzen. Hierzu ein paar Anregungen:

- Sofort erkennt man Motivation und das Maß an Aufmerksamkeit, das einem eine Gruppe von sich aus bereit ist, entgegen zu bringen. Setzen sich die Besucher schon zu Beginn der Führung hin, verstummt die Gruppe nicht von selber, wenn man sich als Führer platziert hat, konzentriert sich die Aufmerksamkeit nicht bei den ersten Worten der Begrüßung auf den Führenden, schweifen die Blicke ziellos durch die Ausstellung, dann ist „extrinsische", sachferne Motivation notwendig, um Besucher und Ausstellung zusammenzubringen. Man strukturiert die an sich geplante Führung um, rückt Spannendes, zum Schmunzeln Anregendes, sich einfach Erschließendes, Verblüffendes in den Vordergrund, und versucht von solchen Aufhängern aus zum Kern zu kommen.
- Bereits in der Einführung kann man abtesten, inwiefern die Gruppe bereit ist, sich selber einzubringen. Eine für möglichst viele (!) zu beantwortende Frage zu stellen, ist der direkteste und wohl auch zielführendste Weg. Die Bereitschaft zur aktiven Beteiligung erkennt man nicht nur an den Antworten, sondern auch an der Interesse und Kommunikationsbereitschaft signalisierenden Körpersprache, vor allem am Gesichtsausdruck, eventuell auch an flüsternden, scheinbar nur an den Nachbarn gerichteten Reaktionen. Oft zeigt sich schon in dieser Phase, wenn ein Einzelner die Tendenz hat, die Gruppe zu dominieren. Dann kann es besser sein, ihm nicht allzu viel Raum zu lassen.
- Schon zu Beginn sollte man den einen oder anderen (weiterführenden) Fachbegriff einfließen lassen, natürlich nicht, ohne nachfolgende

---

[38] Es ist wichtig, sich Alternativen für den Start zu überlegen. Wenn der Besucherandrang sehr groß ist oder man Gruppen teilen muss, hat man eben auszuweichen. In Mühldorf konnte man auch mit dem Porträt eines der Salzburger Landesherren beginnen, des Fürstbischofs Graf von Schrattenbach (vgl. die Hinweise bei Paul, Exponate und Besucher, S. 421) oder, auch das Stockwerk wechselnd, in der Säkularisationsabteilung.

Erklärung. Recht gut erkennt man an den Reaktionen, wer mit den Termini etwas anfangen kann und wer nicht. Muss man differenzieren, z. B. weil das Gros Erläuterungen braucht, aber auch einige Kenner unter der Gruppe sind, so ist es hilfreich, dem Profi zu signalisieren, dass man seine Kompetenz erkannt hat. Das ist durch kleine Anmerkungen möglich, z. B. auf dem Weg zwischen den Abteilungen oder vor Exponaten.

Die in dieser Phase vollzogene „Etikettierung" der Gruppe muss vermutlich erweitert und/oder revidiert werden. Geeignete Stellen dafür sind die Wechsel der Fokussierungen. Hier zeigt sich die Beweglichkeit der Gruppe, die Bereitschaft, umzuschalten, sich auf nicht Erwartetes einzulassen. Deshalb sollte man den ersten Wechsel der Blickrichtung früh einbauen. Bei Sensibilität und Interesse z. B. für Darstellungsweisen in der Ausstellung können mehr Hinweise einfließen, ebenso, wenn Gegenwartsbezüge aktiv aufgegriffen und weitergedacht werden.

Ob Gruppen sich auf Exponate einlassen, erkennt man am besten, wenn man nach den erschließenden Hinweisen noch etwas Zeit für die eigene Betrachtung lässt. Wendet sich ein Großteil der Gruppe sofort ab, wenn das letzte Wort des Führenden verklingt, sollte der bei der Erschließung des nächsten Exponats versuchen, noch mehr Gewicht auf das Selber-Schauen, Selber-Entdecken, Selber-Erkennen zu legen, sollte er versuchen, die Gruppe aktiv in die Entschlüsselung einzubinden. Das kann auch nonverbal geschehen: Nicken viele der Teilnehmer ganz spontan auf die simple Frage „Sehen Sie hier [diese Herrschaftssymbole]?", hat man einen Indikator dafür, dass es geglückt ist, Besucher und Exponat zusammen zu bringen; eindeutiger wird der Erfolg natürlich, wenn die Besucher ihr Erkennen artikulieren.

Die Hinweise lassen sich auf den Punkt bringen: Die Besucher da abholen, wo sie stehen, kann man nur, wenn man sich Beobachtungsstrategien bereit legt, und wenn man sich überlegt, wie man das, was man beobachten will, auslösen könnte.

Andere, ebenfalls aus der Pädagogik und Didaktik stammende Anregungen sind pragmatischer, beinhalten bereits deutlichere Hinweise für die Umsetzung:

b) „Bekanntes und Neues verknüpfen"

Die Schwierigkeit ist, zu erahnen, was dem Besucher bekannt ist. Wirklich sicher sein kann man sich eigentlich nur bei den Aspekten, die man selber bereits angesprochen hat. Für die Führung heißt das, man versucht, zu vernetzen, an geeigneten Stellen also Rückbezüge herzustellen, bzw.

nach vorne zu weisen. Diese Wiederholung ist gerade in Hinblick auf das wichtig, was „bleiben" soll. Highlight-Exponate, mit denen z. B. in der Presse für die Ausstellung geworben worden ist, können sehr gut als Anker genutzt werden.

Sichtlich Spaß macht es vielen Besuchern auch, Methodenkenntnisse, die man am Exponat A angebahnt hat, später wieder anzuwenden. „Sie erkennen jetzt wieder [die Insignien] ......". „Das können Sie dem Bild jetzt selber entnehmen. [Pause]." Wenn niemand „einsteigt, fährt der Führer fort: „Sehen Sie hier...."[39]

Aus der Gegenwart Bekanntes als Anknüpfungspunkt zu nutzen, ist eine weitere Möglichkeit. Kontinuität und Wandel, ebenso das ganz Andere der Vergangenheit können so bewusst gemacht, aber auch verankert und gemerkt werden. Im selben Sinne kann man den „Raum"[40] aufgreifen. Einheimische können auf die Anregung des Führers hin ohne weitere Hilfen „verorten", Fremden erleichtert z. B. ein Orientierung verschaffender Blick aus dem Fenster (auf Reste der Stadtbefestigung, auf die Kirche, von der eben gesprochen wird...) die Einordnung, oder ein mitgebrachter Plan und ein Bild.

Anthropologische Grundkategorien wie Angst, Hoffnung, Grauen,[41] Liebe bieten ebenfalls Vernetzungsmöglichkeiten. Dass gerade das scheinbar Zeitlose auch seine historische Dimension hat, erstaunt – und erleichtert in der Folge das Verknüpfen.

Schwieriger ist es, historisches Wissen und Begriffe als Ansatzpunkt zu nutzen. Man kann sich nie sicher sein, wie bekannt sie wirklich sind. Ein paar Tricks helfen: Dem „Sie wissen sicher..." kann man die kurze Erklärung folgen lassen. Man kann erzählen, wie Schüler oder andere Gruppen verknüpft haben etc. Gemeinsam ist diesen „Kniffen", dass man das, woran man anknüpfen will, noch einmal darstellt. Die Idee, die hinter dem Anknüpfen an Bekanntes steckt, ist die Beobachtung, dass sich Vernetzbares besser einprägt als Einzelbestände.

c) Erwartungen wahrnehmen und aufgreifen

Um zu erfahren, was die Gruppe will, sind die kleinen, informellen Gespräche vor der Führung, beim Wechsel in andere Abteilungen oder in ein anderes Stockwerk ebenso hilfreich, wie das direkte Nachfragen. Weil der Trend zu artikulieren, was man will, immer bestimmender wird, fällt es nicht schwer, zu erfahren, wenn eine Gruppe besondere Wünsche hat.

---

[39] Vgl. Paul, Exponate und Besucher, S. 421 in diesem Band.
[40] Vgl. Bichlmeier, Räume, S. 235 in diesem Band.
[41] Vgl. Lehmann, Grauen, S. 289 in diesem Band.

Viele wollen aber nach wie vor einfach nur ein Mehr an Information, als sie einer Ausstellung allein entnehmen könnten.

Zu wissen, was eine Gruppe will, heißt noch lange nicht, ihr nur das Erwartete anzubieten. Das Prinzip lässt sich an einem Beispiel verdeutlichen: Wer Unterhaltung sucht, sollte nicht ausschließlich „Bildung" angeboten bekommen. Er sollte aber erfahren, dass sich bilden Spaß machen kann. Umgekehrt sollte, wer Bildung sucht, erkennen, dass die unterhaltenden Elemente sehr wohl Gehalte transportieren können, für die Anderen, aber auch für einen selber.

Je klarer dem Führer ist, worauf er hinaus will, je mehr Gedanken er sich darüber gemacht hat, mit Hilfe welcher Inhalte er sein Ziel erreichen kann, desto leichter fällt es ihm, Ziel und Besucher-Erwartungen aufeinander zu beziehen. Das Repertoire an Möglichkeiten erhöht sich dabei ständig.

d) Offen machen für Neues

Es wäre schade, wenn die Besucher eine Ausstellung verließen ohne das Gefühl, etwas Neues erfahren zu haben. Geschichte ist nichts Fertiges. Es geht immer um den Prozess des Umgehens mit Vergangenheit und mit den Deutungen anderer (Geschichte). Es geht immer darum, eigene Bezüge herzustellen. Dabei entsteht stets Neues, etwas, was man vorher so nicht gesehen hat. Am leichtesten tut sich ein Führer, der seiner Gruppe die Freude „vorlebt", die er an Geschichte hat, daran, etwas selber zu entdecken, daran, in den Exponaten immer wieder anderes zu erkennen.

e) Mit allen Sinnen lernen

Anders als Computer- oder Fernsehwelten sind Ausstellungen dreidimensional und lebendig. Deshalb erleichtern sie das Lernen mit allen Sinnen. Das gilt auch, wenn die Exponate in der Regel weggesperrt sein müssen. Der Besucher steht in einem Raum, umgeben von Überresten aus vergangenen Zeiten, eingebunden in Inszenierungen und Darstellungen. Die Bedingungen für „Erleben" sind also gegeben (Erleben kann man allerdings nicht die Vergangenheit, sondern „nur" die Ausstellung).

Das Tun, das Fühlen, Riechen und Schmecken drohen dabei zu kurz zu kommen, obwohl das Leben in den damaligen Wirklichkeiten Aktion verlangte, und ganz selbstverständlich Hände, Nase und Geschmacksnerven einbezog. Zunehmend berücksichtigen Ausstellungsmacher das, und bauen Aktivstationen ein.[42] Museumsshops sehen im Angebot von

---

[42] Vgl. Vogel, Interaktive Stationen, S. 101 in diesem Band.

Nachvollziehbarem, Essbarem, Fühlbarem ihre Chance. Dennoch ist in gar manchen Situationen vor allen der Führende gefragt: Sowohl in die Standardführung, mehr noch in Spezial- und Kinderführungen kann er Modelle und anfassbare Exponate einbeziehen.

Veranstaltungen des Rahmenprogramms in die Führungen einzubeziehen ist eine weitere Möglichkeit. Damit ist nicht nur gemeint, auf die Veranstaltungen zu verweisen, bei denen die Besucher das Schießen mit der Armbrust, das Kochen nach alten Rezepten, das Eintauchen in inszenierte Geschichte[43] erproben können, wo sie in Reenactment-Veranstaltungen[44] etwas über die Funktionsweise gegenständlicher Quellen „abschauen können", im Handwerkermarkt oder beim Landemanöver der Innschiffer[45] Zeuge von „historischem Können" werden, am Spieletag[46] alte Spiele ausprobieren können etc. Viel wichtiger ist, die „Erträge" der Veranstaltungen in die Führungen einzubauen. Das setzt voraus, dass zumindest einige aus dem Führungsteam an den Veranstaltungen des Rahmenprogramms teilnehmen, und ihren Kollegen die Anregungen weitergeben.

Sich als Führer auf Führungen vorzubereiten heißt also, wissen, worauf man hinaus will, auswählen, mit Hilfe welcher Inhalte und Exponate man das Ziel erreichen will, und Wege suchen, die Besucher und Ausstellung zusammenbringen, und dabei beide ernst nehmen.

Dabei gilt: Führungskonzepte sind nie fertig. Die Kompetenz auch des Führungspersonals entwickelt sich während der Ausstellung fort. Manche Fragen stellen sich erst, wenn man mit Gruppen vor Exponaten steht, wenn man „rote Fäden" aufzeigen will. Lesebedarf entsteht so immer wieder. Anregungen über die eigene Lektüre hinaus erbringen, wie oben schon festgestellt, Veranstaltungen des Rahmenprogramms und selbstverständlich Gespräche mit den Kollegen des Führungsdienstes. Organisiert sollte auch ein Austausch von Materialien zwischen den Kollegen werden, die diese im Laufe der Zeit anlegen. Führungsordner, an der Kasse deponiert, sind eine wenig aufwändige und leicht praktikable Lösung.

Vermeiden sollte man das „Abspulen" immer gleicher Führungen; das nimmt den Besuchern, aber auch einem selber den Spaß daran, durch Ausstellungen historische Kompetenzen aufzubauen.

---

[43] Vgl. Winklbauer, Geschichte inszenieren, S. 553 in diesem Band.
[44] Vgl. Junkelmann, Experiment und praktische Demonstration, S. 661 in diesem Band.
[45] Vgl. Schreiber, Pressearbeit für Tageszeitungen, S. 737 in diesem Band.
[46] Vgl. Unger/Sondermeier, Spielen, S. 583 in diesem Band.

Das Ausstellungsteam kann Weichen stellen, die die Arbeit des Führungsdienstes erleichtern und Qualität sichern. Je mehr Gedanken sich auch das Ausstellungsteam zu den Führungen gemacht hat, desto hilfreicher ist das für die Führenden.

II. Vorbereitungsarbeit für das Ausstellungsteam

1. Auswahl, Einstellung und Einstimmung des Führungsteams

Wenn die Verantwortlichen sich entschieden haben, Führungen anzubieten, müssen mindestens ½ Jahr vor Eröffnung die Vorarbeiten einsetzen. Sinnvoll ist es, einen für den Führungsdienst Zuständigen zu bestimmen. Ideal ist, wenn der die Ausstellung gut kennt, und, etwa bei VIP-Führungen, oder wenn Not am Mann ist, auch selber einspringen kann.

In Absprache mit dem Ausstellungsmacher muss geklärt werden, was die maximale Gruppengröße ist, die die Ausstellung verträgt und wie viele Führungen parallel stattfinden können. Davon hängt die Größe der Führungsteams ab.

Das Ausstellungsteam hat zu entscheiden, ob Fixtermine angeboten werden, ob neben Standardführungen auch Spezialführungen[47], z. B. für Klassen, erarbeitet werden sollen.

Der nächste Schritt ist, das Führungsteam zusammenzustellen. Es ist unerlässlich, eine feste Gruppe aufzubauen, wobei zumindest einige der Führer so flexibel sein sollten, dass sie als Feuerwehr einspringen können, wenn plötzlicher Bedarf besteht. In jedem Ort gibt es Kandidaten, die besonders prädestiniert für den Führungsdienst sind. Museumsführer, Stadtführer, Geschichtsstudenten, Heimatforscher, pensionierte Geschichtslehrer.[48] Erfahrungsgemäß haben einerseits nicht alle Zeit, erweitert sich der Kreis andererseits aber im Schneeballprinzip.

---

[47] Bei der Entscheidung pro oder contra Spezialführungen müssen auch Außenbedingungen wie die räumlichen Verhältnisse und die Öffnungszeiten berücksichtigt werden. Es muss geprüft werden, welche Gruppen überhaupt aktiviert und angesprochen werden können.

[48] Das Führungsteam der Mühldorfer Ausstellung bestand aus elf Studierenden des Erweiterungsstudiengangs Geschichtskultur der Universität Eichstätt-Ingolstadt, aus drei Stadtführerinnen, einer pensionierten Lehrerin, zwei Jugendlichen für die Kinderführungen. Die Koordination erfolgte durch Frau Prof. Schreiber, die im Notfall ebenso wie der Ausstellungsmacher Edwin Hamberger auch bei Führungen einsprang.

Es ist sinnvoll, diese Kandidaten zu einem Vorgespräch einzuladen, bei dem Grundinformationen zur Ausstellung gegeben werden und die Erwartungen an die Führer formuliert werden, auch die finanzielle Seite geklärt wird.[49] Die Anstellung sollte möglichst frühzeitig erfolgen, damit eine vertiefte Vorbereitung möglich ist.

Das zukünftige Team wird mit Literatur(-hinweisen) versorgt. Die Erwartungen werden präzisiert, erste Führungstypen (s. unten) werden festgelegt. Die Führer können, auch unter Beachtung ihrer Spezialgebiete, weitere Vorschläge machen. Von Anfang an sollte auf Selbstverantwortung und Teamgeist gebaut werden. Dazu gehört auch, dass Adressen ausgetauscht und die Dienstzeiten grob abgesprochen werden. Gerade die Neulinge ohne Führungserfahrungen werden gebeten, bis zur Eröffnung der Ausstellung noch bewusst an Führungen teilzunehmen und das Gespräch mit erfahrenen Führern zu suchen, um sich Tipps (bis hin zur Stimmpflege) zu holen.

Mit der Einstellung des Führungspersonals hat das Ausstellungsteam quasi Zuwachs bekommen. Das Führungsteam muss mit den relevanten Informationen zur Ausstellung versorgt werden. Das Drehbuch, Exponatlisten, die Beiträge des Katalogbandes, die Planungen des Rahmenprogramms, all das muss auch an die Führenden gehen. Umgekehrt können erfahrene Führer, aus der Perspektive des Museumspädagogen, noch Anregungen für die Ausstellungsgestaltung anbringen.[50]

Ein weiteres Treffen, ein oder zwei Monate vor der Eröffnung, macht Sinn. Es soll zeigen, ob die Vorbereitung zufriedenstellend abläuft. Günstig ist, eine Stadtführung (auch für Einheimische) zu integrieren, bei der die angehenden Ausstellungsführer kleine Teile übernehmen. Die Gespräche vor Ort zeigen dem Verantwortlichen und den Führenden selber den bereits erreichten Kenntnisstand. Grundregeln des Führens können erprobt werden, die Grundüberlegungen (s. I) erfahren eine Konkretisierung. In diesen Termin sollte auch ein Gespräch mit dem Ausstellungs-

---

[49] In der Regel handelt es sich um „selbständige Tätigkeiten"; es wird eine Pauschale pro Führung bezahlt. Fair ist es, darüber hinaus das Ausarbeiten der Führungen mit einer Pauschalsumme zu honorieren. Damit wird auch verbunden, dass die Unterlagen ausgetauscht werden müssen. Das wiederum ist eine qualitätssteigernde Maßnahme. Die Kosten für Führungen werden üblicher Weise so kalkuliert, dass eine Gruppen von 12 bis 15 Personen die Pauschale deckt. Im Falle der Mühldorfer Ausstellung konnte mit einem kleinen Plus abgeschlossen werden.

[50] Vgl. hierzu Zabold/Schreiber, Bildungschance Ausstellung, hier: Zabold, Museumspädagogik, S. 220 in diesem Band; vgl. auch Brehm, Museumspädagogen, Besucher und Ausstellungen, S. 181 in diesem Band.

macher integriert sein, und wenn möglich mit dem Leiter des Ausstellungsbüros. Die Besprechung schließt mit der Bitte, sich, am besten schriftlich, Gedanken über einzelne Elemente von Führungen und über Führungslinien zu machen, und die Ideen untereinander auszutauschen.

Noch vor der Eröffnung und vor der Presseführung findet in der fertigen oder fast fertigen Ausstellung ein letzter Vortermin statt, Führungstraining, bei dem gemeinsam eine Art Standardführung erarbeitet, der Führungsdienst am Eröffnungstag durchgesprochen, der Ablauf der Presseführung und der Multiplikatorenführungen festgelegt wird.

Auch während der Laufzeit der Ausstellung sollte sich das Führungsteam ein bis zweimal treffen, um Erfahrungen auszutauschen, die Organisation zu optimieren, die Kommunikation im Ausstellungsteam sicher zu stellen. Dass am Ende der Ausstellung ein gemeinsamer Abschluss steht, sollte eine Selbstverständlichkeit sein.

2. Führungsbuchungen

Diesbezüglich haben sich unterschiedliche Systeme bewährt.[51] Im Falle der Mühldorfer Ausstellung hatten wir feste Präsenztage für je zwei Führerinnen festgelegt. Große Gruppen sollten geteilt werden können. Weitere Führer wurden bei Bedarf hinzugezogen.[52]

Die Einzelführung sollte zwischen 1¼ bis 1½ Stunden dauern. Mehr als drei-, maximal viermal pro Tag sollte eine Person nicht eingesetzt werden. In Hochphasen konnte das aber nicht eingehalten werden.

Um die Organisation zu erleichtern, hatten wir uns für Führungsschienen entschieden. Zwei Vormittags- und zwei Nachmittagsschienen wurden angeboten. Begründete Ausnahmen waren möglich, aber selten nötig. Experimentieren kann man zusätzlich mit „kulturellen Mittagstischen" oder mit Feierabendführungen. Sinnvoll sind solche Zusatzangebote aber wohl erst, wenn sich die Ausstellung bereits etabliert hat und zum „Muss" geworden ist.

Alle Gruppen müssen sich vorab und schriftlich anmelden; auch um zweifelsfrei die Kontaktadresse des Verantwortlichen zu haben. Eine Wochenfrist ist sinnvoll. Ausnahmslos alle Anmeldungen müssen über das Ausstellungsbüro gehen. Die Meldeformulare sind zu nutzen. Fax- oder Mailbestätigung sollten ermöglicht werden. Voraussetzung sind

---

[51] Vgl. hierzu auch Kirmeier, Ausstellungsbüro, S. 821 in diesem Band.
[52] Wichtig ist es, für Notfälle vorzuplanen; alle Mitglieder des Führungsteams hatten deshalb, die Zeiten angegeben, zu denen sie keineswegs verfügbar sind.

übersichtliche Anmeldungsformulare, auf denen die Führungstypen aufgelistet sind. Eine Rubrik im Anmeldeformular, um die Gruppe zu kennzeichnen, wurde im Mühldorfer Fall von vielen Gruppenleitern genutzt und erleichterte den Führern die Arbeit. Am Wochenbeginn geht die Liste der gebuchten Führungen an die Kasse. Eintrittkarten können dann vorbereitet und andere kleine Organisationsarbeiten, die den reibungslosen Ablauf sicherstellen können bedacht werden.

Im Fall Mühldorf wurde zudem eine tägliche fixe Führung für Einzelpersonen angeboten, an den Wochenenden zwei, eine davon als Familienführung mit eigenem Kinderprogramm.[53] Die fixen Führungen finden statt, auch wenn die Besucherzahl niedrig ist; ein Minimum, in Mühldorf von fünf Personen, darf allerdings nicht unterschritten werden. Vor allem der Kostenfaktor verbietet dies.

Trotz dieses vielfältigen Angebots war das leidige Problem der Nichtzahler, die sich Führungen ganz oder phasenweise anhängen, nicht in den Griff zu bekommen. Es wurde mit Buttons experimentiert, die den „zahlenden Gästen" ausgehändigt, (von vielen dann aber eingesteckt) wurden. Die Führenden gaben freundliche Hinweise auf die Möglichkeit nachzulösen, wenn man an der Kasse vorbei ins nächste Stockwerk ging, verwiesen auf die nächste Führung – der Erfolg blieb mäßig.

3. Führungstypen

Führungstypen werden am Beispiel der Mühldorfer Ausstellung vorgestellt. Weil dort ein hoch motiviertes und kompetentes Führungsteam im Einsatz war, konnte breit differenziert werden. Für die einzelnen Schularten wurden verschiedene, auf die jeweiligen Lehrpläne abgestimmte Schwerpunkte angeboten und in Führungen mit unterschiedlichen Anteilen an Schüleraktivität umgesetzt. Das Themengespräch,[54] das, nach einem orientierenden Ausstellungsbesuch, außerhalb der Ausstellung einen Aspekt vertieft, war ebenso vertreten, wie die intensive Arbeit in einer Abteilung an einem Thema oder der vertiefende Querschnitt durch zwei drei Sektionen und die Überblicksführung. Klassen konnten aber auch Ausstellungsbesuche im Rahmen von Ausflügen buchen; dann kamen Elemente aus dem Ferienprogramm zum Einsatz.

Rund um die Ausstellung rankte sich auch ein ausführliches Ferienprogramm für Kinder und Jugendliche („Ferienspaß"). Der Besuch, zumindest in einzelnen Abteilungen der Ausstellung war fixer Bestandteil,

---

[53] Vgl. Fischer, Wochenendführungen für Kinder, S. 469 in diesem Band.
[54] Vgl. Zabold, Themengespräch, S. 503 in diesem Band.

die Rückbindung des Ferienprogramms an die Ausstellung erste Voraussetzung für die Konzeption der einzelnen Tagesangebote.

Ähnlich breit gestaffelt war das Angebot für Erwachsenengruppen: Spezialführungen für einzelne Berufsgruppen oder Vereine, Seniorenführungen, Behindertenführungen wechselten mit Standardführungen. Als attraktiv wurden die Familienführungen empfunden: Die Eltern nahmen an Erwachsenenführungen teil, die Kinder zeitgleich an eigenen Kinderführungen.

Zwei Sondertypen wurden noch angeboten, die Schauspielerführungen[55] und Expertenführungen im Zusammenhang mit dem Rahmenprogramm. Zum einen hatten Schauspielschüler einer regionalen Theaterakademie Szenen in einzelnen Abteilungen einstudiert. Bei den Expertenführungen führten Innschiffer,[56] Armbrustschützen, Küraßiere, Bader in „ihren" Abteilungen. Zum Teil fanden auch Fachvorträge vor den Exponaten statt (Votivbilder, bürgerliche Kleidung, Recht und Verwaltung, Schulwesen).

Bei der Eröffnung,[57] in der Museumsnacht und zum Säkularisationsjubiläum gab es zudem Führungen nur durch einzelne Abteilungen. VIP-Führungen, zum Teil außerhalb der Öffnungszeiten, rundeten das Programm ab.

4. Werbung für Führungen

Je differenzierter das Führungsangebot ist, desto mehr Öffentlichkeitsarbeit ist notwendig, um den gewünschten Erfolg zu bekommen. Teile dieses vielfältigen Programms wurde in den ersten Wochen der Ausstellungslaufzeit in Multiplikatorenführungen[58] vorgestellt; ansonsten lief die Bekanntgabe über die Presse und über Handzettel. Auf keinen Fall unterschätzen darf man, auch in Bezug auf die Führungen, die Mundpropaganda.

Versucht werden sollte auch, über vorhandene Netzwerke auf die Ausstellung und ihre Führungsangebote aufmerksam zu machen. Hier ist die Unterstützung durch erfahrene Institutionen (Fremdenverkehrsamt, Pressestellen der Träger) notwendig. Sinnvoll wäre es, dort auf Kultur-Netzwerke mit einer sorgfältig gepflegten Datenbank zurückgreifen zu können. Bildungsinstitutionen z.B. verfügen über ein tragfähiges Netz,

---

[55] Vgl. Bieler, Schauspieler „führen", S. 481 in diesem Band.
[56] Vgl. Schreiber, Pressearbeit für Tageszeitungen, S. 737 in diesem Band.
[57] Vgl. Hütter, Eröffnung, S. 117 in diesem Band.
[58] Vgl. Schreiber, Multiplikatorenführungen, S. 461 in diesem Band.

das von den Kultusministerien, Bezirksregierungen, Schulämtern gepflegt wird. Hier ist der e-mail-Weg der kostengünstigere und effektivere.

Zusammenfassend kann festgehalten werden, dass das Führungsangebot vielseitig sein und ganz unterschiedliche Angebote an die Ausstellungsbesucher machen muss, um Erfolg zu haben. Das setzt eine umfangreiche und systematische Arbeit bereits im Vorfeld der Ausstellung voraus, und eine Weiterentwicklung der Führungen innerhalb der Laufzeit. Je mehr man sich darauf konzentriert, den Besucher ernst zu nehmen, desto höher ist die Chance, etwas von seiner eigenen Begeisterung für die Geschichte(n), die eine Ausstellung erzählt, auf den zahlenden Kunden, der König in der Ausstellung sein sollte, zu übertragen.

Fundierte Grundinformation transportieren. „Richtlinien" für die Entwicklung historischer Ausstellungsführungen

Von Michael Nadler

Im Folgenden wird ein Vorschlag unterbreitet, wie eine primär auf erwachsene Besucher zugeschnittene Standardführung durch historische Ausstellungen entwickelt werden kann. Es wird zudem ein Baukastensystem vorgestellt, das es ermöglicht, die „Standardführung" zu modifizieren, um damit sowohl auf Zwänge, die der Alltag des Führungsdienstes mitbringt, reagieren zu können, wie auf das spezifische Profil der zu führenden Gruppen (Stichwort: Adressatenbezogene Betreuung). Die erläuternden Beispiele beziehen sich auf die Ausstellung „Salzburg in Bayern".

Es wird vorgeschlagen, in zwei Schritten vorzugehen: Zum ersten ist im Vorfeld jeder Ausstellung der Erwerb von Sachkompetenz zu deren Inhalten notwendig. Trotz des je spezifischen Informationsmaterials sind hierzu allgemein gültige Aussagen möglich. In einem zweiten Schritt geht es um führungsbezogene Methodenkompetenz. Die Prinzipien werden nicht nur aufgrund praktischer Erfahrung hergeleitet, sondern auch theoretisch begründet. Die äußeren und inhaltlichen Leitlinien für die Wissensaufbereitung und -vermittlung münden in ein „Baukastensystem", das sich als vielseitig brauchbares und effizientes strukturelles Konzept für Führungen herausgestellt hat. Es unterstützt das „learning by doing", durch das jeder Führende seine eigene Linie finden muss.

Bei allen Schritten wird besonderer Wert auf die wissenschaftliche Absicherung und die dazu komplementäre Förderung eines kritischen Blicks beim Besucher gelegt.

Am Schluss werden die Möglichkeiten und Grenzen des Baukastensystems im Lichte der praktischen Erfahrungen dargestellt.

I. Sachkompetenz erwerben: Hintergrund-, Spezial- und auf das Konzept der Ausstellung bezogenes Wissen

Die inhaltliche Vorbereitung auf den Führungsdienst in einer historischen Ausstellung muss möglichst früh beginnen und breit gefächert sein.[1] Dabei sollen einerseits eine chronologische Orientierung und andererseits

---

[1] Dafür hat auch das Ausstellungsteam Rechnung zu tragen, z. B. durch frühzeitige Auswahl und Einstellung des Führungsdienstes und umfassende Information. Vgl. Schreiber, Führungen, S. 379 in diesem Band.

eine themenspezifische Einarbeitung erfolgen, die dann miteinander vernetzt werden. Dieses Vorgehen entspricht der „chronologisch-systematischen" Arbeitsweise der Geschichtswissenschaft und erlaubt eine gezielte und daher schnelle und genaue Aneignung der relevanten historischen Kenntnisse.

Sehr vorteilhaft und befruchtend wirkt dabei die Arbeitsteilung in einem Team. Die organisatorischen Bedingungen dafür können die Verantwortlichen schon bei der Zusammenstellung des Führungsdienstes schaffen. Die Bedingungen in Mühldorf waren dadurch ideal, dass 2/3 des Führungsteams aus Eichstätter Studenten bestanden – es war also problemlos möglich, sich abzustimmen – und dass die Vorbereitung durch Prof. Dr. Waltraud Schreiber koordiniert wurde.[2] Das Ziel war, die Eigenverantwortung der Gruppe groß zu schreiben, ohne ganz auf Regelungen und Zwischen"kontrollen" zu verzichten.

Im Hinblick auf den chronologischen Aspekt wurde in Arbeitsteilung zunächst eine vollständige Zeitleiste zur Ausstellung erstellt. Diese Leiste wurde synoptisch angelegt, um die wichtigen Entwicklungslinien und Ereignisse auf mehreren Ebenen miteinander in Beziehung zu setzen. Diese Beziehungsebenen waren Europa, das Heilige Römische Reich bzw. Deutschland, die Territorien bzw. Länder Bayern und Salzburg und die Mühldorfer Lokalereignisse, vom Frühmittelalter bis zur Gegenwart. Jeder Teilnehmer übernahm dabei eine Epoche.

Als Vorbereitung für den zweiten, systematischen Aspekt stand im Falle der Mühldorfer Ausstellung die Erarbeitung lokal- und regionalgeschichtlicher Basisinformationen auf dem Programm. Es ist ganz selbstverständlich, dass jedes Mitglied des Führungsdienstes sich zu den zentralen Themen der Ausstellung kundig machen muss. Vorhandenes Wissen ist zu vertiefen und auszuweiten. Im Falle eines exemplarischen Zugangs der Ausstellung (z.B. über die Lokalgeschichte), schließt das auch das Einbeziehen der grundlegenden Literatur zu den Themenschwerpunkten ein.

Zur Mühldorfer Ausstellung wurde für den lokalgeschichtlichen Aspekt von der Teamleiterin ein „Mühldorf-Konvolut" bereitgestellt,[3] das

---

[2] Unerlässlich ist, dass der Führungsdienst einen Ansprechpartner im Ausstellungsteam hat, der im Idealfall sowohl sachlich kompetent als auch organisatorisch „zuständig" und mit Entscheidungsbefugnis ausgestattet ist.

[3] Es gehört zu den Aufgaben des Ausstellungsteams, das Führungsteam bei der Einarbeitung der Inhalte zu unterstützen. Ob und zu welchen Aspekten ein „Konvolut" zusammenzustellen ist, hängt vom konkreten Fall ab. Da, wo der

Literatur zu den einzelnen Themenblöcken der Ausstellung enthielt,[4] und sobald die Manuskripte eingelaufen waren, auch die Beiträge des Katalogbandes. Obwohl gerade die lokalgeschichtlichen Beiträge dieses Literatur-Bündel viele Fragen offen ließen, ist eine solche Sammlung als guter Einstieg in jede ortsgeschichtliche Thematik zu empfehlen. Ein besonderes Problem ist, dass in der lokalgeschichtlichen Literatur zwar Einzelaspekte vertieft werden, die Einordnung aber häufig fehlt. Einordnen zu können ist aber für den Führenden in einer Ausstellung unerlässlich. Einen schnellen Überblick über Stadtgeschichten und die wichtigsten Kunstdenkmäler bietet der jeweilige Artikel im Deutschen Städtebuch.[5] Für Orte im bayerischen Raum erschließt der betreffende Band des „Historischen Atlas von Bayern"[6] die Geschichte der Besitz- und Herrschaftsverhältnisse. Letzteres war bei der salzburgischen Enklave Mühldorf, die für Jahrhunderte ein Zankapfel zwischen dem Herzogtum Bayern und dem Erzstift Salzburg war und dementsprechend eine komplizierte rechtliche Struktur aufwies, besonders relevant. Man ist gut beraten, in Bezug auf die Rechtsgeschichte, früh auf Quellen zurückzugreifen, da in ihnen die territorialen und lokalen rechtlichen Besonderheiten, die in der Literatur selten thematisiert werden, konkret und authentisch erfasst sind. Im Falle Mühldorfs wurde eine besitzrechtliche „Beschreibung des Erzstiftes Salzburg"[7] aus dem 18. Jahrhundert herangezogen.

Informationsbedarf des Führungsteams am größten ist, sollten Hilfen angeboten werden. In unserem Falle war das der lokalgeschichtliche Aspekt.

[4] Den orts- oder heimatgeschichtlichen Kontext aus Sicht der Einheimischen erschließen Heimatbücher und Aufsätze in lokalgeschichtlichen Zeitschriften, die leider nicht in jeder Bibliothek zu finden und wissenschaftlich nicht immer „einwandfrei" sind. Für Mühldorf: Heimatbund Mühldorf (Hg.): Mühldorf: Stadt am Inn, Mühldorf ²1995; Das Mühlrad. Blätter zur Geschichte des Inn- und Isengaues, 1. Jg. 1951. Darüber hinaus sind Beiträge auch aus anderen lokalgeschichtlichen Zeitschriften der Region einzubeziehen. Ein wichtiges Findemittel für regionalgeschichtliche Zeitschriftenaufsätze in Bayern ist die Bayerische Landesgeschichtliche Zeitschriftenschau (http://www.kbl.badw.de/blzs/menue.htm).

[5] Deutsches Städtebuch. Handbuch städtischer Geschichte, Stuttgart u.a.; Teilbde. für Bayern: Bayerisches Städtebuch, 2 Bde., Stuttgart u.a. 1971-1974.

[6] Für Mühldorf: Stahleder, H.: Mühldorf am Inn. Die Landgerichte Neumarkt, Kraiburg, Mörmoosen und die Stadt Mühldorf, München 1976.

[7] Hübner, L.: Beschreibung des Erzstiftes und Reichsfürstenthums Salzburg in Hinsicht auf Topographie und Statistik, 3 Bde., Bd. 3: Die übrigen Gebirgsortschaften und die ausländischen Herrschaften des Erzstiftes nebst dessen Beschreibung im Allgemeinen, Salzburg 1796.

Nachdem sich jeder einen Überblick über das Gesamtthema erarbeitet hatte, konnte die systematische Erschließung der Ausstellung beginnen. Jeder Teilnehmer sollte sich zum „Spezialisten" für eine Abteilung (z. B. „Markt und Handel" oder „Recht und Verwaltung") machen und für die anderen das erarbeitete Wissen bereitstellen. Da es nun ins Detail ging, war spätestens ab diesem Zeitpunkt wirklich spezialisiertes Informationsmaterial nötig. Dieses war zunächst nicht wunschgemäß verfügbar, ein Problem, das sich wohl bei der Vorbereitung auf jede historische Ausstellung in einem gewissen Maße stellt, will doch jede Ausstellung auch „Neues" erschließen.

Der Fall Mühldorf war vor dem Erscheinen des Ausstellungskatalogs hauptsächlich deshalb kompliziert, weil die lokal- und regionalgeschichtliche Literatur stark fragmentiert vorlag und nicht tiefgängig genug war, allgemeine wissenschaftliche Literatur aber nicht genug Bezug zu der Kleinstadt hatte. Die Kunst besteht in einem solchen Fall darin, über die schon vorhandene Basisliteratur hinaus möglichst themennahe und themen*verwandte* Quellen und Literatur zu finden, die zusammen mit dem bereits vorhandenen Material Schlüsse auf die Ausstellungsthematik erlauben. Im Fall Mühldorf wurde hier auf Standardwerke zur Landesgeschichte[8] und zu Charakteristika der mittelalterlichen und frühneuzeitlichen Stadt[9] sowie auf Spezialhandbücher je nach Abteilung zurückgegriffen.

Zu diesem Zeitpunkt werden Detailinformationen über die Ausstellung und ihre Abteilungen wichtig. Diese finden sich häufig im Begleitband zur Ausstellung; in der Regel liegen die Manuskripte in dieser Vorbereitungsphase aber noch nicht vollzählig vor. Dann muss auf das „Drehbuch" der Ausstellung, auf die Objektlisten, im Idealfall versehen mit Objektbeschreibungen und Fotos, auf Entwürfe für Abteilungs-, Raum-, Exponattexte etc. zurückgegriffen werden.[10] All diese Informationen müssen für den Führungsdienst uneingeschränkt zugänglich sein.

---

[8] Dopsch, H./Spatzenegger, H. (Hgg.): Geschichte Salzburgs, 2 Bde. in 8 Teilbdn., Salzburg 1981-1991; Dopsch, H.: Kleine Geschichte Salzburgs. Stadt und Land, Salzburg 2001; Hartmann, P.-C.: Bayerns Weg in die Gegenwart. Vom Stammesherzogtum zum Freistaat heute, Regensburg 1989; Zaisberger, F.: Geschichte Salzburgs, München/Wien 1998.

[9] Isenmann, E.: Die deutsche Stadt im Spätmittelalter 1250-1500. Stadtgestalt, Recht, Stadtregiment, Kirche, Gesellschaft, Wirtschaft, Stuttgart 1988; Schilling, H.: Die Stadt in der frühen Neuzeit, München 1993.

[10] Das „Drehbuch" liefert eine Zielvorgabe für die zu sammelnde Information. Die Liste der auszustellenden Objekte lässt eine gezielte Suche zu.

Für die thematische Erschließung einer Abteilung ist nicht nur breites und intensives Einlesen notwendig, sondern auch die Umkehrung, die präzise, konzentrierte Darstellung auf wenigen Seiten. Eine gut recherchierte Abteilungszusammenfassung ist eine große Hilfe für das gesamte Führungsteam und für den Bearbeiter selbst, da er hier vertieftes Wissen über „seine" Abteilung „auf den Punkt" bringen muss, was für spätere (Spezial-)Führungen unerlässlich ist.

Sehr vorteilhaft ist bei der Führungsvorbereitung eine Exkursion an den „Ort des Geschehens", um sich mit historischen Zusammenhängen im Stadtbild vertraut zu machen. Dies gilt auch für Einheimische, die, speziell durch die themenbezogene Vorbereitung, einen anderen Blick auf „ihre Stadt" erhalten. Sinnvoll ist, dass jeder der angehenden Ausstellungsführer bei dieser Exkursion zu bestimmten Aspekten selber führt. Das fördert nicht nur die Methodenkompetenz bzw. das Bewusstsein für „Trainingsbedarf". Ein Ziel ist auch, das in der Literatur Dargestellte sowie die für die Ausstellung vorgesehenen Exponate und Akzente mit dem vor Ort Sichtbaren in Beziehung zu setzen.

II. Methodenkompetenz: Eine Standardführung entwickeln

Nicht nur „Anfänger" im Führungsdienst sollten nun auf der Grundlage des oben Dargestellten eine Standardführung von ca. einer Stunde Dauer möglichst detailliert planen, um im Ernstfall der Führungssituation „Blackouts" und Ungereimtheiten zu vermeiden. Abhängig vom eigenen Arbeitsstil wird man seinen Text weit gehend ausformulieren oder sich gegliederte Stichpunktketten (z.B. auf Karteikarten) zusammenstellen. Unabhängig davon, für welchen Grad an Ausformulierung man sich entscheidet, müssen bei diesem Arbeitsschritt, im Gegensatz etwa zur Erstellung eines Vortrags, neben theoretischen auch sehr praktische Gesichtspunkte berücksichtigt werden.

Obwohl gerade die praktischen Aspekte in der Vorbereitungsphase nur ansatzweise kalkulierbar sind, z. B. weil der Aufbau der Ausstellung erst ganz knapp vor der Eröffnung abgeschlossen wird, sollte man nicht darauf verzichten, sie mit zu berücksichtigen, u. a. deshalb nicht, weil die allerersten Führungen (Presse, VIPs bei der Eröffnung, Multiplikatoren[11]) von großer Bedeutung für die Akzeptanz der Ausstellung sind.

---

[11] Vgl. die Hinweise auf Presseführungen in den Beiträgen der Journalisten, im Kapitel Ausstellungen publik machen, ab S. 731 in diesem Band. Vgl. den Beitrag Schreiber, Multiplikatorenführungen, S. 461 in diesem Band.

1. Wichtige „Äußerlichkeiten":
Räumliche und zeitliche Begrenzungen

Für die Entwicklung der Standardführung ist es zunächst wichtig, die räumlichen und zeitlichen Begrenzungen zu bedenken. Das, was man vermitteln will, ist unter Berücksichtigung der räumlichen Situation in der Ausstellung in eine sinnvolle Reihenfolge zu bringen, zu verknüpfen und logisch aufzubauen. Weil, wie bereits mehrfach festgestellt, die Angaben, mit denen man vor der Eröffnung der Ausstellung auskommen muss, ungenau sein können, wird man nachträglich an manchen Stellen umdisponieren müssen. Die Arbeitsbelastung der Mühldorfer Ausstellungsmacher führte dazu, dass eine Reihe von Exponaten erst kurz vor der Eröffnung „arrangiert" werden konnte, und damit auch die endgültige Gestalt der Ausstellung erst dann völlig klar war. Dass das kein Einzelfall ist, sollte man sich bewusst machen.

Ihre definitive Gliederung kann die Führung also erst annehmen, wenn man ein Bild von der fertig aufgebauten Ausstellung hat und genau weiß, welche Objekte tatsächlich vorhanden sind, wie groß sie im Original sind und wo und wie sie genau platziert werden. Größe und Standort bestimmen ja den Grad ihrer Vorzeigbarkeit gerade für größere Gruppen.

Der zeitliche Rahmen ist mit den räumlichen Bedingungen in vielfältiger Weise verknüpft. Generell ist der Aussagegehalt von Ausstellungen so hoch, dass es sich als Herausforderung erweist, die wesentlichsten Grundinformationen auszuwählen und auf eine einstündige Führung zu komprimieren. Der Führende muss sich überlegen, welche Abteilungen und welche Objekte er herausgreift bzw. weglässt und wie sie kurz, aber verständlich und mit Querverweisen versehen, erläutert werden können. Es sind Leerlaufzeiten einzuplanen, die bei einem normalen Vortrag nicht auftreten, beispielsweise die Zeit für den Gang von einer Abteilung zur nächsten, für den Stockwerkwechsel, für Zwischenfragen und für nicht vorhersehbare Verzögerungen.

2. Inhaltlich-didaktische Prinzipien

Auch wenn im Folgenden der Schwerpunkt auf der inhaltlichen und didaktischen Seite liegt, will ich zuerst die Adressatenspezifik von Führungen ansprechen. Ganz selbstverständlich müssen Kindern andere inhaltliche Kombinationen auf einer anderen Sprachebene und in kürzerem Zeitrahmen vermittelt werden als Erwachsenen, um die es hier vor allem geht. Natürlich stellt auch jede Erwachsenengruppe andere Ansprüche. Den typischen „Normalbesucher" gibt es nur in sehr abstrakter Form.

Den konkreten Adressatenbezug kann man nicht im Voraus planen; er ist in der Praxis immer „spontan", in Abhängigkeit von der Gruppe, zu leisten.[12] Was man aber bedenken kann, ist das Prinzip. Das hier vorgestellte Baukastensystem bietet mit der strukturellen Gestaltung der Führung eine Möglichkeit an. Bevor diese im nächsten Abschnitt behandelt wird, wird aber auf inhaltlich-didaktische Grundprinzipien jeder Ausstellungsführung eingegangen:

Didaktisch grundlegend ist die strenge Objektorientierung der Führung. Auch wenn Hintergrundwissen weitergegeben werden muss, das nicht direkt an den Exponaten festgemacht werden kann und daher Stellen, an denen die Führung gleichsam „in der Luft hängt", unvermeidbar sind, sollte ein Höchstmaß an Bezug zu den Ausstellungsgegenständen[13] eingehalten werden. Er gibt der Führung einen „roten Faden" und garantiert eine audiovisuelle und damit eindringlichere Wissensvermittlung. Vor allem aber birgt er die Chance, Geschichte durch die Exponate authentisch und faszinierend zu erschließen, ohne den Boden wissenschaftlich gesicherter Erkenntnis zu verlassen. Damit das gelingt, sollte man versuchen, so viel gedankliche Nähe wie möglich zwischen den Besuchern und den Objekten aufzubauen, die Objekte für die Besucher relevant zu machen und auf diese Weise Denkprozesse anzuregen.

Dazu trägt auf sprachlicher Ebene bei, dass man die Sätze kurz hält und Fachwörter nur dann einsetzt, wenn sie aufgrund ihrer Exaktheit den Zusammenhang verständlicher machen statt ihn zu komplizieren. Gerade wegen ihrer Präzision ist aber bei keiner Gruppe ein vollkommener Verzicht auf Fachterminologie geboten. Das Maß der zu leistenden „Übersetzungsarbeit" unterscheidet sich jedoch von Gruppe zu Gruppe.[14]

Wenn die Gelegenheit sich bietet, sollte man mit Denkfragen und handlungsorientierten Elementen Interaktionsmöglichkeiten für die Besucher einbauen. Saloppe Wendungen, Metaphern, witzige Bemerkungen, motivierende Gags und Ausschmückungen sind in einem gewissen Rahmen durchaus nützlich und gut. Dieser Rahmen, der mit allgemeinen didaktischen Zielvorgaben für die Führung zusammenfällt, wird nun anhand dreier Termini aus der didaktischen und museumspädagogischen Diskussion abgesteckt.

---

[12] Vgl. hierzu die Hinweise in verschiedenen Beiträgen dieses Bandes, speziell in den Beiträgen Huber, Adressatengerechte Führungen, S. 441, und Schreiber, Führungen, S. 379.
[13] Vgl. auch Paul, Exponate und Besucher, S. 421 in diesem Band.
[14] Vgl. hierzu auch Huber, Adressatengerechte Führungen, 441 in diesem Band.

a) Veranschaulichen

„Veranschaulichen"[15] heißt vereinfacht gesagt, dafür zu sorgen, dass die Besucher mit dem Objekt „etwas anfangen", es in ihrem (Wissens-) Horizont verorten können. Neben den sowieso obligatorischen Hintergrundinformationen zu dem Gegenstand, die diesen mit dem Thema der jeweiligen Abteilung und mit anderen Exponaten vernetzen, erfolgt dies durch eingängige Vergleiche mit heutigen Phänomenen und die Definition des Objektes in einfachen Begriffen. Wenn möglich, sind auch Verknüpfungen der Objekte mit allgemein bekannten historischen Schlüsselereignissen sehr nützlich.[16] Durch all dies sollen beim Besucher gedankliche „Assoziationsketten" ausgelöst und seine „Wissensbestände" aktiviert werden.[17] Ein Mühldorfer Beispiel für eine solche Veranschaulichung ist der – natürlich nur ergänzend angewandte – strukturelle Vergleich zwischen dem Heiligen Römischen Reich und der EU. Dieses Beispiel zeigt sofort, dass Vergleiche und Vereinfachungen leider desto näher an den Rand der Unwissenschaftlichkeit geraten, je anschaulicher und verständlicher sie sind. Um diese Gratwanderung zu meistern, sollte man beim Entwurf der Führung die Aussagen bewusst auf ihre „Fundierbarkeit" prüfen, auch im Hinblick auf unter Umständen peinliche Gegenfragen der Besucher.

b) Vergegenwärtigen

„Vergegenwärtigen" bedeutet, dem Besucher Ähnlichkeiten und Unterschiede zwischen dem historischen Kontext des Objekts und seiner eigenen Welt bewusst zu machen, die Erfahrungen vergangener Generationen sozusagen vor dem eigenen Erfahrungshorizont verständlich zu machen.[18] Dies führt dazu, dass er sich durch sachliche – weniger emotionale – Abgrenzung oder Identifikation mit dem Objekt auseinandersetzt. Das Gewordensein der Gegenwart in seinen Kontinuitäten und Brüchen wird ihm so ebenso bewusst wie das mehr oder weniger deutliche Andersseins der Vergangenheit („Alterität"). Bei den Führungen in Mühldorf war die Medizinabteilung, besonders chirurgische Gerätschaften aus dem 18. Jahrhundert, für einen Vergegenwärtigungseffekt sehr gut geeignet. Die

---

[15] Vgl. Urban, A.: Von der Gesinnungsbildung zur Erlebnisorientierung. Geschichtsvermittlung in einem kommunalen historischen Museum im 20. Jahrhundert, Schwalbach 1999, S. 85-92.
[16] Eine Einführung des Begriffs „kulturelles Gedächtnis" im Text schien zu weit zu führen. Als Beleg für den Fachmann, der diese Fußnote liest: Assmann, J.: Das kulturelle Gedächtnis. Schrift, Erinnerung und politische Identität in frühen Hochkulturen, München, 2., durchgesehene Aufl. (1992).
[17] Urban, Gesinnungsbildung, S. 90.
[18] Vgl. Urban, Gesinnungsbildung, S. 92-96.

Erläuterung eines zeitgenössischen Amputationsbildes, einer Knochensäge oder einer metallenen Klistierspritze lösten bei den Besuchern regelmäßig Schauder aus, verbunden mit einem Einblick in die damals wegen unbekannter Hygiene- und Impfmaßnahmen gefährlichere und unangenehmere medizinische Praxis und die größere Alltäglichkeit des Todes. Wie oben stellt sich hier die Frage der wissenschaftlichen Fundierbarkeit. Es geht um historische Rekonstruktion; sie sollten beim Besucher nicht als Kapitel eines fiktiven Gruselromans ankommen. Fiktive Geschichten sind zwar unterhaltsam, aber diese Form der Vergegenwärtigung ist unhistorisch. Weil nichts so spannend ist, wie das Leben selber, kann man, erst recht in einer Ausstellung, deren Exponate Überreste aus dem vergangenen Leben sind, gut auf sie verzichten.[19]

c) Multiperspektivität

Das dritte und für die Berücksichtigung in Führungen anspruchsvollste Prinzip ist das der „Multiperspektivität".[20] Der Begriff kann bedeuten, dass dem Besucher mehr Verständnis und Toleranz für von seinem eigenen Standpunkt aus nicht einsichtige Lebensformen und Verhaltensweisen in der Vergangenheit eröffnet werden.[21] Diese Definition von Multiperspektivität erscheint mir aber ergänzungsbedürftig. Trotz dem Anspruch des Historikers, jede Epoche möglichst ohne vorgefertigte Klischees im Kopf zu beurteilen, ist es vor dem heutigen Wertehorizont weder machbar noch wünschbar, beim Besucher „Verständnis und Toleranz" z. B. für die Verfolgung und Hinrichtung einer jungen Mühldorferin als Hexe durch die salzburgische Staatsgewalt zu wecken. Allenfalls kann und soll ein nüchtern-rationales Verständnis auf Sachurteilsebene[22] für die Beweggründe der damals Handelnden vermittelt werden.

Ein anderes Beispiel für Multiperspektivität, verstanden als ein sich-Loslösen von den eigenen Perspektiven, bietet die Konfessionsproblematik. Einem Ausstellungsbesucher, der konfessionelle Verfolgungen und

---

[19] Vgl. auch Lehmann, Grauen, S. 289 in diesem Band.
[20] Vgl. hierzu auch Bergmann, K.E: Grundlagen des Geschichtsunterrichts, in: Behrmann, G.C./Jeismann, K.F./Süssmuth, H.: Geschichte und Politik. Didaktische Grundlegungen eines kooperativen Unterrichts, Paderborn 1978, S. 81 ff.
[21] Dieses Konzept von Multiperspektivität bei Urban, Gesinnungsbildung, S. 97-100.
[22] Mit Sachurteil ist ein Urteil aus der Zeit heraus gemeint. Vgl. Jeismann, K.-E.: Grundfragen des Geschichtsunterrichts, in: Behrmann, G. C./Jeismann, K.-E./Süssmuth, H.: Geschichte und Politik. Didaktische Grundlegung eines kooperativen Unterrichts, Paderborn 1978, S. 76-107, speziell: S. 81.

Vertreibungen als Teil der Minderwertigkeit eines nebulösen „finsteren Mittelalters" sieht, kann man z. B. erklären, dass der Salzburger Fürsterzbischof bei Maßnahmen gegen lutherische Tendenzen in Mühldorf ein damals gültiges Verfassungsprinzip, nämlich die landesherrliche Religionshoheit, hinter sich hatte und dass öffentliche Ruhe und Ordnung damals allerhöchsten Stellenwert besaßen. Der Besucher vollzieht die Haltung des Erzbischofs so vor dem belegbaren Hintergrund der Zeit rational nach und erwirbt ein Stück Multiperspektivität im wissenschaftlichen Sinn.[23] Deshalb steht er aber den konfessionellen Verfolgungen keineswegs „tolerant" gegenüber.

Multiperspektivität kann auch heißen, dass ein und dasselbe Ereignis „damals schon" unterschiedlich beurteilt wurde, je nach Standort der Beteiligten: In letzter Zeit berücksichtigen Ausstellungsmacher dieses Prinzip verstärkt in ihren Ausstellungskonzepten. Rechts- und Verwaltungsquellen spiegeln verschiedene Perspektiven wider. Aber auch der Umgang mit Wirtschaftsprivilegien (im Fall Mühldorfs z.B. mit dem Salzprivileg), die Hintergründe politischer Auseinandersetzungen bieten Ansatzpunkte, die in Führungen gut aufgegriffen werden können. Sie können ev. auch dann als Hintergrundinformationen eingebracht werden, auch wenn der Ausstellungsmacher darauf verzichtete, unterschiedliche Perspektiven darzustellen.

In einem dritten Sinne können Führungen „Multiperspektivität" bewusst machen, nämlich, indem sie die Standortgebundenheit des in der Ausstellung vermittelten historischen Wissens aufzeigen. Es gilt, die Besucher dafür zu sensibilisieren, dass die Objekte und Schriftquellen in der Ausstellung nur eine Auswahl darstellen, dass sie absichtlich in bestimmten Kontexten präsentiert werden und die Präsentationen nicht die damalige Wirklichkeit, sondern ihre unvollkommene Re-Konstruktion darstellen. Einerseits kann man das auf die Ausstellungskonzeption selbst beziehen. Dies gelingt mit Sätzen wie: „Die Ausstellungsmacher lotsen uns mit diesen Schautafeln hier im Schnellzugtempo durch die Zeit der Französischen Revolution, um im nächsten Raum genug Platz zu haben, deren Langzeitfolgen für Mühldorf mit vielen Originaldokumenten zu präsentieren", etc. Andererseits bedeutet das die Relativierung notgedrungen steril wirkender Objektanordnungen. Die Besucher werden z. B. daran erinnert, dass blankgeputzte Kanonen und Mörser des 15. und 16. Jahrhunderts im ruhigen Zimmer mit ihren geradezu appetitlich wirkenden Steinkugeln weit von dem Kontext aus Dreck, Pulverdampf und dem

---

[23] An die Stelle der unerreichbaren „Objektivität" setzt der Historiker ja möglichst vielseitige „Multiperspektivität".

blutigen Terror des Krieges entfernt sind, aus dem sie eigentlich stammen.

Schlussendlich sollte man auch keine Angst haben, Laien mit historischen Unklarheiten aufgrund lückenhafter Überlieferung zu konfrontieren. Man kann etwa darauf hinweisen, dass die Verhörprotokolle des Hexenprozesses gegen Maria Pauer voller Aberglauben und suggestiver Fragen sind und daher keinen Aufschluss darüber geben, was hinter der „Hexerei" wirklich steckt, dass es mehrere Hypothesen über den nicht überlieferten wirklichen Namen des Künstlers „Meister von Seeon" gibt oder dass der Bayernkönig Max I. Joseph in Wirklichkeit sicher nicht so ausgesehen hat wie auf seinem idealisierten Porträt. Der Besucher bekommt so einen Einblick in die „Meta-Ebene" historischer Rekonstruktion und wird an deren analytischer „De-Konstruktion" beteiligt.

3. Eine strukturelle Hilfe für die Entwicklung von Führungen: Das Baukastensystem

Die Erfüllung der räumlich-zeitlichen und inhaltlich-didaktischen Anforderungen an die Standardführung, aber auch die Forderung des Adressatenbezugs, kann durch deren vorteilhaften strukturellen Aufbau stark begünstigt werden. Ich habe dies in Mühldorf mit Hilfe eines „Baukastensystems" zu erreichen versucht. Dabei ist zu bemerken, dass die Mühldorfer Ausstellung nicht linear angelegt war.[24] Es gab nicht *die eine* Führungslinie, sondern eine ganze Reihe sinnvoller Möglichkeiten. Doch selbst, wenn das Konzept der Ausstellung kein Abweichen von der Raumfolge zulässt, behält das Baukastensystem seinen Sinn: Schwerpunktsetzungen bleiben dem Führenden immer unbenommen.

In diesem System wird jede Abteilung der Ausstellung als separates Modul behandelt. Man muss sich überlegen, wie viele Abteilungen man bei einer „Standardführung" in welcher Ausführlichkeit darstellen will. Aus Flexibilitätsgründen empfiehlt es sich in jedem Fall, für *alle* Abteilungen ein Konzept parat zu haben. Dann berechnet man aufgrund des vorgegebenen Gesamt Zeitlimits die Führungsdauer für die einzelne Abteilung. Es kann nun unter Berücksichtigung der oben dargestellten Prinzipien ein (mehr oder weniger detailliert) ausformulierter, zeitlich genau angepasster Text für jede Abteilung verfasst werden. Kürzungsmöglichkeiten werden eingeplant; dabei muss man sich bewusst sein, dass Kürzen ein zeitaufwändiger Prozess ist. Demgegenüber gelingen Erweiterungen

---

[24] Vgl. Hamberger, Ausstellungskonzepte, S. 19 in diesem Band.

erfahrungsgemäß ohne Probleme, allerdings müssen auch sie zeitlich festgelegt werden.

Bei der Zeitberechnung sind, wie erwähnt, die obligaten Verzögerungen zu berücksichtigen. Es hat sich z. B. bewährt, bei einer vorgesehenen Gesamtführungsdauer von einer Stunde eine reine „Sprech"zeit von nur 45 Minuten zu kalkulieren. Wenn bei spezifischen Besuchergruppen einzelne Abteilungen ausführlicher behandelt werden sollen, müssen andere ganz gestrichen oder in einer z.b. nur das zentrale Exponat aufgreifenden Kurzfassung behandelt werden.

Am besten ist es, wenn im Entwurf der Standardführung die Texte für jede Abteilung in etwa gleich lang gehalten werden, da sie dann theoretisch beliebig miteinander kombinierbar sind. So kann eine zeitlich berechenbare Führung aus verschiedenen Kombinationen von Abteilungstexten zusammengesetzt werden, die man aus dem Gesamt-Pool der ausgearbeiteten Texte auswählt. Das Baukastensystem erlaubt daher eine flexible Wahl der Abteilungen und zeitliche Begrenzung der Führung je nach Adressatengruppe. Ferner kann damit auch die Standardführung leicht in eine Schwerpunkt- oder Spezialführung umgewandelt werden, da durch die Berücksichtigung von Zusatzexponaten eine Abteilung ausgedehnt werden kann und man gleichzeitig planen kann, wie man an anderer Stelle die Zeit wieder einspart. Der Zeitrahmen bleibt so relativ genau bestimmbar.

Wenn man nun noch etwas Improvisationsfähigkeit hinzudenkt, die jede(r) Führende in der Praxis bald erwirbt, wird deutlich, dass die Führungen mit dem Baukastensystem, sofern nötig, passgenau auf eine Besuchergruppe zugeschnitten werden können. Man kann damit auch während der Führung flexibel auf Besucherwünsche reagieren, ohne den Zeitrahmen zu überschreiten.

Um Missverständnissen vorzubeugen: Natürlich braucht ein Führer, der seine Ausstellung gut kennt, aus inhaltlichen Gründen kein formalisiertes Baukastensystem. Die zentralen Vorteile des Modells auch für den ausgewiesenen Kenner liegen vielmehr bei der Berechenbarkeit und Planungssicherheit sowie der Arbeitseffizienz bei der Erstellung der Führung.

III. Das Baukastensystem in der Führungspraxis

Ich kann aufgrund meiner Erfahrungen in der Ausstellung in Mühldorf konstatieren, dass das Konzept einer Entwicklung von Standardführungen nach dem Modulsystem in der Praxis weit gehend erfolgreich umgesetzt wurde. Insbesondere gelang es aufgrund des Baukastensystems relativ gut, die vorgesehene Führungszeit einzuhalten. Das ist keine Selbstverständlichkeit, denn offenbar neigt jede/r Führende dazu, mit wachsendem eigenem Wissen die Führung zunehmend zeitlich auszudehnen.[25] Gespräch mit den anderen Mitgliedern des Führungsdienstes erbrachten, dass alle es als empfehlenswert empfanden, sich die im Vorfeld erarbeiteten Module gerade nach längerem Dienst hin und wieder anzuschauen, um übermäßiges zeitliches Ausschweifen, aber auch inhaltliche Fehler oder Nachlässigkeiten, die sich eingeschlichen haben, zu korrigieren.[26]

Erwähnenswerte Probleme ergaben sich durch die räumlichen Rahmenbedingungen. Die Anordnung der Abteilungen in Abschnitten und Stockwerken unterwarf logischerweise deren Kombinierbarkeit im Baukastensystem schon von vornherein gewissen Beschränkungen. Gravierender war, dass sich manche Abteilungen in der Mühldorfer Ausstellung teils auf Grund ihres Inhalts, teils durch ihre räumliche Lage, teils durch besonders ansprechende Objekte als unübergehbare Bestandteile jeder Führung erwiesen, die nicht nach Art des Baukastens austauschbar waren. Besonders schwierig wurde es, wenn bei Überfüllung der Ausstellung Abteilungen „besetzt" waren und man daher in ein thematisch unpassendes Gebiet „abgedrängt" wurde. Der Verfasser war z. B. manchmal gezwungen, von der Französischen Revolution ins Dritte Reich und dann wieder zurück zur Säkularisation zu springen. In solchen (Gott sei Dank seltenen) Fällen war Improvisationstalent gefragt.

Trotz dieser Einschränkungen konnten die Kombinationsmöglichkeiten des Systems genutzt werden. Leicht zu meistern waren die thematischen Übergänge zwischen den Abteilungen, die in der schriftlichen Baukastenführung ja fehlten. Das allerdings, das sollte man nicht verkennen, war auch im offenen Konzept der Mühldorfer Ausstellung mitbegründet.

Was den Inhalt und die didaktischen Vorgaben angeht, war die enge Objektorientierung der Führung kein Problem. Schwierigkeiten bereitete zeitweise die in den Modulen angelegte Spezialisierung auf ausgewählte Exponate. Fragen zu anderen Objekten konnten oft nur unzureichend beantwortet werden. Grundsätzlich liegt dies im Charakter der Baukastenführung begründet, in der man aus arbeitsökonomischen Gründen

---

[25] Natürlich ist die schriftlich formulierte Baukastenführung mit ihrer zeitlichen Präzision nur ein Modell, um Zeitlimits zu berücksichtigen und trotzdem sachadäquat zu führen.

[26] Dass die eigenen Unterlagen dem Team zur Verfügung gestellt werden, sollte eine Selbstverständlichkeit sein, davon war bereits die Rede.

zwar für jede Abteilung, nicht aber für jedes Exponat eine Erläuterung bereitstellen kann. Weil der Führende durch seine Führungsarbeit am meisten selber lernt und durch die Führungspraxis ständig zum Nachlesen motiviert wird, behebt sich dieses Problem aber im Laufe der Zeit von selbst.

Zum Schluss will ich noch auf Adressatenbezug und die Kommunikation mit den ganz verschiedenen Besuchern und deren Reaktionen eingehen. Eine besondere Herausforderung für meine Persönlichkeit und meine Führungskonzeption waren Schülerführungen für Grund-, Haupt- und Realschüler sowie jüngere Gymnasiasten. Trotzdem war der geschilderte stark geschichtswissenschaftlich inspirierte Ansatz kein Hindernis, die Schüler weitgehend zufrieden zu stellen. Er musste nur modifiziert werden, wofür die Flexibilität des Baukastensystems hilfreich war. Es glückte, die Schüler nicht zu überfordern, sie „bei Laune zu halten" und ihnen „Aha-Erlebnisse" zu vermitteln. Dies geschah durch die Bevorzugung „kinderfreundlicher" Abteilungen mit lebensnaher Thematik, z. B. „Bürgerkultur" (Kleidung und Schmuck aus dem 18. Jahrhundert) oder „Medizin", durch Einbindung handlungsorientierter Elemente sowie durch zeitliche Verkürzung der Führung. Auch die Kinder kamen mit multiperspektivischen Erklärungen, z. B. bezüglich des Hexenprozesses, gut zurecht.

Bei Klassenführungen zeigte sich übrigens, dass die Aufmerksamkeit des Lehrers ein wichtiger Faktor für die Motivation der Schüler war. Ein gelangweilter Lehrer forderte eine „Fremdbeschäftigung" der Schüler geradezu heraus.

Noch besser funktionierte das Führungskonzept mit erwachsenen Besuchern. Bei angemeldeten, „homogenen" Besuchergruppen, war das Baukastensystem prädestiniert für die Zusammenstellung einer adäquaten Führung. Z. B. konnte bei kirchlichen Gruppen ein Schwerpunkt auf Volksfrömmigkeit und Säkularisation bzw. Reformation gelegt werden, eine Gruppe aus dem Bundesland Salzburg erhielt besonders genaue Auskunft über die Salzburger Zeit Mühldorfs und die verwaltungsmäßigen Verbindungen ins Mutterland, Archivare bekamen eine vertiefte Erläuterung der Rechtsabteilung usw. Bei Betriebsausflügen oder Sportvereinen war dagegen vor allem ein anschauliches und lebendiges Potpourri angesagt.

Bei ganz heterogenen Gruppen, die speziell bei fixen Führungen für Einzelbesucher entstanden, konnte eine interessante Feststellung gemacht werden, die von anderen Führungspersonen bestätigt wurde. Die Begeisterung des Führers für seine persönlichen Lieblingsabteilungen wirkte häufig ansteckend auf die Besucher. Es ist also durchaus kein Fehler, gerade bei Führungen in denen Ehepaare mit Kindern, Fachwissenschaftler, Jugendliche, Senioren, Ortsfremde und Einheimische zugleich zu betreuen sind, auf die eigenen Präferenzen zurückzugreifen. Dies bringt allen Beteiligten mehr Spaß.

Ebenfalls konnte speziell bei den historischen Laien beobachtet werden, dass sie durch multiperspektivische Hinweise, wie sie in Kapitel II/2 erläutert wurden, nicht verwirrt wurden, sondern sie gerne als Erkenntnisgewinn verbuchten. Das war besonders dann der Fall, wenn oberflächliche Sichtweisen durchbrochen und bisher verhüllte Zusammenhänge verdeutlicht wurden. Ein Beispiel dafür ist die „Entlarvung" des Märmelsteinernen Mannes, einer Marmorstatue mit Hellebarde, die an einem der Mühldorfer Stadttore steht und deshalb manchmal für einen verteidigungsbereiten „Ritter" gehalten wurde, als rechtliches Symbol der Freiung der Mühldorfer Jahrmärkte, wobei die Hellebarde den Rechtsschutz des Marktes durch die Stadt verkörpert. Diese „Entlarvung" war deshalb besonders effektvoll, weil die Besucher schon vorher in der Führung gehört hatten, dass stilisierte Waffen häufig Gerichtsgewalt symbolisierten und nun mit Unterstützung des Führenden eine eigenständige Transferleistung erbringen konnten.

Abb.77 und Abb. 78   Märmelsteinerner Mann am Münchner Tor in Mühldorf a. Inn und Repro in der Ausstellung „Salzburg in Bayern". Ist er ein Soldat oder ein symbolischer Marktwächter? Aufgabe des Führungspersonals ist es, den oberflächlichen Blick auf tiefere Zusammenhänge zu lenken.

Auffällig war auch, dass viele Besucher mit rein positivistischen Aussagen nicht zufrieden waren. Sie stellten bohrende Detail- und Kontextfragen, die den Führer selbst zwangen, seinen Blickwinkel zu differenzieren und seinen Kenntnisstand zu vertiefen.

Es bleibt zu wünschen, dass die ausgeführten Vorschläge dem Führenden in der historischen Ausstellung als Leitfaden dienen und ihn zu eigenen Ideen anregen können. Auch dem Ausstellungsbesucher unter den Lesern konnte aber vielleicht ein erhellender Blick „hinter die Kulissen" ermöglicht werden.

Exponate und Besucher zusammenbringen. Hilfen für das Erschließen von Exponaten geben

Von Gisela Paul

„Die Leute früher waren aber ziemlich hässlich!", bemerkte eine Ausstellungsbesucherin, als sie eine Porträtreihe genauer betrachtete. Mag diese Äußerung auch überspitzt formuliert sein, macht sie dennoch deutlich, welche Schwierigkeiten auftreten können, wenn Laien mit Gemälden aus längst vergangenen Jahrhunderten konfrontiert werden: Die Bilder werden nach den eigenen Maßstäben betrachtet und beurteilt.

Um zu verhindern, dass die Besucher nur mit diesem ersten – vorschnellen – Eindruck nach Hause gehen, sollten ihnen innerhalb einer Führung Hilfestellungen gegeben werden, wie sie einen Zugang zu den ausgestellten Stücken und der Epoche, aus der sie stammen, gewinnen können. Porträts z. B. enthalten viele Hinweise über „ihre" Zeit. Allerdings kann man diese nur verstehen, wenn man „über das ‚Sehen' die angebotenen Zeichen entschlüsselt und die übermittelten Informationen zu deuten weiß"[1]. Was für Bilder gilt, lässt sich genauso auf andere Exponate aus der Vergangenheit übertragen: Auch sie bieten dem Betrachter Möglichkeiten, etwas über eine andere Zeit zu erfahren, denn sie wurden ebenfalls in einer bestimmten Epoche, unter bestimmten politischen, sozialen, etc. Bedingungen und Wertvorstellungen geschaffen, die man mit Hilfe des Exponats zumindest in Ansätzen rekonstruieren kann.

Innerhalb einer Führung sollten die Ausstellungsstücke also nicht als Illustrationen für einen geschichtlichen Vortrag behandelt, sondern den Besuchern als historische Quelle nahe gebracht werden.[2] Im Vordergrund steht hierbei allerdings nicht, einzelne Daten und Fakten, die mit den Ausstellungsstücken verknüpft sind, zu präsentieren, sondern historische Zusammenhänge zu vermitteln. Das heißt, zum einen Hinweise auf die Epoche, aus der das Exponat stammt, zu geben und zum anderen Bezüge zu anderen Zeiten (z. B. zur eigenen Gegenwart) herzustellen. Das Ziel ist es, dem Besucher Hilfen in die Hand zu geben, damit er auch zukünf-

---

[1] Wohlfeil, R.: Das Bild als Geschichtsquelle, in: Historische Zeitschrift 243 (1986), S. 91-100, hier: S. 92.
[2] In der Geschichtswissenschaft gibt es schon seit längerem eine heftige Diskussion, inwiefern und auf welche Weise man Bilder (also nicht ausschließlich Porträts) als historische Quellen auswerten kann. Vgl. Talkenberger, H.: Von der Illustration zur Interpretation: Das Bild als historische Quelle. Methodische Überlegungen zur Historischen Bildkunde, in: Zeitschrift für historische Forschung 21 (1994), S. 289-313.

tig die Exponate in Ausstellungen und Museen bewusster wahrnehmen kann.

Ich habe mich entschieden, das Prinzip, die Exponate ins Zentrum von Führungen zu stellen, am konkreten Fall zu verdeutlichen, weil ich so zweierlei zeigen kann:
(1) wird klar, dass der Führende selbst das jeweilige Exponat in seinem Quellenwert erschließen können muss und dass er dazu über Hintergrundwissen verfügen muss
(2) kann ich an konkreten Beispielen aufweisen, dass und wie Laien zum Umgang mit Quellen angeregt werden können.

Die Voraussetzung für das Gelingen ist, sich bewusst zu machen, dass die Quellen die Brücke aus unserer Gegenwart in die Vergangenheit darstellen. Ohne Überreste aus der Vergangenheit, die sich bis in unsere Gegenwart erhalten haben, können wir vergangenes Leben nicht rekonstruieren. Die Geschichtswissenschaft hat Methoden für den Umgang mit Quellen entwickelt, die in elementarer Weise in den so genannten W-Fragen zusammengefasst werden können: Wer hat was in welcher Situation und warum für wen auf diese Weise geschaffen? Diese Fragen machen deutlich, dass der Führende die Exponate nicht nur „immanent" erschließen können muss, also, indem er den Gegenstand in seiner Funktion erklärt, das Bild analysiert und die Aussage des Textes wiedergibt. Er braucht auch Hintergrundwissen über die konkrete Entstehungssituation, zur Einordnung in größere Zusammenhänge. Aber: Trotz allen Wissens können wir heute nicht mehr ganz genau sagen, „wie es damals gewesen ist", schon deshalb nicht, weil sich vergangene Situationen nicht lückenlos über Quellen überliefert haben (Partialität der Überlieferung). – Wenden wir den Blick auf den Besucher: Das notwendige Hintergrundwissen muss dem Besucher auch in einer exponat-orientierten Führung vom Führenden angeboten werden. Das „Lesen" der konkreten Quellen kann er/sie ein Stück weit selber leisten. Aufgabe des Führenden ist, den Besucher dazu anzuregen und zu befähigen. So paradox es auf den ersten Blick erscheint: Auf dem Weg über die intensive Beschäftigung mit ausgewählten Exponaten erkennt der Besucher zugleich, dass keine Abbildung der Vergangenheit, sondern immer nur eine Annäherung an sie möglich ist.

Wenn Exponate ins Zentrum von Führungen gerückt werden, sollte man v. a. Folgendes ins Bewusstsein rufen: Die Antworten der Quellen auf die Fragen, die an sie gestellt werden, sind erst das Rohmaterial für die Re-Konstruktion von Vergangenheit. Die Hinweise auf vergangenes Leben müssen nun verknüpft und dargestellt werden. Diese Leistung vollbringt der Führende ebenso wie der Ausstellungsmacher, der Autor eines Katalogbeitrags oder ich in diesem Aufsatz. Konkret heißt das, man kann ein und dieselbe Quelle in unterschiedliche „Geschichten" über die Vergangenheit einbauen. – Auch dafür, dass z. B. der Ausstellungsmacher in den einzelnen Abteilungen ganz bestimmte Geschichten erzählt, in denen er dem einzelnen Exponat eine spezielle Aufgabe zuweist, man aber auch grundsätzlich andere „Geschichten" erzählen könnte, sollte der Führende seine Gruppe sensibilisieren.

Noch ein Drittes können exponat-orientierte Führungen verdeutlichen: Jeder Besucher sieht zuerst einmal Unterschiedliches, wenn er sich einem Exponat zuwendet. Ich habe das eingangs mit der Aussage der Besucherin verdeutlicht. Stellt man sich einen Experten vor demselben Porträt vor, nimmt er ganz andere Dinge wahr. Aber: Die „Subjektivität der Wahrnehmung" ist so unvermeidlich, wie die „Partialität" der Überlieferung. Exponat-orientierte Führungen können jedoch den Blick weiten, indem sie z. B. auf das aufmerksam machen, was „damals" gemeint war oder indem sie die Sichtweisen anderer Betrachter ins Spiel bringen oder indem sie dem Besucher helfen, für sich selbst noch anderes zu entdecken.

Diese Gedankengänge sollen nun im Folgenden an ausgewählten bildlichen, schriftlichen und gegenständlichen Quellen konkretisiert werden. Die Beispiele stammen wiederum aus der Ausstellung „Salzburg in Bayern".

I. Den Umgang mit Bildquellen schulen

In dieser Ausstellung war es möglich, dem Besucher am Beispiel einer speziellen Stadtgeschichte zu verdeutlichen, wie Recht und Verwaltung in der Frühen Neuzeit (16. bis zum 18. Jahrhundert) funktionierten. Mühldorf am Inn unterstand rund 900 Jahre lang dem Salzburger Erzbischof und wurde erst 1802 – im Zuge der Säkularisation – bayerisch. Ein Porträt des Erzbischofs Sigismund Christoph Graf von Schrattenbach sollte deshalb in der Ausstellung salzburgische Herrschaft repräsentieren.

Abb. 79 Sigismund Christoph Graf von Schrattenbach, Erzbischof von Salzburg, 1698-1771, Anonym, um 1760.

Schrattenbach wurde am 28. Februar 1698 in Graz geboren, war dann bereits in jungen Jahren Domherr von Eichstätt und Augsburg und ab 1731 auch von Salzburg. 1750 wählte man ihn dort zum Domdechanten, also zu einem der Würdenträger im Domkapitel, und drei Jahre später wurde er (im 49. Wahlgang!) mit einer knappen Mehrheit Erzbischof. Dieses Amt hatte er bis zu seinem Tod 1771 inne. Sein Nachfolger wurde Hieronymus Franz de Paula Graf von Colloredo (1771-1812) – der letzte Herrscher des Erzstifts Salzburg.[3]

---

[3] Einen ersten kurzen Überblick über den Grafen von Schrattenbach und seine Zeit erhält man z. B. bei: Ammerer, G.: Siegmund Christoph Graf von Schrattenbach – Der fromme Erzbischof, in: Dopsch, H./Spatzenegger, H. (Hgg.): Geschichte Salzburgs. Stadt und Land. Bd. II: Neuzeit und Zeitgeschichte. 1. Teil, Salzburg 1988, S. 306-311.

Innerhalb einer Führung sind biographische Details sicherlich notwendig, aber allein mit diesen Angaben kann man einem heutigen Besucher, der mehr als zweihundert Jahre nach Schrattenbach lebt, keinen Zugang zu dessen Zeit eröffnen. Das gelingt viel eher, wenn der Blick des Betrachters dafür geschärft wird, welche Informationen man mit Hilfe des ausgestellten Porträts erhält. Solche Bilddarstellungen bieten dem Betrachter nämlich Hinweise über die Machtbefugnisse, das Selbstverständnis des Abgebildeten und das Herrschaftsverständnis der Frühen Neuzeit. An bestimmten Zeichen erkennt man, welche Funktion der Abgebildete innehatte: Schrattenbach ist in seinem Amtsornat zu sehen. Die Farbe spielt eine wesentliche Rolle, weil sich an ihr der Rang des Geistlichen nachvollziehen lässt.[4] Weitere Hinweise auf die Position Schrattenbachs geben das bischöfliche Brustkreuz und der Bischofsring. Neben diesen speziellen Insignien gibt es noch weitere Zeichen. Am oberen rechten Rand des Bildes ist das Wappen derer von Schrattenbach zu erkennen; man erhält damit Aufschluss auf die Familie des Abgebildeten. Wenn man dieses nun genauer betrachtet, bemerkt man rechts oben ein Schwert – das Symbol der weltlichen Macht – und links den Bischofsstab mit der gekrümmten Curva. Das bedeutet, dass der Graf von Schrattenbach nicht nur kirchliches Oberhaupt, sondern ebenso Landesherr war. Er hatte als solcher die gleichen Rechte wie seine weltlichen „Kollegen", indem er z. B. – genau wie sie – für die Verwaltung des Staates zuständig war, Recht sprach und ein eigenes Heer befehligte. Eine Trennung von Kirche und Staat, so wie wir sie heute kennen, existierte im Mittelalter und in der Frühen Neuzeit noch nicht.

Zur Einordnung des Bildes ist es notwendig, dem Besucher zu verdeutlichen, dass ein solches Porträt in einer Zeit entstanden ist, in der zwar nach wie vor große Teile der Bevölkerung nicht lesen und schreiben konnten,[5] die allermeisten aber die bildlichen Zeichen, z.B. in Gemälden, ganz selbstverständlich lesen konnten. Im Gegensatz zu heute, wo es durch Fotoapparate einfach und kostengünstig ist, Porträtaufnahmen zu machen, war es damals sehr aufwändig, Bilder von Personen herzustellen. Deshalb wollte man etwas Bestimmtes bezwecken, wenn man Porträts in Auftrag gab: Unter anderem hatten sie eine bedeutende repräsenta-

---

[1] Bischöfe und Prälaten tragen violette Kleidung, wohingegen rot für Kardinäle reserviert ist. Die „niedrigeren" Geistlichen tragen schwarz.
[5] Forschungen zur Alphabetisierung werden derzeit intensiv betrieben. Schon jetzt ist klar, dass man bisher übliche Aussagen wie, die Lesefähigkeit beträgt für Mitteleuropa um 1800 25 Prozent, um 1830 40 Prozent, um 1870 75 Prozent und um 1900 90 Prozent stark differenzieren muss. Die Schwankungen erklären sich aus den unterschiedlichsten Gründen.

tive Funktion. Jeder sollte auf den ersten Blick erkennen können, wer abgebildet ist, welche Macht er besaß bzw. welche Stellung er einnahm und natürlich wie reich er war.

Aber nicht nur die Herrscher demonstrierten auf diese Art ihre Macht. Auch Personen aus den anderen Ständen versuchten ihre gesellschaftliche Position durch repräsentative Bilder zu verdeutlichen: Dies kann man z. B. gut an den Porträts reicher Handwerker oder Kaufleute erkennen, die im Laufe der Frühen Neuzeit in den Städten eine immer wichtigere Rolle einnahmen und allmählich ein eigenes Bewusstsein als „Bürger"[6] entwickelten. Dieser neue „Bürgerstolz" lässt sich gut an den folgenden, ebenfalls in der Mühldorfer Ausstellung gezeigten Porträts, nachvollziehen:

---

[6] Im Gegensatz zu heute, war nicht automatisch jeder Bewohner einer Stadt auch „Bürger". Nur derjenige, der bestimmte Bedingungen erfüllen konnte, erhielt das so genannte Bürgerrecht: So konnte z. B. nur derjenige vom Stadtgericht zum „Neubürger" ernannt werden, der männlich war, eine legitime Geburt nachweisen konnte und ein bestimmtes Vermögen hatte, so dass er sich ein Haus oder Grund in der Stadt leisten konnte. Außerdem musste ein Bürger Steuern zahlen und im Notfall seine Stadt verteidigen. Das Bürgerrecht umfasste also bestimmte Pflichten und beinhaltete, quasi als Gegenleistung, Vorteile: Im Gegensatz zu den Nicht-Bürgern, den so genannten „Inwohnern" – durfte der Bürger z. B. nicht einfach aus der Stadt verwiesen werden, sondern genoss den wirtschaftlichen und sozialen Halt der städtischen Gemeinschaft, bzw. den Schutz der bewachten Stadtmauer. Mit diesen strengen Regelungen wollte man verhindern, dass die Stadt von Menschen überfüllt wird, die kein Vermögen hatten und so der Wirtschaft und dem friedlichen Zusammenleben schadeten.

Abb. 80 Doppelporträt der Mühldorfer Bürger Johann Caspar und Maria Regina Untertrifaller, 2. Hälfte 18. Jahrhundert.

Da Mühldorf ein wichtiger Handelsstützpunkt[7] für Salzburg war, wuchsen im Laufe der Zeit der Besitz und das Ansehen der Bürger und sie

---

[7] Mühldorf lag in der so genannten „Kornkammer Bayerns", d.h., dass die Salzburger, in deren Gebiet nur wenig Getreideanbau möglich war, ihre Getreidevorräte aus diesem Raum bezogen. Besonders profitierte Mühldorf durch die Lage am Inn. Dieser Fluss war eine der wichtigsten Verkehrswege von den Alpen über die Donau bis hin zum Schwarzen Meer: Somit war Handel mit weiten Teilen Europas möglich. Da die Stadt mitten im bayerischen Gebiet lag, war sie Jahrhunderte lang den bayerischen Herrschern ein Dorn im Auge. Die Salzburger dagegen taten alles um diese „Insel" beizubehalten. Aus diesem Grund bekamen die Mühldorfer im Laufe ihrer Geschichte immer wieder Privilegien (z. B. hatten sie seit 1190 das Recht eine Salzniederlage einzurichten, seit Mitte des 14. Jahrhunderts hatten sie auch ein eigenes Stadtrecht, das ihnen nicht vom Landesherrn oktroyiert wurde, sondern von den „eltigisten und pesten purger rat" (Heigel, K. T.: Die Mühldorfer Annalen 1313-1428. Stadtrecht, in: Die Chroniken der deutschen Städte vom 14. bis ins 16. Jahrhundert, hgg. von der Historischen Kommission bei

entwickelten ein eigenes Ständebewusstsein, das sie auch nach außen – z. B. durch ihre Kleidung – demonstrieren wollten. Die beiden Bilder stammen aus dem Jahre 1769 und zeigen den 48-jährigen Lederer Johann Caspar Untertrifaller und seine acht Jahre jüngere Frau Maria Regina. Auf den Porträts kann man erkennen, dass es sich um eine Bürgersfamilie handelt: Johann Caspar hat einen – wenn auch schlicht gehaltenen – Bürgerrock an und seine Gattin trägt auf dem Kopf die charakteristische „Haube". Diese durfte nur von verheirateten Bürgerfrauen getragen werden. Es gab also – wie zuvor am Porträt des Erzbischofs Graf von Schrattenbach gezeigt – feste Kleiderregeln. So konnte jeder sofort identifizieren, welche Stellung eine Person einnahm.

Auch der Anlass für die Porträtierung erschließt sich: Die Gemälde wurden anlässlich der Hochzeit in Auftrag gegeben. Das erkennt man u. a. an der Korrespondenz der verwendeten Farben. Natürlich wollten auch die Bürgersleute präsentieren, wie reich und mächtig sie waren und dass sie mit der neuesten Mode gingen: Johann Caspar hält eine silberne Tabakdose in der Hand (als Zeichen seines Wohlstandes) und seine Frau zeigt dem Betrachter, dass sie im Besitz einer Taschenuhr ist. Wenn von „dem" Bürger gesprochen wird, bedeutet das nicht, dass es innerhalb der Bürgerschaft keine soziale Unterschiede gab: Nicht jeder Bürger konnte es sich z.B. leisten, Bilder von sich und seiner Familie malen zu lassen. Die Untertrifallers gehörten demzufolge zur Mühldorfer Elite – zum so genannten Patriziat (Johann Caspar war Bürgermeister der Stadt).[8]

Zusammenfassend lässt sich mit Hilfe von Porträts nicht nur einiges über das Selbstverständnis des Abgebildeten und dessen persönliche Machtbefugnisse rekonstruieren, sondern es ist auch möglich, Rückschlüsse auf die jeweiligen Lebens- und Herrschaftsumstände zu ziehen. Sobald der Blick des Besuchers für die verschiedenen Symbole bzw. Insignien geschärft worden ist, ist es nicht mehr schwer, Parallelen und Unterschiede zu Bildern aus verschiedenen Epochen zu finden. Der Ver-

---

der Bayerischen Akademie der Wissenschaften. Bd. 15: Die Chroniken der baierischen Städte. Regensburg, Landshut, Mühldorf, München. Göttingen ²1967, S. 394) erstellt wurde), mit denen sich die salzburgischen Erzbischöfe deren Solidarität sichern wollten. Vgl.: Dirninger, C.: Die salzburgische Enklave als Wirtschaftsstandort, in: Mühldorf a. Inn. Salzburg in Bayern. 935 – 1802 – 2002. Begleitband zur gleichnamigen Ausstellung vom 8. Juni bis 27. Oktober 2002 im Haberkasten, Mühldorf a. Inn, Mühldorf a. Inn 2002, S. 78-93 [im Folgenden zitiert: Salzburg in Bayern, Ausstellungskatalog].

[8] Hinweise zum Entstehen des Bürgertums findet man z. B. bei: Roeck, B.: Lebenswelt und Kultur des Bürgertums in der Frühen Neuzeit, Oldenbourg 1991.

gleich ist auch ein geeigneter Weg, den Blick der Besucher auf epochenspezifische Kunststile oder auf die Funktion zu richten, die der Ausstellungsmacher den Porträts in den unterschiedlichen Abteilungen zugewiesen hat.

II. Umgang mit schriftlichen Quellen

In Museen und Ausstellungen werden schriftliche Quellen vielfältigster Art gezeigt. Es soll nun am Beispiel einer Urkunde aus dem 14. Jahrhundert und eines Kochbuches aus dem 17. Jahrhundert demonstriert werden, wie man die Besucher mit Schriftstücken vertraut machen kann.

Die Urkunde aus dem Jahre 1364, die man in der Ausstellung „Salzburg in Bayern" bewundern konnte, hatten die Mühldorfer „als Dank für ihre Treue" zu Salzburg erhalten, nachdem sie mehrere Monate einer Belagerung durch die bayerischen Streitkräfte des Herzogs Stephan II. von Niederbayern standhielten, obwohl sie den Gegnern sowohl an Waffen als auch an der Anzahl der Soldaten weit unterlegen waren. Ausgangspunkt der Belagerung war ein Erbstreit zwischen den Wittelsbachern und den Habsburgern um das Land Tirol. Da der salzburgische Erzbischof auf der Seite der Habsburger unter Rudolf IV. stand, wurde auch Mühldorf von den Auseinandersetzungen betroffen. Nach der Belagerung erhielten die Mühldorfer von Rudolf IV. am 16. Oktober 1364 das Privileg, zwölf – statt bisher sechs – Schiffe mit Wein zollfrei auf dem Inn zu führen, was einem wichtigen wirtschaftlichen Vorteil gleichkam.[9]

Wenn man sich nun die Urkunde genauer betrachtet, sticht sofort das auffallend reich geschmückte Siegel ins Auge:

---

[9] Genauere Informationen darüber erhält man durch: Gollwitzer, H.: 1364 – ein denkwürdiges Jahr in Mühldorfs Geschichte, in: Das Mühlrad XI (1962-64), S. 50-60; Wild, J.: Bayerns jahrhundertelanges Ringen um Mühldorf, in: Salzburg in Bayern. Ausstellungskatalog, S. 26-34.

Abb. 81 Privileg Rudolfs IV. von Habsburg vom 16. Oktober 1364 mit großem Reitersiegel.

Es zeigt einen Reiter, in dessen Standarte das Tiroler Wappen zu sehen ist (der Erbstreit um Tirol war ja Auslöser für die Belagerung Mühldorfs). Um den Reiter herum sind die zwölf Wappen jener Länder zu sehen, die im Besitz des österreichischen Herzogs Rudolf IV. waren. Warum man soviel Wert auf Siegel legte, liegt auf der Hand: Es war im Mittelalter und der Frühen Neuzeit nur dann möglich, seinen Rechtsanspruch geltend zu machen, wenn man die Originalurkunde vorweisen konnte. Damit aber nicht jeder seine eigenen Privilegien selbst erfand und „beglaubigte", befestigte man an die Schriftstücke ein Siegel[10]. An dieser Stelle bietet sich nun ein Bezug zur Gegenwart an: Auch heute noch greift man auf solche Möglichkeiten zurück, um sich vor Fälschungen zu sichern, denn wichtige Dokumente enthalten den Stempel der ausstellenden Behörde. Unsere heutigen Maßnahmen sind also keine Erfindung der modernen Bürokratie, sondern blicken auf eine lange Tradition zurück.

---

[10] Die ersten uns bekannten Siegel stammen aus dem 8. Jahrhundert.

Wie wichtig eine Urkunde war, sieht man aber auch daran, dass sie noch – nach über 600 Jahren – vorhanden ist: Wenn die Mühldorfer ihr Original nämlich verloren hätten, wäre auch ihr Rechtsanspruch erloschen gewesen. Folglich legte man sehr viel Wert darauf, sie sorgsam und sicher aufzubewahren. Abgesehen vom Siegel, gibt es noch andere Bausteine einer Urkunde, die bis in die Moderne hineinreichen: So bleibt z. B. der typische dreiteilige Aufbau einer mittelalterlichen Urkunde in seinen Grundzügen erhalten: im Einleitungsteil (Protokoll) nennt sich der Aussteller, der Hauptteil (Kontext) enthält den Rechtsinhalt und im Schlussteil (Eschatokoll) steht die Beglaubigung (Unterschrift und Siegel des Ausstellers) und die Datierung (Ausstellungsdatum und -ort).[11] Um den Besuchern bewusst zu machen, dass diese Strukturen bis in unsere Zeit hinein überdauert haben, bietet sich ein Vergleich mit Schriftstücken aus den verschiedenen Epochen an. Dabei erkennt man, dass es neben den erwähnten Gemeinsamkeiten durchaus Unterschiede gab: Im Mittelalter und der Frühen Neuzeit z. B. verfasste man die meisten Schriftstücke in der damaligen „Weltsprache" Latein.[12] Für den heutigen Betrachter erschwert sich dadurch natürlich erheblich das Erschließen der Urkunde. Aber selbst wenn Schriftstücke nicht in der Gelehrtensprache, sondern in der jeweiligen Volkssprache verfasst wurden, treten Schwierigkeiten auf. Dies kann man an dem bereits erwähnten Kochbuch aus dem 17. Jahrhundert verdeutlichen, das von der Bürgersfrau Cordula Heilrath um 1697 geschrieben wurde.

---

[11] Zur Geschichte der (mittelalterlichen) Urkunde und ihren Aufbau vgl. Boshof, E.: Mittelalterliche Geschichte. Diplomatik, in: Ders./Düwell, K./ Kloft, H.: Grundlagen des Studiums der Geschichte: eine Einführung, 5., durchgesehene Auflage. Köln u. a. 1997, S. 145-153; dort auch weiterführende Literatur. Auch im Internet bieten einige Universitäten Hilfestellungen zum ersten Kontakt mit Urkunden:
http://www.rwl.info/infos/tutorium/hilfswis.htm#Diplomatik;
http://user.cs.tu-berlin.de/~ohherde/ma_urk.htm http://www.fernuni-hagen.de/MB/Zwick/hilfswiss/diplomatik.htm. Einen ersten Überblick über die Hilfswissenschaften (mit weiterführenden Links) erhält man über
http://www.uni-muenster.de/GeschichtePhilosophie/Geschichte/Lehre/MA/PS/HW-1.htm

[12] Natürlich setzte sich die „Volkssprache" auch allmählich in der Bürokratie durch, aber wichtige Dokumente wurden noch bis spät in die Frühe Neuzeit hinein in Latein verfasst (z. B. der Westfälische Friede von 1648).

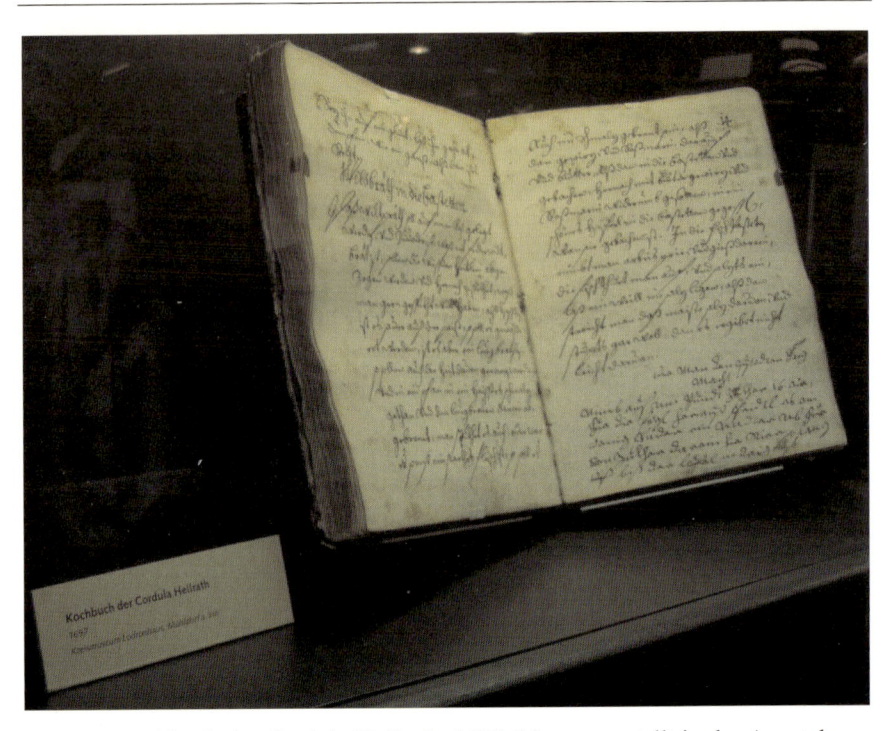

Abb. 82 Kochbuch der Cordula Heilrath, 1697, hier ausgestellt in der Ausstellung „Salzburg in Bayern".

Anhand dieses Kochbuchs lässt sich gut darstellen, worin die Probleme bestehen, wenn man solche alten Schriftstücke genauer erschließen will: Sie sind in einer ganz anderen Schriftart, als heute üblich, verfasst worden. Es bedarf also einer gewissen Übung, wenn man das Kochbuch der Cordula Heilrath lesen will. Ohne jedoch den der Paläographie unkundigen Besucher zu überfordern,[13] lassen sich wichtige Eigenheiten aufzeigen: So gab es bis in das 20. Jahrhundert hinein keine (amtlich) geregelte und verbindliche Orthografie, so dass jeder schreiben konnte, wie er

---

[13] Hinweise zur Schriftentwicklung bietet: Grun, P. A.: Leseschlüssel zu unserer alten Schrift. Taschenbuch der deutschen (wie auch der humanistischen) Schriftkunde für Archivbenutzer, insbesondere Sippen- und Heimatforscher, Geistliche und Kirchenbuchführer. Nachdruck der Ausgabe Görlitz 1935, Limburg a. d. Lahn 1984; Sturm, H.: Unsere Schrift. Eine Einführung in die Schriftkunde. Unveränderter Nachdruck der Ausgabe Neustadt a. d. Aisch ²1961, Neustadt an der Aisch 1998. Erste Hinweise zur Quellenkritik und Editionstechnik findet man z. B. unter:
www.uni-koeln.de/~ahz26/dateien/editch.htm.

wollte. Ein (transkribierter) Ausschnitt des Kochbuchs, der bei den Führungen auch an die Teilnehmer verteilt wird,[14] soll das verdeutlichen:

„Öpfel Pflänzl
Nimb ein schönes mehl, salz es ein wenig, mahs mit ainem warmen Wasser an, zu einem dikhen Taig, Zäh ihn woll ab, mah es alßdan mit ein warmen wein ganz an, dass es gar ain diner taig wirdt, nimb alßdan öpfel, schölle sie sauber, und mahe fingerdikhe schniz darauß thues in den taig, Riers es woll darunter alß dan nimb ein löfel der gar weite löcher hat, thue die schniz darmit auß den taig in ein haißes schmalz, dass wie ein pflänzl wirdt, die pfan mueß nit zu klain sein, laß es außbahen, so wirdts Reht und gueth."

Weitere Schwierigkeiten ergeben sich dadurch, dass der Text nicht in unserer gewohnten Hochsprache verfasst ist und so dialektal bedingte Ausdrücke auftreten.[15] Interessant ist an dieser Quelle v. a. der Vergleich mit modernen Kochbüchern. Jene enthalten normalerweise genaue Mengenangaben und exakte Angaben, wie lange man etwas kochen, backen etc. muss. In alten Kochbüchern findet man nichts dergleichen. Mit diesem zeitlichen Vergleich (damals – heute) erleichtert man zum einen den Besuchern, sich mit der Quelle auseinander zu setzen, zum anderen werden Kontinuitäten und Brüche erkennbar. Mit der Gegenüberstellung von „Altem und Neuem" werden die Exponate bewusster betrachtet. Entsprechendes kann man natürlich auch auf andere Schriftstücke übertragen: z. B. Verordnungen, Rechenbücher und dergleichen.

Ausstellungsmacher und Führer können den Besuchern den Zugang zu schriftlichen Quellen auf viele Weisen erleichtern. Auch wenn im Beitrag des Ausstellungsmachers die in Mühldorf gewählten Wege zum Teil bereits angesprochen wurden,[16] stelle ich sie hier noch einmal zusammen. Viele der Ideen können nämlich auch in den exponatbezogenen Führungen aufgegriffen werden.

(1) Zentrale Quellen konnten auf dem Weg über Hörstationen rezipiert werden. Geschulte Sprecher lesen die Texte. Die Besucher müssen damit weder fremde Schriften entziffern können, noch wird ihnen das Verstehen durch die fehlende orthographische Regulierung er-

---

[14] Das auch formal ansprechend gestaltete Transkript regte viele Besucher auch zum Nachkochen an. Der Gegenwartsbezug ging für diese Gruppe also durch den Magen.
[15] Bei Dokumenten wie Steuerbücher, Protokolle kann man auf heute nicht mehr gebräuchliche Wörter, Fachbegriffe etc. stoßen.
[16] Vgl. Hamberger, Ausstellungskonzepte, S. 19 in diesem Band.

schwert. Will man Hörstationen in Führungen einbauen, so muss von Kopfhörer auf Lautsprecher umgestellt werden können. – Selbstverständlich kann auch der Führer selber Textpassagen aus schriftlichen Quellen vortragen. Das allerdings muss man intensiv üben.

(2) An einer Lesestation in der Abteilung Recht und Verwaltung, wurden den Besuchern typische Schriften einer städtischen Registratur aus unterschiedlichen Epochen vorgestellt (Stadtkammerrechnungen, Gerichtsprotokolle, Vereidigungen...). Die einzelnen Quellen mit den zugehörigen Erläuterungen und Lesehilfen waren zu kleinen Büchlein gebunden, die in Regalen für die Besucher bereit lagen. Sie enthielten eine kurze Information über den jeweiligen Quellentyp. Auf einer Doppelseite befand sich links die Kopie des Originals und rechts daneben die entsprechende Transkription. Durch die Transkription erfuhren die Besucher, dass auf den ersten Blick völlig unlesbare Schriften auch für Laien – zumindest teilweise – zu entziffern sind. Sie erkannten auch, dass die Schriftformen sich im Laufe der Zeit gewandelt haben. Die Aufgabe für den Führenden war hier nur noch, den Lernprozess der Besucher durch die Auswahl geeigneter Quellen und geeigneter Passagen zu stützen. – Wie oben am Beispiel des Kochbuchs gezeigt, kann diese Grundidee in jede Führung eingebaut werden.

(3) In der Ausstellung wurden zentrale Passagen aus Urkunden in die Erläuterungstexte zu den Abteilungen aufgenommen. So wurde – in Übersetzung – eine zentrale Passage aus der oben genannten Urkunde neben das Original an die Wand geplottert.

(4) In Inszenierungen (Hexenprozess) wurden Akten (Befragungsprotokolle) „in Szene" gesetzt.

(5) Das Rahmenprogramm griff in mehreren Veranstaltungen schriftliche Quellen auf: So wurde „Paläographie für Laien" angeboten: Eine Gruppe übte sich im Lesen von Marktordnungen.[17] In einer Veranstaltung der VHS wurde nach den Rezepten des Heilrath-Kochbuchs gekocht. Zwei Referenten, eine Marktfrau des aktuellen Bauernmarkts und der Stadtarchivar, verglichen Marktordnungen damals und heute. In einer nachempfundenen Zunftversammlung, die ein in der Ausstellung gezeigtes Gemälde „lebendig werden ließ", wurde aus der Zunftordnung für die Lederer vorgelesen. Die Referenten der eher wissenschaftlichen Vorträge wurden gebeten, sich auf in der Ausstellung gezeigte Quellen zu beziehen.

---

[17] Vgl. Hamberger, „Lesen lernen", S. 679 in diesem Band.

Gerade durch den Einbezug schriftlicher Quellen in die Führungen wird das Verständnis der Besucher dafür, dass Geschichte aufgrund von erhaltenen Quellen rekonstruiert werden muss, und dass die schriftlichen Quellen dafür eine besondere Rolle spielen, unterstützt. Werden innerhalb einer Führung zwei, drei Beispiele aufgegriffen, kann, quasi nebenbei, wieder auf die unterschiedliche Rolle der Quellen in der Ausstellungskonzeption eingegangen werden. Indem der Führende die eine oder andere zusätzliche Quelle mitbringt und in seine Führung einbezieht, verdeutlicht er, dass in der Ausstellung nicht „die Geschichte" sondern „eine Geschichte" erzählt wird. Die W-Fragen (Wer hat diese Quelle in welcher Situation und warum für wen auf diese Weise geschaffen?) sind dem Führenden eine wichtige Hilfe für das Entwickeln des Konzepts. Die Hintergrundinformationen, die die einzelnen Quellen erst verständlich machen, muss er einfließen lassen.

III. Umgang mit gegenständlichen Quellen

Wie man die Aufmerksamkeit der Besucher für Gegenstände steigern kann, soll abschließend am Beispiel einer Stangenbüchse aus dem 15. Jahrhundert gezeigt werden:

Abb. 83 Stangenbüchse, 15. Jahrhundert, so gezeigt in der Ausstellung „Salzburg in Bayern".

Der Führende könnte zuerst einige Informationen dazu geben, wie solche Handfeuerwaffen funktionierten.[18] Die Funktionsweise wird dem Besucher natürlich am Objekt selbst erklärt. Zusätzlich ist es möglich, das Exponat mit anderen Quellen zu verbinden, um so den Betrachter zu verdeutlichen, woher wir unser Wissen über mittelalterliche Waffen besitzen: So gibt es z. B. mittelalterliche Beschreibungen, die sich mit Kriegsgeräten auseinander setzen. Ein Beispiel ist hier Conrad Kyesers „Bellifortis"[19], eine handbuchartig zusammengefasste Bilderhandschrift, die Ende des 14. Jahrhunderts entstand und seither vielfach abgeschrieben und nachgeahmt wurde. Anhand dieses Kriegsbuchs lässt sich die Bedienungsweise einer Stangenbüchse rekonstruieren[20]:

---

[18] Sie bestanden aus einer zylindrischen, schmiedeeisernen Röhre, die an einem Ende durch einen Eisenklotz verschlossen wurde. Zunächst musste die Pulverladung eingeführt werden, indem der Schütze das feine Pulver durch das Zündloch in den Zündkanal füllte. Bevor die Büchse abgefeuert wurde, stemmte man die an der Eisenröhre befestigte Stange gegen den Boden, um den bei der Explosion entstehenden Rückstoß abfangen zu können. Anschließend wurde mit Hilfe eines Eisenstabes – des so genannten Loseisens –, das an der Spitze gebogen ist und durch das Hineintauchen in ein Kohlebecken glühend gemacht worden war, das Schießpulver entzündet. Dieser Vorgang erforderte einiges an Geschick, da der Schütze mit der einen Hand die Waffe und mit der anderen Hand das Loseisen halten musste. Außerdem traten noch zusätzliche Komplikationen auf, wenn es windig war oder regnete. Die Reichweite lag anfangs nur bei maximal 30 bis 50 Metern. Informationen darüber erhält man z. B. in: Schmidtchen, V.: Kriegswesen im späten Mittelalter: Technik, Taktik, Theorie, Weinheim 1990, S. 207-210.

[19] Kyeser, C.: Bellifortis. Umschrift und Übersetzung von Götz Quarg, Düsseldorf 1967.

[20] Kyeser, Bellifortis, 1967, Abb. 104b.

Abb. 84 Stangenbüchse, aus Konrad Kyser, Bellifortis-Handschrift, 1405.

Über der Zeichnung bietet Kyeser eine lateinische Erklärung, wie man Büchsen richtig abzufeuern hatte. Übersetzt lautet der Text folgendermaßen:
„Feuer für den fliegenden Drachen: Nimm einen Teil Steinöl, zwei Teile gediegenen Schwefels, einen Teil Ziegelstein oder Benediktenöl, tauche da hinein Wolle, d. h. Baumwolle, im Volksmunde, Bawmbol genannt, und stecke sie in ein solches eisernes Röhrchen."[21]

In diesem Zusammenhang sollte der Besucher jedoch durchaus auch darauf aufmerksam gemacht werden, dass solche Quellen hilfreich für unser heutiges Verständnis sein können, aber dennoch nicht unreflektiert übernommen werden dürfen. Wie vorsichtig man sein muss, verdeutlicht folgende Zeichnung[22]:

---

[21] Kyeser, Bellifortis, 1967, S. 78.
[22] Kyeser, Bellifortis, 1967, Abb. 38b.

Abb. 85 Belagerungsmaschine aus Konrad Kyser, Bellifortis-Handschrift, 1405.

Das Bild zeigt eine so genannte „Katze" – also eine Belagerungsmaschine. So wie sie Kyeser darstellte, wurde sie im Mittelalter aber garantiert nicht gebaut. Damals wie heute spielten Funktionalität und Machbarkeit eine wichtige Rolle. Das Ziel ist es also, den Besucher dafür zu sensibilisieren, dass ein kritischer Blick für den Umgang mit dem ihm dargebotenen Quellen notwendig ist.

Gegenständliche Exponate sollten in exponatbezogenen Führungen in ihre Funktion zurück versetzt werden. Daneben sollte immer wieder auch die ästhetische Gestaltung von Exponaten beachtet werden. An ihr lässt sich das Prinzip, dass kaum etwas zufällig so ist, wie es ist, verdeutlichen und im Aussagewert über vergangene Epochen erschließen. Der Auftraggeber oder Benutzer „spiegelt" sich quasi im Gegenstand, ebenso wie die Probleme und Aufgaben, die man mit ihm lösen wollte.

Dass die Verknüpfung verschiedener Quellengattung für die Besucher eindrucksvoll ist, hat das Beispiel gezeigt. Besonders ergiebig ist es, wenn dabei auch die Konzeption des Ausstellungsmachers aufgegriffen wird oder wenn Bezüge zum Rahmenprogramm hergestellt werden.

IV. Zusammenfassung

Für exponatbezogene Führungen ist es zentral, dass dem Besucher ein Zugang zu den Ausstellungsstücken ermöglicht wird. Die Exponate dürfen deshalb nicht als bloße Illustration des Vorgetragenen dienen, sondern müssen immer wieder in den Vordergrund der Ausführungen gerückt werden. Nur so kann man dem Besucher, der interessiert, aber kein Historiker ist, verdeutlichen, dass Geschichten über Vergangenes dadurch entstehen, dass man die erhaltenen Relikte untersucht. Wichtig ist es, bei ausgewählten Exponaten gezielt längere Verweilzeiten einzuplanen und das den Besuchern auch zu begründen: Nur wer die Exponate genau und kritisch betrachtet, kann sie als Quellen nutzen. Die Besucher sollen dafür sensibilisiert werden, dass hinter vielen Bildern, Schriftstücken, Gegenständen eine bestimmte Absicht steckt, die uns heute Hinweise auf die politischen, religiösen, etc. Vorstellungen des „Machers", aber eventuell auch einer ganzen Epoche, geben.

Am Beispiel von Ausstellungen kann man zudem bewusst machen, dass Exponate immer Teil von Darstellungen sind, dass Geschichte also nicht nur Beschäftigung mit Quellen ist, sondern immer auch deren Interpretation und Einbettung miteinschließt.

Exponatbezogene Führungen bieten zudem Möglichkeiten, Verknüpfungen zwischen Vergangenheit und Gegenwart herzustellen, unter anderem dadurch, dass man dem Betrachter (eventuell mit zusätzlichem Material) aufzeigt, wo die Gemeinsamkeiten oder Unterschiede zu heute bestehen.

Tipps für adressatengerechte Führungen

Von Maria Huber

I. Ein paar Gedanken vorweg

Wer sich für den Führungsdienst in Ausstellungen bewirbt, sollte zwei Bedingungen erfüllen: Er/Sie sollte sich inhaltlich intensiv mit dem Thema auseinandergesetzt haben (bzw. dazu bereit sein) und er/sie sollte Freude daran haben, Geschichte zu vermitteln, und zwar an die unterschiedlichsten Menschen. Ideal ist, wenn man dafür gewisse Erfahrung mitbringt. Ich zum Beispiel bin pensionierte Grundschullehrerin, bin lokalgeschichtlich interessiert und habe in meinem Heimatraum zahlreiche Kirchenführungen durchgeführt.

Hat man seine Anstellung als Ausstellungsführerin und die Anregungen der Ausstellungsleitung für den Führungsdienst in Händen, macht man sich so seine Gedanken. Im Nachhinein betrachtet sind diese Überlegungen, auch die Selbstzweifel, produktiv und wichtig.
Wie werde ich die historischen Zusammenhänge auf anschauliche Weise darstellen und das Gestern und Vorgestern in das Heute transferieren?
Wie kann ich mich dabei an den Interessen und Wünschen der Besucher orientieren, ihre Neugierde wecken?
Kann ich mit Hilfe der Ausstellungsobjekte für die einzelnen Besucher Brücken in die Vergangenheit bauen?
Wie kann ich dabei den einzelnen Exponaten Leben verleihen, einer 400-500 Jahre alten Urkunde z.B., die ein Laie beim Betrachten nicht einmal lesen kann? Bisher ist dieses wertvolle Dokument im Archiv fast „verstaubt", aber jetzt soll es durch meine Vermittlung und Führung nachvollziehbar, vielleicht sogar nach-erlebbar werden.

Nach vier Jahrzehnten Schuldienst kamen mir natürlich Gedanken an gelungene Unterrichtsstunden, an Kinder, die begeistert dabei waren, die Interesse und Spaß an Geschichte gewonnen hatten, auch an die Genugtuung für mich als Lehrerin, wenn ich feststellen konnte, dass die Schüler vieles behalten und auch verarbeitet hatten. Aber auch wenn Parallelen zwischen einer guten Ausstellungsführung und gelungenem und anschaulichem Unterricht, der möglichst viele Sinne anspricht, durchaus vorhanden sind; die Ausstellungsbesucher dürfen nicht den Eindruck haben, „geschulmeistert" zu werden. Ideal wäre, wenn jeder mit dem Gefühl aus der Ausstellung ginge, etwas mitgenommen zu haben, was gerade für ihn wichtig und interessant war. Dazu sollte kommen, dass man nicht nur etwas über die Vergangenheit gelernt hat, sondern auch Anregungen bekommen hat, mit Geschichte umzugehen und über Geschichte nachzudenken.[1]

Ein Blick auf den Führungsplan einer Ausstellung macht bewusst, welche große Wendigkeit von den Ausstellungsführern verlangt wird: Da ist zuerst eine Grundschulklasse, dann eine neunte Gymnasialklasse zu führen. Da kommt eine Seniorengruppe, die einen Ausflug macht, dann der örtliche Rotary Club. Da ist eine Sonderschulklasse zu betreuen, dann eine Gruppe von einer Universität. Für den Führer/die Führerin stellt sich immer die Frage, wie es ihm/ihr gelingen kann, der einzelnen Gruppe gerecht zu werden.

Der Grundsatz ist schnell formuliert: Man muss jede Gruppe von ihrer Warte aus an die Exponate heranführen, diese zum „Sprechen" bringen. Das aber ist leichter gesagt als getan: Die Besucher kommen aus ganz unterschiedlichen Lebens- und Erfahrungswelten. Sie bringen ganz unterschiedliches Vorwissen mit, ganz verschiedene Vorstellungen davon, warum man sich mit Geschichte befassen soll.

Einen Unterschied macht es auch, ob die Besucher sich „aus freien Stücken" für eine Führung entscheiden oder ob die Freiwilligkeit des Einzelnen eingeschränkt ist wie bei Klassen oder Vereins- und Betriebsausflügen, ob es sich um homogene oder heterogene Gruppen handelt, die zufällig entstanden, weil sie sich z. B. für die „fixe Führung", sagen wir am Samstag Nachmittag, entschieden haben.

Von einer Gemeinsamkeit kann man als Führender aber immer ausgehen: Wer eine Führung bucht, signalisiert damit den Willen, mehr zu erfahren, als wenn er die Ausstellung allein besuchen würde. Er will Wissen vermittelt bekommen. Doch neben den Informationen erwarten die Teilnehmer an einer Führung vom Führungspersonal auch Interpretation und – Unterhaltung. Im Zentrum sollen dabei die Exponate stehen, die den Besuchern „ihre Geschichte" erzählen. Als „nackte" Tatsachen sprechen sie die Menschen aber nur selten an. Der Führende muss sie in einen Zusammenhang bringen, wobei der Ausstellungsmacher mit seinem Konzept die Richtung vorgibt.

---

[1] Vgl. die Hinweise in Zabold/Schreiber, Bildungschance Ausstellung, S. 197 in diesem Band.

II. Schulführungen

Schulführungen folgen eigenen Gesetzen, die mir als ehemaliger Lehrerin besonders deutlich sind.

1. Führungen mit Grundschülern

Wichtig ist, dass man dieser Altersstufe nicht die gesamte Ausstellung vorstellt. Wir hatten die Lehrer deshalb aufgefordert, sich Schwerpunkte auszuwählen, zu denen die Schüler geführt werden sollten. Die von uns angebotenen Schwerpunkte waren unter Berücksichtigung der Lehrpläne der unterschiedlichen Schularten ausgewählt worden.[2] Von dieser Möglichkeit machten vor allem die Lehrer der dritten und vierten Klasse Gebrauch. Beliebte Themen waren Marktwesen, Pestzeit, Schifffahrt auf dem Inn oder der Mühldorfer Burgfried. – Man kann sagen, dass es den Kollegen sozusagen um erweiterten Heimat- und Sachunterricht ging.

Immer wieder standen aber auch zweite Klassen und sogar erste Klassen auf dem Plan. Um sechs- bis achtjährigen Kindern Historisches zu vermitteln, habe ich oft den Weg gewählt, „Geschichten aus der Geschichte" zu erzählen. Der Führende ist hier besonders gefordert. Eine gezielte Auswahl der Themen ermöglicht es, mit den „erzählten Geschichten" auch Einblicke in „die Geschichte"[3] und in den „Umgang mit Geschichte"[4] zu geben.

a) Geschichten erzählen[5]

Das Unglück des Küchenschiffs von Kurfürst Maximilian im Dreißigjährigen Krieg war eines der dafür geeigneten Themen. Die Ausstellungsmacher hatte einerseits das Schiffsunglück thematisiert, andererseits hatten sie das spektakuläre Ereignis als Aufhänger für die Beschäftigung mit

---

[2] Vgl. den Beitrag Brehm, Museumspädagogen, Besucher und Ausstellungen, S. 181 in diesem Band, vor allem seine Hinweise auf den von den Lehrern eingeforderten Lehrplanbezug S. 186.

[3] Hier ist das Ziel, die Sachkompetenz der Besucher zu schulen. Vgl. hierzu den Beitrag Zabold/Schreiber, Bildungschance Ausstellung, S. 197, und v.a. S. 211 in diesem Band.

[4] Hier ist das Ziel, die Methodenkompetenz der Besucher zu schulen. Vgl. hierzu den Beitrag Zabold/Schreiber, Bildungschance Ausstellung, S. 209 in diesem Band.

[5] Vgl. auch Fischer, Wochenendführungen für Kinder, S. 469 in diesem Band.

der Flussschifffahrt genutzt. Der Nachbau einer Plätte war ausgestellt. Einige Schüler durften sich hineinsetzen, um die Geräte zu zeigen, die die Schiffsleute an Bord hatten. Ein Votivbild, mit dem ein über Bord gegangener Passagier, dessen Schiff die Stützen einer alten Holzbrücke gerammt hatte, sich für die Rettung bedankt, hing im Hintergrund. Dazu kamen in einer Vitrine die wieder gefundenen Silberteller.[6]

Abb. 86 Die Abteilung „Innschiffahrt" in der Ausstellung „Salzburg in Bayern", Mühldorf a. Inn, 2002.

Das Schiffsunglück war ein fesselnder Einstieg für die Schüler. Dabei erfuhren sie auch von den Kriegswirren des Dreißigjährigen Krieges und natürlich von der Flussschifffahrt. Wichtig ist, dass nicht nur der Führer erzählt. Er muss die Exponate und die Inszenierung „miterzählen" lassen und er muss die Kinder mitreden lassen. Das, was sie im Votivbild, im Arrangement der Silberteller selber entdecken können, wollen sie auch selber „erzählen". – Ein Typus des Erzählens ist also, die Kinder *ins Gespräch mit der Ausstellung zu bringen*. Die Geschichten des Führers haben dabei die Aufgabe, auf spannende Art und Weise die Informationen

---

[6] Beim Schiffsunglück war u. a. Wittelsbachisches Tafelsilber untergegangen. Einige der Teller wurden in späteren Jahren wieder gefunden.

zu geben, die die Besucher brauchen, um selber in die Rolle des Erzählenden kommen zu können.

Eine ganz andere Art von Erzählen ist es, *fesselnde Geschichten aus der Geschichte* vorzutragen, für die es keine Anhaltspunkte in der Ausstellung gibt. Ein Ziel dabei ist, die „Verweildauer" in den Abteilungen zu erhöhen. Das ist nämlich die Bedingung dafür, dass die Besucher sich intensiver mit der ausgestellten Geschichte befassen. Eine einfache, aber wichtige Hilfe dafür, mehr Zeit in einzelnen Abteilungen zu verbringen, waren – für Kinder- wie für Erwachsenengruppen – die beweglichen Hocker,[7] die man leicht überall hin mitnehmen konnte. Ein Beispiel für solche Erzählungen wäre die „Elefantengeschichte". Sie begeisterte Erst- und Zweitklässler wie alle anderen Besucher: Nicht nur Getreide, Wein und Baumaterial wurde auf dem Inn transportiert, sondern, von allen bewundert, auch der erste Elefant, den die Bevölkerung zu Gesicht bekam. Er wurde im Jahre 1552, unter anderem auf dem Inn und dann auf der Donau, auf Wunsch des späteren Kaisers Maximilian nach Wien gebracht.[8] Ein Wasserburger Kupferstecher hatte ihn „porträtiert". Dieses Bild, das nicht in der Ausstellung hing, kann der Führende in einer gut erkennbaren Reproduktion als Ergänzung mitbringen. Ganz nebenbei erfahren die Kinder so, dass eine Ausstellung nicht die „ganze Geschichte" zeigt, dass es vielmehr noch viele andere Quellen gibt.

Ein weiterer Typ der speziell von Grundschülern geliebten Geschichten geht von der Gegenwart und der Lebenswelt aus: Welches Kind träumte nicht von einer Schatzsuche? Der so genannte Schmederer-Schatz, ein in einem Tonkrug verstauter Münzschatz, bot dafür die richtige Geschichte. Vor einigen Jahren hatte ein Maurer ihn bei Umbaumaßnahmen im Mühldorfer Geschäftshaus der Familie Schmederer in einem Zwischenboden entdeckt. Zugleich konnte man auch den Kleinsten erklären, warum so unterschiedliche Münzen im Krug waren. Es wurde die Situation des Marktwesens mit den vielfältigen Währungen verdeutlicht.

b) Mit „Zettel und Stift" arbeiten

Obwohl gerade die Erst- und Zweiklässler Geschichten lieben, kann man nicht eine ganze Führung lang nur spannend erzählen. Zettel und Stift sind auch schon bei den ganz Kleinen ein gutes Mittel zum Ausgleich. Natürlich darf für diese Stufe der Arbeitsauftrag nicht zu kompliziert

---

[7] Vgl. die Erläuterungen im Beitrag Hamberger, Ausstellungskonzepte, S. 19 in diesem Band.

[8] Vgl. Huber, W./Kraft, R.: „Aufrecht stehend, mit Stro ausgeschoppt", in: Charivari Heft 12, 1994, S. 29-34.

sein. Gleichzeitig gilt aber, dass es schade wäre, die Schüler zu unterfordern. Die verschiedenen Schiffszeichen abzuzeichnen und die Bedeutung dazuzuschreiben, schafften die Kinder natürlich. Zusätzlich können sie mit kleinen Skizzen auch erklären, warum die Erfindung der „Verkehrszeichen" so wichtig war. Solche in der Ausstellung bearbeiteten Blätter eignen sich gut zur Weiterarbeit im Klassenzimmer.

c) „Handlungsorientierung"

Große Aufmerksamkeit schenkten die Besucher aller Altersstufen, auch die Grundschüler, der Pest. So hieß es dann hinterher bei manchen Grundschulkindern: „Die Pest hat mir am besten gefallen." Die lebensgroße Abbildung des Pestarztes und der Pestkarren mit dem Sarg bildeten die schaurige Einstimmung.[9] Weil in anderen Artikeln dieses Bandes[10] gezeigt wird wie Krankheit, Medizin, Tod zur Auseinandersetzung mit Geschichte genutzt werden können, greife ich hier nur einen Aspekt auf: Die Pest auf einem „Bärenfell" auszuschütteln, wie es die Münchner taten, bevor ein Fremder in mittelalterlichen Pestzeiten durch das Stadttor durfte, gefiel den Kindern ganz besonders – und: Es brachte zugleich eine *emotionale Entlastung* nach der Auseinandersetzung mit dieser fürchterlichen Krankheit.

Neben der entlastenden Funktion hat das aktive Einbeziehen der Kinder im Verlauf der Führung noch andere Aufgaben. Es *steigert die Aufmerksamkeit und erleichtert das Verstehen*. Die Kinder durften z. B. in der Belagerungsabteilung eine der Steinkugeln aufheben. Schon war mehr Aufmerksamkeit vorhanden für die Erklärung der Funktionen der im späten Mittelalter eingesetzten Waffen. Das Erspüren des hohen Gewichts ist in Erinnerung, wenn die Schüler erfahren, dass Steinkugeln sowohl für die Wurfmaschinen als auch für die ersten Feuerwaffen, die Steinmörser, verwendet wurden. Die Kinder selber kommen darauf, warum die Belagerer es sich gut überlegten, ob sie wirklich („wiederverwendbare") Steinkugeln nutzen sollten und was sie als Alternative schleudern könnten.

Weniger um das Verstehen als um das *Einfühlen* geht es, wenn ein paar Schüler einem armen Zahnschmerzpatienten auf einem Hocker Hände und Beine halten, damit ihm der Bader den Zahn ziehen konnte. Allerdings ist es wichtig, darauf zu achten, dass dadurch die Werkzeuge in der Vitrine nicht nur „noch schrecklicher" werden. Ihre helfende und rettende

---

[9] Vgl. Abbildung der Abteilung Pest und Medizin, S. 603 in diesem Band.
[10] Vgl. den Beitrag Funk, Lebenswelt und Geschichtskultur, S. 271 in diesem Band.

Funktion sowie die Leistung, die in ihrer Entwicklung steckt, dürfen nicht verloren gehen.

d) Extrinsisch motivieren durch spielerische Elemente

Das spielerische Element und die extrinsische Motivation standen im Vordergrund der Aktionen, die ich mir ausdachte, als eine Lehrerin ausgerechnet einer ersten Klasse Grundschule den Schwerpunkt „Kunst" bearbeitet haben wollte. – Während ein Kunstwerk, das als Inhaltsträger in eine Abteilung eingebaut ist, sich auch von Grundschülern gut erschließen lässt, fällt es nach meiner Erfahrung schwer, mit jungen Kindern kunstgeschichtliche Epochen – in Mühldorf war es z. B. die Gotik – zu erschließen. Ich sollte die „Taufkirchner Madonna" des Seeoner Meisters, eines Vertreters des „weichen Stils", erarbeiten.[11] Ich hatte mir vorgenommen, mich dabei auf die innige Beziehung zwischen Mutter und Kind zu konzentrieren. Vorher war aber ein weiteres Problem zu überwinden: Die Exponate waren durch Lichtschranken alarmgeschützt. Da ich mit dieser zappelnden Schar nicht ständig die heulende Alarmsirene auslösen wollte, machten wir eine Art Spiel. Ich erklärte den Schülern, wie leicht der Alarm losging, appellierte an ihren Ehrgeiz, dass sie es „ohne" schafften und die Kinder krochen auf allen Vieren mit viel Spaß in die Abteilung. Wegen der hohen Sockel und der Enge des Raumes war es nicht möglich, dass die Kinder sich setzten. Den für die Erschließung notwendigen Blickkontakt zum Exponat hatten sie nur im Stehen. Ein Kunststück der eigenen Art war es, die Aufmerksamkeit zwischen „Alarmvermeidung" und Madonna zu teilen. Auf einige Schüler sprang der Zauber der Darstellung des Seeoner Meisters aber über.

e) Lebensweltliches Erfahrungswissen nutzen

Eine Möglichkeit, sich mit jungen Besuchern schwierigen Themen anzunähern, ist das Anknüpfen an Wissen über die Gegenwart: Um die geistliche Herrschaft durch einen Bischof zu veranschaulichen, versuchte ich, an das nur spärlich vorhandene politische Wissen der Kinder anzuknüpfen. Auf die Frage, wer bei uns der „Landesherr" sei, kam meist die Antwort: Bundeskanzler Schröder, nach ein wenig Nachhilfe für das Land Bayern auch Ministerpräsident Stoiber.

Vor dem Bild von Erzbischof Sigismund Graf Schrattenbach stellte ich den Kindern die Frage: Könnt ihr euch Stoiber in diesem Gewand vorstellen? Nachdem alle kräftig gelacht hatten, konnten wir die Beklei-

---

[11] Genauere Informationen und eine Abbildung der „Taufkirchner Madonna" befinden sich bei Unger, Kunst, S. 316 in diesem Band.

dung des Erzbischofs und seine Insignien für die geistliche und die weltliche Macht, aber auch die Aussagen, die in der Körpersprache und der Portraitgestaltung des Künstlers liegen, identifizieren.[12] Wenn Kinder einen Grund darin sehen, sich intensiv mit einem Bild zu befassen, können sie erstaunlich viele Details, aber auch Zusammenhänge und Aussageabsichten erkennen. Kunst ist hier nicht, wie oben, das Haupt-, sondern eher ein Nebenthema – vielleicht gelingt es den Kindern gerade deshalb, auch Künstlerisches zu erschließen.

2. Führungen mit Schülern der Haupt-, Realschulen und Gymnasien

Auch für diese Schularten gilt, dass nicht die ganze Ausstellung geführt werden muss, sondern dass sehr wohl – lehrplanbezogene – Schwerpunkte gesetzt werden können. Zu ausgewählten Abteilungen hatten wir zusätzliches Material, vor allem Quellen, bereitgestellt, mit denen eine vertiefte Auseinandersetzung möglich war. Die Klassen arbeiteten mit dem Material in der jeweiligen Abteilung. Die Ausstellungsgestaltung war ein eigenes, allerdings selten gewähltes, Thema für die Vertiefung. Eine Sonderform was das so genannte Themengespräch[13], bei dem, im Anschluss an den Ausstellungsbesuch, in der Regel aber außerhalb der Ausstellung, eine intensive Auseinandersetzung mit einzelnen Aspekten erfolgt. All diese Spezialtypen konnten die Lehrer eigens buchen.[14] Im Folgenden beziehe ich mich aber auf den Fall, dass die Lehrer „normale" Führungen gebucht hatten.

a) „Geschichtsunterricht mit der Ausstellung"

Aber auch dann legte ich bei Schülern der Haupt- und Realschulen und der Gymnasien gesteigerten Wert darauf, dass sie ihren Wissensstand aus dem Geschichtsunterricht in die Führung einbrachten. Ihr Wissen muss sozusagen durch gezielte Impulse aktiviert werden, so erinnerte manche Szene an ein gutes Unterrichtsgespräch. Auf straffe Steuerung kann man dabei nicht immer verzichten; bei manchen Klassen, gerade bei jüngeren Schülern, besteht sonst die Gefahr, dass es in „Geschwätz" ausartet. Eine wichtige Kontrolle für den Führenden ist es, ob es einem gelingt, den Blick der Schüler ganz buchstäblich auf die Exponate zu richten und

---

[12] Vgl. den Beitrag Paul, Exponate und Besucher, in diesem Band, speziell die Hinweise zum Umgang mit Porträts, S. 423.
[13] Vgl. den Beitrag Zabold, Themengespräch, S. 503 in diesem Band.
[14] Vgl. die Hinweise in Schreiber, Multiplikatorenführungen, S. 461 in diesem Band.

nicht nur auf einen selber. Es geht ja nicht um Unterricht in der Ausstellung, sondern um Unterricht mit der Ausstellung.

Durchaus sinnvoll ist es, zu einzelnen Themen Arbeitsblätter oder anderes Arbeitsmaterial vorbereitet zu haben, um so das eigene Erarbeiten einzelner Bereiche zu unterstützen. Wenn Klassen mit Block und Stift ankommen und Arbeitsaufträge von der eigenen Lehrkraft mitbringen, sollten Führungen darauf Rücksicht nehmen.

b) Arbeit mit Karten[15]

Raum und Zeit sind Kategorien, die Geschichte mitbestimmen. Deshalb ist mir bei älteren Schülern die Orientierung an Karten wichtig. Die Mühldorfer Ausstellung bot dafür viele Möglichkeiten: Historische Karten und Bildquellen als Situationsskizzen wurden ebenso gezeigt wie aktuelle politische, wirtschaftsgeschichtliche und religionsgeschichtliche Karten. Eine Besonderheit stellte die „begehbare thematische Karte"[16] dar, die den Burgfried der Stadt Mühldorf mit den Grenzsteinen abbildete.[17] Falls die Ausstellungsmacher wenige Karten eingebaut haben, ist es sinnvoll, dass der Führende eigene Karten einbezieht.

c) Einbeziehen von Zusatzinformationen

Je älter die Schüler sind, desto häufiger kann man Zusatzinformationen einbeziehen, die Ausstellungen immer auch anbieten. In Mühldorf habe ich z.B. die Videos und Computerinformationen in die Führungen eingebunden, die thematisierten, was auf dem Inn transportiert wurde, welche Gewerbe im Stadtgebiet vertreten waren oder wie sich das Einkommen auf die Stadtbürger verteilte. Hier können Schüler zum einen selbständig arbeiten, zum anderen können sie Ausstellungskonzepte erkennen und Bezüge zu Exponaten und Informationstexten herstellen. Einbezogen habe ich auch den Kinderkatalog,[18] manchmal das Begleitbuch für Erwachsene und Literatur aus dem Museumsshop.

d) Einbeziehen der Ausstellungsgestaltung

Hörstationen haben eigentlich die Funktion, Einzelbesuchern zur selbständigen Vertiefung zu dienen. Es kann aber auch angebracht sein, mit

---

[15] Vgl. den Beitrag Bichlmeier, Räume, S. 235 in diesem Band.
[16] Vgl. S. 243 in diesem Band.
[17] Das „Entlangwandern" an den Steinen zeigte die Grenze zu Bayern sehr deutlich an. Richtplätze, Zollstationen, Gewerbliches, Soziales, Landwirtschaftliches konnten verortet werden.
[18] Vgl. den Beitrag Zabold/Lehmann, Kinderkatalog, S. 595 in diesem Band.

Schulklassen eine Weile zuzuhören; eventuell muss dafür von Kopfhörern auf Lautsprecher umgestellt werden. In der Mühldorfer Ausstellung gab ich Gruppen oft die Gelegenheit, in die Befragung der Mühldorfer Hexe Maria Pauerin hinein zu horchen. Die Prozessakten, auf die das Hörbild sich bezog, sind ediert. Deshalb verwies ich hier häufig auf die Schrift über den Mühldorfer Hexenprozess, die an der Kasse zu erwerben war.[19] So verfuhr ich nicht nur bei älteren Schülern, sondern besonders auch bei Erwachsenengruppen, denen man anmerkte, dass sie eigentlich mehr erfahren wollten. Auf diese Weise wurde zugleich der Hinweis gegeben, dass Hörstationen nicht Fantasieprodukte sein müssen. Ein wirtschaftlicher Nebeneffekt ist die Tatsache, dass der Verkauf der Produkte im Museumsshop angekurbelt wird.

Um die Neugierde und das Interesse der Schüler wach zu halten, aber auch, um die „Verankerung" des Gehörten im Gedächtnis zu erleichtern, ist es sinnvoll, die einzelnen Teilbereiche der Ausstellung zu verknüpfen, bzw. deren Auswirkungen bis in die Gegenwart zu verfolgen. Damit wird auch die Entwicklung von Geschichtsbewusstsein unterstützt.[20] Besonders ergiebig ist es, den Ort der Ausstellung einzubeziehen.[21] Der Mühldorfer Haberkasten bot eine Vielzahl an Möglichkeiten.

Das im Haberkasten gelagerte Getreide war die Abgabe der von Salzburg Abhängigen an ihren Landesherrn (→Abteilung Recht und Verwaltung). Es wurde über den Inn verschifft (→Abteilung Markt und Handel), hatte aber auch die Funktion, eine Belagerung aushaltbar zu machen (→Abteilung Kriegswesen). Eine Verbindung ließ sich auch zu anderen Exponaten herstellen, zur Stadtansicht von Mühldorf oder zur begehbaren Karte[22] beispielsweise, die die Getreidekästen selbstverständlich auch zeigten. Auch im Dachgeschoss, das erst durch diese Ausstellung zur Besichtigung für Besucher freigegeben wurde, konnte man auf die Abteilung Belagerung zurückkommen, auf die Gefahren der Zerstörung durch Brandsätze, die von den Wurfmaschinen geschleudert wurden. Somit konnten die Schüler ein Gefühl dafür bekommen, welche lebendige Geschichte ein Gebäude vermitteln kann.

---

[19] Neumeyer, F. A.: Der Mühldorfer Hexenprozess der 16jährigen Dienstmagd Marie Pauer von der Katharinenvorstadt 1749/1750, Mühldorf ³1992.
[20] Vgl. den Beitrag Zabold/Schreiber, Bildungschance Ausstellung, S. 197 in diesem Band.
[21] Vgl. auch den Beitrag Bichlmeier, Räume in diesem Band, S. 235.
[22] Vgl. S. 243.

e) „Handlungsorientierung"

Handlungsorientierung ist auch für ältere Schülern und selbst für Erwachsene sinnvoll. Immer mehr Ausstellungsmacher werden sich dessen bewusst und bauen Formen der Aktion in ihre Konzepte ein. In Mühldorf war in dieser Hinsicht die Abteilung Markt und Handel die Attraktion. Ein Spiel („Eulenspiel"[23]), das nachweislich auch in Mühldorf gespielt wurde, sollte verdeutlichen, dass „Markt" immer auch „Unterhaltung" hieß. Am „Abakus", einem Rechenbrett, konnte man lernen, wie gerechnet wurde. Da die meisten Schüler, bis hinauf zu den Oberstufen, beides auch selber ausprobieren wollten, war es ratsam, die Gruppe zu teilen. – Diese beiden Aktivstationen waren ein Volltreffer schlechthin; auch alle Erwachsenengruppen vergnügten sich dort gerne. Damit wurden die Führungen erheblich aufgelockert. Für die älteren Schüler, aber auch für Erwachsenengruppen mit historischem Interesse, bestand wiederum die Möglichkeit zur Verknüpfung mit anderen Abteilungen.[24]

Formen der Handlungsorientierung, die für jüngere Schüler geeignet sind, können nicht ohne weiteres auch auf ältere übertragen werden. Begreiflicherweise sind Jugendliche kaum mehr bereit, sich auf eine Decke zu legen und sich die Pest „ausschütteln" zu lassen. Aber auch ältere Schüler sind noch nicht „zu erwachsen", um etwa die Funktion von Schlössern und Werkzeugen nachzuvollziehen. Neben das Selbertun kann ersatzweise das Demonstrieren treten. Kleidungsstücke, in Mühldorf z. B. die Schnürbrust für Mädchen, sind ein interessantes Objekt. Der Bezug zur Gegenwart lässt sich vielfach herstellen. Findige Führer wissen sich mit einfachen Mitteln zu helfen. Das wirkliche Exponat in der Vitrine macht schließlich die Vorstellung komplett.

III. Führungen mit Erwachsenen

Vieles aus den Führungen für die einzelnen Schularten kann man auch für Erwachsene anwenden, je nachdem, ob es sich um historisch interessierte Gruppen mit entsprechenden schulischen Grundlagen oder hobbymäßigem Interesse handelt oder um Ausflügler, die mit dem Verein oder der Pfarrgemeinde kommen. Um sich auf die Gruppe einzustellen, genügt oft ein Blick auf den „Führungsplan". Wenn da etwa ein Historischer Verein

---

[23] Vgl. den Beitrag Hamberger, Ausstellungskonzepte, S. 19 in diesem Band.
[24] In der Abteilung „Kreistag" war, neben anderen Brettspielen, jetzt vorrangig für die höhere Gesellschaft, auch eine Variante des Eulenspiels ausgestellt – dort allerdings als originales Exponat.

angekündigt ist, dann kann man tiefgründiger auf die Teilbereiche der Ausstellung eingehen, vergleichbar einer Führung mit älteren Gymnasiasten, wobei hier das „Unterrichtliche", d.h. die Mitarbeit der Besucher, natürlich wegfällt. Niemand von den Erwachsenen will als „Schüler" behandelt werden, manche wollen aber durchaus mit vorhandenem und abrufbarem Wissen Beiträge leisten. An den Fragen, die gestellt werden, kann man das schnell erkennen.

Andere Gruppen, wie z. B. Betriebsausflügler, wollen in der Regel nicht nur Information, sondern auch Unterhaltung. Es muss mehr zum „Schmunzeln" eingeflochten werden. Wenn man gezielt auswählt, werden solche Führungen durchaus nicht oberflächlich. Schmunzeln lässt die Besucher etwa der ganz andere Umgang von Menschen in anderen Zeiten mit Problemen, die „wir" auch heute noch kennen oder die Andersartigkeit von Problemen, mit denen unsere Vorfahren fertig werden mussten („Alterität"). Beispiele aus der Rechtsprechung oder aus alten Stadtrechten eignen sich vorzüglich (Das Mühldorfer Stadtrecht aus dem 16. Jahrhundert legt z. B. fest: „Niemand soll seinen Kot länger denn 8 Tage liegen lassen und keinen Odel ... ausfließen lassen ... Der Bürger soll die Schwein weder bei Tag noch in der Nacht in der Stadt lassen herumziehen, damit das Pflaster von denselben nit zerwühlet werd...."[25]) Den daraus zu ziehenden, oft gar nicht einfachen Rückschlüssen lauschen die meisten Besucher dann mit echtem Interesse.

Berichtete man über die Verordnung von Schandmasken, regte der Unterschied bei der Behandlung der Geschlechter in aller Regel zu witzigen Bemerkungen und Späßen unter den Besuchern an. So amüsierten sich die Damen, wenn sie erfuhren, dass männliche Ehebrecher mit „nackten Armen und Beinen, in den Händen eine Rute und eine brennende Kerze" an drei aufeinander folgenden Sonntagen nach dem Gottesdienst „zu aller Beschauung" vor der Kirchentüre stehen und dazu noch Geldbuße zahlen mussten. Damit das Amüsement aber nicht zu einseitig wurde, konnten die Besucher dann auch von der Frau hören, die mit einer „fremden Mannsperson" lange gezecht hatte und den Heimweisungen ihrer Mutter nicht gehorcht hatte. Dafür bekam sie „10 Rutenstreiche auf den nackten Hintern". Wieder kann das „Schmunzeln" genutzt werden, um Geschichtsbewusstsein zu fördern: Viele Linien können gezogen

---

[25] Aus der Stadtordnung von 1522. Stadtarchiv Mühldorf a. Inn. Weiterführende Literatur bei: Hermann, H.-G.: Das Mühldorfer Stadtrecht im Spätmittelalter und der Frühen Neuzeit, in: Stadt Mühldorf a. Inn (Hg.): Mühldorf a. Inn – Salzburg in Bayern. Begleitband zur gleichnamigen Ausstellung, Mühldorf 2002, S. 36-47.

werden, Vergangenheit und Gegenwart können verständlicher gemacht werden.

Manchmal genügt auch eine kurz eingestreute Anekdote, beispielsweise wie sich Schüler zu diesem Thema äußerten, um die Führung aufzulockern und die Besucher zum Schmunzeln zu bringen. Auch hier gilt: Gezielte Auswahl eröffnet die Möglichkeit, Geschichtsbewusstsein zu fördern, z. B. indem man ein kindliches Missverständnis aufgreift, von dem man denkt, dass es auch in der Gruppe vor einem durchaus vertreten sein könnte.

Bezüge zur Gegenwart und zu eigenen Erfahrungen erleichtern weniger geschichtskundigen Besuchergruppen den Zugang. Nur sprachlich und in der Komplexität der Ausgestaltung unterscheiden sich die Geschichten für Kinder und für Erwachsene. Immer wieder bringen Besucher selbst Gegenwartsbezüge ein: Die Fundgeschichte zum „Schmederer-Schatz" motivierte eine Geschäftsfrau aus einem anderen Ort zu einer Erzählung von einem Beinah-Schatzfund, der aber vermutlich in einem Diebstahl endete. Gerade bei Besuchern mit weniger schulischem Hintergrund erhöhen solche Einschübe das Interesse auch an der Vergangenheit.

Bei sehr anschaulichen Themen wie der Pest oder dem Gesundheitswesen brauchen zwischen Alt und Jung, Schülern und Erwachsenen keine zu großen Unterschiede gemacht zu werden. Vorstellungsvermögen und Emotionen sind leicht anzusprechen. Ein Weg, das Interesse zu vertiefen, ist, zusätzliche Materialien in die Führung einzubauen. So regten z. B. weitere Bildquellen zum Aderlass dazu an, die in der Ausstellung gezeigten Gegenstände noch genauer zu betrachten.

1. Sonderfall Besucher mit Ortsbezug

Besuchergruppen zu führen, deren Heimatorte in irgendeiner Weise in der Ausstellung aufgegriffen werden, ist eine besondere Sache. Man hat die Chance, das Interesse zu steigern und Verknüpfungen zu Bekanntem herzustellen. Es lohnt sich deshalb für Führende, nach Bezugspunkten zu anderen Orten Ausschau zu halten. Gerade die verborgenen Zusammenhänge, die die Besucher ohne Hilfe nicht entdeckt hätten, machen den Reiz aus.

Am Beispiel der Mühldorfer Ausstellung heißt das: Landshuter erfuhren, wie die in ihrer Stadt residierenden Wittelsbacher Herzöge der Salzburger Herrschaft in Mühldorf Schaden zufügten, z. B. in der Belagerung von 1364, die im Zentrum der Abteilung „Kriegswesen" stand oder durch mittelalterliche Gegengründungen, die dem „Salzburger" Markt ein Gegengewicht setzen wollten (Neuötting, Vilsbiburg, Geisenhausen, Neumarkt usw.) oder durch den Brückenbau über den Inn bei Neuötting und das Umlenken des Salzhandels.

Besucher, die erfuhren, dass die Gründung des eigenen Heimatortes mit der Absicht der Wittelsbacher zusammenhing, die eigene Macht gegenüber dem salzburgischen Mühldorf zu stärken, sahen den eigenen Ort – und manche bis in die Gegenwart reichende Sym- oder Antipathie zwischen Städten des Umlands – in einem anderen Licht.

Auch lokale Persönlichkeiten können aufgegriffen werden. Dafür sind Porträts besonders geeignet.[26] Bis in unsere Zeit sind die Attribute aussagekräftig geblieben, die die Personen charakterisieren. So erleichterten Gemälde alter Mühldorfer Kaufmannsgeschlechter, die auch manchem Nicht-Mühldorfer aus der Region ein Begriff waren, den Zugang zu Marktwesen und Handel. Besucher aus Trostberg etwa fanden verwandtschaftliche Beziehungen zwischen einer Mühldorfer Kaufmannsfamilie und einer aus Traunstein heraus.

Etwas Besonderes für die Besucher ist es auch, wenn sie ihren Heimatort in einem Exponat vertreten sehen. In einer „Tatortskizze" und den zugehörigen Akten zum bayerisch-salzburgischen Taferlkrieg fanden die Neumarkter (Sitz eines an das salzburgische Mühldorf grenzenden Landgerichts) ihre Vorfahren in einen auf den ersten Blick aberwitzig scheinenden Streit zwischen Neumarkt (bzw. Bayern) und Mühldorf (bzw. Salzburg) verwickelt. Streitpunkt war ein Schild, das die Neumarkter innerhalb des Mühldorfer Burgfrieds aufgestellt hatten, ohne dazu berechtigt zu sein.

---

[26] Vgl. noch einmal den Beitrag Paul, Exponate und Besucher, S. 421.

Abb. 87 Die Salzburger Landtafel von August Erich (?), 1707/1708.

Erwachsene, auch mit weniger Bildungshintergrund, freuen sich, wie die Schüler, wenn sie das Wappen ihrer Stadt bzw. ihres Marktes in der Salzburger Landtafel entdeckten. Die Informationen zu den Landständen sind damit nicht mehr ein abstraktes Thema, sondern werden zu „ihrer" Sache.

In eine ähnliche Richtung geht es, wenn jemandem bewusst wird, dass ein Schloss in seiner unmittelbaren Umgebung (Egglkofen) der Besitz Montgelas' war, der ja zumindest indirekt daran beteiligt war, dass Mühldorf bayerisch wurde. Auf diese Weise erleben die Besucher, dass

Geschichte in Beziehung steht zu der Welt und zu der Umgebung, in der sie wohnen.

Eine Gruppe aus Gars war nahezu entsetzt darüber, dass auf einer Karte zu den Exklaven des Erzstifts Salzburg ihr Ort nur durch einen Punkt eingezeichnet und nicht namentlich genannt war. Auch daran lässt sich zeigen, wie sehr sich die Besucher durch Ortsbezug angesprochen fühlen.

Die identifikatorische Kraft des Raumes nimmt zu, je deutlicher der in der Ausstellung thematisierte Raum sich mit dem Lebensraum überschneidet. Den Besuchern sind bewusst oder unbewusst Überreste aus der Vergangenheit bekannt, die in die Gegenwart ragen. Die Grenzsteine um Mühldorf, die heute noch an die Salzburger Zeit erinnern, sind so ein Beispiel. Der Heimatbund nimmt sich ihrer an, indem er z. B. Grenzsteinwanderungen anbietet. Ein anderes Beispiel sind die in späteren Zeiten gefundenen Silberteller vom Schiffsunglück mit Kurfürst Maximilian. Sie im Original zu sehen, weckt großes Interesse: Die Besucher haben schon etwas von ihnen gehört, bzw. über sie in der Zeitung gelesen. Solche Themen kann man gut aufgreifen und vertiefen.

Auch durch die Bezugnahme zu den einzelnen Veranstaltungen des Rahmenprogramms,[27] wie z. B. „Schifffahrt auf dem Inn" oder den „Handwerkermarkt", ließen sich einzelne Themen dieser Besuchergruppe leichter vermitteln. Das galt selbst dann, wenn sie bei diesen Veranstaltungen nicht dabei waren, sondern nur durch die Zeitung davon erfahren hatten. Man merkte, dass hier für sie Geschichte lebendig geworden war.

Mit Hilfe von Kombi-Führungen durch die Ausstellung und durch die in ihr thematisierte Stadt/Region wird der Ortsbezug auch für Fremde hergestellt. Günstig ist, wenn ein und derselbe Führer zuständig ist, weil er dann die beiden Führungstypen besonders gut aufeinander abstimmen kann – unbedingt notwendig ist das aber nicht. Das gilt besonders dann, wenn das Ausstellungsthema außerhalb des Ausstellungsortes „wieder gefunden" werden soll.[28]

Es ist sowohl reizvoll, zuerst durch die Ausstellung und dann durch den originalen Ort zu führen, als auch den umgekehrten Weg zu nehmen. Immer geht es um Wiedererkennen und Erweitern. Die Aura des Ortes und die Aura der für den Ort wichtigen Exponate, die man inzwischen ins Museum gestellt hat, können zusammengeführt werden. Wer zuvor das

---

[27] Vgl. das Kapitel Events bilden – Bildung zieht an: attraktive Angebote für Rahmenprogramme entwickeln, ab S. 517 in diesem Band.

[28] Vgl. auch den Beitrag Schroll, Wieder erkennen, wieder finden, S. 655 in diesem Band.

"Hexenkammerl", in dem Maria Pauerin monatelang in Dunkelhaft saß, und den Rathaussaal, in dem die Verhöre stattgefunden haben, gesehen hat, kann die Inszenierung in der Ausstellung besser bewerten. Die ausgestellten Prozessakten interessieren ihn wesentlich mehr als ohne die „originale Begegnung". Wer in der Zunftabteilung über vorindustrielles Handwerk gehört hat, nimmt in der nachfolgenden Stadtführung die Straßennamen ganz anders wahr. Erinnerungen aus der Abteilung Kriegswesen steigen auf, wenn man vom Stadtturm aus die Anlage der Stadt und die Reste der Stadtbefestigung betrachtet.

2. Sonderfall Seniorengruppen

Bei Seniorengruppen mit gehbehinderten Teilnehmern ist es natürlich notwendig, die Führung nicht zu ausgedehnt zu gestalten. In Mühldorf standen die schon angesprochenen leicht transportierbaren Hocker aus Kartonage zur Verfügung – die Besucher konnten es sich bequem machen und sich dabei ausruhen. Aufgabe der Führer war es nur noch, für längere Erläuterungen geeignete Stellen mit genügend Platz für die Hocker auszuwählen.

Bald stellte ich fest, dass auch die Senioren gerne „Geschichten" aus der Geschichte anhörten. Alle drei im Zusammenhang mit den Grundschulführungen vorgestellten Typen[29] kommen auch bei den Älteren gut an. Bei Gruppen, die weniger an das Zuhören gewohnt sind und kaum historisches Wissen aktualisieren können, müssen die Zusammenhänge knapper und zuweilen vereinfacht dargestellt werden. Die „Geschichten" erleichtern es den Senioren (genauso wie den Kindern), die „Geschichte" dahinter zu erschließen.

Mehr Lebensnähe entsteht durch Detailschilderungen. Was auf den ersten Blick nach der Ausschmückung eines Themas klingt, z. B. dass die beim Treideln eingesetzten Pferde nach ein paar Jahren wegen Gelenkschäden ausgewechselt werden mussten, erleichterte den Besuchern, sich frühere Zeiten mit den ganz anderen Rahmenbedingungen und ihren konkreten Folgen vorzustellen (Empathie).

Es gibt bestimmte Themen, die altersspezifisch interessieren: Bei älteren Damen weckte das 300jährige handgeschriebene Kochbuch der Cordula Heilräthin besonderes Interesse.[30] Wieder sind es Details, die Einblicke eröffnen: „Salzburg in Bayern" z. B. wurde durch die österreichi-

---

[29] Vgl. S. 443 in diesem Beitrag.
[30] Vgl. die Hinweise zu diesem Kochbuch (mit Abbildung) im Beitrag Paul, Exponate und Besucher, S. 431.

schen Ausdrücke lebendig, die in den Rezepten verwendet wurden: Ribisl, Zibeben, Paradeiser usw.[31]

Ein anderes generationsspezifisches Thema ist Glaube und Volksfrömmigkeit.[32] Viele ältere Besucher kennen noch Exponate aus eigener Erfahrung bzw. aus den Erzählungen ihrer Eltern und Großeltern. Eine entsprechende Hintergrundschilderung und Deutung wurde gerne angehört.

In der Kunst-Abteilung[33] nutzte ich die Erfahrung, dass scheinbare Umwege auch besonders zielführend sein können: Ich wählte nicht sofort die Nähe zur Dürer-Schule, um für Senioren den „Meister von Mühldorf" zu erschließen, sondern ging über die Motive. Viele der älteren Besucher kannten z. B. den Hl. Florian und den Hl. Georg aus ihren Heimatkirchen. Im Vergleich mit dem Bekannten gelang es, die Besonderheiten dieses Renaissance-Künstlers zu erarbeiten. Ein analoges Vorgehen erwies sich auch beim Vesperbild des Seeoner Meisters als günstig: Fast jeder der Besucher hatte rein emotional Beziehungen zu einer Pieta-Darstellung eines anderen Meisters. Indem ich daran anschloss, konnte jeder das Gefühl haben, hier auch etwas zu wissen. Der Blick wurde dann auf das Typische der in der Ausstellung gezeigten Skulptur gewendet. – Vielleicht schaut in der Umkehrung nun mancher auch das Wohlbekannte zuhause mit anderen Augen an.

3. Sonderfall Heterogene Besuchergruppen

Schwieriger zu führen sind Gruppen, zu denen sich Besucher formieren, die zufällig gleichzeitig an die Kasse kommen, bzw. an fixen Führungen teilnehmen wollen. Es ist klar, dass hier für jeden etwas dabei sein muss: Geschichten hören alle gern. Man braucht Verbindung zur Gegenwart. Gezielt kann man gebräuchliche Redensarten einfügen und erläutern (z. B. „der stinkt wie die Pest"). Nicht alle Teilbereiche dürfen ausführlich und tief schürfend dargestellt werden. Kleine Anekdoten aus früheren Führungen lockern auf, z. B. dass ein Schüler fragte, was das goldene Fragezeichen (Bischofsstab) bedeute.

---

[31] Zu Zeitzeugengesprächen, u.a. zu sprachlichen Gemeinsamkeiten zwischen Salzburg und Bayern vgl. auch den Beitrag Finauer, Lebensgeschichte S. 265 in diesem Band.
[32] Vgl. den Beitrag Schwoshuber, Volksfrömmigkeit, S. 685 in diesem Band.
[33] Vgl. den Beitrag Unger, Kunst, S. 309 in diesem Band.

Manchmal waren Kinder in einer Erwachsenengruppe, wenn z. B. nicht parallel eine Kinderführung angeboten werden konnte oder die Kinder nicht allein an einer solchen teilnehmen wollten. Wenn sie ein wenig mit einbezogen wurden, beispielsweise indem sie eine Steinkugel heben oder sich auf einem Hocker unter die Schandmaske stellen durften, brachte das für Groß und Klein etwas: Die Kinder fühlten sich eingebunden und die Erwachsenen zeigten immer Sympathien, wenn Kinder auf ansprechende Weise mitwirken durften. Oft gab es dabei auch kleine Erheiterungen zur Auflockerung durch den unwillkürlichen kindlichen Charme.

Bei gemischten Gruppen ist es besonders wichtig, selbst einfache Fremdwörter zu erklären, indem man z. B. ganz nebenbei die umgangssprachliche Bedeutung einfließen lässt. Auf Fachausdrücke ganz zu verzichten wäre aber nicht sinnvoll, nicht nur deshalb, weil Besucher mit größerem Wissenshintergrund sonst das niedrige Niveau der Führung beklagen könnten. Fachbegriffe erleichtern nun einmal die Verständigung.

Als sehr brauchbar erwiesen sich Hilfen für die Datierung (Stichwort: relative Chronologie): z. B. Kurfürst Maximilian – Zeit des Dreißigjährigen Krieges. Der erste König von Bayern Max I. Josef war der Vater von Ludwig I. und der Urgroßvater von Ludwig II., letzteren kannte so gut wie jeder [!].

IV. Zwänge, die das adressatengerechte Führen erschweren

Das größte Problem ist die Auslastung einer Ausstellung durch zu viele Gruppen. Dann sind kurze Absprachen unter den Ausstellungsführern nötig. Welche Gruppe fängt wo an? Kann die Schülergruppe die Hocker der Seniorengruppe überlassen? Welchen Weg geht die VIP-Expertengruppe?

Trotz der Vorabsprachen können sich „Staus" ergeben, die einen zwingen, schnell in eine andere Ecke auszuweichen – und das Konzept umzustellen.

Eine besondere Schwierigkeit ist die zu knapp bemessene Zeit bei manchen „Ausflüglern", die noch ein weiteres Programm absolvieren wollen. Hier heißt es „Mut zur Lücke", trotzdem aber die Zusammenhänge als roten Faden zu bringen. Dabei ergibt sich leicht die Situation, dass die Besucher für manche Themen mehr Interesse zeigen als die begrenzte Zeit erlaubt.

Nicht unterschätzt werden darf auch die Bedeutung der Voreinstellung für das Gelingen von Führungen: Wenn ich am Morgen in den Hof zwischen Haberkasten und Kornkasten kam und eine fröhlich lärmende Schulklasse sah, dann wusste ich, die Kinder freuten sich, dass sie heute keinen Unterricht hatten, sondern „Ausflug", bei dem sie nichts zu lernen brauchten. Eine solche Klasse muss anders geführt werden als eine Klasse, die kommt, gerade weil sie „vor Ort" lernen will. In beiden Fällen kann es gelingen, die Schüler zu begeistern: Wenn sie von den Exponaten und den Geschichten dazu gefangen werden, so ist das wichtigste Ziel erreicht. Das Konzept, adressatengerecht zu führen, ist aufgegangen.

***

Ein wertvoller Lohn für das Führungspersonal ist es immer, wenn Schüler an Wochenenden mit ihren Eltern wiederkommen oder wenn Lehrkräfte berichten, wie viel die Schüler „behalten" hätten. Mit einer entsprechenden Rückmeldung von Erwachsenen kann man eher selten rechnen. Zu erwähnen ist vielleicht das Besucherbuch.

Das Bestreben ist, auch weniger Geschichtskundigen eine Führung zu bieten, durch die sie das Gefühl bekommen: „Das verstehe ich ja auch!" oder „Ich habe etwas Neues, Interessantes erfahren." So betrachte ich eine Führung als gelungen, wenn sie nicht nur Informationen, sondern auch Erfahrungen und Erlebnisse vermittelt, wenn sie dazu anregt, über historische Entwicklungen nachzudenken, die bis in die Gegenwart reichen. Dann ist der Ausstellungsbesuch ein Erlebnis für die Besucher und ein Erfolg für die Veranstalter.

Multiplikatorenführungen

Von Waltraud Schreiber

Die hinter diesem Führungstypus stehende Absicht ist klar: Die Ausstellung soll – und zwar von Anfang an – von Gruppen besucht werden.

Zu den grundsätzlich kostenlosen Multiplikatorenführungen werden Personen eingeladen, die Gruppenbesuche initiieren könnten. Die Idealvorstellung ist, dass eine großer Teil der Eingeladenen (>25 Prozent) den Termin auch wirklich wahrnimmt und dass jeder Teilnehmer mit mindestens einer Gruppe wiederkommt.[1] Was so einfach klingt, sind hohe Ziele, die nur realisiert werden können, wenn intensiv und überlegt vorgearbeitet wird.

Dies wird einem sofort klar, wenn man sich probeweise in die Position der einzuladenden Multiplikatoren versetzt: Man hat es mit einem Personenkreis zu tun, der Gruppen hauptberuflich oder ehrenamtlich betreut. Lehrer sind die wichtigsten Vertreter der „Hauptberufler", dazu kommen Personen, die in Institutionen für das Kultur- und/oder Freizeitprogramm verantwortlich sind. Im ehrenamtlichen Bereich sind vor allem die Ansprechpartner, die Gruppenausflüge planen. Gemeinsam ist diesen Personenkreisen eine hohe zeitliche Belastung. Das Interesse, und die Bereitschaft, sich einen weiteren Termin „aufzuhalsen" steigen, wenn die Einladung überzeugende Konzepte, gerade für die eigene Gruppe verspricht.

Nicht Serienbriefe, die für alle gleich sind, sondern gruppenspezifische Einladungen müssen also versandt werden. Die Lehrer müssen erfahren, dass Lehrpläne berücksichtigt werden und das Alter der Schüler, dass unterschiedliche Führungstypen angeboten werden, vom Themengespräch, über die „forschende", die stärker lebensweltorientierte zur Überblicksführung. Leiter von Seniorengruppen sollten die Information bekommen, dass für Sitzgelegenheit in der Ausstellung gesorgt ist, dass thematische Führungen, die die Lebenserfahrung der Senioren berücksichtigen möglich sind. Vertreter von Berufsverbänden sollten vom Führungstypus „Spezialthemen" erfahren.

---

[1] Die Erfolgsquote ist ein wichtiger Indikator dafür, ob das bisher verfolgte Werbekonzept aufgegangen ist. Effektive Öffentlichkeitsarbeit richtet sich notwendiger Weise an Adressaten, die ein Sonderinteresse an historischen Ausstellungen haben. Für diese Gruppen haben die Multiplikatoren eine Schlüsselfunktion inne. Fühlen sich demzufolge die Multiplikatoren nicht angesprochen, ist das ein wichtiger Anlass, die gefahrene verfolgte Werbestrategie zu überdenken.

Die adressatenspezifische Einladung ist umso wichtiger, wenn man die Terminierung der Multiplikatorenführungen bedenkt: Wenn sie ihre volle Wirkung entfalten sollen, müssen sie in der/den ersten Woche(n) nach der Eröffnung angesetzt werden. Zu diesem Zeitpunkt kann sich das „Produkt" Ausstellung aber noch nicht etabliert haben. Speziell die unersetzliche Mund-zu-Mund-Propaganda hat noch kaum eingesetzt. Der vorliegende Beitrag gibt Anregungen für die Planung von Multiplikatorenführungen in drei Hinsichten:
– Wie ansprechen und motivieren?
– Wen einladen?
– Wie führen?

I. Zur Einladung: Wie ansprechen und motivieren?

Die Schwierigkeiten, die sich aus dem notwendig frühen Termin ergeben, sind schon angedeutet worden: Gute Öffentlichkeitsarbeit hat zwar bereits bewusst gemacht, „dass eine Geschichtsausstellung stattfindet". Die Ausstellung ist aber erst wenigen Besuchern unmittelbar bekannt. Die Meinungsbildung ist noch im Gange. Realistischer Weise sollte man deshalb davon ausgehen, dass die zeitlich belasteten Multiplikatoren nicht unbedingt sofort auf eine Einladung reagieren werden. Erfolg steigernd wirkt eine Doppelstrategie:

1. Schon in der Vorinformation zur Ausstellung sich direkt an die Multiplikatoren wenden

Zu jeder guten Öffentlichkeitsarbeit gehört, die Ausstellung etliche Wochen vor der Eröffnung anzukündigen (maximal drei Monate). Aus Kostengründen verbietet es sich meist, Flyer flächendeckend zu verteilen. Dem widersprechen auch die Erfolgsanalysen professioneller Marketing-Institute. Wesentlich effektiver ist es, ein Netz über die anzusprechende Region zu legen, dessen Knotenpunkte u.a. solche Institutionen bilden, die schon Interesse an Geschichte/Ausstellungen/Kultur gezeigt haben.[2]

Die „Personen", die in den Institutionen die Vermittlungsarbeit leisten oder koordinieren, sind die anzusprechenden Multiplikatoren. Ein an diese adressiertes, persönlich gehaltenes Anschreiben sollte dem Informationsmaterial für die Institution beiliegen, am besten auf einem Briefpapier, das das Logo der Ausstellung enthält. Schon bei der Vorankündi-

---

[2] Wird zusätzlich plakatiert oder mit großflächigen Werbeständern geworben, ist mit Synergieeffekten zu rechnen.

gung muss den Multiplikatoren gesagt werden, dass auf eine individuelle Betreuung der Gruppen großer Wert gelegt wird, dass derzeit Konzepte dafür ausgearbeitet werden, die kurz nach der Eröffnung der Ausstellung vorgestellt werden. Eine Einladung für ausgewählte Multiplikatoren wird ankündigt.

2. Nach der Eröffnung: Multiplikatoren zu „gruppenspezifischen Multiplikatorenführungen" einladen

Unmittelbar nach der Ausstellungseröffnung wird das angekündigte Anschreiben für die Multiplikatoren versandt. Sie werden zu gruppenspezifischen Multiplikatorenführungen eingeladen. Je nach Größe der Ausstellung und nach der Zusammensetzung des Führungsteams wird dabei mehr oder weniger differenziert. Getrennt eingeladen werden sollten auf jeden Fall Lehrer und ehrenamtliche Betreuer. Ein gemischter Termin für Nachzügler kann zusätzlich angeboten werden.

II. Zum Teilnehmerkreis: Wen einladen?

1. Lehrer

Schulklassen sind aus den unterschiedlichsten Gründen eine wichtige Zielgruppe für die Besucherwerbung.[3] Die anzusprechenden Multiplikatoren sind die Geschichtslehrer (nicht die Schulleiter und auch nicht nur die Fachbetreuer).

Zweierlei ist bekannt, einmal, dass viele Lehrer den Lehrplanbezug als Entscheidungskriterium für einen Ausstellungsbesuch wichtig nehmen,[4] zum anderen, dass dieser Behauptungen zum Trotz, Ausstellungsbesuche für viele Klassen immer noch Ausflugscharakter haben. In Mühldorf haben wir deshalb ein modifiziertes Programm für Klassen entwickelt. Über die Angebote sind die Lehrer vorab in den Multiplikatorenführungen, die am besten schulartspezifisch aufdifferenziert werden, zu informieren.

---

[3] Vgl. Brehm, Museumspädagogen, Besucher und Ausstellungen, S. 181 in diesem Band.
[4] Vgl. Brehm, Museumspädagogen, Besucher und Ausstellungen, S. 181 in diesem Band.

a) Differenzierte Schülerprogramme als Anreiz

Die Entwicklung der „Schülerprogramme" verlangt zwar einige Vorarbeiten, ist aber durchaus auch von Nichtlehrern zu bewerkstelligen. Um lehrplanbezogene Angebote machen zu können, muss man die Geschichtslehrpläne aller Schularten von der Grundschule zur Sekundarstufe II an Gymnasien und Berufschulen kennen. Über das Internet sind diese Pläne inzwischen leicht einzusehen. Besorgen kann man sie sich auch über die Kultusministerien.

In den Lehrplänen wird nicht nur die Behandlung konkreter, bestimmten Epochen zuzuordnender Inhalte angeordnet, sondern auch die Entwicklung von Methodenkompetenz und von Strukturwissen sowie das Kennen lernen von Orten außerschulischer Geschichtsvermittlung. Die Förderung eines reflektierten Geschichtsbewusstseins kann als das oberste Ziel des Geschichtsunterrichts beschrieben werden.[5] Dem sollen z. B. Methoden der „Handlungsorientierung" dienen, die Förderung von „Selbsttätigkeit" und „problemlösendem Denken". – Damit werden Ausstellungen viele Möglichkeiten eröffnet, lehrplanbezogene Angebote zu machen.

Wichtig ist nun noch die Differenzierung nach Alter[6] und Schulart. Zusätzlich boten wir in Mühldorf Sonderveranstaltungen für Klassen an. Wir experimentierten mit einem Erweiterungsangeboten bis hin zum Themengespräch,[7] zu Kombiführungen, zum Anbahnen von Schulpartnerschaften. Daneben standen Wandertagprogramme, die „Kombieintritte" in die Ausstellung und eine Freizeiteinrichtung umfassten (Freibad, Innfähre, Freizeitpark etc.), und in den Führungen Elemente aus dem Ferienprogramm („Ferienspaß") aufgriffen. – In den Multiplikatorenführungen für Lehrer stellten wir vor allem die unterrichtsbezogenen Angebote vor. Dass es daneben auch freizeitorientierte gab, erwähnten wir nur.

b) Anmeldungsbögen verteilen

Dringend geboten ist, dass alle Lehrer nach der Beendung der Führung mit Anmeldebögen versorgt werden, (die dann auch die Rubriken „Wandertag" und „Besuch ohne spezielle Führung" enthalten). Günstig ist, eine

---

[5] Vgl. die Beiträge Zabold/Schreiber, Bildungschance Ausstellung, S. 197 in diesem Band.

[6] Grundschüler brauchen andere Angebote (vgl. die Hinweise bei Huber, Adressatengerechte Führungen, S. 443) als Schüler der Sekundarstufe I oder der gymnasialen Oberstufe. (vgl. abermals die Hinweise bei Huber, Adressatengerechte Führungen, S. 448).

[7] Vgl. die Hinweise Zabold, Themengespräch, S. 503 in diesem Band.

Vorlage zu entwickeln, die nur noch ausgefüllt und kuvertiert zu werden braucht; die Adresse des Ausstellungsbüros ist also bereits angegeben. Rubriken mit den Terminangeboten, den auszuwählenden Führungstypen müssen ebenso enthalten sein, wie eine Adressfeld für den Ansprechpartner an der Schule und Raum für „besondere Wünsche".

Die Anmeldebögen mit einer Kurzinformation gehen zusätzlich, am besten per e-mail, an alle Schulen im Radius von ca. 50 km. Die Schuladressen sind den Homepages der Ministerien oder ihrer Unterbehörden zu entnehmen.

Ein anderer Kosten sparender Weg, den auch Ausstellungsbüros nutzen können, ist, den Materialversand an Schulen über den vieler Orts nach wie vor eingerichteten Abholservice am Landratsamt zu organisieren. Dies trifft vor allem für höhere Schulen, deren Träger die Landkreise sind, zu. Für Grund- und Hauptschulen ist die Verteilung bei Schulleiterkonferenzen oder die Abholung an den Schulämtern ein portosparender Weg.

c) Zusätzliche Anreize für's Kommen

Es ist möglich, aber nicht unbedingt notwendig, den Multiplikatoren besondere Anreize für ihr Kommen zu geben. Unsere Überlegungen, was Anreize für Geschichtslehrer sein könnten, an der Multiplikatorenführung teilzunehmen und anschließend mit Klassen die Ausstellung zu besuchen, schlugen sich in folgenden Angeboten nieder:

Die Führungen waren kostenlos und wurden von gezielt ausgewählten Führern angeboten, die sich über die jeweilige Schulart vorinformiert hatten.

Weil Lehrer stets Interesse an unterrichtsrelevanten Materialien haben, boten wir (kostengünstig, aber nicht kostenfrei) einige Unterlagen an, die es auch erleichterten, den Ausstellungsbesuch im Unterricht vorzubereiten.

Weil wir vermuteten, dass sich auch Lehrer dem Prinzip „Schnäppchen" nicht verschließen, gab es auch hier Angebote, eine Ermäßigung für Kaffee und Kuchen im Ausstellungskaffee. Wie so häufig bei Schnäppchen, war das auch bei uns nicht ganz uneigennützig. Bei Kaffee und Kuchen kommt man ins Gespräch, kann Fragen beantworten, bekommt Impulse und Anregungen. Zudem kann man Werbematerial mitgeben und auf Verteilung „an der richtigen Stelle" hoffen.
Erwachsenendauerkarten zum Kinderpreis waren das andere Schnäppchen, das nach der Multiplikatorenführung den Multiplikatoren angeboten wurde.

2. Hauptamtliche Multiplikatoren aus anderen Institutionen

Gemeint sich Behinderteneinrichtungen, Rehazentren/offene Kliniken, Seniorenheime etc. Wir hatten die Führungen für die hauptamtlichen Multiplikatoren werktags um 15 Uhr, also während der Dienstzeit, angeboten. Es wurden diejenigen Multiplikatoren eingeladen, die innerhalb eines Einzugsgebietes von 30 km erreichbar waren. Nach unserer Erfahrungen reagierten hier nur wenige auf die Einladung. Unsere Nachfrage ergab folgendes Bild: Die Organisation von „Kultur-Ausflügen" macht nur einen kleinen Bereich im Aufgabenfeld der Multiplikatoren aus. Innerhalb der Dienstzeit war die Teilnahme deshalb oft nicht möglich, frei nehmen wollte man sich auch nicht. – Ob Freitag-Nachmittag oder Samstagstermine Erfolg versprechender wären, sollte man überprüfen, Möglicherweise sind für diesen Adressatenkreis aber schriftliche/telefonische Kontakte zielführender.

3. Ehrenamtliche Multiplikatoren

Die ehrenamtlichen Multiplikatoren, die wir ansprachen, gehörten vor allem Vereinen, und Pfarreien an. Für diese wählten wir einen Samstagstermin.

Wieder ist es unabdingbar, sich über die Institution zu informieren. Außer dem Anmeldebogen, hielten wir Presseberichte für Pfarrbrief/Gemeindemitteilungsblätter, Mitteilungshefte bereit, in denen die Ausstellung kurz angekündigt und mit Bildern beworben wurde. Das Schnäppchenprinzip hielten wir bei, den Radius, in dem eingeladen wurde, erweiterten wir auf 50 km. Wurden Familienangehörige in die kostenlose Führung eingeschleust, drückten wir ein Auge zu. Gerade der ehrenamtliche Kreis sieht sich aufgewertet, wenn sich zum Kaffee Mitglieder des Ausstellungsteams sehen lassen, zur weiteren Information und zum Smalltalk. Über eine Verbesserung der Werbestrategie auch über Pressearbeit in den kleinen Postillen der Institutionen kann man hier viel lernen.

Den Abschluss aller Multiplikatorenführungen sollte ein Sammeltermin bilden, an dem alle teilnehmen können, die an den Spezialterminen verhindert waren. Darauf kann man auch in einer Pressenotiz aufmerksam machen. Interessenten melden sich vorab an.

4. Tourismus-Gruppen

Eine eigene Gruppe von Multiplikatoren bilden Hoteliers, Gastronomen, Jugendherbergsväter und -mütter, aber auch die Mitarbeiter von Fremdenverkehrsbüros, Betreiber von Reisebüros oder Busunternehmen. Es gilt, ihnen die besondere wirtschaftliche Bedeutung einer Ausstellung für das eigene Gewerbe deutlich zu machen. Die Erwartung seitens der Ausstellung an diese Multiplikatoren besteht darin, neben Gruppen vor allem auch Einzelbesucher auf die Ausstellung aufmerksam zu machen.

III. Zu den Führungen: Wie führen?

Es scheint besonders effektiv zu sein, Führungskonzepte bewusst zu mischen: Einerseits versuchten wir die Multiplikatoren durch eine gute Führung für die Ausstellung zu begeistern, andererseits bezogen wir Aspekte aus den Spezialangeboten, mit denen die Gruppen der Multiplikatoren bedient werden könnten, ein. Zweierlei soll erreicht werden: Die Multiplikatoren als – das war das Auswahlkriterium – geschichtsinteressierte Menschen, sollten eine Vorstellung über die Ausstellung gewinnen und Lust zum Wiederkommen. Die „Passung" für ihre Gruppen sollte bewusst werden.

IV. Fazit

Multiplikatorenführungen sind eine lohnende Investition, da sie die Ausstellung bereits in einem frühen Stadium breiteren Bevölkerungsschichten bekannt machen. Sie helfen dabei, Netzwerke zu erschließen, auf die im Weiteren zurückgegriffen werden kann, etwa im Zuge des Rahmenprogramms oder des Ferienprogramms für Kinder. Von Seiten der Multiplikatoren können wichtige Insider-Informationen ermittelt werden, die dabei helfen, mittels Schneeballsystem eine breite Resonanz in der Öffentlichkeit zu erzielen.

Kinderführungen

Von Florian Fischer

Ich bin selber noch Schüler (8. Klasse Gymnasium) und habe bei der Ausstellung „Salzburg in Bayern" an den Wochenenden bzw. in den Ferien im Zuge der Familienbetreuung Kinderführungen übernommen. Dabei habe ich es mir hauptsächlich zum Ziel gemacht, Kindern Geschichte so zu vermitteln, dass sie Spaß daran haben und war nicht vordergründig daran interessiert, ihnen das komplette Pensum der Ausstellung zu vermitteln. Es geht also im Folgenden um Gruppen von Kindern unterschiedlichen Alters, die in ihrer Freizeit, in der Regel zusammen mit ihren Eltern, Ausstellungen besuchen und eigens betreut werden, damit die Erwachsenen in Ruhe in die Geschichte eintauchen können.

Geschichte ist aufregend! Wieso es den Kindern dann nicht auch so vermitteln?[1]

Um für Kinder Spannung in eine Ausstellung zu bringen, darf man sie erstens in der Führung selbst nicht überfordern und zweitens sollten sie die Gelegenheit haben, selbst mitzuarbeiten, also Fragen zu beantworten oder das zu erzählen, was sie bereits über das Thema wissen. Drittens sollte der Führer unbedingt einen Kontakt zwischen den Kindern und der Geschichte aufbauen. Dafür kann man kein Patentrezept geben. Man muss diesen Kontakt von Gruppe zu Gruppe anders aufbauen und fördern. Genau das ist es, was das Führen von Kindern so interessant und spannend macht. Bei Erwachsenenführungen spürt man, wie ich finde, diese besondere Atmosphäre, die Kinder verbreiten können, nicht mehr.

Bei den Führungen muss man die Gruppe fordern, jedoch genau Acht geben, dass man sie nicht überfordert, denn sobald ein kleiner Zuhörer nicht mehr versteht, was der Führer ihm zu vermitteln versucht, hat der nicht nur sein Ziel, dem Kind Geschichte näher zu bringen, verfehlt, sondern auch höchst wahrscheinlich für den Rest der Führung einen kleinen Quälgeist am Hals. Das ist ja auch verständlich, denn was soll er/sie anderes tun, außer die Zeit damit totzuschlagen, den Führer zu triezen?

---

[1] Vgl. die demselben Prinzip folgenden Beiträge, die Erfahrungen aus Ferienprogrammen für Kinder aufgreifen Seibel, Historische Spurensuche, S. 649; Zabold/Lehmann, Kinderkatalog, S. 595; Lehmann/Zabold, Kinder machen Theater, S. 563; Paul, Modelle, S. 635; Funk, Lebenswelt und Geschichtskultur, S. 271; Sondermeier/Unger, Spielen, S. 583 in diesem Band.

Abb. 88 Eine Kinderführung in der Ausstellung „Salzburg in Bayern".

Damit man vermeiden kann, die Kinder zu überfordern, sollte man sich schon im Vorhinein „verschiedene Führungen" ausgedacht haben.[2] Also eine Führung für etwas ältere Kinder (ungefähr 3.-5/6. Klasse), die etwas anspruchsvoller sein sollte. Hier kann man auch ruhig ein paar Jahreszahlen erwähnen und auf etwas schwierigere Geschehnisse und Sachverhalte eingehen. Ein weiteres Führungskonzept sollte für große Kleinkinder (letztes Kindergartenjahr, erste Grundschuljahre) bereitstehen. Die Führung für diese Zielgruppe sollte nur die allerwichtigsten Jahreszahlen beinhalten und möglichst nur zwei oder drei schwierige Exponate etwas genauer erarbeiten. Das letzte Führungskonzept sollte auf Kinder im Kindergartenalter ausgerichtet sein. Es sollte keine Jahreszahlen und auch nur die einfachsten und für die Kinder am interessantesten Exponate beinhalten. Hier sollte man ganz besonders darauf achten, dass man Parallelen zwischen der heutigen Zeit und der Zeit, die man dem Kind näher bringen will, zieht.

---

[2] Vgl. hierzu auch das Baukastensystem, das Michael Nadler vorschlägt, S. 415 in diesem Band.

Sobald der Führer merkt, dass einige Zuhörer nicht mehr bei der Sache sind, sollte er die Führung kürzen, d.h. eine vielleicht zu schwere Abteilungen einfach auslassen und zur nächsten zu gehen, also darauf zu achten, dass es den Kindern nicht zu viel wird.

Es besteht auch die Möglichkeit, einige Exponate nicht in dem Rahmen zu besprechen, den der Ausstellungsmacher eigentlich vorgegeben hat, sondern sie auf andere, für die Kinder interessantere Begebenheiten zu beziehen. Das Buch mit den gesiegelten Beschlüssen des Kreistages habe ich z. B. immer hergenommen, um den Kindern zu beweisen, dass wichtige Dinge gesiegelt wurden. Danach haben wir selber mit Siegelwachs und einem „Eisenstempel" aus der Salzburger Zeit eine Urkunde gesiegelt.

Manchmal muss man auch etwas großzügiger mit der Richtigkeit umgehen: Denn ob man den Kindern eine Geschichte von einem Mühldorfer Henker erzählt und ihnen dabei das eigentliche Richtschwert des salzburgischen Scharfrichters zeigt, dürfte für die Kinder egal sein. Hauptsache ist, dass sie verstanden haben, was der Führer mit seiner Geschichte über die damalige Rechtsprechung vermitteln wollte.

Normalerweise verzichtet der Kinderführer nicht auf Besonderheiten, die der Ausstellungsmacher eingebaut hat, um den Besuchern, insbesondere den Kindern, den Zugang zur Geschichte zu erleichtern. Beispiele dafür wären begehbare Karten, Inszenierungen von Schauspielern (diese eignen sich geradezu perfekt, um die Kinder in das Thema einzuführen), Abakus, Musik, Tanz und selbstverständlich in der heutigen Zeit multimediale Vorstellungen, wie Diashows, Kurzfilme, Computeranimationen oder ähnliches.

Ich hatte mit den Mühldorfer Schauspielern Sondervereinbarungen getroffen.[3] Sie spielten immer eigens für meine Gruppen. Manchmal bezogen sie die Kinder richtig in die Szenen ein, indem sie Fragen stellten oder sie als Komparsen einsetzten. Den Kindern und den Schauspielern macht das richtig Spaß.

Als Führer sollte man sich unbedingt schon vorher überlegen, womit man die Kinder der verschiedenen Altersgruppen anspricht und was genau man zeigen möchte, also welche Exponate/Abteilungen einem als zu schwierig erscheinen, z. B. weil man mehr Hintergrundwissen benötigt, um sie richtig zu verstehen, als man von Kindern oder Jugendlichen erwarten kann.

---

[3] Vgl. hierzu auch die Hinweise im Beitrag Bieler, aus der Sicht der Schauspieler, S. 481.

Insgesamt empfehle ich, die Kinder die ganze Führung über mit einzubeziehen, ihnen immer wieder Fragen zu stellen, aber auch die Kinder etwas genauer nachhaken zu lassen, ihnen so oft wie nur möglich die Gelegenheit zu geben, selbst etwas auszuprobieren, etwas anzufassen oder ähnliches. Meiner Meinung nach bringt es den Kindern nichts, wenn man sie über Jahreszahlen und andere für sie unbegreiflichen Fakten informiert. Also: Derartiges lieber weglassen und dafür genauer auf andere Dinge eingehen, auf Dinge, zu denen Kinder Bezug haben. Nicht nur bei Krieg, Schlachten und Rittern sind Kinder hellwach und passen auf, auch bei Themen wie Medizin, Handel, Markt, Schifffahrt und Recht sind sie voll und ganz bei der Sache.

Insgesamt habe ich beobachten können, dass Kinder besonders gut aufpassen, wenn sie die ganze Führung über gefordert sind. Besonders reizvoll ist, wenn sie irgendetwas tun dürfen, was die Erwachsenen nicht dürfen, beispielsweise eine steinerne Kanonenkugel oder ein alte Hakenbüchse hochheben (erst dann können sie sich richtig vorstellen, wie schwer so ein Ding wirklich ist). Auch an „alter Medizin" riechen zu können und sich dabei ein wirkliches Bild der mittelalterlichen Heilkunst zu machen, fordert und interessiert die Kinder. Begeistert sind sie auch von Kinderspielzeug aus früheren Zeiten. Dieses bietet nicht nur eine tolle Abwechslung, sondern verschafft den Kindern wiederum eine Vorstellung davon, wie es gewesen sein muss, früher zu leben. Denn mit nichts als dem Leben ihrer gleichaltrigen Vorgänger („Urururgroßväter") können sie sich so gut identifizieren. Also sollte man Kindern, falls es irgendwie geht, die Möglichkeit geben, solche Spiele in der Ausstellung, gegebenenfalls auch während der Führung, zu spielen. Erst mit solchen Beispielen, mit Originalen und Modellen, ist es Kindern möglich, sich frühere Zeiten vorzustellen. Erst jetzt begreifen sie wirklich, was es geheißen haben muss, vor etlichen hundert Jahren gelebt zu haben.

Wenn man selber verschiedene Führungen im Kopf hat, kann man auch „Mehrfachbesucher" zufrieden stellen, denn was man einem Kind in der letzten Führung, die wohl eher auf große Kleinkinder abgestimmt war, bereits erzählt hat, sollte zwar für die anderen Erstbesucher dieser Altersgruppe noch einmal erwähnt werden, aber dem „Mehrfachbesuchern" kann man durch ihr größeres Hintergrundwissen bereits Informationen und Exponate aus der Führung für die nächst höhere Altersstufe, in dem Beispiel also für Jugendliche, näher bringen. Damit wird weder ein Zuhörer unterfordert noch einer überfordert und allen ist Geschichtswissen vermittelt worden.

Den Bezug zu den Kindern, den man benötigt, um ihnen etwas zu vermitteln, sollte man schon zu Beginn der Führung herstellen. Sich also mit Namen und Alter vorzustellen und dann die einzelnen Zuhörer ebenfalls aufzufordern, ihren Namen und ihr Alter zu nennen, hilft, um sich selbst einen etwas genaueren Überblick zu verschaffen. Dies ist wichtig, weil man sich daraufhin ja für einen der drei verschiedenen Führungstypen entscheiden muss.

Der Führer sollte versuchen, sich immer wieder auf die Augenhöhe seiner Zuhörer zu begeben, nicht nur, weil er dann leiser reden kann, sondern vielmehr, weil es den Bezug zwischen ihm und den Kindern stärkt. Es ist für Kinder genauso wie für Erwachsene unangenehm, den Kopf andauernd in den Nacken legen zu müssen, um den Blickkontakt beibehalten zu können. Außerdem sollte sich der Kinderführer viel mehr als Freund und weniger als Führer der Kinder fühlen und verhalten. Entdecken Sie die Ausstellung mit Ihren kleinen Freunden jedes Mal neu und machen Sie es spannend. Sie werden sehen, ein jedes Kind wird es Ihnen danken. Diesen Bezug aufzubauen, gelingt besonders einem jungen Führer sehr gut, da er auch von den Kindern mehr als Freund und nicht als Führer bzw. totale Autoritätsperson angesehen wird. So schmilzt die Schüchternheit der Kinder schnell dahin.

Aber was machen, wenn von jeder Altersgruppe Kinder dabei sind?[4] Dann versucht man die Führung an ein mittleres Niveau anzulehnen und sowohl den kleineren Kindern als auch den größeren spezielle Zusatzinformationen zu geben. Das heißt, bei den Kleineren immer wieder nachfragen, ob sie auch alles verstanden haben und zur Erläuterung vielleicht eine kleine Geschichte über das Leben von Altersgenossen aus der damaligen Zeit erzählen oder Anderes zu dem die Kleinen Bezug und Verständnis haben. Durch eine solche „Geschichte" sollte ihnen die betreffende Zeit schon wieder ein ganzes Stückchen näher gerückt sein.

Mit den größeren Kindern verfährt man ähnlich. Man gibt ihnen zu einzelnen Exponaten genauere Informationen und erläutert gegebenenfalls ein Geschehnis detaillierter als für die anderen. Damit schlägt man zwei Fliegen mit einer Klappe. Erstens ist dadurch gewährleistet, dass sowohl die Kleineren nicht überfordert sind und trotzdem Wissen aus der Ausstellung mit nach Hause nehmen als auch die größeren Zuhörer nicht unterfordert werden und trotzdem einige Detailinformationen und den Bezug zum Ausstellungsthema „injiziert" bekommen haben! Zweitens fördert man, indem man einzelnen Personen diese Zusatzinformationen gibt, den Bezug zwischen Führer und Zuhörer.

---

[4] Vgl. die Überlegungen zu heterogenen Gruppen, z. B. in den Beiträgen Huber, Adressatengerechte Führungen, S. 441 und Brehm, Museumspädagogen, Besucher und Ausstellungen, S. 181 in diesem Band.

Es ist auch eine gute Methode, die Kinder ein Exponat selbst erarbeiten zu lassen. Dies kann auf verschiedene Arten geschehen.

(1) Man zeigt ihnen beispielsweise ein Bild[5] und fragt, was den Kindern selbst daran auffällt. Die Kinder werden schnurstracks etliche Details aus dem Bild extrahieren, teilweise sogar Dinge, die einem selbst noch nicht einmal aufgefallen sind. Nun ist es ein Leichtes für jeden Führer, den Kindern wichtige Informationen zu dem Bild zu geben *und* sie auch noch interessiert bei der Sache zu haben. Am besten ist es, sobald etwas Neues entdeckt worden ist, sofort die passende Information zu geben. Je größer die Zuhörer sind, umso mehr Sachen werden sie herausfinden. Als Führer sollte man sich jedoch nicht dazu hinreißen lassen, auch auf für Kinder uninteressante Fakten näher einzugehen. Erwähnen Sie es ruhig, aber versuchen Sie so knapp wie möglich zu bleiben, um die Kinder nicht zu überfordern. Den Kleineren muss man manchmal etwas helfen, also deutet man auf einen Bildabschnitt und lässt sie gegebenenfalls raten, was das sein könnte. Sobald sie es herausgefunden haben, gibt man auch ihnen die Information darüber. Dazu wählt man natürlich nur passende Bilder aus. Da es verschiedene Gattungen von Bildern gibt, muss man sich vor der Führung bereits im Klaren sein, welche sich eignen und welche nicht. Meiner Meinung nach benötigt man Bilder, die eine „Geschichte" erzählen, die beispielsweise Alltagsleben oder irgendein besonderes Ereignis (Stadtbrand, Schiffsuntergang oder Ähnliches) festhalten. Solche Ereignisse lassen sich über ein Bild sehr gut aufschlüsseln. Erstaunlicherweise funktioniert es ebenfalls sehr gut, mit Kindern Porträts zu „erforschen", die ja bekanntlich nicht nur den Auftraggeber, sondern auch bestimmte Insignien zeigen. Den Kindern fallen diese Symbole schnell auf und so ist es ein Leichtes, ihnen zu erklären, wofür beispielsweise ein beschriebenes Blatt Papier im Mittelalter gestanden ist. Oft kann man auch über den Schmuck, den die porträtierten Personen tragen, auf Reichtum oder Adel schließen. Besonders leicht ist es, wenn sich ein Geistlicher malen hat lassen, denn eine rote Bischofshaube kann und wird kein Kind übersehen. Ob der Geistliche aber auch weltliche Macht innehatte, das werden die Kinder schnell herausfinden, denn eigentlich hat keiner darauf verzichtet, seinen Machtbereich auch in das Porträt einfließen zu lassen. Also suchen sie sowohl nach geistlichen, aber auch nach weltlichen Insignien. Falls die Kinder den Reichsapfel in der Hand des

---

[5] Vgl. hierzu auch die Überlegungen bei Paul, Exponate und Besucher, S. 421 in diesem Band.

Porträtierten als unwichtig empfinden, lenken Sie sie darauf hin. Sie müssen gegebenenfalls die Kinder steuern.

(2) Man lässt die Kinder selbst erzählen, was sie bereits über dieses oder ein ähnliches Exponat wissen.[6] Es ist oft erstaunlich, wie gut Kinder bereits informiert sind. Falls sich keiner aus der Gruppe trauen sollte, den anderen sein Wissen mitzuteilen, dann stellen Sie sich doch einfach einmal blöd. Für Kinder ist es oftmals uninteressant, ihre Altersgenossen belehren zu können, aber etwas zu wissen, was der Führer, der ja an sich fast alles über die Geschichte (besonders der Ausstellung) wissen sollte, nicht weiß, ist für die Kinder einfach nur fantastisch. Sie werden sehen, wie ein Detail nach dem anderen aus Ihnen heraussprudeln wird. Manchmal muss man das eine oder andere noch verbessern, weil dem kleinen Erzähler die Phantasie durchgegangen ist. Aber die anderen sind wahrscheinlich beeindruckt und werden dadurch angeregt noch besser aufzupassen und später einmal selber etwas zu vermuten. Aber eine kleine Zusammenfassung des gerade Erzählten durch den Führer schadet nicht, um es für die Kinder noch einmal kompakt und gut verständlich auszuformulieren.

(3) Man lässt die Kinder die Funktion eines Geräts selbst herausarbeiten.[7] Das funktioniert am besten mit Gegenständen, die so ähnlich, selbstverständlich in weiter entwickelter Form, bei uns noch in Gebrauch sind. Man führt die Kinder an das Ausstellungsstück heran und lässt sie ausgehend vom Aussehen des Exponats auf seinen Zweck schließen. Bei solchen Geräten, die oftmals in ähnlicher Weise noch heute gebraucht werden, sind Kinder besonders gut bei der Sache. Jedoch sollte der Führer auch genau über die Geschichte, die Funktion und die Veränderung des Exponats bis heute Bescheid wissen, denn nicht selten löchern die Kinder ihren Führer nach weiteren Fakten und wollen auch oftmals haarklein erklärt haben, wie alles funktioniert hat. Das Beste für Kinder wäre es, nicht nur das Exponat aus früherer Zeit zu besichtigen, bestenfalls auch in Händen halten zu können, sondern auch die Weiterentwicklung, bzw. das heute gebräuchliche Gegenstück zu dem Exponat. Solche Weiterentwicklungen faszinieren Kinder – und wieder dürften sie der betreffenden Zeit ein Stück näher gerückt sein.

---

[6] Vgl. hierzu auch die Überlegungen in Huber, Adressatengerechte Führungen, S. 441 in diesem Band.
[7] Vgl. auch die Hinweise bei Paul, Exponate und Besucher, S. 421 in diesem Band.

Es gibt noch unzählige weitere Möglichkeiten Kindern verschiedenste Exponate näher zu bringen, jedoch sind die drei, die ich oben aufgeführt habe, die, wie ich finde, erfolgreichsten. Die Hauptsache ist, dass die Kinder die grundlegende Information behalten, dass ihnen die Führung Spaß macht und dadurch ihre „Beziehung" zur Geschichte verbessert wird.

Abschließend möchte ich den zukünftigen „Kinderführern" noch einen Rat mit auf den Weg geben. Trennen Sie unbedingt die Eltern von den Kindern. Nicht weil die Kinder ihnen mit den Eltern keine Aufmerksamkeit zukommen lassen würden. Nein vielmehr, weil es nichts Nerven Aufreibenderes gibt als erwachsene Menschen, die aus lauter Freude, etwas zu wissen ihren eigenen Kindern die Antworten wegschnappen. Denn das endet manchmal in Kindergeschrei. Schließlich hätte der kleine Markus das ja auch gewusst und seine Mama sagt es vor ihm. Das ist wirklich nicht fair!

Schwarzes Gold – Dunkle Nacht
Nachtführungen auf der Zeche Zollverein

Von Astrid Schröer-Mlodoch und Serena L'hoest

Der Vollmond steht hell am Himmel. Es ist einundzwanzig Uhr und eine Besuchergruppe begibt sich lachend und schwatzend mit ihrem Gästeführer zum Eingang des Denkmalpfades. Sie freuen sich auf eine Nachtführung durch die Übertagegebäude der Zeche Zollverein in Essen. Doch kaum schließt sich die schwere Stahltür hinter ihnen, verstummen die Gespräche. Dunkelheit und Stille umfängt die Besucher und instinktiv passen sich alle den nächtlichen Bedingungen an: Vorsichtig steigen sie steile Treppen hinauf, achten auf alte Gleise, die immer wieder ihre Wege kreuzen und bleiben dicht beisammen. Niemand spricht laut, alle sind wie verzaubert von der besonderen Atmosphäre der riesigen Zechenhallen. Sie atmen den Geruch von Kohlenstaub und Schmierfett, der noch immer in der Luft hängt. Der Gästeführer berichtet über die Leistungskraft der gewaltigen Maschinen, über die enorme Lautstärke in den Hallen und über die Arbeitsbedingungen der Bergleute. Die Gruppe lauscht gespannt und kann sich in Gedanken zurückversetzen in eine Zeit, da diese Zeche die größte der Welt war.

I. Die Zeche Zollverein – Weltkulturerbe

Schacht 12 ging als fünfte Schachtanlage der Zeche Zollverein in Essen 1932 in Betrieb. Von den Architekten Fritz Schupp und Martin Kremmer im Stil des Funktionalismus gebaut, stellt diese zentrale Förder- und Aufbereitungsanlage ein Musterbeispiel für Rationalisierung dar. Mit einer für damalige Verhältnisse enormen Tagesförderung von 12.000 t Kohle war Zollverein die größte Zeche der Welt. Die hier geförderte Kohle wurde hauptsächlich industriell genutzt und in der nebenan errichteten Kokerei Zollverein ab 1961 verkokt. Als letzte Essener Zeche wurde Zollverein 1986 stillgelegt, wenige Jahre später auch die Kokerei Zollverein.

2001 wurde die industrielle Kulturlandschaft Zollverein aufgrund ihrer industrie- und architekturgeschichtlichen Bedeutung, ihrer Größe und Authentizität von der UNESCO zum Weltkulturerbe erklärt. Zu dem 100 ha großen Areal gehören die Anlagen Schacht 12 und Schacht 1/2, die Kokerei Zollverein, der Rangierbahnhof mit Gleisharfe sowie eine Haldenlandschaft. Alle Bereiche des Weltkulturerbes werden auf vielfältige Weise neu genutzt.

Auf Schacht 12 macht die Stiftung Zollverein das Denkmal seit 1998 einer breiten Öffentlichkeit zugänglich. Zum einen organisiert sie hochkarätige kulturelle Veranstaltungen, Ausstellungen und Konzerte auf dem Zechenareal, zum anderen betreibt die Stiftung einen Denkmalpfad durch einen Teil der historischen Übertageanlage, der nur im Rahmen von Führungen begehbar ist. Besucherinnen und Besucher erwartet hier ein industrielles Bauensemble im Originalzustand. Besonders auf Kinder wirkt diese Welt spannend und geheimnisvoll.

Im Folgenden stellen wir die Nachtführungen auf der Zeche Zollverein Schacht 12 für Kinder und Erwachsene vor und erklären ihr Konzept. Nur auf den ersten Blick verhindert die Einmaligkeit der Anlage die Übertragbarkeit. Die didaktischen Grundüberlegungen können sehr wohl genutzt werden, um auch andere historische Orte auf die ihnen adäquate Weise durch diesen Sondertypus der Nachtführung zu erschließen.

II. Nachtführungen auf der Zeche Zollverein Schacht 12

1. Zielsetzungen zwischen Event und Bildung

Zollverein ist nicht irgendein beliebiger Abenteuerspielplatz, sondern der bedeutsamste Zeuge der industriellen Vergangenheit des Ruhrgebiets. Die verschiedenen Nachtführungen auf der Zeche Zollverein Schacht 12 bieten den Besuchern die Möglichkeit, dieses Industriedenkmal in ungewöhnlicher und stimmungsvoller Atmosphäre kennen zu lernen. Das Konzept der Nachtführungen ist dabei so angelegt, dass Emotion nicht zum Selbstzweck wird, sondern dass der Zugang dazu genutzt werden kann,
die Zeche als historische Quelle zu erschließen,
„Experiment" und „Re-Entactment" als Methode, sich Vergangenem anzunähern, zu erfassen,
Vergangenes mit Gegenwärtigem zu verknüpfen,
Fragen und Interesse anzuregen.

2. Die „Zeche Zappenduster" –
ein museumspädagogisches Programm für Kinder

In der Nachtführung „Zeche Zappenduster" erleben Kinder den abenteuerlichen Charakter von Zollverein. Als wichtiges Vermittlungsprinzip werden in dieser ungewöhnlichen Nachtwanderung emotionale Erlebnisse und Erfahrungen genutzt, um komplexe Sachverhalte altersgerecht zu vermitteln. Die „Zeche Zappenduster" wird als Nachtlichtführung für 8-12jährige mit originaler Bergmannsausrüstung durchgeführt, d.h. dass der Rundgang allein durch die Helmlampen der Kinder erhellt wird.

Einführend zeigt ein ehemaliger Bergmann den Kindern seine historischen Bergmannslampen. Die Kinder erfahren von ihm, welche Bedeutung dem Geleucht des Bergmanns untertage zukommt. Nach einer kurzen Unterweisung in den Gebrauch der modernen Lampen führen zwei Gästeführer die nun mit echten Helmen, Kopflampen und schweren Akkus ausgestatteten Kinder in den stockfinsteren Denkmalpfad.

Mit den ersten Schritten in die Dunkelheit setzt das Lernen mit allen Sinnen ein: Die Kinder bewegen sich automatisch vorsichtiger und bedachtsamer als bei Tag. Beim Gang durch die dunklen Hallen und Bandbrücken merken sie selbst, wie wichtig die vorab besprochenen Sicherheitsmaßnahmen auch früher auf der Zeche waren.

Zudem kommen im Dunkeln haptische und akustische Reize viel intensiver zur Geltung. Wir lassen die gesteigerte Sensibilität des Tastsinns in der Dunkelheit bei einem Tastspiel erfahren: Die Kinder erfühlen die unterschiedliche Beschaffenheit von Nuss- und Eierkohlen, Steinen und Holzkohle. Hierzu müssen alle ihre Lampen ausschalten, um dann nacheinander die in kleinen Säckchen verborgenen Materialien zu ertasten.

Auch Klanginstallationen, tagsüber sofort als solche erkennbar, wirken im Dunkeln viel intensiver: Der ansteigende Lärmpegel eines hereinrollenden Förderwagens löst unter den Kindern sofortige Aufmerksamkeit aus. Kein Kind bleibt während des sich scheinbar nähernden Wagens auf den Gleisen stehen. Die gesteigerte Sensitivität und Aufmerksamkeit sowie der Erlebnischarakter der Situation versetzen die Besucher in eine Stimmung, in der sie Erläuterungen zur Arbeit der Bergmänner in ewiger Dunkelheit besser nachvollziehen und verstehen können. Ebenso wie die Kinder sind auch die Bergleute untertage auf ihre Lampen angewiesen.

Die Führung „Zeche Zappenduster" bietet gewissermaßen die größtmögliche Annäherung an die Arbeitswelt des Bergmanns. Denn früher war Schacht 12 ein reiner Förderschacht und bis heute kann kein Besucher untertage einfahren. Durch dieses Eintauchen auf emotionaler Ebene sind die Kinder nun vorbereitet für die kognitive Ebene. Der Gästeführer kann jetzt auch schwer verständliche Themen nachvollziehbar erklären, weil die Kinder durch ihr direktes Erleben mehr über das Geleucht des Bergmanns, den Arbeitsschutz, die Arbeitsbedingungen oder die Technik der Kohlenaufbereitung wissen wollen.

3. Nachtführungen für Erwachsene

Erwachsene können ebenfalls in Sonderführungen die nächtliche Stimmung auf der Zeche genießen. Mit Eintritt der Dunkelheit rückt der Alltag in die Ferne, und noch mehr als sonst wünschen sich die Gäste, dass ihr Zechenbesuch zum Erlebnis wird. Im Sommer findet daher monatlich eine „Vollmondführung" statt. Magische oder romantische Momente – der Mond mit vorbeiziehenden Wolkenfetzen, das Bellen eines Hundes in der Ferne oder das Rauschen des Windes – ermöglichen ein sehr intensives Erleben der Dunkelheit. Wie am Beispiel der Kinderführung geschildert, können auch für Erwachsene die kognitiven und emotionalen Komponenten zu einem Bildungserlebnis werden. Bei einem kleinen Empfang mit Sekt und Orangesaft klingt die Vollmondführung aus.

In der „Steigerführung", die sozialgeschichtliche Aspekte zum inhaltlichen Schwerpunkt hat, werden didaktische mit geselligen Komponenten kombiniert. Ehemalige Steiger der Zeche Zollverein führen die Gruppe abends über die Anlage und erzählen anschließend in geselliger Runde bei einem traditionellen Bergmannsschnaps von ihrem Arbeitsleben auf der Zeche. Die Geschichtsbegegnung am originalen Ort wird durch die Zeitzeugenschaft eines Experten ergänzt.

Weiterhin werden für Erwachsene als Ergänzung zu abendlichen Sonderveranstaltungen, wie etwa dem Open-Air-Kino im Sommer, Kurzführungen angeboten. Die Zeche kann zu dieser Gelegenheit Besuchern gezeigt werden, die üblicherweise in ihrer Freizeit nicht an Führungen teilnehmen würden. Erfreulicherweise kommen viele dieser Gäste nach der kurzen „Stippvisite" auf Schacht 12 wieder, um an einer ausführlichen Führung teilzunehmen.

Die Stiftung Zollverein bietet mit ihren verschiedenen Nachtführungen auf Schacht 12 ein attraktives Sonderprogramm für Kinder und Erwachsene an. In der Dunkelheit der Nacht kann Bergbau für die Menschen im Ruhrgebiet nicht nur mit Worten, sondern auch durch die besondere Atmosphäre näher gebracht werden.

Die direkte Übertragbarkeit dieses Konzepts auf andere Orte ist dann gegeben, wenn Dunkelheit und Nacht sinntragend sind und selber Informationswert haben. Aufgegriffen wird dieses Prinzip von Nachtwächterführungen durch mittelalterliche Städte, oder beim Nachgestalten von Tagesabläufen z.B. von Bauern (und ihrer Abhängigkeit von Tageslicht und Dunkelheit) in Freilichtmuseen.

Die Ausstellung als Bühne: Schauspieler „führen"

Von Achim Bieler, unter Mitarbeit von Marina Lötschert

I. Die Beteiligung der Theater-Akademie Athanor Burghausen an der Ausstellung „Salzburg in Bayern"

Ca. 1 ½ Jahre vor Eröffnung der Ausstellung „Salzburg in Bayern" erging die Anfrage der Stadt Mühldorf an die Athanor Akademie Burghausen, mit der Bitte, Spielszenen und Hörspiele zu entwickeln. Schließlich entstanden in Zusammenarbeit mit Schauspiel- und Regiestudenten der Akademie insgesamt sieben Schauspielszenen und zehn Hörspiele.[1]

1. Die Hörszenen

An zehn Stationen in dem thematisch gegliederten Museumsbereich konnten über Kopfhörer Hörspiele abgerufen werden, die sich mit dem jeweiligen Bereich auseinandersetzten. Auf diese Weise wurden neben den visuellen Präsentationsformen durch die Exponate auch auditive angeboten.[2] Wir unterschieden drei verschiedene Formen:

a) Gesprochene Quellentexte

Bei einem Teil der Texte handelte es sich um Quellen aus dem Mittelalter und der Frühen Neuzeit. Durch professionelle Vortragsweise sollten sie für die Hörer erschlossen werden.[3] In der Regel wurde in der Ausstellung auch das Archival gezeigt, das wir bearbeitet hatten, nachdem der Stadtarchivar es in einer wortgenauen Transkription in eine für uns lesbare Schrift übertragen hatte: Unsere Aufgabe bestand darin, eine Lesung dieses Textes aufzuzeichnen, die zum Einen gut verständlich, zum Anderen lebendig ist. Um diese Verständlichkeit zu erreichen, ist es wichtig, die teilweise durch ihre alte Grammatik kompliziert aufgebauten Sätze so vorzutragen, dass trotz mancher Nebensätze und eingeschobener Gedanken der Hauptgedanke gut zur Geltung kommt. Die richtige Betonung der

---

[1] Im Auftrag von Prof. David Esrig übernahm Achim Bieler die Leitung des Projektes.
[2] Die Belagerung Mühldorfs 1364, die Stadtordnung von 1522, das Medizinalwesen, Frömmigkeit und Glaube, das Kochbuch der Maria Clara, die Umbruchszeit der Säkularisation 1802 waren weitere Themen.
[3] Vgl. hierzu die Erläuterungen bei Hamberger, Ausstellungskonzepte, S.31 in diesem Band.

Sinn-gebenden Worte ist hierbei genauso entscheidend, wie das Untergliedern der Sätze mit Zäsuren. Die Lebendigkeit entsteht durch eine emotionale Bewertung der ausgesprochenen Worte und Gedanken. Ein Wechsel aus einem neutralen und einem emotional beteiligten Sprecher kann hierbei sehr reizvoll sein.

b) Dialogische Szenen

Einige der Hörbilder waren als – auf der Basis von Quellen erarbeitete – Dialoge gestaltet. Zwei Quellen werden hier aufeinander bezogen; dies erleichtert dem Zuhörer die Einfühlung. Ein Beispiel hierfür ist die Vertreibung der Kapuziner in Zuge der Säkularisation. Hier sollte man bei der Gestaltung darauf achten, dass die streitenden Parteien gleichermaßen vertreten sind. Eine objektive Sicht auf die Ereignisse lässt sich aber in einem künstlerischen Gestaltungsprozess nicht dadurch finden, indem man sich in einer Interpretation möglichst neutral hält, sondern indem man die unterschiedlichen Standpunkte (jede für sich) mit voller emotionaler Beteiligung aussprechen lässt. Setzt man die einzelnen Fakten und Aussagen in direkten Bezug zueinander, beginnen sie miteinander zu kommunizieren – quasi einen übergeordneten Dialog zu erzählen, der vielleicht so nie stattgefunden hat, aber der Wahrheit im Wesen näher zu kommen vermag, als ein pures chronologisches Auflisten von Fakten und Aussagen. Je näher man so gegensätzliche Streitpunkte zusammenführt, umso höher wird der Kontrast und umso heftiger erscheint der Konflikt. Die Vertreibung der Kapuziner war damals ein bedeutender Konflikt, den es heute in einer aufwühlenden Form nachzuempfinden gilt.

c) Hörszenen als Kulisse und Sinnelement

Diese Doppelfunktion hatte der Text in der Abteilung Recht und Verwaltung: Inszeniert wurde die Vernehmung der als Hexe angeklagten Maria Paur durch den Stadtrichter. Für die Darstellung des Hexenprozesses in der Ausstellung hatte dieses in gedämpfter Lautstärke als Endlosschleife laufende Hörspiel eine zentrale Bedeutung: Zusammen mit der Raumsituation sollte es die Not eines unschuldigen, aus der Gesellschaft ausgeschlossenen Menschen assoziieren. Inhaltlich stellt die Hörszene die Verbindung zu den einzigen beiden Exponaten der Abteilung her, zu den Prozessakten und zum so genannten Hexenhammer, einem Gesetzbuch, dem auch der Mühldorfer Hexenprozess folgte.[4] In angespannter Auf-

---

[4] Vgl. hierzu die Erläuterungen bei Hamberger, Ausstellungskonzepte, S.27 in diesem Band.

merksamkeit lauschten die Besucher den Fragen.[5] Das in den Akten eingeschriebene Leid kam so im wahrsten Sinn des Wortes „zu Gehör". Das Gefühl zu bedienen war die Aufgabe der Text- und Sprachgestaltung. Doch wie erreicht man allein durch akustische Mittel ein beklemmendes Raumgefühl? Der Mensch ist fähig, Töne im Raum zu situieren. Man hört, wenn sich etwas nah, weit weg, rechts oder links von einem befindet. Es galt, das auszunutzen. So wurden die Sprechstimmen so aufgenommen, als bewegten sich sprechende Menschen in dem Raum. Mal klingen sie weit weg (ein Halleffekt verstärkt diesen Eindruck), dann kommen sie plötzlich näher und flüstern dem Zuhörer in das Ohr. Die unterschiedlichsten Sprecher stellen dem Zuhörer (gedacht als die Angeklagte Maria Paur) Fragen. Ebenso wie sie ihre Position im Raum plötzlich verändern, ändert sich auch der Grad ihres emotionalen Ausdrucks. So gibt es im Hörbild stille Momente, mit einer sachlichen Stimme und kontrastiert dazu bewegte Momente mit einer hohen Emotionalität. Dieser immer wiederkehrende Wechsel weckt im Zuhörer das Gefühl, selbst die Befragte zu sein.

2. Die Spielszenen

Neben den Hörspielen sollten auch „life" dargebotene Theaterszenen einen Einblick in die damalige Zeit gewähren. Die in der Ausstellung thematisierte Geschichte sollte für die Besucher lebendig werden. So entstanden gestützt auf die Quellenbefunde und den Wunsch nach deren dramaturgischen Aufbereitung insgesamt sieben Spielszenen.[6]

Die ursprüngliche Idee war, dass Schauspieler sich unter die Ausstellungsbesucher mischen sollten und spontan dann mit der Szene beginnen sollten, wenn sie einen Anlass dafür sahen. Dies irritierte die Besucher aber eher, als dass es sie motivierte, sich intensiver mit Geschichte zu befassen.

Wir integrierten die Szenen deshalb in Gruppenführungen. Für eine bestimmte Phase übernahmen die Schauspiele die Aufgabe des Führenden. Sie ent-führten die Besucher in die Geschichte und halfen ihnen, Geschehnisse der in der Ausstellung behandelten Zeit nachzuempfinden. Die, nach unserem modernen Verständnis, fremd wirkenden Sachverhalte sollten in eine – in ihre – alltägliche Realität gebracht werden. So wird

---

[5] Vgl. hierzu den Beitrag Bichlmeier, Räume, S. 235 in diesem Band.
[6] Diese wurden den Stationen „Belagerung Mühldorfs 1364", „Reichskreise", „Medizinalwesen", „Innschifffahrt" und „Säkularisation" zugeordnet und in der Ausstellung, umgeben von den entsprechenden Exponaten, aufgeführt.

für den Besucher die damalige Welt sichtbar, hörbar, fühlbar, mit einem Wort (nach-) erfahrbar gemacht.

Durch die Augen eines Mühldorfer Wächters erlebten Schauspieler und Besucher die Belagerung Mühldorfs und den Furcht-einflößenden Einsatz „moderner" Kriegsmaschinerie.[7] In einer anderen Szene lässt ein Bedienstetenehepaar, das sich gerade aus den Fluten des Inns retten konnte, den Untergang des Küchenschiffs von Kurfürst Maximilian I. 1640 miterleben:

Abb. 89 Schauspielszene zum Schiffsunglück 1640 bei Mühldorf in der Abbteilung „Innschifffahrt" der Ausstellung „Salzburg in Bayern".

Frau:	Du bleibst jetzt da.
Mann:	Lass mich. Lass mich!
Frau:	Da bleibst. Willst du umkommen?
Mann:	Aber der Kurfürst. Man muss ihn da raus ziehen, jemand muss ihn doch...

---

[7] Siehe die Abbildung des Schauspielers in der Belagerungsszene bei Hamberger, Ausstellungskonzepte, S. 38.

Frau:	Um ihn kümmern sich schon welche. Den lässt keiner so schnell absaufen, unseren Maximilian.
Mann:	Aber unser Schiffsmann hat geschrieen. Ich hab ihn schreien hören, um Hilfe...
Frau:	Da bleibst. Dem Kerl haben wir das alles zu verdanken, dem versoffenen. Wegen dem willst du dich doch nicht zurück in die Fluten stürzen?
Mann:	Teufel noch eins. Er kann nichts dafür. Die Brücke... Die Brücke war einfach... Die Strömung ist viel zu stark...
Frau:	Er ist schuld. Bleib jetzt.[8]

In einer weiteren Szene liest eine verzweifelte Bürgerin die in Mühldorf geltenden Regeln zur Bekämpfung der Pest. Ihre Tante hat sich infiziert:

> Bürger/in: (liest langsam und angestrengt ein Schriftstück):
> Da drin steht es. Da steht es drin geschrieben:
> „Was ist zu tun, wenn die Pest, was Gott verhüten möge, auch in unser Erzstift Mühldorf kommt". Es muss doch irgendwo stehen... Da. Da ist es.
> „Wer bei Kranken ist, soll nicht zu Gesunden gehen und umgekehrt,"
> Aber wie soll ich das Tantchen dann versorgen? Ich kann sie doch nicht einfach zuhause liegen lassen. Sie muss doch essen kriegen, von irgendwem. Von wem, wenn nicht von mir?
> Da steht was übers Essen: „Man soll in Essen und Trinken vorsichtig sein, kein rohes, faules oder wurmstichiges" – das versteht sich von selbst – „wurmstichiges Obst oder Erdschwämme und dergleichen essen." Natürlich. Das Tantchen hätte nie so was auch nur angerührt. Und was ist? Die Beulen kamen trotzdem.[9]

Daneben kommen am Rande einer Feier der Kreistage in Mühldorf ein Hofherr und eine Hofdame ins Gespräch über die aktuelle Tagespolitik, eine Putzmagd klagt über die ausufernden Vorbereitungen zu den Kreistagen, Stadtrichter Ruland quält sich mit einem diplomatisch zu verfas-

---

[8] Die Ausschnitte aus den einzelnen Szenen, die in der Ausstellung in Mühldorf gespielt wurden, sind mit freundlicher Genehmigung der Theaterakademie Athanor den Textvorlagen für die Spielszenen entnommen worden.

[9] Die Ausschnitte aus den einzelnen Szenen, die in der Ausstellung in Mühldorf gespielt wurden, sind mit freundlicher Genehmigung der Theaterakademie Athanor den Textvorlagen für die Spielszenen entnommen worden.

senden Brief an Kommissair Aretin, der mit der Durchführung der Säkularisation in Mühldorf betraut war.

Bei der Entwicklung der Szenen bemühten wir uns, schnell den Konflikt der Figuren klar werden zu lassen, um ohne viel Umschweife ein Relief einer möglichen Figur in ihrer Zeitgeschichte zeichnen zu können. Angereichert mit meist allzu menschlichen Charakterzügen (der ängstliche Wächter auf der Mauer, die herrische Dienstmagd), die natürlich frei erfunden sind, können wir so eine Identifikation mit dem Zuschauer erreichen. Es lässt sich in einer solchen Szene immer nur ein Hauptkonflikt (ein Teil eines Ganzen) darstellen, und niemals alle Umstände eines Zeitgeschehens. Ein Konflikt mit einem klaren Anfangspunkt, Höhepunkt und Endpunkt, der sich über verschiedene Handlungsetappen entwickelt. Doch durch diesen kleinen, sehr lebendigen Moment, scheint man dennoch einen Blick auf das Ganze gewinnen zu können.

3. Schauspieler führen: Erfahrungen von Schauspielern mit dem Spielen in Ausstellungen

Die Mischung aus historischen Fakten und nur allzu nachvollziehbaren menschlichen Situationen sollte dem Besucher ein informatives und gleichzeitig emotional berührendes Erlebnis verschaffen.

Das war für beide Seiten, den Besucher wie auch die Schauspieler, ein überraschend neuartiges Zusammentreffen. Schauspieler, die es gewohnt sind, zwischen sich und ihren Zuschauern eine Rampe zu wissen, Museumsbesucher, die vielleicht nur klassische Vitrinen und staubige Ausstellungsstücke erwarten, stehen sich plötzlich gegenüber und erleben miteinander Momente aus der Vergangenheit in einer besonderen Form der Kommunikation. Wie diese Kommunikation aussah, verdeutlicht der Erfahrungsbericht einer Schauspielerin:

„Bei jeder Museumsführung war ich vor eine neue Herausforderung gestellt: Wie wird der Besucher auf meinen etwas anderen Beitrag zur Ausstellung reagieren, und schaffe ich es, die Inhalte für den Besucher zum Leben zu erwecken? Auch für mich war es eine vollkommen neue Erfahrung, nicht auf einer Bühne – im klassischen Sinne –, sondern mitten im Publikum zu spielen. Das bedeutet, dass die Reaktionen unmittelbar zu spüren sind, und man jede „Tuschelei" mithört.

Ebenso neu war für mich die Verbindung aus Museum und Schauspiel, welche ich, gerade aufgrund dieser neu gewonnenen Erfahrungen, für sehr gelungen halte. Ein Besucher erzählte mir, dass er ein solches Museumsprojekt mit eingebauten Spielszenen bereits in

Frankreich gesehen hatte, aber bislang in Deutschland leider noch nicht fündig geworden sei. Umso mehr freute er sich, als er hörte, dass in seiner Heimatstadt Schauspieler „in die Geschichte führen".
Im Allgemeinen bekam ich von den Besuchern ein positives Feedback. Einige erzählten mir, dass sie sich durch diese Präsentationsart in die Zeit zurückversetzt fühlten und dadurch viel mehr von diesem Museumsbesuch mitgenommen haben. Einige Besucher erkannte ich dann auch wieder, denn sie besuchten uns nicht nur einmal, sondern drei bis vier Mal. Mehrere Besuche gestatten es einem, die Ausstellungsstücke und Beiträge immer wieder mit neuen Augen zu betrachten und Neues daran zu entdecken. Manche Besucher waren so begeistert, dass sie ihre Eindrücke unbedingt mit Freunden und Bekannten teilen wollten und sie einfach zu ihrem nächsten Ausstellungsbesuch mitbrachten. Auch viele Familien mit Kindern kamen und fanden Gefallen daran.
Wie reagierten die Besucher während meiner kleinen Einlage? Rückblickend kann festgestellt werden, dass sie äußerst unterschiedlich reagierten. Das begann schon vor meinem Auftritt. Ich hielt mich im Museumsraum unauffällig auf und wartete ab, bis die nächste Führungsgruppe bei der Medizinalabteilung ankam. Bereits beim Warten auf meinen Auftritt, fragten sich manche, wer ich denn sei. Bin ich die Informations-Dame für diese Etage oder gehöre ich einem Trachtenverein an? Spätestens nach meinem Auftritt wussten sie dann über meine Funktion bescheid. Wenn dann die Gruppe an dem Pestkarren ankam, musste ich nur noch auf das abgemachte Stichwort der Museumsführerin warten und los ging's. Meine Rolle war die einer Bürgerin, mittleren Alters, aus Mühldorf zur Zeit der Pestepidemie des 17. Jahrhunderts. Sie möchte sich am Marktplatz für ihre Tante nach den Pestvorschriften erkundigen. Deshalb lief ich suchend und rufend von hinten durch die Besuchermenge bis hin zum Aushang der Pestordnung. Einige erschraken, da sie im Museum nicht mit einem derartigen Beitrag gerechnet hatten. Während meines Monologes bezog ich auch das Publikum in mein Spiel mit ein. Diese direkte Spielart gab mir eine sehr große Spielfreiheit und ich konnte somit individuell auf jedes Publikum eingehen. Manche trauten sich gar nicht, mir in die Augen zu blicken, andere spielten ungezwungen mit oder genossen das Spiel einfach nur.
Interessant fand ich vor allem die Kinder- und Schulführungen. Hier bezog ich die Kinder noch intensiver ins Geschehen mit ein, indem ich ihnen zeigte, was genau auf dem Pestaushang stand oder indem ich sie bat, mir doch bitte daraus vorzulesen, da ich beispielsweise

meine Brille vergessen hatte. Dann fragte ich sie nach Rat, ob ich diesen Vorschriften denn wirklich folgen sollte. Somit entstand eine lockere Konversation zwischen den Kindern und mir, was die Kinder unheimlich mitriss. Die Schüler bis zur 3. und 4. Klasse beobachteten anfangs das Geschehen mit großen Augen und waren eher schüchtern und ängstlich. Hier spielte ich anfangs ruhiger, damit ich sie nicht noch mehr verschreckte. Allerdings legte sich das bei den Kindern schnell und es entstand, wie bereits oben erwähnt, ein schönes Zusammenspiel. Die höheren Klassen waren gleich von Beginn an heiter dabei und waren richtig gierig danach, ins Geschehen mit einbezogen zu werden.

Die größte neue Erfahrung für mich war eben dieses direkte Spiel mit den unterschiedlichsten Besuchern – ob das Kinder, Familien, Rentner, Studenten, Behinderte, Vereine, Erwachsene oder sogar Hunde waren. Es forderte Spontaneität und Flexibilität und gleichzeitig eine Konzentration auf die wesentlichsten Inhalte meiner Geschichte. Allerdings sollte meine schauspielerische Einlage auch nicht zu aufdringlich werden. Ich wollte eine gewisse Balance für das jeweilige individuelle Publikum finden, das ja im Vergleich zu einem Theaterpublikum das Spielerlebnis eher als Nebeneffekt sieht und einen höheren Wert auf die informativen Inhalte und eine gewisse Form der Authentizität legt."[10]

4. Schau-Spiel-Geschichte aus der Ausstellung am originalen Ort

Ein ganz besonderes Experiment führten wir mit einigen Gruppen des Ferienprogramms durch.[11] Sie besuchten neben der Ausstellung im Haberkasten auch den Ort eines historischen Geschehens, das Inn-Ufer. Die (allerdings neue) Brücke vor sich, an der sich 1640 der Schiffbruch ereignet hatte, spielten die beiden Schauspieler ihre Szene, in der sie (im Sinne der klassischen Mauerschau) das Geschehen beobachteten – gerade selbst dem Ertrinken entronnen. Für die Kinder und die Spieler ein besonders eindrückliches Erlebnis, das neugierig auch auf die Exponate der Ausstellung machte.

---

[10] Erfahrungsbericht der Schauspielerin Marina Lötschert.
[11] Vgl. den Beitrag Seibel, Historische Spurensuche, S. 649 in diesem Band.

II. Vorteile der Symbiose zwischen Ausstellung und Theater

Die Verlebendigung von Geschichte durch Schauspieler auf einer „Bühne", die nicht vom Zuschauerraum abgetrennt ist, vor „Kulissen", die originale Exponate enthalten, ist eine Erfahrung, die nur Schauspielszenen in einer Ausstellung bieten können. Das Mühldorfer Beispiel hat gezeigt, dass der Einsatz von Schauspielern in den einzelnen Abteilungen nicht nur positive Auswirkungen auf die Akzeptanz der Gruppen-Führungen hatte, sondern dass sich auch die Verweildauer der Einzelbesucher vor den Exponaten, die „angespielt" worden waren, erhöhte.[12]

Die Hörstationen wurden von vielen Einzelbesuchern, auch von einigen Schulklassen und Gruppen, dankbar aufgenommen. Die Änderung der Rezeptionsweise und die Möglichkeit, vertiefende Informationen zu erhalten, stießen, nicht zuletzt aufgrund der lebendigen Gestaltung durch gelernte Schauspieler, auf sehr gute Resonanz. Gerade auf die gesprochenen Quellentexte wurde auch in museumspädagogischen Aktionen zurückgegriffen.

Die Zusammenarbeit von Museum und Theater erwies sich als ein Faktor, der den Markt-Wert der Ausstellung steigerte. Dass er vermutlich zugleich das historische Lernen in der Ausstellung entscheidend beeinflusst, ist ein positiver Nebeneffekt: Event und Bildung kommen zusammen.

---

[12] Vgl. hierzu auch den Beitrag Lehmann/Zabold, Kinder machen Theater, S. 563 in diesem Band.

Sehen, Hören und Verstehen.
Historisches Lernen mit Audioguides im Museum

Von Andreas Urban

Akustische Medien sind in den letzten Jahren mehr und mehr auch in der Bundesrepublik wie zuvor schon in den angloamerikanischen und französischen Museen zu einem selbstverständlichen Bestandteil der Ausstellungsdidaktik geworden. Insbesondere so genannte Audioguides, also handyähnliche Geräte, mit denen Besucher auf der Grundlage eines an den Exponaten ausgewiesenen Nummerncodes Hörtexte abrufen können, haben im Vergleich zur aufwändigeren Infrarottechnik, bei der Raumsignale die Ausstrahlung von Informationen auf Geräten auslösen, Verbreitung gefunden. Trotz hoher Kosten für die Anschaffung der Geräte und für die professionelle Erstellung von Hörführungen betrachten mittlerweile viele Kuratoren solche linear oder punktuell strukturierten Audiosysteme als Bereicherung ihrer Ausstellungskonzepte. Museumspädagogen hingegen stehen den Geräten in der Regel skeptisch gegenüber und sehen in ihnen eine unliebsame Konkurrenz für personale Vermittlungsangebote. Bei den Besuchern stoßen die Audioguides – trotz zum Teil erheblicher Leihgebühren – auf zunehmendes Interesse.

Der intensiven Nutzung dieses Mediums in Ausstellungen und Museen entspricht bislang allerdings keine angemessene Reflektion über die Auswirkungen der Audioguides auf das Rezeptionsverhalten der Besucher. „Mehr Sehen durch Hören", so lautet ein eingängiger Slogan, der für die Nutzung des Mediums wirbt. Aber dabei denken die Museumswissenschaftler vorrangig an erwachsene Einzelbesucher, die sich mit hoher intrinsischer Motivation den Museumsdingen zuwenden. Wie sieht es aber mit Kindern und Jugendlichen aus, bei denen sowohl hinsichtlich ihrer Seh- und Hörgewohnheiten als auch ihrer Aufnahmefähigkeit und -bereitschaft andere Voraussetzungen gelten? Welche Auswirkungen haben Audioguides auf die pädagogische Arbeit mit diesen Besuchern im Geschichtsmuseum? Sind die akustischen Systeme überhaupt geeignet für das historische Lernen mit Schülerinnen und Schülern im Museum, oder behindern sie eher authentische Erfahrungen mit den Vergangenheitsmaterialien? Im Folgenden soll weniger die Frage im Vordergrund stehen, welche didaktischen Aspekte und stilistischen Besonderheiten bei der Konzeption von Audioguides zu bedenken sind, sondern es sollen Überlegungen zur Nutzung dieser Medien in Vermittlungsprozessen skizziert werden.

I. Anders Sehen durch Hören! Anmerkungen zur Ausstellungsrezeption

Die Besucher selbst treffen die Entscheidung, ob sie einen Audioguide bei der Auseinandersetzung mit einer Ausstellung nutzen. Wenn sie sich dafür entscheiden, stellt das akustische Gerät eines von mehreren Bausteinen zum Erwerb von Informationen über die Exponate und ihre Kontexte dar. Daneben spielen vor allem Ausstellungstexte, Informationsblätter und audiovisuelle, über Bildschirme und fest installierte Hörstationen angebotene Medien bei der Erläuterung der Dinge eine Rolle. Von herausragender Bedeutung für das Erkenntnispotential einer Ausstellung ist aber vor allem die Konfiguration der Vergangenheitsmaterialien. Mit welcher Intensität und mit welchen Wirkungen Exponate sinnliche Erkenntnisse bei den Rezipienten evozieren, hängt nicht zuletzt von der Bildhaftigkeit, der Aussagekraft, dem Irritationspotential und der Ästhetik der Inszenierungen ab.

Rekontextualisierungen der fragmentarisch überlieferten Objekte basieren auf der Kompetenz der Besucher, deutende Beziehungen zwischen den Dingen aus der Vergangenheit einerseits sowie zwischen der präsentierten Geschichte und der eigenen Gegenwart andererseits zu stiften. Audioguides erfüllen dabei wie die anderen didaktischen Medien die Funktion, Deutungskompetenzen zu stärken und subjektive Sinnbildungen („Was hat das mit mir zu tun ...") zu inspirieren. Mit akustischen Informationsträgern ausgestattete Besucher, so wird man vermuten können, setzen sich mit einer Ausstellung bewusst und zielgerichtet auseinander. Sie erwarten visuelle, akustische und möglicherweise taktile Eindrücke, wollen aber auch Neues erfahren, Wissen erwerben und erweitern. Dauer und Intensität der Nutzung des akustischen Mediums hängen von ihrem Zeitbudget, ihrem Vorwissen, ihrem Interesse und selbstverständlich nicht zuletzt von der Ausstellung und von der Gestaltung des Audioguides ab.

Kann bei erwachsenen Einzelbesuchern in der Regel von einer gewissen Motivation zur Auseinandersetzung mit Geschichte ausgegangen werden, so ist eine solche bei Jugendlichen in Lerngruppen nicht unbedingt vorhanden. Denn Museumsbesuche sind für sie Pflichtveranstaltungen, die zwar eine zumeist willkommene Abwechslung gegenüber dem Schulalltag darstellen, aber dennoch vor dem Hintergrund von schulischen Lern-, Leistungs- und Verhaltensanforderungen, also nicht freiwillig, erfolgen. Dies schließt nicht aus, dass Schülerinnen und Schüler von den Dingen im Museum fasziniert sind. Interesse, Neugier und Lust auf Geschichte können aber nicht als selbstverständlich vorausgesetzt werden. Eignen sich Audioguides dennoch oder vielleicht gerade deshalb für Jugendliche als Medien der musealen Geschichtsvermittlung? Stellen sie eine Chance für innovative Museumspädagogik dar? Und wie könnte oder sollte historisches Lernen im Museum mit solchen Geräten als Alternative oder Ergänzung zu bislang praktizierten Vermittlungsmethoden wie der Kommunikation über Exponate im Rahmen von Museumsgesprächen und Führungen, Erkundungs- und Arbeitsanweisungen in Textform sowie taktilen, handlungsorientierten Annäherungen an die Geschichtszeugnisse organisiert werden? Ich konzentriere mich im Folgenden auf Jugendliche ab 15/16 Jahren, die im Rahmen von Lerngruppen eine Ausstellung besuchen. Diese Zielgruppe museumspädagogischer Arbeit ist – im Vergleich zu Kindern oder Erwachsenen – schwierig und unbequem. Denn die Jugendlichen demonstrieren oder äußern offen Vorbehalte gegenüber der – zumeist statischen – Vergangenheitsvergegenwärtigung in Museen und erwarten kurzweilige, ihrem Erfahrungshorizont und ihren Rezeptionserwartungen gemäße Einblicke in die Relevanz und den Bedeutungsgehalt der ausgestellten Geschichte(n).

Da die Objekte, Inhalte und Konzeptionen von Ausstellungen erheblich voneinander abweichen und Erfahrungen daher nur sehr eingeschränkt von einem Ausstellungsprojekt auf ein anderes übertragen werden können, werde ich hier einige prinzipielle Gedanken entwickeln, die von konkreten Ausstellungsinhalten abstrahieren. Ich gehe dabei vom Einsatz eines Audioguides mit punktueller Struktur aus, bei dem die Rezipienten selbst die Auswahl der Hörtexte bestimmen. Gegenüber dem linearen Konzept, das wie eine entpersonalisierte Führung von Objekt zu Objekt aufgebaut ist, bietet es den Vorteil der Wahlfreiheit für den Besucher. Den folgenden Ausführungen liegen Erfahrungen beim Ausstellungsprojekt „Goethes Lotte. Ein Frauenleben um 1800" im Historischen Museum Hannover zu Grunde, bei dem Audioguides alternativ zu Museumsgesprächen/Führungen angeboten und von den Lerngruppen intensiv genutzt wurden.

II. Mensch oder Maschine? Audioguides in musealen Vermittlungsprozessen

Meine Beobachtungen in Museumsräumen zeigen, dass Jugendliche ausgesprochen selbstbewusst mit den Audioguides umgehen. Eine Scheu vor der Technik, wie sie bei älteren Besuchern gelegentlich festzustellen ist, gibt es nicht. Im Gegenteil: Der Umgang mit dem technischen Instrument evoziert oder verstärkt eher die Bereitschaft zur Auseinandersetzung mit den überlieferten Geschichtszeugnissen.

Abb. 90 Jugendliche beim Austellungsrundgang mit Audioguides.

Häufig lässt sich ein Rezeptionsverhalten in der Ausstellung beobachten, das – als „kulturelles window-shopping"[1] bezeichnet – einem wenig zielgerichteten Flanieren vor den Exponaten entspricht. Durch die Audioguides erhöht sich jedoch die Verweildauer vor den Museumsdingen. Allerdings fällt auf, dass sich die Blicke vieler Jugendlicher nach einiger Zeit von den kommentierten Gegenständen entfernen und auf der Suche nach neuen Attraktionen durch den Raum schweifen. Nicht wenige wenden sich während des Hörens eines Textes von den Exponaten ab und schlendern, ohne ein bestimmtes Ziel anzuvisieren, weiter.

Auslöser für die Abrufung eines Hörtextes sind in der Regel ansprechende, mehr oder weniger zufällig entdeckte Dinge. Die gezielte Suche nach Nummern für Hörtexte ist eher die Ausnahme. Der visuelle Reiz, so scheint es, lenkt die Wahrnehmung stärker als das Bedürfnis nach umfassender, lückenloser Information.

---

[1] Treinen, H.: Das Museum als Massenmedium – Besucherstrukturen, Besucherinteresse und Museumsgestaltung, in: ICOM/CECA (Hg.): Museumsarchitektur für den Besucher, Hannover 1981, S. 13-32, hier: S. 26.

Auffällig ist auch, dass einige Jugendliche die Hörtexte nicht bis zu Ende hören, sondern – zum Teil recht schnell – abbrechen. Das mag daran liegen, dass sie die angebotenen Informationen nicht interessieren oder dass der Bezug zu den Exponaten nicht genügend deutlich wird. Nach 60 Minuten erlahmt in der Regel die Konzentrationsfähigkeit der Jugendlichen, und der Ausstellungsbesuch wird beendet. Dies hat in der Regel zur Folge, dass die ersten Ausstellungsbereiche intensiver rezipiert werden als die letzten.

Die von Schülerinnen und Schülern in Gesprächen geäußerten Reaktionen auf das akustische System lassen sich folgendermaßen zusammenfassen: Überwiegend beurteilen die Jugendlichen die Audioguides positiv. Werden sie gefragt, entscheiden sie sich im Vorfeld eines Museumsbesuchs in den meisten Fällen – ohne Kenntnis der Ausstellungsinhalte und der Qualität der Vermittlungsangebote – für die Variante Audioguide und gegen eine Führung. Jugendliche schätzen daran insbesondere, dass sie – im Unterschied zu einem museumspädagogisch betreuten Rundgang in der Gruppe – das Tempo des Ausstellungsrundgangs, die Verweildauer vor den Exponaten und die Auswahl der Kommentare selbst bestimmen können. Die Möglichkeit, Texte wiederholt zu hören sowie vertiefende Informationen und Originaldokumente abzurufen, bewerten sie ebenso positiv wie die Entlastung vom Lesen von Ausstellungstexten.

Eher kritisch kommentieren Jugendliche hingegen die ihres Erachtens zu langen Hörtexte (60 bis 120 Sekunden). Einige wenige bemängeln das Fehlen eines roten Fadens bei dem punktuellen Audiokonzept. Die meisten vermissen eine Möglichkeit zum Gespräch, zum Fragenstellen und zum Austausch von Eindrücken. Das Gefühl, trotz intensiven Bemühens nur einen Teil der Texte hören zu können, bedauern ebenfalls einige Jugendliche.

III. Didaktische und methodische Folgerungen

Zunächst einmal zeigen die kritischen Anmerkungen der Jugendlichen zum Audioguide deutlich, dass die Geräte die Kommunikation über die Vergangenheitsmaterialien und deren Kontexte nicht ersetzen können. Die häufig aufgestellte Alternative entweder Museumsgespräch/Führung oder Audioguide ist falsch. Ein gewisses Interesse an Geschichte im Museum vorausgesetzt, bieten Audioguides eine hervorragende Möglichkeit zur individuellen, besucherorientierten Annäherung an die Dinge, und sie regen Gedanken an, werfen Fragen auf, wecken das Bedürfnis zum Gespräch, provozieren zu Stellungnahmen. Aber die Besucher bleiben mit ihren Gedanken allein. Aus diesem Grund sollte – bei Gruppenbesuchern und prinzipiell auch bei Einzelbesuchern – der Ausstellungsrundgang mit dem akustischen System nur der erste Akt des historischen Lernens sein. Ein Austausch über das Gesehene, Gehörte, Gefühlte und Erfahrene sollte sich unbedingt anschließen, wobei die Jugendlichen bereits vor Beginn ihres Ausstellungsrundgangs den Hinweis bekommen sollten, Fragen und erörterungswürdige Aspekte zu notieren, damit sie nicht bei der Vielzahl der Impressionen in Vergessenheit geraten. Ohne Gesprächsmöglichkeit besteht in der Tat die immer wieder proklamierte Gefahr, dass die sozialen und kommunikativen Komponenten des Museumsbesuchs mit Audioguide bedeutungslos werden. Lernen durch Erfahrungsaustausch und gemeinsame Reflektion über neue Einsichten findet dann – wenn überhaupt – nur nebenbei statt.

Zudem zieht die subjektive, oft nach ästhetischen Kriterien getroffene Auswahl der Hörtexte die Notwendigkeit nach sich, bedeutsame Themenaspekte und historische Zusammenhänge der Exponate allen Jugendlichen vorzustellen und hinsichtlich ihrer Relevanz zu erörtern. Wenn, wie bei der punktuellen Variante des Audiosystems, Hörtexte aus sich heraus verständlich sind und nicht auf anderen Texten aufbauen oder auf sie verweisen, muss ein gemeinsamer Kenntnisstand, von dem aus Deutungen der Vergangenheitsmaterialien und ihrer Kontexte erfolgen können, im Gespräch gesichert werden. Dazu sind Nachbesprechungen sinnvoll und geeignet. Nach meiner Erfahrung ist das Gesprächsbedürfnis Jugendlicher im Anschluss an einen Ausstellungsrundgang mit Audioguide größer als im Rahmen eines Museumsgesprächs bzw. einer Führung. Offenbar inspiriert die Freiheit zur Interessen geleiteten Rezeption die Jugendlichen zur intensiveren Auseinandersetzung mit den Museumsdingen. Sie sind stärker zu persönlichen Assoziationen motiviert und haben mehr Zeit und Muße zur Entfaltung ihrer Gedanken. Ein den Museumsrundgang abschließendes Gespräch unterstreicht die Frag-Würdigkeit und den Eigen-Sinn der in den Dingen materialisierten Geschichte(n) für die Jugendlichen.

IV. Hör-Perspektiven!?
Thesen zur pädagogischen Relevanz von Audioguides

Akustische Systeme eignen sich also nicht ausschließlich für erwachsene Einzelbesucher von Ausstellungen. Sie sind auch keine Notlösungen für überfüllte Ausstellungsräume, in denen personale Betreuungen auf Grund der Geräuschkulisse unmöglich sind. Sie sind zudem keine lästige Konkurrenz für Museumspädagogen, die automatisch zu einer Entwertung der personalen Vermittlungsarbeit oder gar zur Verdrängung der Pädagogen führen, auch wenn Museumsleitungen gelegentlich im Zuge der Erschließung von Einsparpotentialen auf solch abwegige Gedanken kommen mögen. Aus meiner Sicht sind Audioguides Instrumente zur Erweiterung der Ausstellungsdidaktik und zur Variation des museumspädagogischen Methodenspektrums. Dazu im Folgenden einige grundlegende Überlegungen:

1. Subjektive Erfahrungen und Vergangenheitsbedürfnisse ernst nehmen – Audioguides als Hilfe für selbst bestimmte Erkenntnisse

Welche Kompetenzen sollen Jugendliche im Geschichtsmuseum erwerben? Diese zentrale Frage jeglicher musealen Vermittlungsarbeit bildet den Rahmen für die Bewertung aller didaktischen Konzepte und Medien. Unstrittig ist, dass sich die auf vergangene Lebensformen bezogene Einbildungskraft von Jugendlichen in der Auseinandersetzung mit den Vergangenheitsmaterialien erweitert und konkretisiert. Aber damit das Geschichtsmuseum für sie zum „Medium der sinnlichen Erkenntnis"[2] wird, an dem das „Unsichtbare mit dem Sichtbaren"[3] vermittelt wird, muss eine entscheidende Voraussetzung erfüllt sein. Mehr noch als in anderen Bereichen des historischen Lernens geht es im Museum darum, persönliche Eindrücke und Emotionen zuzulassen und zum Ausgangspunkt eines Nachdenkens über die Bedeutung der Dinge und ihrer Kontexte zu machen. Gerade weil Jugendliche ihr Geschichtsbewusstsein erst entwickeln und in der Regel gegenwarts- und zukunftsbezogen leben, scheint es für den Bildungsprozess bedeutsam, die subjektiven Erfahrungen und Vergangenheitsbedürfnisse der jungen Menschen zu berücksichtigen. Denn Lernzwänge, fehlende Bezüge zu den Schülerinteressen und Abstraktheit des Geschichtslernens kennen die Jugendlichen aus der Schule zur Genüge. Darum sollte das Museum die Chance nutzen, Freiräume für Interessen geleitete Geschichtsbezüge zu schaffen und das „Selbstdenken" (Georg Cristoph Lichtenberg) zu fördern. Museumsgespräche/Führungen entsprechen diesem didaktischen Ziel nur in eingeschränktem Maße. Die Möglichkeit, „der Geschichte (zu) begegnen und das Geschichtliche in-

---

[2] Korff, G.: Staging Science, in: Museumskunde 68, 2003, S. 67-72, hier: S. 70.

[3] Korff, G.: Fremde (der, die, das) und das Museum (1997), in: ders.: Museumsdinge. Deponieren – exponieren, Köln u.a. 2002, S. 146-154, hier: S. 146.

nerlich (zu) 'bewegen'"[4] (Peter Schulz-Hageleit) beschränkt sich dabei auf die von den Museumspädagogen getroffene Auswahl von Vergangenheitsmaterialien. Die Freiheit zur Artikulation eigener Interessen ist - ähnlich wie bei einem am Gängelband gehaltenen Kind - eng begrenzt. Wenn jedoch ein wesentliches Ziel musealer Bildung darin besteht, selbstbestimmte Erkenntnisse zu initiieren, sind Freiräume für die Reflektion persönlicher Bedeutungen an den Dingen notwendig. Es geht eben auch darum, die in der materiellen Überlieferung vergegenständlichten Erfahrungen von Menschen vor dem Hintergrund der eigenen Lebensgeschichte(n) zu entschlüsseln.[5] Das nutzerorientierte Medium Audioguide gibt – nicht nur – Jugendlichen die Möglichkeit, die Eigen-Art des Museums als Erfahrungsraum für Geschichte nach ihren Entscheidungskriterien kennen zu lernen. Sie selbst konstituieren die individuellen und kulturellen Bedeutungen der Objekte durch ihre Auseinandersetzung mit ihnen. Audioguides helfen ihnen dabei auf unaufdringliche Weise. Freilich setzt die Nutzung der akustischen Medien ein gewisses Interesse und die Bereitschaft zur Annäherung an die Exponate voraus.[6]

2. In vergangene Lebenszusammenhänge einordnen –
Audioguides als Hilfen für wissendes Sehen

Die Vergangenheitsmaterialien beflügeln zwar die Einbildungskraft der Jugendlichen. Zu Spuren vergangenen Lebens, zu Bestandteilen eines vergangenen Lebenszusammenhangs werden sie jedoch erst durch Rekontextualisierungen. Mit den Audioguides können die Jugendlichen Informationen abrufen, die eine Vorstellung der historischen Zusammenhänge, aus denen die fragmentarisch überlieferten Museumsdinge herausgebrochen sind, erleichtern und eine Einfühlung in sie unterstützen. Neben den sachlich vorgetragenen oder szenisch präsentierten Kommentaren zu den Exponaten bieten sich authentische Quellen (Lebensberichte,

---

[4] Schulz-Hageleit, P.: Grundzüge geschichtlichen und geschichtsdidaktischen Denkens, Frankfurt/M. 2002, S. 20.

[5] Vgl. hierzu auch den Beitrag Finauer, Lebensgeschichte, S. 265 in diesem Band.

[6] Wie amerikanische Untersuchungen gezeigt haben, ist die Nachhaltigkeit eines Ausstellungsbesuches bei Jugendlichen mit Hilfe dieses Mediums ausgeprägter als ohne. Nach einem Ausstellungsbesuch mit Audioguide waren sie besser als bei anderen Vermittlungsmethoden in der Lage, ihre Erlebnisse und ihre neu erworbenen Einsichten zu artikulieren (s. Akustische Führungen in Museen und Ausstellungen. Bericht zur Fachtagung im Filmmuseum Berlin 2001, Mitteilungen und Berichte aus dem Institut für Museumskunde 2001, S. 56).

Briefe, Verordnungen, literarische Zeugnisse etc.) und Tondokumente (Radioreportagen, aufgezeichnete Reden, Musik etc.) zur ergänzenden Veranschaulichung an. Die Möglichkeit, auf zweiten oder dritten Hierarchieebenen weitere Informationen abzurufen, entspricht den unterschiedlichen Interessenlagen der Rezipienten. Jeder Nutzer eines Audioguides ist somit in der Lage, die Intensität des Hörens und die Auswahl der Inhalte nach seinen individuellen Bedürfnissen zu gestalten.

Gelungene, d.h. zielgruppengerechte[7] Audioguides sind eine Sehhilfe: Sie lenken das Sehen und ermöglichen ein anderes, wissendes Sehen. Dabei hat der Besucher die Möglichkeit, seine Betrachterposition selbst zu wählen. Im Idealfall kann er das Objekt von oben und unten, von vorn und von hinten, von rechts und von links, aus der Nähe und aus der Ferne beschauen. Teilnehmer einer Gruppenführung haben diese Möglichkeiten nicht. Das Exponat ist für sie selten in einer optimalen Position. Häufig ist es zu weit entfernt oder durch andere Personen verdeckt.

---

[7] Wie bei der personalen pädagogischen Arbeit sind auch bei der Konzeption von Audioguides die Interessen, Kenntnisse und Fähigkeiten der Besucher der Maßstab für die didaktischen und methodischen Grundentscheidungen. Kinder schätzen Museumsrundgänge, bei denen ihre Entdeckerfreude angesprochen wird und Informationen über die Museumsdinge in Geschichten eingebunden sind. Eine Zusammenarbeit mit Kinder- und Jugendbuchautoren bei der Erarbeitung solcher Audioguides ist sicherlich wünschenswert. Für Jugendliche, wobei diese Altersgruppe hinsichtlich ihrer Schulbildung etc. weiter zu differenzieren wäre, die in der Regel über weniger Geschichtskenntnisse und Lebenserfahrungen verfügen als Erwachsene, sind Hörtexte mit einer maximalen Länge von einer Minute geeignet. Der Akzent sollte hier noch stärker als bei Erwachsenen auf Bezügen zwischen den Museumsdingen und ihren Kontexten einerseits sowie den gegenwärtigen Lebenswelten der jugendlichen Ausstellungsbesucher andererseits liegen. Eine Aneinanderreihung zu vieler historischer Detailinformationen führt zur Überforderung der Jugendlichen und zum schnellen Nachlassen ihres Interesses. Bei Erwachsenen mit besonderen Interessen bieten sich thematische Akzentuierungen an. So können neben den allgemeinen Hörtexten Exponate aus der Perspektive eines Restaurators oder eines Fachwissenschaftlers mit besonderen Informationen vorgestellt werden. Zielgruppendifferenzierung bedeutet also bei den Audioguides entweder die Erstellung eigener Hörtexte nach einem auf bestimmte Besuchergruppen zugeschnittenen didaktischen Konzept oder die Integration von speziellen Informationen auf allen Nutzern zugänglichen Vertiefungsebenen. Bei Kindern bietet sich das erste Verfahren an, bei Jugendlichen ist von Fall zu Fall zu entscheiden, ob die zusätzlichen Kosten für die Erstellung eines eigenen Audioguides gerechtfertigt sind.

3. Audioguides sind keine interaktiven Medien – Kommunikation als notwendige Ergänzung

Das Fehlen von Kommunikationsmöglichkeiten zieht die Notwendigkeit eines ergänzenden Gesprächsangebots nach sich. Die Möglichkeit zum Fragen, zum Austausch von Eindrücken, zur Erörterung von Bewertungen und zur Kritik sollte unabdingbarer Bestandteil der pädagogischen Arbeit mit diesem Medium sein. Im Rahmen einer kurzen Einführung vor dem Ausstellungsbesuch und einer längeren Nachbesprechung können inhaltliche Akzente gesetzt, Verständnisprobleme geklärt und Deutungen erörtert werden. Selbstverständlich erfordert dies mehr Zeit, als gewöhnlich für Museumsgespräche/Führungen vorgesehen ist. Durch die Kommunikation wird den Jugendlichen das Gefühl vermittelt, als Rezipienten mit ihren individuellen Interessen ernst genommen zu werden, gleichzeitig aber auch mit den erworbenen Kenntnissen und Einsichten nicht allein zu bleiben. Sinnliche Erkenntnis mit dem Audioguide, so die emphatische Folgerung, umfasst in diesem Sinne Selbstbestimmung und Mündigkeit der Jugendlichen im Umgang mit den musealisierten Dingen ohne Verzicht auf die persönliche Ansprache und den Austausch von Erfahrungen.

V. Praktische Tipps zum Einsatz von Audioguides

Es gibt zur Zeit eine Reihe von professionellen Firmen, die Audioguides anbieten, unter anderem „linon medien", „Acousticguide" und „Antennaaudio". Adressen und Informationen sind über die Geschäftsstelle des Deutschen Museumsbundes erhältlich. In der Regel bieten die Firmen den Erwerb oder das Ausleihen von Audioguides an. Zwei Gerätevarianten sind im Einsatz: Geräte mit Kopfhörern, bei denen der Arm nicht zum Ohr geführt werden muss, sowie handyähnliche Geräte, bei denen Stöpsel im Ohr nicht notwendig sind. Die Konditionen für Erwerb oder Ausleihe hängen u. a. von der technischen Ausstattung der Geräte ab. Die Möglichkeiten der Speicherung und Abrufung von Informationen sind mittlerweile weit entwickelt und werden kontinuierlich erweitert. Es ist daher sinnvoll, direkt bei den Audioguide-Anbietern Informationen über den aktuellen technischen Stand zu erfragen.

Audioguides sind kostspielig, und oft wird der Ausstellungsetat mittlerer oder kleinerer Museen kaum ausreichen, um sie ausschließlich für ein Ausstellungsprojekt anzuschaffen. Im Historischen Museum Hannover wurden die Geräte im Rahmen einer Sponsoring-Aktion für eine Sonderausstellung erworben und stehen seitdem für weitere Ausstellungen und die didaktische Erschließung der Dauerausstellung zur Verfügung.

Die Bespielung der Geräte liegt weiterhin in der Hand der Audioguide-Firma und ist ein immer wieder neu zu kalkulierender Kostenfaktor.

Die Erarbeitung der Hörtexte für den Audioguide erfolgt in Kooperation zwischen dem Museum und der Audioguide-Firma. Die Zusammenarbeit gestaltet sich in der Regel so, dass die Museumsmitarbeiter (Kuratoren und/oder Pädagogen) gemeinsam mit den Audioguide-Mitarbeitern das didaktische Konzept des Audioguides mit einer Auswahl der zu kommentierenden Exponate erstellen und einen Zeitplan für die Projektrealisierung verabreden. Anschließend formulieren die Museumsmitarbeiter für jeden Hörtext einen Leitfaden mit den zentralen Fragestellungen, den wesentlichen Informationen zu den Exponaten und historischen Zusammenhängen und stellen relevante Dokumente (Quellentexte, Musikbeispiele, etc.) zusammen. Die Audioguide-Profis entwickeln aus diesem Material einen auf die Hörgewohnheiten und Interessen der Besucher zugeschnittenen Text, der mit den Museumsmitarbeitern bis zur Endfassung abgestimmt und überarbeitet wird.

Die Programmierung der Geräte und die Aufstellung im Museum erfolgen durch die Firma, wobei alle Museumsmitarbeiter, die mit dem Publikum in Kontakt kommen (Infotresen, Aufsicht, Museumspädagogen), eine Einweisung in die Handhabung der Geräte bekommen sollten. Eine offensichtliche, besuchernahe Platzierung der Audioguides und die direkte Ansprache der Besucher durch das Museumspersonal sind entscheidend für die Resonanz der Audioguides beim Publikum.

Alternative und Ergänzung zu Führungen: Das Themengespräch

Von Stefanie Zabold

„ ...Bitte beachten Sie unsere Führungsangebote:

Dienstag bis Freitag: *Führung um 14 und 18 Uhr – Treffpunkt am Eingang der Ausstellung.*

Samstag und Sonntag: *Führung um 10, 14, 16 und 18 Uhr – Treffpunkt am Eingang der Ausstellung.*

Sondertermine für Gruppen sind möglich. Fragen Sie doch einfach im Ausstellungsbüro nach. Sie erreichen es unter..."

Eine Anzeige dieser Art, wie sie in jeder Zeitung stehen könnte, ist jedem bekannt. Sie wirbt für die klassische Standardführung, die in der Regel in jeder Ausstellung und in jedem Museum angeboten wird. Besuchergruppen können sie bereits im Vorfeld buchen. Außerdem besteht für Einzelbesucher oftmals die Möglichkeit, zu bestimmten Zeitpunkten an ausgewiesene Treffpunkte zu kommen, um sich dort einer bunt zusammen gewürfelten Gruppe anzuschließen, die von museumspädagogischem Personal durch die jeweilige Ausstellung geführt werden will.

Über die „Standardführung" hinaus differenzieren zahlreiche museumspädagogische Anbieter ihre Programme in vielfältige Richtungen weiter aus: Es gibt Führungen zu speziellen Themen, für genau definierte Altersgruppen, mit praktischen Tätigkeiten für die Besucher während der Veranstaltung.[1] Angeboten wird sogar die Möglichkeit, im Museum oder in der Ausstellung Kindergeburtstage zu feiern. Als Träger für solche und andere Angebote können museumspädagogische Institutionen auftreten, das KPZ[2] in Nürnberg und das MPZ[3] in München sind zwei renommierte Beispiele.

Die Entwicklungen reichen aber nicht nur bis zu Spezialführungen – es wird auch versucht, ganz andere Wege zu gehen: Ein Beispiel hierfür ist der Veranstaltungstyp „Themengespräch"

---

[1] Vgl. hierzu die Beiträge im Kapitel „Varianten statt „ein Konzept für alle": Was Führungen leisten können" in diesem Band, ab S. 379.

[2] KPZ ist die Abkürzung für das Kunst- und Kulturpädagogische Zentrum in Nürnberg. Nähere Informationen zu dieser Institution können folgender Internetadresse entnommen werden: http://www.kubiss.de/KPZ

[3] Mit MPZ ist das Museumspädagogische Zentrum in München gemeint. Dieses hat folgende Internetadresse: http://www.mpz.bayern.de/

Mit dieser Art museumspädagogischer Veranstaltungen werde ich mich im Folgenden auseinandersetzen: Zunächst wird es einfach darum gehen, das Themengespräch zu definieren; dann erfolgt eine Konkretisierung anhand zweier Beispiele – der Arbeit im Dokumentationszentrum Reichsparteitagsgelände Nürnberg und in der Ausstellung „Salzburg in Bayern". Eine abschließende Zusammenfassung bringt die Ausführungen auf den Punkt. Vor allem in das zweite und dritte Kapitel werden wiederholt praktische Tipps einfließen, die an diejenigen gerichtet sind, die sich an diesem museumspädagogischen Veranstaltungstyp versuchen möchten.

I. Das Themengespräch – Begriffsklärung

1. Ableitungen aus dem Begriff

Schon der Begriff „Themengespräch" charakterisiert diese Art der Veranstaltung: Es handelt sich zunächst um ein „Gespräch", das zustande kommen soll. Im Rahmen museumspädagogischer Arbeit wird es von einem Museumspädagogen angeleitet. Dieser versucht, mit der jeweiligen Besuchergruppe, die ihm anvertraut wurde, im wahrsten Sinne des Wortes „ins Gespräch zu kommen". Der Museumspädagoge fungiert dabei als Moderator. Seine Aufgabe ist es, das „miteinander Sprechen" der jeweiligen Gruppe zu initiieren und aufrecht zu erhalten – im Idealfall kommt eine richtige Diskussion zustande.[4] Fragen zu stellen, eine Antwortsuche zu initiieren und Aspekte zur Diskussion zu stellen gehört genau so dazu,[5] wie Impulse jeder Art zu geben, zum Beispiel durch unterschiedliche Materialien.

Von zentraler Bedeutung für diese museumspädagogische Veranstaltung ist, die Kommunikation mit und innerhalb der Gruppe. Um das Ziel des „miteinander ins Gespräch kommen" auch wirklich zu erreichen und nicht nur ein vorgegebenes Konzept abzuspulen, ist von Seiten des Museumspädagogen ein hohes Maß an Sensibilität erforderlich. Er muss sehr genau zuhören können und auf Signale aus der Gruppe reagieren. Die Gruppe steht im Vordergrund, ihre Äußerungen sind maßgeblich. Wäh-

---

[4] Vgl. Schuster, M.: Das Studienforum am Dokumentationszentrum Reichsparteitagsgelände in Nürnberg, S. 65, in: Grillmeyer, S./Ackermann, Z. (Hgg.): Erinnern für die Zukunft. Die nationalsozialistische Vergangenheit als Lernfeld der politischen Jugendbildung, Schwalbach 2002, S. 60-69. Folgend: Schuster, Studienforum, 2002.

[5] Vgl. Schuster, Studienforum, 2002, S. 65.

rend der Moderator immer die Essentials seines zugrunde liegenden Konzeptes im Kopf hat, darf er nie den Blick für die Gruppe verlieren und muss entsprechend reagieren.

Im Vorfeld hat er, wie jeder Moderator, die notwendigen Vorbereitungen zu treffen. Dazu gehört zum Beispiel die Bereitstellung von Materialien, die zum jeweiligen „Thema" passen.

Mit dem Wort „Thema" bin ich beim zweiten Teil des Begriffs angelangt: In einem Themengespräch wird ein bestimmtes Thema behandelt, das im Vorfeld festgelegt wird. Weil das Themengespräch eine museumspädagogische Veranstaltung ist, orientiert es sich zunächst natürlich an der jeweiligen Ausstellung bzw. am entsprechenden Museum. Es muss dort verankert sein. Die Lehrpläne der Schulen können bei der Festlegung des Themas ebenfalls Berücksichtigung finden. Schuster weist darauf hin, dass Themengespräche „besonders von Schulklassen und Jugendgruppen wahrgenommen werden"[6]. Unabhängig davon, ob Lehrer sich für ein Themengespräch als Ersatz zum Unterricht oder idealer Weise als Ergänzung zu diesem entschließen, der Lehrplanbezug spielt für die Entscheidung, Unterrichtszeit in einen Museumsbesuch und vorhandene museumspädagogische Angebote zu investieren, eine Rolle.

2. Ziele des Themengesprächs

Aus dem Gesagten leitet sich ab, dass das erste Ziel von Themengesprächen ist, ein Gespräch zu initiieren und aufrecht zu erhalten. Es kann sich hierbei um ein schwieriges Unterfangen handeln, muss aber nicht. Ohne pauschalieren zu wollen ist nach meiner Erfahrung[7] die Tendenz erkennbar, dass Kinder (etwa bis zum Alter von 12 Jahren) sich oftmals leichter zum Gespräch bewegen lassen, als Jugendliche. Solch allgemeine Beobachtungen sind allerdings nicht im Bezug auf bestimmte Schularten zu setzen. Man kann immer auf mehr oder weniger gesprächigere Gruppen stoßen, egal ob sie aus der Grund-, Real- oder Hauptschule kommen oder sich in der Oberstufe des Gymnasiums befinden.

---

[6] Schuster, Studienforum, 2002, S. 62.
[7] Ich arbeite seit Februar 2002 als Moderatorin im Studienforum des Dokumentationszentrums Reichsparteitagsgelände und führe dort im Auftrag des KPZ Themengespräche durch. Die Gruppen, die ich dort betreue, setzen sich aus Jugendlichen zusammen, die im jüngsten Fall ca. 14 Jahre alt sind. Auch im Rahmen der Mühldorfer Ausstellung habe ich ebenfalls Themengespräche durchgeführt – hier vor allem mit Grundschulklassen.

Diskussionen und Gespräche kommen leichter zustande und lassen sicher eher strukturieren, wenn Materialien bereit stehen, die lenkend unterstützen können. Solche Materialien können Quellen und Darstellungen aller Art sein, zum Beispiel Bilder, Filme, Texte, aber auch vorbereitete Frage- oder Aufgabenstellungen. Nutzt man im Rahmen des Themengesprächs die Möglichkeit, die Besucher selbsttätig und selbstverantwortlich agieren zu lassen, zum Beispiel im Rahmen einer Gruppenarbeit, wird der eigenständige Umgang mit dem Thema gefördert. Das Prinzip der Handlungsorientierung[8] kommt zum Tragen. Die Schüler geraten auf diesem Weg leichter zu eigenen Gedankengängen und arbeiten im Idealfall intensiver, als beispielsweise bei der reinen Rezeption eines Vortrags, der oftmals eher dazu verleitet, passiv teilzunehmen, als aktiv mitzumachen. Eigenständigkeit und „Selbsttätigkeit"[9] können auf dem Weg der Handlungsorientierung initiiert und unterstützt werden.

Ziel der Themengespräche ist außerdem, immer wenn es sich anbietet, „die historische Betrachtung für den Alltag fruchtbar [zu machen]"[10]. Das Themengespräch „Macht der Bilder"[11] im Studienforum des Dokumentationszentrums Reichsparteitagsgelände setzt sich beispielsweise mit der Bildpropaganda der Nationalsozialisten auseinander. Es wäre sehr schwer zu vertreten, im Rahmen dieser Veranstaltung nicht auf den heutigen Umgang mit Bildern zu sprechen zu kommen. Gerade im Zeitalter des Computers ist dies als besonders wichtig zu betrachten. Bildbearbeitung und -manipulation werden durch dieses technische Gerät immer perfekter und einfacher; das unterstützt alle Formen von Bildpropaganda. – Den Besuchern kann an einem solchen Gegenwartsbezug bewusst wer-

---

[8] Zum Thema Handlungsorientierung und historisches Lernen vgl. Erdmann, E.: Handlungsorientiertes historisches Lernen, in: Schreiber, W. (Hg.): Erste Begegnungen mit Geschichte. Grundlagen historischen Lernens, Band 1, Neuried 1999, S. 661-672; vgl. auch die Beiträge von Ulrich Mayer in den Zeitschriften Geschichte lernen, Praxis Geschichte, Lernchancen.

[9] Sonnenberger, F.: Faszination und Gewalt. Leitlinien für die Konzeption der neuen Dauerausstellung des Dokumentationszentrums Reichsparteitagsgelände, S. 99, in: Museen der Stadt Nürnberg, Die Zukunft der Vergangenheit. Wie soll die Geschichte des Nationalsozialismus in Museen und Gedenkstätten im 21. Jahrhundert vermittelt werden?, Nürnberg 2000, S. 87-100.

[10] Schuster, Studienforum, 2002, S. 65.

[11] Im Vorfeld des Themengespräches haben die Gruppen in Nürnberg ca. zwei Stunden Zeit, sich die Ausstellung eigenständig anzuschauen. Sie werden dabei mit Arbeitsblättern oder Leitfragen unterstützt, die inhaltlich bereits auf das Themengespräch hinführen.

den, weshalb es sich auch heute noch lohnt, über Gegebenheiten aus vergangenen Zeiten zu sprechen.[12]

Zu guter Letzt ist hinsichtlich der Zielformulierung noch auf das hinzuweisen, was historisches Lernen immer im Blick haben sollte: die Förderung eines reflektierten und (selbst-) reflexiven Geschichtsbewusstseins. Hierfür bietet sich das Themengespräch besonders an. Das eigene Reflektieren der Besuchergruppe, die gemeinsame Diskussion, der Umgang mit historischen Quellen oder Darstellungen und Informationen, die der sachkompetente Moderator geben kann, tragen dazu bei, diese erstrebenswerte Form des Umgangs mit Geschichte zu fördern. Dadurch, dass der jeweilige Besucher nicht nur rezipiert, sondern im Gespräch oder in der Gruppenarbeit unmittelbar zu eigenen Gedankengängen und Beiträgen angeregt wird, besteht eine gute Chance, seine historischen Kompetenzen (Methodenkompetenz, Sachkompetenz, narrative Kompetenz)[13] weiterzuentwickeln.

Zum Abschluss diese Abschnittes komme ich noch auf einen Punkt zu sprechen, der gerade bei Themengesprächen besonders zu beachten ist: Der Moderator kann und darf nicht das Ziel haben, eine „Unterrichtsstunde" abzuhalten. Er ist nicht in der Schule, und hat keinen Lehrplan, den er einhalten muss. Das unterscheidet ihn maßgeblich vom Lehrer. Er erhält dadurch mehr Handlungsfreiheit und kann ganz andere Ziele verfolgen. Als Moderator eines Themengesprächs hat man lediglich ein Thema und Materialien, die einen unterstützen. Zentral ist, wie bereits mehrfach festgestellt, die Gruppe dahingehend anzuleiten, miteinander zu reden und zu diskutieren. Dabei ist eine Abweichung vom eigentlichen Programm, wenn sie aufgrund der Bedürfnisse der Gruppe nötig ist, jederzeit möglich.[14]

3. Zur Vorbereitung der Moderatoren

Themengespräche beschäftigen sich sehr intensiv mit einem einzelnen Thema. Das ist Grund genug, dass sich der Moderator zunächst tief in die

---

[12] Zum Gegenwartsbezug vgl. z. B. Bergmann, K.: Der Gegenwartsbezug im Geschichtsunterricht, Schwalbach 2002.
[13] Vgl. dazu auch die Hinweise in Zabold/Schreiber, Bildungschance Ausstellung, S. 197 in diesem Band.
[14] Da man als Museumspädagoge seine Gruppe in der Regel vorher nicht kennt, kann sich dies als sehr schwierig herausstellen. Dennoch sollte man dieses erstrebenswerte Ideal immer im Blick haben. Vgl. hierzu die Hinweise bei Schreiber, Führungen vorbereiten, S. 379 in diesem Band und Huber, Adressatengerechte Führungen, S. 441 in diesem Band.

entsprechende Materie einarbeitet. Hat er sich entsprechend spezialisiert und ist sich inhaltlich sicher, fällt es ihm leichter, während seiner Arbeit auf eine ungezwungene Art und Weise zu agieren und entsprechend spontan zu reagieren.

Für jedes Gespräch ist außerdem eine Art Ablaufplan mit der Zuweisung der entsprechenden Materialien zu den jeweiligen Abschnitten auszuarbeiten. Dieser Ablaufplan hilft dem Moderator, strukturiert vorzugehen. Es wird ihm leicht fallen, hat er den Plan seines Vorgehens im Kopf, auf sein Ziel – zum Beispiel Erkenntnisse über die Bildpropaganda der Nationalsozialisten – hinzuarbeiten. Dieser Ablaufplan soll aber nicht als Vorgabe gesehen werden, die Punkt für Punkt während des Gesprächs abgehakt werden muss. Er dient der Orientierung und muss von Gruppe zu Gruppe variiert werden. Maßgeblich sind hier die Interessen der Besucher.[15]

Wenn Museumspädagogen als Moderatoren agieren, führen sie nicht, sondern sie initiieren und lenken ein Gespräch. Das heißt, dass sie auch eine entsprechende Ausbildung benötigen, die sie zum Moderieren befähigt. Im Rahmen der Vorbereitung auf die Arbeit im Studienforum des Dokumentationszentrums Reichsparteitagsgelände Nürnberg wurden „Seminare zu Moderation und Gesprächsführung organisiert"[16] – ein sehr geeigneter Weg, wie ich rückblickend feststellen kann.

II. Professionalität oder Improvisation? –
Professionalität und Improvisation!

Themengespräche unter unterschiedlichen Rahmenbedingungen: Ein Vergleich.

Bezugspunkte für den Vergleich sind das Dokumentationszentrum Reichsparteitagsgelände und die Ausstellung „Salzburg in Bayern".

---

[15] Um noch einmal das Beispiel „Macht der Bilder" aufzugreifen: Interessiert sich die Gruppe beispielsweise besonders für den Film „Triumph des Willens" von Leni Riefenstahl, kann es ohne Weiteres der Fall sein, dass bei den Karikaturen, die als nächstes im Ablaufplan stehen, etwas gekürzt wird – sie möglicher Weise ganz wegfallen.
[16] Schuster, Studienforum, 2002, S. 65.

1. Themengespräch im Studienforum des Dokumentationszentrums Reichsparteitagsgelände

a) Räumliche Bedingungen

Das Studienforum ist im Dachgeschoss des Dokumentationszentrums Reichsparteitagsgelände zu finden. Es besteht aus zwei Räumen für die museumspädagogische Arbeit und einem Vorbereitungs- und Aufenthaltsraum für die Moderatoren. Die Räume können als auf „dem neuesten Stand der Dinge" bezeichnet werden. Sie verfügen über eine exzellente technische Ausstattung, die vom Beamer über die Digitalkamera bis hin zum internetfähigen Computer reicht. Auch an Moderationskoffern, Flipchart und Overhead-Projektor fehlt es nicht. Die Möbel dort sind stabil, aber beweglich. Es ist problemlos, sich Tische und Stühle so aufzustellen, wie man es für die entsprechende Arbeit als notwendig erachtet. Auch spontanes „Umstellen" während der Veranstaltungen, wenn es methodische Momente erfordern, ist ohne Schwierigkeiten möglich.[17]

b) Zur Ausbildung der Moderatoren

Für die einzelnen Themengespräche lagen in Nürnberg fertige Ablaufpläne mit den erforderlichen Materialien bereits vor. Die Partner[18] der auszubildenden Moderatoren hatten sie erarbeitet. Die Nachwuchs-Moderatoren wurden vorab mit der Ausstellung und ihrem Drehbuch bekannt gemacht. Sie hatten die Möglichkeit, die Ausstellung noch während der Aufbauphase zu besichtigen. Außerdem erhielten sie Literaturlisten mit Lektürehinweisen. Sowohl die Pläne als auch die Materialien wurden mit den Moderatoren während spezieller Schulungsveranstaltungen bespro-

---

[17] Vgl. Schuster, Studienforum, 2002, S. 61.
[18] „Im Rahmen einer Partnerschaft haben sich im [Studienforum] unterschiedliche Träger der gesellschaftspolitischen, historischen und kulturellen Bildung unter dem Dach der Museen der Stadt Nürnberg zusammengefunden. [...] [sie] arbeiten als Träger der Bildungsarbeit kontinuierlich an der Konzeption, Evaluierung und Durchführung eines gemeinsamen Angebotes zur pädagogischen Vermittlung [...]." Einer dieser Partner ist das bereits erwähnte KPZ. Die Informationen entstammen und können vertieft werden bei: Grillmeyer, S.: Das Studienforum des Dokumentationszentrums Reichsparteitagsgelände. Eine museumspädagogische Konzeption zu einer sensiblen Thematik, in: Standbein Spielbein. Museumspädagogik aktuell, Nr. 67, Dezember 2003, S. 30-33.

chen. Es gab, wie bereits beschrieben, spezielle Schulungsangebote zur Gesprächsführung und Moderation.[19]

Alles in allem kann festgestellt werden, dass die Moderatoren im Studienforum in Nürnberg optimal auf ihre Arbeit vorbereitet worden sind. Die inhaltlichen Spielräume allerdings sind, dadurch dass Ablaufpläne und Materialien für die Themengespräche vorgegeben werden, gering. Die Anpassung an die Gruppe besteht im Akzentuieren, bis hin zum Weglassen geplanter Teile.

2. Themengespräche in der Ausstellung „Salzburg in Bayern"

Im vorliegenden Beitrag habe ich mich bisher stets auf die Arbeit im Nürnberger Studienforum bezogen. Bevor ich nun auf die räumlichen Bedingungen und die Ausbildung der Moderatoren in Mühldorf zu sprechen komme, und im Anschluss daran meine Thesen formuliere, werde ich die Themengespräche, wie sie in Mühldorf abliefen, beschreiben. Dazu skizziere ich ein Beispiel.

a) In der Belagerungsabteilung – Ein Themengespräch für Grundschüler[20]

Dieses Themengespräch beschäftigte sich mit der Belagerung Mühldorfs im Jahre 1364. Bevor die Kinder eigenständig und selbsttätig mit Quellen und historischen Darstellungen arbeiteten und sich ausgewählte Inhalte im Zusammenhang der Belagerung einer mittelalterlichen Stadt anzueignen versuchten, wurden in einem gemeinsamen Gespräch die Rahmenbedingungen geklärt, unter denen Mühldorf im Jahr 1364 stand.

Nachdem diese Einführung abgeschlossen war – die Kinder brachten in der Regel aus dem Heimat- und Sachunterricht der Schule viel Vorwissen mit – lag der Schwerpunkt im zweiten Schritt inhaltlich vor allem auf der Militärgeschichte und methodisch bei gruppenteiliger Arbeit, die fachspezifischen Kriterien folgte. Es ging um die Themen „Die Belagerung Mühldorfs im Jahre 1364", „Mittelalterliche Waffen" und „Eine Stadt schützt sich". Die Kinder hatten die Exponate der Ausstellung zur

---

[19] Vgl. Schuster, Studienforum, 2002, S. 64-65.
[20] Waltraud Schreiber hat die didaktische Aufarbeitung in einem ihrer Aufsätze aufgegriffen. Vgl. Schreiber, W.: Elementarisierung – Zumutung? – Elementarisierung – Zumutung! Ein Baustein zur Entwicklung einer Theorie der Lernprogression im Geschichtsunterricht. Die Perspektive „historisches Lernen von Grundschülern", in: Körber, A.: Geschichte – Leben – Lernen. Festschrift für Bodo von Borries zum 60. Geburtstag, Schwalbach 2003, S. 147-176.

Verfügung und zusätzlich grundschulgerecht aufgearbeitete Textquellen und schriftliche Darstellungen, dazu weitere Bildquellen.

Im dritten Schritt präsentierten sich die drei Gruppen ihre Ergebnisse gegenseitig und sprachen über die Gruppenberichte, fragten nach und stellten zusätzliche Fragen. Ein Gespräch kam dabei problemlos zustande. Die Kinder mussten eher an der ein oder anderen Stelle gebremst, anstatt zum Sprechen ermuntert werden.

Im abschließenden Teil wurde der Alltag in einer belagerten Stadt thematisiert. Es ging um die Menschen und die Lebenssituation, in der sie sich befanden. Als Material diente hier eine sehr anschauliche, begehbare Karte, die Mühldorf und seinen Burgfried zeigt.[21] Es existieren so gut wie keine Quellen zum Leben in einer mittelalterlichen Stadt, die gerade belagert wird – mögliche Begebenheiten mussten so über den Weg der Empathie vermutet und in ihrer Plausibilität diskutiert werden.

b) Räumliche Bedingungen

Bei der Ausstellung in Mühldorf handelte es sich um eine temporäre Ausstellung. Eigene Räumlichkeiten für museumspädagogische Arbeit gab es nicht. Aufgrund dessen fand das Themengespräch unmittelbar in der Ausstellung statt. Es war keine spezielle Ausstattung für Themengespräche vorhanden, was zur Folge hatte, dass viel improvisiert werden musste. Die Kinder hatten zum Schreiben lediglich große Bögen Papier und dicke Filzstifte. Sie mussten sich zum Arbeiten auf den Boden setzen.

Da Beamer etc. nicht zur Verfügung standen, mussten die Materialien so aufbereitet werden, dass sie einer Klasse mit 30 Kindern problemlos präsentiert werden konnten. Dafür waren große Formate notwendig und es konnte nur mit Papierdrucken gearbeitet werden. Der Vorteil des Arbeitens in der Ausstellung bestand allerdings darin, dass die Originalexponate unmittelbar zur Besichtigung und Untersuchung zur Verfügung standen – natürlich mit der Einschränkung der Glasvitrinen, in denen sie untergebracht waren.

c) Zur Ausbildung der Moderatoren

Diejenigen, die in Mühldorf Themengespräche durchführten, hatten jene Ausbildung zur Verfügung, die für das gesamte museumspädagogische Team vorgesehen war: Frühzeitiges Kennen lernen der Ausstellung, Literaturlisten, Drehbuch der Ausstellung und gemeinsame Führungsproben in Form von „Führende begleiten sich selbst gegenseitig durch die Aus-

---

[21] Vgl. die Abbildung im Beitrag Bichelmeier, S. 243 in diesem Band.

stellung". Zur inhaltlichen, ausstellungsbezogenen Vorbereitung kam aber eine langfristig angelegte, auch theoriegestützte Ausbildung, die einerseits die „Bereichsspezifik" des Umgangs mit „Geschichte im Museum" reflektierte,[22] andererseits die Entwicklung historischer Kompetenzen. Zudem wurden die Zielsetzung für museumspädagogische Maßnahmen und konkrete Methoden personaler Geschichtsvermittlung diskutiert. Funktionierende Strukturen der Teamarbeit entwickelten sich frühzeitig; sie schlossen die gute Kooperation mit der Koordinatorin der museumspädagogischen Maßnahmen und dem Ausstellungsmacher ein.

Zusätzlich erfolgte eine kurze Einführung in das Prinzip und die Absichten von Themengesprächen. Für die einzelnen Themengespräche wurde aber kein fertiges Konzept vorgegeben. Die Initiative musste von den jeweiligen Moderatoren ausgehen, Ablaufpläne waren selbst zu erarbeitet. Das Material musste von den Moderatoren entwickelt, beschafft und vervielfältigt werden. Allerdings konnte in allen Phasen der Themengesprächs-Entwicklung auf Kollegen aus dem Team, einschließlich des Ausstellungsmachers und der Koordinatorin, zurückgegriffen werden, auch auf Unterlagen, die z. B. zur Erschließung der Belagerungsabteilung mit Erwachsenen ausgearbeitet worden waren. Dadurch haben sich meine Vorarbeiten für die Grundschulklassen in Grenzen gehalten – Synergien wurden optimal genutzt.

Was es nicht gab, waren spezielle Schulungen zur Gesprächsführung oder Moderation.

3. Professionalität trotz Improvisation?

Vergleicht man die räumlichen und technischen Ausstattungen der beiden Beispiele miteinander, schneidet Nürnberg zunächst wesentlich besser ab als Mühldorf. Mit dem Studienforum gibt es spezielle Räume für Themengespräche mit einer nahezu perfekten Ausstattung. Mühldorf hatte aber den Vorteil, direkt vor Ort mit den Exponaten arbeiten zu können.[23] Im Bezug auf technische Möglichkeiten, um zusätzliches Materialien einzusetzen, war man in Mühldorf sehr eingeschränkt. Man musste auf Ausdrucke zurückgreifen, konnte darüber hinaus höchstens einen Kasset-

---

[22] Vgl. hierzu Zabold/Schreiber, Bildungschance Ausstellung, S. 197 in diesem Band.
[23] Nürnberger Themengespräche wurden zum Teil so umgearbeitet, dass einzelne Passagen der Veranstaltungen direkt in die Ausstellung verlegt wurden. Diese Entwicklung bestätigt das Mühldorfer Vorgehen, die Ausstellung mit ihren Exponaten unmittelbar einzubeziehen.

tenrekorder einsetzen. Ausschnitte aus einem Film zu zeigen, wäre kaum realisierbar gewesen.

Was die Ausbildung der Moderatoren betrifft, wurde in Mühldorf, was die rein inhaltliche Seite betrifft, unter den gleichen Bedingungen gearbeitet, wie in Nürnberg. Beide Male wurde auf ein möglichst frühzeitiges vertraut-Werden mit der Ausstellung geachtet und Literatur in angemessenem Umfang zur Verfügung gestellt. Als Plus kam die theoriegestützte Auseinandersetzung mit Zielsetzungen für museumspädagogische Maßnahmen dazu und die funktionierende Teamarbeit, die es u. a. ermöglichte, auf Vorarbeiten zurückzugreifen und eigene konzeptionelle Überlegungen zu diskutieren. Ein klares Defizit ist auf dem Mühldorfer Konto dagegen in Bezug auf Gesprächsführung und Moderation zu verbuchen.

Für die Konzeption (einschließlich der Ablaufpläne und Materialien) war der jeweilige Moderator verantwortlich. Eine Abnahme durch den Verantwortlichen erfolgte im Gespräch. Alle Unterlagen musste der Moderator sich selbst erarbeiten und beschaffen. Dies hat Nach- aber auch Vorteile. Der Zeitfaktor ist negativ zu bewerten. Für die Konzeption muss ein beträchtlicher Zeitraum veranschlagt werden, ebenso für die Beschaffung und Bearbeitung der Materialien. Vorteilhaft kann sich die eigene Entwicklungsarbeit allerdings auf die spätere Durchführung auswirken: Konzepte, die man selbst geplant hat, führt man in der Regel zumindest in der Anfangsphase souveräner aus, als die, die man von anderen übernimmt. Struktur und Inhalte sind bereits „in Fleisch und Blut übergegangen", man muss sich nicht erst damit vertraut machen.

Der Vergleich zeigt, dass kleinere Museen und Ausstellungen mit einer Reihe von Problemen fertig werden müssen, wenn sie Themengespräche auf hohem Niveau durchführen wollen. Weder die Ausstattung, noch die Ausbildung der Moderatoren kann sich an den Verhältnissen messen, für die große Institutionen sorgen können.

Die Freiheit, aber auch die Belastung, die die Moderatoren in Mühldorf hatten, können genau so wenig übertragen werden, wie die Nürnberger Strukturen. Vor allem die theoretische Kompetenz, die die Studierenden mitbrachten, kann nicht unbedingt vorausgesetzt werden.

Weil Themengespräche Besucher zu einer besonders intensiven Auseinandersetzung mit Geschichte anregen, ist es wünschenswert, sie auch für kleine Ausstellungen anzubieten. Dies ist freilich nur dann realisierbar, wenn Qualität über Quantität gestellt wird. Wählt man nur sehr wenige Themen aus, die in Themengespräche umgesetzt werden, kann dies mit entsprechendem Engagement auch hier möglich werden. Äußerst hilfreich können dabei Schulprojekte und Geschichtswerkstätten sein.

Wird mit ihnen kooperiert, können Ideen, Recherchen, Materialien, etc. vielleicht übernommen oder in abgewandelter Form in die eigene Arbeit integriert werden.

Für die neu zu entwickelnden Themengespräche (nicht mehr als drei) würde ich folgendes Konzept vorschlagen, das im Wesentlichen durch drei Schritte geprägt ist:

(1) Der verantwortliche Museumspädagoge muss ein Grobkonzept entwerfen, das er dem Moderator schon vorab zukommen lässt. Dieser hat alle Rechte, es zu verändern. Nach dem ersten gemeinsamen Gespräch darüber muss das Konzept stehen. Es wird zur Entlastung des Moderators abschließend festgelegt, wer welche Unterlagen besorgt.

(2) Das nächste Treffen endet mit der Erstellung des Ablaufplans, und einer Absprache zu den Materialien. Wieder wird die Beschaffung und Gestaltung aufgeteilt.

(3) Die letzte Zusammenkunft hat Feinabstimmung und Abnahme zum Ziel.

Was die spätere konkrete Durchführung betrifft, sollte sich der Moderator im Wesentlichen an die Vorgaben des Konzeptes halten. Dabei geht es nicht darum, den Ablaufplan Punkt für Punkt abzuarbeiten. Es ist vielmehr wichtig, die Essentials, die ein Konzept enthält, zu berücksichtigen. In diese darf ein Moderator – sind sie einmal festgelegt – nur unter Rücksprache mit den Verantwortlichen für die Museumspädagogik eingreifen. Dies ist vor allem bezüglich der Qualität der Veranstaltungen besonders wichtig. Die entsprechenden Qualitätsstandards, die die Verantwortlichen vorgeben, dienen dazu, museumspädagogische Angebot auf hohem Niveau zu machen. Dieses Niveau zu sichern, muss das Ziel jeglicher museumspädagogischer Arbeit sein – zuletzt deswegen, weil es für die Dienstleister Museumspädagogen, die personale Vermittlung betreiben, auch Aushängeschild ist.

Wird dieser oder ein ähnlicher, jeweils auf die Ausstellung abgestimmter Weg, gegangen, kann die Durchführung also auch kleineren Veranstaltern empfohlen werden. Sie können vielleicht nur ein geringes Angebot zur Verfügung stellen und müssen an manchen Stellen – zum Beispiel bei der technischen Ausstattung – zurück stecken, aber dies muss nicht immer ein Nachteil sein. Kreativität kann hier Vieles auffangen, ohne dass Qualität verloren geht – Professionalität und Improvisation müssen sich in diesem Zusammenhang keinesfalls ausschließen. Auch kann insgesamt eine enge Kooperation zwischen den Kollegen sehr fruchtbar sein. Permanenter Austausch über den aktuellen Stand des jeweils anderen, woran er arbeitet, wie weit er vorangekommen ist, etc. kann dabei unterstützend wirken.

III. Zusammenfassung

Themengespräche sind eine positive Bereicherung für die museumspädagogische Landschaft. Sie können sehr gezielt und altersgerecht auf die Adressaten abgestimmt werden. Durch ihre Elemente Eigenständigkeit, Diskurs und Aktualität[24] entsprechen sie den Anforderungen der aktuellen pädagogischen und didaktischen Diskussion.

Grundsätzlich können Themengespräche auf alle Besuchergruppen hin und zu jedem Thema konzipiert werden. Sie können das museumspädagogische Angebot jeder Ausstellung und jedes Museums bereichern. Dabei besteht die Möglichkeit, sie als eigenständige Veranstaltungen anzubieten, aber zur Vertiefung eines speziellen Themas könnten sie auch in Verbindung mit einer Führung stehen.

Kleineren Museen und Ausstellungen würde ich es empfehlen, Qualität vor Quantität zu stellen. Wenige Themengespräche zu brisanten und interessanten Themen, die niveauvoll erarbeitet wurden, können schon ausreichen, eine entsprechende Außenwirkung zu haben und vor allem den Besuchern Bildung auf hohem Niveau zu vermitteln, die noch dazu Spaß macht. Das Themengespräch ist außerdem in seiner Definition so flexibel, dass massiv abgewandelte Formen aller Art „zulässig" sind. Es ist wichtig, ein Gespräch zu initiieren und aufrecht zu erhalten, Reflektionen anzuregen und die Besucher zu eigenständigen Handlungen, egal ob mit dem Kopf oder mit der Hand, zu motivieren.

---

[24] Vgl. Schuster, Studienforum, S. 61.

Vom Rahmenprogramm in die Ausstellung und zurück

Von Simone Unger und Waltraud Schreiber

Es ist ein Trend der letzten Jahre, dass für nahezu jede historische Ausstellung ein Begleitprogramm entwickelt wird: Manchmal gibt es bereits Veranstaltungen, die der Ausstellungen vorgeschaltet sind. Ein Muss ist die Vernissage[1], die oft mit beträchtlichem Aufwand zelebrierte Ausstellungseröffnung. Den eigentlichen Ausstellungszeitraum begleitet dann das so genannte Rahmenprogramm. Die Finissage am Schlusstag setzt den Endpunkt der Aktivitäten rund um die Ausstellung. Auf die Frage, wieso das so ist, gibt es viele Antworten. Nicht zuletzt wirtschaftliche Gründe sind ausschlaggebend. Insgesamt werden Besucherzahlen ein immer entscheidenderes Kriterium für den Erfolg einer Ausstellung, und deshalb gilt es möglichst viele Besucher für die Ausstellung zu interessieren und auch neue Besucherkreise zu erschließen.

I. Prinzipien eines Rahmenprogramms zu einer historischen Ausstellung

Der Hauptzweck eines solchen Programms ist es, das Themenspektrum einer Ausstellung präsent zu machen, die Ausstellung im Bewusstsein möglicher Adressaten zu verankern, auch, das Ausstellungsgebäude räumlich zu verorten. Das Rahmenprogramm ist damit weder Selbstzweck, noch fremden Zwecken[2] untergeordnet. Sein Bezugspunkt ist die Ausstellung. Für sie wirbt das Rahmenprogramm, indem es durch attraktive, auf unterschiedliche Besuchergruppen zugeschnittene Veranstaltungen das Interesse weckt. Die Wege können nicht nur, sie müssen sogar vielfältig sein. Sie umfassen vertiefende Zusatzangebote, die Facetten einer Ausstellung erschließen, die sonst nicht zu erkennen wären, Vorträge in allen Varianten. Adressaten sind nicht nur die schon Geschichtsbegeisterten; es sollten gerade auch die Anderen interessiert werden. Dem Informationsangebot stehen Veranstaltungen mit Eventcharakter gegenüber. Auch ihr Adressatenkreis ist breit: Sie richten sich ganz bewusst auch an „Geschichtsfernere", sind für Familien, für Wochenend und Nahraumtouristen ebenso gedacht, wie für Geschichtsinteressierte, die einfach Spaß an Geschichte haben. Solche Veranstaltungen haben per se

---

[1] Vgl. hierzu den grundlegenden Beitrag Hütter, Eröffnung, S. 117 in diesem Band.
[2] Ein Rahmenprogramm hat z. B. nicht dem üblichen Kulturprogramm einer Stadt als werbewirksames Etikett zu dienen.

hohen Anreizcharakter. Scheinbar eher nebenbei, von der Intention der Initiatoren her aber sehr dezidiert, weisen sie in die Ausstellung hinein. Event und Bildungsangebot eröffnen weite Spielräume. Einige Veranstaltungstypen werden im Folgenden, in je eigenen Beiträgen, erläutert. Manche Prinzipien sind allen Veranstaltungen des Rahmenprogramms gemeinsam. Sie werden in diesem Einführungsartikel vorangestellt. Zur Verdeutlichung dient die Mühldorfer Ausstellung „Salzburg in Bayern".

(1) Werbung für das Rahmenprogramm ist zugleich Werbung für die Ausstellung.

(2) Inhaltliche Bezüge verbinden das Rahmenprogramm mit der Ausstellung.

(3) Die Themenauswahl/-vielfalt und die verschiedenen Veranstaltungstypen sollen unterschiedliche Adressatengruppen ansprechen.

(4) Neben Vielfalt ist Beständigkeit notwendig:
   a) Klare Prinzipien bestimmen das Rahmenprogramm,
   b) ein fester Rhythmus hinsichtlich des Wochentags und der Uhrzeit
   c) feste, ausstellungsnahe Veranstaltungsorte.

(5) Kombinationstickets führen vom Rahmenprogramm in die Ausstellung.

(6) Experten als Akteure sorgen für Professionalität; jeder Veranstaltungstyp hat seine Experten.

1. „Werbung" für das Rahmenprogramm –
Werbung für die Ausstellung

Nur wenn das Rahmenprogramm als Ganzes und dessen einzelne Veranstaltungen publik gemacht werden, kann es zugleich auch für die Ausstellung werben. Das Layout ist dem Auftritt der Ausstellung[3] angepasst. Eigene Flyer, ein Übersichtsplan sind ebenso unverzichtbar, um die Öffentlichkeit auf das Rahmenprogramm aufmerksam zu machen, wie Berichte in der (lokalen) Presse.[4] Besonders effektiv für das sofortige Erkennen eines Artikels als zu der Ausstellung gehörig, ist, wenn das Logo

---

[3] Die Hinweise zum Auftritt einer Veranstaltung betreffen auch das Rahmenprogramm. Vgl. Engelhardt, Der gestalterische Auftritt, S. 63 in diesem Band.

[4] Zum folgenden vgl. das Kapitel Ausstellungen publik machen, ab S. 731 in diesem Band, insbesondere den Beitrag Honervogt, Regionalzeitung, S. 771.

aufgegriffen wird.[5] Die Berichterstattung sollte kontinuierlich sein. Im Idealfall erscheint ein ankündigender Artikel im Vorfeld der Veranstaltung, ein kurzen Hinweis am Veranstaltungstag und ein Bericht/eine Reportage im Anschluss. Sinnvoll für die Ankündigung ist es, der Presse eine Übersicht/einen Textvorschlag mit allen wichtigen Daten (die W-Fragen: was, wann, wo, wer, wie, warum) zur Verfügung zu stellen.[6] Damit ist die Grundinformation gewährleistet. Diese Basisinformation sollte möglichst mit aussagekräftigem Bildmaterial ergänzt werden. Ein Foto in der Zeitung zieht Blicke auf sich und animiert damit eher zum Lesen des dazugehörigen Artikels.

Auch den nachbereitenden Artikel kann man als Verantwortlicher für das Rahmenprogramm durch einen Pressebericht und Bildmaterial unterstützen. Kann die Presse nicht durch einen Reporter vertreten sein, schreibt man selbst.

Dass jeder Artikel über das Rahmenprogramm zugleich auch für die Ausstellung wirbt, kann nicht nur durch das Logo und durch inhaltliche Bezugrahmen unterstützt werden, sondern auch durch einen standardisierten Schlussabsatz, der, idealer Weise mit einem eigenen Schrifttyp, auf Thema, Ort, Öffnungszeiten etc. verweist.[7]

Herausgehobene Veranstaltungen, die sich an Adressaten eines größeren Raumes wenden, können zudem in regionalen[8] und überregionalen[9] Presse und den elektronischen Medien[10] angeboten werden.

---

[5] Auf die Bedeutung des Logos verweisen mehrere Beiträge, u.a. Schreiber, Pressearbeit für Tageszeitungen, S. 739, Engelhardt, Der gestalterische Auftritt, S. 66, Kestler, Gastronomie und Hotellerie, S. 835 in diesem Band.

[6] Im Einzelfall kann auch ein Bericht über die Vorarbeiten angeregt werden oder ein Interview mit einem Referenten.

[7] Vgl. die abgedruckten Beispiele in Schreiber, Pressearbeit für Tageszeitungen, S. 737 in diesem Band.

[8] Vgl. den Beitrag Jell, Regionalzeitung des Nachbarlandkreises S. 783 in diesem Band.

[9] Vgl. in diesem Band die Beiträge Dattenberger, Mantelteil Presseverbünde, S. 793, Kratzer, Überregionale Zeitungen, S. 789.

[10] Vgl. die Beiträge Pfaff, Öffentlich-rechtliche Fernsehmagazine, S. 805, Sutor, Lokale Radio- und Fernsehprogramme, S. 813, Huber, Öffentlich-rechtlicher Rundfunk, S. 799 in diesem Band.

2. Inhaltlicher Bezug zwischen das Rahmenprogramm und Ausstellung

Ein Rahmenprogramm zu einer historischen Ausstellung, das sich nicht mit der Thematik der Ausstellung befasst, verfehlt sein Ziel. Das heißt natürlich nicht, dass die Veranstaltungen nicht über das Schwerpunktthema hinausgehen könnten. Selbstverständlich kann die Darstellung der Ausstellung vertieft oder können Themen von einem anderen Standpunkt beleuchtet werden. In Mühldorf wurde der Bezug zur Ausstellung dadurch gewahrt, dass das Rahmenprogramm im zweiwöchigen Wechsel Themenblöcke aus der Ausstellung, in der Regel Abteilungen, aufgriff. Zwei Wochen lang bezogen sich die Veranstaltungen auf Schwerpunkte wie „Verkehr und Handel", „Bürgerkultur – Volkskultur" oder „Markt und drum herum".

Den Bezug zur Ausstellung können z. B. Exponate herstellen. In einer Veranstaltung unter dem Motto „Markt und drum herum" war es eine Marktordnung. Diese wurde auch in vielen Führungen aufgegriffen – während und im Anschluss an den Themenschwerpunkt intensiver als zuvor. In dieser Veranstaltung des Rahmenprogramms ging es um „Qualität vom Markt – heute und früher". Experten für den Vergleich waren der Stadtarchivar und eine Mühldorfer Bäuerin, die die Verantwortung für den heute noch regelmäßig stattfindenden Bauernmarkt trägt. Eine ganz andere Veranstaltung, angeboten von der VHS, drehte sich um „Kochen nach alten Rezepten". Ausgewählt wurden sie aus dem in der Ausstellung gezeigten Heilrath-Kochbuch aus dem 17. Jahrhundert.[11] Die Zutaten gab es auf dem Bauernmarkt. Eigens verteilte Schildchen wiesen die alten Bezeichnungen der Waren aus. An den Marktständen konnte man sich Rezepte aus dem Kochbuch mitnehmen – und die Einladung zum Rahmenprogramm.

Das Schwerpunktthema Markt war so terminiert, dass es den Lorenzi-Markt, einen Jahrmarkt mit jahrhundertelanger Tradition einschloss. An diesem Tag lud ein Filmemacher des Bayerischen Rundfunks Hobbyfilmer unter dem Motto „Bewegt und bewegend: Geschichte und Film an Mühldorfer Beispielen" dazu ein, über Geschichte im Medium Film nachzudenken. Gefilmt wurde u. a. am Lorenzi-Markt und in der Marktabteilung der Ausstellung.

Der Marktsequenz, die in die Sommerferien fiel, wurden zwei weitere Highlights zugeordnet: Zum einen war das der Spieletag, vorrangig (aber

---

[11] Vgl. Paul, Exponate und Besucher, S. 421 in diesem Band.

nicht nur) für Kinder:[12] Aufgegriffen wurde der Hinweis aus der Marktabteilung der Ausstellung, dass Markttage nicht nur der Versorgung, sondern auch der Geselligkeit dienten. Zum anderen handelte es sich um eines der großen Events des Rahmenprogramms: Eine professionelle Schauspielertruppe inszenierte ein Markttreiben im Innenhof des Haberkastens, in dem die Ausstellung stattfand.[13]

3. Zur Adressatenorientierung

Stellvertretend am Programmpunkt „Markt" lässt sich auch die Adressatenorientierung verdeutlichen: Der Ausgangspunkt war jeweils die Abteilung Markt. Zur Marktverordnung äußerten sich ein Experte zur Geschichte und einer zur Gegenwart. Diese Veranstaltung war an den historisch interessierten Laien genauso gerichtet, wie an den Historiker. Die Geschichte-im-Film-Veranstaltung war dagegen nur auf eine kleine Personengruppe ambitionierte Amateurfilmer zugeschnitten. Familien mit Kindern und die gesamte Öffentlichkeit waren Adressaten der Events. Über die VHS konnte eine bereits existierende Gruppe angesprochen werden, die Kochfreunde, die immer neue Rezepte auszuprobieren gewohnt sind. Diese Gruppe erweiterte sich diesmal um die speziell an historischen Rezepten Interessierten. Auf je spezifische, in ihrer Veranstaltung angelegte Weise, versuchten die Verantwortlichen und Durchführenden des Rahmenprogramms die Besucher zum Ausstellungsbesuch zu motivieren: Im einen Fall lockte das Kochbuch (im Original) und die Autorin (als Porträt); im anderen wurden einzelne Exponate gefilmt, und damit war man schon mal in der Ausstellung gewesen, das Wieder-Kommen war angebahnt. Im dritten waren Gänse- und Eulenspiel im Original in der Ausstellung zu sehen, das Eulenspiel konnte man in der Marktabteilung sogar selber spielen. Und im letzten Fall sollte die inszenierte Geschichte auch für Vergangenheit interessieren.

Wenn das Rahmenprogramm nicht nur die historisch Interessierten ansprechen soll, die sowieso an Ausstellungen interessiert sind, sondern auch Personen, die sich nur selten oder nie mit Geschichte befassen (so genannte „Geschichtsferne"), sollte man besondere Veranstaltungen planen. Man kann Gruppen teilweise über ihren Beruf erreichen. So sprach in Mühldorf eine Veranstaltung, in der eine Kostümhistorikerin über die Mode des 18.Jahrhunderts referierte und dazu Dias zeigte, gezielt Schneiderinnen und Textilverkäuferinnen an. Diese Veranstaltung fand

---

[12] Vgl. Sondermaier/Unger, Spielen, S. 583 in diesem Band.
[13] Vgl. Winklbauer, Geschichte inszenieren, S. 553 in diesem Band.

im Themenblock „Bürgerkultur – Volkskultur" statt und nahm ihren Ausgangspunkt in der Ausstellung, vor zwei Figurinen in Salzburger Tracht des 18. Jahrhunderts. Ärzte, Geistliche, Banker, Juristen, Unternehmer, Handwerker, Altenpfleger waren weitere Berufsgruppen, die auf je spezifische Weise eigens angesprochen wurden.

Einer Gruppe, der besondere Aufmerksamkeit im Mühldorfer Rahmenprogramm gewidmet wurde, waren die Familien.[14] Es sollte regelmäßig Veranstaltung geben, die die ganze Familie anziehen. Als Tag für diesen Veranstaltungstypus eignet sich vor allem der Sonntag, da an diesem Tag die meisten Familienmitglieder Zeit haben. So gab es im Themenblock „Bürgerkultur – Volkskultur" eine Veranstaltung, in der man in die Kleider früherer Zeiten schlüpfen und sich so durch die Ausstellung führen lassen konnte. Natürlich konnte man auch ein Erinnerungsfoto von Papi als Ludwig dem Bayern und der Tochter als Edelfräulein machen lassen. An einem anderen Sonntag gab es einen Handwerkermarkt, bei dem man Handwerkern, die noch traditionelle Handwerkstechniken beherrschen, über die Schulter schauen konnte.[15] Die Kinder konnten in einer Schreibwerkstätte mit Federkiel und Tinte ihre kaligraphischen Fähigkeiten testen. Hier zeigt sich auch, was für den Adressatenbezug wichtig ist: Es muss für unterschiedliches Publikum unterschiedliche Veranstaltungstypen geben. Für Kinder ist ein Vortrag über Kaligraphie ungeeignet, hier steht das Selbst-Aktiv-Werden im Vordergrund. Für die Schneider- und Näherinnen hingegen war ein Diavortrag angemessen. Grundsätzlich gilt: Gerade am Familientag-Sonntag waren Events[16] gut besucht und der Vortragsstil, bei dem die Besucher sich hinsetzen und zuhören konnten, eignete sich besser für die Veranstaltung an Werktagen. Jedoch ließen sich auch mit den klassischen Vorträgen unterschiedlichste Gruppen ansprechen. So kamen bei der bereits beschriebenen Veranstaltung „Im Trend der Zeit. Mode des 18. Jahrhunderts" viele Frauen, die im ständigen Kontakt mit Textilien und Schnitten stehen und zu der Veranstaltung „Der 30jährige Krieg. Militärhistorischer Vortrag mit Demonstration der eingesetzten Waffen" vor allem Männer mit einem Faible für Militärhistorie. Die Bandbreite der angebotenen Themen sollte so vielfältig wie die Ausstellung selbst sein und wie die Interessen der „Publika", die angesprochen werden sollten. Sinnvoll ist eine gezielte Bewerbung der einzelnen Gruppen. z. B. wurden vor dem Modevortrag v. a. in Kaufhäusern und Bekleidungsgeschäften Handzettel ausgelegt und Plakate

---

[14] Vgl. hierzu auch die Hinweise bei Brehm, Museumspädagogen, Besucher und Ausstellungen, S. 181 in diesem Band.
[15] Vgl. Schreiber, Adressaten als Akteure, S. 539 in diesem Band.
[16] Vgl. zum Event-Begriff Vorwort, S. 13 in diesem Band.

angebracht. Die neu erschlossenen Rahmenprogrammbesucher sind sowohl potenzielle Ausstellungsbesucher, wie mögliche Stammbesucher des Rahmenprogramms.

4. Neben Vielfalt Beständigkeit

Nicht nur (aber auch) um eine Stammbesucherschaft für das Rahmenprogramm und damit für die Ausstellung aufzubauen, sollte man Kontinuität in vielerlei Hinsicht vorsehen.

Zum einen muss das Rahmenprogramm über einen längeren Zeitraum hinweg bestehen und klaren Prinzipien folgen. Das Konzept eines Turnus von 14-tägig wechselnden Motti hat sich in Mühldorf ausgesprochen bewährt.

Damit die Orientierung erleichtert wird, sollten die Veranstaltungen des Rahmenprogramms möglichst regelmäßig stattfinden. Bestimmte Wochentage können zu Rahmenprogrammtagen auserkoren werden. Dabei sollte auch eine feste Uhrzeit vorgesehen sein, vielleicht sogar feste Veranstaltungstypen. Im Mühldorfer Rahmenprogramm z. B. gab es jeden Donnerstag um 19 Uhr eine Veranstaltung im Vortragsstil und jeden Sonntag ab 14 Uhr eine familienfreundliche Veranstaltung. Wer diese Struktur erkannt hat, kann sich im Voraus informieren und die Planung seines Freizeitprogramms darauf abstimmen.

Genauso entscheidend für den Erfolg des Rahmenprogramms ist der ausstellungsnahe Veranstaltungsort. Die Vorteile liegen auf der Hand: Zum einen bedeutet ein fester Ort, dass sich die Besucher nicht stets neu orientieren müssen. Man muss nicht suchen, wo die Veranstaltung stattfindet. Auch für den Rahmenprogrammverantwortlichen hat ein festgelegter Ort Vorteile: Man muss nicht mehrere Räumen anmieten und herrichten, sondern bekommt Routine beim Veranstalten (Wo steht die Kasse am günstigsten, wo das Rednerpult? Woher kommt der Diaprojektor oder Beamer? Wo sind im Notfall die elektronischen Sicherungen, der Feuerlöscher, der Erste-Hilfe-Kasten? ...) Zudem hat sich ein ausstellungsnaher Ort als sehr sinnvoll herausgestellt, denn so besteht die Möglichkeit vor oder nach der Rahmenprogrammveranstaltung die Ausstellung zu besuchen. Der Ausstellungsbezug wird – auch ohne Worte – bekräftigt. Eine gute, aber nicht immer realisierbare Variante ist, dass der Ausgangspunkt einer Veranstaltung des Rahmenprogramms in der Ausstellung ist und man erst dann in einen für das Programm geeigneteren Raum wechselt.[17]

---

[17] Vgl. hierzu u. a. Finauer, Lebensgeschichte, S. 265 in diesem Band.

Mit der Ausstellungseröffnung sollte eine Programmübersicht über die Veranstaltungen des Rahmenprogramms stehen und veröffentlicht werden. Deshalb ist langfristige Planung vor Ausstellungsbeginn auch für das Begleitprogramm einer Ausstellung zweckmäßig, wobei eine Vorlaufszeit von mindestens einem halben Jahr zu veranschlagen ist.

5. Kombi-Tickets?

Ein Anreiz für Rahmenprogrammbesucher in die Ausstellung zu gehen (bzw. für Dauerkartenbesitzer ins Rahmenprogramm) kann durch so genannte „Kombinationstickets" geboten werden. Wer innerhalb der auf die Veranstaltung folgenden Woche die Ausstellung besucht, zahlt nur einen ermäßigten Eintritt. Ein anderer Weg wäre es, Spezialführungen im Vorfeld der Rahmenprogrammveranstaltung anzubieten. So gab es in Mühldorf eine Stunde vor Beginn der Rahmenprogrammveranstaltung zur Mode des 18. Jahrhunderts eine Führung, die besonders die Kleidung im Wandel der Zeit in Gemälden, Modellen, etc. in der Ausstellung berücksichtigte. Diese Führung wurde in Kombination mit dem Besuch des Vortrags vergünstigt angeboten und fand regen Zuspruch.

Es ist auch sinnvoll, für Familien Vergünstigungen für die Familienveranstaltungen einzuräumen. So kann das dritte Kind einer Familie beim Besuch einer Ferienspaßveranstaltung nur noch die Hälfte zahlen, damit die finanzielle Belastung für kinderreiche Familien niedrig gehalten wird.

In vielen Ausstellungen ist es üblich, für die Stammbesucher Dauerkarten für die Ausstellung anzubieten; ein zusätzlicher Anreiz ist, mit diesen auch Vergünstigungen auf die Veranstaltungen des Rahmenprogramms zu gewähren.

An den Sonntagen mit Kinderprogramm achteten wir auch darauf, dass durch die Ausstellung genügend – kostenfreie – Kinderführungen angeboten werden konnten.

6. Jeder Veranstaltungstyp hat seine Experten

Zu den einzelnen Typen von Veranstaltungen braucht an dieser Stelle nicht allzu viel geschrieben zu werden. Das leisten die Einzelbeiträge, die diesem Kapitel zugeordnet sind. Auf ein Prinzip möchten wir allerdings verweisen: Wichtig, sowohl um Stammbesucher als auch neue Besucher zu gewinnen, sind Experten als Referenten. Nur sie sind in der Lage, in ihr spezielles Thema tief einzutauchen und Wissenswertes zu präsentieren, das weder im Rahmen einer Führung noch eines Einzelbesuchs zugänglich ist. Zur Militärgeschichte des 30-jährigen Krieges muss ein Militärhistoriker referieren. Wenn er, wie Markus Junkelmann nicht nur redet, sondern auch an Modellen und sogar Originalen zeigen kann, was er meint, hat das seinen ganz besonderen Reiz.[18] Nicht nur der universitäre Historiker ist als Referent geeignet,[19] sondern auch der ausgewiesene Heimatforscher. Seine Expertise liegt u. a. in der Ortskenntnis.

Experten einer ganz anderen Art sind Prominente. Denn diese können durch ihren Namen neue Schichten mobilisieren. Über die Nachkriegszeit in Mühldorf sprachen (quasi als Zeitzeugen) ein regional sehr bekannter Künstler und ein nicht minder renommierter Journalist miteinander. Diese Veranstaltung wurde zu einem richtigen Event; „Da muss man dabei sein", war die Devise.

Weder ausgewiesene und redebegabte Wissenschaftler und Prominente, noch lokal anerkannte Heimat- und Brauchtumsforscher oder Filmemacher sind kurzfristig zu engagieren. Ihre Verpflichtung muss oft Monate zuvor abgesprochen sein. Gerade deshalb ist eine halbjährige Vorbreitungsphase für ein Rahmenprogramm von Nöten.

Bei den Experten darf – und soll – es sich auch um „Experten des Alltags" handeln. In Mühldorf haben wir den Typus dieser Veranstaltungen „Mitmach-Geschichten" genannt.[20] Hierbei werden Adressaten zu Akteuren des Rahmenprogramms. Beispielsweise kann ein Handwerkermarkt nicht ohne viele engagierte Handwerker, die ihr Handwerk verstehen, veranstaltet werden. Mancher dieser Handwerker, viele der Besucher, wären nicht in die Ausstellung gegangen, hätte nicht einer von ihnen bewusst gemacht, dass Geschichte auch Können umfasst. Gerade auf diese Weise hat ein Rahmenprogramm sein Ziel erreicht, denn es hat Menschen für die Ausstellung interessiert, die sonst nicht auf sie aufmerksam geworden wären.

II. Ist der Erfolg eines Rahmenprogramms messbar?

Wenn das Ziel des Rahmenprogramms lautet, auf eine Ausstellung aufmerksam zu machen, dann müsste sich der Erfolg des Begleitprogramms eigentlich an den Besucherzahlen der Ausstellung messen lassen. Während sich eine Besucherstatistik noch relativ leicht erstellen lässt, ist eine Unterscheidung zwischen Besuchern, die aufgrund des Rahmenpro-

---

[18] Vgl. Junkelmann, Experiment und praktische Demonstration, S. 661 in diesem Band.
[19] Vgl. auch die Hinweise in Heydenreuter, Historische Vorträge, S. 529 in diesem Band.
[20] Vgl. hierzu Schreiber, Adressaten als Akteure, S. 539 in diesem Band.

gramms gekommen sind und solchen, die gar nicht wissen, dass es so etwas gibt, schwer zu treffen. Hierfür müssten Besucherbefragungen durchgeführt werden. Viele Ausstellungen verzichten aus Finanz- und Zeitgründen darauf. Auch die Mühldorfer Befragungspläne wurden nur in Ansätzen realisiert.[21]

Gut eruierbar ist der Niederschlag des Rahmenprogramms in den Medien. Einige, wenn auch wenig spezifische, Aufschlüsse geben Kommentare im Besucherbuch oder die Verkaufszahlen im Ausstellungsshop bzw. die gesteigerten Umsätze der umliegenden Gastronomie.[22] Wichtiger, wenn auch wieder nur schwer fassbarer Gradmesser ist die Akzeptanz der Besucher. Wenn die Veranstaltungen gut besucht sind, sich eine Reihe von Dauerbesuchern herausbildet, so kann davon ausgegangen werden, dass das Konzept stimmt. Ein wichtiges Indiz für den Erfolg des Rahmenprogramms ist dessen Eigenfinanzierbarkeit. In Mühldorf z. B. haben sich die Eintrittsgelder und Sponsorengelder mit den anfallenden Kosten die Waage gehalten.

Als Sponsoren wurden all diejenigen angesprochen, die von einer Ausstellung profitieren: Gastronomen, Geschäftsleute, die Auftragnehmer im engeren Umfeld der Ausstellung, aber auch das Bildungsbürgertum einer Stadt und die Society. Für manche Sponsoren ist es attraktiv, die Patenschaften über einzelne Veranstaltungen zu übernehmen, und in der Presse, und bei der Veranstaltung als Pate ausgewiesen zu sein. Andere wollen lieber anonym bleiben. Auch mit Kleinbeträgen von 25 Euro aufwärts muss man sich zufrieden geben. Mit Spendenlisten, die sanften Zwang ausüben, zu arbeiten ist sinnvoll. Ziel ist, das Mittragen des Rahmenprogramms und damit der Ausstellung, ebenso zum Muss zu machen, wie das Hingehen.

III. Der Erfolg eines Rahmenprogramms braucht viele Helfer

Damit ein Rahmenprogramm – und mit ihm die Ausstellung – Erfolg hat, müssen viele Helfer im Hintergrund aktiv werden. Ein Rahmenprogrammverantwortlicher bewältigt die anstehenden Aufgaben nicht alleine. Gerade bei einer Ausstellung, die von kommunalen Trägern veranstaltet wird, können und müssen Synergien genutzt werden. Das ist

---

[21] Dass Besucherbefragung eine besondere Form der Besucherorientierung ist, sollte man aber nicht aus den Augen verlieren. Vgl. hierzu den Beitrag Schäfer, Besucherforschung, S. 159 in diesem Band.
[22] Generell zum weichen Standortfaktor Ausstellung vgl. Kestler, Gastronomie und Hotellerie, S. 835 in diesem Band.

nicht selbstverständlich, weil eine Ausstellung und ihr Rahmenprogramm wegen ihrer Einmaligkeit nicht in den Dienstplänen der Abteilungen verankert sind. Bürgermeister und Landrat, Abteilungsleiter und Mitarbeiter müssen im Vorfeld als Verbündete und Partner gewonnen werden. Je besser es gelingt, die Ausstellung, eventuell über das Rahmenprogramm, zu ihrer Sache zu machen, desto reibungsloser und erfolgreicher verläuft die Zusammenarbeit.[23] So kann das städtische Kulturamt mit seinen Kontakten (die teilweise über Jahre aufgebaut worden sind) die Werbemaßnahmen maßgeblich unterstützen, der städtische Bauhof bei handwerklichen und organisatorischen Problemen eingreifen (Schilder für Handwerkermarkt anfertigen, Heu für Ponys am Markttreiben liefern und wieder abholen, große Banner aufhängen ...), die Haushaltsabteilung bei der Abwicklung der Spenden helfen, die Personalabteilung für Arbeitsspitzen „Feriencjobs" ausweisen, das Gewerbeamt dafür sorgen, dass Parkplatzregelungen, Straßensperren und die Verpflegung durch den Pfarrgemeinderat oder durch Vereine nicht zum Rechtsproblem werden. Die Pressearbeit kann auf Stadt- und Landkreisebenen unterstützt werden.

Neben der institutionellen Hilfe ist die private unerlässlich. Vereine oder interessierte Mitbürger sind notwendige Partner, ohne die ein Erfolg nicht möglich wäre.

---

[23] Vgl. in diesem Band die Beiträge aus der Sicht eines Landrats (Wimbauer/Huber, Ausstellung im Landkreis, S. 855) und eines Bürgermeisters (Bönisch/Knoblauch, Kleinere Städte als Ausrichter, S. 841).

Müssen historische Vorträge langweilig sein?
Einige Gedanken und unmaßgebliche Vorschläge

Von Reinhard Heydenreuter

I. Der Fall

Eine kleinere Gemeinde in Bayern leistete sich vor einigen Jahren den Luxus, als Festredner zum 1000jährigen Ortsjubiläum einen Universitätsprofessor einzuladen. Dieser lieferte etwas lustlos eine höchst gelehrte und mit vielen einschlägigen Fremdwörtern gespickte 90 Minuten lange Vorlesung über historische Erkenntnis, über Paradigmenwechsel und über die Strukturgeschichte kommunaler Körperschaften ab und erntete ehrfürchtiges Staunen. Verstanden hatte niemand etwas. Die Urkunde, in der die Ortschaft vor 1000 Jahren zum ersten Mal erwähnt wurde, kam nicht zur Sprache. Als ihn ein guter Freund nach dem Ende des Festaktes fragte, warum er so wenig über die Geschichte des konkreten Dorfes erzählt habe, meinte er, dass die Leute hier durchaus wissen sollten, dass sie einen Universitätsprofessor und nicht einen Heimatforscher eingeladen (und bezahlt) haben. In einem anderen Fall, als der Vortragende nach der Veranstaltung diskret darauf hingewiesen wurde, dass niemand etwas verstanden hätte, meinte dieser: „Darauf kommt es nicht an. Aber die Leute wissen jetzt, was ein deutscher Professor ist!"

II. Die Diagnose

Der Vortragende in diesen Fällen fühlte sich also verpflichtet, auch außerhalb der Universität wie ein Universitätsprofessor, nämlich gelehrt, insbesondere wie gedruckt zu reden.

Dass es unter Historikern weit verbreitete Übung ist, bei Vorträgen druckfertige Manuskripte abzulesen, sieht man an vielen Festschrift- und Zeitschriftenbeiträgen, bei denen in der ersten Anmerkung darauf hingewiesen wird, dass dem Aufsatz ein Vortrag zugrunde liege und dass der Autor im Wesentlichen den Vortragsstil beibehalten habe. Wer sich nun angesichts dieser Ankündigung ein problemloses Lesevergnügen erhofft, sieht sich meistens enttäuscht, da sich die Aufsätze in „Vortragsform" kaum von den sonstigen Aufsätzen unterscheiden. Man denkt mit Bedauern an die Zuhörer des Vortrags, die unmöglich den komplizierten Text in der Schnelligkeit des Vortrags erfassen konnten. Manchmal müssen die Zuhörer es auch noch hinnehmen, dass die Referenten ihre Anmerkungen mitlesen. Dies geschieht nicht selten in Form von Aufzählungen der einschlägigen Werke (lebender) Autoren (Kollegen), ein Ergebenheitsritual, das vor allem von jungen Wissenschaftlern gepflegt werden muss, die es noch zu etwas bringen wollen.

Die Kompliziertheit des Ausdrucks bei einem historischen Vortrag und die endlose Anhäufung von Anmerkungen in der geschichtswissenschaftlichen Literatur haben wahrscheinlich die gleiche Ursache: Der Historiker als größter „Universaldilettant" unter allen Geisteswissenschaftlern fühlt sich notwendigerweise äußerst unwohl bei dem, was er tut. Er verschanzt sich gerne hinter einer Mauer von Anmerkungen und kompliziertem Wortgedrechsel, weil er den gerade behandelten Sachverhalt in der Regel nicht so einfach zuordnen kann wie etwa ein Jurist, der sich bei der Deutung eines Sachverhalts auf eine Gesetzesbestimmung beziehen kann.

III. Die Therapie

Formalia I: Aufsatz und Vortrag unterscheiden

Da die Neigung und der Zwang jeden Vortrag auch zu drucken vor allem in den letzten Jahren immer größer geworden ist, bringen die (fleißigeren) Referenten zum Vortrag ein druckfertiges Manuskript mit. Es droht nun die große Gefahr für den Zuhörer, dass dieses Manuskript unverändert vorgetragen wird, vielleicht auch noch mit Anmerkungen. Was ist zu tun?

Ein Vortragender sollte, wenn er schon von seinem Manuskript nicht lassen kann, dieses lediglich als Stichwortgeber und für Zitate nutzen. Typisch für die Selbstbindung des deutschen akademischen Vortragenden ist es, dass selbst die wenigen Genies des freien Vortrags sich verpflichtet fühlen, irgendein Papier vor sich hinzulegen, auf das sie pro forma niedersehen, um ihre akademische Ehre zu wahren.

Diese (unmaßgebliche) Empfehlung (vom druckfertigen Manuskript zu lassen) will keine Lanze brechen für den wirren Plauderer oder den Minister und Politiker, der mit dem Manuskript kokettiert, das ihm sein Referent mühsam zusammengeschrieben hat („Ich werde jetzt all die schönen Sachen, die mir mein Referent geschrieben hat, zur Seite legen, und von Bürger zu Bürger sprechen!"). In diesen Fällen wäre das Ablesen eines Manuskripts erfahrungsgemäß die bessere Wahl.

Formalia II: Engagement und Interesse zeigen

Die freie Rede will genau vorbereitet sein, nicht im Wortlaut, sondern im Inhalt, in der Gliederung und den Stichworten (Was ist wichtig?). Die freie Rede hat den Vorteil für sich, dass sie dem Publikum den Eindruck vermittelt, der Vortragende engagiert sich persönlich für das Vorgetragene. Er schafft mit seinem Vortrag, mit seinen (wenn auch oft holzschnittartigen) Formulierungen, urheberrechtlich ein eigenes Werk, während beim Ablesen eines Textes, insbesondere wenn dies gelangweilt geschieht, immer der Verdacht besteht, dass der Vorleser und der Urheber nicht identisch sind. Das Vorlesen fremder Texte ist bei Fachvorträgen von Politikern und Ministern fast die Regel. Falls diese den Text verstehen (ihn sich zu Eigen machen) und gut formuliert und engagiert wiedergeben können, wird der Text die gleiche Wirkung entfalten wie ein eigener Text. Politiker, die sich in fremden Texten (etwa ihrer Referenten) nicht wohl fühlen, werden versuchen durch Eigenbeiträge den Text „aufzulockern", was meistens nur die Folge hat, dass sich der Vortrag unangenehm verlängert.

Wer den vorzutragenden Text verfasst hat, ist also zweitrangig gegenüber der Frage, wie er vorgetragen wird. Das Phänomen ist bekannt, dass der Dichter seine eigenen Werke oft weit weniger gut vorträgt als ein Dritter, etwa ein Schauspieler. Es gibt bekanntlich auch hochbegabte Wissenschaftler, die ihre Forschungsergebnisse ohne Engagement, ohne Kraft, ohne Überzeugung präsentieren. Die Zuhörer verstehen das als Arroganz, die Mitteilung wird als unwichtig gewertet, der Vortrag als zeitraubend. Es entsteht Distanz. Das Gegenteil muss erreicht werden: Nähe.

Formalia III: Vertrauen schaffen

Ein Vortragender sollte sich seinem Zuhörerkreis persönlich näher bringen. Das kann dadurch gesehen, dass er erzählt, wie er zu diesem Vortrag oder wie er zur Geschichte allgemein gekommen ist. Zuhörer lieben Personalia und daher auch persönliche Erlebnisse, menschlich anrührende Anekdoten. Der Referent wird damit selbst zum Zeitzeugen und erweckt im Zuhörer die wohlige Empfindung, Zeitzeuge eines Zeitzeugen zu sein. Man sollte sich freilich nicht allzu bedeutend darstellen und nicht mit den vielen bedeutenden Leuten kokettieren, denen man die Hand geschüttelt und mit denen man erlesene Worte gewechselt hat. Die Zuhörer lieben eher das hausgemachte Erlebnis („Meine Großmutter, eine weise Frau, pflegte zu sagen..."). Damit fühlen sie sich an ähnliche Situationen und Wahrnehmungen ihres Lebens erinnert und es wird ihnen deutlich, dass sie selbst Geschichte erlebt und irgendwie gestaltet haben. Doch da sind wir schon beim Inhalt des Vortrags.

IV. Zum Inhalt: Warum erzähle ich Geschichte?

Eine These zuerst: Die Geschichte gehört zu den wenigen Universitätsdisziplinen, die unmittelbar von Außenstehenden verstanden werden könnte, wenn ... sie verständlich mitgeteilt würde. Geschichte befriedigt nicht, wie andere Wissenschaften, konkrete Bedürfnisse (wie das in der Regel die Medizin, die Betriebswirtschaft oder die Juristerei zu tun pflegen), sondern Geschichte ist (wie die viel kompliziertere Philosophie) eine „Verstehenswissenschaft" und damit eine lebensbegleitende Wissenschaft. Da sie nicht nur instrumental auf konkrete Bedürfnisse oder Nöte reagiert, kann sie im hohen Maße ausgleichend und erklärend und damit vorteilhaft auf unser Leben wirken.

Und noch eine Behauptung: Geschichte kann, weil sie eine „Verstehenswissenschaft" ist, auch Menschen außerhalb des engen Kreises der zünftigen Historiker (also derjenigen, die mit der Geschichte ihr Berufsinteresse befriedigen) erreichen. Sie kann Dritte – jetzt kommen große Worte – neugierig, kritisch, ausgefüllter, zufriedener, gelassener und damit etwas glücklicher machen. Welche Universitätswissenschaft kann das schon von sich behaupten? Jeder, der Geschichte unverständlich oder quälend erzählt, versündigt sich und vergibt eine Chance.

V. Wie erzähle ich Geschichte?

Zuerst eine fast selbstverständliche Bemerkung vorweg: Das Verständnis für historische Fachbegriffe kann bei den Nichtfachleuten unter den Zuhörern ebenso wenig vorausgesetzt werden wie Fremdsprachenkenntnisse. Das Zitieren von altgriechischen und lateinischen Texten ohne Übersetzung ist ebenso eine Zumutung wie das ellenlange Zitieren englischer Sekundärliteratur. Auch diesem Phänomen liegt die Verwechslung von Vortrag und Aufsatz zugrunde. Die übermäßige Verwendung von historischen oder sonstigen Fachbegriffen, die in ihrer schrecklichsten Varianten aus dem Kunstwortschatz der Soziologie oder aus dem Arbeitswortschatz der Jurisprudenz oder Wirtschaftswissenschaft stammen, wird in der Regel vom Zuhörer als Arroganz interpretiert und als vorsätzliche

Distanzierung und Verschleierung. Im schlimmsten Fall wird sogar mangelnde Vorbereitung oder Unkenntnis diagnostiziert, wenn etwa der Vortragende, wie im Ausgangsfall, es nicht für nötig befand, die Urkunde und die Jahreszahl zu erwähnen, in der die Gemeinde zum ersten Mal genannt wird.

Während Fachbegriffe (Kunstwörter wie Paradigmenwechsel, Prosopographie, Strukturanalyse) grundsätzlich vermeidbar sind, sind Sachbegriffe (Allodialerbe, Rentmeister, Reichsdeputationshauptschluss, Rheinbund) immer notwendiger Bestandteil eines guten Vortrags, sie müssen aber dringend erklärt werden.

VI. Unmaßgebliche Vorschläge

1. Unmaßgeblicher Vorschlag I: Fragen, keine fertigen Ergebnisse präsentieren

Auch der auf Epochen oder Länder spezialisierte Historiker ist immer ein Universaldilettant, der sich mit unüberschaubar vielen Fakten und Lebenswirklichkeiten konfrontiert sieht, die er nur zum geringsten Teil zur Kenntnis nehmen oder gar wissen kann. Geschichte als Wissenschaft ist vor allem ein Fach für unermüdlich tätige und weniger für genialisch ausgreifende Menschen. Daher neigt der Historiker, der in der Regel mit viel zu viel Fragen bedrängt wird, die er nicht beantworten kann, zur Abstraktion oder zur Spezialisierung. Er beantwortet also Fragen von ganz oben oder gar nicht, weil sie nicht in sein Spezialgebiet passen. So ist nicht außergewöhnlich, dass ein qualifizierter Neuzeithistoriker, dem der Bürgermeister seiner Heimatgemeinde beispielsweise eine gemeindliche Armenrechnung, ein Nachlassinventar oder ein Ansässigmachungsgesuch aus dem Jahre 1830 vorlegt, bei der Interpretation (oder beim Lesen) dieser Quelle passen muss. Juristen oder Mediziner, denen Fälle vorgelegt werden, wissen in der Regel immer eine Antwort, da ihr Interpretationsarsenal beschränkt und weitgehend vorgegeben ist, etwa durch ein Gesetzbuch.

Der Zuhörer, der um die Hilflosigkeit und die Angst des Historiker vor der Fülle weiß, wird die selbstgerechte und ernste Anhäufung und Abspulung von mehr oder weniger geordneten Fakten in einem Vortrag als Anmaßung empfinden, bestenfalls als das Ergebnis eines blinden Fleißes. Hingegen wird er Verständnis, ja sogar Vergnügen dabei empfinden, wenn er den „ehrlichen" Universaldilettanten dabei erleben kann, wie er mit der Fülle und der Unverständlichkeit der Fakten kämpft, sie zu verstehen versucht, sie hin und her wendet, sich schließlich bemüht, sie zu erklären.

2. Unmaßgeblicher Vorschlag II: Das Nachdenken sichtbar machen

Da jeder gerne dem anderen beim Arbeiten zusieht und dies auch für die geistige Arbeit gilt, gibt es nichts vergnüglicheres, als einem Historiker bei der Interpretation eines Sachverhalts oder einer Textstelle zuzuhören – vorausgesetzt, er liefert zu Beginn keine fertigen Ergebnisse ab. Das Publikum will, wie beim Kriminalroman, die Pointe nicht auf der ersten Seite erfahren. Der Vortragende, der sich Spannung und damit die Gunst des Publikums erhalten will, wird daher zunächst nur Mutmaßungen und Fakten ausbreiten. Der Zuhörer darf und will auch zunächst auf falsche Fährten geführt werden, er will dem Historiker wie einem Kriminalbeamten beim Arbeiten zusehen.

Der für Historiker notwendige kriminalistische Spürsinn muss sich leidenschaftlich auch durch Vorträge ziehen. Es kann nichts Besseres passieren, als wenn sich die Zuhörer in einen Gerichtssaal versetzt fühlen. Der Historiker sollte als Universaldilettant auch Kenntnisse des Rollen- und Theaterspiels einüben. Er darf den Ankläger, den Verteidiger spielen, er darf Beweise vorlegen, das Urteil sprechen, das Urteil kommentieren.

Und es schadet nicht, wenn der Vortragende den Eindruck erweckt, dass er keine vorgefertigte und vorgegliederte These vorträgt, sondern dass er seine Gedanken beim Reden verfertigt – immer vorausgesetzt, seine Rollen werden mit Leidenschaft vorgetragen. Auch sein Grübeln muss leidenschaftlich, engagiert und verständlich sein, um das Publikum zu gewinnen. Einem leidenschaftlich vortragenden Referenten wird man mit Gewinn auch dann zuhören, wenn er kein Ergebnis findet, wenn er den Sachverhalt zu einem ungelösten Geheimnis erklärt. Das Geheimnis ist für den Historiker ein Gräuel, für den Zuhörer oft das höchste und menschlichste, was ein gelungener Vortrag bringen kann.

3. Unmaßgeblicher Vorschlag III:
Alte und neue Geheimnisse gelten lassen und erzeugen

Nichts lieben Zuhörer mehr, als Gegenstand einer bisher unbekannten Mitteilung zu werden. Die exklusive Behandlung des Zuhörers durch die Mitteilung einer eben erst entdeckten Handschrift, eines bisher unbekannten Sachverhalts oder einer neuen Beweiskette macht den Vortrag dauerhaft wirksam. Wir kennen das Phänomen der Exklusivbehandlung aus den Erzählungen am Ende der Urlaubssaison, wo etwa damit groß getan wird, dass man ein Schloss besichtigt hat, in das gewöhnliche Sterbliche nicht hineinkommen.

Die Faszination, die von Geheimnissen ausgeht, ist gerade in der Geschichte elementar. Ungelöste Geheimnisse haben der Historie viele Interessenten gewonnen, die auf diese Weise einen ersten Schritt in die Geschichte gewagt haben. Freilich runzelt der ernsthafte Geschichtsforscher über die vielfach unseriösen Auslassungen der einschlägigen Erfolgsautoren die Stirne und ärgert sich über den großen Leserkreis, den gewisse Bücher finden. Ebenso runzelt der Archivar über die Familienforscher die Stirne, die ihre Vorfahren bis zum (vielleicht gar nicht existierenden) Karl den Großen zurückverfolgen wollen. Beide Sorten von Geschichtsinteressierten haben eines gemeinsam: Sie sind von der Geschichte gefangen worden – wenn auch oft durch unseriöse Werbemaßnahmen – und werden sich von ihr nicht mehr ganz lösen können, vielleicht in ihr aufgehen.

Geheimnisse nehmen Zuhörer gefangen und jedes Stück Geschichte hat seine Geheimnisse und sei es nur das Bekenntnis des vortragenden Historikers (und Universaldilettanten), dass er dieses und jenes nicht entziffern, diesen und jenen Sachverhalt nicht klären konnte. Und was klingt geheimnisvoller als der Hinweis, dass gewisse Archive erst in 20 Jahren geöffnet werden und dann die Originaldokumente – vielleicht – das jeweilige Geheimnis lüften werden.

4. Unmaßgeblicher Vorschlag IV: Die Faszination des Originals

Ausstellungsmacher wissen, dass auch eine noch so gute Nachbildung oder eine besser als das Original gemachte Kopie niemals den Zauber des Originals ersetzen können. Da nun ein Vortragender keine Originalarchivalien herumreichen kann, sollte er sie zumindest im Wortlaut (eventuell auf Folie) präsentieren. Hat der Zuhörer auch visuell ein zunächst für ihn nichts Sagendes und nicht zu entzifferndes Schriftstück vor sich, so kann man ihm durch Vorlesen am (kriminalistischen) Entziffern und am seltsamen Klang eines Schriftstückes aus vergangenen Jahrhunderten teilnehmen lassen. Das Erklären sollte dabei immer im Vordergrund stehen. Das Geheimnisvolle und der Zauber des Originals verbinden sich, wenn dem Zuhörer ein Schriftstück als bisher unbekannt präsentiert wird, wenn der Vortrag also zur Premiere wird, und historische Vorträge sollten immer ein Premiere sein.

Wenn der Zuhörer spürt, dass er nur Bekanntes und oftmals Wiederholtes (und das noch im belehrenden pädagogischen Ton) vorgetragen bekommt, so fühlt er sich in die Schule versetzt und in seinen Stuhl gedrückt. Ein Referent, der allzu belehrend wirkt, erweckt beim Zuhörer den Eindruck, dass er sein Auditorium verachtet. Unbewusst beschleicht den Zuhörer die Angst, dass er später über den vorgetragenen Stoff abgeprüft wird.

5. Unmaßgeblicher Vorschlag V: Ein Historiker darf manchmal auch witzig sein

Je ernsthafter der Vortrag, desto dankbarer und lauter (schadenfroher?) das Lachen, wenn sich der Vortragende einmal verspricht. Die unfreiwillige Komik ist aber leider oft die einzige Komik bei historischen Vorträgen. Dabei gibt es genug Möglichkeiten, das Publikum mit „seriöser" Komik wach zu halten, etwa mit historischen Zitaten, die auch über den Geist und den Witz des Zitierten Auskunft geben (z. B. Napoleon über den dicken König Friedrich von Württemberg: „An ihm wollte die Natur zeigen, wie weit sich die menschliche Haut ausdehnen kann"). Erklärungen von historischen Sachverhalten leben vom Vergleich. Und da bietet sich gerade dem Historiker die Chance, durch Ironie und Witz sein Publikum aus dem Sumpf des Faktenwustes herauszuziehen. Historische Vergleiche sind immer auch therapeutisch und beruhigend, doch sollte die Ironie möglichst fein gesponnen sein. Peinlich und politisch wirken allzu aktuelle und allzu personenbezogene Vergleiche.

6. Unmaßgeblicher Vorschlag VI: Die praktische Anwendbarkeit der Geschichte betonen

Zugegeben, Geschichtsbücher finden sich in der Regel nicht in der meist gut ausgestatteten Abteilung Ratgeber- und Lebenshilfeliteratur unserer Buchhandlungen. Trotzdem zeigt der rege Besuch von historischen Universitätsveranstaltungen durch ältere Mitbürger, dass die Geschichte nicht nur Unterhaltungs- oder Renommierwert hat (etwa zum Auftrumpfen zuhause oder am Stammtisch), sondern auch eine „Lebenshilfewissenschaft" darstellt. Gemeint ist dabei nicht der therapeutische Aspekt der Geschichte, die uns bekanntlich auch beruhigen und nachsichtig machen kann, sondern gemeint ist die ganz praktische Lebenshilfe, die Geschichtswissenschaft leisten kann: etwa auf Reisen oder beim Gang durch die Heimatstadt, wenn man etwa Grabsteine an Kirchen, Wappen an Gebäuden, die Lage eines Spitals in der Stadt, ja den Charakter einer Stadt deuten oder hinterfragen will. Der Hinweis auf praktisch anwendbare historische Regeln durch den Vortragenden (etwa über die Stellung der Figuren und die Farbregeln in der Heraldik) wird als Hilfe bei der Deutung der Umwelt dankbarer angenommen als die bloßen Fakten, denn die

Zuhörer schätzen nach der alten Goetheschen Maxime nur das wirklich, was ihnen über das bloße Wissen hinaus beim Handeln hilft oder sie zum Handeln bringt. Und wenn sich dieses Handeln in historischer Neugierde äußert und in der historischen Befragung der Umwelt, dann hat sich die Geschichtswissenschaft wieder einmal als Lebenshilfewissenschaft bewährt.

Jeder historischer Vortrag sollte daher eine Werbung dafür sein, dass Geschichtskenntnisse und Geschichtsneugier dem Einzelnen nicht nur bei der Entschlüsselung der großen Weltgeheimnisse helfen können, sondern dass sie ganz praktisch unseren ganz persönlichen (und auch beruflichen) Gang durch die Welt schöner und abenteuerlicher machen können. Was gibt es erfreulicheres als diese Botschaft?

7. Unmaßgeblicher Vorschlag VII:
Die Zuhörer mit einer neuen Botschaft entlassen

Ein Historiker, der einen Vortrag hält, ist zwar kein Missionar oder Sektenprediger, er sollte sich aber ähnlich verhalten, indem er seine Zuhörer mit einer „Botschaft" entlässt, d.h. mit einer neuen Sicht der Dinge, die (unter zünftigen Historikern) auch eine alte sein darf. Diese Botschaft oder These muss so eingängig sein, dass sie der Zuhörer problemlos erfassen, nach Hause nehmen und dort auch weitergeben kann. Das beste Ergebnis, das sich ein Vortragender wünschen kann, wäre es, wenn der Zuhörer neben einigen Grundthesen auch noch mit neuen „haltbaren" Kenntnissen den Vortrag verlässt, etwa mit der neu erworbenen Fähigkeit, einige historische Fachbegriffe zu deuten oder das Wort „Reichsdeputationshauptschluss" geläufig zu wiederholen. Dieses Lern- oder Erkenntnisziel muss der Vortragende aber in seinem Vortrag deutlich (aber nicht zu ernst oder oberlehrerhaft) aussprechen, d.h. vor allem: Er muss die Botschaften, mit denen er seine Zuhörer entlassen will, oft und eindringlich wiederholen.

VII. Schluss-Satz

Die vorhergehenden Ausführungen sind weit von dem Versuch entfernt, eine verbindliche hohe Schule des historischen Vortrags in Regeln zu fassen. Die „unmaßgeblichen" Vorschläge sind lückenhaft, vielleicht fehlerhaft, jedenfalls zu ergänzen (insbesondere im rhetorischen Bereich), taugen auch nicht für jeden Zuhörerkreis. Es soll nämlich auch Zuhörer geben, die langweilige Vorträge hören wollen oder die sich durch langweilige Vorträge nicht mehr in ihrer Liebe zur Geschichte beirren lassen.

Diese Menschen brauchen nicht mehr gewonnen werden. Die „unmaßgeblichen" Vorschläge haben vielmehr jene Vorträge vor Augen, die vor wankelmütigen Geschichtsfreunden oder vor „normalen Mitbürgern" gehalten werden. Diese sind jeder Mühe des Historikers wert.

Adressaten als Akteure des Rahmenprogramms

Von Waltraud Schreiber

Veranstaltungen des Rahmenprogramms müssen nicht notwendig vom Ausstellungsteam geplant und von dafür honorierten Professionals durchgeführt werden, wodurch die einzige „Aufgabe" der Adressaten ist, die Veranstaltung des Rahmenprogramms, und im Zusammenhang damit die Ausstellung, zu besuchen.

Ein anderer Typus von Rahmenprogramm ist, dass einige der Adressaten bei der Gestaltung mitwirken und so zu Akteuren werden. Für die Organisatoren stellt diese Form die größere Herausforderung dar, eben weil die Akteure Laien sind. Sie birgt aber die Chance, das Rahmenprogramm und über das Rahmenprogramm die Ausstellung ein Stück mehr zur Sache der Adressaten zu machen. Der Seneca-Satz „Mea res agitur", der besagt, wenn es um die eigene Sache geht, fühlt man sich am meisten angesprochen, gilt auch in diesem Fall.

Die Grundbedingung für das Einbinden der Adressaten als Akteure ist, dass die Ausstellung geeignete Themen bereitstellt. An drei sehr unterschiedlichen Beispielen aus dem Mühldorfer Rahmenprogramm möchte ich diesen Typus von Veranstaltungen verdeutlichen, an einem Handwerkermarkt, einer Zunftversammlung und an einem Tag der Vereine. Hinter jedem der Beispiele steht ein anderes Prinzip, um dessen Erläuterung es vorrangig gehen wird. Organisatorische Tipps runden die Darstellung jeweils ab.

Gemeinsam ist allen Beispielen, dass ihnen ein gewisser Eventcharakter anhaftet. Das ist kein Zufall: Das Engagement der Akteure soll durch hohe Besucherresonanz belohnt werden. Das versprechen derzeit die als Event aufgemachten Veranstaltungen am ehesten.

I. Handwerkermarkt oder Mitbürger als Träger von historischen Erfahrungen und historischem Können

1. Das Prinzip

Das hinter dem Handwerkermarkt stehende Prinzip ist, bewusst zu machen, dass Vergangenheit in die Gegenwart ragt und zwar über die Erfahrungen, das Können und das Wissen mitlebender Menschen. In der Mehrzahl handelte es sich bei den Akteuren um ältere Handwerksmeister, z. T. bereits um Ruheständler. Aber auch junge Gesellen lernen in der

Ausbildung noch alte Techniken und nicht wenige Handwerker mittleren Alters entwickeln Interesse an den Berufstraditionen. Dass Restaurierung und traditionelles Bauen Nischen sind, auf die einzelne Betriebe sich spezialisiert haben, war ein anderer Grund, weshalb die Akteure des Handwerkermarkts allen Altersgruppen angehörten.

Abb. 91 und 92   Alteingesessene Handwerker aus Mühldorf a. Inn führten am Handwerkermarkt am 28.07.2002 im Innenhof des Ausstellungsgebäudes ihr Können vor.

Ziel der Veranstaltung war es, durch die Verknüpfung mit der Ausstellung den Besuchern bewusst zu machen, dass auch „Können" eine Quelle sein kann, um Vergangenes zu re-konstruieren. Nicht der aus der Vergangenheit stammende Gegenstand allein, das „tote Werkzeug", eröffnete den Weg in die Vergangenheit, sondern das lebendige Handhaben, das im „Bewegungsgedächtnis" der Akteure eingegrabene Arbeiten mit dem Werkzeug.

Die Idee war, solche Handwerke aufzugreifen, die in der Stadt, nachweislich der Archivalien, präsent gewesen waren. Gezeigt werden sollten Handwerkstechniken, die ohne Elektrizität auskommen. Zum Einsatz sollten dabei, wenn möglich, Geräte kommen, die aus Mühldorfer Betrieben stammen und deutlich hinter das 20. Jahrhundert zurückweisen. Es sollten, wo das realisierbar war, Werkstücke entstehen, deren Werden die Zuschauer beobachten konnten. Gegen den Verkauf dieser Produkte hatten wir nichts einzuwenden, schließlich traten alle Akteure ehrenamtlich auf.

Bäcker, Metzger, Brauer, Bäuerinnen sorgten für das leibliche Wohl. Auch sie baten wir, die Rezepte zu dokumentieren und Interessenten den Entstehungsprozess zu erklären.[1]

Die Kommunikation mit den Besuchern war eines der Grundprinzipien des Handwerkermarktes. Gar mancher der Akteure, speziell die „erfahrenen Opas und Omas", gingen weit über das Erklären hinaus. Kinder durften ausprobieren und mitarbeiten. Einige Erwachsene hatten für sich diese kindliche Neugierde ins Erwachsenenalter hinübergerettet. Auch sie waren den Akteuren willkommen. Mindestens eben so lieb waren ihnen allerdings Besucher, mit denen sie ihre Erfahrungen teilen konnten.

Dass die Beschäftigung mit Geschichte ein kommunikativer Prozess ist, wurde konkret erfahrbar. Wie vielfältig diese Kommunikation sein kann, konnte man sich durch „Mithören" erschließen: Da waren auf der einen Seite die, die sich die vergangenen Prozesse möglichst genau erschließen wollten, durch genaues Zuschauen, durch das Verknüpfen mit eigenem Wissen und eigenen Erfahrungen, durch gezieltes Nachfragen, durch Fachsimpeln, aber auch durch laienhaftes interessiert-Sein. Dann gab es diejenigen, die Bezüge zur eigenen Gegenwart suchten und herstellten, eher nebenbei und oberflächlich, durch staunende Bewunderung und Wertschätzung, oder – bewusster – durch Fortschrittsüberlegungen oder auch abwägend, indem die eigene Gegenwart und die Vergangenheit zusammengedacht wurden.

Das „etwas andere" dieses Handwerkermarkts war für jeden spürbar: Hier agierten nicht „bezahlte" Profis für Fremde, sondern „wir für uns". Man rückte bereitwillig auseinander, damit auch Fremde zuschauen konnten, im Wissen aber, dass diese sowieso nicht alles sehen würden. Dass die Beschäftigung mit Vergangenheit mit Identität zu tun hat, war dem Beobachter, aber auch jedem einigermaßen sensiblen Besucher klar.

Die Anbindung des Handwerkmarks an die Ausstellungen war durch die Abteilung „Zunft und Handwerk" gegeben. Weil die Kontexte, in denen Zunft und Handwerk über die Jahrhunderte hinweg eine Rolle spielten, so vielfältig sind, ergaben sich darüber hinaus eine ganze Reihe weiterer Anschlussstellen. Das erwies sich als wichtig für die Führungen sowohl am Tag des Handwerkermarktes als auch nach diesem Event: Rahmenprogramm und Ausstellung rücken „zusammen", ergänzen und befruchten sich gegenseitig. Katasterpläne, die die Verteilung des Hand-

---

[1] Eine „angenehme Begleiterscheinung" war, dass die meisten Handwerker ihre Erträge als Spende an die Verantwortlichen weitergaben, auch die Erträge aus dem Verkauf von Schmalzbroten, Schmalzgebackenem, Holler- und Apfelsaft, und dunklem Bier.

werks zu Beginn des 19. Jahrhunderts festhalten, die Kartierung der Steuereinnahmen innerhalb der Stadt, handwerkliche Exponate in jedweder Abteilung, auch Bürgereide, frühneuzeitliche Handwerkerrechnungen, bürgerliche Kleidung konnten eine tiefere Aufmerksamkeit erregen, sobald der Zusammenhang mit dem Handwerkermarkt hergestellt wurde.

2. Hinweise zur Organisation

Dass die Vor- und Organisationsarbeiten für einen derartigen Event immens sind, darf nicht verschwiegen werden: Sie setzen mit der Recherche ein, für die die Hilfe des Archivars oder eines (Lokal-)Historikers unerlässlich ist und umfassen das Lesen lokalgeschichtlicher und thematischer Literatur. Der entscheidende Schritt ist das „Aufspüren" von potentiellen Akteuren; die Kontaktaufnahme, das Vorstellen der Idee, das Vorgespräch über das, was hergezeigt werden kann. Nicht selten war zeitaufwändige, mehrere Kontakte benötigende Überzeugungsarbeit zu leisten. Wichtige Kontaktpersonen sind die Inhaber von Traditionsbetrieben aus dem Stadtbereich und die aktuellen Innungsmeister.

Stattfinden muss im Vorfeld ein Treffen am Ort des geplanten Marktes, das dem Kennenlernen ebenso dient, wie dem Abklären des Raumbedarfs, dem Feststellen von Sonderwünschen (wie Wasseranschluss), der Festlegung, wie viele Tische, Stellwände etc. von Ausstellungsseite her zur Verfügung gestellt werden müssen und was von den Handwerkern mitgebracht wird.

Dann muss ein Stellplan entworfen und abgestimmt werden. Stationstafeln müssen erstellt werden (wie entschieden uns für die Zunftdarstellungen aus dem Nürnberger Zwölfbrüderbuch[2]); der Aufbau muss geplant, Parkplätze für Akteure müssen reserviert werden. An manchen „Ständen" oder zur Abgrenzung zwischen den Stationen sind Deko-Elemente nötig (frische Zweige, Blumen).

Intensive Öffentlichkeitsarbeit ist selbstverständlich ein Muss. Wegen der zu erwartenden Bilder kann hier auch das Fernsehen motiviert werden. Aufzeichnungen für Schulzwecke wären zu überlegen. „Altes Handwerk" ist Thema in mehreren Fächern und Schulstufen.

Unerlässlich sind Zusatzinformationen für die Führenden und die Verstärkung des Führungsteams. Der Besucherandrang in der Ausstellung war fast ebenso groß wie der im Handwerkermarkt. Wie wichtig

---

[2] Treue, W. (Hg.): Das Hausbuch der Mendelschen Zwölfbrüderstiftung zu Nürnberg, 2 Bde., München 1965. Das Original aus dem 15. Jahrhundert liegt in der Nürnberger Stadtbibliothek.

dafür die Entscheidung war, für den Handwerkermarkt einen Eintritt von 1 Euro zu erheben, der beim Ausstellungsbesuch angerechnet wurde, lässt sich nicht mehr nachvollziehen.

II. Zunftversammlung: „Professionelle Laien" laden zum Nacherleben mit allen Sinnen ein

1. Das Prinzip

Die Idee dieses Veranstaltungstypus ist, ein Exponat der Ausstellung lebendig werden zu lassen. Im Mühldorfer Fall handelte es sich um ein Gemälde zu einer Zunftversammlung. Möglichst am originalen Ort wird das Ereignis so inszeniert, dass den Besuchern ganzheitliche Erfahrungen ermöglicht werden. Möglichst viele Sinne sollten angesprochen werden: Sehen, Hören, Schmecken, Riechen, Tasten. Informationen sollten sich mit der Aura des Ortes und dem Erleben zu einem Ganzen verbinden.

Abb. 93 Das Exponat „Versammlung der Weissgerber um die Zunftlade", 1615 aus der Ausstellung „Salzburg in Bayern", welches den Anlass zur Zunftversammlung im Rathausfletz gab.

Abb. 94 und 95 Am 4.08.2002 fand im Mühldorfer Rathausfletz eine „Zunftversammlung" mit Musik und altbayerischen Speisen statt.

Die einzelnen Elemente wurden wiederum von Akteuren aus der Region präsentiert – jeder für sich Profi in seinem Bereich, aber, mit Ausnahme des Historikers, zugleich alle Laien, was die Aufgabe, Geschichte zu vermitteln, anbelangte. Die Akteure waren Bläser der Musikschule, ein Historiker, ein Schauspieler, ein Handwerksmeister, Bäuerinnen vom Schmankerlexpress, ein Braumeister.

Bei einem Event dieser Art fallen nicht unbeträchtliche Kosten an. Das treibt den Preis auch für die Besucher nach oben. Dafür erleben sie ein „Gesamtkunstwerk/-schauspiel", im Mühldorfer Fall aus Konzert, traditionellem Essen, fundiertem Vortrag, Theater und „Re-Enactment".

Selbstverständlich ist Öffentlichkeitsarbeit unerlässlich, um Events wie diese publik zu machen:

„All inclusive! Zunftversammlung auf dem Rathausfletz
Das Sonntagsprogramm zur Ausstellung „Salzburg in Bayern"

Einen etwas anderen Akzent setzt das Rahmenprogramm am kommenden Sonntag, 4. August. Um 14.00 findet unter dem Motto „Zunftversammlung" eine ganz besondere Veranstaltung im Mühldorfer Rathaus statt. „All inclusive" umfasst sie sowohl Musik des 16. und 17. Jahrhunderts und die Verköstigung mit „historischen" Speisen und Getränken, als auch auf unterschiedlichste Weise präsentierte Informationen. Wie in historischen Zeiten erwarten Sie also zugleich Information und Unterhaltung.

Folgender Programmablauf ist vorgesehen:

Einstimmen auf das 17. Jahrhundert: Musikalische Eröffnung durch die Ratsmusik: Sie hören die Sonata für Altblockflöte, Theorbe und Viola da Gamba von Marco Uccellini.

„Was tut eigentlich ein Weißgerber?" Meister Nißl gibt ihnen, unterstützt auch durch einen Filmausschnitt und seine alten Werkzeuge, Antwort.

Ein „Zunftmeister" in historischer Kleidung trägt, angekündigt durch eine Fanfare, aus der Zunftordnung der Lederer vor.

Dr. Peter Fassl, ein auf das Zunftwesen spezialisierter Historiker, informiert kompetent und unterhaltsam zugleich über Zunft und Zunftversammlung.

Johannes Schmidt mit seiner Ratsmusik leitet den Informationsblock über in den „geselligen" Teil der Versammlung. Er bietet eine Konzerteinlage mit Klängen aus der Renaissance. Girolamo Frescobaldi (1583-1643): Canzona für Sopranblockflöte und Theorbe und Viola da Gamba; Diego Ortiz (ca.1510-ca.1570): Ricercada für Altblockflöte und Barockgitarre.

Historische Köstlichkeiten aus dem Altbairischen und Altsalzburgischen werden abschließend in einem kalt-warmen Büffet angeboten (warm: aufg'schmalzene Brotsuppe, g'riebene Teigsupp'n – Erdäpfelbratl m. Teigknödeln und bairischem Kraut; Rohrnudeln m. Kompott; kalt: Kartoffelkäs, Kasweckerl, Glaslfleisch, eingemachte Leberwurst, Essigknödl – süß: Apfelkücherl, Zwetschgenbavesen, Rahmsulz). Zubereitet werden sie von den Bäuerinnen des „Schmankerl Boten", z. T. nach dem „Heilrath-Kochbuch" aus der Ausstellung. Dazu gibt es altbairisches-altsalzburgisches Bier und traditionelle Säfte. Als Tafelmusik hören Sie Sätze aus: Musikalischer Tugendspiegel von Erasmus Widmann.

***

Bis Freitag, 18.00 werden noch einige Restkarten (all inclusive 25 €) im Kulturbüro der Stadt Mühldorf verkauft. Bis zu diesem Zeitpunkt ist auch noch die telefonische Bestellung unter 08631-612-224 möglich."

2. Hinweise zur Organisation

Die Organisatoren haben sich um Ort und Akteure zu kümmern und den Programmablauf fest zu legen. Das Ausstellungs-Exponat, das in Szene gesetzt wird, legt fest, wer angesprochen werden muss und bestimmt den

Ort des Events. Die Organisationsarbeit wird umso größer, je mehr Akteure eingebunden werden und je unterschiedlicher deren Profil ist. Hilfreich ist dabei, wenn die Inszenierung am originalen Ort ist, sofern dieser seine Struktur erhalten hat: Der Rathausfletz hat sich in den letzten 350 Jahren wenig verändert. In der Frühen Neuzeit haben dort feierliche Treffen, wie die Zunftversammlung stattgefunden, deshalb „passt" die Raumgröße, stimmt die Akustik, deshalb gibt es eine Bühne für ein kleines Ensemble. Moderne Technik, wie das Mikrofon für den Vortrag oder der Beamer für die Filmpräsentation müssen so eingepasst werden, dass sie die Atmosphäre möglichst wenig stören. Dazu gehört auch, dass sie abgebaut werden, wenn sie nicht mehr nötig sind.

Mit den nicht an öffentliche Auftritte gewöhnten Laien sollte eine Probe vor Ort eingeschoben werden. Die Generalprobe kann zugleich genutzt werden, um „Technik" und „Bestuhlung" zu überprüfen.

Mit der Bewirtung sind etliche Auflagen verbunden, die dringend berücksichtigt werden müssen (Auskünfte erteilt das zuständige Gewerbeamt).

Nicht übersehen sollte man, dass eine solche exquisite Veranstaltung die Gelegenheit ist, mit der einen oder anderen Freikarte wichtigen Helfern danke schön zu sagen.

III. Tag der Vereine oder „Vereinsgeschichten" und Ausstellung zusammenbringen

1. Das Prinzip

Vereine haben Geschichte. Und: In jedem Verein gibt es einzelne Mitglieder, die diese Geschichte kennen, wahren und tradieren wollen. Vereine sind zudem Teil und Träger lokaler Kultur. Deshalb ist es häufig möglich, Teilaspekte von Ausstellungen und Elemente aus Vereinsgeschichten zusammen zu bringen. Dies trifft besonders dann zu, wenn Stadtgeschichte das Ausstellungsthema ist: Vereinswesen ist Teil der Stadtgeschichte. In der Regel werden Vereinsgeschichten aber nicht in eigenen Abteilungen thematisiert, sondern sind nur als „Aspekte", die an den unterschiedlichsten Stellen der Ausstellung aufgegriffen werden. Nicht selten fällt Vereinsgeschichte ganz weg, obwohl Ansatzpunkte bestünden, sie zu thematisieren.

Akteuren und Besuchern deutlich zu machen, dass Vereine Teil von Stadtgeschichte sind, wie Politisches, „Verwaltung", „Wirtschaftliches",

"Soziales" oder "Kunst", ist ein Ziel des Tages der Vereine. Das zweite Ziel ist, den Besuchern am Beispiel der Vereine zu verdeutlichen, dass Geschichte ihren Sitz im Leben hat und nicht nur in der Sondersituation Ausstellung. Vereine, die in ganz spezifischen Kontexten entstanden sind, bestehen fort, in der Weiterentwicklung lebt auch ihre Geschichte weiter. Kontinuität und Wandel werden an konkreten Fällen sichtbar.

Sollen Vereine zu Akteuren des Rahmenprogramms werden, so muss es ein Motto geben, das ein Minimum an Gemeinsamkeit sicherstellt, den Vereinen aber zugleich ein Maximum an Spielraum einräumt, um das zu zeigen, was das Ihre ist und das zu tun, was sie können. Was wie die Quadratur des Kreises klingt, erweist seine Machbarkeit, wenn man den Vereinsvorständen nicht mit einem fertigen Programm gegenübertritt, sondern mit einem minimalistischen, aber dennoch klaren und von allen nachvollziehbaren Konzept. Zentral ist dabei das Motto: "Vereinsgeschte(n)" hat seine Tragfähigkeit bewiesen. Kaum weniger wichtig ist, die Rahmenbedingungen klar zu benennen.

(1) Die historische Dimension muss in den Vereinspräsentationen eine Rolle spielen, eine Anbindung an die Ausstellung muss gegeben sein.
(2) Es gibt die Möglichkeit, (sich) im Freien und im geschlossenen Raum zu präsentieren.
(3) Die Programmpunkte dürfen 10 Minuten nicht unter- und 20 nicht überschreiten, jede halbe Stunde ist ein anderer Verein dran, drei bis vier Präsentationen werden zu einem Programmblock zusammengestellt.

2. Hinweise zur Organisation

Grundsätzlich sollen Vereinsvorsitzende im Vorfeld der Ausstellung über deren Konzept und die Existenz und Funktion eines Rahmenprogramms informiert werden. Die generelle Bereitschaft, sich als Verein einzubringen, sollte abgefragt werden.[3]

Das konkrete Konzept für einen Tag der Vereine kann aber erst erarbeitet werden, wenn die Ausstellung steht. Dann ist ein Vortreten mit den Vereinsvorständen unerlässlich, das die Aufgabe hat, das Prinzip der

---

[3] Im Mühldorfer Fall fand dieses Treffen zwei Monate vor der Ausstellungseröffnung statt. Es war als Workshop Museumspädagogik konzipiert, und hatte auch das Ziel, Ideen für das Rahmenprogramm zu konkretisieren.

Veranstaltung zu verdeutlichen.[4] Terminpläne müssen vorliegen, die auch festlegen, wann die vereinsinternen Treffen stattgefunden haben müssen.[5]

Ab der Informationsveranstaltung müssen die Vereinsvorstände einen (!) Ansprechpartner im Ausstellungsteam haben. Umgekehrt muss auch der für den Rahmenprogramm-Punkt „Tag der Vereine" Zuständige einen (!) Ansprechpartner in jedem Verein haben. Telefon- oder Faxnummern, Email-Adressen müssen ausgetauscht sein.

Die Verantwortlichen der beiden Seiten müssen die in Vereinsabenden geborenen Ideen durchsprechen. Koordinations- und Abstimmungsarbeit ist zu leisten. Überschneidungen zwischen den Präsentationen müssen vermieden werden, bevor von Seiten der Vereine „Arbeit" in die Vorbereitung investiert ist. – Personale und kommunikative Kompetenz ist in dieser informellen Vorbereitungsphase gefragt.

Um den Bezug Ausstellung-Vereinsgeschichten nicht aus dem Blick zu verlieren, ist es sinnvoll, Sonderführungen für die Vereine anzubieten. – Diese Sonderführungen sind das erste Besucherplus für die Ausstellung; der Veranstaltungstag selber das zweite. – Ziel der vereinsspezifischen Sonderführungen ist, Ansatzpunkte in der Ausstellung für die eigene Präsentation zu entdecken. Im Falle der Mühldorfer Ausstellung war die Multimedia-Show, die die 200 Jahre Zugehörigkeit zu Bayern aus der Mühldorfer Sicht beleuchtete, der wichtigste Berührungspunkt. Aufgegriffen konnten aber auch einzelne Exponate und Teilbereiche aus unterschiedlichen Abteilungen werden. Wichtig war auch die Feststellung: „Hier hätten wir hergepasst".

Ob ein zweites Planungstreffen mit allen Vorsitzenden notwendig ist, muss situativ entschieden werden. Die wichtigsten Tagesordnungspunkte wären die Abstimmung des Programms und das Abklären, was seitens der Ausstellung bereitgestellt werden muss und was die Vereine mitbringen. Nach unserer Erfahrung ist die Abstimmung in Telefon-, E-mail-, Faxkontakten günstiger, u.a. deshalb, weil die Koordinationsanforderungen sehr hoch sind, und manche Probleme auf den ersten Blick unlösbar erscheinen. Wenn der Rahmenprogramm-Verantwortliche nicht unmittel-

---

[4] Das Treffen sollte ca. drei bis vier Monate vor dem Termin stattfinden, aber nicht früher. Es besteht sonst die Gefahr, dass die Motivation im Sande verläuft.
[5] Ein Vier-Wochen-Spielraum nach dem Planungstreffen hat sich als ausreichend erwiesen.

bar und vor aller Augen reagieren muss, sondern Zeit hat zu überlegen, erhöht sich die Möglichkeit, verträgliche Kompromisse zu finden.[6]

Die Ideenvielfalt, aber auch der Organisationsaufwand, spiegelt sich am besten im Programm:

12.00 Schützenkompanie: Salut zur Eröffnung
Bürgermeister begrüßt die anwesenden Vereine und Besucher

12.00- 13.30 Krieger-
Soldaten-Reservisten: Aus der Gulaschkanone
Gemüseeintopf m. Fleischeinlage; Möglichkeit zum Mittagessen für alle Mitbürger

13.00 Motorsportclub: Fahrerlager mit Maschinen

13.30 Brauchtumsverein
Erharting: Einzug des Erzbischofs Mat. Lang mit Pferden und Gefolge über den Stadtplatz zum Ha berkasten **Turmbläser kündigen an**
Bürgermeister empfängt den Bischof, der überreicht und verliest die neue Stadtordnung.
Anschließen flanieren die historischen Personen durch die Ausstellung und erzählen aus ihrer Lebensgeschichte.

14.00 Altmühldorfer
Blaskapelle: Platzkonzert

Altmühldorfer Pfarr-
Gemeinderat: Kaffee und Kuchen für die Orgel

***

14.30 Trachtenverein
Edelweiß: „Trachtler" stellen ihre Tracht vor

---

[6] Ein wichtiger Aspekt ist, dass auf diese Weise der Verantwortliche entscheidet, in welcher Reihenfolge und wann er die Vereine anspricht. Die Sachzwänge einer Gesamtbesprechung entfallen.

Schneiderin zieht eine Puppe an und erklärt die Teile einer Tracht; Vorführen der Männer-Frauen- und Kindertracht.

14.45	Sängerbund historisch:	**Ausgewählte Lieder und ihre Geschichte**
15.00	Kolpingfamilie:	**Spielszenen zur Gründungsgeschichte**

***

15.30	FW Feuerwehr Mühldorf; FFW Altmühldorf:	**Hilfe! Demonstration eines Rettungseinsatzes** Drehleitern im Wandel
	Sanitätsbereitschaft im BRK:	**Knochen gebrochen einst und jetzt**

***

16.30	Symphonieorchester:	**.... in Ton, Film und Bild** „Live-Musik"; Beamer-Präsentationen
17.00	Boxerverein:	**Die Züchterin Friederun Stockmann und ihre Tiere**
17.15	Kulturschupp'n:	**Szenen aus vergangenen Programmen** (Dreigroschenoper; Anatevka, Don Quichotte)
	anschl. AWO:	**Kleiner Verein mit großer Wirkung** Die Mühldorfer AWO stellt sich vor.

***

18.00	Brauchtumsverein Erharting:	**Brauchtum um's Pferd**

Trachtenverein Edelweiß: **Trachtler erklären das Platteln** einige Tänze werden gezeigt;

anschl. Feuerschützen: **und ihre Lesegeräte**

Salut zur Beendigung der „Mühldorfer Vereinsgeschichten"

19.00 Anstoßen der Beteiligten im EG des Haberkasten

Es ist sinnvoll, den Tag der Vereine ganz bewusst als Familientag zu konzipieren. Ein Kinderprogramm ist deshalb ebenso notwendig, wie das verstärkte Angebot an Kinderführungen in der Ausstellung. Kostengünstig soll außerdem gegessen und getrunken werden können. Auch die Verköstigung übernehmen am besten die Vereine.

Kinderprogramm im Kornkasten oder im Freien

12.30 – 13.30 **Schminken – zuschauen und mitmachen** AWO

13.00 – ? **Im Feuerwehrauto durch Mühldorf** FFW

14.00 – ? **Reiten am Stadtwall** Erhartinger Brauchtumsverein

14.30 **Stabile Seitenlage und mehr** BRK

15.30 **Boxerhunde für Kinder** Boxerclub

16.00 **Auf geht's, sing' ma!** Geschwister Stimmer

17.00 **Klassische Musik für Kinder** Symphonieorchester

18.00 **Theaterspielen spontan**

IV. Resümee:

Veranstaltungen des Typus „Adressaten als Akteure" haben sich als hoch attraktiv erwiesen. Hunderte von zusätzlichen Besuchern kamen, vermittelt über diese Programmpunkte, in die Ausstellung. Neue und andere

Besucherkreise konnten angesprochen werden. Die identitätsrelevante Funktion von Ausstellungen wurde deutlich.

Durch das Mitwirken am Rahmenprogramm werden die Akteure zudem zu bedeutenden Werbeträgern sowohl für das Rahmenprogramm als auch für die Ausstellung. Die Mundpropaganda, die von den Akteuren ausgeht und gerade bei Vereinen oft hunderte von Mitgliedern erreicht, ist ein Effekt, der viele Mühen lohnt.

Die Kehrseite der Medaille ist, dass dieser Typus von Veranstaltung ausgesprochen hohe Ansprüche an das Ausstellungsteam stellt: Fähigkeiten zur Organisation, zur Moderation, zum Ausgleich unterschiedlichster Interessen werden im Übermaß gefordert. Personale Kompetenz und auch ein gerütteltes Maß an Dickhäutigkeit sind notwendig.

Allerdings: Wenn eine Ausstellung nicht als einmaliges Ereignis gedacht ist, sondern als ein Baustein bei der Erreichung des langfristigen Ziels der Förderung von Geschichtskultur, dann sind gerade solche Veranstaltungen ein Muss. „Mea res agitur".

Geschichte inszenieren – für die Vergangenheit interessieren

Von Martin Winklbauer[1]

I. Hineinschlüpfen in die Zeit

Breite Lederriemen kreuzen sich vor meiner Brust, an jedem ist ein Dolch befestigt. An einem breiten Gürtel zwei Pistolen und an einem schmäleren hängt der Säbel. Die enge Lederhose in den Reitstiefeln versenkt und über den Schultern ein fast bodenlanger roter Mantel, so gehe ich über meinen Hof. Ein ungewöhnliches Erscheinungsbild für einen oberbayrischen Bauern – doch es ist „Pandurenzeit".

Alle zwei Jahre spielen wir das Stück: **Das schwarze Jahr**. Wir, das sind die Bürger von Halsbach, einem kleinen, knapp tausend Seelen zählenden Dorf im altbayerischen Landkreis Altötting. Der Kern des Stücks ist ein Votivbild in der Halsbacher Pfarrkirche, das an ein Vorkommnis im österreichischen Erbfolgekrieg erinnert.

1. Zur historischen Einordnung: Was war geschehen?

Der Österreichische Kaiser Karl VI. war 1740 gestorben, ohne einen männlichen Erben zu hinterlassen. Er hatte durch die sog. Pragmatische Sanktion die ursprüngliche Erbfolge zugunsten seiner Tochter Maria Theresia abgeändert und diese trat deshalb auch die Regierung in den habsburgischen Erblanden an. Ihre Thronfolge wurde von mehreren Staaten, darunter auch Bayern und Preußen nicht anerkannt, so trat Karl Albrecht von Bayern in den so genannten österreichischen Erbfolgekrieg ein. Nach anfänglichen Erfolgen in Österreich und Böhmen eilte er – statt im Land zu bleiben – nach Frankfurt am Main, um sich dort als Karl VII. zum Römisch-Deutschen Kaiser wählen zu lassen.

Maria Theresia, von allen Seiten bedrängt, begeisterte auf dem Reichstag von Preßburg die ungarischen Magnaten zur Hilfeleistung. Von den zwei Heeren, die aufgestellt wurden, kämpfte das eine ohne Erfolg gegen den Preußenkönig, das andere aber mit mehr Glück gegen Bayern. Dieses stand unter dem österreichischen Feldmarschall von Khevenhüller. Zu dem gesellte sich ein Freiwilligencorps von Panduren, Rotmänteln, Slowaken, Kroaten etc., das der berüchtigte Pandurenoberst von der Trenk, angeworben hatte. Während Karl Albrecht in Frankfurt Krönungs-

---

[1] Autor und Regisseur heimatgeschichtlicher Theaterstücke.

feste feierte, überfiel dieser Heerhaufen Bayern. Mit Mord, Brand und Plünderungen hauste der Feind auch fast ein ganzes Jahr in Halsbach und als er Ende 1742 abzog, hatte er unter anderem Elend auch eine nicht bekannte Seuche hinterlassen. Tatsächlich starben dort im Jahr 1743 über hundert Menschen.[2]

2. Eine Idee wird Wirklichkeit

Vor knapp zwanzig Jahren hatten wir eine Idee. Wir, das waren der Trinkberger Simal, eigentlich heißt er Simon Maier, aber bei uns werden die Leute nach dem Hofnamen benannt. Dann der Leberer (Franz Blüml), der Reisachöder Schorsch (Georg Paffinger) und der Spielhofer (das bin ich). Wir vier hatten die Idee ein Stück Halsbacher Geschichte lebendig werden zu lassen. Einen Bühnenautor hatten wir nicht zur Verfügung, so habe ich versucht aus dem Stoff, den wir ausgraben konnten – mit wenig Erfahrung, aber mit viel Herzblut ein Bühnenstück zu schaffen. ***Das schwarze Jahr*** entstand. Damals spielten wir es in einem alten Bundwerkstadl. In der Folgezeit haben wir es als Freilichtspiel inszeniert – an der Mesnerleite, also am originalen Schauplatz.

Vorsichtig lege ich den Sattel auf den Rücken von VISΨA. Die schwarze Vollblutstute steht bereits gestriegelt und geputzt vor dem Stall. Sie steht nicht alleine hier. Zu unseren vier eigenen Pferden hat sich noch ein knappes Dutzend weiterer gesellt. Reiter aus der näheren und weiteren Umgebung haben ihre Tiere bei uns untergestellt und schlüpfen mit mir in das Kostüm jener Zeit und mit dem Kostüm selber ein Stück in jene Zeit.

II. Auf den Weg machen

Langsam machen wir uns auf den Weg. Gut eine dreiviertel Stunde werden wir so über Feld- und Wiesenwege reiten. Auf Wegen, die es auch damals, vor 250 Jahren schon gab.[3] Wir erzählen mit unserem Stück ja eine Geschichte die wirklich geschehen ist. Vielleicht nicht ganz so. – Doch die Höfe, an denen wir vorbei reiten, haben dies erlebt. Die alte

---

[2] Sonntag, K.: Trenck der Pandur und die Brandschatzung Bayerns, München 1976; Handrick, W.: Die Pragmatische Armee 1741 bis 1743. Eine alliierte Armee im Kalkül des Österreichischen Erbfolgekrieges, München 1991; Hartmann, P.C.: Karl Albrecht – Karl VII. Glücklicher Kurfürst – unglücklicher Kaiser, Regensburg 1985.

[3] Vgl. Bichlmeier, Räume, S. 235 in diesem Band.

Schmiede, der Hohlweg oder der gehauene Grenzstein, sie alle könnten die Geschichte erzählen wie es damals war – doch diese Zeugen schweigen. So haben wir uns zur Stimme jener gemacht.

Geschichte[4] lebendig werden zu lassen, sie mit Leben zu erfüllen, sie begreifbar zu machen, das war unser Ziel und ist es auch heute noch. Begreifbar machen im wahrsten Sinne des Wortes – Geschichte zum Anfassen. Seither schlüpfen immer wieder und immer mehr Menschen mit Begeisterung in Leinen und Rupfen und spielen, ja „leben" die Geschichte ihrer eigenen Vorfahren. Den verschiedensten Epochen und Ereignissen haben wir so schon Leben eingehaucht. Mittlerweile sind es gut dreißig Theaterstücke, die ich geschrieben habe.

Langsam macht sich die Spannung bemerkbar, nicht nur bei den Reitern, auch bei den Pferden, denn immer näher kommen wir unserem Ziel. Aus den verschiedensten Richtungen tauchen nun rotbemäntelte Reiter auf und streben der alten Forststraße zu, die in das Halsbachtal führt. Dort am Ende des Waldes ist der Treffpunkt. Ungesehen warten wir dort auf unseren ersten Einsatz. Drüben, auf der anderen Talseite läuft schon das Vorprogramm. Der leichte Abendwind trägt die Musik der *Grattlermusi* über den Talboden und füllt ihn. Diese Musikgruppe hat durch Engagement und Eigeninitiative mittlerweile ein ganz beachtliches Niveau erreicht. Doch nicht nur sie!

Von den Zimmermännern, die mit den Äxten ihrer Vorfahren deren Technik wieder erlernten und die Stämme behauen bis hin zu den Besenbindern und den Schmieden. Manchmal ist meine Unterstützung gefragt, manchmal gilt es etwas anzuschieben und bei Unsicherheit auch Mut zuzusprechen, um sich an die alten Techniken zu wagen, aber eben nur manchmal. Das sogenannte Vorprogramm ist für mich eines der wesentlichen Elemente, um den Besucher langsam in die Zeit einzuführen. Wie eine Tür in das 18. Jahrhundert soll dieses Markttreiben sein, eine Tür, durch die man einsteigt in jene Zeit. Vielleicht nicht immer perfekt, aber bestimmt immer mit Liebe zum Detail. Da kann man sehen, riechen und schmecken. Weit über hundert Mitwirkende nehmen den Besucher mit auf ihrer Zeitreise.[5]

---

[4] Zur Unterscheidung zwischen der „gewesenen Vergangenheit" und der erzählten Geschichte vgl. Zabold/Schreiber, Bildungschance Ausstellung, S. 197 in diesem Band.

[5] Dieses Vorprogramm verlegten wir anlässlich der Mühldorfer Ausstellung „Salzburg in Bayern" in den Innenhof der Ausstellung. Auch hier gelang es, die Besucher einzustimmen, sie neugierig und bereit zu machen für mehr.

Abb. 96 Das Markttreiben als Vorprogramm des Theaterspiels in Halsbach.

Abb. 97 Auch für das leibliche Wohl ist beim Halsbacher Markttreiben vor der
 Aufführung gesorgt.

Streng sind wir, wenn es um Brillen, Ringe, oder gar lackierte Finger- oder Zehennägel geht. Immer ist es uns auch wichtig unser Hintergrundwissen zu vertiefen. Im Vorfeld dieser Aufführungsreihe haben wir Workshops für Kostümkunde angeboten, denn die Kostüme sind allesamt selber geschneidert und sollen stimmen. Für weiter Interessierte organisierten wir einen Vortrag von Prof. Schandor Nagy von der Universität Gögele in Ungarn, er referierte über Ursprung und Herkunft der Panduren. Und der Saal war voll besetzt bis auf den letzten Platz! Wohlgemerkt bei einem Geschichtsvortrag in einem Dorf.

Alle haben sie den Ausführungen gelauscht, auch die Panduren – und diese stehen nun voller Spannung auf dem Forstweg. Nervös tänzeln die Pferde – der Angerer Lois (Alois Kirchberger) mit seinem Kaltblutgespann trifft ein. Er, der Altbauer vom Angererhof bei Halsbach, stellt einen der Zwangsrekrutierten jener Zeit dar. Lieber würde er natürlich im Festgeschirr auftreten, aber das wäre schon fast wie Birkenstock-Sandalen beim Marktreiben.

III. Geschichte kann so spannend sein!

Von der Mesnerleite hören wir die Schreie der Schmiedfamilie – das Stück hat begonnen! Noch wenige Augenblicke und dann geht's los. Weder unsere Pferde noch wir selber können es kaum mehr erwarten. bis es soweit ist:

Eide Pandure!!

Sturmgeläut der Halsbacher Kirche begleitet unser Erscheinen und vermischt sich mit unserem rauen serbisch-kroatisches Kautauwelsch. Die Pferde sind nicht mehr zu halten und wir geben ihnen die Zügel. Mit zerzausten Mähnen und wehenden Mänteln jagen 25 Panduren quer durch das Tal und ziehen alles in ihren Bann. Wir hören nicht das Raunen das nun durch die Zuschauerreihen geht, wir hören nur das Stampfen der Hufe, das Schnauben der Pferde und unsere Schreie, dann erreichen wir das Dorf. Hier noch einmal volle Konzentration. Mit VISΨA habe ich noch eine Sondereinlage: Das *Spiel* mit dem jungen Schmied. Jener versucht gegen die Härte und Brutalität der kampferprobten Panduren anzugehen. Ein sinnloses Unterfangen. Obwohl bis zu den Zähnen bewaffnet, finde ich es nicht wert sie gegen diesen „Bauern" einzusetzen. Stattdessen lasse ich ihn unter dem höhnischen Gelächter der Panduren zu meiner ungarischen Peitsche tanzen. Und dann jagt die ganze Meute unmittelbar am Zuschauer vorbei den Bühnenhang hinauf.

Abb. 98 Die „Panduren" beim Aufreiten im Theaterstück „Das Schwarze Jahr" in Halsbach.

An die Tausend meist Kinder und Jugendlicher sind bei dieser Generalprobe anwesend, denn die Hauptprobe können alle Schüler aus dem Landreis kostenlos miterleben. Und all diese jungen Menschen haben wir mit hineingerissen in die Zeit des österreichischen Erbfolgekrieges. Es gibt sie nicht mehr die Grenzen zwischen Spieler und Rolle und auch nicht zwischen Zuschauer und Spiel. Alle sind eins geworden – Teil in einer Geschichte.

IV. Teil der Geschichte sein

Dieses Stück hat bei so manchem Besucher einen anderen Blick, einen neuen Blickwinkel in die Geschichte eröffnet. Auch wenn es zu diesem Zeitpunkt nicht alle erfassen können, dieses „berührt-Werden", wird bei manchem Folgen haben. Wie die Vergangenheit gezeigt hat, wurden von Schülern je nach Altersstufe Bilder gemalt oder Aufsätze verfasst oder dieser Teil der Geschichte als Thema für eine tiefere Beschäftigung gewählt. Referate wurden erarbeitet, zu den Lebensverhältnisse der Landbevölkerung im 18. Jahrhundert, zum Einfluss der fremden Soldateska in unserem Kulturkreis, zu einfachen Sprachforschungen: Welche Wörter lassen den Einfluss des Slawischen erkennen?

Unsere Art der Auseinandersetzung mit der Geschichte eröffnet manch anderen Blickwinkel in unserem sich wandelnden Europa. Der

Blick zurück, um den Weg nach vorne zu erkennen. Es sind nicht die geschichtlichen Fakten, die unsere jungen Besucher fesseln, es ist die Art, wie Geschichte präsentiert wird.

Mit der beginnenden Dunkelheit wird auch das Stück immer düsterer, doch immer deutlicher wird jene Zeit: die Lebensbedingungen damals, die Situation der Frau in der Gesellschaft und die Rolle der Kirche.

Das Spiel geht weiter, es war nicht unser letzter Auftritt. Der junge Dorfschmied will die Panduren mit Gewalt vertreiben. *„Lieber bayrisch sterben, als österreichisch verderben"*, so lautet die Losung jener Zeit, mit der auch der junge Schmied seine Gefolgschaft aufrüttelt! Doch die Panduren spüren mehr und mehr, wer ihr Widersacher ist. Die Schmiede wird geplündert und in Brand gesetzt und der Schmiedgeselle fälschlicherweise statt dem Schmied gefangen genommen.

Gemächlich reiten wir durch den Ort zurück zum Forstweg. Dort können wir zum ersten Mal absitzen. Nach gut drei Stunden im Sattel genießen wir unsere Pause.

Am gegenüberliegenden Theaterhang ziehen unzählige kleiner Lichter den Weg hinauf – die Prozession. Die Große Not der Menschen und das Auftreten der rätselhaften Seuche veranlassten unsere Vorfahren ein Gelübde abzulegen.

Abb. 99 Das Votivbild in der Kirche in Halsbach gab den Anlass zum Stück „Das Schwarze Jahr".

Jahrzehnte lang wurde das „Halsbacher Muttergotteslied", das seinen Ursprung in jenem Gelöbnis hat, nicht mehr gesungen. Nun gibt es wieder eine Fassung, und zu besonderen Gelegenheiten erklingt dieses Lied am Ende des Gottesdienstes. Das Theaterspiel hat hier – wie an vielen anderen Stellen auch – Geschichte, Brauchtum und Tradition den Heutigen wieder zugänglich gemacht.

V. Der achtsame Umgang mit der Geschichte

Die Not der Menschen treibt ihre Blüten. Auf der Bühne vermischen sich nun Glaube und Aberglaube und die verschiedensten Charaktere der Menschen werden offenkundig. Alle Spieler sind Amateure. Vom Bankdirektor bis zur Bäuerin, vom Bürgermeister bis zum Kindergartenkind. Jeder lebt seine Rolle. Hier geht es nicht in erster Linie um Perfektion, nicht um die Fähigkeit, verschiedenste Rollen zu spielen, hier geht es darum, seine Rolle zu leben.

Als Regisseur versuche ich auf der Bühne eine Atmosphäre zu schaffen die es jedem einzelnen Akteur möglich macht, die Bühnensituation zu erleben. Darum versuche ich den Mitwirkenden geschichtliche Zusammenhänge zu erklären, um so zu einer glaubwürdigen Darstellung zu gelangen.

Nur wenn _wir_ die Geschichte verstehen – und ich meine nicht die Geschichte der Jahreszahlen, sondern ich meine die Geschichte der Menschen und der Schicksale – nur dann werden unsere Besucher auch diesen Teil der Geschichte verstehen. Und mit verstehen meine ich nicht nur das Erfassen mit dem Kopf, sondern das Begreifen mit allen Sinnen. Nur wenn es uns auf der Bühne gelingt, Stimmung zu erzeugen, können wir Stimmung weiter geben.

Der achtsame Umgang mit den Vorkommnissen der Zeit ist das Grundfundament meines Handelns. Manchem Historiker fehlen bei meinen Stücken vielleicht die seiner Meinung nach notwendigen Nachweise für die getroffenen Aussagen. Damit kann ich gut leben, denn ich schreibe keine geschichtlichen Abhandlungen, keine Chroniken, sondern Theaterstücke! Ich versuche die Geschichte der Zahlen, die Geschichte der Worte mit Menschen und Namen zu verknüpfen. Die hohe Politik jener Zeit soweit aufzubrechen bis der einzelne Mensch erkennbar wird, das ist das Ziel – und mit dem Schicksal einzelner Menschen, mit deren Lachen und Weinen, den Zugang zu dieser Zeit zu eröffnen.

Die Dunkelheit ist nun vollends herein gebrochen und das Schwarze Jahr nimmt langsam sein Ende – in all der Dunkelheit doch mit einem Happy End.

Schweigend reiten wir zurück zum Hof. Erst langsam tauchen wir auf aus dieser Zeit und so manchem Besucher wird es ähnlich ergehen – nur langsam wird ihn die Geschichte freigeben in die Gegenwart.

Jeder wird etwas anderes mit nach Hause nehmen – mancher ein Stück eigener Wurzeln!

Hexen, Henker, Hochgericht – Kinder machen Theater.

Von Katja Lehmann und Stefanie Zabold

I. Was macht das Theater im Museum?

Theater und Museum respektive Theater und Ausstellung stehen sich näher und ergänzen sich besser, als auf den ersten Blick vermutet werden könnte. Längst haben moderne Ausstellungsmacher das Ideal des verstaubten Musentempels der Kontemplation über Bord geworfen, das in den Köpfen vieler Zeitgenossen noch immer sein zum Gähnen langweiliges Unwesen treibt. Längst haben Theatermacher begriffen, dass sie ihre heiligen Hallen verlassen müssen, um neben Kino, Fernsehen und den vielseitigen Unterhaltungs-Angeboten der Eventkultur weiterhin existieren zu können. Auf halbem Weg reichen sich Museum und Theater – deren Publikum zwar weitest gehend ähnlich, aber keineswegs deckungsgleich ist! – die Hand. Das „MuseumsTheater"[1] ist ein viel gebrauchter, weil vielseitig gedeuteter Begriff, der seit den 1990-ern von all jenen benutzt wird, die mit ihm konfrontiert werden, als da wären: Museums- und Theaterpädagogen, Ausstellungsmacher, Theaterregisseure usw.

Museum und Theater berühren sich vor allem in einem Punkt – beiden ist die Inszenierung, das Arrangement, das gestalterische Element im Allgemeinen eigen. Theater im Museum, in der Ausstellung, ist inszenierte Geschichte, ist In-Szene-Setzen von Geschichte(n). Inszenierung meint für den Ausstellungsmacher die „bewusste Interpretation von Vergangenheit",[2] bei der Originale maßstabsgetreu im dreidimensionalen Raum unter Hinzunahme theatralischer Hilfen in einen erzählenden Kontext gebracht werden. Für den Theatermacher bedeutet der Begriff Inszenierung das „theatrale Kunstwerk (...) eine Struktur ästhetisch organisierter Zeichen, (...) eine besondere intentionale Organisation von Zeichen und Zeichensystemen".[3] Idealtypisch können drei Typen der Inszenierung voneinander unterschieden werden: der rekonstruktive Typus (z. B. als begehbares Ensemble, Diorama oder Modell), der dekorative Typus (z. B. mit ästhetisierenden Licht-, Farb- und Materialeffekten) und der symboli-

---

[1] Vgl. hierzu: Kindler, G. (Hg.): MuseumsTheater. Theatrale Inszenierung in der Ausstellungspraxis, Bielefeld 2001.

[2] Michler, A.: Museum und Ausstellung, in: Schreiber, W. (Hg.): Erste Begegnungen mit Geschichte. Grundlagen historischen Lernens, Neuried 1999, S. 570.

[3] Balme, C.: Einführung in die Theaterwissenschaft, Berlin ²2001, S. 82.

sierende Typus (der Sinnvermittlung durch Reduktion auf Zeichen beinhaltet, die allgemein verstanden oder nachempfunden werden können).[4] Als idealtypisch kann diese Differenzierung deshalb bezeichnet werden, weil in der Ausstellungspraxis wohl hauptsächlich Mischformen zum Einsatz kommen.

Wenn Inszenierung nicht als reiner Selbstzweck und übersteigerte Ästhetisierung zum Einsatz kommt, eröffnet sie der Ausstellung eine Vielzahl an Chancen. Sie ermöglicht nicht nur Vernetzung dargestellter Objekte, Differenzierung und Mehrdimensionalität, sondern sie macht Geschichte für den Ausstellungsbesucher auch mit allen Sinnen erfahrbar, ermöglicht so gesteigerte Empathie und vertiefte Imaginationsfähigkeit. Diese Vorzüge der Inszenierung, die von Ausstellungsmachern genutzt werden, gelten auch für das Auftreten von Schauspielern in den Räumen der Ausstellung. Darüber hinaus werden im darstellenden Spiel agierende Menschen „auf die Bühne" gebracht. Sie als die Handlungsträger der Geschichte haben es in der Hand, historische Zusammenhänge zu personifizieren oder zu charakterisieren und so dem Besucher-Publikum eine weitere elementare Chance zu geben, den Zeitsprung in die Vergangenheit zu wagen.

Doch muss man sich der Veränderung, die das Theater ins Museum bringt, bewusst sein, um Inszenierung effektiv einzusetzen. Die Trias Schauspieler – Besucher – zu bespielendes Objekt stellt nicht nur den Spielenden vor neuartige Schwierigkeiten. Insbesondere für den Besucher – der zum Publikum wird – stellt sie eine besondere Herausforderung dar, da er ungefragt in eine „Interaktionsmatrix" eingebunden und dadurch vom passiven Rezipienten zum aktiven Teilhaber einer Vorstellung gemacht wird.

Auch die Besucher der Ausstellung „Salzburg in Bayern" wurden in den einzelnen Abteilungen mit Schauspielszenen konfrontiert, die die Darsteller der Schauspielschule Athanor zum Besten gaben.[5] Am leichtesten fiel diese Begegnung den jüngsten Ausstellungsbesuchern. Während der eine oder andere erwachsene Besucher schon öfter einmal peinlich berührt zum Boden oder zur Seite schaute, wenn er mit einer Hellebarde vermeintlich bedroht oder von einer Putzfrau aus dem 18. Jahrhundert auf seine seltsame Tracht angesprochen wurde, reagierten die Kinder gebannt und begeistert. Kinder sind ein besonderes Publikum. Auf die

---

[4] Klein, H. J.: Wieviel Theater braucht das Museum? Besucher geben Auskunft. In: MuseumsTheater, S. 78.
[5] Vgl. hierzu den Beitrag Bieler, Schauspieler „führen", S. 481 und die Abbildung bei Hamberger, Ausstellungskonzepte, S. 38 in diesem Band.

Frage eines seiner Schüler, wie man für Kinder Theater spielen solle, antwortete der Theaterregisseur Konstantin Stanislawski: genauso wie für Erwachsene, nur besser.[6] Ihre Lust, Neues zu entdecken, ist noch sehr viel unverfälschter und ausgeprägter als bei Erwachsenen. Für sie verschwimmen die Grenzen zwischen Realität und Fiktion, und der Zeitsprung in die Vergangenheit wird zu einem „Katzensprung".[7]

II. Wie machen Kinder Theater in und mit einer Ausstellung?

Mehr noch als in der Rolle des Zuschauers vermögen Kinder über Geschichte zu lernen, wenn sie selbst Geschichte(n) erzählen, wenn sie selbst Theater spielen, das sich mit historischen Inhalten beschäftigt.

Das szenische Spiel ermöglicht eine Form historischen Lernens, bei der die Aneignung des zu vermittelnden Gegenstandes über das Erleben in konkreten Situationen erfolgt. Wer mit Kindern Geschichtstheater spielen möchte, muss sich zunächst fragen, wie Geschichte als vergangene Wirklichkeit konkretisiert werden kann. Diese Konkretisierung ist abhängig von Quellen, die aus der Vergangenheit in die Gegenwart tradiert wurden und von Darstellungen, die diese Vergangenheit deutend zur Geschichte formen. Wer mit Kindern über das darstellende Spiel historisches Lernen ermöglichen möchte, muss sich selbst über die Partialität und Selektivität der Quellenlage im Klaren sein: ich kann anhand der existenten Quellen Sachinformationen gewinnen, beispielsweise über die Kleidung (Kostüm), die Sprache (Texte), die Architektur (Kulisse) usw., die im relevanten Zeitraum gepflegt wurden. Dennoch wird es mir zum Beispiel unmöglich sein, Mimik, Gestik und Mentalität der historischen Persönlichkeit detailgetreu zu rekonstruieren, die aus der Geschichte auf die Bühne treten soll. Der Nachahmung des Vergangenen sind natürliche Grenzen gesetzt, die zu überwinden aufgrund der zeitlichen Distanz unmöglich sein wird. Darum ist jede Inszenierung auf dem Theater, genau wie es Ensemblebildungen und Inszenierungen in historischen Ausstellungen sind, notwendigerweise eine deutende und (be)wertende Interpretation der Vergangenheit. Dies ist jedoch unseres Erachtens keine Sackgasse, die das darstellende Spiel von Geschichte mit Kindern und Jugendlichen von vorneherein zum Scheitern verurteilt, sondern eine doppelte Chance. Zum einen werden die Kinder, denen die Grenzen der Nachah-

---

[6] Hentschel, I./Hoffmann, K./Vaßen, F. (Hgg.): Brecht & Stanislawski und die Folgen. Anregungen für die Theaterarbeit, Berlin 1997, S. 208.

[7] Vgl. hierzu den Beitrag Schreiber, Zeiten erfahrbar machen, S. 251 in diesem Band.

mung der vergangenen Wirklichkeit klar werden, sich der Alterität der Vergangenheit ebenso bewusst wie der Kontinuität. D.h. das Bewusstsein dieser Eigenschaft von Vergangenheit, Geschichte/Gegenwart und Zukunft verhilft ihnen zu einem reflektierten und (selbst-)reflexiven Umgang mit Geschichte. Zum anderen bietet die Auseinandersetzung mit der eigenen interpretierenden Deutung von Vergangenheit die Chance zu einer spielerischen Auseinandersetzung mit Vergangenheit – sozusagen einer „probeweise(n) Identifikation mit vergangener Wirklichkeit"[8]. Wenn Kinder um die Tatsache wissen, dass sie sich mit der Re-Konstruktion von Vergangenem der gewesenen Realität immer nur bedingt annähern können, entsteht Raum für eigene Kreativität und die Entfaltung der eigenen Phantasie, die aufgebracht werden muss, um Wissenslücken zu überspringen.

1. Historisches Rollenspiel mit Kindern

Eine einheitliche Definition von historischen Rollenspielen gibt es (noch) nicht. Das Rollenspiel wird in den unterschiedlichsten Bereichen (z.B. in der Psychiatrie, im Bildungs- und Sozialwesen) angewandt und lässt sich darum nur schwer einheitlich fassen. Die unterschiedlichen Spieltypen reichen vom Stegreifspiel nach Rollenanweisungen, die vorbereitete kleine Szene über Szenenfolgen bis hin zu Szenenfolgen, frei erfundenen Szenen und kompletten Theaterstücken.[9]

Zunächst gilt es festzustellen, ob es überhaupt sinnvoll ist, Geschichte mit Kindern über die Spielform Theater zu lernen. Die Gefahr der Überforderung oder der Verflachung ist allgegenwärtig. Dennoch ist gerade das historische Rollenspiel ein Weg, um Geschichte handlungsorientiert und erfahrungsorientiert zu vermitteln. Die Möglichkeiten des Spieles können dabei helfen, das „Schreckgespenst Geschichte", das infolge langweiligen Unterrichtes in den Köpfen vieler vor allem älterer Schülerinnen und Schüler eine Blockade errichtet hat, zu einem spannenden und lehrreichen Abenteuer zu machen. Im Rahmen des Ferienprogramms einer Ausstellung muss immer der Spaß im Vordergrund stehen, damit Wissensvermittlung im Rahmen eines Freizeitprogramms überhaupt

---

[8] Grüneisl, G. u.a. (Hgg.): Kinder spielen Geschichte, Bd. 1: Theorie: Perspektiven der Sozial- und Kulturpädagogik, München 1977, S. 14.

[9] An einer Definition unterschiedlicher Spieltypen hat sich Peter Schulz-Hageleit versucht. Diese ordnet er zunächst nach inhaltlichen Aspekten (die sich auf die geschichtliche Situation beziehen) und dann nach Organisationsmerkmalen. Vgl. hierzu: Schulz-Hageleit, P.: Geschichte: erfahren, gespielt, begriffen, Braunschweig 1988, S. 50 ff.

möglich ist. Handlungsorientierung, wie sie der spielerische Umgang mit Geschichte in Theaterform einfordert, erreicht Kinder ganzheitlich, denn sie sind mit Kopf, Herz und Gefühl, dem Körper und den Sinnen beteiligt. Das Verhältnis von Kopf- und Handarbeit, so lautet der Anspruch der Organisatoren des Ferienprogramms für Kinder der Ausstellung in Mühldorf, soll in einer ausgewogenen Balance bestehen.

Dennoch ist das Spielen kein Selbstzweck und darf auch den Kindern nicht als solcher „verkauft" werden. Das Theaterspielen von Geschichte hat seinen festen Rahmen, der ihm vorgegeben ist durch die Orientierung an der Vergangenheit: dass Geschichte nicht erfindbar ist, ist die Grenze aller spielerischen Formen. Anders als rein fiktionale Stücke unterstehen Stücke mit historischen Inhalten einer Kontrollfunktion: „Die fiktiven Entwürfe ... müssen sich also der Sachkritik stellen, damit sie den historischen Fakten nicht widersprechen."[10] Doch heißt das nicht, dass die Fantasie der Spielenden von vornherein beschnitten würde. Sie muss immer wieder aktiviert werden, um Brücken zu schlagen über Probleme, die nicht mehr rekonstruierbar oder auf sachlicher Ebene nicht zu klären sind.

2. Grundlagen schaffen für das Theaterspielen

Wer mit Kindern und Jugendlichen Geschichte im Theater inszenieren möchte, muss in zwei Richtungen aktiv werden.

Zum einen kann nicht davon ausgegangen werden, dass bei allen Teilnehmern gleichermaßen Bewegungs- und Spielfreude vorausgesetzt werden darf, da viele Kinder heute überwiegend sitzen – in der Schule, vor dem Fernseher, dem Computer usw.

An ein Gefühl für die eigene Körperlichkeit muss die Gruppe zunächst herangeführt werden. Allerdings haben Kinder hier noch einen entscheidenden Vorteil gegenüber Erwachsenen: sie sind noch eher damit vertraut, in Rollen zu schlüpfen und haben mehr Mut, sich auch in außergewöhnliche Situationen zu begeben.

Beim ersten Ankommen stehen die Kontaktaufnahme und die Raumerkundung zwischen Personen und Gegenständen im Vordergrund des Spielgeschehens.[11] Hierbei muss den Spielleitern bzw. den Regisseuren des Theaterstücks – bewusst sein, dass jeder Teilnehmer des Projektes aus einem anderen Alltag heraustritt. Das „Ankommen", das dabei hilft,

---

[10] Gramatzki, H.: Unterrichtsideen. Spiele im Geschichtsunterricht der Sekundarstufe I, Stuttgart 1994, S. 8.
[11] Konkrete Anweisungen zur Arbeit mit Spielgruppen finden sich bei: Broich, J.: Gruppenspiele anleiten. Vorbereitung und Durchführung, Köln ²1997.

sich beim anfänglichen Umgang miteinander aufeinander einzustimmen und das klar macht: „Hier wird der Alltag verlassen! Was draußen eine Rolle spielt, mich beschäftigt und ablenkt, hat hier drinnen keine Bedeutung!" sollte darum bewusst gestaltet werden. Aufwärm- oder Kennenlernspiele dienen dem Vertrautwerden der Gruppe. Der Spielleiter muss sich hier schnell ein Bild von den Teilnehmern machen können, die Namen lernen[12], die Schüchternen und die Rabauken einordnen, um bei den darauf folgenden Gruppen- und Einzelübungen individuell auf die Fähigkeiten und vor allem die Bedürfnisse der Kinder eingehen zu können. Eine zweite Probenphase kann aus Körper- und Bewegungsspielen bestehen. Da der Körper neben der Sprache beim Theaterspielen das wichtigste Ausdrucksmedium ist, sollte viel Zeit darauf verwendet werden, ihn ins Spiel und also in Bewegung zu bringen.[13]

Sprach- und Ausdrucksspiele können ebenfalls vorteilhaft in den Probenplan integriert werden, da die Stimme nicht nur das Instrument des Schauspielers ist, das „gespielt" werden muss, sondern Sprachspiele darüber hinaus sensibilisieren für Atmung, Stimme und auch körperlichen Ausdruck.

Wenn Proben- und Aufführungsraum miteinander identisch sind, lohnt es auch bei kurzen Projekten von ein oder zwei Tagen, den Raum intensiv zu erforschen, denn er wird sich am Ende des Projektes in die Bühne verwandeln, die die Schauspieler gut kennen müssen, um ihre Wege „blind" zu laufen. Auch schafft dies eine Atmosphäre der Vertrautheit, die unabkömmlich ist, um es den Schauspielern zu ermöglichen, körperlich und mental aus sich heraus zu gehen. Wichtig für die Motivation der Gruppe ist es, sich auch und gerade bei Kindern die Zeit zu nehmen, ihnen zu erklären, warum solche Grundübungen wichtig sind, auch wenn sie auf den ersten Blick nur wenig mit Theaterspielen zu tun zu haben scheinen.

Wenn es dann ans „richtige" Theaterspielen geht, bieten sich zunächst Einzel- und Gruppenimprovisationsübungen an.[14] Diese haben den

---

[12] Bei eintägigen Veranstaltungen wie dem Kindertheaterstück zum Mühldorfer Hexenprozess, an dem ca. 20 Kinder beteiligt waren, ist es oftmals unmöglich, alle Namen der Kinder zu behalten. Namensschilder (Kreppband beschriftet und auf den Pullover oder das T-Shirt geklebt) sind unerlässlich, will man, was selbstverständlich sein sollte, die Kinder mit Namen ansprechen.

[13] Sehr gute Einzel- und Gruppenübungen, anschaulich erklärt und logisch aufgebaut, finden sich bei: Tschechow, M.: Werkgeheimnisse der Schauspielkunst. Zürich 1979, S. 19-39.

[14] Sehr gute Improvisationsübungen finden sich ebenfalls bei: Tschechow, M.: Werkgeheimnisse der Schauspielkunst, Zürich 1979, S. 41-59.

Vorteil, dass sie keinerlei Textsicherheit voraussetzen und eigentlich nicht schief gehen können, da sie, von wenigen Angaben abgesehen, in ihrer Gestaltung völlig frei sind. Improvisation fördert die Kreativität und Gestaltungskraft auf spielerische Art und Weise in besonderem Maße.

Abb. 100 Zwei „Schauspielerinnen" beim Improvisationstheater als Vorbereitung auf das Kindertheaterstück.

Leichte Grundübungen sollten vorangestellt werden, um die Kinder nicht zu überfordern – gleiches gilt wohl für Erwachsenengruppen ebenso. Erfolgserlebnisse zu Beginn sind wichtig, um das Gefühl für den eigenen Körper, die Gruppe, die Stimme usw. nicht zu verlieren oder zu blockieren, wenn einmal ein Spiel nicht den Vorstellungen der Spielenden entsprechend gelingt. Ein Weg, die Kinder an das Rollenspiel bzw. das Szenische Spiel heranzuführen, wäre z. B. die Pantomime. Hier werden vier Grundübungen unterschieden: Ausdrucksübungen (hören, sehen, schmecken, riechen, tasten), „Typen spielen" (alte Frau, junger Dandy, seriöser Firmendirektor usw.), Körperübungen (ein Körperteil – Nase, Fuß, Knie, Hintern – gibt die Richtung an, in die man sich bewegt, verschiedene

Gangarten usw.), Spiele mit einem imaginären Partner (am Telefon, im Wartezimmer des Zahnarztes, beim Tennisspielen usw.).[15]

Um die Kinder auch an der eigentlichen Inszenierung zu beteiligen, kann man sie ebenfalls mit gezielten Übungen vorbereiten. Das „Bildhauer-Spiel" ist eine Möglichkeit, das Bewusstsein der Kinder dafür zu schärfen, dass Theaterstücke aus „gestellten" Bildern bestehen. Für dieses Spiel wählt die Gruppe einen „Bildhauer", der die Aufgabe bekommt, ein bestimmtes „Standbild" zu entwerfen – beispielsweise drei Mädchen, die einen Popstar anhimmeln, einen Pfarrer, der vor seiner Gemeinde spricht, Pfadfinder, die einer alten Dame über die Straße helfen usw. Der „Bildhauer/Regisseur" wird darauf hingewiesen, behutsam mit den ihm/ihr anvertrauten Mitspielern umzugehen, diese bleiben passiv und werden von ihm „in Szene gesetzt".

Nach diesen (oder ähnlichen) vorbereitenden Übungen empfiehlt es sich, in die eigentliche Arbeit am Stück einzusteigen. Hierbei müssen die Szenen nicht zwingend in der „richtigen" Reihenfolge erarbeitet werden. Es gilt jedoch darauf zu achten, dass die Anzahl und Länge der Einzelszenen in einem realistischen Rahmen verbleibt: lieber erarbeitet man nur eine Rumpfversion des Stückes, diese aber gründlich, als den Kindern am Ende das Gefühl zu vermitteln, etwas Unfertiges zu präsentieren. Die eigentliche Arbeit am Stück und an den Rollen ist natürlich stark vom ausgewählten Stoff abhängig. Am Beispiel des Kindertheaterstücks „Der Mühldorfer Hexenprozess" soll diese Stückarbeit im nächsten Abschnitt behandelt werden.

III. Der „Mühldorfer Hexenprozess als Kindertheaterstück"

Knapp zwanzig Kinder im Alter zwischen zehn und vierzehn Jahren hatten sich an einem Dienstag in den Sommerferien vor den Toren des Haberkastens, des Ausstellungsortes der Ausstellung „Salzburg in Bayern" eingefunden. Angelockt hatte sie ein Angebot des Kinder-Ferien-Programms, das das museumspädagogische Team der Ausstellung zusammengestellt hatte:

„Der Mühldorfer Hexenprozess – Eine Werkstatt-Inszenierung in 2 Akten

---

[15] Weitere Hinführungen zum Rollenspielen finden sich in: Heimbrock, C.: Geschichte spielen. Handlungsorientierter Geschichtsunterricht in der Sekundarstufe I, Donauwörth 1996, S. 21f.

Gespielt von Kindern aus der Stadt Mühldorf am Inn im Rahmen des Ferienprogramms zur Ausstellung Mühldorf a. Inn – Salzburg in Bayern Dienstag den 13. August 2002, 10 bis 16 Uhr".

Zwar waren, wie im Vorfeld aufgrund des methodischen und thematischen Zugriffs erwartet, mehr Mädchen als Jungen erschienen, doch waren diese mit einem guten Drittel der Teilnehmer durchaus nicht unterpräsentiert. Für ein Kinder-Theaterstück, das sich noch dazu mit dem Schicksal eines Mädchens beschäftigt, war dies ein positiv zu bewertender Schnitt.

Die meisten Kinder hatten bereits bei kleinen Schultheaterinszenierungen mitgewirkt und hatten so eine konkrete Vorstellung davon, was von ihnen erwartet wurde. Überraschend und neu war für die meisten nur, dass sie nicht nur als „Schauspieler", sondern ansatzweise auch als „Regisseure" an der Inszenierung teilhaben sollten.

Da es sich bei dem Mühldorfer Ferienprogrammpunkt „Der Mühldorfer Hexenprozess als Kindertheaterstück" um ein eigenes Theaterstück von Kindern für Kindern handelte, wollten wir Museums-/Theaterpädagoginnen den Kindern kein fertig geschriebenes Stück vorsetzen, um es ihnen zu ermöglichen, auch eigene Ideen nicht nur im Spiel, sondern auch in der Inszenierung einzubringen. Einige Szenen waren also vollständig ausformuliert, andere hatten wir nur in Form von Textbausteinen verfasst.

I.1 Die Anzeige beim Stadtambtmann

27. Januar 1749: Amtsstube des Stadtambtmanns, Tisch, 2 Stühle, der Stadtambtmann, der Zeuge Fritz Gockinger, der Knecht des Ambtmanns, Franz Jakob.

Aussage des Zeugen: vergangenen Samstag früh ist bei Jakob Altinger, dem Hufschmied in der Vorstadt, ein Lärm entstanden, woraufhin die Leute zusammen gelaufen sind – im Haus des Schmieds liegen Schmiedehämmer, Gewichte, Ziegeltrümmer, Hufnägel, Glasscherben und Eicheln herum – hat die Kindsmagd (Marie Pauer) das Haus verlassen, so hat das Lärmen aufgehört, kam sie wieder, fing es wieder an – die Leute haben gesagt, sie sei niemals getroffen worden – sie selbst sagt, sie hätte nichts gehört und lacht – der ehemalige Knecht des Hartbauern in der Hartgasse erinnert sich nun, Ähnliches sei schon einmal vorgekommen, damals habe es dort in der Hartgasse, wenn die M. zugegen war, ans Fenster geklopft, schon damals sei sie verdächtigt worden

Stadtambtmann: stellt entsprechende Fragen – Was hat der Zeuge gehört, gesehen? Was haben andere Zeugen gesagt? – Ruft den Knecht herein, fragt ihn, ob er, da er doch die Pauerin kenne, etwas gehört oder gesehen habe

Franz Jakob: bestätigt die Aussage des Zeugen, dass es in der Kammer ans Fenster geklopft habe – dass mit einem Mauerbrocken und Kot auf das Mädchen geworfen worden sei, dass bei der Marie lag, er will auch Stöhnen und Ächzen gehört haben

Beispiel für einen Textbaustein, der als Grundlage für die Kinder diente, um ihr Theaterstück zu schreiben.

Die Kinder konnten der Szene also ihre eigene Sprache geben. Hiermit wurde ihnen wieder bewusst gemacht, dass Geschichte(n) erzählen immer ein deutender Prozess ist, dass es nicht die eine wahre und richtige Geschichte gibt, sondern dass es unendlich viele Möglichkeiten gibt, eine Geschichte zu erzählen. Es war erstaunlich zu beobachten, wie die Kinder einerseits Wendungen ihres eigenen Sprachgebrauchs, andererseits aber auch solche entwickelten, die einer zeitgenössischen Sprache nachempfunden waren. Hierbei orientierten sie sich an den Quellenauszügen aus den Prozessakten, die wir ihnen in behutsam redigierter Form als Arbeitsmaterial präsentiert hatten. Der Anspruch auf bedingte Authentizität wurde ihnen so zusätzlich bewusst und zum eigenen Anliegen. „Authentizität" soll aber in diesem Kontext keineswegs missverstanden werden als „Imitation", sondern vielmehr als „Mimesis", also als Nachahmung[16]: was wahrscheinlich ist, soll unter all dem was möglich ist, herausgefunden und dies dann aufgeführt werden. Wir gaben den Kindern zwar die Möglichkeit an die Hand, über das erworbene Wissen auf der Sachebene das „Wahrscheinlich-Gewesene" vom „Eher-Unwahrscheinlich-Gewesenen" zu trennen, bemühten uns aber, ihre Vorstellungen nicht zu stark zu beschneiden.

Nicht alle Kinder waren in der Lage, eigene Szenen anhand der vorgegebenen Textbausteine zu entwickeln. Für diese waren vollständig ausformulierte, besonders kurz gehaltene Szenen angefertigt worden.

II.5 Erste Verhandlungen gegen Marie Pauer in Salzburg [Examinans – Actuarius – Maria Pauer]
Examinans: Ihro Gnaden Herr Rath, Syndikus, Commissarius
Actuarius: Franz Perzner
Examinans: Name? Alter?
Actuarius: Kann sie das Vater unser, das Ave Maria und das Glaubensbekenntnis beten?
Maria Pauer: Ja, kann ich.
Actuarius: Lass sie es uns hören!
Maria Pauer: beginnt das Vater unser zu beten
Examinans und Actuarius nicken befriedigt.
Examinans: Kann sie lesen und schreiben?
Maria Pauer: Weder lesen noch schreiben, Euer Gnaden.
Examinans: Aber sie hat doch dem Teufel auf schwarzem Papier unterschrieben, dass sie ihm gehöre!
Maria Pauer (weiß nicht, was sie sagen soll, dann): Er hat mir die Hand geführt.
Examinans und Actuarius nicken befriedigt.
Actuarius: Gestehst Du nun, Kind, dass Du eine Hexe bist?
Maria Pauer (schüttelt den Kopf).
Examinans: Nun gut, so fangen wir eben wieder von vorne an.

Beispiel für eine ausformulierte Spielszene

---

[16] Anm. d. Verf.: Mimesis ist einer der zentralen wahrnehmungsästhetischen Kategorien der Antike und umfasst alle Künste, nicht nur das Theater. In der antiken Theatertheorie (Platon, Aristoteles) wird das besondere Verhältnis der auf der Bühne dargestellten Phänomene zur Wirklichkeit als ein mimetisches, d.h. als ein nachahmendes bezeichnet. Mehr dazu bei: Balme, C.: Einführung in die Theaterwissenschaft, Berlin ²2001, S. 44.

Während sich einige Szenen, wie oben bereits erwähnt, sehr eng an Sprache und Inhalt der Quellen (Prozessakten) orientieren, gab es andere, die durchaus freier gestaltet waren.

Auch die Gestaltung des Bühnenraumes wurde nicht vorgegeben, sondern vonseiten der Kinder mit dem vorhandenen Mobiliar (Stühle, Tische) selbst vorgenommen. Anregungen vonseiten der Spielleiterinnen (etwa Hinweise darauf, dass die Verständlichkeit für das Publikum abnähme, wenn die Schauspieler mit dem Rücken zu den Stuhlreihen säßen und sprächen) gaben dem Bühnenbild nur den letzten „Feinschliff". Auf Kostüm und Maske musste bei dem Mühldorfer Projekt allerdings aufgrund der Kürze der Zeit verzichtet werden. Zwar finden Kinder natürlich gerade das Verkleiden besonders spannend am Theaterspielen, doch war ihre Imaginationsfähigkeit groß genug, um sich auch ohne Kostüm und Maske, allein mit einigen wenigen Requisiten ausgestattet, in die Welt des 18. Jahrhunderts in Mühldorf zu versetzen. Hinzu kommt, dass es für unerfahrene Laienschauspieler bedeutend schwerer ist, auf der Bühne mit Kostüm und Requisiten zu Recht zu kommen. Oftmals vergessen sie über die Tatsache, dass sie einen Stock in der Hand, einen Zylinder auf dem Kopf und ein Monokel auf der Nase haben, sich zu bewegen. Hinter Ausstattungsstücken, so glauben viele Schauspieler, könne man sich leichter verstecken.

1. Geschichte erfahren

Grundzüge des Theaterspielens zu erlernen, ist unerlässlich, um ein Kindertheaterstück zu inszenieren. Darüber hinaus ist es aber auch nicht möglich, Geschichtstheater zu spielen und von der Sache her nicht bescheid zu wissen. Sachkompetenz anzubahnen sollte immer ein wichtiges Anliegen des Umgangs mit Geschichte sein.[17] Darum war der Ferienprogrammpunkt „Der Mühldorfer Hexenprozess 1749/50 als Kindertheaterstück" zweigeteilt. Der Arbeit an der Inszenierung im Werkstattatelier der VHS ging die gemeinsame Erarbeitung des historischen Hintergrunds voraus.

Die Kinder durften sich also zunächst zu „Experten" der Geschichte der Hexe Maria Pauer machen, indem sie sowohl in der Ausstellung als

---

[17] Kinder, die im Umgang mit Geschichte noch „Novizen" sind, sollten befähigt werden, systematisches und sachadäquates, d.h. auch länger verfügbares Wissen aufzubauen. Sachkompetenz geht weit über zusammenhangloses Daten- und Faktenwissen hinaus. Vgl. hierzu: Schreiber, W.: Reflektiertes Geschichtsbewusstsein fördern, in: ZGD 1 (2002), S. 32.

auch an den historischen Schauplätzen (Rathaus, Hexenkammerl) des letzten großen Hexenprozesses im Inn- und Isengau die historischen Spuren erforschten. Dies kam auch der Grundidee des museumspädagogischen Gesamtkonzeptes entgegen, den „Ferienspaß" nicht als reine Beschäftigungstherapie oder Aufbewahrungsmöglichkeit für die Kinder gestresster Eltern zu gestalten, sondern immer mit einem historischen Fokus und einer engen Rückbindung sowohl an die Ausstellung als auch an die Stadt zu versehen.

Die meisten Kinder hatten die Ausstellung bereits einmal oder mehrfach im Rahmen des Ferienprogramms oder zusammen mit ihren Eltern besucht. Einige hatten die Geschichte der Hexe Maria Pauer auch in der Grundschule durchgenommen. So konnten wir auf Grundwissen zurückgreifen und hatten die Möglichkeit, uns selbst stark zurück zu nehmen. Die Kinder waren die „Experten", die ihr Wissen miteinander austauschen und ergänzen konnten.

Unsere Hauptaufgabe bestand darin, die Kinder dazu zu bringen, ihre Vorkenntnisse abzurufen und den anderen mitzuteilen, auf Brüche und Widersprüche aufmerksam zu machen, ohne dabei die Kategorien „richtig" oder „falsch" anzulegen, sondern vielmehr dafür zu sensibilisieren, dass Geschichte zwangsläufig selektiv, standortgebunden und perspektivisch ist.

Selektiv und perspektivisch sind auch die Quellen, die aus der Vergangenheit überliefert wurden. In diese, die auch die Grundlage des Theaterstücks darstellten, nahmen die Kinder Einblick. So wurde ihnen die Re-Konstruktivität von Geschichtsdarstellungen bewusst, während sie gleichzeitig Sachinformationen sammeln, einordnen und bewerten konnten. Dass auch sie die Geschichte der Maria Pauer rekonstruieren mussten, um ein Theaterstück über den Hexenprozess entwickeln zu können, wurde ihnen klar, und an mancher Stelle meldeten sich schon erste Ideen für die Inszenierung, Pläne, welche Schwerpunktsetzung vorzunehmen sei und auch Zweifel an der Umsetzbarkeit. Der Umgang mit den Quellen war im Rahmen dieses Projektes kein Selbstzweck, und wurde darum auch nicht als langweilig empfunden. Da es eine gut lesbare Edition gibt[18], hatten die Kinder auch nicht mit allzu großen Verständnisschwierigkeiten zu kämpfen.[19]

---

[18] Neumeyer, A. F.: Der Mühldorfer Hexenprozess 1749/50, Mühldorf a. Inn ³1992.

[19] Aufgrund des begrenzten zeitlichen Rahmens konnte die Quellenarbeit nur punktuell in die Tiefe gehen. Eine reflektierte Vorauswahl weniger aussagekräftiger Textpassagen, die eine bestimmte Länge nicht überschreiten dürfen,

Die „Aura des Ortes" ist ein zentrales Kriterium, das Empathievermögen für die Vergangenheit anbahnen hilft. Im Rahmen des Kindertheaterprojekts der Ausstellung „Mühldorf a. Inn – Salzburg in Bayern" konnte dieses auratische Moment zielgerichtet eingesetzt werden, da die Gruppe sich gemeinsam den historischen Ort des Geschehens ansehen konnte. Im Rathaus der Stadt befindet sich noch heute das sogenannte „Hexenkammerl", in dem Maria Pauer gefangen gehalten wurde, während sie auf ihre Verhöre wartete. Der Raum ist klein und niedrig, heute zwar durch elektrisches Licht beleuchtet, aber damals muss es dort, da es keine Fenster oder andere Lichtquellen gab, stockfinster gewesen sein. Hinzu kommt, dass man das Hexenkamerl nur durch eine kleine Luke, mit den Füßen voran, betreten kann.

Hier war es nicht schwer für die Kinder, sich in Maria Pauerin, die zentrale Rolle des Stücks, hinein zu versetzen. Dass sie Verbrechen gestand, die sie nie begangen hatte, dass sie sich in widersprüchliche Aussagen verstrickte und immer wieder ihre eigenen Geständnisse widerrief, konnten die Kinder eigenständig und leicht auf die starke psychische und physische Belastung zurückführen, der das junge Mädchen ausgesetzt war. Das Gefühl der Beklemmung und Angst im Hexenkammerl konnten sie beim Theaterspiel wieder abrufen und so eine Emotion transportieren, die ihnen sonst eher fremd geblieben wäre und die sie auch allein durch den Text nicht nachvollziehen hätten können.[20]

Der Besuch in der Ausstellung, der sich anschloss, beschränkte sich auf die Abteilung, die sich mit dem Hexenprozess auseinander setzte. Der Ausstellungsmacher hatte sich hier für eine Inszenierung entschieden, die durch die schwarze Farbgebung, die Enge des Raumes und die Kargheit seiner Ausstattung stark an das historische Hexenkammerl im Rathaus erinnerte. Dies fiel den Kindern sofort auf, und sie dekonstruierten, basierend auf ihren zuvor gesammelten Erfahrungen, die Inszenierung.[21] So

---

hilft dabei, trotzdem Erkenntnisgewinn zu erzielen. Im Rahmen des Ferienprogramms waren die Erwartungen der Kinder natürlich schwerpunktmäßig auf das Theaterspielen gerichtet, weswegen wir hier auch unseren Schwerpunkt setzten.

[20] Es empfiehlt sich, Kinder solche emotional anstrengenden Situationen wie in der Hexenkammer keinesfalls aufzuzwingen, um sie (auch im Hinblick auf das sich anschließende Theaterspiel) nicht zu überfordern und zu blockieren. Einige Kinder hatten Angst davor, das Hexenkammerl zu betreten. Sie blieben mit der anderen Museumspädagogin im Vorraum, wo sie Gelegenheit hatten, sich ebenfalls über das Thema zu informieren.

[21] Vgl. den Beitrag Zabold/Schreiber, Bildungschance Ausstellung, S. 197 in diesem Band.

wurde ihnen klar, dass Geschichten erzählen – egal ob in einem Theaterstück oder in einer Ausstellung – immer etwas mit Inszenierung zu tun hat. Eine Hörstation in der Abteilung beschallte den kleinen Raum mit Ausschnitten aus den Verhörprotokollen, die von Schauspielschülern der Schauspielschule Athanor (Burghausen) gesprochen wurden. Die Kinder hörten sehr aufmerksam zu, um die Stimmung einzufangen, die durch den monotonen Singsang verbreitet wurde, aber auch, um mit der fremden historischen Sprache vertraut zu werden. Dies führte aber, entgegen unseren Bedenken, keineswegs dazu, dass sie in ihrer eigenen Inszenierung das Gehörte zu kopieren versuchten. Im Gegenteil – sie wollten nun ihre eigene Geschichte der Hexe Maria Pauer und des Mühldorfer Hexenprozesses auf die Bühne bringen.

2. Vorhang auf für die Geschichte

Bei einem auf mehrere Tage angelegten Theater-Projekt ist es durchaus sinnvoll und für alle Beteiligten motivationsfördernd, wenn die Veranstaltung dezidiert auf eine Aufführung hin ausgerichtet wird. Im Falle des „Mühldorfer Hexenprozesses" als Kindertheaterstück hatten die Kinder nur einen Tag Zeit – genug, um für eine Aufführung mit Werkstatt-Charakter vor einigen Eltern begeistert werden zu können, aber noch nicht genug, um ihr kleines Stück auch in größerem Rahmen zu zeigen.[22] Theaterpädagogische Praxis wurde hier also nicht in erster Linie als Theater für ein Publikum, sondern als Theater von Kindern verstanden. Nicht die Aufführung, sondern der Inszenierungsprozess stand im Mittelpunkt der pädagogischen Arbeit. Fragen der Rezeption klangen allerdings auch an, wenn sich die Kinder darüber Gedanken machten, was wohl „echter" wirke und ob man „ihre" Geschichte der Maria Pauer auch verstehe, wenn man „sich nicht so gut auskennt mit der Geschichte." Dennoch – das Spielen stand eindeutig im Mittelpunkt. Darum konnten sich die Kinder auch sehr unverkrampft auf die Probenarbeit einlassen, ohne einem zu großen Erwartungsdruck ausgesetzt zu sein.

Das Kindertheaterstück war in zwei Akte geteilt, die jeweils sechs Szenen umfassten. Es gab insgesamt 16 Rollen zu besetzen: den Stadtamtmann, einen Zeugen namens Fritz Gockinger, den Knecht des Amt-

---

[22] Auch wenn eine öffentliche Vorstellung bei kurzen Probenphasen mit Kindern und Laien nicht angestrebt werden kann, so sollte doch immer eine Art „Premiere im kleinen Rahmen" oder Werkstatt-Inszenierung das Projekt abschließen, um die Gruppe nicht in dem Gefühl auseinander gehen zu lassen, dass man ziellos und ohne Ergebnis an etwas gearbeitet hätte.

manns (Franz Jakob), den Schmied Jacob Altinger und seine Frau, die Dienstmagd Maria Mittermeyer, drei Kinder, Maria Pauer, den Pfleger, den Stadtschreiber (Nikolaus Mitterer), einen Beisitzer, zwei Mühldorfer Bürgerinnen und den Medicus, der das ärztliche Gutachten stellt. Die umfangreichsten Rollen wurden doppelt besetzt: so gab es zwei Mädchen, die Maria Pauer spielten und zwei Pfleger, die die Verhöre durchführten.

Das Stück war so angelegt, dass es zwei Zeitebenen miteinander in Verbindung brachte. Die Rahmenhandlung war in der Gegenwart angesiedelt. Drei Schüler/innen, die im Unterricht den Hexenprozess der Maria Pauer durchnehmen, tauschen sich auf dem Pausenhof über das soeben Gehörte aus. Dabei nehmen sie unterschiedliche Standpunkte ein und diskutieren das Thema kontrovers. Die Szenen der Rahmenhandlung waren nicht vorgegeben, sie wurden von den jungen Theatermachern selbst entwickelt und brachten ein (selbst-)reflexives und reflektierendes Moment ein. Die eigentlich in der Geschichte angesiedelten Szenen thematisierten den Mühldorfer Hexenprozess. Hierbei war in einigen Szenen der Zuschauer „live" im Vernehmungsraum dabei, in anderen wurden ihm Figuren vorgestellt, die sich ebenfalls kontrovers über Maria Pauer austauschten. So sollte z. B. in einer Szene des zweiten Aktes, die das Gespräch zweier Mühldorferinnen auf dem Stadtplatz darstellte, deutlich werden, dass die Zeitgenossen z.T. ganz andere Standpunkte hatten als die Schüler/innen der Gegenwart, die aus der Retrospektive anders argumentieren und abwägen konnten, dass aber andererseits vieles sich gar nicht geändert hat. Alterität und Kontinuität sollten durch die zweigleisige Struktur einer gegenwärtigen Rahmen- und einer vergangenen Binnenhandlung gleichermaßen transportiert werden.

Zwei Spielarten lassen sich unter dem Begriff des historischen Rollenspiels subsumieren, das Imitationsspiel und das Simulationsspiel. Die Entscheidung, welchen Weg man wählt, muss bereits in einem sehr frühen Stadium der Vorbereitung des Theaterstückes getroffen werden, weil sie maßgeblich darauf Einfluss nimmt, welche Strukturierung des Probenprozesses man vornimmt. Im Falle des „Mühldorfer Hexenprozesses" fanden beide Zugriffe Anwendung.

Das Imitationsspiel trainiert die Fähigkeit, fremde Menschen in ihrer Situation durch das In-ihre-Rolle-schlüpfen und die daraus resultierende Identifikation mit diesen Menschen, durch Empathie und Nachahmung von innen her zu verstehen. Das Spiel „soll dazu verhelfen, historische Gestalten und die Vergegenwärtigung von Situationen möglichst sach-

und sinngetreu wiederzugeben".[23] Voraussetzung für den Zugriff des Imitationsspieles ist eine nicht mehr nur ungefähre, sondern schon sehr konkrete Kenntnis der betreffenden historischen Person oder Situation. Da die Kinder die Geschichte der Maria Pauer z.T. schon aus dem Unterricht gut kannten, da sie sich nach dem Besuch in der Hexenkammer und in der Ausstellung auch auf der Empathieebene ansatzweise in die Figuren des Stückes einfinden konnten, hatten wir die Möglichkeit, einen imitationsspielerischen Ansatz in die Stückarbeit zu integrieren. Vor allem in den kurzen Szenen, die wir schon im Vorfeld des Veranstaltungstages ausformuliert hatten, um den Kindern eine gewisse Sicherheit zu geben, wurde das Imitationsspiel trainiert.

Aber auch der zweite Zugriff, das Simulationsspiel, fand beim „Mühldorfer Hexenprozess" Anwendung. Im Simulationsspiel wird eine historische Situation zum Modell gemacht. Die Spielenden übernehmen hierbei zwar die Rollen von Personen, die an der historischen Situation beteiligt waren, suchen jedoch eine eigenständige Lösung des Konflikts. Sie üben damit die Fähigkeit, „Interessen zu vertreten oder auf fremde Interessen einzugehen, ein Bedingungsgefüge zu durchschauen, Alternativen zu erkennen, Absprachen zu treffen, Kompromisse einzugehen oder Positionen durchzusetzen".[24] Das Simulationsspiel ist also eher gegenwartsbezogen als das Imitationsspiel. Es geht nicht um Nachahmung, sondern um Interpretation. Es stellt, wenn die historische Plausibilität und Triftigkeit den Kindern als methodisches Grundprinzip des Umgangs mit Geschichte vermittelt wurde und dieser Anspruch (bedingter und in abgeschwächterer Form) auch für die Geschichte im Theater gelten soll, an die Kinder sehr hohe Ansprüche. Einen simulationsspielerischen Ansatz versuchten wir in denjenigen Szenen des Theaterstückes umzusetzen, die wir – bewusst – nur als Fragment vorbereitet hatten und deren Vorlage nur aus einigen zentralen Textbausteinen bestand, so dass die Kinder die Ausgestaltung der Szene stärker beeinflussen konnten. Auch in Szenen, in denen Personen auftraten, zu denen keine Quellen existieren (also fiktive Personen, die es so zwar gegeben haben könnte aber nicht zwingend gegeben hat), wurde das Simulationsspiel in den Vordergrund gestellt.

Um die zwölf Szenen adäquat einstudieren zu können, wurde die Theatergruppe zweigeteilt. Erst zur „Haupt- und Generalprobe" trafen die beiden Gruppen wieder zusammen. Dies hatte nicht nur den Vorteil, dass effektiv mehr geprobt wurde, weil die Kinder nicht so lange warten mussten, bis sie wieder in ihrer Szene auf die Bühne durften, sondern auch den

---

[23] Jahn, F.: Geschichte spielend lernen, Frankfurt/M. 1995, S. 24.
[24] Jahn, F.: Geschichte spielend lernen, Frankfurt/M. 1995, S. 24.

positiven Nebeneffekt, dass sie den vorher in der Kleingruppe erarbeiteten Teil den jeweils anderen vorstellen konnten und somit schon in der Schlussphase des Probierens eine Aufführungssituation simuliert wurde, die sich vorteilhaft auf die Motivation der Kinder auswirkte.

Die effektive Spielzeit bei der Werkstatt-Aufführung vor einigen anwesenden Eltern betrug etwa vierzig Minuten, ein Zeitraum, der unseren Erfahrungen zufolge nicht weit überschritten werden sollte, um das Konzentrationsvermögen der Kinder (nach einem anstrengenden Probetag!) nicht zu überfordern und so eine Spannungskurve aufrecht erhalten zu können.

IV. Fazit

Historisches Theater von und mit Kindern ist eine Anstrengung, die sich lohnt! Wenn man gewisse Grundkenntnisse im Bereich Theater hat, sollte man sich durchaus darauf einlassen, denn die Lernerfolge können, vor allem bei Kindern, binnen kurzer Zeit groß sein. Geschichte vermittelt sich nicht von selbst, aber mit einer fundierten Vorarbeit, die den Kindern den historischen Rahmen näher bringt, können Kinder beim historischen Rollenspiel Einsichten erfahren, die ihnen allein bei einem Ausstellungsbesuch oder gar im Schulunterricht verwehrt bleiben.

Abschließend fassen wir die wichtigsten Erfahrungswerte zusammen, die dem Theater- und Geschichtsinteressierten ein Leitfaden durch ein ähnliches Projekt sein könnten.

Der Spielleiter muss zunächst das Thema für das Stück festlegen und sich dabei darüber klar werden, welche Inhalte er eigentlich vermitteln möchte. In dieser Phase muss er sich bereits Gedanken um die äußeren Bedingungen machen: Räumlichkeiten für Proben und Aufführung(en), Requisite, Maske, Kostüm müssen festgelegt werden. Der Umfang des Projekts ist abhängig von der Größe der Gruppe und von der zur Verfügung stehenden Zeit. Je weniger Zeit mit den Kindern eingeplant werden kann, desto intensiver muss das Stück im Vorfeld bereits geplant sein.

Im historischen oder geschichtlichen Rollenspiel gibt es einige Regeln, deren Beachtung zu empfehlen ist:

Die „Geschichte großer Männer", d.h. die Glorifizierung und Idyllisierung geschichtlicher Persönlichkeiten und Verhältnisse, gilt es auf jeden Fall zu vermeiden. Maria Pauer ist eine Protagonistin, mit der sich die Kinder relativ leicht identifizieren können: sie ist im gleichen Alter, lebt(e) in der gleichen Stadt, zeigte Emotionen und Gedankengänge, die den Kindern nachvollziehbar erschienen. Die angedeutete Nähe zur eigenen Lebenswelt wirkte sich somit – wie es in pädagogischen Situationen so oft der Fall ist – positiv aus.

Je jünger die Teilnehmer an einem historischen Rollenspiel sind, desto wichtiger ist es, sich auf Bereiche der Alltagsgeschichte zu konzentrieren, da diese offenbar für jene leichter nachvollziehbar ist als abstrakte historische Zusammenhänge.

Die im Rollenspiel dargestellten geschichtlichen Verhältnisse sollten in eine Struktur (relative Chronologie) eingeordnet werden. Dies kann etwa mittels einer (begehbaren) Zeitleiste geschehen. Diese zeitliche Struktur wurde den Kindern in der Ausstellung vermittelt.

Abschließend gilt festzuhalten, dass die Faszination an der Geschichte und die Freude am Spiel sich beim historischen Kinder-Theater immer in etwa die Waage halten sollten. Kinder schlüpfen in der Regel gern in fremde Rollen, besonders gern in historische. Dazu aber muss ihnen zunächst ein geeignetes Instrumentarium an die Hand gegeben werden, das sie sowohl zum Umgang mit der Geschichte als auch zum Umgang mit dem Theater befähigt.

Spiele überleben Zeiten.
Ein Spielenachmittag im Rahmenprogramm

Von Marie-Luise Sondermaier und Simone Unger

Computerspiele und Actionpuppen haben heute die Kinderzimmer erobert. Dennoch spielen Kinder noch immer gerne im Freien. Bewegungsspiele im Freien haben oft eine lange Tradition. Blinde Kuh, Schwarzer Mann, Himmel und Hölle oder Fangspiele sind uralte Spiele, die jeder kennt. Jedoch ist selten, weder bei den spielenden Kindern noch bei Erwachsenen (Kindergärtner(innen), Eltern, Großeltern), Wissen darüber vorhanden, wie alt die Spiele sind, wo sie ihren Ursprung nehmen und wer sie gespielt haben mag.

Um diese historische Seite der Spiele hervorzuheben, fand im Rahmenprogramm der Ausstellung „Salzburg in Bayern", in der auch (Brett-) Spiele gezeigt wurden und gespielt werden konnten,[1] ein Spielenachmittag für Kinder unter freiem Himmel statt.[2]

Die Spiele wurden in ihrer Herkunft erklärt und anschließend nachgespielt. Jedes Kind konnte sich also selbst seinen „Spiel-Plan" zusammenstellen. Es gab insgesamt elf Spielstationen, deren Reihenfolge beliebig zu variieren war. Am Ende bekam jeder Mitspieler nach Vorlage des ausgefüllten Spielerpasses eine Urkunde.

I. Historische Kinderspiele

Von den angebotenen Spielen[3] sollen hier nun vier exemplarisch in ihrer Herkunft und den Spielregeln vorgestellt werden. Die Auswahl der Spiele

---

[1] Es wurden u. a. ein Gänsespiel aus dem 17. Jahrhundert und ein Eulenspiel aus dem 18. Jahrhundert ausgestellt, wobei man das Eulenspiel an einem großen Spieltisch spielen konnte (vgl. Abbildung bei Hamberger, Ausstellungskonzepte, S. 36).

[2] Die Veranstaltung fand während der Sommerferien, im Innenhof des Haberkastens (Ausstellungsort) – also in unmittelbarer Ausstellungsnähe – statt. (Zur Bedeutung der räumlichen Nähe der Veranstaltungen des Rahmenprogramms zur Ausstellung vgl. Unger/Schreiber, Rahmenprogramm, S. 517 in diesem Band) Sie wandte sich in erster Linie an Familien, die ihren Urlaub zu Hause verbrachten. Trotz des „vermeintlich ungünstigen" Datums inmitten der Ferienzeit fand die Veranstaltung regen Zuspruch.

[3] Die elf Spielstationen waren: Wasserlauf, ein Fadenspiel, Knobeln, Versteinern, Schwarzer Peter, Tratzball, eine Malstation, Blinde Kuh, Himmel und Hölle, Schwarzer Mann und das Gänsespiel.

hängt mit der Quellenlage zusammen. Die Überlieferungssituation ist recht unterschiedlich: Ein Beispiel: Weil Bewegungsspiele meist ohne spezielle Spielgegenstände auskommen, gibt es keine gegenständlichen Quellen wie Spielfiguren oder Spielbretter, die sich bei Spielen wie Schach, Backgammon oder Solitär erhalten haben.[4] Über Bewegungsspiele ist manchmal in schriftlichen Quellen[5] berichtet oder sie sind in Gemälden dokumentiert.[6] Weil sich sowohl die Entwicklung als auch die Überlieferung von Spielen sehr spezifisch darstellt, werden die jeweiligen Quellen im Zusammenhang des vorzustellenden Spiels erläutert.

1. Blinde Kuh/Blinde Maus

Eines der ältesten und bekanntesten Kinderspiele, das heute noch gespielt wird, ist „Blinde Kuh" oder auch „Blinde Maus".

Iulius Pollux, ein griechischer Rhetor des zweiten Jahrhunderts nach Christus, beschreibt in seinen Aufzeichnungen ein Spiel, das „myia chalke" (blinde Mücke) heißt.[7] Ein Spieler, dem die Augen verbunden sind, ruft: Ich will eine eherne Mücke jagen! Darauf antworten die Mitspieler: „Du wirst sie aber nicht fangen!" und laufen davon.[8] Der Weißenburger Mönch Otfrid (ca. 800 bis nach 870)[9] scheint auf das Spiel mit den verbundenen Augen anzuspielen, wenn er bei der Verspottung des Heilands schreibt: „Thiu ougun sie imo buntun thaz in zi spile funtun"[10].

---

[4] Vgl. den Band ‚Homo ludens IV' 1994 vom Salzburger Institut für Spielforschung und Spielpädagogik, der sich in den einzelnen Artikeln mit der Geschichte des Schachspiels beschäftigt.

[5] Die schriftlichen Quellen variieren von Lebensbeschreibungen über kirchliche hin zu polizeilichen Verboten.

[6] Vgl. das Gemälde „Kinderspiele" von Pieter Breughel d. Älteren von 1560 (Kunsthistorisches Museum Wien), auf dem ca. 70 unterschiedliche Spiele wie Reifentreiben, Bockhüpfen oder Plumpsack zu entdecken sind.

[7] Vgl. Bethe, Pollucis Onomasticon IX, 122, 1966.

[8] Vgl. Böhme, Deutsches Kinderlied und Kinderspiel, 1897, S. 628 und Zingerle, Das Deutsche Kinderspiel im Mittelalter, 1873, S. 44 und Masüger, Schweizerbuch der alten Bewegungsspiele, 1955, S. 338f., wobei die Schreibweise jedoch leicht differiert (myia chalkä).

[9] Otfried ist der Verfasser eines Evangelienbuches in südrheinisch-fränkischer Mundart.

[10] Vgl. Erdmann, Otfrids Evangelienbuch, IV. 19, 73, 1979, S. 231 und Böhme, Deutsches Kinderlied und Kinderspiel, 1897, S. 628 und Zingerle, Das Deutsche Kinderspiel im Mittelalter, 1873, S. 44 (hier zitiert nach Böhme). Um die Zitate leichter zu verstehen, ist es oft hilfreich diese sich selbst laut vorzulesen.

Detaillierte Aussagen zu vielen Spielen liefert Fischarts „Geschichtsklitterung" von 1575, das ein erstes ernst zunehmendes Spieleverzeichnis enthält.[11] Er beschreibt auch „Plinden mauß"[12] – wie das Spiel heute noch in Teilen Schwabens genannt wird – mit: „Es laufft ein weise mauß die maur auff".[13] Die passende bildliche Darstellung liefert Theodor de Bry dazu, der in einem Kupferstich von 1592 das Spiel darstellt. Der Stich enthält auch einen Textteil:

„Deß Abends, wenns ist finster drauß,
Denn spielten wir der Blintzelmauß.
Denn laufft das Mäußlein vmb im Hauß,
Biß ein ereylt bey der Carthauß.
Ihm wirt auch selbst gestelt offt nach
Biß es mit gunst fellt far ins gloch.
Also treibt es Fraw Venus Kindt
Heimlich bey Nacht, ist toll vnd blindt."[14]

Hier wird das Spiel nicht als Spiel der Kinder, sondern der jungen Erwachsenen gezeigt, dessen amouröse Seite durch das gegenseitige Necken und die Anspielung auf Venus zum Tragen kommt. Dass „Blinde Kuh" jedoch nicht nur ein Spiel der Kinder und Liebenden war, zeigt eine Anekdote über den Schwedenkönig Gustav Adolf, der mit seinen Offizieren das Spiel im Felde gespielt haben soll.[15]

„Blinde Kuh" ist in verschiedenen Landstrichen nicht nur unter anderen Namen bekannt, sondern wurde auch in unterschiedlichen Varianten gespielt. Hier sollen nun die klassische Variante und das so genannte „Topfschlagen" vorgestellt werden:

Bei „Blinde Kuh" sollten es höchstens zehn Mitspieler sein. Das Spielfeld muss abgegrenzt sein. Einem ausgewählten Kind (= „Blinde Kuh") werden die Augen verbunden. Das Kind wird nun im Kreis um sich selbst gedreht um die Orientierung zu verlieren. Die Mitspieler laufen vor dem Fänger davon, der versucht einen der Mitspieler zu erwischen. Der/die Gefangene ist die neue „blinde Kuh".

---

[11] Vgl. Schnabel, Geschichtsklitterung (oder ‚Gargantua') von Johann Fischart, 1969. Das die Spielebeschreibungen beinhaltende Kapitel 25 heißt: Von des Gargantuwalts mancherley Spiel, S. 245-258.
[12] Ebda., S. 246.
[13] Ebda., S. 249.
[14] Zitiert nach: Bolte, Zeugnisse zur Geschichte unserer Kinderspiele, 1909, S. 388f.
[15] Vgl. Böhme, Deutsches Kinderlied und Kinderspiel, 1897, S. 628 und Masüger, Schweizerbuch der alten Bewegungsspiele, 1955, S. 339.

Topfschlagen sollten nicht mehr als fünf Kindern spielen. Einem ausgewählten Kind werden die Augen verbunden. In die Hand bekommt es einen kurzen Stock. Während es von einigen Mitspielern um sich selbst gedreht wird damit es die Orientierung verliert, versteckt ein anderes Kind geräuschlos einen Topf mit einer kleinen Überraschung im abgegrenzten Spielfeld. Der Topfschläger versucht nun den Topf ausfindig zu machen. Dabei helfen im seine Mitspieler mit Zurufen: „eiskalt" und „kalt" für Ferne, „warm" für die richtige Spur und „heiß" für die unmittelbare Nähe. Wenn der Topfschläger fündig geworden ist, erhält er die Überraschung als Belohnung. Er darf den nächsten Topfschläger bestimmen.

2. Himmel und Hölle

Zu dem Hüpfspiel „Himmel und Hölle" sind die Quellen spärlicher. Ein Projekt, das ähnlich konzipiert war wie dieses hier – Freiburger Museumspädagogen gestalten eine Spielaktion – gibt leider ohne Quellenbeleg an, dass Himmel und Hölle ein antikes Spiel sei, da auf dem Boden des Forum Romanum die Felder des Spieles gefunden worden seien.[16]

Mehrfach wird dieses Spiel in der Literatur auch „Paradieshüpfen" genannt.[17] Johanna Woll geht in ihrem Buch „Alte Kinderspiele" sogar noch weiter und behauptet es als eine kultische Übung für Erwachsene in vorchristlicher Zeit.[18]

---

[16] Vgl. Museumspädagogische Initiative, Alte Spiele neu entdeckt, 1985, S. 49.
[17] Vgl. Woll, Alte Kinderspiele, 1988, S. 36 und Masüger, Schweizerbuch der alten Bewegungsspiele, 1955, S. 338 („Paradysle").
[18] Vgl. Woll, Alte Kinderspiele, 1988, S. 36, leider ohne Quellenbeleg.

Ein weiteres Spielebuch bringt „Himmel und Hölle" in Verbindung mit dem Denken der mittelalterlichen Menschen. Das Christentum lehrte die Gläubigen, dass nach dem Tod Sünder in der Hölle „schmoren" müssen und die, die ein gottgefälliges Leben geführt hatten, in den Himmel der Erlösten aufgenommen wurden.[19] Deshalb liegen das Feld Hölle und Himmel am Ende des Hüpfparcours. Quasi am Ende des Lebens steht die Entscheidung zwischen der Aufnahme in Himmel oder Hölle.

Da die Spielregeln wie das Aussehen der Spielfelder variieren, wird an dieser Stelle nur die einfachste und auch am weitesten verbreitete Ausführung vorgestellt.

Himmel
Hölle
8
7
6
5
4
3
2
1
Erde

Spielfeld

Es sollten höchstens drei Mitspieler beteiligt sein. Ein Spielfeld (siehe Plan) wird mit Straßenkreide auf den Boden gezeichnet oder mit einem Stein/Stock in den Sandboden geritzt.[20] Jeder Spieler benötigt einen flachen Kieselstein, den er vor dem Loshüpfen auf das nächste zu erreichende Feld wirft. Start ist das Feld „Erde" und das erste Feld in das der Stein geworfen wird, ist das Feld 1. Hat der Spieler auf einem Bein hüpfend das Feld mit dem Stein erreicht, hebt er ihn auf und hüpft zurück. Wenn er ohne Fehler den Ausgangspunkt wieder erreicht, versucht er den Stein ins nächste Feld zu werfen. Landet der Stein auf einer Linie oder nicht auf einem falschen Feld, wechseln die Spieler. Der nächste beginnt ebenfalls bei Erde. Ist der erste Spieler wieder an der Reihe, setzt er das Spiel an der Stelle fort, an der ihm der Fehler passiert war. Als Fehler gelten auch das Absetzen des zweiten Fußes beim Springen und das Berühren der aufgezeichneten Linien mit dem Fuß. Sieger ist, wer zuerst den Himmel erreicht.

3. Schwarzer Mann

Die Pest- und Totentänze der Erwachsenen des Mittelalters wurden von den Kindern mit dem Fangspiel „Schwarzer Mann" nachgeahmt. Der

---

[19] Vgl. Hoffmann-Piper, Pieper, Schön, Das große Spectaculum, 2000, S. 18.
[20] Vgl. Plan ebda.

schwarze Mann, der den Tod verkörpert, versucht seine Schar zu vergrößern, indem er den Kindern hinterher stellt und sie einfängt.[21]

Schon seit langer Zeit spielen die Kinder nach folgenden Regeln: Ein großes rechteckiges Spielfeld wird am besten auf einer Wiese (Verletzungsgefahr!) abgegrenzt. Es können 20-30 Mitspieler sein. Ein ausgewählter Spieler ist der „schwarze Mann", der Fänger. Er stellt sich gegenüber den anderen Kindern auf und ruft: „Fürchtet ihr den schwarzen Mann?" Die Kinder antworten: „Nein, nein, nein!" Darauf entgegnet der Fänger: „Wenn er aber kommt?" Die Mitspieler erwidern: „Dann laufen wir davon!" Sie rennen vorwärts in Richtung schwarzer Mann und versuchen die gegenüberliegende Spielfeldgrenze zu erreichen. Der schwarze Mann bemüht sich, sie zu fangen. Ein Gefangener wird zu einem weiteren schwarzen Mann, zu einem Fänger, die zusammen in einem weiteren Durchgang versuchen, möglichst viele der anderen Kinder zu fangen. Sieger ist nach mehreren Durchgängen der übrig gebliebene Spieler, der „Überlebende". Er darf bei einem weiteren Spiel der neue schwarze Mann sein. Bleibt keiner übrig, ist das Spiel endgültig beendet.

4. Das Gänsespiel

Das vierte Spiel, das vorgestellt wird, ist ein Brettspiel. Hier tritt der oben beschriebene Fall ein, dass sich alte Spielbretter und Spielfiguren über Jahrhunderte, sogar Jahrtausende, erhalten haben, wodurch die Geschichte des Spieles leichter erforschbar ist. Dieser Aufgabe hat sich v. a. Erwin Glonnegger vom Ravensburger Spieleverlag gewidmet.[22]

Er weist der Spiralform bei allen Völkern mystische Bedeutung zu; sie stand für Unendlichkeit und Unsterblichkeit. Die ältesten Spirallaufspiele stammen aus dem Ägypten des dritten Jahrtausends v. Chr. und zeigen ein Schlange, die die Spiralform beschreibt. Die relativ genaue Bestimmung des Alters konnte durch die Spielfiguren geschehen, die auf Könige der ersten bis sechsten Dynastie (3050-2800 v. Chr.) hinweisen.[23]

Jedoch deutete sich bereits damals der Wandel vom Schlangen- zum Gänsespiel an. Im Rijksmuseum van Oudheden in Leiden ist eine Spielbrett ausgestellt, das eine Schlangenspirale aus Ägypten von 2575-2134

---

[21] Vgl. Ausführungen bei Böhme, Deutsches Kinderlied und Kinderspiel, 1897, S. 566 und Rochholz, Alemannisches Kinderlied aus der Schweiz, 1857, S. 376.

[22] Guter Überblicksartikel über die Entwicklung der Spiralspiele: Glonnegger, Klassische Gesellschaftsspiele, 1991, S. 25-39.

[23] Vgl. Glonnegger, Klassische Gesellschaftsspiele, 1991, S. 34.

v. Chr. zeigt, wobei sich innen ein Schlangenkopf und außen ein Gänsekopf befindet.[24] Nichts ist über dieses Brettspiel in der griechischen und römischen Antike erhalten, jedoch erlebt das Spiel spätestens im 16. Jahrhundert eine Renaissance.[25] Das „Fortūna Spill" aus Kehlheimer Stein, das 1589 vermutlich von Michael Holzbecher für Erzherzog Karl von Österreich hergestellt wurde und im Landesmuseum Joanneum in Graz aufbewahrt wird, hat eine Aufteilung in 63 Felder – was schon für die ägyptischen Exemplare typisch war – und die obligatorischen Ereignisfelder.[26] Hier zeigt sich schon der gesellschaftliche Rang des Spiels, da es v. a. Adelige und Patrizier spielten.[27]

In der zweiten Hälfte des 19.Jahrhunderts wurden zahlreiche neue Gesellschaftsspiele oft mit moralisierendem oder belehrendem Charakter (Post-/Reisespiele) erfunden, wodurch die Gans als Symbol in Vergessenheit geriet.[28] Jedoch entwickelte sich das Spiel in dieser Zeit vom höfischen Spiel weiter zum Spiel breiterer Gesellschaftsschichten. Das hat auch pädagogisch-politische Hintergründe: Über das Spiel, dessen Spielbrett- und Spielfigurgestaltung stark variierte,[29] gelangten Informationen, Normen oder Meinungsmodelle ins Bewusstsein der Menschen und wurden dort durch die stetige Wiederholung verankert.[30]

Spielanleitung nach der Nürnberger Spieltruhe, 100 Spielmöglichkeiten, von E. Otto Schmidt, Nürnberg:

Es können zwei bis vier Spieler teilnehmen. Benötigt wird: der Spielplan des Gänsespiel, ein Augenwürfel und pro Mitspieler ein Spielkegel. Am Anfang stehen alle Spielfiguren auf dem Feld mit der Türe am Beginn der Spirale. Nun wird reihum gewürfelt. Der Spieler mit der höchsten Augenzahl beginnt. Jeder Spieler zieht nach seiner Augenzahl.

---

[24] Vgl. ebd.
[25] Vgl. ebd.
[26] Vgl. ebd., S. 36.
[27] Weitere Quellen belegen, dass das Gänsespiel ein Spiel des Adels und der Patrizier war: Der Florentiner Großherzog Francesco die Medici (Regierungszeit von 1574-87) schenkt ein Gänsespiel an Phillipp II. von Spanien; 1612 bemerkt der Arzt des jungen frz. Königs Louis XIII., dass dieser gerne das Spiel spiele, etc. Vgl. ebd., S. 36.
[28] Vgl. ebd., S. 36.
[29] Zeitweise trat der Affe anstelle der Gans auf den Spielbrettern auf. Es wurden auch neue Felder zu Themen wie politischen Ereignissen, Liebesgeschichten, Reisen um die Erde oder Märchen eingeführt. Vgl. Museumspädagogische Initiative, Alte Spiele – neu entdeckt, 1985, S. 29.
[30] Vgl. Glonnegger, Klassische Gesellschaftsspiele, 1991, S. 38.

Kommt er auf ein Feld mit einem Symbol muss er folgende Regeln beachten:

Die **Gänse** auf den Feldern (ausgenommen auf dem Feld 59): Sie erlauben ihm ohne zu würfeln auf das nächste Gänsefeld vorzurücken. Dabei soll er laut und deutlich wie eine Gans schnattern.

Der **Mann auf der Brücke** (Feld 6): Wer auf der Brücke landet, fällt ins Wasser. Er muss zurück auf das Ausgangsfeld.

Das **Gasthaus** (Feld 19): Wer das Gasthaus besucht, muss einmal mit dem Würfeln aussetzen.

Die Felder mit den **beiden Würfeln** (26 und 53): Sie berechtigen zum nochmaligen Wurf.

Das **Labyrinth** (Feld 42): Wer sich dort verirrt, zieht zurück auf Feld 31.

Das **Gefängnis** (Feld 52): Im Gefängnis muss man dreimal aussetzen. Würfelt man aber in dieser Zeit eine „1", ist man frei. Man rückt auf das Feld 53 vor und darf nochmals würfeln.

Der **Tod** (Feld 58): Hier muss man noch einmal ganz von vorne anfangen.

Die **Gans auf Feld 59**: Sie schickt den Spieler auf Feld 31 zurück.

Mit direktem Wurf muss das Zieltor erreicht werden. Der erste ist der Sieger.

II. Organisatorische Tipps: Der Spieleparcours mit dem Spielerpass

Wie bereits einleitend angeführt, haben wir die Spiele in einem Spielparcours angeordnet. Es gab im Freien ausreichend Platz um 11 Spielstationen einzurichten. Jeder Spielleiter hatte einen Stempel, mit dem er im Spielerpass der Kinder nach dem Spiel ein Feld abgestempelt hat.

Die Kinder absolvierten die Spielstationen in einer beliebigen Reihenfolge. Am Ende – wenn sie mehr als sieben von zehn Stationen erfolgreich bewältigt hatten – tauschten sie ihren Spielerpass gegen eine Urkunde ein.

Dieses Vorgehen hatte sowohl Vor- als auch Nachteile: Ein Vorteil der freien Auswahl der Spiele durch die Kinder war, dass keine langen Wartezeiten bei den einzelnen Spielen entstanden. Spielten beispielsweise schon fünf Kinder „Himmel und Hölle" so ging man einfach weiter zur nächsten Station. Einzig „Schwarzer Mann" wurde als Einführungsspiel von allen Kindern auf einer nahe gelegenen Wiese gespielt, da hier eine große Anzahl von Kindern von Vorteil ist. Hierfür gab es keinen Stempel in den Spielerpass.

Ein Nachteil war, dass mindestens so viele erwachsene Spielleiter anwesend sein müssen, wie es Spielstationen gibt; auch an den Stationen, an denen aktuell nicht gespielt wird, ist ein Helfer gebunden. Es zeigte sich während des Spielens, dass an manchen Stationen sogar mehr als ein erwachsener Helfer bereit stehen sollte. Speziell die Kinder, die noch nicht lesen konnten (aber nicht nur sie), brauchten z. B. beim Fadenspiel oder auch beim Gänsespiel Hilfen. Jedoch hatte sich dieses Problem schnell gelöst, denn viele Eltern zeigten großes Interesse, was wie gespielt wurde und wo die historischen Wurzeln liegen, so dass sie bei ihren Kinder blieben. Teilweise wussten die Eltern und Großeltern noch von anderen Spielvarianten zu berichten und bereicherten somit die Veranstaltung.

Ursprünglich war die Intention eine andere gewesen: Die Eltern sollten ihre Kinder bei den Betreuern sicher „aufgehoben" und beschäftigt wissen, um selbst die Ausstellung in Ruhe besichtigen zu können, die sich ja in unmittelbarer Nähe des Spielortes befand. Jedoch machte es den Eltern sehr viel Spaß, etwas Neues über altbekannte Spiele zu erfahren und sie entschieden sich deshalb, zuerst mit den Kindern die Ausstellung zu besichtigen – der Bedarf an Kinderführungen[31] war an diesem Tag

---

[31] Vgl. Fischer, Wochenendführungen für Kinder, S. 469 in diesem Band.

sehr hoch – und dann anschließend, wieder zusammen mit ihren Kindern, zu spielen.

Abb. 101   Der Spielerpass zum Umhängen.

Der Spielenachmittag wurde im Freien abgehalten. Das Wetter spielte deshalb eine große Rolle. Damit ein verregneter Tag nicht die gesamten Vorbereitungen zerstört, ist es sinnvoll, eine überdachte Alternative in petto zu haben. Wir hatten die Möglichkeit in die Turnhalle einer nahe gelegenen Grundschule auszuweichen.

Der Organisationsaufwand ist beträchtlich und erschöpft sich nicht im Anwerben und Schulen der Betreuer der Spielstationen. Geeignete Spiele müssen ausgewählt und in ihrer Geschichte recherchiert werden. Vor Beginn des Spielenachmittags sollten sich bereits einige Helfer versammeln. Sie stellen die Tische auf, stecken die Spielfelder ab. Die Verantwortlichen müssen bereits noch früher passende Schilder zu jedem Spiel gestalten, die Spielerpässe und Urkunden entworfen und kopiert haben.

III. Reflexion: Eignen sich Spiele als Wege in die Geschichte?

Auf die Frage, wieso wir uns entschieden hatten, diese Veranstaltung in das Rahmenprogramm aufzunehmen, gibt es verschiedene Antworten: Zum einen ist es Sinn eines Rahmenprogramms, unterschiedlichste „Publika" anzusprechen. Im Mühldorfer Konzept fanden Familien eine besondere Berücksichtigung.

Zum anderen lag es an der Überlegung, wie man (großteils Vorschul- und Grundschul-) Kinder an Geschichte heranführen kann. Das „Abholen der Kinder in ihrer Gegenwart und Lebenswelt" ist ein Prinzip, das nicht an Gültigkeit verloren hat. Die meisten Spiele kannten die Kinder, und sie waren deshalb auch interessiert zu erfahren, wieso der „Schwarze Mann", denn „Schwarzer Mann" heißt und weshalb eigentlich alle Kinder vor ihm weglaufen. Dass die Pest auch „schwarzer Tod" genannt wurde, wussten einige der älteren Grundschüler, nicht zuletzt aus der „Pestabteilung" der Ausstellung. Sie konnten die Verbindung zwischen der schwarzen Gestalt, die andere Kinder einfängt und der um sich greifenden Pest leicht herstellen und somit auch verstehen, weshalb man sich nicht fangen lassen will. Wer möchte denn schon gerne von der Pest/dem Tod gefangen werden?

Dadurch, dass mit Spielen ein stets aktuelles Thema aufgegriffen wurde, hörten sich die Kinder die Erklärungen und teilweise über das Spielen hinausreichenden Ausführungen aufmerksam an. Die Kinder lernten an diesem Nachmittag, dass Vieles in ihrem Umfeld Geschichte hat und ist. Sie konnten exemplarisch erkennen, dass hinter vielen Dingen eine lange Vorgeschichte steckt, die man oft gar nicht vermutet, weil man sich die Frage nach der Herkunft nicht stellt. Ein Verständnis dafür anzubahnen, dass die Gegenwart „gewachsen" ist aus ihrer Vorgeschichte und dass man dieses „Gewordensein" auch an alltäglichen Dingen – wie Spielen – festmachen kann, war eines der Ziele des Spielenachmittags.

Zudem besteht hier die Möglichkeit Interesse an Geschichte zu wecken, bevor das Schulfach „Geschichte" das Augenmerk mehr auf die politische Geschichte lenkt. Wenn Kinder bereits im Vorschulalter gute Erfahrungen mit Geschichte gemacht haben und vor allem Spaß an der Beschäftigung mit ihr haben, dann ist die Chance, dass diese Begeisterung anhält weitaus stärker gegeben, als bei Kindern, die Geschichte nur als Schulfach kennen lernen. Gerade mit Spielen kann man sich <u>spielerisch</u> mit Vergangenem befassen, ohne großes Vorwissen zu haben.

Literatur

Bauer, G. G. (Hg.): Homo ludens. Der spielende Mensch IV. Internationale Beiträge des Institut für Spielforschung und Spielpädagogik an der Hochschule „Mozarteum" Salzburg, München/Salzburg 1994.

Bethe, E. (Hg.): Pollucis Onomasticon, Stuttgart1966.

Böhme, F. M.: Deutsches Kinderlied und Kinderspiel. Volküberlieferungen aus allen Landen deutscher Zunge, Leipzig 1897.

Bolte, J.: Zeugnisse zur Geschichte unserer Kinderspiele, in: Zeitschrift des Vereins für Volkskunde 19 (1909), S. 381-414.

Erdmann, O. (Hg.): Otfrids Evangelienbuch, Hildesheim/New York 1979 (Nachdruck von 1882).

Glonnegger, E.: Klassische Gesellschaftsspiele. Ursprung, Entwicklung, Geschichte, in: Homo Ludens. Der spielende Mensch I, hgg. von G. G. Bauer, München/Salzburg 1991, S. 25-39.

Floerke, I. R./Schön, B.: Markt, Musik & Mummenschanz. Stadtleben im Mittelalter, Münster 1999.

Hoffmann-Piper, K./Piper, H. J./Schön, B.: Das große Spectaculum, Münster 2000.

Masüger, J. B.: Schweizerbuch der alten Bewegungsspiele, Zürich 1955.

Museumspädagogische Initiative (Hg.): Alte Spiele – neu entdeckt. Spiel-Aktion des Spielmobil Freiburg e.V. und der Museumspädagogischen Initiative, Freiburg 1985.

Roeck, B.: Leben in süddeutschen Städten im 16. Jahrhundert, Augsburg 2000.

Rochholz, E. L.: Alemannisches Kinderlied und Kinderspiel aus der Schweiz, Leipzig 1857; Nachdruck 1979.

Schnabel, H. (Hg.): Geschichtsklitterung (Gargantua) von Johann Fischart, Halle 1969 (Abdruck der Fassungen von 1575, 1582, 1590).

Woll, J.: Alte Kinderspiele, Stuttgart 1988.

Kinder schreiben für Kinder – Ein Kinderkatalog entsteht

Von Stefanie Zabold und Katja Lehmann

I. Zur Entwicklung des Projekts

1. Ausgangssituation

Wie für viele Ausstellungen war auch für die Mühldorfer im Vorfeld ein Begleitband mit Katalogteil entstanden[1], der bei Eröffnung fertig gedruckt und gebunden zum Verkauf bereit stand. Wollte sich jemand über die Ausstellung hinaus näher mit der Geschichte der Stadt und des Raumes um Mühldorf beschäftigen, konnte er/sie diesen wissenschaftlich erarbeiteten Ausstellungskatalog erstehen und sich mit Hilfe der Aufsätze, von renommierten Autoren verfasst, zusätzliche Hintergrundinformationen und ausführliche Objektbeschreibungen erlesen, also tiefer in das Thema einsteigen.

Anders war die Situation für Kinder: Die Texte des Erwachsenen-Kataloges waren und sind für sie zu lang und zu komplex. Die Aufmachung ist für Erwachsene attraktiv, aber deshalb noch lange nicht für Kinder. Sie hatten somit keine kindgerechte Alternative, sich über die Ausstellung hinaus, selbstständig mit der Geschichte dieser Stadt und ihres Umlandes zu beschäftigen – auch ein historisches Kindersachbuch war noch nicht erschienen. Aus dieser Ausgangssituation heraus entstand die Idee für einen Kinderkatalog.

2. Das Konzept

Kindern sollte die Möglichkeit eröffnet werden, sich selbstständig mit Vergangenheit/Geschichte auseinander zu setzen. Den Kinderkatalog sollten aber nicht Erwachsene im stillen Kämmerchen verfassen, vielmehr sollten Kinder für Kinder schreiben. Als Adressaten und Verfasser hatten wir die Altersgruppe zwischen 6 und 14 Jahren im Blick.

Mit der Entscheidung, Kinder nicht nur als Zielgruppe anzusprechen, sondern sie in die Entstehung des Buches mit ein zu beziehen, betraten wir absolutes Neuland. Durch diesen Ansatz können „zwei Fliegen mit einer Klappe geschlagen werden": Da ist zum einen die Lesbarkeit der Texte. Kinder schreiben in der Regel in kurzen Sätzen und verwenden einen einfachen Wortschatz. Das macht ihre Texte für andere Kinder leicht verständlich. Allerdings: Bei Kinderautoren kann es auch vorkom-

---

[1] Stadt Mühldorf a. Inn (Hg.): Mühldorf a. Inn – Salzburg in Bayern. 935, 1802, 2002. In der Geschichte vereint, in Europa verbunden, Mühldorf 2002.

men, dass ihre Texte aufgrund noch rudimentär ausgebildeter Schreib- und Sachkompetenzen gerade nicht verständlich sind. Tritt dieser Fall ein, muss der Text entweder gemeinsam mit dem Kind oder allein von den Herausgebern, dann aber äußerst behutsam, überarbeitet werden.

Die zweite Chance besteht im Bezug auf die Inhalte. Wenn Kinder für Kinder schreiben, kann man eher davon ausgehen, dass die Interessen der Zielgruppe wirklich getroffen werden, als wenn Erwachsene für sie schreiben. Dies hat sich auch im Laufe unserer Arbeit bestätigt. Unsere Autoren haben sich immer wieder für Exponate und Inhalte entschieden, von denen wir nie erwartet hätten, dass sie für Kinder interessant sein könnten.

Das Projekt Kinderkatalog boten wir als Veranstaltung des Ferienprogramms an. Wir formulierten für das Geheft mit den unterschiedlichen Angeboten für die Ferien folgenden Text:
„Wir basteln uns ein eigenes Ausstellungsbuch für Kinder
Eine Aktion von Kindern für Kinder – wir bringen Leben in die Ausstellung und die Ausstellung in ein Buch! Du findest, dass Ausstellungen langweilig sind? Wir beweisen Dir das Gegenteil! Gemeinsam werden wir zuerst die Ausstellung im Haberkasten entdecken; dafür sind uns schon viele tolle spannende Spiele eingefallen. Aus den Gegenständen, die uns dort am besten gefallen, wollen wir dann ein richtiges Buch machen. Dabei werden wir als erstes die einzelnen Dinge basteln, malen oder bauen und zu jedem ein paar Zeilen schreiben. So wird ein Buch entstehen, das jedem Kind eine spannende Geschichte über die Ausstellung erzählt.
Und Du bist ein richtiger Buchautor geworden!"

3. Voraussetzungen bei den Verantwortlichen

Zu bedenken ist auf jeden Fall, dass die Verantwortlichen selber Kompetenzen aus den verschiedensten Bereichen mitbringen müssen, museumspädagogische und schulbezogene, aber auch EDV-spezifische, wenn das Projekt innerhalb der knapp bemessenen Zeit einer Ausstellung zum Erfolg gebracht werden soll.[2]

---

[2] In unserem Fall sind wir Studierende des Erweiterungsstudiengangs Geschichtskultur der Universität Eichstätt-Ingolstadt. Stefanie Zabold ist zudem freie Mitarbeiterin beim KPZ Nürnberg und bereitet sich auf das Lehramt an Grundschulen vor, Katja Lehmann ist Historikerin mit theaterpädagogischen Erfahrungen, und absolviert derzeit ihr Promotionsstudium.

Weil es unseres Wissens das erste Mal ist, dass ein derartiges Projekt innerhalb des Rahmenprogramms einer Ausstellung stattgefunden hat, schildern wir das Vorgehen sehr konkret und ausführlich. Wir stellen auch die „dahinter" stehenden Ziele vor: Es ging uns darum, durch die Arbeit an einem Kinderkatalog das Geschichtsbewusstsein aller Beteiligten zu fördern. Zu Grunde liegt das museumspädagogische Konzept, Kinder unterschiedlichen Alters zu einem reflektierten und (selbst-) reflexiven Umgang mit Geschichte zu befähigen,[3] in diesem Fall in einem Freizeitangebot. Ganz wichtig ist, dass der „Spaßfaktor" nicht zu kurz kommen darf, wenn ein Produkt angestrebt wird, das andere motivieren soll, sich mit Geschichte zu befassen.

4. Interdisziplinarität als Ansatz für das Projekt

Da sich die Ausstellung mit historischen Themen auseinander setzte, sollte auch ein Sachbuch für Kinder mit historischen Inhalten entstehen. Es sollte zur Vertiefung in die Geschichte dienen können, aber auch als Arbeitsbuch für den Ausstellungsbesuch. Geschichte und damit historisches Lernen standen deshalb im Zentrum.

In der Ausstellung setzten wir uns gemeinsam mit den Kindern mit ausgewählten Themen auseinander. Das Ziel an dieser Stelle war, die späteren Autoren in einen intensiven Kontakt mit der im Buch darzustellenden Geschichte zu bringen.

Ein Kindersachbuch kann aber nicht nur auf schriftlichem Wege Sachinformationen liefern. Vielmehr muss es durch Bilder und eine attraktive Gestaltung zum Lesen einladen und die Motivation für die Beschäftigung mit Geschichte erhalten. „Kunst" war deshalb eine weitere Bezugsdisziplin. Hatten die Kinder sich nach dem Besuch in der Ausstellung für einzelne Exponate und Inhalte entschieden, die in den Katalog aufgenommen werden sollten, galt es, diese mit Hilfe einer ausgewählten künstlerischen Technik nachzugestalten. Dabei war es uns nicht in erster Linie wichtig, dass jede Technik exakt und präzise ausgeführt wurde; schließlich befanden wir uns nicht im Kunstunterricht, sondern beim Ferienprogramm zu einer Ausstellung. Worauf es uns ankam war vor allem das Endprodukt, das die entsprechenden Exponate und Inhalte mit Kinderhänden gestaltet zeigen sollte. Wichtig war uns aber auch die Freude der Kinder am Umgang mit den aus der Vergangenheit erhaltenen Schriftstücken, Bildern und Gegenständen und natürlich am Umgang mit Farbe, Papier, Kleister und anderen Materialien.

---

[3] Vgl. hierzu den Beitrag Zabold/Schreiber, Bildungschance Ausstellung, S. 197 in diesem Band.

Die abschließende Phase war das Verfassen von Texten. Somit erstreckt sich die dritte Zugriffsweise auf die Disziplin Deutsch. Jedes Buch braucht, will es Informationen transportieren, Texte, die Aussagen treffen, in unserem Fall historische. Hatten sich die Kinder auf der ikonischen Ebene mit den Gegenständen und Themen befasst, mussten sie auf einer abstrakteren Ebene die Informationen, die sie in der Ausstellung erfahren hatten, beziehungsweise schon in die Ausstellung mitbrachten, zusammentragen und in einen Text fassen.

Auf diese Art und Weise sind Bilder und Texte für das Buch entstanden. Diese mussten nun von uns Herausgeberinnen in einen Rahmen gestellt werden. Da es sich um ein Projekt handelte, das im Rahmen des Ferienprogramms statt fand, war es aufgrund zeitlicher und logistischer Faktoren nicht mehr möglich, die Kinder auch in diesen abschließenden Schritt einzubeziehen.

II. Die Umsetzung – In der Ausstellung und in der Kunst- und Schreibwerkstatt

Der Ferienprogrammpunkt „Wir gestalten ein eigenes Ausstellungsbuch für Kinder" war an drei aufeinander folgenden Tagen angeboten worden. Kinder im Alter zwischen 6 und 14 Jahren konnten daran teilnehmen. Im Durchschnitt waren für jeden Tag zwischen 12 und 16 Kinder angemeldet, ursprünglich täglich andere; einige Kinder kamen dann aber an mehreren Tagen. Für die nötige Verpflegung hatten wir gesorgt.

1. In der Ausstellung

a) Gemeinsame Grundlagen schaffen

Der Kinderkatalog entstand im Rahmen des Ferienprogramms. Das heißt, dass die Kinder freiwillig kamen und nicht pflichtmäßig, z. B. im Rahmen des Unterrichts. Grund für die Motivation war oftmals weniger die Ausstellung, als das Gestalten eines eigenen Buches. „Wie machen wir denn unser Buch?" war im Regelfall die erste Frage, die gestellt wurde, und nicht „Was schauen wir uns eigentlich in der Ausstellung alles an?". Die Erklärung, dass wir erst die Ausstellung kennen lernen müssen, bevor wir ein Buch darüber schreiben können, erschien den Kindern aber als völlig logisch und war extrinsische Motivation genug, um sich viele Stunden lang mit ihr und ihren Inhalten auseinander zu setzen.

Wir gingen in drei Schritten vor. Der erste war, Grundlagen zu schaffen. Die Kinder sollten eine Vorstellung davon bekommen, in welchen

Zusammenhängen das Mühldorf des Mittelalters und der frühen Neuzeit stand, welche Zustände in der Stadt und ihrem Umland geherrscht hatten. Es ging insgesamt um den Aufbau von Sachkompetenz. Auch wenn der Umgang mit einzelnen Exponaten im Vordergrund dieses Ferienprogramms stand, verlangt das Hintergrundinformationen.[4] Über die Themen wurde unter Anleitung der Museumspädagogen gemeinsam gesprochen. Die Methode, die dabei zum Einsatz kam, war vor allem das Stellen gezielter Fragen, die schon vorhandenes Wissen aktivierten,[5] zur genauen Betrachtung von Exponaten motivierten oder zur Diskussion untereinander anregten. Die Kinder sollten also bereits vorhandenes Wissen vertiefen und festigen, aber auch neue Erkenntnisse entwickeln. Durch das gemeinsame Gespräch hatten sie die Möglichkeit, sich jederzeit einzubringen oder nachzufragen. Zugleich diente diese Form einem ersten Kennenlernen.

---

[4] Inhaltlich wählten wir zum Beispiel folgende Themenschwerpunkte: die Stadt damals mit Hilfe der Stadtansicht aus dem 18. Jahrhundert (auch im Vergleich zu heute), Insellage der salzburgischen Stadt auf bayerischem Gebiet, der Burgfried um die Stadt, der salzburger Erzbischof als Landesherr und die Reichskreise des hl. römischen Reiches deutscher Nation.
[5] Viele Kinder waren bereits mit Familie oder der Klasse in der Ausstellung gewesen beziehungsweise hatten im Unterricht über die historischen Inhalte gesprochen.

Abb. 102 Die Museumspädagogin Katja Lehmann führt die Kinder durch die Ausstellung, wobei Papphocker als tragbare Sitzgelegenheit dienen.

Als Museumspädagogen hatten wir mit Hilfe des Gesprächs Gelegenheit, die Gruppen wage einzuordnen. Wir konnten in etwa erfahren, was die Kinder bereits wussten, inwieweit sie sich bis zu dem Zeitpunkt mit Vergangenheit/Geschichte auseinandergesetzt hatten, wo ihre sprachlichen Stärken und Schwächen lagen. Es ging prinzipiell darum, vorhandene Kompetenzen grob einordnen zu können. Will man mit einer Gruppe, die einem völlig fremd ist, effektiv arbeiten und etwas erreichen, muss man so früh wie nur irgend möglich in etwa einschätzen können, wo sie steht, um sie genau dort abholen zu können.[6] Im Umgang mit Schulklassen kann hier ein kurzes Gespräch mit der/dem Lehrer/in sehr hilfreich sein. Arbeitet man mit Gruppen, die bunt zusammen gewürfelt sind, wie beim Ferienprogramm, hat man diese Möglichkeit nicht.

Eine gelenkte Einstiegsphase eröffnet aber nicht nur die Chance zu erfahren, wo die oftmals sehr heterogenen[7] Gruppen insgesamt stehen, sie

---

[6] Vgl. auch den Beitrag Schreiber, Führungen, S. 379 in diesem Band.
[7] Heterogenität lag z. B. bezüglich des Alters vor. In den Gruppen befanden sich Kinder, die erst in die Schule kamen, also kaum lesen oder schreiben konnten. Andere besuchten bereits das Gymnasium. Heterogenität gab es

bietet gleichzeitig die Möglichkeit, eine annähernd gemeinsame Wissensbasis, mit der man arbeiten kann, zu schaffen. Das Interesse war dabei vorrangig auf die Vergangenheit gerichtet. Zum einen wurde eigenes Wissen rekapituliert und zum anderen wurde Wissen aus der Ausstellung entnommen. Gleichzeitung mussten die Schüler die einzelnen Wissensbestände miteinander verknüpfen und in Zusammenhang bringen, um sich eine Vorstellung von Vergangenem zu verschaffen; sie vollzogen Kontextualisierungs-Leistungen.

b) Vertiefung in ausgewählte Themen

Waren die Grundlagen geschaffen und hatten sich alle einander annähern und zumindest ansatzweise kennen lernen können, wurde die Methode gewechselt – gruppenteilige Arbeit war der zweite Schritt. Es sollten täglich zwei Abteilungen der Ausstellung genauer erarbeitet werden – die Kinder wurden demzufolge in zwei Gruppen aufgeteilt; mit jeder arbeitete eine der beiden Museumspädagoginnen.

Es ging jetzt darum, dass die jeweilige Gruppe zum Experten-Team für die entsprechende Abteilung wurde. Sie sollte im Anschluss an die Gruppenarbeit das andere Team, das sich auf einem anderen Gebiet „fit machte", informieren und durch die Abteilung führen.

Für die Gruppen wurden im Vorfeld bereits Arbeitsblätter konzipiert und zur jeweiligen Abteilung zusätzliche Quellen und Darstellungen ausgewählt, die die Kinder in ihrer Arbeit unterstützten sollten. Am Beispiel der Abteilung Medizinalwesen wird erläutert, wie eine solche Gruppenarbeit ablief und welche Intentionen dabei verfolgt wurden:

Gegenstandskompetenz wird aufgebaut und mit historischen Methoden gearbeitet

Wie bereits erwähnt, waren die Kinder mit Fragen ausgestattet, die von uns Museumspädagogen vorbereitet worden waren. Zur Bearbeitung derselben standen die Abteilung, aber auch zusätzliche Quellen und Darstellungen zur Verfügung.

Es ging, orientierten die Kinder sich an der Ausstellung oder an den zusätzlichen Darstellungen, darum, einer fertigen Geschichte, die über die Vergangenheit berichtet, Informationen über dieselbe zu entnehmen. So

---

auch in Bezug auf sämtliche Fähigkeiten und Fertigkeiten (motorisch, kognitiv, etc.). Alle Kinder konnten, lagen sie innerhalb der Altersgrenzen, an diesem Ferienprogramm teilnehmen. Es gab keine bestimmten Voraussetzungen (wie zum Beispiel in der Schule bestimmte Noten zum Übertritt), die erfüllt werden mussten, um sich anmelden zu können.

sollten sie zum Beispiel laut Arbeitsauftrag Nummer 1 herausfinden, welche „Notfallgesetze" es in Zeiten der Pest in Mühldorf gab. Dazu hatten sie die Hörstation in der Abteilung zur Verfügung und zusätzlich den zugrunde liegenden Text,[8] um ihn parallel zu lesen. Jeder konnte das für sich nutzen, was ihm am ehesten lag. War einem Kind der gesprochene Text zu schnell, konnte man darauf hinweisen, dass es die entsprechenden Informationen auch dem Lesetext entnehmen könne.

Die Kinder sollten aber nicht nur aus Darstellungen, die andere für sie geschaffen hatten, ihre Erkenntnisse ableiten, sie sollten auch selbständig aus Quellen, die sich aus der jeweiligen Vergangenheit erhalten haben, re-konstruieren. Dazu stellten wir den Kindern z. B. zusätzliche Bildquellen zur Verfügung. Der zweite Arbeitsauftrag beschäftigte sich mit dem Thema „Pestarzt"[9]: „2. Schau Dir den Pestarzt an und erkläre sein Aussehen! Nimm die ausgeteilten Arbeitsblätter zur Hilfe!"

Den Kindern standen die als Inszenierung in die Abteilung integrierte schematisierte Abbildung eines lebensgroßen Pestarztes zur Verfügung und eine Bildquelle aus dem 17. Jahrhundert[10].

---

[8] Die Schauspieler der Theaterakademie Athanor, die in der Ausstellung, zusätzlich zum Führungsprogramm, Szenen spielten, hatten die Texte auf der Basis von Quellen erarbeitet und für die Ausstellung auf Band gesprochen.

[9] Wurde eine Gegend tatsächlich vom „schwarzen Tod" heimgesucht, wurde der Pestarzt zur zentralen Figur. Man wusste damals bereits, dass sich die Pest durch Ansteckung übertrug – ging jedoch davon aus, dass dies durch die Luft geschah. Daher trug der Pestarzt seine Schnabelmaske, gefüllt mit den Kräutern, die die Funktion eines Filters hatten. Informationen zu diesem Thema können folgenden Artikeln entnommen werden: Eckart W.: Europäische Medizin von der Antike bis ins 20. Jahrhundert, in: Geschichte lernen, 5/1992, Heft 30, S. 18-29; Markmann H.-J.: Die mittelalterliche Heilkunde und Hildegard von Bingen, in: Geschichte lernen, 5/1992, Heft 30, S. 36-40; Buczek, D./ Göb, M.: Die Pest von 1348, in: Schreiber, W.: Erste Begegnungen mit Geschichte. Grundlagen historischen Lernens, Band 2, Neuried 1999, S. 985-1007.

[10] Die verwendete Bildquelle ist zu finden in: Eckart, W.: Europäische Medizin von der Antike bis ins 20. Jahrhundert, in: Geschichte lernen, 5/1992, Heft 30, S. 18-29.

Abb. 103 Zwei der Kinderautoren vor der Pestarzt-Darstellung in der Ausstellung „Salzburg in Bayern".

Mit der Hilfe dieser beiden Materialien konnten sie Gegenstandskompetenz aufbauen: Die Kinder konnten feststellen, dass der Pestarzt durch seine Kleidung völlig „vermummt" war, dass er auf dem Kopf einen Hut trug und eine Maske vor dem Gesicht, die einen Schnabel hatte, am Körper einen langen Mantel bis zum Boden und außerdem Handschuhe und Stiefel. Durch die Materialien, mit denen die Kinder arbeiteten, die Darstellung in Form der Inszenierung in der Ausstellung und die Bildquelle konnte der Unterschied zwischen einer „Geschichte" und einer erhaltenen Quelle verdeutlicht werden. Bei der Entwicklung solcher Einsichten kommt es sehr auf den Museumspädagogen an, der sensibel auf die Aktivitäten und Gespräche der Kinder reagieren muss, um sie gezielt fördern zu können.

In Zusammenhänge bringen

Während es im zweiten Auftrag um die allgemeine Charakterisierung des Pestarztes ging, zielte der dritte darauf ab, sein Aussehen und seine Ausstattung in einen Zusammenhang zu stellen. Warum kleideten sich Ärzte damals so, wie bewerten wir das heute?

Die Frage, was im Schnabel steckte und die Begründung dafür kamen ins Spiel. Die Schaffung des Kontextes sollte zu Orientierungskompetenz führen, zur Fähigkeit also, sich einen Überblick zu verschaffen. Es ging nicht nur darum, dass die Kinder mit Hilfe von Quellen und bereits fertigen Darstellungen erfuhren, wie der Pestarzt aussah, sondern es wurde nach dem „warum" und „weshalb" gefragt und nach Entwicklungen.

In der Mühldorfer Ausstellung hatte man den Vorteil, dass von den Kräutern und Mixturen, die vom Pestarzt benutzt wurden, nicht nur die Rede war, sondern dass sie in der Abteilung tatsächlich vorhanden waren, einschließlich der Möglichkeit, an ihnen zu riechen.[11] Ein Lernen mit allen Sinnen war damit Grund gelegt. Solche sinnlichen Erfahrungen zu ermöglichen kann andernorts allein die Aufgabe des Museumspädagogen sein. Der handelnde Umgang der Kinder mit diesen Exponaten war sehr intensiv und sorgte für die entsprechende Nachhaltigkeit. Dies schlug sich auch im Kindertext des Katalogs nieder.[12] Obwohl er sehr kurz gehalten ist, erwähnt er die Kräuter explizit.

Freier Umgang mit der Ausstellung – „Dekonstruktion auf eigene Faust"

Das Thema Pest war der Eyecatcher und ein Schwerpunkt der Abteilung Medizinalwesen. Sie beschäftigte sich aber auch mit medizinischen Berufen und ihrer Berufspraxis in Städten des Mittelalters und der Frühen Neuzeit. Dies durfte nicht vernachlässigt werden, schließlich sollte das Bild der Kinder von der Medizin damaliger Zeiten nicht auf die Pest reduziert werden. Darauf zielte die vierte Frage ab: „Welche medizinischen Instrumente befinden sich in der Abteilung? Beschreibe eines, das dich näher interessiert! Wofür hat man es verwendet?" Diese Aufgabenstellung ermöglichte den Kindern einen freieren Umgang mit der Abteilung, als die bisherigen. Jetzt konnten sie auf Entdeckungsreise gehen und sich das aussuchen, was sie persönlich für am spannendsten hielten.[13]

Auch an dieser Stelle sollte es aber nicht darum gehen, die Exponat-Beschriftungen wieder zu geben. Hier kam uns der Ausstellungsmacher mit seiner Konzeption sehr entgegen: Es gab zu den Exponaten in der

---

[11] Vgl. Beschreibung und Abbildung der Pestkräuter zum Anfassen bei Hamberger, Ausstellungskonzepte, S. 35 in diesem Band.
[12] Lehmann, K./Zabold, S. (Hgg.): Salzburg in Bayern für Kids, S. 47.
[13] Sie konnten sich mit dem Aderlass beschäftigen, mit Geburtshilfen, mit Amputationssägen, etc.

Regel immer auch Bildquellen, die den Umgang mit den Gegenständen zeigten. Die Vitrinen waren außerdem so gestaltet, dass jeweils eine Vitrine Instrumente einer Berufsgruppe (Stadtphysikus, Apotheker, Bader oder Hebamme) enthielt. Die Unterabteilungstexte ordneten die Berufe in Zusammenhänge ein.

Die ein oder andere zusätzliche Quelle, die wir auch für diese Aufgabe vorbereitet hatten, half den Kindern in ihrer Arbeit, hatten sie sich einen Überblick verschafft und für ein Exponat entschieden.

Die Rolle des Museumspädagogen

Als Museumspädagoge, der sich um personale Vermittlung[14] in einer Ausstellung kümmert, muss man sich bei einem solch gruppenteiligen, selbsttätigen Arbeiten zurücknehmen und äußerst sensibel sein. Es geht vor allem darum, für nötige Hilfe zur Verfügung zu stehen, Fragen zu beantworten und erbetene Hinweise zu liefern. Man muss genau beobachten und hinhören, um an den richtigen Stellen exakt dosiert einzugreifen.

Damit man dazu aber in der Lage ist, hat man intensive Vorarbeit zu leisten. Zuerst ist abzuklären, ob die Abteilung sich für diese museumspädagogische Praxis überhaupt eignet. Dazu muss man sie sehr genau kennen und die Konzeption zunächst selbst dekonstruieren. Dann sind Fragen und Aufgaben zu entwickeln. Will man mit zusätzlichen Materialien arbeiten, ist in der Regel eine ausführliche Recherche notwendig.

Vor allem bei Kindern, die mehrmals oder sogar an allen drei Tagen an dieser Veranstaltung teilgenommen haben, konnte man bereits innerhalb dieser kurzen Zeit eine Entwicklung feststellen. Sie gingen mit den Fragen und Aufgaben, mit der Ausstellung und den zusätzlichen Materialien zunehmend souveräner um. Dadurch dass sie die Ausstellung in Ausschnitten schon kannten, fiel es ihnen wesentlich leichter, sich zu orientieren. Aus dieser Tatsache ergab sich wiederum, dass sie sich mit den Aufgabenstellungen um Einiges leichter taten. Vor allem an den Stellen, an denen es um Kontextualisierungen ging, war dies sehr auffällig. Ihre Sachkompetenz hatte sich während des ersten oder zweiten Tages weiter entwickelt und dies machte sich im Umgang mit den Exponaten positiv bemerkbar. Es fiel ihnen beispielsweise leichter, Inhalte einzuordnen oder mit dem, was die Vergangenheit fremd macht, umzugehen. Entwicklung war auch im Hinblick auf Methodenkompetenz zu erkennen. Sie schauten sehr genau hin und hatten bereits angefangen, einen geschärften Blick für

---

[14] Vgl. den Beitrag Zabold/Schreiber, Bildungschance Ausstellung, S. 197 in diesem Band.

die Exponate zu entwickeln. Als Museumspädagoge konnte man die Eingriffe gerade bei diesen Kindern kontinuierlich zurücknehmen.

c) Die Gruppen informieren sich gegenseitig

Als letzten Schritt sollten die beiden Kindergruppen sich als Experten in „ihren Abteilungen" gegenseitig informieren. Die Gruppe, die führte, musste auf diese Weise das, was sie sich angeeignet hatte, noch einmal selbst verarbeiten. Dadurch verinnerlichen die Kinder ihre Ergebnisse. Indem sie Erfahrenes verbalisieren, bauen sie narrative Kompetenzen auf.

Nachdem beide Gruppen in ihren Abteilungen geführt hatten, wurden die Exponate, die die Kinder am meisten interessiert hatten, mit einer Digitalkamera fotografiert. Die Kinder konnten selbstverständlich ihre speziellen Wünsche äußern; sie wurden zu 100 Prozent berücksichtigt.

2. In der Kunstwerkstatt

Für das weitere Vorgehen wechselten wir von der Ausstellung in das nahe gelegene VHS-Atelier. Dort hatten wir eine provisorische Kunst- und Schreibwerkstatt eingerichtet.

Die mit der Digitalkamera gemachten Aufnahmen wurden dort zu aller erst mit einem Farbdrucker ausgedruckt und an einer Wand befestigt. In gemeinsamer Diskussion wurde entscheiden, welche Exponate in den Katalog kommen sollten. Festgelegt wurde auch, wer, was mit welchen künstlerischen Materialien[15] nachgestalten würde.

---

[15] Zwischen dem Ortswechsel in das Atelier und der Auswahl beziehungsweise entsprechenden Zuordnung der Exponate haben wir die zur Verfügung stehenden Materialien mit den Kindern besprochen. Sie hatten zur Verfügung: buntes Papier in unterschiedlichen Größen und Qualitäten (Zeitungen, Druckerpapier, Tonpapier, Wellpappe, Transparentpapier), Tapetenkleister, Kleber, Scheren, Kreppband, unterschiedliche Pinsel, Kartoffeln/ Korken/Schwämme (zum Drucken), Zahnbürsten (zum Spritzen), Wassermalfarben, Dispersion, Tusche mit Rohrfeder, Wachsmalkreiden, Ölkreiden, Holzstifte, Filzstifte, um nur eine Auswahl aufzuzählen.
Wir haben in einer improvisierten Kunstwerkstatt gearbeitet, die für drei Tage „aus dem Boden gestampft wurde". Daher hat die Ausstattung unserer Werkstatt nicht der einer idealen Form entsprochen. Renate Mann geht in ihrem Artikel „Kunst aus dem Regal" (Die Grundschulzeitschrift, 118/1998, S. 46-49) explizit auf den Idealzustand ein. Sie führt auf Seite 49 ihres Artikels in einer Aufzählung beispielsweise auf, was alles zur Grundausstattung einer Kunstwerkstatt gehört. Hier wird besonders deutlich, dass wir sehr stark improvisierten.

a) Förderung von künstlerischen Fertigkeiten und Fähigkeiten

Der Begriff Kunstwerkstatt stammt aus der schulischen Kunsterziehung und meint sowohl einen besonderen Lernort als auch ein spezifisches Unterrichtsprinzip[16]. In unserem Fall lag der Schwerpunkt vor allem auf dem besonderen Lernort. Die Kinder sollten mit der Kunstwerkstatt einen Raum vorfinden, der ihnen zahlreiche Materialien zur Verfügung stellte, durch die ihre Kreativität angeregt wurde. Worauf es uns also vor allem ankam, war ein kreativer Umgang mit den Materialien, der Spaß macht und zum Ergebnis ein Kunstwerk hat, das für Kinderaugen attraktiv ist und Inhalte transportiert. Es stand nicht im Vordergrund, jede Technik exakt anzuwenden. Künstlerisch gesehen war alles erlaubt, wenn es das Werk des Kindes in seinen Augen gesehen förderte und vorantrieb.

---

[16] Sievert, A.: Kunstwerkstatt, S. 6, in: Die Grundschulzeitschrift, 118/1998, S. 6-11. Auf diesen Artikel möchten wir besonders hinweisen. Will sich jemand tiefer einarbeiten, kann er mit dem Beitrag von Sievert zunächst eine Grundlage schaffen, auf die hervorragend aufgebaut werden kann. Als weiteren Basisartikel möchten wir den Artikel von Mann, R.: Kunst aus dem Regal (Die Grundschulzeitschrift, 118/1998, S. 46-49) empfehlen; er eignet sich ebenso zur Grundlagenschaffung.

Abb. 104 Die Kinder bei der Arbeit in der Kunstwerkstatt.

Dies entspricht auch dem Prinzip Kunstwerkstatt. Dem Museumspädagogen selbst kommt das Prinzip außerdem entgegen. Sie/er hat nicht zwingend eine Ausbildung im Bereich der Kunsterziehung genossen und muss sich daher vieles selbst erarbeiten beziehungsweise oftmals „aus dem Bauch heraus" agieren. Die einzigen Voraussetzungen, die sie/er für die Kunstwerkstatt mitbringen muss, sind Kenntnisse bezüglich der Vielfalt an künstlerischen Materialien und eigene Kreativität.

Die Kinder hatten während ihrer Arbeit immer Zugang zu allen Materialien, auch wenn sie sich schon für eine Technik oder ein bestimmtes Material entschieden hatten, und somit immer die Möglichkeit noch weitere einzubeziehen und ihre Ideen zu modifizieren. Sie arbeiteten selbstständig und mit ihrem eigenen Tempo. Eingegriffen haben wir nur, wenn es von uns erbeten und damit erwartet wurde. Obwohl uns nicht die exakte Anwendung von Techniken besonders wichtig war, lernten viele Kinder dennoch neue Methoden kennen. Jedes Kind konnte intensiv mit seinem Exponat und seinen künstlerischen Materialien arbeiten und dabei individuell nach eigener Geschwindigkeit vorgehen. Keiner machte genau dasselbe wie ein anderer. Jeder arbeitete dadurch nach seinem Tempo und seinen eigenen Qualitätsstandards – dabei war prinzipiell alles erlaubt.[17]

Zum Umgang mit Kunst im Speziellen und zur Orientierung in der Welt im Allgemeinen gehört, dass wir das, was uns umgibt, wahrnehmen. Durch eine intensive Auseinandersetzung mit einem beliebigen Objekt, durch seine Wahrnehmung, wird es uns bekannt. Eine „Erweiterung unserer Erfahrung und Erkenntnis"[18] tritt ein. Der Prozess der Wahrnehmung wird dadurch gefördert, dass das Individuum für das, was mit dem erfahrenen Objekt in Zusammenhang steht, jetzt sensibler ist.

Dies traf auf die Kinderautoren noch in einem anderen Sinne zu, als die Kunstdidaktik das hier meint: Weil sie sich ja bereits in der Ausstellung aus historischer Sicht intensiv mit „ihrem Exponat" auseinandergesetzt hatten, war es ihnen bereits „bekannt". Durch den Auftrag zur Nachgestaltung für ein Buch, das anderen Kindern Informationen und Impulse geben sollte, betrachteten sie es nun zusätzlich aus einer weiteren Perspektive. Dieses „genau-Hinschauen-in-unterschiedlicher-Absicht" hat, so unser Eindruck, bewirkt, dass Kinder gerade in diesem Moment erkannten, „dass Dinge Fakten vermitteln können"[19] – in unserem Fall über die vergangene Wirklichkeit. Werden solche Einsichten einmal aufgebaut und selber erkannt, dann können sie ab diesem Zeitpunkt zum festen Repertoire gehören, das in Zukunft grundsätzlich bei jeder Form der Wahrnehmung berücksichtigt werden könnte.

b) Förderung von historischen Kompetenzen

Unser Ziel war die Förderung des Geschichtsbewusstseins. Die historischen Kompetenzen sollten daher auch im Zuge der Arbeit in der Kunstwerkstatt gefördert werden, vor allem die Methodenkompetenz. Während

---

[17] Ein Blick in den fertigen Kinderkatalog zeigt das. Man findet unterschiedliche Exponate mit unterschiedlichsten Techniken in den verschiedensten Qualitäten. Auch wenn ein Gegenstand mehrfach nachgestaltet wurde, gleicht nie ein Kunstwerk dem anderen.
[18] Eid, K./ Langer, M./Ruprecht, H.: Grundlagen des Kunstunterrichts, Paderborn u. a. ⁵2000, S. 19. Dieses Werk kann den Museumspädagogen in der Erarbeitung seiner unterschiedlichen Konzepte der personalen Vermittlung unterstützen. Es beschäftigt sich vorrangig mit Kunst aber auch mit visuellen Wahrnehmungsprozessen, die für seine Arbeit eine tragende Rolle spielen.
[19] Eid/Langer/Ruprecht, Grundlagen des Kunstunterrichts, S. 19.

die Kinder sich in der Ausstellung mit den Zusammenhängen beschäftigt hatten, in denen die Exponate stehen, kam es in dieser Arbeitsphase viel isolierter auf das Exponat selbst an.

Ideal wäre es natürlich gewesen, die Gegenstände selber oder zumindest Modelle zur Verfügung zu haben. Weil Ausstellungen Originalquellen zeigen, ist diese Vorstellung aber illusorisch. Wie bereits gesagt, behalfen wir uns mit Abbildungen. Die Kinder hatten mit ganz wenigen Ausnahmen[20] ein farbiges Foto zur Verfügung, das sie bei der Auseinandersetzung mit den Ausstellungsobjekten unterstützen sollte. Alle nutzten ihre Fotografien, um die eigenen Bilder so exakt wie möglich zu gestalten. Sie betrachteten dazu die Bilder akribisch genau. Manche wollten sogar die Originalgegenstände in der Ausstellung noch einmal sehen, und Fotos aus anderen Perspektiven aufgenommen haben. Auch das war möglich.

Die intensive Auseinandersetzung mit den Exponaten ist prinzipiell vergleichbar mit dem ersten Schritt, den auch ein Historiker vollzieht, wenn er sich mit der Abbildung einer gegenständlichen Quelle auseinandersetzt. Bevor er auf Funktion, Hintergründe und Verwendungszusammenhänge eingeht, muss er erst einmal wissen, was er genau vor sich hat.

3. In der Schreibwerkstatt

a) „Freies Schreiben" – eine Anleihe aus dem Deutschunterricht

Innerhalb unseres Projektes sollte für das Buch von jedem Kind ein Text geplant und aufgeschrieben werden. Die Deutschdidaktik ordnet diese Art des Schreibens in das freie Schreiben, einem Teil des schriftlichen Sprachgebrauchs, ein.

Das freie Schreiben geht auf den Reformpädagogen Celestin Freinet[21] zurück. Es fordert bestimmte Bedingungen, die zu berücksichtigen sind

---

[20] Zu den wenigen Ausnahmen gehörten die Mühldorfer Hexe Maria Pauer und die Pestkranken. Es gab in der Ausstellung keine Abbildungen, die sich explizit mit diesen beschäftigten. Die Kinder hielten beides aber für extrem wichtig und somit gestanden wir es ihnen zu, sie aus der eigenen Phantasie heraus zu gestalten, auch wenn an diesen beiden Stellen unsere Hintergründe bezüglich der Beschäftigung mit Exponaten der Ausstellung aus dem Blickfeld verschwanden.

[21] Witschas, D.: Impulse aus dem kreativen Schreiben für die Grundschule. In: Schober, O. (Hg.): Deutschunterricht für die Grundschule, Bad Heilbrunn 1998, S.107-120, hier S. 108. Es handelt sich bei dieser Publikation um eine Einführung in den Deutschunterricht der Grundschule. Sie kann jedem Mu-

und diese Methode charakterisieren. Diese werden wir mit Hilfe einiger aussagekräftiger und schlaglichtartiger Zitate vorstellen: Freies oder kreatives Schreiben ist ein „Schreiben ohne Bevormundung, [...], [mit] Respekt vor dem Schreiben der Kinder, [...], [taktvoller] Veränderung im Nachhinein, [...], ein Schreiben für uns, für Dich, für Euch und immer für mich"[22]; „die Situation muss für die Kinder angstfrei sein. [...] [Sie] muss dem Schüler ein großes Maß an Freiheit lassen, wie er sich auf die Aufgabenstellung einlässt.[23]". Zentral dabei ist die „Freiheit bei der Wahl der Thematik, der Form, des Zeitpunktes des Ortes und der Präsentation [...]"[24].

Abb. 105 In der Schreibwerkstatt wurden die Texte des Kinderkatalogs verfasst.

---

seumspädagogen, der mit seinen Grundschulgruppen in Richtung Schreiben gehen möchte, eine Hilfe sein.

[22] Andresen, U.: Die eigene Stimme auf dem Papier. Nachdenken über freies Schreiben in der Grundschule, in: Grundschulmagazin, 1-2/2001, S. 9-12, hier S. 9.
[23] Müller, E. P.: Kreatives Schreiben in der Grundschule. Anmerkungen, Reflexion und praktische Überlegungen zu einem modischen Thema, in: Grundschulmagazin, 1-2/2001, S.13-16, hier S. 13.
[24] Witschas, Impulse aus dem kreativen Schreiben für die Grundschule, S. 108.

Wir sind schon darauf eingegangen und möchten noch einmal betonen, dass es wichtig ist, will man einen Lernerfolg erzielen, die Lernenden möglichst dort abzuholen, wo sie stehen. Unsere Kinder standen an sehr unterschiedlichen Standorten und diese Methode erschien uns am ehesten brauchbar, um ihre Individualität berücksichtigen zu können. Von freiem oder kreativem Schreiben kann unserer Meinung nach gesprochen werden, da die Kinder einmal das Exponat, worüber sie schreiben wollten, selbst aussuchen konnten, das Thema war somit frei wählbar.[25] Die einzige Vorgabe bezüglich des Textes, die wir machten, war, dass er sich mit dem Exponat beschäftigte, das die Kinder gewählt und künstlerisch nachgestaltet hatten. Kinder, die ihre Schreibkompetenzen schon sehr weit entwickelt hatten, schrieben einfach so, wie sie es für richtig hielten – wir griffen nicht ein. Andere Kinder brauchten Anregungen, wie sie ihren Text schreiben konnten. Ihnen erklärten wir eine der Techniken des kreativen Schreibens, Cluster, Ideenstern oder auch Gedankenschwarm genannt.[26]

Abb. 106 Beispiel für ein Cluster – Die Pestkranken.

Dabei sollten sie das Exponat, mit dem sie sich beschäftigten, in die Mitte eines Blattes schreiben und ringsum die Inhalte, die ihnen diesbezüglich wichtig erschienen, positionieren. Eine inhaltliche Ideensammlung sollte entstehen, die der „Vorbereitung des Verfassen [...] [des] Textes [diente]"[27]. Vielen reichte diese Anregung aus, andere brauchten aber auch beim Strukturieren des Textes und beim Formulieren Hilfen. Die letzte Gruppe waren die Kinder, die erst im folgenden September in die Schule kamen. Sie konnten noch nicht schreiben und brauchten noch intensivere

---

[25] Wollten sich unbedingt zwei Kinder mit dem gleichen Exponat beschäftigen, war das zum Beispiel kein Problem. Wahlfreiheit war uns sehr wichtig. Die Kinder sollten das Gefühl haben, dass ihre Interessen auf „offene Ohren" stoßen und ihr Tun im Mittelpunkt stand.
[26] Witschas, Impulse aus dem kreativen Schreiben für die Grundschule, S. 114.
[27] Witschas, Impulse aus dem kreativen Schreiben für die Grundschule, S. 115.

Unterstützung. Wir erstellten die Texte in gemeinsamer Arbeit mit ihnen. Die Kinder durften wählen, womit sie schrieben, welcher Platz für sie am bequemsten und wie viel Zeit notwendig war. Die einzige zeitliche Vorgabe, die stets im Raum stand war, dass die Eltern sie um 17 Uhr abholten.

Während der Endkonzeption von uns Herausgeberinnen mussten einige Texte noch behutsam überarbeitet werden. Schreibfehler wurden verbessert und möglichen Verständnisschwierigkeiten vorsichtig durch Umformulierungen vorgebeugt. Wo es möglich war, blieben die Texte aber in der Urfassung der Kinderautoren.

b) Förderung von historischen Kompetenzen

Während die Kinder ihre Texte verfassten, wurde ihre Sachkompetenzen nochmals vertieft. Sie mussten das rekapitulieren, was sie in der Ausstellung gelernt und während der Schaffung ihres Kunstwerkes berücksichtigt hatten. Die Informationen bezüglich ihres Exponates oder Themas wurden also noch intensiver verinnerlicht. Außerdem kam die narrative Kompetenz wiederholt zum Zug. Der Umgang mit Vergangenheit/Geschichte ist zwingend an Sprache gebunden.[28] Während dieses Arbeitsschrittes wurden die Kinder zu Autoren, die eine historische Darstellung verfassten. Sie hatten vorher ihr Wissen aus Quellen und der Darstellung Ausstellung zusammen getragen, um jetzt aus ihren Informationen einen Text zu gestalten, der später anderen Kindern helfen sollte, sich ebenfalls mit diesem Thema auseinander zu setzen. Sie wurden somit selbst zu denjenigen, die sich für Inhalte entschieden, Strukturen und Formulierungen schufen und damit perspektivisch und selektiv arbeiteten. Sie nahmen damit eine ganz neue Position ein, ein ganz anderer Blick auf Geschichte wurde ihnen möglich.

Dieser Schritt war dem „selber-Führen" sehr ähnlich, barg aber noch einmal ganz andere Qualitäten und Herausforderungen in sich: Die Formulierungen mussten an dieser Stelle präzise auf den Punkt gebracht werden. Der Schreiber hat nicht wie der Sprecher die unmittelbare Chance, sich schnell zu verbessern, Gesagtes zu revidieren. Aussagen müssen klar und unmissverständlich sein, denn der Leser hat nicht die Möglichkeit, beim Schreiber nachzufragen. Allerdings konnten die Autoren sich ihre Formulierungen natürlich genau überlegen. Sie mussten nicht so spontan handeln, wie als Führender. Vermutlich stellten die jungen Autoren erstmals fest, wie viel Unsichtbares eigentlich „hinter" einem Text

---

[28] Vgl. Zabold/Schreiber, Bildungschance Ausstellung, S. 197 in diesem Band.

steckt, das der Schreiber investiert, der Leser aber nicht automatisch erkennt.

III. Endkonzeption des Kinderkatalogs

Mit den Kunstwerken und Texten der Kinder war die Grundlage für den Kinderkatalog geschaffen. Ein Buch braucht aber immer ein in sich rundes und stimmiges Gesamtkonzept genau so wie ein ansprechendes Layout. In unserem Fall sollten sowohl das eine als auch das andere natürlich vor allem kindgerecht sein. Beides musste im Weiteren noch detaillierter geplant und schließlich realisiert werden. Wofür wir uns entschieden haben und wie wir in der Realisierung vorgegangen sind, werden wir im Folgenden kurz umreißen.

1. Warum keine Endkonzeption in Zusammenarbeit mit den Kindern?

Obwohl unser Ziel war, ein Buch von Kindern für Kinder zu erarbeiten, waren die Kinder an der Gesamtkonzeption und am Layout nicht beteiligt. Jeder, der selbst schon einmal einen Sammelband herausgegeben hat, weiß, wie viele Stunden und Tage noch investiert werden müssen, selbst wenn die einzelnen Beiträge bereits vorhanden sind, in unserem Falle die Kunstwerke der Kinder und ihre Texte. In Zusammenarbeit mit den Kindern im Rahmen eines Ferienspaß-Programms wäre das nicht realisierbar gewesen.[29] Das Buch musste fertig werden, da es auf eine zeitlich begrenzte Ausstellung hin konzipiert war. Ein Ferienprogramm kann, schon was die Organisation betrifft, nicht der richtige Rahmen für so ein Projekt sein – anders aber der Unterricht. Wir meinen, dass im Rahmen von Schule und Unterricht ein solches Konzept in variierender Form durchaus komplett durchgezogen werden könnte – und zwar vom Anfang und dem Erarbeiten der Inhalte bis zum Schluss und somit der Präsentation.

Wichtig war uns aber nach wie vor, dass das, was wir selbst geschrieben haben, für Kinder ausreichend verständlich und übersichtlich war.

---

[29] Allein für das Erstellen des Konzepts und des Layouts investierten wir zu zweit ca. 1 ½ Tage. Die Realisierung beanspruchte zwei volle Arbeitskräfte ca. 1 ½ Wochen lang – täglich mindestens 10 Stunden. Dabei musste aber niemandem etwas speziell erklärt werden, wie zum Beispiel die Funktionen des Layout- Programms oder die Recherche für den späteren Materialteil und es mussten nur die Meinungen von uns beiden Herausgeberinnen in Einklang gebracht werden. Wir arbeiteten beide völlig selbstständig und unabhängig voneinander, lediglich unterbrochen durch kurze Absprachen. Innerhalb dieses Zeitraumes wäre die Endkonzeption in Zusammenarbeit mit mehr als 30 Kindern nicht möglich gewesen.

Aufgrund dessen haben wir nicht nur Erwachsene, sondern auch Kinder gebeten, Korrektur zu lesen. Wegen der kritischen Stimmen unserer kleinen Korrekturleser, die wir bewusst außerhalb des Einzugsgebietes von Mühldorf gesucht haben, damit sie mit den Inhalten nicht vertraut waren, konnten wir einigermaßen sicher sein, dass unsere eigenen Texte und konzeptionellen Entscheidungen sich nicht über den Köpfen von Kindern bewegten.

2. Das Konzept für „Mühldorf a. Inn – Salzburg in Bayern für Kids"

Im Folgenden werden wir den Kinderkatalog kurz charakterisieren, indem wir die drei Hauptkapitel vorstellen. Die Gliederung wird durch das Layout unterstützt. Schlagworte und Symbole in den farblich unterschiedenen Kopf- und Fußleisten geben jeweils Auskunft darüber, wo der Leser sich gerade befindet.

a) Sachinformationen im Katalogteil

Wie bei einem Katalog üblich haben wir als Gliederungsprinzip die Struktur der Ausstellung beibehalten: Damit besteht der Katalogteil aus einzelnen thematischen Kapiteln, die jeweils durch einen zusammenfassenden Text eingeleitet werden. Diese Überblickstexte wurden von uns verfasst. Unmittelbar dahinter befinden sich die Texte und Bilder der Kinder. Beides dient dem Leser dazu, sich Sachinformationen zu erarbeiten.

Mühldorf am Inn - Salzburg in Bayern, Medizinalwesen

Wer hat Angst vorm Schwarzen Mann? - Die Pest in Mühldorf
Der „Schwarze Tod", so wurde die Pest früher genannt. Auch in Mühldorf sind viele Menschen an der Pest gestorben. Man wusste nicht genau, wie man sich vor der Pest schützen konnte. Dass der Rattenfloh diese Krankheit überträgt, das wusste man damals noch nicht. Man dachte, dass sie durch die Luft übertragen wird. Der einzige, der gegen die Pest vorging, war der Pestarzt. In den Zeiten der Pest galten in Mühldorf besondere Regeln. Diese waren sehr streng, weil man sich vor der Ansteckung mit der Krankheit fürchtete.

Helfen und Heilen in einer mittelalterlichen Stadt
Es gab vier Berufe, die sich früher in einer Stadt wie Mühldorf um zum Beispiel Kranke oder Schwangere kümmerten. Da war zuerst einmal der „Stadtphysikus". Er war der einzige Arzt in der Stadt, der eine richtige Ausbildung hatte. Der Stadtphysikus versorgte hauptsächlich die Bürger einer Stadt, denn alle anderen Menschen konnten sich einen solchen Arzt nicht leisten.
Der Apotheker kannte sich mit Kräutern und ihrer Wirkung besonders gut aus.
Der „Bader" hatte viele Aufgaben. Man ging nicht nur zu ihm, um sich den Bart schneiden zu lassen oder um ein Bad zu nehmen. Er wandte auch ein Mittel an, von dem man glaubte, dass es gegen viele Krankheiten hilft. Dies war der Aderlass. Dabei wurde den Kranken Blut abgenommen. Denn man glaubte, dass das Blut selbst krank sei. Man dachte, dass sich das Blut und somit der ganze Mensch erholen könne.
In Mühldorf gab es auch Hebammen. Ihr Wissen wurde von den Älteren an die Jüngeren weiter gegeben. In Salzburg gab es schon sehr früh eine Hebammenschule. So kam auch Mühldorf zu ausgebildeten Geburtshelferinnen. Davor musste eine Hebamme nur die Taufe durchführen können, falls ein Kind bei der Geburt starb.

45

Abb. 107 Beispiel eines zusammenfassenden Textes: Medizinalwesen.

Kinderkatalog 617

(E) Mühldorf am Inn - Salzburg in Bayern, Medizinalwesen

(A)

(D)

Abb.: Florian Zintl, 9 Jahre, Mühldorf

(B) Auf dem Pestkarren wurden die Pesttoten zum Friedhof befördert. In Mühldorf sind im Mittelalter viele Menschen an der Pest gestorben.
Florian Zintl, 9 Jahre, Mühldorf

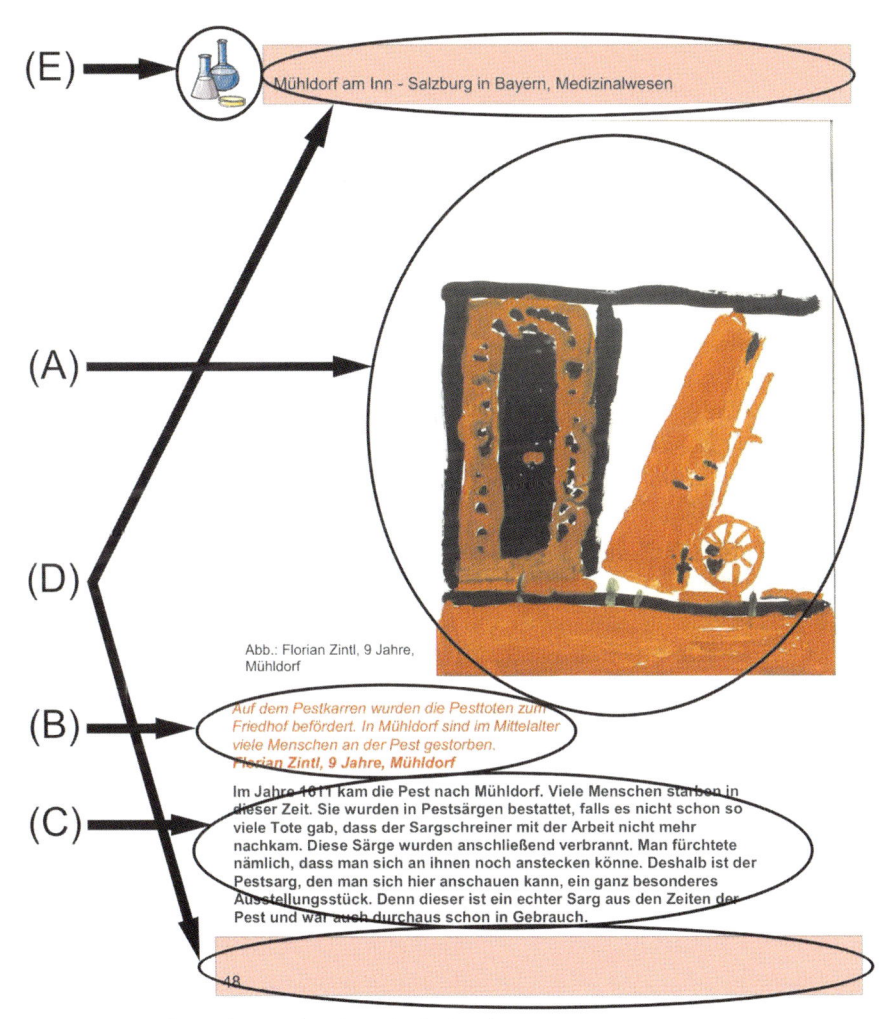

(C) Im Jahre 1611 kam die Pest nach Mühldorf. Viele Menschen starben in dieser Zeit. Sie wurden in Pestsärgen bestattet, falls es nicht schon so viele Tote gab, dass der Sargschreiner mit der Arbeit nicht mehr nachkam. Diese Särge wurden anschließend verbrannt. Man fürchtete nämlich, dass man sich an ihnen noch anstecken könne. Deshalb ist der Pestsarg, den man sich hier anschauen kann, ein ganz besonderes Ausstellungsstück. Denn dieser ist ein echter Sarg aus den Zeiten der Pest und war auch durchaus schon in Gebrauch.

48

Abb. 108 Aufbau einer Seite des Kinderkatalogs.

Die zu den Kunstwerken der Kinder (A) gehörigen Kindertexte sind rot gedruckt (B). Weitere, von uns geschriebene Exponattexte, in schwarzem Druckbild, geben zusätzliche Informationen und ordnen ein (C). Auf die Bedeutung der Kopf- und Fußzeilen für die Orientierung ist schon hingewiesen worden. Jedes thematische Kapitel ist in den oberen Ecken durch ein Symbol (E) gekennzeichnet, Kopf- und Fußleisten haben dieselbe, ausschließlich für dieses Thema reservierte Farbe (D).

Den Teilkapiteln gehen drei einordnende Texte voraus,[30] die einen Zusammenhang zum Mühldorf des Mittelalters und der Frühen Neuzeit herstellen. Sie beinhalten zum Teil die Informationen, die wir jeweils vor der Gruppenarbeit in einem gemeinsamen Gespräch erarbeitet haben und dürfen auch dem Leser nicht vorenthalten werden.

b) Anregungen für den Besuch der Ausstellung im Arbeitsteil

Im direkten Anschluss befinden sich Seiten, die die Kinder beim Besuch der Ausstellung begleiten sollen. Der erste Teil zeigt Fotografien von Exponaten, die in der Ausstellung zu finden waren, diesmal ganz ohne Text. Diese Seiten waren als Arbeitsseiten gedacht, denn ein Kinderkatalog soll auch ein Arbeitsbuch sein, in das man z.B. auch hineinschreiben darf. Der leere Platz konnte für Notizen oder andere Ideen der Kinder verwendet werden.

Im zweiten Teil sind Fragen zusammengestellt, die die Ausstellung erschließen helfen. Sie können den Kindern Anhaltspunkte liefern oder ein roter Faden sein, um mit den einzelnen Abteilungen umzugehen. Die einzelnen Abschnitte sind wiederum mit den Symbolen gekennzeichnet, die den thematischen Kapiteln im Katalogteil bereits zugeordnet sind. Die Orientierung wird dadurch erleichtert.

c) Erweiterungen über die Ausstellung hinaus im Materialteil

Dieser letzte Teil war nicht mehr auf den Ausstellungsbesuch ausgelegt, sondern für die vertiefende Arbeit in der Schule oder daheim gedacht. Hier befindet sich analog zu den thematischen Kapiteln im Katalogteil zusätzliches Material, nämlich Abbildungen (Darstellungen und Quellen) und darstellende Texte oder Quellen mit passenden Aufgabenstellungen und Fragen.

---

[30] Sie beschäftigen sich mit der Insellage, dem Burgfried und der Säkularisation.

Kinderkatalog 619

Materialien zur Nachbereitung für in der Schule und Daheim

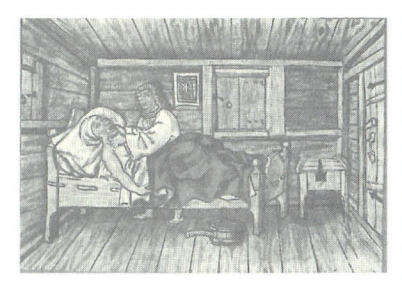

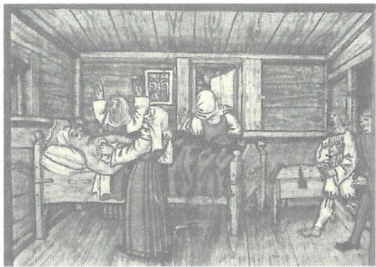

Auf dieser Seite kannst Du vier Bilder aus einer Chronik aus dem frühen 16. Jahrhundert sehen. Sie erzählen eine Geschichte, die sich damals ereignet hat. Beschreibe, was Du auf den Bildern sehen kannst und versuche herauszufinden, in welchem Zusammenhang sie zueinander stehen!
Lies Dir nun die Texte durch, die Du unten findest. Welcher Satz passt zu welchem Bild?

Die Leiche wird später von Nachbarn entdeckt. +
Vor den Toren der Stadt werden dem Mörder
Hans Spieß mit dem Wagenrad die Glieder
zerschmettert. + Der Scharfrichter führt an einem Seil
den nackten und geschorenen Hans Spieß auf den
Friedhof und zum Sarg seiner Frau. +
Hans Spieß erwürgt 1503 seine Ehefrau.

65

Abb. 109 Eine Seite aus dem Materialteil des Kinderkatalogs.

Durch Bilder und Texte, die weder mit der Ausstellung, noch mit Mühldorf und seiner Umgebung zu tun haben, werden neue Perspektiven eröffnet. Zum Teil kommen völlig andere Aspekte hinzu. Unser Ziel war, damit das regionale Fallbeispiel zu erweitern und auf Parallelen bzw. Andersartiges zu verweisen. Auch erweiternde Literatur hatten wir aufgeführt.

Abgerundet wird der Kinderkatalog durch einleitende Vorworte[31] und ein kurzes Resümee in Form eines Reflexionsberichtes.

Als Adressaten des Kinderkatalogs hatten wir indirekt immer auch die Lehrer mitgedacht. Gerade der Materialteil kann auch heute noch, obwohl es die Ausstellung schon lange nicht mehr gibt, Stütze für die Konzeption von Unterrichtsstunden sein, das Literaturverzeichnis die Suche nach weiterem Material erleichtern. Jedes der Kapitel konnte als Anregung für den Ausstellungsbesuch und für die Vor- bzw. Nacharbeit im Unterricht dienen. Das Erarbeiten eines Kinderkatalogs kann aber auch insgesamt zum Schulprojekt werden – wir haben bereits darauf hingewiesen.

3. Die Präsentation

Die erste Auflage[32] des Kinderkataloges wurden in 300 Exemplaren gedruckt (und verkauft!). In einer Präsentationsveranstaltung[33] wurde er der Öffentlichkeit vorgestellt. Pressepräsenz ist dabei unerlässlich: Die Bevölkerung muss schließlich über den neuen Band informiert werden, die Sponsoren sollen öffentlichen Dank abgestattet bekommen, und nicht zuletzt soll den Kindern das nun fertige Buch, an dem sie als Autoren mitgewirkt haben, überreicht werden. Außerdem war es uns wichtig, ihnen ihre Kunstwerke zurück zu geben. Nachdem das Buch jetzt fertig war und an der Präsentationsveranstaltung nahezu alle anwesend sein konnten, war dies problemlos zu bewerkstelligen.

---

[31] Der Bürgermeister der Stadt Mühldorf a. Inn, Prof. Schreiber, sie hat unser Projekt durchgehend begleitet und maßgeblich beeinflusst, und wir Herausgeberinnen kamen kurz zu Wort.

[32] In der Zwischenzeit ist eine zweite Auflage erschienen. Der Kinderkatalog ist dabei zum Kindersachbuch umgearbeitet worden. Das Kapitel zur Arbeit in der Ausstellung ist weggefallen, dafür wurde aber der Materialteil erweitert. Damit das Sachbuch auch in der weiteren Umgebung von Mühldorf genutzt werden kann, wurden in den Texten die Mühldorf–spezifischen Inhalte reduziert und eher allgemeinere Schwerpunkte gesetzt. Die Kindertexte blieben unverändert. (Lehmann, K./Zabold S. (Hgg.): Salzburg in Bayern für Kids, Eichstätt ²2003).

[33] In die Ausstellung eingeladen waren die Kinder mit ihren Eltern, die Sponsoren, die örtliche Prominenz und natürlich der Ausstellungsmacher.

An den offiziellen Teil schloss sich noch ein kleiner Empfang mit Getränken und Essen an. Hier war noch die Möglichkeit zum Gespräch geboten. Sowohl die Kinder als auch die Eltern hatten Kommunikationsbedarf, nachdem sie das fertige Buch in Händen hielten. Außerdem war der Veranstaltung damit ein entsprechender Rahmen gegeben.

IV. Das Praktische zum Schluss

Im Laufe der Entstehung dieses Kinderkataloges standen wir an zahlreichen Stellen vor Problemen, die unnötig Zeit kosteten und Energien aufzehrten.[34] Beides aber ist dringend nötig, denn ein solches Projekt fordert von den Verantwortlichen einiges. Um Ihnen das, für den Fall dass Sie in unsere Fußstapfen treten möchten, zu ersparen, liefern wir abschließend einige praktischen Tipps. Sie mögen auf den ersten Blick banal erscheinen, sind aber in ihrer Bedeutung nicht zu unterschätzen. Dabei gehen wir auf das Organisatorische und das nötige Equipment ein.

1. Organisatorisches

Für die Arbeit in der Kunst- und Schreibwerkstatt ist ein Raum nötig, in dem „gesudelt" werden darf. Farbtöpfe fallen um oder Kleister tropft auf den Boden. Das passiert nicht nur Kindern, sondern auch Erwachsenen und ist bei der Auswahl der Räumlichkeiten zu berücksichtigen.

Was den zeitlichen Rahmen betrifft, darf man bei der Arbeit mit den Kindern nicht vergessen, ausreichende Pausen einzukalkulieren. Intensiv kann man nur dann arbeiten, wenn man ausgeruht ist, das geht auch uns Erwachsenen so. Die Kinder arbeiten in den einzelnen Abschnitten hart, wir waren beispielsweise bis zu drei Stunden in der Ausstellung. Für einen Zeitraum von 10 bis 17 Uhr müssen insgesamt ca. zwei bis zweieinhalb Stunden Pause eingerechnet werden.

Schon bevor die Arbeit mit den Kindern beginnt, sollte man sich um eine Druckerei kümmern. Mit ihr ist bereits im Vorab zu klären, in welchem Programm das Buch gelayoutet werden soll und welche Formatierungen für die Bilder nötig sind. Übersieht man das, muss man eventuell viel Zeit in doppelte Arbeit investieren und jedes einzelne Bild umformatieren.

Es lohnt sich außerdem, eine Vielzahl an Angeboten einzuholen. Vierfarbendruck ist notwendig, da sonst die Qualität der Bilder enorm

---

[34] An Vieles hatten wir einfach gar nicht gedacht, wichtige Informationen erfuhren wir unnötig spät.

leidet, sie sogar verfremdet werden. Farbdruck ist aber teuer. Zwischen den Angeboten, die wir eingeholt hatten, lagen Differenzen von bis zu 10 000 Euro.

Parallel dazu muss man sich als Herausgeber frühzeitig um Sponsoren kümmern. Hier sind langwierige und vor allem zahlreiche Gespräche nötig; warten Sie also nicht zu lange. Außerdem sollte man sich überlegen, ob das Buch eine ISBN-Nummer erhalten soll, oder nicht. Vergessen Sie dabei nicht, dass es nur dann für jeden auffindbar ist, wenn es in der Deutschen Bibliothek in Frankfurt registriert ist!

2. Das Equipment

Für die Arbeit in der Ausstellung und in der Kunst- und Schreibwerkstatt sind drei Dinge unerlässlich: eine Digitalkamera, die Bilder mit möglichst hoher Auflösungen liefert, ein Laptop und ein guter Farbdrucker. Wir haben bereits beschrieben, wozu Sie die Digitalkamera brauchen – Originale kann man nicht mit in die Kunstwerkstatt nehmen, also muss man auf Abbildungen zurückgreifen. Man muss die Bilder in DIN A 4 ausdrucken, um den Kindern ein vernünftiges Arbeiten zu ermöglichen. Das macht die oben erwähnte hohe Auflösung notwendig.[35] Der Drucker muss schnell Bilder von guter Qualität auswerfen können. Schnell muss er deswegen sein, weil die Bilder erst nach der Auswahl durch die Kinder in der Ausstellung gedruckt werden können. Den Laptop braucht man, um die Bilder anschauen zu können, bevor man sie druckt und eventuell für das Schreiben der Texte.

Je nachdem, wie aufwendig und qualitativ hochwertig das Layout und der Druck sein sollen, muss man entsprechende Computer-Kapazitäten zur Verfügung haben. Wir benötigten für den Vierfarbendruck hohe Bildauflösungen, was zur Folge hatte, dass die Dateien, mit denen wir bei den Schlussformatierungen arbeiteten, enorm groß waren. Daher empfehlen wir grundsätzlich, mit einem Computer zu arbeiten, der möglichst auf dem aktuellsten technischen Stand ist. Um Speicherzeiten von mehreren Minuten vorzubeugen, sollten Sie die Seitenzahl innerhalb der Teildateien nicht zu hoch werden lassen. Zehn bis fünfzehn Seiten bei Bildern in TIFF Format sind zu empfehlen; alles, was darüber hinausgeht, kann zum Problem werden. Besonders wichtig sind dabei ein großer Arbeitsspeicher (512 MB) und eine schnelle Festplatte.

---

[35] Geringe Auflösungen bewirken, dass im großformatigen Druck lauter bunte Vierecke erkennbar sind.

Resümiert man unsere Erfahrungen, so kann man, trotz des hohen Aufwands, nur Mut zum Ausprobieren machen. Sowohl der Prozess des Erstellens im Begleitprogramm, als auch das Produkt, der Kinderkatalog, sind eine Bereicherung für jede Ausstellung. Kinderautoren und Herausgeber nehmen nachhaltige Erfahrungen mit, die weit über die Ausstellungszeit hinausreichen.

Von der Ausstellung ins Studio und zurück

Von Alfred Czech

Museumswerkstätten, Studios und Ateliers haben Konjunktur. Sie erfreuen sich bei Ausstellungsbesuchern und Veranstaltern steigender Popularität. Die Besucher melden sich zu praktischen Veranstaltung an, weil ihnen diese Vermittlungsform Spaß macht.[1]

Sind Studioprogramme deshalb nur unterhaltendes Beiwerk? Oder vermitteln sie auch Inhalte, ja selbst die inhaltlichen Anliegen der wissenschaftlichen Ausstellungsgestalter? Unter welchen organisatorischen und konzeptionellen Bedingungen ist die Einrichtung eines Ausstellungsstudios sinnvoll? Diesen Fragen möchte ich am Beispiel zweier Studioprogramme des Museums-Pädagogischen Zentrums München in kulturgeschichtlichen Sonderausstellungen des Hauses der Bayerischen Geschichte nachgehen: *„Schreibkunst – Mittelalterliche Buchmalerei aus dem Kloster Seeon"* (1994 im ehemaligen Kloster Seeon) und *„... ‚wider Laster und Sünde' – Augsburgs Weg in der Reformation"* (1997 in Augsburg)[2].

I. „Ort der Handlung": Atelier, Werkstatt und Studio

Vorweg will ich kurz erläutern, warum ich die Begriffe „Studio" und „Studioprogramm" als generalisierende Bezeichnungen verwende.

Räume für ausstellungsbegleitende Aktivitäten sind Mehrzweckräume: Sie dienen als Besprechungsraum, Atelier, Werkstatt und Studio. Mit „Atelier" verbinden wir die Vorstellung eines hohen Raums mit großen Fenstern, mit Staffeleien, Vorräten an Farben und Pinseln, die Vorstellung eines idealen Orts zum Zeichnen und Malen.[3] In der „Werkstatt"

---

[1] Vgl. auch Paul, Modelle, S. 635 in diesem Band.
[2] Ausstellungskatalog: Schreibkunst. Mittelalterliche Buchmalerei aus dem Kloster Seen. Hgg. vom Haus der Bayerischen Geschichte, bearbeitet von J. Kirmeier/A. Schütz /E. Brockhoff, Augsburg 1994 und Ausstellungskatalog: „... wider Laster und Sünde". Augsburgs Weg in der Reformation. Hgg. vom Haus der Bayerischen Geschichte, bearbeitet von J. Kirmeier/W. Jahn/E. Brockhoff, Köln 1997. Das Konzept zur mittelalterlichen Schreibwerkstatt wurde vom „Museum im Koffer" in Nürnberg erarbeitet und vom MPZ den Bedürfnissen der Sonderausstellung angepasst.
[3] Deinert, K.: München: Atelier im Museum, in: Vieregg, H. u. a. (Hgg.): Museumspädagogik in neuer Sicht. Erwachsenenbildung im Museum, Baltmannsweiler 1994, Bd. 2, S. 330ff.

arbeiten die Hände, arbeitet der Körper, bearbeitet man Materialien mit einer Vielfalt von Werkzeugen (In der Schule wird der Raum „Werkraum" genannt und ist mit Werkbänken ausgestattet)[4]. „Studio" ist in seiner Bedeutung offener: Im „Studio" widmen sich Wissbegierige einem Gegenstand, studieren ihn mit Hand und Auge. Wegen dieser Offenheit, wegen dieser handwerklichen und intellektuellen Dimension, verwende ich den Begriff als Sammelbezeichnung.

1. Ausstattung, Ausgestaltung und Lage

Mit einer funktionellen und angemessenen Ausstattung steht und fällt der Erfolg eines Studioprogramms, seiner reibungslosen Organisation und seiner technischen Abläufe. Für die beiden Sonderausstellungen wurden Versammlungsräume mit ausreichend Platz für 30 bis 40 Teilnehmer gewählt. Zur funktionellen Ausstattung gehörten robuste Tische und Hocker und ein strapazierfähiger Bodenbelag (der gewünschte Wasseranschluss war aber für eine Ausstellungsdauer von drei Monaten nicht zu realisieren). Einer „Mittelalterlichen Schreibwerkstatt" für angemessen hielten wir Schreibpulte aus Massivholz sowie vorindustrielle Schreiber- und Malerutensilien wie zugeschnittene Gänsekiele, Kuhhörner als Tintengefäß, Rohholzpinsel, Muscheln zum Anrühren der Farben, Wassernäpfchen aus Ton. Unangemessen wären Stahlfedern, Schulfarbkästen und Marmeladengläser gewesen.[5] Bis auf ein Demonstrationspult wurde darauf verzichtet, den Raum als Skriptorium „mittelalterlich" zu dekorieren und die Museumspädagogen in Kutten zu stecken.

Das Studio befand sich in einem Raum unter der Ausstellung, war über eine Treppe schnell zu erreichen. Je kürzer die Wege zwischen Ausstellung und Studio desto besser. Auf langen Wegen bleiben nicht nur Zeit, sondern auch Lust und Konzentration auf der Strecke.

2. Welche Ausstellungsbesucher nutzen Studios?

Bei Studioprogrammen denken Ausstellungsorganisatoren sofort an Schulklassen und Gruppen von Jugendlichen. In Dauer- und Sonderaus-

---

[4] Kolb, P.: Workshops. Alltag in der römischen Provinz, in: Museumspädagogik für die Schule. Grundlagen, Inhalte und Methoden, hgg. vom Museums-Pädagogischen Zentrum München, München 1998, S. 214–230.

[5] Im Zweifelsfall müssen aber Ausstellungen und Museen mit einem geringen Budget für das museumspädagogische Programm auf ebensolche moderne „Ersatzmaterialien" zurückgreifen. Erfordert die finanzielle Ausstattung ein solches Vorgehen, ist dies einem Nichtstattfinden immer noch vorzuziehen.

stellung sind sie nach wie vor die Hauptnutzer von Studios. Workshops und offene Studioangebote für Erwachsene gewinnen jedoch immer mehr an Bedeutung. Soweit Volkshochschulen die Möglichkeit geboten wird, verlagern sie einen Teil ihrer praktischen Veranstaltung in Ausstellungsstudios. Freizeitprogramme mit Erlebnischarakter bis hin zum Kindergeburtstag werden neben den „klassischen" Werkstattprogrammen für vorangemeldete Gruppen immer stärker nachgefragt. So nahmen Fremdenverkehrsbüros im Chiemgau einen Besuch der „Mittelalterlichen Schreibwerkstatt" in ihr Programm auf.

Geeignete Räume, angemessene Ausstattung und kurze Wege sind wichtige Voraussetzungen, um Inhalte erfolgreich zu vermitteln. Sie sind ein Indikator für ein besucherorientiertes Ausstellungskonzept und werden vom Publikum wie von den Mitarbeitern des Studios gleichermaßen positiv wahrgenommen.

II. „Hand anlegen": Konzeption und Organisation von Studioprogrammen

1. Das Studio als „Anhängsel"

Wenn seit den 1970er Jahren Studios für Museen und Sonderausstellungen geplant wurden, ließ man sie meist ohne konkreten inhaltlichen Bezug zu Sammlungsbeständen und Themen einrichten. Viele Wissenschaftler, die Ausstellungen konzipieren, sahen und sehen in den praktischen Aktivitäten ein Zusatzprogramm, das Besucher anlocken und die Ausstellung bei starkem Andrang von Gruppen entlasten soll. Die Konzeption überlassen die Verantwortlichen dabei den Museumspädagogen. Diese haben bei der Gestaltung von Studioprogrammen alle Freiheiten. Allerdings lassen die für die Ausstellung Verantwortlichen die Museumspädagogen beim Ausstellungskonzept nicht oder kaum mitwirken, so dass die Studioaktivitäten nur auf Vorgaben reagieren können. Überspitzt gesagt steht dahinter die Haltung: In der Ausstellung sollen sich die Besucher informieren und bilden, im Studio können sie sich unterhalten und amüsieren.[6]

---

[6] Vgl. hierzu als Hintergrundinformation die Beiträge Brehm, Museumspädagogen, Besucher und Ausstellungen, S. 181 in diesem Band, Zabold/Schreiber, hier Zabold, Museumspädagogik, S. 220 in diesem Band und Hamberger, Ausstellungskonzepte, S. 41, in diesem Band.

2. Ausstellungsplanung unter Einbeziehung von Studios

In der Planung werden die Weichen gestellt, wie erfolgreich das Studioprogramm innerhalb des Gesamtkonzepts einer Ausstellung sein wird, wie das Programm die Attraktivität der Ausstellung erhöhen kann. Sie beginnt mit der Bereitstellung von Finanzmitteln und der Suche nach einem geeigneten Raum, spitzt sich in der inhaltliche Konkordanz zu und endet in der Organisation und Koordination des Führungswesens.

Bei der Augsburger Ausstellung „... ‚wider Laster und Sünde' – Augsburgs Weg in die Reformation" koordinierte der verantwortliche Ausstellungsgestalter (Josef Kirmeier, Haus der Bayerischen Geschichte) von Anfang an einen zentralen Themenbereich (Buchdruck in der Reformation) mit einem Studioprogramm (Drucken wie zu Gutenbergs Zeiten). In der Ausstellung wurden Inkunabeln und Flugblätter sowie eine voll eingerichtete Druckwerkstatt mit großer Handpresse (aus dem Gutenberg-Museum in Mainz) gezeigt, in der ein Drucker arbeitete. Im Studio am Eingang der Ausstellung konnten die Teilnehmer eine gemeinschaftlich gesetzte und eingefärbte Seite in einer Holzpresse (gebaut nach Holzschnittvorlagen aus dem 15. Jahrhundert) drucken.

Die Gruppen buchten beim Ausstellungsbüro. Führung in der Ausstellung und Studioprogramm wurden so organisatorisch aufeinander abgestimmt, dass die Gruppen beides als Paket (eine Stunde Führung/eine oder zwei Stunden Studio) am Vormittag oder am Nachmittag buchen konnten. In der Ausstellung führten freie Mitarbeiter des Hauses der Bayerischen Geschichte; das Studioprogramm leiteten freie Mitarbeiter des Museums-Pädagogischen Zentrums. In Schulungen lernten alle Mitarbeiter beide Angebote – Führung und Studioprogramm – kennen und stimmten sich aufeinander ab.[7] Das Studioprogramm motivierte viele Schulen, eine Ausstellung zu besuchen, die sie vom Thema nicht direkt angesprochen hätte.

---

[7] Möglich, und in kleineren Ausstellungen wohl auch so üblich, wäre, dass eine Person beides durchführt. Dies hätte den Vorteil, dass sie im zweiten Schritt die Gruppe bereits kennen würde und somit nicht ein wiederholtes Mal die Einstellung auf die Gruppe erfolgen müsste.

III. Ausstellung und Studio: Orte unterschiedlicher Erfahrungen

An vier Kriterien soll kurz darstellt werden, unter welchen Bedingungen sich Eindrücke, Erlebnisse und Erfahrungen in Ausstellung und Studio gegenseitig ergänzen und steigern.[8]

1. Visuelles Erlebnis und manuelle Erfahrung

Ausstellungsmacher gehen oft ganz selbstverständlich davon aus, dass die Besucher imstande sind, zahlreiche Informationen visuell aufnehmen zu können: Sie sollen Texte lesen und Exponate betrachten, Arrangements und Inszenierungen auf sich wirken lassen. Wenn ein Besucher eine Schreibfeder in der Vitrine betrachtet, kann er sich vorstellen, mit der Feder zu schreiben. Aber die Signale seines Körpers sind nicht im Einklang mit dieser Vorstellung (Durch eine Glasscheibe vom Objekt getrennt, steht er unbequem mit untätiger Hand). Sitzt er dagegen an einem Schreibpult, nimmt die Feder in die Hand, taucht in die Tinte und versucht kratzend erste Buchstaben zu Papier oder Pergament zu bringen, so erfährt er mit dem ganzen Körper, was es bedeutet, mit einem Gänsekiel zu schreiben. Erfahrungen mit vielen Sinnen sind für Ausstellungsbesucher eine positive Erfahrung.

2. Dichte und Relevanz der Informationen

Alle Informationen haben für unvorbereitete Besucher annähernd die gleiche Relevanz beziehungsweise Nichtrelevanz. Sie nehmen zur Kenntnis, dass es in der Buchmalerei mehrere Bindemittel gibt (Eiweiß, Pflanzengummi und tierischen Leim), „anfangen" können sie mit dieser Information aber oftmals nichts. Für sie ist es belanglos, ob der Leim aus Resten eines Hasenkörpers oder der Blase eines Störs gekocht wurde, ob es sich bei den bernsteinfarbenen Körnern um Harz oder Gummi vom Kirsch- und Pflaumenbaum handelt. Je weiter sie in der Ausstellung vordringen, desto mehr entwerten weitere Eindrücke das bereits Gelesene und Gesehene.

---

[8] Die Positionen einer sinnenorientierten Museumspädagogik zusammengefasst bei: Schmeer-Sturm, M.-L.: Museumspädagogik zwischen ästhetischer Distanz und Sinnlichkeit, in: Hierdeis, H./ Schratz, M. (Hgg.): Mit den Sinnen begreifen. 10 Anregungen zu einer erfahrungsorientierten Pädagogik, Innsbruck 1992, S. 36 – 54.

Mischen sich die Besucher im Studio ihre eigene Farbe an, so bekommen die Information über Bindemittel einen Wert: Sie müssen wissen, wie viel Bindemittel sie in den Wasserpigmentbrei mischen sollen, sie wollen wissen, woher das Bindemittel kommt, was es für Eigenschaften hat, warum es so riecht, wo man es sich besorgen kann. Diese Informationen haben hohen Erinnerungswert, da sie erfolgreich in die Praxis (eine vermalbare Farbe) umgesetzt wurden.

3. Distanz und „Vereinnahmung"

In Wissenschaft und Ausstellung werden große Informationsmengen in übergeordneten Gesichtspunkten zusammengefasst. Die Ausstellungstexte sollen nicht in Detailbeschreibungen ausufern. Die Texter folgen dem Königsweg der Abstraktion. Doch viele Besucher reagieren auf dieses „Abstandnehmen", diese Distanzierung von der Sinnlichkeit der Exponate, mit Beteiligungslosigkeit bis Desinteresse. Im Studio werden Distanzen aufgehoben. Aus Besuchern werden Teilnehmer. Sie be-„greifen" Eigenschaften des Materials (Holz und Blei beim Setzen) und erproben den Gebrauch der Geräte (Einfärben mit der Walze, Drucken mit der Presse). Erst wenn die Teilnehmer jedes Detail im Ablauf des Ganzen verstanden haben, gelingt ihnen ein überzeugendes „Produkt" auf der Basis „vereinnahmenden" Erfassens, Verstehens und Erprobens.

4. Aufmerksamkeit und Konzentration

Die Inhalte einer Ausstellung lesend und beobachtend in sich aufzunehmen, erfordert Willensanstrengung, verlangt Disziplin und Erfahrung. Schließen sich Besucher einer Führung an, delegieren sie einen Teil der Anforderungen an den Führer. Ob sich dadurch der „Bildungsertrag" eines Ausstellungsbesuches erhöht, bleibt offen.

Beim ungeführten wie geführten Besuch ist die Aufmerksamkeit starken Störfaktoren ausgesetzt: Gedränge und Unruhe, Überfülle von Informationen, Ermüdung durch langes Stehen und schlechte Luft. Die Aufmerksamkeit für Inhalte ergibt sich nicht von selbst. Die Besucher müssen sich zur Aufmerksamkeit motivieren, wenn sie in der Ausstellung „lernen" wollen.

Studioaktivitäten benötigen selten extrinsische Motivation. Wenn die Teilnehmer schreiben, eine Initiale malen, eine Seite setzen oder den Druckstock einfärben, konzentrieren sie sich von selbst, denn die Tätigkeiten sind nicht rein mechanisch auszuführen. Sie verlangen Geschick,

Gestaltungsvermögen und Verständnis. Die Intensität der Konzentration entwickelt sich schrittweise aus den praktischen Anforderungen.

Meine Argumentation polemisiert zugunsten praktischer Vermittlungsformen, denn Besucherevaluationen zeigen[9]: Nachhaltigen Wissenszuwachs und Bildung gewinnen „Normalbesucher" vor allem, wenn ihnen Möglichkeiten geboten werden, Informationen und handgreifliche Erfahrungen miteinander zu verbinden. Ein sichtbares Zeichen: Aus dem Studio nehmen die Teilnehmer etwas Handfestes mit nach Hause (eine gestaltete Schriftseite, ein gedrucktes Blatt mit Text und Bild).

IV. Mehr als Zeichnen, Malen und Basteln?

Studios zu kulturgeschichtlichen Sonderausstellungen sind Sonderfälle. Die überwiegende Zahl der Studios an deutschen Museen sind zunächst Zeichen- und Malateliers.[10] Ich skizziere deshalb zum Schluss grundsätzliche Möglichkeiten von Studioprogrammen.

1. „Beliebte" Aufgabenstellungen: Mal- und Bastelbogen

Blätter zum Ausmalen und zum Ergänzen gehörten von den 1970er bis in die 1990er Jahre zu den beliebtesten praktischen Aufgaben in großen und kleinen Museen, in Dauer- wie in Sonderausstellungen. Ausmal- und Bastelbögen lassen wenig Gestaltungsfreiraum und sind stark ergebnisorientiert. Beim Bastelbogen wird das Material des Originals durch Papier ersetzt. Materialersatz und verkleinerter Maßstab reduzieren Erfahrungen. Auch unterscheiden sich die handwerklichen Abläufe beim Herstellen eines Helms oder eines Hauses wesentlich vom Ausschneiden und Zusammenkleben eines Papiermodells. Andererseits helfen Mal- und Bastelbogen, die Aufmerksamkeit der Teilnehmer auf ein Objekt zu konzentrieren, helfen das Original intensiv zu besprechen. Mal- und Bastelbogen transportieren nur wenig „Inhalt", sie schaffen eher Anreize zu inhaltlicher Auseinandersetzung.

So wenig die Museumspädagogen vorprogrammierte Resultate schätzen, so sehr erfreuen sich Mal- und Bastelbögen beim Publikum großer

---

[9] Vgl. Graf, B./Treinen, H.: Besucher im Technischen Museum. Zum Besucherverhalten im Deutschen Museum München, Berlin 1983.

[10] Stellvertretend die kunstpädagogische Studioarbeit des Museumsdienstes Köln: Rottmann, K.: Eigenes Tun hilft Sehen. Bildnerisch-praktische Vermittlungsarbeit, in: Noelke, P./ Kreidler, R. (Hgg.): Museumspädagogik in Köln. Konzepte – Angebote – Themen, Köln 1998, S. 75 – 84.

Beliebtheit. Das mühevoll zusammengeklebte Modell erhält einen Ehrenplatz im Kinderzimmer und erinnert noch lange an den Ausstellungsbesuch.

2. „Anregend": kreativitäts- und kommunikationsfördernde Studioprojekte

Eine Reihe von Museumspädagogen und Kulturpädagogen suchen der „Musealisierung" in Ausstellungen entgegenwirken. Sie setzen an den zentralen Tätigkeiten des Museums an: dem Sammeln, dem Ordnen und Präsentieren. Aber sie folgen nicht den Kategorien wissenschaftlichen Ordnens und Denkens. Sie wollen vielmehr die Teilnehmer aktivieren, Bezügen zur ihrer Gegenwart und ihrer Lebenswelt herstellen.[11] Bei den Aktionen werden Ausstellungsexponate mit dem Ziel betrachtet, praktische Tätigkeiten anzuregen, kreative Prozesse anzustoßen, Kommunikationsprozesse in Gang zu setzen. Solche Tätigkeiten sollen in den Alltag und die Wirklichkeitsauffassung der Teilnehmer hineinwirken, entfernen sich dabei aber immer weiter von den Ausstellungsinhalten.

3. „Auf den zweiten Blick": Vermittlungsorientierte Projekte

Studioprogramme wie die „Mittelalterliche Schreibwerkstatt" und die „Druckwerkstatt zu Gutenbergs Zeiten" streben einen Mittelweg an, den ich „vermittlungsorientiert" nennen möchte. Die Teilnehmer arbeiten mit Materalen, die den historischen entsprechen. Sie sollen nicht die Qualität von „Vorbildern" in der Ausstellung imitieren. Vermittelt werden Gefühl für den Umgang mit dem Material, Einsicht in Planungs- und Arbeitsschritte, Verständnis für Aufwand von Produktionsprozessen (Wie etwa die notwendige Mühe und die Geschicklichkeit, ein ganzes Buch abzuschreiben oder mit der Hand zu drucken). Es handelt sich also um einen Kompromiss zwischen Ergebnis- und Prozessorientierung.

Die Studioerfahrungen wiederum bieten zahlreiche Anknüpfungspunkte für ein Führungsgespräch, ja sie schaffen ideale Voraussetzungen, eine Ausstellung anhand ausgewählter Exponate in ihren Inhalten zu erschließen. Die Teilnehmer begegnen der Ausstellung als „Experten", da sich praktische und theoretische Erfahrungen überlagern.[12]

---

[11] Beispielhaft wird dieser Standpunkt vertreten bei: Weschenfelder, K./Zacharias, W.: Handbuch Museumspädagogik. Orientierungen und Methoden für die Praxis, Düsseldorf 1992.

[12] Besucherorientierte Begleitschriften können die inhaltliche Auseinandersetzung weiter vertiefen, wenn die Inhalte gut verständlich dargestellt, über-

V. „Aus eigener Erfahrung": Bezüge herstellen und Bedeutungen wahrnehmen

In der Vorstellung der Konservatoren hat das Studioprogramm einen festen Platz im Gefüge einer Ausstellung: Es folgt auf die Besichtigung der Ausstellung. Diese „kanonische" Abfolge ist nicht das Ergebnis didaktischer Überlegung, sondern hierarchischer Wertung. Die Ausstellung ist die Hauptsache, das Studioprogramm ist Beiwerk.

1. Ausstellung und Studio

Dabei gibt es gute Argumente, vor dem Studioprogramm die Ausstellung zu besichtigen. Die Besucher werden thematisch auf praktische Aufgabenstellungen vorbereitet. Sie erhalten eine Vielfalt von gestalterischen Anregungen (für die Schreibwerkstatt: zur Seiteneinteilung, Schriftgröße, Gestaltung einer Schrift und Initiale). Der Lehrer in der Schule, der Referent in der Volkshochschule ist auf Reproduktionen angewiesen, um sein Thema zu veranschaulichen. In der Ausstellung ist das Thema durch Originale präsent, durch ihr „Dasein" in Größe und Materialität, durch ihre „Aura". Eindrücke, Erfahrungen und Wissen aus der Ausstellung setzen die Besucher im Studioprogramm in Handlungen um. Wiederholung und Vertiefung festigen die Erinnerung und erhöhen die individuelle „Bedeutung" des Ausstellungsbesuches.

2. Studio und Ausstellung

Oftmals werden bei großem Andrang in Sonderausstellungen Gruppen zuerst ins Studio geschickt, damit sie sich in den Ausstellungsräumen nicht gegenseitig behindern. Dabei hat diese „Notlösung" aus didaktischer Sicht viel für sich. Vor allem Jugendlichen mit geringer Motivation eröffnen sich Zugänge, von denen sie selbst überrascht sind. Spaß an der Praxis und Zusammenarbeit in der Gruppe erhöhen die Bereitschaft sich auf eine Ausstellung einzulassen, wecken Neugier und Interesse. Durch die eigenen praktischen Erfahrungen nehmen sie Einzelheiten und Eigenheiten an Exponaten wahr, denen sie sonst keinerlei Beachtung geschenkt hätten (z. B. dem eleganten Duktus einer Schrift oder dem gleichmäßigen Druck eines Blattes). So sind sie aufnahmebereiter für Informationen, und bringen sowohl den Exponaten als auch den geschichtlichen Prozessen,

---

sichtlich gegliedert und durch Bildmaterial einleuchtend veranschaulicht werden. Vgl. Czech, A.: In mittelalterlichen Schreibwerkstätten, München 1995.

die durch die Exponate vertreten werden, eine höhere Wertschätzung entgegen.

3. Von der Ausstellung ins Studio und zurück

Neue Sensationen locken Besucher an. Sinnliche und praktische Erfahrungsmöglichkeiten sind der Kern und das Kapital jeder Ausstellung. Mit einer sinnenreichen und sinnvollen Verzahnung von Ausstellung und Studioprogramm können die Verantwortlichen nachhaltig wirken, durch besucherorientierte Studioprogramme Bildung zu Erlebnis machen. Wenn „ausgestellte" Geschichte und handgreifliches Erleben aufeinander abgestimmt sind, können die Besucher geschichtliche und kulturgeschichtliche Inhalte intensiver aufnehmen, besser einordnen und persönlich „verwerten". Aus unpersönlichen Objekten und Fakten werden bedeutungsvolle Erfahrungen.[13]

Der Weg der Ausstellung ins Studio darf keine Einbahnstraße bleiben. Warum führen nicht viel öfter Wege vom Studio zurück in die Ausstellung, zum Nutzen aller Beteiligten?

---

[13] Vgl. Kap. „Integrative Arbeitsformen in ihrer Beziehung zu Bildungszielen und Inhalten", in: Nuissl, E./Paatsch, U./Schulze, C.: Bildung im Museum. Zum Bildungsauftrag von Museen und Kunstvereinen, Heidelberg 1987, S. 167 – 173.

Modelle bauen und über Vergangenes lernen

Von Gisela Paul

„Komm, wir bauen eine Stadt – das Salzburgische Mühldorf[1]" war das Motto einer Tages-Veranstaltung, die im Rahmen des Ferienprogramms in der Mühldorfer Ausstellung „Salzburg in Bayern"[2] stattfand. Gut zwanzig Kinder machten sich in den Ausstellungsräumen zur Salzburger Zeit auf die Suche nach Spuren, die ihnen Hinweise dafür lieferten, wie im Mittelalter und der Frühen Neuzeit eine typische Stadt ausgesehen haben könnte.

Im Vordergrund stand bewusst nicht eine bestimmte Epoche. Vielmehr sollte verdeutlicht werden, wie sich seit dem Mittelalter bestimmte Strukturen entwickelt haben, die über die Jahrhunderte hinweg erhalten geblieben und sogar am heutigen Stadtbild noch erkennbar sind. Als weiterer Aspekt kam die Übertragbarkeit hinzu: Den Kindern sollte bewusst werden, dass ihre gewonnenen Erkenntnisse nicht allein für Mühldorf gelten, sondern sich ebenso auf andere Orte anwenden lassen.

Das Ziel des Ferienprogramms war es also, den Blick der Kinder zu schärfen. Sie sollten die vorhandenen Exponate einer Ausstellung nicht als verstaubte Überreste einer längst vergangenen Zeit beurteilen, sondern entdecken, dass diese dazu beitragen, die eigene Umwelt in der Gegenwart besser zu verstehen.[3] Um die Informationen zu sichern, wurde im Anschluss an die Spurensuche von den Kindern in den Ausstellungsräumen ein Stadtmodell aus Papier, Pappschachteln, Streichhölzern, Strohhalmen und anderen Materialien gebastelt.

Im Folgenden soll nun – exemplarisch an dem Mühldorfer Ferienprogramm – verdeutlicht werden, welche Schritte für dieses museumspädagogische Angebot nötig sind. Geklärt wird die Frage, wie man an entsprechendes Material gelangt, das zusätzlich zu den schon in der Ausstellung vorhandenen Exponaten eingesetzt werden kann. Dann folgen Hinweise für die praktische Durchfuhrung, aufgeteilt in die Vorbereitungsarbeit in der Ausstellung und das Basteln des Modells.

---

[1] Bis zur Säkularisation 1802 hatte die Stadt Mühldorf, erste Erwähnung 935, zu Salzburg gehört.
[2] Vgl. Hamberger, Ausstellungskonzepte, S. 19 in diesem Band.
[3] Vgl. Zabold/Schreiber, Bildungschance Ausstellung, S. 197 in diesem Band.

I. Materialiensuche

In geschichtsdidaktischen Fachzeitschriften erhält man erste Hinweise, wie man Kindern den Zugang zur Stadtgeschichte erleichtert. Zwar sind diese vorrangig auf Schule und Unterricht ausgerichtet, aber sie bieten doch eine Fülle von Informationen und Tipps, die im Rahmen eines Ferienprogramms anwendbar sind:[4] So gibt es z. B. zur „Stadt im Mittelalter" ein eigenes Themenheft der Zeitschrift „Geschichte lernen", Nr. 88 (2002). In diesem kann man u. a. einiges über die hygienischen Verhältnisse, sozialen Unterschiede, Feuerbekämpfung, ... erfahren, und man erhält erste wertvolle Hinweise über Bücher, die sich mit dieser Thematik auseinander setzen, über für Kinder geeignete Quellen und vor allem Tipps, wie man im Internet an entsprechendes Material gelangt. Die spontane Netzsuche erweist sich nämlich als durchaus zeitraubend, da „das Mittelalter" in den letzten Jahren eine regelrechte Renaissance erlebte: Zahlreiche Mittelalterfestivals, eine Reihe von Musikgruppen, die sich mit mittelalterlichen Stücken beschäftigen, Computerspiele, Ritterfilme, ... sind deutliche Zeichen dafür, wie groß das Interesse ist. (Wobei natürlich die Frage bestehen bleibt, wie sehr sich diese Formen an der vergangenen Realität orientieren und nicht eher dem Zwecke der bloßen Unterhaltung dienen, indem sie auf die romantische Vorstellung einer aufregenden Ritter-und-Burgen-Welt zurückgreifen.)

Einen guten Einstieg bietet die Seite http://www.tu-harburg.de/~vbp/docs/medi.html: Hier findet man neben verschiedenen Links, Buch- und CD-Tipps, auch informative Texte zu vielen Themenkreisen (Burgen, Schlösser, soziale Zusammensetzung, Stadt, ...), Zeittafeln (zu Herrschergeschlechtern, wichtigen Ereignissen (wie z. B. Kreuzzüge, ...)) und Bastellbögen (für Burgen, Wappen, ...).

Nach der Literatursuche ist es hilfreich, eine Gliederung zu erstellen, in der typische Merkmale einer mittelalterlichen Stadt aufgelistet sind. Für das Mühldorfer Ferienprogramms legten wir uns folgenden Katalog zu Grunde: Lage der Stadt (am Fluss, auf Anhöhe), Stadtbefestigung (Mauer, Wachtürme, Tore, Wassergraben), Marktplatz (als soziales und wirtschaftliches Zentrum), Kirchen, Spitäler, Lage und Art der Häuser (je nach gesellschaftlichem Rang), Versorgung mit Lebensmitteln (Land-

---

[4] Einen guten Überblick über das Gros der geschichts(didaktischen) Zeitschriften bietet die Homepage des Geschichtsdidaktik Lehrstuhls der Universität Erlangen (mit Suchmaschine): http://www.geschichtsdidaktik.ewf.uni-erlangen.de/

wirtschaft, Kornkästen, unterschiedliche Berufe), Wasserversorgung (Brunnen). Weitere Themenkreise waren: soziale Zusammensetzung einer Stadt, hygienische Verhältnisse und die größten Bedrohungen (Krieg, Brandgefahr, Seuchen und Krankheiten).

In einem nächsten Schritt müssen die Themen mit der Ausstellung in Verbindung gebracht werden: An welchen Abteilungen bzw. Exponaten erkennen die Kinder von selbst, was eine typische mittelalterliche bzw. frühneuzeitliche Stadt ausmachte und warum sie sich so entwickelte? Welche zusätzlichen Materialien sind notwendig?

Hinweise zur praktischen Umsetzung sollen im Folgenden – am Beispiel des Mühldorfer Ferienprogramms – gegeben werden.

II. „Spurensuche" in der Ausstellung

In einer Ausstellung wie „Salzburg in Bayern", die sehr viel über das Alltagsleben vor allem in der Frühen Neuzeit preisgab, war es natürlich besonders leicht, verschiedene Zugriffe zu finden. Als Einstieg diente eine Stadtansicht Mühldorfs[5] aus dem Jahre 1736[6].

An ihr konnten die Kinder wesentliche Merkmale einer Stadtbefestigung sofort erkennen: Stadtmauer, verschiedene Wehrtürme, Wassergraben, die Lage am Fluss. Interessant war in diesem Zusammenhang der Vergleich zum heutigen Stadtbild: Der größte Teil der Mühldorfer Stadtmauer ist nicht mehr zu sehen, aber ein kleines Stück ist unweit des Ausstellungsgebäudes erhalten geblieben. Abgesehen von dem markanten Nagelschmiedturm und dem Altöttinger Tor sind die Wachtürme abgerissen worden, und der Wassergraben wurde vollkommen trocken gelegt und verfüllt. An dessen Stelle befinden sich heute eine Ringstraße und eine Parkplatzanlage. Den Kindern sollte also bereits zu Beginn der Veranstaltung klar werden, dass das heutige Stadtbild nicht zufällig entstanden ist, sondern sich aus bestimmten Gründen so entwickelt hat und somit interessante Spuren der Vergangenheit aufzeigt. Die Bedeutung des Inns als Schutz vor Angriffen, wesentlicher Bestandteil der Wasserversorgung und wirtschaftliches Standbein (Schifffahrt) Mühldorfs, wurde ebenfalls angesprochen.

---

[5] Das Gemälde wurde von Josef Anton Schröck aus Laufen angefertigt und befindet sich heute in Laufen. Eine Kopie des Originals hängt im Mühldorfer Rathaus.

[6] In diesem Fall musste nicht unbedingt auf eine Stadtansicht aus „dem" Mittelalter zurückgegriffen werden, da natürlich auch im 18. Jahrhundert grundlegende Bestandteile (Befestigung, ...) erhalten geblieben sind.

Um die ersten gewonnenen Eindrücke zu festigen, betrachteten die Kinder anschließend einen Plan Mühldorfs und des so genannten Burgfriedens[7] (Stand um 1750).

Bei dem zuletzt genannten handelt es sich um einen Grüngürtel, der um eine Stadt herum verlief. So konnten sich die Städte ihre landwirtschaftliche Grundversorgung sichern. Für Mühldorf war das umso wichtiger, weil die Stadt als salzburgische Insel mitten im bayerischen Territorium lag. Als die Kinder den Stadtplan genauer untersuchten, fiel ihnen sofort der große, lang gestreckte Marktplatz auf: Er bildete und bildet den Mittelpunkt der Stadt. Hier wurden Märkte abgehalten und Handel betrieben. Damit den Kindern bewusst wird, dass er aber nicht nur das wirtschaftliche, sondern ebenso das soziale und politische Zentrum bildete, wurde an dieser Stelle ein kleiner Exkurs in unsere Gegenwart durchgeführt: Ein kurzer Rundgang, für den die Kinder in Gruppen aufgeteilt sind, bietet sich an.[8] Dabei sollen Geschäftshäuser, aber auch das Rathaus, andere Ämter und Funktionsbauten (wie Kindergarten und Musikschule) gezielt wahrgenommen werden. Ebenso sollen die Kinder Größe, Gestaltung und Funktion der Häuser am Marktplatz und in den Nebenstraßen vergleichen.[9] Zurück in der Ausstellung können an der Stadtansicht und den Karten die Ergebnisse zusammengetragen werden. Aus den Beobachtungen vor Ort und der Arbeit an den Plänen wurde auf die Frage eingegangen, wo wohl die reicheren und wo die ärmeren Bewohner gelebt haben. Eine Computerdarstellung in der Ausstellung, die Steuerbücher der Frühen Neuzeit auswertete, bestätigte die Vermutungen. Anschließend wurden weitere hervorstechende Gebäudekomplexe betrachtet: So liegt z. B. die Stadtkirche St. Nikolaus nicht direkt am Marktplatz, sondern etwas abseits, in einem eigenen Viertel. Mit der ruhigeren Lage wurde der Kirche als religiösem Ort Rechnung getragen. – Ein Blick aus dem Fenster des Ausstellungsgebäudes verdeutlicht, dass dies auch heute noch gilt.[10] Auch außerhalb der Stadt konnte man wichtige Anlagen bzw. Gebäude erkennen: So stellten die Kinder u. a. fest, dass das Spital außerhalb der Stadtmauer lag und dass z. B. die Hinrichtungsstätte sogar noch weiter weg war.[11]

---

[7] Dieser stammte aus dem Kreismuseum Lodronhaus in Mühldorf und wurde von R. Zellner gefertigt. Vgl. die Abbildung auf S. 243 in diesem Band.
[8] Im Mühldorfer Fall verzichteten wir aus Zeitgründen darauf.
[9] Dort befinden sich sehr viel kleinere Häuser. Die Gassen sind eng und kurz.
[10] Vgl. Bichlmeier, Räume, S. 235 in diesem Band.
[11] Die „begehbare Karte" erwies sich für die Kinder als motivierende Quelle.

Nachdem also die wichtigsten Merkmale in Grundzügen herausgearbeitet worden waren, wurden die Erkenntnisse in einem weiteren Schritt vertieft. Zum einen sollte die wirtschaftliche Grundlage der Stadt – Markt und Handel – noch deutlicher aufgezeigt werden. In der Marktabteilung fanden die Kinder Hinweise, welche Märkte früher (und z. T. noch heute) in Mühldorf abgehalten wurden und was dort ver- bzw. gekauft wurde. Der Aspekt Mühldorf als Handelsstadt konnte auch in der Abteilung „Innschifffahrt" demonstriert werden: In einer Zeit, in der es nicht möglich war auf die uns gebräuchlichen, modernen Transportmittel (wie Eisenbahn, LKWs, Flugzeuge) zurückzugreifen, galt der Fluss als bedeutendster Handelsweg. Explizit wurde in diesem Zusammenhang auf den Getreidetransport eingegangen: Mühldorf lag in der „Kornkammer" Bayerns, d. h. in einem Gebiet, in dem man sehr viel Getreide anbaute und größtenteils nach Salzburg und Tirol brachte. Gelagert wurde es in den Getreidekästen. Auch das Ausstellungsgebäude – der Haberkasten – war früher solch ein Getreidelagerungsort und konnte daher mit in das Betrachtungsfeld der Kinder einbezogen werden.

Nun wurde der Blick der Kinder auf die unterschiedlichen Wohngegenden der Einwohner fokussiert. Eine sehr gute Hilfestellung bot ein Grundriss der Stadt (in der Handwerkabteilung der Ausstellung), der – farblich hervorgehoben – die Bezirke der unterschiedlichen Berufe aufzeigte: Die reichen Kaufleute waren am Marktplatz zu finden, während die Handwerksberufe in den dahinter liegenden Gassen verortet waren. Genauer gesagt lagen bestimmte Betriebe außerhalb der Stadtmauer, an Stadtgräben, so z. B. die der Gerber oder Braumeister oder auch der Metzger. Das hing zum einen mit der Brandgefahr zusammen, die von diesen Tätigkeiten ausging. Andererseits spielten auch hygienische Gründe eine Rolle. Wenn dieser detaillierte Plan nicht vorhanden gewesen wäre, hätte man – als alternative Möglichkeit – einen modernen Stadtplan hinzuziehen können: Auch heute gibt es verschiedene Gassen und Straßen, die nach den dort ehemals ansässigen Handwerksberufen benannt worden sind (z. B. Tuchmacherstraße, Ledererstraße).

Um den Kindern bewusst zu machen, dass der Standort und die Größe eines Hauses nicht nur Aufschluss über das Vermögen und somit das Ansehen und den Einfluss der Bewohner geben, wurde die besondere Bauweise erforscht: In der Ausstellung waren Bilder der Häuser rund um den Marktplatz zu sehen, aber auch Fotos von Gebäuden anderer Städte längs des Inns und der Salzach (Wasserburg, Burghausen, ...). Sie sind alle in der gleichen Art – in der so genannten Innstadtbauweise[12] – errichtet worden. Die folgende Skizze soll dies verdeutlichen:

Abb. 110 Skizze zur Innstadtbauweise aus: Schuster, M. E.: Das Bürgerhaus im Inn- und Salzachgebiet. Tübingen 1964, S. 40.

Die Fassade ist kunstvoll gestaltet und so weit nach oben gezogen, dass sie höher als das eigentliche Dach ist (Blendmauern). Da dieses somit von vorne gar nicht mehr erkennbar ist, wird der Eindruck vermittelt, die Häuser hätten gar kein Dach. Auf den ersten Blick wirken auch die Regenrinnen seltsam, weil sie plötzlich aus den Häusern heraus ragen. Dass sich diese besondere Bauweise entwickelte, hing mit der Feuergefahr zusammen. Nach einem katastrophalen Stadtbrand (1640), der einen Großteil der mittelalterlichen Bausubstanz[13] zerstört hatte, versuchte man mit dieser Konstruktion weitere Brandkatastrophen zu verhindern. Durch die Grabendächer und die hochgezogenen Mauern konnte ein ausbrechendes Feuer nicht so leicht auf das nächste Haus übergreifen. Dass man sich der Gefahr von Bränden sehr bewusst war, kann man an den entspre-

---

[12] Vgl. hierzu: Schuster, M. E.: Das Bürgerhaus im Inn- und Salzachgebiet. Tübingen 1964.
[13] In mittelalterlichen Städten waren die meisten Häuser aus Holz und standen aus Platzsparungsgründen eng zusammen.

chenden Verhaltensregeln im Mühldorfer Stadtrecht von 1364[14] erkennen. Im 38. Artikel stehen z. B. folgende Anweisungen für die Stadtwächter:

„Von den wachtern

[...] Ez süllen di wachter mit offenär tür wachten in dem wachthaus mit lauter stimme und mit tag auf di nacht und pei tag ab, und ob sich ain fewr hest in der stat, dannoch sol er beleiben an seiner wachtt und sol daz fewr berüffen und melden mit lauter stimme und süllen khainen man, der schaden hab getan, füdern von der stat und [...]. Swer daz pricht, pei 72 dn. (Pfennige)"[15]

Die Kinder werden auf diese Weise mit dem Stadtrecht als wichtiger Quelle vertraut gemacht,[16] denn sie erfahren so, woher man Wissen über das Mittelalter gewinnen kann. Solche Verordnungen enthalten nämlich Regeln, die für die damaligen Menschen von größter Bedeutung waren – hätte man sie sonst nicht schriftlich fixiert und durchzusetzen versucht. Das Stadtrecht sollte den Kindern also nicht nur als eine langweilige Ansammlung von mehr oder weniger kuriosen Ge- und Verboten im Gedächtnis bleiben, sondern als interessante Informationsquelle, durch die man Details über das Zusammenleben in vergangenen Zeiten erfährt. Um den Kindern die Übertragbarkeit des Feuerproblems verständlich zu machen, kann man Beispiele aus anderen Städten zeigen. In dem oben bereits erwähnten Themenheft der Zeitschrift „Geschichte lernen" befindet sich z. B. ein Bild aus dem Jahre 1405, auf dem zu sehen ist, wie sich die Bewohner von Bern bei einem Brand verhielten.[17] Es ist wichtig solche

---

[14] Dieses wurde im 16. Jahrhundert überarbeitet: Vgl. hierzu Hermann, Hans-Georg: Das Mühldorfer Stadtrecht im Spätmittelalter und der Frühen Neuzeit, in: Mühldorf a. Inn. Salzburg in Bayern. 935 – 1802 – 2002. Begleitband zur gleichnamigen Ausstellung vom 8. Juni bis 27. Oktober 2002 im Haberkasten, Mühldorf a. Inn. Mühldorf a. Inn 2002, S. 36-47.

[15] Heigel, K. T.: Die Mühldorfer Annalen 1313- 1428. Stadtrecht, in: Die Chroniken der deutschen Städte vom 14. bis ins 16. Jahrhundert. Hgg. von der Historischen Kommission bei der Bayerischen Akademie der Wissenschaften. Bd. 15: Die Chroniken der baierischen Städte. Regensburg, Landshut, Mühldorf, München. Göttingen² 1967, S. 401f. [Im Folgenden zitiert: Mühldorfer Stadtrecht.]

[16] Es kommt auf das Alter der Kinder an, in wie weit man den Textausschnitt ins Neuhochdeutsche überträgt. Um den Charakter der Quelle zu bewahren, sollte man aber den Text weitestgehend im Original (also in der transkribierten Fassung) stehen lassen und stattdessen gewisse Hilfestellungen leisten.

[17] Vgl. Neifeind, H.: Feuer in der mittelalterlichen Stadt. Sekundarstufe I, in: Geschichte lernen 88 (2002), S. 47.

bildhaften Darstellungen den Kindern zu zeigen. Die Abbildung verdeutlicht, wie wichtig es war, dass alle Bürger zusammenarbeiteten.[18] Wie bereits erwähnt, entwickelten die Städte längs des Inns und der Salzach eine spezielle Schutzmaßnahme gegen Feuer, indem sie ihre Häuser auf eine bestimmte Art und Weise erbauen ließen. Zwar ist die Form regional beschränkt, aber den Kindern war es möglich, ihr Wissen zu verknüpfen: Man findet auch in anderen Orten repräsentative und weniger schmuckvolle Gebäude. Weiterhin stellten sie fest, dass es sich sicherlich nur reiche Bürger leisten konnten, Steinhäuser zu bauen und dass es somit innerhalb einer Stadt große soziale Unterschiede geben musste. Diese Beobachtungen wurden in der so genannten Bürgerkulturabteilung weiter vertieft. An den ausgestellten Kleidungsstücken (besonders markant war die Haube der Bürgersfrau), den Schmuckstücken, Portraits von Bürgersleuten, etc. konnten die Kinder erkennen, wie reiche Bürger ihre Stellung – nicht nur durch kunstvolle Häuser – nach außen hin demonstrierten. Denn es konnte natürlich nicht jeder Kostbarkeiten – wie silberne Tabakdosen oder Taschenuhren – kaufen. In diesem Zusammenhang wurde außerdem auf die Unterscheidung zwischen Bürger und Inwohner eingegangen: Im Gegensatz zu heute war nicht jeder Bewohner einer Stadt auch gleichzeitig ein „Bürger". Er (Frauen konnten grundsätzlich nicht Bürger werden) musste bestimmte Grundvoraussetzungen (z. B. ein gewisses Vermögen) erfüllen.

An dieser Stelle lassen sich Parallelen zu unserer Zeit ziehen: Auch heute gibt es eine Reihe von Statussymbolen, mit denen man sich präsentiert. Aber selbst wenn in der heutigen Zeit sehr viel Wert auf Aussehen gelegt wird, gibt es dennoch einen grundlegenden Unterschied: In der Salzburger Zeit waren die verschiedenen Schichten durch strikte Kleiderordnungen streng von einander getrennt. Außerdem hatte man eine andere Auffassung von einem – im wahrsten Sinne des Wortes – sauberen Erscheinungsbild: Ein Ausschnitt aus dem Roman „Das Parfum" von Patrick Süskind verdeutlicht die schlechten hygienischen Verhältnisse:

„Zu der Zeit, von der wir reden, herrschte in den Städten ein für uns moderne Menschen kaum vorstellbarer Gestank. Es stanken die Straßen nach Mist, es stanken die Hinterhöfe nach Urin und nach Rattendreck, die Küchen nach verdorbenem Kohl und Hammelfett; die ungelüfteten Stuben stanken nach muffigem Staub, die Schlafzimmer

---

[18] In diesem Zusammenhang wäre es möglich auf einen weiteren Aspekt einzugehen: Woher bekamen die Bewohner das Wasser? Neben dem Fluss spielten v. a. Brunnen eine enorme Rolle. Dies wiederum wäre ein Anknüpfungspunkt, um auf die hygienischen Verhältnisse mittelalterlicher Städte einzugehen.

nach fettigen Laken, nach feuchten Federbetten und nach dem stechend süßen Duft der Nachttöpfe. Aus den Kaminen stank der Schwefel, aus den Gerbereien stanken die ätzenden Laugen, aus den Schlachthöfen stank das geronnene Blut. Die Menschen stanken nach Schweiß und nach ungewaschenen Kleidern; aus dem Mund stanken sie nach verrotteten Zähnen, aus ihren Mägen nach Zwiebelsaft und an den Körpern, wenn sie nicht mehr ganz jung waren, nach altem Käse und nach saurer Milch und nach Geschwulstkrankheiten. Es stanken die Flüsse, es stanken die Plätze, es stanken die Kirchen, es stank unter den Brücken und in den Palästen. Der Bauer stank wie der Priester, der Handwerksgeselle wie die Meistersfrau, es stank der gesamte Adel, ja sogar der König stank, wie ein Raubtier stank er, und die Königin wie eine alte Ziege, sommers wie winters."[19]

Im Mittelalter gab es keine Kanalisation, weshalb der ganze Schmutz auf den Straßen landete und so die Ausbreitung von Krankheiten begünstigte. Ein weiterer großer Seuchenherd waren die landwirtschaftlichen Betriebe, die sich innerhalb der Stadt befanden. Ein Auszug aus dem oben erwähnten Stadtrecht aus dem 14. Jahrhundert zeigt dies:
„Von dem mist
Der mist sol nicht lenger auf dem marcht ligen denn 14 tag, dar nach lenger mit urlaub der purger und dez richter, pei 72 dn."[20]

Eine der schlimmsten Seuchen des Mittelalters war die Pest. In der Ausstellung „Salzburg in Bayern" gab es eine eigene Abteilung, die dem Besucher demonstrierte, auf welche Art und Weise man vergeblich gegen diese tödliche Krankheit vorging[21]: Ein Votivbild[22] verdeutlichte anschaulich, wie man mit Pestkranken bzw. -toten umging. Es ist ein Geistlicher zu erkennen, der einem pestkranken Hausbewohner die Sterbesakramente nicht persönlich, sondern mittels eines langen Löffels reichte, um sich nicht anzustecken. Neben dem Pfarrer steht ein Mann mit einem Pestkarren, der schon darauf wartete, bis der Erkrankte starb, damit er ihn außerhalb der Stadt in ein Massengrab werfen konnte. (In der Ausstellung befand sich auch ein Original-Pestkarren aus dem 17. Jahrhundert.) Da man im Mittelalter und der Frühen Neuzeit nicht wusste, woher die Pest

---

[19] Süskind, P.: Das Parfum. Die Geschichte eines Mörders, Zürich 1994, S. 5f.
[20] Mühldorfer Stadtrecht, S. 404.
[21] Um sich ein Bild über die schlimmsten Krankheiten im Laufe der Zeit machen zu können, vgl. z. B.: Vasold, M. H.: Pest, Not und schwere Plagen. Seuchen und Epidemien vom Mittelalter bis heute, München 1991.
[22] Das Bild „Pest in Munderfing bei Braunau 1712-1714" (um 1800 entstanden) ist im Besitz des Heimatvereins „Alt Braunau".

wirklich kam, dachte man, dass die Luft Schuld daran sei (Daher kommt heute noch das Sprichwort: „Hier stinkt es wie die Pest."): Zum Schutz räucherte man die Stuben mit brennenden Wacholdersträuchern aus und erfand eigene Kräutermischungen, die den üblen Geruch abhalten sollten. Wie solche Mixturen aussahen – und wie unangenehm sie z. T. für unsere heutigen Nasen sind – konnten die Kinder an nachgemachten Mischungen erleben.

Nachdem nun die Kinder innerhalb des Rundgangs durch die Ausstellung einiges Wissen über das Leben im Mühldorf der Salzburger Zeit aufgenommen hatten, begannen sie ihr eigenes Modell zu bauen.

III. Modellbau

Bei der Planung des Ferienprogramms überlegten wir, für welche Altersstufe der „Modellbau" angeboten werden kann. Im Grunde eignet sich das Thema für Kinder im Grundschulalter bis hin zu Jugendlichen, da man die entsprechenden Materialien und Quellen altersgerecht staffeln kann. Was das eigentliche Modellbauen betrifft, müssen selbstverständlich unterschiedliche Ansprüche gesetzt werden: Im Mühldorfer Ferienprogramm wurden Kinder zwischen acht und zwölf Jahren angesprochen. Somit war gewährleistet, dass sie zum einen bereits lesen und schreiben und so auch schriftliche Quellen untersuchen konnten, zum anderen war die Materialauswahl mit dieser Einschränkung erleichtert: Es wurde nur mit Dingen gebastelt, die einfach zu beschaffen waren (Papier, Pappschachteln, Streichhölzer, Strohhalme, ...). Es ging nicht um eine detailgetreue Wiedergabe der Stadt Mühldorf, sondern die Kinder sollten ihr neu erworbenes Wissen so weit anwenden, wie es ihnen möglich war. Will man dagegen Jugendliche ansprechen, lassen sich diese sicherlich nicht mit einfachen Pappschachtel-Basteleien locken. Hier sollte versucht werden, ein möglichst realistisches Modell (zu einem bestimmten Zeitpunkt) zu rekonstruieren, indem man z. B. eine Miniaturausgabe einer Stadt in einer Vitrine baut oder sich an einer Computerversion versucht. Es könnte auch auf Material zurückgegriffen werden, das schwieriger in der Handhabung ist (z. B. Holz oder Steine). An dieser Stelle soll jedoch explizit darauf hingewiesen werden, dass vor allem Zeit ein Problem ist: Das Mühldorfer Ferienprogramm war beispielsweise für sechs Stunden (davon ca. drei bis vier Stunden reine Bastelzeit) angelegt. Ein aufwendigeres Bauen kann an nur einem Nachmittag gar nicht durchgeführt werden.

Modelle 645

Im Mühldorfer Ferienkurs sollten alle Kinder gemeinsam eine Stadt bauen. Dafür mussten sie zunächst untereinander abstimmen, welche Gebäude etc. dafür benötigt werden, wie groß diese sein sollen, damit sie auf den Grundriss passen und vor allem auch, wer was bastelt. Bei der Planung entschieden wir uns, jüngere Kinder mit vorgefertigten Bastelanleitungen/-bögen zu unterstützen. Aus diesem Grund wurde ein Modell für ein einfaches Bürgerhaus in der typischen Innstadtbauweise entworfen (wahlweise mit abgerundeter oder eckiger Fassade):

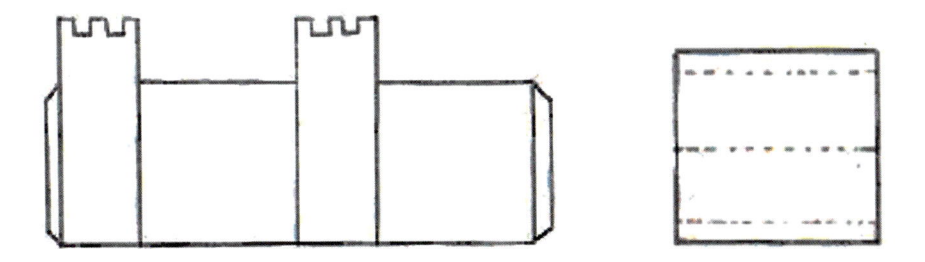

Abb. 111 Bastelbogen: Haus- und Dachteil.

Abb. 112 Beispiel eines Hauses aus dem Mühldorfer Ferienprogramm.

Wie das obige Bild zeigt, nahmen einige Kinder diese Hilfen auf, während andere ihre eigenen Häuser entwerfen wollten und dabei z. T. auf sehr kleine Details achteten (z. B. Wassereimer auf dem Dachboden als Feuerschutzmaßnahme, Regenrinnen, ...). Als Ausdruck der individuellen Fähigkeiten und des Engagements entstand folgendes Stadtmodell (deutlich erkennbar ist der große Nagelschmiedturm der Stadt Mühldorf):

Abb. 113 Das Stadtmodell – erbaut im Rahmen des museumspädagogischen Ferienprogramms der Mühldorfer Ausstellung „Salzburg in Bayern".

IV. Fazit

Die obigen Ausführungen haben gezeigt, dass es eine Reihe von Möglichkeiten gibt, wie Kinder innerhalb einer Ausstellung an Informationen zu einem bestimmten Thema gelangen können: Dabei wurde versucht, vorrangig mit den in der Ausstellung vorhandenen Exponaten zu arbeiten. Bei Bedarf wurde auch zusätzliches Material hinzugezogen. Dieses stammte z. T. speziell aus der Lokalgeschichte Mühldorfs, aber auch aus anderen vergleichbaren mittelalterlichen, bzw. frühneuzeitlichen Quellen. Außerdem wurde immer wieder versucht, Parallelen und Unterschiede zu heute herauszustellen. Die Kinder sollten sich mit relativ wenig Hilfestellung selbst Informationen aus den unterschiedlichen Quellen erarbeiten und so begreifen, wie wir zu unserem Wissen über vergangene Zeiten kommen. Außerdem wurde auf eine möglichst große Bandbreite an Materialien geachtet und es wurde versucht möglichst viele Sinne anzusprechen (vom Betrachten von Bildquellen bis hin zum Riechen von Pest-Kräutermischungen).

Beim Modellbauen selbst sollte vor allem darauf geachtet werden, dass der zeitliche Rahmen ausreicht. Die Kinder entwickelten beim Mühldorfer Ferienkurs einen so großen Ehrgeiz, dass drei bis vier Stunden relativ knapp bemessen waren. Andererseits lässt natürlich die Konzentration nach einer gewissen Zeit etwas nach und das Interesse schwindet bei manchen Kindern. Da ein gemeinschaftliches Modell erstellt worden ist, konnte natürlich nicht jedes Kind sein Gebäude mit nach Hause nehmen. Als Trostpflaster bekam jeder Bauherr und jede Bauherrin eine Urkunde mit nach Hause und die fertige Stadt wurde im Kassenbereich der Ausstellung aufgestellt. So konnten auch die Eltern das Werk ihrer Kinder betrachten – Familienbesuche in die Ausstellung wurden auf diese Weise angeregt.

Historische Spurensuche

Von Eva Seibel

„Komm, wir suchen einen Schatz" versprach eine Aktion des Ferienprogramms im Rahmen der Ausstellung „Salzburg in Bayern". Adressaten waren Grundschulkinder im Alter von 6 bis 10 Jahren. Pate für das Konzept stand die altbewährte Schnitzeljagd, die umgewandelt zu einer historischen Spurensuche, die Kinder durch ihre Heimatstadt führen sollte, wobei die Ausstellung ein wichtiger Bezugspunkt war. Diese Aktion kann problemlos auf andere Orte übertragen werden; das Abschlusskapitel gibt hierfür einige Anregungen.

I. Das Konzept: Ausstellung und Stadterkundung verknüpfen

Zentral ist es, einen interessanten Aspekt aus der Ausstellung herauszugreifen, um der Spurensuche auf diese Weise ein historisches Thema und einen zeitlichen Rahmen zu geben und sie eindeutig mit der Ausstellung zu verknüpfen. Die Ausstellung bildet entweder den Start oder den Endpunkt für die Aktion. Im Mühldorfer Fall war mit dem „Silberschatz des Kurfürsten Maximilian I." das passende Thema rasch gefunden. Während des Dreißigjährigen Krieges floh 1648 der bayerische Kurfürst vor den Schweden aus München und schiffte mit seiner Familie und großen Teilen des Hofstaats mit dem Ziel Braunau den Inn hinab. Bei Mühldorf geschah dann das Unglück. Das Küchenschiff rammte den Pfeiler der Innbrücke und sank mitsamt dem kurfürstlichen Geschirr.[1]

Der legendäre Silberschatz, von dem nur einzelne Teller wieder gefunden wurden, war der Anlass zu einer fiktiven Zeitreise in das 17. Jahrhundert. Die Kinder bekamen eine „Anordnung des Kurfürsten" überreicht, mit dem Hinweis, dass Diebe den Silberschatz gehoben und in der Stadt versteckt hätten. Den Finder erwartete selbstverständlich eine fürstliche Belohnung. Bei ihren Aufgaben begegneten den Kindern fiktive Personen, die für jene Zeit typisch waren, wie der Pfarrer, ein Kaufmann, ein Bäckermeister, der Stadtrichter, eine Köchin bei den Vorbereitungen für die Hochzeit der Bürgermeistertochter, ein Mönch und der Stadttürmer. Diesen halfen die Kinder bei einer Tätigkeit und als Dank bekamen

---

[1] Vgl. hierzu: Förderverein Kreismuseum (Hg.): Lodronhaus. Museum für den Landkreis Mühldorf am Inn. Führung durch die eingerichteten Ausstellungsräume, Mühldorf 1976, S. 22.

sie den Tipp für den nächsten Ort, an dem ein Hinweiszettel versteckt war, der sie dem Schatz näher bringen sollte.

Bei der Auswahl der Stationen standen geschichtlich signifikante Orte in der Altstadt im Vordergrund, die einen Bezug zum 17. Jahrhundert haben. Sie müssen sich mit einer Aufgabe verbinden lassen und ein gutes Versteck für den nächsten Hinweiszettel bieten. Die Arbeit der Kinder muss ungehindert und ungefährdet möglich sein. Zudem sollten sie natürlich auch eine Attraktivität für Kinder besitzen.

So war die fensterlose, unheimliche Hexenkammer[2] ein Muss, in welcher die Kinder auf der Suche nach dem Zettel sogar unter die Holzpritsche krochen sowie der Stadtturm, der bis zur Spitze erstürmt wurde. Zusammen mit der Stadtpfarrkirche, einem Haus in der traditionellen Inn-Salzach-Bauweise,[3] dem Marktbrunnen auf dem Stadtplatz, der historischen Rauchküche sowie dem Fletz des Rathauses, waren die Stationen komplett.

Eingebaut wurde ferner eine Station, bei der für das leibliche Wohl gesorgt wurde. Ein Ortszettel schickte die Kinder in eine Bäckerei, wo sie jeweils eine Butterbreze sowie den nächsten Hinweiszettel bekamen, nachdem sie ihre gelöste Aufgabe vorgezeigt hatten. Gleich darauf wartete in der Rauchküche ein Kasten Limo.

II. Zur Aufgabenstellung

Die Aufgaben sollten abwechslungsreich gestaltet und von unterschiedlichem Schwierigkeitsgrad sein, um sowohl Erstklässler, als auch Viertklässler in der Gruppe anzusprechen. Komplexere Aufgaben leiten zur Teamarbeit an. In der Rauchküche lautete die Anleitung z. B., der Köchin zu helfen, ein Rezept, das der Hund in zehn Papierschnipsel zerbissen hatte, wieder in die richtige Reihenfolge zu ordnen. Das alte Breirezept bot auf den ersten Blick keine sofort als sinnvoll zu erkennende Lösung, so dass sich die Kinder zusammensetzen mussten, um zum Teil lange zu diskutieren, bis sie sich auf eine Reihenfolge geeinigt hatten.

---

[2] Es handelt sich dabei um eine Gefängniszelle im Rathaus, in der ein Mädchen, Maria Pauer, noch in der Mitte des 18. Jahrhunderts inhaftiert war, weil sie als Hexe angeklagt war (und später auch hingerichtet wurde). Zum Umgang mit dem Mühldorfer Hexenprozess äußern sich auch andere Beiträge des Bandes. Vgl. z. B. Hamberger, Ausstellungskonzepte, S. 27 am Bsp. Hexe, und Lehmann/Zabold, Kinder machen Theater, S. 563.

[3] Zum Umgang mit der für eine Stadt charakteristischen Bauweise vgl. auch Paul, Modelle, S. 635 in diesem Band.

Zudem sollten sich die Aufgaben nicht darauf beschränken, Inschriften abzumalen oder Hausnummern zu suchen. Die zu lösende Aufgabe sollte immer in Beziehung zu dem jeweiligen Ort stehen bzw. sich direkt mit einem historischen Objekt befassen. Welche Sternzeichen bei dem Figurenschmuck über dem Portal der Stadtpfarrkirche dargestellt sind, hatten die Kinder zu entschlüsseln, um dem alten Pfarrer bei den Vorbereitungen für die nächste Sonntagspredigt über die Schönheiten des Mühldorfer Gotteshauses zu helfen.

So weit es möglich ist, sollten auch Materialien, im Idealfall sogar Quellen einbezogen werden. Um einen Bäckermeister bei seinem Vortrag auf der nächsten Zunftversammlung zu unterstützen, hatten die Kinder auf dem Stadtplan Straßen in der Altstadt zu suchen, die nach alten Handwerksberufen benannt waren. Diese mussten erklärt und Bildquellen von alten Zunftzeichen zugeordnet werden.

Andere Aufgaben können Themen aufgreifen, welche die Grundschüler schon im Heimat- und Sachunterricht behandelt haben, zu denen sie also ein hilfreiches Vorwissen mitbringen. So mussten sie auf einer Abbildung die Besonderheiten der Inn-Salzach-Bauweise einzeichnen und erklären. Ebenso leicht gelang es ihnen, auf einem Gemälde mit einer alten Stadtansicht, heute noch erhaltene Gebäude zu erkennen und zu benennen.

Es ergeben sich auch kreative, eine eigene Gestaltungsleistung einfordernde Möglichkeiten zur Beschäftigung mit Stadtgeschichte. Kreativität war z.B. gefragt, als die Kinder dem Stadttürmer helfen sollten, eine Strophe für ein Huldigungslied zum Einzug des Kurfürsten zu dichten. Hier mussten sich wieder alle zusammensetzen und auch die Jüngeren konnten ihren Beitrag leisten.

III. Der Ablauf

Die Schatzsuche hat natürlich einen Wettbewerbscharakter. Verschiedene Gruppen konkurrieren miteinander. Bevor die Teams starteten, ist es unerlässlich, alle Kinder zusammen zu informieren. Einmal geht es dabei um das historische Rahmenthema, dann natürlich auch um die Abläufe der Schatzsuche, und schließlich, ganz wichtig, um Sicherheitshinweise. Wir trafen uns vor dem Haberkasten und begaben uns zusammen zum historischen Schauplatz, einer Sandbank am Inn vor der Brücke. Die Leiter erklärten kurz, was sich an dieser Stelle vor 350 Jahren abgespielt hatte. Die Rahmengeschichte sollte sich den Kindern einprägen, deshalb darf es nicht nur beim Erzählen bleiben. Im Mühldorfer Fall lässt sich der

Unglücksfall gut rekonstruieren, zudem hat die Kreissparkasse vor einigen Jahren Replikate der Silberteller anfertigen lassen. Ein besonderes „Zuckerl" für die Kinder waren zwei Schauspieler, die an der theaterpädagogischen Aktionen der Ausstellung mitgewirkt und genau zu diesem Schiffsunglück eine Spielszene einstudiert hatten. Diese spielten sie den Kindern nun direkt am und im Inn vor.

Nach diesem lebendigen Einstieg in die Geschichte teilten wir die Kinder in Gruppen auf (pro Gruppe ca. fünf Kinder). Jede Gruppe bekam ihre „kurfürstliche Anordnung" mit jeweils einer anderen Anfangsstation. Aus Sicherheitsgründen wurde jede Gruppe von einem Erwachsenen begleitet. Der weitere Ablauf gestaltete sich nach folgendem Schema: Die Kinder suchten den Zettel, die Aufgabe wurde von einem vorgelesen, damit alle miteinbezogen werden konnten, dann bearbeitet und schließlich bekamen sie vom Betreuer den nächsten Ortszettel. Dieses Schema wurde zur Abwechslung zweimal durchbrochen. Zum einen in der Bäckerei zum anderen in der Hexenkammer. Hier hatten die Kinder ein Rätsel rund um Hexen zu lösen. Die gesuchten Begriffe führten zum nächsten Ort.

Auf kurfürstlichen Befehl hatten die Kinder sich nach der letzten Aufgabe vor der Ausstellung einzufinden. Während die Zettel ausgewertet wurden, begaben sich die Kinder in die Ausstellung. Hier wurde dann das Rätsel um den Silberschatz gelöst. Vor der Vitrine mit den sechs silbernen Tellern, – dem einzig aufgefundenen Überrest des versunkenen Schiffs – bot sich die Möglichkeit unter anderem zu erklären, dass man Geschichte nicht völlig rekonstruieren kann, sondern dass es ein Rätsel bleiben muss, was aus dem Silberschatz geworden ist.

Den Schlusspunkt bildete die Preisverleihung für die einzelnen Teams. Auch die Preise sollten dem historischen Rahmen entsprechen. Für jeden Schatzsucher wartete in Mühldorf eine Belohnung aus der kurfürstlichen Schatzkammer. Neben einer Urkunde vom Kurfürsten durften die Kinder in eine kleine Schatztruhe nach einem Lederbeutel greifen, in dem sich Schokomünzen, vergoldete Innsteine und zwei Halbedelsteine befanden, so dass jedes Kind seinen eigenen kleinen Schatz mit nach Hause nehmen konnte.

IV. Einige praktische Tipps

Die Vorbereitungen für eine Schatzsuche sind recht umfangreich, dementsprechend hoch ist auch der Zeitaufwand. Wir waren einige Tage beschäftigt. Daher ist es notwendig, frühzeitig mit den Vorbereitungen zu beginnen. Am besten zu Fuß, auch um die Gehzeiten abzuschätzen, wählt man geeignete Schauplätze aus. Auf der Suche nach Anregungen für die Aufgabenstellungen und die dafür benötigten Materialien[4] sind Literaturrecherchen notwendig.

Eine logistische Herausforderung bildet die Zettelwirtschaft. Orts- und Aufgabenzettel für die Gruppen, in unserem Falle waren es sechs, müssen in der richtigen Reihenfolge zusammengestellt werden, da jedes Team einen anderen Start- und Endpunkt zugeteilt bekommen sollte. Auf diese Weise wird verhindert, dass mehrere Gruppen auf eine Station treffen und sich gegenseitig stören. Alle Zettel werden in Kuverts gepackt und beschriftet (Gruppe 1, 2 etc.). Die Aufgabenzettel versteckt man am besten erst kurz vor dem Spiel. Rechtzeitig muss eine Bäckerei gefunden werden, die bereit ist, eine Horde von Schatzsuchern zu versorgen. Achtung, aufgrund der großen Menge müssen Butterbrezen vorbestellt werden! Der Kasten Limo muss besorgt und deponiert werden.

Auf keinen Fall zu vergessen ist, sich nach den Öffnungszeiten der jeweiligen Räumlichkeiten zu erkundigen. Eventuell müssen Schlüssel besorgt oder das Aufsperren organisiert werden.

Zeitintensiv ist auch das Herrichten der Siegprämie, in unserem Fall handelte es sich, wie geschrieben, um einen Kurfürstenbelohnungsbeutel. Gebastelt sind die Beutel schnell: Aus Lederimitatstoff kleine Vierecke (30 cm x 30 cm) schneiden, füllen, die vier Ecken auf die Mitte hin zusammenschlagen, mit einer Schnur festbinden. Fertig. Bis aber 60 Kurfürstenbelohnungsbeutel gefüllt und ebenso viele Urkunden ausgedruckt, gestempelt, gerollt, mit einer Schleife zusammengebunden sind, vergehen doch etliche Stunden. Aufwändig ist es auch, den Schatz anzufertigen: Goldspray braucht man, um Kieselsteine in Goldnuggets zu verwandeln. Für Urkunden ist spezielles Papier notwendig, die Urkunden wurden nicht gesiegelt, sondern mit einem Stempel der Stadt Mühldorf gezeichnet. Zusätzlich wurden noch kleine rote Mühldorf-Aufkleber mit dem Titel der Ausstellung aufgeklebt. Die Herausforderung für uns waren die Schokomünzen: Sie zur Nikolauszeit zu kaufen ist kein Problem, der Sommer dagegen ist dafür eher die falsche Jahreszeit....

Die anfallenden Kosten sollten durch den Unkostenbeitrag gedeckt sein. Mit 2,50 Euro kamen wir gut um die Runden.

Ein Problem tauchte bei der Einhaltung der Teilnehmerbegrenzung auf. Eloquenten Eltern gelang es, trotz Listenschluss ihr Kind anzumelden und am Ferienprogrammtag brachten zudem noch ein paar Kinder ihr

---

[4] Abbildungen, Vorlagen für Zunftzeichen oder einen Stadtplan.

kleines Geschwisterchen oder einen Freund oder eine Freundin mit. Daher vergrößerten sich die Gruppen ungewollt, so dass auf einen Betreuer acht und nicht fünf aufgeweckte Schatzsucher kamen, die wir nichtsdestotrotz auf dem verkehrsreichen Mühldorfer Stadtplatz im Auge zu behalten hatten. Aus dieser Erfahrung heraus ist man auf der sicheren Seite, wenn man für alle Fälle einen Zusatzbetreuer einplant.

In unserem Fall waren in der Zeit der Veranstaltung sowohl die Betreuer als auch die Kinder über die Haftpflicht der Stadt versichert. Es empfiehlt sich dringend, die Frage des Versicherungsschutzes abzuklären.

V. Fazit

Eine solche historische Spurensuche ist leicht auf einen anderen Ort zu übertragen. Aus einer interessanten Episode aus der Heimatgeschichte eines Ortes, sei es aus der Römerzeit, dem Mittelalter oder dem Dreißigjährigen Krieg, lässt sich auf der Basis historischer Kenntnisse und mit etwas Phantasie eine kleine Geschichte konstruieren, mit der die Kinder der Geschichte ihrer Stadt nachspüren. Für die Vorbereitung sollte man genügend Zeit einkalkulieren. Zur Durchführung muss man auf Helfer zurückgreifen können.

Wieder erkennen, wieder finden –
Die „Idee" der Ausstellung in die Region tragen.

Von Meinrad Schroll

Ausstellungen weisen immer über den Ort hinaus, an dem sie gezeigt werden: Hat der Ausstellungsmacher einen generalisierenden Zugriff gewählt, dann fordert das die Konkretisierung an geeigneten Bespielen der Umgebung geradezu ein. Dominiert umgekehrt eine lokale Schwerpunktsetzung, so gibt es dennoch Verbindungen auch zu anderen Orten. Geradezu angelegt auf einen Brückenschlag in die Region hinein ist eine Ausstellung, wenn sie, wie das bei „Mühldorf a. Inn – Salzburg in Bayern" der Fall war, den lokalen Bezug nutzt, um grundsätzliche Aussagen zu treffen.

Kurz: Es besteht eine besondere Chance darin, im Rahmenprogramm heimatkundliche Führungen an solchen Orten der Region anzubieten, in denen Aspekte, die in der Ausstellung thematisiert werden, ihren Niederschlag haben. Die Ausstellung wird auf diese Weise in den Horizont potenzieller Besucher gerückt, die sich sonst vielleicht niemals zur Auseinandersetzung mit Geschichte „aufgerafft" hätten. – Wir erlebten bei unseren Angeboten aber auch den umgekehrten Fall: Unter den Teilnehmern waren solche, die die Ausstellung bereits kannten und durch sie zur Spurensuche in der Region motiviert waren.

Ich selber bin freischaffender Heimatforscher. Am Beispiel dreier Exkursionen, die ich bzw. eine Kollegin durchgeführt haben, gebe ich im folgenden Beitrag Hinweise dazu, wie Führung und Ausstellung aufeinander bezogen werden können, wie wir vor Ort versucht haben, das Interesse der Besucher an Geschichte zu fördern und welche Werbemaßnahmen wir ergriffen haben. Auf Chancen und Probleme, die sich am konkreten Fall ergeben haben, weise ich nur dann hin, wenn sie auch von genereller Bedeutung sind.

Vorab: Es ist wichtig, für das heimatkundliche Begleitprogramm einen Titel zu finden, der den Zusammenhang zur Ausstellung sofort deutlich macht. In unserem Fall lag der auf der Hand: „Salzburg in …"

I. Salzburg in Neumarkt

Im ersten Ort (Neumarkt-St. Veit) stellte meine Kollegin Maria Huber eines der 1802 säkularisierten Salzburger Klöster ins Zentrum (St. Veit) sowie dessen „Vorgänger" (Elsenbach; das dortige Benediktinerkloster wurde 1171 nach St. Veit verlegt). Die Funktion von Klöstern, das Leben in und mit Klöstern, die Verfallsgeschichte von St. Veit, die mit der Selbstauflösung kurz vor der Säkularisation endete, standen im Zentrum. Wie in der Ausstellung wurde stets die Verknüpfung zur „großen Geschichte" gesucht. Querverweise zu den Abteilungen der Ausstellung erfolgten immer wieder. Nicht nur die Kloster-, auch die Kirchenführungen waren dieser historischen Zielsetzung untergeordnet. Der kunstgeschichtliche Aspekt trat demgegenüber zurück.

In die Führungsarbeit wurde noch ein weiterer Lokalhistoriker einbezogen: Walter Jani. In diesem Fall leitete er die Besichtigung des klösterlichen Bierkellers. Diese Auswahlentscheidung hatte mehrere Gründe: Der Keller ist an sich nicht zugänglich; das Einbeziehen erhöhte somit die Attraktivität der Führung; mit dem Brauwesen wurde eine Funktion der Klöster angesprochen, die den Besuchern bewusst ist; vorhandene „Ankerpunkte" wurden also aktiviert. Zudem ermöglichte die Beschäftigung mit der Klosterbrauerei einen bis fast an das Heute heranreichenden[1] Gegenwartsbezug. Gleichzeitig war eine Verknüpfung zur Ausstellung möglich, in der die Brauereien ebenfalls angesprochen waren. Und last, but not least ist das Einbeziehen örtlicher Geschichtsforscher in über die Ausstellung organisierte Führungen das Signal, Konkurrenz gar nicht erst aufkommen lassen zu wollen. Auch durch solche kleinen Gesten lässt sich der Ausstellungsbesuch steigern.

Das Interesse war überwältigend. Ein Ergebnis war, dass für die Ausstellungen einige Führungen „speziell für Neumarkter" gebucht wurden.[2]

II. „Salzburg in Gars"

Obwohl mit Gars ein weiterer Ort mit einem Salzburger Kloster ausgewählt wurde, setzte ich dort einen anderen Schwerpunkt. Die Säkularisationsgeschichte stellte ich zurück, weil hierzu wenige Monate später eine eigene Ausstellung eröffnet werden sollte. Selbstverständlich nutzte ich aber die Gelegenheit, beide Ausstellungen, die aktuelle in Mühldorf ebenso wie die zu erwartende in Gars, zu bewerben.

Ich setzte also noch einen anderen Akzent: Weil Gars nicht nur Sitz des Klosters, sondern zudem auch Salzburger Marktort am Inn war, wählte ich als Schwerpunkt eine Führung durch das historische Zentrum des Marktes. Den Besuch der ehemaligen Klosterkirche stellte ich unter einen

---

[1] Die Brauerei war erst vor einigen Jahren geschlossen worden.
[2] Vgl. Huber, Adressatengerechte Führungen, S. 441 in diesem Band.

kunstgeschichtlichen Schwerpunkt.³ Die Klosteranlage bezog ich nicht in die Führung mit ein. Ich verzichtete auch auf weitere Experten. Die Marktgeschichte ist noch kaum erforscht, für die Pfarrkirche habe ich mir selber, im Vorfeld der geplanten Ausstellung, einige Führungslinien erarbeitet. Lediglich die Messnerin übernahm in ihrem Reich, der Sakristei, kurz die Führung.

Ins Zentrum der Marktführung wollte ich die Veränderungen für den Markt vor 200 Jahren, beim Übergang von der Salzburger Herrschaft zur kurfürstlich bayerischen, stellen. Um diese in den Alltag der damaligen Garser zu stellen, wählte ich den Weg, den Besuchern die Geschichte der Häuser und ihrer Bewohner im alten Ortskern für die Zeit um 1750 bis 1850 zu erschließen.

Jede Vorbereitung einer Führung ist verbunden mit einer gründlichen Besichtung der Objekte und der Suche nach heimatkundlicher Literatur. Bisher gibt es allerdings nur kleinere Publikationen zur Geschichte des Marktes Gars und zum Getreidehandel an der Innlände. Weder eine Häuser- noch eine Gewerbegeschichte sind geschrieben. So wurden Besuche im Bayerischen Hauptstaatsarchiv und im Staatsarchiv München unumgänglich.⁴

Dass der arbeitsintensive Weg sich gelohnt hat, zeigte die Beteiligung der Zuhörer: Obwohl die angesprochenen Ereignisse 200 Jahre zurücklagen, vernahm man immer wieder Zustimmung und ergänzende Erläuterungen. Die Marktführung wurde zum Erfolg, weil die Teilnehmer nicht nur bloße Zuhörer waren, sondern sich auch mit „sich selbst" beschäftigten.

---

[3] Ich erläuterte die wesentlichen Phasen aus der Geschichte des ehemaligen Augustiner-Chorherrenstifts, die kirchengeschichtlichen Beziehungen der Klosterpfarrei Gars sowie des Archidiakonatsitzes und Augustiner-Chorherrenstifts Gars zu Salzburg, leitete über auf die Bauzeit der heutigen Kirche und erklärte die Ausstattung des Barock und Rokoko und deren Kunsthandwerker. Die Führung endete mit einem Einblick in die barockzeitliche Sakristei und dem Besuch der nur über die Sakristei zugänglichen Felixkapelle.

[4] Die Notizen aus den Katasterbänden von 1810 bis 1856, aufbewahrt im Staatsarchiv München, bildeten die Grundlage für den Einstieg in die Häusergeschichte. Die im Hauptstaatsarchiv durchgesehenen Hochstiftsliteralien Salzburgs vom 16. bis zum 18. Jahrhundert brachten zusätzlich Informationen, um die Wurzeln der Gewerbestruktur des Marktes Gars vor gut 200 Jahren fundiert darstellen zu können. Im Archiv der Marktgemeinde Gars mussten zuletzt die alten Hausnummern den gegenwärtigen Adressen zugeordnet werden.

Die Besucher sollten außerdem einen Bezug zur Ausstellung in Mühldorf erkennen. Ich erläuterte die Zugehörigkeit des Marktes Gars zur grundherrschaftlichen und niedergerichtlichen Verwaltung durch das Salzburger Propst- und Vogtgericht Mühldorf und die erzbischöfliche Regionalverwaltung an Inn, Isen und Rott. Außerdem stellte ich die kirchengeschichtliche Abhängigkeit vom Erzbistum Salzburg vom 8. Jahrhundert bis zu Beginn des 19. Jahrhunderts dar. Ich habe also versucht, meinen Zuhörern zu zeigen, dass Gars sehr lange in Verbindung zu Mühldorf stand und es daher Sinn macht, die Ausstellung zu besuchen, um die eigene Vergangenheit ein Stück besser verstehen zu können.

Im Vorfeld hatte ich für die Bekanntgabe der Führung versorgt: Das Pfarrbüro wies auf die Veranstaltung im Pfarrbrief hin, die Gemeindeverwaltung in einem Anschlag am Rathaus und die Ausstellungsleitung brachte Pressehinweise in den beiden in dieser Region gelesenen Tageszeitungen[5] unter. Der 1. Bürgermeister Georg Otter unterstützte die Veranstaltung, indem er den Termin, der noch in der Sommerferienzeit lag, vor Ort weiterempfahl.

III. Salzburg in Buchbach, Ranoldsberg und Oberbergkirchen

Im Mittelpunkt der dritten Exkursion sollten die Beziehungen von zwei Salzburger Pfarreien, für die der jeweilige Erzbischof das Besetzungsrecht inne hatte (Buchbach und Oberbergkirchen), und Blüte und Niedergang eines dazwischen liegenden Marienwallfahrtsortes (Ranoldsberg) stehen.[6] Zeigen wollte ich, dass die Bau- und Kunstgeschichte die Salzburger Einflüsse von der Gotik bis zum Rokoko sichtbar macht.

Für die Vorbereitung konnte ich in zwei Fällen auf fundierte Literatur, u. a. zuverlässige Kirchenführer, zurückgreifen. Obwohl ich alle drei Kirchen schon lange kenne, war auch hier ein Vorbesuch unerlässlich: Der von der Ausstellung „aufgezwungene" Schwerpunkt machte die Auswahl anderer Exponate und eine andere Akzentsetzung notwendig.

---

[5] Vgl. das Kapitel Ausstellungen publik machen in diesem Band, ab S. 517: Rahmenprogramm-Veranstaltungen des Typus „Salzburg in Gars" eröffnen einem die Türen in die Lokalzeitungen der Nachbarregionen und ermöglichen es, auch auf die Ausstellung hinzuweisen.

[6] Auf einen Rundgang durch den Markt Buchbach, der bis 1802 wie Gars ebenfalls Salzburger Hofmarksbesitz war und vom Propst- und Vogtgericht Mühldorf verwaltet wurde, verzichtete ich, um den zeitlichen Rahmen nicht zu sprengen.

In allen Kirchen wählte ich „Aufhänger", die es den Zuhörern erleichterten, Interesse aufzubauen. In Buchbach war das z. B. die Schilderung des schrecklichen Brandes von Markt und Pfarrkirche am 25. Mai 1762, der Neubau der heutigen Pfarrkirche nach den Plänen des Salzburger Hofbauverwalters Wolfgang Hagenauer, das Schaffen begabter Kunsthandwerker aus Salzburg und der Region und die großzügige finanzielle Unterstützung durch den Salzburger Fürsterzbischof Sigmund Christoph Graf von Schrattenbach, dessen Wappen sich jeweils vor dem Chorbogen und am linken Seitenaltar befindet.[7]

Die Zuhörer sollten einen Überblick bekommen und dabei auf Ankerpunkte stoßen, die an bereits vorhandenem Wissen ansetzen. So verstehen sie die Zusammenhänge besser, können einzelne Vorkommnisse einordnen und sich die Informationen nachhaltiger einprägen.

In der Wallfahrtskirche Ranoldsberg[8] zog ich die Zuhörer mit dem beeindruckenden Schnitzwerk der Schönen Madonna in den Bann. Ein Querverweis zur Ausstellung, die ebenfalls herausragende gotische Skulpturen zeigte, bot sich an. Auch das Erschließen ausgewählter Votivtafeln im Altarraum, ergänzt durch Einträge aus dem Mirakelbuch, ermöglichte beides, das Eintauchen in die Vergangenheit des Ortes und den Bezug zur Ausstellung. Diesmal verwies ich darauf, dass in der Ausstellung heute längst aus der Kirche Ranoldsberg verschwundene Votivgaben wie Votivtafeln, Wachsvotive u. a. zu sehen sind.

Auch von der dritten Kirche (Oberbergkirchen)[9] führt ein direkter Weg nach Salzburg: die gotische Kreuzigungstafel, die dem Umkreis des

---

[7] Zur Vorbereitung konnte ich mich stützten auf: Krausen, E.: Pfarrkirche Buchbach, Kirchenführer, Salzburg 1972; Brenninger, G.: Die Kirchen der Pfarrei Buchbach, München 1989; Marktgemeinde Buchbach (Hg.): 1200 Jahre Buchbach, Buchbach 1988; Wallner, M.: Die „Puechpecken". Kirche – Adel – Markt, Oberbergkirchen 2001.

[8] Zur Vorbereitung dienten hier ein zuverlässig verfasster Kirchenführer (Brenninger, G.: Pfarrkirche Mariä Himmelfahrt Ranoldsberg, München 1989), zwei ausgezeichnete Beiträge zur Schönen Madonna sowie zum Mirakelbuch von Ranoldsberg (Kupferschmied, T. J.: Die „Schöne Madonna" von Ranoldsberg; Lippert, I.: Die Marienwallfahrt Ranoldsberg und ihr Mirakelbuch) in der Jahresschrift des Geschichtsvereins Heimatbund Mühldorf „Das Mühlrad" Band 43, Mühldorf 2001 und das im Pfarrarchiv Buchbach aufbewahrte Mirakelbuch von Ranoldsberg.

[9] Als Literatur für die Vorbereitung diente neben eigenen Forschungsergebnissen zum Heimatbuch ein zuverlässiger Kirchenführer (Genzinger, F.: Oberbergkirchen. Katholische Pfarrkirche Apostel Bartholomäus, Oberbergkirchen 1992).

schwäbischen Malers Conrad Laib zugerechnet wird, der 1448 nach Salzburg zugewandert ist. Diese „grosse Crucifix Bildnustafl" befand sich wahrscheinlich ursprünglich in Salzburg.

Obwohl ich für diese dreiteilige Veranstaltung ähnlich aufwändig geworben habe, wie für Gars – es kam sogar noch ein Hinweis im Mitteilungsblatt der Gemeinde hinzu – war das Interesse der Bevölkerung hier geringer. Auffällig war vor allem, dass eine ganze Reihe von Teilnehmern nur kam, um etwas über ihre eigene Kirche zu hören. Der Weg in die Nachbarorte, vermutlich auch der nach Mühldorf, war ihnen zu weit. – Eine Erfolgsgarantie gibt es eben für keinen Veranstaltungstypus.

IV. Resümee

Dennoch kann man festhalten, dass die heimatkundlichen Begleitprogramme nach dem Motto „Salzburg in ..." erfolgreich waren. Nie waren es weniger als 50 Teilnehmer, die aktiviert werden konnten. Es ist zweifellos bei verhältnismäßig vielen Menschen ein Interesse an der Geschichte ihrer Heimat, speziell ihres engsten Umkreises, zu erkennen und dieses Interesse sollte durch gezielte Veranstaltungen wach gehalten und vermehrt werden. Es kann genutzt werden, um zum Besuch von Ausstellungen zu motivieren.

Orts- und Kreisheimatpfleger, Heimatforscher, Stadtführer sind prädestiniert dafür, solche Punkte des Rahmenprogramms zu übernehmen.

Gutes Wetter fördert – selbstverständlich – die Beteiligung an Exkursionen. Erstaunlicherweise scheint aber auch zu gelten, dass der Gewohnheitsfaktor wichtig ist: Orte, in denen man es „gewohnt" ist, historische Angebote zu bekommen, weisen eine höhere Besucherzahl auf. Mein damaliges Sorgenkind Oberbergkirchen hat mich später noch einmal eingeladen, und zwar zu einem Diavortrag, der die Pfarr- und Kunstgeschichte der Kirchen in der Altpfarrei Oberbergkirchen zeigte. Diesmal konnte ich deutlich mehr Besucher begrüßen. Offensichtlich gilt, hat man das Interesse erst mal geweckt, ist der Bedarf nach mehr nicht weit.

Laufschritt mit 25 kg Eisen am Leib: Der Weg über den Kürassier zur Militärgeschichte des Dreißigjährigen Krieges.

Von Marcus Junkelmann

I. Zum Einsatz von Experiment und praktischer Demonstration – Erträge für die Re-Konstruktion von Vergangenem

Wer kennt nicht die alte Geschichte vom Ritter, der in seiner schweren Rüstung nicht im Stande ist, aus eigener Kraft aufs Pferd zu kommen, und mit einem Kran in den Sattel gehievt werden muss? Sitzt er dann endlich auf seinem riesigen Kaltblüter, kann er nichts anderes tun, als einfach mit eingelegter Lanze geradeaus loszupreschen. Und sollte er das Pech haben, sein Pferd zu verlieren oder aus dem Sattel zu fallen, dann liegt der arme Kerl hilflos zappelnd wie ein umgedrehter Käfer auf dem Boden und kann von jedem leicht bewaffneten Fußsoldaten mühelos gefangen genommen oder mit einem Dolchstich durch die Augenschlitze des Visiers „erledigt" werden. Solche Szenen sind aus Spielfilmen vertraut,[1] doch werden sie oft genug auch von Museumsführern und Schullehrern dem gläubig lauschenden Publikum geschildert, wobei man sich des Lacherfolges sicher sein kann. Entsprechen sie aber der Realität ritterlicher Kampfpraxis?

Zunächst widersprechen dem zahlreiche zeitgenössische Zeugnisse in Schriftquellen und auf bildlichen Darstellungen, die den gepanzerten Reiter ohne fremde Hilfe aufs Pferd steigen, ja bisweilen sogar aufspringen lassen, und die vielfach vom Fußkampf der abgesessenen Ritter berichten. Haben wir es stets mit wirklichkeitsfremden Idealisierungen zu tun? Experimente sind das beste und überzeugendste Mittel, um in einer solchen Frage Klarheit zu schaffen.

Ich werde, bevor ich auf Experiment, Demonstration, Reenactment in Ausstellungen und in Rahmenprogrammen zu Ausstellungen eingehe, am Beispiel von Schutzpanzerung und Bewaffnung und deren Veränderungen zwischen dem 14. und dem 17. Jahrhundert verdeutlichen, wie die Forschung auf der Grundlage von Text-, Bild- und Sachquellen und auf der Grundlage von Experimenten unser Wissen über Vergangenes vertiefen.

---

[1] Nichts hat das Geschichtsbild im 20. Jahrhundert dermaßen geformt (und verformt) wie der Spielfilm. Siehe hierzu meine ausführliche Untersuchung am Beispiel des römischen Monumentalfilms (Junkelmann, Hollywoods Traum von Rom).

Abb. 114 Aufsitzübungen von Kürassieren am Holzpferd (links) und am lebenden Objekt. Kupferstichillustration in Johann Jacob Wallhausens »Ritterkunst«, 1616.

1. Zur Realität des Harnischtragens

Einigermaßen vollständig erhaltene „Ritterrüstungen" gibt es erst ab dem ausgehenden 14. Jahrhundert, die große Mehrzahl der in den Burgen und Museen ausgestellten Harnische stammt aber aus dem 16. und frühen 17. Jahrhundert, gehört also gar nicht mehr ins Mittelalter, sondern in die Frühe Neuzeit. Als 1995 im Rahmen des Regensburger Dollingerspiels und der begleitenden Ausstellung gebrauchsfähige Nachbauten der auf dem Dollingerrelief des 13. Jahrhunderts dargestellten Rüstung angefertigt werden sollten, musste auf der Grundlage von Abbildungen, sowie von einzelnen Bodenfunden und Funeralstücken rekonstruiert werden.[2] Das Ergebnis war eine aus verschiedenen Materialien (gestepptes Leinen, Leder, Kettenpanzer) bestehende flexible Mischpanzerung, die in Schichten übereinander angelegt wurde. Trotz eines Gesamtgewichts von etwa einem Zentner (einschließlich Schild und Waffen) konnten die Träger zu Fuß wie zu Pferd beweglich agieren und hatten keine Schwierigkeit, aus eigener Kraft aufs Pferd zu kommen.

---

[2] Zu den bei Rekonstruktionsarbeiten im Regensburger Dollingerprojekt gemachten Erfahrungen siehe Junkelmann, Die Rekonstruktion und Erprobung.

Ein Kettenpanzer besitzt den Vorzug, vollkommen luftdurchlässig zu sein, wegen seiner an sich sehr bequemen Nachgiebigkeit absorbiert er aber Hiebe und Stöße nur unzureichend und muss unterpolstert werden. Diese Polsterung hebt aber die Vorteile der Ventilation wieder auf und verursacht heftiges Schwitzen. Bei längerem Tragen der Rüstung stellt es sich freilich heraus, dass das schweißdurchtränkte Polstergewand dann wieder einen gewissen Abkühleffekt hat, so dass das Schwitzen nachlässt.

Ähnliche Erfahrungen hat man mit den spätmittelalterlichen Plattenpanzern gemacht, wie mir Walter Suckert aus Ludwigsburg mitteilte, Deutschlands einziger hauptberuflicher Plattner, der die Topfhelme für das Dollingerspiel baute und auch die Turnierharnische für die Landshuter Fürstenhochzeit herstellte. Er ist außerdem Mitglied von Gerry Embletons St. George-Kompanie, einer auf äußerste Authentizität bedachten Gruppe, die sich die Darstellung des Söldnerlebens im späten 15. Jahrhundert zum Thema gewählt hat und in Burgen und anderen passenden Schauplätzen auftritt.[3]

Was trotz der hohen Sättel das Besteigen der Pferde erleichterte, war der Umstand, dass es sich bei diesen Tieren keineswegs um die monströsen Kaltblüter der populären Vorstellung handelte, sondern um schwach mittelenn auch sehr kräftige Großponies bzw. kleine Warmblüter mit einem Stockmaß von 145 – 150 cm. Diese Tatsache ergibt sich aus der Analyse der zahllosen bildlichen Darstellungen des erhaltenen Reitzubehörs und des Skelettmaterials. Erst ab dem 19. Jahrhundert werden große Reitpferde gezüchtet, die ihre Höhe vor allem den für den (ganz neuen) Springsport günstigen langen Beinen zu verdanken haben.

Im Laufe des 14. Jahrhunderts entwickelte sich aus der flexiblen Mischpanzerung des Hohen Mittelalters der aus einem komplizierten System sich überlappender Stahlplatten bestehende starre Harnisch. Er hatte überlegene Absorptionseigenschaften und ließ an seinen glatten Rundungen und Schrägen einen Großteil der Waffenwirkung einfach abgleiten. Das wurde freilich mit dem Nachteil fast völliger Luftundurchlässigkeit erkauft. Gewichtsmäßig waren die voll entwickelten Plattenharnische etwa 15 kg leichter als die Mischpanzerung der Dollingerzeit, die mechanische Behinderung war bei einem „maßgeschmiedeten" Exemplar minimal.

---

[3] Zu den Aktivitäten dieser Gruppe siehe den prächtigen Bildband von Embleton/Howe, The Medieval Soldier.

Um die Wende vom 16. zum 17. Jahrhundert wandelte sich die schwere ritterliche Reiterei in eine militärisch strukturierte Kavallerie.[4] Gleichzeitig beherrschten die Feuerwaffen in immer höherem Maße das Schlachtfeld. Das brachte den Harnisch zunächst aber durchaus noch nicht zum Verschwinden, doch gab es wesentliche Änderungen. Die Konstruktion wurde vereinfacht und den Erfordernissen kostengünstiger Massenproduktion angepasst. Der Rumpfpanzerung verlieh man oftmals eine Stärke, die sie kugelfest machte, doch war das mit einer erheblichen Gewichtssteigerung verbunden. Um dies auszugleichen, ließ man die Panzerung unterhalb der Knie fort, wo sie durch hohe, massive Stiefel halbwegs ersetzt wurde. Man spricht daher von Dreiviertelharnischen. Auch der die Innenseiten der Gelenke schützende Kettenpanzer kam in Fortfall. Ein Harnisch dieses Typs wiegt 25-30 kg, Kleidung und Seitenwaffe (Degen) wiegen zusätzliche 8-9 kg. Das ergibt dann insgesamt 33-39 kg, die ein solcher Kürisser oder Kürassier zu tragen hatte. Die Lanze kam außer Gebrauch, stattdessen hatte der Reiter zusätzlich zum Degen noch zwei Radschlosspistolen. Diese wurden aber in Sattelholstern mitgeführt und nicht am Mann getragen, weshalb ihr Gewicht hier unberücksichtigt blieb.

Hört man von Gewichtsbelastungen von 30, 40 kg und mehr, dann klingt das sehr erschreckend. Man muss das aber relativ sehen. Als ich mit einer achtköpfigen Gruppe in rekonstruierter römischer Legionärsausrüstung der augusteischen Epoche über die Alpen marschierte und zwar zu Fuß, belief sich das Gesamtgewicht der Marschausrüstung auf 47 kg, das der Kampfausrüstung auf 30 kg.[5] Neuzeitliche Infanteristen tragen feldmarschmäßig Ausrüstung mit einem Gewicht von meist 30—35 kg, manchmal auch mehr. Im Vergleich zur punktuellen Belastung durch Gepäckbündel, Tornister, Patronentaschen und Schanzzeug ist eine Rüstung angenehmer zu tragen, da sich das Gewicht gleichmäßig über den Körper verteilt. Zudem hat der gepanzerte Reiter den Vorteil, die Märsche zu Pferde zurückzulegen und daher verhältnismäßig frischer auf dem Schlachtfeld einzutreffen.

---

[4] Zur militärischen Rüstung zur Zeit des Dreißigjährigen Krieges siehe die zeitgenössischen Werke des Johann Jacob Wallhausen sowie Beaufort-Spontin, Harnisch und Waffe, und das Kapitel „Waffentechnik und Taktik", in: Junkelmann, Gustav Adolf, S. 208–249.
[5] Zu diesem Experiment siehe Junkelmann, Die Legionen des Augustus.

2. Kürassier, Musketier, Pikenier

Zwar lag in den letzten 20 Jahren der Schwerpunkt meiner Experimente und Demonstrationen im Bereich des römischen Militärs und des Gladiatorenwesens,[6] doch hatten meine ersten einschlägigen Aktivitäten späteren Zeitaltern gegolten. So führte ich 1980 während der Ausstellung „Wittelsbach und Bayern" in der Residenz München täglich das Laden und Abfeuern einer Luntenschlossmuskete des Dreißigjährigen Krieges vor, bei besonderen Anlässen auch das Anlegen eines Kürassierharnischs. Es dürfte dies einer der ersten Fälle in Deutschland gewesen sein, dass im Rahmen des Ausstellungs- und Museumsbetriebs derartige praktische Demonstrationen geboten wurden. In späteren Jahren wurde das Thema Dreißigjähriger Krieg noch wiederholt aufgegriffen, besonders im Jahr 1994, als anlässlich des 400. Geburtstages des Feldmarschalls Pappenheim auf Burg Pappenheim eine Ausstellung stattfand. Es wurden die Ausrüstungen verschiedener Truppengattungen rekonstruiert und vorgeführt. Bei den Eröffnungsfeiern kamen noch Vertreter bereits existierender Gruppen dazu, so dass es möglich wurde, auch das taktische Zusammenwirken der Musketiere (Schützen), Pikeniere (Spießträger) und Kürassiere zu demonstrieren, das bei Ein- oder Zwei-Mann-Auftritten natürlich nur theoretisch erläutert und mit Bildern veranschaulicht werden kann.

Abb. 115 Kombinierter Einsatz von gepanzerten Pikenieren und ungepanzerten Musektieren gegen angreifende Reiterei. Demonstration während der Pappenheimausstellung 1994.

---

[6] Siehe die einschlägigen Titel im Literaturnachweis.

Ein Vortrag zum Kriegswesen des Dreißigjährigen Kriegs mit praktischen Einlagen fand auch im Rahmen der Mühldorfer Ausstellung 2002 statt. Unterstützt von einem Mitstreiter führten wir die Ausrüstung eines Kürassiers und eines Musketiers vor. Zwar musste wegen der Örtlichkeit auf den Einsatz eines Reittiers verzichtet werden, doch fand das Publikum ganz offensichtlich auch das Einrüsten und die Beweglichkeitsdemonstrationen in voller Rüstung (Hinlegen, Aufstehen, Laufschritt) ebenso informativ wie unterhaltsam. Und das galt natürlich auch für das Laden und Abfeuern einer Luntenschlossmuskete vom Kaliber 19 mm. Nach einschlägigen Erfahrungen mit der unaufhaltsam anrückenden Feuerwehr wurde rechtzeitig sichergestellt, dass die Alarmanlage abgeschaltet war und der dicke weiße Dampf des Schwarzpulvers sich ohne unliebsame Folgen im Vortragssaal verbreiten konnte.

Abb. 116 Das Hantieren mit der schweren Luntenschloßmuskete während eines Vortrages an der Universität München.

Auch vom Einsatz frühneuzeitlicher Feuerwaffen haben die meisten Leute „schiefe" Vorstellungen.[7] Einerseits wird die Wirksamkeit vielfach stark unterschätzt. Vor allem wird selbst in der Fachliteratur die Kompliziertheit und Langwierigkeit des Ladevorgangs oft enorm übertrieben. Dazu tragen auch manche Kostümgruppen bei, die mit großer Schwerfäl-

---

[7] Zur experimentellen Untersuchung der Schussleistungen von Handfeuerwaffen des 16. bis 18. Jahrhunderts siehe vor allem Kalaus, Schießversuche.

ligkeit die Dutzende von Ladegriffen („Tempi") vorführen, die man in den alten Vorschriften findet. Es dauert dann schon etliche Minuten bis nach zahllosen Kommandos endlich ein paar kümmerliche Schüsse fallen. Man braucht sich dann nicht über den Standardkommentar zu wundern, unter solchen Umständen sei es nicht verwunderlich, dass der Krieg dreißig Jahre gedauert habe. Was den Zuschauern aber nicht mitgeteilt zu werden pflegt, das ist zum einen der Sachverhalt, dass die meisten Mitglieder dieser Gruppen nur ganz unzureichend ausgebildet sind, zum anderen die Tatsache, dass die vielen Einzelkommandos nur für den Exerzierplatz, nicht aber für das Schlachtfeld bestimmt waren. Im Gefecht wurde, wenn überhaupt, lediglich „Laden!", „Anlegen!" und „Feuer!" befohlen. Führt man die Kriegspraxis auf die geschilderte Art und Weise vor, dann erzielt man einen ganz kontraproduktiven, nämlich verniedlichenden, ja lächerlichen Effekt. Tatsächlich hat das Musketenfeuer unter den taktischen Verhältnissen des 17. Jahrhunderts immer wieder horrende Verluste verursacht. Was der einzelnen Waffe an Wirksamkeit fehlte, wurde durch Massierung ausgeglichen, was die für den modernen Betrachter so selbstmörderisch wirkenden dichten Formationen erklärt. Die Feuergeschwindigkeit lag bei 50–60 Sekunden. Bei einer Frontbreite von 1000 Mann und einer Tiefe von 6 konnten bei gliederweisen Durchfeuern alle zehn Sekunden 100 Schuss abgegeben werden.

Trotz der hohen Verluste, die das Musketenfeuer auf kurze Entfernung (bis etwa 100 m) verursachen konnte, war kein Verlass darauf, dass man mit Schießen allein eine entschlossene Massenattacke der Kavallerie aufhalten konnte. Und wenn es den Reitern gelang, die geschlossene Front aufzubrechen, dann war es im Nahkampf um die Infanterie geschehen. Deshalb brauchte der Musketier Anlehnung an das mit langen Spießen bewaffnete schwere Fußvolk, die Pikeniere. Diese streckten den Reitern eine dichte Hecke von Spitzen entgegen und hielten sie so auf Distanz. Die Kavallerie griff nun zu ihren Pistolen und versuchte in die Pikenierfront Lücken zu schießen, durch die sie einbrechen konnte. Hier war der Spießträger trotz seiner leichten Panzerung wieder auf die Hilfe der Musketiere angewiesen, die mit den Schüssen, die sie in dem Gedränge noch abgeben konnten, die Reiter zu vertreiben suchten. Das engräumige Zusammenwirken der Schützen und Spießträger machte die Infanterietaktik zwar abwehrstark und stabil, doch so kompliziert und schwerfällig, dass in den meisten Schlachten die entscheidenden Bewegungen der schnelleren und flexibleren Kavallerie zufielen. Das spiegelte sich im Ansteigen des prozentualen Anteils der Reiterei an der Gefechtsstärke der Feldarmeen, der sich im Laufe des Dreißigjährigen Krieges von 30 Prozent auf annähernd 50 Prozent steigerte.

Dieses Anwachsen der kavalleristischen Komponente hatte seine Ursachen aber nicht nur in taktischen Erwägungen, sondern beruhte auch auf logistischen Sachzwängen. Rasch vorstoßende und sich wieder zurückziehende Reitergeschwader hatten noch die besten Aussichten, sich in der ausgesogenen und zerstörten Landschaft versorgen zu können. Zugleich waren sie auch am besten in der Lage, weite Gebiete durch Plünderung, erpresste Abgaben und systematische Verwüstung für den Gegner wertlos zu machen. In den militärischen Planungen spielte ja der Gesichtspunkt, dem Feind die Ressourcen zu entziehen und auf seine Kosten Krieg zu führen, eine entscheidende Rolle.

Die Erfordernisse weiträumiger Bewegungen ließen die schwere Panzerung zusehends als überflüssigen Ballast erscheinen, zumal die meisten Kampfhandlungen in flüchtigen Scharmützeln bestanden, bei denen es mehr auf Übersicht und Schnelligkeit ankam, als auf die Entwicklung massiver Schockwirkung. So kam es im Laufe des langen Krieges zu einer allmählichen Reduzierung des eisernen Körperschutzes, der ja nur in den verhältnismäßig seltenen Feldschlachten wirklich von Nutzen war und in der übrigen Zeit eine erhebliche Belastung und Behinderung darstellte. Man darf dabei nicht übersehen, dass das Harnischtragen für den Kürassier des Dreißigjährigen Krieges und für sein Ross eine viel größere Beschwernis darstellte als für den mittelalterlichen Ritter. Dieser pflegte auf Distanzritten, bei denen keine Gefahr unmittelbarer Feindberührung bestand, die Rüstung auf ein Packpferd zu laden und auf einem speziellen Reisepferd zu reiten, während das Streitross unbelastet mitgeführt wurde. Um das Packpferd und das Streitross kümmerte sich ein berittener Knappe, der seinem Herrn im Ernstfall auch beim raschen Anlegen der Rüstung assistierte. Ross und Reiter waren also relativ frisch und ausgeruht, wenn es ins Gefecht ging. Der Kavallerist des Dreißigjährigen Krieges hatte dagegen nur ein einziges Pferd, das alle diese Funktionen zugleich erfüllen musste und dementsprechend stärker abgenutzt wurde. Und der Reiter selbst musste gleichfalls sein Eisenzeug Tag für Tag mit sich herumschleppen und konnte sich keine größeren Erleichterungen verschaffen, als den Helm und die Panzerhandschuhe auszuziehen und an den Sattel zu hängen.

Hinzu kam, dass es angesichts des hohen Materialverschleißes, den die dauernde Kriegführung mit sich brachte, und der chronischen finanziellen Engpässe bei gleichzeitigem Niedergang von Handel und Gewerbe immer schwieriger wurde, in kurzer Zeit größere Mengen an Harnischen zu beschaffen. Aus ähnlichen Gründen nahm bei der Infanterie der Anteil der gepanzerten Pikeniere zugunsten der Musketiere ständig ab und sank von etwa der Hälfte auf wenig mehr als ein Viertel der Fußtruppen. Im Gegensatz zu den Spießträgern waren die Schützen beweglich und vielseitig einsetzbar, nicht nur in der Schlacht, sondern auch im Kleinkrieg und bei Belagerungen.

Gegen Ende des Dreißigjährigen Krieges waren Kürassiere im vollständigen Dreiviertelharnisch selten geworden. Die meisten Reiter begnügten sich mit einem Kürass im engeren Sinn, der nur aus Brust- und Rückplatte bestand, aber ohne Arm- und Beinzeug. Der geschlossene Helm mit Visier wurde durch die bequemere „Ungarische Sturmhaube" (Zischägge) ersetzt, die das Gesicht nur noch teilweise mit beweglichen Wangenklappen und einem verstellbaren Naseneisen schirmte. Die eiserne Schutzrüstung wog jetzt nur noch 12–15 kg, also etwa die Hälfte vom Gewicht eines Dreiviertelharnischs. Beliebt war die Ergänzung durch ein dickes, aber weiches Lederkoller, das bis an die Knie reichte und 3–4 kg wog.

Im Gegensatz zur populären Vorstellung – und hier wird jetzt die Wirksamkeit der glattläufigen Vorderlader überschätzt – war der Rückgang der Panzerung im Laufe des 17. Jahrhunderts nicht die Folge des Feuerwaffeneinsatzes, durch den die Harnische ihren Schutzwert verloren hätten. Wenn das der Fall gewesen wäre, dann hätte diese Entwicklung schon viel früher, im mittleren 16. Jahrhundert einsetzen müssen, denn in der Zeit zwischen 1550 und 1650 haben Durchschlagskraft, Reichweite, Treffgenauigkeit und Feuergeschwindigkeit der Handfeuerwaffen keine nennenswerte Steigerung erfahren. Wie die Einbeulungen auf den Brustplatten vieler Originalharnische beweisen und wie das auch die eigenen Experimente und die Versuche des Landeszeughauses Graz[8] bewiesen haben, hält eine getriebene Platte von 4 mm Stärke selbst Schüsse aus nächster Entfernung aus. Schwächere Panzerteile von 1–2 mm Stärke, wie sie an Armen und Beinen getragen wurden, werden zwar von Nahschüssen durchschlagen, doch überlappen sich die Platten und Schienen häufig und bieten dann auch eine beachtliche Schutzwirkung. Hiebe und Stiche mit Blankwaffen sowie auf mehr als 100 m Entfernung abgefeuerte Kugeln können Panzerelementen von 2 mm Stärke ohnehin nichts anhaben. Man muss berücksichtigen, dass die schwerkalibrigen Bleikugeln, die damals ausschließlich verwendet wurden, trotz ihrer hohen Anfangsenergie eine sehr schlechte Energiedichte besitzen, das heißt, die Auftreffenergie verteilt sich auf eine große Fläche. Es werden zwar große Löcher geschlagen, aber die Eindringtiefe ist relativ gering. Aus dem gleichen Grund ist auch der Luftwiderstand sehr hoch und die Geschosse werden rasch abgebremst. Treffer auf über 300 m Entfernung haben

---

[8] Siehe vorige Anmerkung.

selbst bei ungepanzerten Zielen oftmals nicht einmal die dicke Kleidung durchschlagen und nur Prellschüsse verursacht.

II. Der Wert praktischer Demonstrationen für Ausstellungen

Ich denke, das Beispiel des Kürassiers zeigt, wie eine zunächst rein waffentechnische Fragestellung, die kaum mehr als antiquarisches Interesse zu besitzen scheint, vielfältige Auskünfte geben kann über den Stand des Heerwesens zur Zeit des Dreißigjährigen Krieges, zum Alltag des Soldaten, der Leistungsfähigkeit des Handwerks und der Technik, der Wechselwirkung zwischen technischen, logistischen und taktischen Sachzwängen, der blutigen Realität der Kriegführung und schließlich sogar über die Auswirkungen der militärischen Verhältnisse auf die ganze Gesellschaft. Durch die Konkretisierung durch einen (oder mehrere) lebendigen Interpreten, der die realen Objekte zeigt und ihren Gebrauch demonstriert, gewinnt das theoretische Wissen an Anschaulichkeit, Präzision und Glaubwürdigkeit, die Rekonstruktionen der Vergangenheit werden real und mit den Sinnen erfahrbar. Und wie alles, was man lebendig und in Aktion zu sehen und zu hören bekommt, das man sehen und anfassen kann, prägt es sich viel tiefer ein als das bloße Wort, als Vitrinenobjekte, graphische Darstellungen und Modelle, tiefer sogar als die im Überfluss angebotenen audiovisuellen Medien und Computerprogramme.

Das bedeutet auch, dass praktische Vorführungen der beschriebenen Art ganz unabhängig von den über das „bloß Antiquarische" hinausführenden Gesichtspunkten mentalitäts-, wirtschafts- und gesellschaftspolitischer Art in sich einen hohen Erfahrungswert besitzen. Es ist letztendlich für moderne Menschen nicht mehr oder weniger relevant über die Trageeigenschaften eines Harnischs oder die Wirkung eines Musketenschusses Bescheid zu wissen als über soziale Strukturen oder verfassungsrechtliche Details verflossener Epochen. Man darf aber getrost behaupten, dass die große Mehrzahl der Museums- und Ausstellungsbesucher konkrete praktische Sachverhalte sehr viel interessanter finden als „die großen Zusammenhänge". Und im Allgemeinen hinterlassen gut gemachte Vorführungen dieser Art tiefere Eindrücke und vermitteln mehr Information als mit großem Aufwand von A nach B angeschleppte und dann von B nach A wieder zurück geschleppte Originalexponate.

1. Vom Missbrauch und von den Chancen praktischer Demonstrationen in Ausstellungen

Leider herrscht aber bei vielen Museumsleuten und Ausstellungsmachern in Deutschland nach wie vor die Neigung vor, immense Summen in Kunsttransporte und ihre ausstellungstechnischen Folgen, allenfalls noch in Filme und virtuelle Programme zu investieren, sich bei praktischen Demonstrationen aber mit zweitklassigen Billiglösungen zufrieden zu geben und jegliches Qualitätsgefühl über Bord zu werfen. Das zeigt deutlich, dass das Medium der lebendigen Vorführung nicht eigentlich ernst genommen wird, dass man sich seiner aus Werbegründen bedient, es im Grunde aber eher für ein unseriöses Spektakulum hält, geeignet für Kinder und unkundige Erwachsene. Diese Einstellung bietet die beste Gewähr dafür, dass dann die Darbietungen in der Tat auf ein karnevalistisches Niveau absinken, die man besser von der eigentlichen, „seriösen" Ausstellung fernhält.

Wenn sie sinnvoll gehandhabt werden sollen, dann müssen Experiment und Demonstration genauso ernsthaft betrieben werden wie andere Forschungsarbeiten im Umfeld von Ausstellungen, und das ist natürlich gerade bei einer so schwierigen Materie nicht ohne erheblichen Arbeits- und Geldaufwand möglich. Derartige Projekte müssen daher besonders langfristig geplant werden und sie müssen gemeinsam mit den anderen Veranstaltungen des Rahmenprogramms als organische Einheit konzipiert und in der Präsentation mit diesen verflochten werden. Das setzt aber natürlich hohe Qualität voraus, soll nicht das Gesamtniveau der Ausstellung in Mitleidenschaft gezogen werden. Übers Knie gebrochener dilettantischer Aktivismus ist das sicherste Mittel, diesen unerwünschten Effekt zu erreichen.

In den angelsächsischen Ländern ist es schon seit vielen Jahren eine Selbstverständlichkeit, experimentelle Geschichtsforschung und praktische Demonstration („interpretation") in die Konzeption von Museen, Ausstellungen und Themenparks einzubeziehen und sie für einen der wichtigsten Aspekte in ein als „Umgebung für aktives Lernen" („environment of active learning")[9] aufgefasstes Ausstellungskonzept zu integrieren. So wurde bei der Planung der Neugestaltung der Royal Armouries

---

[9] Guy Wilson in Walter/Wilson, The Royal Armouries, S. 15. Zur Vorgeschichte und Entwicklung experimenteller Archäologie und aktiver Demonstration siehe Junkelmann, Das Phänomen der zeitgenössischen Römergruppen.

in Leeds von Anfang großes Gewicht auf diese Form der Präsentation gelegt, um ein facettenreiches, sich in seinen Teilen gegenseitig ergänzendes Museumskonzept zu entwickeln: „Every gallery incorporates an appropriate mix of display and communication techniques to explain and interpret the magnificent objects of the collection. This mix ranges from the traditional museum display of objects in cases to the live demonstration of the use of weapons and armour. The objects are set in a context by themed interior design, by guides and interpreters, and film and other audio-visional aids. There is an emphasis on ‚hands-on' learning, so that by contact with real or replica objects, and by interactive computer programmes, the visiting public can gain a real feeling for and understanding of the collections. The intention has been to create a multilayered experience to cater for the many different interests and interest levels of our visitors."[10]

2. Experiment, Demonstration, Reenactment

Die Realisierung der grundlegenden Konzeption für die Royal Armouries in Leeds hat in der Tat diesen Überlegungen Rechnung getragen, und man wird behaupten können, dass neben der Präsentation der Originale den praktischen Demonstrationen die Hauptrolle zufällt. Zu bestimmten Uhrzeiten treten zwischen den Exponaten „Interpreten" in originalgetreuer Ausrüstung auf und führen ihre Ausrüstung vor, zeigen Proben des Waffeneinsatzes, geben Erklärungen.[11] Neben dem Museum wurde ein Turnierplatz eingerichtet, wo man dem exakt rekonstruierten ritterlichen Kampfsport beiwohnen kann (nicht etwa akrobatischen, doch völlig un-

---

[10] „Jede Galerie vereint in sich eine angemessene Mischung von Ausstellungs- und Kommunikationstechniken, um die großartigen Stücke der Sammlung zu erklären und zu interpretieren. Diese Mischung reicht von der traditionellen Zur-Schau-Stellung von Objekten in Vitrinen bis zur Live-Demonstration des Gebrauchs von Waffen und Rüstungen. Die Objekte werden durch eine themenbezogene Gestaltung der Räume, durch Führer und Interpreten und durch Film und andere audiovisuelle Hilfsmittel in einen Kontext gesetzt. Es liegt eine Betonung auf dem ‚Lernen mit den Händen', so dass die Besucher durch das Berühren von echten und nachgemachten Objekten und durch interaktive Computerprogramme ein wirkliches Gefühl und ein Verständnis für die Sammlungen entwickeln können. Es ist die Absicht gewesen, eine vielschichtige Erfahrung zu ermöglichen, um die vielen unterschiedlichen Interessen und Interessensebenen unserer Besucher zu bedienen" Guy Wilson in Walter/Wilson, The Royal Armouries, S. 15, Übers. M.J.

[11] Siehe etwa die Videodokumentationen The Trustees of the Armouries, Arms in Action, und dies., Masters of Defence.

historischen Phantasieturnieren à la Kaltenberg oder historisch korrekt konzipierten, dafür dilettantisch ausgeführten Demonstrationen à la Landshut). Auch Falkenjagd und andere Sportarten zu Pferde werden anschaulich demonstriert. Ferner gibt es einen „Craft Court", in dem man Plattnern, Büchsenmachern und anderen Handwerkern bei der Arbeit zuschauen kann, und eine Menagerie mit einschlägigen Tierarten. So vereinen die Royal Armouries verschiedene Formen der lebendigen Geschichtsvermittlung in einem großen Komplex: „Interpretation", d.h. Demonstrationen, verbunden mit Erklärungen und Erzählungen, innerhalb der Schausammlung, Experiment im Handwerkerhof und Reenactment, also dramatische Inszenierung, aber auch hier verbunden mit Erklärung und Experiment, auf dem Turnierplatz.

Man muss ja zwischen verschiedenen Formen des „kreativen Anachronismus" unterscheiden, wie eine schöne englische Begriffsbildung lautet. Diese Unterscheidung hilft auch der Ausstellungsleitung, ihre Entscheidungen für den aktiven Umgang mit Vergangenheit/Geschichte bewusster zu fällen:

Das **Experiment** ist primär wissenschaftlich orientiert. Es handelt sich hierbei um Feldversuche, durch die Lücken in der schriftlichen, bildlichen und dinglichen Überlieferung geschlossen werden sollen. Naturgemäß gilt es vornehmlich Perioden, für die wir lediglich über eine fragmentierte Quellenlage verfügen. Um dieses Defizit auszugleichen, bleiben nur die Methoden der „Sachkritik", d.h. epochenübergreifender Analogieschlüsse und Experimente. Der große Kriegshistoriker Hans Delbrück hat dies schon Anfang des 20. Jahrhunderts im wahrsten Sinne des Wortes vorexerziert, als er seine Berliner Studenten mit langen Stangen üben ließ, um den Platzbedarf antiker Nahkämpfer zu überprüfen. Als ein Kollege trotzdem von der Unlösbarkeit des Problems sprach, äußerte sich Delbrück: „Warum hat er nicht einmal 100 Studenten zusammengebracht, sie mit Hopfenstangen bewaffnet und eine Phalanx bilden lassen? Wer aber einmal eine solche Phalanx gesehen und gemessen hat, ist zur selbigen Stunde über alle Zweifelsqualen bezüglich des Rottenabstandes hinaus. Gelehrte sind wunderliche Leute. Hier haben wir einmal die Gelegenheit, ein historisches Problem durch ein ganz einfaches Experiment zu lösen, weshalb macht man es nicht?"[12]

Das Experiment hängt in doppelter Hinsicht mit der sachkritischen Methode zusammen: Seine Konzeption und Durchführung basieren auf sachkritischen Spekulationen, seine Ergebnisse beeinflussen die weitere Argumentation. Natürlich ist die Gefahr von „self-fulfilling prophecies"

---

[12] Delbrück, Geschichte der Kriegskunst, S. 441.

in der Gestalt von Zirkelschlüssen groß, wie überhaupt „Sachkritik" mit Vorsicht und Disziplin geübt werden muss, soll sie nicht in Willkür ausarten. Auch wird sie in ganz besonderem Maße durch „finanzielle Sachzwänge, Gegebenheiten des Forschungsstandes, Wirkungen des Zeitgeistes"[13] beeinflusst.

In einer ausgewogenen Verbindung von Theorie und Praxis kann sachkritisches Denken und Handeln jedoch zweifellos zu Erkenntnissen führen, die auf anderem Wege nicht zu erreichen gewesen wären. Ich würde so weit gehen, dezidierte Behauptungen zu Sachverhalten, die uns nicht mehr vertraut sind, die aber rekonstruierbar wären, für unseriös und unwissenschaftlich zu halten, wenn der Autor es versäumt hat, die erforderlichen Versuche selbst durchzuführen oder sie von anderen durchführen zu lassen.[14]

Wie sehr sich die sachkritische Methode gerade auf archäologischem Gebiet mittlerweile durchgesetzt hat, zeigen Äußerungen wie: „Keine noch so guten Zeichnungen, kein noch so gutes Modell kann die empirischen Erfahrungen ersetzen, die sich bei einem Rekonstruktionsvorhaben ergeben"[15] oder: „Bei dieser Art archäologischer Tätigkeit [der praktischen Archäologie] konnten theoretische Vorstellungen modifiziert und bisweilen sogar verworfen werden."[16]

---

[13] Baatz, Die Saalburg, S. 119.

[14] Eine Legende wie die von der so genannten Steigbügelrevolution, die am Anfang des mittelalterlichen „Feudalismus" gestanden haben soll, wäre nie aufgebracht und so weithin geglaubt und verbreitet worden, hätten ihr Schöpfer Lynn White jun. und seine Gefolgschaft auch nur die leiseste Erfahrung mit historischen Reitstilen besessen. (White, Medieval Technology. – Dazu siehe Junkelmann, Die Reiter Roms, Bd. III, S. 100–119).

[15] Ulbert/Weber, Konservierte Geschichte?, S. 307.

[16] Oldenstein, Mit hasta und lorica Wache schieben, S. 134. – Besonders faszinierend ist es, wenn sich die Ergebnisse experimenteller und archäologischer Forschung gegenseitig bestätigen. So wurde mir von den Bearbeitern des Gladiatorenfriedhofs in Ephesos versichert, die an dem Skelettmaterial vorgefundenen Verwundungsspuren stünden in vollem Einklang mit den bei den Fechtexperimenten meiner Gladiatorengruppe ermittelten Ergebnissen. Zum Gladiatorenfriedhof in Ephesos siehe Großschmidt/Kanz (Hg.), Gladiatoren in Ephesos. – Zur Fechtweise der Gladiatoren Junkelmann, Das Spiel mit dem Tod. – Interessante Querverbindungen zwischen experimenteller Archäologie und den Befunden aus dem Massengrab einer spätmittelalterlichen Schlacht ergeben sich aus einigen Aufsätzen in Fiorato/Boylston/Krüsel, Blood Red Roses.

Nun besteht nicht die einzige wissenschaftliche Daseinsberechtigung eines Rekonstruktionsprojekts darin, experimentelle Geschichtsforschung zu betreiben. Nach Karlheinz Eckardt ist den meisten Gruppen das Empfinden gemeinsam, „Teil eines allgemein verständlichen Museums zum Anfassen" zu sein.[17] Dies ist eine legitime didaktische Zielsetzung, die dem Erwartungshorizont eines breiten Publikums entspricht und auch dem mehr theoretisch ausgerichteten Fachmann ein anschaulicheres Bild vom Gegenstand seiner Forschungen vermitteln kann. In Rahmenprogrammen von Ausstellungen ist das Experiment gut aufgehoben. Gerade Ausstellungen mit archäologischen Themen sollten nicht darauf verzichten.

Die spezifische Einsatzform für Ausstellungen besteht aber in der **Demonstration**, der praktischen Vorführung, verbunden mit Erklärungen. Abgesehen von kurzen, präzis einstudierten Einlagen, darf der Interpret nicht der Versuchung erliegen, sich als Angehöriger eines anderen Zeitalters zu gebärden – das wirkt unglaubwürdig, ja lächerlich. Indem er als ein in ein historisches Gewand geschlüpfter, historische Praktiken beherrschender moderner Mensch Informationen vermittelt, haftet seinem Auftritt stets ein gewisser Verfremdungseffekt an. Das hat den großen Vorteil, ihn einigermaßen immun zu machen gegen die unfreiwillige Komik, die sich nur allzu leicht einstellen kann. Abgesehen von der überzeugenden Qualität der präsentierten Rekonstruktionen, hängt hier alles von der Kompetenz und dem lockeren, doch instinktsicheren Agieren des Interpreten ab. Demonstrationen können von Einzelnen wie von Gruppen vorgeführt werden. Letzteres ermöglicht es, auch kollektive Praktiken zu zeigen.

Die aktivistisch-fiktive Vorführung von Vergangenem lässt aber oft geradezu unwiderstehlich den Wunsch aufkommen, über die konkret-praktische Detailarbeit und deren didaktische Präsentation hinauszugehen und mit einer Art Zeitmaschine Geschichte suggestiv zu inszenieren – „**reenactment**", wie der englische Terminus technicus treffend heißt. Experimentelle Geschichtsforschung und ihre publikumswirksame Vermittlung sind nicht notwendigerweise mit illusionistischen Absichten und Wirkungen verbunden. Auch ein Reenactment braucht nicht der gewissermaßen filmischen Komponente des Mediums zu erliegen, wofür schon die Anwesenheit modern gekleideter Zuschauer und die nur selten von Anachronismen freie Kulisse sorgen. Aber die Gefahr einer sehr leicht komisch oder geschmacklos wirkenden Übersteigerung des inszenierten Realismus besteht ohne Zweifel – man denke an melodramatisch stürzen-

---

[17] Eckardt, Am Limes, S. 6.

de (und alsbald wieder aufstehende) Tote und Verwundete bei Schlachtenreenactments. Verliert man die Grenzen des Mediums aus den Augen, dann droht ein Reenactment auf das Niveau pseudo-historischer Maskerade abzusinken. Auch hiergegen ist nichts einzuwenden, wenn sie pfiffig gemacht und nicht mit falschen Ansprüchen garniert wird.

Reenactments – und ganz besonders die von Schlachten (andere gibt es kaum) – hängen in ihrer Überzeugungskraft ganz entscheidend auch von der Dimension ab. Wenn ein Angriff, den tatsächlich 5.000 Mann durchgeführt haben, von 100 Mann nachgestellt wird, dann geht das nicht unter die Haut, sondern wirkt lächerlich. Hätte man dagegen diese 100 Mann dazu verwendet, das Exerzieren und die Fechtweise einer Kompanie exemplarisch vorzuführen, ohne den peinlichen Anspruch zu erheben, einen konkreten historischen Angriff wirklichkeitsgetreu in Szene zu setzen, dann hätte man eine höchst eindrucksvolle Demonstration veranstalten können. Wirklich überzeugende Schlachtenreenactments lässt eigentlich nur der Amerikanische Bürgerkrieg zu, da es hier tatsächlich Zehntausende von perfekt ausgerüsteten und eingeübten Reenactors gibt.[18]

Jeder Rekonstruktionsversuch kann nun einmal unter wissenschaftlichem und didaktischem Blickwinkel nur den Charakter des bruchstückhaften Experiments, unter ästhetischem den einer allenfalls symbolischen, in kurzen Augenblicken und Teilaspekten manchmal eine perfekte Illusion schaffenden Inszenierung haben, die gerade durch die unvermeidliche Kollision mit einer anachronistischen Umwelt das Pathos der Vergänglichkeit umso eindrucksvoller betont. Und natürlich ist das Ganze immer auch ein Spiel, das den Aktiven wie den Zuschauern Spaß machen soll, worin nur einen Mangel sehen kann, wer Seriosität mit Langweiligkeit gleichsetzt.

Literatur

Albig, J.-U.: Rückwärts mit Gebrüll. USA: Bürgerkriegsspiele als Therapie, in: Geo 12, Dezember 2002, S. 175-202.

Aßkamp, R./Wiechers, R.: Westfälisches Römermuseum Haltern Münster 1996.

---

[18] Zu den Bürgerkriegsreenactments, die im Rahmen der Jahrhundertfeiern in den 1960er Jahren den Urknall für die internationale Living History- und Reenactmentbewegung geliefert haben, siehe Schiller, The American Civil War, und Albig, Rückwärts mit Gebrüll. Die Zahl der von ihrem Dachverband anerkannten Bürgerkriegsreenactors liegt mittlerweile bei ca. 50.000.

Baatz, D.: Die Saalburg - ein Limeskastel180 Jahre nach der Rekonstruktion, in: Ulbert, G./Weber, G. (Hgg.): Konservierte Geschichte?, Stuttgart 1985, S.117-129.

Beaufort-Spontin, C.: Harnisch und Waffe Europas. Die militärische Ausrüstung im 17. Jahrhundert, München 1982.

Coles, J.: Experimental Archaeology, London 1979.

Connolly, P.: The Roman Army, London 1975 (deutsche Übersetzung: Die römische Armee, Hamburg 1976).

Croom, A./Griffiths, W.B. (Hgg.): Re-enactment as Research (=Journal of Roman Military Equipment Studies 91), 2000/2002.

Delbrück, H.: Geschichte der Kriegskunst im Rahmen der politischen Geschichte, Bd. I. Das Altertum, Berlin[3] 1920.

Eckart, K.: Am Limes. Römische Experimentalgruppen in Europa, Benningen am Neckar 1996.

Elliot-Wright, P.J.C.: Living History, London 2000.

Embleton, G./Howe, J.: The Medieval Soldier. 15th Century Campaign Life Recreated in Colour Photographs, London 1994 (deutsche Übersetzung: Söldnerleben im Mittelalter, Stuttgart 1996).

Fiorato, V./Boylston, A./Knüsel, C.: Blood Red Roses. The Archaeology of a Mass Grave from the Battle of Towton AD 1461, Exeter 2000.

Großschmidt, K./Kanz, F. (Hgg.): Gladiatoren in Ephesos. Tod am Nachmittag (Katalog), Wien 2002.

Hobsbawm, E. u.a. (Hgg.): The Invention of Tradition, London[2] 1993.

Horsler, V.: Living in the Past, London 2003.

Junkelmann, M.: Die Reiter Roms, Bde. I-III, Mainz 1990-1992.

Junkelmann, M.: Gustav Adolf. Schwedens Aufstieg zur Großmacht, Regensburg 1993.

Junkelmann, M.: Die Rekonstruktion und Erprobung der Rüstungen, in: Dollinger. Das Buch zum Spiel, Regensburg 1995, S. 111-115.

Junkelmann, M.: Reiter wie Statuen aus Erz. Römische Paraderüstungen, Mainz 1996.

Junkelmann, M.: Panis militaris. Die Ernährung des römischen Soldaten oder der Grundstoff der Macht, Mainz[2] 1997.

Junkelmann, M.: Das Spiel mit dem Tod. So kämpften Roms Gladiatoren, Mainz 2000.

Junkelmann, M.: Aus dem Füllhorn Roms. 34 Originalrezepte aus der römischen Küche, Mainz[2] 2003.

Junkelmann, M.: Die Legionen des Augustus. Der römische Soldat im archäologischen Experiment, Mainz[9] 2003.

Junkelmann, M.: Das Phänomen der zeitgenössischen »Römergruppen«, in: Jensen, I./Wieczorek, A. (Hgg.): Dino, Zeus und Asterix. Zeitzeuge Archäologie in Kunst, Werbung und Alltag heute, Mannheim 2003, S. 73-90.

Junkelmann, M.: Hollywoods Traum von Rom. »Gladiator« und die Tradition des römischen Monumentalfilms, Mainz, im Druck.

Kalaus, P. R.: Schießversuche mit historischen Feuerwaffen des Landeszeughauses Graz an der Prüf- und Versuchsstelle für Waffen und Munition des Amtes für Wehrtechnik, in: Von alten Handfeuerwaffen. Entwicklung, Technik, Leistung, Graz 1989.

Köhne, E./Ewigleben, C. (Hgg.): Gladiatoren und Caesaren (Katalog), Mainz 2000.

Kuhnen, H.-P.: Rekonstruierte Gladiatoren. Das Trierer Gladiatorenprojekt mit Dr. Marcus Junkelmann, in: Funde und Ausgrabungen im Bezirk Trier 32, 2000, S. 59-70.

Morison, J./Coates, J. F.: Die athenische Triere. Geschichte und Rekonstruktion eines Kriegsschiffs der Antike, Mainz 1990.

Oldenstein, J.: Mit hasta und lorica Wache schieben. Rekonstruktion eines Auxiliarsoldaten aus severischer Zeit, in: Schallmayer, E. (Hg.): Hundert Jahre Saalburg. Vom römischen Grenzposten zum europäischen Museum, Mainz 1997, S. 134-146.

Robinson, H. R.: The Armour of Imperial Rome, London 1975.

Schiller, D. T.: The American Civil War Recreated in Colour Photographs 1990.

Sumner, G.: Roman Army: Wars of the Empire, London 1997.

The Trustees of the Armouries, HM Tower of London: Masters of Defence with How a Man Shall be Armyd (VHS-Video), London 1990.

The Trustees of the Armouries, Royal Armouries Museum: Arms in Action – Mail & Plate Armour (VHS-Video, Yorkshire Television), Leeds 2000.

Ulbert, G./Weber, G.: Konservierte Geschichte? Versuch einer Bilanz, in: Dies. (Hgg.): Konservierte Geschichte? Antike Bauwerke und ihre Erhaltung, Stuttgart 1985.

Walker, D./Wilson, G.: The Royal Armouries at Leeds. The Making of a Museum, Leeds 1996.

Wallhausen, J. J.: Kriegskunst zu Fuß, Oppenheim 1615 (Nachdruck: Graz 1971).

Wallhausen, J. J.: Kriegskunst zu Pferd, Frankfurt am Main 1616 (Nachdruck: Graz 1971).

Wallhausen, J. J.: Ritterkunst, Frankfurt am Main 1616 (Nachdruck: Graz 1969).

White, L. jun.: Medieval Technology and Social Change, Oxford 1962 (deutsche Übersetzung: Die mittelalterliche Technik und der Wandel der Gesellschaft, München 1968).

Spaß haben am „Lesen lernen?" Paläographie-Kurs für Laien

Von Edwin Hamberger

Im Rahmen des Begleitprogramms zur Ausstellung „Salzburg in Bayern" fand für Ausstellungsbesucher und Gäste eine Veranstaltung statt, die sich mit dem Lesen und Interpretieren von Originalquellen beschäftigte. Passend zum Motto „Zunft und Handwerk" wurde eine Originalzunftordnung ausgewählt, die auch als Exponat in der Ausstellung zu sehen war. Die Veranstaltung fand in den Räumen der Ausstellung statt und begann an der Vitrine mit der Zunftordnung.

I. Die Ziele des „Lesen Lernens"

Primäres Ziel solcher Veranstaltung ist es, dem Besucher den selbständigen Zugang zu Archivquellen zu ermöglichen. Dass ihm dabei auch historisches Wissen, z.B. über Zünfte und deren Arbeit, vermittelt wird, ist ein Nebenprodukt. Auf jeden Fall muss aber bewusst gemacht werden, dass für historische Forschungen die Arbeit mit Quellen unabdingbar ist und dass fundierte Ergebnisse notwendig auf intensivem Quellenstudium beruhen.

Den Bogen zur Ausstellung spannt man, indem man bewusst macht, dass auch das historische Wissen, das dem Ausstellungsbesucher dort vermittelt wird, letztlich auf die Auswertung von Quellen zurückgeht. Archivalien haben in Ausstellungen deshalb nicht nur die Funktion, als Exponat in die Vergangenheit zu verweisen z.B. als Beleg für einschneidende Ereignisse oder als Beleg dafür, dass zu allen Zeiten Alltägliches und Besonders „geregelt" wurden. Sie werden nicht nur aufgrund der Aura, die sie umgibt und auf Alter und Authentizität hinweist, gezeigt oder aufgrund der Schönheit z. B. der Siegel. Archivquellen verweisen immer auch auf die Erforschung von Vergangenem und auf Archive als Orte des Gedächtnisses.

Es sagt sich leicht, dass Quellen die Basis für jede Geschichte über Vergangenheit sind. Die Besucher der Paläographie-Veranstaltung sollten aber erfahren, was das eigentlich heißt. Sie sollen erfahren, was hinter der Selbstverständlichkeit steckt, dass Quellen erst gelesen und verstanden werden müssen, bevor man Geschichten auf der Basis ihrer Informationen erzählen kann. Die erste Hürde ist, dass man die Schrift oftmals nicht lesen kann. Paläographiekenntnisse sind nötig. Neben der Fähigkeit, alte Schriftstücke entziffern zu können, muss Wissen über die unterschiedlichen Arten von Quellen stehen. Verwaltungsschriftgut, Gesetze, persönliche Briefe, Flugblätter sehen ganz unterschiedlich aus. Sie halten verschiedenartige Informationen über vergangene Zeiten bereit. Oft muss man zwischen den Zeilen lesen, um sich vergangenen Wirklichkeiten annähern zu können. Immer muss man versuchen, mehrere Quellen zu finden, ehe man sich ein Bild macht. Oft bleiben Fragezeichen stehen. – Zur Einordnung des aus den Quellen zu Entnehmenden ist historisches Grundwissen nötig – je breiter es angelegt ist, umso besser.

Aber: Nicht einmal jeder Geschichtsstudent wird diesem Anforderungsprofil gerecht. Wie soll dann ein „normaler Ausstellungsbesucher", der Laie auf diesem Gebiet ist, Freude und Spaß bei solchen Veranstaltungen entwickeln. Wird er damit nicht einfach überfordert? Wie muss eine solche Veranstaltung gestaltet sein, dass sie Lust an Archivquellen wecken kann?

II. Didaktische und methodische Hinweise

1. Auswahl der Quelle und Aufbereitung für die Arbeit mit den Besuchern

Die Quelle sollte so ausgewählt sein, dass sie auch Laien etwas sagen kann, und zwar sowohl inhaltlich, als auch formal. Ich entschied mich, auch wegen des Rahmenthemas „Zunft", das damals über den Veranstaltungen des Rahmenprogramms stand, für eine Zunftordnung vom 4. November 1552, erlassen vom Salzburger Erzbischof Herzog Ernst von Bayern für die Lederer in Mühldorf. Das Original war eine prächtig gestaltete Pergamenturkunde mit anhängendem, gut erhaltenem Siegel. Es zeigt das erzbischöfliche Wappen Herzog Ernst von Bayern zusammen mit dem Hl. Rupert, dem Gründungsheiligen für die Stadt und das Bistum Salzburg. Die Rauten im erzbischöflichen Wappen machen die dynastischen Verbindungen zum Haus Wittelsbach deutlich. Verfasst ist die Ordnung in deutscher Sprache. Den Schrifttypus bezeichnet man als Kurrentschrift des 16. Jahrhunderts.

Ohne auch nur ein Wort zu lesen, kann man einiges über den Quellentypus Zunftordnung sagen: Über das Siegel ist die die Zuständigkeit des Landesherrn erkennbar (nicht etwa des Pflegers oder des Bürgermeisters). Das Siegel ist als Ausdruck der rechtlichen Legitimation der Urkunde zu sehen. In der ersten Zeile wird der Aussteller der Urkunde genannt. Der Name ist entsprechend hervorgehoben. Die einzelnen Leerstellen im Text gliedern die Urkunde in einzelne Kapitel. Diese sind wiederum durch Großbuchstaben hervorgehoben. Die einzelnen Kapitel beinhalten die rechtlichen Ausführungen der Urkunde.

Auch das Material – Pergament –, der Beschreibstoff Tinte, der ohne jede Restaurierung hervorragende Erhaltungszustand, können beschrieben werden.

Von dieser Ordnung gibt es im Stadtarchiv Mühldorf auch eine Abschrift aus dem 19. Jahrhundert in sehr gut lesbarer Sütterlin-Schrift. Der Originaltext bzw. entsprechende Textabschnitte und die Abschrift des 19. Jahrhunderts wurden kopiert. Daneben lag eine buchstabengetreue Transkription in die aktuelle Schrift vor, die ich angefertigt hatte.[1]

Dadurch war es für die Teilnehmer möglich, den gelesenen Text Zeile für Zeile in den beiden alten Schrifttypen mitzuverfolgen. Daneben wurden noch entsprechende Schrifttabellen ausgeteilt, damit man mit den im ersten Augenblick unbekannten Buchstaben etwas vertrauter wurde. Die Abschrift aus dem 19. Jahrhundert lag auch im Original vor und konnte von jedem eingesehen werden. Die Zunftordnung aus dem 16. Jahrhundert, konnte, weil wir in der Ausstellung arbeiteten, problemlos aufgesucht werden.

2. Der Aufbau der Veranstaltung

Als Themenschwerpunkte wurden Absätze über die Lehrlingsausbildung, über das Freisprechen, über das Anfertigen eines Gesellen- bzw. Meisterstücks und über den Zunftzwang ausgewählt. Jeder Satz wurde einzeln (vor-)gelesen und besprochen.

Um den Teilnehmern den inhaltlichen Zugang zu erleichtern, bietet es sich an, immer wieder Vergleiche mit heute anzustellen. Im konkreten Fall wurde darüber gesprochen, welche Rechte der Auszubildende bzw. der Ausbilder heute haben. Als Gesprächsform bietet sich der Dialog in der Gruppe an. Das Gespräch sollte so moderiert werden, dass die Teilnehmer sich aufgefordert fühlen, nachzudenken und ihre Meinung zu den gestellten Fragen zu sagen. Im Mühldorfer Fall erwies es sich als sehr günstig, dass drei Meister aus verschiedenen Handwerksberufen unter den Teilnehmern waren, so dass ein reges und interessantes Gespräch zustande kam. Für viele Teilnehmer war es sehr überraschend, dass die Änderungen und Unterschiede zu den rechtlichen Rahmenbedingungen im heutigen Handwerk gar nicht so gravierend waren, wie sie anfangs vermutet hätten. Eine typische Feststellung war: „Unglaublich, diesen

---

[1] Ein ähnliches Prinzip verfolgten die Lesestationen in der Ausstellung; vgl. Hamberger, Ausstellungskonzepte, S. 31 in diesem Band.

Sachverhalt haben die vor 400 Jahren auch schon geregelt". Mit solchen Bezügen zur Gegenwart und damit zur eigenen Lebenswelt kann sehr gut gezeigt werden, dass Geschichte nicht etwas ist, das weit weg ist und nur wenige Fachleute interessiert, sondern dass Geschichte in unser tägliches Leben nachwirkt.

Natürlich wird beim Lesen das eine oder andere Wort unbekannt sein. Solche Probleme lassen sich einfach lösen, indem man das Unbekannte erklärt und den Zuhörern dabei mitteilt, welche Literatur einschlägig wäre.[2] Die Bände parat zu haben und die Gruppe darüber zu informieren, wo sie ausleihbar sind, bietet sich an. Nicht immer sind die örtliche Stadtbibliothek oder das Stadtarchiv mit seiner Fachbibliothek bekannt.

Es ist sinnvoll, diesen Veranstaltungstypus vom Archivar des Ortes durchführen zu lassen. Er beherrscht nicht nur den Umgang mit alten Schriftstücken und kann Verständnis- und Wortschatzschwierigkeiten auf Seiten der Teilnehmer beheben. Er kennt auch die Bestände des örtlichen Archivs, die Arbeits- und Zugangsbedingungen. Ihn bereits zu kennen, senkt die Hemmschwelle der Teilnehmer, bei stadtgeschichtlichen Fragen das Archiv aufzusuchen.

III. Resümee: Laien und Quellen

Natürlich kann es nicht gelingen, in zwei Stunden allen Teilnehmern das Lesen und das Verstehen von Quellen zu vermitteln. Aber immerhin kann das Interesse geweckt werden, mehr über bestimmte historische Dinge zu erfahren. Der direkte Weg, die unmittelbare Arbeit mit schriftlichen Quellen, erleichtert es dem Laien außerdem, sich den Unterschied zwischen Vergangenheit und Geschichte zu vergegenwärtigen.

Zu welchen Ergebnisse eine derartige Veranstaltung führt lässt sich nicht voraussagen: Etlichen wurde die Angst vor Archivquellen genommen und einige wurden angeregt einen Archivbesuch ins Auge zufassen. Für manche war zumindest die Sütterlin-Schrift nichts Unbekanntes, sie hatten als Kinde diese Schrift noch gelernt und geschrieben. Andere hat-

---

[2] Bruns, K. (Hg.): Die Amtssprache, Verdeutschung von Fremdwörtern bei Gerichts- und Verwaltungsbehörden in der Bearbeitung von Karl Bruns. Nachdrucke zur westfälischen Archivpflege 2, 4. unveränderte Auflage, Münster 1991; Demandt, K. E.: Laterculus Notarum, Lateinisch-deutsche Interpretationshilfen für spätmittelalterliche und frühneuzeitliche Archivalien; mit 4 Tafeln spezieller Zahlenschreibungen des 14.-16. Jahrhunderts, Marburg 1994; Dülfer, K.: Gebräuchliche Abkürzungen des 16. - 20. Jahrhunderts bearb. von K. Dülfer u. H. –E. Korn, Marburg 1986.

ten einfach nur Freude daran, selbständig das Lesen zu lernen und den einen oder anderen Satz zu entziffern. Ein Teilnehmer fasste den Ertrag für sich zusammen: „Endlich kann ich die Briefe meines Großvaters lesen, der hat auch in dieser Schrift geschrieben".

Transkription und Original neben einander zu legen, erleichtert den Einstieg in die Paläographie. Lernerfolge stellen sich schnell ein, speziell, wenn man Schriften wählt, die nicht zu schwer zu erlernen sind. Der Zugang zu Archivquellen wird möglich und damit wird dem Teilnehmer ein Rüstzeug mitgegeben, das er für eigene Forschungen unbedingt braucht. Wer seriöse Forschung betreiben möchte – und dazu zähle ich auch z. B. Familienforschung – wird sich darüber im Klaren sein müssen, dass er sehr gute Paläographiekenntnisse und gewisse Kenntnisse über Quellen benötigt.[3]

Ein Ausstellungsexponat nicht nur über Exponatbeschreibungen oder Erklärungen vermittelt zu bekommen, sondern es selbst zu erschließen, ist nicht nur spannend, sondern in klassischen Ausstellungen bisher eher ungewöhnlich. Gerade das Ungewöhnliche kann Ausstellungen aber attraktiv machen.

---

[3] Nicht umsonst bietet beispielsweise das Stadtarchiv der Stadt Mühldorf a. Inn im Rahmen der VHS solche ausführlichen Kurse und Übungen an, damit die Familienforscher bei ihren Besuchen in den zuständigen Archiven zurecht kommen und erfolgreiche Forschung betreiben können.

Volksfrömmigkeit – nur scheinbar fremd

Von Irmgard Schwoshuber

Jahrzehntelang bin ich schon unterwegs mit meinen Vorträgen über Volksfrömmigkeit: „Votivgaben", „In alten Gebetbüchern geblättert", „Andachtsbildchen", „Spitzenbilder", „Jesuskindverehrung", „14 Nothelfer", „Rund um den Rosenkranz". Obwohl ich auch Vorträge anderer Art halte, so kann ich doch am meisten – es klingt nach Eigenlob – Menschen aller Altersstufen mit Themen über Volksfrömmigkeit begeistern.

Am Beispiel des Rosenkranzthemas zeige ich, welche Inhalte ich für meine Vorträge auswähle[1] und begründe das kurz. Im Anschluss daran erkläre ich, wie ich vorgehe und zum Schluss mache ich mir ein paar Gedanken, warum Themen zur Volksfrömmigkeit viele Menschen heute so sehr ansprechen.

I. Volksfrömmigkeit im Vortrag – Überlegungen und Anregungen

1. Einstieg

„Ohne Rosenkranz ging man früher nicht zur Kirche und auch auf sonstigen Gängen war er Wegbegleiter."

Mein Ziel ist zu zeigen, dass der Rosenkranz, den die meisten meiner Zuhörer kennen, den viele auch besitzen, noch vor etlichen Jahrzehnten eine ganz andere Bedeutung hatte. Ältere Zuhörer erinnern sich daran, manche jüngere verbinden mit meinen Hinweisen die Erinnerung an Großeltern oder andere Rosenkranz-Träger. Der Rosenkranz wird dadurch in die Lebenswelt der Zuhörer hineingeholt. – Manchmal beziehe ich in den Einstieg auch die Gebetsschnüre anderer Kulturen ein.

2. Entstehung des Rosenkranzes

Mit den Schlaglichtern aus der Entstehungsgeschichte erkläre ich zugleich viel über die Funktion des Rosenkranzes. Durch jede der Ge-

---

[1] Als einführende Literatur zum Rosenkranz kann genannt werden: Frei, U./Bühler, F.: Der Rosenkranz. Andacht, Geschichte, Kunst, Wabern 2003; Hartmann, A.: Der Rosenkranz als frommes Brauchgerät und Heilmittel des Volkes, in: Pötzl, W. (Hg.): Kirchengeschichte und Volksfrömmigkeit. Augsburg 1994, S. 265-285; Küffner, H./Schulten, W.: Fünfhundert Jahre Rosenkranz, Köln 1975; Ritz, G. M.: Der Rosenkranz, München 1962.

schichten wird er mit Inhalten gefüllt, mit Personen zusammengebracht und mit anderen Zeiten verknüpft.

Aus den vielen Geschichten, die sich um die Entstehung der Zählschnur und um das Rosenkranzgebet ranken, wähle ich folgende aus:

Im dritten Jahrhundert versprach der Eremit Paulus in der Wüste Ägypten täglich 300 Paternoster zu beten. Um sein Versprechen gewissenhaft zu halten, sammelte er in einem Säcklein jeden Morgen 300 Steinchen. Nach jedem „sed libera nos a malo" warf er einen Kiesel weg. Ein Vorläufer des Rosenkranzes: Steinchen, mit denen man Gebete zählt!

Einen Beutel mit Kieselsteinchen habe ich dabei, nach jedem gemurmelten, im Eiltempo gesprochenen Paternoster werfe ich ein Steinchen weg.

Im frühen Mittelalter begann man, die Steinchen aufzufädeln und man bezeichnete das fertige Stück als „Paternoster".

An dieser Stelle baue ich einen sprachkundlichen Verweis ein: *In manchen Gegenden wird der Rosenkranz heute noch „Noster", „Nosterer" oder „Nuster" genannt.*

Dass sich in der Sprache Tradition und Geschichte erhalten, ist nicht allen Zuhörer bewusst; eine kurze Erwähnung reicht aber, um ein „Aha"-Erlebnis oder vielmehr ein „Ja, klar!" auszulösen. Mir als Dialektforscherin geben manchmal Zuhörer wichtige neue Hinweise.

Die nächste Phase erklärt mit einer Art Legende den Namen „Rosenkranz". Wenn die Namensgebung nicht so abgelaufen ist, wofür einiges spricht, dann ist die Geschichte zumindest gut erfunden. Sie transportiert wieder wichtige Merkmale des Rosenkranzgebetes.

Zum Abt Adolf von Essen kam ein junger Mann, der als Novize in sein Kloster eintreten wollte. In der Vergangenheit hat er aus inniger Marienverehrung jeden Tag für eine Muttergottesstatue ein Kränzlein aus Rosen gewunden. Im Kloster aber hieß es „ora et labora", so dass ihm das Kranzbinden unmöglich war. In seiner Traurigkeit wandte er sich an den Abt, der ihm riet, jeden Tag statt des Kranzes aus Rosen 50 Ave Maria zu beten. Er wurde ein glücklicher Mönch und der Beginn des Rosenkranzgebetes war getan.

3. Sinn des Rosenkranzgebetes

Nicht-Katholiken, aber auch vielen Katholiken ist der Sinn des Rosenkranzgebetes nicht mehr bewusst. Ich versuche ihn so darzustellen, wie ich ihn erlebe und erlebt habe:
- Für uns Katholiken ist der Rosenkranz eine wichtige Meditation.

- Alle wichtigen Gebete sind im Rosenkranz vereint.
- Er bedeutet eine Vertiefung in das Leben Jesu.
- Durch Gebete wie den Rosenkranz sind Menschen aller Nationen im Gebet vereinigt, z. B. an Wallfahrtsorten (Hier sage ich dann das Vaterunser und Gegrüßet seist du Maria in Latein, Englisch und Russisch auf.).

4. Die Zählschnur Rosenkranz

Den Gästen zeige ich jetzt aus meiner großen Rosenkranzsammlung einige Exemplare, lehre sie, genau hinzuschauen, auch zu erkennen, dass nichts zufällig so ist, wie es ist. Ich wähle Stücke aus:

in verschieden Längen

5 Gesätze	– traditioneller Rosenkranz
15 Gesätze	– großer Balter (alle 3 Rosenkränze)
7 Gesätze	– Schmerzhafter Rosenkranz
6 Gesätze	– ein Zusatzgesätz für die Verstorbenen
4 Gesätze	– Allerseelenrosenkranz
33 Perlen	– Ronsenkranz zum Hl. Blut
13 Perlen	– Rosenkranz zur Hl. Philomena
10 Perlen	– „Faulenzerrosenkranz"
12 Perlen	– Rosenkranz zum Prager Jesulein

in unterschiedlicher Machart

gefädelt – gekettelt – geknüpft

aus verschiedenem Material

Halbedelsteine (besonders böhmischer Granat) – Metall – Silber – Perlen – Perlmutt – Muscheln – Elfenbein – Bein – Natternwirbel (Fraisrosenkranz) – Holz – Kerne von Früchten wie Johannisbrot, Oliven, Josefstränen u.a.

besondere Arten (u. Abarten) des Rosenkranzes

Rosenkranz der bei Nacht grün leuchtet, nach Rosen duftet etc.

Besonderes Interesse erweckt immer der Rosenkranz aus Monstranzbohnen.

5. Schluss

Hier versuche ich zu zeigen, dass der Rosenkranz ein Gebet ist, das über ein halbes Jahrtausend lebendig blieb, viele Kriege und Anfechtungen überstanden hat und immer wieder neu auflebt.

Abb. 117 Ein Rosenkranz.

II. Tipps zum Vortrag

Eigentlich gibt es keine großen Geheimnisse für den Erfolg meiner Vorträge. Dennoch habe ich sieben Punkte zusammengestellt, die ich für wichtig halte. Zum Teil handelt es sich dabei um ganz selbstverständliche Dinge, zum Teil sind sie Ergebnisse meiner langjährigen Erfahrung.

(1) Umfangreiche und gründliche Vorbereitung. Ich brauche immer etwa ein Jahr bis ich ein Thema so fertig habe, dass ich darüber reden kann.
(2) Viel Anschauungsmaterial und Bilder. Zum Herzeigen nutze ich auch die Möglichkeiten der modernen technischen Geräte (z.B. Beamer).
(3) Möglichst viel frei sprechen. Vorlesen kann jeder! Wenn ich mein Publikum, und nicht ein Blatt Papier im Blick habe, kann ich viel besser reagieren.
(4) Sich bemühen, auf die Zuhörer einzugehen (Kinder, Erwachsene, Senioren).
(5) Wo es geht und passt, den Vortrag mit Humor würzen.
(6) Äußerste Zuverlässigkeit und Pünktlichkeit.
(7) Dafür sorgen, dass man selber „gut drauf" ist. Ich sage es offen – ich brauche zuvor immer ein stilles Gebet.

III. Warum spricht das Thema Volksfrömmigkeit die Menschen an?

Ich greife hier vor allem auf meine Beobachtungen während der Vorträge und auf die Gespräche im Anschluss daran zurück.

Für viele ältere Menschen werden Erinnerungen wach, die sie längst vergessen hatten. Es ist für mich ein schönes Gefühl, wenn besonders ältere Zuhörer nicken, sich gegenseitig etwas zuflüstern oder spontan herausplatzen, weil sie an etwas Bemerkenswertes aus früheren Zeiten erinnert werden.[2]

Für die jüngere Generation eröffnen sich neue Erkenntnisse, die sie, auch wenn sie ihnen fremd sind, verstehen können. Manchmal habe ich das Gefühl, dass sie die Vorfahren um die Muße und die Sicherheit im Glauben beneiden, die aus meinen Geschichten sprechen. Andere wiederum schätzen, vor dem Hintergrund des vergangenen Lebens, das ich vergegenwärtige, ihre eigenen Spielräume neu ein.

Ganz besonders freut mich, wenn ich fröhliche Gesichter unter meinen Zuhörern sehe, denn mein Leitsatz ist, die Leute sollen fröhlicher von dannen gehen, als sie gekommen sind.

Eine besondere Freude haben die Zuhörer daran, wenn ich Ihnen einige der von mir gezogenen Monstranzbohnen schenke. Sie pflanzen sie dann ein und berichten mir von ihren Zuchterfolgen und davon, was sie aus den Bohnen gefertigt haben. So haben z.B. Frauen aus Postmünster

---

[2] Vgl. hierzu auch die Hinweise bei Finauer, Lebensgeschichte, S. 265 in diesem Band.

bei Pfarrkirchen Rosenkränze gekettet, die bei einem Basar verkauft wurden und stattliche Einnahmen erbrachten. – Frömmigkeit und Natur, der wertschätzende Umgang mit den Früchten der Erde, haben immer schon zusammen gehört.

Ich selber lerne bei den Gesprächen nach den Vorträgen oft Neues dazu. So hatte ich z.B. einen Rosenkranz aus Bolivien, dessen Material mir unbekannt war. Bei einem Vortrag im Schwäbischen erkannte eine Frau die Perlen. Sie fuhr heim und brachte mir „Josephstränen". Ich setzte sie in meinen Krautacker und habe reiche Ernte halten können.

Zum Teil bringen die Zuhörer auch einen Rosenkranz mit und lassen sich über Alter, Material, Preis etc. informieren. Junge Leute kommen zu mir an den Vortragstisch und wollen sich einige der Rosenkränze genauer anschauen. Ich höre gern, wenn meine Zuhörer sagen: „ Mei, da muaß i dahoam schaun, i glaab, da san aa no oite Rosenkranz da. De kriag'n iatz a schöners Platzerl."

„Juden in Salzburg – Geschichte, Kultur, Schicksale"
Eine Sonderausstellung – und mehr! – im Salzburger Museum Carolino Augusteum

Von Renate Wonisch-Langenfelder

Am Beispiel der Sonderausstellung „Juden in Salzburg" werden Erfahrungen mit einem umfangreichen Rahmenprogramm für Kinder und Erwachsene vorgestellt, deren grundsätzliche Übertragbarkeit auf andere Ausstellungsprojekte zwar nicht explizit diskutiert, bei der Darstellung des Beitrags aber mit bedacht wurde.

Insbesondere geht es mir darum, deutlich zu machen, dass nicht nur Kinder Adressaten von Rahmenprogrammen sind, dass Kooperationen mit Institutionen, die sich mit demselben Thema befassen, eingegangen werden sollten, und dass Personalisierung/Personifizierung und Lebensweltbezug Wege in die Geschichte sein können, die „Strukturen" und „Hintergründe" nicht aus dem Blick verlieren müssen.

Abb.118 Das Plakat zur Ausstellung „Juden in Salzburg".

I. Die Ausstellung

Von Juli 2002 bis Jänner 2003 zeigte das Salzburger Museum Carolino Augusteum eine Sonderausstellung zur Geschichte der Juden in Salzburg[1]: Geschichte, Kultur und Schicksal der Salzburger Mitbürger jüdischen Glaubens sollten dem Ausstellungsbesucher anschaulich nähergebracht werden und zum Nachdenken anregen. Die wissenschaftlichen Grundlagen und auch der Katalog wurden in Zusammenarbeit mit dem Institut für Geschichte der Universität Salzburg erarbeitet. Im Rahmen eines Forschungsprojektes hatten junge Wissenschaftler ehemalige Salzburger Mitbürger, die in den Jahren um 1938 ihre Heimat verlassen mussten und heute in den USA oder in Israel leben, aufgesucht und interviewt. Die Ausstellung sollte auf beschränktem Raum (ca. 700 m^2), jedoch auf anschauliche und abwechslungsreiche Weise Folgendes zeigen:

- die Geschichte der Salzburger Juden vom Mittelalter bis zur Ausweisung unter Erzbischof Leonhard von Keutschach im Jahre 1498

- die darauf folgenden Jahrhunderte des grundsätzlichen Ansiedelungsverbotes im Erzstift Salzburg

- die Zeit ab den 70-er Jahren des 19. Jahrhunderts, welche mit dem Staatsgrundgesetz 1867 ein zaghaftes Wiederaufblühen einer neuen jüdischen Gemeinde ermöglichten, bis zur Zeit der Nazi-Herrschaft

- Am Ende der Ausstellung stand ein Ausblick auf die Gegenwart und Zukunft der heute kaum 60 Personen umfassenden Kultusgemeinde.

- Ein Ausstellungsbereich zeigte jüdische Kultobjekte (Leihgaben des Jüdischen Museums Wien) und erläuterte anhand von kurzen Texten in deutscher und englischer Sprache die Glaubensgrundlagen, Feste und Feiertage des Judentums.

- Parallel zur „großen" Ausstellung wurden in einem integrierten Ausstellungsbereich jeweils für einige Monate Gemälde von zwei jüdischen Künstlerinnen, Helene von Thaussig und Irma Raffaela Toledo, gezeigt.

---

[1] Embacher, H. (Hg.): Juden in Salzburg: history, cultures, fates. Mit Beiträgen von Heinz Dopsch u.a., Salzburg 2002.

Ausstellung „Juden in Salzburg" 693

II. Das Rahmenprogramm

Das Thema der Ausstellung bot sich für ein vielfältiges Rahmenprogramm an: neben den „traditionellen", regelmäßig angebotenen Ausstellungsführungen am Abend bzw. am Samstagvormittag wurden „Museumsgespräche" am Vormittag und Werkstätten für Kinder und Erwachsene („Mazze, Humus, Besamin") am Wochenende und am Nachmittag angeboten. Kinder konnten sich aus Karton eine eigene Besamin-Büchse[2] basteln, die dann mit duftenden Gewürznelken gefüllt wurde.[3]

Abb. 119 Eine Rahmenprogrammveranstaltung war koscher Kochen.

An zwei Abenden wurde im Museum von einer kleinen Gruppe von Besuchern gemeinsam koscher gekocht (zwei Vorspeisen wie Avvocado-Schmear und Sesamaufstrich, eine Mazzekneidlach-Suppe und Rotwein-

---

[2] Büchse (meist aus Silber) mit kleinen Löchern, in der duftende Gewürze aufbewahrt werden. Man riecht zu Schabbatende (Samstagabend) an ihnen, um etwas vom besonderen Geschmack des Schabbats in den Alltag mitzunehmen.
[3] Zu einordnenden Überlegungen vgl. Czech, Vom Museum ins Atelier, S. 625 in diesem Band.

kuchen, dazu gab es koscheren Zweigelt!) – und anschließend nach jüdischen Tischsitten gespeist.[4] Über das Kochen nach jüdischen Rezepten, das Einhalten der Tischsitten standen Fragen nach den Hintergründen ständig in Raum. Weil die Antworten sich an „Anker" der eigenen Erfahrung anlegen konnten, gehen wir von größerer „Nachhaltigkeit" aus. Lernpsychologische Erkenntnisse unterstützen diese Vermutung.

Ein Besuch der den meisten Salzburgern unbekannten Synagoge gehörte ebenso zum Programm wie ein Gang über den alten Jüdischen Friedhof am Stadtrand von Salzburg, beides in unnachahmlicher Art und mit Sachverstand kommentiert und erläutert von Hofrat Marko Feingold, dem heute 90-jährigen regen Präsidenten der Jüdischen Kultusgemeinde.

Abb. 120 Hofrat Marko Feingold führt über den jüdischen Friedhof in Salzburg.

---

[4] Vgl. Funk, Lebenswelt und Geschichtskultur, S. 271 in diesem Band.

"Auf den Spuren jüdischen Lebens" führten zweistündige Stadtrundgänge durch die Salzburger Altstadt, bei denen altbekannte Gebäude plötzlich ein anderes Gesicht, eine andere Bedeutung bekamen.

Diese Programmpunkte verorteten vergangenes und gegenwärtiges jüdisches Leben in der Stadt Salzburg.[5] Die Möglichkeiten von Zeitzeugen wurden zudem genutzt.

III. Das Vermittlungsangebot für Schulen

Für Schüler ab der Mittelstufe (ab der 2. Klasse Hauptschule bzw. Gymnasium) wurde gemeinsam mit einem Geschichtelehrer ein eigenes Vermittlungsprogramm zu dieser Sonderausstellung erarbeitet, und im Rahmen einer zweitägigen Lehrerfortbildungs-Veranstaltung vorgestellt, zu der das Pädagogische Institut Salzburg eingeladen hatte. An dieser Fortbildung nahmen über 100 Lehrer aller Schulstufen teil; viele von ihnen besuchten mit ihren Klassen die Ausstellung. Sie waren für uns als Multiplikatoren[6] unerlässlich.

Das Vermittlungsangebot bestand aus einer gemeinsamen Einführung im Rahmen einer Gesprächsrunde zwischen Schülern und Museumspädagogen in den jüdischen Glauben und die jüdische Geschichte, der Vorstellung von Kultgeräten wie der Thora-Rolle, der Besamim-Büchse, dem Seder-Teller oder der Chawdallah-Kerze, einem Gespräch über Dinge wie Bar Mizwa, Sabbath und Synagoge,[7] aber auch der Erklärung der

---

[5] Vgl. Bichlmeier, Räume, S. 235 in diesem Band.
[6] Vgl. Schreiber, Multiplikatorenführungen, S. 461 in diesem Band.
[7] Thora-Rolle: Schriftrolle aus Pergament, die den Pentateuch (die fünf Bücher Mose: Genesis, Exodus, Leviticus, Numeri, Deuteronomium) enthält und in jeder Synagoge aufliegt; Besamin: s. oben; Seder-Teller: Zu Beginn der Pessachfeiertage wird ein Familiengottesdienst nach einer bestimmten „Ordnung" (=Seder) zelebriert. Der Sederteller spielt dabei eine zentrale Rolle. Auf ihm liegen symbolische Speisen wie der mit wenig Fleisch besetzte Lammknochen, der an das Pessachlamm erinnern soll. Bitterkräuter wie Meerrettich spiegeln die Bitterkeit des Lebens in der Sklaverei wider, Salzwasser die vergossenen Tränen. Des Weiteren soll ein aus Äpfeln, Rosinen, Nüssen, Feigen und Wein hergestellter Brei (Charosset) die Farbe des Lehms darstellen, aus dem die Israeliten in Fronarbeit Ziegel für die Bauten der Ägypter herstellen mussten; Chawadallah-Kerze: Am Ende des Schabbat werden für die Chawdalla oder Havdala (hebr. für "Teilung", eine kurze Zeremonie, die das Ende des Schabbat und den Beginn der neuen Woche markiert) drei zeremonielle Utensilien benutzt: eine vielfach gewickelte oder geflochtene Kerze, ein Gewürzbehälter (Besaminbüchse) und ein Kelch. Bar Mizwa:

jüdischen Speisengesetze: Was ist eigentlich koscher? Wann kann Wein als koscher bezeichnet werden? Und was sind Mazze? – diese gab es dann natürlich auch zum Probieren, ebenso wie Charoset, ein Bestandteil des Seder-Tellers. Koscheren Rot- und Weißwein (es gibt in Österreich einen Weinbauer, der ihn produziert) hatten wir ebenfalls – wir konnten ihn allerdings gerade bei Schüler-Führung nicht anbieten...

Abb. 121 Eine Schulklasse lernt die Ausstellung „Juden in Salzburg" bei einer Führung kennen.

Nach dieser Einführung erhielten die Schüler Arbeitsaufgaben zu vier chronologisch definierten Themen der Ausstellung: Salzburgs Juden im Mittelalter – Salzburgs Juden von 1867 bis zum Ende des Ersten Weltkrieges – Salzburgs Juden vom Ende des Ersten Weltkrieges bis 1938 – Salzburgs Juden von 1938 bis heute: Diese historischen Abschnitte waren auch in der Ausstellung deutlich voneinander getrennt. Die Schüler be-

---

„den Geboten verpflichtet" - Knaben werden mit der Vollendung des 13. Lebensjahres zu vollwertigen Gemeindemitgliedern. Sabbath: wöchentlicher Ruhetag, der am Freitagabend beginnt und am Samstagabend nach Erscheinen der ersten Sterne endet. Synagoge: Ort zur Abhaltung des Gottesdienstes, aber auch Studienplatz und Versammlungsort der Gemeinde.

fassten sich anhand der Ausstellungsobjekte und der erklärenden Texte mit verschiedenen Fragestellungen zum jeweiligen Zeitabschnitt. Im Anschluss an diese selbständige Gruppenarbeit wurden dann die Ergebnisse der einzelnen Teams den Mitschülern vorgestellt, d.h. die Schüler machten für ihre Kollegen eine kurze Ausstellungsführung,[8] im Rahmen derer der Museumspädagoge noch kurze Ergänzungen machte bzw. offene Fragen beantwortete.

Der Ausstellungsbesuch dauerte ca. zwei Stunden. Er konnte ergänzt werden durch weitere Veranstaltungen. Weil diese schon vorgestellt wurden, werden sie hier nur noch aufgezählt:
- Stadtrundgang durch das „jüdische" Salzburg (Judengasse, ehem. Synagoge, ehemalige jüdische Geschäfte, etc.). Hier wurde versucht, anhand von Abbildungen, historischen Fotos etc. einen anschaulichen Vergleich zwischen Gestern und Heute zu ermöglichen.
- Zeitzeugengespräch mit Hofrat Marko Feingold.
- Workshop des Salzburger Friedensbüros (ein parteiunabhängiger und überkonfessioneller Verein, der Bildungsangebote zur gewaltfreien und zivilen Konfliktbearbeitung anbietet) im Anschluss an den Ausstellungsbesuch im Museumsgebäude. Im Mittelpunkt stand das Thema „Minderheiten".

IV. Die Erfahrungen

Sowohl bei der Arbeit mit Kindern und Jugendlichen als auch mit Erwachsenen machten wir immer wieder die Erfahrung, wie fremd allen Besuchern im Grunde genommen das Judentum ist – und wie groß daher die Gefahr von Vor-Urteilen! Es ist zwar eine der Weltreligionen, jedoch durch die Ausrottung der jüdischen Kultur bzw. die Vertreibung und Ermordung der jüdischen Mitbürger im Zuge des Naziregimes ist es für ein Großteil der heute lebenden Bevölkerung Europas kein Teil der Alltagskultur mehr. In keiner einzigen Schulklasse gab es auf Befragen hin auch nur einen jüdischen Mitschüler oder einen Schüler, der einen Freund oder Bekannten jüdischen Glaubens hat! Entsprechend groß war der „Aufklärungsbedarf" in Bezug auf die Grundlagen der Religion, aber auch auf die Sitten und Besonderheiten der jüdischen Kultur und des jüdischen Glaubens- und Alltagslebens. Auch Erwachsene erfuhren mit großem Interesse und Staunen etwas über die Kultobjekte, die Feiertage und die Spei-

---

[8] Weitere Erläuterungen zu „Kinder führen Kinder" bei Zabold/Lehmann, Kinderkatalog, S. 595, in diesem Band.

sengesetze, die den Alltag und das Leben der gläubigen jüdischen Familie bestimmen.

Eine Bestrebung der Ausstellungsgestalter war eine größtmögliche Personalisierung, d. h. es wurde der Darstellung persönlicher Schicksale ehemaliger Salzburger Juden möglichst viel Platz eingeräumt. In Videoaufzeichnungen konnten so Interviews etwa mit der Tochter des letzten Salzburger Rabbiners vor 1938 angeschaut werden, und die wenigen Andenken an die alte Heimat, die diese heute natürlich schon sehr betagte Dame in die Emigration mitgenommen hatte – wie beispielsweise ein kleines Schnapsglas mit Salzburg-Ansicht, welches in der Familie für die Kinder zu Sabbat-Anfang verwendet wurde – waren in einer Ausstellungsvitrine zu sehen. So wurde Geschichte anhand der persönlichen Geschichte von wenigen Personen sehr anschaulich lebendig, wohl wesentlich lebendiger, als wenn überwiegend Statistiken von ausgewanderten bzw. deportierten Personen aufgelistet worden wären. Und gerade bei den Schülern war so ein direkter, eindrucksvoller Vergleich zwischen ihrem Alltag heute und dem oft weitgehend von außen erzwungenen Alltag der 30-er Jahre des 20. Jahrhunderts möglich.

V. Die Bilanz

In Bezug auf die Anzahl der Schulklassen, die diese Ausstellung besuchten, konnten die Museumspädagogen eine sehr erfreuliche Bilanz ziehen! Werden sonst die Angebote des Salzburger Museums Carolino Augusteum überwiegend von Volksschulklassen (Grundschule) bzw. der Unterstufe von Hauptschulen und Gymnasien angenommen, so kamen zur Ausstellung „Juden in Salzburg" insgesamt 97 Klassen hauptsächlich aus den Oberstufen der Gymnasien bzw. Hauptschulen im Rahmen einer museumspädagogischen Führung zu dieser Ausstellung. Viele Klassen wurden vom Lehrer/der Lehrerin selbst betreut.

Und vergessen sollte man auch nicht die persönlichen Erfahrungen für uns Museumspädagogen, die aus den Gesprächen mit jungen Leuten resultierten. Fragen wie „Warum hat Hitler eigentlich die Juden nicht gemocht?" – „Wer denkt sich eine Religion überhaupt aus?" und „Ist Rassismus etwas Schlechtes?" mussten beantwortet werden. Dies war für mich und meine Mitarbeiterinnen nicht immer eine einfache, aber immer eine herausfordernde Aufgabe. Und: wir alle haben im Laufe der Ausstellung sehr viel gelernt – über den Umgang mit Minderheiten, über Vorurteile, über das „Machen" von Geschichte im eigenen Kopf – und natürlich über die jüdische Religion.

Museumspädagogische Aktionen im Historischen Museum Baden, Schweiz.

Von Luisa Bertolaccini

Die Hauptthese dieses Beitrags ist, dass eine Anbindung von Kindern an die Institution Museum am besten gelingt, wenn nicht nur die Schwellenangst vor ihr abgebaut werden kann, sondern wenn die Räumlichkeiten selbst zu einem Erfahrungsraum der Kinder werden können.

I. Das Historische Museum Baden – Stadtgeschichte und Geschichte der Region

1. Die Themen des Museums

Das Historische Museum Baden ist ein städtisches Museum, das die Geschichte der Stadt Baden und der Region zum Thema hat. Die Ausrichtung der Ausstellungen räumt seit jeher einer sozialgeschichtlichen Betrachtungsweise dieser Geschichte breiten Raum ein. Einen weiteren Schwerpunkt bildet die Beschäftigung mit Alltagsgeschichte. Nicht nur die behandelten Themen, sondern auch die Exponate und das Sammlungsgut unterstreichen diese Ausrichtung. In einem historischen Gebäude, dem Landvogteischloss und einem modernen Anbau werden verschiedene Aspekte dieser Geschichte ausgestellt. Im ehemaligen Sitz der Landvögte von Baden wird Stadtgeschichte an Hand von Wohnkultur, Gewerbe und städtischen Institutionen gezeigt. Im Neubau wird die Stadt Baden als Thermalkurort und als wichtiger Industriestandort thematisiert. Da auch die jeweiligen Sonderausstellungen meist einen engen Bezug zur Geschichte der Stadt oder der Region aufweisen, wird das Museum sehr häufig von Primarschulklassen[1] aus Baden und Umgebung besucht, ist doch für diese Stufe die Beschäftigung mit Stadtgeschichte im Lehrplan festgeschrieben. Tatsächlich entfallen 45 Prozent aller Besuche von Schulklassen auf diese Stufe. Trotzdem sind die Angebote nicht nur auf die Primarschule ausgerichtet.

2. Das museumspädagogische Programm

Die Klassen kommen jeweils für ein- bis dreistündige Veranstaltungen ins Museum. Vor allem die mehrstündigen Angebote geben der Klasse

---

[1] Die Primarstufenschüler sind zwischen 7 und 11 Jahre alt.

die Möglichkeit, sich in den Museumsräumen zu bewegen und die beiden Häuser kennen zu lernen. Da auf der Primarschulstufe bei mehrstündigen Aktivitäten jeweils eine Musikerin oder eine Theaterpädagogin bei gezogen wird, sehen die Kinder, dass die Beschäftigung mit Geschichte im Museum auf vielfältige Weise geschieht.

Meist arbeiten die Schülerinnen und Schüler in Gruppen an einem bestimmten Thema. So haben sie die Möglichkeit sich im Laufe dieser Veranstaltungen auf die verschiedenen Räumlichkeiten oder zumindest auf unterschiedliche Bereiche der größeren Ausstellungsräume zu verteilen. Dadurch entsteht ein Bezug zu den betreffenden Lokalitäten.

Es ist mir durchaus bewusst, dass verschiedene Faktoren im Historischen Museum Baden diese Form der Aneignung von Räumen begünstigen. Schulklassen, die Führungen oder Workshops auf den Morgen legen können, haben jeweils das Museum ganz für sich, da es für Besucher und Besucherinnen erst am Nachmittag geöffnet ist. Auch die zahlreichen nicht sehr heiklen Exponate und jene Räume vor allem im Landvogteischloss, die eine Wohnsituation bereits suggerieren, erleichtern diese Aneignung zusätzlich. Eines dieser museumspädagogischen Angebote soll im Folgenden ausführlicher besprochen werden.

II. Museumspädagogische Angebote in der Wohnung im Stil der 1930er-Jahre

1. Die Abteilung im Museum

Im vierten Stockwerk des Landvogteischlosses wurde analog zur Situation in den 1930er-Jahren, als der Museumswart mit Familie dort wohnte, eine Wohnung bestehend aus Wohnzimmer, Schlafzimmer und Küche rekonstruiert. Die Ausstattung dieser Wohnung besteht sowohl aus Leihgaben als auch aus Objekten der Sammlung. Im Vorraum zur Wohnung geben Texte und Ausschnitte aus Zeitschriften, die wie Collagen auf die Wand gekleistert wurden, eine Einführung in das spannungsvolle Jahrzehnt vor dem Ausbruch des Zweiten Weltkriegs. Mit Hilfe von Puppenhausmöbeln im Stil jener Zeit wird zudem erläutert, weshalb das Wohnen in den 1930er-Jahren ein interessantes Thema darstellt.

Sowohl im Wohn- wie im Schlafzimmer sind an einigen Wänden ebenfalls Collagen angebracht, die wiederum aus Zeitschriften stammen und die damalige äußere Realität in die Innenräume hinein bringen sollen. Im Wohnzimmer liegen zudem Faksimiles von Wohnratgebern und ein Fotoalbum auf, das aus Kopien verschiedener privater Alben zusammengestellt wurde. Weiter ergänzt eine Hörstation, die sich im Radio versteckt, die Ausstellung um Lebensberichte von Personen, die sich an ihre Jugendzeit in Stadt und Region während der fraglichen Zeit erinnern. Entstanden sind diese Berichte aus einem Oral History Projekt.²

Diese rekonstruierte Wohnung aus den 1930er-Jahren enthält Sitzgelegenheiten, die vor allem im Wohnzimmer mit neuen, wenn auch nach originalen Vorbildern nachempfundenen Bezügen versehen sind und die dazu einladen, benutzt zu werden. In diesem Interieur, das bei jungen Erwachsenen oft die Assoziation zu Wohnräumen ihrer Großeltern weckt, wird auch das Einfühlen in eine andere Zeit erleichtert. In den stufenspezifisch ausgearbeiteten Workshops und Führungen, die sich vom Kindergarten an über die Primarschule bis an Gymnasial-Klassen richten, geht es darum, die Wohnungseinrichtung zu beleben, um sich so die damalige Zeit besser vorstellen zu können.

Abb. 122. Die Schülerinnen stöbern im Schlafzimmerschrank.

---

[2] Das Projekt wurde 1997 von einer Gruppe Historikerinnen und Geschichtsstudentinnen durchgeführt. Verschiedene Personen wurden zu ihrem Alltag während der 1930er-Jahre befragt. Es ging in erster Linie darum, das tägliche Leben während der Wirtschaftskrise zu dokumentieren.

2. Arbeit mit Kindergarten- und Unterstufenklassen[3]

Mit Kindern von fünf bis ca. acht Jahren wird das Hauptaugenmerk auf die Kindheit ihrer Großeltern gelegt, die, sofern sie aus einem mitteleuropäischen Kontext stammen, durchaus in einer ähnlichen Wohnung aufgewachsen sein könnten. Das Leben von Großeltern und Urgroßeltern sowie die Bewältigung des Alltags während der 1930er-Jahre stehen dabei im Vordergrund.

Durch ein Suchspiel werden die Kinder zuerst mit den verschiedenen Räumen der Wohnung und deren Ausstattung vertraut gemacht. Nebst Bildmaterial und Hörstation stehen auch einzelne Objekte, wie zum Beispiel Hüte oder Schürzen, zur Verfügung. Beides können sie anprobieren. Den Kindern fällt meist auf, dass Schulmädchen auf den Bildern Schürzen tragen und ihre Großmütter demnach mit Schürzen in die Schule gingen und dass die meisten Erwachsenen im öffentlichen Raum eine Kopfbedeckung trugen. Die Schürzen können sie dann gleich für den nächsten Programmpunkt anbehalten. Nach dieser kurzen Einführung geht es darum, zusammen einen kleinen Imbiss nach einem Rezept der Zeit zuzubereiten. Der Imbiss wird gemeinsam im Wohnzimmer eingenommen.[4]

Anschließend wird die Aufmerksamkeit auf die Küche und die Kücheneinrichtung gelenkt und beides mit der heutigen Küche zu Hause verglichen. Daraufhin werden ähnliche Küchengeräte verteilt, wie sie in der rekonstruierten Küche vorkommen, die aber nicht aus der Sammlung stammen. Da die ganzen Aktionen mit Schulklassen in der rekonstruierten Wohnung unter das Motto „Wie tönten die 1930er-Jahre" fallen, werden in Zusammenarbeit mit einer Musikerin den Küchengeräten Töne entlockt, aus denen zum Abschluss der Veranstaltung ein Küchenkonzert entsteht. Auf diese Weise lernen die Kinder, die Küchenutensilien nicht nur nach ihrer Funktion, sondern auch ihre anderen Eigenschaften kennen.

---

[3] Zur Unterstufe zählt die Altersgruppe von sieben bis neun Jahren; das Programm richtet sich aber an fünf- bis achtjährige Kinder.
[4] Vgl. hierzu auch Funk, Lebenswelt und Geschichtskultur, S. 271 in diesem Band.

Abb. 123 Eine Computeranimation zum Thema „Haushalten".

Die Aneignung der Räume geschieht bei diesem Angebot vor allem durch das Zubereiten einer kleinen Mahlzeit und das gemeinsame Verspeisen im Wohnzimmer. Die Kinder erfahren die Ausstellungsräume als Wohnung, in der ihre Großeltern tatsächlich hätten aufwachsen können.

3. Arbeit mit älteren Primarschülerinnen und -schülern (3.–6. Klasse)

Bei dieser Stufe wird nicht nur die Wohnung und die Tatsache, dass die eigenen Großeltern ihre Kindheit in einer ähnlichen Umgebung verbracht haben könnten, zum Thema, sondern auch erstmals ein kultureller Wandel dieser Zeit.

Durch einen spielerischen Orientierungsparcour in den Wohnräumen werden für die Klasse zunächst die Unterschiede zu einer heutigen Einrichtung augenfällig. Weder Fernseher noch DVD-Gerät stehen zum Beispiel im Wohnzimmer; aber den Stellenwert eines DVD-Geräts hatte damals das Radio samt Plattenspieler.

Mit Hilfe der Lebensberichte der Hörstation, von originalen Radioaufnahmen sowie von Unterhaltungsmusik wird die Wohnung anschließend um ein akustisches Element erweitert. Die Annäherung an jene Zeit erfolgt nun zusätzlich über die Massenmedien, die damals größere

Verbreitung fanden. Allerdings gibt es aus den 1930er-Jahren sehr wenige Aufzeichnungen von Radiosendungen, weil es sich noch sehr oft um „Live-Sendungen" handelte. Meist sind die Dokumente, die sich erhalten haben, von eher schlechter Qualität. Sich auf ein genaues Hinhören einzulassen, bedeutet für die Klassen bereits eine Herausforderung. Die größte Überraschung stellt jeweils der Aufbau der Sendungen und vor allem die Sprechgeschwindigkeit der Beteiligten dar. Das gemächliche Tempo lässt selbst die ruhigsten Kinder kribblig werden. Die Sendungen werden als teilweise zwar witzig, aber im Großen und Ganzen als „völlig von gestern" abgetan. Das Fazit lautet meist: „So etwas könnte man heute nicht mehr bringen, da würden alle das Radio ausschalten!".

Auch die Melodien und zum Teil die Texte der Schlager werden als altmodisch und überholt taxiert. In einem zweiten Schritt wird das Urteil begründet: Zusammen mit einer Musikerin arbeiten sie, im Vergleich mit der Musik, die sie selbst gerne hören, die Unterschiede heraus.

Abb. 124 Ob Schlagertexte früher wohl aussagekräftiger waren als heute?

Die Raumaneignung wird hier dadurch vollzogen, dass sich die Schüler und Schülerinnen für die Gruppenarbeiten in den einzelnen Räumen der Wohnung niederlassen. Die O-Töne tragen dazu bei, die damalige Atmosphäre in diese Räume zurück zu bringen.

4. Arbeit mit Oberstufenklassen[5]

Jugendliche werden ebenfalls auf spielerische Art mit den Räumlichkeiten vertraut gemacht. Erneut stellen verschiedene Tondokumente eine weitere Quelle dar, um sich dem behandelten Jahrzehnt anzunähern. Bei dieser Stufe liegt der Schwerpunkt nicht mehr nur auf einer kritischen Rezeption der jeweiligen Dokumente und in einem Vergleich mit unseren heutigen „Hörgewohnheiten". Im Mittelpunkt des Interesses stehen neue, übergeordnete Themen. Einerseits geht es um Freizeitbeschäftigungen und Freizeitverhalten von jungen Leuten in den 1930er-Jahren. Anderseits steht sowohl bei der Beschäftigung mit der damaligen Garderobe als auch bei den Fragen in Bezug auf Freizeitaktivitäten eine Analyse der Geschlechterrollen im Vordergrund.

5. Arbeit mit Klassen auf Gymnasialstufe

Meist stehen jene Schülerinnen und Schüler, die zu diesem Thema ins Museum kommen, kurz vor der Matura. In der Regel handelt es sich um junge Erwachsene zwischen 17 und 19 Jahren. Bei dieser Stufe steht die politische Geschichte der Schweiz und Europas während der 1930er-Jahre im Zentrum. Die Wohnkultur und das ausgestellte Interieur dienen weitgehend als Rahmen, um diese Zeit besser fassen zu können.

Davon ausgehend werden in Gruppen gezielt Biografien von Personen bearbeitet. Das Spektrum der ausgewählten Personen reicht von einer Schneiderin, die vis-à-vis vom Museum arbeitete, zu international anerkannten Künstlerpersönlichkeiten wie Meret Oppenheim oder Erich Schmid. Alle diese Personen, die während dieses Jahrzehnts gelebt haben, standen entweder in einem direkten Bezug zur Region oder zur Schweiz. Auch in diesen Workshops spielen zeitgenössische Tondokumente eine wichtige Rolle. Politisches Kabarett, Schlager, Jazz und Zwölftonmusik sind ebenso Bestandteil des Materials, das den Klassen den Zugang zu der jeweiligen Person erleichtert, wie Gedichte und die bereits mehrfach angeführten Interviews mit Zeitzeugen. Der Grund für die Auswahl einer derartigen Vielfalt von persönlichen Lebensläufen liegt darin, dass sowohl verschiedene Milieus als auch die Spannbreite möglicher Arten sich mit einem bewegten Jahrzehnt auseinander zu setzen, aufgezeigt werden sollen. Dies ermöglicht auch, die Lebensläufe von Personen, welche die Schweiz verließen, mit jenen, die nicht ins Ausland gingen, zu vergleichen.

---

[5] Diese Angebote richten sich an 12- bis 16-jährige Schülerinnen und Schüler.

Abb. 125 Recherchen in der guten Stube.

Wie bei anderen Stufen können sich die Schülerinnen und Schüler auf die verschiedenen Räume der rekonstruierten Wohnung verteilen. In ihnen richten sie sich für die Zeit ihrer Recherchen ein. Das Ziel dieser Auseinandersetzungen ist jeweils eine kurze, wie auch immer geartete Präsentation jener Person, die sie im Verlauf des Workshops kennen gelernt haben. Durch die Beschäftigung mit diesen Menschen und durch den Vergleich ihrer Biographien kommt am Ende ein differenziertes Bild dieses Jahrzehnts und vor allem auch möglicher Lebensentwürfe zu Stande. Wie die Fotos *(Abb. 118-122)* zeigen, erlaubt das Arbeiten in einem originalen Interieur außerdem eine direkte Auseinandersetzung mit diesem Zeitabschnitt.

Viele Rückmeldungen gerade auch dieser Klassen zeigen, dass die an die Großeltern erinnernde Ausstattung, die zunächst als altmodisch, langweilig und uninteressant eingestuft wurde, in Kombination mit den verschiedenen Lebensläufen, die in den Präsentationen ihren Ausdruck finden, dazu animieren, die eigenen Groß- oder gar Urgroßeltern nach ihren Erlebnissen während jener Zeit zu befragen.

6. Ferienaktionen für Kinder von 7 – 12 Jahren

Anders als im Rahmen von Veranstaltungen mit Schulklassen, die sich von einer Stunde bis zu einem dreistündigen Aufenthalt in den Museumsräumen erstrecken können, erlauben die Ferienaktionen einen intensiveren Kontakt der Kinder mit der Institution Museum.

Die Ferienaktionen des Historischen Museums Baden finden in der Regel einmal im Jahr während des Sommers statt.

Im Laufe einer Woche kommen Kinder im Primarschulalter zu einem vorher bekannt gegebenen Thema ins Museum. Das Programm im Museum beschränkt sich auf den Morgen, so dass am Nachmittag noch genügend Zeit beispielsweise für einen Schwimmbad-Besuch bleibt. Meist wird in Zusammenarbeit mit einer Theaterpädagogin für jeden Vormittag ein Schwerpunkt bestimmt und behandelt.

Da es sich nicht um schulische Aktivitäten handelt, ist die Wissensvermittlung kein Hauptanliegen. Dennoch kommen die Kinder mit historischen Themen und Objekten in Berührung. Die Arbeit mit der Theaterpädagogin hat den Vorteil, dass sie diese Themen auch durch körperliche Aktivität und Spiel erfahren können.

Der museumspädagogische Teil beschränkt sich im Wesentlichen auf einen kurzen Input in den Ausstellungsräumen. Daran schließen sich vorwiegend handwerkliche Tätigkeiten an.

Die gezielten Besichtigungen, sei es im Außenraum oder in den Ausstellungen, leiten das Thema des Tages ein. Als Beispiel kann hier die mittelalterliche Urkunde dienen, deren Betrachtung den späteren Hauptpunkt „Tinte herstellen und mit einer Feder schreiben" vorbereitet. Oft werden in der museumspädagogischen Arbeit Requisiten erstellt, die andertags beim Theaterspiel zum Einsatz kommen.

Dadurch, dass die Kinder während einer Woche das Museum aufsuchen, das am Morgen für andere Besucher geschlossen ist, können sie sich darin frei bewegen. Wenn sie in der Pause einen Imbiss zu sich nehmen, suchen sie sich entweder auf der Museumsterrasse oder im Innenraum einen Platz, um sich auszutauschen und auszuruhen. Sie können sich aber auch in die so genannte Kinderecke, wo sich große Kissen und eine Kiste mit Bilderbüchern befinden, zurückziehen. Meist bestimmen sie schon bald einen Ort, wo sie ihre Hausschuhe aufbewahren und bringen oft an einem der nächsten Tage Bilderbücher oder andere „Schätze" mit, die einen Bezug zum Thema haben. Nach und nach fangen sie an, die Räume zu besetzen und zu bewohnen. Auch scheuere Kinder finden sich mit der Zeit im Museum zurecht. Sie bewegen sich ungezwungener.

Diese Aktionswochen finden ihren Abschluss immer in einer Vorführung für Familie und Freunde. Die Angehörigen kommen am Abend des letzten Tages ins Museum, wo ihnen eine kleine Kostprobe der Aktivitäten präsentiert wird.

Die Ferienveranstaltungen leisten somit nicht nur einen Beitrag zur Vernetzung von Kindern und Angehörigen aus der Region, es entspinnen sich nicht nur neue Freundschaften. Mit der Zeit hat sich auch eine mehr oder weniger lose Gruppe von Kindern gebildet, die regelmäßig auch zu anderen Aktionen ins Museum kommt.[6]

7. Zusammenfassung: Raumaneignung und erkundeter Raum

Sowohl der pädagogischen als auch der entwicklungspsychologischen Literatur[7] kann entnommen werden, wie wichtig Bewegung und das Sammeln von Erfahrungen für die Entwicklung und das Lernverhalten von Kindern bis hin zur Adoleszenz sind. An dieser Stelle geht es nicht darum, kindergerechte Museumsräume oder dergleichen einzufordern. Vielmehr möchte ich auf die Behauptung am Anfang des Beitrags zurückkommen.

Das in-Beschlag-Nehmen der rekonstruierten Wohnung durch die Schulklassen, die zu Führungen oder Workshops ins Museum kommen, ist gleichbedeutend mit einer Aneignung dieser Räume. Obwohl die Verweildauer während dieser Veranstaltungen kurz ist, entsteht eine Beziehung zu den Räumlichkeiten und über die Beschäftigung mit dem Zeitgeschehen auch zum Museum als Institution.

---

[6] Zum Aufbau und zur Pflege einer Stammbesucherschaft vgl. auch Unger/Schreiber, Rahmenprogramm, S. 517 in diesem Band.

[7] Um nur einige Arbeiten zu nennen, sei hier auf Montessori, M.: Educazione per un mondo nuovo. Mailand 1991, S. 91ff u. S. 111; Piaget, J./Inhelder, B.: Die Psychologie des Kindes. Frankfurt/M. 1977, S. 11ff; Largo, R. H.: Kinderjahre. Die Individualität des Kindes als erzieherische Herausforderung. München 1999³, S. 75f verwiesen.

Regionalmuseum Baden/Aargau 709

Abb. 126 Mit dem Luftschutzmerkblatt hält der Krieg Einzug in die Küche.

Im Verlauf der Ferienaktionen haben die Kinder, wie gesagt, die Möglichkeit sich länger in den Ausstellungsräumen aufzuhalten. Durch die Aktivitäten, aber auch durch die Pausen wird das Museum sogar zum bewohnbaren Raum. Sie können sich bis zu einem gewissen Grade darin einrichten. Ihre Bastelarbeiten, an denen sie weiterarbeiten wollen, sind beispielsweise immer am gleichen Ort aufbewahrt. Wo sich Garderobe, Toiletten und Abfalleimer befinden, wissen am zweiten Tag bereits alle.

Diese „Besetzung" und Aneignung machen das Museum zu einem vertrauten Raum, der in den Erfahrungsschatz integriert werden kann. Die Museumsräume werden zu einem Teil des erkundeten außerhäuslichen Raums. Das Betreten dieser Räume wird selbstverständlich. Vielleicht lassen sich Kinder dadurch nicht an das „eigene" Haus binden. Es ist jedoch meiner Meinung nach schon viel gewonnen, wenn die Kinder als die Besucherinnen und Besucher von morgen eine Beziehung zur Institution Museum haben herstellen können und eine Sensibilisierung für kulturelle Belange gelingt.

Oder wie ein Junge am Rande einer Ferienaktion auf die Bemerkung, vieles zu diesem Thema kenne er doch bereits von der Schule her, entgegnete: "...ja schon, aber Geschichte ist hier im Museum immer viel spannender als in der Schule!"

Selber Ausstellungen gestalten – Aspekte und Anregungen für Lehrer

Von Peter Kolb

Dieser Beitrag wendet sich einem Sonderaspekt zu: Es geht darum, dass Schüler und ihre Lehrer Ausstellungen nicht nur besuchen, sondern sogar selber eine Ausstellung gestalten. Während erfreulicherweise immer mehr Lehrer das umfangreiche Programm der Museen und der museumspädagogischen Dienste in ihren Unterricht mit einbeziehen, erkennen und nützen die wenigsten Schulen die Vorteile und den Wert, eigene Kleinausstellungen zu entwickeln.

Mit der Neugestaltung der Lehrpläne wird in den meisten Ländern freien und projektorientierten Lehr- und Lernformen mehr Gewicht gegeben.[1] Es wird dezidiert auf die Möglichkeit von fächerübergreifenden Projekten verwiesen und Freiraum für Projektunterricht zur Verfügung gestellt. In den neuen bayerischen Lehrplänen z. B. werden Ausstellungen neben Wettbewerben, Aufführungen von Theaterstücken und Konzerten, Festen und Feiern als Höhepunkte im Schulleben erwähnt. Solche als Event zelebrierten Veranstaltungen haben jedoch einen langen Vorlauf und setzen zahlreiche Einzelmaßnahmen voraus.

Um engagierten Lehrerinnen und Lehrern, die ein Ausstellungsprojekt durchführen wollen, die Arbeit etwas zu erleichtern, werden an dieser Stelle Erfahrungen aus dem Museums- und Schulbereich gesammelt und aufeinander abgestimmt. Die folgende Stoffsammlung ist eine Arbeitsgrundlage für Lehrerinnen und Lehrer, die zum ersten Mal eine (größere) Ausstellung machen wollen oder sollen. Sie zeigt verschiedene Aspekte auf, die bei der Planung und Durchführung einer Ausstellung zu beachten sind und versucht Anregungen zu geben.

I. Warum ein Ausstellungsprojekt?

Natürlich sind die Planung, die Organisation und die Durchführung selbst der kleinsten Ausstellung sowohl für die Lehrkräfte als auch für die Schülerinnen und Schüler arbeitsintensiv und zeitaufwendig. Andererseits aber eröffnen sich für alle Beteiligten ungeahnte Möglichkeiten, die sich in

---

[1] So sollen die Schüler erfahrungsorientiert oder durch Medien vermittelt, handlungsbezogen und kognitiv, entdeckend und angeleitet, kreativ-schöpferisch und nachahmend lernen.

diesem Ausmaß in einer 45-minütigen Unterrichtseinheit nicht verwirklichen lassen.

Durch die aktive Auseinandersetzung mit einem Thema über einen längeren Zeitraum, die aus gemeinsamen und selbstständigen Erforschen, Untersuchen, Entdecken und Erarbeiten besteht, erleben Schüler den Unterrichtsgegenstand losgelöst vom engen Korsett des Fachunterrichts im realen Umfeld zwischen Schule und komplexer Alltagswirklichkeit und in enger Verbindung zwischen Wissenschaft und Gestaltung, erfahren Erfolg bzw. Misserfolg bestimmter Vorgehensweisen bei der Planung und Durchführung des Ausstellungsprojektes und erkennen Schwierigkeiten und Grenzen bei der Umsetzung ihrer Ideen.

II. Was ist das Besondere an einem Ausstellungsprojekt?

Zielorientierung: Schulausstellungen haben meist einen konkreten Anlass (Darstellung eines Projektes, Jubiläumsfeiern der Schule, des Ortes, historische Ereignisse, Wettbewerbe ...).

Durch eine Ausstellung tritt die Schule (Schüler, Lehrkräfte, Schulleiter) an die Öffentlichkeit und öffnet sich nach außen. Das Ziel jedes Ausstellungsprojektes ist die wirkungsvolle Präsentation der mühevoll bearbeiteten Themenbereiche.

Motivation: Ein Ausstellungsprojekt motiviert die Schüler durch die Ergebnisorientierung und die Möglichkeit zur Entfaltung der Eigenaktivität, die aus der Übertragung von Verantwortung erwächst.

Orientierung am Schülerinteresse: Die einzelnen Themenbereiche können, auch unter Beteiligung der Schüler, so akzentuiert werden, dass sie für die Kinder und Jugendlichen von Interesse sind. Bei der Bearbeitung können sie ihre Ideen und Erfahrungen einbringen.

Erhöhte Selbstständigkeit und Selbstverantwortung: Schüler planen, organisieren und bearbeiten Teilbereiche. Sie besorgen z. B. Informationsmaterial, schreiben Briefe, knüpfen Kontakte, machen Interviews, entwerfen Plakate und Layouts und gestalten die Ausstellung. Dabei werden Selbsttätigkeit und Selbstständigkeit gefördert. Bei der Planung und Durchführung werden die Lehrkräfte zu Beratern und geben den Schülern Hilfestellungen. Die Intensität der Beratung und Betreuung hängt vom Alter der Schüler sowie von deren Fähigkeiten und Fertigkeiten ab.

Projektorientierung: Das Projekt führt zu einem für alle sichtbaren Ergebnis, der Schulausstellung, auf das andere Schüler, Lehrer, die Eltern und die Öffentlichkeit reagieren. Damit eine Ausstellung zum Erfolg führt, müssen die einzelnen Arbeitsschritte ständig reflektiert, bewertet und überarbeitet werden.

Handlungsorientierung: Problem- und handlungsorientiertes sowie forschendes und entdeckendes Lernen, „Learning by Doing", stehen im Vordergrund. Die Schüler können ihre unterschiedlichen Fähigkeiten und Fertigkeiten einbringen, die im normalen Schulalltag manchmal nicht gefragt sind. Innerhalb eines Projektes erkennen die Schüler oft ganz neue Fähigkeiten und Fertigkeiten an sich. Dies stärkt ihr Selbstvertrauen und hilft ihnen, Defizite in bestimmten Lernbereichen zu kompensieren.

Soziales Lernen: Ein Projekt ist nur in Partner- und Gruppenarbeit durchführbar. Im Team werden Kooperationsbereitschaft und Konfliktfähigkeit sowohl von Schülern als auch von Lehrern gefordert und auf die Probe gestellt.

Fächerübergreifendes Lernen: Ein Ausstellungsprojekt ist vielschichtig und komplex. Die anfallenden Aufgaben können nur fächerübergreifend gelöst werden. Durch die zur umfassenden Bearbeitung nötige Behandlung ein und desselben Lerngegenstandes in verschiedenen Fächern müssen Schüler und Lehrer eventuell vorhandenes Schubladendenken aufgeben. Indem das Ausstellungsprojekt in mehreren Fächern (z. B. Deutsch, Geschichte, Kunst) angesiedelt wird, kann darüber hinaus der pädagogische Freiraum in den einzelnen Fächer optimal ausgenutzt werden, ohne dass andere Lerninhalte vernachlässigt werden müssen.

III. Warum kann ein Ausstellungsprojekt scheitern?

Es gibt zahlreiche Stolpersteine, die ein Ausstellungsprojekt scheitern lassen. Gründe für das Scheitern können in der Wahl des falschen Themas, in zu hochgesteckten Zielen, in einem zu eng gefassten Zeitrahmen, in Stundenplanzwänge oder in einem zu großen finanziellen Aufwand liegen. Mangelnde Fähigkeit der Schüler zur Selbstorganisation und Selbstständigkeit, falsche Zusammensetzung der Arbeitsgruppen, Probleme bei der Organisation eines solchen Projekts und zu umfangreicher Bedarf an Mehrarbeit, aber auch die ablehnende Haltung der Eltern mit Kindern in Übertritts und Abschlussklassen, die „Benotbares" haben wollen, können ein Ausstellungsprojekt kippen. Lösungen aber gibt es immer: Es bietet sich z.B. an, einen Elternabend zu veranstalten, in dem man auf das Projekt eingeht und darauf erklärt, wie man auch im Projektkontext zu Noten kommt, inwiefern man den Lehrplan abdeckt, was Schüler davon auch in den weiterführenden Schule gebrauchen können …

IV. Was, für wen, wie?

Schulausstellungen behandeln meist aktuelle oder historische Themen, geben einen Querschnitt über bestimmte Fächer oder Themenbereiche oder stellen Arbeitsergebnisse vor. Das Ausstellungsspektrum ist weit gefächert.[2] Alle Ausstellungen haben jedoch eines gemeinsam, sie wollen informieren. Deshalb ist es unbedingt nötig, jeder Ausstellung ein Vermittlungskonzept zugrunde zu legen und die fundamentalen Fragen „Was soll für wen und wie gezeigt werden?" bereits im Vorfeld und während des gesamten Ausstellungsprojekts zu reflektieren. Es genügt nicht, irgendetwas zu sammeln und zu zeigen. Eine schlechte Konzeption und Präsentation, vorbei am Ausstellungsthema und vorbei an der Adressatengruppe, hinterlässt einen negativen Eindruck bei den Besuchern und Frustration bei den Ausstellungsmachern.

Soll die Ausstellung zum Erfolg führen, müssen vorab die folgenden Fragen geklärt werden:

Ziele und Absichten: Was wollen wir machen, zeigen und vermitteln? In welchem Zusammenhang stehen die Ziele der Ausstellung mit den allgemeinen Lernzielen des jeweiligen Faches oder der Fächergruppe? Auf welches aktuelle Ereignis soll eingegangen werden? Wie können regionale oder überregionale Bezüge angemessen dargestellt werden?

Ausstellungsthemen: Welche Themen eignen sich oder sind für Schüler aktuell bedeutsam? Soll das Thema rein fachspezifisch oder interdisziplinär aufgearbeitet werden? Wie umfassend soll das Thema behandelt werden?

Zielgruppe: Für wen ist die Ausstellung? Welche Interessen, Bedürfnisse, Fähigkeiten und Fertigkeiten hat die Zielgruppe? Gibt es bestimmte Barrieren, die den Zugang zur Ausstellung erschweren oder gar verhindern? Sind Minderheiteninteressen zu berücksichtigen? Soll die Ausstellung nur in der eigenen Schule oder auch in anderen Schulen oder Einrichtungen gezeigt werden?

Schüler als Ausstellungsgestalter: Welche Themen sind für die Schüler dieser Altersstufe interessant und lösbar? Über welche Fähigkeiten, Fertigkeiten und Erfahrungen verfügen die Schüler? Wie aufnahmefähig und -bereit oder wie belastbar sind sie? Wie kommen sie an die benötigten Informationen, Materialien? Auf welche Vorarbeiten kann

---

[2] Neben Werkausstellungen, die das kreative Schaffen der Schüler dokumentieren, stehen problemorientierte Ausstellungen, dokumentarische bzw. vergleichende Ausstellungen, naturwissenschaftliche Ausstellungen, literarische Ausstellungen.

zurückgegriffen werden? Wie kann Freude und Spaß beim Projektlernen vermittelt werden?

Lehrer als Koordinatoren: Welche Lehrer beteiligen sich am Ausstellungsprojekt? Welche Interessenschwerpunkte und Fähigkeiten haben die beteiligten Lehrer? Können Poolstunden bereitgestellt werden? Wer übernimmt welche Aufgaben?

Medien: Welche Präsentationsmedien (Originale, Nachbildungen, Modelle, Bilder, Grafiken, Dias, Filme, Hörbeispiele usw.) sind verfügbar oder müssen besorgt werden? Inwieweit kann auf die Lehrmittelsammlung zurückgegriffen werden? Von welchen Institutionen können Hilfsmedien angefordert werden? Welche Präsentationsmedien können selbst hergestellt werden?

Konzeption und Architektur: Wie präsentieren die Ausstellungsgruppen ihre Arbeitsergebnisse? Werden die Ausstellungsobjekte isoliert dargeboten oder als Environment[3] zusammengestellt? Wie stehen einzelnen Themenbereiche untereinander in Beziehung? Wie sind einzelne Schwerpunkte altersgemäß zu vermitteln? Wie können die einzelnen Stationen der Ausstellung rhythmisiert werden, sodass die Besucher weder überfordert noch gelangweilt werden? Welche Medien eignen sich dazu, ein bestimmtes Thema optimal zu vermitteln?

(1) Aktivierung der Besucher: Wie lassen sich die Besucher aktiv in die Ausstellung mit einbeziehen? Wie können möglichst viele Sinne angesprochen werden? Welche Teilbereiche eignen sich für eine „Hands on"-Erschließung[4]?

(2) Räumlichkeiten und Ausstattung: Wo wird die Ausstellung aufgebaut, im eigenen Klassenzimmer, auf dem Gang, in der Aula oder in der Turnhalle? Soll die Ausstellung nur in der eigenen Schule gezeigt werden oder wandern? Gibt es genügend Stellflächen, Vitrinen, Schaukästen und Hängevorrichtungen? Wie können die Ausstellungsobjekte geschützt werden? Braucht man zusätzliche Lichtquellen? Kann eine Leseecke oder Ecke, in der die Besucher selbst aktiv werden können eingerichtet werden?

(3) Finanzierung: Gibt es an der Schule einen Ausstellungsfonds? Können die nötigen Mittel und/oder Materialien über Spenden der Eltern oder der Geschäfte der Umgebung aufgebracht werden? Wie kann

---

[3] Engl. für Umgebung; ein betretbarer Raum, der selbst ein wichtiger Teil der Ausstellung ist.
[4] Gemeint ist damit eine haptische Erschließung. Querverweis Vogel, Interaktive Stationen, S. 101 in diesem Band.

um finanzielle Unterstützung geworben werden? Wer soll das übernehmen?[5]

(4) Zeitfaktor: Wie viel Zeit erfordert die Planung und Durchführung der Ausstellung? Kann das Ausstellungsprojekt in einem Schuljahr oder während des regulären Unterrichts durchgeführt werden? Wann und in welchem Rahmen soll die Ausstellung eröffnet werden? Wann und wie lange soll die Ausstellung gezeigt werden?

Hat sich eine Schule, ein Lehrer oder eine Klasse für die Durchführung eines Ausstellungsprojektes entschieden, sollte das **Ausstellungskonzept** von Lehrern und Schülern gemeinsam erarbeitet werden. Größere Projekte müssen in der Klassensprecher- und in der Lehrerkonferenz besprochen und anschließend relevanten Partnern vorgestellt[6] werden.

Für die Vorstellung des Ausstellungsprojektes muss ein Grobkonzept vorliegen, das die Ausstellungsidee und die wesentlichen Aspekte der Ausstellung, den Zeitplan, eine Aufstellung der Mitarbeiter (Kollegen, Klassen, Arbeitsgemeinschaften) und möglichen Kooperationspartner (andere Schulen, Büchereien, Jugendverbände), ein (noch modifizierbares) Verzeichnis der auszustellenden Bilder und Objekte sowie möglicher Leihgeber (Archive, Büchereien, Firmen, Einzelpersonen), eine Liste potenzieller Sponsoren und einen ungefähren Kostenplan beinhaltet.

Für die Realisierung des Projektes benötigt man ein sehr viel ausführlicheres Feinkonzept.

Es legt die Aufgabenverteilung (Projektleiter, teilnehmende Kollegen, Klassen, einzelne Schüler, Mitglieder des Elternbeirates, weitere Kontaktpersonen), die Arbeitsgruppen (Organisation, Finanzen, Informationsbeschaffung und Recherchen, inhaltliche Schwerpunkte, Gliederung der Ausstellung, Auswahl der Ausstellungsstücke) fest. Nicht zu vergessen sind Checklisten (Zeitplan, Beschaffungsplan, Arbeitsplan), das „Drehbuch" für die Ausstellung, ein Gestaltungskonzept für Aufbau, Plakate, Einladungen, ein detaillierter Kostenplan und alle Maßnahmen der Öffentlichkeitsarbeit.

Steht nach – oft endlosen – Diskussionen das Feinkonzept, empfiehlt es sich, dass alle Beteiligten dieses unterschreiben. Als Einverständniserklärung zur Mitarbeit und Gedächtnisstütze sollte das Konzept dann im Lehrer- und Klassenzimmer ausgehängt werden.

---

[5] Ab einem gewissen Alter kann die Finanzierung auch Teil des Projekts sein, das von den Schülern bewältigt wird.
[6] Die Größe des Projekts bestimmt die Adressaten der Projektpräsentation.

V. Der Teufel liegt im Detail

Eine Ausstellung besteht aus sehr vielen verschiedenen Einzelmaßnahmen, die berücksichtigt werden müssen, soll das Projekt nicht scheitern, wird ein einziger Arbeitsgang nicht rechtzeitig fertig oder vergessen, gerät der Zeitplan durcheinander. Damit dies nicht geschieht, müssen umfassende **Checklisten** erstellt werden. Diese sollten chronologisch und nach Schwerpunkten geordnet sein. Im Folgenden strukturiere ich ein Großprojekt. Für kleinere Ausstellungen können einzelne Phasen übersprungen werden.

- Erarbeitung der Konzeption in der Ausstellungsgruppe: Zielsetzung, Themenschwerpunkte, Ansprechpartner.
- Erste Lehrerkonferenz: Vorstellung der Idee, Sammeln von Themenvorschlägen, Themenverteilung an einzelne Lehrkräfte.
- Vorstellung des Projektes im Elternbeirat: Grobkonzeption, Kostenplan.
- Erstellung eines Organisationsplans: Termine (Eröffnung, Laufzeit, Arbeitsplan), Raum (Klassenzimmer, Aula, Turnsaal, Gänge), Checklisten.
- Personalplan: Ausstellungsleitung, Koordinatoren, Schülergruppen, wichtige Ansprechpartner bei Institutionen (Büchereien, Archive, Museen, Bildungseinrichtungen, Organisationen, Firmen, Geschäfte, Zeitungen), Handwerker, Materialbeschaffung, Transport, Reinigungskräfte, Ordnungsdienste.
- Einteilung der Arbeitsgruppen: Nach Klassen, als klassenübergreifende Arbeitsgemeinschaften oder als Arbeitsgruppen in der Klasse.
- Arbeit der einzelnen Gruppen: Durchführung in einzelnen Arbeitsgemeinschaften, Gruppen und Fächern (Recherchen in Büchereien, Archiven und bei Zeitungen, Interviews, Sammeln und Auswahl der Exponate, Quellenforschung, Quellenaufbereitung, Gestaltung, Aufbau, Katalog und Festschrift, Plakatwettbewerb, Eröffnung, Bewirtung, Finanzen, Begleitprogramm).
- Beschaffung der Ausstattung: Stellwände, Schaukästen, Zubehör, Werkzeug, Medien.
- Zweite Lehrerkonferenz: Zwischenbilanz (Was wurde bisher alles durchgeführt? Was muss noch gemacht werden?).
- Ankündigung im Schulverband.
- Elternbeiratssitzung: Die Eltern haben meist sehr gute Kontakte zu Firmen, Geschäften und Personen, die bei der Durchführung

des Ausstellungsprojektes mit Rat und Tat behilflich sind, oder sind oft gerne selbst bereit mitzuarbeiten.
- Plakate und Einladungen: Schülerwettbewerb, Texte, Gestaltung, Druck, Auslieferung.
- Einladungen zur Eröffnung und Öffentlichkeitsarbeit: Plakate, Presse-Infos, Einladungen, Pressetermin, Pressewand.
- Letzte Lehrerkonferenz vor der Eröffnung: Festlegung des Ablaufplanes bei der Ausstellungseröffnung und des Begleitprogramms während der Ausstellungsdauer.
- Ausstellungsaufbau: Werkzeuge, Transport, Zwischenlagerung, Ausstellungsplan, Stellproben, Sicherungen, gemeinsames Essen mit den Helfern.
- Eröffnung: Ort und Zeit, Redner, Rahmenprogramm, Betreuung der Presse und VIPs, Bestuhlung, Bewirtung, Reinigung, Besucherbuch, Spendenbox.
- Aktionen während der Ausstellung: Für den Unterricht, für Projekttage, für andere Schulen, Veranstaltungen mit und für bestimmten Personengruppen (Künstler, Handwerker, Altenheime, Familien).
- Dokumentation der Ausstellung: Besucherbuch, Pressewand, Jahresbericht, Festschrift, Erfolgsbilanz, Pressebericht, Besucherzahlen, Kosten.
- Abbau: Rückgabe der Leihgaben, Einlagerung.

Wichtig ist, dass die Terminplanung von dem Eröffnungstermin zurückgerechnet und genau eingehalten werden muss! Es passiert nämlich oft, dass der Zeitrahmen – aus welchen Gründen auch immer – für bestimmte Arbeitsschritte überschritten wird und die Summe aller kleinen Verzögerungen den zur Verfügung stehenden Zeitraum sprengt. Dies geht meist zu Lasten der Ausstellungsgestaltung. Größere Ausstellung sollte man bereits ein Jahr im Voraus – z.B. nach den Pfingstferien für das kommende Schuljahr – planen.

VI. Ohne Moos nichts los

Eine Ausstellung kostet Geld, und dieses ist bekanntlich knapp. Deshalb ist es wichtig, möglichst viele Geldquellen zu erschließen. Auch Sachspenden und Dienstleistungen von Einzelpersonen, Geschäften oder Firmen sind von großem Wert und daher sehr erwünscht.
- **Geldquellen:** eigener Schulhaushalt, Sonderzuweisungen der Schulträger (zum Beispiel für den Druck der Festschrift), Spon-

soren (Banken, Stadt, Jugendamt, Kirchen, Privatpersonen, Firmen und Geschäfte, die im Schulsprengel ansässig sind).
- **Sachmittel** über Geschäfte, Firmen, Privatpersonen.
- **Dienstleistungen** von Einzelpersonen und Firmen: Transportunternehmen, Druckereien, Kopierläden, Handwerker.

Bei der Beschaffung von Sachmitteln und der Bereitstellung von Dienstleistung sind der Elternbeirat und Schülereltern unbedingt einzubeziehen und sehr hilfreich. Wichtig ist, dass die Personen, Institutionen oder Firmen, welche durch Geld- oder Sachspenden bzw. Dienstleistungen zum Gelingen der Ausstellung beitragen, eine Spendenquittung erhalten und, wenn sie es wünschen, in der Ausstellung genannt werden. Sie sollten auf einer eigenen Sponsoren-Tafel im Eingangsbereich der Ausstellung und in der Festschrift bzw. im Ausstellungskatalog genannt werden.

VII. Zum Inhalt: Was kann gezeigt werden?

Schulen verfügen in den seltensten Fällen selbst über Exponate, die ausstellungsrelevant sind. Deshalb müssen alle Beteiligten (Schüler, Lehrkräfte und Eltern) im näheren und weiteren Umfeld des Schulsprengels, der Gemeinde oder Stadt nach geeigneten Objekten und Leihgebern suchen. Dies ist meist eine sehr mühevolle Kleinarbeit. Im Folgenden soll an einem Beispiel exemplarisch aufgezeigt werden, welche Exponate man zu einem bestimmten Thema sammeln könnte:

Mögliche Exponate für eine Schulausstellung „Unsere Schule ist 100 Jahre jung!":
- **Fotos:** Schulgebäude, Klassenzimmer, Schulklassen (einst und jetzt), Einzelpersonen (Schüler, Lehrer, weitere wichtige Persönlichkeiten), Luftbildaufnahmen der Gemeinde, Aufnahmen einzelner Gebäude, wichtige Ereignisse aus der Geschichte, Politik und Wissenschaft.
- **Karten und Pläne:** Schulsprengel, Einzugsorte der Schüler.
- **Grafiken:** Schülerzusammensetzung im Wandel der Zeit.
- **Realien:** alte Schuleinrichtungen, Schulbücher, Karten, Medien, Zeugnisse, Modelle, Schaukästen, Gebrauchsgegenstände, Spielzeug.
- **Ton- und Film-Beispiele:** Lebensbeschreibungen, persönliche Geschichten aus der Schule, Tagesschauen, Videochronik, Musikhits der Eltern.
- **Schriftquellen:** Urkunden, Zeitungsartikel, Chroniken, Zeugnisse, Abschlussarbeiten.

- **Schülerarbeiten:** Zeichnungen, Modelle, Zeitzeugenbefragungen, Beiträge aus alten Schülerzeitungen, Videoclips, Internet-Auftritt.

VIII. Materialbeschaffung und -aufbereitung, aber wie?

Das Erforschen der auszustellenden Themen bereits ist Teil der Ausstellungsarbeit. An die Grenzen stößt man, wenn die dazu notwendigen fachspezifischen Arbeitsweisen nicht schon angebahnt sind. Eine historische Ausstellung kann nicht gelingen, wenn die Schüler sich nicht bereits in elementarer Weise mit Quellen auseinandergesetzt haben. Die Vertiefung der fachspezifischen Arbeitsweisen wird dagegen im Projekt erfolgen:

Einbeziehen von Büchereien und Archiven: Es geht dabei nicht nur um das Kennenlernen der Institution, sondern um das themenbezogene, vom Lehrer, Archivar und Bibliothekar begleitete Arbeiten.[7] Ein Archivkurs, der an Ausstellungsrelevanten Themen in die Archivarbeit einführt und die Quellenarbeit ausdifferenziert, hat sich in einer Reihe von Projekten sehr bewährt. Die dort aufgebauten Kompetenzen können auch für Referate, Fach- oder Seminararbeiten genutzt werden.

Ausstellungsbezogenes, fachspezifisches Recherchen im Internet: Obwohl manche Schüler sehr versiert durch das Internet surfen, beherrschen sie damit nicht bereits das fachspezifische Recherchieren. Zu lernen ist auch das Bewerten der gefundenen Informationen.

Fotografieren, Bildbearbeitung: In den meisten Klassen finden sich Schüler, die sehr gekonnt mit Fotoapparat oder Videokamera umgehen. Zudem bieten manchen Schulen im Bildbereich Wahlfächer oder Arbeitsgemeinschaften an. In der Regel werden auch Digitalkameras zur Verfügung stehen. Zumindest einer der Schulrechner sollte auch Bildbearbeitungsprogramme installiert haben. Manchmal sind auch Eltern gerne bereit, notwendige Hilfestellung zu geben. Auf solche Angebote sollte man unbedingt zurückgreifen.

Gesprächsführung, Interview, Expertengespräche können im Rahmen des Deutschunterrichts trainiert werden.

---

[7] Wie bekomme ich einen Benützerausweis? Wie finde ich Bücher zu einem bestimmten Thema? Wie leihe ich ein Buch, eine Kassette oder ein Video aus?

IX. Ausstellungsgestaltung

Besucher einer Ausstellung wollen nicht nur informiert, sondern auch unterhalten werden. Ein Übermaß an Themenbereichen und Tafeltexten wirkt abschreckend. Hierbei gilt der Grundsatz: Weniger ist mehr.

Damit die Zielgruppe ein Ausstellungsthema als Ausstellungsbesucher annimmt, sollten die Themenbereiche in ihrer Komplexität an die Adressaten angeglichen werden. Auf aktuelle Bezüge sollte man nie ganz verzichten. Ideal ist es, wenn der – nicht allzu lang angelegte – Rundgang die Besucher als aktive Partner mit einbezieht. Ausstellungen sollen ihre Besucher auf unterschiedlichste Weise ansprechen und immer wieder neu aktivieren. Sie sollen auch Spaß machen.

Für die Gestaltung einer Ausstellung heißt dies, dass jeder neue Themenbereich aufs Neue überraschen und möglichst viele Sinne ansprechen sollte. Denn nichts ist ermüdender und langweiliger, als sich – bildlich gesprochen – durch immer wieder gleich gestaltete Seiten eines begehbaren Buches quälen zu müssen. Doch: Allzu unruhig darf die Gestaltung auch nicht sein, denn ohne klare Linie, ohne strukturierende immer wiederkehrende Elemente in der Gestaltung verlieren die Besucher die Orientierung.

Um eine Ausstellung zu einem spannenden Erlebnis werden zu lassen, ist ein Drehbuch, in dem inhaltliche, didaktische und gestalterische Überlegungen festgehalten werden, unbedingt erforderlich. Die einzelnen Themenbereiche müssen logisch aufgebaut sein, sich auf das Ausstellungsthema beziehen, aber auf das Wesentliche beschränken. Unterschiedliche Medien (Bilder, Texttafeln und Beschriftung, Suchspiele, Dias, Filme, Kassettentexte oder Videointerviews von Zeitzeugen, Musikbeispiele, Modelle, Raumsituationen, Szenen, Kulissen) vermitteln die Inhalte, gestalterische Einzelmaßnahmen rhythmisieren sie.

Die didaktische Anordnung der Themenbereiche, Bilder (Objekte) und Texte ist vordergründig eine unsichtbare, aber dennoch die wichtigste Dimension der Ausstellungsgestaltung. Sie kann nach thematischen Schwerpunkten, nach einer Chronologie, nach Personen oder Personengruppen, Sachgruppen, topographischen Aspekten oder formalästhetischen Gesichtspunkten erfolgen und sollte kaleidoskopartig präsentiert werden. Dass eine Schulausstellung nicht alle Aspekte eines Themenkreises berücksichtigen, sondern nur einzelne Schwerpunkte setzen und Denkanstöße geben kann, versteht sich von selbst.

Neben der inhaltlichen und didaktischen Planung einer Ausstellung sind auch wahrnehmungspsychologische Aspekte zu berücksichtigen:

So sollte eine Ausstellung, die hauptsächlich aus Bildern und Objekten besteht, in großen Räumen (Aula, Eingangsbereich der Schule, Turnsaal) gegen den Uhrzeigersinn geplant werden. Dies entspricht der inneren Motorik. Sehr wirksam ist es, im Eingangsbereich eine Stellwand mit einem kurzen Informationstext zur Ausstellung oder zu einem Teilbereich zu platzieren. Die Besucher wenden sich dann mit der Leserichtung automatisch nach rechts und können von dort einer Führungslinie folgen. Die Informationswand verhindert auch „Staus", da die Besucher nicht orientierungslos vor dem Eingang stehen bleiben.

Bei Ausstellungen, die überwiegend Texte beinhalten oder in Korridoren aufgebaut werden, hat die Wegführung jedoch in Leserichtung, von links nach rechts, zu erfolgen.

An mehreren Stellen eingebaute dynamische und dramatische Akzente, aber auch Ruhestationen wirken der Ermüdung der Besucher entgegen. Gleich gestaltete Aneinanderreihungen wirken monoton und lassen rasch das Interesse abflauen.

Große und auffällige Objekte oder Bilder ziehen immer die Aufmerksamkeit auf sich. Es bietet sich deshalb an, um sie herum oder von ihnen ausgehend weitere Informationsobjekte zu gruppieren.

Bilder, Texte und Besucher brauchen Platz, daher einzelne Bilder und Texte oder Themenkreise mit dem größtmöglichen Abstand zueinander anordnen.

Verteilt sich, wie in Schulen häufig der Fall, die Ausstellung über mehrere Stockwerke, so sollte die Wegführung durch die Ausstellung von oben nach unten geplant werden.

X. „Das Bekleben der Wände ist verboten!"

Für die wirkungsvolle Präsentation einer Ausstellung sind geeignete Ausstellungsflächen nötig. Wände zu bekleben oder zu behängen ist unzulässig. Eine andere Möglichkeit sind Stellwände. Sie haben den Vorteil, dass sie sich je nach Präsentation und Wegführung verschieden anordnen lassen (Zickzack-, Mäander-, Vieleck-, Rechteck-, T-, L- oder H-Form) und eine variable Raumaufteilung erlauben. In vielen Schulen sind Stellwände vorhanden, falls dies nicht der Fall ist, können sie meist von Nachbarschulen oder anderen Einrichtungen ausgeliehen werden. Rechtzeitige Vorbestellung ist jedoch immer nötig, damit die Tafeln auch zum gewünschten Zeitpunkt verfügbar sind. Bei der Ausleihe ist auf geringes Gewicht, leichte Montage sowie auf stabile Verbindungen von Tafeln und Standfüßen zu achten. Werden unterschiedliche Stellwandsysteme eingesetzt, sollte aus ästhetischen Gründen in einen Themenblock nur ein Tafelsystem verwendet werden.

Neben fertigen Stellsystemen kann man sich mit Hartfaser- oder Rigipsplatten behelfen, die man auch bemalen oder tapezieren kann.

XI. Einfach hinhängen reicht nicht

Wie bei der Anlage der Ausstellung, so sind auch bei der Gestaltung der Stellwände oder -tafeln inhaltliche, ästhetische und wahrnehmungspsychologische Aspekte zu berücksichtigen.

Für die ansprechende Präsentation des Inhalts müssen Text und Bild aufeinander abgestimmt werden, wobei die Inszenierung, das Objekt oder Bild Vorrang vor dem Text hat.

Bei der **Verteilung von Objekten, Bildern und Texten** ist Folgendes zu beachten: Der zur Verfügung stehende Raum sollte optimal ausgenützt werden (unübersichtliche tote Winkel und Ecken sind zu vermeiden).

Eine sinnvolle und klare Gliederung der Themenbereiche unterstützt die Wahrnehmung. Innerhalb eines Themenbereiches kann auch die farbige Gestaltung der Stellwände oder der Rahmung Zusammenhänge oder Gegensätze ausdrücken.

Stellwände im stumpfen Winkel stellen eine thematische Verbindung her, rechtwinklige Ecken reduzieren die Nutzlänge der Präsentationsfläche. Lücken zwischen Stellwänden bilden eine Zäsur.

Die Platzierung von Objekten bzw. die Hängung von Bildern innerhalb eines Themenbereiches sollte möglichst einem Schema folgen. Sie kann aber bei unterschiedlichen Themenbereichen variieren. Die „Hängung auf Mittelachse" setzt unterschiedliche Bildformate durch die gemeinsame horizontale Mittelachse zueinander in Beziehung. Bei nicht stark voneinander abweichenden Bildformaten und niedrigen Räumen ist „Hängung auf Unterkante" durchaus reizvoll. Bilden Fenster, Durchgänge eine Kompositionslinie, so ist „Hängung auf Oberkante" zu empfehlen. Eine Anzahl von Bildern mit gleicher Aussage ermöglicht „Blockhängung", wobei eine Leerstelle für den Text genutzt werden kann. Natürlich kann auch eine „Freie Hängung" als besonderer Gag bei der Gestaltung eines Themenbereiches oder einer Stellwand eingesetzt werden. Schüler haben dabei oft sehr originelle Einfälle.

Verschiedene Bildgattungen sollte man an sich nicht vermischen (Strichzeichnungen und grafische Darstellungen nicht zwischen Fotos oder Bilder hängen) und auch Bilder mit extremen Formaten sind (sehr große und sehr kleine Bilder) nicht nebeneinander zu platzieren. Allerdings gibt es hier auch nicht die Regel ohne Ausnahme: Wird ein Vergleich angestrebt, ergänzen sich verschiedene Bildtypen, bekommen Kombinationen ihren Sinn.

Der Bildabstand zwischen einzelnen Bildern drückt Zusammengehörigkeit oder Verschiedenheit aus. So können zusammenhängende Bildfolgen einen geringeren Abstand voneinander haben. Der Abstand verschiedenartiger Bilder muss hingegen individuell festgelegt werden. Dies gilt auch, um unterschiedliche optische Gewichte und Volumen ins Gleichgewicht zu bringen. So wirkt der gleiche Abstand zwischen einem großen und einem kleinen Bild enger als zwischen zwei gleich großen Bildern.

Bild und Text stehen in Beziehung zueinander und dürfen nicht miteinander konkurrieren. Kurztexte können rechts, längere Texte links vom Objekt (Bild) angebracht werden, damit das Auge immer wieder zum Exponat hingeführt wird. Angemessene Abstände zwischen längeren Texten vermeiden „Texttapeten".

Bilder und Texte im unteren Bereich werden besser wahrgenommen als die darüber hängenden. Bilder (bei kleinen Formaten der Bildmittelpunkt) und Texte sollten in Augenhöhe des Betrachters liegen.

Hat sich die Arbeitsgruppe auf den Inhalt geeinigt und die Bild- und Textbeiträge ausgewählt, so wird in einem letzten Schritt das Layout für die Tafeln festgelegt. Grundsätzlich sollten die Bilder, wenn möglich, im Verhältnis zur Stellwand im Goldenen Schnitt (z.B. 5:3, 8:5) angebracht werden. Da es keine verbindlichen Regeln für die ästhetische Gestaltung gibt, können die Schüler zuerst lockere Skizzenvorschläge für die Gestaltung entwerfen, wobei es vor allem um originelle Umsetzungen des Themas geht. Im nächsten Schritt wird, immer unter Beachtung der Umsetzbarkeit, der beste Lösungsvorschlag ausgesucht. Anschließend wird der ausgewählte Vorschlag anhand einer maßstabgetreuen Rastervorgabe – es empfiehlt sich ein Quadrat mit neun gleich großen Flächen – optimiert. Die räumliche Zuordnung der Schautafeln sollte mit Hilfe eines maßstabgetreuen Schnittmodells aus Karton ausprobiert und festgelegt werden. Es verhindert, dass bereits fertige Schautafeln bei Stellproben beschädigt werden. Sobald sich alle Beteiligten einig sind, werden Bilder und Texte für den Umbruch angefertigt. Manche Lehrer plädieren aus pragmatischen Gründen dafür, an der endgültigen Montage von Bildern und Text auf die Platten nur einige wenige Schüler, die praktisch veranlagt sind, zu beteiligen. Andere lassen aus pädagogischen Gründen größere Gruppen zu. Auch wenn es nebensächlich oder selbstverständlich klingt: Wichtig ist es, die fertigen Stellwände und Tafeln bis zum eigentlichen Aufbau der Ausstellung sicher im Klassenzimmer oder Keller zu lagern.

XII. Was ist bei der Textgestaltung zu beachten?

Bei Ausstellungen steht das Visuell-Anschauliche und nicht die „Texttapete" im Vordergrund. Nichtsdestoweniger verlangt die Erstellung der Texte große Aufmerksamkeit. Texte informieren, zeigen Zusammenhänge oder Probleme auf, helfen dem Betrachter genauer hinzusehen oder sich Gedanken zu machen.

Damit die Ausstellungsbesucher sie schnell und mühelos erfassen können, sollte die zentrale Aussage des Textes in der Überschrift enthalten sein. Sie ist kurz, klar und unmissverständlich und verfälscht nicht die Aussage des Textes.

Bei der Gestaltung des eigentlichen Textes empfiehlt sich die Verwendung einfacher Sätze mit kurzen Satzteilen sowie geläufigen und kurzen Worten; anschauliche Beispiele, konkrete und bildhafte Formulierung unterstützen das Verständnis. Dagegen sind Fremdwörter und Fachbegriffe, Füllwörter, Wiederholungen und überflüssigen Adjektive zu vermeiden.

Der Text sollte sich auf das Wesentliche beschränken und vom leicht und allgemein Verständlichen zu komplexeren Informationen führen. Dabei haben Kurztexte mit den wichtigsten Informationen Vorrang vor Langtexten mit Zusatzinformationen für eine vertiefte Auseinandersetzung. Impulse, Fragen, Vergleiche, Problemstellungen und Alltagsbezüge motivieren zum Weiterlesen.

Ob ein Text vom Besucher angenommen wird, hängt nicht allein von seinem Inhalt und Aufbau, sondern auch von seiner optischen Lesbarkeit ab. Deshalb sollten alle Schriften, außer ggf. Überschriften, am Computer angefertigt und auf Papier oder Folie so weit vergrößert werden, dass sie ohne Problem lesbar sind. Folientexte haben den Vorteil, dass sie leicht hergestellt werden können und der Hintergrund sichtbar bleibt, womit die Gesamtwirkung der Ausstellungswand erhalten bleibt. Fotosatz auf Abreibefolien, Klebe- oder Abreibeschriften sind für Schulausstellungen meist zu teuer.

Das Schriftbild ist so zu gestalten, dass es leicht lesbar ist. Dies ist u.a. dadurch gewährleistet, dass man möglichst eine, maximal drei verschiedene gebräuchliche Schrifttypen und Schriftgrößen verwendet, Hervorhebungen im Text entweder ganz vermeidet oder nur sparsam einsetzt.

Der Satzspiegel (Blocksatz, zentriert, rechts- oder linksbündig) sollte einheitlich gestaltet sein. Worttrennungen hemmen den Lesefluss und sind daher nach Möglichkeit zu vermeiden, Gleiches gilt für Auszeichnungsschriften (nur Groß- oder Kleinschreibung, Kursivschriften). Als Schriftgröße eignen sich für Überschriften 48 Punkt, für den laufenden Text 24 bis 36 Punkt, sodass der Text noch im Abstand von ca. 1,50 Metern gut lesbar ist.

Die Redaktion der Texte erfolgt sinnvoller Weise im Rahmen des Deutschunterrichtes, ihre Gestaltung in ITG (informationstechnische Grundbildung) oder im Kunstunterricht. Die gesamte Beschriftung (Textredaktion und -gestaltung) für die Ausstellung ist im Normalfall der letzte Arbeitsgang nach der Platzierung der Objekte (Bilder) auf den Schautafeln oder an den Wänden. Sie ist in einem Arbeitsgang durchzuführen, um die sprachliche, stilistische und grafische Einheit der Texte zu gewährleisten.

XIII. Ausstellungsaufbau

Der wohl spannendste Moment eines Ausstellungsprojektes ist die Aufbauphase, wenn sich zeigt, ob alle inhaltlichen, ästhetischen und räumlichen Aspekte berücksichtigt worden sind.

Um eine befriedigende Lösung zu finden, benötigt man einen Aufbauplan. Stellversuche im Klassenzimmer erleichtern die Arbeit. Dies führt meist zu längeren Diskussionen im Ausstellungsteam und erfordert Zeit, die beim eigentlichen Aufbau jedoch wieder eingespart werden kann.

Eine verbindliche Gebrauchsanweisung für den Aufbau gibt es nicht. Doch sollten alle Vorarbeiten vor dem eigentlichen Aufbau abgeschlossen sein (Zeitplan!). Man vereinfacht sich die Arbeit, wenn sich am Aufbau nur einige zuverlässige und handwerklich geschickte Schüler und Lehrkräfte beteiligen. Für den Aufbau eignen sich vor allem die Nachmittage, wenn im Schulhaus größere Ruhe herrscht. Sind die Räume für die Ausstellung sauber und leer und stehen alle benötigten technischen Hilfsmittel und Materialien bereit, kann mit dem Aufbau begonnen werden. Nach der Fertigstellung gilt es, die Standfestigkeit der Tafeln nochmals sorgfältig zu kontrollieren, alle Stolperfallen zu beseitigen und alle technischen Hilfsmittel (Beleuchtung, Mikrofone, Video- und Diageräte) zu überprüfen. Anschließend werden die Räume verschlossen.

XIV. Ausstellungseröffnung

Der Eröffnungstermin (Datum und Uhrzeit) einer Schulausstellung ist so zu legen, dass keine konkurrierenden Veranstaltungen am Ort stattfinden. Manche Schulen wählen dafür die frühen Abendstunden. Damit die Ausstellungseröffnung und die Ausstellung die nötige Resonanz in der Öffentlichkeit erfahren, muss die Werbetrommel gerührt werden. Dies ist die Aufgabe der Arbeitsgruppe Öffentlichkeitsarbeit. Sie gestaltet die Einladungen für die Ausstellung von Schülern und sorgt für deren rechtzeitigen Versand an alle Eltern, wichtigen Persönlichkeiten und Institutionen (Ministerium, Schulämter, Bürgermeister und Gemeinderat, Sponsoren, Nachbarschulen). Des Weiteren verfasst und versendet sie termingerecht Meldungen an die lokale Presse und andere Medien (Zeitungen, regionale Rundfunk- und Fernsehanstalten). Ein Kurzführer durch die Ausstellung oder – je nach Umfang und Thema der Ausstellung – ein kleiner Ausstellungskatalog sind wünschenswert, aber nicht zwingend nötig. Eine Checkliste für den Eröffnungstag umfasst auch: Plakate, Hinweisschilder zur Ausstellung, Ausweisung von Parkmöglichkeiten, Garderoben- und Ordnungsdienst, Bestuhlung, Mikrofone, Rednerpult, Blumenschmuck und last but not least die Bewirtung der Gäste.

Da die Gäste kommen, um die Ausstellung zu sehen, ist es ratsam, bei der Ausstellungseröffnung die Begrüßungsreden möglichst kurz zu halten und durch Musikeinlagen des Schulorchesters aufzulockern. Angesichts der Tatsache, dass die Vorbereitung und Durchführung einer Schulausstellung viel Zeit in Anspruch nimmt und Lehrkräften und Schülern ein überdurchschnittliches Engagement abverlangt, sollte den Gästen der pädagogische Wert eines solchen komplexen Unternehmens eindringlich vor Augen geführt werden. Damit das Projekt Schulausstellung nicht mit der Eröffnung endet, sollte in der nachfolgenden Woche unbedingt ein **museumspädagogisches Begleitprogramm** für alle Jahrgangsstufen angeboten werden. So können Klassen, die nicht am Projekt teilgenommen haben, in die Ausstellung mit einbezogen und die Ausstellungsschwerpunkte vertieft werden. Die Ausstellung wird somit zum Kristallisationspunkt für Aktivitäten der ganzen Schule.

Viele Möglichkeiten bieten sich an, allen voran die Führung durch die Schüler, die die Ausstellung gemacht haben (für Gruppen aus der eigenen Schule oder Nachbarschulen). Geeignet sind aber auch die Ausarbeitung eines Suchspiels nach Altersgruppen (mit Lösungswort und Preisrätsel), Begleitveranstaltungen zur Ausstellung (Lesungen, Vorträge, Filmnachmittag, Musikabend, Theaterstück, Diskussionen), Mal- und Spielaktionen, Organisation von Unterrichtsgängen, die das Ausstellungsthema vertiefen (Besuch von anderen Ausstellungen, Museen, Sehenswürdigkeiten), kleinere Projekte im Rahmen einer Projektwoche, Lese- und Videoecken, Ausstellungsdokumentation für den Jahresbericht.

Denkbar wäre, dass die gesamte Ausstellung oder Teile zu Nachbarschulen, Bürgerzentren, Bibliotheken, Banken oder ins Museum wandern und andere Schulen zu ähnlichen Projekten anregen.

XV. Lohnt sich ein solcher Aufwand?

Wie man sieht, ist eine Schulausstellung bei weitem kein kurzer Event, sondern ein langfristiges Bildungsangebot über den normalen Schulalltag hinaus. Es bedarf vieler Köpfe und Hände, um ein Ausstellungsprojekt erfolgreich zum Abschluss zu bringen. Deshalb sollten möglichst viele Mitarbeiter für das Projekt gewonnen werden. Die Teamarbeit erstreckt sich dabei nicht nur auf die Schüler, sondern bezieht auch das Lehrerkollegium, die ganze Schule und ihr Umfeld mit ein.

Doch um wie viel reicher, erfahrener und zufriedener blicken die Schüler auf das gemeinsame Unternehmen zurück! Unbestritten ist der Zuwachs an Kompetenz, an Kreativität, Fantasie, Problemlösendem Denken und Handeln, an Gemeinschaftserlebnis, an Urteilsvermögen und Kritikfähigkeit, an schriftlicher, mündlicher und ästhetischer Ausdrucksfähigkeit sowie an handwerklichen Fertigkeiten.

Deshalb kann man nur alle Schulen ermutigen, sich auf das Abenteuer Schulausstellung einzulassen und mit kleinen Schritten in die beschriebene Richtung zu gehen.

Literatur

Bastian, J./Gudjons, H. (Hgg.): Das Projektbuch, Hamburg 1994.
Dittmer, L./Siegfried, D. (Hgg.): Spurensucher. Ein Praxisbuch für historische Projektarbeit, Weinheim u.a. 1997.
Landesstelle für Museumsbetreuung Baden-Württemberg/Württembergisches Landesmuseum Stuttgart (Hgg.): Museumsarbeit zwischen Bewahrungspflicht und Publikumsanspruch. Museumsmagazin, Stuttgart ^{5}1992.
Lange, T. (Hg.): Geschichte – selbst erforschen. Schülerarbeit im Archiv, Weinheim u.a. 1993.

Leopold, A./Weber, T.: Verständliche Texte im Museum – ein Leitfaden, München 1993.

Pöhlmann, W.: Ausstellungen von A - Z: Gestaltung, Technik, Organisation, Berlin 1988.

Scholz, F./Weber T.: Tips zum Texten im Museum. Faltblatt des Landesarbeitskreises Museumspädagogik, Bayern, o.J.

Staatsinstitut für Schulpädagogik und Bildungsforschung München: Geschichte vor Ort. Anregungen für den Unterricht an außerschulischen Lernorten, Donauwörth 1999.

Schwarz, U./Teufel, P.: Handbuch Museografie und Ausstellungsgestaltung, Ludwigsburg 2001.

Öffentlichkeitsarbeit, Werbung

Von Michael Henker

So wie die Ausarbeitung des Ausstellungskonzepts, die Auswahl der Exponate, die Gestaltung der Ausstellungsarchitektur planvoll geschehen, erfordern auch Werbung, Presse- und Öffentlichkeitsarbeit für eine Ausstellung ein vorausschauendes und im Rahmen der Gesamtmaßnahme abgestimmtes realistisches Konzept, nach dessen inhaltlichen und zeitlichen Vorgaben verfahren werden sollte. Die folgenden Ausführungen verzichten weitgehend auf theoretische Überlegungen. Sie basieren auf einer langjährigen Praxiserfahrung im Haus der Bayerischen Geschichte und sollen und wollen Handreichung für die praktische Arbeit vor Ort sein.

Es werden die grundlegenden Voraussetzungen und Strukturen beschrieben, die jeweils themenbezogen spezifisch aufgebaut und eingesetzt und gegebenenfalls durch Sonderaktionen erweitert werden sollten.

Die Besucherforschung, die das Haus der Bayerischen Geschichte seit zehn Jahren systematisch zu allen Landes- und zahlreichen Sonderausstellungen betreibt, hat gezeigt, dass konstant der informelle Informationsweg – also Mundpropaganda, Medienberichte und Plakate – die wichtigste Informationsquelle ist, die zum Besuch von Ausstellungen anregt. Das Hauptaugenmerk von Werbung und Öffentlichkeitsarbeit für Ausstellungen muss daher auf eine möglichst umfassende und dichte Einspeisung von Informationen in diesen informellen Weg zielen. Dabei spielt es ausdrücklich keine Rolle, ob das Besucherinteresse auf eine Bayerische Landesausstellung oder eine Sonderausstellung in einem kleineren Museum gelenkt werden soll. Die einzelnen Schritte der Vorbereitung und Durchführung sind grundsätzlich dieselben und sollten sich in die bei jedem Veranstalter bereits vorhandenen spezifischen Strukturen der Werbung, Presse- und Öffentlichkeitsarbeit einfügen.

I. Presse- und Öffentlichkeitsarbeit

Die verwendeten Termini „Pressearbeit", „Pressekonferenz" etc. schließen heute neben der schreibenden Presse selbstverständlich die AV- und die elektronischen Medien ein. In Bayern z. B. erreichen die etwa 50 lokalen und regionalen Hörfunk- und Fernsehstationen sowie der Bayerische Rundfunk ein Publikum in Millionenhöhe. Rasant zunehmende Bedeutung hat das Internet, dem zahlreiche Personen ihre Informationen entnehmen und das inzwischen nicht nur als spezifische Werbeplattform für Ausstellungen genützt werden kann, sondern auch redaktionelle Berichte über diese anbietet.

Generell sollte mit der Pressearbeit mindestens ein Jahr vor Ausstellungseröffnung begonnen werden. Anlass zu einer ersten eigenen Pressekonferenz/Pressegespräch kann eine Vertragsunterzeichnung bieten, falls mehrere Partner das Ausstellungsvorhaben gemeinsam verwirklichen wollen. Aber auch die Vorstellung des Ausstellungskonzepts, des Plakatmotivs oder des Begleitprogramms bieten ausreichend Anlass für eine Presseveranstaltung. Im Sinne einer kontinuierlichen Information der Öffentlichkeit über den Fortgang der Arbeiten an der Ausstellung können auch mehrere im Abstand von einigen Monaten veranstaltete Pressetermine sinnvoll sein.[1]

Eine Sonderform sind Journalistenreisen, die zusammen mit weiteren Veranstaltungspartnern vor Ort und in der Region angeboten werden und sich speziell an Kultur- und Reisejournalisten sowie Reiseveranstalter wenden. Ein wichtiger Punkt im Rahmen solcher ein- bis zweitägigen Reisen kann eine interessante Ausstellungsplanung sein.[2]

Um die richtigen Interessenten für Pressekonferenzen, Pressegespräche und Sonderveranstaltungen zu erreichen, muss ein Presse-/Medienverteiler aufgebaut werden, der Gesamtinstitutionen, Chefredaktionen, Fachressorts und Einzelpersonen umfasst. Neben den lokalen oder regionalen Zeitungen, mit denen im Idealfall eine Medienpartnerschaft[3] für die Ausstellung geschlossen werden kann, sollten die regionalen Hörfunkstationen, das Regionalfernsehen, die Korrespondenten bzw. die Regionalstudios der öffentlich rechtlichen Sender ebenso in diesen Presseverteiler aufgenommen werden wie die Presseagenturen, überregionale Zeitungen und Zeitschriften mit ihren Regionalredaktionen. Dazu sollten die einschlägigen Spezialzeitschriften für Geschichte, Kunst, Volkskunde, Reiseveranstalter und Busunternehmer sowie eventuelle Themenpublikationen zu den einzelnen Bundesländern, zu Kultur in Deutschland oder Sonderthemen wie Burgen, Museen, historische Gebäude aufgenommen werden.

---

[1] Vgl. auch die Hinweise in Schreiber, Pressearbeit für Tageszeitungen, S. 737, in diesem Band.

[2] Nicht die Verantwortlichen einer kleinen Ausstellung, sondern z. B. die Presseabteilung eines Landkreises oder ein Regionalverband treten als Veranstalter einer solchen Reise auf. Die Anregungen dafür können aber sehr wohl von Seiten der Ausstellung kommen.

[3] Vgl. hierzu den Beitrag Honervogt, Regionalzeitung, S. 771 in diesem Band.

Diese Interessentengruppe kann schrittweise – Vertragsunterzeichnung, regelmäßige Jahrespressekonferenz, Vorstellung des Konzepts, des Plakatmotivs u. ä. – für eine mehrfache Berichterstattung im Vorfeld gewonnen werden, die in das publizistische Hauptereignis Ausstellungseröffnung mündet.[4] Dazu sollte eine eigene Pressekonferenz und Führung für die Medienvertreter vor der eigentlichen Eröffnung angeboten werden, zu der auch die Redaktionen der Nachrichten und aktuellen Berichterstattung sowie der politischen Berichterstattung – falls die Eröffnung durch einen Landes- oder Bundespolitiker erfolgt – eingeladen werden sollten.

Als geeignete Themen für Pressetermine und Mitteilungen während der Ausstellungslaufzeit bieten sich an: Besucherjubiläen (z. B. 5.000, 10.000, 25.000), Besuch durch bekannte Personen aus Kunst, Kultur, Politik, Objekt der Woche/des Monats, Magazinsendungen oder Featureberichte speziell zur Ausstellung samt Begleitprogramm, Führungswesen, gastronomischen Bezügen und Ähnlichem. Führung und Konferenz finden am besten am Vormittag des Eröffnungstages statt, die Teilnehmer erhalten natürlich auch Zugang zur offiziellen Ausstellungseröffnung im Anschluss.

Auch zum Ausstellungsschluss sollte wieder eine Pressekonferenz angeboten werden, die Besucherzahlen, Medienresonanz, Besucherecho aus dem Besucherbuch, Auswirkung auf Bewirtungs- und Beherbergungsbetriebe zusammenfasst.

Jede Presse-/Medienveranstaltung ermöglicht den persönlichen Kontakt zwischen den Ausstellungsmachern und den Berichterstattern. Diese intensivste aller Informationsmöglichkeiten sollte daher sorgfältig geplant und vorbereitet werden. Immer sollte der Veranstaltungsort einen möglichst engen Bezug zum Ausstellungsthema haben. Ausreichende Sitzgelegenheiten, Kaffee, Tee und Fruchtsaft, Butterbrezen und Croissants sorgen für eine positive Grundstimmung, ohne zu hohe Kosten zu verursachen. Eine ausreichende Zahl von themenbezogenen Pressetexten (je eine lange und eine kurze Version!) sollte ebenso bereitgehalten werden wie Pressebilder, die rückseitig einen Aufkleber mit Copyright und Bildlegende tragen. Im Idealfall sind Pressemappen vorhanden, in die diese anlassgebundenen Materialien zusammen mit allgemeinem Informationsmaterial wie Prospekten und Plakat eingelegt werden.

Das Podium sollte mit einem hochrangigen politischen (Bürgermeister, Landrat, Bezirkstagspräsident) oder kirchlichen (Bischof, Kirchenrat)

---

[4] Vgl. zur Vernissage auch den Beitrag Hütter, Eröffnung, S. 117 in diesem Band.

Vertreter des Veranstaltungsortes sowie den Fachleuten (Ausstellungsmacher, Projektleiter, Museumsdirektor) besetzt sein, deren jeweilige Sprechzeiten möglichst nicht viel mehr als zehn Minuten betragen. Ausreichend Zeit sollte vor allem für Nachfragen seitens der Teilnehmer eingeplant werden, ebenso für Interviews vor und nach der Veranstaltung. Eine Moderation solcher Presse-/Mediengespräche empfiehlt sich. Zu allen derartigen Terminen sollte schriftlich eingeladen werden, am besten mit einem Rückantwortformular, auf dem auch die Übersendung der Unterlagen angefordert werden kann, falls eine persönliche Teilnahme nicht möglich ist.

Eine Sonderform der Pressearbeit bietet die Aufnahme eigener Pressetexte in die Pressedienste anderer Organisationen wie touristische Zusammenschlüsse (z. B. Romantische Straße, Via Imperialis), lokale, regionale und landesweite Tourismusorganisationen (z. B. Baytourismus GmbH). Diese Vernetzung mit anderen Anbietern ist nicht nur hinsichtlich der Medienarbeit, sondern ganz besonders auch in Bezug auf Werbemaßnahmen höchst wünschenswert.

II. Werbung

Die themenbezogene Werbung erfolgt durch Werbemittel, die sich entweder zur Gänze oder anteilig auf das Ausstellungsprojekt beziehen. Hauptwerbemittel sind nach wie vor das Ausstellungsplakat, das unter Umständen zwei Formate haben sollte, und der Ausstellungsprospekt, der in möglichst hoher Auflage weite Verbreitung garantiert. Unverzichtbar ist inzwischen ein Internetauftritt mit Text- und Bildinformation, der bereits frühzeitig beginnen und kontinuierlich ausgebaut werden kann.

Daneben ist die Beteiligung an verwandten Werbemitteln anzustreben, die Museumsverbünde, Interessensgemeinschaften aller Art und touristische Organisationen herausbringen. Sofern es das Veranstaltungsbudget erlaubt, können auch eigene oder anteilige Annoncen in Zeitungen und Zeitschriften sowie Spots im Lokalrundfunk und Lokalfernsehen Wirkung gerade in Fremdenverkehrsgebieten erzielen.

Um die erstellten Werbemittel einerseits weit gestreut, andererseits Zielgruppen orientiert zu verbreiten, muss ein eigener Verteiler aufgebaut und zusätzlich der möglichst kostenneutrale Versand und Vertrieb im Verbund mit Partnern angestrebt werden. Der eigene Vertrieb sollte sich an das bekannte Stammpublikum der veranstaltenden Institution richten und ist zu ergänzen um einen spezifischen Zielgruppenverteiler, die Adressen der staatlichen und nichtstaatlichen Museen und Kultureinrichtungen, Schulen, Institutionen der Erwachsenenbildung, Bus- bzw. Reiseunternehmen in der Region und Nachbarschaft bis zu zwei Autostunden. Partner bei der Streuung von Werbemitteln können Fremdenverkehrseinrichtungen, Schulämter, Bezirksregierungen, Verbände (z. B. Schützen, Bauern, Trachten), kirchliche Institutionen, Industrie- und Handels- sowie Handwerkskammern direkt oder über ihre Publikationen sein.

Ein in Jahresfrist aufgestellter und immer wieder überprüfter Werbeplan stimmt die einzelnen Werbeaktionen mit übergeordneten Terminen wie Wahlen, Ferien, Sportereignissen u. ä. ab. Ein Marketingkonzept, das ebenfalls bei Zeiten gemeinsam mit den Kooperationspartnern aufgestellt werden sollte, legt Umfang und Abfolge aller bisher genannten Maßnahmen der Werbung, Presse- und Öffentlichkeitsarbeit fest.

Jede Ausstellung, so bedeutend und singulär sie für die Macher sein mag, muss frühzeitig in größere touristische, kulturelle, administrative, wissenschaftliche und wirtschaftliche Zusammenhänge eingebracht und eingebettet werden, um sich in meistenteils vorhandene, oft gut ausgebaute Netzwerke zu gegenseitigem Nutzen einzufügen und sich ihrer Vertriebswege optimal zu bedienen. An erster Stelle stehen hier sicherlich die touristischen Organisationen, in denen man das besondere Potenzial von Kultur- und Bildungsreisen erkannt hat, die sich nach wie vor einer großen Beliebtheit erfreuen. Darüber hinaus hat jede Ausstellung von ihrem Thema her das Potenzial, spezielle Zielgruppen anzuziehen. Im Auffinden und Erreichen dieses Publikums ist die Findigkeit und Nachhaltigkeit der Organisatoren gefordert. Im Idealfall wird der potenzielle Ausstellungsbesucher über mehrere Informationsquellen – sowohl informelle, wie Plakat, Mundpropaganda und Medienberichte, als auch formale, wie Zielgruppenwerbung – auf die Veranstaltung aufmerksam. Die Summe der Information und die Wiederholung des optischen Leitmotivs und des Titels führen in vielen Fällen schließlich zum gewünschten Ziel: dem Ausstellungsbesuch durch möglichst viele Personen.

Stell Dir vor, es ist eine Ausstellung, und keiner wird darauf aufmerksam! Überlegungen, Ausstellungen in Tageszeitungen zu präsentieren

Von Waltraud Schreiber

Aufmerksamkeit ist ein wertvolles Gut. Wenn sich in den Kreis derer, die um sie ringen, auch eine Ausstellung einreiht, müssen die für Öffentlichkeitsarbeit Verantwortlichen professionell agieren.[1] Ohne Unterstützung der Tagespresse ist das Ziel, Aufmerksamkeit für eine Ausstellung zu wecken, nicht erreichbar.

Im Folgenden werden grundsätzliche Überlegungen zur Präsentation von Ausstellungen in der Presse vorgestellt, die an Hand von Pressebeiträgen konkretisiert werden. Der hier vorgelegte Aufsatz ist der Versuch, Leitgedanken zur Pressearbeit für eine regionale Ausstellung mit überregionaler Aussage zusammenzustellen.[2]

Die Ausführungen konzentrieren sich auf die Regionalausgaben der Zeitungsverlage. Dies erklärt sich einerseits daraus, dass diese Zeitungen die Partner gerade der kleineren und mittleren Ausstellungen sind. Nicht vergessen werden sollte aber auch, dass die lokale-regionale Pressearbeit selbst für die „großen Ausstellungen" von Bedeutung ist, insofern auch diese stets die Besucher aus dem Nahraum ansprechen wollen.

Diese Anregungen zur Pressearbeit aus der Sicht von Ausstellungen werden den Tipps und Hinweisen der Redakteure von Tageszeitungen unterschiedlicher Reichweite vorangestellt.[3] Diese Abfolge macht greif-

---

[1] Michael Henker, der für die Öffentlichkeitsarbeit des Hauses der Bayerischen Geschichte zuständig ist, hat im Basisbeitrag wichtige Anregungen gegeben. Vgl. Henker, Öffentlichkeitsarbeit, S. 731 in diesem Band.
[2] Die kritische Reflexion und Analyse der eigenen Erfahrungen bilden die Basis.
[3] Die Lokalzeitung vertritt Markus Honervogt, Leitender Redakteur des Mühldorfer Anzeigers, einer Regionalzeitung des Verlags „Oberbayerisches Volksblatt". Einschließen wird er eine kurze Erläuterung der aktuellen Zeitungslandschaft sowie Schlussfolgerungen aus Studien zum Leserverhalten. Vor diesem Hintergrund sind dann seine Überlegungen zu „Ausstellungen in der Lokal-/Regionalzeitung" verortet. Der Leitgedanke der Publikation „Ausstellungen anders anpacken. Event und Bildung für Besucher" spielt hier eine vielfältige Rolle. Nach einigen grundsätzlichen Hinweisen (Warum sind Ausstellungen überhaupt Thema für Regionalzeitungen, worin besteht das besondere Interesse einer Regionalzeitung an einer Ausstellung?), folgen konkrete

bar, wo die Intentionen der Öffentlichkeitsarbeit rund um eine Ausstellung und die Eigengesetzlichkeit des Mediums Tageszeitung harmonieren, und wo Abstimmungsbedarf besteht.

I. „Inhalt" und „Verpackung" als Anker für Aufmerksamkeit

Das leitende Interesse der Ausstellungsseite liegt auf der Hand: Möglichst viele Besucher aus dem nahen und weiten Umland sollen die Ausstellung und die Veranstaltungen des Rahmenprogramms besuchen – am besten gleich mehrmals.

Ausstellungen sind einmalige Ereignisse, die nur in einem befristeten Zeitraum stattfinden. Die Aufmerksamkeit der potenziellen Besucher muss also „punktgenau" geweckt werden. Dabei ist zu bedenken, dass nur ein Teil derer, die als potentielle Besucher angesprochen werden sollen, in der konkreten Lebensgestaltung überhaupt einen Zeitraum für Ausstellungsbesuche vorsieht. Wieder nur ein Teil dieser grundsätzlich an Ausstellung Interessierten besucht gezielt auch kleinere Ausstellungen, die weder von renommierten Institutionen gestaltet sind, noch in Städten mit Ausstellungstradition stattfinden. Zugleich gilt: Weil die Freizeitangebote, die von allen Seiten gemacht werden, zumal im Sommer, so vielfältig sind, hat der Einzelne einen vollen Terminkalender – auch für seine eigentlich „freie Zeit".

Die nüchterne Analyse der Ausgangslage macht deutlich, dass Ausstellungen nur dann eine Chance haben, in der Konkurrenz um Aufmerk-

---

Erläuterungen, auch Ratschläge und Tipps für die Pressearbeit zu einer Ausstellung. (Honervogt, Regionalzeitung, S. 771 in diesem Band) Andreas Jell von der „Vilsbiburger Zeitung" erläutert am Beispiel der Mühldorfer Ausstellung und ihres Rahmenprogramms, welche Aspekte für Tageszeitungen benachbarter Regionen von Interesse sind, wie der Informationsfluss zwischen Ausstellung und Zeitungen des weiteren Umlands geregelt werden könnte, welche Materialien hilfreich sind und was die Öffentlichkeitsbeauftragten der Ausstellung lieber lassen sollten. (Jell, Regionalzeitung des Nachbarlandkreises, S. 783 in diesem Band). Simone Dattenberger vom „Merkur" (Dattenberger, Mantelteil Presseverbünde, S. 793 in diesem Band) und Hans Kratzer von der „Süddeutschen Zeitung" (Kratzer, Überregionale Zeitungen, S. 789 in diesem Band), äußern sich dazu, was Ausstellungen für überregional ausgerichtete Feuilletons bzw. Regionalausgaben berichtenswert macht und wie kleinere Ausstellungen die „großen Zeitungen" auf sich aufmerksam machen können. Bernhard Strobl von den Salzburger Nachrichten spricht für Zeitungen im benachbarten Ausland (Strobl, Jenseits der Grenze, S. 797 in diesem Band).

samkeit und Zeit erfolgreich zu sein, wenn sie transportieren können, dass es sich wirklich lohnt, hinzugehen. Mit anderen Worten: Inhalt und Verpackung müssen stimmen.

1. Inhalte transportieren heißt, Aussagen auf den Punkt bringen

„Inhalt" steht für das, was eine Ausstellung transportieren will. Der für die Presse- und Öffentlichkeitsarbeit Zuständige steht, zumal wenn er die Lokalzeitung als Medium vor Augen hat, vor einer schwierigen Aufgabe: Er muss die Intentionen so auf den Punkt bringen, dass sie sowohl für Laien verständlich sind, als auch für Experten einen Horizont andeuten, der durch die Ausstellung eröffnet wird. Möglichst viele sollen für sich einen Sinn darin sehen, Zeit (und Geld) für einen Besuch zu investieren.

Ein Beitrag reicht, angesichts der vielen Mitbewerber um Aufmerksamkeit, allerdings nicht aus: Damit die Grundintention sich einprägen kann, muss sie – in leichter Modifikation – in Flyern und in Anzeigen, immer wieder auch in der Presse, wiederholt werden. Der Blick auf Werbestrategien lohnt.[4]

Exkurs: Titel und Logo als Verdichtungen

Die Intention, Aufmerksamkeit zu wecken, verdichtet sich besonders im Titel der Ausstellung. Er steht zugleich für Inhalt und „Verpackung", ist Ausdruck von Programm und von Image.[5] Es lohnt, in seine Formulierung viel Zeit und Professionalität zu investieren.[6] Dasselbe gilt für die Visualisierung, die in einer Zeit der Reizüberflutung unerlässlich ist, und von der Entwicklung eines gemeinsamen typographischen Konzepts, bis

---

[4] Vgl. hierzu z. B. Turner, S.: Spring! Das Geheimnis erfolgreicher Werbung. Mainz, 2000.

[5] „Image heißt Persönlichkeit. Produkte haben genauso wie Menschen eine Persönlichkeit, die sie im Markt erfolgreich oder erfolglos macht." David Ogilvy, zitiert nach Liepe, A.: Visuelle Kommunikation unter dem Einfluss digitaler Bildwelten, in: Schreiber, W.: „Bilder aus der Vergangenheit" – „Bilder der Vergangenheit"? Neuried 2004 (im Druck).

[6] Ausgesprochen kontraproduktiv für die überregionale „Vermarktung" der Mühldorfer Ausstellung war, dass der Name der Stadt im Titel erschien („Mühldorf am Inn – Salzburg in Bayern"). Das Signal, es handle sich um eine rein ortsgeschichtliche Ausstellung, war kaum zurückzudrängen. „Lokal-Regionalgeschichte" wurde suggeriert, die so nicht geboten wurde. Vgl. demgegenüber Bönisch/Knoblauch, Kleinere Städte als Ausrichter, S. 841 in diesem Band.

hin zur Abstraktion in einem Logo reicht.⁷ Als ausgesprochen wirksam erwiesen hat es sich, das Logo auch in der Pressearbeit zu nutzen: Im Mühldorfer Anzeiger (MÜA), der Tageszeitung in deren Gebiet die Ausstellung „Salzburg in Bayern" stattfand, wurden alle Beiträge zur Ausstellung mit dem roten Signet „etikettiert".⁸ – Ein weiteres wirkungsvolles Element der Berichterstattung des MÜA war, dass (ausführlichere) Vorankündigungen zum Rahmenprogramm stets mit dem durch Kursivsetzung abgehobenen Hinweis auf die Öffnungszeiten der Ausstellung endeten.⁹

Alle von Werbestrategen erkannten Vorteile der häufigen, visualisierten Präsenz des „Markenzeichens" gelten auch für Ausstellungen!

2. „Verpackung" – mehr als schöner Schein

Mit den letzten Hinweisen bewegten wir uns bereits auch im Feld Verpackung: Mit „Verpackung" ist aber nicht nur die ansprechende Präsentation für die Öffentlichkeit gemeint (Plakat, Flyer, Anzeige, Layout der Presseberichterstattung), sondern ebenso die ansprechende Gestaltung der Ausstellung,¹⁰ und drittens sogar das Rahmenprogramm, das sie im Gespräch hält.

Auch das Rahmenprogramm als Verpackung für die Ausstellung zu definieren, mag erstaunen.¹¹ Die Funktion der wechselnden Aktivitäten im Umfeld der Ausstellung ist aber gerade, die Aufmerksamkeit für eine Ausstellung zu wecken, bzw. nicht abfallen zu lassen.

Die Vielfalt des Rahmenprogramms birgt immer wieder Möglichkeiten für die Pressearbeit. Die stets neuen Aktivitäten des Begleitprogramms – weniger die Ausstellung an sich – liefern für die Tagespresse den Anlass dafür, mehrfach in einer Woche Bericht zu erstatten. Wenn die wechselnde „Verpackung" des Rahmenprogramms immer wieder auf

---

⁷ Vgl. Beitrag Engelhardt, Der gestalterische Auftritt, S. 63 in diesem Band.
⁸ Vgl. dazu die weiter unten abgedruckten Beispielartikel.
⁹ Folgender Hinweis schloss die Berichterstattung jeweils ab: „Die Ausstellung „Salzburg in Bayern" ist täglich außer montags von 9.30 bis 19.00 zu sehen. Informationen über Führungen, Begleitprogramm und besondere Angebote für Kinder im Rahmen des Ferienprogramms gibt es im Ausstellungsbüro unter 08631-612-224."
¹⁰ Vgl. in diesem Band die grundlegenden Hinweise zur Gestaltung von Ausstellungen in Hamberger, Ausstellungskonzepte, S. 19 und in Müller-Rieger, Ausstellungsdesign, S. 43.
¹¹ Vgl. hierzu den Basisbeitrag Unger/Schreiber, Rahmenprogramm, S. 517 in diesem Band.

den Kern, auf die Ausstellung verweist, ist de facto aber immer auch von ihr die Rede. Der Zusammenhang zwischen Rahmenprogramm und Ausstellung muss so eindeutig und klar erkennbar sein, dass selbst die einmalige Berichterstattung in überregionalen Zeitungen[12] bzw. in Zeitungen des Umlands nicht daran vorbei gehen kann.

Exkurs: Events und Bildung

Durch „Inhalt und Verpackung" konkurriert die Ausstellung also mit anderen Angeboten um Aufmerksamkeit. Um in der Konkurrenz bestehen zu können, müssen, ob man das nun bedauern mag oder nicht, in einer „Erlebnisgesellschaft" wie der aktuellen, „Events"[13] geboten werden. Das Mühldorfer Ziel war, dezidiert die Balance zwischen Event und Bildungsangebot zu halten. Die Gestaltung der Ausstellung beinhaltete event-orientierte Elemente (Multimedia-Präsentation, einige der Inszenierungen, einige der „Hands-on-Stationen", wie das zum Selberspielen anregende Eulenspiel in der Marksabteilung). Führungen waren so arrangiert, dass sie Eventmomente enthielten (Schauslspielführungen, Nachempfinden von Stimmungen, das Hantieren mit Modellen und – soweit vertretbar – Exponaten, Verstehenserlebnisse als Aha-Erlebnisse). Wochenendführungen und Ferienprogramme für Kinder betonten Eventelemente besonders. Das Rahmenprogramm arrangierte, speziell am Wochenende, immer wieder „Bildungsevents".[14] – Die Pressearbeit hatte das Ziel, diese Vielfalt ins Licht der Öffentlichkeit zu rücken.

Unterschiedliche Adressatengruppen sollten angesprochen werden, die einerseits das Ihre aus den Angeboten herauspicken können sollten, die andererseits auch Impulse bekommen sollten, zu erkennen, dass Ge-

---

[12] Die ausführliche Besprechung der Ausstellung in der Süddeutschen Zeitung z.B. nahm Bezug auf einen „Event", den der Redakteur miterlebt hatte und verwies auf weitere Aktivitäten des Rahmenprogramms. Vgl. hierzu auch den Beitrag Kratzer, überregionale Presse, S. 789 in diesem Band.

[13] Gebhardt definiert Events als „planmäßig erzeugte Ereignisse", die als „einzigartige Erlebnisse geplant" und so in der Regel auch erlebt werden, sich einer „kulturellen und ästhetischen Formsprache" bedienen, im „Schnittpunkt aller möglichen Existenzbereiche stehen", das „Gefühl exklusiver Gemeinschaft und Zusammengehörigkeit" vermitteln, nur ein Thema ins Zentrum stellen, „interaktiv", „identitätsstiftend", „gemeinschaftsbildend" angelegt sind. (Gebhardt, W.: Feste, Feiern und Events, in ders. (Hg.): Events. Soziologie des Außergewöhnlichen, Opladen 2000, S. 18-22).

[14] Vgl. hierzu den Beitrag Unger/Schreiber, Rahmenprogramm, S. 517 in diesem Band.

schichte „uns Heutige etwas angeht", die aber auch, ganz altmodisch und ganz konkret, Bildungszuwächse erfahren sollten. – Damit ist klar, was die Besonderheit der Ausstellungsevents war: Sie sollten Wege ins Zentrum dessen bahnen, was die Ausstellung bietet, Wege, die man gern beschreitet, weil schon die Wanderung auf ihnen Spaß macht. Die Ausrichtung auf einen dahinterstehenden Zweck muss – und darf – das Gefühl, bei einer einmaligen Sache dabei zu sein, die man sich nicht entgehen lassen darf, nicht schmälern. Man sollte sich individuell angesprochen fühlen können, irgendwie das Gefühl haben, als Teilnehmer zu einem exklusiven Kreis zu gehören, das Bedürfnis verspüren, hinzugehen, aber nicht die Verpflichtung.[15]

II. Eine Veranstaltungsreihe des Rahmenprogramms[16] und ihr Niederschlag in der regionalen Tageszeitung – Das Fallbeispiel Innschifffahrt

Die Balance zwischen Event und Bildungsangebot anzustreben, ist immer eine Gratwanderung. Auf Messers Schneide bewegt man sich auch, wenn man die Ausstellungsevents über die Presse öffentlich machen will. Die Darstellung in kurzen Worten verlangt ein großes Maß an Sachkompetenz, sowohl bezogen auf die inhaltliche Dimension, als auch auf die Präsentationsweise als Events. Um die Balance zwischen Event und Bildungsangebot auch in der Pressearbeit zu spiegeln, ist zudem eine hohe Beherrschung von Text- und Bildsprache notwendig: Gesprochen werden muss von den konkreten Events, gesagt werden sollte dabei auch etwas über das damit Beabsichtigte. Ein konkretes Beispiel soll den Typus „Ausstellungsevent", seine Vernetzung mit Ausstellung und anderen

---

[15] Vgl. die Analyse speziell von Soziologen zu Event und Eventcharakter (Gebhardt, W. (Hg.): Events. Soziologie des Außergewöhnlichen, Opladen 2000; Schulze, G.: Die Kulissen des Glücks. Streifzüge durch die Eventgesellschaft, ²2000 Frankfurt/M. 2000; Göttlich, U. u.a. (Hgg.): Populäre Kultur als repräsentative Kultur: die Herausforderungen der Cultural Studies, Köln 2002).

[16] Das Rahmenprogramm der Mühldorfer Ausstellung war so organisiert, dass alle zwei Wochen ein anderer in der Ausstellung vertretener Aspekt als thematischer Schwerpunkt aufgegriffen wurde. Jeden Donnerstagabend, 19.00 Uhr fanden Vorträge statt (zum Teil mehr, zum Teil weniger illustriert, zum Teil handlungsorientiert, z. T. klassisch). Jeden Sonntagnachmittag war „Geschichte zum Erleben" angesagt. Vgl. Unger/Schreiber, Rahmenprogramm, S. 517 in diesem Band.

Veranstaltungen des Rahmenprogramms und die Pressearbeit dazu verdeutlichen:

Dabei wird zuerst die Veranstaltung „Innschiffer" aus dem Mühldorfer Rahmenprogramm als Beispiel für einen Ausstellungsevent dargestellt und im Ablauf und der dahinter stehenden Absicht, auch in der Verbindung zur Ausstellung erläutert. Eine weitere Veranstaltung zur Flussschifffahrt, die dem Typus „Vortrag" zugehört, wird kurz skizziert. Hier wird bei der Darstellung der Vernetzung zur Ausstellung besonders die Rückwirkung auf die Führungen aufgegriffen. Daran schließt sich die Analyse der Presseberichterstattung an. Bezug nehmend auf die Stärken und Schwächen werden Überlegungen angestellt, wie der für die Pressearbeit Verantwortliche die Ergebnisse optimieren kann.

1. Ausstellungsevent „Innschiffer" und seine Vernetzung mit der Ausstellung

a) Ablauf

„Die Innschiffer kommen!" so war der erste Event aus dem Begleitprogramm überschrieben. Weder Ausstellungsmacher, noch Besucher, noch Presse konnten auf Erfahrungen mit diesem Veranstaltungstypus zurückgreifen. Der Event gehörte zum Themenschwerpunkt „Verkehr und Handel". Das Ziel dieser, wie aller anderen Aktivitäten im Umfeld der Ausstellung war, wie gesagt, bewusst zu machen, dass Geschichte „uns Heutige angeht". Dabei sollte auf „Ferne und Andersartigkeit" ebenso rekurriert werden, wie auf Kontinuität und Nähe. Zudem sollte deutlich werden, dass die Beschäftigung mit Geschichte auch Spaß machen darf, und dass der Ausstellungsbesuch die ideale Ergänzung zur Teilnahme an den Rahmenprogramm-Veranstaltungen ist.

Viele hundert Gäste erwarteten an der Innschleife die Zille aus Wasserburg. In der Mühldorfer Nachbarstadt hat sich die St. Nikolai-Bruderschaft wieder aktiviert und sich u.a. die Aufgabe gestellt, die für die Innstädte einst prägende Innschifffahrt erneut ins Bewusstsein zu rufen. So werden z. B. einst eingesetzte Schiffe nachgebaut und solche Teile des Inns, die noch schiffbar sind, zu besonderen Anlässen befahren. Dass im Nachvollziehen auch historische Forschung betrieben wird, soll hier nur am Rande erwähnt werden.[17]

---

[17] Es hat sich eingebürgert, den Typus der experimentellen Geschichtsforschung mit dem Begriff „Reenactment" zu belegen. Vgl. hierzu die Hinweise im Beitrag Junkelmann, Experiment und praktische Demonstration, S. 661 in diesem Band.

Vor Ort, an der Mühldorfer Anlegestelle, erklärte ein „Schiffsmeister" den Gästen die Manöver und andere Aktivitäten der Schiffsleut', die zu beobachten waren. Der Bürgermeister begrüßte dann die Schiffergruppe, die vom Wasserburger Amtskollegen begleitet wurde. Die Besucher geleiteten die Gäste aus Wasserburg mit der Stadtkappelle durch die Stadt zum Haberkasten, zum Ausstellungsgebäude also. Im historischen Innenhof sangen die Schiffer ihre Lieder und alle zusammen, die Mühldorfer und die Gäste, genossen die von der Feuerwehr gebratene Sau am Spieß.

b) Verknüpfung Event-Ausstellung

„Geh'n ma rauf in d' Ausstellung?" Dieser Satz war ein Ziel der Veranstaltung. In der Schifffahrtsabteilung standen die „Schiffer" der Nikolai Bruderschaft und erzählten aus „ihrem" Leben, zeigten ihre Werkzeuge her und erklärten deren Funktion.

Die Exponate – übrigens auch der anderen Abteilungen – hatten es spürbar leicht, die in den Bann zu ziehen, die, zumindest als Zuschauer „dabei gewesen waren". Die fremde, andere Welt der Vergangenheit stand bei den Besuchern im Zentrum des Interesses; und doch blinkten Bezüge zur eigenen Erinnerung und zu aktuellen Gegenwart immer wieder auf, oft an Stellen, an denen man sie nicht vermutet hätte.[18]

2. Vortrag im Rahmenprogramm

a) Ablauf

Quellengestützt, aber alles andere als trocken, ließ am Donnerstag darauf der Referent[19] den Inn als Lebensader vor den Augen der Zuhörer entstehen. Er verknüpfte in seinem Vortrag mit der Stadt Mühldorf, mit Handel und Handwerk in Tirol, Italien und Ungarn, mit Politik, mit Einblicken in die Gesellschaft des „alten Reiches". Komplexes und Kurioses wechselten sich ab. Eine Volksmusikgruppe unterbrach den Vortrag mehrfach mit passenden Liedern und Instrumentalstücken.

---

[18] Ansatzpunkte für die Gegenwartsbezüge der Besucher waren z. B. deren eigene Erfahrungen mit Flussschifffahrt (und sei es per Schlauchboot), deren Beobachtungen von Lastkähnen (z. B. auf Rhein und Donau), handwerkliche Erfahrungen mit ähnlichen Werkzeugen, Wissen um religiöses Brauchtum, Liedgut, Sagen, die Kenntnis von Votivbildern.

[19] Es handelte sich um Ferdinand Steffan, Museumsleiter und Regionalhistoriker aus Wasserburg.

b) Vernetzung mit der Ausstellung: Führungen profitieren

Die „Donnerstagsvorträge", aber auch die Wochenend-Events hatten Rückwirkungen auf die Führungen: So spielten nunmehr Elefanten, Leichenzüge, Hochzeitsfahrten auf dem Inn eine Rolle. Solche nachgewiesenen (!) Kuriositäten bieten in ihrer „Fremdheit und Ferne" für die Zuhörern Anker, an denen sie auch Wissen über vergangene Zeiten anlagern können.[20] Selbstverständlich bereichert nicht nur Kurioses aus den Vorträgen und den Events die Führungen, sondern, mehr noch, neues Fachwissen. Event – Vortrag – Ausstellung – Führungen durch die Ausstellung stellen eine Einheit dar, das wollte das Beispiel zeigen.

3. Analyse der Presseberichterstattung

Was kam, vermittelt über die Pressarbeit, bei den Lesern der Mühldorfer Tageszeitung an? Fast 1000 Besucher nahmen an den Veranstaltungen zur Innschifffahrt teil. Das ist die eindrucksvollste Bestätigung gelungener Öffentlichkeitsarbeit. Geschaltet worden waren vier Beiträge in der regionalen Tageszeitung, dazu kamen Hinweise im lokalen Rundfunk und im öffentlich-rechtlichen Hörfunk und ein Veranstaltungshinweis auf einer großen Banderole, die den Stadtplatz in der Höhe des Ausstellungsgebäudes überspannte.

a) Die Einzelbeiträge

In der Lokalzeitung erschienen eine Information zum Gesamtblock „Handel und Verkehr", die auch die Ankündigung des ersten Vortrags enthielt („Es muss gefahren werden"), die Vorankündigung des Ausstellungsevents „Reisen wie in Salzburger Zeit. Innschiffer besuchen mit großem Tamtam Mühldorf"; der Bericht danach („Motor half den starken Schiffern. Reportage von der Ankunft der Innplätte Hohenau in Mühldorf") und die Ankündigung zum zweiten Vortrag „Der Inn als Lebensader".

b) Analyse

Die einzelnen Berichte werden im Folgenden analysiert, um exemplarisch auf Gelungenes und Verbesserungswertes hinzuweisen.

---

[20] Die konkreten, lebensvollen Beispiele aus der Geschichte können unvermittelt auch in „Nähe" kippen, weil man sich vergangenes Leben mit ihrer Hilfe so gut vorstellen kann und weil man Vergleichbares auch heute noch kennt.

Der erste Artikel wird nur kurz, und zwar vor allem in seinen Problemen angesprochen: Ein wichtiges Ziel des Beitrags war, das Prinzip des Rahmenprogramms am Beispiel des ersten Mottos „Verkehr" vorzustellen. Die Grundstruktur („jeden Donnerstag Vortrag, jeden Sonntag Event") kam aber nicht prägnant genug zum Ausdruck. Deutlich spürbar war, dass der Verfasser[21] über wenig journalistische Erfahrung verfügte. Der Abstraktionsgrad des Beitrags war insgesamt zu hoch; der Reiz und die Aussagekraft der Konkretion wurden nicht ausreichend genutzt, um auch Generalia zu transportieren. Die inhaltliche Verknüpfung der Teilveranstaltungen untereinander und ihr Bezug zur Ausstellung wurden dagegen sehr klar.

Den konkreten Fall zu nutzen, um „mehr" damit zu sagen, ist dagegen gerade die Stärke des zweiten Beitrags: Die Ankündigung der Innschiffer steht scheinbar ganz im Zeichen des Events.[22] Dennoch werden zahlreiche Informationen, die anderen Ebenen angehören, transportiert: In ein Interview mit dem verantwortlichen „Innschiffer" aus Wasserburg sind Sachinformationen verpackt. Der Ablauf wird gut nachvollziehbar angekündigt, wobei Kurioses am Rande zusätzlich neugierig macht.[23] Die Verknüpfung zur Ausstellung klingt mehrfach an, abschließend noch einmal mit dem (vom eigentlichen Artikel graphisch abgesetzten) Hinweis auf die Öffnungszeiten.

---

[21] Den Beitrag hatte ich selbst verfasst; mit redaktionellen Veränderungen wurde er abgedruckt.

[22] Autor war der Chefredakteur des MÜA.

[23] Ein Beispiel dafür ist der auch mit Wortwitz gewürzte Hinweis, dass bei Bedarf Wasser aus dem Innkanal in den Inn geleitet wird, damit die „Sache sicher steigen" kann.

Reisen wie in Salzburger Zeit
Innschiffer besuchen mit großem Tamtam Mühldorf

Mühldorf (ha/hon) – Wer mit Herbert Rüdik spricht, landet schnell einige Jahrhunderte vor unserer Zeit. Und plötzlich droht sein Schiff an einem der Pfeiler der Maximiliansbrücke über dem Inn zu zerschellen.

Herbert Rüdik ist Flussmeister in Kraiburg und nicht nur von Berufs wegen dem Inn verbunden. Er gehört auch zu einer Gruppe, die die Schifffahrt auf dem Inn wie vor Hunderten von Jahren betreibt. Mit ihren Kähnen will die Gruppe am Sonntag nach Mühldorf kommen, anlässlich der Jubiläumsausstellung im Haberkasten.

Ob das gelingt, liegt vor allem am Inn, der schon immer das Schicksal der Fährleute prägte. Ohne Antrieb, ganz der Strömung überlassen, fuhren die Lastkähne stromabwärts, ein spannendes Unterfangen: „Schifferlfahrerei ohne Motor ist sehr gefährlich", erzählt Rüdik am Beispiel des gefürchteten Mühldorfer Saulochs. Zuerst die Kurve, dann die Brücke mit ihren 16 Jochen und Pfeilern, die zum Teil nur zehn Meter auseinander standen. „Da musste man erstmal durchkommen." Dem Schiffszug des Kurfürsten Maximilian gelang das nicht, sein Silber liegt bis heute versunken im Inn.

Auch Rüdik und seinen 30 Begleitern droht Ungemach, allerdings nicht von der Innbrücke, denn bis dahin wollen die Wasserburger Innschiffer gar nicht erst fahren. Sie legen an der Innfähre mit ihren Schiffen an, wenn der Fluss es denn zulässt. Derzeit fehlen noch 40 Zentimeter Wasser, die Schiffer brauchen 2,20 Meter unter dem Kiel. Warmes Wetter, das den Schnee in den Alpen taut, wäre gut, dann könnten der Pegel des Flusses steigen und die Schiffszüge um 13 Uhr in Mühldorf eintreffen. Ganz dem Zufall wollten die Veranstalter das Vorhaben dann aber doch nicht überlassen. Deshalb hat sich Bürgermeister Günther Knoblauch mit den Verantwortlichen von Eon darauf verständigt, dass der Inn für die Dauer der Fahrt mehr Wasser erhält. Dem Anlegemanöver auf Höhe der Innfähre steht also nichts mehr im Wege.

Singend werden die Wasserburger dann in den Haberkasten ziehen, in der Ausstellung erzählen sie Anekdoten und Geschichten vom Leben auf dem Inn. Und weil so viele Wasser hungrig macht, gibt es eine deftige Schifferbrotzeit: Die Freiwillige Feuerwehr Mühldorf grillt Sau und Steckerlfisch.

Die Ausstellung „Salzburg in Bayern" ist täglich außer montags von 9.30 bis 19 Uhr zu sehen.

Am Sonntag kommen 30 Wasserburger mit ihrem Schiffszug nach Mühldorf. Nach dem Anlegen erzählen sie in der Ausstellung im Haberkasten vom Leben auf dem Fluss. Foto: re

Abb. 127 Mühldorfer Anzeiger, 5. Juli 2002.

Der den Ankündigungsartikel auszeichnende, wie selbstverständlich wirkende Wechsel zwischen den Ebenen klappt in der Reportage vom Anlegen weniger: Obwohl viel Raum zur Verfügung steht, trotz einer ansprechenden Präsentation mit vier gut ausgewählten und motivstarken Bildern und der stimmigen Grundidee, die Schiffer auf ihrer Fahrt nach Mühldorf zu begleiten und so Gegenwart und Vergangenheit zu verknüpfen, gelingt es hier nicht, als zusätzliche Botschaften z. B. ein Gefühl für das Anliegen der Nikolai Bruderschaft mitzutransportieren, den Zusammenhang zwischen Event und Ausstellung zu verdeutlichen[24] oder eine Brücke zu

---

[24] Es ging eben gerade nicht darum, dass die Schiffer in der Ausstellung „Anekdoten" erzählen. Ganz im Gegenteil: Sie können, quasi als experimentelle Historiker, aus ihren Erfahrungen schöpfen, und die „Informationen" die sie „aus historischen Schriften und Aufzeichnungen" (Zitat aus dem Artikel)

Mühldorfer Erfahrungen mit dem Inn zu schlagen. Auf der Sachebene haben sich kleinere Fehler eingeschlichen. Gravierender aber schlägt zu Buche, dass der Redakteur das Prinzip „Vergangenheit zu inszenieren" nicht wirklich erkannt hat, und damit auch das Spezifikum „Ausstellungsevent" nicht vermitteln kann. Ein Event wie die „Innschiffer" will nicht Abbild von Vergangenheit sein. Es will vielmehr Zugänge zur Vergangenheit schaffen. Zu enthüllen, wo überall „getürkt" wurde und den nur einige Sekunden dauernden Motoreinsatz auf die Ebene der Hauptüberschrift zu heben, ist Ausdruck dieses Nichtverstehens.

---

gewonnen haben und mit Hilfe von Originalquellen und Nachbauten ausprobiert haben, mit besonderer Authentizität an den Besucher bringen.

Motor half den starken Schiffern
Reportage von der Ankunft der Innplätte Hohenau in Mühldorf

Mühldorf (ha) – Beinahe hätte sich der Inn auch dieses Schiff geholt. Die starke Strömung und ein paar Strudel machten der achtköpfigen Besatzung ernsthaft zu schaffen, doch mit vereinter Muskel- (und ein wenig unhistorischer) Motorkraft schafften es die Wasserburger Schiffsleute, die Hohenau sicher im Mühldorfer Hafen zu landen.

Die Reise beginnt morgens um zehn Uhr. Nicht auf dem Wasser, sondern auf dem trockenen Boden im Bauhof in Niederndorf. Dort ist Treffpunkt für den 30-köpfige Mannschaft, die auf der Plätte Richtung Mühldorf schippern will. Das eine oder andere historische Gewand zwickt noch, die letzten Federn werden auf die Hüte gesteckt und schließlich müssen sich alle noch in die orangefarbenen Schwimmwesten zwängen.

Bis alle Mann an Bord sind, vergeht noch einmal über eine halbe Stunde. „Wir sind viel zu spät dran", meint Herbert Rüdik und reibt sich die kleinen Sorgenfalten auf der Stirn. „Aber das holen wir auf. Schließlich haben wir hinten noch eine kleine Hilfe eingebaut", grinst er und deutet auf den Motor im hinteren Teil des Schiffes. Das zwölf Meter lange Holzboot gehört dem Wasserwirtschaftsamt und wird – selbstverständlich mit Genehmigung – für derartige Auftritte zweckentfremdet. Ein kleines Häuschen (Laden), ein paar alte Fässer, Getreidesäcke und natürlich die Schiffer in historischen Gewändern machen aus dem Dienstboot eine Plätte aus einer anderen Zeit.

Rüdik ist der richtige Mann für die Organisation. Denn der 62-jährige ist nicht nur der Vorsitzende der Schiffsbruderschaft Wasserburg, die das historische Spektakel veranstaltet, sondern eben auch Flussmeister in Kraiburg. An Land gibt er noch die letzten Instruktionen für den richtigen Sitz der Schwimmwesten. „Wer reinfällt sollte nicht zu viel Wasser trinken, sonst laufen wir bei Ebing auf Grund", wirft einer seiner Steuermänner ein. Mindestens 2,20 Meter muss der Pegel in Kraiburg betragen, damit eine Fahrt überhaupt möglich ist. Sonst wird es eng an den flachen Stellen.

Um kurz vor elf Uhr legt die Plätte endlich ab. Schon nach den ersten Metern beginnen die Männer im vorderen Teil des Bootes zu summen: „Hom, dahom, Sebastian...". Das Lied der Schiffsknechte ertönt gleich mehrmals während der Fahrt. „Von Mal zu Mal werden wir besser", lacht Rüdik. „Schließlich haben wir schon zwei Jahre nicht gesungen." Der eine oder andere muss zwischendrin immer wieder einmal vom Liedzettel spicken.

Das „Lied der Schiffsknechte" wurde für das Wasserburger Bürgerspiel vor zwei Jahren umgetextet. Damals wurde auch die Schiffsleutbruderschaft wiederbelebt. Aus den 39 Gründungsmitgliedern sind mittlerweile 73 Männer und Frauen geworden, die sich die Pflege der heimatlichen Tradition auf die Fahnen geschrieben haben.

Aus historischen Schriften und Aufzeichnungen hat sich Rüdik die Informationen über das Leben der Schiffersleute geholt. Und er kann die alten Geschichten erzählen, als wäre er selbst dabei gewesen. „Der Schiffsmann an sich war ein rauher Gesell. Im Sommer hat er die Flüsse bereist und im Winter war er arbeitslos. Da blieb es nicht aus, dass auch viel geschluckt wurde", berichtet Rüdik und weist seinen Steuermann an, sich mehr rechts zu halten.

Schließlich ist die schwierige Stelle bei Ebing wo gemeistert. Vereinzelt tauchen an den Ufern ein paar Schaulustige auf und winken. „Katastrophentouristen. Die wollen uns sinken sehen", lacht der Seilknecht.

Sechs Maß Bier und einenhalb Pfund Fleisch standen jedem Schiffsknecht am Tag zu. Die Fleischsuppe wurde an den Anlegeplätzen an den Armen verteilt. „Deshalb waren die Schiffsleute durchaus beliebt in der Bevölkerung. Und natürlich auch bei den Frauen", erzählt Rüdik. „Leit, sperrt's Dirndl'n ei, d' Schiffsleit kemman", hat er damals geheißen.

Plötzlich wird aus dem Geschichtenerzähler Rüdik wieder der Flussmeister. „Da vorne, das ist der Heistinger Hang, das einzig unverbaute Land am Ufer. So hat es früher dann: Männer und Frauen von Bord. Mit Hilfe der Wasserwacht und einem kleinen Beiboot wird der Großteil der Gruppe an Land gebracht, nur acht Schiffsleute sollen wirklich vor Ort anlegen. Die flachen Schwimmwesten werden noch schnell unter den historischen Gewändern versteckt, die Fässer zurecht gerückt und klar Schiff gemacht. Schon krachen die Böllerschüsse durch das Inntal, die die Ankunft der Plätte ankündigen. Die Schiffer haben noch einen langen Tag vor sich: Singend und pfeifend ziehen sie in die Jubiläumsausstellung, wo sie Schiffsanekdoten erzählen. Begleitet werden sie von Hunderten von Schaulustigen, die bereits an der Anlegestelle versammelt haben und gespannt auf das Anlegemanöver warten. Überraschend schnell dreht der Inn die Fähre, die Schiffer geben Kommandos und fluchen laut, denn der Inn reißt die Plätte

Abb. 128 Mühldorfer Anzeiger, 8. Juli 2002.

Dass der Donnertagsvortrag („Der Inn lebt") seinen Reiz darin hat, dass ein kompetenter Fachmann aus dem konkreten Alltag rund um den Inn berichtet, und dass durch eine musikalische Umrahmung mit Schifferliedern eine besondere Atmosphäre geschaffen wird, das vermittelt der Beitrag zur Ankündigung des Vortrags sehr ausdrucksstark.

Insgesamt stellte die Berichterstattung des MÜA einen wichtigen Grund für den Erfolg der Veranstaltungen dar. Dennoch kann an diesem Beispiel ein entscheidendes Postulat für erfolgreiche Pressearbeit begründet werden:

> c) Erfolgreiche Pressearbeit durch einen engen, institutionalisierten Kontakt zwischen der Redaktion der Lokalzeitung und der Ausstellungsseite

Das Ziel des Kontakts ist, unnötige Mängel in der Berichterstattung zu vermeiden. Selbstverständliche Bedingung ist, dass die Redaktion über das Gesamtkonzept und über die einzelnen Veranstaltungen in Kenntnis gesetzt ist. Dafür ist einerseits eine Institutionalisierung der Kontakte mit Jour-fixe-Terminen hilfreich, andererseits eine langfristige Planung.

Optimal wäre auch, vorab über die Frage, „Wer schreibt was?" zu sprechen. Solche Gespräche erscheinen vielen als diffizil: Alle Beteiligten könnten Kompetenzüberschreitungen wittern. Weil aber niemand in allen Hinsichten kompetent sein kann, sollte man sich um optimale Abstimmung bemühen, allen Unkenrufen zum Trotz, die da lauten, „Wer mit Redaktionen diskutieren will, wird von der Presse durch Nicht-Beachtung bestraft" oder „Lieber ein verstümmelter Artikel, als gar keiner!"

Erkennt man gegenseitig Stärken an, kann man Schwächen akzeptieren, so ist der halbe Weg zu überzeugender Berichterstattung bereits geschafft: Die Ausstellungsleute verfügen über die sachliche Kompetenz, die inhaltliche Richtigkeit der Berichterstattung sicherzustellen. Sie kennen die Intentionen, die hinter Gestaltungen und Präsentationsformen, hinter Veranstaltungstypen und -reihen stecken. Je genauer geklärt ist, wie die Zuarbeit erfolgen soll, umso besser können das Wissen und die fachspezifischen Überlegungen des Ausstellungsteams für die Pressearbeit fruchtbar werden.

Die Redakteure kennen dagegen die Adressaten ihrer Zeitung, sind mit der Philosophie des Blattes vertraut, wissen um Darstellungsmöglichkeiten. Selbst wenn vereinbart wird, dass bestimmte Artikel von der Ausstellungsseite bereits vorformuliert werden, sollten die Zeitungsprofis Mängel der journalistischen Amateure in der Darstellungsweise ausgleichen.

Das Beste für alle sind gute, sachrichtige Beiträge, mit treffenden Überschriften, klarer Struktur, einer Schreibweise, die zum Lesen motiviert, und möglichst auch einem visuellen Anker.

Gute Einzelbeiträge sind eines. Aber erst ein Gesamtkonzept der Pressearbeit lässt die Ausstellungsberichterstattung zu einer runden Sache werden. Im Schlussteil des Beitrags werden deshalb in einer chronologischen Abfolge Anregungen zur Pressearbeit zusammengestellt. Selbstverständlich muss auch das Gesamtkonzept zwischen Lokalredaktion und Ausstellung abgesprochen werden.

Mitzubedenken ist, was auch am Beispiel Innschiffer angeklungen ist: Die regionale Tageszeitung ist unerlässlich, um Aufmerksamkeit für eine Ausstellung zu wecken; sie ist aber nicht das einzige Medium, das informiert werden sollte.[25]

III. Leitgedanken für die Pressearbeit – eine Chronologie

1. Gelegenheiten nutzen und schaffen: Pressearbeit vor der Eröffnung der Ausstellung

a) Auftaktveranstaltung in größerer zeitliche Distanz als „Appitizer" für die Ausstellung

Im Falle Mühldorfs fand ein knappes Jahr vor der Eröffnung ein Symposion („Heimat ohne Geschichte?") mit prominenter Beteiligung statt,[26] das das Jubiläumsjahr einläuten sollte. Es bot vielfachen Anlass zu Pressearbeit; wegen der Spezifik wird hier aber nicht näher darauf eingegan-

---

[25] Vgl. hierzu auch die Beiträge zur Rundfunk- und Fernseh-Präsenz in diesem Band: Huber, Öffentlich-rechtlicher Rundfunk, S. 799, Sutor, Lokale Radio- und Fernsehprogramme, S. 813, Pfaff, Öffentlich-rechtliche Fernsehmagazine, S. 805.

[26] Vgl. hierzu: Stadt Mühldorf a. Inn (Hg.): Gestern – heute – morgen. Heimat ohne Geschichte? Tagungsband zum Symposion vom 27. Oktober 2001, Mühldorf 2002. Den Festvortrag hielt Roman Herzog, Bundespräsident a. D.; Grußworte sprachen der Leiter der bayerischen Staatskanzlei, Minister Erwin Huber und der Präsident des Salzburger Landtags, Johann Holztrattner. Referenten waren Prof. Dr. Konrad Köstlin, Universität Wien, Dr. Claus Hipp, Präsident der IHK für München und Oberbayern, Abt Dr. Odilo Lechner, Benediktinerabtei St. Bonifaz, München, Prof. Dr. Heinz Dopsch, Uni Salzburg, Herbert Riehl-Heyse, Leitender Redakteur der Süddeutschen Zeitung, Dr. Erhard Busek, Vizekanzler der Republik Österreich a. D.; Moderation Prof. Dr. Waltraud Schreiber, Eichstätt.

gen. Es ist aber ein sinnvoller Grundsatz, eine attraktive Veranstaltung vorzuschalten, die nicht nur für sich steht, sondern auch auf die Ausstellung als (weiteres) Highlight voraus weist. Die Vernetzung beider ins Bewusstsein zu rücken, mit der Berichterstattung über das eine – die Auftaktveranstaltung – zugleich das andere – die Ausstellung –anzukündigen, ist eine Aufgabe der Pressearbeit.

b) Begleitpublikationen/Begleitforschung – Nachhaltigkeit durch Pressearbeit unterstützen

Die meisten Ausstellungen werden von Publikationen begleitet. Die Erscheinung kann vor, während und nach der Ausstellungslaufzeit liegen.[27] Die einzelnen Bände öffentlich vorzustellen, gehört zur Pressearbeit rund um eine Ausstellung.

Publikationen bieten vielfältigen Anlass für Präsenz in der Presse. Dabei kann auch der Weg der Personifizierungen gewählt werden: Neben den Autoren und den Sponsoren können potenzielle Adressaten der Bezugspunkt sein. In der Bildberichterstattung über den während der Laufzeit der Ausstellung erschienenen Kinderband „Salzburg in Bayern für Kids" wurde auf lokal und regional bekannten Personen gesetzt, um das Interesse von Schulverwaltung, Politik und Wirtschaft am Band zu transportieren.

---

[27] Im Falle der Mühldorfer Ausstellung ist zur Ausstellungseröffnung ein Begleitband erschienen, der mehr ist als ein Katalog, weil er aktuelle an Mühldorf und der Region exemplizierte Forschungsarbeiten zusammenfasst. (Stadt Mühldorf a. Inn (Hg.): Mühldorf a. Inn. Salzburg in Bayern. Begleitband zur gleichnamigen Ausstellung, Mühldorf 2002). Als Ergebnis einer Veranstaltung des Ferienprogramms entstand, schon während der Laufzeit der Ausstellung, ein „Begleitband für Kids", der Informationsquelle für Schule und Familie sein will, und Kinder und Jugendliche dazu anregen will, Geschichte selber zu entdecken (Lehmann, K./Zabold, S. (Hgg.): Mühldorf a. Inn. Salzburg in Bayern für Kids: Kinder entdecken Geschichte, Eichstätt 2002). Ebenfalls erst während der Laufzeit der Ausstellung erschien der Tagungsband zum oben beschriebenen Symposion (Stadt Mühldorf a. Inn (Hg.): Gestern–heute–morgen. Heimat ohne Geschichte? Tagungsband zum Symposion vom 27. Oktober 2001, Mühldorf 2002). Im weiteren Sinn gehört auch das hier vorgelegte Handbuch noch in die Reihe der Ausstellungspublikationen.

Kultur soll Landkreis vereinen

Medienpaket für Schulen vorgestellt – Gesprächsrunde geplant

Mühldorf (hon) – Die Jubiläumsausstellung im Haberkasten soll nicht vorbei sein, wenn sie in gut 14 Tagen ihre Türen schließt. Mit zwei Projekten wollen die Ausstellungsmacher das Thema Geschichte im Landkreis lebendig halten.

Schulkinder sollen langfristig durch ein Medienpaket von der Ausstellung profitieren. Das beschloss jetzt ein Kreis aus Vertretern von Politik, Wirtschaft und Schulen. Professorin Waltraud Schreiber, die große Teile des Begleitprogramms zur Ausstellung gestaltet hat, möchte rund um den Kinderkatalog zur Ausstellung Videos und CD-Roms zusammenstellen, die Grundschulen für den Unterricht nutzen können (siehe Kasten).

Das Medienpaket soll nach Ansicht Schreibers dem Ziel dienen, „eine historische Verwurzelung der Bevölkerung zu erreichen." Ein Anliegen, das auch Landrat Georg Huber in dem Gespräch teilte. „Es ist schwierig, die Identität des Landkreises aufrecht zu erhalten", sagte er. Es müsse darum gehen, Gemeinsamkeiten aufzunehmen und zu vernetzen. Die Beschäftigung mit Geschichte in der Schule biete die „sehr große Möglichkeit, das Zusammenwachsen des Landkreises zu fördern". Dabei sei klar, dass es nicht nur um die Geschichte Mühldorfs gehe, sondern um die der Region.

Darum soll es auch bei einer Gesprächsrunde mit dem Thema „interkommunale Kulturarbeit im Landkreis gehen", zu der Landrat Huber jetzt Kulturbeauftragte, Bürgermeister und Politiker eingeladen hat. Sie können dabei über Möglichkeiten sprechen,

Über Grenzen hinweg: Lehrer, Wirtschaftsvertreter und Politiker setzen auf gemeinsame Kultur- und Geschichtsarbeit, um Wurzeln der Region aufzuzeigen und die Identität des Landkreises zu stärken. Foto: hon

wie die gemeinsame Geschichte für die Bildung einer stärkeren Identität im Landkreis genutzt werden kann.

Mit dem Medienpaket, mit dem Schüler die Geschichte ihres Landkreises zeitgemäß kennen lernen können, soll für Kinder im Grundschulalter dieser Schritt sehr bald getan werden. Nach Auskunft der Schulamtsleiter Mühldorf und Altötting deckt sich die Beschäftigung mit dem Lehrplan. Elfriede Rothenaicher vom Schulamt Altötting nannte das von Schreiber vorgestellte Medienpaket „zeitgemäß und modern". Ihr Kollege Franz Holzner befürwortete das Vorhaben, die Ausstellung nicht nur als punktuelles Ereignis zu betrachten, sondern auch Kindern jüngerer Jahrgänge die Beschäftigung mit ihr zu ermöglichen.

325 Euro soll das Medienpaket kosten, das Geld für diesen so genannten Klassensatz müssen die Schulen aufbringen. Obwohl viele Schulen ihre Budget für heuer schon geplant oder ausgegeben haben, gibt Mühldorfs Hauptschulrektor Christian Funiok dem Vorhaben gute Chancen. Ludwig Bronold, Vorstand der Kreissparkasse, forderte heimische Unternehmen auf, durch Sponsoring solche Aktionen zu ermöglichen.

Ein Klassensatz Geschichte

Mühldorf (re) – Die Grundlage des Medienpakets für Grundschulen bildet die Bild-CD mit Exponaten aus der Ausstellung, Bildquellen zu Zunft, Bürgerkultur, mittelalterliche Belagerungstechnik (als Einzelbilder, zum Teil auch als Diareihe); Text-CD mit Texten, von Schauspielern gesprochen; Film-CD mit ausgewählten Spielszenen aus der Ausstellung Salzburg in Bayern; CD zur Mühldorfer Jubiläumsfeier mit Huldigungskantate.

Dazu gibt es Materialien zur Vorbereitung für Lehrer und Schüler: Begleitbuch zur Ausstellung; Symposionband „Heimat ohne Geschichte?"; Multivisionsfilm der Ausstellung; CD: Das Bunkergelände im Mühldorfer Hart; Film: Vergangenheit, Gegenwart, Zukunft: Umgang mit Geschichte in Mühldorf; Prähofer, Wie es war; Hexenprozess (Quellenedition).

Abb. 129 Mühldorfer Anzeiger, 10. Oktober 2002.

Durchaus sinnvoll wäre es, die Publikationen nicht erst bei der Präsentation, sondern schon im Planungsstadium in der Tagespresse vorzustellen, z. B. indem man einen Historiker bei der Spurensuche begleitet oder über die Gewinnung eines außergewöhnlichen Mitautors berichtet.

Dass Pressearbeit auch über die eigentliche Präsentation des Bandes hinausreichen kann, lässt sich noch einmal am Mühldorfer Beispiel zeigen: Auf der Grundlage des Begleitbuchs druckten die Salzburger Nachrichten eine Serie über den Raum Mühldorf als Salzburger Exklave.

c) Plakate, Flyer, Gesamtprogramm – der Presseauftritt

Im Idealfall sollte den Interessierten bereits vor der Eröffnung der Ausstellung das Gesamtkonzept klar sein. Sie sollen Ausstellungsort und Öffnungszeiten kennen, über Termin und Modalitäten der Eröffnungsveranstaltungen Bescheid wissen, von der Existenz und den Grundstrukturen des Rahmenprogramm gehört haben.

Die Presse allein wäre mit dieser Aufgabe überfordert. Plakate und Flyer müssen die Ausstellung zusätzlich prägnant vorankündigen und in Erinnerung halten.[28]

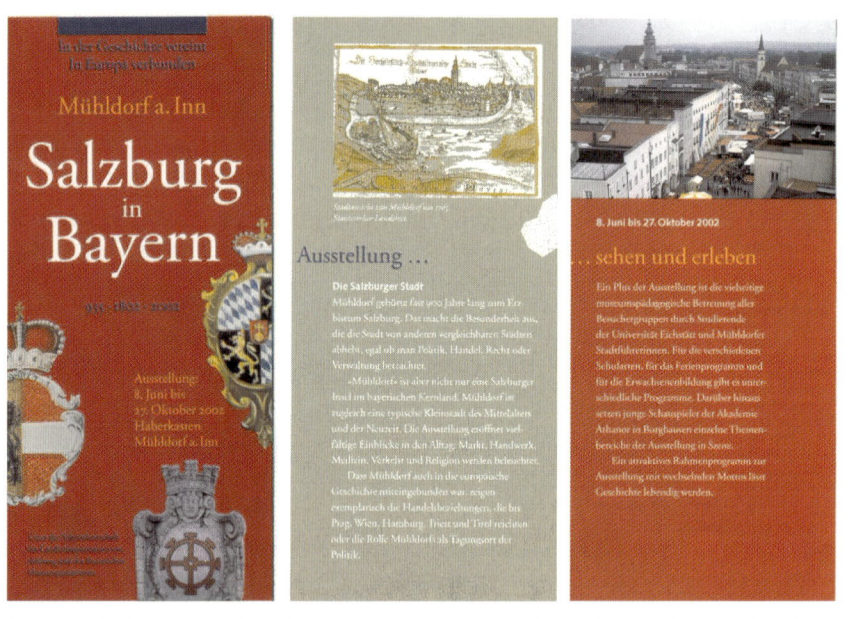

Abb. 130 Hier sind einige der Seiten des sechsspaltigen Flyers abgedruckt, der wiederum das „Logo" nutzt.

Flyer und Plakate über die Presse vorzustellen, bevor sie aufgehängt und verteilt werden ist aber eine sinnvolle und notwendige Ergänzung des öffentlichen Auftritts der Ausstellung. Der optische „Auftritt" der Aus-

---

[28] Zumindest die Flyer müssen auch Hinweise auf das Führungsangebot (und seine Besonderheiten), auf Preise, Öffnungszeiten, Anreisewege etc. enthalten. Ebenso unverzichtbar ist eine Kurzinformation darüber, dass die Ausstellung durch ein interessantes Rahmenprogramm begleitet wird. Dass die einheitliche typographische Gestaltung aller öffentlichen „Auftritte" Einprägung und Wiedererkennung sichert, kann gar nicht oft genug festgestellt werden. Vgl. Beitrag Engelhardt, Der gestalterische Auftritt, S. 63 in diesem Band.

stellung, vor allem das „Logo" sollten nicht nur präsentiert, sondern auch erklärt werden.

Rechtzeitig muss auch ein attraktiv gestaltetes, übersichtliches Gesamtprogramm vorliegen.[29] Gerade bei längeren Laufzeiten der Ausstellung kann es sinnvoll sein, das Programm in zwei Teilen erscheinen zu lassen. Erfahrungen können so besser genutzt werden, die Vorausplanung entzerrt sich etwas.

Die Präsentation des Gesamtprogramms in der Presse, ein oder zwei Wochen vor Ausstellungseröffnung, ist eine gute Gelegenheit, aus der Phase der punktuellen in eine kontinuierliche Pressearbeit überzugehen. Die Presse sollte nicht nur darüber informieren, dass neben der Ausstellung, die bald ihre Tore öffnen wird, in einem festen Rhythmus eine Reihe von Rahmenveranstaltungen stattfinden werden. Es sollten einiger der Highlights bereits konkret aufgegriffen werden, damit sie „vorausstrahlen" und Aufmerksamkeit erregen können.

---

[29] Nicht nur, weil die Finanzierung sichergestellt werden muss, hat es Sinn, regionale Sponsoren zu involvieren. Sie sind auch wichtige Multiplikatoren für das Gesamtprogramm. Ob auch Patenschaften für einzelne Veranstaltungen angezielt werden, ist zu überlegen. Vgl. auch Beitrag Schneider, Kultursponsoring, S. 827 in diesem Band.

Abb. 131 Aus dem Gesamtprogramm: Haberkasten Mühldorf a. I. September bis Dezember 2002.

Es sollte versucht werden, mit den Programmübersichten neben der regionalen Tageszeitung bereits im Vorfeld auch die Umlandzeitungen anzusprechen.

d) Sonderzeitung, Sonderbeilage eine pressespezifische Form der Vorankündigung

Eine weitere Möglichkeit, vor der Eröffnung der Ausstellung die Aufmerksamkeit der Öffentlichkeit zu erregen sind **Sonderzeitungen**. Solche Beilagen müssen von den für die Öffentlichkeitsarbeit Zuständigen und von der zuständigen Redaktion präzise durchgeplant werden. Das, wofür Aufmerksamkeit geweckt werden soll, muss sich wie ein roter Faden durch die Beiträge ziehen, einmal im Vordergrund, einmal im Hintergrund, auf der Textebene, auf der Bildebene, einmal von den politisch Verantwortlichen aus gedacht, dann von den inhaltlich Verantwortlichen aus, schließlich von der Erwartungshaltung der Besucher aus und nicht zuletzt von den Eigengesetzen der Presse aus.

Bausteine einer gut gemachten Sonderzeitung zu einer Ausstellung können sein:
- der Anlass der Ausstellung als schlüssiger „Leitartikel";[30]
- ein Eyecatcher, der eng mit der Ausstellung zusammenhängt;
- das Logo als Gestaltungselement;
- die Gesamtintention der Ausstellung; dargestellt am besten von den Ausstellungsmachern und dem Träger der Ausstellung;
- Hinweise zum Rahmenprogramm, vorgestellt sinnvoller Weise vom dafür Verantwortlichen;
- den Appetit anregende Sachinformationen zu ausgewählten (und in der Ausstellung präsenten) Aspekten der Vergangenheit;
- Hinweise auf die überregionale „Bedeutung" der Ausstellung, die am besten von bekannten externen Experten eingebracht werden;
- eine Andeutung auf neue Erkenntnisse, die die Ausstellung erbringen wird;
- Identifikationsangebote für die Leser der Beilage;
- relevante Gegenwartsbezüge, die am besten Politiker, Wirtschaftsmenschen oder Journalisten einstreuen;
- herausnehmbar:
  Hinweise auf das Organisatorische,[31]
  Anmeldeformular für Gruppenführungen
  Veranstaltungskalender des Rahmenprogramms.

Gerade bei kleinen Ausstellungsteams kann es sein, dass sich alle Kräfte auf das Fertig-Werden der Ausstellung konzentrieren müssen. Die Qualität der Sonderbeilage müsste darunter leiden.[32] Weil Sonderzeitungen

---

[30] Im Falle Mühldorfs war das das Jubiläum „200 Jahre bayerisch", das zugleich fast 900 Jahre Salzburg in den Blick brachte.
[31] Erreichbarkeit, Öffnungszeiten, Führungsangebote, Preise, Kontakte, Literatur etc.
[32] Im Falle der Mühldorfer Ausstellung ergab sich dieses Problem bei der Beilage der Salzburger Nachrichten. Als Eyecatcher wurde eine für die Ausstellung unspezifische Aufnahme des Mühldorfer Altstadtfestes angeboten. Auch die Bildunterschrift barg wenig Motivation für die Bürger des Landes Salzburg, die Ausstellung zu besuchen: „2002 steht für die ehemalige Salzburger Enklave ganz im Zeichen der 200 jährigen Zugehörigkeit zu Bayern". Der Untertext befand sich in deutlichem Kontrast zur Ausstellung, die zwei der

zugleich beträchtliche Kosten verursachen, ist es durchaus der Überlegung Wert, sie nicht vorab, sondern kurz nach der Eröffnung zu bringen.[33] Dann kann der Redakteur auch Bilder aus der Ausstellung einbeziehen, kann das, was besonders gut ankommt, akzentuieren. Besucher können interviewt werden, bereits durchgeführte Veranstaltungen des Rahmenprogramms können genutzt werden, um auf kommende vorauszublicken.

2. Pressearbeit im Umfeld von Ausstellungseröffnungen

a) Eröffnungsevent: Die „Geburt der Ausstellung" wird gefeiert[34]

Die Eröffnungs-Zeremonie zu dokumentieren, gehört zu den Selbstverständlichkeiten der Pressearbeit. Eine Pressemappe zur Vorbereitung, ergänzt durch Materialien aus dem Ausstellungsumfeld, ist ebenfalls Standard. Es sollte versucht werden, nicht nur Vertreter der regionalen Presse anzusprechen. Erfolgreich kann das allerdings nur sein, wenn die Eröffnungsveranstaltung ihrerseits „überregional" angelegt ist.[35]

Die Eröffnung der Ausstellung bietet aber über den Eröffnungsevent hinaus Möglichkeiten für eine kreative und konstruktive Pressearbeit:

b) Geburtsvorbereitung: Die letzten Schritte vor der Eröffnung

Für eine Fotoreportage z. B. eignen sich die „letzten Schritte vor der Eröffnung": Bauhofarbeiter, die die Zufahrt zur Ausstellung beschildern,

---

drei Stockwerke der Salzburger Zeit widmete. Den Adressaten der Salzburger Nachrichten wurde durch die Beilage kaum ein Anreiz gegeben, die Ausstellung zu besuchen.

[33] Kurz nach der Eröffnung erschien eine Beilage in einer der „Nachbarzeitungen" (Passauer Neue Presse). Die Schauspielszenen als Spezifikum schlugen sich in Bild und Text nieder, ebenso die qualitativ herausragenden und vielfältigen Führungen und die Veranstaltungen des Rahmenprogramms. Besucher wurden interviewt, die ihrer Begeisterung über die Ausstellung freien Lauf ließen. Das inzwischen schon recht bekannte Logo wurde für die Titelseite genutzt.

[34] Vgl. Beitrag Hütter, Eröffnung, S. 117 in diesem Band.

[35] Vgl. hierzu die Hinweise der Redakteure von überregionalen Zeitungen, bzw. von Zeitungen der Nachbarlandkreise in diesem Band, Kratzer, S. 789, Dattenberger, S. 793, Jell, S. 783, Strobl, S. 797. Vgl. auch die Hinweise der Redakteure von Rundfunk und Fernsehen, Huber, S. 799, Sutor, S. 813, Pfaff, S. 805.

das von Sicherheitsmaßnahmen begleitete Anliefern eines Highlight-Exponats, die letzten Arbeiten der Gestalter in der Ausstellung.

Es wäre zudem einen Versuch Wert, zu einer Insider- und Presseführung am Abend vor der Eröffnung einzuladen. Das Führungspersonal hätte auf diese Weise Gelegenheit zur Generalprobe. Die Pressemappe für die Eröffnung könnte überreicht und in einem Pressegespräch kurz kommentiert werden. Schritte der Pressearbeit könnten noch einmal durchgesprochen werden.

c) Aktuell zur Eröffnung: Erste Ausstellungskritiken

Aufmerksamkeit, speziell bei einem grundsätzlich an Ausstellung interessierten Publikum, erwecken Ausstellungskritiken. Auch wenn gerade in Bezug auf überregionale Zeitungen durchaus gilt, lieber eine negative als gar keine Besprechung,[36] ist eine positive, zumindest faire Würdigung doch der Wunsch jedes Ausstellungsteams. Über die Möglichkeit einer Ausstellungsbesprechung durch einen erfahrenen Kritiker sollte mit den „Wunsch-Redaktionen" vorab gesprochen werden. Es ist sicher kein Beeinflussungsversuch, den Verlag mit Informationsmaterial für den Rezensenten auszustatten, ihn mit Hintergrundinformationen zu versorgen, den Kritiker zu einer Führung einzuladen, bei der dann auch der Kurator anwesend sein sollte.

3. Pressearbeit während der Laufzeit der Ausstellung

a) Die ersten Beiträge setzen Maßstäbe

Die Pressearbeit der ersten Phase soll das Spezifische der Ausstellung und ihres Rahmenprogramms multiplizieren. Am Beispiel der „Innschiffer" sind einige Aspekte bereits angesprochen worden. Grundsätzlich gilt: Je klarer das Gesamtkonzept für die Öffentlichkeitsarbeit der Ausstellung ist, je erkennbarer die Vernetzungen Rahmenprogramm – Ausstellung, um so größer die Chance, dies auch in der Presseberichterstattung zu spiegeln.

In der ersten Phase der Berichterstattung werden zugleich auch die Weichen der ausstellungsbegleitenden Pressearbeit gestellt. Umorientierungen sind zwar möglich, aber schwierig.

---

[36] Vgl. Kratzer, Überregionale Zeitung, S. 789 in diesem Band.

b) Beispiel für einen Modus der Ausstellungsberichterstattung

In Mühldorf spielte sich folgender Modus ein: Die Ankündigungen der neuen Blöcke des Rahmenprogramms,[37] oft auch die Vorberichte zu den einzelnen Programmpunkten wurden von den Verantwortlichen verfasst und bebildert.[38] Selbstverständlich erfolgte eine redaktionelle Überarbeitung, die – manchmal zum Leidwesen der Autoren – immer auch die Festlegung der Überschriften einbezog. Die Donnerstagveranstaltungen (Kategorie Vorträge) wurden abwechselnd von Besuchern, vom Ausstellungsteam oder von Redakteuren dokumentiert. Die (Bild-) Berichterstattung über die Events der Rahmenprogramms, manchmal auch die Ankündigungen, verfassten die Redakteure (vgl. die Beiträge zur Innschifffahrt).

Sache der Redaktion waren außerdem strukturelle Beiträge zur Ausstellung. Diese Artikel bewegten sich zwischen Resümee, Rezension und dem Herausarbeiten von Besonderheiten. Was in diesen alle paar Wochen extra eingestreuten Beiträgen gesagt wurde, hat stärkeres Gewicht, als die laufende Berichterstattung. Hier wird Meinung zumindest mit beeinflusst.[39]

Die Gattungen waren ganz unterschiedlich. Reportagen zählten ebenso dazu wie ein Kommentar zum Ferienprogramm oder Berichte über Sponsoring und prominente Besucher. Zu bestimmten Präsentationsweisen wurden Kritiken in Auftrag gegeben, z. T. an externe Experten; Bilanzen wurden gezogen, Interviews geführt.

Vgl. hier den Typus eines resümierenden Beitrags:

---

[37] Als schwer zu schreiben erwiesen sich die Artikel, die das jeweils neue Motto, mit den jeweiligen Veranstaltungen, als Einheit ankündigen sollten. Solche Beiträge waren oft zu lang und zu komplex, verlangten den Eingriff der Redaktionen geradezu. Zum Teil stöhnten dann die Fachleute auf: „Als hätte jemand gerade alle wichtigen Sätze gesucht und rausgeworfen!" Beide Seiten hatten in ihren Monita Recht.

[38] Abgeklärt werden müssen auch Fragen der Bezahlung für die Gastredakteure.

[39] Deshalb reagieren die Ausstellungsmacher hier besonders sensibel: Für sie macht es einen Unterschied, ob im Rückblick festgestellt wird, dass eine Veranstaltung des Rahmenprogramms nicht zustande kam, oder ob festgestellt wird, dass 35 der 36 angekündigten durchgeführt werden konnten, oder ob bei der Suche nach positiven und negativen Eintragungen im Besucherbuch Positives und Negatives gleichzahlig gegeneinander gestellt wird, und damit ignoriert wird, dass mehr als 90 % der Einträge positiv bis euphorisch waren.

Mehr als 2000 Ausstellungsgäste
Stadt mit Interesse zufrieden – Rahmenprogramm kommt an

Mühldorf (hon) – Eine positive Bilanz hat die Stadt jetzt nach einem Monat Ausstellung „Mühldorf – Salzburg in Bayern" gezogen. Seit der Eröffnung am 8. Juni haben 2243 Besucher die Ausstellung gesehen. Das sind 112 täglich.

„Die tägliche Besucherzahl übertrifft unsere Erwartungen", betonte Bürgermeister Günther Knoblauch. Besonders großes Interesse konstatierte er Besuchern aus dem Salzburger Raum. Die Universität nutzte ihren Betriebsausflug, Trachtenvereine und Heimatgruppen ihre Ausflüge, um nach Mühldorf zu kommen. Vor allem Gruppen beleben die historische Ausstellung, auch 621 Schülerinnen und Schüler haben sich durch Mühldorfs Historie führen lassen. Aber auch Erwachsene schätzen die Erklärungen der Eichstätter Studenten, die bislang 1228 Menschen die Ausstellung zeigten, das ist die Hälfte der Besucher. Erst allmählich scheint sich herumzusprechen, dass es Dauerkarten für die Ausstellung gibt. Gingen im Juni nur zehn über den Tresen, stieg ihre Zahl seitdem stetig an. Auch die Rahmenveranstaltungen sind gut besucht, Höhepunkt war bisher die Ankunft der Wasserburger Innschiffer, die mehrere hundert Besucher anlockte.

Immer wieder trifft man illustre Gäste im Haberkasten. So ließen es sich die Biermösl Blosn nicht nehmen, vor ihrem Auftritt im Innenhof sich die Ausstellung anzuschauen. Vor allem Hans Well war begeistert und versprach, mit seinen Kindern wieder zu kommen. „Ich hoffe, dass ich dann viele von unseren Konzertbesuchern in der Ausstellung wiedersehe." (Konzertbesprechung auf Seite 21).

Die Ausstellung „Mühldorf – Salzburg in Bayern" ist noch bis 27. Oktober täglich außer Montag von 9.30 bis 19 Uhr zu sehen. Informationen über Führungen, Begleitprogramm und besondere Angebote für Kinder im Rahmen des Ferienprogramms gibt es im Ausstellungsbüro unter Telefon 0 86 31/61 22 24.

Auch die Biermösl-Blosn interessierte sich für Mühldorfs Vergangenheit: Michael, Hans und Christoph Well (von links) ließen sich vor ihrem Auftritt im Haberkasten-Innenhof von Professorin Waldtraut Schreiber über die Bedeutung von Grenzsteinen für das bayerisch-salzburgische Zusammenleben informieren. Foto: ha

Abb. 132 Mühldorfer Anzeiger, Juli 2002.

Der durch die Überschrift als Resümee ausgewiesene Beitrag liefert Informationen für „heute und morgen" mit, nutzt Prominenz, um auch Einheimische zum Ausstellungsbesuch zu animieren und stellt mit den Hinweisen auf Öffnungszeiten, Führungen, Informationsmöglichkeiten Rahmendaten für Interessenten bereit.

Weniger breit angelegt ist die folgende Reportage. Der Redakteur verzichtet (aus der Sicht der Ausstellung leider) weitgehend darauf, zusätzliche Informationen (z. B. über die unterschiedlichen Führungstypen, über Anmeldung zu Führungen, über Führungszeiten für Einzelbesucher oder über Schauspielführungen) einzuflechten.

„Juhu, wir gehen zur Pest"
Die Klasse 3 b beim Rundgang durch die Jubiläumsausstellung

VON WOLFGANG HASERER

Mühldorf – „Juhu, wir gehen zur Pest." Und schon hat die kleine Kerstin drei Schritte Vorsprung. Vorne beim Pestkarren setzt sie sich die Kopfhörer auf und lauscht den Ausführungen der Hörstation. Langsam trudeln auch die Klassenkameraden und Lehrerin Maria Seelmann bei der Station ein. Sie alle nehmen an diesem Vormittag an einer Schulführung durch die Jubiläumsausstellung teil.

Sandra Funk ist die Ruhe selbst. Geduldig beantwortet die 22-jährige Studentin aus Eichstätt alle Fragen, die die Kinder an sie stellen. Auch wenn es manchmal schwer fällt. „Gab es auch spitze Bretter, auf denen die Menschen in die Länge gezogen wurden?", will einer wissen als die niedere und hohe Gerichtsbarkeit im Mittelalter zur Sprache kommt. „Wurden Frauen eigentlich auch bestraft?", fragt eine Mitschülerin rechts daneben. Und Felix interessiert sich dafür, wie lange denn die Schandmaske getragen werden musste.

„Manchmal ist es so, dass ich sogar noch einiges von den Kindern lernen kann", lacht Sandra Funk, die in Eichstätt eigentlich Lehramt Realschule für Deutsch und Geschichte studiert. Über ihren Erweiterungsstudiengang „öffentliche Geschichtskultur" und die Professorin Waldtraud Schreiber ist sie zu dem Job als Ausstellungsführerin gekommen.

Eine Woche vor Ausstellungsbeginn ist vor halb leeren Vitrinen erstmals geprobt worden, die Inhalte der Führungen wurden im Seminar eigens erarbeitet. Zwei- bis dreimal am Tag führen Sandra Funk und ihre Kommilitonen die Besucher durch die Geschichte Mühldorfs. „Man muss sich auf alles einstellen können. Heute Nachmittag habe ich eine Sponsorengruppe. Heute Vormittag ist es eben eine Grundschulklasse", erklärt sie. Aber auch da gibt es Unterschiede. „Eine erste Klasse führe ich anders durch als eine Vierte. Die ganz Kleinen können nämlich noch nicht zu den Schaukästen raufschauen."

Auch inhaltlich wird variiert. „Je nachdem, wo eben gerade im Unterricht der Schwerpunkt liegt", meint die gebürtige Fränkin. Maria Seelmann will zum Beispiel bei ihrer Klasse den Hexenprozess auslassen. „Ich glaube einfach, die Mädchen verstehen in der Grundschule noch nicht, warum ausgerechnet die Frauen verfolgt wurden", meint die Lehrerin.

Also geht es an der Station „Hexenprozess" mit den bohrenden Fragen aus den Lautsprechern vorbei, hinauf in den zweiten Stock des Haberkastens. Dort werden die 20 Kinder von den Schauspielern der Burghausener Theaterakademie überrascht. „Das Schiff, es sinkt. Der Fürst geht unter", schreien sie und laufen zwischen den Stellwänden umher. Neugierige Blicke von allen Seiten. An diesem Vormittag ist es schließlich richtig voll. Drei Schulklassen wandeln gleichzeitig zwischen der Salzburger und Mühldorfer Zeit.

„Normalerweise teilen wir die Klassen auf, so dass eine Gruppe nicht größer als zwölf Kinder hat", entschuldigt sich Sandra Funk für das leichte Chaos, das herrscht, als die Kinder mit Fragebögen in der Hand einzelne Stationen selbst erkunden sollen. „Das mit den Fragebögen klappt nur bei älteren Kindern. Für die Grundschüler ist das zu schwierig."

Auch die Schülerinnen und Schüler der 3 b verlieren langsam das Interesse. „Nach einer Stunde ist es einfach genug. Dann lässt die Konzentration nach", stimmt Maria Seelmann zu und entlässt „ihre" Kinder aus der Führung. „Sie sollen sich noch ein bisschen alleine umschauen und das betrachten, was sie interessiert. Es bringt nichts, jetzt noch vor die Tonbildschau zu hocken." Ganz ohne Ermahnungen kommt die Lehrerin dabei nicht aus: „Anfassen und Rumtoben ist nicht erlaubt."

Die meisten Kinder wissen genau, wo sie noch einmal hinwollen: Zum Eulen- und Käuzchenspiel. Nebenan erklärt Sandra Funk den „Mathematikgenies" das Zahlenspiel. Und Kerstin? Sie ist natürlich in den ersten Stock gelaufen: Zur Peststation.

Sandra Funk und „ihre Kinder": Die Studentin erklärt den Drittklässlern ausführlich das Wichtigste zur Innschifffahrt.
Foto: ha

Und plötzlich wollen alle rechnen: Die Kinder der Klasse 3 b der Grundschule an der Luitpoldallee beim Zahlenspiel.

Abb. 133 Mühldorfer Anzeiger, 14./15. August 2002.

4. Zur Pressearbeit rund um's Rahmenprogramm: Immer wieder anders, aber mit bekannten Strukturen

Die Attraktion eines Rahmenprogramms besteht in den immer wieder neuen Angeboten. Dass dadurch die Ausstellung immer wieder Thema der Tageszeitung sein kann, ist schon festgestellt worden. So wie die Abläufe des Rahmenprogramms bei aller Abwechslung zugleich ihre Ordnung brauchen, so braucht auch die Berichterstattung in der Presse verlässliche Strukturen. Die folgende Dreiteilung wurde in Mühldorf erfolgreich erprobt:
Einführung des neue Zwei-Wochen-Mottos mit einer Übersicht über die vier angebotenen Veranstaltungen,
Erinnerung an die Einzelveranstaltung zwei bis drei Tage vorher,
Nachbericht.

Besondere Bedeutung kommt der Erinnerung einige Tage vor der Veranstaltung zu. Sie sollte am besten ein prägnantes Bild oder einen einprägsamen Slogan enthalten. Der Text ist im Idealfall mit deutlicher Adressatenorientierung geschrieben.[40] Wo es sich anbietet, werden „regionale Personifizierungsmöglichkeiten" genutzt und die Anbindung an regional bedeutsame Ereignisse gesucht. Highlights werden gebührend herausgestrichen.

---

[40] Zusätzliches Ansprechen der Zielgruppe, am besten persönlich oder telefonisch war am effektivsten; das Anschreiben von „Offiziellen" mit der Bitte um weitere Verteilung brachte viel geringeren Erfolg, als erhofft.

a) Personifizierung als Strategie
in der „erinnernden Vorankündigung":

Handwerkstreiben wie im Mittelalter

Großes Programm zur Ausstellung

Mühldorf (hon) – Es ist erstaunlich, wieviele traditionelle Handwerkskünste die Mühldorfer Handwerker noch beherrschen. 27 von ihnen kommen am Sonntag ab 14 Uhr in den Innenhof des Haberkastens, um ihre alten Künste zu zeigen. Vom Buchbinder bis zum Wagner stellen Handwerksmeister ihre Arbeit vor, Besucher erleben eine große Palette alten Handwerks, die die meisten mittelalterlichen Künste repräsentiert.

Dabei sind die Gäste zum Mitmachen eingeladen: Um 15 Uhr dürfen Kinder, um 17 Uhr Erwachsene eine Buchseite gestalten. „Es macht Spaß zu sehen, was unsere heutigen Mitbürger so alles können und es macht Spaß, sich mit ihnen zu unterhalten", sagt Professorin Waltraud Schreiber, die das Rahmenprogramm zur Ausstellung „Salzburg in Bayern" organisiert. Und der Handwerkermarkt hat natürlich eine wissenschaftlich-historische Dimension: „Ein wichtiges Standbein im alten Mühldorf war nun einmal das Handwerk", erläutert Schreiber.

Wer nach dem Besuch des Handwerkermarkts die Ausstellung besuchen will, kann sich dort einer Führung anschließen, spezielle Angebote gibt es wieder für Kinder; die Schauspieler sind natürlich auch da und spielen Szenen aus dem mittelalterlichen Mühldorf nach.

Die Jubiläumsausstellung „Mühldorf – Salzburg in Bayern" ist noch bis 27. Oktober täglich außer montags von 9.30 bis 19 Uhr geöffnet. Informationen unter Telefon 08631/6 12 24.

Anton Weiß trifft letzte Vorbereitungen für den Handwerkermarkt. Der gelernte Seilermeister dreht im Haberkasten Stricke. Foto: hon

Abb. 134 Mühldorfer Anzeiger, 27./28. Juli 2002.

b) Überregionale Relevanz als Reiz zum Kommen

Eine andere Struktur hatte die nachfolgende Vorankündigung: Sie verzichtete auf eine lokale/regionale Anbindung und setzte stattdessen auf die überregionale Relevanz des Themas „Kunst-Literatur-Volksfrömmigkeit". Der Beitrag wurde auch von Lokalzeitungen des Umlands aufgegriffen, und erzielte dort gute Resonanz.[41]

Der Block „Volksfrömmigkeit" richtete sich vorrangig an die ältere Generation und wurde bewusst in die Hauptreisezeit für Familien, die Sommerferien gelegt. Zwei Intentionen kommen im Artikel zum Ausdruck: Zum einen soll der Ablauf des Nachmittags vorgestellt werden,

---

[41] Besonders Besucher aus den angrenzenden Landkreisen Traunstein und Altötting hatten auf die Einladung reagiert und die Ausstellung besucht. Je einer der Referenten stammte aus diesen Landkreisen.

zum anderen sollte das Motto von Ausstellung und Rahmenprogramm unterstrichen werden: „Geschichte geht auch uns Heutige an".[42]

Volksfrömmigkeit steht im Mittelpunkt. Foto: re

„Gott hat geholfen"
Interessantes um die Religion

Mühldorf – Es gibt Themen, die interessieren Menschen, weil sie Leben zeigen, das so ganz anders ist, als alles, was wir heute kennen.

Der Jahrmarkt, die Innschiffer, die Handwerker, das waren solche Themen, die Hunderte von Besuchern des Rahmenprogrammes der Mühldorfer Ausstellung „Salzburg in Bayern" angelockt haben.

Im nächsten Block geht es um „Volksfrömmigkeit". Ist das auch so ein Thema? Oder ist Religion so hoffnungslos „out", dass das niemanden interessiert? Professor Walter Pötzl, Volkskundler aus Eichstätt, meldet Zweifel an: Am Donnerstag, 29. August, um 19 Uhr redet er im Kornkasten über Volksfrömmigkeit - Tradition und Aktualität. Aktualität?

Auch bei den Themen, die am Sonntag, 1. September, vorgestellt werden, klingt es immer wieder durch, dass vieles aktuell geblieben ist, was unsere Vorfahren damals mit ihren Mitteln in den Griff bekommen wollten. Peter Becker aus Altötting erwartet die Besucher um 14 Uhr in der Ausstellung im Habekasten, um ihnen an zwei ausgestellten Votivbildern zu zeigen, wie Alltag und Glaube sich hier spiegeln. Krankheit und Unfall sind die beiden Themen, zwei Situationen, in denen sich auch in unserer säkularen Welt viele auf den Herrgott besinnen. Um 15 Uhr sind Interessierte in den Kornkasten eingeladen: Irmgard Schwoshuber erzählt „Besinnliches und Heiteres rund um den Rosenkranz". Wer sie kennt, weiß auch, dass sie einen Cocktail servieren wird aus Fremdem, Fernem, Nahem und Bekanntem. Professor Hans Gärtner setzt die Reihe fort: Er redet nicht nur über die frommen Leute und ihre Andachtsbildchen, er zeigt auch Beispiele aus seiner großen Sammlung. Um 16 Uhr, wiederum im Kornkasten, können Interessiert ihm zuhören.

Nach so viel zuhören und mitdenken ist es Zeit für's Selber-Tun: Inge Finauer lädt ein, in eigenen Erinnerungen zu stöbern. „Die Besucher wissen sicher noch einiges über christliche Bräuche, vom „Sternsingen" über's „Einblasen" bis zur „Mitternachtsmettn". In einer gemütlichen Runde im Kornkasten setzten sich die Teilnehmer zusammen und erzählen. Vielleicht unterhalten sich die Besucher darüber, ob nicht auch im Brauchtum ein Stück Aktualität schlummert."

Abb. 135 Mühldorfer Anzeiger, 28. August 2002.

---

[42] Vgl. hierzu den Beitrag Schwoshuber, Volksfrömmigkeit, S. 685 in diesem Band.

c) Neuland betreten! Ohne Presse-Unterstützung geht nichts

Eine besondere Betreuung durch die Presse bedürfen Versuche, die Neuland betreten. Eine Absprache mit der Redaktion im Vorfeld ist sinnvoll und notwendig, denn hier könnten sich bereits leise Untertöne als Problem erweisen. Das Prinzip „Besser schlechte Presse als keine" gilt in diesem Falle mit Sicherheit nicht. Im Folgenden werden zwei dieser Versuche herausgegriffen: Die zentrale Jubiläumsveranstaltung zu „200 Jahre Bayern", der so genannte „Aretintag"[43] und die Abschlussverabstaltung.

Der „Artetintag" sollte nicht als Sonderveranstaltung für geladene Gäste arrangiert werden, sondern als offene Veranstaltung für alle. Die Karten wurden deshalb zu einem großen Teil über den freien Markt angeboten. Das barg mehrfache Risiken, z. B. deshalb, weil sich die, die üblicherweise geladen werden, durch eine „nur öffentliche Einladung" möglicherweise nicht angesprochen fühlen. Umgekehrt war es nicht auszuschließen, dass die, die sonst nicht geladen werden, an der Jubiläumsfeier 200 Jahre Bayern kein Interesse zeigten, bzw. gar nicht auf die Idee kamen, sich angesprochen zu fühlen. Zudem war der Termin ein denkbar ungünstiger: Das letzte Ferienwochenende brachte es mit sich, dass viele Urlauber noch unterwegs waren. Ein Flop sollte die Großveranstaltung, die auch vom Bayerischen Fernsehen aufgezeichnet und von einem Sponsor großzügig gefördert wurde, aber keinesfalls werden.

Im Folgenden wird die erste Ankündigung abgedruckt, die gut zwei Wochen vor dem Großereignis erschien und den „Aretintag" in das Motto „Umbruchszeiten" einbindet. Überschrift und Bild sollen suggestiv wirken, während der Text selber auf der Sachebene verharrt. Unnötiger Weise fehlt es dem Beitrag an „Lebensfülle"; die nicht journalistische Herkunft des Autors ist zu spüren. Nach anfänglichem Zögern, vermutlich erst nach dem Einsetzen der Mund-zu Mund-Propaganda und nach einem weiteren Kurzhinweis in der Zeitung, setzt der Kartenverkauf ein. Einige Tage vor dem Jubiläum war die Veranstaltung ausverkauft.

---

[43] Adam v. Aretin hatte die Aufgabe als Generalkommissär, in enger Bindung an Montgelas, die Stifte Freising und die Salzburgische Stadt Mühldorf zu säkularisieren. Vgl. Hamberger, E.: „Nun sind wir glücklich, wir werden bayerisch". Der Übergang Mühldorfs an Bayern 1802. In: Stadt Mühldorf a. Inn (Hg.): Mühldorf a. Inn – Salzburg in Bayern. 935 – 1802 – 2002. Begleitband zur gleichnamigen Ausstellung. Mühldorf 2002, S. 146-159.

Aretin kommt in die Stadt und bringt Freibier mit

Rahmenprogramm zur Ausstellung: Wie Mühldorf bayerisch wurde – Nur 150 Eintrittskarten

Mühldorf (re) – Umbruchszeiten stehen im Zentrum des nächsten Rahmenprogramms zur Ausstellung „Salzburg in Bayern". Den Höhepunkt stellt der „Aretintag" am 14. September dar: Er erinnert daran, wie es war, als Mühldorf vor 200 Jahren bayrisch wurde.

Da passt es trefflich, dass der damals verantwortliche Freiherr Adam von Aretin einen Nachfahren gleichen Namens hat und dass ein anderer Nachfahre ein berühmter Geschichtsprofessor ist: Otmar Freiherr von Aretin hat einen Vortrag über Mühldorf ausgearbeitet, den 200 Jahre nach dem Ereignis sein Neffe Adam von Aretin in Mühldorf halten wird (14. September, 17.30 Uhr, Haberkasten).

Umrahmt wird der Vortrag durch die „Huldigungskantate", die Mühldorf vor 200 Jahren in Altötting, der Nachbarstadt, die nun bald Freundes- und nicht mehr Feindesland sein sollte, in Auftrag gegeben hatte. Heute unterstützt ein Altöttinger Chor die Aufführung, an der Musiker der ganzen Region beteiligt sind. Zum Abschluss lädt Adam von Aretin der Jüngere die Gäste zu einem bayerischen Buffet mit süffigem Aldersbacher Freiherrn Pils ein. Warum das? Er ist der Chef der Brauerei Aldersbach. 150 Karten gibt es für nur fünf Euro. Eingeschlossen sind Kurzführungen zur Säkularisation in der Ausstellung im Haberkasten und am Stadtplatz (Beginn: 15, 15.30, 16, 16.30 Uhr). Der Vorverkauf beginnt am morgigen Mittwoch um 9 Uhr an der Kasse der Ausstellung.

Ohne Napoleon keine Säkularisation. Seine Siege, unter anderem der in Hohenlinden im Jahre 1801, waren maßgeblich dafür, dass Europa neu organisiert wurde. Bernhard Graf hat einen hervorragend beurteilten Dokumentarfilm gedreht: „Verbündet, verleindet, verhasst. Napoleon und Bayern." Er wird diesen Film in Mühldorf präsentieren und von Dreharbeiten und von Hintergrundstorys erzählen. Dieses Schmankerl erwartet Sie am Donnerstag, 5. September, um 17 Uhr im Erdgeschoss des Haberkastens. Am Samstag, 7. September, geht das Rahmenprogramm in die Region: Meinrad Schroff führt zum Thema „Salzburg in Gars". Auch Gars gehörte nämlich ehemals zu Salzburg. Treffpunkt: 14 Uhr, Marktplatz, Mariensäule. Am Freitag, 13. September, um 14 und 17 Uhr finden Sonderführungen für Garser statt.

Wie die Gemeinsamkeiten der Mühldorfer und Salzburger aussahen, will Inge Finauer im Gespräch mit Mühldorfern und Salzburgern genauer wissen: Am Donnerstag, 12. September, um 15 Uhr im Ökonomiestadl sind Einheimische und Salzburger zu einer Gesprächsrunde eingeladen: Eine Salzburger Gruppe freut sich auf einen Austausch über „Sprache, Bräuche, Gewohnheiten". Ein Dampfzug bringt am 15. September die Gäste aus Landshut und Altötting nach Mühldorf. Die Fahrkarten berechtigen auch zum Eintritt in die Ausstellung. Außerdem bietet die Mühldorfer Gastronomie ein spezielles Schmankerl an: Im Bahnhofs- und im Stadtplatzbereich locken Restaurants und Cafés mit ermäßigten Dampflok-Angeboten. Auch Einheimische können in den Genuss dieser Angebote kommen. Der Dampfzug fährt dreimal von Mühldorf nach Altötting und zurück.

Damit auch weiter viele Menschen den Weg in die Jubiläumsausstellung finden, haben die Organisatoren den „Aretintag" auf die Beine gestellt. Ein Nachfahre des Politikers, der Mühldorf bayerisch gemacht hat, kommt in die Stadt und bringt Freibier mit. Foto: gö

Abb. 136 Mühldorfer Anzeiger, 4. September 2002.

Ein echtes Risiko stellte die Abschlussveranstaltung dar: Die Finissage sollte nicht im kleinen Rahmen der Ausstellungsfreunde stattfinden, sondern einen großen, über die Ausstellung hinausgreifenden Kreis an Besuchern, vor allem der jungen und jüngeren Generation einbeziehen. Der Abschluss fand „noch dazu" an einem außergewöhnlichen, ausstellungsfernen Ort statt, einem Discozentrum, unter dem Motto „Austria meets Bavaria". Drei Veranstaltungen mit drei verschiedenen Adressatenkreisen, mit engem und lockerem Bezug zur Ausstellung, waren vorgesehen. Die Finissage selbst richtete sich an „Freunde der Ausstellung", auch an „VIPs" der Region. Für die Jugendlichen war eine Band engagiert, die im Grenzraum zwischen Bayern, Salzburg und Oberösterreich einen Namen hat. Ein „Discopublikum" sollte über eine Radioparty, ausgerichtet von einem bayerischen und einem Salzburger Privatsender angesprochen werden. Die Idee dahinter war, dieses Publikum über die Werbung für die Party auch auf den Schlussspurt der Ausstellung aufmerksam zu machen.

Die Lokalzeitung unterstützte die Initiative intensiv. Auch einige der Umlandzeitungen griffen die Pressemeldung auf. Während der „regionale" Adressatenkreis aktiviert werden konnte, gelang das beim überregionalen nur in geringem Maße.

Jung und Alt feiern gemeinsam
Riesenfest zum Ende der Ausstellung in Mühldorf

Mühldorf (re) – Die vielgelobte Mühldorfer Ausstellung „Salzburg in Bayern" schließt am Sonntag, 27. Oktober, die Tore. Eine besondere Ausstellung braucht auch einen besonderen Schlusspunkt. Im Mühldorfer KingDomParc findet eine große Feier für alle statt. Sie steht unter dem Motto „Austria meets Bavaria". Weil der Kingdom-Parc aus verschiedenen Arealen besteht, können drei Ausstellungen parallel ablaufen. Heraus kommt eine Feier, die man sich nicht entgehen lassen sollte. Nicht als Junger und nicht als jung Gebliebener, und schon gleich gar nicht als Mühldorfer.

Die Freunde der Ausstellung treffen sich ab 19 Uhr zum Riesenfest: Der erfolgreiche Abschluss wird gefeiert. Eingeladen sind ganz speziell die, die zum Gelingen beigetragen haben, beim Handwerkermarkt, beim Tag der Vereine, beim Spieletag, als die Innschiffer und die Halsbacher kamen. Eingeladen sind aber auch die, die sich vom Mühldorfer Geschichtssommer begeistern ließen und in Scharen, zum Teil fünf- und sechsmal, in die Ausstellung kamen. Und eingeladen sind die, die von der Ausstellung profitierten – Gastronomen, Geschäftsleute, Politiker. Ein Sektempfang, ein bayerisch-salzburgisches Buffet sind vorbereitet. Für einen angenehmen Rahmen sorgen nicht nur Stefan Sokola, der Wirt des Kingdom-Parc Restaurants „Tres Amigos", und sein Team. Christine Enghofer steuert Musikgenuss der ersten Güte bei: Sie singt bekannte Musical-Melodien. Die Karten zu 15 Euro gibt es nur im Vorverkauf, der noch bis einschließlich 25. Oktober läuft. Im Preis eingeschlossen ist auch der Eintritt für die Radiopartys. Der Vorverkauf findet im Kulturbüro und Haberkasten Mühldorf statt. Auskünfte unter 0 86 31/61 22 24.

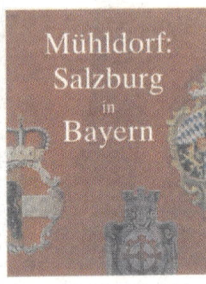

Schon ab 19 Uhr sind auch der Dom, Malibu und Merlin's geöffnet. Richtig los geht es um 20.30 Uhr: Dann präsentiert die Dance-nation von der Inntalia Mühldorf junge Mode in einem Showtanz. Die Modenschau der etwas anderen Art wird die Besucher begeistern. Ab 21 Uhr kann man sich für eine Zeitreise in die 1960er – DJs von Antenne Salzburg legen im Malibu auf – oder für den Dom entscheiden: Dort erwartet die Gäste Live-Rock mit den Treetones und anschließend eine „junge" Radioparty mit Simon und GaGa von Radio Galaxy. Zahlreiche Sonderaktionen unter dem Motto „Brez'n versus Mozartkugeln" sorgen zusätzlich für Unterhaltung: Von Palatschinken und Brez'n bis zu Bodypainting à la Austria oder Bavaria, Reisegutscheinen, und und und....

Der Eintritt für die Partys kostet im Vorverkauf 5 Euro, an der Abendkasse 7 Euro.

Zwischen 19 und 20.30 Uhr bringen kostenlose Busse aus der Region (einschließlich den Städten Salzburg, Landshut und Rosenheim) die Teilnehmer an der Feier zum Kingdom-Parc. Die Rückfahrt erfolgt gegen 0.30 Uhr. Die genauen Abfahrtsorte und -zeiten können bei den Vorverkaufsstellen erfragt werden.

Karten sowohl für die Abschlussfeier als auch für die Partys können unter anderem im Kulturbüro der Stadt, im Haberkasten sowie in den Geschäftsstellen des Oberbayerischen Volksblatts gekauft werden. Weitere Informationen erteilt das Ausstellungsbüro unter der Telefonnummer 0 86 31/61 22 24.

Abb. 137 Mühldorfer Anzeiger, 22. Oktober 2002.

Warum konnte die überregionale Reichweite, die für die Finissage wünschenswert gewesen wäre, nicht erreicht werden? Weder Radiowerbung in Privatsendern, noch überregionale Plakatierung hatten den erwünschten Erfolg. „Was sollen wir Salzburger, Rosenheimer, Landshuter, Trostberger, Wasserburger, Waldkraiburger, Altöttinger in Mühldorf???" An diesem Beispiel soll ein neuralgischer Punkt der Pressearbeit zur gesamten Ausstellung, der bislang nur angeklungen ist, noch einmal dezidiert angesprochen werden: Wie lässt sich der Nahraum überschreiten und eine größere Reichweite erreichen?

5. Die Herausforderung, überregional Aufmerksamkeit zu wecken

a) Problemanalyse

In der zweiten Hälfte der Ausstellungsphase, wenn die eigene Region „aufmerksam" geworden ist, wenn das Konzept der Ausstellung sich als tragfähig erwiesen hat, sollten noch einmal neue Besucherkreise erschlossen werden. Für diese Aufgabe sind Konzepte besonders schwer zu entwickeln.

Geht man von der Macht der Tagespresse auch in den anderen Regionen aus, so wäre es wichtig, die Lokalteile der umliegenden Zeitungen zu erreichen. Nach meiner Wahrnehmung macht die Regionalisierung der Presse dies aber schwierig: Die Faustregel scheint zu sein: Aufgegriffen wird „nur das, was für die Region wichtig ist", bzw. verschärft „nur das, was in der Region ‚passiert'". Außen vor bleiben damit größere Netzwerke, in die der Ort/die Region eingebunden sind. Der Hinweis, dafür gäbe es den Politik-, den Wirtschafts-, den Bayern-, den Welt-Teil trifft meines Erachtens nicht den Kern. Dem „kleinen Raum" wächst nach meiner Auffassung eine neue Aufgabe zu, nämlich eine Balance zum „Globalen" herzustellen. Durch „Regionalismus" wird diese Aufgabe nicht erfüllt. Die Herausforderung, das Kleine in ein Verhältnis zum Fernen, Großräumigen zu setzen, haben, wie mir scheint, Lokal- und Regionalteil der Tageszeitungen noch nicht als ihr ureigenstes Feld entdeckt.

Gerade um den Zusammenhang zwischen dem Großen und dem Kleinen ging es in der Mühldorfer Ausstellung. Deshalb ergaben sich viele konkrete Bezüge in andere Regionen hinein, die sich in der Ausstellung spiegelten. Nur in Ausnahmen, wenn der Lokalredakteur dafür ein Gespür hatte, konnte dieser Ansatz aber vermittelt werden. Dass Mühldorf ein Beispiel für den Typus „Kleinstadt im Mittelalter und der Frühen Neuzeit", und ebenso für Stadt im „neuen Bayern" ist, veranlasste die Regionalredaktionen, wenn sie überhaupt auf die Anfragen reagierten, auf die Mantelseiten der Presseverbünde zu verweisen. Diese „Lösung" geht am Problem der interregionalen Vernetzung ebenso vorbei, wie am Zusammenhang zwischen großem und kleinem Raum. Zudem sprechen die Mantelseiten Kultur oder Feuilleton ein anderes Klientel an.

b) Lösungen?

Es ist ein schwieriges Unterfangen, nicht nur die Aufmerksamkeit für eine dezentrale Ausstellung jenseits der „zuständigen" Regionalzeitung zu gewinnen. Wenn den für eine der kleineren Ausstellungen Zuständigen die Strukturen der Presselandschaft nicht bewusst sind, verringert dies die Chancen „anzukommen" noch einmal. Dasselbe gilt wohl auch für das Fehlen persönlicher Kontakte. Das Zusenden von Material allein ist wenig Erfolg versprechend.

Diese Situation war Anlass, Mitarbeiter aus den Redaktionen der überregionalen Presse bzw. des Rundfunks um Beiträge für diesen Band zu bitten. Die Hinweise und Tipps der Redakteure geben wichtiges Insiderwissen weiter, auf das in der Öffentlichkeitsarbeit zurückgegriffen werden kann.

Ausstellungen in Regionalzeitungen

Von Markus Honervogt

Vorbemerkung: Auf die Zusammenarbeit kommt es an

Die folgenden Ausführungen zur Zusammenarbeit zwischen Veranstaltern und Medien sind geprägt von den Erfahrungen der Mühldorfer Jubiläumsausstellung „Salzburg in Bayern" und des umfangreichen Begleitprogramms. Sie entwickeln davon ausgehend Grundsätze einer für beide Seiten fruchtbaren Zusammenarbeit, die in letzter Konsequenz ein gemeinsames Ziel verfolgt: Den Besuchern der Veranstaltung und den Lesern der Tageszeitung eine umfassende Information über das Gebotene zu liefern. Die konkreten Handlungsanweisungen sollen helfen, Öffentlichkeitsarbeit zu professionalisieren und den Blick dafür zu schärfen, wie Medien funktionieren und welche Themen interessieren.

I. Regionalzeitungen in der deutschen Presselandschaft. Das Beispiel Mühldorfer Anzeiger

Der Mühldorfer Anzeiger (künftig: MÜA) erscheint als Regionalausgabe des Oberbayerischen Volksblatts im Landkreis Mühldorf am Inn in Oberbayern, mit einer Auflage von 16.000 Exemplaren unter der Woche und 18.100 am Samstag (Stand 1.1. 2003). Im Landkreis Mühldorf gibt es keine weitere Tageszeitung, einziger Mitbewerber ist das Anzeigenblatt „Blickpunkt Wochenblatt". Mit einer geringen Verbreitung sind überregionale Zeitungen vertreten, neben der Süddeutschen Zeitung gibt es einige wenige Exemplare der Frankfurter Allgemeinen Zeitung, der Frankfurter Rundschau und der Welt.

Der MÜA erstellt in zwei Redaktionen in Mühldorf und Waldkraiburg den Lokalteil, inklusive Sport und Kultur in der Region. Der Mantel, mit überregionaler Politik-, Wirtschafts-, Sport- und Kulturberichterstattung, stammt vom Münchner Merkur. Untersuchungen haben gezeigt, dass der Lokalteil zu den am intensivsten gelesenen Teilen einer Zeitung gehört; bei einer Umfrage des Allensbacher Institut für Meinungsforschung war für 84 Prozent aller Befragten die regionale Berichterstattung in der Zeitung das, was am meisten interessiert. Die lokale Berichterstattung führt damit die Interessensliste der Leser an – der MÜA und viele andere Regionalzeitungen entsprechen mit ihrem Konzept diesen Erkenntnissen.[1] Zur Idee einer umfassenden Lokalberichterstattung gehört auch die starke Berücksichtigung lokaler Sport- und Kulturthemen, die sich in den regelmäßigen Seiten Sport und Kultur in der Region widerspiegelt. Um die Leserinnen und Leser der Lokalausgabe für diese Seiten zu sensibilisieren, hält die Redaktion strikte Trennungen zwischen lokalen und kulturellen Themen ein. Um eine übersichtliche Leserführung zu gewährleisten, wird auf Themen der Sport- oder Kulturseite bereits auf der ersten Lokalseite hingewiesen. Diese Leserführung ist von besonderer Bedeutung, da regionale Kultur nicht im selben Maß die Aufmerksamkeit der Leser genießt wie der allgemeine Lokalteil. Einen besonderen Leseanreiz für Kulturseiten bietet der hohe Servicecharakter. Die Kulturberichterstattung versteht sich als ein Wegweiser durch das kulturelle Leben in der Region und gibt – neben Besprechungen, Interviews und Reportagen – die entscheidende Übersicht darüber, was, wann und wo passiert und geboten ist.[2] Sie gibt durch ihren Service dem Leser Orientierung und der Zeitung einen großen Nutzwert. Als Schmankerl ist das Angebot von Mitmachaktionen wie Kartenverlosungen zu verstehen, die den Veranstaltern zusätzliche Aufmerksamkeit garantieren und zu einer hohen Leser-Blattbindung führen.

Aus der Monopolstellung des MÜA im Tageszeitungsbereich ergibt sich für alle, die in der Öffentlichkeit wirken wollen die Notwendigkeit einer engen Zusammenarbeit mit der Redaktion.[3] Vor allem bei großen Vorhaben müssen Redaktionen frühzeitig eingebunden und umfassend informiert werden. Dazu gehören auch Hintergrundinformationen, die vor einem möglichen Veröffentlichungstermin die Redaktion in konkrete Planungen einbezieht.[4]

---

[1] Vgl. Allensbachuntersuchungen 5006 von 1989 und 6033 von 1996. Mehrfachnennungen waren bei der Befragung möglich, insgesamt listen die Meinungsforscher 14 Themenfelder auf. Aufschlussreich ist dabei das Interesse an Berichten über das kulturelle Leben: Nur 30 Prozent der Leser interessieren sich für die Kulturberichterstattung.

[2] Dies gilt in gleicher Weise auch für die allgemeine Lokalberichterstattung.

[3] Vgl. Meyn, H.: Massenmedien in Deutschland, Sonderauflage der Bayerischen Landeszentrale für politische Bildungsarbeit, Konstanz 2001, S. 89. Monopolstellung genießen heute viele Regionalzeitungen, da der Trend zur Monopolbildung bereits fortgeschritten ist und in Zukunft weiter Raum greifen wird. Heute steht 34 Prozent der Deutschen nur eine Regionalzeitung zur Verfügung, in Ostdeutschland sind sogar zwei Drittel der Leser an ein Blatt gebunden.

[4] Zu den konkreten Handlungsanweisungen siehe Kapitel IV: Zusammenarbeit, S. 777.

II. Was interessiert die Zeitung? Grundsätze der Berichterstattung

„Lokaljournalismus berichtet aus der Perspektive der Leser, nicht aus der der Honoratioren. Er gleicht dem Marktplatz, auf dem viele Meinungen, aber auch Klatsch zu hören sind".[5] Das Konzept lokaler Berichterstattung, wie es der MÜA verfolgt, lässt sich in einen Satz fassen: Die Lokalzeitung spiegelt das Leben in Stadt und Landkreis wider. Aus Sicht der Leser bedeutet das: Sie finden ihr Lebensumfeld in der Berichterstattung wieder. Dieses Marktplatz-Konzept zeichnet sich durch örtliche Nähe und die Vielfalt der Meinungen und Angebote aus, stellt an Veranstalter besondere Anforderungen. In Regionen, die publizistisch von Regionalzeitungen geprägt sind, beachten die Redaktionen in erster Linie ihr Verbreitungsgebiet und schauen nur in begründeten Fällen über den Tellerrand hinaus. Zugleich sind auch Regionalzeitungen gezwungen, den Blick über den Horizont zu erweitern. Besonders auf kulturellem, wirtschaftlichem und touristischem Gebiet reicht das Interesse der Leser längst über den eigenen Landkreis hinaus. Wer im Landkreis Mühldorf lebt, besucht Theateraufführungen in Eggenfelden oder München, verbringt sein Wochenende am Chiemsee oder in den Bergen, arbeitet in München oder Burghausen. Unternehmen sind auf landkreisübergreifende Zusammenarbeit angewiesen, das gleiche gilt für die Wirtschaftsförderung von Kommunen und Landkreisen. Geschäftsleute werben per Zeitungsinserat nicht nur in ihrer Stadt.

So fließt überregionale Berichterstattung in den Lokalteil ein, immer unter dem Gesichtspunkt des Nutzwertes für die Leser. Wer – wie im Fall der Mühldorfer Ausstellung – Nachbarzeitungen für sein Angebot gewinnen will, muss den Redaktionen klar machen, welchen Nutzen die Leser von Berichten über Angebote in der Nachbarschaft haben. Sie müssen verdeutlichen, dass Informationen über die Veranstaltungen den Freizeitwert und die Lebensqualität erhöhen oder den Bildungsanspruch der Leser befriedigen.

1. Die Vorberichte: Auf die Details kommt es an

Um Lesern Nutzwert liefern zu können, sind vor allem Terminhinweise notwendig. Dazu gehören Terminkalender mit einer Übersicht aller Veranstaltungen, die einen längeren Zeitraum einbeziehen genau wie zusätzliche Ankündigungen einzelner Veranstaltungen. Für Öffentlichkeitsarbeiter ist es notwendig, früh und umfassend zu informieren, damit die

---

[5] Schneider, W.: Handbuch des Journalismus, Reinbeck 1996, S. 268.

Redaktion planen kann. Zu einzelnen Veranstaltungen sollte es ausführlichere Hinweise über Inhalt, Personen, Ort und Zeit geben; auch Fotos sind grundsätzlich wünschenswert. Pressemitteilungen sollten sich dabei an journalistischen Grundregeln orientieren und nach der Bedeutung der Aussagen aufgebaut sein: Was ist neu? Das Wichtigste zuerst. Entscheidend ist, dass Veranstalter dabei ihre Innensicht überwinden und bedenken, dass Redaktion und Leser Außenstehende sind, denen Abläufe, Interna oder Fachbegriffe erläutert werden müssen. Weil solche Pressemitteilungen bearbeitet werden müssen und häufig Nachfragen notwendig sind, sollten sie rechtzeitig in der Redaktion eingehen.

Wie wichtig präzise Informationen für die Redaktion sind, lässt sich exemplarisch am Beispiel: „Ankunft der Innschiffer" im Rahmen der Mühldorfer Jubiläumsausstellung zeigen. So war in mehreren Vorgesprächen und in einer Pressemitteilung von einem Schiffszug die Rede, der von Kraiburg nach Mühldorf fährt. Nicht nur der Reporter war überrascht, als der Schiffszug aus lediglich einem Schiff bestand. Auch unter den Zuschauern, die zumeist durch den Bericht aus dem MÜA auf das Ereignis aufmerksam geworden waren, machte sich gelinde gesagt Überraschung breit. Durch eine präzisere Pressemitteilung hätte diese Peinlichkeit leicht vermieden werden können. Statt sich in historischen Erläuterungen über die Innschifffahrt zu verlieren, hätten die Veranstalter exakte Fakten über das Innschiff und seine Besatzung mitteilen müssen. Dazu hätte der Hinweis gehört, dass Besucher durch die der Historie nachempfundene Schifffahrt Geschichte miterleben und sich anschließend über die tatsächliche Geschichte der Innschifffahrt in der Ausstellung informieren können.

2. Die Nachberichte

Über öffentliche Veranstaltungen berichtet die Redaktion grundsätzlich. Dabei sind je nach Veranstaltungscharakter verschiedene journalistische Formen möglich. Über einen Vortrag lässt sich durch einen Bericht oder ein Interview mit dem Referenten berichten, so genannte Events finden ihren Niederschlag in Reportagen oder Bildergeschichten. Die Redaktion muss vorher wissen, wer bei der Veranstaltung Ansprechpartner ist, Presseinformationen mit Namen und Funktionen von Referenten oder Rednern und Zahlen sind günstig und helfen, Fehler zu vermeiden. Es sollte in jedem Fall die Möglichkeit geben, am Tag danach offene Fragen zu klären, auch hier ist ein vorher vereinbarter Ansprechpartner für die Redaktion notwendig. Fotoreporter sollten möglichst großzügigen Zugang erhalten, Einschränkungen (Verwendung von Blitzgeräten, Zugangsbeschränkungen, Beschränkungen der Zeit zum Fotografieren zum Beispiel bei Konzerten etc.) sind vorher abzusprechen.

Eine große Veranstaltung wie die Ausstellung samt Rahmenprogramm erfordert auch eine Nachbetrachtung. Dazu gehören Zahlen (Besucher, Kosten), Wertungen und Auswirkungen. Diese Nachbetrachtung, die vor allem kommunale Veranstalter ihren Bürgern als Rechenschaft schulden, sollte zeitnah sein. Eine Pressekonferenz, die allen Medien die gleiche Ausgangslage gibt, ist ein geeignetes Mittel, um Ergebnisse vorzustellen und Resümee zu ziehen.

III. Das Jubiläumsjahr in der Stadt Mühldorf: Das Konzept der Berichterstattung

Seit dem Jahr 2000 plante die Stadt Muhldorf besondere Aktionen zu ihrem Jubiläumsjahr der 200-jährigen Zugehörigkeit zu Bayern im Jahr 2002. Der MÜA war von Anfang über diese Überlegungen informiert, auch wenn diese anfangs noch sehr vage und unbestimmt waren. Viele Ideen wurden im Laufe der Zeit geboren und veröffentlicht, später wieder revidiert oder gestrichen. Der rote Faden der Berichterstattung war in den ersten Monaten lediglich: „Die Stadt plant etwas, was, wird sich später zeigen." So ergab sich in der Berichterstattung im Vorfeld des Jubiläumsjahres zunächst eine bunte Mischung verschiedener journalistischer Formen zu verschiedenen Themen mit Aussagen verschiedener Akteure, vom Bürgermeister, über die Leiter des Verkehrsamts und des Kulturamts bis zum Stadtarchivar, der für die Konzeption der Ausstellung verantwortlich war. Die konkreten Vorhaben nahmen nur ganz allmählich Gestalt an und wurden immer wieder Veränderungen unterworfen.

Erst zu Beginn des Jahres 2001 zeichneten sich für die Öffentlichkeit vier Schwerpunkte ab: Ein Symposium zum Thema Heimat im Vorgriff auf die Ausstellung, ein Kulturprogramm mit Schwerpunkt österreichisch-deutscher Angebote, eine große geschichtliche Ausstellung (die Idee eines Rahmenprogramm wurde für die Redaktion erkennbar erst später geboren) und ein großes „Spiel der Jahrhunderte", das aus Kostengründen ganz aus dem Programm genommen wurde.[6]

---

[6] Um die Problematik dieser Entwicklung zu verdeutlichen, sei ein Artikel aus dem MÜA aus dem September 2001 erwähnt. Unter der Überschrift „Napoleon reitet über den Stadtplatz" berichtete die Redaktion über ein geplantes historisches Spiel. Einige Monate später, im Mai 2002, folgte die Absage mit dem Artikel: „Napoleon reitet doch nicht."

1. Die Ausstellung: Tote Vitrinen sagen nichts

Für die historische Ausstellung zum Jubiläum gilt die Grundregel der Berichterstattung: Die Ausstellung ist Teil des Geschehens in Mühldorf. Von daher stellte sich nie die Frage, ob sie im MÜA Platz finden würde. Wichtiger war die Frage: Wie kann eine lebendige Berichterstattung über eine Geschichtsausstellung aussehen? Je konkreter die Pläne für die Jubiläumsausstellung in Mühldorf wurden, desto deutlicher zeigte sich ihr Charakter als „Erlebnisausstellung", wie sie von der Stadt beabsichtigt war. Verschiedene Medien, die Auftritte von Schauspielern oder das früh konzipierte museumspädagogische Programm für Kinder boten die Chance, die Ausstellung auch in der Lokal-Berichterstattung lebendig werden zu lassen. Zugleich erhoben die Ausstellungsmacher den Anspruch, eine wissenschaftlich exakte Ausstellung zu präsentieren, die ihren Niederschlag im Heimatfeuilleton finden musste.

Vor diesem Hintergrund entschied sich die Redaktion, über Rahmenprogramm oder besondere Aktionen mit Reportagen und Interviews im allgemeinen Lokalteil zu berichten. Auch die Ankündigung dieser Veranstaltungen fand sich auf den allgemeinen Lokalseiten. Wer sich im MÜA dagegen über Aufbau und Konzept der Ausstellung informieren wollte, konnte dies mit mehreren großen Berichten im Heimatfeuilleton „Kultur in der Region" tun. Im Vorfeld erläuterte der Stadtarchivar mehrfach seine Intentionen und Pläne und teilte den jeweiligen Planungsstand mit.

Weil die Größe den Rahmen einmaliger Berichterstattung sprengte, setzte die Redaktion nach der Eröffnung der Ausstellung Schwerpunkte, widmete sich einmal der Ausstellung als ganzer, würdigte die Diaschau, analysierte einzelne Abteilungen und besprach die beiden Kataloge. Um eine kontinuierliche Berichterstattung zu gewährleisten und die Leser nicht mit übergroßen, einmaligen Artikeln zu überfordern, erschienen diese Beiträge über die ersten Wochen verteilt.

2. Das Rahmenprogramm: Eine Ausstellung wird lebendig

Das Begleitprogramm – von der Eröffnung, über einzelne Veranstaltungen bis zur Schlussfeier – fand sich im Lokalteil wieder. Bei der Berichterstattung konnte die Redaktion mit verschiedenen journalistischen Formen spielen und so einen lesergerechten Zugang finden.

3. Das Logo: Wiedererkennung für Leser

Um die Orientierung der Leser in der Berichterstattung zu erleichtern, entschied sich die Redaktion frühzeitig, alle Berichte mit einem Logo zu kennzeichnen. In Absprache mit der Stadt übernahm die Redaktion das offizielle Logo der Ausstellung, die Übertragung der Rechte war deshalb kein Problem. Schwieriger gestaltete sich eine notwendige Reduzierung der Aussage des offiziellen zu einem eingängigen und übersichtlichen Zeitungs-Logo. Die Informationsvielfalt des offiziellen Signets und die unterschiedlichen Schrifttypen und Größen mussten vereinheitlicht und verdichtet werden. Durch die ähnliche Aufmachung und Farbgestaltung beider Logos konnte dennoch ein übergreifender Wiederkennungseffekt erreicht werden, da sich das offizielle Signet auf allen Ankündigungen und Plakaten der Stadt fand. Die Reduzierung der Aussage im MÜA trug den grafischen Anforderungen einer Tageszeitung Rechnung.

IV. Die Zusammenarbeit: Organisatoren und Redaktionen brauchen Ansprechpartner und ausführliche Informationen

1. Grundsätze

Um einen fruchtbaren Kontakt mit der Redaktion zu pflegen, müssen Organisatoren Strukturen und Ansprechpartner kennen. Briefe, E-Mails und Anrufe müssen an die von der Redaktion zu benennenden Ansprechpartner gerichtet sein. Sinnvollerweise sind Organisatoren mit grundlegenden Strukturen und Richtlinien der Presseorgane vertraut und können so einschätzen, welche Themen wie aufbereitet für die Redaktion interessant sind. Umgekehrt sollte es für die Redaktion konkrete, informierte und autorisierte Ansprechpartner geben.[7] Die zuständigen Ansprechpartner müssen auch die technischen Details kennen, vom Redaktionsschluss bis zu den einfachsten Übertragungswegen für Pressemitteilungen und Fotos. Diese Vorgaben können von Medium zu Medium, von Zeitung zu

---

[7] Vor allem in der Zusammenarbeit mit kommunalen Einrichtungen oder Verbänden gibt es immer wieder Reibungsverluste, weil nur Behörden- oder Verbandsleiter auskunftsberechtigt sind, ihnen aber oft die kurzfristig abzurufenden Informationen fehlen. Für journalistische Berichterstattung gilt darüber hinaus, dass unterschiedliche Stimmen und Gesichter Berichte lebendiger machen: Es muss nicht immer der Bürgermeister sein.

Zeitung unterschiedlich sein. Sie sind nicht zu verallgemeinern, Absprachen darüber sind deshalb unerlässlich.

Ein problematisches Thema sind Pressemitteilungen. Oft entsprechen sie wie oben erwähnt journalistischen Vorgaben nicht, sondern genügen allein wissenschaftlichen oder behördlichen Kriterien. Sie sind zu lang und enthalten Details, die über eine Zeitung (geschweige denn Radio oder Fernsehen) nicht vermittelbar sind. Gute, nach journalistischen Regeln verfasste Pressemitteilungen, erleichtern den Redaktionen dagegen die Arbeit, Lesern das Lesen, vermeiden Fehler und erhöhen deshalb die Chancen, abgedruckt zu werden. Als Handreichung mag der praktische Tipp gelten, Pressemitteilungen nach dem Schema von Nachrichten aufzubauen, orientiert an der Leitschnur der sieben Ws: Wer, was, wann, wo, warum, für wen (Zielgruppe), woher (Quellenangabe). Die Beachtung der sieben Ws garantiert, dass das Wichtigste zuerst kommt. Beginnen Pressemitteilungen (oder Zeitungsartikel) dagegen mit langatmigen Ausführungen über Hintergründe oder Zusammenhänge, kann es passieren, dass der Leser (auch Redakteure sind zunächst Leser) bis zu den entscheidenden Punkten gar nicht kommt: Was wann und wo passiert. Wenn in der Pressemitteilung die wichtigen Dinge geklärt sind, dürfen Hintergrundinformationen oder Zusammenhänge folgen.[8]

Wichtig ist, dass Pressemitteilungen grundsätzlich Absender und Telefonnummer für Nachfragen erhalten. Sie sollten rechtzeitig vor der gewünschten Veröffentlichung in der Redaktion ankommen. Der Vorlauf ist von Medium zu Medium, von Redaktion zu Redaktion verschieden und mit den Ansprechpartnern zu klären.

Frühzeitige und andauernde Informationen über laufende Projekte helfen Redaktionen und Organisatoren effektiv zu planen und zu arbeiten.

2. Die Pressekonferenz

Das bewährte Mittel, um größere Veranstaltungen oder Veranstaltungsreihen vorzustellen, sind Pressekonferenzen, zu der alle regionalen Medien, auch die aus der unmittelbaren Nachbarschaft, eingeladen werden. Bei dieser Pressekonferenz, an der seitens des Veranstalters alle Ansprechpartner der Medien teilnehmen sollten, wird das Gesamtprogramm vorgestellt. Dabei ist es zunächst wichtig, die Konzeption zu erläutern. Damit soll Medienvertretern Einblick in die Absichten und Vorhaben der

---

[8] Einführungen in Öffentlichkeitsarbeit bieten: Franck, N.: Handbuch Presse- und Öffentlichkeitsarbeit, Frankfurt 2003. Mertens, K.: Einführung in Public Relations, Bd. 1 u. 2, Leverkusen 2003.

Veranstalter gegeben werden. Zusätzlich sollten die wichtigsten Programmpunkte vorgestellt werden. Hilfreich ist eine Pressemappe, die einen Veranstaltungskalender oder Programmablauf, Gästeliste und ein Verzeichnis der Ansprechpartner enthält.

Die Pressekonferenz sollte weit im Vorfeld der Veranstaltung stattfinden, damit Redaktionen ihre Arbeit planen und Richtlinien für die Berichterstattung erarbeiten können. Unter Umständen (Änderung des Programms, Neuerungen) ist eine zweite Pressekonferenz unmittelbar vor Veranstaltungsbeginn sinnvoll.[9]

3. Laufender Kontakt

Während die Gestaltung der Jubiläumsausstellung in Mühldorf früh konkrete Formen annahm und in ständigem Kontakt an den MÜA weiter gegeben wurde, entwickelte sich das Begleitprogramm erst Schritt für Schritt, als die Ausstellung bereits lief.[10] Von Redaktionen wie Organisatoren erforderte die Zusammenarbeit ein hohes Maß an Flexibilität. Enge Absprachen führten bei allen Reibungsverlusten zu einem befriedigenden Ergebnis, das allerdings noch verbesserungsfähig gewesen wäre.

Grundsätzlich ist das Verhältnis von Öffentlichkeitsarbeitern zur Presse sensibel. Gemeinsam ist beiden, dass sie die Öffentlichkeit (Absicht des Veranstalters) und ihre Leser (Absicht der Zeitung) umfassend und unterhaltsam informieren wollen. Aus diesem gemeinsamen Interesse können allerdings gegensätzliche Ansprüche erwachsen: Öffentlichkeitsarbeit will Beiträge grundsätzlich groß und gut plaziert sehen. Sie sollen nicht nur informieren, sondern auch werben. Die Redaktion muss dagegen auf einen guten Themenmix achten und die Ausgewogenheit im Verhältnis zu anderen Veranstaltern wahren. Dazu kommt ihre kritische Funktion, bei der Angebote und Veranstaltungen gewertet werden.

Verbreitet ist die Ansicht, Öffentlichkeitsarbeiter müssten den Redaktionen Honig ums Maul schmieren, um ihre Ziele durchsetzen zu können. Redaktionen sind aber grundsätzlich offen für Anregungen und Kritik, da

---

[9] Im Fall der Mühldorfer Ausstellung und des Begleitprogramms gab es eine solche Pressekonferenz nicht. Organisatoren und Medien waren deshalb gezwungen, einzelne Elemente wie ein Puzzle zusammenzufügen, die erst allmählich ein Ganzes ergaben.

[10] So ist beispielsweise auch zu erklären, dass das Rahmenprogramm in der großen Sonderpublikation zur Ausstellungseröffnung keinen Niederschlag fand. Bei Redaktionsschluss existierte es nicht. Die einzelnen Veranstaltungen wurden nur vor den Terminen und häufig äußerst kurzfristig bekannt gemacht.

es ihrer Arbeit und dem Nutzwert der Zeitung dient: Den Lesern verständlich zu machen, um was es bei den einzelnen Angeboten geht.

Bei einem relativ engen Kontakt, wie er zwischen Veranstaltern und Redaktion im Falle der Jubiläumsausstellung und des Rahmenprogramms bestand, wäre ein zwischenzeitliches Feedback erwünscht und möglich gewesen. Dabei hätten unterschiedliche Interessen und Intentionen geklärt werden können. Die Redaktion hätte vor allem genauere Information über die Absichten des Begleitprogramms einholen müssen, um falsche Einschätzungen zu vermeiden. Den Organisatoren des Begleitprogramms ging es mit dem Begleitprogramm nämlich nicht nur darum, „Schmankerl" zur Ausstellung zu liefern, welche die Ausstellung interessanter machten, sondern Geschichte zum Erlebnis zu machen. Diesen Gesichtspunkt haben die Organisatoren nicht von Anfang an deutlich genug gemacht. Die Redaktion musste sich diesen Gesichtspunkt im Laufe der Berichterstattung erarbeiten.

V. Zum Schluss: Zehn Vorschläge für eine gute Zusammenarbeit

Organisatoren informieren sich über Struktur, Arbeitsweise und Verbreitungsgebiet des betreffenden Mediums und kennen ihre Ansprechpartner. Bei erstmaligem Kontakt oder größeren Projekten ist ein Besuch in der Redaktion sinnvoll.
(1) Technische Abläufe in den Redaktionen sowie Fristen sind zu klären und einzuhalten.
(2) Übermittlungswege von Pressemitteilungen und Fotos werden erfragt.
(3) Öffentlichkeitsarbeiter informieren die Redaktion frühzeitig und umfassend über Programm, Termine und Inhalte. Bei großen Vorhaben sind Pressekonferenzen sinnvoll.
(4) Organisatoren beziehen den von den Redaktionen angestrebten Nutzwert der Medien in ihre Überlegungen ein und machen deutlich, welchen Gewinn die Leser von einer ausführlichen Berichterstattung haben.
(5) Pressemitteilungen orientieren sich ausschließlich an journalistischen und nicht wissenschaftlichen oder behördlichen Grundsätzen und Sprachgebrauch. Das Neue und Wichtigste steht in jeder Pressemitteilung am Anfang, erst danach werden Hintergründe oder Zusammenhänge mitgeteilt.
(6) Die Redaktionen brauchen kompetente und autorisierte Ansprechpartner, die auch kurzfristig Informationen geben können und dürfen.

Telefonnummern und E-Mail-Adressen müssen den Redaktionen zur Verfügung gestellt werden.

(7) Bei Veranstaltungen sind Ansprechpartner zu benennen und Arbeitsbedingungen (zum Beispiel Einschränkungen bei Interviews oder dem Fotografieren) vorab zu klären und von beiden Seiten einzuhalten. Tagesordnung oder Programmablauf sowie die Namen und Funktionen der Redner oder Referenten liegen schriftlich vor.

(8) Organisatoren und Öffentlichkeitsarbeiter erkennen den Auftrag der Medien zur Kritik und Kommentierung an. Medien sind keine Werbeagenturen.

(9) Konkrete Kritik an der Berichterstattung ist grundsätzlich erlaubt und sinnvoll, Anregungen sind erwünscht.

Ausstellung in den Lokalzeitungen der Nachbarlandkreise

Von Andreas Jell

Eine Veranstaltung vom Ausmaß der Mühldorfer Ausstellung „Salzburg in Bayern" findet ihren Niederschlag auch in der überregionalen Presse und wird selbstverständlich in den lokalen Medien ausführlichst gewürdigt. Da aber die Reichweite der lokalen Medien gewöhnlich nicht über die Grenzen des eigenen Landkreises hinausreichen und über das Feuilleton überregionaler Zeitungen die breite Masse der Bevölkerung nicht erreicht wird, tut sich jenseits der Landkreisgrenzen eine Informationslücke auf. Diese zu schließen, um auch das möglicherweise interessierte Publikum im weiteren Umkreis anzusprechen, das ist die Aufgabe der Öffentlichkeitsarbeit. In diesem Beitrag soll eine praktische Anleitung gegeben werden, wie in täglich erscheinenden Lokalzeitungen eine Ausstellung in der Region bekannt gemacht und für einzelne Veranstaltungen des Rahmenprogramms geworben werden kann.

Im Gegensatz zur Lokalredaktion im Ort einer Ausstellung, berichten Redaktionen in Nachbarlandkreisen nicht von sich aus, sondern müssen mit Pressematerial versorgt werden. Dass es sich bei den Bewohnern benachbarter Landkreise nicht um ein zu vernachlässigendes Besucherpotential handelt, wird deutlich, wenn man überlegt, welche Strecken Menschen auf sich nehmen, um Theater, Konzerte oder Sportveranstaltungen zu besuchen. Bis zu einer Stunde Autofahrt – etwa in diesem Radius sollten die Menschen auf die Veranstaltungen im Umfeld einer Ausstellung aufmerksam gemacht werden. Durch die notwendige Einteilung in Politik-, Regional- und Lokalteil können jedoch abhängig von Verlagsstrukturen der Lokalpresse wichtige Informationen untergehen. Während nämlich die Lokalausgaben ein und desselben Verlags ihre Artikel zumindest teilweise untereinander austauschen, beziehungsweise ganze Seiten übernehmen, herrscht zwischen zwei Verlagsgebieten quasi Nachrichtensperre. Dies ist umso stärker ausgeprägt, je klarer die Grenzen von Verbreitungsgebieten mit den Grenzen politischer Verwaltungseinheiten zusammenfallen.

Zu den Tageszeitungen kommen noch eine Reihe von Anzeigenblättern, sowie Lokalradio und Lokalfernsehen. Die Arbeitsteilung, und damit die Suche nach geeigneten Ansprechpartnern für die Öffentlichkeitsarbeit, ist bei Tageszeitungen am differenziertesten. Die Gestaltung einer Tageszeitung erfolgt durch Redaktionen an unterschiedlichen Orten und mit überregionalem Anspruch. Anzeigenblätter, Lokalradio und Lokalfernsehen dagegen konzentrieren sich sowohl örtlich (ein Redaktionsstandort) als auch thematisch (aus dem Landkreis, für den Landkreis) auf ein engeres Gebiet.

Was im Folgenden über die thematische Auswahl des Pressematerials gesagt wird, gilt analog auch für die übrigen Lokalmedien. Fünf Schritte sind dabei auszuführen:

I. Sich über geeignete Ansprechpartner informieren

Um eine flächendeckende Berichterstattung zu erreichen, sollte man sich über die Zeitungslandschaft der Region und die wichtigsten verlagsinternen Organisationsstrukturen im Klaren sein, bevor man mit einzelnen Redaktionen in Kontakt tritt. Nicht jede Tageszeitung stellt einen eigenen Verlag dar, die meisten Lokalzeitungen sind Ableger größerer Verlagshäuser.[1] Außerdem bestehen Kooperationen, die insbesondere für kleinere Zeitungsverlage notwendig sind. So bezieht der Dingolfinger Anzeiger den Mantel, das heißt den Politik-, Regional- und den überregionalen Sportteil vom Straubinger Tagblatt. Eine ähnliche Kooperation besteht auch zwischen dem Münchner Merkur und dem Oberbayerischen Volksblatt in Rosenheim, das für seine Ausgaben den Mantel aus München bezieht. Die Lokalseiten samt Heimatsport stammen von der beziehungsweise den eigenen Lokalredaktionen. Durch diese Zusammenarbeit sparen kleinere Verlage den Aufwand für die Mantelredaktionen (Politik, Wirtschaft, Bayern, Sport). Seit sich vor 30 Jahren infolge der Gebietsreform in Bayern die Landkreisgrenzen verändert haben und ganze Landkreise von der Landkarte verschwunden sind, stimmen Landkreisgrenzen und die Verbreitungsgebiete in vielen Fällen nicht mehr überein. Manche Verlage haben diese Veränderungen nachvollzogen, oftmals jedoch blieben die alten Strukturen bestehen, um die Kontinuität zu wahren und dadurch keine Leser zu verlieren.

Um den geeigneten Ansprechpartner zu finden, muss man sich über die Struktur der Zeitung im Verlagsverbund im Klaren werden. Man muss z. B. wissen, welcher Teil der Zeitung wo produziert wird. Es gibt

---

[1] Im näheren Umkreis von Mühldorf am Inn befinden sich fünf Zeitungsverlage mit Sitzen in München (Münchner Merkur), Rosenheim (Oberbayerisches Volksblatt), Passau (Passauer Neue Presse), Straubing (Straubinger Tagblatt/Landshuter Zeitung) und Dingolfing (Dingolfinger Anzeiger). Lediglich das Verlagshaus Wällischmiller in Dingolfing bringt mit dem Dingolfinger Anzeiger, dessen Verbreitungsgebiet den südlichen Teil des Landkreises Dingolfing-Landau umfasst (Altlandkreis Dingolfing), nur eine Zeitung heraus.

mehrere Möglichkeiten, die nötigen Informationen über die Struktur der Verlage und den Aufbau der einzelnen Zeitungen zu sammeln. Gute Übersichten über Verlagsstrukturen mit sämtlichen Lokalausgaben eines Verlages geben die Prospekte für Anzeigenkunden. Darin finden sich neben den Preisen für Anzeigen auch Informationen über Verbreitungsgebiete, Lokalausgaben und Auflagen. Auch im Internet sind diese Informationen abzurufen. Daneben lohnt ein Blick in eine Ausgabe der Zeitung, die sich im Visier der Öffentlichkeitsarbeit befindet. Neben dem Impressum sind auch auf thematisch ausgewiesenen Seiten wie beispielsweise Lokalteil, Feuilleton oder Jugendseiten oftmals die zuständigen Redakteure verzeichnet. Viele Zeitungen enthalten im Lokalteil Kulturseiten oder Seiten mit Hinweisen auf kommende Veranstaltungen im Verbreitungsgebiet und der näheren Umgebung. Ansprechpartner ist immer diejenige Redaktion, die für die Veranstaltungs- oder Kulturseiten zuständig ist.

II. Formalia für Pressetexte sind zu beachten

Zeitungsmitarbeiter aus einer Lokalredaktion im Nachbarlandkreis können im Regelfall nicht persönlich vor Ort erscheinen. Deshalb ist es die Aufgabe der Öffentlichkeitsarbeit, die Medien aus der weiteren Umgebung mit Pressematerial zu versorgen. Einige journalistische Grundregeln sind dabei zu beachten: Die wichtigsten Informationen gehören an den Anfang einer Pressemitteilung, damit die Texte problemlos von hinten gekürzt und an die Platzverhältnisse angepasst werden können. Nähere Einzelheiten über die journalistischen und technischen Anforderungen an Pressetexte enthalten Richtlinien, die manche Redaktionen an ihre freien Mitarbeiter ausgeben. Derlei Broschüren enthalten beispielsweise Hinweise zum Verfassen der Artikel, zum Fotografieren, über die richtigen Dateiformate bei der Benutzung von E-Mail und anderes mehr.

III. Vier Arten der Ankündigung sind zu unterscheiden

1. Mehrspaltiger Vor- oder Nachbericht

Ein ausführlicher drei- oder mehrspaltiger Vor- oder Nachbericht mit vielen Details und eventuell mit Stellungnahmen von Mitwirkenden oder Besuchern bietet sich an für die Eröffnung einer Ausstellung mit der Darstellung der wichtigsten Themen und Schauobjekte. Hierfür ist der Regionalteil oder das Feuilleton einer Zeitung der geeignete Platz zur Veröffentlichung, während die übrigen Artikel auf Veranstaltungs- oder Kulturseiten des Lokalteils am besten aufgehoben sind. In kleinerem Umfang (zweispaltig) können auch bedeutende Vorträge mit einer knappen Inhaltsangabe angekündigt oder Hintergrundinformationen zu Themenwochen geliefert werden.

2. Knappe Ankündigung

Die zweite Art stellen knapp gefasste Ankündigungen im Meldungsstil dar, möglicherweise auch eine kurze Auflistung sämtlichen Veranstaltungen der kommenden Woche beziehungsweise des nächsten Monats. Solch einspaltige Meldungen sind als Fülltexte beim Seitenumbruch immer nützlich, weshalb es nützlicher ist, mehrere kurze Meldungen statt eines langen Artikels zu senden.

3. Veranstaltungshinweis

In vielen Zeitungen gibt es eine Rubrik „Kurz notiert" oder „Veranstaltungen und Hinweise" für Veranstaltungshinweise von ein bis zwei Sätzen. Mit solch einem Kurzhinweis am Tag der Veranstaltung können Interessierte noch einmal an eine Veranstaltung erinnert oder kurz Entschlossene gewonnen werde.

4. Annonce

Zuletzt bleibt noch eine bezahlte Anzeige, wobei abhängig von der Größe der Annonce meist zusätzlich ein Bericht im redaktionellen Teil vereinbart werden kann. Diese Verfahrensweise bietet sich für gesellschaftliche, volksfest- oder eventartige Veranstaltungen, wie Märkte, historische Feste, möglicherweise auch für Konzerte an, denn während Ankündigungen für kulturelle Veranstaltungen im Regelfall bereitwillig veröffentlicht werden, kommt man bei kommerziellen Veranstaltungen um Anzeigen nicht umhin. Das hierfür benötigte Budget muss nicht notwendigerweise von den Ausstellungsveranstaltern alleine bereitgestellt werden. Auf Nachfrage im Rathaus, bei Festwirten, Brauereien, Händlern und Schaustellern oder Sponsoren lassen sich meist Zuschüsse zu den Werbungskosten aushandeln. Bei kommerziellen Veranstaltungen ist es besser, in der zuständigen Redaktion nachzufragen wie groß eine Anzeige sein muss, um zusätzlich einen Pressetext im redaktionellen Teil unterzubringen. So erzielt man günstigere Bedingungen, denn die Anzeigenverkäufer legen strengere Maßstäbe an. Die genauen Einzelheiten sind am besten in einem persönlichen Gespräch mit dem zuständigen Redakteuren zu vereinbaren.

IV. Geeignete Themen sind auszuwählen

Bei der thematischen Auswahl für Pressetexte bedarf es einiger Vorüberlegungen, um Enttäuschungen zu vermeiden, denn abhängig von der Entfernung zum Ausstellungsort wird das Angebot aus unterschiedlicher Perspektive wahrgenommen. Bei Bewohnern der Nachbarlandkreise liegen die Schwerpunkte ihres Interesses naturgemäß anders als bei den Einwohnern des Ausstellungsortes und der unmittelbaren Umgebung. Das muss man bedenken, bevor man sich mit den zuständigen Redaktionen in Verbindung setzt. So vermeidet man langwierige Diskussionen und Enttäuschungen, falls eingesandte Pressetexte nicht veröffentlicht werden. Ein „Perspektivenwechsel" eröffnet dem für die Öffentlichkeitsarbeit Zuständigen ein einfaches Auswahlkriterium. Man sollte sich fragen, was einen selber als Bewohner eines benachbarten Landkreises bewegen würde, den Weg zum Ausstellungsort auf sich zu nehmen. Vorträge namhafter Referenten zu Themen allgemeiner Art sind auch für das nicht ortsansässige Publikum interessant, während Themen mit ausschließlich lokalem Bezug außerhalb des engeren Umfeldes des Veranstaltungsorts niemanden ansprechen.[2] Mehr noch als trockene Vorträge locken das Publikum außergewöhnliche Veranstaltungen und Feste.[3] Eine

---

[2] Beispiele für überregional interessante Vorträge im Rahmen der Ausstellung „Salzburg in Bayern" sind der Vortrag von Professor Walter Pötzl über Volksfrömmigkeit, der Festvortrag von Adam Freiherr von Aretin über seinen Vorfahren Adam Freiherr von Aretin und die Eingliederung Mühldorfs in Bayern, der Militärhistorische Vortrag mit Demonstration der im Dreißigjährigen Krieg eingesetzten Waffen durch Marcus Junkelmann, der Vortrag „Recht und Gesetz in Mühldorf" präsentiert von einem Wissenschaftler (Reinhard Heydenreuter vom Hauptstaatsarchiv in München) und einem Satiriker sowie der Vortrag „Die Reichskreise" von Peter Claus Hartmann mit anschließendem Kerzenlicht-Souper „Der Kreistag tagt" mit historischer Musik. Der Einzugsbereich an Interessenten für Vorträge über Mühldorfs höhere Schule und die Mühldorfer Vereine hingegen endet schon wenige Kilometer hinter der Stadtgrenze.

[3] Beispiele aus dem Mühldorfer Rahmenprogramm wären die Filmpräsentation über Napoleon und Bayern durch den Filmemacher Bernhard Graf oder der Handwerksmarkt, der Jahrmarkt „Markttreiben mit den Halsbachern", die erste Mühldorfer Museumsnacht oder die Dampflok-Sternfahrt nach Mühldorf.

Ausnahme von thematischen Auswahlkriterien ergibt sich aus der räumlichen Nähe von Veranstaltungen zum Nachbarlandkreis. Dezentrale Veranstaltungen in oder nahe am Verbreitungsgebiet von „Nachbarzeitungen" beziehungsweise im Überschneidungsgebiet zu einer angrenzenden Zeitung sollten ungeachtet des lokalen Themas auch in der dortigen Lokalzeitung publiziert werden.[4]

V. Zusätzliche Möglichkeiten, die Ausstellung bekannt zu machen, sind zu nutzen

Neben den Pressetexten sollten auch Plakate und Broschüren an die Zeitungen der Nachbarlandkreise versendet werden, um sie in den dortigen Geschäftsstellen aufhängen beziehungsweise auslegen zu lassen. Auch könnte der Bücherverkauf in diesen Geschäftsstellen für den Vertrieb der Ausstellungskataloge genutzt werden. Weniger in Betracht kommt bei einer Zeitung im Nachbarlandkreis der Kartenvorverkauf für Veranstaltungen des Rahmenprogramms. Hierzu besser geeignet ist jedoch – abgesehen von Großveranstaltungen – die Geschäftsstelle der örtlichen Zeitung. Für den Verkauf von Ausstellungskatalogen und Eintrittskarten ist mit den Vertriebsabteilungen Kontakt aufzunehmen, die jedoch auf einem Anteil von einigen Prozent bestehen werden. Als abschließende Aufgabe verbleibt nur noch die Berichterstattung zu verfolgen und nachzuhaken, wenn Ankündigungen nicht rechtzeitig veröffentlicht werden.

---

[4] Beispiele wären Veranstaltungen, die außerhalb des Ausstellungsortes stattfanden, aber das Ausstellungsthema aufgriffen und regional wendeten: „Salzburg in Neumarkt St. Veit" und „Salzburg in Buchbach" (Vgl. den Beitrag Schroll, Wieder erkennen, wieder finden, S. 655 in diesem Band.)

Überregionale Zeitungen und „kleine Ausstellungen"

Von Hans Kratzer

Das Konzert der Rolling Stones, die Finanznöte der Berliner Opern, die Kunstschätze von Sankt Petersburg. Wahllos herausgegriffene, sehr unterschiedliche Themen, die aber eines gemeinsam haben: Die Feuilletons der großen Tageszeitungen widmen ihnen viel Platz und Aufmerksamkeit, weil sie damit auf den Zeitgeist und den Geschmack eines anspruchsvollen Kultur-Publikums zielen.

Das Feuilleton, wie der Kulturteil einer Zeitung gerne bezeichnet wird, ist von seiner sprachlichen Wurzel her ein Ableger des Französischen. „Feuille" nannte man jenes Blatt, das den Zeitungen vom 18. Jahrhundert an beigelegt war. Die Autoren schrieben dort über kulturelle Themen, wobei sie über die Nachricht hinaus einen eigenwilligen Sprachstil entwickelten. In den großen Blättern ist es bei dieser knappen Beilage nicht geblieben. Heute räumt fast jede Zeitung dem Feuilleton breiten Raum ein – schließlich gilt es als redaktionelles Aushängeschild und auch als Gradmesser für die Qualität der Zeitung. Kein Wunder also, dass hier vor allem die „Edelfedern" schreiben. Aber auch das Spektrum der Themen im Kulturteil hat sich enorm erweitert: Neben den klassischen Themen wie Kunst, Musik, Poesie und Theater gehören mittlerweile auch Disziplinen wie Politik, Bildung, Wissenschaft, Geschichte, Philosophie, Religion und Medien zum Arbeitsgebiet eines Kultur-Journalisten.

I. Viele Kulturangebote und wenig Platz

Im Kultur-Ressort herrscht selten Mangel an Stoff und Geschichten. Die Nachrichtenticker spucken ohne Unterlass Meldungen aus, und die Schreibtische der Redakteure biegen sich unter der Last der täglichen Briefe, Faxe und E-Mails. Deren Botschaft lautet fast immer: Bitte berücksichtigen Sie unser Konzert, unsere Ausstellung, unsere Lesung. Selbst der kleinste Kulturtipp in der Tageszeitung garantiert heute Erfolg, ist oft bares Geld wert. Wird zum Beispiel ein Buch in der Literaturbeilage des Spiegels, der Zeit, der SZ oder der FAZ besprochen, schnellen dessen Verkaufszahlen im Nu in die Höhe. Galeristen berichten, dass ein kurzer Hinweis auf einer überregionalen Kulturseite ausreicht, um die Besucherzahlen bei Ausstellungen zu verfünffachen, ja zu verzehnfachen. Jene Projekte, die ins Blatt gehoben werden, haben deutlich bessere Erfolgschancen, selbst wenn der Kritiker die Ausstellung, das Konzert, das

Buch verreisst. Die Folgen sind zwiespältig: Die Begehrlichkeiten steigen, der Druck auf die Redaktionen wächst, die redaktionelle Unabhängigkeit gerät schon mal in Gefahr, Veranstalter und Leser sind verärgert und enttäuscht, wenn ihre Erwartungen nicht erfüllt werden.

So mancher Kultur- und Public-Relations-Manager muss sich im Angesicht einer Zeitungsredaktion gelegentlich vorkommen wie jener von Franz Kafka beschriebene Mann, der vor dem Gesetz steht und Einlass begehrt, vom Türsteher aber stets zurückgewiesen wird – ein Leben lang, bis er hört, nun habe er seine Chance vertan. Gewiss steigt in dem einen oder anderen Veranstalter das Gefühl hoch, der blanken Willkür der Redakteure ausgeliefert zu sein, was in den meisten Fällen freilich nicht zutrifft. Denn Zeitungsmacher haben andere Sorgen. In einem schier unübersehbaren Kulturangebot müssen sie den Überblick behalten, Wichtiges von Unwichtigem trennen, Entwicklungen analysieren, geistige Orientierung bieten, niveauvoll unterhalten, dabei aber mit immer weniger Platz zurechtkommen, Honorare sparen, eine gute Mischung an Themen erzielen und trotz aller Beschränkungen eine gute und spannende Zeitung machen.

Wer einer überregionalen Tageszeitung eine Ausstellung schmackhaft machen will, deren Strahlkraft regional begrenzt ist, der sollte sich zunächst mit den Strukturen des Blattes vertraut machen. Er sollte wissen, dass der Platz für die Kultur in Zeiten knapper Kassen nicht umfangreicher, sondern schmäler wird, dass Redakteursstellen eingespart und Seiten gestrichen werden. Dies sollte ihn aber nicht entmutigen, denn die Kultur hat auch in wirtschaftlich schlechten Zeiten ihren Platz. Ein exemplarischer Blick in die Süddeutsche Zeitung macht deutlich, dass sich die dortige Kulturberichterstattung immerhin auf fünf Ebenen erstreckt, beginnend beim lokalen Kulturgeschehen, das auf den Landkreisausgaben abgehandelt wird. Auch dem Kulturbetrieb in der Stadt München widmet die SZ eine tägliche Seite. Außerdem bietet der Bayernteil eine wöchentliche Kulturseite. Schließlich gibt es eine wöchentliche Veranstaltungsbeilage (SZ Extra), die mit einer Fülle von Hinweisen und Ankündigungen vor allem Servicecharakter hat. Über allem steht freilich das große SZ-Feuilleton, das sich beschreibend und kommentierend den herausragenden Kulturthemen aus aller Welt widmet und dabei meinungsbildenden Anspruch hegt. Alles in allem werden dem Leser damit täglich bis zu zehn Seiten, manchmal sogar zwanzig Seiten Kultur angeboten, ein enormer Umfang – und trotzdem kann damit nur ein kleiner Teil des Kulturgeschehens abgebildet und gewürdigt werden. Für die Redakteure heißt das: Vieles prüfen, Weniges auswählen, diesen Stoff nach journalistischen Kriterien bewerten und aufbereiten und ihn in der am besten geeigneten Darstellungsform dem Leser servieren: als Reportage, Essay, Nachricht oder in Form eines Interviews.

II. Auf Kulturangebote „richtig" aufmerksam machen

Der Kulturteil einer überregionalen Zeitung will den Leser kompetent, leidenschaftlich, ironisch und manchmal auch provozierend durch den Dschungel der Nachrichten und Veranstaltungen lotsen, dabei Neues entdecken und Altbekanntes aus neuem Blickwinkel darstellen. Selbst eine auf den ersten Blick regional bedeutende Ausstellung wie in Mühldorf findet also nicht von selbst den Weg in das Feuilleton. Zunächst ist sie nur ein weiterer Tupfer in dem nie versiegenden Strom von Karten, Briefen, Einladungen, Büchern, Broschüren, Flyern, Bildern und Fotos, die in der Redaktion landen. Also müssen sich die Veranstalter mehr einfallen lassen als nur Post zu verschicken oder anzurufen. Natürlich ist es nicht einfach, in einem überbordenden Sommerprogramm mit einer Flut von Konzerten, Freilichtspielen und Ausstellungen auf sich aufmerksam zu machen. Auf jeden Fall sollte zunächst die Kontaktaufnahme mit einem Redaktionsmitglied angestrebt werden, sei es via Telefon, Pressegespräch oder Redaktionsbesuch: Hierbei geht es um eine sachliche, unaufdringliche, knappe Darlegung und Begründung des Themas. Unterstützende Materialien sollten übersichtlich, aber ebenfalls kurz gehalten sein. Kaum ein Redakteur hat noch Zeit, seitenlange Ankündigungen durchzulesen. Stets hilfreich sind aussagekräftige Fotos und Grafiken, die auch per E-Mail an die Redaktion geschickt werden können. Nicht zu vergessen: Auch Redakteure haben Vorlieben und Spezialgebiete. Es ist die Mühe wert, herauszufinden, welchem Redakteur das angebotene Thema am besten liegt. Die längerfristige Lektüre der anvisierten Zeitung ist also angesagt.

III. Erfolgreiche Liaison von Ausstellung und überregionaler Zeitung am Beispiel

Im Falle Mühldorf hat die persönliche Kontaktaufnahme von Frau Professor Waltraud Schreiber zur Bayern-Redaktion der SZ und vor allem die anschließende Führung eines Redakteurs durch die Ausstellung Aufmerksamkeit und Interesse geweckt und den Blick geöffnet für das breite Spektrum der Thematik. Die Liaison zwischen Mühldorf und Salzburg mitsamt ihrer politischen und historischen Brisanz entpuppte sich als zwingendes Thema für den Bayernteil der SZ – nicht nur wegen des Inhalts der Ausstellung, sondern auch wegen der überzeugenden Aufbereitung im Haberkasten. Die Zeitung widmete der Ausstellung einen Aufmacher auf einer Kulturseite, wobei nicht die detaillierte Auflistung der Ausstellungs-Exponate im Vordergrund stand, sondern die exemplarische Darstellung bayerischer Geschichte mit Reportage-Elementen, in die auch das heutige Aufblitzen der historischen Wurzeln der Stadt Mühldorf mit eingebunden war. Auf der Recherche vom Hunger getrieben, stieß der SZ-Journalist nämlich schon im ersten Metzgerladen auf jene typischen Charakterzüge, die man den Mühldorfern aufgrund ihrer Vergangenheit nachsagt. Die Gespräche zwischen Verkäuferinnen und Kunden zeigten mehr als deutlich, dass die Mühldorfer tatsächlich, wie ihnen nachgesagt wird, die Urwüchsigkeit der Bayern und die Liebenswürdigkeit der Salzburger besitzen.

Doch selbst ein fundierter Beitrag in einer überregionalen Zeitung kann nicht die breite, kontinuierliche und alle Aspekte umfassende Berichterstattung der Lokalblätter ersetzen, die vor Ort ihrer Chronistenpflicht nachkommen und eine Ausstellung und ihr Rahmenprogramm über längere Zeit hinweg ohne Platznot begleiten können. Ein überregionaler Kulturteil muss sich auf Weniges beschränken, aber dabei das Besondere des Geschehens herausarbeiten und das Ergebnis sprachlich attraktiv einordnen. Regionale und überregionale Betrachtungsweisen können dabei durchaus unterschiedliche Bewertungen hervorbringen.

Der Ausstellungsort Haberkasten und die innovativen Ausstellungsmacher haben mit ihrem Mühldorfer Projekt zu Recht in mehreren überregionalen Medien Erwähnung gefunden. Vielleicht verhält es sich mit der alten Handelsstadt am Inn ähnlich wie mit einem Fußball-Talent, das nach einem überragenden Spiel mit dickem Tintenstrich im Notizblock des Trainers vermerkt ist. Auch Mühldorf ist nun in den Kalendern der Feuilleton-Redaktionen als gute Adresse notiert. Die Stadt und der Haberkasten werden in der Kultur-Szene künftig stärkere Beachtung finden als bisher – weil sie sich mit der Ausstellung „Salzburg in Bayern" glänzend präsentiert haben und weil es ihnen gelungen ist, mit spannenden Konzepten, attraktiven Veranstaltungen und einer offensiven Öffentlichkeitsarbeit weit über Mühldorf hinaus Interesse zu wecken.

„Kleine Ausstellung" und der Mantelteil von Presseverbünden

Von Simone Dattenberger

Handgemachte Töpferware, alte bäuerliche Gerätschaften, abstrakte Druckgrafik, internationale Spitzenkunst, Plastiken des örtlichen Kunstvereins, Kinderzeichnungen aus einem Workshop, neue Befunde archäologischer Ausgrabungen aus dem Dorf nebenan, technisches Spielzeug des 19. Jahrhunderts, die Geschichte des heimischen Salzbergwerks ...Es gibt unendlich viele Möglichkeiten von Ausstellungen. Alle werden an die Lokalredaktion am Ort (natürlich auch an die lokalen Radio- und Fernsehstationen) sowie meist an die Feuilletonredaktion des so genannten „Mantels" der regionalen oder überregionalen Zeitung herangetragen. Und alle wollen angekündigt, beachtet, rezensiert, also irgendwie journalistisch begleitet werden. Für diejenigen, die die jeweilige Schau konzipiert und/oder bestückt haben, die gewissermaßen ihr Herzblut in ihre Kunst, in ihr Handwerk, in ihr Projekt gelegt haben, ist sie die einzige, die wichtigste Exposition überhaupt. Für die Redaktionen ist sie eine unter vielen. Und: die Zeitung hat nur begrenzt Platz.

Die lokalen Ausgaben werden naturgemäß „ihre" Ausstellungen bevorzugen und völlig zu Recht groß herausbringen. Vorbericht(e), Eröffnungsfeierlichkeit, Ausstellungsbesprechung, später ein Feature über das Publikumsinteresse, Informationen über Begleitveranstaltungen etc. sind denkbar.[1] Zugleich – das enttäuscht die Ausstellungsmacher – nimmt der überregionale Kulturteil der gleichen Zeitung das Projekt nicht einmal mit einer Meldung wahr. Wenn man Glück hat, erscheint vielleicht ein kleiner Artikel im Bayern-Teil des „Mantels".

Wer eine Ausstellung plant, sollte seine Chancen von Anfang an realistisch einschätzen. Interessiert mein Thema nur lokal? Oder regional? Überregional? Will ich mich bewusst beschränken (das ist schließlich keine Schande), oder will ich einen größtmöglichen Kreis an Lesern für mein Unternehmen begeistern? Und das ist der entscheidende Punkt, an dem sich „Macher" und Redakteure treffen: das Publikum. Für die Medien stehen ihre „Kunden" im Vordergrund, denen will man eine spannende Vielfalt bieten.

Dass die Ausstellung XY unbedingt zu dieser aufregenden Vielfalt gehört, davon müssen die Veranstalter die Journalisten überzeugen – und zwar jede einzelne Redaktion. Irgendwelche Informationen – und seien sie noch so gut gemeint – irgendwo hinzuschicken und zu glauben,

---

[1] Vgl. hierzu den Beitrag Honervogt, Regionalzeitung, S. 771 in diesem Band.

sogleich stürmten die „Schreiberlinge" herbei, ist Traumtänzerei. Öffentlichkeitsarbeit ist echte, konsequente Arbeit und nur schwer nebenher zu erledigen. „Laien" sollten sich deswegen nicht abschrecken lassen, sind es doch oft ausgerechnet PR-Agenturen, die dilettantisch vorgehen. Wer eine Firma engagieren will, sollte sich die Vorgehensweise vorher erklären lassen und kritisch beurteilen. Wird zielgenau gearbeitet oder wird nur Aktionismus gestartet? In letzterem Fall ist dafür jeder Euro verschwendet.

Wer seine Ausstellung „verkaufen" will, muss sich über die Zielgruppe informieren. Wie schon erwähnt, zunächst: „Lokales", dann eventuell „Bayern" und „Feuilleton". Um die Zeitungen, die Ressorts und die Redakteure sowie die freien Mitarbeiter, die Schwerpunkte, Vorlieben, Zielsetzungen der Zeitung/des Ressorts kennen zu lernen, studiert man wochen-, besser monatelang die jeweiligen Blätter, inklusive Impressum. Nimmt man dann Kontakt auf, kennt man die Namen, schreibt sie richtig (!), weiß die Titel, kennt die Funktionen im Blatt (Ressortleiter; der Zuständige für bildende Kunst, Geschichte u. Ä.). Das klingt banal. Aber allzu oft kommt es vor, dass Anrufer weder den Namen des Chefredakteurs oder des Ressortleiters präsent haben; und schnell wird klar, der „Anbieter" hatte wohl noch nie die Zeitung in der Hand. Keine gute Voraussetzung für eine Zusammenarbeit. Niemand sollte sich wundern, wenn er dann abgewimmelt wird. Man kann kein Interesse erwarten von jemandem, für den man sich selbst nicht interessiert.

Natürlich haben es „berühmte" Veranstalter leichter. Wenn das Münchner Lenbachhaus, die Pinakothek der Moderne, das Murnauer Schlossmuseum oder der Rosenheimer Lokschuppen eine Exposition ankündigen, müssen sie nicht mühsam für sich werben. Diese Veranstaltungen sind ein Muss. Der Kunstverein oder die Galerie von nebenan haben es da schon schwerer. Sie treten gegen eine massive, gleichartige Konkurrenz an. Völlig unbekannte „Debütanten" haben aber noch mehr Mühe, denn der zuständige Redakteur kann sie noch nicht einschätzen. Sie müssen sich und ihre Arbeit erst aus- und beweisen, müssen sich vorstellen. Das heißt: Anruf bei der/den Redaktion/en. Wieder ist ein Mindestmaß an Wissen über das Zeitungsmachen nötig. Nie ein Telefonat nach der Mittagszeit, denn da läuft die Tageszeitungsproduktion auf stressigen Hochtouren – und jeder Anrufer stört. Also, sich vormittags melden, fragen, ob man stört, kurz (!) und klar sagen, worum es geht, ein Treffen vereinbaren. Auch hierbei gilt: sich knapp fassen; Redakteure stehen immer unter Zeitdruck. Ansichtsmaterial (kurzer, informativer Text, Fotos) sollte bei so einem Besuch schon vorhanden sein.

Steht schließlich die Eröffnung der Ausstellung an, müssen Einladungen, Fotos, Kurzerklärungen rechtzeitig verschickt werden (Zeitschriften haben eine lange Vorlaufzeit!). Man kann im Vorfeld auch zum Beispiel ein Interview mit dem Künstler oder sonst einer interessanten Persönlichkeit anbieten beziehungsweise irgendetwas Besonderes herausstellen (Feature). Wer mailen will, sollte technische Tücken beseitigen; wenn das Herunterladen nicht klappt, erübrigt sich die Bilder-Sendung.

Noch ein psychologischer Tipp: Es lohnt sich nicht, Redakteure unter Druck setzen zu wollen, weder durch beleidigtes Nörgeln noch durch ständiges Telefonieren. Niemand „ignoriert" böswillig ein Projekt, es entscheiden immer ganz nüchterne Sachzwänge.

Jenseits der Grenze Aufmerksamkeit erregen

Von Bernhard Strobl

Die Tagesarbeit von Zeitungsjournalisten beginnt nach der Lektüre des eigenen Blattes und der Konkurrenzblätter und mit dem Öffnen des Computers. Da sitzen sie dann stundenlang und lesen Info nach Info und die Lust und Konzentration wird von Email zu Email geringer. Bei der Fülle von wichtigen Informationen, Leserwünschen und Anliegen diverser Veranstalter wird es oft schwer, die Schwerpunkte zu setzen. Nicht selten passiert es, dass gut gemeinte Vorhaben von neuen Anregungen und Wünschen überdeckt werden.

So ist es ratsam, als Ausstellungsmacher, der seine Ausstellung auch jenseits der Grenze publik machen will, die Wünsche an die Redaktion spannend, kurz zusammengefasst und bei Bedarf auch zum wiederholten Male zu deponieren. Da erweist es sich oft als günstig, den persönlichen Draht in die Redaktion zu suchen und mit zuständigen Redakteuren zu sprechen.

Ungeachtet der Nähe des Veranstaltungsortes zum Zeitungsverlag gilt es, die Redaktion von der Sache zu fesseln – so wie die Redaktion die Leserschaft mit ihren Beiträgen fesseln soll. Wenn beispielsweise die Mühldorfer Ausstellungsmacher in den „Salzburger Nachrichten" präsent sein wollen – also nicht nur regional, sondern international –, so ist es ratsam, Ansprechpartner zu suchen, ihnen nach einem persönlichen Gespräch Unterlagen zuzusenden und/oder zu einem Besuch der Ausstellung zu laden. Immer ist es von Vorteil, wenn den Journalisten kleine Details als exklusive Informationen angeboten werden.

Die alleinige Zusendung von Pressemappen ist möglicherweise eine zu geringe Werbung für die Sache. Bei der Fülle an ähnlichen Wünschen passiert solchen „Unterlagen" oft ein Wesenswandel: Sie kommen in „untere Lagen" und geraten in Vergessenheit. Der nächste Tag bringt ja wieder einen Berg an Papier und eine ganze Liste an E-Mails.

Nicht die Frage dies- oder jenseits der Grenze ist relevant, nicht die Frage nach der Nähe oder Entfernung eines Veranstaltungsortes, sondern wie die Sache schmackhaft gemacht wird. Da ist dem Ideenreichtum keine Grenze gesetzt.

Doch Achtung: Passen Sie auf, dass Sie nicht gar zu lästig werden, denn dann kann es passieren, dass Ihre Post gar ungelesen in die Ablage wandert. „Bestimmt und nachhaltig, aber nicht penetrant und lästig", das wäre die Wunschformel, die zum Maß der Dinge gemacht werden sollte.

Das gilt für Veranstalter neben dem Verlag, in den Regionen des Verbreitungsgebietes und „jenseits der Grenze".

Was das Radio bringt.
Ausstellungen im öffentlich-rechtlichen Rundfunk
Von Gerald Huber

I. Viel und nicht viel

Was das Radio bringt – der Titel ist durchaus doppeldeutig gemeint. Im einen Fall lautet die Antwort „viel", im anderen „nicht viel".

Natürlich bringt eine Ankündigung, ein Kurzbericht, ein Beitrag über ein Ausstellungsereignis eine ganze Menge für die Ausstellungsmacher. Im landesweiten Hörfunk erreicht das Thema auf einen Schlag Tausende von potentiellen Ausstellungsbesuchern. Dabei kommt die Empfehlung im Hörfunk der Mundpropaganda recht nahe, so nach dem Motto, „die Ausstellung muss gut sein, ich hab's im Radio gehört". Nicht vergessen und vernachlässigen darf man dabei den institutionalisierten Austausch unter den einzelnen Programmen eines Funkhauses oder auch unter den öffentlich-rechtlichen Sendern der in der ARD zusammengeschlossenen Rundfunkanstalten. Da wird ein Beitrag, den ein Reporter ursprünglich für ein Regionalprogramm etwa des Bayerischen Rundfunks gemacht hat, am Nachmittag vielleicht landesweit auf Bayern 1 wiederholt, kommt dann am Abend wieder auf dem Sendeplatz B5-Bayern und findet – bei entsprechender Bedeutung – etwas ausführlicher noch einmal einen Platz in der „Bayernchronik" am folgenden Samstag, wird vielleicht sogar vom Deutschlandradio oder vom Mitteldeutschen Rundfunk übernommen. Das multipliziert die Hörerkontakte.

Was in einem Fall ein Segen ist, wird im anderen zum Fluch. Gerade weil (vor allem aus Programmkostengründen) heutzutage zahlreiche Beiträge auf unterschiedlichen Sendeplätzen wiederholt werden, sinken andererseits die Chancen, mit einem Thema, das nicht optimal an die Erwartungen der Programmmacher angepasst ist, überhaupt im öffentlich-rechtlichen Radio landen zu können. Es fehlen Sendeplätze. Dazu kommt eine Entwicklung, der sich auch die öffentlich-rechtlichen Programme mit ihrem berühmten „Kulturauftrag" nicht verschließen können: Das Radio wandelt sich immer mehr zum Begleitmedium. Die Hörgewohnheiten haben sich verändert, der Druck der privaten Konkurrenz ist groß. Radiomacher können auch in den großen Kulturprogrammen, wie etwa Bayern-2-Radio kaum mehr davon ausgehen, dass einzelne Sendungen von interessierten Hörern gezielt eingeschaltet werden. Radio muss von früh bis abends „durchhörbar" sein. Die richtige Musik ist da besonders wichtig und das Format, in dem sich ein Hörer wie im Schlaf zurechtfindet nicht weniger. Das hat den Nachteil, dass alles, was nicht oder nicht gut ins Format passt, schlechte Karten bei den Planern der Sendeflächen und in der Redaktionskonferenz hat. Und (historische) Ausstellungen gehören da in vielen Fällen dazu – leider.

II. Unterschiede

Um mit seinem Anliegen trotzdem ans Ziel, sprich: ins Programm, zu kommen, schadet es deswegen nichts, sich zunächst einmal mit der Struktur der öffentlich-rechtlichen Sender auseinander zu setzen.

Machen Sie nicht den Fehler zu denken, „Radio" ist gleich „Radio". Lokalsender folgen ganz anderen Gesetzmäßigkeiten als die großen landesweiten Rundfunkanstalten.[1] Das Programm etwa des Bayerischen Rundfunks wird in der Regel in ganz Bayern gehört. Eine Ausnahme machen nur die Regionalprogramme mit ihren regionalen Fenstern. Sechs solcher Regionalprogramme betreibt der BR parallel, hauptsächlich zu bestimmten Zeiten auf Bayern 1: für München, für Oberbayern, für Niederbayern-Oberpfalz, für Mittel- und Oberfranken, für Mainfranken und für Schwaben. Und hier gilt: Was in Eichstätt die Hörer brennend interessiert, langweilt möglicherweise gleichzeitig die vielen anderen Hörer in so weit entfernten, aber gleichwohl oberbayerischen Städten wie Traunstein, Erding, Garmisch-Partenkirchen oder Landsberg am Lech. Fazit: Was in lokalen Hörfunkprogrammen durchaus ein Thema sein kann, muss es noch längst nicht im Regionalprogramm des BR sein.

Zusätzlich zu den Regionalprogrammen gibt es oft offizielle Korrespondentenbüros vor Ort. Solche Büros verfügen in den meisten Fällen über Kleinstudios, in denen Hörfunkbeiträge fertig produziert und anschließend in die Funkhäuser überspielt werden können. Zusätzlich zu seinen Regionalstudios in Nürnberg, Würzburg und Regensburg betreibt der Bayerische Rundfunk 18 solcher Büros in ganz Bayern, die mit hauptberuflichen Reportern besetzt sind. Die sind in der Regel für eine ganze Region aus mehreren Landkreisen zuständig. Aber Vorsicht: Diese Korrespondenten berichten nicht *für* eine bestimmte Region, sondern *aus* ihr; für ganz Oberbayern, zum Beispiel, für Bayern oder auch einmal deutschlandweit. Auch hier gilt, worauf der Reporter des Lokalsenders

---

[1] Vgl. hierzu den Beitrag Sutor, Lokale Radio- und Fernsehprogramme, S. 813 in diesem Band.

anspringt, lässt im Zweifelsfall den öffentlich-rechtlichen Korrespondenten vor Ort kalt.

III. Sensationen

Aber trotzdem muss man nicht mutlos werden! Sie haben ein Thema, die Ausstellung steht, und natürlich ist sie etwas Besonderes. Und dieses Besondere soll jetzt auch ins Radio, damit es überregional bekannt und gewürdigt wird.

Beispiel: Ihr Heimatort feiert 1200-jähriges Bestehen. Das ist ein Riesenereignis für den Ort, das dementsprechend mit einer aufwendigen Ausstellung gewürdigt wird. Aber ist das Ereignis „groß" genug fürs Radio? Eine 1200-Jahr-Feier für sich wahrscheinlich nicht. Viele Orte feiern immer wieder ähnliche Jubiläen, oft mit großem Aufwand und kommen damit außerhalb enger lokaler Grenzen kaum an. Dabei ist es eigentlich nicht schwer aus einem „Dutzendereignis" etwas Besonderes zu machen, das Typische, Unverwechselbare herauszuarbeiten. Sie müssen sich nur auf die Suche begeben nach den „Alleinstellungsmerkmalen", wie es in der Wirtschaft heißt, dann bringen Sie Ihr Produkt auch an den Mann vom Radio.

Am billigsten zu haben und deswegen beliebt sind Superlative: Die größte Ausstellung, die teuerste Ausstellung, die längste Geschichte, die bedeutendste Tradition, das wertvollste Ausstellungsstück – getreu dem Motto: Reporter wollen Sensationen. Freilich, das funktioniert in manchen Fällen nach wie vor, reicht aber auch oft nicht mehr. Das Thema muss im Wettbewerb um den begehrten Programmplatz mit zu vielen anderen ähnlich strukturierten Themen konkurrieren, die meist mit parallel gelagerten Superlativen beworben werden. Häufige Reaktion des Redakteurs sind dann: „So was haben wir erst vor kurzem gehabt".

Superlative können wirkliche Alleinstellungsmerkmale dagegen durchaus unterstreichen, dienen gewissermaßen als zusätzliches Verkaufsargument. Die größte Dinosaurierausstellung Deutschlands im Juramuseum zu Eichstätt hat reelle Chancen im Programm. Aber nicht allein deswegen, weil sie die größte Ausstellung Deutschlands ist. Der zuständige Redakteur hat vielleicht justament vor einer Woche einen Beitrag im Programm gehabt von der größten Dinosaurierausstellung Bayerns im Lokschuppen von Rosenheim und will seine Hörer nicht mit zuviel Dinos langweilen. Die Eichstätter Ausstellung aber ist was Besonderes: Nur hier im Jura, der Heimatlandschaft der Dinosaurier, können sich die Besucher nach der Ausstellung selbst auf die Suche nach Fossilien aus der Zeit der Dinosaurier begeben. Im besten Fall haben Sie diesen Link fest institutionalisiert in ihrem Ausstellungskonzept, wo nicht, reicht vielleicht schon der schiere Hinweis auf diese Möglichkeit in der Pressemitteilung. Erzählen Sie spannende Geschichten dazu! Geschichten aus der Geschichte sind immer einmalig. Betonen Sie die Aspekte Ihrer Ausstellung, in denen Geschichte für Laien erlebbar wird, fühlbar, riechbar, sichtbar und selbstverständlich – hörbar!

IV. Hörbare Optik

Ausstellungen bestehen in den meisten Fällen aus Schau-Stücken, gehören für den Radioreporter zu den so genannten „optischen" Themen. Die Ausstellung mit der größten und buntesten Sammlung von Straßen-Abfallbehältern aus aller Welt scheitert möglicherweise beim Redakteur mit der Begründung, „schön fürs Fernsehen, aber nichts fürs Radio". Das ist eines der schwerwiegendsten Totschlagargumente für jede Art Ausstellung im Radio. Ein optisches Thema muss auch hörbar sein oder hörbar gemacht werden.

Versuchen Sie dem Reporter als Ausstellungsmacher die Arbeit zu erleichtern: Bieten Sie Journalisten Kontakte an zu möglichen Interviewpartnern. Die kuriose Geschichte, wie der Sammler zum Abfalleimer-Sammeln gekommen ist, wie er die einzelnen Stücke in Amerika, in Sri Lanka, in der Türkei aufgetrieben hat, dass die Vervollständigung der Sammlung ausgerechnet in Bayern beinahe am harten Widerstand des Gemeinderats von Großdingharting gescheitert wäre – ist bereits die halbe Miete. Wenn der Sammler dann noch jedes seiner Objekte am typischen Geruch erkennt und er bereit ist, vor dem Mikrofon zu schnüffeln, wenn sie einen Schlagzeuger engagiert haben, der fürs Radio eine Abfall-Symphonie auf den Objekten klopft, dann sind Sie auf der sicheren Seite, denn nach nichts suchen Radiomacher mehr als nach den so genannten „radiophonen" Aspekten eines Themas. Geräusche und Klänge unterscheiden das Medium von anderen; und Ausstellungen, die Geräusche und Klänge bieten, unterscheiden sich deswegen im Radio positiv von denen, die das nicht tun. Dazu gehört auch die Möglichkeit zu Interviews mit Zeitzeugen. Wenn es keine Zeugen mehr gibt, geben Sie nicht auf. Bringen Sie die irdene Kinderrassel aus der Bronzezeit erstmals seit 3.000 Jahren wieder zum Tönen, nehmen sie in die Begleitveranstaltung rekonstruierte Musik aus der Epoche auf, bereiten sie für eine Besuchergruppe eine typische Bronzezeit-Mahlzeit und lassen Sie die Esser ins

Reportermikrofon schmatzen und schlürfen! Wer solche Köder auswirft, kann fast sicher sein, dass der zuständige Redakteur anbeißt.

Zeigen Sie bereits in der Pressemitteilung die vielfältigen Aspekte und Möglichkeiten Ihres Themas auf. Stellen Sie sich voll auf die Anforderungen des tatsächlich häufig „rasenden" Reporters ein, der in wenigen Minuten alle Aspekte eines Themas auf Band haben möchte. Servieren Sie ihm seine O-Töne auf dem Silbertablett, dann kommt er auch zu Ihrer nächsten Ausstellung wieder!

V. Aussichten

Ausstellungen, historische zumal, sind keine Selbstläufer im öffentlich-rechtlichen Radio. Obwohl die Hörer anscheinend nach wie vor auf historische Themen anspringen, scheint sich bei den Redakteuren in den Funkhäusern eine gewisse Geschichtsmüdigkeit breit zu machen. Schlägt da die Mittelalter- und überhaupt Geschichtseuphorie des ausgehenden 20. Jahrhunderts ins Gegenteil um? Liegt das am Beginn des neuen Jahrhunderts, dass die Trendsetter aus den Medien lieber „nach vorne" schauen? Oder liegt es daran, dass eben diese Leute seltener eine klassische geisteswissenschaftliche Ausbildung durchlaufen und viel häufiger aus Journalistikstudiengängen kommen? Nicht wenige der „gelernten Journalisten" sehen genauer darauf, dass ihre Sendungen unter kommunikationswissenschaftlichen Gesichtspunkten funktionieren, scheinen aber ihr Herz seltener an ein Thema zu verlieren, das „einfach nur schön" ist.

Eher geschichtsfeindliche Tendenzen jedenfalls sind auch und gerade in den öffentlich-rechtlichen Funkhäusern unübersehbar. Wer trotzdem mit einem historischen Thema im Programm unterkommen möchte, der muss mit Kreativität überzeugen, mehr Popularität in der Umsetzung der Themen wagen, darauf achten, den Nutz- und Anwendbarkeitsaspekt für potentielle Hörer zu betonen. Wenn Sie dem Redakteur sagen können, was sein Hörer davon hat, wenn über Ihre Ausstellung berichtet wird, wenn der Redakteur schließlich davon überzeugt ist, dass der Beitrag tatsächlich nützlich für seinen Hörer ist, dann haben Sie im Kampf um den Sendeplatz gewonnen.

Öffentlich-rechtliche Fernsehmagazine zur Reichweitenmaximierung der Öffentlichkeitsarbeit

Von Peter Pfaff

I. Reichweiten und Formatzuschnitte

Eine erfolgreiche Öffentlichkeitsarbeit für Ausstellungen berücksichtigt von Anfang an die Besonderheiten und Stärken, aber auch die Schwächen der Medien, derer sie sich bedienen will. So erfasst „die Lokalzeitung" das nächstgelegene soziale Umfeld eines Ereignisses mit einem engen Netz. Die Kulturseiten überregionaler Zeitungen sprechen stärker diejenigen an, die grundsätzlich bereits am Thema interessiert sind und erreichen so eine wichtige Besuchergruppe.

Das Fernsehen, wie das Radio auch, bieten demgegenüber eine maximale Reichweite für einen „general interest" Zuseher/Hörer und können besonders mit ihren regionalen Formatzuschnitten eine hohe Anzahl potenzieller Besucher für eine Ausstellung ansprechen. Die Abendschau des Bayerischen Rundfunks, als eine der traditionsreichsten Sendungen der ARD, ist hierfür ein repräsentatives Beispiel. In ihr spiegelt sich an jedem Werktag von 17:45 h bis 18:42 h die gesamte Vielfalt des öffentlichen Lebens in Bayern wider. Solche regionale öffentlich-rechtliche Nachrichtenmagazine gibt es überall im deutschsprachigen Raum. Im Jahr 2002 betrug das Empfangspotential dieser Programme technisch 33,31 Mio. Fernsehhaushalte deutschlandweit und 4,68 Mio. Fernsehhaushalte allein in Bayern. Dabei nahm der Spartenanteil der Regionalnachrichten am Gesamtprogramm der Dritten Programme der ARD, in dem sich ein Bericht über eine Ausstellung sicherlich am besten platzieren lässt, mit 27% mehr als ein Viertel des gesamten Programmumfangs ein. Am Beispiel der Zuschauerzahlen Abendschau heißt dies für das Jahr 2002, dass in Bayern den Hauptteil der Sendung zwischen 18:05 und 18:30 durchschnittlich 340.000 Zuseher das Programm sahen. Das entspricht einem Anteil von 14,4% aller bayerischen Fernsehzuschauer während dieser Zeit. Für das gesamte Sendegebiet Deutschland, das über Kabel oder Satellit versorgt wird, waren es 430.000 Zuseher.

In den so genannten Regionalfenstern, die von 18:30 bis 18:42 ausgestrahlt werden, haben allein in Bayern 350.000 Zuseher das spezifisch regionale Angebot nachgefragt.[1]

1. Formate und Sendeplätze

Nicht nur die regionalen Nachrichtenmagazine sind für eine breit angelegte Öffentlichkeitsarbeit von Bedeutung, auch wenn die tägliche Ausstrahlung und die damit verbundene umfangreiche Sendezeit eine Platzierung wahrscheinlicher machen. Die Filmbeiträge werden in einer Länge von zwei bis vier Minuten gesendet. Wie schon festgestellt, ist der überregionale Hauptteil von den so genannten Regionalfestern zu unterscheiden. Weil diese von besonderer Wichtigkeit für Ausstellungen sind, werden sie im Folgenden gesondert aufgegriffen.

Neben den Nachrichtenmagazinen stehen „reine" Nachrichtensendungen, die vor allem Ereignisse politischer Art oder Katastrophen zum Gegenstand haben. Im Bayerischen Fernsehen könnte dies die Nachrichtensendung Rundschau sein. Dort hat ein Kurzbericht bis zu eineinhalb Minuten Länge. Themen wie Ausstellungseröffnungen werden hier in einer kurzen Meldung dargestellt, manchmal aber auch als NIF (Nachricht im Film)[2].

Von Bedeutung sind darüber hinaus die nicht täglich sendenden Magazine des Bayerischen Fernsehens. Sie berichten z. T. über dieselben Themen wie die Nachrichtenmagazine, allerdings in einer ganz andere Art und Weise.[3]

So kann eine Ausstellung für die verschiedensten Sendungen einen unterschiedlichen Nachrichtenwert haben und deshalb auch für verschieden Redaktionen einer Sendeanstalt von Interesse sein.

Tipp:

Klären Sie zuerst, im Sendegebiet welches Regionalstudios Ihre Ausstellung stattfindet. Finden Sie vor Ihrer ersten Kontaktaufnahme mit einer öffentlich-rechtlichen Sendeanstalt heraus, welche Sendungen, d. h. ver-

---

[1] Zahlen von der Medienforschung des Bayerischen Rundfunks (www.br-online.de)

[2] Die „Nachricht im Film" ist eine kurze Bildfolge, über die der Nachrichtensprecher einen Text liest. Ein NIF kann ca. 15 – 30 Sekunden Länge haben.

[3] In der klassischen Typisierung von Fernsehformaten gilt die „harte" Nachrichtensendung als „reiner" und objektiver Informationsdienst, Magazinsendungen werden im Gegensatz dazu als „bunt" und subjektiv beschrieben.

schiede Redaktionen und damit Ansprechpartner für die Öffentlichkeitsarbeit Ihres Projekts interessant sein können.

2. Regionale Berichterstattung in Nachrichtenmagazinen und Magazinen

a) Nachrichtenmagazine

Insbesondere die zur „regionalen Berichterstattung" verpflichteten öffentlich-rechtlichen Sendeanstalten wie die ARD in Deutschland, der ORF in Österreich oder der Schweizer SFDRS platzieren regionale Termine meist in Regionalfenstern[4]. Das Regionalfenster kennzeichnet eine auf Teile des gesamten Sendegebiets beschränkte Ausstrahlung von Inhalten und Themen, die nur aus dieser Region stammen. In anderen Teilen wird gleichzeitig ein anderes Programm aus anderen Regionen gezeigt.

Als Zwischenformate integrieren die Nachrichtenmagazine eine ganze Bandbreite von unterschiedlichen Formen der Berichterstattung.

b) Magazinsendungen

Aber auch andere Magazinsendungen berichten über Ausstellungen und dies in ausführlicherer Form und aus anderer Perspektive als dies im „aktuellen" Geschäft der Nachrichten und Nachrichtenmagazinen geschieht. Bei wöchentlichen oder noch seltener sendenden Magazinen mit ihren thematisch unterschiedlichen Zugängen über die Themen Wirtschaft, Umwelt oder Landwirtschaft und Kultur ist zwar die Sendezeit knapper, die Beiträge sind jedoch über fünf Minuten lang und können so komplexere Darstellungen bieten.[5]

Tipp:

Schauen Sie sich die Sendungen, bei denen Sie Ihr Thema unterbringen wollen, ein paar Mal an, um sicher zu sein, dass Ihre Mühen nicht umsonst sind. Magazine haben meist ein spezielles Profil, das sich von anderen unterscheidet. Es sollte Ihnen bereits im Vorfeld der Kontaktaufnahme zur Redaktion bekannt sein sollte.

---

[4] In der Abendschau findet zwischen 18:30 h und 18:45 h ein so genanntes „Splitting" in fränkische und schwäbisch-altbayerische Regionalfenster statt.
[5] Zur Typisierung siehe auch: Schult, G./Buchholz, A. (Hgg.): Fernsehjournalismus. Ein Handbuch für Ausbildung und Praxis, München, 2000. Kapitel Darstellungs-. und Sendeformen, S. 117ff.

II. Aufmerksamkeit beim „Planungsteam" erreichen

Aber auch wenn man als „Öffentlichkeitsarbeiter" sicher ist, dass man genau das richtige Thema hat, darf man nicht überrascht sein, wenn ein Redakteur eine Story mit anderen Augen sieht, und vielleicht aus journalistischen Interesse in einen anderen Kontext stellt.

Leider gibt es auch immer wieder Absagen für Themenangebote. Zu viele interessante Angebote auf der einen Seite treffen auf zu wenig Sendezeit auf der anderen. Ein bildlich attraktives Angebot sowie überzeugendes Auftreten können das Risiko, abgelehnt zu werden, erheblich verringern.

Bei der Flut von Einladungen, die das Planungsteam einer Redaktion tagtäglich erreichen, ist es für den Presseverantwortlichen einer Ausstellung wichtig, sich einiger grundlegender Regeln bewusst zu sein, will er dort für sein Thema Aufmerksamkeit erreichen.

1. Der richtige Zeitpunkt

Der Zeithorizont bei der Planung von tagesaktuellen Nachrichten-Magazinen unterscheidet sich in der Regel von dem in anderen Medien. Zwar sammeln sich bereits Monate vor einer möglichen Berichterstattung Einladungen etc. an, doch sollten etwa zwei bis drei Wochen vor der Eröffnung einer Ausstellung noch einmal ein Erinnerungsfax und ein Anruf an die Redaktion gehen. Das ist der Planungszeitraum der Nachrichten-Magazine. Bei Magazinsendungen mit wöchentlichem Sendeplatz kann ein Vorlauf von ein bis zwei Monaten als üblich gelten.

2. Bewegte Bilder: Events und Protagonisten

Wichtig für alle ist, die Besonderheiten eines visuellen Mediums zu berücksichtigen. Ein interessanter Fernsehbeitrag lebt davon, eine kleine Geschichte in bewegten Bildern zu erzählen. Vitrinen, Schautafeln und Fotos allein bieten nur geringen Inszenierungsraum und sind keine allzu einladende Kulisse.

a) Events

Besonders geeignet, Aufmerksamkeit bei der Planung einer Sendung zu erreichen sind dagegen Events, die in jüngster Vergangenheit verstärkt im Rahmenprogramm von Ausstellungen stattfinden. Sie sollten es ermöglichen, einen wesentlichen Aspekt des Ausstellungsthemas bildlich umzusetzen.[6]

Tipp:

Die Events sollten, wenn möglich, so kontrollier- oder gar wiederholbar sein, so das sie sich auch für die Inszenierung bei den Dreharbeiten entsprechend gestalten lassen.

b) Protagonisten

Eine andere Art der Gestaltung von abstrakten Themen, die in der Planung von Sendungen berücksichtigt wird, geschieht nach dem Prinzip „pars pro toto". Am besonderen Einzelbeispiel wird so ein allgemeines Problem am besten an der Situation einer Person, dem Protagonisten, deutlich gemacht. So könnte zum Beispiel die Ausstellung „Für 50 Mark einen Italiener. Zur Geschichte der Gastarbeiter in München", die 2000 im Münchner Hauptbahnhof statt fand, eine filmische Umsetzung darin erfahren, dass jungen Gastarbeiterkindern der dritten Generation beim Besuch der Ausstellung begleitet werden. So würde ein zeithistorisches Ereignis, das damals 50 Jahre zurück lag, anhand der Reaktionen der Nachfahren damals Betroffener heute deutlich gemacht. Ziel einer mediengerechten Inszenierung wäre eine persönliche Verbindung zu Zeitgenossen zu schaffen, die als Vermittler eine historische Situation heute näher zu bringen.

Tipp:

Halten Sie für den Fall der redaktionellen Recherche, die auch ermitteln soll, ob ein Thema zur filmischen Umsetzung geeignet ist, eine Auswahl potenzieller Protagonisten bereit, die einen Aspekt des Ausstellungsthemas „verkörpern".

3. Bezug zu aktuellen Themen herstellen

Ein weiteres Ziel bei der Planung eines regionalen öffentlich-rechtlichen Nachrichtenmagazins ist es, ausgewogen die Vielfalt des öffentlichen Lebens abzubilden. So gilt es neben einem journalistisch „harten" Teil mit meist politischen Themen den Zusehern auch ein „buntes" z. B. kulturelles Angebot zu machen. Davon kann die Öffentlichkeitsarbeit einer Ausstellung dann profitieren, wenn diese eine Verknüpfung zu Themen

---

[6] Zu Events, die die Intentionen der Ausstellung aufgreifen und konkretisieren vgl. den Beitrag Unger/Schreiber, Rahmenprogramm, S. 517 in diesem Band.

der aktuellen politischen Debatte zulässt. So könnte die bereits erwähnte Ausstellung über Gastarbeiter an einem Tag, der von den politischen Konflikten um die Neuregelung des Staatsbürgerschaftsrechts geprägt ist, eine Sendung abrunden. Insbesondere die Moderation könnte einen Bogen zwischen scheinbar bezuglosen Ereignissen spannen.

Tipp:
Weisen Sie die Redaktionen auf Zusammenhänge zwischen der Ausstellung und aktuellen politischen Themen hin.

4. Zur „politische Grundinformation" beitragen

In öffentlich-rechtliche Fernsehanstalten legen die Redaktionen der aktuellen Berichterstattung, wie die Abendschau, besonders Wert auf die Versorgung mit politischen Grundinformationen. Dies gehört zu ihrem Sendeauftrag. Zur Eröffnung einen bekannten Landes- oder Bundespolitiker einzuladen, kann deshalb für die programmliche Berücksichtigung einer Ausstellungseröffnung erfolgversprechend sein.

Durch das Statement eines Politikers wird oft die allgemeine Bedeutung eines auf den ersten Blick spezifisch scheinenden Themas deutlich gemacht oder sogar ein aktueller Bezug zum politischen Prozess hergestellt.

Tipp:
Benennen Sie nicht nur die Grußwortredner der Eröffnung, sondern markieren Sie auch die allgemeine Bedeutung der Ausstellung, die den Gast zur Zusage bewegt hat.

III. Auf die Besonderheiten der Fernsehberichterstattung
Rücksicht nehmen

Der Unterschied von „Fototermin" und Dreharbeiten für Fernseh-Magazinbeiträge liegt darin begründet, dass die für den Print-Medienbereich tätigen Kameraleute in der Regel nur ein Bild für eine Geschichte suchen. Ein BR-Kamerateam und ein Abendschau-Reporter jedoch erzählen eine Geschichte mit bewegten Bildern. Eine Kulisse, die attraktive Bilder liefert, ist dabei eine wichtige Vorraussetzung. In der Ausstellung ist sie nicht ohne weiteres gegeben. Weitere Drehorte müssen einbeziehbar sein.

Des weiteren gilt auch, dass für die Abfolge von verschiedenen Aufnahmen aus verschiedenen Perspektiven an verschieden Orten und mit verschiedenen Beteiligten ein differenzierter zum Teil komplexer Drehplan einzuhalten ist.

Tipp:
Beteiligte wie der Protagonist oder der Pressesprecher sollten auf Anfrage auch kurzfristig zur Verfügung stehen und ausreichend Zeit zur Verfügung stellen. Für einen drei Minuten Beitrag können je nach Schwierigkeit ca. drei bis sechs Stunden Drehzeit veranschlagt werden.

Zusammenfassend lässt sich feststellen:

Auch wenn die Öffentlichkeitsarbeit in Bezug auf die regionalen öffentlich-rechtlichen Nachrichtenmagazinen sehr zeitintensiv sein kann und auch trotz optimaler Vorbereitung immer mit Absagen gerechnet werden muss: Die extreme Reichweitenstärke des Mediums rechtfertigt dennoch den Aufwand, um eine breite öffentliche Resonanz für eine Ausstellung zu schaffen.

Zwischen Kulturauftrag und Quotendruck

Historische Ausstellungen im lokalen Radio und Fernsehen

Von Stefan Sutor[1]

Über lokal oder regional bedeutsame Ausstellungen müsste eigentlich jedes lokale Radio- und Fernsehprogramm stets ausführlich berichten, seien es Ausstellungen über das Leben im Mittelalter, die Bedeutung des Ortes als Handelsplatz, die Industrialisierung oder typische Produkte und Wirtschaftsgüter aus der Region. Solche Themen dürften in keinem Programm fehlen, denn es gehört zu den gesetzlichen Aufgaben der lokalen Rundfunkangebote in Bayern, das kulturelle und gesellschaftliche Leben in der Region im Programm abzubilden.[2] Dazu ist den Radio- und Fernsehanbietern sogar explizit aufgegeben, das Gesamtprogramm mit einem „angemessenen Anteil an Beiträgen mit kulturellen...Inhalten" zu gestalten.[3] Dieser regulatorischen Vorgabe steht die fest zementierte und weit verbreitete Auffassung vieler Programmverantwortlicher entgegen, dass Kultur, Brauchtum und Heimatgeschichte nur eine kleine Minderheit interessiere und Beiträge darüber allenfalls als Störfaktoren im durchhörbaren „Programmfluss" zu betrachten sind. Insofern begegnet Ausstellungsmachern sehr häufig das Argument, dass die vorgeschlagenen Themen auch für das Lokalradio oder Lokalfernsehen nicht interessant genug sind, schließlich mache man ein Programm für die Massen. Dies ist nicht wegzudiskutieren: Sperrige Fünf-Minuten-Beiträge über schöne Exponate im Diözesanmuseum sind im Nachmittagsmagazin ein Problem, vor allem dann, wenn die Beiträge nicht jede Sekunde so interessant sind, wie der neueste Song von Robbie Williams.

Entscheidend sind der Zugang zu den Themen und die Machart der Beiträge. Es muss nicht immer Kultur draufstehen, wo Kultur drin ist.

---

[1] Stefan Sutor MA, Hörfunkreferent im Bereich Programm der BLM; geb. 1963 in Hindelang im Allgäu; Studium der Bayerischen und Mittelalterlichen Geschichte sowie Sozialpsychologie in München; Mitarbeit an historischen Begleitausstellungen zur Fernsehserie „Löwengrube". Seit 1989 Referent bei der Bayerischen Landeszentrale für neue Medien (BLM).

[2] Gesetz über die Entwicklung, Förderung und Veranstaltung privater Rundfunkangebote und anderer Mediendienste in Bayern (Bayerisches Mediengesetz – BayMG) in der Fassung der Bekanntmachung vom 22. Oktober 2003.

[3] Satzung über die Nutzung von Hörfunkfrequenzen in Bayern nach dem Bayerischen Mediengesetz (Hörfunksatzung – HFS) vom 9. Oktober 1998, zuletzt geändert durch Satzung vom 18. Dezember 2003. Bayerischer Staatsanzeiger Nr. 42 vom 16.10.1998. Hier § 10 Abs. 2 Satz 3.

Hinzu kommt, dass die kompetente Berichterstattung über lokale Ereignisse, und auch über kulturelle Themen, ein entscheidender Profilierungsfaktor gegenüber der „landesweit" sendenden Konkurrenz sein kann: In den lokalen Programmen finden nämlich Veranstaltungen und Ereignisse ihren Niederschlag, die in den Programmen z. B. des Bayerischen Rundfunks aufgrund der „nur" regionalen Bedeutung nie vorkommen können. Dies ist die besondere Stärke des in Bayern etablierten lokalen Rundfunks. Es ist daher lohnend, sich mit der Struktur des Lokalfunks zu beschäftigen, um gezielt auf die Radio- oder Fernsehstationen zugehen zu können.

I. Lokale Radioangebote

In Bayern senden derzeit 63 lokale Hörfunkprogramme. Die Hörfunkprogramme strahlen in der Regel lokale 24-Stunden Programme aus, die in unterschiedlich großen Verbreitungsgebieten ab ca. 100.000 Einwohnern zu empfangen sind: So funkt in jeder größeren Stadt oder Region ein eigenes Lokalradio: In Schweinfurt, Kulmbach, Coburg ebenso wie in Garmisch oder Traunstein. In einigen größeren Städten wie Aschaffenburg, Ansbach, Regensburg, Würzburg oder Ingolstadt sind sogar zwei lokale Programme mit unterschiedlichen Musikfarben zu empfangen. In den Ballungsräumen München und Nürnberg sind jeweils sieben lokale Programme zu hören.[4]

Alle Programme finanzieren sich aus Werbung. Es ist daher für die Programmmacher zwingend, mit geeigneten Programm- und Marketingmitteln möglichst viele Hörer zu gewinnen. Zu diesen Mitteln gehören einerseits ein attraktives Musikangebot, gute lokale Nachrichten und insbesondere ein umfassender lokaler Service, d.h. praktische Tipps und Ratschläge vom Wetter- und Verkehrsservice bis zum Veranstaltungshinweis. Je mehr lokale Programme an einem Ort um die Hörer buhlen, desto mehr positionieren sich die Programme über die Musik und Ansprache für spezielle Zielgruppen wie z.B. die Jugendlichen. Massenattraktive Hörfunkprogramme sind heute überwiegend als „Begleitprogramm" mit großen Sendeflächen – beispielsweise mit jeweils drei- bis vierstündigen Morgen-, Vormittags- oder Nachmittagssendungen – konzipiert; gezielt einschaltbare Spartensendungen mit speziellen Inhalten – wie z. B. Kultur – finden daher in diesen Programmen fast nicht mehr statt. Alle Inhalte sind in die ggf. vorhandenen Beitragsplätze oder Rubri-

---

[4] Eine aktuelle Übersicht zu den Programmen findet sich unter www.blm.de.

ken zwischen den Musikflächen integriert. Mit diesem Konzept sind die Lokalradios in ihrer Gesamtheit überaus erfolgreich.

1. Hohe Reichweiten des Radios

Die Funkanalyse 2003 attestierte den Lokalradios 3,1 Millionen „Hörer gestern".[5] Damit waren die Lokalradios erfolgreicher als die landesweit ausstrahlenden Programme Antenne Bayern, Bayern 1 und Bayern 3. Manche Lokalradios erreichten in ihren Sendegebieten sogar Reichweiten von täglich mehr als 30 Prozent der Bevölkerung über 14 Jahren. Das bedeutet, dass an diesen Orten jeder Dritte täglich das Lokalradioprogramm hört. Aus dieser hohen Reichweite leitet sich die besondere Funktion des Lokalradios ab: Es erreicht sehr schnell und aktuell eine große Anzahl von Hörern in einem regional sehr gut steuerbaren Sendegebiet. Diese Stärke als „Werbemedium" hilft auch beim „Bewerben" einer Ausstellung: Sehr viele Menschen erfahren ohne allzu viel Aufwand von einem bestimmten Ereignis und können ggf. auch dazu mobilisiert werden, die Ausstellung zu besuchen. In vielen Lokalradios kann man sich diese Kommunikationsleistung für bares Geld kaufen. Insbesondere für kommerzielle Veranstaltungen sind Veranstaltungshinweise wie Werbeplätze buchbar. Über die Werbebuchung hinaus bieten sich jedoch noch sehr viel mehr Kooperationsmöglichkeiten mit dem lokalen Radio.

2. Programmkompetenz der Lokalradios

Aus der Hörfunkforschung der BLM ist bekannt, dass sich die Lokalradios noch vor der Musik über ihre Kompetenz bei den lokalen Nachrichten, Informationsbeiträgen sowie den Veranstaltungshinweisen positionieren. Dies sind die drei Programmelemente, die die Hörer im lokalen Programm am meisten schätzen. (Funkanalyse 2003). Bei den Berichten über Kunst, Kultur und Brauchtum wird den Lokalradios zwar noch knapp mehr Kompetenz zugestanden als Bayern 3 und Antenne Bayern, jedoch haben sich die Lokalradios damit nicht besonders profiliert. Das Lokalradio ist in der Regel nicht das Medium, das einstündige Spezialsendungen über Kunst und Kultur ausstrahlt, aber es kann Menschen dazu motivieren, Ausstellungen zu besuchen. Das Lokalradio ist nicht so sehr das Radio, das die Inhalte vertieft, es wird gezielt eingeschaltet, weil die Hörer wissen wollen, was in der Region los ist und was sich „Neues" tut. Es ist daher ganz wichtig, die neue Ausstellung oder die Ausstellungseröffnung

---

[5] http://www.funkanalyse-bayern.de, Funkanalyse 2003, Hörfunk Gesamtpräsentation, Hörer gestern.

als wichtiges Ereignis, als „Nachricht" zu präsentieren, aber auch als „Event", den sich niemand entgehen lassen darf. Etwas überspitzt formuliert darf im Ankündigungstext fürs Radio die neue kulturwissenschaftliche Erkenntnis auch mit einem Nebensatz weniger und der Wert des kulturellen Ereignisses reduziert auf das gesellschaftliche Event auskommen. Sonst droht schon der Erstkontakt mit der Radiostation zu scheitern und die schöne Pressemeldung landet im Papierkorb, da dem für die Veranstaltungshinweise zuständigen Volontär die Meldung etwas zu „speziell" war. Versetzten Sie sich in die Lage der Redakteure: Spezialressorts gibt es nicht, Spezialwissen ist Zufall und spezielles Interesse an Geschichte ist häufig nicht die Vorliebe von jungen Lokalradio-Redakteuren. Die Redaktionen sind chronisch unterbesetzt, Termine wahrzunehmen ist fast unmöglich. Kommen Sie den Redakteuren entgegen: Mit einem Interviewpartner, mit passend formulierten Texten, mit knappen Hintergrundinformationen und natürlich mit schönen Geschichten, Anekdoten, Kuriositäten und im besten Fall mit ansprechender Unterhaltung und einem Verweis auf die Ausstellung.

3. Kooperation und Medienpartnerschaft

Besser hat es da nur, wer bereits einen Redakteur in der Radiostation kennt. Der Vorteil des Lokalradios ist ja gerade, dass man sich kennt, dass man den Kontakt zur Radiostation aufbauen und pflegen kann und dann auch Beiträge, Sendungen oder ganze Sendereihen möglich sind. Es ist wichtig, die Kooperation mit der Radiostation zu suchen und gemeinsam Aktionen zu planen, die beiden nutzen. Machen Sie die Radiostation zum Medienpartner der Ausstellung! Lassen Sie die Hörer auf den Dachböden nach Exponaten für die nächste Ausstellung suchen. Scheuen Sie sich nicht vor dem Quiz zur Ausstellung oder dem Gewinnspiel. Finden Sie gemeinsame Sponsoren. Beziehen Sie das Radio mit den technischen Möglichkeiten ein: Nehmen Sie O-Töne von Zeitzeugen bei der Radiostation auf. Präsentieren Sie im Rahmen der Ausstellung Audio-Material mit Hilfe des Radios und veröffentlichen Sie die Audio-CD zur Ausstellung. Das Radio kann die Ausstellung über Wochen immer wieder beleuchten oder auch spezielle Aktionswochen veranstalten.

Bei längerfristigen Kooperationen mit den Radiostationen ist es möglich, dass die Radiostationen Programmfördermittel bei der BLM beantragen, um Sondersendungen im Programm bezuschusst zu bekommen. So konnten im Jahr 2001, in dem „Lokale Geschichte" zum Schwerpunktthema der Programmförderung ausgelobt wurde, insgesamt 343 Programmstunden mit Geschichtsthemen im lokalen Rundfunk produziert werden. Suchen Sie auch den Kontakt zu den kulturellen und kirchlichen Spartenprogrammanbietern wie den katholischen Radioredaktionen oder der evangelischen Funkagentur, die den Lokalradios Beiträge und Sendungen zuliefern: Viele sind abseits des aktuellen journalistischen Tagesgeschäfts kulturellen Themen aufgeschlossener und haben oft mehr Möglichkeiten, diese auf speziellen Sendeplätzen oder in Spartensendungen zu präsentieren. Radio funktioniert stark über Emotionen und das Angebot von Identifikationsfiguren; also über starke O-Töne, die einem im Ohr bleiben, auch wenn längst der nächste Titel spielt. Das Lokalradio kann also mehr eine mobilisierende und „werbende" Funktion im Rahmen der Medienarbeit für eine Ausstellung übernehmen. In Ergänzung hierzu ist es die Stärke des Fernsehens, Bilder zu zeigen, tiefer einzutauchen und die Zuschauer in die Ausstellung mitzunehmen.

II. Lokalfernsehen

In Bayern strahlen 31 Fernsehanbieter lokale Programme aus. Neben den 24-Stunden Ballungsraumsendern in München und Nürnberg werden die meisten Lokalfernsehangebote z.B. in Augsburg, Rosenheim, Regensburg, Würzburg oder Ingolstadt als 30-Minuten-Magazine zwischen 18.00 und 18.30 Uhr im Programm von RTL Television ausgestrahlt. Ergänzend werden bis zu drei Stunden lange Lokalprogramme im Kabel gesendet. Damit können bis zu 60 Prozent der bayerischen Bevölkerung Lokalfernsehen empfangen, 34 Prozent zählen zum weitesten Seherkreis. Immerhin elf Prozent schauen nach den Ergebnissen der Funkanalyse täglich ein lokales Fernsehprogramm. Damit liegt die Reichweite in Bayern höher als die von VOX oder Kabel1 und fast so hoch wie die von RTLII. In den Kabelhaushalten, in denen das Lokalprogramm zu empfangen ist, zählen meist 60 Prozent der Zuschauer zum Seherkreis des Lokalfernsehens. Damit ist die Reichweite des Lokalfernsehens zwar geringer als beim Lokalradio, jedoch bietet das Fernsehen auch andere Möglichkeiten.

Die Lokalfernseh-Magazine bestehen in der Regel aus einem aktuellen Nachrichtenblock verbindenden Moderationen und ansonsten variablen Beitragsplätzen, auf denen verschiedene aktuelle oder thematisch variierende Filmbeiträge oder auch ein kurzes Studiogespräch ausgestrahlt werden können. In dieser flexiblen Struktur ist es relativ einfach, thematische Schwerpunkte zu setzen. Darüber hinaus stehen den Lokalfernsehstationen mit einem Kabelkanal ausreichend Programmflächen für Spartensendungen zur Verfügung. Einer ausgedehnten Berichterstattung steht jedoch der im Vergleich zum Radio relativ hohe Produktionsaufwand entgegen: Ein Team muss Aufnahmen vor Ort einfangen, im Studio werden die einzelnen Sequenzen zusammen geschnitten, ein Off-Text muss getextet und eingesprochen, der Ton muss abgemischt werden und schließlich werden noch grafische Elemente wie Einblendungen der Namen hinzugefügt. Dieser Aufwand lohnt nur, wenn das Zuschauerinteresse dies rechtfertigt.

1. Interesse der Zuschauer an Geschichte

Die Funkanalyse Bayern 2003 belegt das große Interesse der Lokalfernseh-Zuschauer an „kulturellen Themen und Ereignissen aus der Gegend" und an „Heimatgeschichte und Brauchtum": Im Durchschnitt finden 50 Prozent der bayerischen Lokal-TV-Zuschauer diese Sendungen gut; in einigen Programmen wie Chiemgau TV, Ruperti TV oder Donau TV in Deggendorf leisten diese Angebote mit einer Zustimmung von fast 60 Prozent der Zuschauer einen wichtigen Beitrag zum Gesamterfolg des Programms. Auch reklamieren die Zuschauer, wenn z.B. Beiträge über Heimatgeschichte zu selten ausgestrahlt werden: Im Programm von RTL MÜNCHEN LIVE sowie intv- der infokanal in Ingolstadt wünschen sich die Zuschauer jeweils zu über 50 Prozent (!) mehr solche Beiträge und Sendungen. Die Medienforschung bestätigt auch für das Lokalfernsehen, dass die Zuschauer der Lokalprogramme in besonderer Weise auch an der lokalen Kultur interessiert sind.[6] Entscheidend über die Zustimmung ist jedoch immer die Machart.

2. Bewegte Bilder

Insbesondere bei der Berichterstattung von Ausstellungen stehen die Macher vor großen Herausforderungen: Fernsehen lebt von bewegten Bildern und abgefilmte Vitrinen nützen weder dem Programm noch der Ausstellung. Auch hier gilt es, fernsehtaugliche Aktionen zu planen: Entdecken Sie die Ritterausstellung mit Kindern, lassen Sie Zeitzeugen in der Ausstellung zu Wort kommen oder machen Sie die Ausstellungseröffnung zum großen Event der kommunalen Kulturpolitik. Werden Sie als Ausstellungsmacher zu Partnern der lokalen Fernsehstationen. Eventuell kann die Lokalfernsehstation eine Dokumentation produzieren, die auch in der Ausstellung gezeigt wird, bzw. die Lokal-TV-Station wird zum Kompetenzpartner bei allen bewegten Bildern.

---

[6] Ergebnisse aus der Sekundäranalyse zur Funkanalyse 2003 der GGmedia im Auftrag der BLM. München 2003.

III. Audio-und Bewegtbildarchive bei den lokalen Rundfunkstationen

Dabei hat die Fernseh- oder Radiostation neben technischem Know-How noch mehr zu bieten: In vielen Lokalfernsehstationen und Radios sind in den vergangenen zwanzig Jahren kleine Archive mit den oft einzigen Bewegtbildern und Audioaufzeichnungen zur jüngsten Geschichte in der Region entstanden. Oft finden sich ausführliche Porträts von Persönlichkeiten der Stadt. Es ist auch die Aufgabe der Historiker, diese kleinen Schätze mit den Rundfunkhäusern zu erhalten und im Kontext von Ausstellungen einem größeren Publikum zu präsentieren. Das was von unserer jüngsten Geschichte – auch in der Region – erhalten und überliefert wird, wird immer mehr das sein, was in starken bewegten Bildern festgehalten ist. So gehört im Haus der Geschichte der Bundesrepublik Deutschland in Bonn bei allen interessanten Exponaten eine Videowand zu den am meisten beachteten „Ausstellungsstücken": Sie zeigt am Abend des 9. November 1989 die Öffnung der Mauer in Berlin.

Geschichtsausstellungen werden immer stärker darauf reagieren, dass wichtige Ereignisse auch Medienereignisse sind. Das gilt auch auf der lokalen und regionalen Ebene.

Logistik und Koordination:
Das Ausstellungsbüro als Schaltzentrale

Von Josef Kirmeier

Bei der Durchführung einer Ausstellung wird der Arbeitsaufwand, der während der Laufzeit anfällt, häufig unterschätzt. Die wissenschaftliche Bearbeitung wird als abgeschlossen angesehen und die Betreuung der Ausstellung und der Besucher wird gerne dem Wachpersonal und Kassenkräften überlassen. Der Erfolg einer Ausstellung ist aber nicht zuletzt von effektiven und gewissenhaften Serviceleistungen während der gesamten Laufzeit abhängig. Dieser Betrag ist ein Plädoyer für eine möglichst umfangreiche Betreuung mit einem Ausstellungssekretariat oder Büro, in das selbstverständlich auch die Projektleitung und die wissenschaftlichen Mitarbeiter einbezogen werden müssen. Lediglich der personelle Aufwand kann, abhängig von der Ausstellungsgröße und Besucherzahl, variiert werden. Bei großen Ausstellungen müssen Aufgaben auf mehrere Schultern verteilt werden. Grundsätzlich halte ich es für unabdingbar, dass das Ausstellungsbüro durchgehend besetzt ist.

Als primäre Aufgaben des Ausstellungsbüros sind die Gewährleistung der Ausstellungssicherheit und die Besucherbetreuung im weitesten Sinne anzusehen. Das Ausstellungssekretariat hat aber darüber hinaus als Pressezentrum zu agieren und stellt das Leitungszentrum der Ausstellung dar, das alle Problemfelder zwischen Mitarbeitern oder auch mit Besuchern zu lösen hat. Die folgende Darlegung der einzelnen Aufgabenfelder mag dazu dienen, einen ersten Eindruck von den ebenso umfangreichen wie spannenden Aufgaben eines Ausstellungsbüros zu vermitteln.

I. Sicherheit der Ausstellung

Die Sicherheit der Besucher – und vor allem auch der Ausstellungstücke – hat in jeder Ausstellung absoluten Vorrang. Diese Aufgabe wird in der Regel den Kassen- und Wachkräften zugewiesen. Eine regelmäßige Kontrolle durch einen Mitarbeiter des Sekretariates ist dringend zu empfehlen. Nach Möglichkeit mehrmals täglich sollte der einwandfreie Zustand der Ausstellung überprüft werden. Der Durchgang durch die Ausstellung sollte dabei anhand einer den spezifischen Gegebenheiten angepassten Checkliste erfolgen. Einzubeziehen sind zumindest alle sicherheitsrelevanten Positionen, wie Alarmsicherung, der Zustand der Vitrinen, aber auch der Zustand der angebrachten Beschriftungen, die klimatischen Gegebenheiten sowie die Sauberkeit der Ausstellungsräume und der dazugehörigen sanitären Einrichtungen. Zu überprüfen ist auch, ob die Beleuchtung funktioniert und ob alle multimedialen Systeme, Hörstationen, Videos oder Projektionen laufen. Selbstverständlich ist auch darauf zu achten, dass die Kassen besetzt sind und die Wachleute in den ihnen zugewiesenen Bereichen anwesend sind. Für alle technischen Probleme, die nicht mit hauseigenen Mitteln zu lösen sind, sollte bereits vor Ausstellungsbeginn eine Zuständigkeitsliste mit allen notwendigen Adressen und Telefonnummern bereitgestellt werden.

II. Dienstleistung und Service

Im Zentrum der Tätigkeit im Ausstellungsbüro steht aber der Kontakt zum Besucher. Alle telefonisch oder schriftlich eingehenden Anfragen müssen hier ebenso effektiv wie schnell beantwortet werden. Im Mittelpunkt steht in der Regel die Anmeldung und Betreuung aller Führungswünsche. Auf allen Werbemitteln einer Ausstellung findet sich eine Kontaktnummer, über die Führungen bestellt werden können. Falls diese Aufgabe nicht an ein Callcenter ausgelagert wurde, wie es bei großen Ausstellungen zum Teil geschieht, werden diese Kontakte im Ausstellungsbüro zusammenlaufen. Auch hier kann eine effektive Vorbereitung die Tätigkeit erheblich erleichtern. Rechtzeitig vor Ausstellungsbeginn sollte ein funktionierendes Buchungssystem eingerichtet sein. Dies kann herkömmlich aus Listen in einem Ordner oder EDV-gestützt verwaltet sein. Wichtig ist, dass alle für die weitere Bearbeitung erforderlichen Angaben vollständig erfasst werden.

So sollte jeder Eintrag neben der Zuweisung einer exakten zeitlichen Fixierung (Tag, Uhrzeit) auch den Namen der Gruppe, die Kontaktperson mit Adresse, Telefonnummer oder E-Mail, die Personenzahl und nähere Informationen über die Art der Gruppe enthalten. Angaben über die Zusammensetzung der Gruppe können bei der Vergabe der Führungen von großer Bedeutung sein, da erfahrungsgemäß eine Professorengruppe eine andere Führung erwartet als eine Gruppe von Hauptschülern.[1] Die angelegte Liste sollte auch noch Aufschluss darüber geben, ob der Kunde eine Bestätigung will bzw. bereits erhalten hat.

Zugleich muss in der Anmeldungszeile noch Raum bleiben, um die mit der Führung beauftragte(n) Person(en) notieren zu können. Ein reibungsloser Ablauf der Anmeldung kann nur gewährleistet werden, wenn

---

[1] Vgl. hierzu auch die Hinweise bei Schreiber, Führungen, S. 379 in diesem Band.

alle, die Führungen entgegennehmen, mit dem Preissystem und allen darin versteckten Tücken bestens vertraut sind. Nur so kann verhindert werden, dass es bei der Ankunft der Gruppe zu unliebsamen Diskussionen an der Kasse kommt.

Im Zeitalter der Dienstleistungsgesellschaft werden von der Telefonkraft oft auch weitergehende Informationen zur Ausstellung und darüber hinaus erwartet. Eine detaillierte Kenntnis der Ausstellung, aber auch Informationen zum touristischen Umfeld sind für diese Tätigkeit von entscheidender Bedeutung. Wo kann der Bus parken, wo kann ich nach dem Besuch Kaffee trinken oder zu Mittag essen? Wann hat die Kirche etc. geöffnet? Kompetente Beratung oder zumindest freundliche Weiterleitung an geeignete Partner werden als selbstverständlich angesehen und schaffen einen positiven Eindruck.

III. Besucherbetreuung

Neben der Anmeldung ist auch die Betreuung der Gruppen eine dem Ausstellungsbüro obliegende Aufgabe. Allen Gruppen muss ein geeigneter Führer zugeordnet werden, der den spezifischen Anforderungen gewachsen ist. Damit sollte aber die Betreuung nicht abgeschlossen sein. Gerade bei größerem Besucherandrang ist es Aufgabe des Ausstellungsbüros, den Kontakt zwischen der ankommenden Besuchergruppe und den Führenden herzustellen. Eine individuelle Begrüßung wird als zuvorkommende Behandlung gewertet und stimmt die Gruppe positiv in den Ausstellungsbesuch ein. Selbstverständlich ist das Büro bei allen Schwierigkeiten – vor allem auch Beschwerden – der Ansprechpartner. Letzteres ist allerdings kein Privileg geführter Gruppen. Auch für Anregungen, Beschwerden, Lob von Einzelbesuchern ist der/die Mitarbeiter(in) im Ausstellungsbüro der erste Ansprechpartner.

Gerade letztere Aufgabe kann ohne wissenschaftliche Kenntnisse nur unzureichend gelöst werden und bedingt die Anwesenheit eines Mitarbeiters des wissenschaftlichen Vorbereitungsteams. Dies gilt ebenso für die Betreuung von angemeldet erschienen Pressevertretern und manchmal auch für die Führung von Repräsentanten des öffentlichen Lebens.

IV. Pressebetreuung

Das Ausstellungssekretariat sollte gleichzeitig als Organisationszentrum und Pressezentrum[2] fungieren. Es ist für die Bewerbung aller begleitenden Maßnahmen und Sonderaktionen zuständig. Es hat den reibungslosen Ablauf aller begleitenden Veranstaltung und die Betreuung der beteiligten Personen zu garantieren. Auch die Bewerbung durch Informationsträger und die rechtzeitige Kontaktaufnahme mit der örtlichen und gegebenenfalls regionalen Presse erfolgt über das Ausstellungsbüro. Dazu kann es nicht schaden, rechtzeitig kurze geeignete Werbetexte zu verfassen, die den Journalisten die Arbeit erleichtern.

Auch Presseaktionen, wie das Feiern eines runden Besuchs – sei es der tausendste oder der zweihunderttausendste Besucher – sind Aufgabe des Ausstellungsbüros. Es hat durch das effektive Führen einer Besucherstatistik den Termin zu bestimmen, rechtzeitig den dazu erforderlichen örtlichen oder regionalen Repräsentanten und die Presse zu informieren und den obligatorischen Blumenstrauß zu besorgen.

V. Interne Kommunikation und Krisenprävention

Ein Tätigkeitsfeld des Ausstellungsbüros und der dort agierenden Personen wird oft verkannt.

In Ausstellungen arbeitet – je nach Größe – eine beträchtliche Anzahl von Personen für relativ kurze Zeit in einer ungewohnt engen Form zusammen. Bei großen Ausstellungsprojekten können an den Kassen, für die Reinigung, im Wach- und Führungsdienst zum Teil über hundert Personen tätig sein. In der Laufzeit von mehreren Monaten ist es unvermeidlich, dass es in dem engen Umfeld zu Reibungen zwischen einzelnen Personen oder Personengruppen kommt. Dies kann durch hohen Besucherandrang ebenso verstärkt werden wie durch die Langweile bei wenigen Besuchern. Es muss aber auf jeden Fall im Interesse der Ausstellung und damit im Interesse des Zentrums der Ausstellung, wie ich das Ausstellungsbüro auch nennen möchte, liegen, eventuell sich anbahnende Konflikte rechtzeitig zu erkennen und nach Möglichkeit ohne größere

---

[2] Vgl. hierzu das Kapitel „Ausstellungen publik machen", das viele wertvolle Anregungen und Tipps für die Öffentlichkeitsarbeit enthält, ab S. 731 in diesem Band.

Störungen zu entschärfen. Gerade dafür ist eine ständige und aufmerksame Präsenz in der Ausstellung erforderlich.

Ein gutes Klima zwischen den Mitarbeitern überträgt sich auch auf die Besucher und kann so helfen, ein positives Erscheinungsbild zu vermitteln, was für den Erfolg einer Ausstellung von unschätzbarem Wert ist. Schließlich gibt es keine bessere Werbung als die Empfehlung durch zufriedene Besucher.

Kultursponsoring

Von Christian Schneider

I. Zur Einordnung

In den meisten Fällen kultureller Arbeit spielt heutzutage das Thema Sponsoring eine bedeutende Rolle. Das gilt umso mehr vor dem Hintergrund fast bzw. zunehmend leerer Kassen bei Städten und Gemeinden. Somit gehören die werbefreie Eintrittskarte zu einem Konzert oder der Ausstellungskatalog ohne Firmenlogos meist der Vergangenheit an.

Dies gilt inzwischen für alle Größenordnungen von Veranstaltungen, also unabhängig davon, ob es sich um einen bedeutenden, fernsehträchtigen Event (beispielhaft seien hier die NOKIA – Night of the Proms in München und die renommierten Salzburger Festspiele mit dem Hauptsponsor AUDI genannt) oder um ein regionales bzw. lokales Ereignis handelt.

Dabei ist eines klar zu stellen: Sponsoring ist, im Gegensatz zum Mäzenatentum, ein Geschäft – und zwar für alle Beteiligten. Der Sponsoringnehmer, in der Regel der Veranstalter, versucht dabei, seinen Ausgaben einen zusätzlichen Einnahmenblock gegenüber zu stellen. Der Sponsor fungiert als Geld- bzw. Sachleistungsgeber, jedoch mit klar formulierten Vorstellungen über Gegenleistungen, die in vielfältiger Form (z. B. Namensnennung, Präsentationen, Logo-Abdruck, Freikartenkontingent) erfolgen können. Sponsoring hat heutzutage bei vielen Firmen einen festen Platz in deren Marketing. Häufig stehen nicht uninteressante Budgets für diese Form der Imagepflege zur Verfügung.

Für den Kreis der Veranstalter stellt sich die Aufgabe, diese Budgets so weit wie möglich „anzuzapfen". Dazu ist es unumgänglich, dem potentiellen Sponsor das eigene Konzept schmackhaft zu machen und vom ersten Kontakt an als „professioneller" Partner aufzutreten.

Bevor die einzelnen Kriterien für ein erfolgreiches Sponsoring besprochen werden, ist eines voran zu stellen: Es geht bei Sponsoring (fast) immer um das liebe Geld. Die Basis für ein aussichtsreiches Angebot ist immer das Vorlegen eines detaillierten Kosten- und Finanzierungsplans. Nur dann kann sich der potentielle Sponsor ein Gesamtbild über den Umfang des Projekts machen und nur dann wird er auch bereit sein, sein Geld zu investieren.

II. Checkliste für Veranstalter

In der Folge soll, anhand einer Checkliste, in zehn Punkten aufgezeigt werden, welche Gedanken sich der Veranstalter darüber hinaus bereits im Vorfeld machen sollte, welche Unterlagen bereit zu halten sind etc. In den Beispielen wird immer wieder speziell ein Fokus auf die Macher von Ausstellungen gesetzt. Je nach Umfang der Veranstaltung müssen natürlich nicht immer alle angeführten Punkte in epischer Breite abgearbeitet werden.

1. Die eigenen Vorstellungen formulieren

Da Sponsoring wie dargestellt ein Geschäft ist, erwartet der Sponsor möglichst attraktive Gegenleistungen. Im Vorfeld der Gespräche ist detailliert zu ermitteln, welche Angebote hierbei möglich sind. (Bsp.: Logo/Schriftzug auf den Ausstellungswänden; Inserat im Ausstellungskatalog, auf Eintrittskarten, Plakaten oder Flyern; Freikarten, kostenlose Führungen für die Mitarbeiter des sponsernden Unternehmens; Nennung des Sponsors in Presseartikeln, Radio- bzw. TV-Berichten; Präsentationsmöglichkeiten für Produkte des Sponsors; Einbindung des Sponsors bei multimedialen Angeboten wie Bild- und Tonvorführungen; Internet; Nutzungsrechte für Titel, Namen, Lizenzen).

Wenn der Katalog der Angebote steht, sind die einzelnen Inhalte monetär zu bewerten. Die Frage nach dem jeweiligen Geld-Wert ist zugegebener Maßen nicht leicht zu beantworten. Zu vielfältig sind die möglichen Projekte hinsichtlich Größe, Bedeutung, Besucheranzahl oder Reichweite der eingesetzten Medien. Grundsätzlich geht es um Dinge wie Quantität der Zielgruppe (wie viele Personen besuchen die Ausstellung bzw. erfahren in der Presse darüber), Qualität der Zielgruppe für den Sponsor (sind die Besucher der Ausstellung potentielle Kunden des Sponsors) sowie Quantität und Qualität der Kontakte (Häufigkeit, Regelmäßigkeit, mit der der Sponsor in Erscheinung tritt). Hier gilt es unter Umständen das Erfahrungspotential von Kollegen, z. B. von benachbarten Kommunen, zu nutzen. Dadurch sollte es recht schnell möglich sein, realistische Wert-Ansätze zu bekommen. An dieser Stelle sei gesagt, dass die öffentlichkeitswirksame Darstellung eines Sponsors unabdingbare Voraussetzung für die steuerliche Abzugsfähigkeit als Betriebsausgabe (Werbungskosten) ist.

2. Gewissenhafte Vorbereitung

Bei allem Druck, den Organisatoren kultureller Veranstaltungen gerade im Vorfeld eines durchzuführenden Projekts verspüren, ist es notwendig, Zeit und Geduld zu investieren. Suche nach Sponsoren wird umso erfolgsträchtiger sein, je detaillierter das Projekt und die mögliche Einbindung des Sponsors beschrieben sind. Darüber hinaus darf man nicht verkennen, dass gerade auch die Form/Aufmachung der Unterlagen in unserer Gesellschaft eine bedeutende Rolle spielt. Der vielfach beschworene erste Eindruck ist auch hierbei nur schwer revidierbar.

3. Die Sprache der Sponsoren sprechen

Sponsoring ist ein Geschäft. Der ausgewählte Sponsor soll (sein wohlverdientes) Geld investieren. Deshalb muss das entsprechende Angebot adressatengerecht formuliert werden. Zur Orientierung dient hierbei ein Blick in den Geschäftsbericht des potenziellen Sponsors; lohnen kann heutzutage natürlich auch ein „click" auf dessen Homepage.

4. Auswahl der Sponsoren

Grundsätzlich ist zu prüfen, ob der ausgewählte Sponsor mit seinen Produkten/Dienstleistungen zu dem Projekt passt. Da gerade das Thema „Kultur" ein breites Spektrum der Bevölkerung interessiert, ist Kultursponsoring für sehr viele Unternehmen ein geeignetes Betätigungsfeld, mit dem sich häufig auch die entsprechenden Geschäftsleiter (= Entscheider) identifizieren.

Die Auswahl eines geeigneten Sponsors liegt letztlich auch im ureigenen Sinne des Veranstalters, da im Einzelfall nicht ausgeschlossen werden kann, dass Unternehmen mit einem eher zweifelhaften Renommee dem Ruf der ganzen Veranstaltung mehr schaden können, als das Geld dieses Sponsors Positives bewirkt.

Als Grundregel kann gelten, dass Projekte mit lokalem bzw. regionalem Charakter auch primär von lokalen und regionalen Unternehmen gefördert werden. Entsprechende Adressen sind häufig über einschlägige Institutionen (z. B. Handelskammern), oftmals auch schon via Internet zu eruieren.

5. Sponsoren kennen lernen

Jedes Unternehmen ist individuell „aufgestellt" und hat seine eigene Struktur und auch Philosophie. So ist alleine die Frage nach dem entsprechenden Ansprechpartner meist nicht eindeutig zu beantworten. In vielen (vor allem kleineren) Unternehmen ist das Thema Sponsoring „Chefsache". In anderen wiederum sind z. B. die Marketingabteilung, der Bereich „Öffentlichkeitsarbeit" oder „Unternehmenskommunikation" der richtige Adressat. Ein vorheriger Anruf in der jeweiligen Telefonzentrale schafft hier schnell Klarheit.

6. Bei der Wahrheit bleiben…

Es ist zwingend anzuraten, das Projekt realistisch zu beschreiben. Der Verführung, einem Sponsor das Projekt schmackhafter verkaufen zu wollen, als es ist, darf man keinesfalls erliegen. Eine Untertreibung ist natürlich gleichermaßen fatal und unangebracht.

7. Mehrere Köche verderben den Brei nicht…

Gerade bei lokalen und regionalen Events könnte man dazu neigen, die bereits in der Vergangenheit gewonnenen Sponsoren immer wieder einbinden zu wollen. Dieser Weg ist aus Sicht des Veranstalters logisch und zunächst Erfolg versprechend. Tatsächlich hat der Sponsor sich ja bereits schon einmal überzeugen lassen.

Allerdings lohnt die Überlegung, das Projekt, wenn möglich, auf mehrere Schultern zu verteilen, alleine schon deshalb, um Einzelne nicht zu überfordern. Insbesondere in der heutigen Zeit, wo es auch um die Unternehmensgewinne längst nicht mehr rosig steht, sind mehrere Anfragen mit überschaubaren Sponsoringbeträgen Ziel führender. Dies gilt auch vor dem Hintergrund des, für den Veranstalter, zwangsläufig größeren Aufwands.

Ein Splitten der Geldgeber streut auch das Risiko der zu großen finanziellen Abhängigkeit. Ein Konkurrenzausschluss sollte nach wie vor beachtet werden (außer bei ausdrücklichem Verzicht durch den Geldgeber).

Einige Sätze noch zu den Risiken des Sponsorings: Ein gewisses Mitspracherecht des Sponsors bei der Organisation ist manchmal nicht auszuschließen, sollte jedoch auf ein absolutes Minimum beschränkt werden.

Der kulturelle Anspruch darf keinesfalls unter einer übertrieben sponsorlastigen Darstellung leiden.

Ferner ist von vorneherein zu prüfen, ob nicht die Beteiligung von Sponsoren unter Umständen staatliche oder sonstige Zuschüsse mindert.

8. Sponsoringvertrag

Vor dem Hintergrund der unter 7. genannten Risiken sollte bei Vorhaben, die eine gewisse Mindestgröße überschreiten (Empfehlung: ab einem Sponsoringbetrag von ca. 2.500 Euro), ein schriftlicher Sponsoringvertrag verfasst werden. Dieser sollte folgende Punkte enthalten:

a) Das Projekt

Möglichst detaillierte Beschreibung des Vorhabens mit Angabe des genauen Titels, Vision (Was soll die Veranstaltung bewirken? Erfolgskontrolle?), Zielgruppen, Ansprechpartner mit Kommunikationsadressen.

b) Die Termine

Dazu gehören natürlich die Termine der Veranstaltung (bzw. Ausstellungsbeginn und -ende). Darüber hinaus ist mit dem Sponsor zu vereinbaren, wann die entsprechenden Werbeträger (Plakate, Flyer, Radio- bzw. TV-Spots, Printwerbung etc.) zum Einsatz kommen, wann die Einladungen versendet werden und wann evtl. Sachmittel des Sponsors (auch für eigene Präsentationen) anzuliefern sind.

c) Vergütung

Es muss klar dargelegt werden, welche Leistungen (Geldmittel, Sachmittel, Dienstleistungen) der Sponsor zu erbringen hat. Insbesondere sind auch die Zahlungstermine, wenn mehrere vereinbart sind, festzulegen.

d) Gegenleistung des Gesponserten

Unter 1. wurde bereits auf die Notwendigkeit der öffentlichkeitswirksamen Darstellung des Sponsors aus steuerlichen Gründen verwiesen. An dieser Stelle des Vertrags sind nun sämtliche Pflichten des Veranstalters aufzuführen.

e) Regelung der Zusammenarbeit

Für die Laufzeit des Vertrages (besser wäre natürlich auch darüber hinaus) sollte gegenseitige Interessenswahrung vereinbart werden. Insbesondere ist alles zu unterlassen, was dem Ruf des Vertragspartners schaden könnte.

f) Kündigung des Vertrags

Falls für notwendig erachtet, können hier die Fristen für eine Kündigung des Vertrags vereinbart werden. Auch für den Fall einer notwendigen außerordentlichen Kündigung ist es sinnvoll, schon im Vorfeld Details festzulegen. Es ist ratsam, auch die Gründe, die zu einer derartigen Kündigung führen könnten, explizit aufzuführen. Dazu gehört auch die Vereinbarung über die Folgen der Nichterfüllung einzelner Pflichten aus dem Vertrag.

g) Haftung/Versicherungen

Für den Fall, dass der Sponsor selbst Sachwerte zur Verfügung stellt (z. B. Exponate bei einer Ausstellung) ist eine entsprechende Versicherung anzuraten. Die Details (Versicherungshöhe, Prämie, etc.) werden an dieser Stelle im Vertrag fixiert.

9. Sponsoren pflegen

Eine gute Sponsorarbeit zeichnet sich dadurch aus, dass der Sponsor nicht nur zu den Zeiten kontaktiert wird, in denen man sein Geld braucht. Es hat noch nie geschadet, Kontakte auch darüber hinaus zu pflegen. Dass die Bereitschaft des Sponsors, weitere Projekte des Veranstalters zu begleiten, umso höher ist, je angenehmer sich die Verbindung auch „zwischen den Projekten" gestaltet, versteht sich von selbst.

10. Zu guter Letzt ...

Auf Anfragen kann man bekanntlich immer zwei Antworten erhalten: Zuaber manchmal auch Absagen. Durch letztere sollte man sich keinesfalls entmutigen lassen. Für eine Absage kann es Dutzende von Gründen geben. Für den Veranstalter ist es dabei wichtig, in sich zu gehen und, statt sich über die offensichtliche Ignoranz des negierenden Sponsors zu ärgern, das eigene Angebot zu prüfen. Wie oft ist es schon passiert, dass man vor lauter Bäumen den berühmten Wald nicht mehr sieht und eben doch das eine oder andere Detail übersehen hat. Bewährt hat sich dabei die Einbindung von Kollegen, die unbedarft sind im Umgang mit Sponsordingen. Diese beurteilen, weil sie es gar nicht anders können, die Sache zunächst einfach mit ihrem normalen Menschenverstand und das ist in den allermeisten Fällen gar nicht so schädlich.

Man kann durchaus auch beim abweisenden Sponsor direkt nach den Gründen der Ablehnung fragen. In der Regel bietet sich hierfür der informellere Telefonweg an.

In vielen Kommunen, Landkreisen oder Regionen haben sich in den letzten Jahren auch eigene Stiftungen gebildet, die es sich zur Aufgabe gemacht haben, Kulturprojekte zu fördern. Auch hier stehen Ansprechpartner für ein evtl. Sponsoring zur Verfügung.

Unter Berücksichtigung der angeführten Punkte sollte es gelingen, bei potentiellen Sponsoren zumindest Interesse zu wecken und bei einigen auch Unterstützung zu finden. Letztlich trägt eine lebendige Kultur vor Ort zur Aufwertung des Standorts und damit auch zu einem Stück Lebensqualität bei, die jedem zugute kommt.

Ausstellungen als Chance für Gastronomie, Einzelhandel, Hotellerie und Tourismusbetriebe am Beispiel der Bayerischen Landesausstellung Kaiser Heinrich II. von 6. Juli bis 20. Oktober 2002 in Bamberg

Von Katharina Kestler

I. Ausstellungen als Anreiz für Touristen

1. Beispiel Bamberg

Die Bayerische Landesausstellung „Kaiser Heinrich II." brachte der Stadt Bamberg touristische Superlative. Mit fast 206.000 Besuchern war sie bislang die erfolgreichste Ausstellung des Hauses der Bayerischen Geschichte. Die durchschnittliche Aufenthaltsdauer der vom Sozialwissenschaftlichen Institut München (SMI) befragten Ausstellungsbesucher in Bamberg betrug drei Tage – 58 Prozent der Besucher bezeichneten sich selbst als Tourist. Über die Hälfte der Ausstellungsbesucher besichtigte neben der Ausstellung auch die Stadt, in der Altstadt und Domberg als besondere Höhepunkte genannt wurden. Die Auslastung der knapp 2000 Betten im Hotelgewerbe stieg auf den Höchststand von 42,3 Prozent, den besten Wert aller fränkischen Städte. An manchen Wochenenden waren alle Bamberger Betten ausgebucht, so dass die Anfragen teilweise auf das weitere Umland weitergeleitet werden mussten. Nach einem Rückgang der gewerblichen Übernachtungszahlen von sechs Prozent im ersten Halbjahr 2002, konnte im Ausstellungszeitraum ein Plus von 9,8 Prozent im Vergleich zum Vorjahreszeitraum verzeichnet werden – das entspricht einer Zahl von 14 389 Besuchern. Während das Gästeaufkommen in Bayern 2002 zurückging, blieb Bamberg durch die Ausstellung im Jahresdurchschnitt ein Plus von 2,6 Prozent (entspricht etwa 7000 Besuchern) im Vergleich zum Gästeaufkommen 2001. 28 Prozent der Touristen gaben an, extra wegen der Landesausstellung nach Bamberg gekommen zu sein. Hinzu kommen geschätzte 35 000 zusätzliche Tagestouristen. Mit der Bamberg Card bzw. dem Angebot „Bett & Karte" des Tourismus- & Kongress-Service Bamberg wurden während der Laufzeit 45 000 Euro umgesetzt, was etwa 1000 Übernachtungen entspricht. Die Paketreise „Kaiser Heinrich II." beanspruchte etwa 20 Prozent des Gesamtvolumens aller Paketreisen im Jahr 2002 – bisher der größte Erfolg von „Bett & Karte" in Bamberg.

Diese beeindruckenden Zahlen wurden nur möglich, weil Bamberger Tourismusbetriebe aktuelle Trends im Tourismus erkannt und entsprechend umgesetzt haben. Die Deutschen reisen heute öfter, kürzer und kurzfristiger als früher, Städtereisen gehören zu den boomenden Reisearten, Wochenend-, Tagesreisen und Spontanurlaube werden häufig mit dem Besuch von Kultur-, Bildungs- und Freizeitangeboten verknüpft.

Der Wettbewerb zwischen den Reisezielen wird größer und die Qualitätserwartungen der Touristen auf allen Ebenen höher. „Destinationsmanagement" wird daher immer wichtiger: Regionale Leistungsträger setzen verstärkt auf Kooperation, um sich im Wettbewerb durchsetzen zu können. Diese Kooperation geschah in Bamberg auch im Falle der Landesausstellung, zum einen im Dialog zwischen Kulturschaffenden und Touristikern, also zwischen dem Haus der Bayerischen Geschichte und dem Tourismus- und Kongress-Service Bamberg, zum anderen in der Zusammenarbeit der touristischen Betriebe vor Ort.

Unterstützt wird der Erfolg dadurch, dass für Bamberg Kultur schon immer ein positiv besetztes Markenzeichen war, das die Stadt im Wettbewerb zwischen den einzelnen Reisezielen in Deutschland in die Waagschale warf. Bamberg bemüht sich darum, das Image als Weltkulturerbe auszubilden. Die Landesausstellung stand in dieser Marketingtradition.

Auch das Haus der bayerischen Geschichte hat sich ein Image aufgebaut: Seine Landesausstellungen bürgen für Qualität. Das professionelle Management „verkauft" dieses Image.

Die Zusammenarbeit zwischen dem Haus der Bayerischen Geschichte und dem Tourismus- und Kongress-Service Bamberg führte in der Verzahnung von Ausstellungs- und Tourismuskompetenz zu einer Situation, von der beide Seiten profitierten.

2. Was lässt sich daraus lernen?

Von solch idealen Bedingungen können die Verantwortlichen kleiner Ausstellungen nur träumen. Dennoch: Wer den Trend erkennt, kann sich frühzeitig (!) die richtigen Partner suchen:[1] Kommunen und Regionen vernetzen sich zunehmend.[2] Der wichtigste Schritt ist, die Motoren und Träger dieser Vernetzung rechtzeitig anzusprechen. Dann geht es darum, diese Akteure zu überzeugen, dass die Ausstellung auch ihre Sache ist

---

[1] Vgl. auch die Hinweise im Artikel Öffentlichkeitsarbeit von Michael Henker, S. 731 in diesem Band.

[2] Vgl. hierzu auch den Beitrag Huber/Wimbauer, Ausstellung im Landkreis, S. 855, der die Sicht von Landkreisen vertritt.

und auch ihnen einen Nutzen bringen kann. Ziel ist, dass das Tourismusbüro, das Kulturreferat usw. die volle Verantwortung für deren Platzierung im Tourismus-Bereich übernehmen. Die Ausstellungsmacher arbeiten nur noch zu, indem sie z.B. die benötigten Materialien und Informationen zur Ausstellung bereitstellen.

Es scheint auf der Hand zu liegen, Synergien auf diese Weise zu nutzen. Die Realität zeigt aber, dass hier große Hürden zu überwinden sind. Ein Runder Tisch im Vorfeld, mit den Weisungsbefugten und klaren Vorgaben für alle Beteiligten, kann hier zur Lösung beitragen.

II. „Machen wir uns einen schönen Tag" – Ausgaben jenseits der Ausstellung

1. Umfragedaten zu Bamberg

Durchschnittlich gaben die Ausstellungsbesucher bei der Befragung durch SMI an, 95 Euro in Bamberg ausgegeben zu haben. Bei Tagestouristen rechnet man mit Ausgaben von etwa 19 Euro pro Tag. Die zusätzlichen Ausgaben der Touristen führten zu einer Umsatzsteigerung im Einzelhandel von 10 bis 20 Prozent. Neben der speziellen Nachfrage nach Sonderprodukten, Gästeführern und Souvenirartikeln verdoppelte sich auch der Bierumsatz von 100 hl auf 200 hl.

Bamberger Firmen nutzen die Ausstellung in ihrer Stadt, um Sonderprodukte anzubieten – teils unabhängig, teils in Abstimmung mit den Veranstaltern. Das umfangreiche Merchandising Angebot wird übereinstimmend als wirtschaftlicher Erfolg gewertet. Sonderprodukte waren beispielsweise: Heinrichs-Bier (Mahr's Bräu, Bamberg), Heinrichs-Wein (Heilig-Geist-Spital, Würzburg), Heinrichs-Brot und Kunigunden-Kringel (Bäckerei Fuchs, Bamberg), Heinrichs-Pralinen und Heinrichs-Schokolade (Cafe am Dom, Bamberg), Heinrichs- und Kunigunden-Tee (Teehaus Scharnke, Bamberg) und Heinrich-Musik (CD der Capella Antiqua Bambergensis, Bamberg).

Nicht nur die Geschäftsleute sind Gewinner. Weil der Einzelhandel größtenteils das Logo der Landesausstellung nutzte, sorgte er zusammen mit den Plakaten und Wegweisern in Bamberg dafür, dass Kaiser Heinrich II. im Stadtgebiet keinem Passanten entgehen konnte. Aus der Sicht der Ausstellung können auf diese Weise kostenlose Werbeträger gewonnen werden. Die Frage nach den Grenzen des guten Geschmacks stellt sich aber durchaus. Nicht jeder kostenlose Werbeträger passt zum zu bewerbenden Produkt.

2. Kreativität ist angesagt

Einen Standortnachteil für strukturschwächere Regionen gibt es hier kaum: Die Kreativität der Einzelhändler und Gastronomen ist gefragt. Die Aufgabe der Ausstellungsverantwortlichen kann es nur sein, rechtzeitig Impulse zu geben. Plakate, z.B. für Schaufensterdekorationen, müssen bereitgestellt werden, das Logo für die Vermarktung der Artikel muss zugänglich gemacht werden. Ob bei der Verwendung des Logos an Qualitätskontrolle gedacht werden soll, muss vor Ort entschieden werden.

Eine besondere Chance besteht für die Gastronomie darin, in Schmankerlwochen oder während der gesamten Laufzeit der Ausstellung ausstellungsspezifische Gerichte anzubieten. Auch damit bewegt man sich im Trend der Zeit.

III. Mehr als „nur" die Ausstellungen – Chancen des Rahmenprogramms nutzen

1. Schlaglichter auf Bamberg

Ein entscheidender Grund für den Erfolg der Landesausstellung war sicherlich auch das umfangreiche Begleitprogramm. Während des Ausstellungszeitraums wurden den Besuchern jeden Tag Heinrich-spezifische, Mittelalter-bezogene und völlig Themen-unabhängige Veranstaltungen geboten. Neben zahlreichen Konzerten, Vorträgen und Spezialführungen zum Thema, nahmen sich beispielsweise auch die alljährlichen Calderón-Festspiele des E.T.A. Hoffmann Theaters des Themas „Heinrich und Kunigunde" an.

Sieben Autoren haben für die Freilichtspiele Motive aus dem Leben des Bamberger Bistumspatrons und seiner Gemahlin Kunigunde, sowie Legenden um das heilige Kaiserpaar bearbeitet. Gespielt wurde an verschiedenen Schauplätzen im Bereich des Dombergs und der Alten Hofhaltung – der Zuschauer konnte während des Abends von einem Spielort zum nächsten gehen und die Stücke nacheinander anschauen. Kindern zeigte das Theaterstück „Heinrich will nicht der Zweite sein" von Chapeau-Claque und dem Verein für kreative Medien und Kulturpädagogik wie Kaiser Heinrich gelebt hat. Handwerker führten ihre mittelalterlichen Handwerkstechniken auf dem Domplatz vor: Gezeigt wurden zum Beispiel Bauarbeiten am mittelalterlichen Gehöft, Buchmalerei, Textilherstellung, Wollherstellung usw. Doch das Begleitprogramm beinhaltete nicht nur Veranstaltungen zum Zuschauen, sondern auch zum Mitmachen: Der Besucher konnte mittelalterliche Schreibkunst und Buchmalerei erlernen, beim Wettsägen seine Kräfte messen, Repliken nach archäologischen Funden erstellen und vieles mehr. Auch für Schulklassen beschränkte sich der Ausflug in die Zeit Heinrichs nicht nur auf die Ausstellung: Als Einstimmung auf den Ausstellungsbesuch erzählten Mitglieder des Fränkischen Sagen- und Märchenkreises den Schülern Bamberger Stadtsagen, Kunigunden-Legenden, Lokalsagen aus dem oberfränkischen Umkreis und Märchen von Müllern, Jägern, Schmieden und Königen. Im Aktionsprogramm „Sie bauten eine Feste" des Büros für angewandte Archäologie erfolgte an verschiedenen Handwerksstationen eine Einführung in den Themenbereich „Mittelalter" und eine kindgerechte Führung durch die Ausstellung. Nachdem die Schüler mit dem Federkiel einen Handwerksvertrag unterzeichnet hatten, konnten sie die Gewerke Steinmetz und Zimmermann kennen lernen und verschiedene Arbeitstechniken und Werkzeuge selbst erproben. Sogar das Spielmobil fuhr im Ausstellungszeitraum in die Zeit Heinrichs II.. Im Aktionsbereich Kurzweyl erlebten die Kinder mit Stelzen, Reifen, Brummkreisel usw. wie vor tausend Jahren gespielt wurde.

Der Besucher erwartet sich heute von kulturellen Angeboten nicht mehr nur die Vermittlung von Wissen, sondern auch anspruchsvolle Unterhaltung. Der Besuch einer Ausstellung wird zum Freizeiterlebnis. Auch das ist den Veranstaltern der Landesausstellung gelungen – mit den Calderón-Festspielen, mit dem Kinderprogramm, mit den Handwerksvorführungen, um nur einige Beispiele zu wiederholen.

2. Rahmenprogramme – ein Muss für jede Ausstellung

Über das Rahmenprogramm von Ausstellungen steht in diesem Band Vieles geschrieben. Dass man die Chancen einer Ausstellung vertut, wenn man sie zu Erlebniswelten und Wellnessorten mutieren lässt, wird deutlich. Der Anspruch „Event **und** Bildung" zu vereinen, ist erfüllbar, jedoch nicht vom Eventmanager ohne historische Grundbildung. Hier ist das Ausstellungsteam in seiner spezifischen Kompetenz gefragt. Für jede Ausstellung sind gute Rahmenprogramme zu entwickeln!

Die Wirtschaft vor Ort partizipiert am Erfolg von Ausstellung und Rahmenprogramm. Das aber hat zur Folge, dass sie auch bereit sein muss, sich einzubringen, etwa bei der Be-Werbung der Veranstaltungen oder auch als Sponsor.

IV. Fazit

Die Landesausstellung brachte Bamberg touristische Superlative. Wenn Ausstellungs-Veranstalter und ihre Partner aus Tourismus und Einzelhandel an einem Strang ziehen, können Ausstellungen überall große Chancen für Tourismus, Einzelhandel, Hotellerie und Gastronomie eröffnen. Erfolg resultiert vor allem aus effektiver Zusammenarbeit.

Kleinere Städte als Ausrichter historischer Ausstellungen? Überlegungen ausgehend von Erfahrungsreflexion zur Ausstellung „Mühldorf a. Inn – Salzburg in Bayern"

Von Bernhard Bönisch und Günther Knoblauch

I. Zur Themenfindung: Bedeutung für Vergangenheit und Gegenwart

Nicht jedes Thema, nicht jede Schwerpunktsetzung, nicht jede Aufbereitung eignet sich für eine Ausstellung in der Trägerschaft von Städten.

Mühldorf a. Inn hatte sich entschieden, ein Jubiläum als Anlass für eine erste größere Ausstellung aufzugreifen: Die Säkularisation jährte sich zum 200. Male; die erzbischöflich-salzburgische Stadt Mühldorf war bayerisch geworden. Mühldorf und Salzburg sind ein großes Stück gemeinsamen geschichtlichen Weges gegangen: Über 800 Jahre lang gehörte Mühldorf zu Salzburg und hat in dieser Zeit in politischer, wirtschaftlicher und künstlerischer Hinsicht viel von seinem salzburgischen Mutterland übernommen. Vieles ist im heutigen Stadtbild noch sichtbar.

Die Kontakte mit Salzburg sind trotz der nunmehr 200jährigen Zugehörigkeit zu Bayern nie ganz abgerissen und haben sich seit dem Beitritt Österreichs zur EU noch intensiviert. Aufgrund der gemeinsamen Geschichte sieht Mühldorf a. Inn eine besondere Bedeutung für die Beziehungen zwischen Bayern und Salzburg. In der Innensicht mancher Mühldorfer schlägt sich die gemeinsame Geschichte in der Behauptung nieder, dass die hier lebenden Menschen nicht nur die „Urwüchsigkeit der Bayern, sondern auch die Liebenswürdigkeit der Salzburger"[1] in sich vereinen würden.

Aus dieser Konstellation heraus ist die Entscheidung der Stadt zu verstehen, in der geplanten Jubiläumsausstellung nicht nur an die Säkularisation zu erinnern, die 200 Jahre Zugehörigkeit zu Bayern einleitete, sondern – mehr noch – an die salzburgische Vorgeschichte. In der bayerischen Zeit war Mühldorf eine Kleinstadt wie viele andere; in der Salzburger Zeit hatte sie, wegen der exponierten Lage im bayerischen Territorium, eine Sonderrolle inne, die die Stadt Mühldorf, aus unterschiedlichen Gründen – vergangenheits- und gegenwartsbezogenen – in Erinnerung halten will. Damit ist die Struktur der Jubiläumsausstellung begründet: Der Schwerpunkt lag auf der Salzburger Zeit, die Ereignisse der Sä-

---

[1] Nicht erst seit der Jubiläumsausstellung charakterisiert Bürgermeister Knoblauch seine Stadt und ihre Bürger auf diese Weise.

kularisation wurden exponiert dargestellt, die 200 bayrischen Jahre wurden im Überblick, allerdings in einer besonders anregenden Präsentationsweise vorgestellt.[2]

II. Besucherorientierung als Muss: Eine Ausstellung auch für die eigenen Bürger

Wenn eine Stadt als Träger einer Ausstellung auftritt, hat das Auswirkungen auf den Adressatenkreis: Dann werden in der Regel nicht Experten angesprochen, wie das häufig z. B. bei Ausstellungen von Hauptsstaatsarchiven oder Staatsbibliotheken der Fall ist, sondern „breite Bevölkerungskreise", allen voran auch die Bürger der eigenen Stadt. Besucherorientierung ist kein leeres Schlagwort, sondern aus einer Reihe von Gründen unerlässlich, u.a. natürlich auch deshalb, weil die für eine Stadt unübliche Investition begründet und legitimiert werden muss.[3] Besucherorientierung bedeutet damit immer auch, möglichst vielen Besuchern bewusst zu machen, dass Geschichte „Sache für alle" ist.

1. Geschichte als Thema für jedermann

Eines der wichtigen Ziele, die die Mühldorfer Jubiläumsausstellung anstrebte, war, zu zeigen, dass Geschichte alle angeht und keineswegs für „tote" Vergangenheit steht.

Die Ausstellung sollte und wollte transportieren, dass die Beschäftigung mit Geschichte nicht langweilig sein muss – ganz im Gegenteil, dass es spannend und unterhaltsam sein kann, sich der Vergangenheit zuzuwenden. Die Mühldorfer Ausstellung war für jedermann gedacht. Kinder und Erwachsene, Geschichtsferne und historisch Interessierte, Bürger der Stadt und des näheren und ferneren Umlands sollten gleichermaßen angesprochen werden.

Das sollte u.a. damit erreicht werden, dass das Leben von Menschen aller Schichten thematisiert wurde: Geschichte wird von jedem gemacht und erlebt, nicht nur von den „großen Männern".

Gewählt wurde somit ein thematischer Zugriff. Dieser erleichtert es den Besuchern nicht nur, für die einzelnen Abteilungen Anknüpfungs-

---

[2] Vgl. hierzu auch Hamberger, Ausstellungskonzepte, S.19 in diesem Band.
[3] Zur Legitimationsfunktion von Besucherorientierung vgl. auch Schäfer, Besucherforschung, S. 159 in diesem Band.

punkte in der eigene Gegenwart zu entdecken.⁴ Strukturgeschichte hilft umgekehrt auch dabei, das in der Ausstellung Dargestellte auf das aktuelle Leben zu beziehen: Geschichte wurde von jedermann gemacht, und sie betrifft jeden.⁵

2. Das Gewicht der „Vermittlungsfrage"

Die Verbindung von Vergangenheit und Gegenwart/Zukunft sollte nicht nur durch die thematische Schwerpunktsetzung, sondern auch durch die Art des Präsentierens bewusst gemacht werden. Damit erhielten Vermittlungsfragen ein besonderes Gewicht. Mühldorf hatte sich deshalb von Anfang an entschieden, eine didaktisch durchdachte und besucherorientiert aufbereitete Ausstellung auszurichten. Nicht nur in der Konzeption der Ausstellung sollte sich dies niederschlagen, sondern auch im Umgang mit der „fertigen" Ausstellung. Bewusst wurde deshalb die Zusammenarbeit mit „Professionals" gesucht, um einen vielfältigen museumspädagogischen Dienst aufzubauen. Nicht nur Kostengründe und personelle Gegebenheiten waren es, die die Kooperation mit einer Universität nahe legten: Das Ziel war, ein kreatives und innovatives Programm zu entwickeln, das zugleich wissenschaftlich fundiert war. Dafür erschienen neu entstehende Ausbildungszweige an Universitäten, wie der Erweiterungsstudiengang Geschichtskultur der Universität Eichstätt-Ingolstadt, geradezu prädestiniert. Nicht nur Führungen in der Ausstellung, auch Maßnahmen innerhalb des Ferienprogramms sollten von den Mitarbeitern seitens der Universität geplant werden. Als absehbar war, dass dringender Bedarf an einem Rahmenprogramm bestand, wurde auch dieses von jener Gruppe erarbeitet. Alle museumspädagogischen Maßnahmen wurden von der Stadt aktiv unterstützt.

Als weiteren professionellen Projektpartner sprach die Stadt eine Theaterakademie⁶ an: Die Einbindung von theaterpädagogischen Konzepten war das Ziel. Auch davon versprach man sich Motivationswirkung auf die Besucher.

---

⁴ Exemplarisch führt das Isolde Parussel in ihrem Beitrag aus: vgl. Parussel, Recht und Verwaltung, S. 329 in diesem Band.
⁵ Vgl. hierzu auch die Überlegungen bei Funk, Lebenswelt und Geschichtskultur, S. 271 in diesem Band.
⁶ Vgl. Bieler, Schauspieler „führen", S. 481 in diesem Band.

3. Jugendliche als Adressaten

Eine wichtige Adressatengruppe der Mühldorfer Ausstellung waren Jugendliche. Es ist eine gute und langfristig bedeutsame Investition einer Stadt in die nächste Generation, diese auch kulturell einzubinden. „Peppige" Ausstellungen können eine Möglichkeit dafür sein. Gerade die Schüler der „Trägerstadt" werden die Ausstellungen sozusagen pflichtgemäß mit ihren Klassen besuchen. Dass sie mit positiven Erfahrungen und nicht mit einer ablehnenden Haltung aus der Ausstellung gehen, liegt, in dieser Fernperspektive gesehen, sehr im Interesse der Stadt.[7]

Damit dieses Ansprechen der Kinder und Jugendlichen gelingen kann, ist die Grundvoraussetzung allerdings, deren Interessenlage und Interessenschwerpunkte, deren Rezeptionsgewohnheiten zu eruieren. Aus diesem Grunde wurde Vorinterviews mit Jugendlichen geführt.[8] Die Gestaltung der Ausstellung sollte auch Jugendlichen Möglichkeiten anbieten, sich „wohl zu fühlen", sei es durch Schmöker-Sitzecken, sei es durch interessante technische Aufbereitung der Ausstellung mittels Video, EDV, Multivision, sei es durch interaktive Stationen.[9]

Den Adressatenbezug kann sich besonders auch das museumspädagogische Programm zur Maxime machen. Differenzierte Führungsangebote,[10] breit gefächerte Veranstaltungen zwischen Event und Bildung, freizeitkonforme Angebote sind Möglichkeiten, auf die in diesem Band an vielen Stellen näher eingegangen wird.[11]

---

[7] Wer sich im Ort oder der Region heimisch fühlt, kommt, nach einer Ausbildungsphase und nach einer Phase, in der man sich „in der Welt" umschaut, möglicherweise wieder zurück in seine Heimat. In der jetzigen Generation der 30 und 40 Jährigen gibt es, wie die Einwohnerstatistik und die Baustatistiken auch der umliegenden Gemeinden belegen, nicht wenige Beispiele hierfür. Man könnte von langfristigen Konzepten gegen Landflucht und für die Image-Bildung von Regionen sprechen.

[8] Repräsentativität wurde, wie bei allen qualitativen Erhebungen, damit nicht angestrebt. Die Auswertung erfolgte eher aus dem hohlen Bauch heraus. Dennoch spricht die gerade von der Besuchergruppe Kinder – mit Einschränkungen auch Jugendliche – und von Familien geäußerte Akzeptanz (vgl. Besucherbuch) für sich.

[9] Vgl. den Beitrag Vogel, Interaktive Stationen, S. 101 in diesem Band.

[10] Vgl. das Kapitel: Varianten statt „ein Konzept für alle", ab S. 379 in diesem Band; vgl. speziell Schreiber, Führungen, S. 379, Huber, Adressatengerechte Führungen, S. 441, Fischer, Wochenendführungen für Kinder, S. 469.

[11] Vgl. hierzu speziell die Kapitel: Events bilden – Bildung zieht an: attraktive Angebote für Rahmenprogramme entwickeln, ab S. 517 und Kontinuität und

Neben der oben skizzierten Fernperspektive steht als für die Ausstellung bedeutsame Nahperspektive die „Mund-zu-Mund-Propaganda" der Schüler in ihren Familien. Den Erfolg einer Ausstellung macht zu einem guten Prozentsatz dieser Multiplikatoreffekt aus. Es ist wichtig, Ausstellungsbesucher als „Freunde" der Ausstellung zu gewinnen, die die Kunde von der Faszination der Ausstellung weiter tragen. Kinder beeinflussen das Wochenendprogramm ihrer Familien, sie sind deshalb wichtige Multiplikatoren.[12]

III. Akzeptanz der Ausstellung als politisches Argument

Das wohl Schlimmste, was einer Ausstellung passieren könnte, wäre, keine Akzeptanz und keinen Rückhalt in der örtlichen Politik bzw. in der Bevölkerung zu finden. Die Ausstellung wäre dann von ihrem Status her isoliert, nicht zum Geschehen in der Stadt gehörig. Man würde sie nicht wahrnehmen und die investierte Arbeit und Mühe, aber auch die Finanzmittel, würden effektlos verpuffen.

Hinter der Betonung von Besucherorientierung und Vermittlung steht also auch ein hartes politisches Argument: Den Bürgern der Stadt, vorrangig dem Stadtrat gegenüber, ist zu belegen, dass die immer knapper werdenden Mittel in einer Ausstellung gut angelegt sind. Ihr Beitrag für die Unterstützung der Identitätsbildung der Bürger, für das „Image" der Stadt, für das Stabilisieren ihrer Rolle in der Region und in überregionalen Netzwerken muss deutlich sichtbar sein. Nachhaltige Wirksamkeit muss zumindest angelegt sein.

In diese legitimatorische Perspektive einzubeziehen sind Museen und Archive als Institutionen, die zumindest teilweise über die Stadt finanziert sind. Indem sie eine gute Ausstellung (mit-)gestalten, demonstrieren sie, dass sie bei Leibe keine verstaubten Einrichtungen und insbesondere auch keine überflüssigen sind, sondern sinnvolle und wichtige Attraktionen für eine Stadt.

Wandel wahrnehmen – Zugänge zu Vergangenem erleichtern, ab S. 225 in diesem Band.

[12] Besucherbucheintragungen und Befragungen ergaben im Mühldorfer Fall, dass nicht wenige Kinder nach den Besuchen mit ihren Klassen ihre Eltern und Großeltern zum Ausstellungsbesuch motivierten.

IV. Eine historische Ausstellung als integrations- und identitätsstiftende Maßnahme

Die für Besucherorientierung sprechenden Argumente können auch unter anderer Perspektive betrachtet werden, und zwar bezogen auf die Identität der Besucher und die Identität einer Stadt.

Geschichte ist überall – sie ist auch in uns und ist Teil von uns selbst. Geschichte ist das, was wir erleben, erlebt haben und was von uns Besitz ergriffen hat, was wir gleichsam internalisiert und für unser weiteres Leben nutzbar gemacht haben – das gilt für den je Einzelnen genauso wie für ein Gemeinwesen in seiner Ganzheit.[13]

Wenn Bürger ihre eigene Geschichte kennen, sie als historische Identität zu einem Teil ihrer selbst machen, kann das also auch Bedeutung für die Gegenwart haben: Ein gesunder (Bürger-)Stolz kann zu einem gesunden Gemeinschaftsgefühl führen, Probleme werden gemeinsam angepackt, Das Finden von Lösungen wird so erleichtert oder zumindest angestoßen. Die Identifikation der Bürger untereinander wird unterstützt. Vielleicht wird auf diese Weise sogar ein stärkeres Engagement in der Stadt, respektive größeres bürgerschaftliches Engagement, angebahnt.

Die Ausstellung, und vor allem das Rahmenprogramm, sind hierfür eine Art „Trainingsfeld". Je mehr Bürger eingebunden werden, desto mehr verstehen eine Ausstellung als „ihre Sache", für die sie sich mit verantwortlich fühlen. Das Mit-Wirken und Mit-Arbeiten muss gleichsam zu einer Herzensangelegenheit für jeden einzelnen werden. Im Idealfall gelingt es, dass eine ganze Stadt sich engagiert.

Man kann sich allerdings nicht darauf verlassen, dass das quasi von selbst funktioniert. Erleichtert wird die Einbindung durch transparente und frühzeitige Information,[14] die Möglichkeiten der Mitarbeit aufzeigt. Der Koordinator behält aber die Verantwortung. Das verhindert, dass „viele Köche den Brei verderben" und sorgt dafür, dass ein klares Gesamtkonzept gewahrt bleibt. Besonders das Rahmenprogramm zur Ausstellung bietet viele Mitwirkungsmöglichkeiten. Am Mühldorfer Rahmenprogramm haben sich zahlreiche Ehrenamtliche und Vereine betei-

---

[13] Vgl. hierzu Zabold/Schreiber, Bildungschance Ausstellung, insbesondere die Hinweise Zabolds zu Geschichtskultur, S. 214 in diesem Band.

[14] Vgl. hierzu das Kapitel Ausstellungen publik machen, ab S. 731 in diesem Band; vgl. die Hinweise aus der Perspektive des Ausstellungsteams, Schreiber, Pressearbeit für Tageszeitungen, S. 737.

ligt,[15] die allermeisten ohne Honorare. Sie haben Veranstaltungen „auf die Beine gestellt" – für die gesamte Stadt und damit letztlich zu ihrer eigenen Wohlfahrt.

Nicht nur aktive Mitarbeit, sondern auch finanzielle Hilfe (Sponsoring) ist eine Form der Beteiligung[16]: Ein Ziel für das Mühldorfer Rahmenprogramm war, es „aus der Stadt heraus" zu finanzieren. Das breit gefächerte und alle Altersschichten und Gesellschaftssparten ansprechende Programm hat viele verschiedene Firmen zur Unterstützung bewogen und diesen ebenso positiven Kontakte beschert.

V. Wirkung nach außen

1. Nicht-einheimische Besucher als Adressaten

Gute Ausstellungen wirken aber nicht nur nach innen. So hat die mit viel historischem Spürsinn und Herzblut vorbereitete Mühldorfer Jubiläumsausstellung weit über die Grenzen der Stadt hinaus positive Resonanz gefunden. Die Gratwanderung für eine städtische Ausstellung besteht darin, nicht zur Nabelschau zu werden, sondern das Lokale in den größeren Rahmenbedingungen darzustellen. Es ist sinnvoll, dabei beide Richtungen zu verfolgen, also die kleine in die große Geschichte einzubinden und die große in der kleinen Geschichte sichtbar zu machen. Dabei geht es nicht nur um das Exemplarische, nach dem Motto „So wie hier verhielt es sich auch anderswo!", sondern auch um Zeittypisches, das in größeren Räumen Gültigkeit hatte und um das Spezielle – umfassende Rahmenbedingungen konkretisieren sich z. T. auf ganz besondere Weise.

Der Mühldorfer Ausstellung ist es gelungen, die Identitätsbildung auch für nicht Einheimische anzuregen, denn sie bot historische Aspekte an,
- die die Gegenwart erklärten, indem sie Anfänge von Entwicklungen darstellten, die heute noch nicht abgeschlossen sind (Umgang mit Armut oder Krankheit, Verwaltung einer Stadt, Stadtbild),
- die Lösungsansätze für „zeitlos" auftretende Aufgaben und Probleme vorstellten (Rechtsprechung, Regelungen von Markt, Handel, Produktion),

---

[15] Vgl. Schreiber, Adressaten als Akteure, S. 539 in diesem Band.
[16] Vgl. hierzu den Beitrag Schneider, Kultursponsoring, S. 827 in diesem Band.

- die vor dem Spiegel der „fremden Vergangenheit" das Besondere unserer Gegenwart bewusster machten (Bürgerrecht als Sonderrecht, Kleinräumigkeit von Herrschaftsgebieten),
- die an vergangenen Beispielen aufzeigten, wie Menschen sich in ihren Rahmenbedingungen zurechtfanden (Flussschifffahrt, Bedrohung durch Krieg)
- die aktuelle Alltagsprobleme bewusst machten, indem sie sie durch historische Beispiele kontrastieren (Umgang mit Minderheiten, Wertorientierung).

Das Anregungspotential auch für nicht-Einheimische wurde zudem mit Hilfe durchdachter museumspädagogischer Konzepte,[17] speziell mit dem vielfältigen Rahmenprogramm erschlossen. Die Veranstaltungen begriffen den Besucher als Individuum mit je persönlichen intellektuellen Voraussetzungen, Vorlieben und Interessen. In abgestimmten „Mischungen" wurden Event und Bildung angeboten: Die aus Wasserburg stammenden Innschiffer, die erst am Inn das Landemanöver demonstrierten und anschließend in der Ausstellung Abläufe, Brauchtum und Werkzeuge erläuterten,[18] versinnbildlichten die damals wie heute bestehende Verbindungen der Städte am Fluss. Der der Volksfrömmigkeit gewidmete Sonntag knüpfte an gemeinsamen Erfahrungen der gesamten Region an.[19] Der Spieletag[20] verdeutlichte den Mitspielern Kontinuität und Wandel zugleich. „Wirtschaftsbosse" diskutierten, angeregt durch den Vortrag eines Wirtschaftshistorikers, über Geschichte und Kultur sowie über historische Prägung als Standortfaktoren.[21] – Die Beispiele sollten belegen: Ausstellungen bieten ihren Besuchern immer auch die Möglichkeit, über den eigenen Tellerrand hinauszublicken, den einheimischen und den nicht-einheimischen.

2. Offenheit des Ausstellungsteams

Dass Ausstellungen offen für Andere und Anderes machen sollten, gilt aber nicht nur für die Gäste, sondern auch für die Verantwortlichen einer Ausstellung: Wer Besucherorientierung ernst nimmt, blickt notwendig über den eigenen Tellerrand. Er hat die eigenen Interessen und jene der Besucher, jene der Stadt als Ausrichtender, jene von anderen Institutio-

---

[17] Vgl. u.a. Bichlmeier, Räume, S. 235 in diesem Band.
[18] Vgl. Schreiber, Pressearbeit für Tageszeitungen, S. 737 in diesem Band.
[19] Vgl. Schwoshuber, Volksfrömmigkeit, S. 685 in diesem Band.
[20] Vgl. Unger/Sondermeier, Spielen, S. 583 in diesem Band.
[21] Vgl. hierzu auch Wimbauer/Huber, Ausstellung im Landkreis, S. 855 in diesem Band.

nen, mit denen zusammengearbeitet werden muss, zu koordinieren. Ständige Selbstreflexion ist schon in der Planungsphase der Ausstellung gerade für die Arbeit des Ausstellungsteams sehr wichtig. Durch ein derartiges Vorgehen kann man der potentiellen Gefahr fundierter begegnen, die Ausstellung langatmig und eintönig zu entwerfen, man dreht sich – flapsig gesprochen – nicht im Kreis.

3. Image der Stadt

Eine Ausstellung, die sich in die Bürgerschaft hinein, aber auch über sie hinaus orientiert, stellt ihre Stadt öffentlich dar. Das „Image", das durch historische Ausstellungen gepflegt wird, hat aber nicht nur inhaltliche Komponenten, auch wenn Historisches als Alleinstellungsmerkmal nicht unterschätzt werden sollte.[22] Ausstellungsstadt zu sein dokumentiert auch kulturelle Leistungsfähigkeit. Ein vielgestaltiges Kulturverständnis spiegelt sich wider, in dem historische Orientierung ebenso selbstverständlich ihren Platz hat, wie z. B. Volkfest, Dult oder Kirmes, wie Kabarett und Kleinkunst, wie Hoch- und Pop-Kultur. Ausstellungen ergänzen den Freizeitmarkt, können Familien sinnvolle Aktivitäten anbieten. Gerade museumspädagogische Ferienprogramme[23] verschaffen Eltern auch mal Luft am Vormittag, Lesenächte mit Übernachten in der Ausstellung sogar einen unverhofft freien Abend.

Weiche Standortfaktoren werden in ihrer Bedeutung für die Ansiedlung von Menschen und Betrieben, aber auch für die Wertschätzung der bereits hier Lebenden, immer noch unterschätzt.[24]

---

[22] Für Mühldorf z. B. wirkt der Slogan „Salzburg in Bayern" nach. Eigene Erfahrungen, aber auch Berichte von Lokalpolitikern bestätigen dies.

[23] Dass bei der Entwicklung von Ferienprogrammen rund um Ausstellungen der Kreativität keine Grenzen gesetzt sind, lässt sich aus einigen auf solche Veranstaltungen bezogenen Beiträgen dieses Bandes entnehmen. Vgl. z. B. Funk, Geschichtskultur und Lebenswelt, S. 271, Seibel, Historische Spurensuche, S. 649, Zabold/Lehmann, Kinderkatalog, S. 595, Lehmann/Zabold, Kinder machen Theater, S. 563, Paul, Modelle, S. 635, Unger/Sondermeier, Spielen, S. 583.

[24] Vgl. hierzu die Hinweise im Beitrag Wimbauer/Huber, Ausstellung im Landkreis, S. 855 in diesem Band.

4. Knüpfen von Kontakten durch eine Ausstellung

Ein wesentlicher Begleitaspekt, der mit der Ausrichtung einer überörtlich bedeutenden Ausstellung einhergeht, ist die Knüpfung von Kontakten auf politischer Ebene. Im Falle der Mühldorfer Ausstellung vertieften sich die Kontakte mit dem Land Salzburg, die für die Region mit ihren strukturellen Problemen gegenüber den Entscheidungsgremien auf Landes- und Bundesebene stärkeres Gewicht erhoffen lassen.[25]

VI. Die Personalfrage bei der Mühldorfer Jubiläumsausstellung

Wer sich entscheidet, eine Ausstellung auszurichten, ist natürlicherweise bestrebt, s e i n e Ausstellung zum Erfolg zu machen. Für eine Stadt wie Mühldorf a. Inn, bedeutete die Vorbereitung und Durchführung einer Ausstellung freilich ein Wagnis – zumal der Ort weder personell noch ressourcenmäßig über eine eigene für Ausstellungen dieser Größenordnung ausgerichtete Abteilung verfügt(e).

Um eine Ausstellung zu einem Erfolg zu machen, sind Mitarbeiter notwendig, die hinsichtlich ihrer Fachkompetenz entsprechend gut qualifiziert sind, die darüber hinaus aber auch integrativ tätig werden können, zumal gerade bei einer städtischen Ausstellung, in die, wie oben begründet, ja möglichst viele Mitbürger eingebunden werden sollen, vom Vereinsvertreter bis zum Firmeninhaber oder freischaffenden Künstler. Zu den zentralen Fähigkeiten, die im Vorfeld (Planungsphase) einer Ausstellung ebenso von Bedeutung sind wie während der Laufzeit, gehört zweifellos die Qualifikation, Begeisterung bei den Beteiligten auslösen zu können, diese auch über Phasen scheinbarer Stagnation und Frustration

---

[25] Die Region Innotech-bay, zu der der gesamte Inn-Salzach Raum mit seinen vier Mittelzentren (Mühldorf a. Inn, Waldkraiburg, Alt- und Neuötting sowie Burghausen) gehört, stellt eine von Deutschlands „High-Tech-Regionen" (Wirtschaftswoche) dar. Allein 25.000 Beschäftigte in den Chemiewerken, 46.000 Beschäftigte insgesamt und 14 Milliarden Euro Umsatz sprechen eine deutliche Sprache von der Wirtschaftskraft der Region. Unternehmen von Weltrang haben in der Region um Inn und Salzach ihre Niederlassungen. Trotzdem fehlen dringend benötigte Infrastrukturmaßnahmen wie eine durchgängige Autobahnverbindung zwischen und nach München und Passau sowie der zweigleisige Bahnausbau zwischen München und Freilassing – Salzburg, wodurch für die High-Tech-Produkte der Region ein rascherer Transport zu den neuen Märkten in Süd- und Südosteuropa ermöglicht würde.

hinweg bewahren zu können und alle Mitwirkenden immer wieder auch aus Tiefpunktphasen herausreißen zu können.

Im Nachhinein betrachtet, hätte die Mühldorfer Ausstellung gar nicht funktionieren dürfen, zu dünn war die Personaldecke. Nur durch das herausragende Engagement aller Beteiligten, durch die unbedingte Bereitschaft, Schwierigkeiten zum Wohl der Sache zu lösen, war der Erfolg möglich:

Die Entwicklung eines Konzepts, Ausstellungsvorbereitung und -durchführung waren beim Mühldorfer Stadtarchivar angesiedelt. Ihm wurde für den Zeitraum der Konzeption und der Umsetzung eine wissenschaftliche Mitarbeiterin zugeordnet sowie zur organisatorischen Unterstützung studentische Hilfskräfte. Planung, Umsetzung, und in weiten Teilen auch die Organisation der museumspädagogischen Aktivitäten sowie des Rahmenprogramms übernahm die Universität Eichstätt-Ingolstadt, in Person einer Professorin und zwölf Studierender des dortigen Erweiterungsstudiengangs Geschichtskultur. Das Ausstellungsbüro wurde wiederum durch eine Studentin geleitet. Sie unterstand der Aufsicht des Stadtarchivars und Ausstellungsleiters. Eigens angestellt wurde Kassen- und Aufsichtspersonal. Die Hausverwaltung des Ausstellungsgebäudes, einschließlich des Reinigungspersonals, leistete Mehrarbeit.

Nicht eigens besetzt war im Mühldorfer Fall die Position eines Ausstellungskoordinators. Dies birgt ein ausgesprochenes Risiko; in Mühldorf funktionierte die Koordination nur auf Grund der hohen Kompetenz, Belastbarkeit und Teamfähigkeit aller Beteiligten sowie der uneingeschränkten Unterstützung durch den Bürgermeister. Die Koordinatorenstelle nicht zu besetzen, ist aber grundsätzlich keineswegs ratsam: Ausstellungskoordinatoren sollten (und müssen!) die bei Geldgebern und anderen Institutionen so wichtigen Charaktereigenschaften wie Vertrauen und Seriosität besitzen, sie müssen Fundraiser, Finanzmakler, Motivationstrainer, Diplomaten, Wissenschaftler, Pädagogen und Psychologen in einem sein. Sie müssen immer den Blick für das Machbare haben und behalten. Zugleich müssen sie sich auf „ihr" Team blind verlassen und diesem vertrauen können, d.h., es bedarf eines gut eingespielten Personals mit offenen Strukturen. Der erfolgreiche Ausstellungskoordinator begreift sich im Idealfall als Moderator zwar mit Entscheidungskompetenz, jedoch nicht als Vorgesetzter. Hierarchien sind bei der Durchführung einer Ausstellung eher störend.

Auch wenn das Ausstellungsteam die optimale Zusammensetzung hat, bleiben noch genügend Aufgaben zu erledigen. Im Mühldorfer Fall erfolgten von Seiten der Stadt in den verschiedenen Fachbereichen Zuarbeiten. Das städtische Bauamt war über weite Teile der Ausstellungsvorbereitung zusammen mit dem städtischen Bauhof an der Ausgestaltung der Ausstellungsräume beteiligt. Die Finanzabteilung übernahm, neben der gesamten Finanzverwaltung, auch die Betreuung der Sponsoren, die Personalabteilung war zusätzlich mit der Einstellung des Zusatzpersonals belastet, die örtliche Pressestelle war mit der pressearbeitlichen Begleitung der Ausstellung in den Medien sowie im Internet eingebunden. Das Kultur- und Fremdenverkehrsamt regulierte touristische Anfragen und machte die Ausstellungen auf Messen bekannt. Gerade hierbei bot sich die Chance, Mühldorf auch touristisch als Ferienregion, in der es einiges zu entdecken gibt, darzustellen und zu vermarkten.

Geregelt werden mussten auch Parkgenehmigungen, Absperrungen, Versicherungsrechtliches und Gewerberechtliches (z. B. für das abschließende Ganserlessen auf dem Rathausfletz, als Dankeschön an alle Helfer).

VII. Qualität hat ihren Preis

Nicht nur im Personalbereich haben Ausstellungen ihren Preis: Der finanzielle Aufwand ist insgesamt sehr hoch, wenn man Qualität will. Dies sollte jedem klar sein, der plant, eine Ausstellung auszurichten. Qualität ist für die Akzeptanz einer Ausstellung aber entscheidend, und wenn man den Entschluss gefasst hat, eine Ausstellung anzubieten, dann muss man auch bereit sein, finanzielle Mittel in erheblichem Umfang einzusetzen. Dass es gerade für eine Stadt notwendig ist, alle Fördermöglichkeiten auszuschöpfen, ist selbstverständlich. Die Einwerbung von Mitteln gehört zu den wichtigen Aufgaben und Kompetenzen eines Ausstellungskoordinators.

Man muss sich zudem darüber im Klaren sein, dass Kosten explodieren können. Aus diesem Grund ist ein effizientes Controlling unabdingbar notwendig – eine weitere Herausforderung an eine kleine bzw. mittlere Stadt.

Zu den möglichen Kosten, die im Rahmen einer Ausstellung anfallen können, gleichwohl aber von ihrer Qualität her ganz anderer Genese sind, da es sich bei ihnen in besonderer Weise um städtebauliche Aspekte handelt, gehört fernerhin auch die zweckgerichtete Renovierung denkmalgeschützter Gebäude.[26] Die Oberösterreichischen Landesausstellungen können dafür Vorbild sein.

VIII. Der wirtschaftliche Erfolg einer Ausstellung für eine Stadt

Ausstellungen – dies konnten wir in Mühldorf a. Inn beobachten – sind nicht nur ein Kosten-, sondern auch ein Wirtschaftsfaktor.[27] Handwerksbetriebe, zumal wenn sie sich auf Ausstellungen und Einbauten in historische Gebäude spezialisiert haben, profitieren von den Vorarbeiten. Die örtliche Wirtschaft, der Einzelhandel, besonders aber die Gastronomie[28] und die Beherbergungsbetriebe, sind die Gewinner während der Laufzeit von Events wie der Mühldorfer Jubiläumsausstellung.[29]

Ausstellungen bieten gute Möglichkeiten für Tourismusangebote. Tourismus ist für viele Städte eine wichtige Einnahmequelle. Orte wie Mühldorf a. Inn als wenig ausgewiesene Fremdenverkehrsorte können im Verbund mit der Region positive Effekte ausschöpfen. Warum sollten Ausstellungsbesucher nicht auch die längste Burganlage Europas in Burghausen, das Bayerische Meer, den Chiemsee, oder den Gnadenort Altötting besuchen, wenn sie schon einmal in der Region sind? Warum sollten die Gäste des Bädedreiecks nicht die Stunde Anreise auf sich nehmen, um Mühldorf – mit oder ohne Ausstellung – kennen zu lernen?

IX. Ausblicke und Visionen

Eine Vision ist es, Mühldorf a. Inn als Ausstellungs- und Kongressort zu etablieren. Die Idee braucht keine imaginäre Vorstellung zu bleiben. Die Infrastruktur hat sich seit Ausstellungsende durch den Bau des neuen Mühldorfer Stadtsaal, der im Herbst 2003 eingeweiht wurde, deutlich verbessert. Um sich dem Ziel Ausstellungs- und Kongresszentrum zu werden, anzunähern, müsste in näherer Zukunft aber eine Ausstellung ähnlicher Qualität und Güte in Mühldorf a. Inn wiederholt werden.

---

[26] Der erst jüngst renovierte historische Haberkasten wurde in Mühldorf a. Inn nicht umsonst als Ausstellungsort gewählt.

[27] Vgl. hierzu auch den Beitrag Wimbauer/Huber, Ausstellung im Landkreis, S. 855 in diesem Band.

[28] Dass in Mühldorf zusätzlich im Ausstellungsgebäude die Pfarrgemeinde von Altmühldorf einen Kaffeeausschank organisierte, schadete dem wirtschaftlichen Erfolg der Ausstellung nicht, sondern trug zusätzlich zur Akzeptanz der Ausstellung in der Bevölkerung bei und stärkte das Wir-Gefühl.

[29] Vgl. Kestler, Gastronomie und Hotellerie, S. 835 in diesem Band.

Für Ausstellungen eignen sich ganz unterschiedlichen Themenschwerpunkte, auch zeitkritische Themen können ausgestellt werden: Verbrechen der Wehrmacht, RAF, das alles bietet breiten Diskussionsstoff, und Gespräch ist überlebenswichtig für unsere Demokratie. Ein Volk das nicht spricht, stirbt!

Ausstellung, deren Träger eine Stadt ist, müssen solche Themen finden, die nicht nur interessant sind, sondern vor allem auch die eigenen Bürger bewegen. Nur dann lassen sie sich zum Besuch oder gar zur Mitarbeit motivieren. Wenn dies gelingt, verlieren historische Orte, aber auch Museen und Archive ihr „staubiges Image". Archivare, Museumsleiter oder die Vertreter historischer Vereine werden als kompetente Partner in der Kulturpolitik wahrgenommen und akzeptiert.

Kultur ist mehr als Kabarett und Musical, mehr als Oper und Konzert im Stadtsaal, Kultur ist auch und insbesondere Umgang mit Geschichte. Denn Geschichte ist nicht etwas, das weit entfernt liegt – sie begegnet uns täglich, bei unserer Arbeit, zu Hause, in der Freizeit...

Mühldorf a. Inn kann heute nicht nur voller Stolz auf die eigene Geschichte, sondern auch auf eine gelungene Jubiläumsausstellung zurückblicken, die nicht nur das positive Image der Stadt gefördert, sondern in positiver Weise auch den Bekanntheitsgrad der Stadt weit in unser und das angrenzende (Aus-)Land hinausgetragen hat. Ob auch das Fernziel erreicht werden wird, durch Projekte wie Ausstellungen möglichst viele zu aktivieren, sich für ihre Stadt und ihre Mitmenschen zu engagieren, wird sich zeigen.

Eine historische Ausstellung im Landkreis: Chance und Herausforderung

Von Martina Wimbauer und Georg Huber

Wer seine Vergangenheit kennt, kann die Gegenwart besser gestalten.
Landkreise treten bislang selten als Träger historischer Ausstellungen auf. Sie werden, obwohl sie als Mittelbehörden wichtige überregionale Aufgaben zu erfüllen haben, auch kaum in die Vermarktung von Ausstellungen einbezogen, die auf dem Landkreisgebiet stattfinden. Damit werden wichtige Möglichkeiten vertan, die man allerdings erst nutzen kann, wenn man die besondere Situation von Landkreisen als Kulturträger analysiert hat. Deshalb wird im Folgenden erstens kurz das Gebilde „Landkreis" und dessen Entwicklung dargestellt. Weil Problemlagen erst am konkreten Fall hervortreten, wird ein Beispiel herausgegriffen, der Landkreis Mühldorf in Oberbayern. Im zweiten Teil werden Chancen vorgestellt, die historische Ausstellungen für Landkreise darstellen. Dass dabei Probleme zu meistern sind, wird nicht verhehlt.

I. Zur Einordnung

1. Was eigentlich sind Landkreise? Wie haben sie sich entwickelt?

Landkreise sind Gebietskörperschaften mit dem Recht der Selbstverwaltung, die mehrere kreisangehörige Gemeinden zusammenschließen.[1] Sie haben das Recht, überörtliche Aufgaben, deren Bedeutung über das Kreisgebiet nicht hinausgeht, im Rahmen der Gesetze zu ordnen und zu verwalten. Eine Besonderheit stellt die Verwaltung der Landkreise dar – das Landratsamt. Das Landratsamt ist eine Behörde mit Doppelcharakter. Es ist sowohl Kreisbehörde als auch Staatsbehörde. Als Kreisbehörde erfüllt es kommunale Aufgaben, die sich auf das Kreisgebiet beschränken und die über die Zuständigkeit oder das Leistungsvermögen der Gemeinden hinausgehen. Als Staatsbehörde hingegen erfüllt das Landratsamt rein staatliche Aufgaben, die ihm zugewiesen werden.

Die Spannweite, sowohl was die Fläche als auch die Einwohnerzahl im Vergleich der Landkreises untereinander betrifft, ist groß. Als Durch-

---

[1] Neben den Kreisen stehen die so genannten kreisfreien Gemeinden; es handelt sich dabei vor allem um große Städte, die rechtlich auf der gleichen Stufe stehen wie die Landkreise.

schnittswert für einen Landkreis werden 100.000 Einwohner und eine Fläche von 1000 km² angegeben.²

In den meisten Regionen sind die Landkreise, wenn auch zum Teil noch unter anderer Bezeichnung, im 19. Jahrhundert entstanden, als Reaktion auf massive politische Veränderungen.³ Häufig sind in einen Landkreis Gebiete integriert, die vorher ganz verschiedenen Landesherren, Gerichtsherren, Verwaltungen, aber auch unterschiedlichen Religionsgemeinschaften zugehört haben. Der daraus entstehenden Aufgabe, ein neues regionales Zusammengehörigkeitsgefühl zu schaffen, das es aufgrund der historischen Gegebenheit vorher nicht gegeben hatte, haben sich manche Landkreise bis in die heutigen Tage zu stellen; bis heute deshalb, weil im Westen in den 1970er Jahren⁴ und im Osten in Folge der deutschen Wiedervereinigung noch einmal massive Neustrukturierung erfolgten.⁵

2. Das Beispiel: Der Landkreis Mühldorf a. Inn

Wie unterschiedlich die historischen Gegebenheiten sein können, die zu einer neuen Einheit zusammenfinden müssen, lässt sich am Beispiel des Landkreises Mühldorf⁶ eindrucksvoll konkretisieren: Die im Gefolge der Säkularisation (1802/03) notwendig gewordene Neugliederung Bayerns machte das bis dahin salzburgische Mühldorf – das rechtlich Ausland gewesen war – zum Sitz eines mit Gerichts- und Verwaltungsaufgaben betrauten bayerischen Landgerichts neuen Typs, in das drei traditionsreiche bayerische Landgerichte alten Typs⁷ aufgingen. Das hier Konfliktpotential steckt, liegt nahe. Es entsprach aber dem Konzept Montgelas', bei der Neueinteilung lediglich geographische und statistische Gesichtspunkte zu berücksichtigen, die historischen Gegebenheiten aber zu ignorieren.

---

[2] Der Landkreis Mühldorf a. Inn hat eine Fläche von 805,25 km² und zum 31. Dezember 2002 lebten im Landkreis 100.570 Einwohner.
[3] Napoleonische Zeit, Säkularisation, Restauration, Ende des alten Reiches, Gründung des Deutschen Bundes, Gründung des Deutschen Reiches.
[4] Zwischen 1968 und 1978 fand die so genannte Gebietsreform statt.
[5] Im Westen wurde die Zahl der Landkreise auf etwas mehr als die Hälfte reduziert, im Osten entstanden sie als Selbstverwaltungen weitgehend neu.
[6] Die folgenden Daten beziehen sich auf Historischer Atlas von Bayern. Mühldorf am Inn. Die Landgerichte Neumarkt, Kraiburg und Mörmoosen und die Stadt Mühldorf, bearbeitet von Helmuth Stahleder mit Teilen aus der Güterstatistik von Annelie Eckert-Eichhorn, München 1978.
[7] Neumarkt, Mörmoosen, Kraiburg.

Die Radikalität der Reformen bedingte Erfolg und Misserfolg zugleich. Entstanden ist das moderne Bayern. Vor Ort musste jedoch die „Retorten-Konstruktion" modifiziert werden, zum einen, weil die gewachsenen Strukturen nicht rigoros ignoriert werden konnten, zum anderen aber auch, weil immer neue politische, gesellschaftliche, wirtschaftliche und kulturelle Veränderungen eintraten und berücksichtigt werden mussten. Immer wieder erfolgten Umbenennungen,[8] Veränderungen der Aufgaben[9] und die Verschiebung von Orten in die Zuständigkeitsbereiche anderer Kreise.

Die Verschiebungen betrafen vor allem den Westen und Norden des Landkreises.[10] Es waren dieselben neuralgischen Gebiete, die auch von der Landkreisreform 1972 vorrangig betroffen waren.[11] Die erst in der Verfestigung begriffene regionale und historische Identität wurde erneut erschüttert.

Aktuell stellt die europäische Integration eine große Herausforderung für die Landkreise dar. Das „Europa der Regionen" orientiert sich nicht an Landkreisgrenzen. Größere und kleinere Einheiten als es Landkreise sind spielen hierbei eine Rolle. Es geht um das fruchtbare Miteinander von grenzübergreifenden „EuRegios", landkreisübergreifenden Einheiten,[12] von alten und neuen Kulturräumen innerhalb der Landkreise[13].

Einer weiteren Herausforderungen müssen sich die Landkreise heute stellen: In Zeiten knapper Finanzen, in denen auf gesteigerte Selbstverantwortung und Dezentralisierung gesetzt wird, in denen sich die Mentalitäten wandeln, müssen auch Landkreise ihr Gesicht verändern: Mit dem Landkreis verbindet man nicht mehr nur die Hoheitsverwaltung, die Vorschriften überwacht und bei Verstößen Sanktionen ausspricht. Der Landkreis präsentiert sich immer mehr als Dienstleistungsbehörde, die Bürgerinnen und Bürger als ihre Kunden betrachtet und die serviceorientiert handelt.

---

[8] Die Bezeichnungen lauteten Landgericht, ab 1880 „Bezirksamt" und seit 1939 Landratsamt und Landkreis.
[9] Weil 1862 die Trennung von Justiz und Verwaltung erfolgte, kann man dieses Jahr als das Geburtsjahr der Landratsämter bezeichnen.
[10] Gebiete um Neumarkt St. Veit und Haag z. B. wurden mehrfach anderen Obereinheiten zugeteilt.
[11] Bei der Auflösung der Landkreise Wasserburg und Pfarrkirchen gingen unter anderem Gebiete dieser Regionen an den Landkreis Mühldorf.
[12] Beispiele sind „Mühldorfer Netz", „Leben an Inn, Isen und Rott", Region aktiv, Ostbündnis.
[13] Das Haager Land wäre ein Beispiel.

Bis in unsere Tage, das sollte das Beispiel zeigen, ist das künstliche Gebilde Landkreis mit Identitätsproblemen konfrontiert: Was nun kann angesichts solcher Ausgangsbedingungen eine historische Ausstellung für einen Landkreis bedeuten? Welche Chancen und welche Herausforderungen birgt sie, wo liegen Probleme?

II. Chancen einer historischen Ausstellung für einen Landkreis

1. Einblicke in die historische Vielfalt geben: Durch Geschichtsbewusstsein die Entstehung einer Landkreisidentität fördern

Wie gezeigt, ist ein Landkreis ein Zweckverband, dessen Mitglieder, die Gemeinden, aus unterschiedlichen historischen Wurzeln stammen. Die historische Identität eines Landkreises ist deshalb notwendig von Vielfalt geprägt. Das Bild von der Patchwork-Identität bringt das zum Ausdruck: dass die verschiedenen bunten Versatzstücke miteinander eine ganz unverkennbare Einheit entstehen lassen.

Eine Funktion historischer Ausstellungen könnte nun darin bestehen, diese einzelnen Versatzstücke bewusst zu machen, ohne dabei das Gegenwärtige aus dem Blick zu verlieren. Historische Ausstellungen finden notwendig an bestimmten Orten statt, oft an solchen, für die die darzustellende Fragestellung bedeutsam war. Die Ortsbindung kann, wenn man die Funktion von Ausstellungen für die Identitätsbildung einer größeren Einheit im Blick hat, aber zum Problem werden. Das soll am Beispiel der Ausstellung „Mühldorf a. Inn – Salzburg in Bayern" verdeutlicht werden. Schon der Titel verhüllt, was das Landkreiswappen (siehe unten) offen legt, nämlich, dass die Salzburger Vergangenheit nicht nur die Sache der Kreisstadt ist, auch wenn sie dort das heutige Erscheinungsbild in besonderem Maße prägt und sich am tiefsten in das kulturelle Gedächtnis eingeschrieben hat. Die Geschichtspolitik der Stadt tut dafür ein Weiteres: Der Mühldorfer Bürgermeister sagt über „sich und seine" Mühldorfer, sie vereinten in sich die „Urwüchsigkeit der Bayern mit der Liebenswürdigkeit der Salzburger" – und meint das durchaus als „Alleinstellungsmerkmal". Paradoxer Weise verhinderte, zumindest in den ersten Wochen, gerade die hohe Qualität und gute Resonanz der Ausstellung ihre Möglichkeit, die Entwicklung regionaler Identitäten zu unterstützen: Der Neid der Nachbarkommunen war schnell geweckt. Dem Ausstellungsteam wurde es so nicht leicht gemacht zu verdeutlichen, dass sich in der Aus-

Ausstellung im Landkreis 859

stellung eine ganze Region hätte wieder finden können.[14] Die Schwierigkeit bestand, obwohl das – allen bekannte – Wappen des Landkreises darauf hinweist, dass im Landkreis Bayern und Salzburg zusammentreffen und miteinander verbunden sind.[15]

Abb. 138 Das Landkreiswappens des Landkreises Mühldorf a. Inn

Auch die vergangene Wirklichkeit konnte sich, zumindest anfangs, nicht gegen gegenwärtige Interpretationen durchsetzen: Es nutzt wenig, dass vor gut 1200 Jahren, als der Salzburger Erzbischof Arn angesichts der Bedrohung durch Karl den Großen ein Besitzverzeichnis anlegen ließ, in dem alle zu Salzburg gehörigen Kirchen-Orte des heutigen Südostbayern festgehalten wurden, Mühldorf selber noch gar nicht auftauchte, dafür aber 23 andere Orte, die zum aktuellen Landkreis gehören. In dieser Liste

---

[14] Einen nicht unerheblichen Beitrag, dies schlussendlich ins Bewusstsein zu bringen, leisteten Beiträge des Rahmenprogramms, die den Spuren Salzburgs in anderen Orten des Landkreises nachgingen. Vgl. Schroll, Wieder erkennen, wieder finden, S. 655 in diesem Band.

[15] Das Wappen des Landkreises Mühldorf a. Inn ist gespalten in schwarz und gold. Es zeigt einen links gewendeten rot gekrönten und bewehrten goldenen Löwen und einen rotbewehrten schwarzen Panther. Dass sich im Wappen des Landkreises der goldene bayerische Löwe und der schwarze Panther – das salzburgische Erzstiftwappen – angriffslustig gegenüberstehen, deutet darauf hin, dass es über Jahrhunderte immer wieder zu Auseinandersetzungen zwischen Bayern und Salzburg kam. Bei den vielfach unklaren Rechtsverhältnissen kam es zu ständigen Reibereien zwischen den bayerischen und salzburgischen Behörden. Dieser Konflikt zwischen Bayern und dem Erzbistum Salzburg wurde erst im Jahre 1802 beigelegt, als Mühldorf im Zuge des Reichsdeputationshauptschlusses und der Säkularisation endgültig an den bayerischen Staat fiel. Ein Stück Geschichte des Landkreises, das sich im Wappen auch heute noch widerspiegelt.

stehen auch 21 Orte, die heute im Landkreis Berchtesgadener Land liegen, 22, die zum Altöttinger Gebiet gehören, 45, die zu Traunstein und 11, die zum heutigen Rosenheimer Landkreis gehören und sogar ein Ort, der jetzt im Landkreis Rottal-Inn liegt.

Historisch gesehen ist „Salzburg in Bayern" also weder Sache der Stadt Mühldorf, noch des Landkreises Mühldorf, sondern weiter Teile des südostbayerisch-mittelösterreichischen Raumes. Die Auseinandersetzung mit der Salzburgisch-bayerischen Geschichte könnte helfen, die historische Vielfalt dieses Raumes zu erschließen. Die Mühldorfer Ausstellung bot alle Möglichkeiten dafür. Die Landkreisbürger, die gekommen sind, haben das auch so erlebt und erfahren. Die Tatsache, dass viele sich aber nicht angesprochen fühlten, zeigt den Bedarf an Landkreis-Geschichtspolitik.

Das setzt voraus, dass man die Themen kennt, die die Region, und mit ihr den Landkreis geprägt haben und deshalb für diesen identitätsrelevant sind. Die Salzburger Bezüge sind eines davon. Zwei weitere Beispiele werden angeführt:
- Im Heiligen römischen Reich Deutscher Nation, dessen schrittweise Auflösung die Voraussetzung für die Bildung der Landkreise war, gab es außer den Salzburger Gebieten auch noch eine weitere Exklave im Raum des heutigen Landkreises Mühldorf, die Reichsgrafschaft Haag[16]: Haag war aber, durch das Aussterben des Grafengeschlechts, fast 250 Jahre vor den Salzburger Gebieten – und doch ist noch heute ein Sonderbewusstsein des Haager Landes zu spüren. Gestützt wird dies sicher dadurch, dass, wie oben skizziert, im Zuge der „Landkreisreformen" des 19. und 20. Jahrhundert gerade die Gemeinden des Haager Landes mehrfach ihre Zugehörigkeit wechselten.
- Ein anderes Versatzstück zur Landkreisgeschichte steuern die Gebiete bei, die immer schon zum Herzogtum Bayern gehört hatten.[17] Seit dem Mittelalter waren Kraiburg, Neumarkt und Mörmoosen Gerichts- und Verwaltungssitze (Landgerichte).[18]

---

[16] Um das Jahr 980 wird Haag als Sitz des freien Herrengeschlechts „de Haga" erstmals erwähnt. Als Graf Ladislaus (1522-1566) kinderlos verstarb, fiel Haag an den Kaiser zurück, der die Grafschaft den mächtigen Wittelsbachern als Lehen gab. Vgl. Münch, R.: Die Reichsgrafschaft Haag, Haag 1980; Münch, R.: Das große Buch der Grafschaft Haag. Bd. 2: Spätmittelalter 1434-1522, Haag 1987.
[17] Im Mittelalter spielten die Grafen von Kraiburg eine wichtige Rolle, regional und überregional, z. B. als Markgrafen von Istrien. Bereits 1259 übernahmen die Wittelsbacher durch Kauf allerdings die ehemals Kraiburgischen Besit-

In Haag, Kraiburg, Neumarkt, aber auch anderen der traditionsreichen Orte haben sich historische Vereine entwickelt. Zum Teil betreiben sie attraktive Museen. Das am Beispiel der Mühldorfer Ausstellung geschilderte Problem, vorrangig ortsbezogen wahrgenommen zu werden, besteht auch hier. Zugleich gilt: Ausstellungen und Museen würde es den Bürgern der anderen Gemeinden erleichtern, sich zu informieren. Dafür gäbe es, aus der Sicht des Landkreises, einen guten Grund: Was zusammen wachsen soll, muss sich in seiner Verschiedenheit kennen und ernst nehmen. Erst auf dieser Grundlage ist die Identifikation der Einwohner mit dem Landkreis, seiner Kultur und Geschichte möglich.

Weil es im Interesse des Landkreises liegt, wenn Ausstellungs- oder Museumsprojekte den Bewohnern des eigenen und der umliegenden Orte gezielt die einzelnen Versatzstücke aus der für den Landkreis relevanten Geschichte vorstellen, ist der Landkreis ein guter Partner der Ausstellungsmacher. Als solcher muss er sich aber erst ins Bewusstsein bringen. Er muss auch klar machen, was sein Interesse ist. Ihm geht es um die Vielfalt unter einem gemeinsamen Dach.

2. Den Kulturreichtum eines Landkreises bewusst machen

Der Kulturreichtum eines Landkreises liegt gerade auch in der Vielfalt. Durch historische Ausstellungen[19] tritt der regionale Kulturreichtum ins öffentliche Bewusstsein. Gute Ausstellungen machen dies als etwas ganz Besonders und Typisches bewusst. Entwicklung ist ohne Tradition nicht möglich. Deshalb ist es unerlässlich, beim Vorwärtskommen stets einen Blick in die Vergangenheit zu werfen.

Adressaten sind Einheimische, wie die Wochenendausflügler des Umlands und Touristen. Der Landkreis kann sich ihnen als attraktive Region präsentieren: offen und selbstbezogen zugleich. Der weiche Standortfaktor Kultur kommt so zum Tragen. Diesen Faktoren wird jedoch häufig viel zu wenig Aufmerksamkeit geschenkt. Aber sie haben einen sehr großen Einfluss auf die Lebensqualität einer Region. Der Begriff „Lebensqualität" ist in letzter Zeit durch diverse Rankings in der

---

zungen. Weitere große Grafengeschlechter konnten sich nicht entwickeln. Phasenweise könnte man den Dornberg und Megling noch eine gewichtige Rolle zugestehen.

[18] Darunter hatten sich an zahlreichen Orten Niedergerichtsbezirke, so genannte Hofmarken, entwickelt.

[19] Eingeschlossen sind die der Ausstellung vorausgehenden und nachfolgenden Forschungen, die Begleitpublikationen, das Rahmenprogramm und die zugehörige Öffentlichkeitsarbeit.

Presse immer wieder in die Diskussion gebracht worden. Das kann eine Kettenreaktion auslösen: Je höher die Lebensqualität einer Gegend ist, desto besser ist auch ihr Image. Das Image wiederum kann man als Summe aller weichen Standortfaktoren ansehen. Da das gute oder schlechte Image eines Gebietes häufig auf die dort ansässigen Unternehmen übertragen wird, kann die richtige Adresse über Erfolg oder Misserfolg verschiedener Dienstleistungen entscheiden. Somit ist das kulturelle Engagement ein wichtiger Baustein für die Attraktivität einer Region.

3. Spezifische Öffentlichkeitsarbeit zum Vorteil der (einzelnen) Ausstellung und des Landkreises

Für die Präsentation des gesamten Landkreises als vielfältigen Kulturraum spielt die Öffentlichkeitsarbeit eine wichtige Rolle. Sie ist Sache der Pressestelle im Landratsamt. Eines ihrer Themen sollten Ausstellungen auf dem Landkreisgebiet sein. Die Unterstützung der Pressearbeit zur Ausstellung ist geboten, weil der Landkreis von der Summe profitiert, die immer mehr ist als ihre Teile. Dabei ist die besondere Aufgabe des Landkreises, durch seine Öffentlichkeitsarbeit die Bedeutung einzelner Ausstellungen für die gesamte Region herauszustellen. Die landkreisbezogene Öffentlichkeitsarbeit sollte durch das Aufgreifen solcher Aspekte und durch die Betrachtung der Ausstellung aus einem etwas anderen Blickwinkel eine sinnvolle Ergänzung zur Öffentlichkeitsarbeit der Ausstellungsverantwortlichen darstellen. Zusätzlich kann der Landkreis im Bereich der Öffentlichkeitsarbeit die Funktion einer Schnitt- und Koordinationsstelle zu den überregionalen Medien einnehmen und dadurch die Ausstellung unterstützen.

4. Die Bildung von Netzwerken fördern, um die Ausstellungstätigkeit im Landkreis zu unterstützen

Eine intensive Ausstellungstätigkeit in einem Landkreis sollte auch kleinere Orte einschließen. Dabei Qualitätsstandards einzuhalten, die ein überregionale Bewerbung rechtfertigen, kann wahrscheinlich nur gelingen, wenn ein Netzwerk, bestehend aus den Geschichtskultur-Schaffenden aufgebaut wird, wenn gegenseitige Unterstützung erfolgt und Konkurrenz nur insofern herrscht, als die Ausstellungskonzepte, die Rahmenprogramme und die Vermarktung immer kreativer und professioneller werden sollen. Von selber entsteht ein solches Netzwerk nicht. Die Koordination müsste von einem Profi geleistet werden. Dieser muss sich als Mitarbeiter, z. B. an einer eigenen Landkreisausstellung ebenso beweisen, wie als Kenner von Förderprogrammen und Antragsmodalitäten.

Er muss koordinieren und Kontakte schaffen können, auch zwischen solchen Partnern, die bislang wenig zusammengearbeitet haben. Er muss moderieren und ausgleichen können, wenn das Not tut.

Auch in der Geschichts- und Kulturarbeit im Landkreis gilt es, durch Zusammenarbeit, Informations- und Erfahrungsaustausch vorhandenes Wissen zu nutzen, Kräfte zu bündeln und dadurch Synergieeffekte freizusetzen. Um ein funktionierendes Netzwerk im Bereich der Geschichts- und Kulturarbeit im Landkreis aufzubauen, bedarf es vieler Gespräche, Planung und vor allem der Unterstützung der Gemeinden, der Institutionen und Personen, die sich mit der Geschichtskulturarbeit befassen. Ein erster Ansatz ist im Landkreis Mühldorf a. Inn bereits zu finden: Der Museen- und Kulturverbund als Projekt der Projektgruppe Kultur/Leader+. Ziel des Verbundes ist es, den regionalen Reichtum bestehender oder geplanter Museen, von öffentlichen und privaten Sammlungen, von Ausstellungen und wiederkehrenden bedeutenden Veranstaltungen durch eine gezielte Zusammenarbeit und gemeinsame Darstellung im Landkreis für mehr Menschen verfügbar zu machen. Darüber hinaus soll eine Museen- und Kulturkarte, in der geplante und bestehende Museen, bestehende Sammlungen, wichtige einmalige und wiederkehrende Veranstaltungen, wichtige denkmalgeschützte Objekte aufgeführt sind und die vom Verbund erarbeitet wird, die Vielfalt des Landkreises im Bereich Kultur einer breiten Öffentlichkeit zugänglich machen. Derzeit steht der Museumsverbund im Vordergrund der Arbeit der Projektgruppe Kultur/Leader+. Das Engagement der Projektgruppe Kultur/Leader+ hat bereits die ersten Fäden eines landkreisweiten Netzwerkes gespannt.

5. Ausstellungen als harter Wirtschaftsfaktor im Landkreis

Ausstellungen sind aber nicht nur weiche Wirtschaftsfaktoren, sondern auch harte Förderer der regionalen Wirtschaft: Sie erfordern unter Umständen Um- und Einbauten in den Ausstellungsgebäuden, spezielle Maßnahmen der Ausstellungsgestaltung. Das kann wiederum Aufträge für die regionalen Betriebe bedeuten. Allerdings müssen die Betriebe auch bereit sein, sich auf das Sondergeschäft Ausstellung einzulassen. Das Ausstellungspersonal (Kasse, Aufsichten, die Führenden....) stammt in der Regel ebenfalls aus der Region. Auch wenn die Beschäftigungsmöglichkeit nur befristet ist, so kann sie einen (Wieder-)Einstieg ins Berufsleben bedeuten. Gewinner von Ausstellungen sind die im weitesten Sinn tourismusbezogenen Betriebe. Die Gastronomie profitiert von einer guten Ausstellung ebenso wie die Hotellerie. Besucherströme aus dem Umland und benachbarten Regionen nehmen über den Besuch der Ausstellung hinaus unterschiedliche Dienstleistungen der in der Region ansässigen Betriebe wahr.[20]

Ausstellungen können jedoch auch ein Anstoß sein, die Region über das Ereignis der Ausstellung hinaus kennenzulernen und zu erkunden und somit auch längerfristige wirtschaftliche Impulse zu geben. Wird eine Ausstellung durch ein Rahmenprogramm begleitet, besteht im Übrigen für spezifische Gruppen, die sich in der Region mit Geschichte beschäftigen, die Möglichkeit, sich zu präsentieren und darzustellen.

6. Landkreis als Initiator von Ausstellungen

Der Landkreis kann über die positive Begleitung von Ausstellungen hinaus tätig werden, indem er selbst die Initiative für Ausstellungsprojekte ergreift. So besteht die Möglichkeit an mehreren Orten des Landkreises Teilausstellungen durchzuführen, gesteuert und unterstützt durch einen Koordinator des Landkreises, der zudem die Aufgabe hat, die Perspektive „Landkreis" darzustellen. Jede dieser Teilausstellungen setzt dabei eigene Akzente, fügt sich jedoch in einer Gesamtsicht zu einem einheitlichen Ganzen zusammen. Durch Ausstellungen, bei denen der Landkreis involviert ist, können einzelne Facetten des Landkreises als Ausschnitte eines großen Gesamtbildes aufgezeigt werden. Der Landkreis kann sich gezielt in seiner Vielfalt präsentieren, sein Selbstbild vervollständigen. Durch die Präsentation einzelner Aspekte kann sich der Landkreis selbst als interessanter, abwechslungsreicher und attraktiver Lebensraum darstellen. Organisiert der Landkreis selbst eine Ausstellung, so lenkt er die Aufmerksamkeit bewusst auf sich, da eine Ausstellung kein alltägliches Mittel der Öffentlichkeitsarbeit ist. Eine Ausstellung reagiert nicht auf bereits bestehende Diskussionen, sondern versucht, dafür erst einen Anstoß zu geben und somit eine Grundlage für die Meinungsbildung und den Meinungsaustausch zu schaffen.

III. Herausforderungen und Probleme

Das Entstehen einer landkreisspezifischen „Patchwork-Identität", der Aufbau eines Kulturnetzwerkes, die Förderung von Ausstellungsprojekten ist in der Praxis ein schwieriges Unternehmen. Das ist wohl auch der Grund dafür, dass erst wenige Pilotlandkreise in diesem Sinne Geschichtspolitik betreiben.

---

[20] Vgl. hierzu auch den Beitrag Kestler, Gastronomie und Hotellerie, S. 835 in diesem Band.

Es muss dem Bürgermeister eines Ausstellungsortes erst vermittelt werden, dass er nicht verliert, sondern gewinnt, wenn er das Know-how seines Ausstellungsteams, die Finanzerfahrung des Kämmerers, Hinweise zum Management eines Rahmenprogramms der Verwaltung anderen Orten zugänglich macht.[21]

Historische Vereine müssen zur Zusammenarbeit angeregt werden. Es ist keine Selbstverständlichkeit, zu erkennen, dass es nicht darum geht, sich gegenseitig die Mitglieder und Besucher abzuwerben, sondern darum, insgesamt neue zu gewinnen, die immer wieder in die Ausstellungen des Landkreises kommen (Stichwort: Nachhaltigkeit).

Manche mit Nabelschau beschäftigten lokalen Geschichtsfreunde müssen zum Blick auf den anderen motiviert werden. Es muss ihnen bewusst gemacht werden, dass dadurch das Eigene nicht an Wert verliert.

Ein Image des Landkreises als Kulturträger aufzubauen, bedingt Planung, Engagement und Einsatzbereitschaft aller Beteiligten. Das Image wird sich nicht von selbst ergeben und sicherlich auch nicht von heute auf morgen entstehen. Es werden viele systematische und kleine Schritte und Ausdauer erforderlich sein.

Auch wenn der Landkreis Mühldorf a. Inn keine großen geschichtlichen und kulturellen Highlights besitzt, so lohnt es sich allemal die kleinen Edelsteine des Landkreises immer wieder in Ausstellungen darzustellen und einer breiten Öffentlichkeit zu präsentieren.

---

[21] Ein Beispiel hierfür ist der Beitrag der Stadt Mühldorf, Bönisch/Knoblauch, Kleinere Städte als Ausrichter, S. 841 in diesem Band.

Autorenverzeichnis

Dr. André Bechtold M. A., Kulturmanager, Projektleiter und Ausstellungsmacher in Bozen (Südtirol); Studium der Geschichte, Archäologie und Germanistik; 1990-1992 Museums- und Ausstellungspraktikum bei Dr. Casimir Bumiller (Nikodemus-Frischlin-Ausstellung in Balingen, Bauernkriegmuseum in Hizlingen, Hohentwiel-Museum in Singen); 1999-2003 Projektleiter der Schlösser Runkelstein und Maretsch (Südtirol/ Bozen).

Luisa Bertolaccini (lic. phil. I, MAS of Museology), Museumspädagogin, Beteiligung an Ausgrabungstätigkeiten und wissenschaftliche Mitarbeit an archäologischen Projekten; Studium der klassischen Archäologie, Kunstgeschichte, Ägyptologie und Museologie; Aktivitäten am ehemaligen Indianermuseum in Zürich, am Historischen Museum Baden und am Münzkabinett der Stadt Winterthur.

Kathrin Bichlmeier, Referendarin für das Lehramt an Grundschulen; Studium des Erweiterungsstudiengangs Geschichtskultur an der Katholischen Universität Eichstätt-Ingolstadt; Mitverantwortliche für die Konzeption der Museumspädagogik und Didaktik der Ausstellung „Salzburg in Bayern" 2002 in Mühldorf a. Inn und für das Ferienprogramm zur selben Ausstellung; Führungserfahrung auf Schloss Schönbrunn in Wien.

Achim Bieler, Regisseur und Filmemacher, Dozent an der Athanor Akademie für Darstellende Kunst in Burghausen im Fach Schauspiel und Regie; 1997-2001 Ausbildung zum Theater- und Filmregisseur an der Athanor Akademie für Darstellende Kunst in Burghausen.

Dr. Bernhard Bönisch, Soziologe, Dipl.-Verwaltungswirt (FH), Mediator B. M., Mühldorf a. Inn; Studium an den Universitäten Passau, München, Hagen und der FH für Öffentliche Verwaltung und Rechtspflege in Bayern.

Dr. Thomas Brehm, Leiter des Kunst- und Kulturpädagogischen Zentrums der Museen in Nürnberg, Historiker; 1991-1999 wissenschaftlicher Mitarbeiter am Haus der Geschichte der Bundesrepublik Deutschland in Bonn, Projektleiter verschiedener Wechselausstellungen.

Dr. Alfred Czech, Museumspädagoge am Museumspädagogischen Zentrum München; Studium der Kunstpädagogik an der Akademie der Bildenden Künste München und der Kunstgeschichte an der LMU-München; seit 2001 Leitung des Referates Kunst am MPZ; seit 2002 Lehrauftrag am Institut für Kunstpädagogik der LMU-München.

Dr. Simone Dattenberger, Leitende Redakteurin im Feuilleton des „Münchner Merkur", zuständig für die Bereiche bildende Kunst, Architektur, Literatur und Theater.

Stefan Engelhardt, typografischer Gestalter und Inhaber von engelhardt.atelier in Mühldorf a. Inn; Ausbildung zum Schriftsetzer in München und an der Schule für Gestaltung in Basel; Gestaltungskonzeption der Ausstellung „Salzburg in Bayern" 2002 in Mühldorf a. Inn und anderer regionaler Ausstellungen.

Inge Finauer, Multiplikatorin der Europäischen Senioren Kultur Arbeit – Erwachsenenbildung, KBW-Mühldorf; KBW-Kurse verschiedener Art mit Schwerpunkt in Biografie-Arbeit.

Florian Fischer, Schüler am Ruperti-Gymnasium Mühldorf; Mitverantwortlicher für die Konzeption der Kinderführungen der Ausstellung „Salzburg in Bayern" 2002 in Mühldorf a. Inn.

Sandra Funk, Studentin für das Lehramt an Realschulen in Bayern mit den Fächern Geschichte und Germanistik sowie des Erweiterungsstudiengangs Geschichtskultur an der Katholischen Universität Eichstätt-Ingolstadt; Mitverantwortliche für die Konzeption der Museumspädagogik und Didaktik der Ausstellung „Salzburg in Bayern" 2002 in Mühldorf a. Inn und für das Ferienprogramm zur selben Ausstellung.

Dr. Ulrike Götz, Kunsthistorikerin der Stadt Freising; Leiterin des Museums des historischen Vereins Freising; Konzeption und Koordination der Veranstaltungskomplexe „1000 Jahre Marktrecht Freising" 1996, „300 Jahre Hochschulstadt Freising" 1997, „Freising 1803 – Ende und Anfang" 2003.

Edwin Hamberger, Stadtarchivar in Mühldorf a. Inn; Ausstellungsmacher der Ausstellung „Salzburg in Bayern" 2002 in Mühldorf a. Inn.

Dr. Michael Henker, Stellvertretender Leiter des Hauses der Bayerischen Geschichte – Presse- und Öffentlichkeitsarbeit; Studium der Geschichte, Kunstgeschichte und Namenkunde.

Reinhard Heydenreuter, Privatdozent Dr. Dr. habil., Dozent für Bayerische Landesgeschichte, Neuere und Neueste Geschichte an den Universitäten Eichstätt-Ingolstadt und Passau, Jurist, Historiker; Archivdirektor am Bayerischen Hauptstaatsarchiv München; Leiter des Archivs der Bayerischen Akademie der Wissenschaften in München; Mitgestalter und Mitautor bei zahlreichen Ausstellungen, vor allem des Hauses der Bayerischen Geschichte und der Bayerischen Archivverwaltung.

Markus Honervogt, Redaktionsleiter des „Mühldorfer Anzeigers" in Mühldorf a. Inn; Diplom-Theologe und Journalist.

Georg Huber, Landrat des Landkreises Mühldorf a. Inn.

Gerald Huber M. A., Korrespondent des Bayerischen Rundfunks in der Region Ingolstadt; Studium der Mittelalterlichen und der Bayerischen Geschichte, sowie der Neueren Deutschen Literatur in Regensburg und München.

Maria Huber, Oberlehrerin i. R., Neumarkt-St. Veit; Kirchenführungen; Mitarbeit am Aufbau eines Heimatmuseums; Führungen bei Krippenausstellungen; Mitverantwortliche für die Konzeption der Museumspädagogik und Didaktik der Ausstellung „Salzburg in Bayern" 2002 in Mühldorf a. Inn.

Dr. Hans Walter Hütter, Vertreter des Präsidenten und Direktor der Abteilung Öffentlichkeitsarbeit der Stiftung Haus der Geschichte der Bundesrepublik Deutschland mit Museen in Bonn und Leipzig; Studium der Geschichte, klassischen Philologie und Pädagogik.

Andreas Jell M. A., freier Journalist, PR-Fachmann und Lektor, Landshut; Studium der Geschichte und Politikwissenschaften in Brisbane und Regensburg; nach dem Studium Tätigkeiten als Mitarbeiter in Zeitungs- und Onlineredaktionen im Verlag Straubinger Tagblatt/ Landshuter Zeitung.

Dr. Marcus Junkelmann M. A., freier Historiker und Schriftsteller, Schloss Ratzenhofen; Mitarbeit an zahlreichen Ausstellungen, zum Beispiel „Wittelsbach und Bayern" 1980 in München und Landshut, „1200 Jahre Oberschleißheim" 1985 in Oberschleißheim, „Dollinger" 1995 in Regensburg, „Die Römer am Rhein" 2003 in Koblenz, etc.; Mitarbeit am Bayerischen Armeemuseum Ingolstadt 1982-1984.

Katharina Kestler, Studentin der Journalistik an der Katholischen Universität Eichstätt-Ingolstadt

Dr. Josef Kirmeier, Referent des Hauses der Bayerischen Geschichte, Augsburg; Projektleiter zahlreicher Ausstellungen, zum Beispiel der Landesausstellung „Glanz und Ende der alten Klöster" 1991 in Benediktbeuren, „Herzöge und Heilige" 1993 in Andechs, „Schwäbische Städte" 1997 in Augsburg, 1998 in Memmingen und Kempten und „Kaiser Heinrich II." 2002 in Bamberg.

Günther Knoblauch, erster Bürgermeister der Stadt Mühldorf a. Inn; Initiator und verantwortlicher Träger der Ausstellung „Salzburg in Bayern" 2002 in Mühldorf a. Inn.

Dr. Peter Kolb, Institutsrektor und Museumspädagoge am Museumspädagogischen Zentrum in München; Lehrer für Grund- und Hauptschule; Zweitstudium in Pädagogik, Kunstgeschichte und Psychologie; Promotion zum Thema Kinder- und Jugendmuseen.

Hans Kratzer, Redakteur der Süddeutschen Zeitung (Bayern-Redaktion) in München; Arbeitsgebiet: Kultur in Bayern.

Katja Lehmann M. A., wissenschaftliche Projektmitarbeiterin am Forschungsprojekt „FUER Geschichtsbewusstsein", Universität Eichstätt; Studium des Erweiterungsstudiengangs Geschichtskultur an der Katholischen Universität Eichstätt-Ingolstadt; Mitverantwortliche für die Konzeption der Museumspädagogik und Didaktik der Ausstellung „Salzburg in Bayern" 2002 in Mühldorf a. Inn und für das Ferienprogramm zur selben Ausstellung; Mitarbeit an der Wanderausstellung „Heimat verlieren – Heimat gewinnen" 2001 in Eichstätt.

Serena L'hoest, Dozentin für Psychologie an der Fachhochschule für öffentliche Verwaltung Nordrheinwestfalen und Denkmalpädagogin für die Stiftung Zollverein; Studium der Psychologie in Bochum und Paris.

Mathias Michel, Gründer der Firma MM-Vision (Multimedia-Produktionen im HDAV Standard von der Idee bis zur fertigen Inszenierung), Andechs; von den weit über 100 Produktionen sind derzeit fast 50 Arbeiten in Museen, Firmen und Naturschutzeinrichtungen in Deutschland, Österreich und Italien im regelmäßigen Einsatz.

Monika Müller-Rieger, Dipl. Museologin (FH) und Dipl. Ethnologin, verantwortlich für inhaltliche und konzeptionelle Arbeiten sowie für die Projektabwicklung, Organisation und Kommunikation des Büros Müller + Müller-Rieger in München; Mitarbeit an verschiedenen großen Museen, Spezialgebiet Wanderausstellungen.

Michael Nadler M. A., Doktorand, Eichstätt; Mitverantwortlicher für die Konzeption der Museumspädagogik und Didaktik der Ausstellung „Salzburg in Bayern" 2002 in Mühldorf a. Inn.

Isolde Parussel, Studentin des Magisterstudiengangs Neuere Geschichte und Germanistik an der Universität Duisburg-Essen, Campus Essen und des Erweiterungsstudiengangs Geschichtskultur an der Katholischen Universität Eichstätt-Ingolstadt; Mitverantwortliche für die Konzeption der Museumspädagogik und Didaktik der Ausstellung „Salzburg in Bayern" 2002 in Mühldorf a. Inn und für das Ferienprogramm zur selben Ausstellung.

Gisela Paul, Referendarin für das Lehramt an Gymnasien; Studium des Erweiterungsstudiengangs Geschichtskultur und Erweiterungsstudium zur Beratungslehrkraft an der Katholischen Universität Eichstätt-Ingolstadt; Mitverantwortliche für die Konzeption der Museumspädagogik und Didaktik der Ausstellung „Salzburg in Bayern" 2002 in Mühldorf a. Inn und für das Ferienprogramm zur selben Ausstellung.

Peter A. Pfaff M. A., Journalist beim Bayerischen Rundfunk in München, Projektleiter des IT- Kompaktkurses.

Prof. Dr. Hermann Schäfer, Präsident der Stiftung des Hauses der Geschichte der Bundesrepublik Deutschland in Bonn; lehrt als außerplanmäßiger Professor an der Albert-Ludwig-Universität Freiburg und an der Universität Bonn; Honorarprofessor an der Universität Karlsruhe; Vizepräsident der Deutschen UNESCO-Kommission.

Christian Schneider, Marketingleiter bei der Kreissparkasse in Mühldorf a. Inn; zuständig für das gesamte Spenden- und Sponsoringwesen des Kreditinstituts; in seiner Funktion hat er vielfachen Kontakt zu lokalen und regionalen Veranstaltern kultureller Events.

Prof. Dr. Waltraud Schreiber, Professorin für Theorie und Didaktik der Geschichte an der Katholischen Universität Eichstätt-Ingolstadt; Hauptverantwortliche für die Konzeption der Museumspädagogik und Didaktik der Ausstellung „Salzburg in Bayern" 2002 in Mühldorf a. Inn; Zuständigkeit für die Konzeptionierung, Planung, Organisation und Durchführung des Rahmenprogramms zur Ausstellung „Salzburg in Bayern" 2002 in Mühldorf a. Inn.

Astrid Schröer-Mlodoch, Denkmalpädagogin für die Stiftung Zollverein; Studium der Kunstgeschichte, Archäologie und Pädagogik in Bochum; Konzeption und Durchführung kulturpädagogischer Projekte und Ausstellungen.

Meinrad Schroll, freischaffender Heimatforscher, Mühldorf a. Inn; Durchführung zahlreicher Diavorträge zur Heimatgeschichte; langjährige Erfahrungen bei Führungen durch Kirchen, Märkte, Städte und zu historischen Spuren (Salzstraßen, Burgställe, etc.).

Irmgard Schwoshuber, Oberlehrerin i. R., Tacherting; 2000 Verlegung des kleinen Schulmuseums in Tacherting auf den eigenen Hof.

Eva Seibel, Studentin des Magisterstudiengangs Geschichte und Germanistik sowie des Erweiterungsstudiengangs Geschichtskultur an der Katholischen Universität Eichstätt-Ingolstadt; Mitverantwortliche für die Konzeption der Museumspädagogik und Didaktik der Ausstellung „Salzburg in Bayern" 2002 in Mühldorf a. Inn und für das Ferienprogramm zur selben Ausstellung.

Marie-Luise Sondermeier, Lehrerin an der Grundschule in Mühldorf a. Inn; Vor-Ort-Mitarbeiterin am Rahmenprogramm der Ausstellung „Salzburg in Bayern" 2002 in Mühldorf a. Inn.

Bernhard Strobl, Redakteur der „Salzburger Nachrichten" – zuständig für die Bereiche Lokalkultur, Kultur auf dem Lande und Volkskultur und Brauchtum.

Autorenverzeichnis

Stefan Sutor M. A., Hörfunkreferent im Bereich Programm der Bayerischen Landeszentrale für neue Medien; Studium der Bayerischen und Mittelalterlichen Landesgeschichte sowie Sozialpsychologie in München; Mitarbeit an historischen Begleitausstellungen zur Fernsehserie „Löwengrube".

Dr. Christiane Todrowski, freie Mitarbeiterin der LWL-Kulturpflegeabteilung, Historikerin, Politologin und Archivarin; 1988-1989 Mitarbeiterin im Ruhrlandmuseum Essen und im Bergbauarchiv bei Deutschen Bergbaumuseum in Bochum; 1990-1996 Archivarin der Franz Haniel & Cie. GmbH in Duisburg; 1997-2000 wissenschaftliche Mitarbeiterin der Museen des Märkischen Kreises: Neugestaltung der Dauerausstellung der Museen Burg Altena; 2001-2003 Leiterin der Geschäftsstelle „Säkularisation in Westfalen" beim Landschaftsverband Westfalen-Lippe (LWL) in Münster.

Simone Unger, Studentin des Magisterstudiengangs Kunstgeschichte, Neuere und Neueste Geschichte und Theorie und Didaktik der Geschichte und des Erweiterungsstudiengangs Geschichtskultur an der Katholischen Universität Eichstätt-Ingolstadt; Mitverantwortliche für die Konzeption der Museumspädagogik und Didaktik der Ausstellung „Salzburg in Bayern" 2002 in Mühldorf a. Inn.

Dr. Andreas Urban, Museumspädagoge im Historischen Museum Hannover; Gymnasiallehrer für Deutsch und Geschichte; Lehraufträge zur Geschichtsdidaktik und -methodik sowie zur Geschichte der Kindheit und Jugend im Fachbereich Erziehungswissenschaft der Universität Hannover.

Brigitte Vogel M. A., Verantwortliche für das museumspädagogische Begleitprogramm zur Dauerausstellung (Eröffnung Anfang 2005) und zu Wechselausstellungen im Deutschen Historischen Museum Berlin; Studium der Germanistik, Geschichte und Sozialkunde (Abschluss Lehramt), weiterführendes Studium der deutschen Geschichte des 19./20. Jahrhunderts; jahrelange Tätigkeit in der Erwachsenenbildung und als Einzelhelferin für ausländische Jugendliche, seit 1990 Referentin und wissenschaftliche Mitarbeiterin in Berliner kulturhistorischen Ausstellungen.

Martina Wimbauer, Diplomverwaltungsfachwirtin, zuständig für Presse- und Öffentlichkeitsarbeit am Landratsamt Mühldorf a. Inn.

Martin Winklbauer, Biobauer und Kreisrat im Landkreis in Altötting; Mitbegründer und künstlerischer Leiter des Landvolktheaters Halsbach; Intendant des Altöttinger Theatersommers; Gründer der Waldbühne Spielhof und freischaffender Regisseur bei verschiedenen Bühnen; Autor von mittlerweile über 30 Bühnenstücken.

Dr. Renate Wonisch-Langenfelder, Museumspädagogin und Leiterin des Spielzeugmuseums am Salzburger Museum Carolino Augusteum; Hauptschullehrerin; Studium der Kunstgeschichte und Publizistik in Salzburg.

Stefanie Zabold, Studentin für das Lehramt an Grundschulen in Bayern mit Hauptfach Geschichte und des Erweiterungsstudiengangs Geschichtskultur an der Katholischen Universität Eichstätt-Ingolstadt; Mitverantwortliche für die Konzeption der Museumspädagogik und Didaktik der Ausstellung „Salzburg in Bayern" 2002 in Mühldorf a. Inn und für das Ferienprogramm zur selben Ausstellung; freie Mitarbeiterin am Kunst- und Kulturpädagogischen Zentrum in Nürnberg (Schwerpunkt: Themengespräche im Dokumentationszentrum Reichsparteitagsgelände).

Abbildungsnachweis:

Bayerische Staatsbibliothek München: Abb. 84, Abb. 85; A. Bechtold: Abb. 52, Abb. 53, Abb. 54, Abb. 55, Abb. 56, Abb. 57, Abb. 58, Abb. 59; L. Bertolaccini: Abb. 122, Abb.123, Abb. 124, Abb. 125, Abb. 126; DHM-Museumspädagogik: Abb. 48, Abb. 49, Abb. 50, Abb. 51; engelhardt.atelier für typografische gestaltung, Mühldorf am Inn: Abb. 1, Abb. 2, Abb. 3, Abb. 4, Abb. 5, Abb. 20, Abb. 21, Abb. 22, Abb. 23, Abb. 24, Abb. 25, Abb. 26, Abb. 63, Abb. 65, Abb. 70, Abb. 78, Abb. 86; Erzabteil St. Peter in Salzburg: Abb. 87; S. Funk: Abb. 67; U. Götz: Abb.76; F. Grätzl: Abb. 66; R. Heilmann: Abb. 115; M. Junkelmann: Abb.114; S. Kopp: Abb. 75; Kreismuseum Lodronhaus Mühldorf a. Inn: Abb. 62, Abb. 71, Abb. 72, Abb. 82, Abb. 83; Landkreises Mühldorf a. Inn: Abb. 138; S. Martin: Abb. 74; M. Michel: Abb. 27, Abb. 28, Abb. 29, Abb.30, Abb. 31, Abb. 32, Abb. 33, Abb. 34, Abb. 35, Abb. 36, Abb. 37, Abb. 38, Abb. 39, Abb. 40, Abb. 41, Abb. 42, Abb. 43, Abb. 44, Abb. 45, Abb. 46, Abb. 47; Mühldorfer Anzeiger: Abb. 127, Abb. 128, Abb. 129, Abb. 132, Abb. 133, Abb. 134, Abb. 135, Abb. 136, Abb. 137; M. Müller-Rieger: Abb. 8, Abb. 9, Abb. 10, Abb. 11, Abb. 12, Abb. 13, Abb. 14, Abb. 15, Abb. 16, Abb. 17, Abb. 18, Abb. 19; Nordisches Seminar der Universität München: Abb. 116; G. Paul: Abb. 110, Abb. 111, Abb. 112, Abb. 113; Pfarrkirche Lohkirchen: Abb.73; W. Pötzl: Abb. 117; SCMA: Abb. 79, Abb. 93; U. Schreiber: Abb. 88, Abb. 91, Abb. 92 Abb. 94, Abb. 95; Stadtarchiv Mühldorf a. Inn: Abb. 64, Abb. 81; Stadt Mühldorf a. Inn: Abb. 130, Abb. 131; A. Urban: Abb. 90; M. Winklbauer: Abb. 96, Abb. 97, Abb. 98, Abb. 99; R. Wonisch-Langenfelder: Abb.118, Abb. 119, Abb. 120, Abb. 121; S. Zabold: Abb. 6, Abb. 7, Abb. 61, Abb. 68, Abb. 69, Abb. 77, Abb. 89, Abb. 100, Abb. 101, Abb. 102, Abb. 103, Abb. 104, Abb. 105; Abb. 106, Abb. 107, Abb. 108, Abb. 109; Anonym: Abb. 80.

Wir haben uns um die Rechte der einzelnen Abbildungen bemüht. Falls Sie trotzdem eine Abbildung erkennen, an der Sie die Rechte halten, dann wenden Sie sich bitte an den Verlag.

Bayerische Studien zur Geschichtsdidaktik
Herausgegeben von Hans-Michael Körner
und Waltraud Schreiber
für die Bayerische Konferenz für Geschichtsdidaktik

Band 1
Erste Begegnungen mit Geschichte. Grundlagen historischen Lernens (Waltraud Schreiber)
¹Neuried 1999, ²Neuried 2004

Band 2
Die religiöse Dimension im Geschichtsunterricht. Ein interdisziplinäres Forschungsprojekt. Tagungsband (Waltraud Schreiber)
Neuried 2001

Band 3
Empirische Forschung in der Geschichtsdidaktik. Nutzen und Nachteil für den Geschichtsunterricht (Wolfgang Hasberg)
Neuried 2001

Band 4
Historische Feste in Bayern. Entstehung und Entwicklung im 19. und 20. Jahrhundert (Wolfgang Lang)
Neuried 2001

Band 5
Thematische Längsschnitte für den Geschichtsunterricht in der gymnasialen Oberstufe (Elisabeth Erdmann)
Neuried 2003

Band 6
Mittelalter zwischen Politik und Kultur. Kulturwissenschaftliche Erweiterung der Mittelalterdidaktik (Manfred Seidenfuß/Wolfgang Hasberg)
Neuried 2003

Band 7
Museumspolitik in Bayern 1945-1955. Zwischen amerikanischer Innovation und bayerischer Tradition (Andreas Michler)
Neuried 2004

Regensburger Beiträge zur Geschichtslehrerfortbildung
Herausgegeben von Helmut Beilner

Band 1
**Geschichtsdidaktische und fachliche Perspektiven
in der Diskussion** (Helmut Beilner)
Neuried 2002

Band 2
Europäische Perspektiven im Geschichtsunterricht
(Helmut Beilner)
Neuried 2003

* * *

Eichstätter Kontaktstudium zum Geschichtsunterricht
Herausgegeben von Waltraud Schreiber

Band 1
Vom Imperium Romanum zum Global Village.
„Globalisierungen" im Spiegel der Geschichte (Waltraud Schreiber)
Neuried 2000

Band 2
Kontakte – Konflikte – Kooperationen.
Der Umgang mit Fremden in der Geschichte (Waltraud Schreiber)
Neuried 2002

Band 3
Blicke auf Europa. Kontinuität und Wandel
(Waltraud Schreiber/Andreas Michler)
Neuried 2003

Band 4
„Bilder aus der Vergangenheit" – „Bilder der Vergangenheit"?
(Waltraud Schreiber)
Neuried 2004 (im Druck)